（总第19卷）

永州年鉴

YONGZHOU YEARBOOK

2020

永州年鉴编纂委员会　编

方志出版社
Publishing House of Local Records

图书在版编目（CIP）数据

永州年鉴．2020/永州年鉴编纂委员会编．—北京：
方志出版社，2020.9
ISBN 978-7-5144-4411-7

Ⅰ.①永… Ⅱ.①永… Ⅲ.①永州—2020—年鉴
Ⅳ.①Z526.43

中国版本图书馆 CIP 数据核字（2020）第 188635 号

永州年鉴（2020）

编　　者：永州年鉴编纂委员会
责任编辑：刘　珊

出 版 者：方志出版社
地址　北京市朝阳区潘家园东里 9 号（国家方志馆 4 层）
邮编　100021
网址　http：//www.fzph.org
发　　行：方志出版社图书经销中心
电话（010）67110500
经　　销：各地新华书店
印　　刷：衡阳顺地印务有限公司

开　　本：889×1194　1/16
印　　张：35.25
字　　数：1063 千
版　　次：2020 年 9 月第 1 版　2020 年 9 月第 1 次印刷
印　　数：0001～1000 册

ISBN 978-7-5144-4411-7　**定价**：300.00 元

编辑说明

一、《永州年鉴》是在中共永州市委、永州市人民政府领导下，由永州市委党史研究室（市地方志编纂办公室）主持编纂，永州年鉴编纂委员会负责具体编纂出版，系统记述2019年1月1日至12月31日永州市自然、政治、经济、文化、社会、生态文明等方面的基本面貌和发展情况，为执政提供借鉴，为社会各界了解永州，为历史留存资料。

二、《永州年鉴（2020）》是2002年创办以来连续出版的第19卷。本部年鉴编纂坚持以马克思列宁主义、毛泽东思想、邓小平理论、“三个代表”重要思想、科学发展观、习近平新时代中国特色社会主义思想为指导，坚持辩证唯物主义和历史唯物主义的立场、观点和方法。

三、《永州年鉴（2020）》按分类编辑法，分为特载、专文、大事记、永州概貌、“六城同创”、政治建设、经济建设、文化建设、社会建设、生态文明建设、县区概况、附录十二个部类，下设类目、分目、条目三个层次，以字体、字号、色彩等版式设计区别不同层次。主要记述形式为条目，其标题用色彩加“【】”表示。全书设类目12个，分目240个，条目1365个，表格49个，彩页图照18幅，随文图照188幅。

四、《永州年鉴（2020）》的稿件和图片由各单位撰稿人提供，供稿单位负责人审核，最后由编委会定稿。统计资料由统计部门提供，气象、水文资料分别由气象、水文部门提供。有些地方性、部门性数据由于统计口径不同等原因，与统计部门公布的数据不尽一致，请读者在查阅和引用时注意。

五、《永州年鉴（2020）》所录市直各部门、各单位和中央、省驻永州市各单位以及各县区（管理区、经开区）领导干部名单，原则上以2019年12月31日在职者为准。

六、《永州年鉴（2020）》为方便读者查阅，配备双重检索系统：书前刊有详细的中英文目录，书后配有主题分析索引。

永州年鉴编纂委员会

主　　任　严　华
副 主 任　朱洪武　唐能武　杨　昶
委　　员（排名不分先后）
邓扬中　蒋千红　陈宇荣　王小波
艾艳君　李祥红

《永州年鉴》编辑部

主　　编　李祥红
副 主 编　郑经纬　高　波　高爱国　王　晶
编　　辑　蒋文婧
摄　　影　蒋文婧
翻　　译　唐嘉婕

永州市行政区划略图

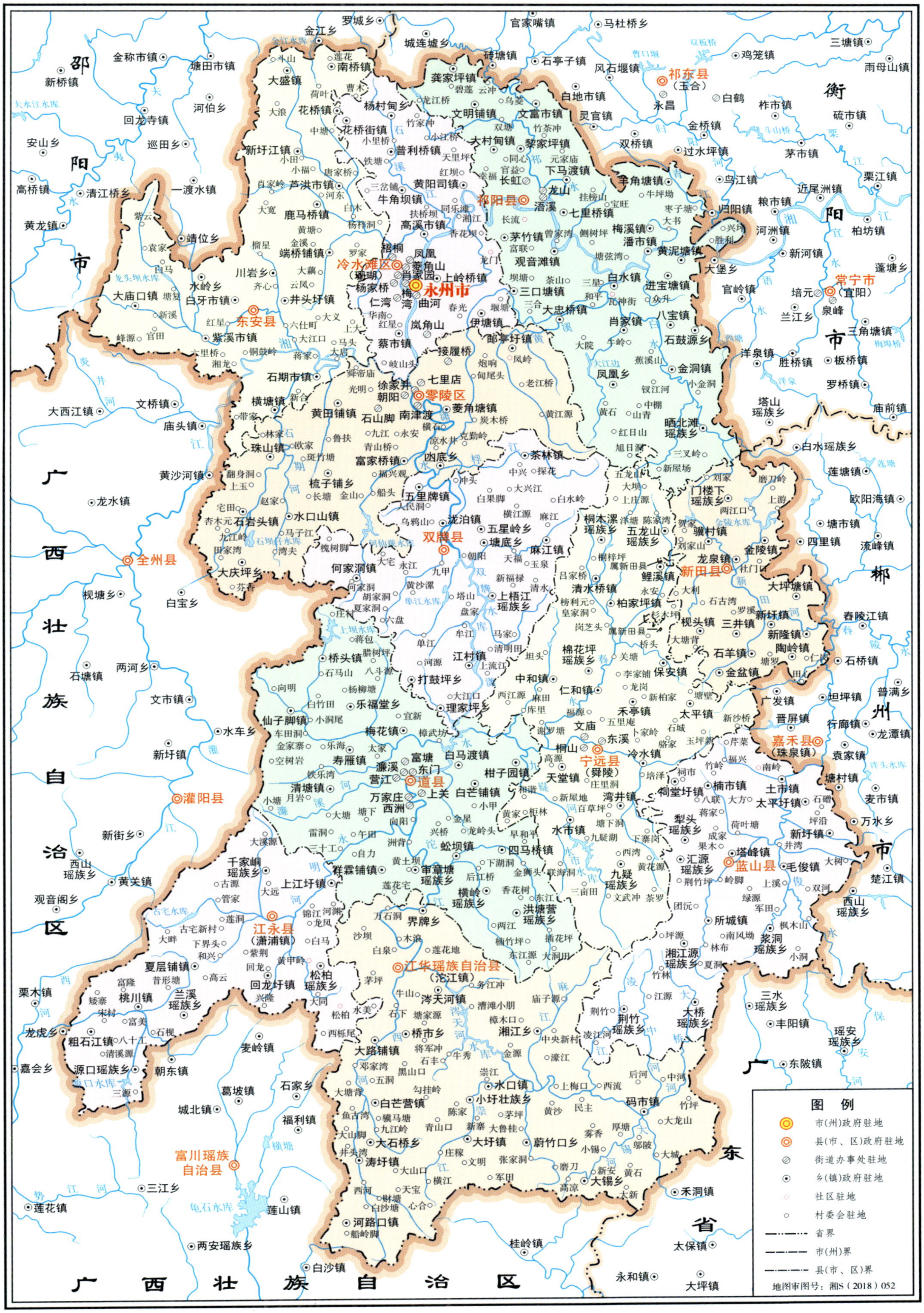

永州市
冷水滩区
零陵区
祁阳县
东安县
双牌县
道县
宁远县
江永县
江华瑶族自治县
新田县
蓝山县
祁东县
(玉合)
常宁市
(宜阳)
嘉禾县
(珠泉镇)
全州县
灌阳县
富川瑶族
自治县
邵阳市
衡阳市
郴州市
广西壮族自治区
广东省
图例
市(州)政府驻地
县(市、区)政府驻地
街道办事处驻地
乡(镇)政府驻地
社区驻地
村委会驻地
省界
市(州)界
县(市、区)界
地图审图号：湘S(2018)052

永州市文化地图

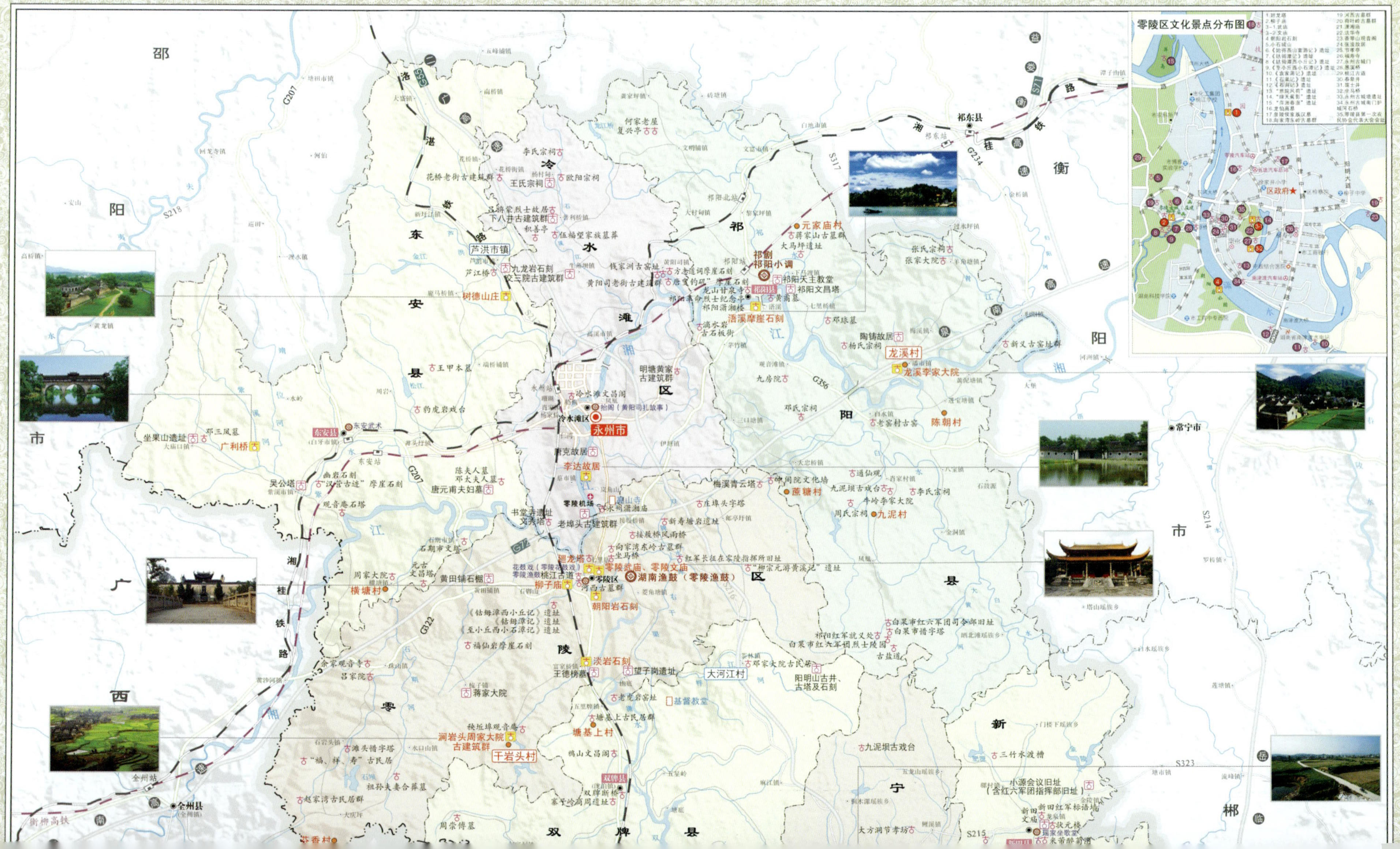

零陵区文化景点分布图
永州市
冷水滩区
零陵区
祁阳县
祁东县
东安县
双牌县
全州县
常宁市
邵阳市
衡阳市
郴州市
广西
东安县
祁阳县
冷水滩区
零陵区
宁远县
新田县
双牌县
元家庙村
祁剧
祁阳小调
浯溪摩崖石刻
龙溪村
龙溪李家大院
陈朝村
蔗塘村
九泥村
李达故居
湖南渔鼓（零陵渔鼓）
零陵武庙、零陵文庙
朝阳岩石刻
柳子庙
淡岩石刻
大河江村
塘基上村
干岩头村
涧岩头周家大院古建筑群
横塘村
广利桥
树德山庄
芦洪市镇
坐果山遗址
邓三凤墓
王氏宗祠
欧阳宗祠
李氏宗祠
九龙岩石刻
文三院古建筑群
钱家洞古寨址
祁阳文昌塔
祁阳天主教堂
陶铸故居
杨氏宗祠
明塘黄家古建筑群
冷水滩文昌阁
永州市
零陵机场
老埠头古建筑群
书堂寺遗址
文秀塔
白果市红六军团司令部旧址
小源会议旧址（含红六军团指挥部旧址）
九泥坝古戏台
三竹水渡槽
阳明山古井、古塔及石刻
邓家大院古民居
望子岗遗址
蒋家大院
吕家院
余家观音寺
周家大院
黄田铺石棚
鸬山文昌阁
双牌断桥
寨子岭周遗址
周崇傅墓
G207
G322
G234
S317
S216
S214
S323
S215
S218
G356
湘桂铁路
洛湛铁路
衡柳高铁

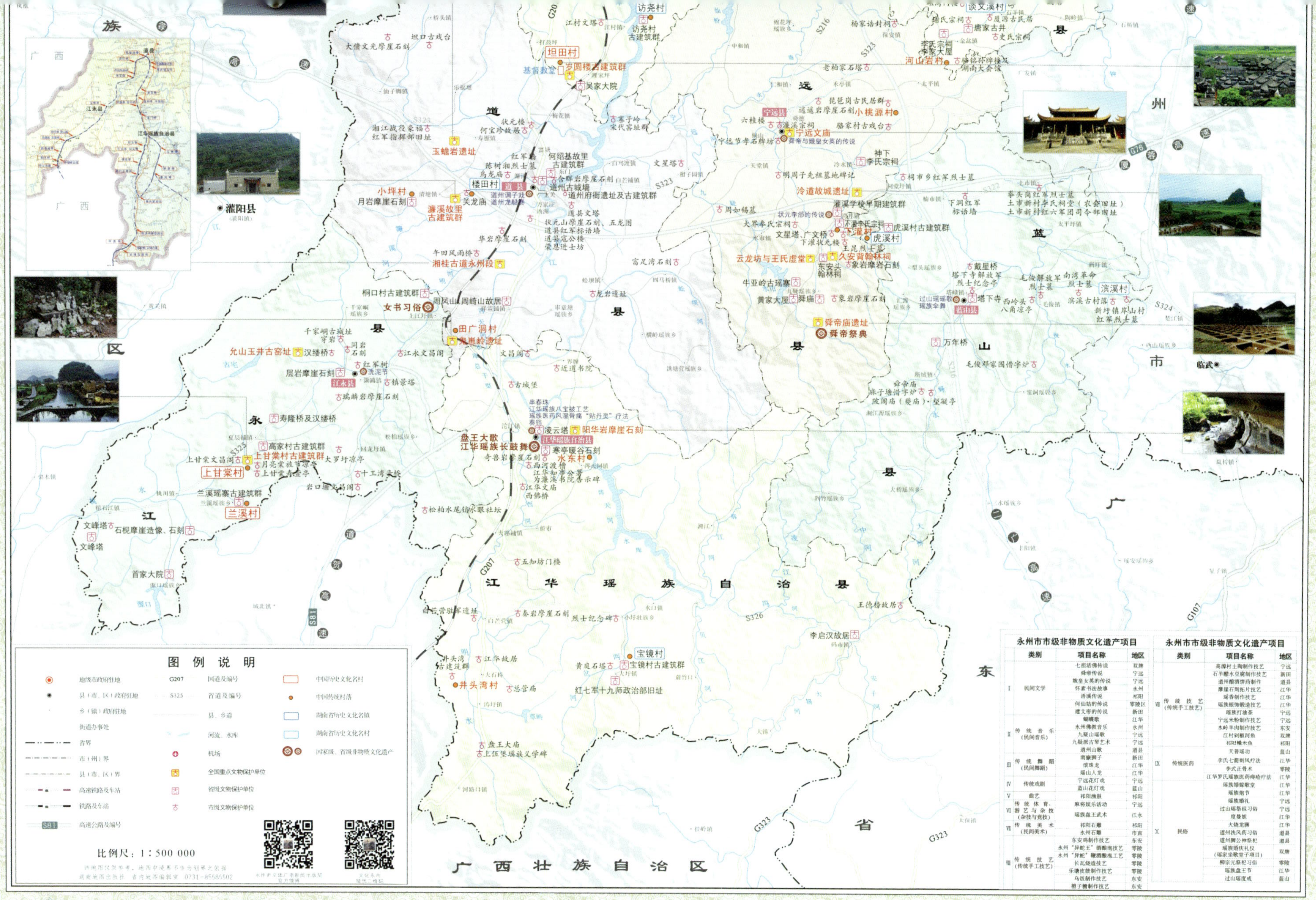

永州市市级非物质文化遗产项目

	类别	项目名称	地区
Ⅰ	民间文学	七祖活佛传说	双牌
		舜帝传说	宁远
		娥皇女英的传说	宁远
		怀素书法故事	永州
		浯溪传说	祁阳
		何仙姑的传说	零陵区
		建文帝的传说	新田
Ⅱ	传统音乐（民间音乐）	蝴蝶歌	江华
		永州佛教音乐	永州
		九疑山瑶歌	宁远
		九疑派古琴艺术	宁远
		道州山歌	道县
Ⅲ	传统舞蹈（民间舞蹈）	南嶽狮子	新田
		滚珠龙	江华
		瑶山人龙	江华
Ⅳ	传统戏剧	宁远花灯戏	宁远
		蓝山花灯戏	蓝山
Ⅴ	曲艺	祁阳渔鼓	祁阳
Ⅵ	传统体育、游艺与杂技（杂技与竞技）	麻将娱乐活动	宁远
		瑶族盘王武术	江永
Ⅶ	传统美术（民间美术）	祁阳石雕	祁阳
		永州石雕	市直
Ⅷ	传统技艺（传统手工技艺）	东安鸡制作技艺	东安
		永州“异蛇王”酒酿泡技艺	零陵
		永州“异蛇”鞭酒酿泡工艺	零陵
		长瓦烧造技艺	零陵
		乐塘皮鼓制作技艺	零陵
		乌饭制作技艺	东安
		橙子糖制作技艺	东安

永州市市级非物质文化遗产项目

	类别	项目名称	地区
Ⅷ	传统技艺（传统手工技艺）	高源村土陶制作技艺	宁远
		石羊醋水豆腐制作技艺	新田
		道州酿酒饼药制作	道县
		摩崖石刻拓片技艺	江华
		瑶香制作技艺	江华
		瑶族银饰锻造技艺	江华
		瑶族打油茶	宁远
		宁远米粉制作技艺	宁远
		水岭羊肉制作技艺	东安
		江村剁椒河鱼	双牌
		祁阳鳙米鱼	祁阳
Ⅸ	传统医药	天普瑶功	蓝山
		李氏七箭刺风疗法	江华
		李式正骨术	零陵
		江华罗氏瑶族医药痔疮疗法	江华
Ⅹ	民俗	瑶族婚嫁歌堂	江华
		瑶族炮节	江华
		瑶族婚礼	宁远
		过山瑶祭祖习俗	宁远
		度曼妮	江华
		火烧龙狮	江华
		道州洗风药习俗	道县
		道州狮公神祭祀	道县
		瑶族婚庆礼仪（瑶家坐歌堂子项目）	双牌
		柳宗元祭祀习俗	零陵
		瑶族盘王节	江华
		过山瑶度戒	蓝山

永州市人民政府　湖南省国土资源厅监制　永州市文体广电新闻出版局　湖南地图出版社编制　审图号：湘S（2017）113号

二〇一七年九月印刷

山水洲·城　　生态·宜居

阳明山地处双牌县东北部，是永州近郊国家森林公园，最高海拔1624.6米，总面积114.14平方千米，素享“北有庐山，南有阳明”之美誉，是湖南示范康养区。全境森林覆盖率98%，负氧离子含量平均6.68万个/立方米，年平均气温14.2℃，是江南最大洗肺区、天然康养胜地。野生动植物丰富，拥有数万亩原始次生林、中国南方最大的红豆杉群落和天然黄杉群落，有穿山甲、毛冠鹿、白颈长尾雉、白鹇和红豆杉、银杏、伯乐树、华东黄杉等国家一、二级重点保护动植物84种，相继发现龙虾花等植物活化石和鹰嘴龟、蛇蜥等濒危保护动物，占湖南植物种类的43%，其中杜鹃品种多达28种，连片数十万亩，且成群分布，被誉为“天下第一杜鹃红”，选大世界吉尼斯纪录，是“中国最大野生杜鹃群落”。有杜鹃花海、万和湖、小黄江源、北江冲、大黄江源等五大景区，是国家AAAA级旅游景区。

花海叠嶂

星空万寿寺

花海雾

春之阳明 | 夏之阳明
冬之阳明 | 秋之阳明

湘江源

山水洲·城　生态·宜居

湘江发源于湘江源国家森林公园境内海拔1789米野狗岭。湘江第一泓清泉自野狗岭南麓山坡苍莽的原始次森林中流出，汇成一溪，自北向南一路蜿蜒而下，在公园境内流长25千米，形成3个瀑布、2个高山平湖后汇入江华沱江。湘江源头茂林修竹、四面皆山，只有一道深深的峡谷与外界相连。湘江源头在蓝山这一段名为琛水。琛水是蓝山县内主要河流之一，所流经地区，正是传说中舜帝的主要活动区。

2013年5月，国务院水利普查办和水利部权威认定：湘江源头在蓝山，具体发源地在湘江源国家森林公园，纠正此前认为湘江源头在广西兴安的千年误会。湘江源头正名以来，中共湖南省委书记杜家毫、省长许达哲等省领导徒步考察湘江源，各界人士纷纷到这里探源，聆听人文始祖舜帝的故事，这里俨然成为人们探寻湘江之源、探求文明之源、探索真理之源的圣地。

绿色湘江源

湘江源头

湘江源　阮达英摄

源头活水　潘华摄

零陵萍洲书院

山水洲·城　　生态·宜居

蘋岛又名蘋洲，蘋岛位于潇水和湘江的交汇之处。这里是潇水下游的终点，也是湘江中游的开端，是真正的“潇湘”之源，千古传颂的“锦绣潇湘”正是指蘋岛这一带极富诗情画意的山光水色，而湖南的雅称“潇湘”一词即源于此。历史上曾名列湖湘四大书院之一的蘋洲书院始建于清乾隆四年（1739年），清代又称白蘋洲书院、白蘋书院，辛亥革命后改称蘋洲学堂，后改为永郡联立蘋洲中学，中华人民共和国与省立七中合并，更名为零陵一中（即现在永州一中的前身）。

小岛地形近似圆形，面积约0.6平方千米，环岛一周约600米。唐代著名文学家柳宗元登上蘋岛后在《湘口馆潇湘二水所会》一诗中吟道：“……天秋日正中，水碧无尘埃。归流驶且广，泛舟绝沿洄”。南宋大诗人陆游则赞咏道：“挥毫当得江山助，不到潇湘岂有诗？”“湖湘八景”第一景“潇湘夜雨”，堪称“天下第一景”！

潇湘二水在蘋岛汇流

零陵萍洲书院　陶旭日 摄

锦绣潇湘第一城　张新国摄

盛夏滨江　郭东灿摄

沿江风光　陈巨洲 摄

湘江河畔

濱江新城

山水洲·城　生态·宜居

滨江新城是永州市中心城市主体区域，北起城南大道，南接日升大道，西到洛湛铁路，东至阳明大道，总面积117平方千米，依湘江分为河东和河西两大片区，核心建设区32平方千米。按照市委、市政府“一主三副”和“一江两岸、东跨西扩、南北联城、中部崛起”的中心城市扩容基本思路，滨江新城定位为《永州市城市总体规划》的生态之城、滨江之城、智慧之城、休闲之城。同时配套建设“一宫四馆两中心”等市政文化设施，奠定滨江新城作为永州中心城市主体区域的地位。力争将滨江新城创建为湘南创智城、永州新中心、湖南省现代服务业集聚区、服务于大湘南经济转型的生产服务和研发创新中心，集合永州行政服务、商务办公、现代商业文化体育中心，产城融合的生态智慧新城。

永州年鉴

YONG ZHOU NIAN JIAN

永州名片

湘江之源

现代人类发源地

稻作农业之源

陶作之源

道德文明之源

世界唯一女性文字发源地

国家级承接产业转移示范区

国家历史文化名城

国家卫生城市

国家森林城市

全国森林旅游示范市

2014年全国幸福城市二十强

2018年质量魅力城市全国十强

全国“七五”普法中期先进城市

目　录

特　载
Special Issue

专　文
Special Articles

大事记
Chronological Events

永州概貌
A General Survey of Yongzhou

六城同创
Establishment of six model cities

政治建设
Political Construction

经济建设
Economic Construction

文化建设
Culture Advancement Construction

社会建设 Social Construction

生态文明建设
Ecological Civilization Construction

县区概况
Counties and Districts

附　录
Appendix

特载

Special Issue

市委常委会在市委五届七次全体会议的工作报告

严　华

同志们：

现在，我受市委常委会委托，向全会作工作报告。

今年以来，在省委、省政府的坚强领导下，市委常委会坚持以习近平新时代中国特色社会主义思想为指导，认真学习贯彻党的十九大和十九届二中、三中、四中全会精神，按照省第十一次党代会和省委十一届八次、九次全会的决策部署，坚持稳中求进工作总基调，深入实施“创新引领、开放崛起”战略，一任接着一任干，一心一意谋发展，一以贯之抓落实，统筹做好稳增长、促改革、调结构、惠民生、防风险、保稳定各项工作，经济持续健康发展、社会大局和谐稳定。具体来讲，市委常委会主要抓了以下工作：

一、扎实推动习近平新时代中国特色社会主义思想往深里走、往心里走、往实里走

市委常委会认为，思想认识上不去，政治站位就上不去，一切工作也都上不去，必须坚持不懈抓好党的创新理论武装。

今年以来，我们突出思想建党、理论强党，始终把学习贯彻习近平新时代中国特色社会主义思想和习近平总书记对湖南工作重要讲话指示精神作为首要政治任务，着力在学懂弄通做实上下功夫，重点解决学得进、记得住、信得过、用得上的问题。市委常委会将传达学习习近平总书记重要讲话和重要文章固定为第一个议题，召开常委会会议 39 次；规范各级党委（党组）理论学习中心组学习制度，严格落实“每月一次、上下同题”学习要求，市委理论学习中心组开展 14 次专题学习，做到周周有传达、月月有学习。深入实施“习近平新时代中国特色社会主义思想培训计划”“一把手政治能力提升计划”和“年轻干部理想信念宗旨教育计划”。加强“学习强国”平台使用推广，全市党员覆盖率排全省第三、人均积分稳居全省第一；举办“学习强国之永州答卷”大型电视知识竞赛等重大文化文艺活动，推动党的创新理论“飞入寻常百姓家”。围绕贯彻落实习近平总书记系列重要讲话，在市内主要媒体推出评论文章 40 余篇。党的十九届四中全会闭幕后，及时传达学习，研究贯彻意见；组建市委宣讲团和基层微宣讲队伍开展集中宣讲，推动四中全会精神在永州落地生根、开花结果。

二、全力推动经济高质量发展

市委常委会认为，实现国家治理体系和治理能力现代化，落实到经济工作上就是要坚持党对经济工作的领导，坚持基本经济制度，坚持高质量发展。

今年以来，市委常委会充分发挥把方向、管大局、保落实的作用，定期研究分析经济形势，突出抓好重大规划、重要任务和重大项目，努力把党领导经济工作的制度优势转化为治理效能。预计全年地区生产总值增长 7.5%，规模工业增加值增长 8.2%，固定资产投资增长 10%，地方财政收入增长 5.3%，社会消费品零售总额增长 10.3%，城乡居民人均可支配收入分别增长 8.9%和 9.5%。

一是坚决打好三大攻坚战。防范化解重大风险方面，严格债务限额和预算管理，稳妥推进平台公司转型，认真抓好省交办的 116 件具体融资问题整改，积极争取新增债券资金，牢牢守住“三保”底

线。1月—11月，全市实际化解政府隐性债务占年度任务的143.9%，保持防范和打击非法集资的高压态势，存量案件化解工作扎实推进。精准脱贫方面，保持一鼓作气、顽强作战的韧劲拼劲，狠抓产业扶贫、就业帮扶、易地扶贫搬迁及后续帮扶、健康扶贫、教育扶贫、消费扶贫等重点工作，加快补齐"两不愁、三保障"短板，集中力量攻克深度贫困，以上率下推动各级各部门向贫困最后堡垒发起总攻。预计全年减贫4.67万人，贫困村出列32个，贫困发生率下降到1%以内，江华瑶族自治县以高质量脱贫顺利通过贫困县退出第三方评估，新田县可望顺利脱贫摘帽。污染防治方面，深入贯彻习近平生态文明思想，坚决扛起"守护好一江碧水"的政治责任，切实抓好中央环保督察"回头看"和省环保督察反馈问题整改，大力实施湘江保护和治理第三个"三年行动计划"，着力打好蓝天、碧水、净土保卫战，在全省率先完成污染防治攻坚战"夏季攻势"任务。前三季度，全市地表水环境质量排全国地级以上城市第十三名、全省第一名；1月—11月，全市空气质量综合指数排全省第五，是全省空气质量改善幅度最大的市州；全市34个国考和省考断面水质达标率100%。二是狠抓产业项目建设。深入开展"产业项目建设年活动"，制定出台《永州市2019年产业项目建设年活动方案》，实行领导联系项目工作机制，先后召开全市产业项目建设推进会、重点项目建设流动现场会，切实营造"以产业比实力、以项目论英雄"的浓厚氛围。抓紧抓实"5个10"工程，纳入省里"5个100"工程的7个重大产业项目、3个重大科技创新项目、5个重大产品创新项目，超额完成全年投资任务，进度排名全省前列。新引进500强企业项目23个，完成进度排全省第一，引进个数排全省第二；引进科技创新人才78人。三是做大做强园区经济。全力打造"135"工程升级版，制定出台《永州市产业园区干部管理暂行办法》《永州市产业园区机关事业单位绩效工资实施暂行办法》等规范性文件，市县两级领导带头联系14条新兴优势产业链和300多家重点企业，点对点、面对面帮助企业解决困难。1月—11月，全市规模工业增加值增长8.3%，工业用电量同比增长8.2%、排名全省第三，新签约入园投资5000万元以上工业项目102个，新培育税收过200万元的工业企业98家，新增园区基础设施投资95.4亿元、新建标准厂房140.9万平方米，新入统规模工业企业100家、排名全省第二。四是加快创新驱动发展。制定《永州建设创新型城市实施方案》，组建永州科技要素市场，大力推进以科技创新为核心的全面创新。1月—11月，30个市重点科技创新项目完成投资占年度计划的142%；研发经费投入占年度计划的130.4%。全市地方财政科技投入增长30.8%。国家电能变换与控制工程技术研究中心永州分中心正式挂牌。

三、用好用活改革开放关键一招

市委常委会认为，面对严峻复杂的外部环境和经济下行压力，唯有坚定不移深化改革、扩大开放、优化环境，为经济发展增添动力、激发活力、拓展空间，才能破难题、解新题、开新局。

今年以来，市委常委会秉持创新求变的精神，保持敢闯敢干的劲头，全力打造对接粤港澳大湾区、广西北部湾和东盟的桥头堡。一是推动全面深化改革。召开市委深改委会议和市委常委会，审议重大改革方案，121项改革任务全面铺开、有序推进。以深化党和国家机构改革为契机，优化市委议事协调机构，推动党的领导全面覆盖。扎实开展"减轻基层负担与调动基层干部积极性相结合的体制机制"改革试点，推出突破性改革举措105项。在全国深度实施食品药品行政审批制度改革，发出第一张"承诺发证""五证合一"的药品经营许可证。统筹抓好经济体制、民生、民主法制、党建纪检等领域改革，纪委监委专责监督和政协民主监督联动协作机制、"一件事一次办"改革、"双河长制"、党史宣传教育等工作走在全省、全国前列。二是持续扩大对外开放。积极对接融入"一带一路"、粤港澳大湾区建设、长江经济带发展等国家战略。积极做好第一届中国—非洲经贸博览会、第二届中国国际进口博览会等重点展会的参展参会工作，推动永州优势产业、优秀企业"走出去"。召开市委五届六次全会，审议通过《永州市承接产业转移示范区发展规划》。制定出台《关于加快承接产业转移的若干政策措施》。牢牢抓住“产业链”“亲情链”，紧盯三类500强企业，推进小分队招商、以商招商、产业链招商，积极开展“迎老乡、回故乡、建家乡”活动。全市有进出口实绩的企业达到217家，其中“破零倍增”企业65家。1月—11月，全市进出口总额增长42.2%，实际利用外资、内资分别增长12.3%、18.4%。三是大力优化营商环境。制定出台《关于鼓励和支持民营经济高质量发展的实施意见》，扎实推进“优化营商环境七大行动”。率先落地实施省政府公布的100项“一件事一次办”改革，中心城区受理的“一件事”平均提速70%。全面推行领照即开业、交房即交证、交地即开工的“三即”承诺制试点，率先在全省开展政务服务“好差评”测评。全面落实减税降费政策，预计全年新增减免税费25.2亿元。

四、加快推进城乡融合发展

市委常委会认为，推动城乡融合发展，是实现乡村振兴的重要途径，是拓展高质量发展空间的有力抓手，也是破解新时代社会主要矛盾的必然选择。

今年以来，市委常委会坚持统筹城乡区域协调发展，努力完善城市功能，拉长农村短板，重塑城乡关系，加快融合发展。一是大力提升城市品质。以开展“六城同创”为抓手，带动城市面貌大改善、品质大提升，在全省率先完成违建别墅项目整治任务，困扰26年的历史遗留问题“宋家洲避险搬迁及环境综合治理项目征地拆迁难题”得到有效解决。突出抓好与人民群众生产生活息息相关的“微建设”“微服务”，筹备实施民生微实事项目282个。九嶷大桥、翠竹大道、永州大道BRT、市民服务中心等工程投入使用，华侨城卡乐文化旅游、滨江新城文旅综合体等项目加快推进，铁路沿线安全环境专项整治工作受到省里通报表彰。二是深入实施乡村振兴战略。认真贯彻《中国共产党农村工作条例》。加快推进现代农业“百千万”工程和“六大强农行动”，发展“两茶一柑一菜一猪”特色农业产业。湖南农副产品集中验放场（道县）列为粤港澳大湾区“菜篮子”供应中心六个配送中心之一，71个农产品基地认定为粤港澳大湾区“菜篮子”生产基地，数量居全省第一。“永州之野”市级农业公用品牌商标成功注册，省级“湘江源”湘南片区蔬菜公用品牌授权永州使用并正式发布。大力实施“千村美丽、万村整治”工程，全面推进村庄清洁行动和“厕所革命”，农村生活垃圾集中收运率95%，农村卫生厕所普及率78.3%。坚持非洲猪瘟防控与生猪生产两手抓，“生猪保供稳价”在全省实现五个第一；粮食安全工作考核获全省先进；获评全省烟叶生产优秀单位。三是加快完善基础设施。着力补齐城乡环境基础设施建设短板，实施安全供水、气化永州、污水治理、垃圾治理、黑臭水体整治、厕所革命、智慧建设增效“七大工程”。生活垃圾焚烧发电东部项目（宁远）建设有序推进，南部项目（道县）前期工作基本完成。涔天河水库灌区工程、毛俊水库、21座小型病险水库除险加固等水利工程进展顺利。突出抓好交通基础设施建设，湘桂铁路永州地区扩能改造，永州火车站、永州机场提质改造等项目加速推进。湘江永州至衡阳千吨级航道改扩建工程分两期建设的方案已获批准，祁东归阳至冷水滩宋家洲段基本具备开工条件，湘桂运河前期规划工作正在积极推进。完成自然村通水泥路1700余千米。

五、切实保障改善民生和维护社会大局稳定

市委常委会认为，我们的一切工作都是为了让人民生活更美好，必须坚持以人民为中心，推动为民服务解难题，引导全市上下共同维护社会大局和谐稳定。

今年以来，市委常委会全面践行以人民为中心的发展思想，把老百姓的事当作天大的事，用心用情解决好群众身边的操心事、烦心事、揪心事。1月—11月，全市财政民生支出占比70.2%，省定十二件重点民生实事和市定十大民生工程全面完成。

深入实施“四名”工程，新建学校41所，消除大班额3800多个，提前一年实现基本消除义务教育大班额目标。推进全方位公共就业服务，促进高校毕业生、农民工、城镇就业困难群体等重点群体就业，新增城镇就业、农村劳动力转移就业超额完成全年目标任务。全面落实城乡低保、特困供养提标要求，实施养老保险全民参保计划，推进基本医疗保险市级统筹改革，扎实做好“一老一小”工作，切实保障困难群众和重点群体基本生活。在全省率先出台“四医联动”推进医改实施意见，建成标准化乡镇卫生院72所、行政村卫生室1069个。持续开展“落实企业主体责任年”活动和安全生产大排查大管控大整治专项行动；全市各类生产安全事故发生起数、死亡人数同比分别下降33.33%、34.09%；先后迎战洪涝灾害8次，做到有大灾无大难。积极开展“防风险、保安全、护稳定”大排查大整治专项行动，纵深推进扫黑除恶专项斗争，摧毁黑社会性质组织17个、恶势力犯罪集团及团伙105个，立案查处涉黑涉恶腐败和“保护伞”问题115人，专项斗争打击数量、打击质量排名全省第一；中央督导组交办的254件线索、28个问题和1个问责建议全部核查整改落实到位。坚持和发展新时代“枫桥经验”，深化拓展网格化服务管理，推进城区快警和农村辅警义警建设，5个村获评“全国乡村治理示范村”，创建“三无”乡镇（街道）131个。新中国成立70周年大庆安保维稳工作考核排名全省第一，获评全国禁毒示范城市创建工作先进城市、全国“七五”普法中期先进城市、全省综治工作先进市，平安建设考核信访工作排名全省第一。

六、积极发展社会主义民主政治

市委常委会认为，推动社会主义民主政治建设，必须坚持党的领导、人民当家做主、依法治国有机统一，巩固和发展生动活泼、安定团结的政治局面。

今年以来，市委常委会及时听取市人大常委会、市政府、市政协、市中院、市检察院党组工作汇报，支持和保证同级国家机关和其他组织依法依章程履行职能。一是坚持和完善人民代表大会制度。召开市五届人大三次、四次会议，作出决议决定20项，依法开展选举任免103人次，审议通过《永州市人民政府拟定地方性法规草案和制定规章程序规定》，制定全省首部关于乡村房屋建设管理地方性法规《永州市乡村房屋建设管理条例》。坚持把党委政府工作的重点、经济社会发展的难点、人民群众关切的热点，作为人大监督工作的切入点，组织开展人大代表小组活动，深入开展“两法两条例”实施情况检查；组织对餐厨垃圾管理、城乡集贸市场管理、城市二次供水管理、住宅小区电梯管理、饮用水水源地保护、公共文化服务保障等项目开展立法调研，为市委决策提供法制参考。支持人大开展代表联络工作站建设和闭会期间的代表活动，推动代表议案、意见和建议落实。二是充分发挥人民政协协商民主的重要作用。坚持党对政协工作的全面领导，召开市委政协工作会议和庆祝人民政协成立70周年会议，切实发挥政协专门协商机构作用。市政协被省政协授予“湖南省习近平总书记关于加强和改进人民政协工作的重要思想实践基地”，在全省率先探索纪委监委专责监督与政协民主监督的联动协作机制，率先启动“智慧政协”建设并运行，率先运用省政协健康扶贫专题议政成果。打好蓝天保卫战、加强食品安全、推进健康扶贫等多项履职成果转化为市委、市政府的决策方案，实现建言资政和凝聚共识“双向发力”。支持政协工作创新，举办全市政协系统履职成果创新大赛和政协工作经验交流会，增强了广大委员履职的积极性、主动性、创造性，干出了新时代政协工作的新样子。三是运用好统一战线这个重要法宝。召开市委统一战线工作领导小组全体会议和纪念永州解放70周年座谈会，支持民主党派、无党派人士开展“不忘合作初心、继续携手前行”主题教育。深入实施“凝心聚力新时代”行动，认真开展“万企帮万村”“同心教育扶贫”“海外人才智力援乡”等活动。按照中央和省委统一部署，配合做好香港止暴制乱和区议会选举等工作。出台《关于支持各民主党派市委、市工商联和无党派人士开展民主监督工作的实施方案》《永州市统一战线“围绕中心聚力量、服务大局助发展”行动工作方案》，积极引导各民主党派、工商联和无党派人士为发展献计出力。深化民族团结进步创建，全面开展全市宗教情况大调研大排查大督查，扎实开展宗教工作督查整改“回头看”。工会、共青团、妇联、工商联等群团工作取得新成效。

七、加强与改进新时代宣传思想文化工作

市委常委会认为，宣传思想文化工作是强基固本的基础工程，必须坚持用新时代中国特色社会主义思想武装全党、教育人民，促进全市上下在思想上、精神上紧紧团结在一起。

今年以来，市委常委会紧紧围绕“举旗帜、聚民心、育新人、兴文化、展形象”的使命任务，精准精细做好新形势下宣传思想文化领域各项重点工作。一是注重发挥红色文化凝心铸魂作用。加强对习近平总书记多次讲述的陈树湘烈士断肠明志故事的挖掘整理，高站位、高效率、高质量建成陈树湘烈士纪念园，跻身全省爱国主义教育基地。全面实施未成年人思想道德建设“向日葵工程”，经验得到中央教育工作领导小组专题推介。二是落实意识形态工作责任制。建立意识形态工作联席会商制度，开展意识形态专项检查，定期分析研判意识形态领域形势，组织开展市县乡三级书记履行意识形态工作责任述职评议，对履责不到位的19个单位党组织进行追责问责。三是着力巩固壮大主流舆论。隆重举行庆祝中华人民共和国成立70周年系列活动，举办“壮丽70年・奋斗新时代”主题宣讲和新闻发布会，策划推出“我和我的祖国”“歌唱祖国”微视频、图集、快闪等一系列融媒体产品，唱响礼赞新中国、奋斗新时代的昂扬旋律。坚持团结稳定鼓劲，正面宣传为主，开展“户帮户亲帮亲，互助脱贫奔小康”、扫黑除恶、集中整治形式主义官僚主义等主题宣传，推出5期大型电视问政节目《问政时刻》。四是积极培育和践行社会主义核心价值观。扎实开展“治陋习・树新风”乡风文明建设年活动。深入实施网络“培土”“育苗”“除草”“护花”四项工程，开展清理整治网络黑恶势力专项行动，全市网络舆情总量同比下降66%，全省网上群众工作现场推进会在永州召开。全面铺开新时代文明实践活动，全市11个县区融媒体中心挂牌运行，两个县区列入新时代文明实践中心全国试点县。全市所有文化场馆免费开放，城市阅读指数连续5年位居全省前三。五是用心用情诠释好“永州这本书”。以创建国家公共文化服务示范区为抓手，深入挖掘舜文化、廉文化、瑶文化、柳文化、女书文化。参与2019北京世园会湖南主题日永州专场推介、外交部湖南推介等对外宣传活动。大型现代祁剧《向阳书记》在全市巡演，永州作家编剧的《周恩来回延安》被评为中宣部“五个一工程奖”，《女书组歌》被评为湖南省“五个一工程奖”。

八、扎实开展“不忘初心、牢记使命”主题教育

市委常委会认为，不忘初心、牢记使命是加强党的建设的永恒课题，是党员、干部的终身课题，必须以高度政治责任感，扎实有序开展好主题教育。

自全市“不忘初心、牢记使命”主题教育开展以来，在省委第二巡回指导组精心指导下，市委常委会坚持以一流的标准、一流的作风、一流的业绩，狠抓思想认识到位、检视问题到位、整改落实到位、组织领导到位，示范带动全市各级党组织和广大党员干部“不忘初心再出发、牢记使命勇担当”。一是强化主体责任。市委常委会先后10余次研究主题教育工作，常委班子先后2次专程赴陈树湘烈士纪念园、陶铸纪念馆等地接受革命传统教育。派出15个市委指导组，对全市14个县区（经开区、管理区）、103个市直机关进行分级分类指导督促。二是强化理论学习。举办市委主题教育读书班。市委理论学习中心组分别以“从忠诚看初心”“从干净看初心”“从担当看初心”为主题，开展3次集中研讨交流。市委、市政府主要领导先后6次为全市党员干部上党课。三是强化调查研究。市级领导围绕“为发展找差距、为百姓解难题、为基层减负担”主题，从

发展所需、改革所急、稳定所忧、群众所盼的问题入手，选取11个方面的课题，带动全市各级各部门深入调研，形成一批高质量的调研成果。四是强化问题检视。采取自己找、群众提、集体议、上级点等方式，广泛征求意见建议。组织召开“对照党章党规找差距、严守纪律规矩重自觉”专题会议，对照党章党规、准则条例和“十八个是否”，以及10月8日省委书记杜家亳专题党课提出的“十一个问题”，结合省委和市委查处的违纪违法案件，深刻检视反思；高质量召开专题民主生活会，市委常委班子结合征求到的意见建议和查摆出的5大类26个问题，见人见事见思想，严肃开展批评与自我批评。五是强化整改落实。严格实行“三查摆三承诺”制度，以高度的政治自觉、思想自觉、行动自觉推动整改落实。截至12月18日，全市共查找问题4837个，整改完成率97.1%，群众反映的2602个重点问题全部整改到位。全省第二批主题教育专项整治工作座谈会上，永州作典型发言。

九、坚定不移推进全面从严治党

市委常委会认为，党面临的“四大考验”“四种危险”依然严峻复杂，党的自我革命任重道远，决不能有停一停、歇一歇的想法，必须扛起管党治党政治责任，持之以恒推动全面从严治党向纵深发展。

今年以来，市委常委会坚持严字当头、全面从严、一严到底，以自我革命精神永葆党的先进性和纯洁性。一是在政治建设上持续发力。把全面修复、持续净化政治生态作为一项重要而紧迫的政治任务，召开全市党员领导干部专题警示教育大会，以高某某、唐某某、颜某某、金某等系列案件为反面教材，深化以案明纪、以案说法、以案促改，坚决整治拜码头、拉山头、搞小圈子等腐朽政治文化。聚焦落实“两个维护”强化政治监督，开展两轮常规巡察和一轮扶贫领域专项交叉巡察，巡察党组织37个，发现问题1547个；分两批对14个县区（经开区、管理区）、6个市直单位领导班子和领导干部进行考察；查处违反政治纪律政治规矩典型案例8件8人。二是在夯实基层基础上持续发力。认真落实省委关于全面加强基层建设“1+5”文件，推进党支部“五化”建设，创建“五化”示范点1281个。实施村党组织带头人队伍能力提升工程，转化软弱涣散党组织224个。创建“红色小区”44个，新建商圈市场党组织16个，“两新”组织实现党的组织和工作全覆盖。建成高标准综合服务平台3066个，市县“潇湘红云·智慧党建”平台上线运行。三是在队伍建设上持续发力。把树立正确选人用人导向作为净化政治生态的治本之策，制定出台《加强干部交流实施办法》《选人用人检查工作实施办法》《领导干部亲属提拔任用管理暂行办法》。突出政治标准、事业为上、基层导向选用干部，提拔重用政治过硬、实绩突出的干部182名，其中，择优提拔7名乡镇党委书记担任副处级领导职务，选派6名市直单位年轻科长到乡镇担任党委书记。坚持严管与厚爱结合、激励与约束并重，出台激励干部担当作为实施意见，为148名受到诬告错告的干部澄清正名。四是在正风肃纪上持续发力。部署开展干部队伍形式主义、官僚主义六大突出问题专项整治，大力整治领导干部插手工程项目建设、违规收送红包礼金等突出问题，坚决惩治“接天线”“打牌子”“提篮子”问题，一体推进不敢腐、不能腐、不想腐，推动全面从严治党向纵深发展、向基层延伸。1月—11月，全市立案1806件、处理处分1281人，集中查处赵某某、盘某某、胡某某等一批大要案件；查处违反中央八项规定精神问题134个，处理处分215人。

一年来，市委常委会认真履行党管武装职责。全面抓好国防和后备力量建设改革各项保障落实，大力推进民兵训练基地建设，走好军民融合之路，促进兴武与兴永相得益彰。全面落实中央关于军民融合深度发展战略部署，制定《永州市军民融合发展委员会工作规则》《永州市军民融合企业（单位）认定管理办法》等制度，以打造永州经济技术开发区军民融合产业示范基地为重点，推动军民融合重点项目落地见效。召开县（区）国动委主任述职会，统筹推进征兵工作、民兵整组、国防动员、双拥共建等工作，取得良好成效。

一年来，市委常委会持之以恒加强自身建设。带头增强“四个意识”，坚定“四个自信”，做到“两个维护”；带头贯彻执行民主集中制，不断增强领导班子的凝聚力战斗力；带头发扬斗争精神、增强斗争本领，永葆共产党人政治本色；带头落实中央八项规定及其实施细则精神，坚决反对特权思想和特权现象。严肃认真开好年度民主生活会，带头过好双重组织生活。注重以“四不两直”方式深入开展调研，认领和解决群众反映强烈的突出问题。全面履行“一岗双责”，明大德、守公德、严私德，注重家庭、家教、家风建设，教育管理好亲属和身边工作人员。

在总结工作的同时，市委常委会深入分析了工作中存在的问题和不足。主要是：学习贯彻习近平新时代中国特色社会主义思想和习近平对湖南工作重要讲话指示精神还需进一步走深走实；经济下行压力依然较大；抓实体经济、产业发展成效还不够明显；营商环境不优、办事效率不高的问题依然存在；推进全面从严治党、加强基层基础、激发干部担当作为还有大量工作要做；部分党员干部能力素质与高质量发展要求还有较大差距，等等。这些问题，市委常委会将认真研究、努力解决。

以上报告的是今年以来常委会的主要工作。这些工作的推进和各项成绩的取得，是习近平新时代中国特色社会主义思想科学指引的结果，是省委、省政府坚强领导的结果，是全市上下团结一心、奋发努力的结果。各位市委委员在各自岗位上开拓进取、勤勉工作，对常委会的工作给予了大力支持。在此，我代表市委常委会，向同志们表示衷心感谢！请同志们多提宝贵意见和建议，我们将认真听取、积极改进。

专文

Special Articles

栉风沐雨七十年　砥砺前行铸辉煌

——中华人民共和国成立70周年永州经济社会发展成就简述

实现从一穷二白到欣欣向荣的历史性转变

中华人民共和国成立前的永州，生产力水平十分低下，经济落后，田园荒芜，百业凋零。1949年，全市国内生产总值仅1.38亿元，人均54.1元；到1952年全市财政总收入也仅0.22亿元，财政总支出0.05亿元。中华人民共和国成立后，永州人民在中国共产党的领导下，艰苦奋斗，艰辛创业，开展大规模的社会主义经济建设。特别是党的十一届三中全会以来，从以家庭联产承包责任制为标志的农村改革稳步推行，到全市政治、经济、文化、社会等各个领域改革的全面铺开，国民经济由小到大、由弱变强。1979年突破10亿元，1994年突破100亿元，2012年突破1000亿元，实现从亿元级到千亿元级的历史性跨越。2018年，全市实现地区生产总值1805.65亿元，是1952年的217倍，年均增长8.5%；人均地区生产总值从1952年的74元跃升到2018年的33035元；财政收入从中华人民共和国成立之初的2200万元增长到2018年的183.29亿元。先后获国家历史文化名城、国家卫生城市、国家森林城市等称号。

实现从百废待兴到百业兴旺的历史性转变

中华人民共和国成立初期，永州农业基础设施十分薄弱，水旱病虫灾害频发，农业生产“刀耕火种”“靠天吃饭”；工业只有少数几家官办企业和一些私营企业及手工业作坊，规模小、技术落后、生产能力低，1949年工业总产值只有0.12亿元；第三产业凋零，百货奇缺，市场萧条。改革开放以来，永州市坚持以经济建设为中心，推进产业发展，产业竞争力持续提升。三次产业占比从1952年的77.1∶8.0∶14.9，调整为2018年的16.4∶33.7∶49.9。多种所有制经济竞相发展，非公有制经济在地区生产总值中所占比重不断提高，2018年占比达57.1%。农业基础不断夯实，蔬菜种植和肉牛产量稳居全省首位，油茶林面积和烤烟产量居全省第二，生猪、肉羊产量居全省前三，粮食、水果、家禽和水产品产量保持全省第一方阵，拥有国家生猪调出大县9个，牛羊调出大县3个，是全国5个油茶产业发展示范市之一。2019年成功对接粤港澳大湾区“菜篮子”建设，成为全省乃至全国重要的粮食、肉类、烤烟、水果、油茶生产基地。工业经济量质齐升，初步形成先进装备制造、农产品精深加工、生物医药等七大支柱产业和以电子配套件、轻纺制鞋、植物提取物等为主导的千亿产业集群；2018年，全市全部工业增加值499.92亿元，比1978年增长127.5倍。现代服务业快速发展，电子商务方兴未艾，以零陵古城、九嶷山、阳明山、云冰山等为代表的全域旅游发展格局基本形成。

实现从湘南边陲到开放前沿的历史性转变

永州地处湘粤桂三省区结合部，五岭北麓、湘南边陲，不沿海、不靠边，属于典型的经济发展“死角”，长期处于封闭半封闭的落后状态。70年来，特别是改革开放以来，永州解放思想谋发展、敞开大门搞建设，逐渐形成全方位、多层次、宽领域的对外开放格局。特别是近年来，永州抢抓湘南湘西承接产业转移示范区建设历史机遇，持续释放区位、资源、成本、生态等方面优势，外向型经济发展迈出新步伐。2018 年，全市实现进出口总额 139.75 亿元，比 1978 年增长 493.7 倍，年均增长 16.8%。在永州的外资企业从中华人民共和国成立之初的基本为零，增加到 2018 年的 687 家，2018 年实际利用外资 12.12 亿美元。借助湖南农副产品集中验放场、出口监管仓和进口保税仓、保税物流等开放平台，大批“永州制造”产品走向海外，加工贸易出口额从零增加到 2018 年的 26.42 亿美元，总量提升至全省第四。2018 年，永州与 187 个国家和地区发生贸易往来，其中“一带一路”沿线国家和地区 63 个。

实现从破旧凋敝到美丽宜居的历史性转变

中华人民共和国成立初期，永州境内仅有湘桂铁路、衡桂公路数十千米，陆路运输主要靠肩挑马驼，水路运输则以风帆和拉纤为主；城区房屋低矮破旧，道路狭窄不平，全市无一辆公交车，无一条水泥路，无一栋高楼，无一个公园。改革开放以来，永州城镇化建设步伐明显加快，城镇化率由 1978 年的 6.5%提升到 2018 年的 49.7%，中心城区建成区面积从 1978 年的不足 10 平方千米增加至 2018 年的 66.5 平方千米，城区人口 63.5 万人。交通基础设施不断改善，2018 年，中心城区经停高铁 20 对；境内公路总里程 2.3 万千米，其中高速公路 492 千米；修建通村公路 2 万千米，公路通村（行政村）率 100%；永州机场开通国内航线 10 条，年旅客吞吐量突破 25 万人次。自来水、天然气、公交车、图书馆、文化馆、体育中心等公共基础设施建设逐步完善，潇湘公园、滨江公园、白石山公园等公共绿地的建成，逐步让城市变花园、处处是风景；大力实施乡村振兴战略，家乡越来越美、乡愁越来越浓，上甘棠、下灌、何仙姑、桐子坳等美丽乡村各显特点，千姿百态；空气环境质量优良率及湘江段饮用水源达标率均达到 100%，全市森林覆盖率由 50 年代的 35.3%提高到 2018 年的 65.3%。2014 年被评为中国幸福城市二十强。

实现从贫穷困苦到全面小康的历史性转变

中华人民共和国成立前的永州，物资供给匮乏、文化教育落后、医疗水平低下、治安状况混乱，贫困率、文盲率、失业率、死亡率居高不下，广大老百姓缺衣少食、温饱不足。70 年来，永州始终坚持以人民为中心，持之以恒在发展中改善和保障民生，教育、医疗、文化、卫生、社会保障等民生事业取得长足进步，人民生活日新月异、蒸蒸日上。居民收入大幅增长，2018 年，全市农村人均可支配收入 13924 元，比 1949 年实际增长 43.5 倍；城镇居民人均可支配收入 28470 元，比 1992 年实际增长 5.9 倍；全市社会消费品零售总额达 719.55 亿元，比 1952 年增长 1198 倍。教育事业稳步推进，九年义务教育全面普及，青壮年文盲全部扫除，2018 年，全市中小学生在校人数 85.34 万人，比 1949 年增长 8 倍，学前三年毛入园率 84.5%，高中阶段毛入学率 88.2%。医疗卫生持续发展，人均寿命从 1949 年的 35 岁，提高到 2018 年的 75.4 岁。社会保障不断完善，2018 年，全市一般公共预算支出中社会保障和就业支出 76.8 亿元，占 16.7%；城乡居民基本养老保险制度实现全覆盖，全民医保体系基本建成。消费水平全面升级，居民食品消费由“吃饱”向“吃好”转变，食品消费支出比重大幅下降，汽车、手机、电脑、空调等新型耐用消费品进入千家万户。脱贫攻坚成效显著，从 2012 年底到 2018 年底累计减少贫困人口 61 万余人，贫困发生率降至 1.3%。平安永州建设持续推进，文化事业欣欣向荣，广大群众的获得感、幸福感、安全感不断提升。

沧桑巨变创辉煌　踏浪潮头领航行

——中华人民共和国成立70周年冷水滩区发展成就简述

冷水滩区70年的发展历程，是一幅波澜壮阔的历史画卷。特别是中共十八大以来，全区主要经济指标保持两位数以上增长，发展速度始终在全市保持第一方阵，重点项目建设和投资均位居全市首位，是全市第一个、全省前20个实现全面建设小康社会达标的县区，先后获得国家卫生城市、国家森林城市、国家现代农业示范区、中国幸福城市等国家级荣誉60余项、省级荣誉200余项。

综合实力不断增强

中华人民共和国成立初期，冷水滩经济社会贫穷落后，发展基础十分薄弱，社会总产值只有1224万元，到1978年也只有1.78亿元。改革开放后，冷水滩实施以“强工兴贸”为重点的“城市经济”发展战略，2010年地方生产总值突破100亿元，2016年实现翻番，2018年达到283.28亿元。财政收入从1953年63万元上升到2014年的11.09亿元，2018年达到19.12亿元，人均财力位居全市县区首位。2018年财政支出35.89亿元，是1952年69万元的5201倍。

农业经济稳步提高

中华人民共和国成立初期，全区农业“靠天吃饭”现象明显，粮食产量较低。1949年粮食播种面积2.64万公顷，总产量5.9万吨，农业总产值仅为1078万元。改革开放后，全区推动农业产业多元化发展，发展“万字号”农业基地5个，“千字号”特色农业基地30多个；有规模农产品加工企业51家，发展适度规模经营户2732户，累计流转土地1.546万公顷，流转率47.6%。全区粮食总产量提高至34.09万吨，连续10年获“全省粮食生产先进县区”称号，连续14年获“全国粮食生产大县”称号，连续11年获“全国生猪调出大县”称号。2018年全区农业总产值54.52亿元，是1949年的506倍。

工业经济提质发展

中华人民共和国成立初期，全区工业总产值95万元。1978年至1995年，冷水滩境内工业以中央、省、地属企业为主。1996年撤市建区后，冷水滩实施“工业兴区”战略，初步形成一个以建材、食品、轻纺、机械为主体工业体系。中共十八大以后，冷水滩区引进高端产业项目和战略性项目，工业经济由单一的“一张纸、一瓶酒、一台车、一根线、一包水泥”等产业发展到现在的先进制造、电子信息、生物医药、现代物流和农副产品深加工“五大百亿”产业集群，是全省新型工业化前20强县区。现有各类工业企业108家，是1978年的10倍，“四上企业”（规模以上工业企业、资质等级建筑企业、限额以上批零住餐企业、国家重点服务业企业等四类规模以上企业的统称）总量373家，产值过亿元企业265家，居全市之首。高科技工业园引进产业项目56个，完成产业投资328.6亿元，2018年获得“国家林业产业示范园”称号，实现从“量变”到“质变”的新跨越。

商业贸易活力迸发

中华人民共和国成立初期，冷水滩第三产业不发达，商品流通也仅仅是提篮小卖。改革开放40年来，冷水滩确定“建设大市场，搞活大流通，发展大商业”的指导思想，累计投入市场建设资金98.11亿元，新建市场62处，建筑面积258万平方米，设固定摊位4万余个，安排从业人员10万人。现有各类商品市场46个，批发机构1090个，批发市场7个，其中桥头市场成为湘桂边境最大的工业综合市场，黄泥井市场成为永州市最大农贸市场。2018年全区实现社会消费品总额143亿元，是1949年367万元的3896倍。外贸从无到有，2018年外贸进出口总额1.6亿美元。

城市面貌日新月异

中华人民共和国成立初期，冷水滩基础设施薄弱，城区只有解放路和人民路两条主干道，全长不过11千米，配套设施简陋，冷水滩93%以上的人口都从事农业生产。改革开放后，坚持实施城镇化战略，通过改造扩建河西旧城区，新辟河东、凤凰园城区，城区面积由1978年的8平方千米扩展到现在的50平方千米，城区主干道由1978年的“一纵一横”发展到现在的“九纵十三横”，交通运输发展到现在的高速、高铁、航空、水运“四位一体”现代交通网络。特别是中共十八大以来，打通城区断头路17条，建设小游园、社区公园15个，规划建设安置小区22个，圆满完成宋家洲综合整治。城镇人口从5万人增加到2018年的37.13万人，城镇化率由1978年的12.6%提升到2018年的69.1%，城市生产生活用水、自来水普及率100%，行政村自来水通水率85%，农村人口自来水普及率85.48%。城市绿地率、绿化率、人均公共用地分别从1978年的1%、1.2%和0.5平方米增加到2018年的25%、32%和7平方米。2018年农民人均居住面积45.8平方米。

民生保障持续改善

中华人民共和国成立初期，冷水滩各种社会保障体系还没有建立，国民人均收入为100元，1978年为276元，1998年为568元。改革开放后，特别是中共十八大以来，冷水滩区以保障和改善民生为重点，使发展成果更多更公平惠及人民，城乡居民生活水平全面提升。2018年，城镇居民人均可支配收入32578元，农村居民人均可支配收入增加至20565元。全区城乡居民、企业职工、机关事业单位养老保险参保人数29.46万人，城镇基本医疗保险参保人数41.49万人。2018年，全区城市低保标准提高至430元/月，农村低保标准提高至290元/月。2018年全区31个贫困村全部出列，贫困人口从23781人减少至4517人，贫困发生率下降到1.48%。深入实施绿色发展战略，聚力打好大气、水、土壤污染防治“三大战役”，筑牢长江上游生态屏障。森林覆盖率提高至38.51%，空气环境优良天数301天、优良率达82.9%，城区集中式饮用水水源水质全部达到Ⅱ类水质、达标率100%。实施“三治三拆三革命”，持续深入推进“八个全覆盖”，完成171个村的农村污水治理，集中整治5处城市黑臭水体，全区农村卫生厕所普及率72%，污水处理率65%。

社会事业蓬勃发展

中华人民共和国成立70年来，特别是中共十八大以来，全区各项社会事业全面发展，获得全国科技进步先进县区、国家知识产权强县、全国计划生育优质服务示范县区、全国义务教育发展基本均衡县区、全国社区教育实验区等国家级荣誉和全省县域经济强县、全省食品安全先进县区、全省基本公共卫生服务先进县、全省安全生产先进县区、全省社会治安综合治理先进县区等省级荣誉。冷水滩从1957年仅有2所中学到现在各类各级学校357所。2018年以来，市区计划投入21亿余元，新建、改扩建21所学校，新增学位4.5万个，466个义务教育超大班额全面化解，其经验在全省作为典型推介。中共十八大以来，冷水滩以提高服务水平和供给能力为核心，深化医药卫生体制改革，建立起区、乡、村三级医疗联手的“医联体”，现有医院卫生机构拥有床位数6963张。第三人民医院成功创建省级三甲医院。

党的建设不断加强

中共十八大以来，冷水滩区深入实施基层党组织“五化”建设。“两新”组织覆盖率居全市前列。建设165个农村（社区）综合服务平台，实现党建战斗堡垒“全覆盖”。推进党建进小区、进楼栋，推行小区业主委员会“三三制”，打造小区党建示范点10个，村支书年报酬3.77万元。全面落实意识形态责任制，高标准建设区级融媒体中心，管网、治网水平能力进一步提高。健全和完善巡察反馈、巡察整改工作机制，初步建立纪检监察机关参与巡察工作制度，监督执纪问责更严厉。

百舸争流涌春潮　千年古城换新颜

——中华人民共和国成立70周年零陵区发展成就简述

中华人民共和国成立70年来，特别是中共十八以来，零陵区坚持以习近平新时代中国特色社会主义思想为指导，认真贯彻落实中央和省市的决策部署，团结拼搏、苦干实干，奋力推动经济社会高质量发展，潇湘之源处处"旧貌换新颜"，先后成功创建国家历史文化名城、国家森林城市、国家卫生城市、省文明城区、省园林城市。

从一穷二白到百业兴旺　综合实力显著提升

零陵区实现从农业大区到工业主导型城市、再发展到服务业主导型城市的转变，综合实力实现历史性飞跃。

经济指标快速增长。国内生产总值由1949年的1182万元增长到2018年的229.8亿元，增长1943倍，年均增长11.4%。2018年，全区规模工业年产值122.3亿元，与中华人民共和国成立时的247万元相比，增加4950倍。

工业体系逐步完善。规划建设零陵河西工业园、珠山新材料产业园"双百亿"园区，培育壮大锰深加工、卷烟、农产品加工、新能源新材料、电子信息、生物医药等主导产业。

农业体系优化升级。依托资源优势和产业基础，发展异蛇、生猪、油茶、优质稻、柑橘、蔬菜、竹木、莲子、茶叶、制种等十大农业特色产业，成为全国油茶基地县、全国粮食生产先进县、全国生猪调出大县区。

文化旅游融合发展。"零陵古城"、柳子AAAA级景区和蘋岛生态文化园、东山景区、周家大院、异蛇世界等AAA级旅游景区远近闻名，"永州之野"乡村旅游精品线和零陵庙会等文化旅游节庆活动颇具特色，零陵一跃成为旅游"网红"，2018年，全年接待旅游客量突破600万人次，旅游总收入突破40亿元。

城乡分割到统筹推进　城乡面貌日新月异

坚持城乡一体，推进城区、景区、园区、农区、矿区同建同创同发展，打造产城、景城、城乡融合发展新格局。

基础设施日益完善。洛湛铁路、衡昆高速、二广高速、永边公路贯彻全境，潇湘航线四季通航，永州零陵机场距城区中心仅7千米。"十一五"以来，全区修建通村公路2500余千米，完成窄加宽700千米，实现100%乡镇、100%行政村通水泥路，"交通提速"工作走在全市前列。加快推进城乡客运、环卫、供水供气、医疗卫生、文明创建"五个一体化"工程，卫生清扫保洁、农村安全饮水、城乡4G网络基本实现全域覆盖。

城乡统筹加快发展。打造黄天铺书香教育小镇、富家桥乡村旅游小镇、马坝"稻田社区"等一批产城融合示范点，城区面积由中华人民共和国成立之初的不足2平方千米扩大到34平方千米，增加17倍，城区道路总里程由中华人民共和国成立初的6千米延长到137千米，增加22倍，城区人口发展到30万人，城镇化率58.9%，零陵呈现出"古城有新貌，新城有古韵，乡村更美丽"的崭新面貌。

乡村振兴成效初显。高标准实施"一城、两翼、三片、多示范"试点工程，推进"五清五化五改"行动，打响农村人居环境整治乡村振兴第一仗，"永州之野"、永连公路沿线以及珠山夏阳片区3个乡村振兴示范片初见成效，马坝"稻田社区"、高贤荷海成为农文旅学融合、三次产业融合的典型，香零山村成功创建省级"同心美丽乡村"，2018年新增中国传统村落6个。

从内陆封闭到创新开放　发展活力持续迸发

70年来，零陵从计划经济到市场经济，从"关起门来搞建设"到高水平引进来、走出去，创新开放不断迈向新台阶、取得新进展。

改革创新持续深化。农村土地确权颁证在全市率先完成，零陵交通建设投资有限责任公司成为全省首个新型投融资体制改革试点单位，"红色文化进校园”得到中央、省、市有关部门肯定推介，获全国2018年社会治理创新示范城市，“村务监督月例会”纳入《中国反腐倡廉蓝皮书》，农村综合服务平台建设和网格化建设入选第四届全国加强和创新社会治理典范案例。

开放引进纵深推进。创新开展基金招商、中介代理招商，率先在全市设立5亿元的产业发展引导基金，引进中信集团、中交集团、卜蜂莲花、大生农业等“500强”企业7家。引进大型中央企业、“总部经济”实现零的突破。

系列活动亮点纷呈。先后举办首届民俗庙会、首届农民丰收节、古城开街等节庆互动，中央宣传部五洲传播中心《中国推介》栏目推介零陵。全市旅游工作、组织工作、扶贫领域腐败和作风问题专项治理、“向日葵”工程等现场会先后在零陵召开，传递零陵经验、发出零陵声音、扩大零陵影响。

从温饱不足到全面小康　人民生活不断改善

70年来，全区人均地区生产总值3.65万元，全面小康实现程度92.5%，2018年城乡居民人均可支配收入分别为29574元、19160元，较1995年分别增长8.5倍、13.6倍，收入差距不断缩小，消费水平和质量持续提高，生活环境明显改善，实现由贫困到温饱再到小康的历史性跨越。

贫困人口大幅减少。中华人民共和国成立之初人民积贫积弱，贫困如洗。中共十八大以来，扶贫力度进一步加大，尤其是大力推进脱贫攻坚战，贫困人口脱贫明显加快。2014年以来累计减贫36538人，贫困发生率从2018每年底的9.3%降到2018年底的1.45%，42个省定贫困村全部出列。

生态环境更加优美。开展国家生态文明示范区创建，打好蓝天、碧水、净土三大保卫战，深入推进“双河长制”环保督察交办问题整改，潇水流域断面水质保持在Ⅱ类标准，石期河流域断面水质保持在Ⅲ类标准，城区集中式饮用水取水口水质保持在Ⅱ类标准，河流出境水质Ⅱ类标准达标率100%；城区空气质量优良率88.7%。

民生事业普惠发展。新增财力的75%以上用于改善民生，每年办好一批民生实事，重点实施农贸市场、市民广场、停车场，学校学位、医院床位、公厕蹲位、公交站位等“三场四位”建设，打造“学在零陵”“文化零陵”“健康零陵”三大品牌，居民收入明显提高，城乡居民基本养老保险制度实现全覆盖，全民医保体系基本建成，人民群众安全感、获得感、幸福感不断增强。

社会大局和谐稳定。推进农村辅警、城区快警建设，深入实施雪亮工程，重拳推进“扫黑除恶”专项斗争，成功侦办“1·8专案”，打掉涉恶团伙8个。安全生产实现“双下降”，人民群众安全感、满意度不断增强，2018年获评全省社会治安综合治理先进单位。

千年古邑新活力　跨越争先新祁阳

——中华人民共和国成立70周年祁阳县发展成就简述

中华人民共和国成立70年来，特别是改革开放以来，勤劳智慧的祁阳人民，在中国共产党的坚强领导下，奋发图强、砥砺前行，各项工作取得历史性新成就，展现出全面建成小康社会、加快建设美丽幸福新祁阳的美好前景。

经济发展实现历史性跨越

毫不动摇地坚持以经济建设为中心，经济总量从1978年的2.52亿元增长到2018年的307.7亿元，增长122倍。成功跻身全省县域经济强县行列，排名全省第十五位。产业结构不断优化，2018年，全县三次产业结构比为14.31∶34.57∶51.12。祁阳工业企业大部分是在20世纪60年代末建立起来的，经过50余年的发展，建立起门类齐全、实力较强的现代工业体系，形成以轻纺制鞋、电子信息、新能源新材料、生物医药、农副产品加工等产业为主导的多点支撑产业格局。2018年，全县规模工业企业135家，实现规模工业增加值74.7亿元。科力尔电机是全市首家上市民营企业。祁阳经济技术开发区规划面积9.56平方千米，建成面积5.3平方千米，被评为全省双创示范基地、全省创新创业带动就业示范基地、全省发展开放型经济优秀园区。形成特色高效精品农业。粮食、油、茶、生猪等主导产业稳定发展，粮食生产连年丰收，2018年粮食总产量57.15万吨。被列为全国粮食生产大县、生猪调出大县和中国油茶之乡。高标准规划建设现代农业园，被认定为省级农业科技园区。以旅游业为龙头的第三产业蓬勃发展，连锁经营、物流配送、电子商务发展强劲，城乡市场繁荣活跃。获评国家新型工业化农副产品深加工产业示范基地、"中国好粮油"行动示范县、全国电子商务进农村综合示范县、湖南省精品旅游线路重点县。

改革开放取得历史性突破

70年来，祁阳从计划经济到市场经济，从"关起门来搞建设"到高水平引进来，改革开放取得前所未有的成绩。持续深化重点领域和关键环节改革，供给侧结构性改革扎实推进，去产能成效显著，"五小""三高"企业基本退出全县工业序列；国家新型城镇化综合试点县、国家智慧城市试点县等10余项国家和省级层面的重大改革试点在祁阳先行先试；扶贫领域改革、农村土地制度改革、县级公立医院综合改革等改革经验在全国全省推广。把科技创新摆在全局重要位置来抓，科技对经济发展贡献率54.6%，连续5年获全国科技进步先进县；企业创新能力持续提升，全县高新技术企业总数15家；建成湘西南地区首家省级科技企业孵化器，入驻企业54家。坚定不移走开放崛起之路，成功引进安徽海螺水泥、香港铜锣湾集团、凯盛鞋业、金荣集团、贵澳集团、步步高集团等战略投资者，开放型经济水平不断提升。2018年，实际利用外资1.84亿美元、内联引资40.5亿元，完成外贸进出口总额3.91亿美元。被评为全省发展开放型经济先进县、全省外贸出口强县、全省最具投资吸引力县，被列为国家级出口食品农产品质量安全示范区。

城乡面貌发生历史性变化

中华人民共和国成立初期，城乡基础设施薄弱。70年来，祁阳不断加强基础设施建设，城乡面貌华丽嬗变，城镇化率提高到2018年的49.26%。不断完善基础设施，高标准规划建设县城西区、工业园区、杨梅湖、高铁新城、原种场、浯溪生态新城等片区，兴建两座湘江大桥，建成区面积由中华人民共和国成立初期的2平方千米扩展到34平方千米，城区人口增加至33万人，成功创建为国家卫生县城，被列为全省撤县设市重点县。交通、通讯、电力、水利等基础设施建设取得长足进步。1956年，境内修建第一条公路——黎文路，1993年实现乡乡通公路，2002年镇镇通柏油公路，现全县的建制村公路通车率100%。高速公路、高速铁路从无到有，居民出行更加方便快捷。2003年，泉南高速公路建成通车。2013年，衡柳高铁通车，祁阳正式迈入"高铁时代"。衡永高速、湘江千吨级航道正在加紧建设中。实现所有建制村通光纤、通4G网络。新建装机容量30万千瓦的3座水电站、2个220千伏变电站，实现行政村全部通电。建成双牌水库祁阳支渠、大江、龙江桥、石喝四大灌区，提升城市防洪能力。全面加强小城镇建设和生态宜居美丽乡村建设，各建制镇综合承载力持续提升，黎家坪、白水、潘市等小城镇规模不断壮大，涌现出竹山、小江、三家等一大批美丽幸福新村。黎家坪镇、白水镇、金洞镇等3个镇入选全国重点镇。坚定走生态优先、绿色发展之路，坚决打好污染防治攻坚战，加快建设太白峰国家森林公园、浯溪国家湿地公园、浯溪国家水利风景区，森林覆盖率60.4%，空气质量优良天数率80%以上，湘江干流出境断面水质达到国家地表水Ⅱ类标准。

人民生活历史性改善

坚定不移践行以人民为中心的发展思想，突出抓重点、补短板、强弱项，全县人民群众获得感、幸福感、安全感更加充实。城乡居民人均可支配收入分别突破3万元和1万元。始终把脱贫攻坚作为政治任务来抓，锁定"两不愁三保障"目标精准发力，创新推行以扶志气建讲堂、扶技能建中心、扶产业建基地、扶队伍建堡垒为主要内容的"四扶四建"扶贫模式，走出一条脱贫攻坚新路子。截至2018年年末，72个贫困村顺利摘帽退出，7万余名贫困人口实现稳定脱贫，全县贫困发生率下降至1.32%。社会保障、教育、医疗卫生、文化体育等民生事业快速发展，城镇登记失业率控制在4%以内，每千名老人养老床位数有37.86张，高中阶段毛入学率91.49%，每千常住人口医疗卫生机构床位数8.79张，社区体育健身设施建设实现全覆盖。被认定为湖南省教育强县，成功创建首批国家农村职业教育和成人教育示范县，顺利通过国家义务教育发展基本均衡县验收。获评全国全民健身先进单位。扎实推进平安祁阳、法治祁阳建设，社会大局保持和谐稳定。

祁阳坚持把加强党的建设贯穿改革发展全过程各领域，坚持党要管党、从严治党，自觉把抓好党建作为最大的政绩，以政治建设为统领，统筹谋划党的各项建设，推动全面从严治党向纵深发展，着力营造风清气正的良好政治生态，祁阳好声音不断传播、正能量不断汇聚，全县形成团结实干、跨越争先的浓厚氛围。

潮平两岸阔　扬帆德武乡

——中华人民共和国成立70周年东安县发展成就简述

经济实力明显增强　走出高质量发展新路子

东安县经济规模从1949年的0.38亿元增加到2018年的186.9亿元，增长491倍，年均增长9.4%。随着经济质量稳步提高，财政收支不断增长，财政收入占地区生产总值的比重不断提高。财政总收入由1952年的16.7万元增加到2018年的11.5亿元，增长6918倍。财政总支出从1952年的25.9万元提高到2018年的333617万元，增长12880倍，年均增长14.7%，一般公共服务、社会保障和就业等支出占77%。

产业结构持续优化　开创协调发展新局面

中华人民共和国成立初期，东安工业基本上是空白，仅有少数手工作坊和几家私营的矿业公司，产品仅是些土布、土纸、农具和一些生活用品及锑砂、锑锭，产值不足百万元。当前三次产业比从中华人民共和国成立初期的93.93：2.03：4.04升级优化为17.3：35.2：47.5，新型工业和现代服务业成为经济增长的重要支撑。

战略投资商引领新型工业化。中华人民共和国成立以来永州市最大工业投资项目国家能源集团永州电厂花落东安，总投资240亿元；红狮水泥、湖南黄金集团东港锑品、湖南华菱钢铁集团湘钢钙产业园等一批国内500强大企业和知名上市公司入驻，华维科技集团正着手在东安打造华南地区最大的“农装智谷”。

现代农业稳步提升。东安是全国商品粮生产基地县、全国银杏之乡、全国农产品质量安全县、国家级出口食品农产品质量安全示范区和湖南省农村一二三产业融合试点示范县。拥有东安鸡、舜皇山土猪2个国家地理标志农产品，省著名商标5个、省品牌企业2个。农业产业化水平不断提升，培育市以上农业产业龙头企业30家，农业标准化推广应用面积达4.33万公顷。

第三产业蓬勃发展。2018年，第三产业增加值88.7亿元，是1949年的7581倍；社会消费品零售总额68.6亿元，是1949年的1136倍；外贸进出口总额7200万美元。2018年，全县接待入境游客527.93万人次，实现旅游综合收入43.75万元。东安“微旅游”发展模式在全省推介，上榜2017年湖南县域旅游经济增长质量20强，排名第七位。有舜皇山国家AAAA级旅游景区、紫水国家湿地公园、黄金洞省级森林公园。

便捷交通加速形成　实现基础设施新跨越

中华人民共和国成立初期，东安仅有白牙市至零陵、白牙市至紫溪2条简易公路，里程41.5千米，水泥硬化路为零。现在高速铁路、高速公路、高等级公路全面开花，东安形成“对内大循环、对外大畅通”的大交通格局。2017年，开通东安东至广州南“东安号”高铁旅游专列，成为湖南省首个开通至大城市高铁班组的始发县级站，每年为东安人民节约票价开支2000余万元。国道207线、省道218线、二广高速架起东安对外沟通的桥梁，建设中的冷东（冷水滩—东安）城际快线加速东安融入永州中心城区半小时经济圈。全县有各类公路总长2403千米，301个行政村全部通水泥路，公路客运班车通达所有乡镇和行政村。

城乡建设日新月异　展现德武东安新面貌

中华人民共和国成立初期，东安县城基础设施破旧落后，城镇人口不到1万人，城镇化率仅5.3%。现县城建成区面积15.7平方千米，城镇人口24.3万人，城镇化率42%。成功创建国家级卫生县城、省级园林县城、省级文明县城。乡镇品质活力凸显，形成一批工业经济强镇、特色农业大镇、商贸物流重镇、旅游休闲名镇、历史文化古镇和新型城镇化示范乡镇。县域副中心芦洪市镇获批中国历史文化名镇，被列入全国新型城镇化综合试点镇；紫溪市镇被列入省际边界口子镇；大庙口镇入选湖湘风情文化旅游小镇预选创建单位。推进乡村振兴，芦洪市镇赵家井、鹿马桥镇马坪村高标准打造成全市乡村振兴示范区，建成美丽乡村示范村28个，横塘村入选第四批中国传统村落名录。

生态环境不断改善　呈现绿色发展新气象

中共十八大以来，东安深入贯彻生态文明思想，全力打好蓝天碧水净土保卫战，实现东安人持之以恒的绿色坚守。全面实行河长制，城市污水处理率92%，城区垃圾无害化处理97%，实现国家考核断面水质优良率100%，省级水功能区水质达标率100%，湘江出境断面水质保持Ⅱ类标准，连续多年空气质量优良率保持在90%以上。2018年，仅用50天完成湘江引水入城重大民生工程，县城居民饮用水更加优质安全。全面清理非法采砂点、全面关停小冶炼作坊、全面封闭非法矿硐、全面禁止天然水域投肥养鱼、全面取缔禁养区养殖、全面推进造林增绿，截至2018年年末，关闭非法矿硐240个、关停小冶炼厂48家、实心黏土砖厂36家、森林覆盖率达65%。东安被列入国家重点生态功能区，舜皇山晋升为国家级自然保护区，紫水国家湿地公园进入国家试点。

社会事业全面进步　踏上全面小康新征程

70年来，东安社会事业取得长足进步，人民获得感幸福感安全感不断提升。教育事业取得突破性进展，全面推行普通义务教育，全县适龄儿童入学率100%。2019年，城区学位建设攻坚完成投资5.4亿元，新建、改扩建学校8所，新增城区学位1.18万个，351个义务教育大班额全面化解。集团化办学和教师“双向”交流经验被教育部推广。获评全国基础教育先进县、全国义务教育基本均衡县、全国中小学校责任督学挂牌督导创新县、湖南省教育强县、全省推进义务教育发展工作真抓实干成效明显地区。文化体育事业竞相发展，2018年，全县有文化馆1个，公共图书馆与24小时自助图书馆2个，图书100万册，文化广场250个，乡镇文化站16个，村级“农家书屋”301个。大力培育和弘扬社会主义核心价值观，加强公民道德建设，钟挺华获“中国好人”和全国未成年人思想道德建设先进工作者。吴才有家庭获首批“全国文明家庭”。陈春玲、罗瑛、蒋芬芬等一大批优秀运动员在国际比赛上斩金夺银。城乡医疗服务体系进一步健全，建立起县、乡、村三级医疗联手的医联体，新农合参合率98.9%。社会保障水平稳步提升，2018年，城市低保标准提高至每月430元，农村低保标准提高至每月270元，均达到或超过省定标准，城乡居民基本养老保险参保率98%，城镇登记失业率稳定在4%以下。建成保障性住房6100套，完成危房改造4200户，发展成果更多更公平惠及人民。脱贫攻坚战取得决定性进展，2016年以来，全县贫困村由38个减少到8个，贫困人口由4.8万减少到0.79万，贫困发生率由2014年的8.3%下降到1.4%。

山乡巨变换新颜　美好双牌谱新篇

——中华人民共和国成立70周年双牌县发展成就简述

面貌深刻改观　靓丽城乡魅力独具

双牌县建立之初，山高路远、偏僻落后。全县公路里程从立县之初的百余千米增加到现在的1200千米，永连公路、洛湛铁路、二广高速、双牌至零陵一级公路等要道通衢先后通车，行政村公路100%实现通畅。城北工业园从零起步，近年持续投入9亿余元推动园区提质，园区总面积5平方千米，建成标准厂房20万平方米，保障性住房3500套，水电路讯网、学校、医院、商贸、政务服务等各类基础设施和配套设施一应俱全，园区人口增加到1万人。县城建成区面积从1978年的不足1平方千米拓展到7.8平方千米，城区常住人口从不足万人增加到6.3万人，城镇化率45.5%。启动总投资6亿元的县城提质改造工程，双牌大道、潇水路、永水路等县城主干道建成通车，阳明路、林峰路等城区断头路全部打通，紫金国际、鸿宇世纪等城市综合体次第涌现，潇水风光带、永水风光带等景观新地标引人入胜，最美滨水县城魅力初现。农村条件大改善，所有行政村实现通水泥公路、通班车、通4G网络，所有自然村组实现路通达、讯通畅、户户通电，农村自来水普及率位居全市前列，村庄清洁行动扎实有效，乡镇垃圾压缩站实现全覆盖，农村垃圾集中收运率100%，农村卫生厕所覆盖率75.66%，茶林、五里牌、何家洞等一批特色乡镇和田洞里、桐子坳、廖家村等一批全省美丽乡村建设示范村风貌迷人。

产业持续升级　经济发展动力勃发

1970年，双牌社会生产总值仅1702万元，2018年，全县地区生产总值64.19亿元，是1970年的377倍，迈出产业强县坚实步伐。工业经济从中华人民共和国成立后的“一穷二白”发展到现在的“百花齐放”，工业总产值从1970年的191万元增加到2018年的77.75亿元，增长4000多倍。南岭化工（民爆）、双牌水电站两大省属国有企业长盛不衰。新型工业方兴未艾，基本形成精细化工、生物医药、新材料新能源、电子信息、竹木精深加工等主导产业，园区规模企业40余家，阳明竹咏、昊利科技、尚昇生物、麦克斯新能源、德普瑞科技等一批行业科技型骨干企业引进落地，催生工业转型提速新活力，2018年，规模工业增加值21.9亿元。农村改革深入推进，集体林权确权发证到户率98.8%，1.83万公顷国有林地纳入全省林业碳汇首批开发计划，完成农村土地确权登记颁证，建成规模农业基地30余个、省级特色产业园4个，虎爪姜、茶叶、中药材等高效特色经济作物总面积0.47万公顷。旅游开发成效明显，阳明山先后获批国家森林公园、国家自然保护区、国家生态旅游示范区、国家AAAA级旅游景区、国家海峡两岸交流基地，连续举办12届“和”文化旅游节，在海峡两岸拥有一定知名度。桐子坳村被誉为“中国最美银杏村落”“中国银杏第一村”，古银杏群落世所罕见，创建成国家AAAAA级旅游景区。有泷泊·国际慢城、日月湖国家湿地公园、龙洞文化艺术产业园。大熊猫基地成功落地，乡村旅游日益兴盛，茶林镇银杏小镇、白水岭汉文化特色小镇、廖家村果蔬小镇等旅游特色村镇不断涌现，5个村入选全国旅游扶贫重点村。双牌先后获评全国十佳生态休闲旅游城市、首个“中国和文化之乡”和全省旅游强县、旅游产业发展十佳县、全域旅游先锋县。

社会全面进步　民生福祉更加普惠

2018年，城镇居民人均收入25344元，农村居民人均收入9046元，分别是1970年城乡居民人均收入的95倍、90倍。城乡居民基本养老保险制度实现全覆盖，城乡低保、五保供养、养老保险标准持续提标，全民医保体系基本建成，保障水平大幅攀升。创业就业工作扎实有效，零就业家庭动态援助率100%，就业工作进入全省先进。人居条件加快改善，实施保障性安居工程4578套、各类棚改9793套。脱贫攻坚取得辉煌战果，2014年—2018年，脱贫6475户26136人，贫困发生率从18.01%下降到2018年末的0.59%，2017年，实现省级贫困县“摘帽”，脱贫攻坚工作考核位居全省前三，2018年，脱贫攻坚分类考核位居全省第二，先后获得全省扶贫实绩综合优秀县、全省脱贫攻坚先进县、全省脱贫攻坚成果巩固先进县等称号。教育优先得到落实，义务教育阶段合格学校全部建成，乡镇公办幼儿园和教师周转房建设全面完成，推进城区学位建设，成功入选全省教育信息化创新应用示范县，顺利通过全省教育两项督导评估和全国义务教育发展均衡县验收。医疗卫生体制改革持续深入，新人民医院、新中医院、突发公共卫生应急处置中心先后竣工投用，公立医院改革、基本药物制度有序实施，乡镇卫生院、村卫生室标准化建设全部完成。公共文化服务能力得到增强，实现乡镇、村（社）公共文化设施全覆盖，县文化馆被评为国家一级文化馆，农家书屋村村覆盖，5个村列入中国传统村落名录，坦田村跻身中国历史文化名村，举办“和”文化旅游节、国际越野跑挑战赛、全省文化科技卫生“三下乡”活动启动仪式、“锦绣中国”2017全域旅游与媒体创新高峰论坛、第四届中国电视旅游节目创优评析颁奖大会、首届永州“中国农民丰收节”等系列文化体育活动，获得全省“一县一品”特色体育项目县、全国群众体育运动先进单位称号。民生实事深得民心，开通城市公交，回收县自来水公司，依法取缔电瓶车非法营运，成功创建省文明县城。

环境持续优化　和谐家园幸福美好

生态环境更加优越，“绿色双牌”建设成效喜人，活立木蓄积量从1978年的210万立方米增长到2018年的630万立方米，保持年均造林0.27万公顷以上，森林覆盖率80%，被评为全国绿化模范县、国家木材战略储备库试点县，列入国家主体功能区试点示范县、国家重点生态功能区。保护环境坚定有力，关闭10余家高污染企业，全部关停不符环保要求的铁合金企业以及水泥、造纸等行业企业，开展农业面源污染、水体污染治理和农村环境综合治理，全面落实河长制管理，划定生态保护红线面积1047平方千米，占全县面积的60%。全面启动和推进生态保护与建设示范区建设，实现省级生态文明示范乡镇全覆盖。实施放管服改革，推动园区封闭式管理、“全程代办”“互联网+政务服务”“一件事一次办”等举措落地落实，“双牌之家”正式运行，政务环境全面优化。“法治双牌”建设成效明显，构建多层次防控体系，推行依法信访工作源头治理，法律顾问制度得到有力落实，司法“二次调解”做法入选“2015年度湖南省最具影响力法治事件”，13个村获全国、全省民主法治示范村，两次被评为“全国法治县（区）创建活动先进单位”，公众社安全感测评连续两年排名全省第三、全市第一，连续11年保持全省平安县荣誉。

沧桑巨变七十载　美丽柚乡奏华章

——中华人民共和国成立70周年江永县发展成就简述

中华人民共和国成立70年来，特别是中共十八大以来，全县上下坚持以习近平新时代中国特色社会主义思想为指导，深入践行新发展理念，实施“项目兴县、工业强县、城镇立县、农业稳县、旅游活县”五大战略，重点突出“强基础、兴产业、提品质、优环境、促改革”五大举措，打造“绿色工业、香型农业、精品旅游、魅力小城、优美环境”五大特色，全面开展“省级生态文明示范县、国家全域旅游示范县、国家卫生县城、国家文明县城、国家公共文化服务体系示范区”五城联创，如期完成贫困县脱贫摘帽，不断加快建设生态魅力、幸福文明新江永的步伐。

坚持建项目促动能 综合实力大幅跃升

中华人民共和国成立初期，江永县底子薄，基础弱，生产力水平较低，经济发展缓慢，地区生产总值为707万元。70年来，历届县委、县政府坚持以经济建设为中心，改革开放、扩大投入、抓好项目、夯实基础，不断解放和发展生产力，经济社会发展水平大幅跃升，全县地区生产总值增长930倍，固定资产投资增长1539倍，财政收入增长4930倍。顺利通过国家级卫生县城验收，并先后获得全国生态建设示范县、全国重点生态功能区、国家级出口食品农产品质量安全示范区、国家级原生态农产品保护示范区、第五批全国森林康养基地试点建设县等荣誉称号，获得省级文明县城、省级卫生县城、省级平安县、省级历史文化名城等荣誉称号。

坚持调结构促升级 特色产业突飞猛进

1949年，江永仅有几家手工作坊，设备简陋，技术落后，对经济贡献度微不足道。70年来，江永注重培育产业集群，竭力打造工业园区，狠抓招商引资，主动承接粤港澳大湾区、长三角等先进地区的产业转移，沿着供给侧结构性改革方向，推动“三去一降一补”，逐步形成“风电能源、食品加工、精密电子、轻纺建材”四大主导产业，工业园区规模以上工业企业47家，园区标准厂房累计13万平方米，工业总产值由4.13万元增长至56.9亿元。香型农业实现“从小到大”跨越，形成规模集聚。江永农耕历史悠久，但始终处于“低水平、低产量、低效益”生产状态。为扭转局面，江永县抓准家庭联产承包、取消农业税、粮食直补等历史转折契机，通过“统一品牌、统一品质、统一包装”和“引导市场、引导价格、引导电商”的“三统一、三引导”模式，推动“江永五香”产业化、规模化、标准化、基地化发展。开发优质果蔬种植2.55万公顷，打造高标准供港澳蔬菜基地18个，年蔬菜出口占全省供港澳蔬菜总出口量的45%以上，全县农业总产值35.75亿元，相比1949年增长251倍。依托入列全国电子商务进农村示范县契机，所有行政村覆盖建成村级电商服务站，开办网店1500多个，培育电商从业人员7000余名，为优质农产品搭上互联网快车，累计电商销售农产品超过20亿元。旅游产业实现“从无到有”跨越，形成人气集聚。实施“旅游活县”战略，打好“旅游升温”战役，推进国家全域旅游示范县建设。成功入选省第三批精品旅游线路重点县，打造5条精品旅游线路，建成5个AAA级旅游景区，勾蓝瑶寨AAAA级评定顺利推进，湖南卫视《我们来了》到江永拍摄，盘王节、香柚节、洗泥节等民俗节会，2018年，旅游综合收入超过40亿元。

坚持提品质促融合 城乡面貌翻天覆地

70年前，江永城乡行路难、用电难、饮水难。为改变落后旧貌，江永县坚持规划引领，扩容提质，完善功能，70年间县城面积扩大63倍，房屋建筑面积增长60余倍，公路总里程数增长近30倍，城乡面貌焕然一新，被评为“中国最美小城”。随着江永县新农村建设、美丽乡村、乡村振兴战略的陆续推进，所有行政村均实现通水、通电、通讯、通有线电视，一大批产业强、环境美、村风好的示范乡村涌现，刘家庄村入选全国少数民族特色村寨名录，勾蓝瑶寨村被评为省最美少数民族特色村寨，上甘棠村被评为“湖南省美丽乡村”。江永始终坚守“生态魅力江永”的金字招牌，森林覆盖率提高3倍，空气质量优良天数率提高到98%以上，被评为全国重点生态功能区、全国百佳深呼吸小城、中国天然氧吧。

坚持强保障促和谐 民生福祉极大改善

70年来，江永始终把最广大人民的根本利益作为发展的出发点和落脚点，全县民生支出占财政总支出的比重翻一番，城镇居民人均纯收入增长95倍，农村居民人均纯收入增长220倍，各项社会事业全面进步。全县义务教育普及率、标准化村卫生室覆盖率、医保参保率、社会保障覆盖率均100%。所有乡镇学校完成教育均衡标准化改造，学生营养改善计划全面实施，农村孩子享受到与城市孩子同等优质的教育。农村书屋、村村响、健身器材覆盖所有行政村，文化艺术活动大力普及，全民健身氛围浓厚，全县文体事业迸发活力，江永成为远近闻名的“举重运动之乡”。江永女书作为世界上唯一存在的性别文字，成功入列国际标准字符集，两次走进联合国，女书作品被作为国礼赠送给联合国教科文组织总干事。

坚持重创新促长效 脱贫摘帽兑现承诺

中共十八大以来，江永县聚焦“两不愁三保

障”，举全县之力脱贫攻坚，贫困发生率由21.1%降至0.26%，2017年，如期脱贫摘帽。在扶贫实践中，江永县创造出一大批全国领先的“扶贫经验模式”，其中，“互联网+社会扶贫”，为全国社会扶贫积累经验，建成全国第一个中国社会扶贫网县级子站。“农村电商+扶贫”为全国电商扶贫树立典型，“电商企业+贫困村+贫困户”“电商网店+贫困户”帮扶经验被国家商务部推介。“乡村旅游+扶贫”为全国旅游扶贫提供样本，勾蓝瑶寨“政府引导、集体经营、市场运作、村民参与”模式被中央电视台宣传推介。江永县成功获评脱贫攻坚一类县全省先进，全国“互联网+”社会扶贫突出贡献奖、全国脱贫攻坚奖组织创新奖等荣誉。

坚持转作风促执行　党的建设全面加强

1927年，中共永明县支部12个党员，截至2018年年末，江永党员数发展至10105名，党支部增加到506个。党员队伍不断壮大的同时，党员教育也未曾松懈，群众路线教育实践活动、“三严三实”专题教育、“两学一做”学习教育、“不忘初心、牢记使命”主题教育严谨有序实施，党员综合素质稳步提高，培育出2名全国党代表。先后多次获得全市党建工作先进，创新开展的基层党建“10+1”大排查工作得到省委巡视组高度肯定，并在全省范围内推介经验。坚持正确用人导向，旗帜鲜明地为担当者担当、为负责者负责，形成干事创业浓厚氛围，有效激励党员干部积极投身经济社会发展。严格落实党风廉政建设两个责任，推行乡镇纪委联片办案机制，落实纪检派驻机构改革，深化监察体制改革试点，坚持反腐败无禁区、零容忍、全覆盖，营造风清气正的政治生态。

砥砺奋进七十载　跨越发展新瑶都

——中华人民共和国成立70周年江华瑶族自治县发展成就简述

中华人民共和国成立以来，特别是中共十八大以来，在党中央的坚强领导下，在历届县委、县政府的团结带领下，江华人民解放思想、真抓实干、创新开放、勇立潮头，全力推进改革开放和现代化建设，掀起波澜壮阔的后发赶超历程，取得令人瞩目的历史性成就。

牢牢把握发展第一要务　综合实力日益强盛

江华坚持以经济建设为中心，以“神州瑶都”建设为总揽，按照“生态文化旅游发展区、绿色农业发展区、城镇工贸发展区”三大功能分区布局发展，确立“生态立县、民营活县、产业强县、开放兴县”四大战略，全力推进瑶族生态旅游胜地、新兴工业县、绿色农业基地、边贸物流中心、文明幸福之乡建设。2018年，全县完成地区生产总值125.39亿元，是1955年的560倍；财政收入12.71亿元，是1955年的1405倍；社会消费品零售总额51.29亿元，是1955年的625倍；实现农村居民人均可支配收入实现10625元，是1955年的216.8倍；小康建设总体实现程度99.03%。

扎实推进供给侧结构性改革　产业发展蒸蒸日上

江华紧紧抓住湘南湘西承接产业转移示范区发展机遇，对接粤港澳大湾区，探索形成“规模工业进园区，小微企业进乡村，农业产业建基地，旅游产业谋全域”产业发展模式。

新兴工业渐成体系。江华经济技术开发区2018年获批成为湖南省高新技术开发区。园区拓展到12平方千米，率先建成永州市首个县级海关工作站、外贸“两仓”、出口退税资金池、到广州温州物流专线等。有规模企业103家、国家高新技术企业38家。园区形成电子信息，电气机械，印刷传媒，农副产品加工，金属冶炼，新能源六大产业，新增产能200亿元以上，培育产业工人1.3万人。引进460家小微企业进驻乡镇和村，涉及皮具、塑料包装、制衣、电子、门窗、制香等行业，吸纳1.1万个劳动力（贫困人口占其中30%左右）家门口就业，年人均增收1.8万元以上。

绿色农业快速发展。全县发展省级龙头企业4家、市级龙头企业16家、农产品加工企业414家，全县建成2.87万公顷优质稻、1.33万公顷优质玉米、1.2万公顷优质蔬菜、0.67万公顷优质水果、0.33万公顷优质烤烟、0.33万公顷优质茶叶、8000万袋优质食用菌等绿色农业基地。先后被评为国家出口食品农产品质量安全示范区、国家生态原产地产品保护示范区、全国电子商务进农村示范县，全国生猪调出大县。“三品一标”产品认证总数112个。2018年，江华的鲜活农产品出口总量排全市首位、全省前列。

文化旅游日益繁荣。有盘王殿、瑶族图腾坊、瑶族铜铸长鼓，湖南省唯一的县级民族歌舞团和民族艺术学校。被评为第五批全国民族团结进步创建示范县、中国民间文化艺术之乡、湖南省非物质文化遗产保护工作十强县、湖南省十三个春节文化特色地区等，被授予中国瑶族文化传承研究中心。成功创建涔天河国家湿地公园、潇湘源国家水利风景区、大龙山省级森林公园等核心景区。建成AAA级旅游景区6个；达到三星标准酒店8家，拥有客房6700多间。2018年，接待游客697.72万人次，旅游收入38.1亿元。林区群众改种树砍树卖树为生向发展林下经济、生态经济、旅游经济转变，实现生态效益与经济效益双丰收，把绿水青山变成金山银山。

全力补齐全面小康建设短板 “三大攻坚”战果丰硕

社会和谐稳定，政府债务风险可控。全县连续13年被评为湖南省平安县、十二次获湖南省综治先进县。2013年，获全国社会管理综合治理先进县，2018年，获全国法治先进县，是全省六五普法先进县和全省无邪教县，营造安宁和谐的社会环境。近年来，江华未发生较大及以上安全生产事故，人民群众安居乐业。

整县脱贫摘帽。2018年底，脱贫26440户108424人、退出贫困村112个，贫困发生率降至0.96%，错退率为0、漏评率为0、群众满意度为95.26%。2019年4月，省政府批复同意江华脱贫摘帽，7月，顺利通过国务院扶贫办第三方评估。

生态文明范本。空气质量优良率92.4%。饮用水水源地保护100%，村镇饮用水卫生合格率100%，集中式饮用水源水质达标率100%，全县森林覆盖率78.78%，活立木蓄积量1600多万立方米，空气中负氧离子浓度平均达到2253个/平方厘米，被称为“天然氧吧”“华南之肺”。成功创建全国绿化模范县、全国重点生态功能区、全国森林资源管理先进县、全国森林防火先进县、首批国家生态文明建设示范县、国家园林县城、国家生态文明先行示范区、国家主体功能区建设试点示范县、中国天然氧吧县。

坚持以人民为中心 不断满足人民群众对美好生活的向往

移民出山发展路宽。涔天河水库扩建工程搬迁安置移民6666户28431人。5个移民安置点内基础设施和公共服务管理设施基本配套，市政设施功能齐全。建成标准化厂房15000平方米，引进企业，解决移民就业。移民实现“搬得出，稳得住，慢慢能致富”。国家水利部在组织枢纽工程下闸蓄水阶段验收时认为，涔天河水库扩建工程是“近五年来最好的水库移民安置方式”。

教育优先教育强县。2013年以来，投入20.32亿元，实施教育“七大”工程，新建成18所幼儿园、9所中小学校，新增学位39150个。被评定为全国义务教育发展基本均衡县、教育强县，被省政府授予“真抓实干奖”。

全民健康同奔小康。全县拥有各类医疗机构378所。有县级医疗机构6所、国有林场职工医院1所、民营医院4家。其中二甲医院2个、二级医院3个，每千常住人口医疗机构床位数6.93张、执业（助理）医师数2.59人、注册护士数3人。县域内住院就诊率90%以上，医疗费用增幅控制在10%以下。

基础设施日益完善。全县公路总里程2302.86千米，公路密度为71.2千米/百平方千米。16个乡（镇）100%通达客车，295个行政村通水泥（油）路。2009年，洛湛铁路建成通车，结束江华瑶族自治县无铁路的历史。永州市林II型航空护林站临时起降场建设完成，护林飞机已进场驻防，通用航空小镇完成机场场址初选。实施农村电网改造308个台区，惠及62个村12.12万人，保障城乡生产生活用电需求，农村生产生活条件大幅改善。实施集中供水工程95处，解决20.2万人的饮水不安全问题。中国移动有线宽带城区及乡镇所在地覆盖率100%、行政村覆盖率78%，联通宽带网络行政村覆盖率76%。实现宽带网络、广播电视村村通，户户响。2018年，湖南省优化经济发展环境现场会在江华召开。“江华精神”“江华速度”受到省委书记杜家毫肯定。“江华速度”写入2019年湖南省政府工作报告。

天翻地覆展新颜　激扬奋进新宁远

——中华人民共和国成立70周年宁远县发展成就简述

中华人民共和国成立70年来，宁远县始终坚持党的领导，与人民同心、与时代同步、与祖国同行，发扬“愚公移山”精神，树立“弱鸟先飞”意识，保持“滴水穿石”韧劲，向贫困宣战、向封闭宣战、向落后宣战，全县经济社会沧桑巨变、城乡面貌翻天覆地、人民生活蒸蒸日上。特别是中共十八大以来，深入贯彻习近平新时代中国特色社会主义思想，应对重大挑战、抵御重大风险、克服重大阻力、解决重大矛盾，掀起改革闯关、开放探路、创新赋能的大热潮，奏响城乡一体、生态宜居、融合发展的最强音，书写不忘初心、牢记使命、永续奋斗的新答卷。

实现从贫困落后向全面小康的历史性跨越

中华人民共和国成立初期的宁远，发展落后、百废待兴、一穷二白。经过70年的砥砺奋进，宁远实现破茧成蝶的华丽蜕变，经济总量由1292万元跃升到2018年的166亿元，增长1285倍，县域综合实力由全省百位之后跃升至第32位，近5年就前进20位。社会消费品零售总额、财政总收入分别由4405万元、182万元跃升到77.6亿元、18.2亿元，分别增长175倍、1000倍。全面小康实现程度99.7%，连续4年被评为全省全面小康先进县或优秀县，实现从省级贫困县到脱贫摘帽县再到全面小康县的“三级跳”。产业结构由过去农业“一家独大”到现在“三业融合”。新型工业从无到有，2018年工业总产值187亿元，为1949年的2.9万倍，基本形成光电智能终端、新能源新材料、食品生物医药、轻纺制鞋为主的现代产业体系，跻身国家级外贸转型升级基地、湖南省高新技术产业开发区。现代农业由小到大，烤烟、油茶、九嶷山兔等优势产业走在省市前列，“十百千万”工程催生现代农业提档升级，先后获得全国粮食主产比照县、优质油茶林基地示范县、现代烟草农业整县推进试点县、生猪调出大县。全域旅游蓬勃兴起，成功跻身国家AAAA级旅游景区、国家级风景名胜区，先后5次成功举办湖南省祭祀舜帝大典等国内外重大节会活动，“锦绣潇湘·伟人故里·圣地九嶷”全域旅游品牌持续提升。

实现从基础薄弱向三宜公园的历史性跨越

中华人民共和国成立初期的宁远，缺水缺电、交通闭塞、基础落后，“吃水靠挑、出行靠走、运输靠驮、通讯靠吼”是过去的真实写照。经过70年的持续奋斗，宁远的城乡面貌发生深刻的变化。城市颜值和气质实现“双提升”。全县城镇化率45.7%，是1949年的22倍。撤舜陵镇设4个街道、南部生态文化新城、西部工业新城、“六纵六横三环”城区路网让县城迅速长高长大。“智慧城市”“生态公园”引领城市潮流，跻身全国卫生县城，省文明县城、平安县城、历史文化名城。乡村振兴引领乡村剧变，打造永连公路、九嶷大道百里美丽乡村示范带。高速公路贯通南北、连接内外，干线公路、农村公路互联互通，公路总里程3719千米，是1951年的120倍。“出省跨境大通畅、县乡公路大循环、旅游景区大连接”的综合交通网络基本形成，彻底打破时空格局，提升宁远在区域发展中的战略地位。村村通公路、村村通自来水、村村通广播电视、村村通网络均实现。

实现从内陆封闭向创新开放的历史性跨越

中华人民共和国成立初期的宁远，封闭保守、观念滞后，习惯于关起门来搞建设。在70年的昂扬奋进中，实施创新引领、开放崛起战略。改革创新方面，发出全省第一本农村土地承包经营权证，形成一批在省市可复制、可推广的经验和成果，创造一批“宁远模式”“宁远经验”，实现从“跟着走”向“领着跑”的大转变。开放开发方面，坚持引资与引智并举、破旧与立新并行、平台与服务并重，主动对接湘南湘西承接产业转移示范区，主动融入粤港澳大湾区，主动参与省市“五大开放行动”，打造一流营商环境，竞争力持续提升，形成对人才、资本、技术、企业的“虹吸”效应，仅2016至2018年就引进“500强”企业10家，外贸进出口实现从无到有倍增式发展，2018年突破2亿美元。

实现从蛮荒蒙昧向生态文明的历史性跨越

中华人民共和国成立初期的宁远，人均资源相对贫乏，老百姓的思想比较落后，加之自然灾害侵袭，生态环境脆弱。在70年的系统治理中，牢固树立和践行“绿水青山就是金山银山”理念，实施生态立县战略，统筹山水田林路系统治理，深入实施全面禁伐限伐、荒山造林、石漠化治理、水系治理、农村五治五化、生态文明创建“六大工程”，深入开展蓝天、碧水、净土三大保卫战，厚植生态底色。环境质量多年保持全优，万元地区生产总值能耗累计下降24.6%，森林覆盖率提升到60.6%，城市空气质量优良率90%以上，全县主要河流水质、饮用水水源地水质均超过国家标准。先后获得全国首批生态文明先行示范区、生态文明示范工程试点县、主体功能区建设试点示范县、中国天然氧吧、全国绿化模范县。

实现从温饱不足向人民幸福的历史性跨越

中华人民共和国成立初期的宁远，物资供应匮乏，人民群众吃不饱、穿不暖、住不好，过着节衣缩食的日子。70年的栉风沐雨，始终把人民对美好生活的向往作为奋斗目标，以脱贫攻坚统揽经济社会发展全局，坚定贯彻执行精准扶贫精准脱贫基本方略，实现连战连胜、再战再捷，取得决定性成效。2017年，如期脱贫摘帽，2002年—2018年，全县累计减少贫困人口99187人，贫困发生率下降至0.6%，119个贫困村全部退出，2015年—2017年，连续三年进入全省脱贫攻坚先进行列。仅2017年就投入扶贫资金27.6亿元，相当于“十二五”期间全县农村基础设施建设投入总和。完成易地扶贫搬迁4181户17493人，排全市第三位，“五就四结合”安置模式、“四引四促”易地扶贫搬迁后扶模式在全省推介，实现搬得出、稳得住、能致富。顺应全县人民对美好生活的向往，着力做好增投入、保基本、补短板、兜底线、建机制、促公平的民生“组合拳”，中共十八大以来，全县城镇、农村居民人均可支配收入年均分别增长9.5%和11.3%，超过省市平均增速，2018年分别达26650元、14458元。学有所教、病有所医、老有所养、住有所居、弱有所扶持续加强，九年义务教育全面普及，医疗服务水平全面提升，社会保障全面覆盖，文化生活全面丰富，社会治理全面发力。

硒锶之乡幸福地　南有新田谱新篇

——中华人民共和国成立70周年新田县发展成就简述

中华人民共和国成立70年来，特别是中共十八大以来，新田改革发展开启新征程。以脱贫攻坚统揽经济社会发展大局，实施“产业提质、城镇带动、生态优先、民生为本”发展战略，决战脱贫攻坚、决胜全面小康，推动县域经济大跨越、产业发展大提质、城乡面貌大变样、民生事业大改善，新田正在迈向全面小康。

从贫困落后迎来全面小康

中共十八大以来，新田坚持以脱贫攻坚统揽经济社会发展大局，实施“产业提质、城镇带动、生态优先、民生为本”发展战略，决战脱贫攻坚、决胜全面小康，逐步从贫困落后迈上全面小康。2018年，新田地区生产总值86亿元，比1949年增长466倍，2014年—2018年，新田投入涉农整合资金33.9亿元，重点用于脱贫攻坚基础设施建设、住房保障、产业扶持等方面；选派726人组建229支工作队进行驻村帮扶，7293名党员干部参与结对帮扶。聚焦“两不愁三保障”突出问题，采取“乡乡过关、村村过关、户户过关”的办法抓落实。2014年至2018年，解决48173人住房保障问题，其中实施易地搬迁3245户14878人，实施危房改造8966户；义务教育阶段学生巩固率100%，6岁—15岁三类残疾儿童入学率100%；建档立卡贫困人口参保率、贫困人口县域内住院“先诊疗后付费”和“一站式”结算覆盖率100%、慢性病患者签约率100%，贫困群众住院医疗总费用实际报销比例为90%以上。2014年—2018年，全县脱贫7.6万余人，贫困发生率由2014年19.5%降至2018年0.955%；新田全面小康实现程度98.2%，比2013年增加26.9%，年均增长5.38%。连续四年被评为湖南省全面建成小康工作先进县。

从偏远闭塞成为承接产业转移中心

20世纪90年代，从新田到冷水滩，要绕道道县，需要7个小时左右。在构建“对外大通畅、对内大循环”的交通格局以后，京珠、许广、厦蓉、二广四条高速呈井字形绕城而过；到永州、衡阳、郴州三市均一小时车程，距长沙、广州、桂林三小时车程，兴永郴赣铁路过境新田方案获得中铁四院重点推荐，永郴高速列入省高速公路网规划。随着《湘南湘西承接产业转移示范区总体方案》的下发，粤港澳大湾区发展战略进入国家层面，新田的区位优势日趋凸显，成为承接沿海产业转移的中心区域和对接粤港澳大湾区的“桥头堡”。

从产业单一转为差异发展、特色赶超

中华人民共和国成立以前，新田工商未兴，出品只有农产，工业即小手工业，商店仅数十家，金融紧促，市场冷落。经过70年的接续奋斗，产业发展由单一的农业逐步实现三产协调，三次产业结构由1949年的91.9∶1.7∶6.4调整为2018年的19.4∶27.3∶53.3。做大做强特色产业，林工、硒锶、机械制造、新材料和电子信息四大主导产业，其占园区规模工业总产值的84.4%。致力于打造“中南家私之都”，吉星家居、家乐竹木等企业产品远销海外市场。依托土壤富硒、地下水富锶的天然优势，硒锶特色农业不断做大做强。陶岭三味辣椒、新田大豆获评国家地理标志保护产品。新田富硒蔬菜产品在粤港澳大湾区市场占有率全省最高，被认定为湖南省优质农副产品供应基地（示范片），成为粤港澳大湾区的“菜篮子”。在新田县电子信息产业园，凯威集团、科裕电子、五洲汇翔、恒荣电子等一大批产业项目相继落户，机械制造、新能源新材料蓬勃发展。

从湘南小城变成品质县域

1983年，新田县制定第一部县城总体规划。县城中正街、北正街等10条街道均由青石板铺成，全长仅2.03千米，街面宽3米—4米。中共十八大以来，新田开展城市建设和创建工作，特别是实施城市提质改造行动计划，投入资金40余亿元，美化主干道，打通断头路，补齐半边路；推进迎宾路等17个片区改造；加快城市绿化、美化、亮化步伐，新增绿化面积4.2万平方米；理顺城管机制，规范渣土管理市场，开展环卫作业服务外包。2013年—2018年，城镇人口由11.26万人增加到18.84万人，城镇化率由33.64%提升为42.95%，成功创建为国家卫生县城、国家森林城市、省平安县城、省文明县城、省园林县城。1990年，新田县仅72.4%的行政村通汽车、60%的农户用点灯照明。随着乡村振兴战略的实施，乡村面貌发生翻天覆地的变化，特别是围绕“硒锶之乡”乡村振兴示范片建设，构建“一核（县城）、三线（省道323、省道215、省道282）”布局，打造周家、黄沙溪、潭田、云溪欧家等一批乡村振兴示范点。其中，周家村采取“公司+合作社+农户”的模式发展“三味辣椒”特色产业，以较小的投入实现乡村振兴的最好效果，为乡村振兴提供可复制、可推广成功经验。

从“解困民生”跨向“幸福民生”

新田县推进义务教育均衡发展，近5年投入教育经费25亿元，引进德恒学校，新建芙蓉、思源学校，改扩建瑞华等11所学校，新增城区学位1.8万个，化解超大班额力度排省市前列。着眼病有所医，近3年投入2.71亿元用于医疗卫生事业发展，同比增长50.85%。新建人民医院、中医院综合大楼，推进乡镇卫生院标准化建设，改善居民就医条件，运用互联网医院平台技术，构建远程医疗服务体系，使乡村群众不出远门就能享受名医服务。着眼弱有所扶，持续关注残困特殊群体，2018年，发放兜底保障、城乡低保、特困人员供养金325万元，近5年年均增长4.68%。着眼闲有所乐，国家级赛事卡车越野赛正成为新田的名片，乡镇实现文化站覆盖率100%、村级实现农家书屋覆盖率100%，送戏下乡等活动深入开展，广场舞等文体活动随处可见，人民群众的精神文化生活不断丰富。着眼社会稳定，深入开展扫黑除恶专项斗争，保持对违法犯罪严厉打击的高压态势。打造“城市快警”治安航母，实现重点部位1分钟见警，中心地段3分钟见警、其他地方5分钟见警，24小时守护人民群众的安全。建立“一村一辅警”制度，农村治安稳定得到有效加强。建设“雪亮工程”，构建社会治安立体化防控网络，让犯罪分子无处遁形。安全生产工作连续3年实现“零事故、零死亡”。综治工作获全省先进，继续保持“湖南省平安县”称号。

奋发有为新时代　开放崛起新蓝山

——中华人民共和国成立70周年蓝山县发展成就简述

中华人民共和国成立70年以来，在中国共产党的领导下，蓝山干部群众与新中国同发展、与新时代共奋进，经济发展翻天覆地、城乡面貌沧桑巨变、人民生活蒸蒸日上，迈向全面小康社会的步伐更加铿锵有力。特别是中共十八大以来，蓝山县坚持以习近平新时代中国特色社会主义思想为指导，主动融入国家发展战略，全力打造“创新开放桥头堡、产业承接首选地、粤港澳的后花园、生态文明示范区、安居乐业幸福城”，努力交出一份新时代高质量跨越式发展的蓝山答卷。

经济发展从“体量优势”迈向“质量优势”

2018年，蓝山县完成地方生产总值121.2亿元，是1949年的890倍；人均生产总值35090元，是1949年的370倍；财政收入96178万元，是1949年的21372倍；三次产业结构比为12.5∶37.1∶50.4，与1949年相比，第一产业占比下降80%，第二产业占比上升30.8%，第三产业占比提高49.2%。中共十八大以来，全县新增国家高新技术企业4家，引进500强企业8个，累计签约承接产业转移项目242个，工业园区面积5平方千米，累计入驻企业261家，成为百亿产业园区。全国重大水利项目、总投资近30亿元的毛俊水库启动建设，累计完成投资11.86亿元。总装机40万千瓦的风力发电项目，开工35万千瓦、完成投资19亿元。二广高速、夏蓉高速建成通车，永连公路蓝山段改造升级，互联互通的交通优势日益明显。湘江源至九嶷山公路启动建设，示范性中学、蓝山大道等一批项目全力推进。

发展路径从“内陆封闭”迈向“创新开放”

蓝山县始终把发展基点放在改革上、放在创新上，坚持向改革开放要动力，向创新创业要活力，向特色优势要竞争力，争当击楫中流改革先锋。投资15亿元建成“全国一流、全省领先”的政务服务中心，全面推行“马上办”“网上办”“就近办”“一次办”“帮您办”的“五办”服务，实现企业和群众办事“只进一扇门、最多跑一次”。全国首创“帮您办”政务服务平台被评为2018年中国“互联网+政务”优秀案例五十强，“互联网+政务服务”改革被省政府评为真抓实干先进县，2019年，蓝山被省委、省政府列为全省唯一相对集中行政许可权改革试点县。成功列为湖南省首批13个省直管县体制改革试点县之一，承接省直36个部门406项经济管理权限。“5+10+100”“300+600”“三保合一”医改模式，获全国十大最具影响力医改新举措提名奖，“只收门槛费、其余全报销”医改模式作为永州市唯一改革典型参加全省管理创新十大案例评选。毛俊村基层治理模式，受到中央、省市多家媒体广泛推介。供给侧、农业农村、民营经济等改革重点领域和关键环节改革扎实推进，改革红利充分释放。同时，主动融入共建“一带一路”，积极参与中部地区崛起和长江经济带发展，全面对接长三角一体化、粤港澳大湾区建设。中共十八大以来，到位外资5.9亿美元、内资165.5亿元，完成外贸进出口10.68亿美元。

主导产业从“链条单一”迈向“集群发展”

20世纪90年代，蓝山以加快蓝宁道新加工贸易走廊建设为重点，引进发展生态石材、毛纺针织等传统产业，产业链条单一、规模小。中共十八大以来，抢抓粤港澳大湾区、湘南湘西承接产业转移示范区建设重大机遇，强力推进“五个十”工程，助推产业转型升级，做大做强实体经济。2018年，全县完成工业总产值1711293万元，是1978年405万元的4225倍，规模以上工业企业发展到89户，较2012年增加41家。特别是皮具箱包产业来势强劲，成功引进湘江源皮具产业园项目和蓝山皮具箱包科技产业园项目，抱团入驻中胜皮具、超凡皮具、名将箱包等53个产业链项目，形成“集群式”落地、“抱团式”入驻、“链条式”发展的态势。项目投产后可实现年产值200亿元以上，年税收3亿元以上，蓝山有望成为“中国皮具箱包创新之都”“中国皮具箱包产业转移升级示范基地”和“湖南皮具箱包特色小镇”。生态旅游产业蓬勃发展，云冰山旅游景区，获评2018年全市重大产业建设优秀项目，截至2019年6月，全县接待游客人数突破119.96万人，实现旅游收入6.37亿元。现代农业规模发展，舜水田园综合体核心区面积突破533.33公顷，探索出茶园、菜园、果园、家园、公园“五园”融合发展的乡村振兴路径。湘威、创威、舜妃等产业加快发展。产业结构逐步优化，新旧动能转换明显加快，市场活力持续增强，先后被评为中国毛衫名城、中国纺织产业集群试点县、湖南省发展非公有制经济先进县、湖南省承接产业转移重点县。

群众生活从“温饱不足”迈向“全面小康”

蓝山县始终坚持以人民为中心的发展思想，加大力度保障和改善民生，民生支出年均占财政总支出的75%以上。全面打响脱贫攻坚战役，2014年以来，有2.24万贫困人口脱贫，37个贫困村出列，贫困发生率由9.83%下降到1.37%。坚持教育优先发展，2009年—2019年，本科第二批上线人数从93人跃升至519人。2018年，基本消除66人以上超大班额，跻身全市学位建设先进县区行列。“五大保险”扩面提标，城乡低保和特困人员基本实现应保尽保。城镇就业、农村劳动力转移就业逐年增加，零就业家庭实现动态清零。公立医院综合改革全面完成，县域医共体建设启动实施，“看病贵、看病难”问题逐步得到解决。文化事业、文化产业全面推进，建设209个村（社区）文化活动中心，359家农家书屋，全面保护红色文化遗址、传统村落和历史文化名村，人民群众享受到更多更好的公共服务和精神食粮。加强和创新社会治理，着力防范化解重大风险，深入开展扫黑除恶专项斗争，社会大局保持安定和谐。大力实施乡村振兴战略，推进“一规二廊三改四抓五提”工程，开展美丽村居建设“四洁”（村庄整洁、院落清洁、卫生保洁、乡风纯洁）行动，逐步实现“三景”（一户一个景点、一片一个景色、一村一个景区）目标，全力打造乡村振兴蓝山样板。

生态建设从“资源富集”迈向“文明进步”

蓝山县牢固树立“绿水青山就是金山银山”的理念，认真落实湘江保护和治理第二个“三年行动计划”，坚决扛起“共抓大保护、不搞大开发”的政治责任，全县生态建设实现从粗放发展向绿色崛起的转变。先后制定出台《关于坚持生态优先建设生态蓝山的实施意见》《关于保护湘江源头生态环境大力推进蓝山高质量发展的决议》等政策文件，科学划定湘江源头区域生态经济区面积900平方千米，禁采面积增加到208.1平方千米，对生态保护区和生态公益林实行最严格的管护。全面推行“双河长制”，构建“县、乡、村三级河长带队巡河，民间河长自发巡河”工作格局。出台“七个一律”措施，从严从重依法打击破坏生态环境的违法犯罪行为，关停以铁锰矿、石材为主的矿业开发，强制取缔污染严重的小炼油、小造纸、小冶炼等非法企业。开展中央环保督察问题整改，深入推进“蓝天、碧水、净土”专项攻坚和污染防治“夏季攻势”十大行动，改善湘江源头的生态环境，饮用水源地水质达标率100%，空气优良率93.7%，森林覆盖率73.22%。

改革创新铸辉煌　砥砺奋进建新功

——中华人民共和国成立70周年回龙圩管理区发展成就简述

回龙圩管理区是全省7大正县级管理区之一、全国农垦现代农业示范区、国家重点生态功能区，地处湘桂边界、毗邻两广，前身是成立于1958年的原省十三大国营农场之一的回龙圩农场。2001年，经省委、省政府批准，正式设立管理区，比照县级政府行使职能职权，全面负责管理区域内的行政、经济和社会事务，同等享受县区体制待遇，同时继续享受原农垦农场的优惠政策。中共十八大以来，管理区党委、管委团结带领全区人民深入践行“创新　协调　绿色　开放　共享”五大发展理念，坚持“生态立区、产业强区、旅游旺区、实干兴区”，聚焦脱贫攻坚、旅游升温、产业升级、环境治理、城镇提质、交通提速“六大战役”和乡村振兴战略，全区经济社会加速发展，社会大局和谐稳定，群众获得感大幅提升，实现赴省进京上访“零登记”、群体性事件“零发生”、安全生产“零事故”、中央环保督查“零交办”、外贸出口“零突破”、农旅文融合“零跨越”，生态小康活力回龙圩建设硕果累累。

经济又好又快发展　综合实力显著提升

2012年以来，全区经济保持健康较快发展，地方综合实力明显增强。回龙圩由一个濒临破产、农业“单腿跳”、经济负增长、职工大量下岗的国有农场蝶变为一个农工旅多轮驱动、经济加速发展、“大众创新、万众创业”蔚然成风、充满活力的管理区。2018年，回龙圩地区生产总值31508万元，年均增速9.5%（系2012年—2018年，下同）；地方财力不断壮大，实现财政总收入5996万元，年均增长15.2%；固定资产投资每年均保持在7亿元以上；消费总量持续增长，社会消费品零售总额10214万元，年均增长10.2%；城镇、农村居民人均可支配收入分别为24120元、12469元，年均增长10.5%、9.9%；管理区基本形成以优质柑橘、有机茶叶、生态休闲旅游为主，新能源为辅的现代产业格局。现代特色农业提质增效。累计完成低产低效果园改造0.35万公顷，柑橘品种结构明显优化，全区形成集中连片优质橘园0.67万公顷，人均橘园面积0.2公顷以上，年产柑橘26万吨，年产值13亿元，每户年均纯收入5万元以上；完善柑橘产业示范基地及果园观光采摘体验基地建设；与农业院校紧密合作，柑橘种管科学化、标准化水平有提升，柑橘黄龙病统防统治取得成效；探索农工结合、种养结合模式，全区发展水果加工厂33家，其中1家为市级农业产业化龙头企业，橘香鸡加工厂1家、果园鸡养殖基地66.67公顷；扶持农业专业合作组织发展，柑橘协会从无到有，专业合作社从零星的几家发展到村村有1家，家庭农场认证数量从0到202个；开展柑橘“三品一标”工作，成功创建湖南省绿色食品示范基地、湖南省现代农业柑橘特色产业园、国家农业部柑橘标准示范园，早熟蜜桔成功申报“一县一特”，週峰蜜橘、週峰脐橙获得农业部绿色食品认证，週峰柑橘基地获准出口注册基地注册登记，週峰柑橘商标连续多届被授予“湖南省著名商标”，回龙圩柑橘获第十六届中国国际农产品交易会“十佳优质农产品”称号。全域旅游发展风生水起。立足生态优势，大力发展现代休闲农业，打造“中国柑橘乡，品质慢生活”旅游形象品牌。橘园党建公园、橘园观光及采摘体验基地开门迎客，回龙湖现代农业生态旅游休闲园成功创建管理区首个国家AAA级旅游景区，高尚湖森林公园成功创建管理区首个省级湿地公园，管理区获评湖南省革命老根据地称号，八仙洞休闲农庄、回龙湖休闲山庄分别创建为湖南省五星级、四星级农庄，成功承办两届全市柑橘文化旅游节暨柑橘产业高峰论坛，吸引游客 64 万人次，实现旅游综合收入 3 亿元。现代商贸物流后发赶超。湘桂边界农产品集散中心建设稳步推进，年冷藏配送各类农副产品 30 万吨的冷链物流园完成三通一平、展示交易中心建设。推进电子商务进农村、进企业，实现柑橘企业触网率 90%，建成物流体系 2 个、乡村服务站点 89 个。新能源产业方兴未艾。成功引进华能新能源股份有限公司投资 8.7 亿元的风能发电项目。

城乡建设统筹推进　基础设施极大完善

坚持城乡统筹、建管并重的方针，依托项目建设，全面完善交通、水利、教育、文化、医疗、卫生、住房、环保等基础设施，推动品质活力回龙圩建设，全区人居环境极大改善，城乡面貌焕然一新，富有瑶族风情的盆景式、花园式回龙圩基本成型。市民广场、全民健身中心、二级客运站、档案馆从无到有；回龙圩合格中小学、新医院暨敬老院全面建成；国道 538 城区段提质改造、新风村—八仙洞—神仙洞至小学精品旅游线路和回龙湖景区全线“白改黑”全面竣工；大中型水库除险加固、回龙圩镇栎溪河、八仙洞燎源河美化亮化工程全面完成；廉租房、公租房、林场棚户区改造、农村危房改造、农垦危房改造、回龙湖生态养老中心等项目接连实施；区自来水厂改造提质、污水处理厂及其配套管网设施建设稳步推进；特色城镇建设成效明显，回龙圩镇成功入选省际边界口子镇、新型城镇化试点镇、国家重点镇，神仙洞村成功创建全省美丽乡村建设示范村。

社会事业全面发展　民本民生持续改善

民生类支出长年占财政总支出的 80%以上，为民办实事、民生微实事、民生工程全面落实，社会保障体系不断织密，社会公共服务均等化不断提升，管理区全面小康实现程度 96.97%。社会养老保险实现全覆盖，城乡低保、五保供养全面提标，城乡就业创业局势稳定，零就业家庭实现动态清零，城镇登记失业率控制在 3%以下。农工退休工资人平提到每月 2000 余元。贫困家庭子女就学资助覆盖率 100%，学前三年毛入园率 96.9%，义务教育巩固率 100%。脱贫攻坚成效显著，产业扶贫精准有效，行业扶贫落实落细，基础提升实实在在。截至 2018 年年末，管理区 8 个贫困村全部退出，2089 人脱贫（仅剩 18 人未脱贫），无漏评、错退、返贫对象，群众满意度高；易地扶贫搬迁任务全面完成，82 户 244 人“应搬尽搬”。管理区先后被评为全市脱贫攻坚先进县区（管理区）、湖南省脱贫攻坚工作较好管理区，农民专业合作社农民帮农民、先富带后富的社会力量扶贫模式写进《精准扶贫·湖南样本》。

各项改革深入推进　环境治理成效明显

政务环境清爽。“放管服”改革深入推进，自身建设不断加强，便民服务持续优化。党建、组织、人事、财务、投资、工程、廉政建设等各方面规章制度全面完善，基层党建全面夯实，政府网站从无到有，政务大厅实现优化升级，“互联网+政务服务”“一件事一次办”改革取得重大进展，项目审批代办制全面落实，农村综合服务平台覆盖所有行政村，网格化管理实现无死角，基层管理和服务更加便捷、更为规范。供给侧改革、新一轮农垦改革、商事制度改革有序推进，改革发展活力进一步释放，营商环境不断优化，微小企业登记快速增长，农垦国有土地确权发证全面完成，管理区在全市政务服务测评中名列前列。生态环境清秀。国有林场改革率先完成，回峰林场职能实现转变，成为管理区生态保护、建设的重要力量。深入实施“增绿、洁地、净水、治气”四大工程，统筹推进城乡环境综合治理，城乡公共区域环卫实现公司化运作、全天候保洁，城区绿化覆盖率 41.4%，森林覆盖率 77.28%，集中式地下饮用水水质达标率 100%，农村生活污水处理率为 85%以上，空气质量优良率连续保持在 90%以上。平安回龙圩、文明回龙圩创建深入实施，群众文体活动丰富多彩。全区无重特大刑事案件发生，无重特大安全事故和森林火灾发生，回龙圩镇综治民调排名位于全市前列。

魅力金洞 生态山城

——中华人民共和国成立70周年金洞管理区发展成就简述

中华人民共和国成立70年来，特别是中共十八大以来，金洞管理区坚持以习近平新时代中国特色社会主义思想为指导，在市委、市政府坚强领导下，牢记嘱托、感恩奋进，真抓实干、奋勇赶超，人民安居乐业，事业欣欣向荣，金洞进入历史最快发展时期。

产业体系实现“一业一元”到“多业多元”的历史跨越

林业全面转型升级。金洞管理区前身是金洞林场（湖南省最大国有林场），林场经营总面积5.33万公顷，其中国有林场2.53万公顷，生态公益林1.87万公顷。改革开放后，林区人民按照“以林为主，多种经营”模式，通过抚育间伐，大力培育大径材，年造林0.23万公顷、抚育7万多亩次。1991年，在零陵地区乃至全省率先消灭宜林荒山，被评为“全国消灭荒山第一场”。2006年，管理区成立后，长江防护林、森林经营样板基地、造林和森林抚育补贴试点县区、国家战略储备林基地等项目落户。中共十八大以来，与高等院校、专业院所对接合作，成立楠木研究所、园林所，发展以楠木、红豆杉、银杏为主的珍贵树种产业，建设集苗木生产、科研实验、科普教育、观光旅游和示范引领功能于一体的高端花卉苗木基地。目前，金洞森林蓄积量320万立方米，森林覆盖率87.74%，珍贵树种0.53万余亩，珍贵树种苗圃基地320公顷，林业产业收入超过5000万元，获得全国珍贵树种培育示范县、全国绿化模范单位、中国楠木之乡，珍贵树种培育经验在第三届中国珍贵树种学术研讨会上作典型推介。

生态旅游蓬勃发展。金洞生态旅游起步于2001年，主要靠金洞漂流、金沙滩AAA旅游景区吸引游客，年接待游客不足5万人。近年来，金洞按照“政府引导、规划引领、市场主体、分步推进”的发展思路，不断补齐“吃住行游购娱”旅游要素短板，相继建成楠木主题公园等旅游景区景点，提质升级金洞漂流等老品牌，金洞楠木康养特色小镇成功入选全国首批国家森林小镇建设试点。2017年—2019年，接待游客82.2万人次，实现旅游总收入6亿元，带动产业产值超20亿元，游客量和旅游收入保持年均20%的增速，先后获评全国森林康养试点基地、湖南生态旅游经济十优示范案例。

生态“种养+”农副产品渐成气候。金洞管理区建立以来，一直占据经济产业主导地位是林业产业。中共十八大以后，金洞立足地方实际，发挥生态优势，中药材、茶叶、苗木种植，竹根鼠、野猪、豪猪、石蛙等特色种养业逐步壮大，农产品加工、竹木深加工产值逐年增加，“林药结合”“林草结合”“林养结合”“林游结合”等发展模式逐步形成。“一乡一品”的产业格局基本形成，楚旺农牧10万头生猪养殖运营良好，上司源333.33公顷茶叶基地持续扩大，凤凰珍贵苗木、高山蔬菜、有机大米等特色示范基地20余个，其中浯峰贡茶、红日山有机稻、高山有机蔬菜等产品通过“三品一标”产品认证。

生态文明实现“荒山荒园”到“宝库花园”的辉煌巨变

坚决守住碧水蓝天。近年来，金洞实施重金属治理、河道治理、裸土治理等环保项目，高标准落实绿色发展指标体系，年均蓝天天数和空气达标天数超350天，地表水质100%达国家二类饮用水标准。

全力推动绿色发展。坚持以新能源和大数据产业引领，走出走好一条适合金洞发展的绿色之路。总投资10亿元的白果市风电场项目完成一期投资4亿元，投资8亿元的晒北滩分散式风电开发项目签订框架协议，投资5000万元的竹木生物质废弃物资源化利用项目开工建设，投资1500万元高岭土精深加工项目建成试产。

打造城市养生园。有木本植物98科654种，陆生脊椎动物190种，年均负氧离子超过2万个每立方厘米。先后成功创建金洞国家森林公园、猛江河国家湿地公园、金白河国家水利风景区等。引进社会资本，以优质森林资源、良好的生态环境为依托，致力打造城市人的养生园，逐步将金洞的生态优势转化为经济效益和社会效益。

人民生活实现“一穷二白”到“富足安康”的彻底改变

金洞属偏远山区，交通闭塞，老百姓生活贫困，20世纪70年代还有部分人从未见过汽车。改革开放以来，交通经历“无路—砂石路—柏油路—水泥路—炒砂路”的演进。中共十八大以来，大力实施通达通畅工程，实现村村通水泥路。总投资3亿多元的“木—牛”二级公路全线贯通，逐步构建起2条省道、3条县道、16条乡级公路、132条村级公路的“大动脉、大循环、大交通”体系。同时，林区通信讯号实现全覆盖，农村电网改造全部完成，人畜安全饮水完成率95.3%。

城乡面貌焕然一新。金洞林场成立初期，只有山、只有村，没有城镇。改革开放后，金洞城区逐步形成金龙路、民康路、金林路、人岭街、燕窝街、凤凰大道、新屋街等城镇路网格局。近年来，金洞全力推进黄家台棚改、中学学位房、城区污水处理、城区防洪大堤、沿江风光带等城镇提质项目，目前已形成4平方千米、2万人的金洞特色“山水新城”。

脱贫攻坚成效显著。金洞贫困人口19393人，贫困发生率33.6%，易地扶贫搬迁总人数5250人，约占全市易地搬迁人数十分之一。整合投入各类扶贫、财政资金3亿多元，安排1474名干部参与结对帮扶。通过易地扶贫搬迁5250名贫困群众，引进培育海捷运农产品、满园红菌业等10余家规模企业，打造屹兴土特产、翔冠制帽厂等9个扶贫车间，发展楠竹、茶叶、黄精、乡村旅游等多个致富产业，带动贫困户人均增收2000元以上。目前，金洞已顺利出列贫困村15个，退出贫困人口18754人，减贫率96.7%，贫困发生率降至1.07%。

改革创新实现“封闭落后”到“开放兼容”的根本转变

金洞林场成立初期，由于场、乡分开，地域管辖、行政管理的不统一，乱砍滥伐事件频频发生。改革开放后，为更好保护森林资源，1984年，金洞林场转变成事业、行政、企业三位一体，以事业单位管辖乡镇的“以场带乡、场乡联营”的特殊管理体制。2006年5月，经省委、省政府批准成立金洞管理区，行政级别为正县级，全面负责管理区域内经济社会事务。

机构更加精简高效。金洞致力打造高效服务型政府，圆满完成国有林场改革，人员从改革前的1206名缩减到664名，每年减少林场成本支出3839万元。区直部门合并精简到25个，乡镇由原来的8个撤并保留为4个，建制村由原来的70个合并保留为42个。整合市场监管和食药、质监、工商、物价等部门功能，有效实现联合执法。下放107项审批权限，推行“一站式”办公，乡镇、村都建立便民服务中心（站），全面推行为民服务全程代办制。对外开放持续扩大。金洞抢抓机遇，进行包括项目建设、营商环境、土地流转等一系列改革，牢固树立起“你发财、我发展”的引资思路，破解资金、技术、土地等要素瓶颈制约，激发民间资本对金洞生态旅游、森林康养、清洁能源、基础设施等领域的投入。

砥砺奋进七十年 昂首迈进新时代

——中华人民共和国成立70周年永州工业发展成就简述

70年来，永州工业与中华人民共和国共同成长，取得辉煌的发展成就。永州从一个农业经济占主导地位、工业基础“一穷二白”的地区，发展成为工业规模不断壮大、行业门类日益齐全、产业结构日趋优化、工业面貌焕然一新的魅力城市。

从小到大 工业经济总量发生巨变

中华人民共和国成立初期，永州现代工业几乎为零，1949年工业生产总值仅有1200万元。经过70年的发展，特别是中共十八大以来，全市工业经济实力显著增强，工业经济总量连续跃上新台阶，成功跨越一道又一道关口，实现一个又一个突破，2012年全市规模以上工业总产值首次突破千亿元，2012年至2017年，跨越1500亿元大关。2018年，全市实现规模工业总产值1671.8亿元，完成工业增加值499.9亿元，按可比价算是1978年的128倍，1979年—2018年年均增长12.9%。

从后到前 工业经济增速保持全省前列

过去长时间以来，永州经济社会发展水平不高，工业更是短板，发展相对滞后，与周边市州差距较大，主要经济指标在全省排名中往往徘徊于第八名、第九名、第十名。中共十八大以来，全市加速推进新型工业化，永州工业步入快车道，在2014年6月以后创造连续18个月排全省第一的历史纪录。全市规模以上工业增加值增速稳定在7.7%至12.2%之间，在全省处于第一方阵。

从无到有 生产能力空前提升

中华人民共和国成立之初，全市工业基础十分薄弱，工业产品单一且产量低下，历经70年的发展，工业生产能力迅猛增长，产业体系逐步完善，拥有83%的工业大类，形成庞大的生产能力，新材料、中成药生产和植物提取等产业生产力在全省占据重要地位。在电子信息行业中，永州是湖南最大的显示功能材料研发和生产基地，江华九恒条码生产的RFID电子条码标签占全国25%的市场份额；生物制药行业年生产能力可达片剂50亿片、胶囊剂22亿粒、丸剂1200吨、颗粒剂6000吨、中药提取物生产能力1000吨、中药饮片加工能力1.3万吨。永州星辰生物科技生产的青蒿素年产量为50吨以上，占全国总产量20%以上。

从旧到新 产业结构持续优化

永州传统产业比重大，改革开放以来，永州转型求变，引进科技含量高，产业业态新的项目，全市战略性新兴产业加速兴起。先进装备制造产业从弱到强持续壮大、电子信息产业从无到有蓬勃发展、生物医药和新能源新材料等新兴产业异军突起快速成长，新兴产业占比逐年增加，经济发展新动能不断壮大。电子信息、先进装备制造、生物医药和新能源新材料4个战略性新兴产业强势崛起，三年累计总产值分别为532亿元、422亿元、173亿元和218亿元，产值占规模工业总产值的比重逐年提高。落后产能逐步退出。淘汰100余万吨落后产能，湘江纸业、零陵化工厂顺利实现关停并转，109家富锰渣小高炉企业被“两断三清”，关停黏土砖企业289家，整治“散乱污”企业400余家，一大批高能耗、高污染的落后产能退出历史舞台。同时，培育果秀、金浩、奔腾彩印等一大批绿色工厂，其中果秀获评国家级“绿色工厂”，单位工业增加值能耗持续下降。

从弱到强 产业实力不断增强

通过70年的自主建设和招大引强，永州产业实力实现大飞跃，发展以农产品精深加工、矿产品精深加工、轻纺制鞋、先进装备制造、电子信息、新材料新能源、生物医药为主导的七大支柱产业集群。其中规模以上农产品精深加工产业产值突破426亿元，轻纺制鞋、先进装备制造、电子信息等产业建成百亿产业。农产品精深加工、轻纺制鞋、电子信息等产业年均增长20%以上。随着巨米智能、新辉开电子、中明新材料等一大批高技术高质量项目的建成投产以及天然植物提取高技术产业基地、保利军民融合产业示范基地、长丰汽车配套产业基地、华为大数据产业基地的坚实起步，产业聚集发展、创新发展、加速发展的态势更加彰显。

从少到多　企业数量规模持续壮大

永州工业企业呈井喷式增长，大中小梯次逐渐完备。2018年，全市规模以上工业企业达1085家，是2000年的3.3倍，其中，年产值过亿元企业552家，过10亿元企业10家，包括长丰猎豹、零陵烟厂、江华坤昊、祁阳海螺、宁远福嘉有色、东骏纺织、九恒数码、凯盛鞋业、裕宁电子、恺旺源再生资源，培育出长丰猎豹、凯盛鞋业、九恒数码、东骏纺织、裕宁电子、科力尔等一批明星企业，其中科力尔成功在主板上市。高新技术企业129家，专业化“小巨人”企业27家。

从制造到智造　技术水平日益提升

永州深入实施创新驱动发展战略，全市工业科技创新能力不断提升，产业竞争力不断增强。涌现出一批高端、高质创新成果。在电子信息制造业中，智能触摸显示屏、步进电机、汽车电子、集成电路板、锂电池、智能空气净化器等产品在全省榜上有名，其中科力尔的步进电机在行业内处于领先地位。2018年，国家焊剂产品质量监督检验中心通过验收。有16家省级企业技术中心，2家院士工作站，3个博士及博士后工作站，创建省级以上科研平台6个。

从散到聚　园区集聚水平稳步提升

永州工业园区成为工业经济发展的主阵地，实现从粗放发展向集约集聚发展的转变。各工业园区因地制宜，以打造专业化、特色化园区为导向，不断激发园区发展活力，提高园区核心竞争力，加强园区品牌建设，持续推动园区建设提档升级，形成“百花齐放”的良好格局。全市建成12个工业园，其中过百亿园区发展到9个，国家新型工业化产业示范基地1个，国家林业产业示范园区2个，军民融合产业示范基地1个，省级高新技术产业开发区2个。截至2018年年底，全市工业园区累计开发面积75.16平方千米，园内规模企业946户，占全市规模工业企业1085家的87.1%。打造一批全产业链“园中园”，如永州大数据产业园、贵德光电产业园等。

从有到优　信息化发展实现新跨越

近年来，永州实施“电信普遍服务”试点项目和“光纤入户”工程，全面提升城乡信息宽带网络覆盖水平，通信基础设施建设飞速发展。行政村的光纤通达率100%，4G网络城区及乡镇覆盖100%，行政村4G覆盖率100%，移动信号实现行政村全覆盖，通信技术发展成果惠及全民。截至2018年年底，全市移动宽带用户数320.7万户，固定宽带家庭户数89.8万户，通信基站5923个，全市每平方千米有基站0.26个。工业与信息化加快融合。制造业数字化、网络化、智能化水平在不断提升，大数据、物联网、软件服务、工业互联网等新兴产业加快发展。随着永州华为云计算数据中心的落地建成，标志着永州大数据产业集群生态雏形打造完成。

让法治的力量润泽心田

——中华人民共和国成立70周年永州司法工作发展成就简述

中华人民共和国成立70年以来，特别是中共十八大以来，在市委坚强领导下，全市上下认真贯彻落实中央、省委关于法治永州建设的工作部署，统筹推进科学立法、严格执法、公正司法、全民守法，社会公民法治观念明显增强，全市社会治理法治化水平不断提高，法治永州建设在多个领域实现后发赶超，为永州高质量发展奠定坚实的法治保障。通过依法治理，成功创建国家卫生城市、国家森林城市、国家历史文化名城，入围2014年中国最幸福城市二十强，获2016年全国创新社会治理优秀城市，全国首批禁毒示范城市创建单位，成功入围全国“七五”普法中期先进城市公示名单。宁远、江华、双牌获评全国法治县（市、区）创建先进单位。社会大局保持持续稳定，连续六年实现“四个零指标”（全市没有发生重大公共安全事件、没有发生重大群体性事件、没有发生严重进京非正常上访事件、没有发生暴力恐怖事件），信访工作呈现“三降三升一好转”的良好态势（即信访总量、积案存量、非访量下降，网信占比率、积案息访率、群众满意率上升，信访秩序持续好转）。2015年至2018年连续四年获评全省综治工作先进市，全市刑事破案率连续4年、缉毒执法和禁毒工作满意率连续3年排名全省第一，全市法院结案率、执结率均排名全省第一，2018年“七五”普法中期成效民众测评全省第一。探索出一批可复制成功经验。网格化管理工作先后两次在全国综治工作大会上作典型发言，国家标准化委员会、中央综治办制定的《城乡社区网格化服务管理规范》国家标准吸纳大量的“永州元素”。“村务监督月例会的基层治理价值”入编中国社科院《反腐倡廉蓝皮书》。执行攻坚工作被最高法院督导组称为创造富有特色、富有成效的“永州模式”。全省“信访法治化建设”暨“四大攻坚”现场会在永州召开。公安机关执法监管中心建设和新型智能统一受立案机制、城区快警和农村辅警工作、社会治安立体化防控体系建设、国家工作人员分行业分部门学法考法机制、商事制度改革、法治文化建设等多项工作在全省推介。涌现出一批新时代先进典型。有126个单位、863名个人在法治建设领域获得省部级以上表彰，涌现出“全国人民满意派出所”徐家井派出所、“CCTV2014年度法治人物”邝秀潭、“CCTV2015年度法治人物评选候选人”陈运周、“CCTV2017年度致敬英雄”黄小兵、“CCTV2017年度法治人物评选候选人”黄辉庆、首届“全省十佳法治建设推进者”罗建华、“时代楷模”黄超富等一批新时代先进典型。

组织领导顺应新要求

永州主动对接全面依法治国新时代要求，市、县区均成立由同级党委书记任组长的法治建设领导机构，2019年，根据机构改革要求，全面升格法治建设议事协调机构，成立市委全面依法治市委员会，形成党委领导、人大监督、“一府两院”实施、全社会共同参与的法治建设领导体制和工作机制。市委常委会先后多次研究法治永州建设工作。市人大每年组织开展专项执法状况检查。市、县均按规定标准足额落实政法机关公用经费和办案经费，一批崭新的政法机关业务用房陆续投入使用。选优配强执法司法机关领导班子，党委、人大、政府的法治工作机构得到完善和加强。

地方立法开启新篇章

2016年3月30日，永州正式获得地方立法权。市人大常委会有序推进地方立法，2017年7月1日，全市第一部地方性法规——《永州市公园广场管理条例》正式实施。制定并公布实施《永州市城市市容和环境卫生管理条例》《永州市历史文化名城名镇名村保护条例》《永州市人民代表大会及其常务委员会立法条例》《永州市乡村房屋建设管理条例》，开展《永州市城市住宅小区管理条例》《永州市古树名木保护管理条例》《永州市城市公共客运管理条例》《永州市饮用水水源地保护条例》《永州市餐厨垃圾管理条例》等项目立法调研。

严格执法迈上新台阶

永州做好市政府重大行政决策草案及政府合同的合法性审查，中共十八大以来，审查市政府规范性文件草案804件，非规范性文件847件，政府合同草612案件，召开规范性文件草案听证会33次，市本级政府规范性文件报省政府备案452件，县区政府报送备案审查县级政府规范性文件2165件，市直部门报送“三统一”部门规范性文件336件。全面推行“双随机一公开”监管和行政执法“三项制度”，开展食品药品、优化营商环境保护民营企业发展等重点领域执法专项督察。加大行政复议案件办理力度，加强行政诉讼应诉工作，2014年—2019年，办理行政复议案660件，办结605件，办结率91.7%，办理法院行政诉讼和省政府行政复议案390件。全面落实商事制度改革，加快推进“最多跑一次”、“一件事一次办”等行政审批改革事项。省政府公布的“一件事一次办”100个事项在市本级和中心城区全面落地实施，2019年上半年，永州市“一件事一次办”办件量居全省第一。

公正司法取得新成效

永州司法人员分类管理改革全面完成，全市选任员额法官446名、检察官217名。完善司法责任制，率先探索类案审批模式，构建权责明晰、监管有力的审判责任体制。完善审判运行机制，推进行政诉讼案件集中管辖改革，由4个法院集中管辖变成零陵、道县2个管辖，进一步破除地方干扰。执行工作连续四年排全省第一。推进司法公开，持续开展司法质量建设年活动，全市司法机关执法质量跃居全省第一方阵。2015年，实行立案登记制改革以来，全市法院受理各类案件276633件，结案255176件，总结案率92.24%。加快检察机关职能调整，履行检察监督职能，2014年以来，全市检察机关提起公诉案件26351件33724人，对侦查机关应当立案而不立案的监督立案360件，对刑事、民事、行政案件依法提出抗诉125件，提请抗诉61件。成功侦办"7·13"善心汇公司张某组织、领导传销活动案。公共法律服务日益优化，2014年—2019年，办理法律援助案件1.5万余件，公证4.7万余件，司法鉴定7.9万件；全市律师代理诉讼和非诉讼案件4.5万余件，担任党政机关、企事业单位、社会团体法律顾问2178家；全市853人通过国家统一法律职业资格考试。

全民守法开创新局面

永州推进全市"3+1"法治文化工程建设，基本建成具有一定规模，融合本地文化特色法治文化公园10个、广场8个、街区14个、青少年法治宣传教育基地11个。深入开展"法律六进"、"三下乡"等活动，组织法律服务团，提供专业化法律服务，组织律师开展"法律大讲堂"、"法律沙龙"等活动，为农村农民提供法律咨询，有效防范法律风险，全市律师年均与村（社区）签订好或完善法律合同2.2万个，提供法律咨询8.4万余次、开展法治宣传活动1.4万余次，举办法治讲座1800余场，审查起草村民规约9.5万余个，调解村民矛盾纠纷2.2万余起，发放普法宣传资料23万余份。深化法律援助便民服务，2014年—2019年，全市办理法律援助案件1.2万件，维护困难群众的合法权益。加强专业性矛盾调解组织建设。根据农村并村出现的新情况、新问题，冷水滩率先推行"五老"（老党员、老干部、老模范、老教师、热心老人）调解新模式；零陵实行"3+X"听证化积案机制。中共十八大以来，全市建立专业性调解组织62个，调解矛盾纠纷15.63万件，调处成功率97.5%。扫黑除恶专项斗争开展以来，查处涉黑团伙13个，涉恶团伙105个，立案查处保护伞问题99人，整改软弱涣散党组织191个。

倾情惠民生　全力促发展　谱写永州人社事业新篇章

——中华人民共和国成立70周年永州人力资源和社会保障工作发展成就简述

中华人民共和国成立70年，特别是中共十八大以来，在市委、市政府的坚强领导下，全市人力资源和社会保障部门（以下简称人社部门）坚持贯彻以人民为中心的发展思想，大力实施就业优先战略，织密织牢社会保障安全网，坚定落实人才强市战略，全力保障改善民生，书写人社事业发展的壮丽篇章。

巩固"民生之本"　就业创业总量不断扩张

就业是民生之本。70年来，全市人社部门积极推进就业优先战略，就业制度实现"统包统配"向市场化导向转变，就业服务实现服务城镇劳动者向统筹城乡转变。中共十八大以来，全市累计新增城镇就业人数49.24万人，新增农村劳动力转移就业13.4万人，农村劳动力转移就业稳定在140万人左右，城镇登记失业率控制在4%以下的较低水平。

就业保障更加充分。据不完全统计，中共十八大以来，全市各级人社部门通过大力开展"春风行动""迎老乡、回故乡、建家乡"等系列公共就业服务活动，组织企业开展现场招聘会1700多场次，1.3万多家企业入场招聘，达成就业意向31万人次。

用工服务更加优化。70年来，永州用工服务从计划经济时期的指令性计划用工，到如今的市场调节用工，用工制度更加灵活，用工服务更加精细。全市人力资源数据库实现市、县、乡、村“四级”与企业联动，实现就业信息互通共享，通过运用“311”就业服务平台进行就业失业动态管理，街道、社区能够在相应的信息平台及时登记城镇登记失业人员等服务对象信息，每年至少为其推荐3次工作岗位、提供1次职业指导、提供1次免费的技能培训信息，帮助服务对象实现更充分和更高质量的就业。

创业活力明显增强。2015年以来，永州坚持以创业带动就业，加强政策引导，丰富载体平台，创新创业环境不断优化，全民创业热潮初步形成。全市累计被认定为省级创业带动就业示范典型85家、省级创业孵化基地10家；累计新增市场主体16.81万个，带动城乡就业34.93万人次。2017年，永州市创新创业带动就业成效显著，获省政府通报表彰。

就业扶贫成效显著。全市人社部门强化帮扶举措，加大帮扶力度，认真抓好就业扶贫政策的落实，2016年—2018年，按要求发放各类补贴42.09万余人次，补贴总金额10.94亿元；全市新增贫困劳动力转移就业2.82万人，完成贫困家庭“两后生”技能培训5066人。全市人社系统建立省内外劳务协作对接机制，积极对接以蓝思科技股份有限公司为代表的企业200余家；创建评定市级就业扶贫基地70家，成功入选省级就业扶贫基地12家、国家级就业扶贫基地4家；建有各类“就业扶贫车间”493个，吸纳2万余名留守劳动力在家门口就业。

筑牢“民生之基”　人才聚集效应持续放大

坚持党管人才原则，实施人才强市战略，不断完善人才体制机制，健全人才培养、引进、评价、使用、激励政策，优化人才成长和发展环境，形成“重才、爱才、惜才、厚才”的良好氛围，人才队伍日益壮大。全市人才总量达32.8万人，其中，党政人才2.7万人、专业技术人才15.1万人、企业经营管理人才3.3万人、农村实用人才及各类技能人才9.1万人、其他人才2.6万人。副高及以上职称总人数1.06万人，享受国务院政府特殊津贴18人、省政府特殊津贴5人、市政府特殊津贴11人、省121创新人才工程1人、湘西地区特聘专家5人。

人才政策体系不断完善。出台《永州市潇湘人才行动计划》等4个文件，构建永州“1+8”人才政策体系，提出一系列“真金白银”的政策，为各层次人才引进培育提供政策支持。市委、市政府确定每年的12月12日为全市人才日。

主动引才力度不断加大。突出引进人才与引进团队相结合、招才引智与招商引资相结合、体制内引才与体制外引才相结合，全市引才方式更灵活，产业链与人才链对接更紧密，引才声势更浩大，方向更有针对性，范围更宽广。已引进建立院士工作站2个，高新技术孵化器项目1个，科研团队14个、各类人才2100人，带动引进项目达50多个，走出一条以人才聚项目、以项目促发展的创新之路。

人才效用发挥更加充分。创新“产才融合”的引才模式，以事业集聚人才，以项目吸引人才，把产业发展、园区集聚、项目建设作为各类人才发挥作用的主战场，切实抓好“科技创新人才”引进工作。全市已引进科技创新人才105名。永州经济技术开发区、永州农科园、萍州工业园“三大创新创业主平台”吸纳入驻各类企业和创新创业团队300余家。

人事管理制度不断健全。深化全市人力资源市场改革，完成全市公共人力资源服务机构整合，规范全市职称评审制度，严格执行《事业单位人事管理条例》及相关规定，全面推行事业单位岗位设置管理制度，坚持按需设岗、竞聘上岗、按岗聘用、合同管理，基本建立起适合事业单位自身发展特点和人才成长规律的人事管理制度。

厚植“民生之依”　社会保障体系覆盖全民

从中华人民共和国成立初期的劳动保险制度，到90年代建立以社会统筹和个人账户相结合为基础的社会保障制度，再到新时代建立覆盖城乡的社会保障体系，资金来源多元化、保障制度规范化、管理服务社会化的制度框架基本成形，全市社会保障体系经历从无到有、从小到大，从企业单位保障到全社会全民保障，从企业单一责任到国家、企业单位和个人三方责任共担，从城镇到农村，从城镇职工到城乡居民的重大转变。全市人社部门通过不断深化社会保障制度改革，基本建成覆盖全民、城乡统筹、权责清晰、保障适度、可持续的多层次社会保障体系，为保障和改善民生、维护社会稳定、促进经济发展发挥了重要作用。

社保覆盖范围持续扩大。深入实施全民参保计划，积极开展扩面征缴工作，促进和引导各类单位和符合条件的人员长期持续参保，社会保险的覆盖范围实现从城镇到农村、从企业职工到各类人员、从就业群体到全体居民的拓展。截至2019年9月底，全市基本养老保险、失业保险、工伤保险参保人数分别达369.02万人、31.74万人、34.67万人。

社保制度改革取得突破。通过建立统一的城乡居民基本养老保险制度，打通职工和居民两大基本养老保险制度的衔接通道，实现制度平等和管理资源共享。2012年，永州获得全国新农保和城镇居民社会养老保险试点先进单位。2015年，启动实施机关事业单位养老保险制度改革，实现机关事业单位和企业的养老保险并轨，破解社会上热议多年的双轨制问题。

社保待遇水平不断提高。2019年，全市企业退休人员月均基本养老金从2004年的507元增加到2197元，实现十五次连调。城乡居民基本养老保险基础养老金最低标准从每人每月55元提高到103元。全市失业保险金月均水平由1999年的140元增加到2019年的1020元。因工死亡职工一次性补助金标准由2004年的5.11万元提高到78.5万元。

社保基金规模不断壮大。全市各项社会保险基金收支平稳，确保待遇按时足额发放。2019年1月—9月，全市企业养老保险征缴15.28亿元，工伤保险征缴8464万元，失业保险征缴2828万元，社保基金总支出34.62亿元。同时，健全完善基金监管制度，加大基金风险防控力度，社保基金安全平稳运行。

社保服务能力不断增强。全市人社部门不断加大人力、物力、财力投入，完善社会保险经办服务体系，改善服务环境，优化办事流程，加大信息化建设力度，加强作风建设，倡导优质服务，显著提升经办服务水平，实现行政审批事项集中办理和人社业务网上经办。同时，全面推广社会保障卡应用，全市社保持卡人数534万人，占全市常住人口的97%，居全省前列，102项社保卡应用目录全部开通，永州被人力资源和社会保障部评为全国第二批社会保障卡综合应用示范基地。

社保惠企政策全面落实。严格执行国家降低养老保险费率政策，2019年1月—9月，为参保企业节约养老保险成本9448.7万元。推进园区企业养老保险缴费费率过渡试点，对永州经济技术开发区、祁阳经开区、江华经开区、冷水滩高科技工业园、双牌工业园、零陵工业园6家工业园区实施园区企业养老保险缴费费率过渡试点工作，为企业节约养老保险成本999.52万元。工伤保险费率下调50%，为企业减负4574万元，失业保险总费率继续维持1%，参保企业及职工减负3380万元。园区企业特别是小微企业社保缴费负担有实质性下降。

善谋“民生之福”　劳动关系保持和谐稳定

近年来，全市人社部门全面贯彻落实《中华人民共和国劳动法》，实施劳动争议调解仲裁，严格劳动监察执法，农民工劳动保障等各项权益得到有效维护。

劳动关系协调机制逐步健全。全面推行劳动合同制度，推行集体合同和集体协商制度，劳动关系协调三方机制作用明显，劳动合同签订率和履行质量不断提高。全市累计注册登记的劳动用工备案户数4070家，备案人数26.25万人。

劳动争议调解仲裁机制不断完善。加大劳动争议调解力度，推进仲裁机构实体化、场地设施标准化、案件处理规范化，推行“阳光仲裁”，劳动人事争议处理效能建设明显增强。全市劳动人事争议仲裁机构每年立案600余件，及时调解仲裁结案，结案率达98%以上，劳动者维权机制更加畅通。

劳动保障监察执法力度不断加强。出台《关于全面治理拖欠农民工工资问题的实施意见》，推行建筑领域农民工工资保障金制度，坚持治欠与防范并举，加强日常监察执法，开展农民工工资支付专项检查、清理整顿人力资源市场秩序专项行动、用人单位遵守劳动用工和社会保险法律法规专项检查三大专项行动，依法查处劳动保障违法案件，有力维护农民工合法权益。中共十八大以来，全市劳动保障监察机构主动监察用人单位9457户，涉及劳动者26万余人，受理投诉举报案件3071件，结案3059件，结案率99.6%，追回被拖欠劳动者工资2.755亿元。永州在全省2017年度保障农民工工资支付工作考核中被评定为A级。

守护好一江碧水

——中华人民共和国成立70周年永州水利发展成就简述

筑牢水长城 防洪抗灾体系日臻完善

70年来，永州水利立足市情、水情，大兴水利、大干水利，建起一座座水库，筑起一条条堤坝，构筑防汛抗旱的水上长城。

水库建设从无到有。中华人民共和国成立初期，永州没有一座上型号水库。1954年8月，第一座小型水库——祁阳里塘水库动工兴建；1958年5月，第一座中型水库——东安县金江水库破土动工；同年11月，第一座大型水库——双牌水库开工启动；全国172个重大工程，永州占了三个，总投资达160亿，几代水利人期盼已久的涔天河水库扩建工程建成投用。70年来，全市坚持治水兴永，兴修水库工程，建设各类水库1231座，初步建成集防洪、灌溉、发电、旅游等功能为一体的水库工程体系，在吞蓄洪水、削减洪峰、预泄洪水上起到巨大作用。

防洪工程全面提升。水旱灾害频发历来是永州的心腹大患，并伴有突发性、反常性、不确定性。70年来，永州坚持除水害兴水利，兴修防洪减灾工程，防灾抗灾减灾能力全面提升。1964年，江永县修建第一条河道堤防工程；到如今，先后实施中小河流治理项目52个，综合治理河长358千米。相继实施沟渠疏浚、山洪沟治理和县级山洪灾害防治非工程措施。

防灾体系日趋完善。近年来，永州通过云计算、大数据以及“互联网+”等新技术的运用，先后战胜1998年特大洪水，2015年史上最大冬汛，2016年史上最大春汛，2017年湘江流域发生史上最高洪水位的特大洪涝灾害，把灾害降到最轻，损失减到最少。

聚焦高质量 农田保障水平大幅提升

中共十八大以来，永州水利事业进入大改革、大投入、大发展的黄金期，永州大规模推进农田水利设施建设，着力打通农田灌溉“最后一公里”。

农村自来水流进千家万户。农村饮水跨越人畜饮水解困、农村饮水安全、农村饮水安全巩固提升三大台阶。时至今日，永州兴建2281处农村饮水安全工程，解决410万农村人口饮水问题，实现100%的乡镇和80%的行政村通自来水，全市52.7万贫困人口饮水问题全部脱贫摘帽，基本改变以往肩挑手提的历史，实现从“喝上水”到“喝好水”的目标。

基础设施日益改善。1952年，第一座浆砌石坝——零陵凼底乡浮江坝建成；1955年冬，江永县在城关三元宫村建成第一个水轮泵站；1958年，零陵县在仁湾乡建成第一个电灌机埠；2016年11月，全省最大灌区工程——涔天河灌区工程全面开工。双牌灌区、涔天河水库灌区等一批大中型灌区续建配套先后实施，小农水重点县、小农水项目县、“五小水利”建设稳步开展，截至目前，永州耕地有效灌溉面积28.93万余公顷，高效节水灌溉面积1.6万余公顷。

农村水电繁荣兴旺。水电发展从点到面、从小到大、从电站到电网，纵深推进。1979年11月，全市第一个水电站——湘江电站1号机组正式投产发电。1991年10月，全市第一个涉外水电工程，永州市南津渡水电站第一号机组试机运行发电举行剪彩仪式。湘祁、五里牌、南津渡、潇湘、太洲、五洲电站等重大水电开发工程，相继竣工投入运行，农村水电站装机容量从1978年的5万千瓦增加到2017年的100万千瓦，增长近20倍，年发电量达30亿千瓦时。

保护水环境 生态水利建设日新月异

河长制工作纵深推进。2017年4月，出台《全面推行河长制实施方案》，以湘江保护经验向全市所有河流和水库延伸，构建市、县、乡、村四级责任体系。率先在全省实行政府河长与民间河长“双河长制”，“双河长制”提名为全国十大基层治水经验之一，被评为全省第三批生态文明改革创新案例，获得省政府真抓实干成效明显地区表彰。

湘江保护和治理取得突破。实施湘江保护和治理三个三年行动计划，加大中小河流治理、生态小流域治理力度，加强河湖管理、水土保持、水资源保护，全面推行河长制落地生根、开花结果，江华潇湘源、江永千家峒、蓝山湘江源等12处风景区获批国家水利风景区，冷水滩湘江、道县潇水等4处水源地成功跻身全国重要饮用水源地。水土流失现象得到有效遏制，治理水土流失面积400平方千米。

河道管理逐步规范。坚持铁腕整治非法采砂，实行河道采砂“四禁一清”专项整治，启动实施三轮河道采砂三年专项整治行动，实施河道砂石开采权公开拍卖，2012年7月7日，零陵区成功举行潇水及湘江河道砂石开采权拍卖，成为全省出让河道砂石开采权的“第一拍”，永州经验在全省推广，河道管理逐步实现规范化、标准化、科学化。

文化让生活更美好

——中华人民共和国成立70周年永州文化旅游广播体育事业发展成就简述

中华人民共和国成立70年来，特别是中共十八大以来，在习近平新时代中国特色社会主义思想的指引下，市委、市政府率领全市人民奋发图强，砥砺奋进，文化旅游广播体育（以下简称文旅广体）事业蓬勃发展，文化照亮百姓生活成为潇湘大地的亮丽风景。文化建设展现崭新风貌，文化自信成为时代强音，人民群众的获得感幸福感不断提高。

强基础　设施显著改善

1949年，全市仅有8个民众教育馆图书室，1956年，成立全市第一家公共图书馆零陵县图书馆。长期以来，公共文化设施严重不足，中共十八大以来，全市以习近平总书记“文化兴国运兴，文化强民族强”的指示精神为指引，推动永州“文化大市”向“文化强市”跨越，各级财政不断加大投入，全市文化事业经费逐年增加。现有博物馆9家、体育馆12座，村级“农家书屋”5173家，公共图书馆12家，24小时自助图书馆24座，实体书店116家，文化馆（站）227个，专业文艺团队53支，农民体育健身工程1993个，乡镇（街道）综合文化站覆盖率100%，合格村（社区）综合文化服务中心3020个。

70年来，永州广播电视事业建设取得显著成就。广播电视节目由1996年10余套增加到2015年52套。2018年，有广播电台5座，中、短波广播发射台和转播台21座，广播综合人口覆盖率92%；电视台10个，电视综合人口覆盖率98%，有线电视用户45.45万户，建成172个乡镇广播平台，安装广播喇叭29973只。全市广播综合人口覆盖率99.01%，电视综合人口覆盖率99.15%。全市广播电视村村通、直播卫星户户通、农村广播村村响等系列重点文化惠民工程的深入实施，基本解决全市人民听广播看电视难的问题。

当前，永州创建国家级公共文化服务体系示范区工作稳步推进，以标准化、均等化、社会化、数字化为特点的现代公共文化服务体系建设步入快车道，文化惠民力度之大前所未有，市、县级文化馆、图书馆，乡镇文化站，农村综合文化服务中心四级服务网络逐步健全，城市15分钟、农村30分钟的文化生活圈初步形成。免费开放的公共文化场馆、24小时自助图书馆、全覆盖的乡镇（街道）综合文化站、“演艺惠民送戏下乡”“欢乐潇湘和美永州”等丰富多彩的文化活动成为新的文化现象。

促重点　事业硕果累累

70年来，永州扎根优秀传统文化和红色精神沃土，“对历史文化特别是先人传承下来的道德规范，要坚持古为今用、推陈出新，有鉴别地加以对待，有扬弃地予以继承”，推动优秀传统文化创造性转化，创新性发展，为时代发声，为时代立传。祭舜大典、冷水滩南方农耕文化节、零陵庙会、阳明山“和”文化节、江华盘王节、周敦颐诞辰1000周年纪念活动、“大美永州”大穿越、道县龙舟赛、东安武术周、祁阳姜芋文化节、江永女书节、蓝山梨花节、金洞森林音乐节等大型文体品牌活动进一步提升永州的知名度和影响力。

文艺创作繁荣发展。获得国家级奖项5个、省“五个一工程奖”6个，湖南艺术节金奖12个、银奖23个、铜奖40个、优秀作品奖104个，保护非物质文化遗产贡献奖1个，田汉表演奖10个。电影《故园秋色》获得中国政府电影最高奖华表奖、电影剧本《湘江北去》《毛泽东与齐白石》获得全国“五个一工程奖”。唐濛濛和欧亮获得湖南美术和书法作品最高奖“齐白石艺术奖”。大型现代祁剧《向阳书记》获2018湖南第六届艺术节田汉新剧目、导演、音乐、表演等五大奖项。

文化遗产保护成果显著。全市现有全国重点文物保护单位34处，省级文保单位79处，市级文保单位188处，国家级历史名城1个，国家级历史文化街区1个，国家级历史文化名镇1个，国家级历史文化名村8个，省级历史文化名村名镇45个。拥有国家级非遗6项，国家级非遗代表性传承人4人，省级非遗16项，省级非遗代表性传承人10人，位居全省前列。

竞技体育水平不断提高。创建国家级高水平体育后备人才基地两个、湖南省“四强工程”（强县、强校、强项、强人）4个、省体育传统项目学校7个、国家级青少年体育俱乐部5个、全国户外营地1个。截至2018年年底，永州获得奥运会冠军2个、奥运会亚军2个、世界冠军28个、亚洲冠军24个、全国冠军95个，王明娟、赵常玲、乐茂盛、朱巧玲、周小青、阳春燕、廖秀珠、廖秋云、全英瑞等扬名世界体坛。2019年，永州竞技体育再创佳绩，由永州培养、输送的优秀运动员代表国家、湖南省参加世界、亚洲、国家等重大体育赛事，获得世界冠军4个，亚洲冠军3个，全国冠军13个，打破世界纪录2次。

群众体育活动蓬勃开展。随着改革开放的不断深入，全市群众体育活动逐渐由城市发展到农村，中老年人和残疾人体育日益活跃。群众健身意识日趋增强，全民健身成为新的休闲时尚。2018年，市本级举办大型群体活动39场次，各县区举办各类全民健身活动200余场次。2019年上半年，市本级举办大型群体活动13次。全市经常参加锻炼人口由2002年的100万，占比18%增长到2015年的249万，占比38.1%。

抓培育　产业蓬勃兴起

20世纪80年代末，永州文化产业悄然兴起并迅速壮大。中共十八大以来，全市坚持“文化、旅游产业联动发展”的理念，全面深化文化旅游体制改革、推动文化旅游部门职能转变、出台相关法律法规，文旅融合发展，逐步形成文化旅游业、文艺演出业、休闲娱乐业和文化创意业等多门类并存的文化产业发展格局。

2018年，全年游客接待量增长12%，旅游综合收入增长13.5%。文化产业快速发展，增加值增幅达到28.6%，新增规上文化企业52家，均排全省第一。

全市现有文化生产和服务单位8696家，其中规模以上文化企业178家，奔腾彩印、九恒条码、异蛇科技等一批骨干企业，成为推动文化创意产业发展的领军力量和带动产业链条发展的源动力。2018年，全市文化产业增加值达90.4亿，增速比同期地区生产总值增速高20.4个百分点。2019年1月—9月，全市文化创意及相关产业总产值350亿元，增加值75亿元，同比增长11.2%，地区生产总值占比达5.7%。

旅游业进入全面提速发展新时期。永州旅游业兴起于20世纪80年代末，目前全市旅行社27家，国家AAAAA级旅游景区5个，国家AAAA级旅游景区34个，星级乡村旅游区点178家，三星级以上饭店18家。旅游接待量由1988年—1995年（零陵地区）累计接待量607.89万人次增长至2018年5688.98万人次，2019年1月—9月4884.64万人次；旅游收入由1988年—1995年累计4963.45万元增长至2018年484.64亿元，2019年1月—9月旅游收入405.52亿元。

牢记使命守健康　砥砺奋进谋发展

——中华人民共和国成立70周年永州医疗卫生发展成就简述

中华人民共和国成立70年来，特别是中共十八大以来，在历届市委、市政府的坚强领导下，在各级各部门的支持配合下，全市卫生健康系统凝心聚力，攻坚克难，开拓创新，卫生健康事业发生了翻天覆地的变化，人民群众健康水平大幅提升，卫生健康领域的获得感和幸福感显著增强。

卫生健康服务资源更加丰富　服务体系更加健全

卫生健康资源更加丰富。70年来，全市医疗卫生机构由1978年的649个增加到2017年的5805个，床位数增加到37285张，执业（助理）医师增加到12477人，执业护士增加到12033人。覆盖市、县、乡、村的医疗服务体系和公共卫生防控体系建立健全，并不断完善。中共十八大以来，按照为人民群众提供全方位全生命周期卫生健康服务的要求，立足于满足人民群众多元化、多层次的卫生健康服务需求，把出生缺陷三级综合防控、农村妇女免费“两癌”筛查、孕前优生健康检查、新生儿疾病筛查、职业健康、老年健康等纳入卫生健康服务体系。

医疗卫生体系不断完善。市委、市政府坚持正确的卫生健康方针，超前谋划，率先作出建设区域医疗卫生中心的决策部署。稳步推进中心城区“四大医疗卫生中心”建设，县级及以上公立医院基本上实现改扩建，启动实施基层医疗卫生机构标准化建设三年行动计划，基本形成城区15分钟、乡村30分钟就医圈。

中医事业在传承中不断发展。新田县成功创建国家级名老中医工作室，双牌县中医院被中华中医药学会授予湘南蛇伤救治基地称号，永州异蛇生态文化产业园成功创建国家中医药健康旅游示范基地。

卫生健康服务能力显著提升　人民群众健康水平大幅提高

全面推进分级诊疗体系建设。形成市、县（区）、乡、村医疗机构四级联动的局面，实现影像、心电、病理、消毒、检验等互联互通，所有患者在医联体内均可进行网络会诊和双向转诊，确保群众在家门口能看病、能看好病。

大力实施人才强卫战略。出台《永州市加强医疗卫生人才队伍建设实施办法》，纳入《永州市潇湘人才行动计划》，是永州有史以来出台的第一个有关医疗卫生人才队伍建设的纲领性文件。围绕重点专科和人才紧缺科室建设等发展需要，多渠道引进人才，高层次人才引进数量和质量逐年递增，特别是2017年增幅达119.3%。三级以上医院新进临床岗位医生规范化培训率100%，二级医院84.13%。在全省率先开展乡村医生本土化免费培养，培养学费由市县两级财政安排，着力解决乡村医生“人才紧缺，后继乏人”的问题。2017年，市县两级财政预算安排430万元，培养乡村医生本土化学员282人，全市乡村医生本土化培养人数1055名。

切实强化公共卫生工作。全面实施14大类46项国家基本公共卫生服务项目，推进基本公共卫生服务均等化，服务经费财政补助标准由2009年的15元/人提高到2017年的50元/人，服务项目由9大类21项增加到14大类46项，城乡居民健康状况持续得到改善。突出重点疾病综合防控。先后成功消除丝虫病、碘缺乏病和疟疾，连续25年保持无脊灰状态，连续6保持无甲类传染病流行，结核病患病率由1978年的994.75/10万下降到2017年的79.3/10万，麻疹、流脑、破伤风、伤寒、痢疾等传染病得到有效控制。全面落实妇幼保健措施。孕产妇死亡率由1979年的754/10万下降至15.19/10万，5岁以下儿童死亡率由1979年的117.39‰下降至4.85‰，均低于全省平均水平。孕产妇免费产前筛查、农村适龄妇女“两癌”免费检查、65岁以上农村老人免费体检、尘肺病患者救治等项目每年均超额完成既定任务。

全面深化医药卫生体制改革　卫生健康事业改革红利不断释放

以“三必须三不准”为抓手，着力加强医德医风建设。2017年7月以来，采取随机暗访、交叉检查等多种形式组织9次大规模的医德医风督查活动，查处“违规大检查”55人次、“违规大处方”38人次，约谈医院院长15人次，建议免去一名县级公立医院院长，对229名责任人员进行通报罚款处理。医德医风建设不断深入，医疗机构从业人员服务态度有很大的改观，医疗技术水平进一步提高，市内公立医院综合满意度经第三方调查由75.6%上升到95%。

以药品零差率销售和“两票制”为抓手，不断优化药品供应保障机制。2010年起在公办基层医疗卫生机构实施基本药物制度并实行零差率销售。2013年1月1日起，祁阳作为国家第一批县级公立医院综合改革试点县启动取消药品加成同步调整医疗服务价格为标志的综合改革；2015年4月1日起，其余8县启动县级公立医院综合改革；2016年10月1日起，8家城市公立医院启动城市公立医院综合改革。至此，破除长期以来的“以药补医”机制。2017年10月1日，在全市公立医院全面实施药品采购“两票制”，进一步规范药品流通领域各方行为。推进公立医疗机构优先配备使用基本药物，2017年，全市公立医院配备使用基本药物占医院使用药品总金额比例达43.96%。探索药品集中带量采购，切实降低群众用药负担。

以保障人民群众基本医疗需求为目标，不断深化医保支付方式改革。基本医保参保率连续6年稳定在98%以上。2011年，首创的新农合“10+100”的支付方式改革模式，在全国产生良好反响，获卫生部推介。在基本医保普惠的基础上，2013年，率先在全省启动实施农村居民大病保险工作，大病患者合规医疗费用报销比例平均提高12个百分点左右，个人最高补偿达32.17万元。2014年，率先在全省开展市级定点医院住院费用核查和即时结报工作，减少参合群众“跑腿、垫资”。2018年起，按照“总额预付、目标管理”的原则，强化医保基金收支预决算管理，重点向基层医疗卫生机构倾斜，有效地控制医疗费用不合理增长。

健康扶贫政策全面落实　因病致贫、因病返贫得到基本解决

全市上下紧紧围绕“让困难群众看得起病、看的好病、方便看病、少生病”的目标，全面落实“三提高、两补贴、一减免、一兜底”和先诊疗后付费的健康扶贫核心政策。组建家庭医生团队1039个，对建档立卡贫困人口69.41万人进行家庭医生签约，签约覆盖率100%。全市贫困患者住院实际报销比例达91.36%，贫困人口在县级定点医院大病集中救治率94.92%，县域内就诊率95.03%，均排在全省前列。2018年8月1日，健康扶贫“一站式”结算系统正式上线，并率先在全省将43个病种的特殊门诊纳入“一站式”结算系统。打造永州市健康扶贫社会众筹网，社会反响良好。红十字人道助力精准扶贫，筹集各类救助资金240万元，惠及贫困人口5000余人。

贫困将除　小康可期

——中华人民共和国成立70周年永州扶贫工作发展成就简述

中华人民共和国成立以来，永州历届市委、市政府坚持以人民为中心的发展理念，深入贯彻落实中央、省委的决策部署，持续向贫困宣战，矢志不渝消除贫困、改善民生、实现共同富裕，先后历经《国家八七扶贫攻坚计划（1994—2000年）》《中国农村扶贫开发纲要（2001—2010年）》、《中国农村扶贫开发纲要（2011—2020年）》，全市贫困人口实现从温饱向小康迈进的历史性成就。特别是中共

十八大以来，全市各级各部门坚持以习近平总书记关于扶贫工作的重要论述为基本遵循和行动指南，切实把脱贫攻坚作为重大政治任务、头等大事和第一民生工程来抓，贯彻精准方略，群策群力推进，贫困地区基础设施和基本公共服务显著改善，贫困人口收入逐年增加，义务教育、基本医疗、住房安全得到有力保障，永州绝对贫困问题将得到历史性解决。

减贫幅度前所未有

1986年4月，永州市开展全面调查摸底，全市贫困人口123.36万人，截至2018年年底，全市建档立卡贫困人口61523人，累计减贫117.2077万人。特别是中共十八大以来，全市累计减贫612362人，年均减贫10万以上；贫困村脱贫出列742个，贫困发生率从2013年底的13.5%下降至1.3%，2017年宁远、双牌、江永脱贫摘帽，2018年，江华瑶族自治县脱贫摘帽。2019年，全市计划实现新田县脱贫摘帽，32个贫困村出列、减贫47595人、贫困发生率下降到1%以内，基本消除绝对贫困人口。

贫困地区提速发展

坚持以脱贫攻坚统揽经济社会发展，贫困地区发展速度加快。2018年，江华、新田、宁远、双牌、江永等5个贫困县地区生产总值分别达125.39亿元、86.05亿元、166.11亿元、64.19亿元、70.0亿元，与2012年相比，增幅分别达91.25%、80.1%、84.9%、72.2%、74.5%，年均增幅分别达15.2%、13.4%、14.1%、12%、12.4%；财政收入分别达12.71亿元、7.04亿元、18.23亿元、5.98亿元、5.69亿元，比2012年分别净增7.71亿元、3.83亿元、11.5亿元、2.31亿元、3.19亿元，年均增幅分别达25.7%、19.9%、28.5%、10.5%、21.3%；农民人均可支配收入分别达10625元、9405元、14458元、9046元、10312元；年均增幅分别达38.2%、37.5%、39.1%、16.3%、36.1%。

群众获得感明显提升

1949年，全市人均粮食占有量228.2千克；到2018年，人均粮食占有量为561千克，较1949年增长1.5倍。1949年，全市农村居民人均纯收入仅31元，2018年，农村人均可支配收入13924元，扣除价格因素，比1949年实际增长43.5倍，年均实际增长5.7%。反映居民生活质量的恩格尔系数逐年下降，农村居民恩格尔系数自1995年的66.5%下降至2018年的32.3%，下降了34.2个百分点。义务教育方面，全市义务教育无一人因贫失学辍学，2018年，全市中小学生在校人数85.34万人，是1949年的9倍，学前三年毛入园率84.5%，高中阶段毛入学率88.2%，高等教育、高职教育院校达4所，在校学生突破4万人。基本医疗方面，基层医疗服务体系不断健全，2018年，全市医疗卫生机构5658个，是1949年的1414.5倍；医院和卫生院床位数3.8万张，是1949年的1225.8倍；全市卫生技术人员3.2万人，是1949年的2666.6倍，截至2018年年底，全市村级卫生室“空白村”基本消除。贫困人口医保参合率、家庭医生签约服务率100%，贫困人口住院综合报销比例达85%以上，扶贫“特惠保”实现贫困人口“应保尽保”。住房安全方面，全市搬迁安置贫困户20380户81717人，入住率100%、拆旧率99.38%、复垦率99.36%、后扶措施覆盖率100%、脱贫率95.32%。累计鉴定农村“四类对象”住房302717户，存量危房6977户，截至2019年9月，开工6836户，开工率97.9%；竣工6477户，竣工率92.8%。饮水安全方面，建成集中供水工程2194处，实现建档立卡贫困人口饮水安全保障184127户671587人。兜底保障方面，持续开展农村低保对象清理整顿，逐年提高保障标准，全市贫困人口纳入低保和特困兜底保障77390人，低保标准达到或超过3700元/年，实现“应保尽保”；落实贫困残疾人保障政策40146人，残疾人两项补贴达到60元/月。

发展基础显著改善

深化“四跟四走”产业扶贫模式，采取直接帮扶、委托帮扶和股份合作等模式，发展特色农业、乡村文化旅游、农村电商，累计带动42.66万有劳动能力和产业发展意愿的贫困人口发展产业增收脱贫，占全市已脱贫人口的近70%。加大资金整合投入，着力改善贫困地区基础设施和基本公共服务，加快补齐贫困地区发展短板，全市新建改造农村公路2万千米，实现100%贫困村通硬化路面、通客班车，贫困群众的交通出行条件大为改观；完成774个贫困村农网升级改造，建成村级光伏扶贫电站625个、并网容量5.6万千瓦，集中式光伏扶贫电站项目5个、总装机量11.95万千瓦，贫困村供电能力和供电质量有了显明提高；实施贫困村文化通讯提升工程，行政村光纤通达率85.5%，4G覆盖率98.6%，贫困村农村广播、收看数字电视节目、农家书屋更新实现全覆盖。

大扶贫格局初步形成

按照“中央统筹、省负总责、市县抓落实”的工作机制，制定全市“1+X+部门”精准扶贫系列文件，构建起责任清晰、各负其责、合力攻坚的脱贫攻坚责任体系。把最强的领导、最精干的力量、最优势的要素资源投入到脱贫攻坚中，市、县、乡、村层层签订减贫责任书，立下攻坚“军令状”，形成四级书记抓扶贫、全员参与促攻坚的良好局面。全市选派驻村工作队2229支，选派驻村干部6451名，参与驻村帮扶单位超过5000家，实现全市所有贫困村和贫困人口100人以上非贫困村驻村帮扶全覆盖，所有建档立卡贫困户党员干部结对帮扶全覆盖。推进中国社会扶贫网推广应用，全市累计注册贫困户215989户、爱心人士421841人，爱心需求对接成功累计355985次，对接成功率71.08%。实施“万企帮万村”工程，引导181家民营企业帮扶246个贫困村，带动6.1万贫困人口脱贫。

方法路径日益精准

紧扣精准要求，结合贫困实际，积极探索创新，形成一批可复制、能推广的精准扶贫、精准脱贫“永州路径”。打造“12345”“互联网+”社会扶贫新品牌。按照一网统领、两线并行、三级联动、四员助力、五台同唱的“12345”模式，推进中国社会扶贫网整市试点，走出一条“互联网+”社会扶贫新路子，全国“互联网+”社会扶贫现场会在我市召开。探索“四扶四建”智志双扶新模式。坚持扶贫与扶志、扶智相结合，大力推行扶志气建讲堂、扶技能建中心、扶产业建基地、扶队伍建堡垒“四扶四建”智志双扶模式，中央电视台、《解放军报》《工人日报》《中国青年报》、中新社、央视网等8家媒体宣传报道，2018年全国扶贫日“扶贫扶志”论坛上作经验介绍。走出“四跟四走”特色产业扶贫新路子。深化“资金跟着穷人走、穷人跟着能人走、能人跟着项目走、项目跟着市场走”的“四跟四走”新思路，全国产业扶贫现场观摩活动在我市举行。探索“扶贫车间”新做法。引导园区小微企业在贫困乡村开设“扶贫车间”700余家，吸纳3.2万余名留守劳动力就业，全省就业扶贫工作经验交流会在永州成功召开。推行巩固提升脱贫成果新探索。探索推行因地因村因人、分区分类分色管理、差异化帮扶的模式，巩固提升脱贫成果，得到省委、省政府领导的肯定和关注。探索消费扶贫新举措。实施扶贫农产品进机关、进学校、进医院、进企业“四进”行动，推进消费扶贫，江华瑶族自治县成为国务院扶贫办指导举办的“10·17”扶贫日活动——“你我通行·社会扶贫”论坛全国视频直播的三个县之一，祁阳县“三好三出”受到媒体广泛推介。

（以上文章收录自《永州通讯》《永州日报》，内容略有删改）

大事记

Chronological Event

1月

2日　市委书记、市人大常委会主任李晖主持召开书记专题会议，听取全市处级干部经济责任审计工作情况汇报。会议传达全省市州审计局长座谈会会议精神，研究永州贯彻落实意见。市委副书记、市长赵应云，市领导何录春、杨永、吴志雄出席会议。

3日　永州市委经济工作会议召开，深入贯彻落实中共十九大精神和中央、省委经济工作会议精神，总结2018年经济工作，分析当前经济形势，部署2019年经济工作，明确总体要求和目标任务。市委书记、市人大常委会主任李晖主持会议并讲话，市委副书记、市长赵应云在讲话中对2019年经济工作作出具体部署。市委副书记、政法委书记何录春宣读全市产业项目建设年“五个十”优秀项目的通报。

7日　全市乡村振兴暨“六大战役”重点项目建设现场推进会在江华瑶族自治县召开。市委书记、市人大常委会主任李晖，市委副书记、市长赵应云，市领导何录春、石艳萍、唐能武、杨永、吴志雄、周荣峰、贺辉、冯紫英、周益志、严兴德、欧阳元初、李旦梅、刘卫华、宋可福、伍军参加。市直有关单位主要负责人，各县区、管理区、经开区党政主要负责人及发改委主任、农委主任参加会议。

14日　中国人民政治协商会议永州市第五届委员会第三次会议在永州会堂开幕。永州市委书记、市人大常委会主任李晖，市委副书记、市长赵应云，市政协主席蒋善生，市政协副主席张建亮、彭爱华、吕斌、田洁、杨军元、文绍涛、宋可福、潘衡湘，市政协秘书长王小波出席会议。

15日　永州市第五届人民代表大会第三次会议在永州会堂开幕。大会主席团常务主席李晖、杨海河、周小驹、袁火林、魏湘江、周益志、李农妹、胡先荣、蒋千红担任执行主席，李晖主持会议。

18日　永州市政府召开2019年第一次全体会议，传达贯彻“两会”精神，分解落实《政府工作报告》确定的各项工作任务。市委副书记、市长赵应云出席并讲话，市委常委、副市长周荣峰，副市长刘新良、严兴德、谢景林、李旦梅、刘卫华，市政府秘书长陈宇荣参加会议。

19日—20日　市委书记、市人大常委会主任李晖率队赴深圳对接重点招商项目，先后拜会华侨城集团和中国科技开发院，与企业高层进行深入沟通交流，推动重点招商项目建设，取得良好效果。市商务局、永州经济技术开发区、市经投集团、市政府驻深办主要负责人参加考察。

22日　中国共产党永州市第五届纪律检查委员会第四次全体会议在冷水滩召开。市委副书记、市长赵应云主持会议。

25日　出席湖南省十三届人大二次会议的永州代表团，在驻地长沙现代凯莱大酒店召开代表团会议。十三届全国人大代表、省十二届人大常委会副主任谢勇出席并看望永州代表团全体人员。市委书记、市人大常委会主任李晖主持会议。市委副书记、市长赵应云，市委常委、组织部部长吴志雄等出席会议。

31日　永州军分区党委召开十一届三次全体（扩大）会议，传达学习南部战区、军委国防动员部和省军区党委全会精神，总结回顾军分区2018年工作，研究部署2019年工作。市委书记、军分区党委第一书记李晖出席会议并讲话。

2019年1月3日，中共永州市委经济工作会议　　摄影　蒋新国

2月

1日　永州大道综合管廊建成和永州大道恢复通车仪式在永

州大道主道举行。市委书记、市人大常委会主任李晖宣布永州大道综合管廊建成和永州大道恢复通车，市委副书记、市长赵应云出席并讲话，市委常委、市委秘书长唐能武，中国建筑第五工程局有限公司党委书记、董事长田卫国出席通车仪式，副市长欧阳元初主持通车仪式。

2日　永州召开全市执行力优秀干部座谈会，表彰先进，交流探讨如何进一步提高干部精准执行能力。市委书记、市人大常委会主任李晖出席并讲话，市委常委、组织部部长吴志雄主持会议。

6日　永州召开全市春节期间值班应急工作视频会议，传达学习贯彻省委、市委对值班应急工作要求，调度部署永州市春节期间值班应急工作。市委书记、市人大常委会主任李晖出席并讲话，市委副书记、政法委书记何录春主持会议。

12日　市委副书记、市长赵应云带队调研全市空气环境质量。副市长严兴德、欧阳元初，市政府秘书长陈宇荣陪同调研。

13日　市委副书记、市长赵应云到冷水滩区牛角坝镇麦子园村调研扶贫工作和走访慰问贫困群众。市政府秘书长陈宇荣陪同调研。

16日（古巴时间2月15日）　永州经济技术开发区与古巴生物医药集团在古巴首都哈瓦那签订《中华人民共和国永州经开区和古巴共和国生物医药集团合作基础协议》。古巴生物医药集团副主席玛依达·马瑞、古巴生物基因工程中心主任欧洛希奥·皮蒙特、副主任玛塔·阿娅拉，生物医药集团科学合作部主任罗兰多·佩勒斯，中国驻古巴大使陈曦、永州市人民政府副市长谢景林，以及永州市卫生健康委员会、永州经济技术开发区主要领导出席签约仪式。

19日　永州市城乡规划委员会2019年第一次全体会议召开，研究审议《永州市城市规划管理技术规定》和南平路（零陵南路—湘江西路段）道路工程等项目设计方案。市委副书记、市长赵应云出席并讲话，市领导袁火林、欧阳元初、杨军元、伍军，市政府秘书长陈宇荣出席。

20日　市委召开全市领导干部大会，省委组织部副部长肖百灵出席会议并宣布省委关于永州市党政主要领导调整的任免决定：严华任中共永州市委委员、常委、书记；李晖不再担任中共永州市委书记、常委、委员职务，另有任用；赵应云不再担任中共永州市委副书记、常委、委员职务，另有任用。

25日　市委书记严华以“四不两直”（不发通知、不打招呼、不听汇报、不用陪同接待、直奔基层、直插现场）方式赴祁阳访贫问苦，现场指导脱贫攻坚和乡村振兴工作。市委常委、市委秘书长唐能武陪同调研。

25日　市委书记严华调研冷水滩区和永州经济技术开发区企业。市委常委、市委秘书长唐能武陪同调研。

3月

1日　市委书记严华主持召开市委常委会2019年第九次会议，传达习近平总书记关于脱贫攻坚专项巡视重要指示精神，学习汪洋、胡春华在脱贫攻坚专项巡视整改工作电视电话会议上的讲话精神，学习《中共中央关于加强党的政治建设的意见》和传达省委相关会议精神。

4日—8日　市委书记严华深入江华、宁远工业园调研。市委常委、市委秘书长唐能武，市委常委、江华瑶族自治县委书记罗建华，副市长、宁远县委书记刘卫华分别参加调研。

7日　市五届人大常委会第二十次会议举行第三次全体会议，市委书记严华出席并讲话。会议决定任命何录春为永州市人民政府副市长、代理市长。市人大常委会副主任杨海河、周小驹、袁火林、魏湘江、周益志、李农妹，秘书长蒋千红出席。市中级人民法院院长罗重海、市人民检察院代理检察长杨鸿、市政府秘书长陈宇荣列席会议。

11日　永州市“三大攻坚战”推进大会在冷水滩召开。市委书记严华出席并讲话。市委副书记、代市长何录春主持会议。蒋善生、杨永、吴志雄、罗建华、周荣峰、贺辉、冯紫英等领导出席。

14日　市委书记严华，市委副书记、代市长何录春现场调研湘江永州千吨级航道工程建设，并召开座谈会。

15日　市委副书记、代市长何录春主持召开市政府第三十五次常务会议，传达学习《中国共产党重大事项请示报告条例》，审议《2019年重点项目和产业项目建设年活动方案》等事项。市领导周荣峰、刘新良、欧阳元初、谢景林、李旦梅，市政府秘书长陈宇荣出席。

20日　永州市召开产业项目建设推进会。市委书记严华出席并讲话。市委副书记、代市长何录春主持会议。全市31个重点产业项目在各县区同日开工，总投资167.95亿元。石艳萍、唐能武、杨永、吴志雄、冯紫英等领导出席。

25日—27日 2019年市政府工作会议召开。市政府将27个部门提请的27个会议整合成工交和社会管理、农业农村、财经、社会事业、城建5个方面会议。会议提出，要细化工作部署，加快工作推进，以高效率工作推动高质量发展。市委副书记、代市长何录春出席并讲话。市委常委、副市长周荣峰，副市长刘新良、严兴德、欧阳元初、谢景林，市委副厅级干部伍军，市政府秘书长陈宇荣出席。

27日 中国科技开发院在湖南地区建立的首个科技孵化器项目——永州创新孵化基地在永州经济技术开发区正式开园。中国科技开发院院长杨斌，永州市人民政府副市长李旦梅及合作机构代表、嘉宾等200余人参加开园仪式。

28日 永州市第五届人民代表大会第四次会议在永州会堂开幕。大会听取主席团关于提名永州市第五届人民代表大会常务委员会主任候选人、永州市人民政府市长候选人情况的说明；集中审议《永州市第五届人民代表大会第四次会议补选办法（草案）》；大会采取举手表决的方式通过《永州市第五届人民代表大会第四次会议补选办法》。大会主席团常务主席严华、杨海河、周小驹、袁火林、魏湘江、周益志、李农妹、胡先荣、蒋千红担任大会执行主席，并在大会主席台前排就座。

4月

1日 市委书记、市人大常委会主任严华到蓝山督导扫黑除恶工作。市委副书记、市长何录春到祁阳督导扫黑除恶工作。市委常委、市委秘书长唐能武，副市长、市公安局局长刘新良，市中级人民法院院长罗重海，市委副厅级干部伍军参加督导工作。

2日 永州市召开省市人大代表建议和政协提案交办会议，向市直相关部门和县区集中交办2019年度省、市“两会”代表委员建议和提案。市委副书记、市长何录春出席会议并讲话，市领导蒋善生、杨海河、张建亮，市政府秘书长陈宇荣出席会议。

7日 中央扫黑除恶第十六督导组第七小组到永州开展扫黑除恶督导工作，随即召开配合中央扫黑除恶专项斗争督导工作汇报会，最高人民法院司改办专职党务干部、中央扫黑除恶第16督导组第7小组组长吴毛旦表明督导要求，市委书记、市人大常委会主任严华汇报永州市扫黑除恶专项斗争前段工作和今后安排，市委副书记、市长何录春主持会议。

11日 永州市委书记、市人大常委会主任严华，市委副书记、市长何录春调研永州火车站提质改造项目建设，市领导唐能武、周荣峰、欧阳元初等参加调研。

12日 2019年全市政银企合作洽谈会暨金融服务实体经济项目对接会在冷水滩举行，驻永银行业机构与企业签订银企合作协议，现场签约项目37个。市委书记、市人大常委会主任严华出席会议并致辞，市委副书记、市长何录春主持会议。市委常委、副市长周荣峰，市政协副主席杨军元，市政府秘书长陈宇荣出席会议。

15日 永州市委、市人民政府在深圳举办对接粤港澳融入大湾区招商引资——招才引智活动，该活动是永州市在此次湖南——粤港澳大湾区投资贸易洽谈周的主体活动。湖南省商务厅党组成员、省口岸办主任杨中万，深圳原大鹏新区管委会党工委副书记、管委会主任何永志分别致辞。永州市委常委、组织部部长吴志雄，副市长李旦梅分别作招才引智推介、重点招商项目推介，市领导石艳萍、罗建华、刘卫华、吕斌出席活动。

18日 市委书记、市人大常委会主任严华，市委副书记、市长何录春调研零陵机场迁建工作。市领导唐能武、周荣峰、贺辉、冯紫英、魏湘江等参加。

同日 市委书记、市人大常委会主任、市第一总河长严华率相关部门负责人开展巡河工作，乘船实地察看湘江干流冷水滩河段水域水体水质、河道保洁、“清四乱”、水域岸线管理等情况。市委常委、市委秘书长唐能武参加巡河。

27日 市委书记、市人大常委会主任严华深入新田、零陵调研和检查脱贫攻坚、乡村治理和防汛抗灾等工作。

30日 永州市干部队伍形式主义、官僚主义六大突出问题专项整治工作会议召开。市委书记、市人大常委会主任严华出席并讲话，市委副书记、市长何录春主持会议。

5月

6日 市委书记、市人大常委会主任严华采取“四不两直”方式，深入道县调研脱贫攻坚、农村人居环境整治等工作。市委常委、市委秘书长唐能武陪同调研。

10日 市委书记、市委全面深化改革委员会主任严华主持召开市委全面深化改革委员会第一次会议，学习传达中央深改委第六次、第七次会议和省委深改委第二次会议精神，审议有关文件和改革方案。市长、市委全面深化改革委员会副主任何录春出席会议。

17日 永州市推进城乡环境基础设施建设现场会在冷水滩召开。市委书记、市人大常委会主任严华出席会议并讲话，市委副书记、市长何录春作工作报告。市领导唐能武、罗建华、袁火林、欧阳元初、刘卫华、张建亮、欧阳德群出席会议。

20日 市委书记、市人大常委会主任严华采取“四不两直”方式深入宁远县暗访形式主义、官僚主义整治工作。

21日 市委书记、市委审计委员会主任严华主持召开永州市委审计委员会第一次会议。市长、市委审计委员会副主任何录春出席会议。

22日 市委常委会（扩大）脱贫攻坚现场调研专题推进会在新田县召开。会议深入学习贯彻习近平总书记在重庆考察并主持召开解决“两不愁三保障”突出问题座谈会、省委扶贫工作会议、5月13日省委书记杜家毫主持召开的部分贫困县县委书记座谈会精神，回顾总结永州市前段脱贫攻坚工作，分析研究当前存在的突出问题，安排部署下段工作任务。市委书记、市人大常委会主任严华出席并讲话，市委副书记、市长何录春主持会议。

24日 市委、市政府议教会暨教育综合改革会议召开，深入学习贯彻习近平总书记关于教育的重要论述和全国、全省教育大会精神，全面总结和部署全市教育工作。市委书记、市人大常委会主任严华出席会议并讲话，市委副书记、市长何录春主持会议，市领导李农妹、谢景林、刘卫华、彭爱华出席。

同日 市委书记、市人大常委会主任严华主持召开永州市委军民融合发展委员会第一次全体会议。市委副书记、市长何录春出席会议。市领导唐能武、冯紫英、熊壮、谢景林，市政府秘书长陈宇荣等参加会议。

30日 市委书记、市委全面依法治市委员会主任严华主持召开市委全面依法治市委员会第一次会议，传达学习习近平总书记在中央全面依法治国委员会第一次、第二次会议上的重要讲话精神以及省委全面依法治省委员会第一次、第二次会议精神，审议有关文件。市长、市委全面依法治市委员会副主任何录春，市领导唐能武、杨永、吴志雄、贺辉、冯紫英等出席。

6月

3日 市委副书记、市长何录春主持召开永州市“城镇提质”战役中心城区重点项目调度会，听取有关部门对于重大项目进展情况的汇报，讨论解决问题的思路，安排部署下一步工作重点。市领导吴志雄、杨海河、袁火林、欧阳元初、杨军元，市政府秘书长陈宇荣参加会议。

4日 永州市委机构编制委员会召开第一次会议，传达学习习近平总书记关于机构编制工作的重要论述和省委编委第一次会议精神，审议并原则通过《中共永州市委机构编制委员会工作规则》《中共永州市委机构编制委员会办公室工作细则》《永州市委编办2019年工作要点》，研究部署永州机构编制工作。市委书记、市人大常委会主任、市委编委主任严华主持会议并讲话，市长、市委编委副主任何录春等出席会议。

6日 永州市县区委书记县区长会议在冷水滩召开，会议学习贯彻习近平新时代中国特色社会主义思想，传达落实全省“不忘初心、牢记使命”主题教育会议精神、省委书记杜家毫在市州委书记视频会议上的讲话精神、省长许达哲对永州的指示精神，调度分析1月—5月全市经济社会发展经济指标“双过半”情况，全面安排部署下一段工作。市委书记、市人大常委会主任严华出席并讲话。市委副书记、市长何录春就全市经济社会发展情况及“双过半”工作作讲话。蒋善生、石艳萍、唐能武、杨永、吴志雄、罗建华、贺辉、魏湘江、刘新良、严兴德、欧阳元初、谢景林、李旦梅、刘卫华、杨军元等市领导，各县区委书记、县区长，市直部门和中央、省驻永州单位主要负责人参加会议。

17日 市委副书记、市长何录春主持召开中心城区重点项目集中审批会议，对22个规模大、难度大、办理时间长，在民生、教育、环保和城市建设等方面有重大影响的项目进行集中审批。副市长欧阳元初、市政府秘书长陈宇荣出席会议。

22日 2019年“院士专家永

州行”咨询会暨科技合作、顾问聘书颁发仪式举行。23名各个领域的院士和专家围绕“创新引领、智推永州”主题，为永州经济社会发展把脉支招。市委书记、市人大常委会主任严华出席会议并致辞。

25日 永州市文明委第二十五次全体会议在冷水滩召开，传达湖南省文明委第二十六次全会精神，总结2018年、部署2019年全市精神文明建设工作。市委书记、市人大常委会主任、市文明委主任严华出席并讲话。市委副书记、市长、市文明委第一副主任何录春主持会议。市委常委、宣传部部长、市文明委副主任贺辉作工作报告。谢景林、彭爱华、欧阳德群、黄萍等领导出席。

26日 永州市“6·26”国际禁毒日公开销毁毒品暨创建全国禁毒示范城市宣传活动在冷水滩区滨江广场举行，并在现场集中销毁海洛因、冰毒、麻古、K粉等毒品300余千克。市委副书记、市长何录春讲话并宣布活动开始，副市长、市公安局局长刘新良通报全市打击整治毒品违法犯罪情况，市政协副主席张建亮主持活动，市中级人民法院院长罗重海，市委副厅级干部伍军出席。

7月

2日 永州市委人才工作领导小组2019年第一次会议召开。市委书记、市人大常委会主任严华出席并讲话。市委副书记、市长何录春主持会议，市领导石艳萍、吴志雄出席。

4日 永州市“六城同创”工作动员大会在冷水滩召开。会议深入学习贯彻习近平新时代中国特色社会主义思想，动员部署全市加强国家卫生城市管理，创建全国文明城市、国家园林城市、全国社会信用体系建设示范城市、国家公共文化服务体系示范区和全国禁毒示范城市。市委书记、市人大常委会主任、市“六城同创”领导小组组长严华出席并讲话。市委副书记、市长、市“六城同创”领导小组第一副组长何录春主持会议。

8日 市委书记、市人大常委会主任严华，市委副书记、市长何录春会见长丰集团有限责任公司党委书记、董事长周海斌一行。市委常委、市委秘书长唐能武，市政府秘书长陈宇荣，长丰集团有限责任公司党委副书记、总经理刘康林等参加座谈。会议主要就当前长丰集团如何突破发展瓶颈，促进企业转型升级进行交流探讨。

11日 市委、市政府召开议案办理工作推进会，专题调度市五届人大三次会议《关于依法规范农村建房，着力推进乡村振兴的议案》办理工作。市委书记、市人大常委会主任严华出席并讲话。市领导杨海河、袁火林、欧阳元初等出席。

16日 市委书记、市人大常委会主任严华，市委副书记、市长何录春等市委常委会组成人员赴陈树湘烈士纪念园开展革命传统教育暨乡村振兴专题调研。市领导石艳萍、唐能武、杨永、吴志雄、罗建华、贺辉等参加。

17日 市委书记、市人大常委会主任严华主持召开市委统一战线工作领导小组2019年第一次全体会议。市领导石艳萍、谢景林、吕斌出席。

18日 中央扫黑除恶第十六督导组反馈问题和事项整改工作调度会在冷水滩召开。市委书记、市人大常委会主任严华出席并讲话。市领导唐能武、杨永、罗建华、刘新良、刘卫华、罗重海、杨鸿、伍军出席。

19日 永州市承接产业转移示范区建设推进会在宁远县举行。市委书记、市人大常委会主任严华出席并讲话，副市长李旦梅作工作报告，欧阳元初、谢景林、刘卫华、吕斌等市领导出席。

26日 中国共产党永州市第五届委员会第六次全体会议在永州会堂召开，会议传达省委十一届八次全会精神，听取市委常委会上半年工作报告和上半年经济发展情况，通过关于免去并递补市委委员的决定，审议通过《永州市承接产业转移示范区发展规划（草案）》。市委书记、市人大常委会主任严华代表市委常委会作上半年工作报告并发表讲话，市委副书记、市长何录春向全会报告上半年经济发展情况。市领导蒋善生、石艳萍、唐能武、杨永、吴志雄、罗建华、周荣峰、贺辉、冯紫英等出席。

8月

5日 市委书记、市人大常委会主任严华调研市生态环境局、市委网信办工作开展情况。市委常委、市委秘书长唐能武，副市长严兴德参加相关调研。

13日 市委副书记、市长何录春主持召开专题会议研究土地储备工作。副市长欧阳元初参加会议。

15日 市委副书记、市长何录春现场调研城建重点项目，了解项目进度，研究协调项目推进过程中遇到的困难和问题，加快推进项目建设。副市长欧阳元初陪同调研。

19 日 永州市党政领导脱贫攻坚专题培训班在市委党校开班。市委书记、市人大常委会主任、市人大常委会主任严华出席并作动员讲话，省扶贫办党组副书记、副主任贺丽君，市领导吴志雄、罗建华、刘卫华、许洋名出席开班仪式。

19 日 市委书记、市人大常委会主任严华主持召开市委党建工作领导小组会议，听取全省基层党建工作重点任务落实情况汇报，审议有关文件。市领导唐能武、杨永、吴志雄、贺辉出席。

20 日 市委书记、市“六城同创”工作领导小组组长严华主持召开全市“六城同创”7 月工作调度会。市委常委、宣传部部长、市创建办主任贺辉通报 7 月考核结果。市领导刘新良、欧阳元初、谢景林、欧阳德群出席。

23 日 永州市产业项目建设现场推进会在冷水滩召开。市委书记、市人大常委会主任严华出席并讲话。市委副书记、市长何录春主持会议，市领导石艳萍、唐能武、杨永、吴志雄、罗建华、贺辉、冯紫英等参加会议。

30 日 永州市农业产业兴旺暨对接粤港澳大湾区“菜篮子”建设现场推进会在祁阳召开，市委书记、市人大常委会主任严华出席并讲话。副市长谢景林做工作报告，市领导罗建华、刘卫华出席。

9 月

2 日 市委书记、市人大常委会主任严华调研市扶贫办调研脱贫攻坚工作。市委常委、市委秘书长唐能武参加调研。

3 日 市委书记、市人大常委会主任严华与到永州考察调研的中国发展研究院院长王彤一行进行座谈。市领导唐能武、李旦梅出席座谈会。

8 日—9 日 深圳市产业园区发展促进会一行来到永州进行投资考察，共叙友情、共谋发展、共商合作。市委副书记、市长何录春出席座谈会。市委常委、市委秘书长唐能武，副市长欧阳元初、李旦梅，市政协副主席吕斌、欧阳德群等或参加座谈会或陪同调研。

9 日 市委副书记、市长何录春现场调研新政务服务中心建设情况，并召开专题座谈会研究部署如何尽快投入使用，解决实际困难和问题。副市长欧阳元初、市政府秘书长陈宇荣参加。

10 日 市政府与国网湖南省电力有限公司在冷水滩签署战略合作协议。市委书记、市人大常委会主任严华，国网湖南省电力有限公司董事长、党委书记孟庆强出席签约仪式并讲话。市委副书记、市长何录春，国网湖南省电力有限公司总经理、党委副书记李生权代表双方签署合作协议。

12 日 市委副书记、市长何录春主持召开市政府第四十五次常务会议，研究扫黑除恶、永州师范高等专科学校申请评估等有关工作，审定伊塘污水处理厂合同、河道采砂、征地拆迁、医疗卫生、互联网+教育等有关文件。

16 日 市委书记、市人大常委会主任严华调研市自然资源和规划局工作。市领导唐能武、欧阳元初参加。

17 日 市委书记、市人大常委会主任、市“六城同创”工作领导小组组长严华主持召开全市“六城同创”8 月工作调度会。副市长严兴德通报 8 月考核结果。市政协副主席欧阳德群出席。

23 日 永州市安全生产紧急电视电话会议召开，会议贯彻落实全省会议精神，分析当前安全生产形势，安排国庆特别防护期安全生产工作。市委书记、市人大常委会主任严华出席并讲话，市委副书记、市长何录春主持会议。

24 日 市委副书记、市长何录春主持召开市政府第四十六次常务会议，研究中国物流永州物流产业园项目、永州市经济技术开发区五星级酒店项目以及零陵机场提质改造等有关事项。

10 月

1 日 为庆祝中华人民共和国成立 70 周年，市委、市政府举行升国旗仪式。市委书记、市人大常委会主任严华参加并讲话，市委副书记、市长何录春主持仪式。

3 日 市委书记、市人大常委会主任严华采取“四不两直”方式深入零陵区珠山镇暗访矿区扫黑除恶工作。市政府秘书长陈宇荣陪同督查。

8 日 市委副书记、市长何录春现场调研永州师范高等专科学校和黄田铺书香小镇，并召开专题会议研究解决学校建设和运行过程中的问题。市委常委、统战部部长石艳萍，副市长谢景林，市政府秘书长陈宇荣陪同调研。

11 日 永州市召开迎接中央扫黑除恶督导“回头看”工作调

2019年10月1日，永州市委、市政府庆祝中华人民共和国成立70周年，举行庄严的升国旗仪式　　摄影　何继凤

度会，市委书记、市人大常委会主任严华出席并讲话。市领导唐能武、伍军出席。

11日　华为永州云计算数据中心上线仪式在冷水滩区举行。市委副书记、市长何录春，工信部信息化和软件服务业司有关负责人庄金鑫，省工信厅党组成员、总经济师熊琛，省政府发展研究中心党组成员、副主任邓仕军，华为公司数字政府业务部副总裁张怀冬，市领导吴志雄、严兴德参加上线仪式。

14日　市委书记、市人大常委会主任严华主持召开2019年第三十二次市委常委会会议，会议学习习近平总书记在庆祝中华人民共和国成立70周年大会和全国民族团结进步表彰大会上的重要讲话精神，学习习近平总书记在《求是》杂志2019年第十九期上发表的重要文章《推进党的建设新的伟大工程要一以贯之》，会议传达湖南省人民政府省长许达哲在永州调研时的讲话精神，并研究脱贫攻坚、扫黑除恶工作。

同日　市委书记、市人大常委会主任、市“六城同创”工作领导小组组长严华主持召开全市“六城同创”第三季度讲评会，市委常委、宣传部部长、市“六城同创”领导小组副组长贺辉主持会议。

18日　市委常委会召开“对照党章党规找差距、严守纪律规矩重自觉”专题会议，集中学习党章党规，对照党章党规全面查找问题、整改提高。市委书记、市人大常委会主任严华主持会议并讲话，市委副书记、市长何录春，省委第二巡回指导组副组长王善明，成员刘先刚、陈荣飞，市领导石艳萍、唐能武、杨永、吴志雄、贺辉等出席。

21日　永州市“三超三驾”治理工作会议在冷水滩召开，市委副书记、市长何录春出席会议并讲话。

23日　市委副书记、市长何录春带队赴重庆市考察企业。市发改委、市财政局、市商务局和永州经济技术开发区负责人陪同考察。

29日　市委书记、市人大常委会主任严华带队赴永州经济技术开发区、冷水滩区检查安全生产工作。市委常委、市委秘书长唐能武参加检查。

30日　永州市委常委班子召开主题教育调研成果交流会，总结交流调研成果，着力解决突出问题，推动主题教育不断往深里走、往心里走、往实里走。市委书记、市人大常委会主任严华主持会议并讲话，市委副书记、市长何录春，市领导石艳萍、唐能武、杨永、吴志雄、贺辉等出席。省委第二巡回指导组副组长王善明，成员刘先刚到会指导。

31日　市委副书记、市长何录春主持召开全市重点建设项目调度工作推进会，调度全市470个重点项目、“5个10”工程进展情况，分析1月—9月主要经济指标完成情况。副市长欧阳元初、谢景林、李旦梅，市政府秘书长陈宇荣参加。

11月

7日　市委副书记、市长何录春调研全市医疗保障工作。市政府秘书长陈宇荣参加调研。

8日　市委副书记、市长何录春主持召开专题会议研究商会“园中园”项目建设情况，听取永州市工商联合会关于重大有前景的投资项目在招商进度、远景规划等方面的介绍，并提出相关建议和推进措施。市委常委、统战部部长石艳萍，副市长李旦梅，市政协副主席、市工商联主席吕斌参加会议。

12日　永州市易地扶贫搬迁暨医保资金征缴工作推进电视电话会议召开，传达贯彻全省市州长视频会议和易地扶贫搬迁后续工作现场推进会议精神，对全市易地扶贫搬迁、医保资金征缴工作进行再调度、再部署、再推进。市委副书记、市长何录春出席并讲话，副市长谢景林主持会议。

12 日—13 日 湖南省人民政府副省长陈飞到永州调研承接产业转移示范区建设工作。省工信厅党组成员、副厅长马天毅陪同调研，市委书记、市人大常委会主任严华，市委副书记、市长何录春，副市长严兴德分别参加部分调研活动。

13 日—14 日 中共湖南省委常委、统战部部长黄兰香到永州调研统战工作，市委书记、市人大常委会主任严华，省委统战部副部长龙建湘，市委常委、统战部部长石艳萍，市委常委、组织部部长吴志雄参加调研或座谈会。

18 日 市委书记、市人大常委会主任严华主持召开 2019 年第三十四次市委常委会会议，会议传达学习习近平总书记关于中共十九届四中全会《中共中央关于坚持和完善中国特色社会主义制度推进国家治理体系和治理能力现代化若干重大问题的决定》及其说明，传达全省脱贫攻坚考核工作视频会议精神。会议研究关于追授贺宁、雷杰“永州市优秀共产党员”有关事项。

19 日 永州市人民政府与华润燃气招商引资暨项目合作签约仪式在冷水滩举行。市委书记、市人大常委会主任严华，华润集团党委委员、副总经理、华润燃气集团董事局主席王传栋出席签约仪式并讲话。市委副书记、市长何录春与华润燃气集团董事局副主席葛彬分别代表双方现场签约，华润燃气集团副总裁杨平等出席签约仪式。

21 日 市委副书记、市长何录春主持召开市政府第四十八次常务会议，会议传达学习全省脱贫攻坚考核工作专题视频会议精神，听取全市脱贫攻坚、污染防治攻坚战、铁路沿线安全环境整治、市委党校搬迁、市环保公司组建、中心城区相关项目建设等工作情况汇报，审议有关文件。

22 日 市委副书记、市长何录春到永州经济技术开发区，专题调研湖南阳铭永康生物科技有限公司发展情况。市政府秘书长陈宇荣陪同。

2019 年 11 月 19 日，中共永州市委书记、市人大常委会主任严华，市委副书记、市长何录春等市领导出席华润燃气签约仪式

25 日 湖南省政府重点工作真抓实干综合大督查第二组到永州举行督查见面会。市委副书记、市长何录春出席并汇报工作，督查组组长、省科技厅党组成员、省科技事务中心主任、书记谢春，民建省委副主委、巡视员、省政府参事罗亚军，副市长严兴德、谢景林，市政府秘书长陈宇荣出席会议。

同日 湖南省安全生产委员会考核巡查第二组到永州开展安全生产和消防工作考核巡查并召开考核巡查动员大会。市委副书记、市长何录春主持并讲话。省安委会考核巡查第二组组长、省应急管理厅副巡视员胡金文，副市长严兴德出席。

26 日 市委书记、市人大常委会主任、市“六城同创”工作领导小组组长严华主持召开永州市“六城同创”工作专题会，市委常委、宣传部部长、市“六城同创”工作领导小组副组长贺辉在会上就《永州市“六城同创”工作十大攻坚行动实施方案》作说明。市领导杨海河、袁火林、欧阳元初、谢景林、李旦梅、杨军元、欧阳德群出席。

27 日 市委副书记、市长何录春主持召开市政府第四十九次常务会议，传达学习长江经济带生态环境突出问题整改现场会和省长江办会议精神，安排部署永州市突出问题整改工作，听取 2019 年军队转业干部和退役士兵安置等工作情况汇报。

28 日 市委副书记、市长何录春主持召开金荣集团“135”工程升级版标准厂房建设工作推进会。会议听取永州经济技术开发区“135”工程升级版项目情况汇报，与会人员就永州目前的产业发展、园区厂房建设和精准招商等方面工作进行深入交流。市政府秘书长陈宇荣出席。

12 月

2 日　中共湖南省委书记杜家毫到永州市调研。省委常委、省委秘书长张剑飞参加调研。

3 日　中共永州市委召开全市党员领导干部专题警示教育大会。市委书记、市人大常委会主任严华出席并讲话。市委副书记、市长何录春主持会议。会议传达《省纪委、监委关于三起“70 后”年轻干部严重违纪违法案的通报》《市纪委、监委关于赵某旺严重违纪违法案件的通报》文件精神。市领导石艳萍、唐能武、杨永、吴志雄、贺辉、冯紫英等出席会议。

4 日　市委书记、市人大常委会主任严华主持召开坚持和发展新时代“枫桥经验”工作座谈会。市领导唐能武、胡先荣、伍军出席。

9 日　香港永州联谊会国际知名品牌五星级酒店和永州经济技术开发区总部经济大楼项目正式签约，是永州市对外开放特别是实施“迎老乡、回故乡、建家乡”工作收获的一项重大成果。市委副书记、市长何录春出席签约仪式，市委常委、统战部部长石艳萍出席。

14 日—15 日　中共湖南省委常委、政法委书记李殿勋到双牌县督查指导脱贫攻坚工作。省委政法委委员、政治部主任黄进良，省司法厅党组成员、副厅长方华堂，永州市委书记、市人大常委会主任严华等陪同督查。

17 日　市委书记、市人大常委会主任严华主持召开专题座谈会，就即将召开的市委五届七次全会暨市委经济工作会议报告征求党外代表人士的意见建议。市领导石艳萍、唐能武、袁火林、彭爱华、吕斌、欧阳德群参加座谈。

19 日　中共永州市委召开政协工作会议。市委书记、市人大常委会主任严华出席并讲话，市政协主席蒋善生，市领导石艳萍、唐能武、杨永、吴志雄、罗建华、贺辉、冯紫英等出席。

同日　永州市县区国动委主任述职暨群众性练兵比武表彰会议在永州军分区召开。市委书记、军分区党委第一书记、市国动委第一主任严华出席并讲话，市领导贺辉、熊壮、冯紫英、欧阳德群等出席，市国动委委员，各县（区）长、国动委主任及人武部领导参加会议。

24 日　永州市人民政府和湖南省药品监督管理局举行合作签约仪式，就共建永州市化妆品及植物提取产业基地达成合作备忘录。市委书记、市人大常委会主任严华，省市场监督管理局党组成员、省药品监督管理局党组书记梁毅恒出席。

同日　中共永州市委召开全市领导干部大会，省委组织部常务副部长李民出席会议并宣布省委关于永州市有关领导干部调整的决定：朱洪武任中共永州市委委员、常委、副书记；何录春不再担任中共永州市委副书记、常委、委员职务。

26 日　中共永州市委经济工作会议在冷水滩召开。市委书记、市人大常委会主任严华出席并讲话，会议总结 2019 年经济工作，分析当前经济形势，部署 2020 年经济工作。市委副书记朱洪武主持会议并就做好 2020 年全市经济工作作具体安排。

27 日—28 日　永州市五届人大常委会第二十八次会议第一、二次全体会议召开。市委书记、

2019 年 12 月 2 日，中共湖南省委书记杜家毫（左二）在道县参观陈树湘烈士生平事迹陈列室　摄影　何继凤

市人大常委会主任严华主持第二次全体会议并讲话。会议决定任命朱洪武为永州市人民政府副市长、代理市长。市人大常委会副主任杨海河、周小驹、袁火林、魏湘江、周益志、李农妹、胡先荣，秘书长蒋千红出席。市人大常委会党组书记、一级巡视员王雄，副市长刘新良，市中级人民法院院长罗重海，市人民检察院检察长杨鸿列席会议。

28日 永州市第五届人民代表大会常务委员会第二十八次会议通过，会议决定：接受何录春辞去永州市人民政府市长职务，报永州市第五届人民代表大会第五次会议备案。

30日 市委副书记、代理市长朱洪武主持召开市政府第五十次常务会议，组织学习习近平总书记对湖南工作重要指示、市委五届七次全会和市委经济工作会议精神、《中华人民共和国地方各级人民代表大会和地方各级人民政府组织法》，研究讨论《政府工作报告》《计划报告》和《财政报告》，部署安排“两会”期间有关工作。

永州概貌

A General Survey of Yongzhou

建置沿革

【概况】 8万年至12万年前，人类就在永州渔猎采集、繁衍生息。1万年前，永州先民就群居农耕、种稻制陶。三四千年前西瓯越和雒越部落聚居永州，同时，中原民族（包括苍梧族和舜部落）大量南迁，为永州带来中原文化，越文化与中原文化交融发展，永州日渐融入华夏文化圈。春秋战国时期，楚人南下，永州被纳入楚国势力范畴。楚悼王后期（前389—前381），永州被列入楚国政区，隶属于苍梧郡之洮阳县或郴县。

秦王政二十四年（前223年），秦国灭楚，大将屠睢率50万大军进军岭南，驻军永州。秦始皇二十六年（前221年），秦始皇统一全国，建立中央集权制国家，推行郡县制，永州首设行政区——九疑县，被纳入秦帝国的版图。秦朝，永州初属苍梧郡，后属长沙郡。秦二世三年（前207年），秦朝灭亡。汉高祖三年（前202年），刘邦击败项羽，建立汉朝。刘邦实行郡县与分封并行的混合性地方行政制度。大约秦始皇二十八年（前219年），改苍梧郡为长沙郡（后为长沙国），永州大部属荆州刺史部长沙郡（长沙国），零陵楼小部属交趾刺史部苍梧郡。西汉初，析九疑县置道县、南平县、泠道县和营道县。汉文帝末年，道县并入南平县，属桂阳郡，九疑县被划分为泠道和营道二县。西汉元朔五年（前124年），汉武帝析泠道县和洮阳县，分别封长沙国刘发之子刘买和刘贤于春陵侯国和泉陵侯国。西汉元鼎六年（前111年），汉武帝平定南越，设置零陵郡，治零陵县（今广西全州西南），辖零陵、营道、始安、营浦、泠道、洮阳、钟武七县和春陵、泉陵、都梁、夫夷四侯国，其中营道、营浦、泠道三县和春陵、泉陵二侯国的治所在永州境内。同时，在交趾刺史部设苍梧郡，分营浦县置冯乘县和谢沐县。西汉初元四年（前45年），汉元帝并春陵侯国入泠道县。西汉末年，王莽专权。西汉居摄元年（6年），改零陵郡为九疑郡，改泠道县为泠陵县，改泉陵县为溥闰县，改洮阳县为洮治县，将营道县降为九疑亭。25年，刘秀恢复西汉旧制，恢复零陵郡和泠道县、营道县，同时，改泉陵侯国为泉陵县，并将零陵郡治从零陵县迁移到泉陵县（今永州市零陵区），永州首设郡（府、州）级行政机构。两汉时期，零陵郡的辖区面积9万多平方千米。

零陵古城　　摄影　陈斌

三国两晋及南北朝时期，改朝换代不断，大部分时间南北对峙，社会异常动荡不安。220年—265年，魏、蜀、吴三国鼎立，永州地属荆州。赤壁之战后，零陵郡归蜀所有。219年，孙权大将吕蒙袭取荆州，东吴占据零陵郡的绝大部分。226年，东吴孙权将冯乘、谢沐二县从苍梧郡改属新置的临贺郡。265年，东吴孙皓析零陵郡南部置营阳郡，以营浦（今道县）为郡治，辖营浦、营道、春陵、泠道四县。264年—280年，孙皓复析泠道县置春陵县，析泉陵县置永昌、祁阳二县。266年，孙皓析长沙郡西南部、零陵郡北部置昭陵郡。三国东吴时，零陵郡领泉陵、零陵、洮是、观阳、祁阳、永昌六县。280年，晋武帝平定东吴，统一天下。同年，废营阳郡入零陵郡。不久，冯乘、谢沐二县自荆州改属广州。290年，晋惠帝析泉陵县建应阳县。307年，晋怀帝从荆州、广州两州分置湘州，零陵郡属湘州，辖零陵、泉陵、永昌、祁阳、应阳、营浦、洮阳、观阳、泠道、春陵、营道十一县，其中零陵、洮阳、观阳三县不在永州境内，冯乘、谢沐二县属临贺郡，南平县属桂阳郡。316年，西晋灭亡后，晋怀帝依靠原西晋南逃的贵族建立东晋，定都建业，偏安江左。零陵郡属湘州。345年—356年，析零陵郡复置营阳郡，零陵郡领泉陵、祁阳、零陵、洮阳、永昌、观阳、应阳七县，营阳郡领营浦、营道、春陵、泠道四县，谢沐、冯乘仍属广州临贺郡。416年，晋安帝裁湘州，零陵、营阳二郡复属荆州。南平县初隶荆州，后改隶江州，仍属桂阳郡。

420年，东晋大将刘裕废东晋恭帝，建立宋朝，历史进入南北朝时期。422年，刘宋复置湘州。464年，孝武帝将零陵郡改为零陵国，临贺县改为临庆国。零陵国仍领原零陵郡七县，营阳郡仍领原所辖四县，零陵国、营阳郡属湘州，冯乘、谢沐二县改属临庆国，南平县仍属桂阳郡。479年，禁军首领萧道成政变成功，建国号齐。齐萧在永州的行政建置，除冯乘、谢沐二县所属之临庆国复改为临贺郡外，其他一如刘宋，不曾改变。502年，萧衍取代齐朝称帝，国号梁。515年，萧梁改营阳郡为永阳郡，治营道县，辖营道、春陵、泠道三县。557年，陈霸先取代萧梁，建号陈。在政区建置方面，南陈除将南平县改属西衡州外，其他一切如旧。南北朝后期，州、郡、县三级行政区划制度已经十分混乱，居中的郡一级形同虚设。

581年，杨坚废周而立，建立隋朝，不久即罢天下诸郡五百有余，开始实施以州直领县的两级行政区划制度。589年，隋灭陈，结束南北分裂局面，随之将州县二级制度推行到南方各地，州县并省甚多。同年，隋文帝撤零陵郡，设永州总管府，废永阳郡，设永阳县，同时，并永昌、祁阳、应阳三县入零陵，并营浦、谢沐二县入永阳县，并泠道、春陵二县入营道县，并南平县入临武县。607年隋炀帝恢复郡县制，改永州总管府为零陵郡，零陵郡领零陵、湘源、永阳、营道、冯乘五县，其中湘源县不在永州境内。隋末群雄继起，萧铣割据南方，618年称帝，国号梁，至621年兵败降唐，其间永州辖于萧铣。

618年，李渊建立唐朝。唐初依然是州（郡）、县二级制，后来名称由郡改州、由州改郡，多有反复。621年，唐高祖平定萧铣，置永州和营州。627年，唐太宗为了对州（府）进行有效控制，主要依山川形势把全国分为十道，733年，唐玄宗又分天下为十五道，至此，唐代的地方行政体系演变为道—府—县三级制。永州先后隶属江南道和江南西道。永州领零陵、湘源、祁阳、灌阳四县（624年省灌阳县，627年省祁阳县）。营州领营道、江华（析冯乘县置）、永阳、唐兴四县。622年营州改为南营州。634年改南营州为道州，改永阳县为营道县，并于旧营道县置唐兴县。644年废道州，并入永州，675年复为道州。742年改永州为零陵郡，改道州为江华郡。758年，复改江华郡为道州，领弘道（隋永阳县。621年于县置营州，改为营道县。742年改营道为弘道）、延唐（隋营道县。621年移营道县于州城，于旧营道置唐兴县。693年改名武盛。705年复为唐兴。742年，改为延唐）、江华（621年析贺州冯乘县置江华瑶族自治县，643年改属永州，675年还道州，684年改为云溪县，705年复为江华）、永明（唐初移永阳之名于州西南55千米置，634年省入营道。691年，析营道复置，742年改永阳县为永明县）、大历（767年湖南观察使韦贯之奏请析延唐县，于道州东南110千米、春陵侯帮城北7.5千米置，因以大历为名）五县。南平县在隋朝被废，671年恢复，742年改为蓝山县，属桂阳郡。唐朝后期，地方军事日益重要，永州先后归属于衡州防御使、湖南观察使、钦化军节度使、武安军节度使等。907年，朱全忠建立后梁，唐朝灭亡，五代十国开始。907年，后梁封马殷为楚王。927年，后唐又封马殷为楚国王，马殷建立起以湖南为中心的地方性王朝。936年，马楚析零陵县置东安场，改延唐县为延嘉县，其余沿袭唐时旧置不变。

960年，赵匡胤建立宋朝。宋初废止镇领州之制，道制仍然沿袭下来，但很快道制即为路制所取代，路成为最高一级地方行政建置。永州、道州辖于荆湖南路。永州治零陵县，辖零陵、祁阳、东安（982年改东安场为东安县）三县。道州（江华郡），治营道县（962年改弘道县为营道县），辖营道、江华、宁远（963年改延喜县为宁远县，并大历县入之）、永明四县。南宋，永州的建置没有变化。

1271年，蒙古忽必烈定国号大元，建立元朝；1276年灭宋，统一全国。元朝在永州设永州路和道州路，隶属湖广行省岭北湖南道（肃政廉访司）。1276年，置永州安抚司和道州安抚司，1277年，分别改为永州路总管府和道州路总管府。永州路总管府治零陵县，置录事司，领零陵、东安、祁阳三县。道州路总管府治营道县，置录事司，领营道、宁远、江华、永明四县。蓝山县属桂阳路总管府。

1368年，朱元璋称帝，建立明朝，改永州路为永州府，改道州路为道州府。1376年，改湖广行中书省为湖广承布政使司，同时降道州府为道州，以州治营道县省入，隶属永州府。1639年，析宁远县、新田县堡置新田县。至此，永州府管辖零陵、祁阳、东安、道州四州县，道州又兼领宁远、江华、永明、新田四县，永州行政建置格局大体被确定下来。此外，明朝在永州地方还设有永州卫、宁远卫、宁溪守御千户所、桃川守御千户所、枇杷守御千户所、东安守镇百户所、锦田守镇前千户所、宁远守御千户所、江华守镇右千户所等卫、所，隶属湖广都指挥司。1644年，清廷迁都北京，随后发兵征服南方，统一全国。清初，内地行政建置沿袭明制，即由省管辖府、州、县。1664年，清朝湖广右布政使（1667年改称湖南省）移驻长沙，永州府隶属湖南省衡永郴桂道，辖零陵、祁阳、东安、宁远、江华、永明、新田七县和道州。蓝山县属桂阳州。

1911年10月，武昌起义成功，中华民国军政湖南都督府成立。民国1年至2年（1912—1913年），国民政府废府存道，永州各县先后属衡永郴桂道和衡阳道。民国11年（1922年）废道，永州各县直属于湖南省。民国3年（1914年），湖南省就清代设立的长宝、岳常澧、衡永郴桂、辰沅永靖四道的区域，改置武陵、湘江、衡阳、辰沅（后裁撤）四道，永州各县属衡阳道。民国17年（1928年），国民党政府析零陵、宁远、祁阳、桂阳、新田、常宁等六县的部分地方，增置阳明县，设县署于石鼓园。民国20年（1931年），改阳明县为阳明特别区，不久撤销。民国25年（1936年），湖南省推行行政督察区，零陵、祁阳、东安、道县（民国2年道州改州为县）、宁远、永明、江华、新田八县，于民国26年（1937年）12月、民国29年（1940年）4月，先后改属第九行政督察区和第七督察区，行政督察专员公署驻零陵（今永州市零陵区）。蓝山县属第三行政督察区。

1949年8月，成立湖南人民军政委员会和临时省政府，废止湖南省第七督察区，设立永州专区。10月，南下途中组建的永州专区专员公署进驻零陵县城（即今永州市零陵区）。永州专区辖原省第七督察区所辖八县，蓝山则属郴县专署。1950年8月，永州专区改称零陵专区。1952年2月，划祁阳东北部的6个区设立祁东县，仍属零陵专区。11月，衡阳、零陵、郴州3个专区合并，成立湘南行政区。1954年6月，撤销湘南行政区，改设衡阳、郴县（后改郴州）2个专区。原零陵专区的祁阳、祁东、零陵、东安、道县、宁远、永明（今江永）、江华八县属衡阳专区，新田县和蓝山县划归郴县专区。1955年8月，国务院批准成立江华瑶族自治县。1956年3月，永明县更名江永县。1959年3月，蓝山县与嘉禾县合并为蓝嘉县，县人民委员会驻原蓝山县城；新田县并入桂阳县。1960年2月，中共湖南省委批准成立县级冷水滩市，由零陵县领导。1961年7月，恢复蓝山、新田二县建制。同月，国务院批准成立冷水滩市，由衡阳专署领导。1962年10月，经国务院批准，设立零陵专区，专员公署设零陵县芝城镇（今永州市零陵区），辖零陵、东安、道县、宁远、江永、江华、蓝山、新田八县，原零陵地区的祁阳、祁东划归衡阳专区。同月，冷水滩市改为区级镇，仍归零陵县管辖。1964年5月，湖南省委批准划零陵县、道县的12个公社和9个国营林场，设置潇水林区管理局，局机关驻双牌。1969年12月，国务院批准撤销潇水林区管理局，以原潇水林区为行政区域设立双牌县。1979年3月，零陵县东风镇（原芝城镇）改名永州镇，8月，改由零陵地区直接领导。1982年1月，国务院批准，设立县级永州市。1983年2月，祁阳县重新划归零陵地区管辖。1984年6月，国务院批准撤销零陵县，恢复冷水滩市。同月，国务院批准，江华瑶族自治县驻地由水口镇迁至沱江镇。1995年11月21日，国务院批复，同意撤销零陵地区和县级永州市、冷水滩市，设立地级永州市；原县级永州市改名芝山区，原冷水滩市改名冷水滩区；地级永州市辖祁阳、东安、双牌、道县、宁远、江永、江华、蓝山、新田九县和芝山、冷水滩二区。1997年7—8月，永州市委、永州市人民政府先后迁驻冷水滩区。2005年6月8日，芝山区更名为零陵区。至此，永州市辖8个县2个区和1个自治县，即冷水滩区、零陵区、祁阳县、东安县、双牌县、道县、江永县、江华瑶族自治县、宁远县、新田县、蓝山县，面积2.22万平方千米。

地 理 位 置

【概况】 永州市地处北纬 24°39′~26°51′、东经 111°06′~112°21′之间，南北最长距离 245 千米，东西最长距离 144 千米；面积 2.22 万平方千米。位于湖南省南部，湘江上游，南岭山脉北麓；东与湖南衡阳市的常宁市和郴州市的嘉禾县、桂阳县、临武县相连，南与广东清远市的连州市、连山县、连南县和广西贺州市的八步区、钟山县、富川县交界，西与广西桂林市的全州县、灌阳县、恭城县和湖南邵阳市的邵阳县、新宁县接壤，北与湖南衡阳市的祁东县毗邻。

地 形 · 地 貌

【概况】 永州位于由西向东倾降的第二阶梯与第三阶梯的交接地带，是南岭山地向洞庭湖平原过渡的初始阶段。永州地势大体是西部和西南高，东北及中部低，以三大山系为脊线，呈环带状、阶梯式向两大盆地中心倾降。在历次构造运动、岩浆侵入以及地表水长期风化剥蚀的作用下，永州形成以山丘地为主，丘陵、岗地、平地俱全的复杂多样的地貌类型。永州境内奇峰秀岭逶迤蜿蜒，河川溪涧纵横交错，山冈盆地相间分布。越城岭—四明山系雄踞西北，萌渚岭—九嶷山系矗立东南，都庞岭—阳明山系横插中部，将永州分隔成南北两大相对独立的部分。在三大山系及支脉的围夹下，形成南北两个半封闭型的山间盆地，呈现向东北倾斜的山字形地貌轮廓。位于北部的零祁盆地，周围由北面的四明山、西北的越城岭、南面的紫金山、东南面的阳明山环绕，东北向衡阳盆地敞口，面积 57.03 万公顷，占境内盆地总面积的 45.5%；盆地内地势低平开阔，耕地连片延伸。南部道江盆地，东面向郴州、永兴盆地开口，西南成狭长谷地向江永、江华南部延伸，形成呈东西方向串通湖广的交通走廊；盆地外周由北面的阳明山、西北的紫金山、西面的都庞岭、南面的萌渚岭—九嶷山系围隔而成，面积 68.28 万公顷，占境内盆地总面积的 54.5%；盆地内丘岗起伏，阡陌纵横。位于西北、西、西南和南部的三大山系巍峨蜿蜒，许多山峰高达千米以上，都庞岭的顶峰韭菜岭海拔 2009.3 米，是全市最高点。东北及中部，丘岗星罗棋布，谷盆相嵌其间，海拔一般在 300 米以下，湘江河谷祁阳唐家岭的九洲，海拔 63 米，是全市最低点。全市相对高差 1946.3 米，比降 2.7%~20%，切割深 300 米~700 米，最深 800 米~1000 米。

气 候 · 水 文

【气候】 2019 年，永州市平均气温 18.9℃，较常年偏高 0.6℃，偏高程度为 1.1σ，与 2018 年持平，属偏高年份，为 1961 年以来第十一高。各县区年平均气温在 18.2℃（双牌）~19.6℃（道县）之间，较常年偏高 0.1℃（冷水滩）~1.0℃（蓝山）；其中冷水滩、双牌、宁远、江永正常，零陵、东安、祁阳、新田、江华偏高 1.0σ 以上，道县显著偏高 1.5σ 以上，蓝山异常偏高 2.0。

平均年降水量 1625 毫米，较常年偏多 13%，较 2018 年多 121 毫米，属偏多年份，为 1961 年以来第十二多。各县区年降水量 1371 毫米（冷水滩）~1908 毫米（双牌），与常年比，冷水滩、宁远、新田、蓝山接近常年，零陵、祁阳、道县、江永、江华偏多 1 成~2 成，东安、双牌偏多 3 成。

平均年日照时数 1346 小时，较常年偏少 8%，较 2018 年少 196 小时，为 1961 年以来第八少。各县区年日照时数 1267 小时（江永）~1408 小时（冷水滩），北部县区接近常年，南部县区偏少 1 成。

年内前涝后旱态势明显，前汛期开汛早结束迟，暴雨洪涝频发，强对流天气频繁，台风影响偏轻，秋季气象干旱严重。前冬阴雨寡照历史罕见，春季 5 月低温明显，夏秋高温强度大范围广时间长，气象灾害繁多。

【水文】 2019 年，永州地区降水量在 1207.5 毫米~2642 毫米之间，用全局 82 个雨量站（含站本部降水）资料统计，平均降水量 1854 米，比 2018 年偏多 216 毫米，与历年均值相比偏多约 278 毫米。降水时空分布极不均匀。在空间分布上总趋势呈山区多于丘陵，以双牌县为界，南边多于北边，形成都庞岭山区（古宅站 2642 毫米）、南岭区（安马站 2488 毫米）、阳明山区（白果市站 2380 毫米）3 个暴雨中心，全区年降水量最大的是古宅站 2642 毫米。年降水低值区主要集中在北边，年雨量在 1207.5 毫米~1354.5 毫米之间，分布在老毛江和祁水流域，老毛江流域的普利桥站 1207.5 毫米，为全区最少。

在时间分布上，全年降水主要集中在2月—8月，特别是7月份降水最多，7月全区平均降水量高达349.3毫米，占全年平均降水的18.8%。全区2月—8月平均降水1647.3毫米，占全年降水的88.9%。其中，7月月降水量最大的站是桴江流域的黄柏洞站，降水量758.5毫米，7月月降水量最小的站为宁远河流域的神下站，降水量仅为139.0毫米。全区最大1小时降水量出现在6月12日的安马站，降水量101.5毫米。全区最大2小时降水量出现在6月12日的安马站，降水量128毫米。降水在年内分配上不太均匀，汛中9月、汛后11月降水偏小，全区11月降水最小，月平均降水量16.6毫米。

洪水主要由降水形成，水位变化与降水基本相应。由于降水时空分布特点，既有局部暴雨，又有普遍大雨。加之水库蓄水发电调节，水位变化不完全同步。双牌以上流域普降大雨，3月上旬潇水发生较大洪水过程，年最高水位道县（二）站、双牌站、江永站均出现3月上旬；受水库蓄水发电调节，涔天河站年最高水位出现在4月下旬；受局部暴雨影响，蓝山站年最高水位出现在5月下旬，大路铺站、码市站年最高水位出现在6月中旬，九嶷（二）年最高水位出现在8月下旬；由于流域内普降大暴雨，湘江、潇水流域发生较大洪水过程，年最高水位豪福站、新田站、老埠头站、冷水滩站、祁阳（二）站、金洞（三）站、下马渡站均出现在7月中旬。年最低水位金洞（三）站出现在2月，老埠头站、冷水滩站、涔天河站、道县（二）站出现在9月，双牌站、大路铺站、下马渡站出现在10月，豪福站、新田站出现在11月，祁阳（二）站、江永站、九嶷（二）站、蓝山站、码市站出现在12月。

降水量与历年均值相比偏多，相对集中的主要是出现在2月—8月，降雨强度较大。大路铺水文站于6月13日出现超历史洪水，洪峰水位50.10米；新田水位站于7月13日出现超历史洪水，洪峰水位49.81米；老埠头水文站于7月14日出现全年最高水位105.71米；冷水滩站于7月14日出现全年最高水位98.15米；祁阳（二）站于7月14日出现全年最高水位87.28米。老埠头、冷水滩、祁阳（二）站全年超警戒水位。

江永水文站因下半年降雨持续偏少，于12月11日出现历史最低水位和历史最小流量，最低水位41.70米，最小流量0.195立方米/秒。

洪峰过程情况。降雨强度较大且集中，形成洪峰的降雨强度也较大，冷水滩站主要出现一次大洪水过程，时间是7月11日—15日，全区一次较大洪水过程与冷水滩站基本相应。

本流域径流主要是由降水形成，径流变化与水位变化相应。2019年降水较2018年偏多，相应径流量与2018年相比偏多。以冷水滩站为例，该站2018年径流量为153.4×10^8立方米，2019年的径流量为281.0×10^8立方米，比2018年偏多约83.1%（因2018年受电站需水发电影响，降水径流不太匹配）。降水相对集中在2月—8月，故径流也相对集中在2月—8月，期间的径流约占全年径流总量的87.5%。

输沙量的变化情况与径流量的变化基本相似。道县（二）站和冷水滩站的年输沙总量分别是70.4×10^4吨、290×10^4吨，冷水滩站比2018年偏多276×10^4吨。与历年均值相比，道县（二）站输沙量比原道县站历年均值46.5×10^4吨偏大，冷水滩站比历年均值104.3×10^4吨偏大。

（桂勇军）

自然资源

【土地资源】 永州市土地总面积2.22万平方千米，占湖南省总面积的10.55%。农用地面积1.9万平方千米，占全市土地总面积的85.03%。中山、中低山、低山总面积1.1万平方千米，占全市总面积的49.5%；丘陵3242平方千米，岗地3979平方千米，平地3191平方千米，水面880平方千米，分别占全市总面积的14.5%、17.81%、14.29%和3.94%。全市有耕地36.43万公顷，园地7.25万公顷，林地142.36万公顷，草地8.2万公顷，城镇村及工矿用地10.48万公顷，交通运输用地2.53万公顷，水域及水利设施用地9.62万公顷，其他土地6.27万公顷。全市耕地按灌区划分，双牌水库灌区（冷水滩区、零陵区、祁阳县、双牌县）耕地13.41万公顷，占37.36%；涔天河水库灌区（江华瑶族自治县、江永县、道县、宁远县）耕地13.97万公顷，占38.92%；其他灌区（东安县、蓝山县、新田县）耕地8.51万公顷，占23.72%。全市耕地按坡度划分，2度以下耕地15.03万公顷，占41.88%；2度~6度耕地14.31万公顷，占39.88%；6度~15度耕地5.57万公顷，占

15.53%；15度~25度耕地0.75万公顷，占2.08%；25度以上的耕地0.22万公顷，占0.62%，主要分布在双牌县和江华瑶族自治县。全市未利用地14.94万公顷，其中，河流水面3.18万公顷，其他草地8.19万公顷，裸地3.57万公顷。

【矿产资源】 永州市矿产资源较为丰富，全国168个矿种在永州市发现76种，其中54种探获储量，30种纳入矿产资源储量表。锰、稀土、铷、锂、铯、溶剂灰岩、水泥黏土矿保有储量居全省第一位，其中锰资源储量2亿吨以上，占全省储量的25.7%。稀土、锂、铷、铯保有资源储量均占全省储量的100%；熔剂灰岩保有资源储量占全省储量的21%；锡、铋、钨、铁、铅、锌、钼、铜等矿保有资源储量居全省前列。花岗岩、大理石、建筑用砂等资源丰富，后备资源充足。

【水资源】 永州境内河流分属长江流域洞庭湖和珠江两大水系，有大小河流733条，境内长江流域洞庭湖水系控制流域面积2.15万平方千米，占全市总面积的96.1%，其中湘江流域面积2.14万平方千米，占湘江流域面积的22.6%。全市河流众多，水系复杂，其中流域面积50平方千米以上的河流149条。河流坡降陡，水流急，水量充沛而又半汛半枯，年内洪枯变化大。多年年均降雨量1501.6毫米，降水总量334.3亿立方米，地表径流193.7亿立方米。河流总长1万多千米，河床谷深流急，水能资源蕴藏总量232.54万千瓦，位居湖南省第三位，技术可开发量28.4万千瓦，经济开发量22.7万千瓦。

【植物资源】 永州市属中亚热带常绿阔叶林区，系湖南省植物资源富集地区。全境有维管束植物232科、1003属、2712种，占全省的68%，占全国的10%，有乔木树种127科、429属、1542种。其中，有栽培价值的58科、253种，有实用推广价值的180种。属国家一级保护的有银杉、水杉、珙桐、香杉、种萼木（伯乐树）、苏铁6种；属国家二级保护的有楠木、银杏、冷杉、中华珈、长柄双花木、香树、红豆树、白豆松等13种；属国家三级保护的有杜仲、鹅掌楸、福建柏、华南栲、青钱柳、檫木、黄杉等27种；属省级保护的有斑竹、方竹、罗汉竹、绒毛皂荚、山羊角树、黄连、党参、天麻等29种。

【动物资源】 永州市查明的野生动物有千余种，其中列为国家保护的有31种：属国家一级保护的有华南虎、黄腹角雉；属国家二级保护的有猕猴、穿山甲、金钱豹、麝、红腹角雉、毛冠鹿、水鹿、大鲵（娃娃鱼）、红石猴、灰腹角雉10种；属国家三级保护的有獐、青羊、苏州羚、白鹇、金鸡等19种。已知水产动物有186种，其中鱼类有153种。主要经济鱼类有草鱼、青鱼、鲢鱼、鳙鱼、鲤鱼等20余种。稀有珍贵鱼类有中华鲟、竹鱼等；水产两栖动物有大鲵（娃娃鱼）等16种。水产爬行动物主要有鳖、团鱼、乌龟等。珍贵水产兽类有华东水獭（俗名水貂）。

【名优特产】 经过漫长的物竞天择和人工选育，永州市形成以杉、松、竹、柑橘、香柚、油茶、油桐、茶叶、烤烟等为主的名优特产。如江华杉条材质优良；宁远九嶷木，俗称"香杉"，闻名全国；九嶷斑竹，富有传奇色彩，载誉中外；双牌阳明山南竹，节稀皮厚，粗大如桶，为竹制品的上乘原料。全市还出产香柚、香芋、香菇、红瓜子、红衣葱、道州灰鹅、江华苦茶、蓝山黑湖酒、永州薄荷、双牌竹根鼠、湘南黄牛、零陵麻鸭等农副土特产品。江华"涛白"烤烟是供给熊猫牌香烟的烟叶。特别是江永香柚、永州异蛇、江华珍珠椒、江华瑶家腐乳、盘王腊肉、新田三味辣椒、道州红瓜子以及香菇、木耳、竹笋等土特产品，品质优良，畅销国内外。

旅 游 资 源

【概况】 永州市有旅游资源7类、56种类型、313处景观，其中，自然旅游资源4类、21种类型、150处景观，人文旅游资源3类、35种类型、163处景观。其中有国家AAAA级旅游景区九嶷山、阳明山、浯溪碑林、柳宗元文化旅游区、舜皇山、桐子坳、勾蓝瑶寨、东山景区，有国家AAA级旅游景区江永上甘棠、江永女书园、江永千家峒、舜帝庙考古遗址公园、宁远文庙、李家大院等景区（点）。

【自然生态】 2019年，永州市有国有林场30个、有国家级森林公园10个、省级森林公园5个，数量均居全省第一位；有国家级湿地公园3个，国家级湿地公园试点5家，省级湿地公园试点4家，数量居全省第一位，湿地保护率75.64%。年末，全市有自然

柳子庙

保护区32个，其中国家级4个、省级2个。自然保护区面积12.88公顷，完成人工造林面积13.5万公顷，全市林地面积155.26万公顷，森林蓄积量6548.39万立方米，森林覆盖率65.66%。实现水功能区水质达标率100%，省级重要饮用水水源地全部为Ⅰ类、Ⅱ类水。

【主要景点】

九嶷山　九嶷山位于宁远县城南30千米，素以丰富的文物古迹、独特的自然风光、奇异的溶洞和别具一格的民俗风情著称于世，系湖南省六大风景名胜区、十大旅游区之一，景区内有国家森林公园。九嶷山是中华民族始祖舜帝的葬所。《史记》载“舜南巡狩，崩于苍梧之野，葬于江南九疑”，九嶷山因此成为炎黄子孙向往的圣地。“九嶷山上白云飞，帝子乘风下翠微。”一代伟人毛泽东对九嶷山的礼赞，更使九嶷山名扬天下。

柳子庙　柳子庙是国家重点文物保护单位，位于零陵区潇水西岸的柳子街，始建于唐元和九年（814年），是为纪念唐代进步政治家、思想家和著名文学家、永州司马柳宗元而建，庙为歇山顶式砖木结构，内有柳宗元塑像和生平事迹陈列室，并留有古代学者为柳宗元所撰文章及摹刻的石刻。其中，颂扬柳宗元事迹的《荔枝碑》石刻为韩愈所作、苏东坡所书，被世人称为“三绝碑”。

舜皇山　舜皇山位于东安县西北部与广西全州、湖南新宁交界处，是山岳型自然风景区。舜皇山古称金凤山，因舜帝南巡狩驻跸于此而得名。舜皇山既是科考、野营、教学的重要场所，又是旅游观光、避暑度假的理想胜地。主要景观有杨江源鹅卵石风光带、女英溪古林世界、娥皇溪瀑布群、鸡冠石山华南五针松群落、城墙石、飞来石、金龟朝舜、乌龟背石、盘古庙、舜皇岩等。

浯溪碑林　浯溪碑林是国家重点文物保护单位，位于祁阳县城西南，是中国江南现存最大的露天碑林。小巧玲珑，宛如画屏，505方摩崖，石刻总面积631.7平方米，分布在3座石峰，遍崖密布，琳琅满目。最高的悬崖30米，字径2.3米；最低的溪畔崖脚，字径1厘米。诗词、赋、记、联语、绘画、榜书、题名形式多样，隶、楷、行、草书体齐全，有《大宋中兴颂》《大明中兴颂》，还有“符录”和“仙迹”，素有“诗山”“画山”“文字山”的美誉，堪称书法石刻宝库，文学艺术殿堂。

阳明山　阳明山国家森林公园位于双牌县东北隅，属南岭支脉，它犹如一道天然屏障亘于湘南与湘中之间，西临潇水，南临桂林，北望南岳，总面积114.2平方千米，最高峰海拔1624.4米，年平均气温14.2℃，冬暖夏凉，气候宜人，素享“北有庐山，南有阳明”之美誉。公园内山高谷幽，石怪峰奇，林茂竹修，古林参天，更兼以云山雾海，流泉飞瀑。有人文景观36处，还有古代传说十八真人曾在阳明山修身炼丹，七祖秀峰亦在此修行成佛，素有“名山千古仰，活佛万家朝”的气象。每届农历七月至十月，朝佛览胜，络绎不绝。

【人文胜迹】　永州境内有新石器时代原始人居住的石棚和人类最早培植水稻的玉蟾岩遗址，有华夏人文始祖舜帝的陵庙和湖南四大历史文化名城之一的零陵古城，有柳宗元笔下的“永州八记”遗址和古潇湘八景之首“潇湘夜雨”所在地蘋岛，有全国最大的露天摩崖石刻浯溪碑林，有瑶族祖居地千家峒和世界上唯一的女性文字奇观江永“女书”，有神秘的道县鬼崽岭古代石群像，还有宁远文庙和上甘棠古村等明清建筑。永州还是一代草圣怀素，理学鼻祖周敦颐，清代著名书法家何绍基，中国共产党主要创始人和早期重要领导人之一李达，无产阶级革命家陶铸和江华的诞生地。据不完全统计，全市保存较为完好的历史文化古迹有2700多处，其中，全国重点文物保护单位34处，省级文物保护单位73处，市级文物保护单位188处，县级文物保护单位319处，“国保”文物数量名列全省第一位。

【习俗风情】 永州地方特色文化丰富多彩，有国家级非物质文化遗产保护目录7个，省级非物质文化遗产保护目录18个，市级非物质文化遗产保护目录42个。诸如对山歌、唱小调、耍刀舞、伞舞、舞龙、舞狮等，还有东安武术、祁剧等。江永县千家峒瑶族自治乡是中国瑶族的发祥地，江华瑶族自治县是全国瑶族人口最多的自治县。长期以来，瑶族同胞保持着独特的传统文化习俗，信仰盘王，穿戴民族服饰，住吊脚楼，过盘王节、敬鸟节和倒稿节，吹芦笙，跳长鼓舞，保存有入赘“招郎”和“拿篮子”等特色婚姻形式，洋溢着浓郁的乡土气息和民族风情。

人口·民族·宗教

【人口】 2019年年末，永州市常住人口544.61万人。其中，城镇人口277.21万人，城镇化率50.9%，比2018年末提高1.2个百分点。全年出生率9.75‰，死亡率6.4‰，与2018年比分别下降1.44个、1.05个千分点，人口自然增长率3.35‰，与2018年比下降0.39个千分点。

图1　2015年—2019年永州市地区生产总值及增长速度图

【民族】 永州市是一个多民族杂居地区，民族特色鲜明，全市除汉族以外，有瑶族、壮族、回族、苗族、土家族、维吾尔族等48个少数民族（瑶族、壮族为世居少数民族），少数民族人口74.7万多人，少数民族人口占全市总人口的11.6%，在全省排第四位，是湖南省民族工作重点市州之一；有1个瑶族自治县（江华）、1个比照自治县待遇县（江永）、21个民族乡。21个民族乡分别是：江华瑶族自治县小圩壮族乡，江永县松柏瑶族乡、千家峒瑶族乡、源口瑶族乡、兰溪瑶族乡，蓝山县汇源瑶族乡、湘江源瑶族乡、浆洞瑶族乡、犁头瑶族乡、大桥瑶族乡、荆竹瑶族乡，道县审章塘瑶族乡、洪塘营瑶族乡、横岭瑶族乡，宁远县九嶷山瑶族乡、五龙山瑶族乡、棉花坪瑶族乡、桐木漯瑶族乡，新田县门楼下瑶族乡，双牌县上梧江瑶族乡，金洞管理区晒北滩瑶族乡。此外，在汉族乡镇还分布有散居民族村79个。自治县和比照县及民族乡（统称民族地区）的国土面积7061.18平方千米，占全市总面积的31%；总人口93万人，占全市总人口的18%。全市有国家级、省级授牌的少数民族特色村寨10个，全国民族团结进步示范单位4个，全省民族团结进步示范单位8个。

【宗教】 永州宗教文化底蕴厚重，历史悠久。有佛教、道教、伊斯兰教、天主教、基督教五大宗教，有爱国宗教团体15个（市级5个，即市佛教协会、市基督教协会、市基督教“三自”爱国运动委员会、市道教协会，市天主教爱国会）。有登记颁证的宗教活动场所143处（省级重点场所5处、市级重点场所13处）。双牌万寿寺、祁阳甘泉寺、零陵芝山寺、基督教永州堂和市基督教协会、市基督教“三自”爱国运动委员会获评国家级和谐寺观教堂和先进集体。

市树市花

【市树】 2015年3月4日，永州市四届人大常委会第二十八次会议上，表决通过《永州市人大常委会关于将香樟和杜鹃确定为我市市树和市花的决定》，确定香樟为市树。香樟树：别名樟树、樟木、瑶人柴、栳樟、臭樟、乌樟，系樟科、樟属常绿大乔木。香樟树体高大，高可达30米，树龄可达成百上千年，树形优美，枝繁叶茂，是永州乡土树种和园林绿化骨干树种，在全市运用广泛，中心城区70%主次干道的行道树使用香樟，登记在册的318棵古树名木中有177棵是香樟树，香樟树在中心城区古树名木中所占的比例55.7%。

【市花】 2015年3月4日，永州市四届人大常委会第二十八次会议上，表决通过《永州市人大常委会关于将香樟和杜鹃确定为我市市树和市花的决定》，确定杜鹃为市花。杜鹃：又名映山红、山石榴，为常绿或平常绿灌木。杜鹃花，能够唤起人们对美好生活的无限憧憬，也象征着国家的繁荣富强和人民的幸福生活。杜鹃花在永州城乡栽培种养比较普遍，在城市公园、小游园和街道绿地的绿化造景中运用较多。阳明山6666.67公顷高山杜鹃被誉为“天下第一杜鹃红”，永州市每年与台湾在双牌县阳明山举办“和”文化节暨杜鹃花会。

国民经济与社会发展

【概况】 2019年，永州实现地区生产总值2016.86亿元，比2018年增长7.1%，其中，第一产业增加值350.33亿元，增长3.3%；第二产业增加值625.97亿元，增长7.7%；第三产业增加值1040.56亿元，增长7.8%。按常住人口计算，全市人均地区生产总值37013元，增长7.4%。全市第一产业增加值占地区生产总值比重的17.4%，第二产业增加值占地区生产总值的31%，第三产业增加值占地区生产总值的51.6%。第一、二、三次产业对全市经济增长的贡献率分别为7.9%、37.2%、54.9%，分别拉动全市地区生产总值增长0.6、2.6、3.9个百分点。非公有制经济增加值1154.86亿元，增长7.4%，占地区生产总值的57.3%。

【农业】 2019年，永州市完成农林牧渔业总产值653.71亿元，比2018年增长3.4%；实现增加值365.8亿元，增长3.6%。其中，农业增加值190.71亿元，增长2.9%；林业增加值50.39亿元，增长8%；牧业增加值83.92亿元，增长0.6%；渔业增加值25.3亿元，增长4.1%。

粮食种植面积498.46千公顷，下降1.3%，产量304.05万吨，下降0.6%；蔬菜种植面积188.14千公顷，增长3.2%，产量601.31万吨，增长4%；油料种植面积88.29千公顷，增长0.6%，产量16.36万吨，增长0.9%；烤烟种植面积17.95千公顷，增长0.8%，产量4.06万吨、增长0.7%。

出栏生猪607.82万头，下降16.0%；出栏牛29.04万头，增长6.9%；出栏羊97.64万只，增长4.3%。猪、牛、羊肉产量52.02万吨，下降11.7%；禽蛋产量6.3万吨，增长8.2%；水产品产量21.1万吨，增长4.1%。

新增节水灌溉面积0.15万公顷；开工各类水利工程3.24万处，投入资金26.93亿元，完成水利工程土石方0.28亿立方米。全市农产品加工企业5046家，比2018年增长6%，农民专业合作社7724个，比2018年增长17.1%，休闲农业经营主体780个，比2018年增长9.2%。

【工业和建筑业】 2019年，永州市实现工业增加值483.58亿元，比2018年增长8.3%。其中，规模以上工业增加值增长8.3%。在规模以上工业中，非公有制企业增加值增长8.5%，占规模以上工业的比重为84.9%。高加工度工业和高技术产业增加值分别增长10%和33.1%。省级及以上产业园区工业增加值增长8.1%。按经济类型分，国有企业增长8.8%，集体企业增长24.7%，股份制企业增长8%，外商及港澳台商投资企业增长10.7%。

全年规模以上工业统计的产品中，大米137.3万吨，下降9.2%；冷冻蔬菜4.85万吨，增长18.9%；精制食用植物油6.6万吨，增长8.2%，水泥1321.8万吨，增长6.4%；汽车0.6万辆，下降72.7%；锂离子电池5115.6万只，增长4.3倍；光电子器件3.1亿只，增长55%；发电设备9.1万千瓦，下降28.3%；发电量86.9亿千瓦时，增长0.3%，其中火电6.19亿千瓦时，增长24.4%。

全市规模工业企业营业收入1604.71亿元，增长8.5%；实现利润62.66亿元，增长4.3%，其中亏损企业亏损额4.45亿元，增长95%，亏损面3.6%，比2018年扩大0.6个百分点；工业产品销售率97.9%，比2018年下降2.5个百分点；出口交货值78亿元，增长49.7%。年末规模以上工业企业资产负债率为41%，比2018年下降0.2个百分点。

2019 年永州市规模以上工业主要产品产量及其增长速度一览表

表 1

产品名称	计量单位	产量	比 2018 年增长（%）
大米	万吨	137.3	-9.2
冷冻蔬菜	万吨	4.85	18.9
精制食用植物油	万吨	6.6	8.2
罐头	万吨	11.9	2.6
饮料酒	万千升	9.7	9.0
卷烟	亿支	130	-
服装	万件	3879.8	44.4
鞋	万双	10429	6.5
中成药	万吨	1.1	10
硫酸（折 100%）	万吨	0.5	-37.5
水泥	万吨	1321.8	6.4
钢化玻璃	万平方米	30.1	46.1
铝材	万吨	2.8	33.3
汽车	万辆	0.6	-72.7
发电设备	万千瓦	9.1	-28.3
变压器	万千伏安	166.8	3.3
锂离子电池	万只（自然只）	5115.6	430.9
光电子器件	亿只（片、套）	3.1	55
发电量	亿千瓦时	86.9	0.3
其中：火电	亿千瓦时	6.19	24.4
水电	亿千瓦时	62.18	-12.5
风电	亿千瓦时	16.43	69

全年全社会建筑业增加值 142.42 亿元，比 2018 年增长 5.4%。房屋建筑施工面积 2174.52 万平方米，下降 1.2%，其中，新开工面积 1499.64 万平方米，增长 7.9%，房屋建筑竣工面积 1562.76 万平方米，增长 0.2%。

【固定资产投资】 2019 年，永州市固定资产投资比 2018 年增长 10%。分经济类型看，国有投资下降 14.7%，民间投资增长 35.4%。分投资方向看，工业投资增长 27.4%，民生投资增长 18.1%，生态投资下降 25.5%，基础设施投资下降 11.2%，高新技术产业投资增长 57.2%，工业技改投资增长 29.7%。全年施工项目个数比 2018 年增长 9.1%。其中，新开工项目增长 26.4%。投产项目个数增长 10.5%。全年房地产开发投资比 2018 年增长 14.4%。商品房销售面积 680.27 万平方米，下降 4.6%。其中，住宅销售面积 608.39 万平方米，下降 1.7%。商品房销售额 352.43 亿元，增长 11.9%。其中，住宅销售额 308.71 亿元，增长 16.9%。年末商品房待售面积 47.71 万平方米，下降 41.7%。

2019 年永州固定资产投资增长速度一览表

表 2

指标名称	比 2018 年增长（%）	指标名称	比 2018 年增长（%）
固定资产投资	10	住宿和餐饮业	-29.5
#第一产业	27.3	金融业	157.6
第二产业	26	房地产业	-0.8
#采矿业	135.5	租赁和商务服务业	41.1
制造业	35.2	科学研究和技术服务业	-9.6
电力、热力、燃气及水的生产和供应业	-7.2	水利、环境和公共设施管理业	-10.6
建筑业	92	居民服务、修理和其他服务业	-72
第三产业	0.3	教育	51.1
#交通运输、仓储和邮政业	-11.3	卫生、社会工作	-0.4
信息传输、软件和信息技术服务业	55.7	文化、体育和娱乐业	117.6
批发和零售业	-12	公共管理、社会保障和社会组织	-67.2

【国内贸易和物价】 2019 年，永州市社会消费品零售总额 793.85 亿元，比 2018 年增长 10.3%。分经营地看，城镇消费品零售总额 652.40 亿元，增长 11.0%；乡村消费品零售总额 141.45 亿元，增长 7.4%。

2019 年永州市社会消费品零售额及其增长速度一览表

表 3

指标名称	零售额（亿元）	比 2018 年增长（%）
社会消费品零售总额	793.85	10.3
按销售单位所在地分		
#城镇	652.4	11
乡村	141.45	7.4
限额以上法人批发零售企业商品零售额	251.85	12.5
#粮油、食品类	32.6	15.4
饮料、烟酒类	7.73	14.2
服装、鞋帽、针纺织品类	5.64	15.6
化妆品类	0.93	14.3
金银珠宝类	1.59	13.4
日用品类	4.29	13
五金、电料类	0.61	7
体育、娱乐用品类	1.07	16.7
书报杂志类	0.08	11.5
电子出版物及音像制品类	0.47	13.8
家用电器和音像器材类	19.73	12.3

续表3

指标名称	零售额（亿元）	比 2018 年增长（%）
中西药品类	11.08	16.6
文化办公用品类	2.26	14.3
家具类	6.15	14.5
通信器材类	1.08	-2.1
石油及制品类	62.13	7.2
建筑及装潢材料类	3.86	16.2
机电产品及设备类	6.38	16
汽车类	77.78	14.3

限额以上法人批发和零售业商品零售额 251.85 亿元，比 2018 年增长 12.5%。分商品类别看，粮油、食品类零售额增长 15.4%，服装、鞋帽、针纺织品类增长 15.6%，家用电器和音像器材类增长 12.3%，家具类增长 14.5%，石油及制品类增长 7.2%，建筑及装潢材料类增长 16.2%，汽车类增长 14.3%。全年居民消费价格比 2018 年上涨 3.4%。商品零售价格上涨 2.4%。工业生产者出厂价格下降 0.7%，工业生产者购进价格下降 0.2%。

【对外经济】 2019 年，永州市进出口总额 178.93 亿元，比 2018 年增长 37.9%。其中，出口 171.44 亿元，增长 37.8%；进口 7.5 亿元，增长 41.6%。分贸易方式看，一般贸易出口 147.81 亿元，增长 82.6%；加工贸易出口 30.75 亿元，增长 1.9%。出口商品中，蔬菜 29.74 亿元，增长 93.7%；鞋类 15.11 亿元，增长 5.4%；服装及衣着附件出口 11.27 亿元，增长 41.5%；电动机及发电机 4.08 亿元，增长 19.8%；旅行用品及箱包 4.16 亿元，增长 27.8%；灯具、照明装置及零件出口 3.25 亿元，增长 24.1%。分产销国别（地区）看，出口美国 19.79 亿元，下降 7.8%；出口东盟 30.87 亿元，增长 46%；出口欧盟（28 国）22.02 亿元，增长 20.7%。

2019 年永州市进出口总额及其增长速度一览表

表 4

指标	绝对数（亿元）	比 2018 年增长（%）
进出口总额	178.93	37.9
出口额	171.44	37.8
按贸易方式分		
#一般贸易	147.81	82.6
加工贸易	30.75	1.9
按重点商品分		
#机电产品	51.02	48.7
高新技术产品（97 版）	11.5	65.9
农产品	30.91	76.2
按产销国别（地区）分		
#美国	19.79	-7.8

续表4

指标	绝对数（亿元）	比 2018 年增长（%）
欧盟（28 国）	22.02	20.7
东盟	30.87	46
进口额	7.5	41.6
按贸易方式分		
#一般贸易	1.85	18.6
加工贸易	5.64	51.1
按重点商品分		
#机电产品	1.33	7.8
高新技术产品（97 版）	1.06	-0.4
农产品	0.02	-72

全年新批外商投资项目 15 个，实际使用外商直接投资 13.69 亿美元，比 2018 年增长 12.9%。其中，第一产业 2.01 亿美元，增长 48.5%；第二产业 6.61 亿美元，增长 0.3%；第三产业 5.06 亿美元，增长 21.1%。实际到位境内省外资金 372.76 亿元，增长 17.5%。其中，第一产业 65.66 亿元，增长 27.4%；第二产业 186.87 亿元，增长 24.7%；第三产业 120.23 亿元，增长 6%。引进 2 亿元以上境内省外项目 144 个，增长 21%；实际到位资金 207.36 亿元，增长 15.2%。

【交通、邮电和旅游】 2019 年，永州市客货运输换算周转量 192.83 亿吨千米，比 2018 年增长 3%。货物周转量 188.98 亿吨千米，增长 3.1%。其中，公路周转量 187.76 亿吨千米，增长 3.1%；水运周转量 1.22 亿吨千米，下降 35.1%。旅客周转量 37.22 亿人千米，下降 15.4%。其中，公路周转量 36.91 亿人千米，下降 15.4%；水运周转量 0.31 亿人千米，下降 15.5%。

全市公路通车里程 2.31 万千米。其中，高速公路通车里程 492 千米。民用汽车保有量 48.33 万辆，增长 14.1%；私人汽车保有量 45.69 万辆，增长 14.6%；轿车保有量 23 万辆，增长 17.2%。

邮政业务总量（2010 年不变价）9.13 亿元，比 2018 年增长 27.5%；电信业务总量（2015 年不变价）250.07 亿元，增长 80.8%。年末固定电话用户 20 万户，下降 7.7%；移动电话用户 423.3 万户，增长 6.6%。年末互联网宽带用户 113.12 万户，增长 8.3%。

全市国内游客 6325.47 万人次，比 2018 年增长 11.3%；入境游客 4.42 万人次，下降 26.5%。旅游总收入 542.03 亿元，增长 11.8%。其中，国内旅游收入 541.21 亿元，增长 11.9%；国际旅游收入 0.12 亿美元，下降 27.7%。全市旅游等级区（点）46 家，增长 18%，其中国家 AAAA 级及以上 8 家，增长 60%。

【财政、金融和保险】 2019 年，永州市一般公共预算收入 189.47 亿元，比 2018 年增长 3.4%，其中地方收入 125.27 亿元，增长 6.1%。地方收入中，税收收入 85.21 亿元，增长 6.6%；非税收入 40.06 亿元，增长 5.0%。上划中央“两税”38.12 亿元，增长 7.6%；上划中央所得税 13.59 亿元，下降 23%。一般公共预算支出 496.03 亿元，增长 7.6%。其中，社会保障和就业支出 85.74 亿元，增长 14%；城乡社区事务支出 24.74 亿元，增长 39%；科学技术支出 8.12 亿元，增长 55.5%；住房保障支出 11.45 亿元，下降 46%。

金融机构本外币各项存款余额 2313 亿元，比 2018 年年末增长 2%。其中，住户存款余额 1748.41 亿元，增长 11.2%；非金融企业存款余额 253 亿元，下降 27.4%。本外币各项贷款余额 1556.89 亿元，增长 15%。其中，住户贷款余额 834.96 亿元，增长 13.2%；非金融企业及机关团体贷款余额 721.87 亿元，增长 17.2%。

保险公司原保险保费收入 65.91 亿元，比 2018 年增长 14.2%。

其中，寿险保费收入40.68亿元，增长6.1%；健康险保费收入4.77亿元，增长1.5%；人身意外伤害险保费收入0.75亿元，下降7.4%；财产险保费收入25.23亿元，增长30.3%。原保险赔付支出21.8亿元，增长7.5%。

【教育和科学技术】　2019年，永州市全市中等职业教育毕业生1.85万人，普通高中毕业生3.06万人，初中学校毕业生7.63万人，普通小学毕业生8.93万人。在园幼儿21.84万人。各类民办学校1458所。发放中职国家助学金0.21亿元，资助中职学生11.93万人次；落实中职免学费资金1.42亿元，资助中职学生2.09万人次。发放普通高中国家助学金0.41亿元。

签订技术合同270项，技术合同成交金额4.28亿元。登记科技成果13项。专利申请量4754件，比2018年增长31.9%。其中，发明专利申请量1940件，增长58.5%。专利授权量1718件，增长6.4%。高新技术产业增加值367.02亿元，增长18.7%。

【文化、卫生和体育】　2019年，永州市有艺术表演团体6个，群众艺术馆、文化馆12个，公共图书馆12个，博物馆、纪念馆10个。广播电台6座，电视台10座。国家级非物质文化遗产保护目录6个，省级非物质文化遗产保护目录16个。

卫生机构5574个。其中，医院142个，妇幼保健院（所、站）12个，专科疾病防治院（所、站）2个，社区卫生服务中心（站）39个，诊所、卫生所、医务室621个，村卫生室4511个。卫生技术人员3.68万人，比2018年增长14.4%。其中，执业医师和执业助理医师1.41万人，增长3.2%；注册护士1.75万人，增长35.6%。医院拥有床位2.92万张，增长2.2%；乡镇卫生院拥有床位0.99万张，增长2.1%。

全市经常参加体育锻炼人数295.3万人，开展全民健身项目40项次。新建农民体育健身工程的行政村347个。全年获得4个世界冠军、3个亚洲冠军和13个全国冠军。

【人民生活和社会保障】　2019年，永州市人均可支配收入22212元，比2018年增长10.2%。城镇居民人均可支配收入31089元，增长9.2%。农村居民人均可支配收入15275元，增长9.7%。

全年全市居民人均消费支出18063元，比2018年增长11.2%。城镇居民人均消费支出23420元，增长10.4%；农村居民人均生活消费支出13877元，增长10.8%。城镇居民家庭恩格尔系数28.6%，农村居民家庭恩格尔系数30.2%。

全年新增城镇就业人员6.85万人。参加城镇职工基本养老保险人数58.9万人，比2018年末增长2%。其中，参保职工37.42万人，参保离退休人员21.48万人。参加失业保险职工人数32.04万人；参加工伤保险职工人数36.5万人。年末领取失业保险金职工人数0.37万人。获得政府最低生活保障的城镇居民4.24万人，发放最低生活保障经费1.87亿元；获得政府最低生活保障的农村居民11.73万人，发放最低生活保障经费2.96亿元。年末各类收养性社会福利单位床位11292张，收养各类人员3904人。城镇建立各种社区服务设施579个，综合性社区服务中心3301个。全年销售社会福利彩票4.13亿元，筹集福彩公益金1.24亿元。新改建公办养老机构9个，新增公办养老机构床位902张。

【资源、环境和安全生产】　2019年，永州市耕地面积36.43万公顷，基本农田29.48万公顷，批准建设用地0.07万公顷，补充耕地0.03万公顷。发现矿种76种，比2018年新增1种，已探明资源储量的矿种35种，其中金属矿产19种，非金属矿产15种，能源矿产1种。自然保护区32个，其中国家级4个，省级2个，自然保护区面积12.88万公顷。全市达到或优于III类标准的水质断面比重为100%。全年全市规模工业综合能源消费量190.91万吨标准煤，比2018年下降0.9%。其中，六大高耗能行业综合能源消费量161.85万吨标准煤，下降1.9%。规模工业能源消费合计210.11万吨标准煤，其中原煤154.08万吨标准煤。

全市全年发生各类生产经营性安全事故31起，生产经营性安全事故死亡人数37人。亿元地区生产总值事故死亡人数0.02人。全年发生道路交通事故（不含简易程序处理的事故）198起；道路交通死亡率0.68%。

重点工程（项目）

【永州春节黄金招商期引进投资53.5亿元】　2019年春节期间，永州市进行登门拜访、走访慰问100余次，召开座谈会、招商推介会、新春招商联谊会20余次，发布推介重点招商项目73个，总投资808亿元，签约项目9个，总投资53.5亿元。

【滨江新城中建文旅综合体项目签约】 2019年3月22日，永州市滨江新城中建文旅综合体项目签约，总用地133.67公顷、总投资额110亿元。该项目由永州市人民政府授权的市经济建设投资集团、中建五局授权的中建信和地产有限公司共同投资、开发、建设、融资、经营、管理，借鉴湖南省内先进开发模式，以项目开发为核心，坚持片区开发与滨江新城定位相结合、与主导产业相结合、与基础设施相结合、与化解政府隐性债务相结合，引进教育、星级酒店和文旅产业园、会展中心、商业综合体、影视文化五大产业业态，带动区域基础设施、公共配套建设，完善教育、商业、文化娱乐设施。

【湖南省华侨同心产业园（蓝山）签约投资11亿元】 2019年，蓝山县皮具箱包项目入驻湖南华侨同心产业园签约，项目总投资11亿元，建设规模10.7万平方米。湖南奇秀集团旗下永州市奇秀科技有限公司、永州市铭佳科技有限责任公司、永州斗秀科技有限公司、永州市瑞锋科技有限公司项目总投资约8亿元，主要从事经营大型箱包的自主研发、设计、生产和销售，建设规模约8万平方米；湖南省邦一科技有限公司项目总投资约2亿元，主要从事经营皮具箱包等产品的自主研发、设计、生产和销售，建设规模约2万平方米；永州市盛远皮具有限责任公司项目总投资约1亿元，主要从事经营皮具箱包等产品的自主研发、设计、生产和销售，建设规模约7000平方米。截至2019年6月，湖南省华侨同心产业园（蓝山）完成总投资12亿元，新建标准厂房20余万平方米，投资1亿多元新建现代化政务中心，投资6亿元完善园区的道路、学校、医院等基础设施。有湘江源皮具产业园、皮革皮具生态智慧产业园、星月玩具、龙昌智能、高信电子等78家企业落户园区，皮具、玩具、智能制造产业链条初步形成。

【3个重点招商项目落户新田】 2019年7月11日，新田县集中签约一批重点招商项目，总投资1.5亿元。此次签约SMT加工生产和自动化装配、新威鞋业生产、一米阳光智能制造3个项目，涉及自动化装配、运动用品生产、儿童智能手表研发生产等。这批高科技产业项目集聚新田，将拉宽加长增厚该县相关行业的产业链，形成倍增效应。

【道县数字智造产业小镇项目开工】 2019年9月30日，道县数字智造产业小镇项目开工，项目计划总投资20亿元，用地面积33.33公顷，规划建设厂房18万平方米。道县数字智造产业小镇项目，是由湖南天宇吉祥基业管理有限公司建设的园区发展重大项目，分二期建成，首批入驻企业15家。该项目秉持高科技发展理念，专注产业生态建设，走集群发展道路，以产业链和行业细分进行产业规划，着力打造数字创新中心、智能装备产业园、数字智慧小区。项目的建成，将成为道县集智能装备产业链条聚集、软硬件相互融合、数字智慧小区示范建设等于一体的产学研融综合体。

【永州市重点建设项目调度工作推进会】 2019年10月31日，中共永州市委副书记、市人民政府市长何录春主持召开全市重点建设项目调度工作推进会，调度全市470个重点项目、“5个10”工程进展情况，分析1月—9月主要经济指标完成情况，进一步找差距、补短板、抓落实，确保全年目标任务顺利完成。副市长欧阳元初、谢景林、李旦梅，市政府秘书长陈宇荣参加。

【永州前三季度引进500强完成进度居全省第一】 2019年，永州市在获“2018年度湖南省政府真抓实干成效明显地区”表彰奖励的基础上，开展“走进500强、链接大产业”系列招商活动。前10个月，全市引进500强企业项目24个，总投资462.4亿元。省商务厅认定的引进500强产业项目18个，总投资296.7亿元，完成省定任务的360%，引进产业项目完成进度、引进个数和总投资额在全省各市州中分列第一位、第二位和第五位。

【永州（深圳）智能硅谷产业园开工】 2019年12月31日，永州（深圳）智能硅谷产业园开工仪式在冷水滩高科园举行。

永州（深圳）智能硅谷产业园由广东省湖南冷水滩商会组织12家均具有自主知识产权或是深圳国家高新技术企业、并在各自行业中脱颖而出处于市场前列的优秀企业参与投资建设。主要以高端装备、智能制造、电子信息为产业链，以研发、生产、销售为市场集聚平台，以共同孵化、资源整合、资金共享为经营共同体，以共建研发中心、共有研发团队为持续发展力，开创永州产业园投资建设的新型发展模式。

园区占地18.67公顷，总投资10亿元，按照智慧园区、生态园区、低碳园区的标准，以高标准产品、高质量产业、高科技力量对标国内最先进的科技园区规划与建设，着力打造产业基础高端化、产业链条现代化示范园区。

开放协作

【赵应云会见长丰集团一行】 2019年1月16日，中共永州市委副书记、市人民政府市长赵应云在冷水滩会见长丰集团党委副书记、湖南猎豹汽车股份有限公司董事长刘康林一行。

【李晖率队赴深圳对接重点招商项目】 2019年1月19日—20日，中共永州市委书记、市人大常委会主任李晖率队赴深圳对接重点招商项目，先后拜会华侨城集团和中国科技开发院，与企业高层进行深入沟通交流，推动重点招商项目建设，取得良好效果。市商务局、永州经济技术开发区、市经济建设投资发展集团有限责任公司、市政府驻深圳办主要负责人参加考察。在考察华侨城期间，李晖与华侨城集团有限公司党委常委、副总经理、深圳华侨城房地产有限公司执行董事、党委书记张立勇进行友好交流。

在中国科技开发院，李晖一行先后考察中国科技开发院孵化的爱能森控股有限公司和微语医疗技术有限公司，并与中国科技开发院党委书记、院长杨斌及相关企业代表进行座谈。

【李晖与中航工业集团总经理罗荣怀举行调研座谈】 2019年2月5日，中共永州市委书记、市人大常委会主任李晖在永州经济技术开发区的潇湘科技创新中心，与回家乡过春节的中国航空工业集团有限公司总经理罗荣怀举行调研座谈会，就有关合作事宜进行对接洽谈。李晖向罗荣怀简要介绍永州经济技术开发区的基本情况。

中国航空工业集团有限公司是由中央管理的国有特大型企业，于2008年11月6日由原中国航空工业第一、第二集团公司重组整合而成立。集团公司设有机载系统与汽车零部件、通用航空、航空供应链与军贸、金融、工程建设、汽车等产业，下辖100余家成员单位、近27家上市公司，员工逾45万人。

【永州市举行政银企合作洽谈会】 2019年4月12日，2019年全市政银企合作洽谈会暨金融服务实体经济项目对接会在冷水滩举行，驻永银行业机构与企业签订银企合作协议，现场签约项目37个。中共永州市委书记、市人大常委会主任严华出席会议并致辞，市委副书记、市人民政府市长何录春主持会议。市委常委、副市长周荣峰，市政协副主席杨军元出席会议。此次政银企合作洽谈会暨金融服务实体经济项目对接会达成签约意向项目458个，拟贷金额416.8亿元。按“六大战役”分：城镇提质项目82个，拟贷金额237.3亿元；交通提速项目3个，拟贷金额1.2亿元；园区升级项目117个，拟贷金额84.5亿元；旅游升温项目11个，拟贷金额27.9亿元；脱贫攻坚项目27个，拟贷金额6.9亿元；环境治理项目11个，拟贷金额18.5亿元。现场签约项目37个，涉及11个县区、37家企业、15家银行业金融机构。严华在签约仪式上致辞，感谢各金融机构、企业家以及社会各界人士对永州经济社会发展的支持。

【永州对接粤港澳融入大湾区】 2019年4月15日，永州市委、市政府在深圳举办对接粤港澳融入大湾区招商引资—招才引智活动，该活动是永州市在此次湖南—粤港澳大湾区投资贸易洽谈周的主体活动。省商务厅党组成员、省口岸办主任杨中万，深圳原大鹏新区管委会党工委副书记、管委会主任何永志分别致辞。市委常委、市委组织部部长吴志雄，副市长李旦梅分别作招才引智推介、重点招商项目推介。市领导石艳萍、罗建华、刘卫华、吕斌出席活动。

此次活动，永州市重点推介生物医药、轻纺制鞋、大数据、电子信息四大产业，具体推介永州经济技术开发区天然植物提取产业基地、双牌县鞋业产业园、永州市华为大数据中心配套产业链、江永县电子信息产业园、宁远县光电智能终端产业园5个项目。全市发布招商项目228个，其中，新型工业项目71个，现代服务业项目85个，现代农业项目25个，社会事业项目25个，基础设施项目22个。

在湖南—粤港澳大湾区投资贸易洽谈周的省、市平台上，永州市签约项目43个，总投资460.6亿元。其中，在省主体活动现场，永州市签约项目2个，投资额206.5亿元，投资额占省主体活动签约项目总投资额的12.9%。签约项目主要分布在农业产业化、工业制造、文化旅游、商贸物流、教育等领域。注重引大引强是永州市此次招商引资的一大特色，所有项目全部是总投资额过2亿元的项目，总投资额10亿元以上的11个，总投资额20亿元以上的项目5个，并引进一批500强企业。市人民政府与有意向到永州投资的5家企业签订战略合作框架协议，重点加强在商贸流通、互联网、制鞋、健康产业等领域的合作。

同步开展招才引智推介。现场签约人才项目29个，主要包括电声技术智能化应用、4G北斗车载车辆违法举报系统（物联网）、无线智能充电技术及其应用、智能工业机器人研发、不饱和脂肪酸防治糖尿病等前沿优势产业人才，补强永州市在健康产业、智能制造、生物医药、科技成果转化等方面的短板。活动引进院士1人，教授26人、副教授4人、博士41人、硕士研究生56人。

【湖南华宇泓邦实业有限公司和永州之野异蛇实业有限公司举行股权合作签约】 2019年6月21日，湖南华宇泓邦实业有限公司和永州之野异蛇实业有限公司举行股权合作签约仪式。永州之野异蛇实业有限公司成立于1996年，地处零陵区富家桥镇永州异蛇村，主要经营活蛇、保健型异蛇酒及蛇类制品。1998年，该公司被评为农业产业化龙头企业，其产品“永州异蛇酒”获得国际食品博览会金奖等数十个大奖。湖南华宇泓邦实业有限公司注册资本1亿元，旗下经营的“世界名酒品鉴博览城”是一个专业从事世界品牌名酒品鉴、销售、拍卖、博览、收藏为一体的综合性世界名酒商城，在酒类经营销售方面拥有独特优势，双方合作具有高度的互补性。根据协议，永州之野异蛇实业有限公司以股权转让总价3000万元，转让给湖南华宇泓邦实业有限公司，此后双方将共同经营管理永州之野异蛇实业有限公司。

【永州召开建设产业转移示范区市场物流企业家座谈会】 2019年6月27日，永州市召开建设产业转移示范区市场物流企业家座谈会。副市长李旦梅出席。市商务局、市发改委、市工信局等单位主要负责人，冷水滩区、零陵区、永州经济技术开发区、永州农科园分管负责人，永州大市场、万商红集团、步步高集团、军联物流等企业负责人参加会议。会议听取全市物流和市场体系建设的发展总体情况；企业代表围绕如何减少企业物流成本，加快市场发展壮大的问题展开交流讨论。

【永州市人民政府与泰格林纸签署补充协议】 2019年7月30日，永州市人民政府与泰格林纸集团有限公司、岳阳林纸股份有限公司举行《推进永州湘江纸业有限责任公司关停并转合作协议》之补充协议签约仪式，市委副书记、市人民政府市长何录春出席仪式，副市长欧阳元初签署协议。根据2015年4月30日永州市人民政府与泰格林纸及岳阳林纸股份有限公司签订的《推进永州湘江纸业有限责任公司关停并转合作协议》（以下简称《合作协议》）及《关于沅江纸业退出等有关问题的会议纪要》，甲（永州市政府）、乙（泰格林纸集团股份有限公司、岳阳林纸股份有限公司）双方本着合作共赢的原则，经共同友好协商，决定在《合作协议》的基础上，对永州湘江纸业有限责任公司和关停并转涉及的土地及地标附着物拆除、净地交付、补偿款支付及双方的权利和义务等方面进行补充。签约仪式上，双方就补充协议内容进行讨论研究，并达成一致进行现场签署协议。

【湖南商贸流通载体建设工作推进会在祁阳召开】 2019年8月15日，湖南省商贸流通载体建设工作推进会在祁阳县召开。湖南省人民政府副省长何报翔出席会议并讲话，省政府办公厅巡视员罗建军主持会议，省商务厅厅长徐湘平作工作报告，副市长李旦梅等出席会议。会上，何报翔对全省推进商贸流通载体建设工作取得的显著成效给予肯定，并结合国际、国内发展形势对全省当前商贸流通载体建设工作进行准确定位，客观分析工作中存在的发展不充分、不集聚、不平衡问题。徐湘平作全省商贸流通载体工作报告。会上，永州市、汨罗市、祁阳县3个单位和湖南省中弘投资管理有限公司、湖南友阿商业投资有限责任公司2家企业分别围绕商贸流通载体建设，从不同角度作经验交流发言。会前，与会代表还参观祁阳县盈通达物流园、祁阳县新天地城市综合体、祁阳县西区农贸市场、祁阳杨梅湖智慧生态文旅新城等商贸载体建设现场。

【永州与国网湖南省电力有限公司签署战略合作协议】 2019年9月10日，永州市人民政府与国网湖南省电力有限公司在冷水滩签署战略合作协议。中共永州市委书记、市人大常委会主任严华，国网湖南省电力有限公司董事长、党委书记孟庆强出席签约仪式并讲话。市委副书记、市人民政府市长何录春，国网湖南省电力有限公司总经理、党委副书记李生权代表双方签署合作协议。国网湖南省电力有限公司副总经理孙超武，市领导唐能武、罗建华、严兴德、刘卫华出席。

根据协议，国网湖南省电力有限公司计划在2019年—2022年的4年时间里，安排在永州地区总投资55亿元，主要用于坚强智能电网建设、泛在电力物联网发展、农网改造升级等，加快推进永州电厂送出工程、宗元—紫霞II回500千伏输变电工程、零陵北220千伏输变电工程等一批重点项目的规划建设，简化供电服务流程，提供便捷优质高效的办电服务，促进永州市经济社会高质量发展。

【何录春率队考察湖南金荣企业集团】 2019年9月12日，中共永州市委副书记、市人民政府市长何录春率领市工信局、市商务局、冷水滩区政府、永州经济技术开发区主要负责人赴湖南金荣企业集团总部考察，金荣集团和分公司负责人出席座谈会。

会上，双方就金荣集团在永州经济技术开发区和冷水滩区采取“政企合作　园企共建”的EPC+O模式建设两个科技产业园区达成共识，并就加快推进合作项目落地建设有关事宜进行交流。金荣集团董事长李文金表示，金荣集团将派专业的招商合作、孵化运营、项目建设等团队到永州，对园区如何做好产业定位、招商规划、项目建设等工作进行指导。何录春强调，要加强与金荣集团的合作，做好产业定位规划，全面做好差异化招商，着力实现差异化发展。

【严华率队赴北京开展商务拜访活动】 2019年9月11日—12日，中共永州市委书记、市人大常委会主任严华率队赴北京对接重点招商项目，拜访中国物流股份有限公司，考察北京永州企业商会。副市长李旦梅参加有关活动。在北京期间，严华拜访中国物流股份有限公司，与中国物流股份有限公司董事长、党委书记梁伟华，总经理李向阳就在永州建设智慧物流产业园项目进行深入交流。在北京永州企业商会，严华一行与北京永州企业商会的部分企业家代表进行恳谈。严华表示，北京永州企业商会抱团发展、合作共赢，为永州与北京两地的交流合作做出贡献。

【永州与广东省湖南商会化妆品行业协会签订框架协议】 2019年9月15日，广东省湖南商会化妆品行业协会企业家一行到永州考察调研并召开座谈会，中共永州市委副书记、市人民政府市长何录春出席座谈会并讲话。座谈会上，广东省湖南商会化妆品行业协会企业家代表们介绍化妆品生产流程和企业环保、生产规模、税收等方面情况，对日化产业前景进行分析，并就产业转移提出意见和建议。会后，广东省湖南商会化妆品行业协会与永州经济技术开发区签订承接广东化妆品转移战略合作框架协议。市领导贺辉、欧阳德群出席相关活动。

【祁阳与东方电气风电项目签约】 2019年10月16日，祁阳县人民政府与东方电气风电有限公司就东方电气祁阳风电项目签约，标志着祁阳县能源和产业结构将注入新动能。东方电气祁阳县风电项目计划总投资10亿元，按照“一次测风、整体规划、区域分期建设”的原则在梅溪镇、潘市镇、七里桥镇区域范围内开发风电场，规划装机容量10万千瓦，计划2020年完成测风，并于2020年年底前取得核准，2021年上半年开工建设，2022年年底完工。

【永州与大唐华银签订能源开发战略合作协议】 2019年11月14日，永州市人民政府与大唐华银电力股份有限公司签订能源开发战略合作协议，推进全市新能源项目建设，加速推进风电、光伏、热电联产、园区综合能源服务等项目落实落地。大唐华银总经理、党委书记刘智辉，永州市人民政府副市长严兴德出席并同大唐华银副总经理吴晓斌签约。大唐华银电力股份有限公司是国有特大型发电集团、世界500强企业中国大唐集团有限公司所属的上市公司，是湖南当前装机规模最大、历史最悠久的发电企业。

【国际知名品牌五星级酒店和总部经济大楼项目签约】 2019年12月9日，香港永州联谊会国际知名品牌五星级酒店和永州经济技术开发区总部经济大楼项目签约。中共永州市委副书记、市人民政府市长何录春，市委常委、市委统战部部长石艳萍出席签约仪式。何录春代表市政府与香港永州联谊会执行会长葛旭宇签订《国际知名品牌五星级酒店和总部经济大楼项目建设投资协议》，永州经济技术开发区代表与香港永州联谊会签订投资补充协议。该项目总投资45亿元，总占地面积30公顷，规划有国际知名品牌超五星级酒店、AAAA级总部经济大楼、港式湾区高级住宅等多元化业态汇聚，打造为集购物、酒店住宿、休闲娱乐等多功能于一体的大型城市综合体。

【中国物流永州智慧物流产业园项目签约】 2019年12月19日，中国物流永州智慧物流产业园项目签约仪式在冷水滩区举行。中共永州市委书记、市人大常委会主任严华，中国物流股份有限公司党委书记、董事长梁伟华出席签约仪式。会上，永州市人民政府、永州市经济建设投资发展集团有限责任公司、中国物流股份有限公司三方共同签订《中国物流永州智慧物流产业园项目投资协议书》。协议书约定，项目仓储物流用地约24.67公顷，商业居住用地约21.13公顷。中国物流股份有限公司作为国资委监管的大型企业集团，是全国集团发展现代物流的代表企业，是汇聚公铁运输、多式联运、国际货代、仓储配送、生产销售、供应链金融等服务于一体的物流产业集团。

2019年12月19日，永州智慧物流产业园项目签约仪式

友 好 往 来

【华菱集团董事长曹志强一行到永州考察】 2019年3月22日，永州市委、市政府与华菱集团合作交流座谈会在冷水滩召开。市委书记、市人大常委会主任严华，市委副书记、代市长何录春与华菱集团党委书记、董事长曹志强就进一步加强合作进行探讨。市领导唐能武、李旦梅，华菱湘钢党委书记王树春，华菱涟钢党委书记成沛祥出席。

【日本民间文化旅游考察团到永州考察柳文化】 2019年3月26日—27日，日本民间文化旅游考察团一行10余人来到永州零陵古城参观学习。考察团先后参观东山景区和怀素公园、永州之野—异蛇世界AAA级旅游景区，就柳文化和异蛇文化进行深入探讨和文化交流。考察团负责人表示，在日本，有不少人在研究柳宗元，希望能进一步加强合作交流，把柳文化打造成永州知名旅游品牌。

【南非粤港澳商会会长吴少康一行到永州参观考察】 2019年7月2日，市委副书记、市长何录春会见南非粤港澳商会会长吴少康一行，双方就南非与永州在商贸与产业项目合作方面进行探讨交流。副市长李旦梅、市政协副主席欧阳德群参加会见。吴少康是南非知名华侨企业家，他与商会将努力引进华侨商人到永州投资，加强双边的贸易交流，发挥好南非与永州的经济纽带作用。何录春对吴少康一行的到来表示欢迎、感谢。他指出，永州发展前景广阔，区位优势明显，交通便利，欢迎相关企业对永州进行全方位考察，加强商贸合作，搭建桥梁，通过贸易加强友好联系。同时也欢迎投资商发挥自身行业优势，到永州考察投资产业项目，永州将提供优良的营商环境和政策支持。何录春强调，各级各相关部门要与吴少康一行做好工作对接，在涉及相关领域方面加强沟通交流，为未来合作打好坚实基础。

【中国发展研究院到永州考察调研】 2019年9月3日，中国发展研究院院长王彤一行到永州考察调研，市委书记、市人大常委会主任严华与来访一行人进行座谈。市领导唐能武、李旦梅出席座谈会。

【深圳市产业园区发展促进会到永州考察】 2019年9月8日—9日，深圳市产业园区发展促进会一行来到永州进行投资考察。市委副书记、市长何录春出席座谈会。市领导唐能武、欧阳元初、李旦梅、吕斌、欧阳德群等参加座谈会或陪同调研。

深圳市产业园区发展促进会一行先后实地考察永州经济技术开发区和滨江新城有关项目，对于永州的投资环境和自然人文环境表示赞赏和认同。深圳园促会会长单位深圳科技工业园集团有限公司董事长何景成表示，永州大力实施“开放兴市、产业强市”战略，强力推进湘南湘西承接产业转移示范区、对接粤港澳大湾区，不仅区位优势明显、配套设施完善，而且生态环境优美、创新创业氛围浓厚，希望携手中国科技开发院合作建设运营“永州中科未来城”项目，打造永州市科技创新、产业转型的重要载体。随后与深圳科技工业园集团、中国科技开发院签订战略合作框架协议。

【深圳怡康科技、湖南齐力电机到永州考察】 2019年11月15日，深圳市怡康科技有限公司、湖南齐力电机有限公司等企业高层管理一行到永州进行商务投资考察，副市长李旦梅出席座谈会。考察团对永州丰富的自然资源和区位优势给予高度评价，并就永州优势资源整合、客源市场开发等问题进行交流探讨，表示将联系更多的优秀企业家来永考察交流、投资兴业，助力永州经济高质量发展。怡康科技、齐力电机均为研发、设计、生产和销售一体的多元化企业，各自的主营产品新奇特创意礼品、个人保健按摩产品和微电机、家用电机在各自细分领域具有较强的品牌影响力和竞争力，与永州相关产业链互补性强，合作前景可期。

考 察 调 研

【陈文浩在永州督导检查安全生产工作】 2019年1月14日—15日，湖南省人民政府副省长陈文浩到永州市督导检查安全生产工作。省自然资源厅副厅长陈松岭、省住房和城乡建设厅副厅长宁艳芳、省应急管理厅副巡视员胡金文，中共永州市委副书记、市人民政府市长赵应云，副市长欧阳元初陪同督导检查。14日下午，陈文浩先后深入零陵古城、春天广场、冷水滩湘江西岸棚户区改造文昌阁安置小区、愿景国际广场，检查企业安全生产主体责任和安全生产措施落实情况。15日上午，陈文浩专题听取永州市安全生产工作情况汇报。

【许显辉在永州调研产业园区建设】 2019年2月13日，湖南省人民政府副省长、省公安厅厅长许显辉在永州市调研产业园区建设情况。

许显辉先后考察湖南长丰猎豹集团永州基地老厂总装车间和新涂装车间、湖南三湘电线电缆、湖南韬讯航空科技和中信重工开诚智能装备等公司，察看汽车生产工艺，询问产品性能、技术参数和市场销售等情况，与企业负责人深入交流。

【蒋旭光在永州调研重大水利工程建设】 2019年3月20日—21日，水利部副部长蒋旭光到永州市调研重大水利工程建设。水利部建设司司长王胜万，水利部规计司副巡视员张世伟，省水利厅党组书记、厅长颜学毛，省水利厅党组成员、副厅长罗毅君，市领导何录春、谢景林陪同调研。

蒋旭光先后到毛俊水库大坝建设工地、涔天河水库扩建枢纽工程的新大坝上，了解工程的各种专项验收进展、当前防汛工作和工程综合效益发挥情况。蒋旭光还到涔天河水库扩建枢纽工程发电站，了解发电运行情况，要求电站强化内部管理，让管理出效益。

【乌兰在永州调研教育工作】 2019年3月26日，中共湖南省委副书记乌兰在永州调研教育工作。省委副秘书长秦国文，中共永州市委书记、市人大常委会主任严华，省教育厅厅长蒋昌忠、省扶贫办主任王志群参加调研。湖南科技学院党委书记、校长曾宝成汇报高校党建、思想政治和改革发展情况。在湖南科技学院，乌兰深入国学院、化学与生物工程学院，详细了解党建、思政、教学科研、服务经济社会发展等情况。到零陵区后湖国际·马坝稻田艺术学校、七里店小学，冷水滩区映山小学、永州市第八中学，考察红色文化进校园、艺术教育、化解大班额等工作。

【吴桂英在永州调研基层教育和卫生健康工作】 2019年5月8日—9日，湖南省人民政府副省长吴桂英深入江永县和蓝山县调研基层教育和卫生健康等工作。

省教育厅副厅长应若平、省卫健委副主任龙开超陪同调研。吴桂英走进两县的乡村卫生室、医院、妇幼保健院和村小、职业中专、寄宿学校，看望基层医务工作者和基层教育工作者及学生，鼓励医务、教育工作者安心工作，积极上进，为永州经济社会发展再立新功。吴桂英还走进村民家中，现场查看电视信号覆盖、传输及收费等情况，了解“村村通”工程建设成果。她强调，要高度重视和切实做好基层教育和卫生健康工作，让人民群众收获更多的获得感和幸福感。

【贺安杰率重点课题组在永州调研承接产业转移工作】 2019年5月7日—10日，湖南省政协副主席贺安杰率队带领“推进湘南湘西承接产业转移示范区对接粤港澳大湾区产业融合发展”重点课题组到永州市调研。5月9日下午，在冷水滩区召开专题座谈会，听取永州市重点县区工作汇报，永州市政协主席蒋善生主持会议，副市长李旦梅作情况汇报。座谈会上，宁远县、新田县、蓝山县分别作情况汇报，企业代表、相关专家学者、委员代表积极发言，省政协调研组成员与参会人员互动交流，为永州对接粤港澳大湾区建言献策。

【韩进瞻仰李达故居】 2019年6月14日，武汉大学党委书记韩进一行到永州瞻仰李达故居，缅怀中国共产党主要创始人之一李达。市委书记、市人大常委会主任严华，市委常委、市委秘书长唐能武参加。韩进一行拜谒李达铜像，向李达铜像敬献花篮，参观李达生平事迹陈列室，观看有关照片、遗物，听讲解员讲解李达“坚持真理，不屈不挠；身体力行，万世师表”的光辉一生。参观结束后，韩进在来宾留言簿上写下“向李达老校长致敬”的留言。

【魏山忠在永州指导水旱灾害防御工作】 2019年6月19日—20日，水利部副部长魏山忠率队到永州市指导水旱灾害防御工作。水利部水旱灾害防御司督查专员王翔、长江委副主任戴润泉参加检查。省水利厅党组副书记、副厅长钟再群，副市长谢景林陪同检查。魏山忠一行先后深入冷水滩、零陵现场指导防洪工作，实地走访调研双牌县泷泊镇良村水旱灾害防御工作情况。在双牌水库调度指挥中心，魏山忠对管理系统运行、各项监测预报、设施设备维护等情况进行详细了解和检查。

【李殿勋在永州调研政法工作】 2019年7月9日—10日，中共湖南省委常委、省委政法委书记李殿勋在永州市调研政法工作。中共永州市委书记、市人大常委会主任严华，市委副书记、市人民政府市长何录春分别陪同调研。省委政法委副书记熊晓强、省司法厅厅长范运田、省民政厅副厅长张自银，副市长、市公安局局长刘新良，市中级人民法院院长罗重海，市人民检察院代检察长杨鸿等陪同调研或参加座谈。李殿勋一行先后到道县清塘镇楼田村、西洲街道大坪子社区，零陵区朝阳街道石烟塘村、七里店街道七里店社区和冷水滩区珊瑚街道凌云社区，调研农村义警和义务消防站、群防群治组织和群众调节组织建设、基层社会治理创新、律师进社区等工作，详细了解群众自治现状，并分别与市、县两级党委政府及政法机关、民政等部门负责人进行座谈。

【陈飞在永州调研防汛抗旱能力建设】 2019年7月19日，湖南省人民政府副省长陈飞在永州调研湘江流域永州段防汛抗旱能力建设工作。中共永州市委副书记、市人民政府市长何录春陪同调研。陈飞一行先后深入冷水滩潇湘电站、零陵区南津渡电站和双牌电站考察调研，每到一处仔细了解当地水库防洪泄洪能力、蓄水量等基本情况，询问电站负责人关于在防汛期间电站开闸泄洪的调度管理问题。

【李微微在永州调研承接产业转移工作】 2019年7月21日—23日，湖南省政协主席李微微率调研组到永州市就“推进湘南湘西承接产业转移示范区对接粤港澳大湾区产业融合发展”开展调研。中共永州市委书记、市人大常委会主任严华出席调研座谈会。市政协主席蒋善生、副市长李旦梅、市政协副主席杨军元参加调研或座谈会。调研组一行先后深入祁阳县、蓝山县和冷水滩区的多家园区、企业实地调研。座谈会上，调研组详细了解永州市港洽周签约项目、落地项目、对接粤港澳大湾区项目准备情况，并就对接过程中遇到的问题、困难和建议与参会人员互动交流。李微微对永州市在推进承接产业转移示范区建设方面所取得的成效给予肯定，希望永州市继续做好总结，形成可复制推广的好经验。要加强统筹规划，聚焦企业亟待

2019 年 7 月 21 日，湖南省政协主席李微微（左四）到祁阳县开展湘南湘西承接产业转移示范区调研

解决的重点难点问题，调动企业积极性，更好地发挥企业作用，降低企业发展成本，使企业安心投资发展；要拉长产业链条，推动产业集群发展，形成特色园区，推动湘南湘西地区高质量发展。

【周农在永州调研加强人民检察院法律监督工作】 2019 年 8 月 5 日—6 日，湖南省人大常委会副主任、省总工会主席周农率领调研组在永州市调研加强人民检察院法律监督工作，并召开座谈会就正在起草的《湖南省人民代表大会常务委员会关于加强新时代人民检察院法律监督工作的决议（草案・征求意见稿）》向永州市相关各界征求意见。调研组一行先后到永州市人民检察院、祁阳县人民检察院、冷水滩区人民检察院详细了解检察院各业务工作开展、扫黑除恶专项斗争、检察文化建设、队伍建设等工作情况，重点对刑事检察、行政检察、民事检察、公益诉讼等法律监督工作开展调研，听取永州市人民检察院、冷水滩区人民检察院、新田县人民检察院法律监督工作情况汇报。周农一行还深入长丰工业园与企业主要负责人深入交谈，鼓励企业深化改革做好转型升级，不断做大做强，为永州的高质量发展贡献力量。

【刘莲玉在永州调研督导】 2019 年 8 月 7 日—8 日，湖南省人大常委会党组书记、副主任刘莲玉率队，赴永州调研督导中央环保督察“回头看”反馈意见整改落实以及长江保护修复攻坚战、2019 年污染防治攻坚战（夏季攻势）情况。中共永州市委书记、市人大常委会主任严华参加调研并汇报全市工作开展情况。刘莲玉一行深入江永县千家峒瑶族乡大坪坳水库以及零陵区锰矿企业、冷水滩区湘江水域和污水处理厂等地，查看现场，与当地群众交谈，深入了解情况，掌握大量第一手资料。

【何报翔在永州召开脱贫攻坚民主监督中期推进座谈会】 2019 年 8 月 16 日，民革湖南省委对口永州市脱贫攻坚民主监督中期推进座谈会在冷水滩区召开。会上，民革湖南省委首先反馈 2019 年民革湖南省委对口永州市脱贫攻坚民主监督调研情况，随后举行教育扶贫捐赠仪式。民革党员、济南海通教学设备有限公司董事长、长沙洲通电子科技公司董事长曲圣浩向永州市捐赠价值约 608 万元的物资和 10 万元助学金，何报翔为曲圣浩颁发捐赠证书。何报翔一行还考察冷水滩区高科园的经纬辉开科技公司、奔腾文创公司、弘电电子公司，并前往零陵区慰问抗战老兵周甫和民革困难党员张造福。湖南省政府办公厅巡视员罗建军，民革湖南省委专职副主委雷震宇，市委常委、市委统战部部长石艳萍，副市长李旦梅，市政协副主席欧阳德群参加活动。

【许达哲在永州调研指导“不忘初心、牢记使命”主题教育】 2019 年 10 月 11 日—12 日，中共湖南省委副书记、省人民政府省长许达哲参加永州市委常委班子“不忘初心、牢记使命”主题教育集中学习研讨，调研指导第二批主题教育工作。省人民政府秘书长王群参加调研。

许达哲先后实地考察祁阳县潘市镇盘古教学点、冷水滩区翠竹园社区，了解办学及社区服务等情况。在永州市委常委班子“从干净看初心”主题开展专题研讨会上，许达哲强调，要提高政治站位，把学习贯彻习近平新时代中国特色社会主义思想作为根本任务，把政治建设放在首位。要带着感情学、带着使命学、联系实际学，守纪律、讲规矩、重自觉。要坚守人民立场，坚持以人民为中心，办好民生实事，让

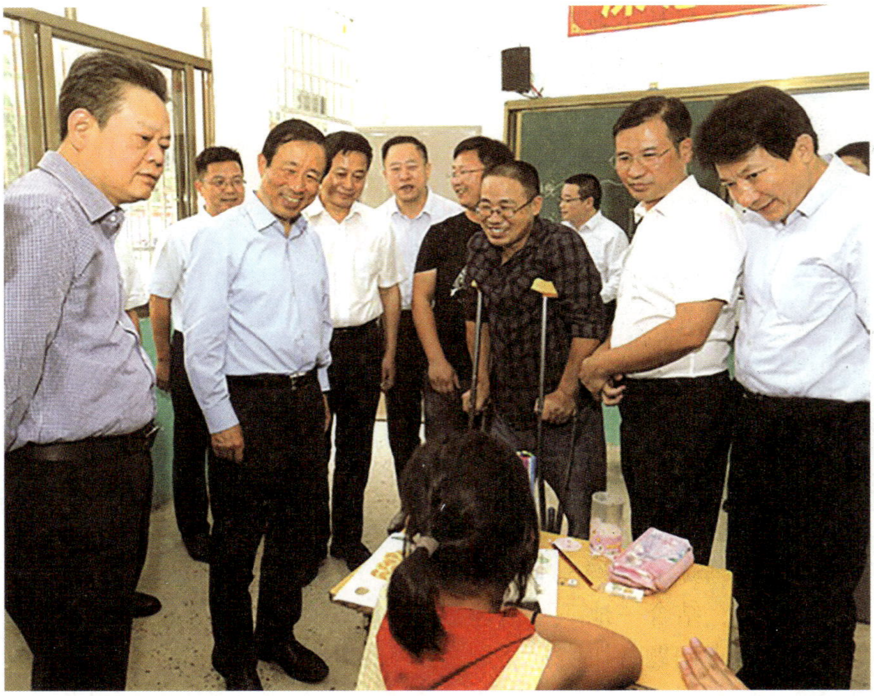

2019年10月11日，中共湖南省委副书记、省人民政府省长许达哲（左二）考察祁阳县潘市镇盘古教学点办学情况　　摄影　赵持

群众切实感受到主题教育带来的新变化新成效。要坚持问题导向，深刻检视问题，抓好问题整改，推动建章立制，以解决问题的成效检验主题教育成果。要坚定信心、保持定力，把主题教育与推进高质量发展、打好三大攻坚战、完成年度目标任务结合起来，做好增强财税实力、完成脱贫攻坚任务、防范债务风险、抓好污染防治、保障饮水安全等工作。

【陈飞在永州调研承接产业转移示范区建设工作】　2019年11月12日—13日，湖南省人民政府副省长陈飞到永州调研承接产业转移示范区建设工作。湖南省工信厅党组成员、副厅长马天毅陪同调研。陈飞一行先后来到新田、江永、蓝山等县级工业园区考察调研，向企业和有关负责人了解项目推进、企业规模、经营状况、产品研发、发展规划等方面情况，询问发展中存在的困难，鼓励企业加强自主研发，强化品牌意识，积极开拓创新，扩大市场份额，争做行业领先。

【黄兰香在永州调研统战工作】　2019年11月13日—14日，中共湖南省委常委、统战部部长黄兰香到永州市冷水滩区、双牌县调研美丽乡村建设情况，并主持召开统一战线工作情况座谈会，听取全市统战工作和市委统战工作领导小组有关情况汇报。市委书记、市人大常委会主任严华，省委统战部副部长龙建湘，市委常委、统战部部长石艳萍，市委常委、组织部部长吴志雄参加调研或座谈会。在座谈会上，黄兰香强调，要把抓创新理论的学习摆在第一位。各级统战部门和各级党委统战工作领导小组要把学习习近平新时代中国特色社会主义思想、习近平总书记关于加强和改进统一战线工作的重要论述、党的十九届四中全会精神作为一项十分重要的政治任务，抓紧抓好。要抓好党中央一系列关于统一战线重要决策部署落实，巩固执政党的地位，团结更多的人听党的话、跟党走。要把思想政治引领工作深化、强化。通过思想政治引领，把各民主党派、工商联、无党派人士、新的社会阶层人士、华侨侨胞侨眷、港澳台同胞、归国留学生等群体都团结在党中央周围，同心同德，坚定“四个自信”，听党的话，跟党走。要按照党的十九届四中全会精神要求，把制度进一步完善，构建更加科学的统一战线机制和体制。要加强党对统战工作的领导，进一步夯实基层基础。要服务中心大局，为实现脱贫攻坚、全面建成小康社会进一步做出统战贡献。

【陈飞在永州调研应急能力建设工作】　2019年11月16日，湖南省人民政府副省长陈飞到永州市祁阳县部分园区、企业、车站、应急管理指挥中心等地调研应急能力建设，湖南省应急管理厅厅长李大剑，市委副书记、市长何录春参加调研。陈飞实地调研大联纺织、凯盛鞋业、大晶新材料等企业，了解企业落实安全生产主体责任和劳动者安全防护等情况，并强调从源头把控安全生产的各个环节，全面清除各类安全生产隐患，对各环节做到心中有数、重点防护，确保企业安全生产。在祁阳县唐家岭汽车站，陈飞详细检查车站各项安全监管设施和制度，并通过智能化管理系统，抽查在外运行的长途客运班车监管情况。他指出，要管好车，严格落实车辆安全管理各项制度；要管好人，从驾驶员到乘客、从管理人员到维修人员，确保所有参与人员都能按照安全生产制度认真落实，确保安全运营。随后，陈飞到祁阳智慧综合运营管理中心现场抽查烟花爆竹、矿山开采、建筑企业等重点行业实时监控情况，他指出，中心整合力量和资源，提升效率，确保发挥综合管理协调实效，科学指挥调度好应急管理队伍和力量；强化组织领导，狠抓安全责任落实和安全重点工作，全面提升应急能力建设，为人民群众提供更有力的安全保障。

【杜家毫在永州调研】 2019年12月2日，中共湖南省委书记杜家毫到永州市道县调研。省委常委、省委秘书长张剑飞，市委书记、市人大常委会主任严华，市委副书记、市长何录春陪同调研。

杜家毫到道县烈士纪念园，瞻仰陈树湘、红三十四师烈士墓和革命烈士纪念碑，并向陈树湘烈士墓敬献花篮。在参观陈树湘烈士生平事迹陈列室时，杜家毫指出，无数革命先烈为了民族解放、国家富强和人民幸福抛头颅、洒热血，用自己宝贵的生命换来中国共产党的领导和中国特色社会主义道路，换来的幸福生活。要不忘初心、牢记使命，确保在前进道路上，党的领导不能变、红色政权的性质不能变、中国特色社会主义道路不能变。要通过发挥爱国主义教育基地作用，引导和教育广大党员干部特别是青年一代缅怀先烈丰功伟绩，坚定理想信念，传承红色基因，为实现中华民族伟大复兴的中国梦接续奋斗。

随后，杜家毫到道县芒头寨村检查指导村级党组织建设、美丽乡村建设、农村通村通组公路建设、农村改厕等工作；实地考察冷水滩区高科技工业园的经纬辉开科技、迈锐客科技、锐祺科技等企业，了解承接产业转移和先进制造业发展情况。

调研期间，杜家毫主持召开座谈会。在会上，他肯定永州市经济社会发展取得的成绩和干部群众干事创业的良好精神状态，并指出学习宣传贯彻党的十九届四中全会精神，是当前和今后一个时期的重大政治任务。领导干部是治理体系和治理能力现代化的重要实践者、推动者，要准确把握“13条坚持”和13个方面的重点任务，结合一地一域治理中的重点难点问题，切实把党员干部队伍建设好，把经济社会发展推动好，把人民群众所急所需所盼的问题解决好，以一件件具体事情的推进为治理体系和治理能力现代化添砖加瓦，真正把制度优势转化为推动区域高质量发展的治理效能。

杜家毫强调，要抢抓湘南湘西承接产业转移示范区建设和对接粤港澳、辐射东南亚等发展机遇，紧紧抓住“产业链”和“亲情链”，着力打造“135”工程升级版，持续开展“迎老乡、回故乡、建家乡”活动，多做有利于企业降本增效的事、尊商安商亲商暖商的事、为企业雪中送炭解难题的事、促进亲清政商关系的事，不断夯实高质量发展的根基。要保持定力打好三大攻坚战，同时把落实党的好政策与调动群众积极性、发挥群众主体作用更好地结合起来，全力推进农村人居环境整治，坚决落实通村通组公路建设目标任务，不断顺应和满足人民群众对美好生活的向往。

市直机关、企事业单位和中央、省驻永州单位领导名单

中共永州市委员会

书记	严华	
副书记	朱洪武	张贺文
常委	严华	朱洪武
	张贺文	唐能武
	杨永	吴志雄
	罗建华	贺辉
	冯紫英	杨昶
秘书长	唐能武	
副厅级干部	伍军	
副秘书长	邓扬中	蔡建军
	蒋刚生	周生来
	胡浩	

永州市人大常委会

主任	严华	
党组书记 一级巡视员 （副主任提名人选）	王雄	
党组副书记 副主任	杨海河	
党组成员 副主任	周小驹	
副主任	袁火林	
党组成员 副主任	魏湘江	周益志
	李农妹	胡先荣
党组成员 秘书长 机关党组书记	蒋千红	
专职委员 机关党组成员 一级调研员	刘志强	李章发
专职委员 一级调研员	吴庚辛	
副秘书长	赵七秀	

永州市人民政府

副市长 代市长 朱洪武
副市长 提名人选 杨昶
副市长 刘新良 严兴德 欧阳元初 谢景林 李旦梅 刘卫华
市政府 党组成员 秘书长 陈宇荣
副秘书长 郑亚平 李黎武 邓海波 唐海涌 曾宪孝 汤荣石 张疑斌

政协永州市委员会

党组书记 主席 蒋善生
党组成员 副主席 杨军元
副主席 彭爱华
副主席(兼) 吕斌
党组成员 副主席 文绍涛 宋可福
副主席(兼) 潘衡湘 欧阳德群
原副主席（兼） 封金祥
党组成员 秘书长 王小波
副秘书长 陈凯
副秘书长 二级调研员 左秋玲

永州军分区

司令员 熊壮
政委 冯紫英
副司令员 黄萍
战备建设处 处长 张玉龙
动员处处长 唐柳军
政治工作处 主任 严兴荣
保障处处长 （副团） 蒋崇文

中共永州市纪律检查委员会、监委会

市纪委书记 市监委主任 杨永
市纪委常务 副书记 市监委 副主任 蒋俊林
市纪委 副书记 市监委 副主任 盘晓波 唐元
市纪委常委 邓群力
市纪委常委 市监委委员 何红喜
市监委委员 卢锦江
市纪委常委 市监委委员 彭德源
市纪委常委 秘书长 唐伟文
市监委委员 屈芳玲 邓春雷
市纪委 原副书记 市监委 原副主任 黄薇
办公室主任 何胜瑞
组织部部长 杨建科
宣传部部长 宾柱元
调研法规室 主任 张治国
党风政风 监督室主任 唐基归
信访室主任 唐雅男
案件监督 管理室主任 申莉芬
第二监督 检查室主任 王勤
第三监督 检查室主任 陈铸里
第四监督 检查室主任 郑文欣
第五监督 检查室主任 陈亚名
第六审查 调查室主任 涂晓震
第七审查 调查室主任 赵勇坚
第八审查 调查室主任 黄奕松
信息技术 保障室主任 肖品向
案件审理室 主任 刘颖
纪检监察 干部监督室 主任 何小红
机关党委 副书记 （副处级 领导职务 待遇） 李忠翠
市委巡察办 主任 杨复权
市委巡察办 副主任 黄建军 蒋荣伍
市委巡察组 组长 李爱斌 刘玉林 唐小明 周进荣
市委巡察组 第二巡察组 副组长 唐文波
市委巡察组 第三巡察组 副组长 李立志
市委巡察组 第五巡察组 副组长 朱文华
驻市委 办公室 纪检监察组 组长 市委办公室 室务会成员 张超
驻市人大 机关纪检 监察组组长 市人大 常委会机关 党组成员 彭新蓉
驻市人民 政府办公室 纪检监察组 组长 市人民政府 办公室 党组成员 王晨辉
驻市政协 机关纪检 监察组组长 政协永州市 委员会机关 党组成员 丁爱平

驻市委组织部纪检监察组组长 市委组织部部务会成员	罗　成
驻市委宣传部纪检监察组组长 市委宣传部部务会成员	郑景学
驻市委统战部纪检监察组组长 市委统战部部务会成员	李建华
驻市委政法委纪检监察组组长 市委政法委委员	唐筱勇
驻市发展和改革委员会纪检监察组组长 市发展和改革委员会党组成员	陈君才
驻市工业和信息化局纪检监察组组长 市工业和信息化局党组成员	于东铭
驻市教育局纪检监察组组长 市教育局党组成员	涂万林
驻市民政局纪检监察组组长 市民政局党组成员	张电生
驻市财政局纪检监察组组长 市财政局党组成员	秦晓晖
驻市自然资源和规划局纪检监察组组长 市自然资源和规划局党组成员	黄湘永
驻市住房和城乡建设局纪检监察组组长 市住房和城乡建设局党组成员	刘江平
驻市农业农村局纪检监察组组长 市农业农村局党组成员	唐青松
驻市商务局纪检监察组组长 市商务局党组成员	何志荣
驻市卫生健康委员会纪检监察组组长 市卫生健康委员会党组成员	蒋正生
驻市城市管理和综合执法局纪检监察组组长 市城市管理和综合执法局党组成员	张建民
驻市市场监督管理局纪检监察组组长 市市场监督管理局党组成员	欧阳冬子
驻市公安局纪检监察组组长 市公安局党委委员	王亚春
驻市人民检察院纪检监察组组长 市人民检察院党组成员	何　勇
驻市中级人民法院纪检监察组组长 市中级人民法院党组成员	唐云春
驻市司法局纪检监察组组长 市司法局党组成员	禹楚丹
驻市委办公室纪检监察组副组长（副处级领导职务待遇）	袁　芳
一级调研员	陶爱民
二级调研员	段春平
二级调研员 机关党委专职副书记	何文艺
二级调研员	胡剑平　刘繁荣 郑　薇　刘雪林 谢和平
四级调研员	王柏青 欧阳红工 欧吉荣　陈卓韬

永州市中级人民法院

党组书记 院长	罗重海
党组副书记 副院长	柏国春
副院长	高和平
党组成员 副院长	郭红艳 欧阳韶勇
党组成员 派驻纪检组长	唐云春
党组成员 政治部主任	段发生
审委会专职委员	盘树峰　朱海平
法警支队支队长	贺晓春
执行局局长	廖　辉
二级调研员 审委会委员	张胜广　宾登军
审委会委员	顾能辉　祝　群 柏国平　艾久华 张晓龙　唐　英 蒋江陵　郑和生

王臣波

永州市人民检察院

党组书记 检察长　杨　鸿

副检察长　潘衡湘

党组成员 副检察长　赵秋生　罗厚清

党组成员 检委会专职委员　卿飞舟

党组成员 政治部主任　冯湘琳

市纪委监委驻市检察院纪检监察组组长 市检察院党组成员　何　勇

检委会专职委员　杨建国

三级高级检察官　王党生　王明安

二级调研员　蒋长春

三级调研员　刘兴华

民主党派·工商联

中国国民党革命委员会永州市委员会

主　委　魏秋云

专职副主委 二级调研员　唐　翔

副主委　郑银芳　伍重武　刘旭红

中国民主同盟永州市委员会

主　委　袁火林

二级调研员　朱衡宁

副主委（兼）　姚如男

专职副主委　秦　琦

副主委（兼）　熊华清　邓国文

中国民主促进会永州市委员会

副主委　陈丽萍

专职副主委　桂金玉

副主委　万　萍　陈　彦　唐红星

委　员　刘章胜　盘成军

中国农工民主党永州市委员会

主　委　欧阳德群

专职副主委　熊忠东

副主委（兼）　周云玲　唐　彧

市工商联

主席 市总商会会长　吕　斌

党组书记 副主席　贺一夫

党组成员 秘书长　吴文旭

党组成员 副主席　王中平　吴天明

二级调研员　蒋宁南

原党组成员 副主席　蒋文辉

四级调研员　饶　叶

市委工作机构及有关单位

市委办公室

主　任　唐能武

市档案局局长　蒋刚生

市台办主任　周生来

市纪委监委派驻市委办纪检监察组组长　张　超

副主任　潘朝晖　蒋金银

市委机要局局长　蒋黔南

市委办督查专员　曾海涛

市委办督查专员 督查室主任　李军林

二级调研员　廖满婷　阳寰宇　王素娟

四级调研员　廖才燮　蔡朝晖

市委组织部

部　长　吴志雄

常务副部长　肖余胜

副部长 市委非公有制经济组织和社会组织工作委员会书记　裴春雷

副部长　艾建华

副部长（兼）　刘玲军　秦远林

市纪委市监委驻纪检监察组组长　罗　成

市委巡察组组长　祝　平

三级调研员　李永霞

二级调研员　唐巍松

市委第一巡察组副组长 三级调研员　肖白果

市委基层党建工作领导小组办公室主任　周玉生

四级调研员　李倩凇

市人才发展服务中心主任　陈首文

市委宣传部

部　长　贺　辉

常务副部长　蒋三立

副部长（正处级） 市文明办主任　王再兴

副部长（正处级）　周　勇　吴红燕

副部长 市政府新闻办主任 市新闻出版局局长　左亚军

市纪委监委驻市委宣传部纪检监察组组长 部务会成员　郑景学

部务会成员 市社科联主席　陈水恩

部务会成员　邓春成

部务会成员 原市委外宣办（市政府新闻办）主任　张穆宸

二级调研员　吴秋香

四级调研员　周秋平

市委统战部

部长　石艳萍
常务副部长 市委“两新”工委副书记(兼)　贺一夫
副部长　何春明　吕文桂　邓晓明
副部长 民宗局长　蒋季红
市纪委市监委驻市委统战部纪检监察组组长 部务会成员　李建华
部务会成员　廖小红　杨跃
调研员　刘志刚
副调研员　陈四春　李辉

市委政法委

书记　张贺文
常务副书记　唐国玉
副书记　唐群英　王俊斌　夏红兵
委员 纪检监察组组长　唐筱勇
委员　龚碧舟
委员 政治部主任　吴东涛

市委政策研究室

主任　黄赞校
市委改革办专职副主任(正处级)　李爱玲
市委改革办专职副主任　匡俊杰　唐建平
副主任　欧春涛　邝华军

市直属机关工作委员会

书记　郑文飞
副书记　伍绍东　刘安平
市直纪检监察工委书记　刘逊日
工委专职委员　周志成　唐述雷
二级调研员　李忠富　陈新兰
四级调研员 组织部部长　朱隆寿

市机构编制委员会办公室

主任　段联群
副主任　邓家旭
二级调研员　何长生
室务会成员 市事业单位登记管理局局长　蒋欧林
四级调研员　王典智
市机构编制事务中心主任　屈济军

市委党校(行政学院　社会主义学院)

校长(院长)　张贺文
常务副校(院)长　许洋名
副校(院)长　伍春波　黄燕　刘丁旺
教育长　李跃军
副校(院)长　齐小玉
二级调研员　唐定彪
办公室主任　蒋碧芳
教务处长　唐晓波
科研处长　范仰棋
财务处长　谢知生
后勤处长　姜宏伟
马克思主义基本理论教研室主任　陈小军
党史党建教研室主任　刘少兵
经济学教研室主任　蒋秩生
公共管理教研室主任　宋菊香
学员管理处长　陈善文
四级调研员　欧阳跃衡　何仙凤　蒋彩娟

市委老干局

局长 市委离退休干部工委书记　秦远林
副局长　刘惠兰
副局长 市委离退休干部工委专职副书记　高红卫
二级调研员　蒋兴华
四级调研员　吕新华

市信访局

党组书记 局长　刘建能
党组成员 副局长　阳辉文　杨宇　宋友林
党组成员 副局长(挂职)　张宜剑
二级调研员　高文
工会主席 四级调研员　林光胜

市人大常委会各专门委员会及常委会工作机构

办公室

主任　蒋千红
副主任　邓洪　赵国平

民侨外委

主任委员　周龙江
副主任委员　蒋煦

监察和司法委

主任委员 机关党组成员　雷燕平
副主任委员　严兴朝

财经委

主任委员 市人大常委会预工委主任　龚跃林
副主任委员　赵玉芳
副主任委员 市人大常委会预工委副主任　蒋荣斌

教科文卫委

主任委员 机关党组成员　钟敦北

市人大常委会机关二级调研员　沈京生

农业委

主任委员　严　俊

副主任委员　唐　龙

市人大常委会机关二级调研员　秦建莉

环资委

主任委员提名人选　姚如男

市人大常委会机关四级调研员　郑爱民

法制委

主任委员、市人大常委会法工委主任　杨胜贮

副主任委员、市人大常委会法工委副主任　蒋洪波　乔晋楠

社会建设委

主任委员　吴剑林

副主任委员　周新华

市人大常委会机关二级调研员　贺晓福

联工委

主任、机关党组成员　封立辉

副主任　张月惠

研究室

主任　贺永景

副主任　朱振华

市政协办公室及专门委员会

办公室

主任、机关党组书记　王小波

机关党组成员　陈　凯　左秋玲

原副处级纪检员、二级调研员　李　宁

原民族宗教法制群团三胞联谊委主任、一级调研员　谭珊娥

原经济科技委主任　唐先强

副主任　万汝青

四级调研员　李　瑛　张济民

委员学习联络委

主任　欧阳国川

副主任　王　勇

提案委

主任、机关党组成员　吴金燕

副主任　陈肆清

经济科技和外事委

主任　胡新军

副主任　陈　丽

农业和农村委

主任、机关党组成员、一级调研员　周善生

人口资源环境委

主任　李爱华

副主任　唐海涛

文教卫体和文史委

主任　王明兴

副主任　李　勇

社会法制和民族宗教委

主任　李　恺

副主任　李华丽

研究室

主任　刘翼平

副主任　陈少勇

市政府工作部门

市人民政府办公室

党组书记、主任　陈宇荣

党组成员　郑亚平　李黎武　邓海波　唐海涌

办党组成员、金融办主任　曾宪孝

党组成员　汤荣石　张疑斌

市纪委监委驻市政府办纪检组组长、党组成员　王晨辉

党组成员、副主任　文中林　黎拥军

督查专员、督查室主任　李建军

督查专员　何开银

二级调研员　唐永华　李鼎荣　高　耀

四级调研员　邹　娴　李　波

市发展和改革委员会

党组书记、主任　唐富荣

党组成员、副主任　何挺松　李武生　胡　明

市纪委市监委派驻市发改委纪检组长、党组成员　陈君才

党组成员、总经济师　陈刚平

党组成员、副主任　梁志军

二级调研员　唐早君　郑朝晖

原党组成员、副主任　魏建成　周芳文

四级调研员　周克武

市前期办主任　易恢贤

市重点办主任　卿惠玲

市能源局局长　杨思九

四级调研员　唐远成　曾亚涛

市经济和信息化委员会

党组书记、局长　周　亮

党组成员、副局长　李润志　陈曙光

党组成员、纪检组长　于东铭

党组成员 副局长　唐卫红　唐荣立　蒋诚

二级调研员　冯伟林

电力执法支队队长 二级调研员　贺永林

技改办主任 二级调研员　李莹

原市经济和信息化委员会党组成员 副主任　左小衡

二级调研员　周海波　柏芝青

四级调研员　周治建　李文昌　吴卫红

市教育局

党组书记 局长　张建坤

党组成员 副局长　何宁

副局长　李谋韬

党组成员 副局长 机关党委书记　刘安球

党组成员 市纪委监委驻市教育局纪检监察组组长　涂万林

党组成员 副局长　陈泽利

党组成员 市教育工会主席　任福

党组成员 主任督学　杨兰荣

市科技局

党组书记 局长 一级调研员　欧阳树生

党组副书记 副局长　张超

党组成员 副局长　唐修峰　蒋五定　李晓宁

原党组书记　廖毅

二级调研员　尹明宇　李谋智

三级调研员　廖翠娥

四级调研员　唐均仕

市公安局

党委书记 局长　刘新良

党委委员 副局长　沈林松

党委委员　郑勇

党委委员 副局长　秦建彪

党委委员 副局长 二级高级警长　周礼功

党委委员 政治部主任 二级高级警长　张珞

党委委员 副局长 二级高级警长　雷顺华

市纪委监委驻市公安局纪检监察组组长 党委委员　王亚春

市公安（产业）工会第一届工会委员会主席 二级高级警长　周备战

二级调研员　何永清

一级高级警长　王丽波

市强制隔离戒毒所原党委书记 所长　周胜利

二级高级警长　陈健民　夏卫武　蒋琼　文会华

警务技术二级主任　蔡明光

二级高级警长　蒋纯铁　屈建华

交警支队二级高级警长　罗干劲

二级高级警长　唐兴宇　陈勇君　孔小良　李建华

交警支队二级高级警长　朱玉强

二级高级警长　蒋秀亮

警令部主任　毛先奇

警务保障部主任　王国宣

法制支队支队长 三级高级警长　罗功军

刑侦支队支队长 三级高级警长　黄辉庆

刑侦支队政委 一级警长　周仁文

刑侦支队副支队长兼有组织犯罪侦查大队大队长 一级警长　钟向华

国保支队支队长 三级高级警长　刘健武

国保支队政委 三级高级警长　唐波明

治安支队支队长 三级高级警长　王亚珉

治安支队政委 三级高级警长　陈毅强

禁毒支队支队长 三级高级警长　蒋汉中

经侦支队支队长 三级高级警长　冯徐生

经侦支队政委 三级高级警长　王舜奇

经侦支队副支队长兼非国家工作人员职务犯罪侦查大队大队长　唐科雨

巡特警支队支队长三级高级警长　朱峻波
巡特警支队政委一级警长　杨新邵
人口与出入境管理支队支队长三级高级警长　何军湘
人口与出入境管理支队政委一级警长　赖三忠
网技支队政委三级高级警长　谢子立
监管支队政委三级高级警长　周刚玉
交警支队党委书记支队长三级高级警长　杨运吉
交警支队党委副书记政委三级高级警长　蒋云华
金洞公安分局原局长大数据实战中心主任三级高级警长　沈　林
副调研员三级高级警长　肖祥智　邹智君
四级调研员　沈淑君　杜宏槐
市公安干校校长　唐伍星
市公安干校政委　文声禄
市公安干校副校长　王惠军　朱建成
市公安干校原警务技能室主任　罗瑞平
市公安干校四级调研员　蒋　莉

市民政局

党组书记局长　顾晓姣
党组成员副局长　李亚峰　陈　炜　谢江南
原党组成员副局长　陈宇永
二级调研员　王庆华　吴林峰　熊华清
四级调研员　曹春晖

市退役军人事务局

党组书记局长　周智亮
党组成员副局长　唐军华　陈　哲　盛金付
市退役军人服务中心主任　艾平华
市军队离退休干部休养所所长　蒋卫东

市司法局

党组书记　雷廷玉
党组副书记局长　兰卫平
党组成员副局长　刘　洁　林晓峰
副局长　廖信安
党组成员副局长　潘海山
市纪委监委驻市司法局纪检监察组组长市司法局党组成员　禹楚丹
原党组成员副局长　杨长耀
二级调研员　张权辉　蒋小波　谢开军　赵常斌
四级调研员　蒋和平　姜　涛

市财政局

党组书记局长　艾艳君
党组副书记副局长　唐建华
党组成员总会计师　彭　剑
副局长　刘亚屏
党组成员副局长　谢交发
市纪委监委驻市财政局纪检监察组组长党组成员　秦晓晖
党组成员副局长　秦小国
党组成员副局长（兼机关党委书记）　李四君
二级调研员　郭齐民
市人民政府派驻涔天河工程建设投资有限责任公司监事会主席　陈春明
二级调研员　陈蓓蕾
市财政事务中心主任　杨　迪
市国库集中支付中心主任　马　玮
市投资会计核算中心主任　刘林秀
市县域经济与产业发展融资中心主任　陈晓旺
市财政投资评审中心主任　刘世荣
市财税职工中等专业学校五级职员（主持工作）　盘全政
市潇湘融资担保有限公司董事长　凡易龙
市潇湘融资担保有限公司总经理　刘小兵

市人力资源和社会保障局

党组书记局长　刘玲军
党组成员副局长　何晓红　蒋新山　邹　越

党组成员 驻局纪检组组长	刘雪林
党组成员 工会主席	杨　敏
党组成员 副局长	卢基平
二级调研员	文俊学　岑　旋 蒋红霞　廖继华
四级调研员	程国梁　周耀华
市就业服务 中心主任	何昌盛
市社会保险 服务中心 主任	罗基松
市工伤保险 服务中心 主任	张剑华
市劳动人事 争议仲裁院 院长	万　萍
市劳动保障 监察支队长	王群峰

市自然资源和规划局

党组书记 局长	蒋良铁
党组成员 副局长	唐涨国　黄虎雄 李文乾
党组成员 总经济师	唐　纯
党组成员	陆享国
党组成员 市不动产 登记中心 主任	温小新
党组成员 市纪委监委 驻纪检 监察组组长	黄湘永
党组成员 市国土资源 执法监察 支队支队长	杨青松
党组成员 副局长	潘良荣
副调研员	彭志君
副处级干部 市土地储备 中心主任 局办公室 主任(兼)	何　春
副调研员 道县国土 资源局 党组书记 局长	蒋建俊
副调研员	李之强

市住建局

党组书记 局长	彭晓东
党组副书记 副局长	贺德林
党组成员 副局长	左全裕
市纪委监委 驻市住建局 纪检组组长 党组成员	刘江平
党组成员	桂爱广
党组成员 副局长	刘太平
党组成员	石先波
二级调研员	李喜云　王　衡
四级调研员	李向阳　周新雄

市交通运输局

党组书记 局长	秦功智
党组成员 副局长	欧阳佳赐 裴路成　李序军 聂朝飞　唐卫国
市道路运输 服务中心 主任	陶金凤
市水运事务 中心 (市船舶 检测中心) 主任	吕格林
市交通建设 安全管理 监督站站长	张建晖

市农业农村局

党组书记 局长	齐爱社
党组成员 副局长	高宏华　田焕福 张卫阳　龚文生
副局长	夏　炜
党组成员 总农艺师	胡秀良
党组成员 市委农办 副主任	邓美光
原市委农村 工作部部长 原市农村 工作办公室 书记 主任	曹文德
二级调研员	颜小毛　徐剑星 张　智　杨延生 于　恒　曾小玲
原党组成员 原副局长	王　琼
四级调研员	鲁　强　李光卫

市水利局

党组书记 局长	廖荣良
党组副书记 副局长	黄保平
党组成员 副局长	曹小阳　李启华
党组成员 总工程师	蒋燕翔
党组成员 副局长	欧阳平清
一级调研员	石　琪
二级调研员	王桂芳
四级调研员	廖红华　单剑平
市水旱灾害 防御事务 中心主任	杨涛波

市林业局

党组书记 局长	宋振平
党组成员 副局长	王利民
一级调研员	肖济民
二级调研员	何晓东　蔡昌德
四级调研员	柏劲松　阳　洋
市森林 公安局政委	王应华
都庞岭 国家级 自然保护区 管理局局长	李湘林

市商务局

党组书记 局长	邓　群
党组副书记 副局长	李燕军
党组成员 副局长	陈军杰　李　烨 徐明华　刘大平

单春兰　邓建华
党组成员　谢科平
市投资促进事务局局长　吴小芳
市市场服务中心主任　李　明
二级调研员　李乾亮　邓显双
原商政办党组书记主任　文善林
二级调研员　蒋健民
原商粮局党组成员副局长　曾全国
四级调研员　杨增久　邓广平

市文化旅游广电体育局

党组书记局长　蒋井泉
党组副书记副局长　李长文
党组成员副局长　张科春　陈月全　赵荣学　赵月辉　盘炳顺　刘　璇
副局长　孙耀梅
总工程师　贺义辉
二级调研员　邓承荣　颜贵平　唐泽国　周乾兴
三级调研员　黄大伟
四级调研员　赵红萍　易　川　肖小柳

市卫健委

党组书记一级调研员　肖东民
主任　欧阳德群
副主任　蒋陆阳
党组成员副主任　任水平
党组成员纪检组长　蒋正生
党组成员副主任　刘建雄
一级调研员　蒋玲萍
二级调研员　郭秋玲　唐海德　王群路　万松青
四级调研员　陈荣斌　杨小兰　吴明珠

市审计局

局长　王衡平
副局长　雷玖夏　王平波　赵　颖　曾庆廉
总审计师　蒋跃军
原市经济责任审计工作领导小组办公室专职副主任　唐亚平

市生态环境局

局长党组书记　谭立宏
副局长党组成员　王宁军
总工程师党组成员　林朝阳
副局长党组成员　刘新峰　唐远军
调研员　周治水
副调研员　蒋宏国
副处级干部　刘　勇

市统计局

党组书记　翟昆华
党组成员副局长　唐陶国
副局长　伍重武
党组成员副局长　刘汉武
党组成员总统计师　肖飞鹰
调研员　李海云
副调研员　陈明辉　钱盛发
市城市经济调查队队长　梁　芳

市城市管理和综合执法局

党组书记局长　唐慧云
党组副书记副局长　罗顺山
党组成员副局长　张亚林　刘新军
驻市城市管理和综合执法局纪检组长党组成员　张建民
二级调研员　张造明
四级调研员　蒋福斌　郑文辉

陈月红　唐荣超

市应急管理局

党组书记局长　段灵利
党组副书记副局长　段周权
党组成员副局长　黄冬满　韩俊民　罗水文　李国旗
党组成员总工程师　刘　勇
党组成员副局长　谢云祁
党组成员政治部主任　周　鹤
市安全监督执法检查支队队长　蔡建雄
一级调研员　骆龙润
二级调研员　何芳甫
四级调研员　谢建华　唐云辉

市市场监督管理局

党组书记　周长光
党组副书记局长　周平平
党组成员副局长　王卫红
二级调研员　谢来旺
党组成员副局长　文　革　蒋　之　卿宁萍　吴跃归
二级调研员　俞建林　唐　彧　潘俐华
党组成员副局长　陈三明
党组成员总工程师　杨　敏

市人民防空办公室

党组书记主任　蒋明清
党组副书记副主任　周劭文
党组成员副主任　李顺利　刘德顺　廖建湘
原党组副书记副主任　廖焕新
二级调研员　吴国政

四级副调研员　李湘琼

市医疗保障局

党组书记 局长　骆方方

党组副书记 副局长　匡雄峰

党组成员 副局长　曹晓春　胡　伟

市医疗保障事务中心主任　谭鹏飞

市政府研究室

党组书记 主任　乐家茂

党组成员 副主任　徐鹏飞

四级调研员　蒋智林

市行政审批服务局

党组书记　张国政

局　长　韩顺华

党组副书记 副局长　廖江宏

党组成员 副局长　刘勇民　顾　健　蒋昌辉

优化办主任　柏雄文

调研员　蒋如明

副调研员　尹岩松

市政府直属特设机构

市国有资产监督管理委员会

党委书记 主任　刘　雄

党委副书记 副主任　曾令富

党委委员 副主任　罗有生　陈海燕

调研员　田庭安

副调研员　曾艳玲　吴爱国　胡东升

市政府派驻城投集团监事会主席　易春阳

市政府派驻经投集团监事会主席　刘伟军

正处级事业单位

市委党史研究室（市地方志编纂办公室）

主　任　李俊江

副主任　高　波　高爱国　郑经纬

市接待服务中心

主　任　周贤志

副主任　刘　波

永州日报社

党组书记 社长　刘　波

党组副书记 总编辑　欧显庭

党组成员 副总编辑　吕晓勇　万跃飞　曾　锐

党组成员 纪检组长　章　莉

党组成员 副社长　雷述明

六级职员　蒋亚斌

工会主席 六级职员　李军平

市广播电视台

党委书记 台长 总编辑　杨　健

党委委员 副台长　杨向东　刘楚平　唐新华

党委委员 副总编辑　罗光国　唐群星

党委委员　欧朝阳

总工程师　钟　伟

工会主席 原副调研员　柏高见

原副调研员　罗剑君

湖南省九嶷山舜帝陵基金会办公室

主　任　郑运生

副主任　李卓勇

市机关事务管理局

党组书记　蒋南林

党组副书记 局长　蒋旭军

党组成员 副局长　蒋少华　唐雅静　唐晓斌

二级调研员　朱志祥　李建林

四级调研员　黄凌明　陈一兵　林顶清　杨民权

市政府发展研究中心

党组书记 主任　张荣华

党组成员 副主任　唐习文　何岳敏

市库区移民事务中心

党委书记 主任　秦雄飞

党委委员 副主任　李志翔　丁华文

二级调研员　伍少平　何长华

三级调研员　卢兆盛

市扶贫办

党组书记 主任　段贵建

党组成员 副主任　蒋博生　杨继川

党组成员 副主任（挂职）　周　涛　欧阳能上　左雅婷

二级调研员　唐慧稳

三级调研员　雷运福

四级调研员　唐明川

市公路建设与养护中心

党委书记 主任　杨小明

党委副书记 副主任　朱云飞

党委委员 副主任　陈跃峰

副主任　付康成

党委委员 副主任　蒋华清

二级调研员　唐高见

党委委员 二级调研员　刘文杰

二级调研员　李之杨　徐万荣　刘国恩

三级调研员　郭时江

四级调研员　杨文正

市供销社

党组书记　理事会主任　唐甫忠
党组副书记　监事会主任　梁仁初
党组成员　理事会副主任　二级调研员　贾玉权
党组成员　理事会副主任　吴仁海
党组成员　总经济师　杨顺成
党组成员　理事会副主任　伍四清
二级调研员　雷治贵　黄洪德　肖八妹
道县原县委常委　原纪委书记　唐小青
四级调研员　成　恒　尹建萍

市畜牧水产事务中心

党委书记　主任　尹秋元
副主任　成卫平
纪委书记　李红林
二级调研员　王敦勋
四级调研员　吕亚玲

市住房保障服务中心

党委书记　主任　高　武
党委委员　纪委书记　周进春
党委委员　副主任　龙国庆　卢志华　唐军芳　唐国强

市公共资源交易中心

党组书记　主任　曾瑶平
党组成员　副主任　刘　骥　义盛章　奉金菊

湖南省双牌水库灌区管理局

局长　党委书记　夏剑平
党委副书记　副局长　柏　牧
副局长　邓孟秋　刘格林　郑黎明
总工程师　周文彬
调研员　张彩鈺
管理岗位五级职员　卿建民

涔天河水利水电管理局

党委书记　黎世民
党委副书记　局长　卢文庆
党委委员　副局长　邓金国
原党委副书记　原局长　刘亮凯
党委委员　五级职员　张明亮
党委委员　原副调研员　李　忠
原副局长　石林辉

市农业科学研究所

党委书记　所长　孙小成
党委委员　副所长　欧阳国春　王文华　雷干农
党委委员　工会主席　桂爱军
党委委员　纪委书记　周　涛
党委委员　总农艺师　蒋小军
五级职员　罗怀贵
原副调研员　王安国

福田茶场

党委委员　书记　雷安术
场长　姚如男
党委委员　副场长　卢作斌
党委委员　工会主席　李江南
党委委员　纪委书记　朱振军
党委委员　副场长　贾仕超
管理五级职员　唐动发　孙建国　莫国平

市柑橘示范场

党委书记　场长　周建志
党委副书记　廖家艳
副场长　尹向东　徐湘树
党委委员　纪委书记　刘　程
副场长　易俊良
五级职员　柏小明
党委委员　郑四海

市工业企业改制服务办公室

党组书记　主任　徐华慧
党组成员　副主任　谭家斌　叶海涛
原党组书记　原主任　张治荣
二级调研员　张红一

市商业企业改制服务办公室

党组书记　主任　张　宏
党组成员　副主任　周良发
二级调研员　邓湘祁　蒋易郓
四级调研员　周仁东

群团组织

市总工会

主席　胡先荣
党组书记　常务副主席　邓可旺
党组成员　副主席　徐　波　程万衡　唐　羽
党组成员　女职委主任　蒋艳萍
党组成员　经审委主任　眭亚山
市总常委　二级调研员　刘慧星

共青团永州市委

党组书记　书记　龙　亮
党组成员　副书记　李　玲　胡湲晖　冯志多

党组成员 副书记(挂职) 周瑜 覃佐东 黄兆林

市妇女联合会

党组书记 主席 黄玉芳

党组成员 副主席 赵飞 刘贤华 周爱萍

二级调研员 黄秋莲

四级调研员 李蓉

市科学技术协会

党组书记 主席 翟方奇

党组成员 副主席 黄世轩 黄昌勇

二级调研员 胡海元 曹筱虹

四级调研员 肖健林 王小安

市文学艺术界联合会

党组书记 主席 蒋蒲英

党组成员 副主席 熊爱华 李科

调研员 陈文

市归侨侨眷联合会

党组书记 副主席 柏继平

主席(兼) 杨增和

党组成员 副主席 刘刚

副主席(兼) 钟伟 陈宗华 戴巧燕

市社会科学联合会

主席 陈水恩

市残疾人联合会

党组书记 理事长 李社光

党组成员 副理事长 万平波 唐荣华

一级调研员 匡富春

四级调研员 刘玉珍 曾渊

中国国际贸易促进委员会永州市支会

党组书记 会长 胡義

党组成员 副会长 廖为华 李少君

四级调研员 邓海秋

市红十字会

二级调研员 伍友华

市关心下一代工作委员会

主任 吴志雄

常务副主任 谢朝月

副主任 钱荣棠 李续荣 盘玉花 秦远林 陈秀云 何新义

秘书长兼 副主任 高红卫

市计划生育协会

会长(兼) 李农妹

常务 副会长(兼) 蒋玲萍

专职副会长 李双元

市慈善总会办公室

主任 孙文波

副处级单位

市档案馆

馆长 高慧

市城市园林绿化服务中心

主任 彭善新

市文化市场综合执法局

局长 李灵钧

副局长 文晖

市全民健身服务中心

主任 欧阳洪波

市农机事务中心

主任 蒋华权

副主任 伍海斌

市城乡建设事务中心

主任 雷海斌

市建设工程质量安全监督站

党支部书记 站长 邓新茂

市规划设计院

院长 王宇斌

市住房公积金管理中心

党组书记 主任 赵国平

党组副书记 副主任 邓春成

党组成员 副主任 唐琼艳 何峰

市烤烟办

主任 吴谨

副主任 何健 杨平安

市无线电管理处

主任 蒋爱新

市教育考试院

院长 罗光明

市教育科学研究院

院长 徐正祥

市政府驻北京联络处

主任 蒋建平

副主任 杨瑞雪

市政府驻长沙办事处

主任 胡继军

副主任 邹晓帆

市政府驻深圳办事处

主任 裴兴宇

副主任 唐启君 李武毅

市公安局交警支队

支队长 杨运吉

政委 蒋云华

二级 高级警长 罗干劲 朱玉强

市疾病预防控制中心

主任 陈伯中

市卫生计生综合监督执法局

局长 康灿

市文物处

处长 贺义辉

市地震局

局长 张泉

市食品药品检验所

所长 吴军民

市爱国卫生运动委员会办公室

主任 李攀

永州国家农业高科技园区

党工委书记 伍玉生

管委会主任 艾可想

涔天河工程建设投资有限责任公司

党委书记 董事长 灌区公司 总经理 李祥红

党委副书记 总经理 王振华
党委委员 副总经理 灌区公司副总经理 金锦云 王四清
姜尚荣
监事会主席 陈春明
纪委书记 李新华
涔天河公司总工程师 王显峰
涔天河公司副总经理 灌区公司副总经理 黄克峰

市城市建设投资发展有限责任公司

党委书记 董事长 李世旺
党委副书记 董事 总经理 蒋志刚
党委副书记 副总经理 郭晓斌
监事会主席 易春阳
党委委员 副总经理 黄小明
党委委员 总会计师 程国顺
董事 副总经理 吴东红 张秋平
董事 总经济师 吕博
董事 总工程师 李亚明
工会主席 唐斌轩
市保障性安居工程投资建设开发有限公司经理 杨智荣
市矿业投资开发有限责任公司经理 刘丹明

市经济建设投资发展集团有限责任公司

党委书记 董事长 胡勇刚
党委副书记 董事 总经理 鲁耀纯
监事会主席 刘伟军
党委副书记 副总经理 廖洪涛
党委委员 副总经理 陈慧
党委委员 市交通建设投资公司经理 陈于军
党委委员 副总经理 邓宪君
党委委员 纪委书记 蒋海民
董事 总会计师 周志强
董事 副总经理 雷宏鸣
董事 总经济师 张新建
董事 副总经理 胡红波
董事 总工程师 曹志远
副总经理 姜斌
副处级干部 吴林辉
市顺达住房投资公司经理 何维龙

市城市公共交通运输有限责任公司

董事长 唐晓波
总经理 蒋竣
副总经理 胡云超 唐爱军
蒋松顺
纪委书记 尹芝友
监事主席 唐美凤
总会计师 林军

中央、省驻永州单位

市国家安全局

局长 罗国飞

国家税务总局永州市税务局

党委书记 局长 毛东庆
党委副书记 副局长（正处长级） 曾立春
党委委员 副局长 唐双祁 刘小贤
何多珍 欧鸿鲲
李靖 刘小明
文方明
党委委员 纪检组长 陈立志
党委委员 总经济师 程灿烂
党委委员 总会计师 桂来上

市烟草专卖局

党组书记 局长 经理 幸勤
党组成员 副局长 刘正日
党组成员 副经理 廖爱国
党组成员 纪检组长 杨深根
党组成员 副经理 许清孝
副调研员 聂新柏

市气象局

党组书记 局长 严光荣
党组副书记 副局长 黄海涛
党组成员 副局长 宋定满
党组成员 纪检组长 欧阳水章

市水文资源勘测局

党委副书记 副局长 孙亚飞
副局长 高安德
副局长兼总工 王勇国
纪委书记 毛建清

长沙海关驻永州办事处

关长 郭承志
副关长 易柳庆 韩龙跃

市邮政管理局

党组书记 局长 唐卫国

国家统计局永州调查队

党组书记 队长 庄作勇
党组成员 副队长 蒋英明 谢春丽

党组成员 纪检组长 陶小岗

永州监狱

党委书记 监狱长 雷建华

党委副书记 政委 程志文

党委委员 永达公司总经理 陈平湖

党委委员 永达公司副总经理 欧亚拉

党委委员 副监狱长 王宽武 王亚 蔡波

党委委员 纪委书记 杨锄林

党委委员 政治处主任 肖艳

永达公司副总经理 袁海波 许东波

三级高级警长 李来成 吕录

东安监狱

党委书记 监狱长 袁敏乐

党委副书记 政委 许碧炎

党委委员 公司总经理 高良初

党委委员 副监狱长 李鹏飞

党委委员 公司副总经理 杨爱科

党委委员 副监狱长 段诚富

党委委员 纪委书记 谭晓晖

党委委员 副监狱长 刘超

党委委员 政治处主任 邓旭东

二级高级警长 伍先军

三级高级警长 赵修建 宁建彪

国网湖南省电力公司永州供电分公司

总经理 党委副书记 刘文春

党委书记 副总经理 田国元

副总经理 党委委员 何永立 张建 王毅

党委委员 纪委书记 邱应军

总会计师 邹健

二级职员 于彩葵

永州电业发展总公司首席职员（二级） 胡衡岳

湖南省邮政公司永州分公司

党委书记 总经理 穆振民

党委委员 副总经理 工会负责人 文庆夯

党委委员 副总经理 纪委书记 蒋飞跃

党委委员 副总经理 刘毅 陈明

中国电信永州分公司

党委书记 总经理 王中

党委委员 副总经理 王晖 蒋钟祁 刘东波 李共三

中国移动永州分公司

总经理 朱振辉

副总经理 邓涛 周健 严斌

中国联通永州分公司

党委书记 总经理 刘鲲

党委委员 副总经理 陈雍 蒋毅 王海荣

党委委员 湖南联通派驻纪检组组长 黄校衡

中国人民银行永州市中心支行

党委书记 行长 袁曙光

党委委员 副行长 杨金日 唐大立 雷树清

党委委员 纪委书记 李名义

党委委员 工会主任 黄小勇

副调研员 邓振华

永州银保监分局

党委书记 局长 张显军

党委委员 纪委书记 李文静

党委委员 副局长 李树屏 冯重林 赖泽仁

永州市银行业协会

会长 马炳瑜

专职副会长 黄昌琳

秘书长 王思岳

中国工商银行永州分行

党委书记 行长 杜凌翼

副行长 金永华 沈毅 黄晟 龙志毅

纪委书记 工委主任 谢利平

中国建设银行永州市分行

党委书记 行长 龚飞龙

高级风险经理（三级） 江新波

党委委员 副行长 罗全华 刘剑 陈艳珠 曾雯

党委委员 驻永州分行纪检组长 刘方方

中国银行永州分行

行长 陈永红

副行长 伍明 蒋萱林 刘新平 宁闯

中国农业银行永州分行

党委书记 行长 尚前

党委委员 副行长 蒋星友 罗雄伟

党委委员 纪委书记 黄智斌

党委委员 副行长 高洁 罗华军

中国农业发展银行永州分行

党委书记 行长 付昌国

党委委员
纪委书记　刘夷夫
副行长

党委委员
副行长　谢小波　谢渡军

湖南省农村信用社永州办事处

主任　唐耀国
副主任　李中平　黄跃辉
正处级督导员　蒋跃民
副处级督导员　樊春湘

交通银行永州分行

党委书记
行长　马炳瑜

党委委员
行政助理　唐姝　田一鸣
赵剑

华融湘江银行永州分行

党委书记
行长　廖奇旺

党委委员
副行长　余强庚　黎明东

党委委员
行政助理　陈璐

中国邮政储蓄银行永州市分行

行长　阳建强
副行长　王松林　潘清山
谭荣清

长沙银行永州分行

党委书记
行长　李枫

党委副书记
纪检委员　孙志中
副行长

党委委员
行长助理　曲亮

行长助理　尹诗
风险总监　任真

市保险行业协会

秘书长　张和平
副秘书长　蒋冰

中国人民财产保险股份有限公司永州市分公司

总经理　欧阳俊
副总经理　雷德宪

副总经理
纪委书记　邓胜辉

副总经理　黄建鹏　胡国雁
副调研员　陈东方

高级
业务主管　李新超　左润喜

平安财险

总经理　赵凯
副总经理　陈四美

天安财险

总经理　刘涛

华安财险

总经理　吴川国

中华联合保险公司

总经理　李德全
总经理助理　王卫华　唐波

太平洋财险

总经理　李小英
副总经理　唐晓雪

中国大地保险公司

总经理　唐厚文

安邦财险

总经理　李飞林

阳光财险

总经理　邓勇军
副总经理　于杰

国寿财险

总经理　王斌
副总经理　蒋永胜　仇宝江

渤海财险

总经理　杨炜宇

太平财险

总经理　陈松辉

中国人寿保险股份有限公司永州分公司

党委副书记
副总经理　田东侠
（主持工作）

党委委员
副总经理　眭文平　林泽涛
尹翔

党委委员
副总经理　彭志祥
纪委书记

党委委员
总经理助理　王心心

平安人寿

总经理　田超

副总经理　刘铸龙

新华人寿

总经理　徐中阳
副总经理　李国良　刘宇梅

泰康人寿

总经理　黄怀辉

太平洋人寿

总经理　汤雄英
副总经理　邱洪涛

人民人寿

总经理　雷雨桐

合众人寿

总经理　石卫安

幸福人寿

总经理　桂三才
副总经理　梁旺明　周芳

阳光人寿

总经理　徐毅
副总经理　魏玲燕

太平人寿

总经理　刘小红
副总经理　杨潇

民生人寿

总经理　顾凡

吉祥人寿

总经理　李越群
副总经理　周新民

华泰人寿

总经理　杨鹰

方正证券清桥路营业部

总经理　蒋力刚
资深经理　陈立新
高级经理　唐朝明

东安营业部
总经理　刘忠良

中国石化湖南永州石油分公司

经理　潘晓卿
党委书记　丁海华
副经理　卢运仰　何四贵

中国石油湖南永州销售分公司

总经理
党委副书记　朱立军

党委书记　谭萧

湖南盐业股份有限公司永州市分公司

总经理 陈章勇
副总经理 唐健 蒋毅峰

湖南省新华书店有限责任公司永州市分公司

党委书记、总经理 肖军
党委副书记、副总经理 陆湘喜
纪委书记、副总经理 陈有林
党委委员、副总经理 马琳

湖南省双牌水力发电有限公司

党委书记、执行董事、总经理 王俊
党委副书记、纪委书记 陈志湘
副总经理、总工程师 徐兴国
副总经理 刘德文
副总经理、工会主席 范文

湖南省南津渡水力发电有限公司

党委书记、执行董事 罗广林
党委副书记、总经理 李建红
副总经理 周庚芝
副总经理、工会主席 周小林
副总经理 张国林

湖南中烟工业有限责任公司零陵卷烟厂

党委书记、厂长 陈国联
党委委员、副厂长 朱凌冰
党委副书记、工会主席 吕芳德
党委委员、副厂长 邓银正
党委委员、纪委书记 李浩翰
调研员 吕爱华
副调研员 吕定华

湖南兵器跃进机电有限公司

党委书记、执行董事、总经理 黄永杰
专职党委副书记、副总经理 黄建群
纪委书记、工会主席 何海军
党委委员、副总经理 李胜鹏
兵器集团委派永州财务总监 彭晓群
党委委员、副总经理 唐杰
党委委员、总经理助理、重点办主任 朱懂星
党委委员、电机分公司经理 义江
总经理助理 张真 任记忠
总经理助理、生产管理部部长 赵星海

湖南兵器建华精密仪器有限公司

党委书记、执行董事 蒋粤军
党委副书记、副总经理 伍聚宝
党委副书记、总经理 武波涌
党委委员、常务副总经理 张宏生
党委委员、纪委书记、工会主席 唐忠德
党委委员、副总经理 刘治旺
财务总监 彭晓群
党委委员 肖平

湖南神斧集团湘南爆破器材有限责任公司

党委书记、执行董事、总经理 奉朝晖
常务副总经理 屈文勇
副总经理 孙建仪 王爱 蒋恩星

纪委书记、工会主席 龚小丙

湖南省南岭化工集团有限责任公司

党委书记、执行董事、总经理 熊煜华
党委副书记、纪委书记 陈友民
党委委员、副总经理 邓建国
副总经理 吴教建
党委委员、副总经理 周桂中
党委委员、工会主席 唐跃华

湖南烟叶复烤有限公司永州复烤厂

党委书记、厂长 盘勇卫
党委副书记 雷雅麟
副厂长 刘华友
纪委书记 李志强
副厂长 夏利文

湖南省地勘局四〇九队

队长 廖凤初
党委书记、工会主席 蒋佑民
副队长 胡太平 左明武
纪委书记 王书华
副队长 申志刚
总工程师 曾志方

湖南省煤田地质局第三勘探队

队长 张晓燕
党委书记 何立宏
副队长、总工程师 邹建勇
副队长 王粒共

神华国华永州发电有限责任公司

书记、执行董事 李立峰
副总经理 毛承慧 杨远忠
纪委书记 刘凯翔
副总经理 曹思江 刘志杰
总工程师 王晓晖
总会计师 王双印

大中专院校和部分高中

湖南科技学院

党委书记　曾宝成
党委副书记　院长　李　钢
党委副书记　唐艳明
党委委员　副院长　宋宏福
党委委员　纪委书记　彭立威
党委委员　副院长　郑山明　李常健　吴小林　程智开
党委委员　何福林　杨　涛

永州职业技术学院

党委书记　黄小明
党委副书记　院长　翟惠根
党委副书记　李国春
党委委员　副院长　杨　铭　韩立路　窦铁生
党委委员　纪委书记　蒋衡湘
工会主席　李晶
党委委员　组织人事部部长　熊礼杭
党委委员　宣传统战部部长　裴有为
原院长助理　唐陶富　罗敏杰
原副院级干部　刘晓兰
党委办公室主任　何　春
纪委副书记　黄义君
监察室主任　黄立新
工会副主席　彭　军
女工委主任　程丽华
学生工作部部长　邓如涛
武装保卫部部长　蔡　民
团委书记　张宜剑
教务处处长　卢　璐
总务后勤处处长　袁延生
计划财务处处长　陈　艳
招生处处长　邓国文
就业指导处处长　钟学云
科技产业处处长　刘章胜
审计处处长　汤文忠
教学督导高职研究室主任　张　伟
原监察室主任　蒋　宁
原教务处处长　吴群力
原教学督导高职研究室主任　孙　雁

湖南潇湘技师学院　湖南九嶷职业技术学院

党委书记　黄　冰
党委副书记　院长　唐海君
党委副书记　何增明
党委委员　副院长　冯友明
党委委员　纪委书记　易清国
党委委员　副院长　罗湘明
党委委员　工会主席　罗顺莲
党委委员　副院长　陈　强
党委委员　组织宣传统战部部长　谢春江
党政办主任　李桐森
监察室主任　唐文玉
后勤处处长　周灵军
招生就业处处长　唐　锴
学工处处长　谢万君
团委书记　胡沁婷
保卫处处长　朱　荣
人事劳资处处长　张奎彦
教务处处长　周利民

湖南广播电视大学永州分校

党委书记　李长于
校长　崔　莹
副校长　王　霈
纪委书记　左全华
副校长　李飞燕

永州师范高等专科学校

筹建办主任　何云峰
筹建办常务副主任　汪华明

湖南省永州市工业贸易中等专业学校

校长　尹存成
党委书记　欧阳英

永州市第一中学

校长　周　黎
党委书记　黄端祥

永州市第四中学

校长　张向东
党委书记　张　丰

医院、车站、机场

永州市中心医院

党委书记　刘　彬
院长　党委副书记　赵承保
党委副书记　刘联伟
副院长　唐朝晖
党委委员　副院长　李毓琴　江拥军
党委委员　纪检书记　张　楠
党委委员　副院长　姜德红
副院长　蒋少军
党委委员　工会主席　杨民正
五级级员　张润周　段顺元
六级级员　傅　云
党委委员　桂成佳

永州市中医医院

党委书记　王文革
院长　邓阳春
副院长　熊忠太　陈　政

党委委员　李征北

永州市妇幼保健院

院　　长　周云玲
党委书记　刘亚玲
党委副书记　何德良
党委委员、副院长　陈　轩　蒋国英
副院长　阳少辉
纪委书记、工会主席　朱　蓉
党委委员、副院长　郑兆平
党委委员、办公室主任　邹湘林

永州职业技术学院附属医院

永州市第一人民医院

党委书记　陈晓育
党委副书记、院长　欧阳正晟
党委副书记　高文胜
副院长　周　振　李红梅　周　秦
总会计师　汤怀宇
纪委书记　谢海燕
工会主席　罗文正

永州火车站

站　　长　卢锦华
总支书记　蔡卫民
总支副书记　何　剑
工会主席　杨少华
运输副站长　黄晓非
安全副站长　陈满国

湖南机场股份有限公司永州零陵机场分公司

党委书记　贾阳发
总经理　杨　智
纪委书记　刘　曜

驻永州军事单位

武警永州市支队

支队长　黄炜铭
政治委员　刘小龙
副支队长　邓　曦　罗　翼
副政治委员　胡家平
参谋长　邹高峰
政治工作处主任　陈正华
保障处处长　黄　涛

市消防救援支队

支队长　吴朝亮
政治委员　张　健
副支队长　严江海　胡志刚　何昆哲　李少波
副政治委员　黄孝阳
政治部主任　缺

六城同创

Establishment of six model cities

综　　述

【概况】　2019年，永州市为加强城市基础设施建设，提升城市精细化管理水平，提高市民文明素质和城市文明程度，提升城市品位。市委、市人民政府有效整合各类创建工作，集中创建力量，将全市创建工作关联度大的全国文明城市、国家卫生城市管理、国家园林城市、全国社会信用体系建设示范城市、国家公共文化服务体系示范区和全国禁毒示范城市6个创建项目整合在一起，实行“六城同创”。成立以市委书记为组长的“六城同创”工作领导小组，统筹推进各项创建工作；制定下发《永州市“六城同创”工作实施方案》和市级领导分片包干、联点共建方案。对中心城区41个社区实行市级领导牵头，市直单位分片包干、联点共建办法，市级领导、市直单位全面负责推动包干联点社区的所有创建工作，建立“一周一碰头、一月一调度、一季一讲评、半年一小结、年终大总结”的工作机制，协调、推进相关工作。制定印发考核奖惩办法和督导交办问责办法，按月、季、年度进行考核。开展城市提质专项整治行动。实施民生“微实事”项目、“十大攻坚行动”、示范社区打造、疫情防控、爱国卫生运动和志愿服务活动等措施，着重解决创建工作中的重点、难点问题。

【“六城同创”动员大会】　2019年7月4日，永州市“六城同创”工作动员大会在冷水滩区召开。市委书记、市人大常委会主任、市“六城同创”领导小组组长严华，市委副书记、市长、市“六城同创”领导小组第一副组长何录春，市委常委、市委宣传部部长、市“六城同创”领导小组副组长、市创建办主任贺辉，市级领导蒋善生、石艳萍、唐能武、杨永、吴志雄、罗建华、周荣峰、冯紫英等，市直和中央、省驻永单位主要负责人，各县区（管理区、经开区）党委书记200余人参会。

会议动员部署全市加强国家卫生城市管理，创建全国文明城市、国家园林城市、全国社会信用体系建设示范城市、国家公共文化服务体系示范区和全国禁毒示范城市，并宣布《永州市“六城同创”工作实施方案》和考核奖惩办法、督导交办问责办法、“分片包干、联点共建”工作方案。

创建全国文明城市

【概况】　2019年，永州市开展创建全国文明城市工作（以下简称“创文”），城市实地文明指数测评成绩91.21分，比2018年的84.93分高6.28分，从2018年的同类城市倒数第一上升至第一名。全年工作以文明城市实地文明指数测评得高分、不失分为目标，强化社会宣传，分解指标任务，开展专项整治，补齐工作短板，创建全国文明城市工作取得较为明显成效。

【社会宣传】　2019年，永州市强化创建全国文明城市社会宣传工作。提高干部职工、市民群众对创建工作的知晓率。制作公益广告5.4万余块、大型立柱广告122处，印制宣传手册30余万份、倡议书35万份，印发《道路交通秩序集中整治倡议书》2.1万份，开展入户和文明劝导宣传。中心城区楼栋和临街电子显示屏刊播公益广告，主次交通干道、公交车站、建筑围挡、公共场所实现公益广告覆盖达50%，市内主要媒体永州日报、永州电视台、市融媒体中心等开设专题、专栏，持续、深入宣传报道创建工作。

【专项整治】　2019年，永州市对创建工作开展专项整治，针对性开展农贸市场、“四清四治四化”（“四清”即清垃圾、清沟渠、清油污、清牛皮癣，“四治”即治管线乱拉、治违章乱建、治摊点乱摆、治车辆乱停，“四化”即硬化、绿化、亮化、美化）、交通秩序、出租车、未成年人思想道德建设、社区小区、志愿服务和文明单位管理8个方面的专项整治。在农贸市场整治方面，全面摸排城区40个农贸市场和15个马路市场，重点整治环境卫生差、摊位占道经营、市场秩序乱、农残检测虚、周边交通堵等问题。在“四清四治四化”方面，清理清运垃圾2000余车、1.6万余吨；清理沟渠1.4万余米、淤泥630余车；清除牛皮癣近30万处、违规菜地73.33公顷、杂草2万余平方米；治理违规摊点1.2万余处；清理空闲土地400宗，面积1385.3公顷。在环境卫生整治攻坚行动方面，开展“三改三治三化”（改水、改厕、改陋习，治垃圾、治污水、治空心房，硬化、绿化、序化）行动。

【“微实事工程”】　2019年，永州市把投资少，与民生关联度大且与创建指标密切相关的项目，以“微实事”的形式，着重进行督办，取得较好效果。实施“微实事”项目495个，完成431个，完成总投资15752.62万元。其中市本级项目完成3个，投资500万元，冷水滩区完成106个，投资4453万元，零陵区完成238个，投资6191.37万元，永州经济技术开发区完成84个，投资4608.25万元。

【示范社区】 2019年，永州市按照“六好”（文明风尚好、市容环境好、园林绿化好、公共文化好、诚实守信好、禁毒效果好）目标，选取冷水滩区活龙井社区、零陵区老渡口社区、经开区长丰社区为第一批示范社区。通过创建示范社区，三个社区内人居环境发生较大改变。由“脏、乱、差”转变为“洁、净、美”。活龙井社区被湖南省住建厅列为全省老旧小区改造示范点。

【志愿服务】 2019年，永州市把志愿服务作为创建工作的重点考核范围，作为创建文明单位的重要指标。全年在湖南志愿服务网注册志愿者人数82万、注册志愿者团队1536个。志愿者开展文明劝导、环境保洁、典型宣传、认领“微心愿”等志愿服务活动，建成志愿服务站256个，覆盖社区、公共文化广场、宾馆酒店、景区景点、窗口单位、金融保险等各类场所。中心城区建立41家标准化社区志愿服务工作站，实现社区志愿服务站全覆盖。永州火车站、窗口服务场所和部分社区新建新时代文明实践和志愿服务站点，实现志愿服务常态化。

【文明单位管理】 2019年，永州市将文明单位干部职工的不文明行为特别是不文明交通行为与创建工作考核、文明单位复查挂钩，对经常有干部职工出现不文明行为的文明单位采取约谈、黄牌警告、撤销或建议撤销文明单位荣誉称号等措施，并扣减单位创建工作考核得分。

巩固国家卫生城市管理成果

【概况】 永州市从2017年开始创建国家卫生城市工作，全市共创建国家卫生城市1个，国家卫生县城7个、省级卫生县城1个、国家卫生乡镇1个、省级卫生乡镇18个、省级卫生村255个、省级文明卫生单位102个。2019年，全市加大国家卫生城市管理工作投入，聚焦重点整治，健全管理机制，按照国家卫生城市标准，开展以“爱国卫生运动大宣传、积存暴露垃圾大清理、病媒生物大消杀、人民群众大发动”为主要内容的爱国卫生活动，完善城市基础设施，改善城乡环境卫生面貌，巩固国家卫生城市创建成果。

【组织管理】 2019年，永州市落实《国务院关于加强爱国卫生工作的决定》，将爱国卫生工作列入国民经济和社会发展规划，成立爱国卫生运动委员会，明确为副处级机构，单列设置，编制8人，各县区（管理区、经开区）均成立爱卫会办事机构，城区各街道办事处、社区均明确专（兼）职爱卫工作人员，形成市、县区、街道、社区、单位的爱卫机构网络。

【健康教育宣传】 2019年，永州市以“中国公民健康素养——基本知识与技能”为主要内容，开展健康教育和健康促进活动，达到卫生事业发展规划要求，全市健康教育网络覆盖率100%。加强全民健身场地设施建设，冷水滩区、零陵区、永州经济技术开发区均建设健康步道、健康广场和健康主题公园。车站、机场、港口、广场和公园等公共场所设立的电子屏幕和公益广告投放具有健康教育内容。开展全民健身活动，90%的社区建有体育健身设施并配有社会体育指导员，中心城区每一千人口中有4.33名社会体育指导员，经常参加体育锻炼人数比率44.8%。开展禁烟、控烟宣传活动，中心城区90%的学校和医疗机构达到无烟单位标准，中心城区无烟草广告播放，室内公共场所、工作场所和公共交通工具设置禁止吸烟警语和标识。

【市容环境卫生】 2019年，永州市按照《城市容貌标准》要求，加强市容环境卫生管理。城市主次干道和街巷路面平整，机械化清扫率90%以上，建成区绿化覆盖率37.86%，绿地率34.92%，人均公园绿地面积11.53平方米，城市道路装灯率100%，亮灯率99%。城区主要街道保洁时间16小时，背街小巷保洁时间12小时。生活垃圾转运站、公共厕所等环卫设施数量充足，环卫管理公厕198座，城区二类以上公厕131座。中心城区农贸市场划行归市、功能分区、管理规范。

【重点场所卫生管理】 2019年，永州市加大对公共场所监管力度，实施卫生监督量化分级管理，中心城区公共场所单位量化分级实施率100%，公共场所卫生许可证持证率100%，监督覆盖率100%，卫生档案建档率100%，从业人员健康证明和卫生知识培训合格证持证率100%。中心城区学校均设立卫生室或保健室，中小学健康教育开课率100%。加强学校教学和生活环境的监督检查，监督覆盖率100%。

【食品和生活饮用水安全监管】 2019年，永州市落实《中华人民共和国食品安全法》，建立健全食品安全监管工作机制，全年未发生重大食品安全事故。加强对食品生产销售单位的监管，食品安全生产经营单位卫生要求达标率95%。餐饮业、集体食堂餐饮服务食品安全监督量化分级管理率92.3%，食品从业人员均取得健康合格证明，落实清洗消毒制度，健全防蝇、防鼠设施。牲畜屠宰符合卫生及动物防疫要求，严格落实检疫程序。设立水质监测中心，改造实验室，加强公共场所和饮用水的卫生安全监督管理，中心城区供水单位卫生管理制度齐全，设有专（兼）职供、管水人员，从业人员健康证明和卫生知识培训合格持证率，对自来水厂的出厂水和管网末梢水进行2次水质监测并向社会公布，5家自来水厂出厂水、管网末梢水的水质合格率100%。

【公共卫生医疗服务能力】 2019年，永州市落实《中华人民共和国传染病防治法》，未发生甲、乙类传染病暴发流行。按期完成艾滋病、结核病等重点疾病预防控制规划的要求。做好免疫规划工作，全市各类儿童免疫规划疫苗报告接种率97%以上，建卡、建证率95%以上。开展慢性病综合防控示范区建设，冷水滩、零陵区创建省级慢性病综合防控示范区。建设健康步道、健康主题公园，开展以“和谐我生活，健康永州人”为主题的全民健康生活方式行动，行动覆盖率100%。疾病预防控制中心基础设施建设达标，实验室检验设备达标率90%以上。加强无偿献血工作，全市无偿献血能够满足临床用血需要，全市医疗临床用血100%来源于无偿献血。建成区无非法行医、非法采供血和非法医疗广告。

【病媒生物预防控制】 2019年，永州市落实《病媒生物预防控制管理规定》，健全病媒生物防制网络，社区、单位、村均设有防制专干。推行病媒生物防制市场化服务，开展有偿消杀服务，将城区所有公共地段纳入消杀范围，控制病媒生物密度。建成区老鼠、蚊子、苍蝇、蟑螂四项密度均在国家病媒生物密度控制水平标准范围内。掌握病媒生物滋生地基本情况，制定分类处理措施，各类滋生环境得到治理。开展重要病媒生物监测调查，收集病媒生物侵害信息并处置。重点行业和单位防蚊蝇和防鼠设施合格率95%以上。

创建国家园林城市

【概况】 2019年，永州市成立创建国家园林城市工作组（以下简称创园组），负责创建工作。完善《永州市创建国家园林城市实施方案》《永州市创建国家园林城市2019年四季度至2021年三季度攻坚实施方案》，下发《永州市创建国家园林城市考核细则》，将任务分解到相关责任单位。8月，湖南省住房和城乡建设厅组织专家组对创建国家园林城市工作进行调研，分析创建工作优势和短板，并提出建设性意见。市委、市政府召开专题调度会4次。

【绿地规划】 2019年，永州市为解决城市绿量不够，绿地分布不均问题，创园组以问题为导向，着重做好增绿提质工作。依据《永州市城市总体规划》《永州市绿地系统规划》，制定下发《永州市园林增绿提质攻坚行动实施方案》，明确园林增绿提质项目建设任务，包括9个大型公园、风光带建设项目；2个公园提质改造项目；54个小游园建设项目，其中冷水滩城区26个，零陵城区21个，经开区7个，其他绿化配套、道路绿化新建提质、补植补种、闲置地复绿、山体修复等项目。

【绿化建设】 2019年，永州市中心城区绿化建设完成投资1.38亿元，新增绿地面积68.94公顷。在小游园建设方面，通过闲置土地、废弃地、老旧小区空地等，实施复绿建园。全年新建长冲社区公园、马路街小游园、曲河小游园、杨家桥小游园、零陵古城小游园、桃江安置小区小游园、海椒塘小游园等小游园9个。道路绿化方面，新增袁家碣路配套绿化、旭日路配套绿化、西山路配套绿化、阳明大道侧分带绿化等道路绿化4条。二广高速永州东连接线，完成投资额2000万元；永州大道中央8米绿化带，完成投资额5000万元。实施道路、庭院的补植、补种，闲置地、废弃地修复。

【市政配套设施建设】 2019年，永州市注重城市道路维护，提升道路完好率。完善静脉产业园配套设施，垃圾无害化处理率100%；加快污水处理厂建设，污水处理率90%以上。完善优化市政基础设施，中心城区城市道路照明装置率、城市亮灯率及设施完好率99%。加强供水设施提质改造，城市管网水检验项目、水质综合合格率全部达标。完成中心城区主要道路、公园、公共建筑等公共场所无障碍设施建设。

创建全国禁毒示范城市

【概况】 2019年，永州市将禁毒工作纳入重点工作绩效、平安建设、文明创建和干部队伍执行力考核，建立健全禁毒工作网络，市、县区禁毒办实体化运行，乡镇（街道）配备2名以上禁毒专干，村（社区）明确禁毒联络员，市、县区公安机关分别成立禁毒支队、大队。组织创建市级禁毒示范乡镇（街道）、社区（村），社区戒毒康复工作示范点，毒品预防教育示范学校、企业等活动。9月，被国家禁毒办评为全国禁毒示范创建工作先进城市。创建工作经验先后5次被国家禁毒办、省禁毒办推介。截至2019年2月，全市命名市级禁毒示范单位80个。

【缉毒执法】 截至2019年年末，永州市侦破毒品刑事案件1129起，缴获各类毒品256.7千克。永州缉毒执法工作连续两年排名全省第二位。5月，侦破公安部某毒品目标案件，缴获毒品冰毒、海洛因47千克，收缴毒资230余万元，斩断途径云南、广西、湖南、湖北的毒品贩运通道。强化缉毒执法效果。对涉毒大案、要案实行公安多警种按需上案、检察提前介入、法院派员入驻，规范执法程序，提高办案质量。

【禁毒宣传】 2019年，永州市完善禁毒宣传教育工作体系。在广播电视、官方微博微信建立宣传专栏，开设禁毒微博、微信公众号、头条号。市本级及11个县区、181个乡镇（街道）建立禁毒示范创建公益宣传牌，并建成禁毒教育基地。3297个社区（村）建立禁毒知识宣传栏和永久性禁毒宣传标语。企事业单位、临街铺面显示屏滚动播放创建宣传标语。开展校园宣传。培训禁毒教师22期5000余人次，将禁毒知识纳入课堂教学内容和初中学业水平考试范围，初中以上学校建立禁毒宣传长廊或者禁毒宣传教育室。中小学校、学生在全国青少年毒品预防教育数字平台的接入率、注册率、课时完成率、参考率100%。开展全领域社会宣传。毒品预防教育纳入党政干部教育培训和各类职业技能培训必修内容。开展禁毒专题培训1500余场次，举办禁毒宣传活动2500余场次，发放禁毒宣传资料300余万份。永州籍新吸毒人员滋生率由2015年的34.1%下降至2019年的3.5%。

【涉毒管理】 2019年，永州市强化对涉毒重点人员管理措施，社区戒毒966人、强制隔离戒毒1640人。全市各乡镇（街道）建立社区戒毒康复工作站，落实戒毒康复人员戒毒监护、帮教救助、就业扶持等措施，社区戒毒康复执行率99.9%。开展风险分类评估并纳入城乡网格服务管理的吸毒人员30233人，管控率100%。没有发生吸毒人员肇事肇祸案事件。将吸毒检测纳入国家公职人员招录体检和年度健康检查必检内容，对校车、营运车司机、安保人员、娱乐场所从业人员等十类重点人员开展毛发毒品检测。全市建设毛发毒品检测实验室33个。加强麻醉药品、精神药品、易制毒化学品企业环节监管，排查公共娱乐服务场所和治安复杂地区。

【禁毒专项整治】 2019年，永州市针对禁毒工作突出问题，开展多领域专项整治。整治特殊人群涉毒问题，建立永州市特殊人群收治中心，对患有严重疾病又违法犯罪、危害社会的涉毒特殊人员实行集中收治，收治率100%。整治外流贩毒问题，通过摸排控制、涉外打击、宣传教育、开展扶贫帮困等措施进行综合治理，全市外流贩毒人数明显下降。整治毒品集散中转问题。新建和改建23个公安检查站，对重要路段、空港、车站开展全天候缉查，对物流、寄递行业开展重点缉查，构建立体化缉查防控体系。

创建国家公共文化服务体系示范区

【概况】 2019年，永州市对标国家公共文化服务体系示范区创建7大类34项指标，突出补短板、强弱项、提效能、增供给，创建工作取得良好成绩。在国家中期调度评比获得中部地区第二名。人均文化事业费72.18元，位居全省第一位。平均每一万人有公共文化设施面积413.8平方米，排名全省第一位。建成40个24小时自助图书馆，数量居全省第一位。平均每一万人有公共图书馆面积89.8平方米，位列全省第四位。5月，全市公共文化服务满意度测评，参与者45万人次，满意率98%。湖南日报以头版头条专题文章——《永州市创新基层文化服务》对永州创建工作进行宣传推介。

【公共文化设备器材配备】

2019年，永州市为基层文化服务站点配置新电脑2万余台，新配图书30万余册。调配体育专项资金7800余万元，为2608个行政村配套安装全民健身器材，覆盖率79%。为宁远、双牌、江永617个行政村的文化服务中心配置音响、乐器等文化活动器材。江华、新田实现文体广电器材全覆盖。

【公共图书馆、文化馆总分馆体系建设】　2019年，永州市推进公共图书馆、文化馆总分馆体系建设。以县级公共图书馆（文化馆）为总馆，乡镇综合文化站为分馆，村级综合文化服务中心为服务点，构建县、乡、村一体的总分馆体系。全市建成图书馆分馆177个，文化馆分馆91个，购置图书馆和文化馆流动服务车22台。实行总馆统筹规划指导，分馆和服务点落实总馆任务的运行模式，促进公共文化资源城乡一体化，实现文化资源共建共享、图书资源通借通还。

【基层文化服务效能攻坚行动】

2019年，永州市出台《永州市提升基层文化服务效能攻坚实施方案》，实施每月一调度一考核一排名，督促各县区落实创建责任。在县城主要出入口、高速路口以及图书馆、文化馆、乡镇综合文化站等地加大《公共文化服务保障法》《公共图书馆法》和创区知识的宣传，提升创区工作的社会参与度、知晓度。基层站点的人员编制按标准配置，乡镇综合文化站通过共建共享、清理腾退、恢复功能等方式建设、整改到位；村级文化服务中心“七个一”建设，达标率上升到88%，较上年底同比提升10个百分点。全市90%的基层文化站点均设有老年人活动室、留守儿童之家、四点半学校等服务区域和项目。

【打造“阅读城市”】　2019年，永州市实施“十百千万”（全市共读十本书、推荐百种阅读书目、组建千个阅读组织、评选万名读书达人）工程。完成深化全民阅读研究课题设计，为阅读城市创建提供理论指导和顶层设计。推进阅读城市数字化建设，引导民资企业和个人捐办图书馆，发挥社会力量建设小区图书馆，阅读阵地建设向基层延伸，实现阅读服务零距离。这一做法被《湖南省公共文化服务保障条例》起草组吸纳。建成6个地方特色资源数据库，其中市图书馆3个、市群艺馆2个、博物馆1个。全市图书馆可提供数字资源服务25TB。新购图书70万册，全市编码藏书人均1册。

【数字化建设】　2019年，永州市建立永州公共文旅云大数据平台，是创建国家公共文化服务体系示范区的重点特色项目，整合场馆服务、文创商城淘宝、电子商务等职能，平台入驻文体场馆18个、文体社团20个，基层群众通过手机登录文旅云平台，就能获得公共文化服务。推进数字图书馆中心馆+总分馆制、数字文化馆总分馆制建设，采购100台文化一体机、178台电子借阅机、24台大数据展示平台和直录播设备等数字服务设备和线上数字资源。发挥永州公共文旅云大数据和总分馆数字网络的作用，推出20个居家健身项目，发布600门文化慕课和文化一点通等网络课程，平台访问流量超过50万人。

【引导社会力量参与公共文化服务】　2019年，永州市出台《鼓励社会力量参与文化建设和购买文化服务的暂行办法》《新建小区配建公共图书馆和文化活动室的指导意见》，引导社会力量共建公共文化示范区。全市66个小区配建图书室和文体活动室。这一做法被《人民日报》《中国文化报》等媒体点赞，建成潇湘意摩崖石刻拓片博物馆、江永凤凰文化大舞台、蓝山乡愁文化创意展示园、涔天河书院等民间文化场馆，并对市民免费开放。动员社会组织参与公共文化服务。动员民办企业托管江华民族艺校，调动永州之野合唱团、潇湘意文旅集团等民间团体承担公益性文化服务，补充公共文化服务力量。

【探索文旅融合路径】　2019年，永州市在景区游客服务中心开展公共文化服务数字平台和阵地建设，推进阅读、文艺、非物质文化遗产等进景区。新增文旅产业项目101个，新增规模以上文旅企业83家。全市景区配置电子阅读机20台，开展文艺进景区演出180场次，非遗进景区展示110次。全市文化文物单位有23处创建成为国家AAA级以上旅游景区，其中6处为国家AAAA级旅游景区。新增8处全国重点文物保护单位，国家文物保护单位总数34处，增量和总量均列全省第一位。柳子庙和九嶷山舜帝陵入选全省文旅地标。

【“一县一品”建设】 2019年，永州市通过整体创建规划，各县区公共文化服务体系建设逐步成型。冷水滩区激活社会力量建设摩崖石刻博物馆等场馆，围绕阅读城市建设推出潇湘讲坛周末讲座。零陵区重点依托零陵古城和东山景区实施公益文化演出、非遗进景区，文物古迹和名人纪念建筑开放旅游和黄田铺书香小镇建设。祁阳县在全市最早建设24小时自助图书馆并长期坚持祁剧周末剧场惠民演出，祁剧发源文化发掘展示成气候。东安县打造舜帝德文化之乡和武术文化之乡，建设公共文化空间，县文化馆入住紫溪湿地公园实施公共文化进景区。双牌县打造国际慢城，民办图书馆和读书活动效果突出。道县转化濂溪文化和红色文化，开放周敦颐故里、建设陈树湘纪念馆。江永县突出女书、古村上甘棠、勾蓝瑶寨与公共文化旅游服务结合，建设图书馆新馆。江华瑶族自治县建成沱江、水口文化广场，桐冲口瑶寨、宝镜古村、井头湾古村、香草源古村和水口瑶都爱情水街等文旅项目发展较好。宁远县在全市率先建成省级公共文化服务体系示范区，在公共文化体系提质、社会力量支持文化建设、文化生态旅游融合发展等方面具有示范作用。蓝山县创新开展公共文化进政务中心，建设自助图书馆，整合老旧厂房建设公共文化展示和旅游项目。新田县建设小区公共图书馆，藏书10万册，并在异地扶贫安置小区和工业园建设图书馆和文化馆分馆。永州经济技术开发区整合企业资源，建成并向社会免费开放地质科普馆和自然资源图书馆，共建共享长丰俱乐部。金洞管理区建成24小时自助图书馆、打造森林音乐节等特色品牌。回龙圩管理区建成文化大舞台、开放24小时自助图书馆、整合老建筑建设镇文化站。

创建全国社会信用体系建设示范城市

【概况】 截至2019年12月末，永州市在全国城市信用监测排名中由190名提升到110名。进一步完善全市信用制度体系，诚信制度覆盖领域16个，制订联合奖惩目录清单和措施清单、修订各市直单位信用目录，加强日常考核工作，制定创建任务分解和考核细则。

【信用信息平台升级】 2019年，永州市开展信用信息共享交换平台二期项目建设。信用办梳理现有平台基本情况，参考省级平台与其他市州的平台建设情况，制定信用信息共享交换平台二期建设方案，并完成招标，正在进行升级建设中。实现与工商平台、市政务服务大厅互联互通，归集信源单位548家，数据784余万条，政府部门信用信息公开率90%以上。

【建立多领域信用体系】 2019年，永州市在政府招投标、荣誉评选等方面进行联合奖惩。在食品药品、安全生产、环境保护、招投标、项目及资金申报、中介服务、纳税等重点领域实行事前信用承诺、事中信用监管、事后失信惩戒和守信激励机制；在人防、市场监管、住建、水利、城管等领域开展信用承诺，全市市场主体信用承诺数在信用中国网站排名全国地级市前30名，对所有提出行政处罚类信用修复企业的在线信用修复完成初审。

政治建设

Political Construction

中国共产党永州市委员会

综　述

【概况】　2019年，永州市委把学习贯彻习近平新时代中国特色社会主义思想和习近平总书记对湖南工作重要讲话精神作为首要政治任务，市委常委会把传达学习习近平总书记重要讲话和重要文章固定为第一个议题，召开常委会40次，市委理论学习中心组开展专题学习14次。深入实施“习近平新时代中国特色社会主义思想培训计划”“一把手政治能力提升计划”和“年轻干部理想信念宗旨教育计划”。加强“学习强国”平台使用推广，党员学用覆盖率排全省第三位、人均积分居全省第一。出台《中共永州市委关于深入学习贯彻中共十九届四中全会精神为奋力谱写富饶美丽幸福新湖南永州篇章提供有力制度保障的决议》，推动中共十九届四中全会精神在永州落地生根。全市地区生产总值比2018年增长7.1%，规模工业增加值增长8.3%，固定资产投资增长10%，社会消费品零售总额增长10.3%，地方财政收入增长6.07%，城乡居民人均可支配收入分别增长9.2%、9.7%。

【“三大攻坚”活动】　2019年，永州市减贫46649人，出列贫困村32个，贫困发生率下降到1%以内，江华瑶族自治县以高质量脱贫顺利通过贫困县退出第三方评估，新田县脱贫摘帽。突出抓好中央环保督查“回头看”和省环保督察反馈问题整改，实施湘江保护与治理第三个“三年行动计划”，在全省率先完成污染防治攻坚战“夏季攻势”任务，全市地表水环境质量及空气质量改善幅度位居全省第一位。严格债务限额和预算管理，推动融资问题整改，推进平台公司转型，守住“三保底线”。防控非法集资风险取得明显成效。

【产业发展】　2019年，永州市开展“产业项目建设年活动”，纳入省里“5个100”工程的7个重大产业项目、3个重大科技创新项目、5个重大产品创新项目超额完成全年投资任务，进度排名全省前列。新引进500强企业项目23个，完成进度排全省第一位，引进个数排全省第二位。新增入统规模工业企业105家；工业用电量增长9.3%、排全省第三位。永州经济技术开发区“一谷、两中心、四基地”等重大项目建设有序推进。深入实施乡村振兴战略，“两茶一柑一菜”特色农业产业快速发展，湖南农副产品集中验放场（道县）列为粤港澳大湾区“菜篮子”供应中心6个配送中心之一，71个农产品基地认定为粤港澳大湾区“菜篮子”生产基地，数量居全省第一位；“生猪保供稳价”在全省实现五个第一；粮食安全工作考核获全省先进；获评全省烟叶生产优秀单位。电子商务交易额增长32.4%，零陵古城、双牌桐子坳、江永勾蓝瑶寨等旅游品牌广泛推广。

【民生实事】　2019年，永州市全面践行以人民为中心的发展思想，财政民生支出占比77.4%，完成省定12件重点民生实事和市定十大民生工程。做好“一老一小”工作，提前一年基本消除义务教育大班额，保障困难群众和重点群体基本生活。在全省率先出台“四医联动”实施意见，基层医疗卫生机构标准化建设实现全覆盖。加快创建国家公共文化服务体系示范区，市、县、乡、村四级公共文化设施网络实现全覆盖。全市各类生产安全事故发生起数、死亡人数比2018年分别下降20.5%、22.9%。深入开展平安永州建设，推进扫黑除恶专项斗争，打掉涉黑组织数排名全省第一位；获全国禁毒示范城市创建工作先进城市、全省综治工作先进市，平安建设考核信访工作排名全省第一位。

【文化事业健康发展】　2019年，永州市国家公共文化服务体系示范区创建工作稳步推进，新增全国重点文物保护单位8处，总数34处，均排全省第一位。举行庆祝中华人民共和国成立70周年系列活动。深入挖掘舜文化、廉文化、瑶文化、柳文化、女书文化。陈树湘烈士纪念园获批全省爱国主义教育基地。永州体育健将获世界冠军4个，打破世界纪录2次，残疾人体育工作获全国先进。

【全面小康建设】　截至2019年12月，永州市11个县区地区生产总值、居民人均可支配收入两项指标与2010年相比实现“两个翻番”目标，三大攻坚战12项指标预计全部达到全面小康目标值，其中全市贫困发生率降低至0.27%，优良以上空气质量达标率88.5%以上。全市及各县区社会民生、经济高质量发展类短板指标大幅提升。全市11个县区全面小康总实现程度95%以上，提升幅度均在4.5%以上。

【改革开放纵深推进】 2019年，永州市全面落实中央和省委各项改革部署。深度实施食品药品行政审批制度改革，发出全国第一张“承诺发证”“五证合一”的药品经营许可证。纪委监委专责监督和政协民主监督联动协作机制、双河长制等工作走在全省和全国前列。率先实施“一件事一次办”改革，中心城区受理的“一件事”平均提速70%。全面推行“三即”承诺制试点，率先在全省开展政务服务“好差评”测评。新增减税降费25.2亿元。加快建设湘南湘西承接产业转移示范区，对接融入“一带一路”倡议、粤港澳大湾区建设、长江经济带发展等国家战略，推进“优化营商环境七大行动”，推动优势产业、优秀企业“走出去”。进出口总额增长42.2%，实际利用外资、内资分别增长12.9%、18.4%。

【实施依法治市】 2019年，永州市发展社会主义民主政治。坚持和完善人民代表大会制度，推进科学立法，制定《永州市乡村房屋建设管理条例》《永州市人民政府拟定地方性法规草案和制定规章程序规定》，支持人大开展代表联络工作站建设和闭会期间的代表活动，推动代表议案、意见和建议落实。全面加强法治政府建设，全面推行行政执法“三项制度”，依法保护民营企业发展，加大行政复议案件办理力度，申报创建全国法治政府建设示范城市。率先启动“智慧政协”建设并运行。推进司法改革，完善执法监管中心建设，从严查处执法不作为、慢作为、乱作为行为。

【党的建设】 2019年，永州市坚定扛起管党治党政治责任，坚持严字当头、全面从严、一严到底。开展“不忘初心、牢记使命”主题教育，学习教育、调查研究、检视问题和整改落实高标准一体推进，较好实现“理论学习有收获、思想政治受洗礼、干事创业敢担当、为民服务解难题、清正廉洁作表率”预期目标，相关经验做法被中央和省委主题教育办推介。召开全市党员领导干部专题警示教育大会，以高某华、唐某林、颜某林、金某等系列案件为反面教材，深化以案明纪、以案说法、以案促改，整治拜码头、拉山头、搞小圈子等腐朽政治文化。落实省委关于全面加强基层建设“1+5”文件，推进党支部“五化”建设，创建“五化”示范点1281个。开展“减轻基层负担与调动基层干部积极性相结合的体制机制”改革试点，道县被列为全国基层减负观测点。转化软弱涣散党组织224个。制定出台《加强干部交流实施办法》《领导干部亲属提拔任用管理暂行办法》。提拔重用政治过硬、实绩突出干部182名，为148名受到诬告错告的干部澄清正名。开展干部队伍形式主义、官僚主义六大突出问题专项整治，有效整治领导干部插手工程项目建设、违规收送红包礼金等突出问题，惩治“接天线”“打牌子”“提篮子”等问题。1月—12月，立案1983件、处理处分1705人，集中查处赵某旺、盘某平等一批大案要案；查处违反中央八项规定精神问题165个，处理处分154人。

【外事工作】 2019年，永州市委外事工作领导小组办公室组织召开中共永州市委外事工作委员会第一次会议。出台《永州市委外事工作规则》《永州市委外事工作委员会办公室工作细则》。全年服务审批因公出国自组团30批次74人，其中党政干部出访34人次，占总人数的46%，事业单位人员40人次，占总人数的54%；出访目的为经贸洽谈的29人、研修培训的40人、对口交流的5人；出访目的地亚洲10人、欧洲48人、北美洲1人、非洲3人、中南美洲12人。管理公务普通护照153本，因公护照及时收缴率100%。

审核外国人到永州签证邀请函20批次，邀请人数37人，邀请主体为有国际贸易往来的企业9家，进行商业贸易洽谈。被邀请人主要来自土耳其、尼日利亚、巴基斯坦、肯尼亚、乌兹别克斯坦。推进与古巴在生物科技领域的系列交往合作，与德国卡塞尔市交流交往。加强海外领事保护和涉外维稳工作。参与举办首次华人羽毛球国际邀请赛，接待马来西亚、印度尼西亚、加拿大等19名国际参赛选手。

（肖力）

【港澳台事务】 2019年，永州市对11个县区20家港澳企业进行走访调研，了解困难并帮助协调解决生产经营过程中的问题。组织各县区对全市的港澳企业进行初步摸底，建立台账。全市有登记注册的涉港澳资企业77家（涉澳资企业4家），核实生产经营的有57家，主要分布在蓝山县（12家）、冷水滩区（9家）、江华瑶族自治县（8家）、宁远县（5家），其他县区2家～3家。2019湖南对接粤港澳大湾区恳谈会暨重大项目签约仪式上，零陵区、宁远县各签约项目1个，投资总额206.5亿元。此外，还有9个项目在香港举办的湖南香港智能制造项目合作推介会上签约，总投资55亿元。

帮助解决台资企业招工难的问题，利用在外务工人员春节返乡过年，发放招工资料1.7万余份，为台企成功招工1200余人。协同有关单位做好台湾工业园建设配合工作。开展2019年涉台纠纷案件化解年活动，对历年积案进行及时回头看。全年受理涉台纠纷案件18件，其中国台办转办案件3件。已完结17件，剩余1件正在协调处理中（经开区元创）。

开展港澳政策宣传进机关、进学校活动。8月—10月，组成宣讲小组在市委办系统及市商务局，江华瑶族自治县、江永县，湖南科技学院等涉外成员单位、县区及高校进行香港当前形势讲课9场。深化干部、学生和群众对当前香港问题以及“一国两制”制度的认识。

8月，永州市做好澳门弱智人士家协会艺术交流团一行89人交流活动；11月，接待澳门作协一行12人到永州开展的文学采风活动；11月，参与指导澳门镜平中学师生一行32人到永州进行“校长带你游中国之永州研学”青少年交流活动。接待省委台办蒲祖泉等相关领导3次调研、中国台湾网一行采访活动。开展永台青少年“品读永州”文化之旅活动，参与阳明山乡里长座谈会。

10月24日，永州率先在全省对涉及的36个单位召开传达贯彻《〈湖南省人民政府办公厅关于深化湘台经济文化交流合作的实施意见〉操作细则》座谈会，制定《永州市贯彻〈湖南省人民政府办公厅关于深化湘台经济文化交流合作的实施意见〉操作细则》《“26条措施”责任部门分工表》，汇编《永州市贯彻中央、省委有关惠台措施工作指南》宣传册。“潇湘海峡两岸情”微信公众号及时发布涉台工作资讯，全年推送文章128篇，报送省台办稿件90余篇。为东安县委理论中心组、冷水滩翠竹园小学等作台海形势专题报告；蓝山县委台办、道县县委台办分别走进机关、党校，为县直单位作台海形势专题报告。

（周丽萍）

【档案行政管理】 2019年，永州市档案行政管理职能由原市档案局划归到永州市委办公室。档案法制宣教科和业务指导科同步对接铆合转入转出相关工作，确保档案工作不断档。出台《永州市机关档案业务建设规范》，将档案行政管理逐步转向法制管理。建立档案工作登记报告制度，形成绩效引领、业务标准判别、自发登记报告、依法规范监管的档案行政管理机制。

制定党政机构改革档案处置标准。制定《永州市机构改革档案处置工作实施方案》《永州市党政机构改革档案处置实施意见》等文件，明确档案封口管理单位18家、全宗过渡单位37家、新设档案全宗管理单位11家。到各市直单位开展业务指导。重新组建的37家单位，明确原全宗过渡模式；新成立的11家单位，分配档案全宗代码。推动各县区农村土地确权档案移交进馆，主动对接指导经济建设相关单位的档案工作。

组织全市各级档案部门参加国家档案局举办的“新中国的记忆”主题征文活动。在永州日报首版刊发国际档案日纪念文章《永州档案见证“永州记忆”》，与市史志办合作，在新媒体微信公众号“永州发布”和“今日永州”App上刊发“红军长征史料”专题图文展，在市档案局网站发布“新中国的记忆图片展”，展播档案工作微视频。

完成“互联网+政务服务”平台录入工作。档案政务服务事项实行网上办，网上可办率100%。对依申请类实施清单新增3项，扩展清单要素37个。完成“互联网+监管”平台内“对个人利用档案馆档案的监管”“对重点建设项目档案工作的监管”等6个项目录清单的认领审核完善。

组建永州市档案系列中级职称评审委员会，档案系列中级职称的评定首次落地永州，结束档案系列中级职称到省里参评的历史。12月，开展全市档案系列初、中级职称评审工作，评审通过5名馆员、2名助理馆员。

对档案中介服务机构进行监督管理。对取得省档案局档案工作服务备案资质的永州腾富商贸有限公司、红海公司、永州华瑞档案公司、永州昭阳档案服务公司、永州为民档案服务公司等开展监督工作。贯彻落实湖南省档案局转发的《国家档案局办公室关于国家重点档案专项资金管理有关事项的通知》文件精神，组织取得国家重点档案保护与开发项目的市档案馆、祁阳县档案馆、蓝山县档案馆对项目资金预算决算情况、项目资金的去向和使用状况开展监管。

召开“档案部门机构改革变革与转型、创新与发展”座谈会。组织34篇论文参与湖南省档案学会第二十七次档案学术论文评选活动，组织市电业局、零陵区档案局、祁阳县档案局等单位，参与全省档案信息资源开发利用优秀案例评选工作，其中零陵区委办公室《利用红色档案，开展红色文化进校园》、祁阳县委办公室《祁阳县创建国家卫生县城成果展》获二等奖，祁阳县铜锣湾广场投资有限公司《香港铜锣湾生态智慧城祁阳展示馆》获三等奖。

（彭玉兰）

重 要 会 议

【市委全面深化改革委员会第一次会议】 2019年5月10日，市委全面深化改革委员会第一次会议召开，中共永州市委书记、市人大常委会主任、市委全面深化改革委员会主任严华主持会议，会议学习传达中央全面深化改革委员会第六次、第七次会议和湖南省委全面深化改革委员会第二次会议精神，审议有关文件和改革方案。

会议听取2018年全市改革工作总结及2019年工作安排情况汇报，审议并原则通过《中共永州市委全面深化改革委员会成员名单》《中共永州市委全面深化改革委员会专项小组成员名单》《中共永州市委全面深化改革委员会工作规则》《中共永州市委全面深化改革委员会专项小组工作规则》《中共永州市委全面深化改革委员会办公室工作细则》《中共永州市委全面深化改革委员会2019年工作要点》《永州市“减轻基层负担与调动基层干部积极性相结合的体制机制”改革试点工作方案》和《永州市生态文明建设目标评价考核办法》。

会议指出，2019年是新时代全面深化改革向纵深推进的关键一年。做好全面深化改革工作，意义重大、责任重大。要提高政治站位，切实增强责任感和使命感。全市各级务必要学深悟透习近平总书记关于全面深化改革的重要论述，务必要增强责任感、使命感，把思想和行动统一到中央和省委的决策部署上来，务必要准确把握新时代全面深化改革“改”与“不改”、“改什么”与“怎么改”的辩证关系，坚定志不改与道不变的政治定力，务必要着力克服改革本领不足、本领恐慌、本领落后的问题，务实求变、务实求新、务实求进，推动各项改革在永州落地生根。要聚焦重点任务，在创新开放、产业发展、优化环境、民生改善、管党治党上聚焦聚力。要压实责任、汇聚合力、宣传发动、完善机制，狠抓责任落实，推动早落地、早见效。

【市委第五届委员会第六次全会】 2019年7月26日，中国共产党永州市第五届委员会第六次全体会议在永州会堂召开，会议传达贯彻省委十一届八次全会精神，听取市委常委会上半年工作报告和上半年经济发展情况，通过关于免去并递补市委委员的决定，审议通过《永州市承接产业转移示范区发展规划（草案）》。

中共永州市委书记、市人大常委会主任严华代表市委常委会作上半年工作报告并发表讲话，市委副书记、市长何录春向全会报告上半年经济发展情况。出席全会的市委委员应到51人，实到48人；市委候补委员应到9人，实到8人。

会议指出，建设好承接产业转移示范区，是中央、省委、省

2019年7月26日，中国共产党永州市第五届委员会第六次全体会议在永州会堂召开
摄影 何继凤

政府赋予湘南湘西地区的光荣使命，是永州在新的历史起点上推动高质量发展的历史机遇。务必要提高政治站位，倍加珍惜机遇，以“等不起”的紧迫感、“慢不得”的危机感、“坐不住”的责任感，锐意进取、担当作为，努力在承接产业转移示范区建设中走在前列。要把解放思想作为行动先导，凡是有利于承接产业转移、促进开放发展的事情，都要放开手脚，大胆探索。把优化营商环境作为首要任务，着力打造政策最优、成本最低、服务最好、办事最快的“四最”营商环境。把深化开放合作作为强劲动力，优化开放布局，强化区域协作，拓展合作领域。把提升承载能力作为基础工程，做强园区平台，完善基础配套，强化人才支撑。把推动产业升级作为重要抓手，坚持绿色承接、高端承接、集群承接。

会议强调，全市各级各部门要认真领会、贯彻落实省委全会精神，特别是要把省委关于加强基层建设的各项决策部署落到实处。各级党委要扛起抓基层、打基础的政治责任，严格贯彻落实《中共湖南省委关于全面加强基层建设的若干意见》及5个配套实施方案，在“明职权、畅通道、提待遇、用人才、减负担”上，用好用活用足政策。要坚持眼睛向下看、身子往下沉，带着感情深入基层开展调研，全面了解基层存在的突出问题。要坚持用改革思维和创新办法破解难题，加快推进“减轻基层负担与调动基层干部积极性相结合的体制机制”改革试点，坚决破除制约基层的体制机制障碍。要把加强基层建设与深化乡镇机构改革、“一件事一次办”、脱贫攻坚、乡村振兴等工作衔接贯通起来，保持政策的统筹性、协调性、连贯性。做好当前各项工作，确保圆满完成年度目标任务。要加强经济运行调度，坚持目标导向，对照年初确定的各项目标和考核指标，逐一细化、实化、具体化。要坚决打好“三大攻坚战”，突出防范化解政府隐性债务风险；咬住“今年贫困县摘帽、明年全部人口脱贫”的目标，全力排查解决“两不愁三保障”突出问题；抓好中央环保督察“回头看”反馈问题整改落实，着力解决好群众反映强烈的环保问题。要加快产业项目建设，强化土地、资金等要素保障，持续推进“5个10”工程。要维护社会和谐稳定，办好农村饮水安全、城区学位建设等民生实事，突出稳定扩大就业，开展救灾补损和灾后重建工作，持续推进扫黑除恶专项斗争。培育和弘扬社会主义核心价值观，持续抓好“治陋习、树新风”乡风文明建设年活动，加快完善基础设施，加强环境综合治理，全面提升文明程度。要扎实抓好“不忘初心、牢记使命”主题教育，紧密结合永州实际，主动跟进、及早谋划，各级领导干部要发挥好“头雁效应”。要精心组织好中华人民共和国成立70周年庆祝活动，严格对标对表中央要求，把握正确方向，突出思想内涵，注重群众参与，做好安保工作。

全会按照党章规定，采取举手表决的方式，通过关于免去刘勇会同志市委委员职务、递补市委候补委员欧阳树生同志为市委委员的决定。

【“不忘初心、牢记使命”主题教育工作会议】 2019年9月10日，永州市“不忘初心、牢记使命”主题教育工作会议在永州会堂召开。中共永州市委书记、市人大常委会主任、市委“不忘初心、牢记使命”主题教育领导小组组长严华作动员讲话，“不忘初心、牢记使命”主题教育省委第二巡回指导组组长刘尧臣出席会议并讲话。市委副书记、市长、市委“不忘初心、牢记使命”主题教育领导小组副组长何录春主持会议。

会议强调，要深入学习贯彻习近平总书记关于“不忘初心、牢记使命”主题教育的重要讲话和指示批示精神，全面落实中央、省委主题教育第一批总结暨第二批部署会议精神，对全市主题教育作出全面安排，引导和激励全市广大党员干部投身主题教育，不忘初心再出发、牢记使命勇担当，用高质量工作推动永州高质量发展。

会议指出，开展“不忘初心、牢记使命”主题教育，是以习近平同志为核心的党中央统揽伟大斗争、伟大工程、伟大事业、伟大梦想作出的重大部署。这是全市1.46万个党组织27.4万名党员一项重大而紧迫的政治任务，是激励党员干部增强信心、保持定力、稳中求进、接续奋斗的重大契机。全市上下务必要提高政治站位，深刻认识开展主题教育对于深入推进思想建党理论强党、永葆党的先进性纯洁性、密切党同人民群众血肉联系、推进新时代伟大斗争的紧迫性，增强开展主题教育的政治自觉、思想自觉、行动自觉。

会议要求结合永州实际，以

"钉钉子"精神推进各项工作任务落地落实，紧扣根本任务、总体要求、具体目标抓推进。全市各级党组织要坚决落实中央、省委对第二批主题教育的安排部署，按照"不划阶段、不分环节"的要求，坚持把学习教育、调查研究、检视问题、整改落实贯穿主题教育全过程；结合实际，创造性开展工作，以一流的标准、一流的作风、一流的业绩，用心用脑、精准精细，确保主题教育有声势、创特色、见实效。

【市委第五届委员会第七次全会】2019 年 12 月 26 日，中国共产党永州市第五届委员会第七次全体会议在永州会堂召开，会议听取和讨论市委常委会工作报告，审议通过《中共永州市委关于深入学习贯彻党的十九届四中全会精神为奋力谱写富饶美丽幸福新湖南永州篇章提供有力制度保障的决议》。中共永州市委书记、市人大常委会主任严华受市委常委会委托作工作报告并发表讲话。出席全会的市委委员应到 48 人，实到 44 人；市委候补委员应到 7 人，实到 7 人，符合规定人数。

严华从扎实推动习近平新时代中国特色社会主义思想往深里走、往心里走、往实里走，全力推动经济高质量发展，用好用活改革开放关键一招，加快推进城乡融合发展，保障改善民生和维护社会大局稳定，发展社会主义民主政治，加强与改进新时代宣传思想文化工作，扎实开展"不忘初心、牢记使命"主题教育，坚定不移推进全面从严治党 9 个方面报告市委常委会一年的工作情况。

会议指出，全面贯彻落实中共十九届四中全会精神，是全市当前和今后一段时期的重要政治任务。全会通过的《决议》，就是推进国家治理体系和治理能力现代化的"永州版""执行版""落实版"。各级各部门要自觉提高政治站位、强化政治自觉，狠抓《决议》落实，推动中共十九届四中全会精神在永州落地生根。

会议强调，要在践行"两个维护"上聚焦发力，做政治上的明白人，做制度的坚定信仰者、自觉维护者、有力执行者、积极完善者，坚决抵制"钻制度空子""打擦边球"的行为，确保中央大政方针、省委、省政府决策部署在永州落地生根。要在推动高质量发展上聚焦发力，着力促开放、兴产业，补短板、强弱项，防风险、守底线，把完善治理体系、提高治理能力贯穿到经济社会发展各领域各方面各环节，落实到决胜全面小康全过程。要在深化改革创新上聚焦发力，弘扬改革创新精神，尊重基层和群众首创精神，鼓励大胆探索，形成各具特色的区域、行业、领域治理模式和治理机制，推出更多可复制可借鉴可推广的"永州样本""永州经验""永州路径"。要在能力本领提升上聚焦发力，加强对党员干部的思想淬炼、政治历练、实践锻炼、专业训练，着力增强战略思维、法治思维、专业思维、创新思维、开放思维、底线思维，提高贯彻落实中央、省委、省政府决策部署的工作能力和水平。

【市委经济工作会议】 2019 年 12 月 26 日，中共永州市委经济工作会议在永州会堂召开。中共永州市委书记、市人大常委会主任严华在会上发表讲话，总结 2019 年经济工作，分析当前经济形势，部署 2020 年经济工作，明确总体要求和目标任务。市委副书记、代市长朱洪武主持会议并就做好 2020 年全市经济工作作具体安排。市委常委、市委秘书长唐能武宣读《关于表彰全市产业项目建设年"5 个 10"优秀项目和优秀人才的通报》。

会议认为，全市坚持以习近平新时代中国特色社会主义思想为指导，深入贯彻习近平总书记对湖南工作重要讲话指示精神，在省委、省政府的坚强领导下，实施创新引领开放崛起战略，推进开放兴市产业强市，全市经济发展稳中有进、稳中提质，高质量发展迈出坚实步伐。预计全年地区生产总值增长 7.5%，规模工业增加值增长 8.2%，固定资产投资增长 10%，地方财政收入增长 5.3%，社会消费品零售总额增长 10.3%，城乡居民人均可支配收入分别增长 8.9%、9.5%。

会议提出，全市以习近平新时代中国特色社会主义思想为指导，全面贯彻中共十九大、十九届二中、三中、四中全会精神和习近平总书记对湖南工作重要讲话指示精神，坚持稳中求进工作总基调，坚持新发展理念，坚持以供给侧结构性改革为主线，坚持以改革开放为动力，以"全面小康决胜年"为抓手，以对接融入粤港澳大湾区、建设湘南湘西承接产业转移示范区为重点，深入实施创新引领开放崛起战略，扎实推进开放兴市、产业强市，加快建设现代化经济体系，坚决打赢三大攻坚战，全面做好"六稳"工作，统筹推进稳增长、促改革、调结构、惠民生、防风险、保稳定，确保全面建成小康社会和“十三五”规划圆满收官，奋力谱写富饶美丽幸福新湖南的永州篇章。

组　　织

【概况】　2019年，中共永州市委组织部设内设机构18个和直属事业单位2个，分别是办公室、研究室（法规科）、干部一科（市公开选拔领导干部办公室）、干部二科、干部三科、干部队伍建设规划办公室、公务员一科、公务员二科、公务员三科、干部信息科、干部教育科、干部监督科（巡察工作联络办公室）、举报中心（信访室）、人才工作办公室、市委基层党建工作领导小组办公室、组织指导科、党代表联络办公室（党员管理科）、市委非公有制经济组织和社会组织工作委员会办公室、市党员教育中心、市人才发展服务中心，另设机关党委。核定编制81名（不含市级领导单列编制，其中行政编制53名，参公事业编制12名，事业编制16名）。截至2019年12月，有部长1人；常务副部长1人；副部长2人；兼职副部长2人；驻部纪检监察组组长1人；正科级领导职数24名（含基层办副主任、机关党委专职副书记、市人才发展服务中心副主任）；副科级领导职数22名（含市人才发展服务中心内设机构负责人）。在职干部职工53人（不含市委巡察机构有关人员）。

年内，全市组织系统坚持以习近平新时代中国特色社会主义思想为指导，聚焦主责主业履职责，推动全市组织工作高质量发展。开展“不忘初心、牢记使命”主题教育，得到中央巡回督导组充分肯定，《人民日报》作宣传推介；引导人才向基层流动经验做法获评“全国人才工作创新案例”；东安离退休城市党建“双红模式”（“夕阳红”与“党旗红”相融合）入选“全国城市基层党建创新案例”；宁远县委组织部获全国“人民满意的公务员集体”称号；宁远县被确定为“全国排查解决农村发展党员违规违纪问题试点县”；道县被列为全国基层减负观测点；市委书记抓基层党建述职评议考核综合评价为好等次；人才工作、干部监督工作、干部管理大数据应用工作、党建研究工作分别在全省工作会议上作经验发言。

2019年3月27日，永州市党务工作会议召开

【政治能力建设】　2019年，永州市坚持把党的政治建设摆在首位，以政治建设为统领，全面修复持续净化政治生态。开展政治建设考察，分两批对11个县区、3个管理区和6个市直单位领导班子和领导干部进行考察，从正反两面识别评判干部的政治忠诚、政治定力、政治担当、政治能力、政治自律，精准画好干部“政治肖像”，并利用干部管理大数据应用试点平台建立干部政治表现档案，建立优秀市管干部名册、优秀科级干部名册、相对较弱市管干部名册、建议调整或交流市管干部名册、自愿交流市管干部名册等5个名册以及需要提醒谈话干部名单、违法违纪问题线索清单。市委研究干部9批次，提拔重用干部182名，其中，提拔7名乡镇党委书记到市直单位担任领导职务，选派6名市直单位科长到乡镇担任党委书记。开展“干部不担当不作为”“违反政治纪律政治规矩”“服务群众慵懒推拖”等专项整治，发现问题线索80余条，组织处理240人；核查355名市管干部个人事项报告，对不如实报告的19名领导干部予以诫勉，取消2名干部考察对象资格；受理审核干部预审140批次，否决5人次调整意向。培育健康党内政治文化，全面挖掘红色资源、传承红色基因，建设市

级党性教育基地11个，陈树湘党性教育基地列入全省市（厅）级党性教育基地备案目录，接待学员3100余批次，现场体验教学10万余人次。

【“不忘初心、牢记使命”主题教育】 2019年，永州市从严从实开展“不忘初心、牢记使命”主题教育。深入学习贯彻习近平新时代中国特色社会主义思想，创新理论学习载体，组织理论学习“十个一”（讲授一堂专题党课、组织一次集中学习、举行一次述责述廉、开展一次专题调研、查摆一批突出问题、举办一期专题培训、过好一次组织生活、推介一批先进典型、进行一次交流座谈、建立一批长效机制）活动，举办主题教育读书班、专题研讨、大型电视知识竞赛、调研成果交流会、诵读演讲、微视频创作竞赛、主题汇报演出等系列活动，建立问题清单、整改清单，实行检视、整改问题“三查摆三承诺机制”，推进专项整治8个，市、县两级查摆问题3680条，年内整改完成87.1%，其中重点梳理出群众反映强烈、在主题教育期间能够解决的突出问题1916条，年内整改完成86.8%，专项整治工作在全省作经验交流发言。在“两新”组织（新经济组织和新社会组织）中开展党建指导员“九个一”活动（组织开展一次集中学习、每月组织一次学习交流、抓好一次党支部书记轮训、认真讲好一次专题党课、列出一个问题清单、开展一次主题党日活动、至少参加一次志愿服务、至少办一件实事好事、召开一次专题组织生活会）的经验在全省推介。突出群众满意，广泛听取群众呼声和意见，从群众反映强烈的城区学位、车位、蹲位、床位、摊位以及行政审批、“一老一小”、环境卫生等“急难愁盼”问题入手，解决一批群众的操心事、烦心事、揪心事，得到中央第一巡回督导组和省委、省政府主要领导充分肯定。

【聚焦中心工作】 2019年，永州市组织部门聚焦服务“三大攻坚战”，推进抓党建促脱贫攻坚，在全省率先推行市委常委“1托2”联村模式（在做好原有联系村工作之外，再联系一个未出列深度贫困村），选派工作队2223支、第一书记908名、科技特派员295名开展驻村帮扶，培育新型职业农民4872名。聚焦实施乡村振兴战略，组织推进村级集体经济“百村示范、千村提升”工程，113个行政村纳入第二批中央重点扶持的“村级集体经济村”，并探索推行“三变”改革试点，确定试点村184个，村集体经济5万元以上的村1364个。

【体制机制改革】 2019年，永州市推进“减轻基层负担与调动基层干部积极性相结合的体制机制”试点改革，各试点县区制定出台“政策干货”105条，其中道县被列为全国基层减负观测点，经验被中央办公厅蹲点调研推介；蓝山县行政审批权相对集中改革获省政府授权；祁阳“县统筹、镇负责、村为主”工作机制、宁远和零陵建立边远乡镇工作补贴的经验在全省推介。推进全市机构改革，做好涉改单位干部谈话、人员转隶、集中挂牌、事业单位改革、参公人员选调、职级序列工资审核等系列工作，调整配备市管干部233人，完成34个涉改机关和参公机构531人转隶，完成142个市直事业单位更名、调整及变更隶属关系，划转事业编制587名、涉及人员365人，精简科级以上事业机构147个。推进职数核定、职级套转、职级晋升等工作，组织专门力量全面摸排、研究政策，把好政策关、程序关。年内，套转非领导职务公

2019年12月20日，湖南省组织部门信息化建设和干部管理大数据应用推广工作会议在永州召开

务员12304名，其中套转二级、四级调研员1565名，二级、四级主任科员7412名。推进全省干部管理大数据应用试点建设，构建开发“1+11”应用系统框架，实现干部选、育、管、用全过程信息化。

【基层党组织建设】 2019年，永州市推进党支部“五化”建设，创建“五化”示范点1281个。实施村党组织带头人队伍能力提升工程，全面推行村（社区）党组织书记县级党委备案管理制度，健全村（社区）干部“凡进必审”“县级联审”机制，储备村级后备力量7504名。宁远县被列为全国排查解决农村发展党员违规违纪问题试点县。排查整顿软弱涣散基层党组织224个，经验在全省推介。推进“农民大学生培养计划”，举办四期培训班，参训2000人。统筹推进各领域基层党建工作，创建“红色小区”44个，新建商圈市场党组织16个，“两新”组织实现党的组织和工作全覆盖。强化基层基础保障，建成高标准综合服务平台3066个，市县“潇湘红云·智慧党建”平台上线运行，并委托国家统计局永州调查队进行统计调查。

【人才引进及培育】 2019年，永州市制定出台《科技创新人才推进工程实施细则》《青年人才创业工程实施细则》《永州市引进人才考核评价细则》系列文件。组建市人才发展服务中心，成立市人才协会。4月，“对接粤港澳，融入大湾区”招商引资·招才引智活动在深圳举办，签约人才团队29个，引进院士1人、教授26人、副教授4人、博士41人、硕士56人，聘用“招才大使”20名。10月，全市对外发布招才岗位2500个，加强基层人才队伍建设的经验做法获评2019年全国人才工作优秀案例奖。优化整合干部年度和执行力考核，制定出台《关于进一步激励广大干部新时代新担当新作为的实施办法》，从突出政治引领、培养锻炼、考核评价、用人导向、容错纠错、待遇保障、人文关怀等方面提出关怀激励干部的政策。开展干部专业能力提升培训，通过“请进来与走出去”相结合的方式，培训干部2万余人次。

【湖南省组织部门信息化建设和管理大数据应用推广会议在永州召开】 2019年12月20日，湖南省组织部门信息化建设和干部管理大数据应用推广工作会议在永州召开，湖南省委组织部部务委员邓广雁主持会议，市委常委、组织部部长吴志雄出席，会上，常德、永州汇报试点工作相关情况，并现场演示干部管理大数据应用平台；长沙市、岳阳市、常德市分别展示特色信息化应用。

（柏一帆）

宣　　传

【概况】 中共永州市委宣传部是市委主管意识形态方面工作和精神文明建设的综合职能部门，内设办公室、政策法规研究与舆情信息室、理论科、新闻科、文艺科（电影科）、宣传教育科、意识形态工作科、精神文明创建指导科、未成年人思想道德建设与志愿服务科、文化体制改革和发展办公室、新闻发布与对外推广科、新闻出版与版权科、反非法反违禁科、干部科14个科室。市社科联与部机关合署办公，其性质为正处级一类事业单位。下设永州市融媒体中心，性质为正科级公益二类事业单位。

【宣传中共十九届四中全会精神】 2019年，永州市把学习宣传中共十九届四中全会精神作为首要政治任务。永州市委宣传部召开部务会，5次修改完善全市学习宣传工作方案。各县区乡镇召开专题会议学习宣传贯彻四中全会精神电视电话会议。第一时间组织市直媒体单位及时转载转发公报、决定。第一时间草拟全市学习宣传工作方案，并及时下发各地各部门。打造亮点、重点宣传。在学习上聚焦领导班子、党员干部和广大师生，实现党员干部学习全覆盖；在宣传上统筹新闻宣传、社会宣传、网络宣传、文艺宣传“四类载体”，确保中共十九届四中全会精神宣传的热度、广度、力度；在宣讲上组建市县宣讲团和基层微宣讲“两支队伍”，开展集中宣讲和百姓微宣讲活动。11月12日，《湖南日报》要闻版以《永州：采取多种形式宣传十九届四中全会精神》为题专门刊发永州做法。

【思想理论建设】 2019年，永州市委宣传部学习宣传贯彻习近平新时代中国特色社会主义思想，推动新思想在永州“天天见、天天新、天天深”。发挥示范作用，市委常委会、市委宣传部部务会把传达学习习近平总书记最新重要讲话、重要文章、重要批示、指示精神固定为第一议题。发挥党委理论学习中心组引领作用。市委理论学习中心组举行集中学习研讨 14 次，各县（区）和市直单位党委（党组）理论学习中心组集中学习 12 次以上，实现周周有传达、月月有学习。开展“学习强国之永州答卷”大型电视知识竞赛、“全市十佳学习达人”评选、“不忘初心、牢记使命”理论知识测试等活动。制定理论类上稿奖励办法，实行党委（党组）理论学习中心组巡听督学制度。

【中华人民共和国成立 70 周年系列庆祝活动】 2019 年，永州市委常委会议专题研究庆祝中华人民共和国成立 70 周年活动相关工作。市委宣传部制定新闻宣传、社会宣传、文化文艺活动等系列工作方案。组织中华人民共和国成立 70 周年“歌唱祖国”合唱比赛和迎国庆歌咏晚会、“我和我的祖国”征文、“心系祖国心向党”系列宣讲、庆祝中华人民共和国成立 70 周年音乐诵读会、“锦绣潇湘·印象永州”庆祝中华人民共和国 70 周年摄影大赛、大型现代祁剧《向阳书记》巡演活动、举办“断肠明志铸忠魂”陈树湘烈士事迹展览、“永州榜样”等专题活动。市内主流媒体开设专题专栏专版，开展“壮丽 70 年·奋斗新时代”“不忘初心·永州记忆”主题宣传报道，得到省委宣传部充分肯定。“记者再走长征路”“连线红土地”活动，吸引《人民日报》、新华社、《经济日报》《光明日报》、中央电视台等 200 余名记者到永州挖掘讲述“断肠明志”故事和红军长征精神，中央电视台、湖南广播电视台先后 3 次现场直播。

2019 年 7 月—9 月，永州市开展“不忘初心、牢记使命”——庆祝中华人民共和国成立 70 周年“学习强国之永州答卷”大型电视知识竞赛活动

举办“壮丽 70 年·奋斗新时代”系列新闻发布会 26 场次。9 月 20 日，市委书记、市人大常委会主任严华在市委党校作主题宣传报告，组建市、县两级宣讲团，开展庆祝中华人民共和国成立 70 周年宣讲活动近千场次。制作庆祝中华人民共和国成立 70 周年微视频 29 个、“我和我的祖国”“歌唱祖国”等快闪视频在“学习强国”湖南学习平台展播。以市融媒体中心为主平台，推送系列讲话、知识精选、心得文章、“永轩”评论文章、百姓微宣讲视频等，得到《湖南宣传》专题推介。

【意识形态领域管控】 2019 年，永州市持续推动意识形态工作责任制落细落实落地。市委宣传部对 14 个县区（包括管理区、经开区）和 5 个市直行业系统党（工）委书记实行意识形态工作述职评议。配合五届市委第六轮、第七轮巡察，对 24 个市直单位进行意识形态专项检查，采取“四不两直”（不发通知、不打招呼、不听汇报、不用陪同接待、直奔基层、直插现场）方式。开展基层意识形态工作专项督查，对 19 个责任落实不力的单位通报批评。建立意识形态工作联席会商制度，召开全市意识形态领域半年分析研判会，综合研判 8 个方面的风险点。开展意识形态领域风险大排查，摸排网络、宗教、学校等阵地隐患 61 处。开展内部资料性出版物整治行动，检查编印单位 106 家、印刷企业 72 家，查处违法违规行为 33 起。加大“扫黄打非”力度，查办案件 21 起，查处非法影院 4 家，收缴各类非法出版物 2.1 万余件，创建全国“扫黄打非”进基层示范点 1 个、省级示范点 3 个。完成省委第六巡视组反馈的 4 个方面 26 个问题整改销号。对全省意识形态述职点评问题进行整改。强化网上舆论引导。实施网络“培土”“育苗”“除草”“护花”四项工程，依法关闭违法违规网站 3 家、微信公众号 9 个，约谈网站负责人、群主等 10 人次，协同公安机关查处网络违法案件 13 起，清理网上有害信息3万余条，全年全市范围内没有发生重大网络舆情，网络舆情总量同比下降66%。获《湖南网信动态》专版推介，全省网上群众工作现场推进会在东安召开。

【主流思想舆论引导】 2019年，中共永州市委宣传部围绕中央、省委和市委重大决策部署，采取全媒体覆盖的形式，开展主题宣传、形势宣传、政策宣传、成就宣传、典型宣传，提升党委政府正面形象。健全和完善“日调度、周策划、旬统筹、月总结”的新闻管理和策划制度。参与2019中国北京世界园艺博览会湖南主题日永州专场推介、外交部湖南推介等对外宣传活动，《湖南宣传》两次推介外宣经验。在《人民日报》、新华社、中央电视台等中央主要媒体上稿、在湖南日报发稿超过2018年同期；在湖南卫视上稿基本确保实现“六连冠”。严格新闻舆论阵地管理和媒体稿件“三审”（初审、复审、决审）把关。推出大型电视问政节目《问政时刻》5期。围绕“扫黑除恶”等专题，制定宣传方案，开展专题社会宣传工作。3月，组织各县区委宣传部部长到长沙市学习社会宣传先进经验。加强和规范广告阵地管理，开展社会公益广告专项整治。利用重要路段、重要时段、重点部位等开展公益广告宣传，提升中央、省委、市委决策部署知晓率。开展“欢乐潇湘·和美永州”群众文艺会演等重大主题文化活动12项，确定《一起做乡贤》《编外书记》《南风之歌》《何宝珍》等一批重点文艺创作作品，拍摄《铁血川军之九条命》《黄甲岭之恋》《不负人民》等影视剧，协助中央电视台拍摄《红色故乡》《国家荣光》专题片。在全省“欢乐潇湘·和美永州”群众文艺会演中获特等奖2个，一等奖2个。作家王青伟编剧的《周恩来回延安》被评为中共中央宣传部“五个一工程奖”，《女书组歌》入选湖南省“五个一工程奖”。

【“一平台两中心”建设】 2019年，中共永州市委宣传部探索“一平台两中心”（学习强国平台、融媒体中心、新时代文明实践中心）建设永州模式。做好“学习强国”学习平台推广使用。在全省率先全面推广“学习强国”，建成市、县、乡三级学习组织体系，截至12月31日，全市建立学习管理组2513个，下载安装人数24.2万人，党员覆盖率排全省第三，人均积分排全省第一，并作为全省唯一的市州在“学习强国”推进会上作典型发言。创新运用“学习强国”平台开展大型电视知识竞赛，参赛队伍747支、党员干部5000余名，举办126场次，在线观看120余万人次，《湖南新闻联播》进行专题报道。推进新时代文明实践中心试点工作。召开全市新时代文明实践中心试点工作现场会，在全市铺开新时代文明实践活动。冷水滩区、宁远县确定为国家试点县（区）。《湖南宣传》2019年第9期推介新时代文明实践中心试点经验。推进县级融媒体中心建设。召开全市融媒体中心建设现场推进会，加快与新湖南云、红网云技术平台合作。全市9个县区融媒体中心挂牌运行。蓝山县在全省融媒体中心建设现场会上作典型发言，冷水滩区将县级融媒体中心和新时代文明实践中心融合发展，做法得到省委宣传部高度肯定。

【文明建设】 2019年，永州市启动创建全国文明城市、国家园林城市、国家公共文化服务体系示范区、全国社会信用体系建设示范城市、全国禁毒示范城市以及巩固国家卫生城市管理成果工作，市委宣传部开展宣传动员，印制各类创建手册30余万份，铺排“微实事工程”项目238个，投入资金1.1亿元。实行“一周一碰头、一月一调度、一季一讲评”，出台文明单位动态管理和末位淘汰制度。10月，省文明办组织的文明指数实地测评中，永州市排全省第一名。开展“治陋习·树新风”乡风文明建设年，整治农村“十大陈规陋习”，倡导树立“十大文明新风”。在全省最先响应和启动“户帮户亲帮亲，互助脱贫奔小康”活动，微心愿征集数、实现数居全省第一。开展“永州榜样”专题宣传，推介张拥军、贺宁等先进典型24名。开展道德模范、文明家庭、“十星级文明户”、身边好人等评选，1月—11月全市推荐“中国好人”6人、“湖南好人”33人，组织先进事迹报告团赴县区巡回宣讲。湖南省2019年第二季度“湖南好人”发布仪式在永州市举行。

【文化强市建设】 2019年，永州市推进国家公共文化服务示范区创建工作。市文化艺术中心建设项目主体工程完工，启动祁阳县文体中心、宁远县全民健身公园、零陵区文体艺术中心建设。

推进市级总分馆制和永州文旅云大数据平台建设。全市所有文化场馆免费开放。江华瑶族自治县实现贫困村体育器材全覆盖。在第四批创建国家公共文化服务体系示范区中期调度评分中，永州位列中部组第二名。全省文旅公共服务领域重点改革和建设管理工作会议在永州召开。组织开展春节联欢晚会、少儿春晚系列文化活动650余场次，参与群众134万余人次。“文化进万家”活动获中共中央宣传部和省委宣传部肯定和推介。城市阅读指数连续5年位居全省前三，9个家庭被评为全国“书香之家”。全市铺排文旅重点建设项目50个，年度计划投资85亿元。参加“2019湖南—粤港澳大湾区投资贸易洽谈周”，现场签约文旅项目4个，拟引进资金75亿元。参加第七届澳门国际旅游（产业）博览会，重点推介文化资源和特色文创产品。争取大湘西地区文化生态旅游精品线路建设资金449万元，双牌桐子坳、江永勾蓝瑶寨创建国家AAAA级旅游景区。举办首届历史文化名城（永州）文旅活动周暨永州市文旅项目招商推介会，现场签约文旅项目17个、金额73.15亿元。开办全国首家民间摩崖石刻拓片博物馆。

【红色文化建设】 2019年，中共永州市委宣传部牵头负责列士陈树湘墓迁移和生平事迹陈列布展工作，仅用两个多月时间完成“一个陈列室、一个墓地迁移、一面红军墙、一条进入道路、一个红军亭”建设，得到省委书记杜家毫充分肯定和重要批示。6月，陈树湘烈士纪念园对外开放，被列为全省爱国主义教育基地，全年参观人数30万人次。6月28日—30日，由中共中央宣传部组织的“再走长征路”主题采访团深入道县，《人民日报》、新华社、中央人民广播电台、《经济日报》《光明日报》、中央电视台、《中国青年报》《湖南日报》、湖南卫视等200余名记者寻访烈士陈树湘和红三十四师英雄足迹，进行集中采访报道。湖南省2019年“我们的节日·清明·传承红色基因 助力脱贫攻坚”群众性纪念活动。对长征遗址遗迹进行规划保护，开辟精品红色旅游线路，组织研学旅行，用革命先烈精神塑造青少年和全社会的灵魂。

【宣传队伍建设】 2019年，中共永州市委宣传部全面加强宣传思想文化战线干部队伍建设。从严要求宣传干部必须带头树牢“四个意识”、增强“四个自信”、做到“两个维护”。市委宣传部部务会把传达学习习近平总书记重要讲话和重要文章固定为第一议题；部务会理论学习中心组举行集中学习11次，部机关干部主动分享读书心得体会，形成领导带头学带头干、党员努力学加油干的良好氛围。完成部机关机构改革和人员转隶工作，建立机关绩效考核、科室评比、亮点打造等考评机制，实行每月打分、每季通报、年底评选，考评结果与绩效工资、评先评优挂钩。推进宣传文化系统党风廉政建设，出台《集中整治形式主义官僚主义突出问题十一条措施》。开展增强宣传干部脚力、眼力、脑力、笔力教育实践活动。

【“向日葵工程”】 2019年，永州市落实习近平总书记办好思想政治理论课的重要指示和《新时代爱国主义教育实施纲要》精神，以“红色文化进校园”为基点，实施未成年人思想道德建设“向日葵工程”。推行思想政治教育新模式。实行“四个统一”标准。根据青少年学生的身心成长特点，统一制作课件、统一培训教师、统一安排课时、统一营造氛围，教育和引导未成年人树立远大理想，在学思践悟中全面提升各项能力，系好中小学生人生第一粒扣子。全市统一制作中小学课件144个，培训骨干教师3800余人。开展“十个一”活动（编写一套红色文化知识读本、制作一批红色文化教学课件、开展一系列红色文化主题活动、打造一批红色文化学习阵地、组建一支红色文化宣讲队伍、建设一批红色文化教育基地、组织一次红色文化体验活动、制作一批红色文化流动展板、办好一批红色文化示范学校、开设一批红色文化宣传专栏）。推行特色教育。鼓励各中小学校因地制宜，充分利用乡土文化资源，开设特色教育课。冷水滩区舜德小学自创社会主义核心价值观体操、零陵区中山路小学推出示范课《“大朋友”习近平寄语》；零陵区、江华瑶族自治县、祁阳县开展零陵渔鼓、瑶文化和祁剧、祁阳小调进校园活动；蓝山县实施美心教育；新田县开展“心灵港湾”心理健康教育等。中央教育领导小组以简报的形式向全国推介，中央党史和文献研究院称之为“全国党史宣传教育创新之举”，省委办公厅、省委宣传部、省文明办、省委党史研究室等部门高度肯定。《人民日报》、中新网、凤凰网、《湖南日报》、湖南卫视等省内外媒体以及《湖南宣传》《湖南精神文明建设工作》等简报关注并推介，新华社专程采访报道。9月29日，举办全省未成年人思想道德教育“向国旗敬礼”现场活动，省文明办推广永州创新经验。

【“跟着‘菜篮子’走进大湾区”专题宣传】 2019年，中共永州市委宣传部、永州日报社与贵州省《黔南日报》《毕节日报》和广东省《云浮日报》《清远日报》《梅州日报》共同开展“跟着‘菜篮子’走进大湾区”采访活动。发表文字作品300余篇，图片1000余幅，为地方党委政府决策粤港澳大湾区“菜篮子”工程提供借鉴。中共中央宣传部理论期刊《三项学习教育通讯》、中国记协网刊发《一次践行“四力”要求的新体验——永州日报社“跟着‘菜篮子’走进大湾区三省六市州党报联合专题采访活动”纪实》。省委宣传部《阅评简报》中以《跟着三省菜篮子，走出“四力”新路子》为题进行总结，省委宣传部副部长、省政府新闻办主任卿立新批示：“这是市州近年来正面宣传比较成功的案例。”

（颜学飞）

附：

永州市2019届
永州市文明单位、文明标兵单位、
文明村镇、文明校园、
文明标兵校园、文明家庭、
文明社区（小区）、
文明窗口单位、文明旅游风景区、
文明餐饮示范店公示公告

一、文明标兵单位（33个）

市直和中央、省驻永单位（14个）：中共永州市委机构编制委员会办公室、永州市教育局、永州市城市管理和综合执法局、永州市文化旅游广电体育局、永州市财政局、永州市总工会、永州市机关事务管理局、湖南涔天河工程建设投资有限责任公司、永州市妇幼保健院、永州市教育科学研究院、永州市文化市场综合执法局、永州市救助管理站、永州市消防支队、永州市科学技术协会

冷水滩区（1个）：冷水滩区人民检察院

零陵区（2个）：零陵区发展和改革局、零陵区气象局

祁阳县（4个）：中共永州市祁阳县委办公室、中共永州市祁阳县纪委监委、中共永州市祁阳县人大常委会机关、祁阳县人民法院

双牌县（2个）：中共永州市双牌县委办公室、中国人民政治协商会议双牌县委员会机关

道　县（2个）：中共永州市道县人大常委会机关、中共永州市道县县委办公室

东安县（3个）：中国人民政治协商会议东安县委员会机关、中共永州市东安县纪律检查委员会县监察委、东安县总工会

江华县（2个）：江华瑶族自治县民政局、江华瑶族自治县总工会

江永县（3个）：中共永州市江永县委组织部、中共永州市江永县委宣传部、江永县气象局

二、文明标兵校园（8个）

零陵区黄古山小学、祁阳县教师进修学校、祁阳浯溪第二中学、东安县耀祥中学、东安县白牙市镇第一小学、道县第六中学、宁远县第三中学、蓝山县职业中等专业学校

三、文明单位（77个）

市直和中央、省驻永单位（19个）：永州市生态环境局、永州市经济建设投资发展集团有限责任公司、永州市看守所、永州市皮肤病医院、永州市军用供应站、永州市邮政管理局、永州市城市园林绿化服务中心、湖南省广播电视大学永州分校、永州市退役军人事务局、永州市工商业联合会、永州市公安局交通警察支队、永州市公共资源交易中心、永州市城市公共交通运输有限责任公司、中共永州市委政法委、永州市中医医院、永州市医疗保障局、永州市药品检验所、永州市大华山电视调频转播台、永州市政府发展研究中心

冷水滩区（5个）：中国人民政治协商会议冷水滩区委员会机关、中共永州市冷水滩区人大常委会机关、冷水滩区气象局、冷水滩区医疗保障局、冷水滩区黄阳司镇人民政府机关

零陵区（7个）：零陵区城乡规划分局、中共永州市零陵区委统战部、中共永州市零陵区人民政府办公室、中共永州市零陵区委政法委、中共永州市零陵区委网络安全和信息化领导小组办公室、零陵区人民法院、中共永州市零陵区委党校

祁阳县（6个）：共青团祁阳县委、中共永州市祁阳县委机构编制委员会办公室、中共永州市祁阳县委统战部、祁阳县信访局、祁阳县供销合作联社、祁阳县残疾人联合会

东安县（6个）：东安县科学技术协会、东安县教育局、东安县卫生健康局、东安县城市管理和综合执法局、东安县扶贫开发办公室、东安县统计局

双牌县（7个）：双牌县人力资源和社会保障局、双牌县退役军人事务局、双牌城发建设集团有限公司、双牌县住房和城乡建设局、双牌县融媒体中心（县广播电视台）、双牌县文化旅游广电体育局、双牌县市场监督管理局

道县（3个）：道县东门街道办事处、国家统计局道县调查队、道县水利局

江永县（2个）：江永县财政局、江永县住房与城乡建设局

江华县（3个）：中共永州市江华瑶族自治县人民代表大会常务委员会机关、中共永州市江华瑶族自治县委政法委、江华瑶族自治县卫生健康局

宁远县（4个）：宁远县委巡察办、

宁远县消防救援大队、宁远县公安局、宁远县人力资源和社会保障局

新田县（3个）：新田县工商业联合会、新田县妇女联合会、新田县科学技术协会

蓝山县（4个）：中国人民政治协商会议蓝山县委员会机关、中共永州市蓝山县委统战部、中共永州市蓝山县委办公室、中共永州市蓝山县机构编制委员会办公室

金洞管理区（5个）：中共永州市金洞管理区政法委员会、永州市公安局金洞管理区分局、金洞管理区住房与城乡规划建设局、金洞管理区卫生和计划生育委员会、金洞管理区晒北滩瑶族乡政府机关

回龙圩管理区（2个）：回龙圩管理区中心派出所、中共永州市回龙圩管理区委员会政法委员会

永州经济技术开发区（1个）：永州市城市管理行政执法局经济技术开发区分局

四、文明校园（25个）

冷水滩区凤凰小学、冷水滩区菱角山小学、冷水滩区朱家山小学、冷水滩区翠竹园小学、永州市第九中学、零陵区杨梓塘小学、祁阳县第二中学、祁阳县白水镇珠玉完全小学、祁阳县七里桥镇文家冲完全小学、祁阳县黎家坪镇第二中学、东安县白牙市镇第二小学、东安县山口铺中心小学、东安县白牙市镇第三小学、双牌县塘底乡学校、道县第五中学、道县蚣坝镇中心小学、江华瑶族自治县第二中学、江华瑶族自治县直属机关幼儿园、江华瑶族自治县白芒营镇中心小学、江华县桥头铺完全小学、江华瑶族自治县沱江中学、江华瑶族自治县河路口中学、宁远县莲花小学、宁远县第二中学、蓝山县太平学校、五、文明村镇（151个）、冷水滩区（16个）：冷水滩区黄阳司镇、冷水滩区牛角坝镇、冷水滩区花桥街镇、冷水滩区花桥街镇灯塘村、冷水滩区花桥街镇石塘村、冷水滩区杨村甸乡堆子头村、冷水滩区杨村甸乡岭口村、冷水滩区普利桥镇落刀塘村、冷水滩区普利桥镇八井村、冷水滩区普利桥镇铁塘村、冷水滩区普利桥镇鲁头碑村、冷水滩区黄阳司镇大湾村、冷水滩区黄阳司镇坪湖塘村、冷水滩区黄阳司镇田坝塘村、冷水滩区黄阳司镇同乐滩村、冷水滩区黄阳司镇水口桥村

零陵区（3个）：零陵区富家桥镇秧丘埠村、零陵区朝阳街道石烟塘村、零陵区菱角塘镇永连村

祁阳县（11个）：祁阳县羊角塘镇、祁阳县大村甸镇毛塘湾村、祁阳县龚家坪镇窑头铺村、祁阳县潘市镇高江村、祁阳县茅竹镇大塘村、祁阳县梅溪镇大伍村、祁阳县羊角塘镇白塘村、祁阳县大忠桥镇双凤村、祁阳县龚家坪镇三星村、祁阳县龚家坪镇石山湾村、祁阳县八宝镇大源村

东安县（21个）：东安县大庙口镇、东安县石期市镇、东安县横塘镇、东安县大盛镇、东安县新圩江镇、东安县水岭乡、东安县花桥镇、东安县南桥镇、东安县川岩乡、东安县井头圩镇石板铺村、东安县鹿马桥镇天堂村、东安县大庙口镇新溪村、东安县端桥铺镇汉寿村、东安县横塘镇大栗山村、东安县花桥镇刘阳村、东安县白牙市镇祥合村、东安县川岩乡松江村、东安县石期市镇蒋家村、东安县新圩江镇芦江村、东安县大盛镇杨家村、东安县南桥镇寺门马皇村

双牌县（16个）：双牌县麻江镇、双牌县何家洞镇、双牌县五星岭乡、双牌县上梧江乡、双牌县五里牌镇青山村、双牌县五里牌镇全家洲村、双牌县塘底乡清水村、双牌县江村镇访尧村、双牌县打鼓坪乡河源村、双牌县理家坪乡坦田村、双牌县何家洞镇何家洞村、双牌县何家洞镇附家湾村、双牌县五里牌镇潇水湾村、双牌县麻江镇白水岭瑶族村、双牌县茶林镇探花村、双牌县塘底乡黄泥山村

道　县（14个）：道县清塘镇室家村、道县清塘镇陈熊村、道县清塘镇清塘村、道县横岭瑶族乡、道县寿雁镇新湾村、道县寿雁镇水源头村、道县仙子脚镇齐家湾村、道县四马桥镇四马桥村、道县祥霖铺镇达头山村、道县祥霖铺镇田广洞村、道县桥头镇会谭村、道县蚣坝镇豹岩村、道县蚣坝镇全星村、道县柑子园镇刘家村

江永县（7个）：江永县桃川镇、江永县潇浦镇、江永县桃川镇上洞村、江永县桃川镇新宅村、江永县源口瑶族乡清溪村、江永县千家峒瑶族乡大畔村、江永县千家峒瑶族乡大溪源村

江华县（13个）：江华瑶族自治县水口镇、江华瑶族自治县涔天河镇、江华瑶族自治县大路铺镇、江华瑶族自治县河路口镇牛路社区、江华瑶族自治县水口镇如意社区、江华瑶族自治县水口镇吉祥社区、江华瑶族自治县大路铺镇大路铺社区、江华瑶族自治县白芒营镇牛趾窝村、江华瑶族自治县界牌乡社公湾村、江华瑶族自治县界牌乡界牌村、江华瑶族自治县沱江镇竹园寨社区、涔天河镇涔天河社区、涔天河镇阳华庙村

宁远县（28个）：宁远县清水桥镇刘家坪村、宁远县柏家坪镇曙光新村、宁远县柏家坪镇长岭上村、宁远县柏家坪镇郑古元村、宁远县仁和镇春水村、宁远县仁和镇仁和兴村、宁远县舜陵街道百草坪村、宁远县舜陵街道小康村、宁远县东溪街道鸡公岭村、宁远县文庙街道鱼桐村、宁远县桐山街道五里桥村、宁远县桐山街道高福村、宁远县湾井镇马脚洞村、宁远县湾井镇田心村、宁远县九疑山瑶族乡太平村、宁远县九疑山瑶族乡山河村、宁远县九疑山瑶族乡和平村、宁远县九疑山瑶族乡牛亚岭村、宁远县水市镇水晶窝村、宁远县太平镇上下留村、宁远县五龙山瑶族乡五龙山村、宁远县保安镇保安村、宁远县保安镇李巳村、宁远县保安镇许家村、宁远县鲤溪镇大观堡村、宁远县五龙山瑶族乡杨桂坪村、宁远县文庙街道八竹村、宁远县东溪街道红岩村

蓝山县（10个）：蓝山县毛俊镇、蓝山县祠堂圩镇、蓝山县塔峰镇八甲村、蓝山县荆竹瑶族乡江源村、蓝山县塔峰镇高阳村、蓝山县所城镇所城村、蓝山县浆洞瑶族乡上洞村、蓝山县毛俊镇栗江村、蓝山县犁头瑶族乡

犁头村、蓝山县所城镇联营村

金洞管理区（9个）：金洞管理区金洞镇、金洞管理区金洞镇小金洞村、金洞管理区晒北滩乡晒北滩村、金洞管理区晒北滩乡枧下村、金洞管理区石鼓源乡鸭婆凼村、金洞管理区石鼓源乡石鼓源村、金洞管理区凤凰乡江洲村、金洞管理区金洞镇钗江河村、金洞管理区晒北滩瑶族乡史家坪村

回龙圩管理区（1个）：回龙圩管理区回龙圩镇

永州经济技术开发区（2个）：永州经济技术开发区仁湾街道华南村、永州经济技术开发区仁湾街道东冲村

六、文明社区（小区）（19个）

冷水滩区牛角坝镇湘山街社区、冷水滩区菱角山街道活龙井社区、冷水滩区肖家园街道通化街社区、冷水滩区杨家桥街道伍家院社区、冷水滩区珊瑚街道凌云社区、零陵区七里店街道神仙岭社区、零陵区朝阳街道老渡口社区、东安县白牙市镇山子岭社区、祁阳县浯溪街道白竹湖社区、祁阳县黎家坪镇雨坛岭社区、双牌县泷泊镇青龙洞社区、双牌县泷泊镇阳明社区双牌水力发电有限公司明珠花园小区、双牌县泷泊镇阳明社区总工会小区、道县濂溪街道寇公社区、江华瑶族自治县沱江镇豸山社区、江永县潇浦镇凤凰社区、宁远县舜陵街道印山社区、宁远县桐山街道宝塔社区、宁远县东溪街道逍遥岩社区、蓝山县塔峰镇龙泉社区

七、文明餐饮示范店（19个）

永州市嘉隆同和酒店、永州市喜尔纳酒店、零陵区鑫龙酒店、零陵区太谷酒店、东安星享酒店、重庆德庄火锅祁阳店、祁阳县田园生活时尚餐厅、双牌县金水山庄、双牌县和厨酒店、双牌县鸿宇世纪大酒店、道县阅菜馆、宁远县食里画廊大酒店、新田县鼎丰国际大酒店、新田县禧宴食府、江华瑶族自治县客湘聚、千源·江永大酒店、蓝山县花果庄园中西餐厅、永州经济技术开发区锦绣滨湖酒店、永州经济技术开发区鱼水情河鱼店

八、文明窗口单位（16个）

冷水滩区民政局婚姻登记窗口、冷水滩区医保局医保事务中心窗口、零陵区政务服务中心、东安县井头圩镇卫生院、新华书店有限责任公司双牌县分公司、湖南有线双牌网络有限公司、道县政务服务中心、中国建设银行股份有限公司宁远支行、新田县公安局人口与出入境管理大队、新田县社会保险服务中心、江华瑶族自治县自然资源局不动产办证大厅、江华瑶族自治县行政审批局政务中心、江华县妇幼保健计划生育服务中心、江华瑶族自治县人民医院、江永县退役军人服务中心、蓝山县中心医院外二科

九、文明风景旅游区（2个）

江永县女书生态博物馆景区、蓝山县云冰山风景旅游区

十、文明家庭（36个）冷水滩区唐艳玲家庭、冷水滩区周海涛家庭、零陵区龚红卫家庭、零陵区杨景仙家庭、零陵区唐鸾英家庭、祁阳县刘昭斌家庭、祁阳县刘国生家庭、祁阳县郑红艳家庭、祁阳县孙慧英家庭、祁阳县邹井玲家庭、祁阳县刘艳平家庭、东安县雷玲俐家庭、双牌县唐玲艳家庭、双牌县郑石安家庭、双牌县周禹哲家庭、道县罗新鹏家庭、宁远县陈国宏家庭、新田县陈婧家庭、新田县廖向清家庭、新田县吕林家庭、江华瑶族自治县郑艳琼家庭、江华瑶族自治县罗学海家庭、江华瑶族自治县何振祥家庭、江华瑶族自治县谢娇龙家庭、江永县龙燕华家庭、江永县何谧家庭、蓝山县梁邦义家庭、蓝山县曾祥七家庭、蓝山县翁光宙家庭、蓝山县曾庆章家庭、蓝山县李劲松家庭、金洞管理区邓太明家庭、金洞管理区彭满秀家庭、经开区黄艳玲家庭、经开区胡纯辉家庭、经开区柏金兰家庭

统一战线

【概况】 2019年，中共永州市委统战部围绕市委、市政府的决策部署，提高站位、狠抓落实，各领域统战工作成效明显。《坚持“一二三四”工作法，切实发挥市委统战部工作领导小组作用》获得全省统战工作实践创新成果奖，《新时代党外知识分子统战工作研究》获得全省统战理论政策研究创新成果奖，统战信息工作获全省三等奖，创建省级“同心美丽乡村”2个。5月14日，依据机构改革部署，永州市民族宗教事务委员会合并入市委统战部，内设12个科室，并加挂永州市民族宗教事务局、市政府侨务办公室。

【党管统战责任】 2019年，永州市先后召开市委常委会就港澳台、民族宗教、非公经济等统战工作专题研究5次。7月，召开市委统一战线工作领导小组第一次全体会议，出台《中共永州市委统一战线工作领导小组工作规则（修订稿）》《中共永州市委统一战线工作领导小组成员单位职责》《2019年度永州市统一战线工作考核方案》等文件，把党管统战工作纳入各级党委（党组）目标管理考核，纳入党委（党组）主要负责人党建述职和执行力考核重要内容，纳入全市绩效评估体系，压实各级党委（党组）履行统战工作的主体责任。召开全市统战工作暨同心美丽乡村现场推进会，并开展统战工作特色亮点现场观摩活动。

【思想政治引领】 2019年，永州市统一战线以中华人民共和国成立70周年为契机，引导开展“不忘合作初心、继续携手前进”“守法诚信经营、坚定发展信心”“弘扬爱国奋斗精神、建功立业新时代”“五进五好”等主题教

育。先后组织全市党外代表人士赴红旗渠开展“暑期谈心”、全市宗教界代表人士开展“看巨变、聚人心、坚定宗教中国化方向”暑期恳谈活动、全市统一战线“我和我的祖国”主题演讲比赛、永州解放70周年座谈会等系列活动。6月，举办全市统一战线“讲政治、严纪律、守廉洁”专题教育培训班。将统战政策理论纳入党校教学体系，开展“进党校、上讲台”活动，市、县两级统战部长进党校宣讲统战政策理论12场次。依托深圳大学等高等院校举办优秀民营企业高级研修班，选送永州优秀民营企业家参加培训。在省社会主义学院以及北京大学等高等学府举办党外干部主体班7个、各类专题班23个，培训统战成员1200人次。在市级媒体以及新媒体开辟统战专栏，策划“统战知识30讲”“书记谈统战”“中华人民共和国成立70周年统一战线优秀人物风采展”“助力脱贫攻坚统一战线在行动”等系列宣传。

【服务中心大局】 2019年，中共永州市委统战部实施“凝心聚力新时代”行动，主动聚焦市委、市政府中心工作，出台《永州市统一战线“围绕中心聚力量、服务大局助发展”行动工作方案》。引导各民主党派、工商联和无党派人士围绕打好“三大攻坚战”等主题开展调查研究，完成调研成果11个，提出意见建议70多条。推进“万企帮万户”“泛海助学”“金秋助学”“暖阳工程”等社会扶贫行动，累计投入产业、公益等各类帮扶资金3900万元，对接扶贫项目320个，帮助培训技术能人3400余

2019年12月，永州市党风廉政建设和反腐败工作暨法院、检察院、园区产业建设工作情况通报会

人。8月，举行教育扶贫“永州统一战线在行动”捐赠仪式，累计捐赠588.12万元。引导统战成员开展义诊、赠送图书、产业帮扶、送科技下乡等活动，创建省级同心美丽乡村示范点2个、市级同心美丽乡村13个、县级同心美丽乡村40个。开展“迎老乡、回故乡、建家乡”活动，依托江华海联产业园、蓝山华侨产业园、宁远台湾工业园等园区，通过香港永州联谊会、异地永州商会等以商招商、产业链招商等方式，创建祁阳科创园、蓝山皮革皮具产业园。全市签约项目155个，总投资额370亿元。组织开展海外人才“智力援乡”等系列活动，联络美籍华人奉向东等来自各领域的专家学者为永州经济社会发展出谋划策。

【多党合作事业推进】 2019年12月，永州市召开党风廉政建设和反腐败工作暨法院、检察、园区产业建设工作情况通报会，进一步拓展党外代表人士的知情权。市委书记、市人大常委会主任严华召开专题座谈会，就市委五届七次全会暨市委经济工作会议报告征求党外代表人士意见。协助制定《永州市政协2020年度调研协商与监督工作计划》。支持各民主党派市委开展民主监督工作，制定出台《关于支持各民主党派市委、市工商联和无党派人士开展“园区升级”战役民主监督工作的实施方案》，组织各民主党派和无党派人士对“园区升级”战役及扶贫领域进行民主监督。

【非公有制经济服务】 2019年，永州市先后开展“访民企、办实事、强信心”活动，召开“服务企业·面对面”等座谈会，举办市直属商会主题沙龙、检察护航民企发展等活动，举办集中宣讲活动35场次，培训骨干民营企业家400人次。3月，召开全市民营企业座谈会，14名民营企业家代表提出意见建议58条，市委书记、市人大常委会主任严华对意见建议进行现场交办。开展民营企业营商环境、永商永才回乡创业专题调研活动，形成的永商永才回乡创业调研报告为市委决策部署提供重要参考。组建20名法

2019 年 8 月，永州市宗教界代表人士开展“看巨变，聚人心，坚定中国化方向”暑期恳谈活动总结会

律专家库，为民营企业免费提供有关法律咨询服务。

【党外知识分子和新的社会阶层人士统战工作】 2019 年，永州市开展“新阶层新力量”“智汇潇湘，共创辉煌”等主题活动，引导党外知识分子和新阶层人士围绕生物医药、现代物流等领域进行专题调研，开展“送法进校园”等系列活动。推动 11 个县区建立新的社会阶层人士实践创新基地，推动零陵、双牌、江华成立新的社会阶层人士联谊会。先后成立永州市欧美同学会（归国留学人员）联谊会、永州市新的社会阶层人士联谊会。

【民族团结】 2019 年，永州市深化民族团结进步创建活动，江永县获全国民族团结进步模范集体称号，零陵区徐家井街道办事处徐家井社区和江华瑶族自治县码市镇获全省民族团结进步创建示范单位。推进少数民族特色村镇建设，江永县勾蓝瑶寨、江华瑶族自治县桐冲口村被评为第三批“中国少数民族特色村寨”。全年向省民宗委争取少数民族专项资金 441 万元，制定《少数民族资金项目监管实施细则》，强化项目立项、施工、验收过程监管，确保项目资金用于民族地区基础设施建设、少数民族特色村寨建设、民族团结进步创建和少数民族文化发展。加强少数民族服务管理，登记建档。严把“两种考生”（聚居区考生、少数民族考生）资格审查关，完成 5000 余名考生民族成分认定和加分条件审核，保障少数民族考生的正当权益，实现零举报、零信访。规范行政审批权力，及完成国务院办公厅主导的“互联网+政务”“互联网+监督”等信息平台数据对接，完善 335 项要素的申报、形成 22 项行政许可和 25 项行政处罚及其他行政权力清单。

【宗教工作】 2019 年，永州市贯彻落实中央、省委关于宗教工作重大决策部署，开展擅自建设小庵小庙、民间信仰场所，佛道教商业化以及基督教私设聚会点等专项督查和整治。7 月，基督教三自爱国运动委员会、基督教协会第四次代表大会在冷水滩区召开，81 名代表参加会议。8 月，组织宗教界代表人士开展“看巨变、聚人心、坚定中国化方向”暑期恳谈活动。10 月，为迎接中华人民共和国成立 70 周年，冷水滩、零陵、蓝山、宁远、新田、祁阳、东安等地宗教界开展庆祝活动，推进宗教活动场所开展“五进五好”（党的十九大精神、国旗国歌、社会主义核心价值观、政策法规、中华优秀传统文化进宗教活动场所，宗教教职人员努力做到政治品格好、守法遵规好、文明友善好、传承文化好、服务社会好）活动。11 月，组织宗教人士参加湖南宗教信息化综合应用平台启动暨签约仪式视频会议。推动落实《建立完善县乡村三级宗教工作网络和落实乡村两级宗教工作责任制》。

【侨务】 2019 年，永州市提升涉侨服务水平，使用政务服务一体化平台进行录入归侨、侨眷身份认定；华侨回国定居审批；华侨捐赠公益事业备案项目 4 项，并提供办事指南，明确办理时间在 5 个工作日内。完成“三侨”（归侨学生、归侨子女、华侨在国内的子女）考生身份确认工作，全年无“三侨”考生。加强宣传侨法，在助同心潇湘公众号和今日永州“永州统战”专栏推出涉侨政策 28 问。5 月，美国欣欣教育基金会会长杨一青到江永、蓝山等地回访 3 所欣欣小学。加强侨务交流合作。引荐侨资企业永州大自然医院集团与盖德健康平台达成战略合作伙伴关系。推动箱包皮具生产及产业链落户湖南华侨同心产业园，邀请全美湖南同乡联合会主席、美籍华人科学家黄厚斌、美国旧金山湾区湖南同乡会会长吴彤、美洲湖南永州同乡会副会长邓军武为东安一中、永州三中2000余名学生代表做励志报告。

【港澳统战与海外统战工作】 2019年，永州市开展“美丽中华·绿色湖南·生态永州”第五届“鱼人节”、“亲情中华·魅力永州”海外华侨华人书画作品交流展、永州·澳门爱心公益展演、“关爱孩子·永澳融情”会演、香港永州联谊会2019年春茗座谈会、“祖国不会忘记”走访慰问归侨代表等活动。11月，“校长带你游中国之永州研学”澳门首发团到省爱国主义教育基地、省研学教育基地柳宗元纪念馆开展研学活动。

（周世华）

政策研究

【概况】 2019年，中共永州市委政策研究室起草讲话、汇报、致辞等各类文稿452篇，牵头开展调查研究16次，形成调研报告11篇，编印《永州通讯》12期。其中《关于湘江保护与治理工作情况汇报》得到省委领导的表扬；《以高质量检视整改推动高质量发展》在省委主题教育座谈会上得到一致好评；起草全市三大攻坚战推进大会、市委五届六次全会、承接产业转移示范区建设推进会等会议讲话文稿，《坚定不移推进产业兴永》等调研报告中的有关建议得到市委领导重视和采纳。

【推动深化改革】 2019年，市委政策研究室推进全市全面深化改革工作，完成改革任务110项。开展湖南省委部署的“减轻基层负担与调动基层干部积极性相结合的体制机制”改革试点，推出改革举措105项，省委深化改革委员会第三次会议专题听取试点工作汇报，省委出台的《关于全面加强基层建设的若干意见》吸纳永州改革试点的经验做法。省政府公布的“一件事一次办”100个事项率先落地，向日葵工程、纪检监察专责监督与政协民主监督协调联动机制等改革经验得到省内外媒体报道。

【推进财经工作】 2019年，市委政策研究室准确把握经济工作要求，筹建完善中共永州市委财经委员会和中共永州市委财经委员会办公室机构设置，拟定下发市委财经委成员名单和《中共永州市委财经委员会工作规则》《中共永州市委财经委员会办公室工作细则》，承办市委财经委第一次、第二次会议。围绕产业项目建设、三大攻坚战、乡村振兴、基层建设和经济运行，加强分析研判，为市委科学决策提供一手资料和参考意见。会同发改委、统计局、工信局、财政局、自然资源管理局等相关部门，研判全市经济社会发展形势，参与筹备全市三大攻坚战推进会、民营经济座谈会、产业项目建设推进会、季度经济形势分析会、县区委书记视频会等系列会议。抓好全市全面小康工作的统筹、协调、调研、督促、检查。

（廖阳迪）

机构编制

【概况】 2019年，永州市行政机构973家，行政编制21599名，事业机构5366家，事业编制146241名（含中小学教职工专项编制5.16万名）。党政机构改革在全省率先落地，全面完成行政类事业单位改革，推进群团改革、“5+1”（在五个领域执法队伍成立后，将剩余的其他行政执法职能整合在一起）领域综合行政执法改革、生态环境垂改及市、区自然资源和规划管理体制调整等系列重点改革，深化集中行政许可权、基层治理体制、经济发达镇行政管理体制等系列试点改革，加强中小学、医疗卫生、政务服务等民生重点领域编制保障力度。机构编制部门调整为党委工作机关，由组织部门管理。

3月，永州市全面完成改革任务。改革期间，没有发生一起改革引起的矛盾、信访行为。改革后，全市党政机关442个，其中，市直党政机构47个，含市委机构13个（纪检监察机关1个，工作机关12个），市政府工作部门34个，县区按照大、中、小县三类分别按照37、35、33的党政机构限额，与中央、省市对应进行机构设置，加强组织架构、管理机制，基层社会治理和公共服务职能一体化。市本级调整部门领导体制机制事项34项，调整优化职能134项，市委常设议事协调机构15个，建立健全和优化市委对重大工作领导体制机制。

【事业单位改革】 2019年，永州市行政类事业单位全部启动机构改革工作，其中市本级纳入改革范围的事业单位165家。12月底，完成行政类事业单位改革工作，原各类机构承担的行政职能全部回归机关，精简科级以上事业机构147家，事业机构撤并整合力度位于全省前列。

【机构编制管理】　2019年，永州市机构编制加强实名制数据管理维护，补充完善公职人员信息26426人次。加强实名制管理系统、事业单位在线平台的推广应用，全年编制使用核准8921名、入编6682名、出编6088名、机构改革人员划转10037名及事业单位登记、变更等事项。加强中小学教职工专项编制的动态调整、统筹管理，预先向冷水滩区、零陵区下达补充教师用编145名，为提前一年完成大额班化解任务提供编制保障。创新编制管理、健全激励制度。出台《永州市市属公立医院人事编制管理实施办法（试行）》，规定新进人员由医院自主招聘，实行备案制管理，不进行实名制列编，扩大医院自主用人和自主考核权，开通高层次医务人才及急需医务人才实名制列编绿色通道，提升编制正向激励属性。

【相对集中行政许可权改革试点】2019年，湖南省唯一一个相对集中行政许可权改革试点县落户蓝山，23个部门281项行政许可事项和47个关联事项一体划入县行政审批服务局，19个事业机构审批关联服务职能一体并入县行政审批服务局所属事业机构，蓝山县进入“一枚印章管审批”模式。全县审批环节压缩率50%以上，审批时限减少30%～60%，审批材料精减率达30%以上，缩减审批时限50%，节约行政审批人员编制三分之二。该县在“2019智慧中国年会”中获评“2019数字政府特色评选50强优秀案例”——政务服务创新奖。

（胡晓华）

机 关 党 建

【概况】　2019年，永州市直工委现辖机关（事业单位）党委64个，党总支部55个，党支部692个，党员14225人。全年发展党员791人，其中发展机关党员213人，大学生党员578人。设有市直纪检监察工委（市纪委监委派出机构）和办公室、组织部、宣传部、群团工作部、基层组织建设指导部职能部室5个。在职人员19人，其中处级干部9人，科级干部8人，工勤人员1人，退休干部16人。年内，市直工委贯彻落实全面从严治党要求，认真履职，严抓真管，推动机关党的建设高质量发展。被永州市委表彰为“党风廉政建设工作优秀单位”“全市党办系统质效提升工作优秀单位”“全市基层党建工作先进市直行业系统党（工）委”“意识形态责任制工作优秀单位”“社会治安综合治理工作先进单位”等，继续保持“平安单位”称号。

2019年6月27日，永州市直机关“七一”表彰暨千名党组织书记讲党课活动现场竞讲决赛　摄影　黄型科

【思想政治建设】　2019年，永州市直工委注重机关政治属性，把政治建设放在首位。紧扣“围绕中心、建设队伍、服务群众”核心任务，实施机关党建“十百千万”工程（十个模范基层党组织、百个“五化”建设示范点、千名党组织书记讲党课、万名党员进社区）。把意识形态工作纳入机关党建工作要点，融入党建工作责任制、融入目标绩效管理、融入纪律监督检查范围，强化日常督查，推动市直机关各级党组织查摆薄弱环节，突出重点，破解难题，落实意识形态工作责任制。

【理论武装】　2019年，永州市制定下发《2019年市直机关基层党组织理论学习安排意见》，对市直各单位理论学习中心组和党支部理论学习进行系统安排。组织市直机关党组织书记以“守初心、做表率、当模范”为主题，创新方式讲党课，市级领导带头参与，各级机关党组织书记讲党课2645场次。牵头举办8期永州大讲堂，邀请9位专家学者进行专题讲座，现场听课1万人次。推广学习强国平台，学习成效明显。对机关党建热点难点重点工作，开展调查研究，为市委研究决策提供工作参考。调研撰写《关于探索建立健全科学有效党建考评制度的专题报告》《提升永州机关基层党组织组织力的调查与思考》，其中《提升永州机关基层党组织组织力的调查与思考》被湖南省直工委、湖南省机关党建思政会确定为重大立项课题，其论文被评为一等奖。

【宣传工作】 2019年，永州市直工委加强对信息发布和内部宣传平台管理。在永州机关党建微信公众号和永州机关党建网站上发布信息1500多条，在《永州日报》和永州新闻网机关党建开设专栏，集中宣传先进基层党组织和优秀党员干部事迹，发表各类文章、信息等50余条，在湖南《机关党建》和湖南机关党建网刊发文章20余篇。加强内部网评员队伍和网络文明传播志愿者队伍管理。

【机关党组织建设】 2019年，永州市直工委抓好涉改单位机关党组织的组建和隶属关系的调整，组织召开各类座谈会18场，协助解决问题58个，对4个单位基层党组织下达更名批复，指导符合条件的11个市直单位成立机关党委和4个单位成立党总支，审批成立3个临时党支部。落实市直工委班子成员联点责任制，班子成员到联系点讲党课24次、查摆问题169个，谈心谈话345人次。实现在职人员党支部“五化”（党支部设置标准化、组织生活正常化、管理服务精细化、工作制度体系化、阵地建设规范化）建设全面达标，选树第二批示范点44个。有76个党支部（因机构改革，部分单位党组织重新组建或进行大规模调整，重新申报创建“五化”建设及部分党支部争创优秀）申报创建党支部“五化”建设，有64个党支部申报创建党支部“五化”建设示范党支部。市委书记、市人大常委会主任严华、市委常委、市委秘书长、市直工委第一书记唐能武，市委常委、市委组织部部长吴志雄到市直机关、医院、高校调研指导机关党建工作，对机关党支部“五化”建设给予充分肯定。实施三级联述联评联考和党支部书记双述双评制度，组织召开基层党组织书记述职评议大会，每季度对各单位党组织进行指导，并下发问题整改清单，特别是对上级巡视巡察问题较多的单位进行重点督导，紧盯问题的整改落实。

2019年5月22日，永州市直工委在市中心医院举办第四十三期入党积极分子培训班 摄影 黄型科

【队伍建设】 2019年，永州市直工委做好新形势下发展党员工作，严把关口，确保新发展党员的质量。5月22日—24日，举办市直机关第四十三期入党积极分子培训班，对市直机关290余名入党积极分子进行入党系统培训，7月19日，举办市直机关发展党员工作业务培训班。6月19日—21日，举办市直机关第四期党员发展对象培训班。11月26日—28日，举办第五期党员发展对象培训班。7月27—8月1日，举办市直机关党务干部弘扬“红旗渠”精神加强党性教育培训班。9月23日—24日，分两期举办市直机关基层党组织书记“不忘初心、牢记使命”主题教育暨党建业务培训班，培训市直机关各级党组织书记600余名。9月25日—26日，分别举办市直机关基层党组织组织委员培训班、纪检委员培训班和宣传委员培训班，市直工委直辖党组织专职副书记、党委工作部门负责人、组织委员、纪检委员、宣传委员370余人次

参加培训。“七一”前夕，选树先进基层党组织75个、优秀共产党员96名和优秀党务工作者94名。组织开展好走访慰问，春节走访慰问困难党员114名，发放慰问金12.3万元；“七一”期间，对市直机关10名中华人民共和国成立前老党员和5名因公牺牲党员烈士家属进行走访慰问，推荐上报省级党内关怀帮扶对象3名和市级党内关怀帮扶对象2名；“十一”期间，走访慰问市直机关7名中华人民共和国成立前老党员和10名因公牺牲党员家属。

【廉政建设】 2019年，永州市直工委推动管党治党责任落实，探索廉洁教育新举措。组织党员干部学习党纪条规，观看警示教育片，到陈树湘烈士纪念馆等市内教育基地接受教育。11月22日，举办市直机关第四期新提拔科级干部廉政培训班，新提拔的科级干部320人参加。加强对市直机关单位作风建设督查，开展形式主义官僚主义六大突出问题专项整治。对市疾控中心进行二级机构专项监督检查。检查发现市疾病预防控制中心存在问题16个，问题线索4条，全部按程序移交主管单位整改落实或移交市纪委处理，1名处级干部和1名科级干部被立案审查，追究党纪责任。受理、审理科级及以下干部违纪违法案件43件，审结42件，党纪处分32人，政务处分10人，审查恢复党员权利案件2件。

【巡察整改】 2019年3月19日—5月19日，市委第一巡察组对市直工委开展巡察，7月22日，反馈巡察意见。市直工委对市委巡察工作支持配合，对反馈的五大类17个方面46个具体问题，进行全面整改。受市委组织部的委托，市审计局派出审计组审计2016年9月至2019年期间，郑文飞任市直工委书记期间的经济责任履行情况和市直工委委2018年度预算执行及其他财政财务收支等情况，对所指出的问题进行全面整改落实。

【服务中心】 2019年，永州市直工委动员组织市直机关基层党组织党员参与“三大攻坚战”和“六城同创”等中心工作。牵头联系狮子口社区的“六城同创”工作，开展调研、调度、暗访等工作，与市编办、永州农商银行进行常态化对接，协力推进工作开展。发挥督促、指导、支持、带动作用，支持狮子口社区创建资金5万元，与相关职能部门多次协调关系5次，社区开展现场调研6次，开展主题党日和党员志愿服务活动8次，推动农贸市场管理、“四清四治四化”、实施“微实事”工程等创建工作。对扶贫驻村干部进行调整，工作队为满明村协调争取和落实资金118.9万元，争取项目资金98.5万元，公益赞助6.5万元。5月25日，联合市农业农村局、市中心医院到满明村开展“我和祖国共成长，送医送药暖人心”义诊和篮球联谊赛活动，为满明村捐献价值2万元的办公用品，市中心医院为180名村民提供健康咨询和检查服务，赠送义诊药品2万元。

【群团工作】 2019年，永州市直工委贯彻《关于加强和改进党的群团工作的意见》要求，坚持党建带群建、加强党对群团工作的领导。联合市委组织部、市税务局举办一期“读写说”沙龙，吸引市直机关80名青年参加。组织参加团市委举办的“青春打卡，畅享五四”“百年五四·潇湘新语”主题征文、“百年五四·潇湘记忆”图片展等系列活动。加强志愿服务力度，倡导志愿服务活动。3月，组建市直机关党员志愿服务队参加永州市“治陋习·树新风”乡风文明建设年动员大会，并开展志愿服务活动。3月4日，联合市林科所开展“义务植树 添绿永州”主题党日活动。

【重要会议】 2019年1月21日，“2018年度市直单位党组（党委）书记履行党建工作责任述职评议会议”召开。会议由市委常委、组织部部长吴志雄主持，市委副书记、政法委书记何录春讲话，市委常委、市委秘书长、市直工委第一书记唐能武进行点评。会上有7个单位的党建工作负责人进行现场述职，与会人员对述职对象进行现场测评。1月30日，“2018年度市直机关基层党组织书记述职评议大会”召开。会议由市直工委书记郑文飞主持，市委常委、市委秘书长、市直工委第一书记唐能武出席并讲话。会上对6名机关基层党组织书记进行现场述职。4月4日，“2019年永州市直机关党的工作会议”召开。会议由市直工委副书记陈新兰主持，市委常委、市委秘书长、市直工委第一书记唐能武出席并讲话，市直工委书记郑文飞作工作报告。7月24日，市委第二十四次常委会，专题听取全市基层党建工作和市直机关党建工作情况汇报。

（李俊萍）

党 校 工 作

【概况】 2019年，市委党校举办培训班12期，其中处干班3期、科干班3期、中青班1期、妇干班1期，乡镇党委书记班1期，乡镇政协联工委主任培训班1期，培训484人次。8月5日—9月29日，承办全市产业扶贫总经理培训班2期，培训197人次。9月17日—20日，承办永州市委“不忘初心、牢记使命”主题教育读书班，培训121人次。计划外培训班16期，培训2967人次。全年设新专题24个，重点打造“陈树湘‘断肠明志’铸党魂”等精品课3堂。创新培训方式，推行“两级审稿三轮试讲”制度，统筹利用校内校外课堂、采用导学自学方式，利用本校教员与外请报告资源，形成多措并举培训机制。优化培训内容，将学习贯彻习近平新时代中国特色社会主义思想和中共十九大精神摆在干部教育培训最突出位置，构建“1+10+1”的课程体系。

【科研资政】 2019年，中共永州市委党校在省级以上刊物公开发表论文34篇，《永州日报》发表4篇。学员公开发表理论文章及调研报告等55篇，新闻报道150余篇。在全省党校行政学院系统年度理研会优秀论文评比中，获二等奖4项，三等奖2项。结项课题4项，申报获准立项课题5项，申报永州市社科基金6项。全校教职工分6个小组精准选定课题6个，并开展课题调研活动，成果在全校教职工大会上交流并在办学过程充分运用。

【学员管理】 2019年，中共永州市委党校根据《关于落实从严治校要求全面加强学员管理的规定（试行）》，建立“如实宣讲、如实记录、如实汇报”的规范化管理标准。对学员在校的表现进行全方位测评和综合考核。细化奖励措施，对学员担任班干部、在校获奖、参加集体活动、为班集体做贡献、出科研成果等进行加分。全年学员平均到课率98.61%，手机入袋率99.75%、就餐率99.837%、住宿率98.72%，“四率”均为100%的181人，占41.5%，达到评优秀学员条件390人，占89.44%。

【人才队伍建设】 2019年，中共永州市委党校引进北京大学、清华大学、中南大学、华中师范大学硕士研究生4名，加强青年教师培养，安排教员到市委综合部门锻炼和到主体班跟班学习。加强骨干教师培训，组织教师40人次到中央党校、省委党校、省社会主义学院、北京大学、复旦大学等进行培训，完善《教学管理制度》和制定《教研咨一体化创新工程项目实施细则》，市财政预算安排60万元用于教研咨一体化创新工程。

【韩京京在市委党校作专题讲座】 2019年5月17日，中国国际报告文学研究会长征精神研究院院长、八路军研究会学术委员会秘书长韩京京应邀到校作《碧血湘江化忠魂，生死与共战友情》专题讲座，市委常委、宣传部部长贺辉主持，常务副校长许洋名为韩京京颁发中共永州市委党校客座教授聘书，春季学期主体班全体学员及教职员工聆听讲座。

【“不忘初心、牢记使命”主题教育读书班】 2019年9月17日—20日，中共永州市委举办“不忘初心、牢记使命”主题教育读书班。市委常委、市委理论学习中心组成员、市级领导、市直各单位、各人民团体主要负责人121人次参加。9月18日上午，举行开班式，市委书记、市人大常委会主任严华作《牢记初

2019年9月18日，永州市委举办“不忘初心、牢记使命”主题教育读书班专题讲座

心使命　砥砺担当作为——把以人民为中心的发展思想融入血脉化为行动》专题报告，市委副书记、市长何录春主持。下午，省委党校副校长吴传毅作《共产党员要始终坚持不忘初心牢记使命》专题讲座，严华主持。9 月 20 日下午，举行结业式，严华围绕“庆祝中华人民共和国成立七十周年”讲党课。

（吕黎）

老干部工作

【概况】　2019 年，市委老干部局调整为市委工作机关，有内设机构 4 个：办公室、生活待遇科、组织宣传与老年教育科（市委离退休干部工委办公室）、市关心下一代工作委员会办公室；直属参照公务员法管理的事业单位 2 个：市老干部活动中心（市老年大学）；市老干部休养所。行政编制 8 名、工勤编制 1 名，老干部活动中心编制 9 名，老干所编制 10 名。全市有离退休干部 5.31 万人，其中离休干部 166 人；离退休干部党支部 728 个，离退休干部党员 3.62 万人。离退休干部党建工作在 2019 年度全省述职评议考核等次为“好”。社区党建融合推进离退休干部党建工作在 2019 年度全省老干部局长会议上作典型交流发言，并得到中组部老干部局离退休干部工作微信公众号的宣传推介。黄超富被评为“全国离退休干部先进个人”，市商务局机关离退休干部党支部、零陵区老年大学、新田县关心下一代工作委员会被评为“全省离退休干部先进集体”，钟挺华、周元纯、邓丽华、钟上元、陆汉平、何祥麟 6 人被评为“全省离退休干部先进个人”；郭得志、邓军君被中国关工委表彰为全国“双带”农村致富青年先进个人。1 月，召开 2019 年老干部迎新春工作情况通报会，向老干部通报全年工作情况，共贺新春佳节。5 月，省委老干部局副局长、省委离退休干部工委专职副书记孔寅湘到永州，调研离退休干部党建工作、离退休干部党支部“五化”建设、老干部志愿者服务以及离退休干部服务保障工作等情况。9 月，召开离退休老同志座谈会，就主题教育检视问题征求意见建议。全市 2019 年关心下一代工作现场会在宁远县召开。11 月，省委老干部局局长、省委离退休干部工委书记龚健到永州调研离退休干部学习贯彻中共十九届四中全会精神，如何在推进国家治理体系和治理能力现代化进程中发挥积极作用等情况。12 月，召开市委老干部工作领导小组会议，传达学习全国离退休干部“双先”表彰大会以及全国老干部局长会议精神。

2019 年 12 月 19 日，永州市委老干部工作领导小组会议召开

【完善离退休干部党建工作】　2019 年，永州市创建 7 个省级示范离退休干部党支部，61 个市级示范离退休干部党支部。深入推进社区离退休干部党建工作，出台《关于在居民小区建立离退休干部党支部试点工作的通知》，创建 21 个社区离退休干部党支部示范点。省委老干部局对小区离退休干部党建工作给予高度肯定。东安县离退休党员干部“夕阳红”与“党旗红”交相辉映的“双红”党建新模式，被中国共产党新闻网刊载，获评全国城市基层党建创新案例。

【离退休干部学习活动】　2019 年，永州市老干局引导老干部学习贯彻习近平新时代中国特色社会主义思想和中共十九大精神、十九届四中全会精神。举办 80 多场次学习活动，参学人数 2 万余人。组织老干部就近参观考察、向老干部通报情况 110 多场次。开展“庆祝中华人民共和国成立

70周年”走访慰问离休干部活动，为全市172名离休干部颁发“庆祝中华人民共和国成立70周年”纪念章，发放慰问金。开展“我看中华人民共和国成立70周年新成就”专题调研活动，召开调研座谈会、研讨会32次，个别访谈61人，1600余老干部参与，收到调研报告24份。9月，召开纪念永州解放70周年座谈会。10月，组织离退休干部参观考察中心城区项目建设成果和蓝山县重点项目建设。

【离退休干部保障工作】 2019年，永州市推进离休干部“三个机制”（离休费保障机制、医疗费保障机制、财政支持保障机制）有效运转，确保离休干部生活补贴和医疗保障等费用按时足额发放。落实中央和省、市各项老干部生活待遇政策和规定，老干部各项政策性补贴按时到位，没有拖欠现象。做好《关于提高离休干部护理费标准的通知》《关于提高省级干部自雇服务人员补贴标准》《关于调整离休干部无固定收入的遗孀配偶以及建国前参加革命工作建国后退职干部、建国初期参加革命工作的部分退休干部生活照顾等事项的通知》的转发工作，确保符合条件的老干部均能全面享受政策待遇。

【关怀离退休干部】 2019年春节、重阳节以及“十一”安排走访慰问资金46余万元，走访慰问离退休干部370余人次。看望住院离退休干部42人次，生日祝寿3人，离退休干部去世吊唁17次，发放慰问资金3万余元。妥善处理老干部来信来访，接待老干部及其子女来访33人次，为老干部做好解疑释惑和心理疏导工作。建立健全离退休干部特困帮扶机制。制定特困帮扶资金管理办法，对市直单位特困离退休干部和特困离休干部遗孀进行帮扶慰问，全年帮扶107人次，发放帮扶资金18.8万元。服务老干部1328次，陪护时间累计2756个小时，参与服务的义工2716人次，集中解决老干部存在的困难32个，协助处理反映的问题18个。

【离退休干部“双先”评选】 2019年，永州市根据省委组织部、省委老干部局《关于做好全国、全省离退休干部先进集体和先进个人推荐工作的通知》要求，通过县区（管理区、经开区）、市直单位推荐，市委组织部、市委老干部局初审，选树黄超富为全国离退休干部先进个人，市商务局机关离退休干部党支部、零陵区老年大学、新田县关心下一代工作委员会为全省离退休干部先进集体，钟挺华、周元纯、邓丽华、钟上元、陆汉平、何祥麟6人为全省离退休干部先进个人。

【“礼赞新中国·奋进新时代”太极拳比赛】 2019年3月12日，永州市委老干部局、市教育局、市文化旅游广电体育局、湖南广播电视大学永州分校按照全省离退休干部“礼赞新中国·奋进新时代”太极拳比赛的部署，全市有9支队伍、263名老干部参加比赛。其中永州电大社区大学太极拳队获全省二等奖，永州市老干部（老年）大学太极拳代表队获全省三等奖，永州市零陵区离退休干部太极拳团队、江永县老干部（老年）大学太极拳队获全省优胜奖，永州市委老干部局（永州广播电视大学）获全省优秀组织奖，永州市零陵区离退休干部太极拳团队获全省最佳创意奖。

【“礼赞新中国·丹青绘新篇”书画展】 2019年9月28日，永州市委老干部局、市老干部（老年）书画家协会、市美术馆在市美术馆举办全市离退休干部“礼赞新中国·丹青绘新篇”大型书画展。市级老领导刘高志、万爱平及市委宣传部副部长吴红燕、市委老干部局副局长、离退休干部工委专职副书记高红卫等出席活动。活动展出作品109幅，其中书法72幅、绘画37幅。

（张　晟　左　鹏　黄连杰）

永州市人民代表大会

综　　述

【概况】 2019年，永州市人大常委会全面贯彻中央和省委、市委关于加强人大工作和建设的决策部署，紧扣“两个机关”定位，完成全年各项任务，依法审议并作出关于批准国民经济和社会发展计划、年度财政预算执行和审计情况、年度财政决算等决议决定20项。依法选举任免国家机关人员124人次，确保党组织推荐的人选通过法定程序成为国家政权机关的工作人员。出台全省首个乡村房屋建设管理条例《永州市乡村房屋建设管理条例》，为全市实施乡村振兴战略提供法制规范。推动法律贯彻实施，对《中华人民共和国大气污染防治法》《中华人民共和国水污染防治法》《湖南省湘江保护条例》《湖南省饮用水水源保护条例》实施情况开展检查。

【议案办理】　2019年，永州市人大常委会办理市五届人大三次会议代表提出的《关于依法规范农村建房，着力助推乡村振兴的议案》，推动解决乡村建房规划不接地气、管理无法可依、质量安全保障缺失等具体问题。全市累计拆除危旧房400万平方米；启动农村建房规范化管理示范点45个。持续跟踪督办市五届人大一次会议《关于在全市城区推进学位建设三年（2017—2019）攻坚行动的议案》，推动全市建设项目学校187所，完工137所，完成投资91.5亿元，交付学位22.7万个。听取和审议市人民政府《关于全市2018年环境状况和环境目标完成情况的报告》《关于2018年度中心城区总体规划实施情况报告》《关于全市基层医疗卫生机构标准化建设审议意见办理情况的报告》《关于全市农村安全饮水工作的情况报告》《关于全市社会救助工作的情况报告》等，提出审议意见并督促整改落实。

【重点课题调研】　2019年，永州市人大常委会围绕全市农村房屋规划建设管理、社会救助、地方立法、中心城区城中村和城乡接合部环境整治、行政事业性国有资产管理、脱贫攻坚、民族地区脱贫质量巩固提高、学前教育工作及改革、公益诉讼等课题，深入基层一线，察看真实情况；围绕市中级人民法院内部监督、全市民营经济发展、中心城区学位建设、农村安全饮水、水源地水污染防治、自然保护区建设管理、贯彻执行《中华人民共和国就业促进法》等方面情况开展调研，形成调查报告和研究成果47篇。

【内部管理】　2019年，永州市人大常委会落实市委关于力戒形式主义为基层减负的具体措施，开展市委确定的相关专项整治。加强协调服务，注重改进和创新办文办会、后勤保障工作。《永州人大》杂志、永州人大网站办刊办网工作有所发展。全年发表新闻作品500篇，其中两篇作品获得第29届湖南人大新闻奖。

监督工作

【助力“三大攻坚战”】　2019年，永州市人大常委会通过开展执法检查、专题调研等监督方式，助力打赢脱贫攻坚战。常委会主任会议成员分别驻点联系11个贫困村或巩固脱贫村。常委会机关直接投入和帮助争取资金150余万元，在蓝山县湘江源瑶族乡联村实施扶贫项目12个；机关处级及以上干部对口联系帮扶贫困群众48户。通过开展执法检查、专题询问和审议环境目标完成情况报告，促进全市水气同治，推动中心城区大气污染和湘江流域水质污染防治工作取得新成效。监督、支持政府严格落实中央、省里规范地方政府举债融资行为的政策要求，执行实施PPP和政府购买服务负面清单规定，加快融资平台公司市场化转型。助推政府部门综合运用预算安排、债务置换、转化企业经营性债务等方式，实际化解隐性债务占年度任务的143.9%。

【助力经济发展】　2019年，永州市人大常委会开展年度国民经济与社会发展计划审查，督促市人民政府进一步改善营商环境，提升承接产业转移平台。召开促进产业发展建言专题会议，推动优化产业投资结构，促进产业建设健康发展。开展民营经济发展情况调研视察，推动中央、省委、市委促进民营经济高质量发展政策落地落实。提出关于破解民营经济高质量发展瓶颈问题的建议，为省人大常委会作出《关于依法促进和保障民营经济高质量发展的决议》献出“金点子”。首次听取和审议市人民政府国有资产管理情况综合报告和政府行政事业性国有资产管理情况专项报告，推动政府及有关部门加强国有资产管理，促进国有资产保值增值。对专项资金管理、减税降费政策落实情况、市本级税源结构等问题深入开展调研视察，推动政府及相关部门为企业解决实际困难和问题。

【预算审查监督】　2019年，永州市人大常委会深化预算审查改革，推进预算审查监督从程序性监督向实质性监督转变。落实预算审查前听取人大代表和社会各界意见建议制度，在确定收入预期、优化支出结构、保障民生福祉、支持实体经济发展等方面发挥人大监督的功效。加强对支出预算和政策的审查监督，推进依法行政、依法理财，保障党中央重大方针政策和省委、市委决策部署的贯彻落实。对审计查出的突出问题、整改难度大的问题进行跟踪监督，对审计查出问题整改情况进行测评，促进各部门依法理财，规范预算执行。加强部门预算和专项资金的绩效监督，推动政府和各部门做优绩效目标，做实绩效监控，提高预算绩效管理质量。落实《永州市人大预算联网监督工作实施方案》要求，建成并开通预算联网监督平台，推动预算审查监督迈入信息化和网络化新时代。

【助推民生改善】 2019年，永州市人大常委会办理市五届人大三次会议代表提出的《关于依法规范农村建房，助推乡村振兴的议案》，推动解决乡村建房管理无法可依、质量安全保障缺失等具体问题。在出台《永州市乡村房屋建设管理条例》的基础上，推动政府出台《永州市规范农村建房工作实施方案》《永州市农村建房十条规定》《规范农村村民建房管理意见》等地方规章20余个，听取和审议市人民政府《关于全市2018年环境状况和环境目标完成情况的报告》《关于2018年度中心城区总体规划实施情况报告》《关于全市基层医疗卫生机构标准化建设审议意见办理情况的报告》《关于全市农村安全饮水工作的情况报告》《关于全市社会救助工作的情况报告》等，提出审议意见并督促整改落实。组织开展全市民族工作大调研、全市民族团结进步宣传月和民族地区“启聪扶贫”等系列活动，持续关注涔天河水库安置移民生产生活情况，促进全市民族地区经济社会发展与和谐进步。

立法工作

【概况】 2019年，永州市人大常委会公布实施《永州市历史文化名城名镇名村保护条例》，表决通过《永州市乡村房屋建设管理条例》，初次审议《永州市古树名木保护条例（草案）》，指导市政府及有关部门完成《永州市饮用水水源地保护条例（草案）》起草、合法性审查等工作，并对餐厨垃圾管理、城乡集贸市场管理、城市二次供水管理、住宅小区电梯管理、公共文化服务保障5个项目开展立法调研。

【制定《永州市乡村房屋建设管理条例》】 2019年8月29日，永州市第五届人大常委会第二十四次会议审议通过《永州市乡村房屋建设管理条例》（以下简称《条例》）。9月28日，经湖南省第十三届人民代表大会常务委员会第十三次会议批准。10月21日，永州市第五届人民代表大会常务委员会发布公告公布《条例》全文，明确《条例》自2020年3月1日起施行。《条例》共六章二十九条，对规划与用地、建房审批、建房管理及相关法律责任等方面作出具体规定。

【编制立法计划】 2019年，永州市人大常委会有关工作机构通过书面发函、公开发布公告等方式，广泛向市直各单位、各县区以及社会公众征集2020年立法项目建议。结合2019年立法调研项目调研情况，多次与市人大各专门委员会、市政府有关部门及其他市直有关单位沟通协商，拟定市人大常委会2020年度立法计划（草案），经市委常委会审议同意。

代表工作

【概况】 2019年，永州市人大常委会制定、落实《市人大常委会组成人员联系市人大代表的意见》《市人大代表联系原选举单位和人民群众的意见》，在深入开展集中走访代表月活动的基础上，推进市人大代表与县区人大代表联系、党政领导干部代表与人民群众联系常态化，实现市人大常委会组成人员与人大代表联系全覆盖。落实代表激励机制，对46名履职优秀代表进行通报表彰，对30余名代表的先进事迹、履职风采通过省市有关媒体展开宣传报道。市五届人大三次会议表决通过议案2件、接收代表建议353件，议案建议质量有新提升。对450名市第五届人大代表进行初任培训、履职培训和专题培训。6月中旬，市人大常委会专门安排一周时间，组织123名市人大代表、市县区人大干部到上海复旦大学学习。制定落实《市人大代表活动经费管理使用办法》，将市代表活动经费每年1500元提高到2000元。指导和督促各县区人大常委会贯彻落实《中共永州市委关于进一步加强县乡人大工作和建设的通知》，推动代表联络机构、场所建设落实到位，全市创建高标准代表活动室423个。东安县人大代表工作室建设得到省委、省人大常委会领导充分肯定。双牌县在全省率先出台《关于加强乡镇人大工作和建设的意见》。

全年安排人大代表400余人

次，参加执法检查、专题调研、专题询问、议案建议督办，列席市人大常委会会议，参与“一府一委两院”相关活动。组织开展代表小组活动40余次，形成高质量调研报告40余篇，强力推动衡道高速公路项目启动并完成冷水滩至零陵段投资招标，促成永清广高铁项目纳入粤港澳大湾区综合交通规划，助力“气化永州”邵阳到永州管道项目开工建设等。

代表建议督办

【概况】 2019年，永州市人大常委会加大对代表议案、建议督办力度。市五届人大三次会议代表提出建议352件。4月，召开全市人大代表议案建议交办会，会上交办省人大代表建议5件、市人大代表建议316件，市五届人大三次会议代表审议发言19件。代表议案建议办复率100%，代表对建议办理情况的满意率和基本满意率达98.35%。为充分发挥代表议案建议解决问题、促进发展功效，市人大常委会对第45次主任会议确定的21件重点督办建议办理情况进行测评，测评结果报送市委，送市纪委、市委办、市委组织部、市政府有关部门，还通过有关媒体向全市通报。医保基金堵漏洞强监管、农村建房规划管理、火车站出租车管理、中小学生课后服务、就业扶贫车间的培育与壮大、中心城区规划建设渣土消纳场等建议得到有效办理。

【永州市人大代表建议业务培训会】 2019年4月26日，永州市人大代表建议业务培训会在冷水滩召开。市政府各部门和各县区代表建议承办人员60余人参加会议，市人大常委会联工委、政府办有关负责人参加。负责代表建议办理平台系统承建的正宇公司技术人员讲解办理平台软件操作系统并进行演示。

会议要求，就代表建议办理工作，坚持问题导向，真抓实办，增强实效，着力解决“重答复轻落实”问题，推进代表建议办理从答复型向落实型、闭门造车向开放办理、文来文往向人来人往转变。对于能解决的要立马解决，一时不能解决的创造条件、列出计划，本级不能解决的向上级争取推动解决，与现行政策法律相违背的向代表解释清楚、力求理解。要做到两个结合：办理工作与单位、科室年度工作结合，与年终考核结合。突出五个一：单位党组要召开一次会议专题研究，制订一个办理方案、与代表进行一次以上有效沟通，形成一份规范答复，写好一个办理工作总结。

代表议案督办

【概况】 2019年，永州市人大常委会办理市五届人大三次会议代表提出的《关于依法规范农村建房，着力助推乡村振兴的议案》，推动解决乡村建房规划不接地气、管理无法可依、质量安全保障缺失等具体问题。年内，在出台《永州市乡村房屋建设管理条例》的基础上，推动政府出台《永州市规范农村建房工作实施方案》《永州市农村建房十条规定》《规范农村村民建房管理意见》等地方规章20余个；各县区村庄分类和布局规划编制基本完成；全市5个县、区（管理区）在全省率先建立乡镇规划委员会；全市累计拆除危旧房近400万平方米；启动农村建房规范化管理示范点45个。

持续跟踪督办市五届人大一次会议《关于在全市城区推进学位建设三年（2017—2019）攻坚行动的议案》，推动全市建设项目学校187所，完工137所，完成投资91.5亿元，交付学位22.7万个；全市城区学位建设和化解义务教育大班额等工作继续走在全省前列。听取和审议市人民政府《关于全市2018年环境状况和环境目标完成情况的报告》《关于2018年度中心城区总体规划实施情况报告》《关于全市基层医疗卫生机构标准化建设审议意见办理情况的报告》《关于全市农村安全饮水工作的情况报告》《关于全市社会救助工作的情况报告》等，提出审议意见并督促整改落实。全市774个贫困村、67.2万建档立卡农村贫困人口的饮水安全问题得到解决，农村饮水质量合格率由61.2%提高到73.9%。年内，市人大常委会在全市8个县区试行乡镇民生实事人大代表票决制，更好地回应基层群众呼声和期盼。组织开展全市民族工作大调研、全市民族团结进步宣传月和民族地区“启聪扶贫”等系列活动，持续关注涔天河水库安置移民生产生活情况，进一步促进全市民族地区经济社会发展与和谐进步。

重要会议

【永州市第五届人民代表大会第三次会议】 2019年1月15日，永州市第五届人民代表大会第三次会议在永州会堂召开。大会应到代表459人，因事因病请假16人，实到443人，符合法定人数。永州市委书记、市人大常委会主任李晖主持会议。市委副书记、市长赵应云代表市人民政府作工作报告。报告分为三大部分：一、2018年工作在攻坚克难，砥砺奋进中取得重要进展。二、坚定信心，奋发作为，夺取2019年工作全面胜利。三、强化执行，狠抓落实，持续推动人民满意政府建设。

会议指出：2019年是中华人民共和国成立70周年，面临诸多变革和挑战，也迎来广阔发展空间和重大发展机遇。全市经济社会发展的总体要求是：全面贯彻中共十九大和十九届二中、三中全会精神，以习近平新时代中国特色社会主义思想为指导，认真贯彻习近平总书记关于湖南工作的重要指示精神，统筹推进“五位一体”总体布局，协调推进“四个全面”战略布局，加强党对经济工作的全面领导，坚持稳中求进的工作总基调，坚持新发展理念，按照高质量发展的要求，以推进供给侧结构性改革为主线，深化市场化改革，扩大高水平开放，落实“巩固、增强、提升、畅通”八字方针，统筹推进稳增长、促改革、调结构、惠民生、防风险，坚定不移稳就业、稳金融、稳外贸、稳外资、稳投资、稳预期，实施“创新引领、开放崛起”战略，推进开放兴市、产业强市，打好“三大攻坚战”，拓展“六大战役”和“四个提升”，加快建设创新开放新高地、品质活力新永州，为全面建成小康社会收官打下决定性基础，以优异成绩迎接中华人民共和国70周年华诞。

大会表决通过《永州市第五届人民代表大会第三次会议补选办法（草案）》。

【永州市第五届人大常委会第二十三次会议】 2019年6月27日，永州市第五届人大常委会第二十三次会议召开，市委书记、市人大常委会主任严华主持会议。会议听取关于《中华人民共和国大气污染防治法》《中华人民共和国水污染防治法》《湖南省湘江保护条例》《湖南省饮用水源地保护条例》贯彻实施情况的报告；听取关于《中华人民共和国大气污染防治法》《中华人民共和国水污染防治法》《湖南省湘江保护条例》《湖南省饮用水源地保护条例》执法检查情况的报告；听取《关于提请任免欧阳韶勇等同志法律职务的议案》及说明；听取《关于提请任免杨建国等法律职务的议案》及说明；听取和分组审议关于《永州市乡村房屋建设管理条例（草案）》修改情况汇报；开展大气污染防治专题询问。

【“湖南省县级以上人大设立常委会四十周年实践探索”课题研究座谈会】 2019年7月4日，“湖南省县级以上人大设立常委会四十周年实践探索”课题研究座谈会在永州召开。永州、邵阳市人大常委会研究室、祁阳县、宁远县、邵东县、新邵县、隆回县人大常委会相关同志共20余人参加座谈会。会议由永州市人大常委会秘书长蒋千红主持，与会人员汇报本市县课题研究的基本情况，以及撰写中的困难和问题。省人大常委会研究室副主任杨志勇介绍全省课题研究的情况，对永州市、邵阳市县区人大常委会的工作、专题材料的准备工作表示充分肯定，并对参会市、县的专题的篇目进行具体点评。

【永州市第五届人大常委会第二十七次会议】 2019年11月27日，永州市第五届人大常委会第二十七次会议召开，市委书记、市人大常委会主任严华，市人大常委会副主任、党组副书记杨海河，市人大常委会副主任周小驹、袁火林、周益志、胡先荣，市人大常委会秘书长蒋千红出席会议。

会议听取农村建房议案、市城区推进学位建设攻坚行动议案、农村饮水安全工作办理情况的报告、听取市人民政府关于实施《永州市基层医疗机构标准化建设三年行动计划实施方案》的报告。听取《市人大常委会关于召开市五届人大五次会议的决定（草案）》的说明、《永州市古树名木保护条例（草案）》的议案及说明；《永州市古树名木保护条例（草案）》审议意见的报告；《关于表彰市五届人大2019年度履职优秀代表的决定（草案）》的说明；表决《市人大常委会关于召开市五届人大五次会议的决定（草案）》《关于表彰市五届人大2019年度履职优秀代表的决定（草案）》。听取对市人民政府、市中级人民法院、市人民检察院办理市五届人大三次会议代表建议、批评和意见报告并对办理情况进行测评。听取市人大常委会重点督办建议承办单位的专题报告并对办理建议情况进行测评。

【永州市第五届人大常委会第五十八次主任会议】 2019年12

月27日，永州市委书记、市人大常委会主任严华主持召开市五届人大常委会第五十八次主任会议。

会议听取联工委关于人事事项、个别代表的代表资格有关情况的汇报；听取联工委关于对推荐的市五届人大2019年度履职优秀代表廉政审核有关情况的说明；听取生态环境局关于提请推迟审议《永州市饮用水水源地保护条例（草案）》的说明；听取市人民政府关于2018年度审计工作报告指出问题的纠正情况和处理结果的报告（草案）的汇报；听取财经委关于对审计查出问题整改情况的报告开展满意度测评的工作方案（草案）的汇报；听取市发改委关于《永州市2019年国民经济和社会发展计划执行情况与2020年国民经济和社会发展计划草案的报告（草案）》起草说明的汇报；听取市财政局关于《永州市2019年财政预算执行情况与2020年市本级财政预算草案的报告（草案）》起草说明的汇报；听取财经委关于永州市2019年国民经济和社会发展计划执行情况与2020年国民经济和社会发展计划草案审查结果的报告（草案）、永州市2019年财政预算执行情况与2020年市本级财政预算草案审查结果的报告（草案）、2018年永州市国有资产管理情况的综合报告审议意见的汇报。

永州市人民政府

综　　述

【概况】　2019年，永州市人民政府坚持以习近平新时代中国特色社会主义思想为指导，贯彻落实习近平对湖南工作重要指示精神和党中央国务院、省委、省政府决策部署，应对经济下行压力和各种困难挑战，推动经济社会发展取得新的全面进步。开展“不忘初心、牢记使命”主题教育。坚持以政治建设统领政府工作，严格依法行政、依法履职，坚决执行落实市委决策部署，自觉接受人大法律监督、工作监督、政协民主监督及社会监督，提请市人大常委会审议并通过地方性法规3件，办理人大议案、代表建议330件、政协委员提案311件、大会发言19件，学位建设、规范农村建房等重点议案、建议和提案办理成效显著。推进“基层减负年”活动，获省政府真抓实干表扬激励事项继续保持全省第一方阵。持续保持反腐败斗争高压态势，查处赵某旺、盘某平、胡某辉等大案要案。加强审计监督不断，规范节约财政资金。财政一般性支出压减10%。市国有资本投资运营公司、永州农业高科技发展公司成功组建。全年实际利用外资13.5亿美元、增长11.4%，内联引资361亿元、增长15%，引进重大项目141个、总投资1327.8亿元；完成进出口总额24.5亿美元、增长25.4%。永州海关正式挂牌。湖南农副产品集中验放场（道县）获批开展保税业务。宁远县入选国家外贸转型升级基地（鞋类）。民族宗教领域和谐稳定，江永县获全国民族团结进步模范集体。永州获评全国“七五”普法中期先进城市。完成第四次经济普查工作。

【经济发展稳中提质】　2019年，永州市地区生产总值增长7.5%，规模工业增加值增长8.2%，固定资产投资增长10%，社会消费品零售总额增长10.3%，地方财政收入增长5.3%，城乡居民人均可支配收入分别增长8.9%、9.5%。“产业项目建设年”成效明显。“5个10”工程实施重大产业项目58个、重大科技创新项目30个、重大产品创新项目35个，引进“三类500强”企业项目23个、重大科技创新人才78人，全面超额完成年度任务。捷力泰科技、丰辉电机、华维节水科技、宇拓新能源等项目建成投产。全市园区新增基础设施投资106亿元，新建标准厂房141万平方米，新签约入园投资5000万元以上工业项目102个，新入统规模工业企业115家，税收过200万元企业111家。15家企业获评湖南省“小巨人”企业，50个项目获制造强省专项资金支持。永州经济技术开发区“一谷、两中心、四基地”建设有序推进，中国—古巴生物技术联合创新中心投入运行，华为（永州）云计算数据中心正式上线。祁阳科创产业园“百企入园”首批56家企业成功入驻，江华电机、蓝山皮具箱包等一批特色园区建设势头良好。宁远高新区、东安经开区获评全省新型工业化产业示范基地。“两茶一柑一菜”等特色农业产业快速发展。新创农业标准化示范基地67个，新认证“三品一标”农产品87个，中交自然韵茶旅文产业链、冷水滩区“仁山湖美”田园综合体等一批重点项目开工建设。对接粤港澳大湾区“菜篮子”工程成效显著，71个农产品基地和湖南农副产品集中验放场（道县）分别纳入其生产基地和配送中心。新田、道县被认定为省级优质农副产品供应基地。“永州之野”市级农业公用品牌商标成功注册，省级“湘江源”湘南片区蔬菜公用品牌获省使用授权。完成粮食大清查工作，粮食安全工作考核获全省先进。烟叶生产被评为全省优秀单位。“生猪保供稳价”走在全省前列。道县获评国家农产品质量安全县。“迴峰蜜柑”获评国家地理标志产品。全域旅游示范区创建加速推进。江永勾蓝瑶寨、双牌桐子坳、零陵东山景区成功创建国家AAAA级旅游景区，陈树湘烈士纪念园获批全省爱国主义教育基地，零陵古城C区、江华瑶都水街、蓝山云冰山景区二期项目建成运营，华侨城卡乐文旅、滨江新城文旅综合体等项目顺利推进。首届历史文化名城（永州）文旅活动周暨柳宗元文化旅游节等活动成功举办。申报锦绣潇湘精品线路13条。全市旅游综合收入增长14.3%。商贸物流产业稳步发展。18家企业入围全省批发百强、数量排全省第一，中国物流永州智慧物流产业园项目成功签约。电商交易额和网络零售额分别增长41.3%和37.3%。民营经济不断壮大。制定出台鼓励和支持民营经济高质量发展的实施意见，全面落实减税降费政策，全年新增减免税费25.2亿元。引导金融服务实体经济，全年增加各项贷款173亿元。为企业减负松绑催生市场活力，全年新增市场主体4.35万户、总量25.56万户。创新驱动能力增强。新认定高新技术企业79家，争取省级以上科技计划项目50个，跻身省重大科技创新项目3个，获省科技奖2项，新认定省级科技创新平台14家。引进高学历人才462名、人才团队57个，新建院士工作站1个、博士及博士后工作站15个、国家级重点实验室2个、“双创”基地12个。

【“三大攻坚战”】 2019年，永州市脱贫攻坚再上台阶。脱贫46654人，贫困村出列32个，贫困发生率下降到1%以内，江华瑶族自治县以高质量脱贫顺利通过贫困县退出第三方评估，新田县实现脱贫摘帽。推进产业就业扶贫，创建乡镇扶贫产业园30个，新认定“扶贫车间”588个。小额扶贫信贷新增贷款2.64亿元。“四类对象”危房改造、易地扶贫搬迁“十三五”任务全面完成。资助贫困人口和贫困边缘户43万人购买防贫、防返贫责任保险。开展“户帮户亲帮亲，互助脱贫奔小康”活动。37个深度贫困村每村整合投入250万元以上，基础设施、基本公共服务明显改善。污染防治成效明显。中央环保督察“回头看”和省环保督察反馈问题有序整改，污染防治攻坚战“夏季攻势”任务在全省率先完成。全市地表水环境质量排全国地级以上城市第十三名、全省第一名；空气质量综合指数排全省第五位，改善幅度全省第一位。推进森林城市复核工作，全市森林覆盖率提高到65.39%，成功创建中国天然氧吧城市。零陵区获评国家生态文明建设示范县（区），宁远县获评全国绿化模范县，江永县、金洞管理区分别入列全国森林康养基地试点建设县和首批中国森林康养林场。“双河长制”和基层河长制“六化建设”经验在全省推介。违建别墅清查整治和“大棚房”清理整治走在全省前列。风险防范有力有效。全市隐性债务化解任务完成率308%，获省专项债券限额奖励3.35亿元。发行专项债券28.29亿元，重点项目建设资金得到较好保障。金融市场运行稳健，保险社会保障作用增强，非法集资风险得到有效遏制。安全生产形势平稳，各类生产经营性安全事故起数、死亡人数分别下降33.33%、34.09%。防汛抗旱、森林防火工作及时到位。铁路沿线安全环境整治获省通报表彰。推进平安永州建设，扫黑除恶专项斗争取得压倒性胜利，全市摧毁黑社会性质组织17个、恶势力犯罪集团及团伙105个，打掉“保护伞”26个。公安工作主要考核指标继续领跑全省，获评全国禁毒示范城市创建工作先进城市，综治、信访工作考核均排全省第一位。

【城乡建设】 2019年，永州市实施城镇提质重点项目41个、民生微实事项目282个，完成投资121.3亿元。翠竹大道、九嶷大桥、永州大道BRT、市民服务中心等重点项目投入使用，潇湘大道、湘江西路及冷水滩北部出口路网工程加速推进，万达广场、碧桂园天玺湾、百花塘水厂等项目开工建设，香港永州联谊会国际知名品牌五星级酒店及总部经济大楼项目成功签约。困扰26年的历史遗留问题“宋家洲避险搬迁及环境综合治理项目征地拆迁难题”得到解决。将军岭、文昌阁安置小区2个项目获国家安全文明施工奖，25个项目获省建设工程质量芙蓉奖和优质工程奖。县城及小城镇建设稳步推进，开工重点项目74个，完成投资118亿元。宁远、新田、东安通过国家卫生县城复审，宁远、江华入选2019年中国最美县域榜单。乡村面貌大幅改善。推进“千村美丽、万村整治”工程，创建市级以上美丽乡村示范村66个，完成市级农村环境整治重点村450个。建成乡镇污水处理设施25处、在建18处，完成乡镇黑臭水体治理6处。新增农村改厕18.4万户，新建乡镇垃圾压缩中转站42个，农村卫生厕所普及率、生活垃圾集中收运率分别达78.3%、95%。新增农村路灯9.07万盏。完成高标准农田建设1.27万公顷。祁阳县入围全国农村人居环境整治试点县、农村建房试点县，饮水安全工作经验在全省推广。零陵区获评全国乡村治理体系建设试点县（区）。蓝山县毛俊镇、双牌县茶林镇、宁远县湾井镇获评湖南省“醉美湘镇”，61个村入选第五批中国传统村落。永清广高铁纳入粤港澳大湾区综合交通规划，邵永高铁列入国家铁路集团勘察设计计划。湘桂铁路扩能工程、永州火车站提质改造、零陵机场提质改造有序推进。省道355涔天河库区扩建工程复建二级公路、省道356江华沱江至涔天河一级公路、东安芦洪市至小江口公路（二期）、国道207零陵朝阳大道段等一批重点项目建成通车，省道345新田至宁远一级公路开工建设。农村公路窄路加宽、自然村通水泥（沥青）路分别完成603千米、1747千米。交通运输综合目标考核获评全省优秀。冷水滩区创建为国家“四好农村路”示范县（区）。芦江、金钩挂、清江、营乐源水库相继竣工。风力发电、光伏发电、生活垃圾焚烧发电宁远项目加速推进。城乡电网建设改造完成投资12亿元，391个行政村实施电网改造升级，“十三五”农网改造任务全面完成。永州至邵阳天然气长输管线开工建设。行政村光纤通达率、4G覆盖率100%。加大城乡建设用地保障力度，批复增减挂钩面积0.18万公顷，验收和确认指标0.12万公顷，均超过前十年总和。

【改革事项】 2019年，永州市全面对标落实中央和省委各项改革部署，推进121项改革事项。深化党政机构改革任务在全省率先完成，公务员职务与职级并行制度顺利实施。“放管服”改革持续深化，市本级新取消行政权力29项，梳理公布“四办”事项清单1024项。率先落地实施省政府公布的200项“一件事一次办”改革，中心城区受理的“一件事”平均提速70%。市场监管行政审批改革获国家人力资源和社会保障部和国家市场监管总局联合表彰。全面推行领照即开业、交房即交证、交地即开工的“三即”承诺制试点。“互联网+政务服务”一体化平台不断完善。率先在全省开展政务服务“好差评”测评。

【民生实事】 2019年，永州市财政民生支出增长5.8%，占财政总支出的77.4%。省定12件重点民生实事和市定十大民生工程全面完成。教育事业实现新突破。新建城区学位9.7万个，消除大班额4203个，提前一年实现基本消除义务教育大班额目标，新田县芙蓉学校在全省第一批投入使用。新建农村公办幼儿园14所，新认定普惠性幼儿园8所。全市高考二本上线人数突破万人大关、一本上线人数增长19.5%。“向日葵工程”获国家教育部推广。永州师范高等专科学校、潇湘源学校投入使用，永州职业技术学院创建为全国优质高等职业院校。卫生健康事业取得新进步。建成标准化乡镇卫生院72所、行政村卫生室1069个，消除村卫生室“空白村”167个，全面完成省定妇女“两癌”（乳腺癌和宫颈癌）筛查目标任务，实现二甲医院县区全覆盖。投资10.2亿元，新增和改善农村自来水人口121.8万人。新创建学校标准化食堂208家。群众食品安全满意度调查连续6年排全省第一位。祁阳县被评为全国健康促进县。文体事业迈出新步伐。国家公共文化服务体系示范区创建工作进展顺利，市县乡村四级公共文化设施网络实现全覆盖。冷水滩区、宁远县列为新时代文明实践中心全国试点县区。新增全国重点文物保护单位8处、总数34处，均排全省第一位。获世界冠军4个，打破世界纪录2次。残疾人体育工作获得全国先进。新增城镇就业6.85万人、农村劳动力转移就业4.61万人，实施职业技能培训5.63万人。城乡低保、城乡居民大病保险支付比例提标。成功纳入全国第四批居家和社区养老服务改革试点市。第二次全国地名普查及民政工作获得全国先进集体。在基层医疗机构全面推行“8+15+100”门诊统筹和住院包干制度。启动高血压、糖尿病门诊用药保障试点。应对猪肉价格上涨，为全市低收入群众发放临时价格补贴3509.7万元。开工棚户区改造4637套，基本建成12190套。中心城区新增停车场4个、车位5408个。

名词解释

1. “5个10”工程：指全市抓好10个重大产业建设项目、10个重大科技创新项目、10个重大产品创新项目，引进10个500强企业、10名重点科技创新人才。

2. “三类500强”：指世界500强、中国500强和民营500强。

3. “135”工程升级版：指全省在“135”工程的基础上，扶持100个以上优势特色产业园区，建设产业发展、技术支撑、融资担保3大平台，引进5000家以上产业型企业落地。

4. “一谷、两中心、四基地”：指亲水河科技谷；潇湘科技创新中心、中国古巴生物技术联合创新中心；智能装备产业示范基地、天然植物提取及化妆品产业示范基地、华为大数据及信息化产业示范基地、军民融合发展产业示范基地。

5. “两茶一柑一菜”：指油茶、茶叶、柑橘、蔬菜。

6. “三品一标”：指无公害农产品、绿色食品、有机农产品、农产品地理标志。

7. “双创”：指大众创业、万众创新。

8. “三大攻坚”：指“防范化解重大风险、精准脱贫、污染防治”三大攻坚战。

9. “四类对象”：指建档立卡贫困户、低保户、农村分散供养特困人员（五保户）、贫困残疾人家庭。

10. “双河长制”：指“官方河长”“民间河长”并行管治。

11. “六城同创”：指巩固国家卫生城市管理成果，创建全国文明城市、国家园林城市、全国社会信用体系建设示范城市、国家公共文化服务体系示范区和全国禁毒示范城市。

12. “四好农村路”：指建好、管好、护好、运营好农村公路。

13. “放管服”改革：指简政放权、放管结合、优化服务。

14. “四办”：指马上办、网上办、就近办、一次办。

15. “向日葵”工程：指在中小学校开展以“童心向党”“经典传承”“未来梦想”为内容的思想道德教育。

16. “8+15+100”门诊统筹和住院包干制度：指在基层医疗实施有条件的门诊统筹和住院包干制度，从2019年8月开始，城乡居民参保患者在村卫生室、乡镇卫生院看病拿药每次自负分别不超过8元、15元，在乡镇卫生院住院每次自负不超过100元可享受800元内医保包干支付。

17. “六稳”工作：指稳就业、稳金融、稳外贸、稳外资、稳投资、稳预期。

18. “四个不摘”：指摘帽不摘责任、摘帽不摘帮扶、摘帽不摘政策、摘帽不摘监管。

19. “七个百分之百”：指施工现场沿工地四周设置连续围挡100%；物料、裸露场地遮盖率100%；施工现场出入口，主要道路硬化率100%；出场车辆冲洗设施及冲洗制度落实率100%；渣土等运输车辆出场密闭率100%；洒水、喷淋（雾）降尘措施100%；施工现场扬尘监测和视频监控措施100%。

20. “清四乱”：指河湖管理范围内乱占、乱采、乱堆、乱建等违法违规行为的清理整治行动。

21. “一非三贷”：指非法集资，“套路贷”“校园贷”“非法高利放贷”。

22. “三无”创建：指县（区）无进京非访登记和进京重复越级访，无到省级以上集体访，无极端恶性事件；乡镇（街道）无进京非访登记和到省级以上重复越级访，无到市级以上集体访，无极端恶性事件；村（社区）无越级访、无集体访、无极端访。

23. “一带一路”：指丝绸之路经济带和21世纪海上丝绸之路。

24. “极简审批”：指在“多规合一”前提下，通过实施规划代立项、优化项目服务、加强事中事后监管等一系列改革措施，最大限度简化行政审批，将项目审批时限压缩80%以上。

25. 乡村旅游“11233”工程：即加快实施“十个一”工程，启动建设10个特色文旅小镇，重点打造20个特色文旅示范村，支持创建300个星级乡村旅游区（点），培育发展300家民宿客栈。

26. “一老一小”工作：指特殊困难老年人养老服务工作，困境儿童关爱保护工作。

27. “双一流”建设：指世界一流大学和一流学科建设。

28. “四医联动”改革：指医德医风、医疗、医保、医药联动的医疗卫生综合体制改革。

重要政务

【《永州市承接产业转移示范区发展规划（2019—2025年）》出台】 2019年8月，永州市根据《国家发展改革委关于印发〈湘南湘西承接产业转移示范区总体方案〉的通知》要求以及湖南省委、省政府工作部署，结合永州市的自然区位优势、产业结构等实际，编制《永州市承接产业转移示范区发展规划（2019—2025年）》。规划主要内容：一、规划背景；二、总体要求和发展目标；三、产业承接空间布局；四、产业承接发展重点；五、优化营商环境，激发承接活力；六、提升园区功能，夯实承接载体；七、完善配套建设，强化承接能力；八、推动创新驱动，提升承接质量；九、深化开放合作，拓宽承接空间；十、坚持绿色发展，严守承接底线；十一、组织实施。该规划是指导永州市承接产业转移工作的纲领性文件，是编制永州市承接产业转移相关专项规划、布局重大项目的重要依据。规划范围为永州市整个辖区，规划期限为2019年—2025年，远景目标展望至2035年。

【《关于促进全市现代物流业加快发展的若干政策措施》出台】 2019年12月，永州市为加快现代物流业基础设施建设，培育现代物流服务市场，推动全市现代物流业发展，根据《国务院办公厅关于进一步推进物流降本增效促进实体经济发展的意见》《湖南省人民政府办公厅关于转发省发改委〈湖南省物流业降本增效专项行动方案（2017—2020年）〉的通知》等文件精神，制定出台《关于促进全市现代物流业加快发展的若干政策措施》，主要内容包括：一、设立现代物流产业发展资金；二、支持物流园区（中心）建设；三、支持物流企业发展；四、加强用地保障；五、支持人才培育；六、优化发展环境。

【《永州市创建全国禁毒示范城市“十条铁规”》出台】 2019年永州市为创建全国禁毒示范城市，制定出台《永州市创建全国禁毒示范城市“十条铁规”》，“十条铁规”明确：一、健全禁毒工作体系，加强禁毒组织机构建设，年度禁毒工作实行“一票否决”。二、对因本辖区发生制造毒品案件或者制造制毒物品案件和大规模非法种植毒品原植物案件导致创建工作失败的，年度禁毒工作实行“一票否决”。三、对因宣传教育不到位，致使发生在校中小学生吸毒案事件，或者未成年吸毒人员占涉毒人员数量比例上升，或者群众禁毒知晓率下降，或者新吸毒人员增幅上升导致创建工作失败的，年度禁毒工作实行“一票否决”。四、对因吸毒人员管控不到位，致使发生吸毒人员肇事肇祸案事件，或者因脱管失控吸毒人员引起重大违法犯罪案件，或者社区戒毒社区康复执行率下降，或者因戒断三年以上未复吸人员增幅下降导致创建工作失败的，年度禁毒工作实行“一票否决”。五、对因禁毒工作不力致使群众对禁毒工作满意率下降导致创建工作失败的，年度禁毒工作实行“一票否决”。六、对因领导重视不够、措施不硬、工作不实致使本地籍外流贩毒人数同比上升导致创建工作失败的，年度禁毒工作实行“一票否决”。七、对因发生行业场所和网络空间涉毒问题严重长期得不到查处或被媒体曝光导致创建工作失败的，年度禁毒工作实行“一票否决”。八、对因易制毒化学品、麻醉药品、精神药品流入制毒和滥用渠道导致创建工作失败的，年度禁毒工作实行“一票否决”。九、规划在建的公安强制隔离戒毒所年内不能建成并投入使用影响创建工作的，年度禁毒工作实行“一票否决”。十、对上级禁毒部门督导、检查、通报存在的问题整改落实不到位影响创建工作的，年度禁毒工作实行“一票否决”。

重要会议

【永州零陵机场提质改造专题调度会】 2019年8月19日，永州市委副书记、市人民政府市长何录春调研永州零陵机场，现场察看候机楼、航站区、机场跑道、机场食堂等场地，在机场办公楼三楼会议室主持召开永州零陵机场提质改造工作专题会议。市人大常委会副主任魏湘江，市政府副市长严兴德，市政府秘书长陈宇荣，市发改委、市财政局、市自然资源局、市住建局、市交通运输局、冷水滩区政府、市经投集团、市航线办、市机场迁建办、永州零陵机场分公司等单位负责人参加会议。

会议要求，永州零陵机场是展示永州城市形象的重要窗口。永州零陵机场已停航，已给永州经济社会发展和人们的出行造成影响，全市各级各部门必须高度重视零陵机场提质改造工作，围绕“2020年春运前机场复航”的目标任务，想尽办法，排除阻力，克服困难，加强与军方衔接与沟通，争取军方的理解和支持，简化申报流程，加快组织施工，做好提质改造工作。

【专题研究永州经济技术开发区产业项目建设和长丰猎豹技改项目工作】 2019年9月26日，永州市委副书记、市长何录春主持召开研究永州经济技术开发区产业项目建设和长丰猎豹技改项目专题调度会。会议听取永州经济技术开发区产业项目建设和长丰猎豹技改项目情况汇报，会议对解决长丰猎豹流动资金问题、销售问题、技改遗留问题以及永州经济技术开发区产业项目建设相关配套问题进行研究和讨论。

【专题研究全市重点项目建设暨“十四五”规划编制工作】 2019年10月31日，永州市委副书记、市人民政府市长何录春主持召开专题研究全市重点项目建设暨“十四五”规划编制工作。市政府副市长欧阳元初、谢景林、李旦梅，市政府秘书长陈宇荣，市政府副秘书长郑亚平、李黎武、唐海涌、曾宪孝，各县区政府（管理区、经开区管委会）、市直相关单位、驻永金融机构主要负责人参加会议。会议听取全市重点项目建设、“十四五”规划编制和主要经济指标完成情况汇报，就重点项目建设、“十四五”规划编制相关问题进行分析和讨论，安排部署下阶段工作。

【永州市柑橘产业发展工作座谈会】 2019年10月31日，永州市委副书记、市人民政府市长何录春在市政府二楼一会议室主持召开永州市柑橘产业发展座谈会，市政府副市长谢景林，市政府副秘书长曾宪孝，市农业农村局、市财政局、市商务局、市科技局、市扶贫办、市农科所、市柑橘示范场、宁远县政府、回龙圩管理区等单位负责人以及部分柑橘龙头企业（合作社）负责人及柑橘专家等参加座谈会。专题研究如何扶持柑橘产业，做大做强做优永州柑橘产业有关事项。会议听取市农业农村局关于永州市柑橘生产情况的工作汇报、柑橘龙头企业（合作社）负责人以及柑橘专家等与会人员对壮大柑橘产业发展的建议，并就有关问题进行讨论和研究。

【铁路沿线安全环境整治工作调度会】 2019年11月29日，永州市委副书记、市人民政府市长何录春到冷水滩、东安等县区，现场调研督办铁路沿线安全环境整治工作，在市政府二楼一会议室召开专题会议。

会议指出，开展铁路沿线安全环境整治工作是一项重大的政治任务，对永州生态文明建设、改善沿线群众生活环境、保障铁路运输安全具有重要意义。

会议强调，要从提高站位抓整治，摸清底数抓整治，强化措施抓整治，压实责任抓整治，加强配合抓整治，强化领导抓整治，确保在2020年1月10日前全面完成整治工作。

（永州市政府办文电科）

政务研究

【概况】 2019年1月21日，永州市人民政府研究室成立，为正处级政府工作部门，主要职责是负责市政府和市政府主要领导的重要文稿服务，牵头组织全市重大课题调研和经济形势分析研究，编辑《永州市人民政府公报》等内部刊物、资料。定编9人，其中主任1名、副主任2名，现在编7人，主任1人，副主任1人，四级调研员1人，科级及以下干部4人。内设办公室、综合科、调研科科室3个，获评全市绩效考核优秀等次。

【文稿服务】 2019年，永州市政府研究室起草各类文稿300余篇、200余万字。抓好市委经济工作会议、市五届人大三次会议(政府工作报告)、市委五届七次全会、市政府全体会议、全市产业项目建设现场推进会等系列重要会议报告、讲话和省委、省政府领导到永州调研、市委、市政府领导到省及国家部委汇报等重要汇报材料的起草工作。《融入大湾区，建设示范区》在《湖南日报》及相关网站发表。

【课题调研】 2019年，永州市政府研究室强化经济形势分析研究，全年开展4次综合性经济形势分析研究工作，针对性地提出系列稳增长促发展的对策举措。深入开展调查研究，全年形成6篇较高质量的专题调研报告，《对全市解决“两不愁三保障”突出问题的调查与思考》《永州市民营经济发展情况报告》《南昌、厦门、徐州城市建设管理考察报告》等提出部分对策建议，进入市委、市政府决策视野和工作操作层面。全年起草下发贯彻落实文件4个，编印《永州市人民政府公报》12期，编印《信息摘报》12期。

【助力扶贫】 2019年，永州市政府研究室做好宁远县九嶷山瑶族乡和平村驻村帮扶工作。全室

7名干部开展结对帮扶，结对帮扶贫困户35户，帮助解决各类扶贫资金80余万元投入村集体经济及基础设施建设，新办黑斑蛙养殖基地，完成全年4户8人的脱贫任务。和平村获评宁远县精准扶贫工作先进村、村集体经济发展先进村，市政府研究室驻村扶贫工作队和工作队长均获评优秀。

（蒋智林）

行政审批服务

【概况】 2019年1月13日，永州市行政审批服务局挂牌成立，为正处级单位。职能主要负责建设政务公开和政务服务体系，改革行政审批制度，改革“放管服”，管理、应用电子政务、政务信息化、大数据建设，优化营商环境工作，建设社会信用体系、管理联动处置和城乡网格化建设等工作。

年内，以“一件事一次办”改革为着力点，推动政务服务模式创新和“放管服”改革纵深发展；在全省率先组织政务服务“好差评”测评，并开展优化营商环境专项整治和“优化营商环境执行年”行动，促进营商环境不断优化；“智慧永州”云计算中心、华为云计算中心“一城双库，同频共振”，“我的永州”App、永州市政务服务旗舰店、协同办公系统等平台建设有序推进，“互联网+政务服务”一体化平台实现省、市、县三级联通，逐步向乡镇村和各服务网点延伸；市本级、冷水滩、祁阳、双牌、江永、道县、零陵完成政务服务大厅改扩建。部门协同、整体联动、线上线下融通的新型政务管理服务体系逐步形成。

全年受理服务事项91.3万件，办结90.8件，办结率99.45%。全市“一件事一次办”收件223.94万件，办结222.9万件，办结率99.54%，群众满意率98.3%。“一件事一次办”改革做法被《半月谈》杂志作为全国政务服务和行政审批改革的5个市州典型案例之一进行推介；在省政府2019年度真抓实干大督查中，永州市被评为“一件事一次办”和商事制度改革成效明显市；永州市两次在全省政务管理服务工作会上作典型发言；蓝山县试点的基层政务服务改革被省委全面深化改革委员会肯定。在2019年全市绩效考核中，市行政审批服务局被评为优秀等次，并获党风廉政建设先进单位、社会治安综合治理先进单位称号。

2019年1月13日，永州市行政审批服务局成立

【“一件事一次办”改革】 2019年5月22日，永州市在全省率先实现市本级和中心城区43项市场准入涉照事项改革落地。全年“一件事一次办”改革落地事项210个，改革推开速度是全省最快的市州之一，永州落地模式被全省复制推广，先后有长沙、益阳、衡阳、邵阳、张家界、江西抚州、吉林四平等地到永州市考察学习改革经验。永州的改革经验受到湖南卫视、湖南经视、《湖南日报》等省级主流媒体的宣传推介。在全省率先设立“一件事一次办”综合受理窗口，同时将“一件事一次办”平台延伸县乡村，实行“前台综合受理，后台分类审批，统一窗口出件”受理模式，实现一站式政务服务；推行流程重塑、告知承诺、容缺受理、减证便民、联合勘验、多证合一、证照合一，实现“流水线”作业，打造群众办事“一趟清”，申请材料“一张表”，联办事项“一条龙”；推行“二维扫码查询”，做到办事信息“一码清”，企业群众办事申报材料平均减少60%以上，办理环节压缩70%以上，办理时间缩减80%以上，基本实现简单事项即来即办、一般事项当天办结、复杂事项2～

2019 年 12 月 2 日，永州市发出第二批“一件事一次办”改革事项首个营业执照

4 个工作日办结、特别复杂事项比法定时限缩短一半以上的改革目标。

【“放管服”改革】 2019 年，永州市本级取消审批事项 29 项，承接省级部门下放事项 31 项。冷水滩、双牌、江永、宁远、蓝山等县下放政务事项至乡镇，服务延伸到村，初步实现“小事不出村、大事不出镇”。公布市本级“马上办、网上办、就近办、一次办”（“四办”）事项清单，将涉及市直 37 个部门的 1021 项事项明确到“四办”范围。推动“双随机、一公开”监管、行政执法“三项制度”。创新信用监管，加强失信部门联合惩戒，截至 2019 年年底，累计将 2 万余户市场主体依法列入经营异常名录。做优“互联网+政务服务”一体化平台，突出“全市通办”，搭建覆盖省、市、县、乡镇、村五级服务的一体化平台系统框架，打造在线政务服务总枢纽，并将受理端拓宽至工业园、医院、驾校等企业群众方便的办事服务点，延伸至基层市场监管所、便民服务中心等。网上办事大厅从市政府门户网站统一入口，与“我的永州”App 和微信公众号等“一站一厅一端一号”对接。推进“三集中三到位”改革，推动政务服务“上一张网”“进一扇门”“只跑一次”。

【营商环境】 2019 年 8 月，永州市在全省率先组织开展政务服务“好差评”测评，将工作评价权完全交给企业和办事群众，湖南卫视新闻联播进行专题报道。通过互联网“在线实时评价”和第三方电话调查等技术手段，组织 9340 人对全市 61 个市直（中央、省驻永）单位、49 个市直所属部门、60 个行政科室和 14 个县区（经开区、管理区）进行现场测评，市政府对排名在后的单位和县区责任领导进行约谈。开展优化营商环境专项整治。结合形式主义、官僚主义集中整治和“不忘初心、牢记使命”主题教育，开展阳光执法、履约践诺、金融破困、精准帮扶、政策惠企、市场公平、审批提速七大专项行动抓，重点整治一批企业群众反映强烈的营商环境领域的“堵点”“痛点”问题。开展“新官不理旧账”治理行动。梳理和清查 2015 年以来全市签订的 825 个政府合同，发现存在矛盾争议的合同 11 个。各县区、市直各单位针对承诺事项履行情况和相关争议、投诉、仲裁、诉讼办理情况进行自查，对存在的问题进行整改。市优化办重点对省优化办交办的 6 个政府合同不履约的案件进行跟踪督办，处理到位 100%。开展“优化营商环境执行年”行动。梳理损害全市营商环境的改革清单 15 项和堵点、痛点问题 95 个。截至 2019 年年底，15 项改革初见成效，49 个堵点痛点问题得到解决。全年为企业协调解决各类问题 80 余件。设立政务服务好差评监督投诉平台和优化经济发展环境投诉举报电话，全年受理投诉举报案件 107 件，案件交办回复率 100%，问题解决率 80%。

【市民服务中心建成】 2019 年 9 月 29 日，永州市市民服务中心建成投入使用，总面积 2.3 万平方米，共 5 层，大厅设置开放式前台服务窗口 256 个和后室工位 64 个。依托“互联网+政务中心”一体化平台，新中心接通电子政务外网、内网和视频专网，整合部门专网 14 条，同时部署取号排号机、自助终端机、“24 小时不打烊”的自助服务区等。完成 49 个单位、688 个事项、414 名工作人员的整体进驻。市本级所有行政审批和公共服务事

2019年9月29日，永州市市民服务中心启用

项进驻新市民中心，可办理市本级依申请类政务服务事项645项和水、电、燃气、通讯等公共服务事项。

【信息化建设】 2019年，永州市被列为全省政府网站集约化建设试点市。按照“一市一平台”的建设模式，实现市政府网站、53家市直部门和11个县区政府网站全部迁移到政府网站集约化平台运行。华为永州云计算数据中心于10月11日上线，为50多家市直单位和11个县区提供云服务资源，并成功引入湖南省电子政务外网统一云平台灾备基地，实现互联互通和信息共享。“互联网+政务服务”一体化平台、全市协同办公云平台、政府门户网站群、城乡网格化综合治理平台等信息系统汇入永州政务服务云。加快业务系统对接和数据归集共享，完成71个系统的数据归集对接，清理完善人口、法人、空间地理、城市部件、房产房屋六大基础数据库，建立数字永州信息共享交换中心。政务外网迁移、军分区指挥系统、武警磐石工程项目建设顺利推进。

【社会信用体系建设】 2019年，永州市以创国家社会信用体系建设示范城市为目标，推进全市社会信用体系建设。市行政审批服务局主要领导带队到浙江温州、安徽芜湖和湘潭大学信用学院学习创建流程、指标体系和工作重点。先后形成《永州市创建全国社会信用体系建设示范城市实施方案》《永州市“创信”现状与差距分析报告》《当前“创信”工作二十一个突出问题集中整治方案》等文件，对创建工作做出全面安排部署，将创建任务逐项分解到51个市直单位及14个县区。截至2019年年底，永州社会信用信息共享交换平台完成二期升级并投入使用，实现信用信息推送、查询等应用，信用信息共享交换平台归集信源单位548家，数据784多万条，政府部门信用信息公开率90%以上。7月在全国地级城市信用综合排名中，永州市排名196名，截至2019年12月，永州市排名提升110名，提升速度排全国第二位。

【政务公开】 2019年，永州市政府网站各个栏目发布政务信息28345条，重点信息领域服务栏目更新发布信息1289条，县区政府网站主动公开信息11万余条。督促市直各部门在政府信息公开平台上更新17582条信息，发布各类政府公文179篇，发布各类公示公告125条，发布重要会议189条，图解常务会议47期，完成民意征集62次，网上调查36次，结果反馈273条，政策解读79条，市长信箱926封，咨询投诉1050条。全市各级各部门处理政府信息公开申请1569件，均按要求进行答复，及时处理率100%。

【政务联动处置】 2019年，永州市政务联动处置平台整合基层网格、数字城管、“12345”热线、市长信箱、政协云微建议、政府网站等各类群众诉求受理渠道，覆盖14个县区（包括管理区、经开区）、181个乡镇（街道）、3365个村（社区）、11463个网格。推动政务联动处置“横向到边、纵向到底”，平台除涵盖各级各政务服务部门外，将水、电、讯、气、公交等公共服务单位也一并纳入联动范围；推进资源、服务、管理下沉基层一线，以网格“1+N组团模式”为载体，构建政务服务+政务服务“一张网”，对基层和群众的咨询、求助和投诉举报等事项实行“一口受理、联动办结”，建立起覆盖市、县区、乡镇、社区（村）四级“发现上报、受理派遣、处置反馈、任务核查、整理归档、考核评价”“六步闭环”和“两级平台三级联动”的联动处置工作机制。全年全市政务联动处置平台上报732988件，立案727706件，办结726655件，办结率99.86%；“12345”政务服务热线话务呼入总量157326件，接通总量145874件，接通率92.72%，在线办结率92.24%，转办工单按时办结率95%，回访满意率99.66%。

【蓝山基层政务服务试点改革】2019年，永州市蓝山县为推行基层政务服务改革试点县。该县出台《“改革行政审批体制充分调动基层干部积极性”试点改革方案》，所辖乡镇和村全部建成政务服务中心或便民服务点，部分完成标准化改造。各乡镇、村均接通电子政务外网，农村综合平台与“互联网+政务服务”一体化平台实现全覆盖。蓝山县全面梳理下延乡镇政务服务事项，首批将76项与群众密切相关的事项和100项“一件事一次办”事项下放到镇村两级大厅受理办结。截至2019年年底，试点镇村两级政务大厅受理事项180余项，事项直接办结率97%。同时，将政务一体化平台延伸到镇村和驾考点、卫生院、学校等服务场所，打造村民“15分钟办事圈”，就近可办率72%。

（唐嘉婕）

信　访

【概况】　2019年，永州市深入学习贯彻习近平总书记关于加强和改进人民信访工作的重要思想，先后召开市委常委会、市政府常务会、书记（市长）办公会听取信访汇报工作14次、“深入推进信访法治化建设”等工作写进市委经济工作报告。在全市信访领域开展形式主义、官僚主义专项整治，成立专门执纪问责组。向纪检部门移交信访领域作风建设典型案例10件。将市联席办梳理出的60件久拖未决的信访事项纳入市委专项巡查。全市信访形势持续好转，社会大局保持和谐稳定。1月—12月，全市无重大群体性事件、无大规模赴省进京集体访、无极端恶性事件和负面舆情炒作，进京到非接待场所上访登记12人次，同比下降74.42%。回龙圩管理区、金洞管理区创建为省级“三无”县区。全国“两会”、“中华人民共和国成立70周年”特护期信访维稳工作，两次被省政法委、省联席办、省公安厅联合表彰通报。2019年，永州市信访工作责任目标管理考核排全省第一位，连续3年获评全省先进，受到省委办公厅、省政府办公厅通报表彰。

【“三无”创建活动】　2019年，全市“三无”乡镇（街道）创建131个，创建率67.87%；“三无”村（社区）创建3136个，创建率95.11%。将“解决群众信访问题、减少信访总量、防非接待场所上访滋事”纳入党建述职和考核重要内容。严格党员教育管理，引导无职党员认领岗位，参与矛盾化解和结对帮扶重点信访户。建立干部联系重点人员制度，开展县级领导与108名涉军重点人员“结对子、走亲戚、交朋友”活动。在祁阳县、东安县、道县等县区开展信访领域为基层减负试点工作。制定出台《关于加强基层基础建立“群众诉求协办员”工作机制的意见》，在全市3297个行政村（社区）设置群众诉求协办员工作站，由村（社区）干部、村辅警、网格员担任群众诉求协办员，明确“六个到位”（即服务群众到位、信息报送到位、协助处理到位、管理稳控到位、矛盾排查到位、法治宣传到位）职责。组织开展“信访法治化宣传”、“12·4”宪法宣传周活动，悬挂横幅（标语）1425条，设立宣传栏、宣传展板337块，发放各类宣传资料20余万份，送法下乡156场，开展法治讲座173堂。加强对“市长（县长）信箱”的管理运用，及时转送、交（督）办，反馈回复。全年受理网上投诉13741件，网信占比率61.8%。创建市人社局、市公安局、祁阳县信访局、

2019年5月28日，中共永州市委书记、市人大常委会主任严华下访祁阳县领办重点信访件

2019 年 3 月 25 日，永州市信访工作座谈会召开

东安县信访局等一批“人民满意窗口”创建示范点。建立群众信访事项办理情况统一回访核实工作机制，开展 4 次初次信访事项第三方回访工作，回访信访件 1450 件。

【开展“千案攻坚”行动】 2019 年 5 月 15 日，永州市组织召开信访积案化解“千案攻坚”信访事项交办会，按“大领导包大案、小领导包小案”原则，对 1529 件重点信访件进行交办，其中市级领导领办 134 件，市委书记、市长带头领办难度最大的信访件。同时，实行一月一考核一通报，对连续两个月排名靠后的县区信访工作联席会议第一召集人和市直单位分管领导进行约谈，对连续三个月排名靠后的县区、市直单位，责成其主要领导向市委主要领导作检讨性汇报。截至 2019 年 12 月底，化解 1317 件，化解率 86.13%，其中，市级领导领办信访事项化解 131 件，化解率 99.24%。全年收到省信访局转送中央扫黑除恶第十六督导组转办件 696 件，其中无效信访件 17 件，有效信访件 679 件。从诉求内容看，涉法涉诉类 241 件，其他 438 件；从诉求真实性看，反映问题属实或部分属实的 249 件，不属实的 430 件；从办结率看，已办结的 679 件，办结率 100%。深入开展重复信访越级访集中整治专项行动。办理群众来信 3382 件，同比下降 5.8%，办结 3191 件，办结率 94.3%。以书记、市长交（督）办重点信访事项 81 件，全部办结，办结率 100%。国家信访局交办“四重攻坚”信访事项 18 件、省信访局交办“四重攻坚”信访事项 15 件，办结率 100%。全市依法处置涉访违法犯罪有关人员 426 人次，其中判刑 20 人次，刑事拘留 117 人次，行政拘留 289 人次，公开曝光典型案例 29 起，维护良好信访秩序。

（周永军）

扶贫开发

【概况】 2019 年，永州市深入贯彻落实习近平总书记关于扶贫工作的重要论述，牢牢把握“防滑坡防松懈”的工作总基调，突出问题导向，把提升脱贫质量放在首位，全市脱贫攻坚取得显著成效。实现新田县高质量脱贫摘帽，32 个贫困村脱贫出列、减贫 16001 户 46654 人，贫困发生率下降到 1%以内。

存在的主要问题和困难：贫困群众的内生动力不够强；产业发展的可持续性不强；涉贫信访压力较大。

【学习贯彻习近平关于脱贫攻坚工作重要论述】 2019 年，永州市坚持把学深悟透习近平关于扶贫工作的重要论述和对湖南脱贫攻坚工作的重要指示批示精神作为重要政治任务。市委常委会议、市政府常务会议以及市扶贫开发领导小组会议 20 次学习《习近平扶贫论述摘编》，第一时间学习传达贯彻中央政治局会议、习近平总书记在重庆考察并主持召开解决“两不愁三保障”突出问题座谈会议、省委扶贫工作会议、贫困县县委书记座谈会议精神，市委理论中心组专题组织学习讨论全国两会期间习近平总书记重要讲话精神和习近平总书记等中央领导对湖南脱贫攻坚工作重要指示批示精神。召开“三大攻坚战”推进会议传达贯彻，举办全市党政领导脱贫攻坚专题培训班研讨交流。落实习近平关于转变作风不懈怠的要求，把扶贫领域干部作风问题专项整治纳入全市干部队伍形式主义、官僚主义突出问题集中整治的 6 项重要任务之一，组织开展暗访调研、巡察督查。市委、市政府领导带头转变作风，市委、市政府主要领导以“四不两直”方式调研暗访 71 个贫困村 48 个非贫困村，其他市级领导集中时间深入指导的县区和联系帮扶的贫困村调研督战，出台《永州市脱贫攻坚常态化约谈实施办法》，对脱贫攻坚工作开展常态化约谈，全年市级层面开展约谈 7 次 17 个单位负责人，县级层面约谈 271 人次。市扶贫开发领导小组与成员单位、各县区签订完成 2019 年脱贫攻坚目标任务承诺书，与单位绩效考核、干部年度执行力考核、公务员年度考核等次和评先评优挂钩。

【脱贫攻坚问题整改】 2019 年，永州市把问题整改作为提升脱贫质量的重中之重。推进集中整改。组织开展“大走访、大调研、大慰问、解难题”活动，以中央和省考核通报、省常态化联点督查反馈交办问题为主线，举一反三全面排查问题短板，针对全市 6 大类 24 个方面影响脱贫质量的共性问题，开展为期 6 个月的集中整改。组织开展 3 次交叉检查，下发整改通报 3 期、整改交办函 24 件次，中央脱贫攻坚专项巡视反馈的 4 个方面 18 类问题，中央脱贫攻坚成效考核反馈的 8 个方面 24 类问题，省级考核反馈 22 类 28 个问题，市县自查的 7 个方面 17 类 23 个问题均整改到位。8 个省常态化联点督查组反馈交办的 674 个问题逐一整改落实。推进“两不愁三保障”问题清零。实施问题清零专项行动，组织市直行业扶贫部门 11 个单位 48 个小组，在全市范围内开展 5 次专项核查。饮水安全保障方面，开展农村饮水安全“回头看”交叉核查，全面普查全市 2194 处农村集中供水工程，重点抽查分散式供水的行政村农户，分批分类开展水质检测，季节性缺水区域全部落实供水预案，184127 户 671587 人建档立卡贫困人口饮水安全得到保障。义务教育保障方面，开展“控辍保学”巡回督查，加大数据比对力度，全市建档立卡义务教育阶段就学适龄人口 109015 人，就学总人数 100694 人，全市建档立卡贫困学生无一人辍学；落实义务教育资助政策省内就学总人数 91073 人，外地（省内）户籍到本地就读义教阶段建档立卡学生 4270 人，资助政策落实率 100%。住房安全保障方面，开展农村危房改造项目质量安全复查，加大农村危房鉴定覆盖面和精准度，累计鉴定四类重点对象房屋 302717 户，鉴定为 A 级、B 级安全住房户数 295764 户，农村四类重点对象危房存量总数 6977 户，完成四类对象危房改造 6977 户，完成率 100%，实施四类重点对象以外危房户 744 户。推进易地扶贫搬迁问题集中治理及“三排查三签字”工作，全市排查整改到位各类问题 5055 件。搬迁 20380 户 81717 人，实现入住率 100%、拆旧率 99%、复垦率 99%、后扶措施覆盖率 100%。基本医疗保障方面，开展健康扶贫专项监督检查，全市建档立卡贫困人口参保率 100%，县域内住院享受“一站式”结算综合报销比例 91.88%，县域外综合报销比例 81.16%，慢病签约服务管理 673869 人，签约率 100%，完成 167 个“空白村”村级卫生室标准化建设。兜底保障方面，开展对象精准核实，将建档立卡贫困人口中丧失劳动能力的 1.1 万名重病、重残对象以“单人保”纳入低保对象，低保标准达到或超过 3700 元/年，实现应保尽保；落实贫困残疾人保障政策 40146 人，残疾人两项补贴 60 元/月，政策落实率 100%。抓好脱贫摘帽问题整改。坚决贯彻落实省委、省政府关于新田脱贫摘帽质量问题的有关决定，召开市委常委会议、书记专题会议认真研究，成立市整改工作指导组，进驻新田县督促整改。新田县举全县之力实施“脱贫攻坚质量提升年”活动，开展脱贫摘帽问题清零“百日攻坚”行动，开展五轮常态化检查，省考核通报指出新田的 10 个方面问题整改到位，省、市交办新田县的 95 个问题整改落实。

【深度贫困攻坚】 2019 年，永州市把深度贫困村和深度贫困户作为攻坚重点，加大对深度贫困村的驻村帮扶。所有市、县领导带头联系条件艰苦、基础薄弱、任务艰巨的贫困村，调整市派驻村帮扶力量、市级领导驻村帮扶联系点，新增 5 支市派工作队派驻到深度贫困村，市委常委会组成人员按照“1+1”的方式强化帮扶指导，每人在原有联系村之外，再联系帮扶一个未出列深度贫困村，实现全市所有未出列深度贫困村均有一支市派工作队驻村、有一名市级领导联系。加大深度贫困村的投入力度，每个深度贫困村整合投入 250 万元，优先扶持实施基础设施、社会基本公共服务和扶贫产业项目。加大对深度贫困户的精准帮扶。依托中国社会扶贫网平台，发动社会力量参与，全市累计注册贫困户 216841 户、爱心人士 563435 人，新增注册 14.136 万人，完成省交办任务的 141.4%；爱心需求对接成功累计 365456 次，对接成功率 71.12%。深入开展“户帮户亲帮亲，互助脱贫奔小康”活动，确定 17784 户重点帮扶对象，每村确定 1 名帮扶联络员，每户确定 1 名主体帮扶责任人，优先发布重病户、贫困老年人、贫困残疾人等特殊贫困群体的需求，广泛动员社会力量捐物捐资精准帮扶，全市开展“户帮户亲帮亲，互助脱贫奔小康”帮扶次数197750次，帮扶物品90438件，开展服务次数571770次，帮扶资金813.81万元，数据综合排名位居全省前列。

【巩固脱贫攻坚成果】 2019年，永州市把巩固提升脱贫成果、切实防止返贫摆在突出位置，制定防返贫新措施。推进产业就业。实施“扶贫产业建设年”活动，加大扶贫产业扶持力度，出台全市产业扶贫激励机制，设立3000万元现代农业发展资金，全市申报省级扶贫龙头企业36家，创建30个乡镇产业扶贫园。结合消费扶贫，深化“四跟四走”产业扶贫模式，143家市级以上龙头企业在498个贫困村建设基地56.5万亩，累计带动42.66万贫困人口增收脱贫，占全市已脱贫人口的70%。落实“311”就业服务帮扶措施，提高劳务输出组织化程度，全年实现农村劳动力转移159.75万人，其中新增农村劳动力转移4.36万人，完成全年任务数的109%，新增贫困劳动力转移就业7370人，完成全年任务数的113.38%，落实贫困人口选聘生态护林员岗位1268人。推行“扶贫车间”，全市新认定“扶贫车间”588家，吸纳3.2万贫困劳动力“家门口”就业。创新分类管理。对已脱贫人口开展“回头看、回头帮”，对贫困人口实施分类管理、精准施策，落实巩固提升措施，保证帮扶力度不减、扶持政策不变、考核标准不降，巩固脱贫成效明显。试行脱贫返贫责任险。加大对脱贫人口返贫和边缘贫困户防贫的保障，由政府资助贫困人口购买返贫、防贫商业保险，全市11个县区43万人投保参险。激发贫困人口内生动力。推行“四扶四建”，开展“治陋习、树新风”乡风文明建设年活动和以“三清一改”为主要内容的村容村貌整治行动，全市1214个村出台治陋习树新风工作方案，签订文明节俭操办婚丧喜庆事宜承诺书26.99万份，成立红白理事会2070个，累计改厕11.87万户，农村卫生厕所普及率75.16%。推进贫困村基层组织建设，实施带头人队伍能力提升工程，组织开展村级党组织书记集中轮训3186人次，培训党员致富带头人1594人。

【防范化解脱贫攻坚风险】 2019年，永州市坚持预警预防，抓早抓小，防范扶贫风险，促进和谐脱贫。强化扶贫小额信贷风险防控。坚守逾期率1%的底线，建立风险防范稳控机制，对扶贫小额贷款分类分项进行风险评估，建立台账管理，实行一月一调度一交办，每月末对到期贷款一天一调度，提醒还款，以月保季、以季保年，全市扶贫小额贷款逾期不良率总体上防控有效，实现每月到期、每月清收，全年收回扶贫小额信贷18.97亿元，逾期贷款余额为零。落实“能贷尽贷”，全年新增贷款2.64亿元。强化涉贫信访舆情风险防控。推进涉贫信访舆情处置重心下沉，设立扶贫监督员，开通书记、县（区）长扶贫热线，提高初信初访处置效率。出台《永州市涉贫信访处置专项工作实施方案》，建立涉贫信访舆情县级办理处置为主、减少乡镇办理、杜绝村级办理的处置体系，压实首接首办责任，实行一季一核查，一月一通报，下发专题通报4期，开展约谈4次，全市涉贫信访舆情增量持续下降，省转交涉贫信访舆情处置落实率100%。突出抓好重点涉贫信访舆情的处置化解力度，对越级访、集体访、重复访的涉贫案件，实行专人包案负责、联合处置防控的有效机制，重点涉贫信访案件处置有效。强化扶贫项目资金风险防控。加强扶贫项目资金监管，将扶贫资金录入“互联网+监督”系统，实现全市建档立卡贫困户“两卡两折”全覆盖。完善脱贫攻坚县级项目库建设，加强项目资金监管，逐月调度项目资金拨付使用情况，定期下发资金拨付使用管理情况通报，建立扶贫项目资金管理使用预警机制，及时发现和纠正项目资金管理使用的突出问题。建立和完善项目跟踪监测、验收制度和资金审查制度，落实财政扶贫资金管理年度专项审计制度，有效防止和杜绝扶贫资金跑、冒、滴、漏现象。

【脱贫攻坚领域作风整治】 2019年，永州市持续深化扶贫领域腐败和作风问题专项整治，坚持问题为导向，建立党委主抓、部门主责、纪委主推的“三位一体”推进机制，全年发现扶贫领域问题6447件，受理举报2840件，立案733件，组织处理2486人，党纪政务处分434人，移送司法机关56人，追缴资金3420.5万元，退还群众1241.4万元，公开曝光365件754人。聚焦重点领域，组织13个巡察组对10个县区开展一轮以扶贫资金运行、扶贫项目实施、巡视巡察整改情况为重点的扶贫领域县区交叉专项巡察，发现问题364个，全部督促整改落实到位。开展生态扶贫、易地扶贫搬迁、教育扶贫、危房改造等“一季一专题”集中整治。

落实省委减轻基层负担20条措施，开展为基层减负专项整治，整治会议文件、督查考核、填表报数过频过滥问题，保障基层一线干部集中精力干实事。严控会议规模和频次，通过合并会议、采用视频方式，全年脱贫攻坚专题会议比2018年减少40%。严控文件简报，严格填表报数，全年下发文件比2018年减少32%，除上级要求的填表报数外，市级要求填表报数比2018年减少三分之二。规范督查调研考核，坚持领导带头示范，采用“四不两直”方式开展暗访调研，减少基层一线干部陪同。

【关爱扶贫干部】 2019年，永州市出台《关爱激励扶贫干部的十条措施》，落实好驻村工作队员的伙食补贴、交通费用、通讯补贴、边远地区津补贴、带薪休假等待遇保障，为所有扶贫干部购买人身意外伤害保险，组织开展健康体检。强化培养使用和宣传推介力度，对实绩突出、群众公认的扶贫系统干部，在提拔任用、交流重用、职级晋升（岗位晋聘）、公务员遴选时优先考虑，特别优秀的破格提拔，对长期两地分居的扶贫干部家庭给予照顾，明确每年提拔重用的干部中，扶贫干部需占有一定的比例。完善关怀机制，对患重大疾病、因公受伤、家庭出现重大变故等生活困难的扶贫干部及时给予帮助，对扶贫期间牺牲的干部家属及子女在就医、就学等方面给予关怀，对因公受伤、因公牺牲的扶贫干部，及时探望、慰问优抚。

【脱贫攻坚“三落实”动态管理平台】 2019年3月12日，永州市上线运行“三落实”动态管理平台PC端、手机App，办结省领导专题调研和省常态化联点督查问题448条，交办和处置市级调研暗访问题219条，办结率100%，满意率100%，实现脱贫攻坚问题整改“一网办结、一网跟踪、一网考核”的常态化网上交办、整改机制。

【巩固脱贫成效新路径】 2019年，永州市制定《全市贫困人口分类管理指导意见》，综合致贫原因、贫困深度、脱贫难度、脱贫成效、返贫风险等因素，按照“已稳定脱贫、需巩固提升、兜底保障、未脱贫”四大类分类管理施策。宁远县探索“三分三千”（分区划好片、分类锁定村、分色甄别户，百企帮千户、特岗帮千户、万人帮千户）巩固提升工程，对贫困人口实行分类分色差异化帮扶，实现产业全覆盖；江永县推出“1+N”巩固提升方案，坚持“帮扶力量不减、帮扶力度不减、帮扶投入不减和领导责任不变、扶持政策不变、脱贫机制不变”的“三不减三不变”原则，从扶贫扶志、产业扶贫、就业扶贫、不良行为惩戒、驻村和结对帮扶、作风治理6个方面落实巩固提升措施，按照“六步骤两公示”的程序，把贫困人口分为兜底救助一批、重点帮扶一批、跟踪服务一批，分别落实巩固提升措施；祁阳县在分类管理的基础上，推行五个全覆盖（党群服务中心、光伏发电、村级医务室、辅警室、电商服务平台覆盖到村）、六个保障到位（饮水安全、用电安全、通组公路硬化、通信网络、住房安全、环境卫生）、三个必入户（自来水、电网升级改造、改水改厕）措施，巩固脱贫成效明显。

【消费扶贫新模式】 2019年，永州市借助农村电商、扶贫商城等平台，采取线上直销、借网帮销、以展促销、以购代销等形式，推进消费扶贫，江永香柚、双牌剁椒鱼等39款扶贫产品上架销售，永州果秀食品、掌望东安鸡等产品登陆中石油销售平台。实施扶贫农产品进机关、进学校、进医院、进企业“四进”行动，建立贫困地区农副产品向机关、企事业单位、学校、医院食堂和公共场所的直供直销机制。江华瑶族自治县成为国务院扶贫办指导举办的“10·17”扶贫日活动——“你我通行·社会扶贫”论坛全国视频直播的三个县之一，祁阳县推行的“三好三出”（好货出巷，变产品为商品；好景出乡，变资源为资产；“好汉出山”，变劳力为劳务），解决贫困人口农副产品销售难、附加值低、劳务转移就业困难和乡村旅游扶贫推介等难题，消费扶贫模式被媒体广泛报道推介。江永县实施“543”（打造特色产品、质量保障、供应链条、基础设施、终端服务五大体系，培育村级信息员、专业销售员、网络宣传员、产品开发员四支队伍，对接大市场、大企业、大客户3个主体）消费扶贫工程，成效显著。

【“四扶四建”创建活动】 2019年，永州市突出扶贫与扶志、扶智相结合，推行以“扶志气建讲堂、扶技能建中心、扶产业建基地、扶队伍建堡垒”为主要内容的“四扶四建”创建活动，通过思想发动、产业带动、培训推动、道德促动，全方位多层次激发农村贫困群体内生动力，补齐贫困群众“精神短板”，引导贫困群众从“等着扶”向“主动干”转变、从“要我脱贫”向“我要脱贫”转变，从“看客”向“创客”转变。

【推行“扶贫车间”】 2019年，永州市把培育产业、解决就业作为建立稳定脱贫长效机制的主要途径，引导园区小微企业在贫困乡村开设“扶贫车间”，吸纳贫困劳动力特别是易地扶贫搬迁对象“家门口”就业增收，引导致富带头人带动贫困人口发展产业。江华瑶族自治县推行“复杂工序在园区、简单生产在村里”“车间建在村、生产在家里”“公司培训、家里生产”“回乡创实业、家庭建作坊”“农忙季节生产、农闲季节务工”五大模式，引进培育规模企业97家，提供就业岗位1.6万个，培养产业工人1.3万余人，其中贫困劳动力3100多人，人均年务工收入3.6万元以上；引进和培育扶贫车间460家（含农产品加工基地），提供就业岗位1.2万余个，吸纳1.1万群众在家门口务工，其中贫困群众3724人。

【扶贫资金管理“三精”模式】 2019年，永州市把扶贫项目资金使用管理风险列为全市扶贫领域重点风险之一，完善脱贫攻坚县级项目库建设，提高入库项目的精准度，以入库项目确定资金年度计划，逐月调度资金拨付使用情况。推行项目跟踪监测、验收制度和资金审查制度，建立扶贫项目资金管理使用预警机制，及时发现和纠正项目资金管理使用中的突出问题。江永县探索扶贫项目资金管理使用的有效途径，紧紧扭住扶贫资金“用”这个关键环节，建章立制，加强监管，着力破解规范高效管理使用难题，实施“精准落实扶贫项目资金、精细规范报账流程、精确厘清部门监管职责”的“三精”模式，实现资金投得准、管得住、用得好、效益高。在项目申报和资金落实中，执行“自上而下，自下而上”，由贫困村和驻村帮扶工作队征求贫困群众意愿选择项目逐级申报审批，县扶贫开发领导小组审定后安排下达资金。在资金报账使用上，推行“流程图”“清单化”“模板式”管理，实现扶贫项目资金报账规范化、标准化、精细化。在加强拨付监管上，加快预算执行，项目资金一经审批，15日内下达到位，并将分配情况全部录入监控系统，全流程动态追踪监管，对照绩效目标开展资金使用情况绩效评估，适时监督检查。

（永州市扶贫办办公室）

政府发展研究中心工作

【概况】 2019年，永州市人民政府发展研究中心（以下简称市政府发展研究中心）成立。根据《中共永州市委办公室关于印发〈永州市政府发展研究中心职能、内设机构和人员编制规定〉的通知》精神，市政府发展研究中心为市政府直属正处级公益一类全额拨款事业单位，主要职责：负责全市经济社会发展和承接产业转移等全局性、综合性、战略性、长期性问题开展政策跟踪研究和超前谋划，制定承接产业转移中长期发展规划和发展政策措施思路和建议。中心主任1人、副主任2人，内设3个机构，分别是综合部、经济发展研究部、产业转移服务部，核定编制15名，内设部长（正科）3名，副部长（副科）3名。2019年在市委、市政府绩效考核评为优秀单位，获2019年度优秀市派驻村帮扶工作队称号，驻村帮扶宁远县九嶷山瑶族乡和平村评为先进村。

【政治素养建设】 2019年，市政府发展研究中心深入学习贯彻习近平新时代中国特色社会主义思想和中共十九届四中全会精神，组织集体学习7次，闭卷考试1次、“学理论、用理论”应知应会知识测试1次；深入陈树湘革命红色教育基地开展革命传统教育；组织观看红色电影《血战湘江》和警示片《迷失的初心Ⅱ》，并撰写观影心得。10月，班子成员带队，组成3个专题组深入基层一线进行调研工作，撰写《巩固脱贫攻坚成果　推进高质量发展——宁远县九疑上瑶族乡和平村脱贫情况调研报告》《永州市对接融入粤港澳大湾区发展调研》《培育特色产业，助推乡村振兴》等调研报告。10月29日，召开“对照党章、党规找差距”专题会议，梳理4个方面问题，并对照整改清单，逐一销号。

【主导产业发展研究】 2019年

11月，市政府发展研究中心联合永州市发改委、市工信局进行全市主导产业发展研究，形成《关于全市优先发展重点主导产业的建议》调研报告，配合省政府发展研究中心到永州开展“文旅融合”和“在线教育助力精准脱贫”专题调研2次。

【精准扶贫】 2019年，市政府发展研究中心派出硕士研究生1人驻村帮扶，并劳务派遣一位人员协助帮扶，结对帮扶点是宁远县九嶷山瑶族乡和平村。发展黑斑蛙养殖项目，争取中央产业扶持资金50万，解决就业100人，为贫困人口增收1万元以上；开展“一拆二改三清四化”专项行动，全年拆除危旧房26座、实现改厕369户，建立村内垃圾收运机制，规范和平村党支部周例会制度、村干部值班制度、村务公开制度，选任2名年轻干部充实村支两委队伍，结对帮扶的25户贫困户全部脱贫。

（李江波）

应急管理

【概况】 2019年1月13日，永州市应急管理局成立。为市政府主管安全生产的综合监督管理部门。下设市安全生产执法监察支队、市应急事务中心、市地震局、市应急救援队局属单位4个。整合市安全生产监督管理局、市政府办的应急管理、市公安局的消防管理、市民政局的救灾、市国土资源局的地质灾害防治、市水利局的水旱灾害防治、市林业局的森林防火、市农业局的草地防火以及市防汛抗旱指挥部、市森林防火指挥部、市减灾委员会、市抗震救灾指挥部等12项职能。全局编制63名（含市安全生产执法监察支队和市应急事务中心），其中机关行政编制35名，局长1名，副局长6名，总工程师1名，政治部主任1名；正科级领导职数16名，副科级领导职数8人。局机关内设有政治部及14个科室，在职在岗人员46人；四个局属单位在职在岗人员40人。

2019年9月27日，永州市政府发展研究中心党组书记、主任张荣华（右五），党组成员、副主任唐习文（右二）在宁远县九疑上瑶族乡和平村调研脱贫情况

摄影 陈善林

2019年，全市发生各类安全事故31起、死亡37人，分别同比下降20.51%、22.92%。全市累计受灾人口152.1万人，需紧急生活救助人口2.64万人，因旱需生活救助人口12.48万人，因灾倒塌、严重受损农房2644户5928间，争取自然灾害生活救助资金8200万元。夯实安全生产责任。市委、市政府出台党政领导干部安全生产责任清单，对党政领导干部履行安全生产职责实行台账管理，采取点对点方式下达警示通报14人，给予党纪政纪处分23人，提醒谈话15人。运用法律、行政、经济等手段，督促企业建立全员安全生产责任制、承诺制，全面落实主要负责人“十个一次”措施，组织暗访督查5次。

推进“强执法防事故”、危险化学物品安全综合治理等专项行动，查处违法违规企业2115家，取缔关闭249家。推进矿山、烟花爆竹、道路交通、建筑施工、消防等领域专项整治，排查道路交通领域顽瘴痼疾321处，马路市场整治到位153处，建立健全“打非”常态化机制，组织安全专家对全市12个工业园区200家重点企业免费进行安全体检，帮助企业排查、整改各类隐患问题4760余条。

开展安全隐患大排查大整治大管控行动，曝光典型安全隐患896个，公布联合惩戒“黑名单”42个，率先在全省推行风险隐患管控“一账四单”和“五个清单”，实现安全风险全面管控、隐患动态清零。全面开展“防风险、保安全、护稳定”工作，围绕自然灾害、安全生产等六大类14小类安全风险进行全覆盖排查，对确认的2174处风险，逐个建立风险管控责任和管控措施清单，销号626处，管控1548处。

【应急管理体系】 2019年，永州市应急管理局狠抓基层防灾减灾体系建设，探索开展安全风险网格化管理，祁阳应急管理“村为主”做法得到《湖南日报》等媒体推介。开展综合减灾示范社区创建活动，创建国家综合减灾示范社区2个，创建省级综合减灾示范社区（村）11个。起草《突发事件总体应急预案》，全年修订完善应急预案2300余份。建立市应急指挥中心，全市16个“互联网+安全小镇”系统全面提升，1188家涉危企业建立“一图一表”系统数据库。开展“安全生产月”“5·12”防灾减灾日“安康杯”竞赛等主题活动。推进安全应急知识科学普及活动，通过现场咨询、发放手册、应急体验、送教上门等方式进村入户。开展公众安全素质提升服务活动，发放防灾减灾等宣传资料200万余册。加强“三项岗位人员”责任教育，培训企业“三项重点人员”7000余人，组织1034家企业、10058名企业职工安全应急法律法规知识竞赛。

【应急管理队伍建设】 2019年，永州市应急管理局学习贯彻习近平关于应急管理工作重要论述精神，以“三表率一模范”为抓手，开展党员志愿服务日、一名党员就是一面旗帜等主题活动，激发党员在防范化解重大安全风险、抵御应对事故灾害等工作中的担当作为。建立每日晨读半小时班子领学、科长讲学制度，邀请应急管理部（厅）领导和专家就危险化学物品安全监管、防汛、森林防火、应急救援等方面作专题辅导报告8场、培训1740余人次。举办安全监管实务、应急管理能力提升、清华大学防范化解重大风险等专题培训班。强化党组负总责、党总支推进落实、支部书记履行主责的责任体系，开展二级机构集中整治年、形式主义官僚主义六大突出问题整治，重修廉政风险管控手册，持续推进正风肃纪。

【谢建辉在永州指导防汛工作】 2019年6月23日，湖南省委常委、常务副省长谢建辉到永州市指导防汛工作。谢建辉先后了解肖家园街道、湘江永州城区宋家洲段、潇湘公园地质灾害点等值班、应急演练、搬迁规划等情况，要求妥善做好城区防汛工作。谢建辉强调要坚持预防与治理相结合，抓细抓实应急预案和演练，严格落实值班值守制度，突出抓好水库防守、地灾防治、山洪防御、城市防涝等重点工作。要坚持人防与技防相结合，加强雨情汛情研判，加强抢险物资储备，加固抢险设施设备，加大防灾知识宣传，提高群众防灾抗灾意识。

【应急志愿者服务队成立】 2019年8月28日，永州市应急志愿者服务队成立仪式暨义工培训会在冷水滩区举行。永州市义工协会为永州市应急志愿者服务队授旗并开展志愿者知识培训。参会志愿者40余人。会议介绍志愿者的概念、历史、服务的基本内容与形式、志愿者的形象礼仪及永州市义工协会的基本情况。与会志愿者表示将弘扬帮助别人，快乐自己的永州义工精神，从自己做起，从身边的小事做起，用自己绵薄之力帮助需要帮助的人，在建设美丽富饶幸福永州做出自己的贡献，随后举行宣誓仪式。

【《应对突发事件双“1+X”联席会议制度》出台】 2019年9月3日，永州市为有效处置生产安全事故类、自然灾害类等突发事件提供制度保障，市应急管理局主持编制《应对突发事件双“1+X”联席会议制度》（以下简称《制度》）出台，打造永州特色的应急联动机制，《制度》分总则、组织机构、职责、运行机制、信息交流与反馈、附则等6个部分，共18条。建立双“1+X”联席会议制度，设立应急值守、工作例会、信息报告、工作总结等运行机制，根据工作需要，邀请市卫生健康委员会、市公安局、市交通运输局、市水利局、市自然资源和规划局、市城市管理和综合执法局、市消防救援支队等市直有关单位职能科室参加突发事件处置，规定主召集人、召集人、主办机构、联办机构的产生原则以及联席会议的组织机构、成员单位的职责等。

【安全生产“迎大庆、保稳定”会议】 2019年9月30日，永州市安全生产“迎大庆、保稳定”工作视频会议在冷水滩区召开。永州市委副书记、市长何录春，副市长谢景林、李旦梅，市政协副主席欧阳德群，市政府秘书长陈宇荣参加。会议要求全市各级各部门认真学习贯彻中央、省领导的批示指示精神，站在压倒一切的高度狠抓安全生产工作；强化安全生产源头治理、综合治理、精准治理，坚决防范各类伤亡事故发生。把安全责任落实、事故预防、执法监管等具体工作落在行动上；加强应急值守，坚决将风险和隐患化解在萌芽状态，严格执行领导在岗带班、24 小时专人在岗值班等规定。

【国际减灾日主题宣传活动】 2019 年 10 月 13 日，永州市暨零陵区第三十个国际减灾日在零陵区开展。永州市减灾办、市应急管理局及零陵区减灾委成员单位、零陵区应急管理局、零陵区朝阳街道柳子街社区、市义工协会永州经济技术开发区分会等单位参与活动。开展应急志愿者代表作“防灾减灾，人人有责”倡议活动，市安全生产应急救援队队员表演《安全第一》小品，零陵区消防救援大队、红十字会工作人员现场开展灭火器和心肺复苏演示，举行安全知识有奖抢答、志愿者上门发放《公众安全应急科普手册》等活动。通过设立咨询台、发放宣传资料、布置展板、面对面讲解等方式，向广大群众普及用电安全、燃气泄漏、洪灾、泥石流、人员密集场所、地震、急救等防灾减灾、自救互救相关知识。

【永州市矿山救护队在湖南省应急救援（矿山）技术竞赛中获得佳绩】 2019 年 11 月 13 日—15 日，湖南省应急救援（矿山）技术竞赛在长沙安全技术学院举行。永州市矿山救护队 9 名指战员参赛五个项目：模拟救灾、综合体能、军事队列、呼吸器操作、业务理论。通过评比获得综合团体三等奖、综合体能团体单项二等奖、业务理论团体单项二等奖、模拟救灾团体单项三等奖和呼吸器操作团体单项三等奖。于海龙获得个人单项理论考试第二名、个人全能第五名，许交飞获得个人全能第四名、席位操作第五名。

【创建国家、省级综合减灾示范社区】 2019 年 12 月 19 日，零陵区朝阳街道柳子街社区等 11 个社区成功创建 2019 年湖南省综合减灾示范社区，湖南省应急管理厅下文命名。12 月 30 日，祁阳县长虹街道新兴路社区、江华瑶族自治县沱江镇竹园寨社区等 2 个社区成功创建 2019 年度全国综合减灾示范社区，国家减灾委员会、应急管理部、中国气象局、中国地震局联合下文命名。

（蒋玮）

消 防 救 援

【概况】 2019 年 12 月 27 日，永州市消防救援支队正式挂牌。根据《组建国家综合性消防救援队伍框架方案》，公安消防部队、武警森林部队转制，组建国家综合性消防救援队伍。永州市消防救援支队转隶到地方，成为政府领导下的综合性常备应急骨干力量。全年接警出动 4465 起（火警 630 起），出动车辆 7059 辆，出动警力 48713 人，抢救被困人员 2141 人，疏散被困人员 7017 人。零陵大队和 1 名消防员分获消防救援局改革转制教育整训先进集体和先进个人，4 名指战员分获全市优秀共青团干部、优秀共青团员，17 人记三等功，105 人受到嘉奖。

【火灾防控】 2019 年，永州市落实《消防安全责任制实施办法》，督促各级政府、部门、行业履行消防安全主体责任；健全完善领导带队检查、政府警示约谈、安委会发函督办等抓消防安全的长效机制。市委、市政府召开 3 次会议研究消防工作，解决职业优待、经费保障、装备建设、营区改造、消防基金、规划修编等一系列问题，消防工作被纳入全

2019 年 12 月 27 日，永州市消防救援支队挂牌仪式

市平安建设、绩效考核、社会信用体系建设内容，排查单位13531家、督促整改火灾隐患21488处，临时查封86处、三停59家、行政拘留7人。

【岗位练兵】 2019年，永州市消防救援支队开展全员岗位大练兵工作。组织“战训大讲堂”、集中轮训班等活动，完成基层指挥员、各类槽车事故处置、危化品处置、交通事故、水域救援、无人机驾驶等一系列业务培训。支队11人取得民用无人机驾驶员合格证，16人考取船员适任证和三类船员驾驶证。固化分辖区、分类型每月跨区域实战演练机制，联合市直多部门先后开展高层建筑、交通事故、大跨度大空间等类型灭火救援演练8次。采取全员普训、补考集训、尖子特训的组训模式，部署开展冬训、夏训活动，训练成效明显，支队顺利代表总队完成应急管理部消防救援局抽考，在总队第二次冬春训练考核中达标率100%。

【消防基础设施建设】 2019年，永州市消防救援支队推进基建项目8个，完成年度建设任务4个。统筹推进以机关营区和培训基地为中心的南北片区训练设施建设，指导各大队建设相应灾害类型训练设施。支队营区监控高清升级改造、互联网统一接入、智能语音广播对讲系统建设、通讯指挥车改造等信息化建设项目全部完成，支队制定装备采购计划并上报总队集中采购，投入3000余万元采购消防车辆7台、战勤保障车辆3台、个人防护装备1万余件（套）、其他类器材装备5000余件（套）。

【消防队伍建设】 2019年，永州市消防救援支队开展“不忘初心、牢记使命”主题教育，举办“追梦火焰蓝、建功新时代”文艺晚会，拍摄微电影《追梦》《我和我的祖国》快闪，以东安、道县、江永和蓝山4个大队为试点，统筹推进示范基层党组织建设。以营区改造为契机，启动队史馆、消防员之家建设，统筹开展消防营区文化、党建文化、廉政文化“三位一体”建设。将特勤、东安和道县作为试点单位，开展第一轮正规化达标创建活动，深化“百日安全创建”活动，实现指战员零伤亡。

（周泽湘）

机关事务管理

【概况】 2019年1月13日，永州市机关事务管理局成立，为正处级市政府工作部门，局机关行政编制为17名。局长1名，副局长2名，暂核定正科级领导职数11名，副科级领导职数3名。二级机构1个，核定全额拨款事业编制6名，主任1名，副主任2名。主要职责为指导全市机关事务工作，负责市直党政机关单位办公用房清理整改、调剂使用工作；市政府授权负责市直行政事业单位国有资产统一集中管理；统筹市直机关单位住房建设与管理工作；负责统筹协调全市公共机构节能工作；参与并监督管理全市党政机关厉行节约反对浪费工作；指导、组织实施市直机关单位后勤员工培训工作；指导全市后勤体制改革工作等。

2019年，永州市机关事务管理局学习贯彻习近平新时代中国特色社会主义思想和中共十九届四中全会精神，局党组理论中心组集中学习13次、举办专题报告会4场、观看专题教育片4场。完成12名正科实职、3名副科实职竞争上岗，成立局机关党委和5个党支部，先后成立机关党委、工会、妇委、关工委等群团组织。获评全市“党办工作先进单位”“综治先进单位”。在全市“学习强国之永州答卷知识竞赛”中晋级决赛，并获组织奖；扶贫工作有成效。在联点帮扶深度贫困村祁阳县挂榜山村采取“公司+村+贫困户”的订单养殖模式扩大肉鸽养殖产业，贫困户参与分红1万多元；引进蜜蜂、山鸡养殖产业，养殖户分别创收4000元、2500元；安装村主干道防护栏9千米，拓宽通达公路6.4千米；拆除危旧房3599平方米，村民改厕70户，挂榜山村实现脱贫摘帽。

【推进国有资产管理】 2019年，永州市开展市直机关单位国有资产摸底，完善“智慧+国资信息”系统；完成潇湘技师学院等5家单位2000余万元资产处置审批；对市退役军人事务局等36家涉改单位办公用房调整配置，优化办公用房面积2万平方米；首次建立涵盖市、县、乡镇三级党政机关办公用房信息系统；起草《永州市县处级领导干部周转房管理办法》《永州市直单位周转住房安全管理实施细则》等5项制度。开展公共机构节能管理。首次联合举办“绿色发展·节能先行”节能宣传周活动，首次建立涵盖市、县、乡镇机关单位节能统计系统，节能数据实现及时更新。鼓励引导市县两级公共机构使用节能产品，推进节能降耗减排，全市机关单位综合能耗同比下降

2.83%，6家机关单位被评为湖南省节约型公共机构示范单位，争取奖补资金120万元。

【公车改革及平台建设】 2019年4月，永州市出台《市直机关单位公务用车使用管理办法》，试行“六个统一”（统一编制管理、统一预算及经费开支安排、统一购置更新、统一报废处置、统一维修保养、统一调度使用。）管理；规范公务接待和机关食堂服务。4月，与市财政局联合印发《关于明确市直党政机关公务活动用餐有关事项的通知》，完成《永州市党政机关国内公务接待管理实施细则》修订，明确公务接待范围及标准。8月1日，调整市委机关食堂经营管理模式，规范食堂运营，食堂饭菜品质和满意度有较大提升。10月，组建公车事务中心，截至2019年12月31日，市公车平台调度车辆539批次，开支费用与2018年同期下降45.83%；在全省综合考核评估车改工作位于全省前列。

【服务保障】 2019年，永州市机关事务管理局做好市委、市政府大院和潇湘大厦服务，先后完成市委、市人大办公楼部分楼层卫生间改造、领导干部周转房和永联大楼修缮，水电气正常供应。推进老旧小区基础设施改造试点，把市委、市政府大院宿舍区包装成“滨江小区”申报中央、省老旧小区改造项目，争取资金2422万元。推进市委市政府大院宿舍区住宅楼加装电梯试点工作，截至2019年年底，完成增设111台电梯的地基勘测和规划设计，试点开工建设电梯13台。

（谈倩）

中国人民政治协商会议永州市委员会

综　　述

【概况】 2019年，政协永州市委员会坚持政治导向，加强党建引领，把理论学习作为党组会议、主席会议、常委会议、机关全体会议的第一项议程，被湖南省政协授予“湖南省习近平总书记关于加强和改进人民政协工作的重要思想实践基地”。全年开展常委会专题议政性协商2次、专题调研7次、界别协商和对口协商20次、重点提案办理协商14次、重点民主监督4次。打好“蓝天保卫战”、加强食品安全议政性专题协商、非物质文化遗产传承和开发利用对口协商、“三个全覆盖”“智慧政协”和农村饮水安全专题调研、医疗保障工作专题视察等履职活动，在全省率先运用湖南省政协关于健康扶贫的专题议政成果，参与精准扶贫、招商引资、环境整治等中心工作并取得成效。创新协商方式，政协协商向基层拓展的做法得到省政协推介；打好“蓝天保卫战”专题议政协商实行徒步踏察调研和视频协商问政；在全省率先探索纪委监委专责监督和政协民主监督联动协作机制，创新提案办理方式，推进“双公开”“双评估”提案办理；12月19日，“智慧政协”上线运行。首次举办全市政协系统履职成果创新大赛和全市政协工作经验交流会。10余个调研报告得到市委书记、市人大常委会主任严华等市级领导的批示落实。“政协云”活跃度、微建议提交量、办结率均居全省前列，在湖南省政协开展的“云宝赛技能”活动中获较多奖项。在各类报刊和“政协云”上稿400余篇，永州政协特色亮点工作被《人民政协报》《中国政协》《湘声报》等报刊广泛报道，9次登上头版头条。组织开展理论征文大赛、文艺晚会等庆祝人民政协成立70周年活动。开展“三创三争三好”主题活动。组织委员学习培训，建立政协常委履职报告制度，选派政协委员

2019年12月19日，永州市委政协工作会议召开

150余人次参与社会监督活动，50余名委员担任行风评议员和特约监督员，市政协21个界别委员工作室联系委员实现全覆盖，界别工作做法被选为全省政协培训课程加以推介。市政协机关创建为湖南省文明单位。微建议办理通过完善“六步闭环”和“五微联动”办理机制，截至2019年11月，全市政协系统提交微建议1831条，办结率95.96%，是全省提交最多、办理最快、办结率最高的地州市。

【启动“三个全覆盖”】 2019年，永州市政协贯彻落实中共中央办公厅《关于加强新时代人民政协党的建设工作的若干意见》，开展政协工作“三个全覆盖”（党的组织对党员委员的全覆盖，党的工作对政协委员的全覆盖，有人的地方政协工作全覆盖）调研，探索形成“乡镇政协联工委+1村1政协联络员”模式、村务民主协商监督月例会制度等，延伸基层触角。同时，征求相关单位意见，完善形成《永州市政协工作“三个全覆盖”的调查与思考》。

【自身建设】 2019年，永州市政协规范公文办理，把收文、运转、校核等工作落实专人负责，实现公文分类登记、运转审批、整理归档规范化、程序化，提高公文办理质效，全年实现发文数量比2018年减少31.6%，尽量压缩会议规模，推行“多会合一”，提高会议质量，各县区政协参加的政协系统会议实现压缩减少的目标。全年配合市委组织部推荐考察处级领导干部人选4人次，提拔和调整科级干部17人次，面向市直机关单位公开选调2名年轻干部，从市直单位和县区调入3名科级干部。选派16名干部参加各类学习培训。

【履职成果创新大赛】 2019年4月—8月，永州市政协举行履职成果创新大赛，大赛是永州市政协庆祝新中国和人民政协成立70周年的系列活动之一。经过前期准备、推荐、调研、评审，市政协各委室、各界别、各县区政协选送的35个参赛项目进入决赛，并通过视频播放、PPT演讲等方式进行展示。其中，市政协研究室开展的“蓝天保卫战”议政协商、零陵区政协推动的村（社区）民主协商监督月例会活动、东安县政协突出对全县“重要单位、重点项目、重大工作”开展民主监督、冷水滩区政协创新实施“政协联工委+1村（社）1政协联络员”等做法，赢得评委高度评价。15个参赛项目分别获得一、二、三等奖。

【创新推动民主监督与专责监督联动协作】 2019年4月15日，永州市政协、市纪委监委联合出台《关于建立市纪委监委专责监督和市政协民主监督联动协作的意见》，围绕党和国家大政方针、重大改革举措、重要决策部署贯彻执行情况和市委、市政府重大工作安排落实情况、整治群众身边的腐败和作风问题等8个方面开展联动协作，开全省之先河。制定《2019年市纪委监委与市政协民主监督联动工作计划（草案）》《市纪委监委与市政协关于深化干部作风建设集中整治形式主义官僚主义联合监督方案》。5月6日，市政协启动“蓝天保卫战”踏察调研，市纪委监委通过信访举报、与政协委员沟通、政协云热点等方式，收集环保问题196条。把环境保护工作纳入全市纪检监察机关监督执纪的内容，成立初核调查小组。在市政协专题议政性常委会议上，市纪委监委作专题发言。在构建协调配套、系统集成的监督体系上大胆探索，形成有特色的民主监督“永州路径”。

【庆祝人民政协成立70周年文艺晚会】 2019年9月23日，永

2019年9月23日，“不忘初心　携手同行”永州市庆祝人民政协成立70周年文艺晚会

州市庆祝人民政协成立70周年文艺晚会在永州会堂举行。市委书记、市人大常委会主任严华，市委副书记、市长何录春，市领导蒋善生、唐能武、杨永、吴志雄、罗建华、贺辉、冯紫英等出席晚会。晚会以“不忘初心、携手同行”为主题，以“政协人演或演政协人”为节目创作宗旨，16个节目融合歌舞、话剧、祁剧、小品、朗诵、情景剧等多种文艺形式，重温合作初心，表达永州人民对中华人民共和国成立70周年、人民政协成立70周年最美好的祝愿，展现新时代人民政协的新面貌新气象。

（李子寒）

重 要 提 案

【《关于强化农村饮用水安全管理确保农村居民也能喝上安全水的提案》】 2019年，委员欧阳德群代表农工党在永州市政协五届三次会议上提交《关于强化农村饮用水安全管理确保农村居民也能喝上安全水的提案》。提案认为，2018年全市农村水质检测合格率60.5%，较2017年提高5.1%。但是，当前全市农村饮用水水质检测合格率还低于全省平均水平，也远较城市低35.7%，安全状况不容乐观，形势还很严峻。主要有农村饮用水安全隐患较大、绝大部分农村集中式供水水厂未取得资质、农村学校水质状况令人堪忧等问题。提案建议：一是加强水源地选址论证工作。水源地选址要充分考虑到地形、地貌、地质、土壤等自然条件对水质安全的影响。二是进一步减少水源地污染。严厉打击非法排污企业，严格规范农药、化肥的使用，切实提高生活垃圾、生活污水无害化处理率。三是依法实施饮用水源保护制度。严禁任何造成水源污染的行为，依法查处在防护区域内修建影响水源水质卫生的设施。四是完善水质净化消毒基础设施。供水单位要加强对水处理工艺的改造，配备和完善水质处理沉淀、过滤、消毒设施设备，对水处理设施定期进行清洗消毒、维护保养。五是强化供水单位的管理与监督。要坚持建管并重，切实加强对取水、制水、供水的全过程监督管理，凡水源、水厂厂址不符合要求，未配备水质净化、过滤、消毒设施或未取得“卫生许可证”的饮水工程不得擅自供水。进一步加强水质监督监测，制定生活饮用水污染事件应急处置预案，落实应急处置措施。六是强化部门协作。供水单位在规划设计和设计审查、竣工验收时，应充分征求卫生计生行政部门的意见，卫生计生部门对于不合格的水质状况要及时通报至相关部门。

【《关于进一步规范非机动车（“五小车辆”）管理提升全国文明城市和交模城市创建工作水平的提案》】 2019年，委员文绍涛、左秋玲、万汝青在永州市政协五届三次会议上提交《关于进一步规范非机动车（“五小车辆”）管理提升全国文明城市和交模城市创建工作水平的提案》。提案认为，“五小车辆”违反交通规则的现象虽已引起相关职能部门重视，但由于力度不强劲、整治不深入、联动不到位、时间不持久，导致抓一阵好一会，一旦放松马上反弹，成了城市交通管理“顽症”。提案建议：一是建议市政府责成相关部门，按照《中华人民共和国道路交通安全法》、道路交通安全条例、电动自行车管理办法等规定并结合全市交通管理实际，联合下发通告，进一步规范非机动车（“五小车辆”）管理。管理办法制发后，要采取多种方式加大宣传，提高全民知情度。二是建议在中心城市开展有针对性的集中整治行动，形成交通秩序整治高压严管态势。可集中一段时间在中心城区开展“三乱两闯两线”和“五小车辆”交通大整治行动。通过开展专项整治，提升道路通行效率、市民守法率，提高城区安全感和文明程度。三是要加强常态化管理和教育。道路交通警察要加强中心城区全路段的定期不定期巡逻，并在重点路段斑马线值班劝导和巡视。要加大“三乱两闯两线”行为的曝光和处理力度，利用城区“天眼”摄像头等设施，发现一起、曝光一起、处理一起。要寓整治于宣传教育之中，边整治边教育边宣传，最终形成文明出行习惯。

【《关于申报永州之野国家级田园综合体的提案》】 2019年，委员刘翼平、万汝青、王鸿杰、赵斌、邓世福、欧阳永衡和周可云在永州市政协五届三次会议上提交《关于申报永州之野国家级田园综合体的提案》。提案认为，中央一号文件为“永州之野田园综合体”开发建设指明了方向。永州之野是永州两大美丽乡村精品旅游线之一，贤水河流域是美丽乡村建设的示范带。零陵区富家桥镇是一个得天独厚的田园综合体坯子，具有申报永州之野国家级田园综合体资源优势和工作优势。提案建议：一是将富家桥镇申报为湖南省整建制实现乡村振兴的示范镇。二是将永州之野田园综合体列入全市首个国家级田园综合体进行申报。三是建议市委、市政府研究出台建设永州之野田园综合体建设的先行政策和乡村振兴示范镇的扶持项目。

【《关于整治农村人居环境推进乡村振兴战略的提案》】 2019年，蒋剑青代表民盟在永州市政协五届三次会议上提交《关于整治农村人居环境推进乡村振兴战略的提案》，提案认为，2018年，全市在小城镇综合整治、农村集中建房试点、持续深化基础设施建设和生态环境改善等方面取得一定成效，但农村垃圾、污水治理和村容村貌等农村人居环境不优问题较突出。提案建议：一是加强农村垃圾治理，建设干净整洁乡村。建立“户分类、村收集、乡镇转运、县区集中处理”的收集、转运、处理机制，推进农村垃圾生态无害化处理；建立健全保洁长效机制，全面推行农村生活垃圾分类减量，同步推动生活垃圾分类处理，切实做好农村生活垃圾源头的分类减量。通过制定村规民约、与村民签订门前三包责任书等方式，发动村民清理门前屋后垃圾，配合开展垃圾分类减量，力争农户就地分类减量达70%。二是以“厕所革命”为突破口，推进农村污水处理。因地制宜开展农村生活污水处理，力争农村生活污水处理率达到80%以上，实现农村生活污水处理全覆盖。重点开展厕所粪污治理，推进“厕所革命”，力争农村卫生厕所普及率达100%。三是全面提升村容村貌，促进乡村文明建设。开展以“五清、五化”为主要内容的农村人居环境集中整治行动，以清理积存垃圾、拆除私搭乱建、规整乱拉杆线为重点，统筹村庄规划、整治建筑立面、规范户外广告、加强村庄绿化、实施“点亮行动”、加强日常管理，全面提升村容村貌，促进乡村文明建设。四是统一规范农村建房，建设宜居美丽乡村。加大危旧房改造力度，清理整治违规建房，严厉查处违规私搭乱建行为；加强农村建房管理，统一规划农村集中居住点，引导、鼓励农民向镇区、集镇、集中居住点集中；按照风格、房型、规格基本统一的要求，组织编制农村住房设计通用示范图集，供农民建房选用；鼓励利用现有宅基地、村内空闲地和荒山荒坡建房。五是全面实施碧水工程，确保农村水环境安全。做好“两口一源”（取水口、入河排污口、饮用水水源地）监管工作，严格执行建设项目水资源论证制度和入河排污口设置审批工作；全面划定饮用水源保护区，加强饮用水源地水质监测，开展农村饮水提质增效，实现由基本满足农村饮水需要向全面提供清洁安全饮水转变，着力改善农村水条件、防治农村水灾害、治理农村水环境，确保农村水环境安全。六是健全完善农业资源环境管控制度，打赢农业面源污染攻坚战。健全完善农业资源环境管控制度，科学减量使用农业投入品，推进化肥农药使用量零增长；规范限量使用饲料添加剂，减量使用兽用抗菌药物；完善秸秆和畜禽粪污等资源化利用制度，健全废旧地膜和包装废弃物等回收处理制度；实施规模化畜禽养殖污染防治工程，开展畜禽污染纳污坑塘治理，加快城郊养殖场搬迁工作，打赢农业面源污染攻坚战。

【《关于进一步巩固提升脱贫成效的提案》】 2019年，中共界别在永州市政协五届三次会议上提交《关于进一步巩固提升脱贫成效的提案》。提案认为，经过全市上下的奋力攻坚，全市脱贫攻坚战役取得决定性胜利，但要实现脱贫攻坚战役的全面胜利，任务仍然艰巨繁重。提案建议：一是着力抓好产业就业。在进一步强化“三保障”政策落实的基础上，把扶贫产业就业作为巩固提升脱贫成效的重中之重，依托本地资源、产业优势，因地制宜规划贫困村产业发展，实现持续稳定增收。在产业扶贫上，实现村村有主导产业、户户有增收项目。在稳定就业上，推行“扶贫车间”模式，深入实施“万企联万村”工程，吸纳贫困人口就近就地稳定就业，增加务工收入。二是着力激发内生动力。坚持扶贫与扶志、扶智相结合，充分激发贫困群众的主体作用，推行以“扶志气建讲堂、扶技能建中心、扶产业建基地、扶队伍建堡垒”为主要内容的“四扶四建”创建活动，全方位多层次激发农村贫困群体内生动力，补齐贫困群众“精神短板”，激励和引导他们靠自己的努力摆脱贫困、持续发展。三是着力推动融合发展。把脱贫攻坚与乡村振兴战略相结合，将扶贫产业发展与深入推进农业供给侧结构性改革、乡村振兴战略、全域旅游有机结合起来，出台扶持政策，把贫困村作为实施乡村振兴战略的优先“示范点”，实现脱贫攻坚与乡村振兴两大战略的政策“组合拳”效应，引资建设一批生态循环、观光旅游、体验创意等农业，促进农村一、二、三产业融合发展。四是着力强化党建引领。强化党建引领促脱贫攻坚，充分发挥好村支两委“领头雁”和攻坚“堡垒”作用。进一步选优配强村支“两委”干部，实施农村党员和青年农民培训工程，采取“农民点单”“财政买单”的方式，实现贫困村“能人治村”，打造一支“永不走”的工作队。五是着力攻克深度贫困。进一步聚焦政策、资金、项目等资源，集中帮扶力量，在人力、财力、物力和精力上给予重点倾斜，集中攻坚，确保深度贫困村同步脱贫奔小康。六是着力提高帮扶精准度。坚决做到脱贫不脱政策、脱贫不脱帮扶、脱贫不脱监管，进一步落实到户到人精准帮扶措施，切实防止因帮扶不力、政策落实不到位出现大面积返贫现象。进一步防范扶贫风险，针对小额信贷、项目资金使用管理、涉贫信访舆情、易地扶贫搬迁等风险隐患点，全力落实预警防范措施，确保风险隐患可控可管。

提 案 办 理

【概况】 2019 年，永州市政协委员、政协各参加单位和各专门委员会围绕市委、市政府中心工作和人民群众普遍关心的民生问题，通过提案履职尽责，提出提案 385 件，经审查立案 332 件。其中，委员提案 183 件，集体提案和联名提案 149 件。经济建设类 124 件，占 37.4%；政治建设类 20 件，占 6%；文化建设类 62 件，占 18.7%；社会建设类 92 件，占 27.7%；生态文明建设类 34 件，占 10.2%，62 家承办单位均已办理答复。提案中所提问题已经解决或基本解决的 189 件，占 57%；所提问题列入计划拟解决的 127 件，占 38.2%；因条件限制或其他原因未能采纳的 16 件，承办单位均认真作出说明。

【提案集中协商办理】 2019 年，永州市政协委员围绕对接粤港澳大湾区、完善交通网络、优化营商环境和增强旅游发展新动能等重大战略，提出意见建议。永清广高铁被列入《粤港澳城市群发展规划》，呼南高铁邵阳至永州段被列入省重点推进前期工作计划，永州—贺州—梧州—玉林—北海的高铁通道进入规划。关于优化营商环境的提案中提出的“最多跑一次”改革，出台《永州市市场准入涉照事项“一件事一次办”改革实施方案》，率先落地实施省政府公布的第一批和第二批共计 200 项“一件事一次办”改革，中心城区受理的“一件事”平均在 3.4 天内办结，平均提速 70%。关于打造全市特色精品旅游线路的提案，全市精心策划包装文旅重点招商项目 52 个，在“2019 湖南—粤港澳大湾区投资贸易洽谈周”重点推介，拟引进资金 75.3 亿元，现场签约道县都庞岭风景名胜区旅游开发、东安凤凰山文化旅游综合体等文旅大项目 4 个。

市政协主席蒋善生对乡村振兴战略相关提案领衔督办。把农村环境污染治理列为惠民实事全力推进，农村生活垃圾收集处理体系覆盖 41 个乡镇、2313 个村，33 个乡镇建成污水处理厂，900 个村生活污水得到治理，农村卫生厕所普及率 66.18%，建成美丽乡村示范村 69 个，祁阳县成为全国整域推进试点县。“关于加强农村饮用水安全监管的提案”，所提意见建议得到采纳。出台《永州市农村饮水工程建设与管理实施方案》，实现全市农村安全饮水全覆盖和自来水“村村通”。关于电动车、助力车、老年代步车管理的相关提案，市政府成立由市委常委、副市长周荣峰任组长的专项整治行动工作领导小组，制定《永州市摩托车、电动车专项整治行动工作方案》，在全市范围开展专项整治行动。“关于加强出租车行业管理的提案”和“打造‘的士’文化名片，助力全国文明城市创建的提案”，办理单位作为年内交通运输工作“重大工作”进行研究部署，行业服务质量得到显著改善。“关于优化城市公交线路的提案”，结合委员建议，公交线路不断优化，新增公交专线 3 条，延长 9 条公交线路及时间。“关于中心城区道路提质改造的提案”，中心城区在打通“断头路”、完善地下管网、提标道路绿化等方面下功夫，中心城区打通“断头路”40 余条，改造提质主次干道 68 条，修复硬化背街小巷 370 多条。“关于加强引导和服务，支持青年返乡创业就业的提案”，出台《永州市进一步促进就业工作二十三条措施》吸纳委员意见建议。“关于构建大德育体系，整体推进我市中小学德育的提案”，全市开展中小学“向日葵工程”德育系列活动，受到省教育厅肯定和推介。“关于提升中心城区医疗服务水平的提案”，落实医疗保障政策，加强学科建设，在现有湖南省肿瘤放射治疗临床医疗技术示范基地和7个省级重点专科的基础上，兴建急救医疗服务中心。

重 要 会 议

【政协永州市五届三次会议】 2019年1月14日—17日，中国人民政治协商会议永州市五届委员会第三次会议在永州会堂召开。会议应到政协委员393人，实到378人，符合《中国人民政协协商会议章程》规定的有效人数。

市政协主席蒋善生代表政协永州市第五届委员会常务委员会向大会作工作报告。市政协副主席张建亮作市政协永州市第五届委员会常务委员会关于五届二次会议以来提案工作情况的报告；市政协副主席文绍涛作市政协五届二次会议委员大会发言意见建议办理落实情况的点评报告。秦少义、李瑞霞、丁国志、刘翼平、夏炜、赖泽仁、吴迪、姚如男、王鸿杰、谭能为10位委员作大会发言。经全体委员会议选举，同意尹玉林辞去政协永州市第五届委员会常务委员职务，欧阳德群当选政协永州市第五届委员会副主席，周善生、胡新军当选常务委员。

【庆祝人民政协成立70周年暨政协工作经验交流会】 2019年9月24日，永州市庆祝中国人民政治协商会议成立70周年暨政协工作经验交流会在冷水滩召开。市委书记、市人大常委会主任严华出席并讲话。市委副书记、市长何录春出席，市政协主席蒋善生主持会议。市领导石艳萍、冯紫英、杨海河、袁火林，市政协主席会议成员及其他厅级领导，已退休的历届市政协厅级领导出席会议。市政协副主席张建亮宣读全市政协系统纪念人民政协成立70周年理论征文大赛和“履职成果创新大赛”表彰通报，文绍涛、秦少义、周云玲、李谋韬等4位市政协委员作典型发言。

【市委政协工作会议】 2019年12月19日，中共永州市委召开政协工作会议，深入学习贯彻中共十九届四中全会和中央、省委政协工作会议精神，研究部署加强和改进新时代全市政协工作。市政协主席蒋善生出席。市领导石艳萍、唐能武、杨永、吴志雄、罗建华、贺辉、冯紫英、杨海河、袁火林、刘卫华等出席。会上，中共江华瑶族自治县县委、中共零陵区委、中共祁阳县委、冷水滩区政协、新田县政协有关负责人作经验交流发言。

市委书记、市人大常委会主任严华在会上要求，充分发挥人民政协专门协商机构作用，为永州高质量发展汇聚强大正能量。全市各级政协要在提升专门协商机构效能上持续发力，以“专”提质，以“协”成事。要在服务改革发展稳定大局上持续发力，强化大局意识，突出问题导向，把调查研究和解决问题结合起来，树立“人民政协为人民”的理念，加强思想政治引领、广泛凝聚共识。要在强化委员责任担当上持续发力，全市各级政协要牢牢抓住强化委员责任担当这个“牛鼻子”，加强委员服务管理；全市广大政协委员要进一步增强委员意识，学习贯彻党的基本理论、基本路线、基本方略，充分发挥桥梁纽带作用，遵守宪法法律和政协章程。

2019年9月24日，永州市庆祝人民政协成立70周年暨政协经验交流会召开

纪 检 监 察

综　　述

【概况】 2019年，永州市纪委监委严明政治纪律、政治规矩。把落实“两个维护”作为最根本的政治纪律，查处违反政治纪律典型案件17件17人；对履责不

力的222个党组织、1462名党员领导干部严肃追责问责。以扶贫领域"1+4"专项行动和"一季一专题"为统揽，严肃查处腐败和作风问题。开展涉贫信访积案"百日攻坚"，办理积案226件。推动落实中央环保督察"回头看"和省环保督察反馈意见整改，追责问责151人。查处市融资平台公司系列腐败案件，挽回国家财产损失8600余万元。开展减税降费政策落实情况专项检查，查处落实不力问题19个，处理29人。推动修复净化政治生态。协助市委组织部开展各级党组织书记述责述廉，对各地各部门政治生态整体把握、动态研判，分别梳理领导班子、领导干部问题清单700余条和1500余条，精准开展"政治画像"。严把市管干部选拔任用政治关品行关作风关廉洁关，回复党风廉政意见240人次。协助市委出台《关于严肃查处恶意举报、诬告陷害、造谣传谣行为的实施办法》，开展"不忘初心、牢记使命"主题教育。把"守初心、担使命、找差距、抓落实"贯穿主题教育全过程，把专项整治作为检验主题教育成果的重要标尺，坚持"小切口、实举措、准发力"，推动解决扶贫、就学、看病、住房、出行、营商环境等方面突出问题，整治成果定期向社会公开，工作经验在全省推介。严把市管干部党风廉政意见回复关，否决10人次。深化运用"四种形态"（党内关系要正常化，批评和自我批评要经常开展，让咬耳扯袖、红脸出汗成为常态；党纪轻处分和组织处理要成为大多数；对严重违纪的重处分、作出重大职务调整应当是少数；而严重违纪涉嫌违法立案审查的只能是极少数。处理4184人次，第一、二种形态占比86.8%。开展"二级机构集中整治年"活动，紧盯与民生民本息息相关的二级机构，分两批进行集中整治，查处问题2027个，处理处分1708人。创新监督方式，推广道县"四单一流程"（权力清单、风险清单、防控清单、责任清单、工作流程）、宁远片区协作、江华乡镇纪委日常监督"12388"等工作机制，建立纪委监委专责监督和政协民主监督联动协作机制，提升监督质效。

【反腐败斗争】 2019年，永州市纪检监察机关受理群众举报3399件，处置问题线索4236件，立案1983件，结案1728件，处分1705人，其中移送司法机关50人。立案审查市管干部26人，严肃查处赵某某、盘某某、胡某某、贾某某等严重违纪违法案，协助查办高某某、唐某某、颜某某、金某等严重违纪违法案。23名党员干部主动投案，同比大幅增长。开展"天网2019"行动，持续保持"零外逃"。强化反腐败基础保障。改造留置点1处，启动新办案点建设。基本建成大数据分析综合应用平台和纪检监察系统检举举报平台。落实看护辅警300余名。加强安全管理，实现审查调查"双安全""零事故"。

【作风建设】 2019年，永州市落实中央八项规定精神和省委"约法三章"。严肃查处违反中央八项规定精神问题165个，给予党纪政务处分154人，通报曝光56期91起128人。撤销廉政账户，规范红包礼金上交实名登记制度。组织开展落实省委"约法三章"（哪个地方出了问题，就追究这个地方党委书记的责任；哪个部门出了问题，就追究这个部门一把手的责任；哪个环节出了问题，就追究这个环节直接责任人的责任）、整治违规发放津补贴或奖金福利突出问题"回头看"，全市各级党员干部、公职人员主动上缴资金184万元。坚决破除形式主义官僚主义。统筹开展六大突出问题专项整治，查处各类问题136个，处理处分237人。联合开展电视问政4期，披露并整改问题14个，立案3人，组织处理24人。重点解剖冷水滩区非洲猪瘟防控不力、永州经济技术开发区营商环境不优等问题。

【扶贫领域和作风问题系列专项整治】 2019年，永州市深化扶贫领域腐败专项治理，全市扶贫领域立案1057件，处理处分4278人。持续推进"纪委喊你来领钱"活动，追缴资金5152万元，退还群众1904万元，公开曝光典型案件597件1071人。开展重点民生领域突出问题专项整治。医疗卫生领域商业贿赂专项整治清退违纪资金1700余万元；清理违规享受保障性住房和补贴户472户，收回欠缴租金1000余万元；教辅领域立案44件，处理处分55人；涉矿领域立案24件，处理处分24人。推进扫黑除恶专项斗争。受理涉黑涉恶腐败和"保护伞"问题线索278件，立案79件79人，其中处级干部3人，移送司法机关13人。

【监察体制改革】 2019年，永

州市定期组织县区纪委书记、市直纪检监察组组长述职述廉述德。保留市管企业纪委设置，纪委书记由市纪委监委任命为监察专员，设立监察专员办公室。改革市属大中专院校纪检监察体制，保留纪委设置，纪委书记实行交流任职。推广派驻机构由纪委监委统管模式。推动监察权向基层、村居延伸，向管理区、永州经济技术开发区派出监察工作委员会。出台《关于建立职务犯罪案件衔接机制的意见》等制度。

【廉政教育】　2019年，永州市纪检监察机关推进“以案促改”，召开赵某某案、市融资平台公司腐败案警示教育会，督促案发单位做好案件查办“后半篇文章”。加大案件通报曝光力度，摄制《迷失的初心》系列警示教育片，编印《忏悔录》《警示录》，开展“一法两条例”宣传教育。推进容错纠错机制改革试点，为148名党员干部澄清正名。市委常委、市纪委书记、市监委主任分别到市委党校、江华、蓝山、市委统战部、市妇联等县区和部门上廉政党课。

【纪检监察队伍建设】　2019年，永州市纪检监察机关开展“素质提升年”活动。组织向贺宁学习、评选岗位之星、开辟能手讲坛、举办业务竞赛等活动，全市纪检监察干部的政治能力和专业素养得到提升，市纪委监委获全国“七五”普法中期先进集体和省级文明标兵单位。深入开展“秋冬大练兵”，市、县、乡三级组织培训88期1.2万人次，实现培训内容、参训人员全覆盖，省纪委抽查测试排名全省第三。定期向党外人士通报情况，邀请党风监督员、特约监察员开展“踏察”等活动。坚持刀刃向内，查处纪检监察干部违纪违法案件10件，处理处分43人，调离纪检监察系统1人。

【市五届纪委四次全会】　2019年1月22日，永州市五届纪委四次全会在冷水滩区举行。出席全会的市纪委委员33人，列席368人。市委书记、市人大常委会主任李晖出席全会并讲话。市委副书记、市长赵应云主持会议。市委常委，市人大、市政府、市政协领导出席会议。全会深入学习贯彻习近平新时代中国特色社会主义思想和中共十九大精神，回顾总结2018年纪检监察工作，部署2019年任务，审议通过杨永代表市纪委常委会所作的《坚持以政治建设为统领，奋力推动新时代纪检监察工作高质量发展》工作报告。会议强调，始终坚持以党的政治建设为统领。强化政治监督。坚决破除形式主义、官僚主义。深化纪检监察体制改革创新。全面提升监督质量。巩固发展反腐败斗争压倒性胜利。统筹推进市县巡察。强力整治群众身边的腐败和作风问题。

2019年1月22日，永州市第五届纪律检查委员会第四次全体会议在冷水滩召开

【推广创新工作经验】　2019年7月23日，永州市纪检监察机关在江华、宁远召开现场会议，推广江华乡镇纪委日常监督“12388”模式和宁远片区协作工作经验。江华乡镇纪委日常监督“12388”工作模式，规范乡镇纪委日常监督工作，其特色主要体现为“三化”（任务项目化、工作可视化、管理动态化）。县纪委将乡镇纪委日常监督工作规范固化为22项任务，按周、月、季、半年、年等明确任务完成时间节点，并将每项任务的落实按照名称、依据、内容、主体、时限、方式等要素进行规范，实行销号管理。依托江华智慧监察平台，把互联网元素融入日常监督，开发“12388”功能模块，将每项监督的任务清单植入到功能模块，乡镇纪委履行职责时，可随时通过手机实时将工作情况上传，实现监督工作前台与后台的可视化。平台后台操作系统自动对工作开展情况动态监控，对暂未完

2019 年 7 月 23 日，永州市纪委在江华、宁远召开乡镇日常监督 12388 模式暨片区协作机制建设现场会

成的工作实行黄色预警提醒，发出黄牌警告。县纪委相关部室对乡镇纪委上传的工作情况进行在线动态评价，平台系统自动生成评价分数，作为乡镇纪委日常履职情况考核重要依据。实现日常监督工作从部署，到落实，到评价，再到考核的闭合完整链条。宁远片区协作工作机制，重点解决监督执纪问责“怎么干”的问题，特色主要是“三个一体”（县乡一体分片、人员一体管理、工作一体联动）。全县设立 4 个纪检监察协作片区，成员分别由县纪委 1 个监督检查室、相关派驻纪检监察组和相关乡镇纪检监察干部组成，对口负责监督管理相关乡镇和县直单位。县纪委书记、副书记分别对口联系 1 个协作片区，其他班子成员具体负责相关协作片区，担任协作片区组长，负责组织协作片区开展日常工作，根据工作需要，对协作片区工作力量进行统一调配，实现由“单兵作战”向“兵团作战”转变。在片区协作组长的统一指挥下，统筹开展信访举报、专项监督检查、审查调查、案件预审等工作。县纪委统一出台片区办信办案、监督检查、案件预审、定期讲评交流等配套制度和工作流程，各协作片区严格遵照执行，确保依规依纪依法正确履职。

（张小军）

巡察工作

【概况】 2019 年，永州市推进巡察监督工作向纵深发展。向省委巡视办上报材料 20 余篇，市委书记专题会议报备材料 2 轮，向市委、市政府及相关主管部门提交专题报告 7 份。市委常委会、市委书记专题会会议听取巡察情况综合汇报 6 次。抓好书记专题会会议跟踪督办，处置重点问题 14 个。市县两级巡察党组织 571 个，覆盖率 56.87%，发现问题 6315 个，移交问题线索 748 件。其中，市本级常规巡察党组织 24 个，发现问题 1547 个，移交问题线索 36 件。开展一轮交叉常规巡察，对县区自己巡察难度较大的 22 个单位和部门开展巡察，发现问题 562 个。建立巡察反馈意见、整改落实报告抄送分管市县级领导和市县级领导带队反馈机制，进一步压实被巡察单位整改责任，推动巡察整改落到实处，市县巡察整改反馈问题整改率均在 95% 以上。制定《关于做好巡察“后半篇文章”的若干意见》，形成纪律监督、监察监督、派驻监督、巡察监督相互协调配合的工作机制。市县两级纪委根据巡察移交的线索，立案 133 件，党纪政务处分 51 人，移送司法 4 人。其中，市本级立案 20 件，给予党纪政务处分 2 人，移送司法 2 人。市委宣传部将巡察成果纳入意识形态责任制考核和文明单位创建的重要考核依据。推进市县巡察工作由县区向村居延伸，巡察县区、村 2470 个，巡察覆盖率 80.67%，村居延伸巡察发现“三个聚焦”问题 2036 个，移交问题线索 264 条。市县两级巡察干部纳入市委巡察教育培训总体规划，全年培训巡察干部 1013 人次，县区巡察干部“以干代训”44 人次，新晋处级干部参与巡察 16 人次。

【省委第六巡视组反馈问题整改】 2019 年，永州市委书记、市人大常委会主任严华两次召开会议研究省委巡视整改工作。组织开展“回头看”，制订巡视整改“回头看”工作方案，组建监督检查小组 5 个，采取明察与暗访相结合、抽查与深查相结合、集中督查与日常督查相结合的方式对省委第六巡视组反馈的 27 个问题 149 项具体事项进行全面的“回头看”。对巡视整改“回头看”发现的整改不彻底或整改效果不明显具体事项 12 个，发出督办函 16 件，

2019年9月6日，永州市巡察工作推进会暨五届市委第七轮巡察工作动员部署会召开

召开调度推进会7次，推动12个具体事项取得预期效果，持续整改成效获省委巡视办高度肯定。

【开展扶贫领域专项巡察】2019年，永州市对扶贫资金管理使用和扶贫项目管理实施开展专项巡察。市委巡察组对重点乡镇、重点部门进行重点巡察，实行全覆盖，直接查看项目落地情况、核实资金发放到位情况、调查项目实施情况。发现问题364个，移交问题线索168件，巡察期间督促被巡察县区立行立改有关问题188个，退还群众资金97.85万元，追缴、返回扶贫专项资金360.68万元。

（蒋杰）

民主党派·工商联

中国国民党革命委员会永州市委员会

【概况】 民革永州市委成立于2008年4月。截至2019年12月31日，有基层支部9个，在册党员157名，平均年龄45岁，其中本科以上学历143人，占91.1%，博士1人、硕士29人。副高以上职称37人，占23.7%。退休党员7人。有省政协委员1人、市人大常委1人、市政协委员18人（其中常委5人）。机关有编制4名，实有人员3名。

【参政议政】 2019年，民革永州市委会开展园区减税降费落实情况课题调研，深入8个县区的工业园区进行实地走访，座谈交流，发放调研问卷采集数据。《永州市园区减税降费落实情况民主监督调研报告》获得永州市政协"好调研报告"三等奖。王钰被评为"2019年度全市统战信息工作优秀信息员"。

全年采集报送社情民意和微建议40余条，唐箭在政协云平台提交微建议148条，领跑全省。在市政协、人大五届四次会议期间，名革党员中的政协委员、人大代表积极履职，向大会提交口头发言1件、集体提案3件、个人提案30余件、人大议案2件。2件提案被评为市政协"好提案"。1条社情民意被评为"政协好社情民意"。市政协民革界别组连续3年被评为"优秀政协界别"，刘旭红、唐箭、钱锟3名党员被评为"优秀政协委员"，陈世平、罗福清、唐箭3名党员被评为"政协云工作先进个人"。唐翔被评为"优秀人大代表"。

配合民革省委对口永州市开展脱贫攻坚民主监督课题调研，走访12个乡镇、15个村、易地搬迁集中安置点3个、企业4家，采集贫困典型信息36户，了解全市脱贫攻坚一手资料，《2019年永州市脱贫攻坚民主监督调研报告》参与民革全省参政议政调研成果评审获评二等奖。参与全市各类座谈、协商活动，组织特约人员参加各类民主评议、测评，就全市经济社会发展重大方针、政策、重要事务提出中肯建议。市政协民革界别组积极履职，赴结对社区——冷水滩翠竹园社区调研视察民主监督活动，探索建立委员、社区、群众联动机制。

【民革机关建设】 2019年，民革永州市委会学习学习传达全国"两会"和民革中央、民革省委全会精神，参加民革中央、民革省委组织的各类会议培训，以及中共市委统战部开展的暑期谈心活动。召开民革三届三次全会、"不忘合作初心，继续携手前进"主题教育动员会、中共十九届四中全会集中学习等。开展民革思想政治建设理论研究征文和纪念湖南和平解放70周年征文活动，《新时代加强民革思想政治建设的思考》获得民革湖南省委思想政治建设理论研究征文比赛三等奖，《永州在湖南和平解放中》被民革湖南省委编入《民革前辈与湖南和平解放》。举办庆祝中华人民共和国成立70周年演讲比赛，选拔获胜选手参加民革湖南省委演讲比赛获得优胜奖。参加永州市“牢记初心使命，传承红色家风”演讲比赛获得三等奖，参加永州市统一战线庆祝中华人民共和国成立70周年演讲比赛获得一等奖，选送2幅油画作品参加民革省委纪念湖南和平解放70周年书画展。推进唐生智故居（树德山庄）申报民革全国党史教育基地申报工作，7月唐生智故居被民革中央命名为民革党史教育基地，全年唐生智故居接待广东、长沙、湘潭等全国各地的民革组织10余次。

全年发展新党员11人，平均年龄34岁，均为大学以上学历。1名正处级干部当选为市政协副主席，1名副处级干部晋升为二级调研员，1名科级干部晋升为副处级并交流到市政协，1名党员晋升为高级职称。

开展支部“两创建”“三争优”活动，组织基层支部与省直民革支部、长沙支部开展交流学习活动。市直一支部被民革中央评为“民革示范支部”，零陵区支部民革党员之家被民革中央评为“优秀民革党员之家”。加强作风制度建设。制定完善财务管理、考核奖励、组织发展、课题调研等多项规章制度。唐婵宇获“2018年度永州市绩效考核先进个人”称号。

全年宣传信息稿件在民革中央网站上稿9篇，民革地方情况反映上稿6篇，《团结报》、团结网上稿4篇，三湘统战、湖南民革等省级媒体上稿30篇，各类市级媒体采用报道60余篇次。

2019年6月21日，民革永州市委举办庆祝中华人民共和国成立70周年演讲比赛　摄影　唐婵宇

【社会服务】　2019年，民革永州市委会争取民革湖南省委以及爱心企业到永州开展扶贫系列捐赠活动，捐赠价值608万元学习物资及10万元助学金。帮助新田县大坪塘镇知市坪社区居民委员会山下村中药材颠茄草种植与加工项目、蓝山县汇源瑶族乡大源村森林土鸡养殖项目等扶贫产业申请扶贫资金。关爱抗战老兵，为抗战老兵发放每月600元/人生活援助金；组织广大党员在中秋、春节等传统节假日，走访慰问幸存老兵，全年慰问老兵210余人次，发放援助金、慰问金和物资587850元。

【“博爱·牵手”活动】　2019年，民革永州市委会一支部党员陈永宁向全市各县区中学图书馆捐赠图书《锦绣潇湘—永州历代诗歌选注》500余册。零陵区支部组织党员参加“您来圆我读书成才梦”助学项目，捐款2万余元。冷水滩区支部联系帮扶贫困户2个，资助慰问金800元并宣传产业扶贫政策；党员陈军为所联系的贫困村杨村甸乡黄茶园村投入18万元用于基础设施建设及产业扶贫。永州职业技术学院支部进校园普及溺水自救与互救急救知识，并到凼底乡江边村义诊，结对资助贫困学子何续梦助学金1000元。永州中心医院支部连续两年开展健康知识讲座。

【祖国统一联谊活动】　2019年，民革永州市委会学习领会习近平在《告台湾同胞书》发表40周年纪念会上讲话精神、对台工作重要论述和民革中央“三个坚持”的工作思路，发挥祖国统一工作委员会作用，加强与全市涉台单位、企业的交流，与市台办建立对口联系制度，主动与市台办对接，加深与台湾的交流联系，推动海峡两岸青年创新创业基地建设。主动为两岸经贸、文化等交流服务，接待台湾农业经贸代表团的交流考察，促进5家台商农业企业与永州市黄兴海峡两岸

2019 年 8 月 16 日，民革湖南省委到永州开展扶贫捐赠活动，湖南省人民政府副省长、民革湖南省委主委何报翔（右）为爱心捐赠企业颁发证书

摄影 王钰

青年创新创业基地签订《温泉康养小镇合作框架协议》。

（唐婵宇）

中国民主同盟永州市委员会

【概况】　民盟永州市委会成立于 1996 年 8 月 1 日。截至 2019 年年末，有总支 1 个，支部 18 个，有盟员 445 人，新发展盟员 26 名，发展率 6.16%，净增长率 5.69%。新发展盟员中硕士 4 人，女性 14 人。

【思想建设】　2019 年，民盟永州市委会通过中心组学习、会议集中学习、聆听专题讲座、举办培训和个人自学相结合的方式，学习习近平新时代中国特色社会主义思想和习近平在党外人士座谈会上的重要讲话；五届十二次主委会议研究通过民盟市委会中心组学习制度、民主生活会制度，并组织中心组学习。12 月，举办新盟员和青年委员培训班，邀请市委统战部副部长邓晓明等作中央文件精神专题讲座。秦琦被民盟中央授予“全盟思想政治工作先进个人”。

9 月 26 日，在湖南科技学院举办庆祝中华人民共和国成立 70 周年、民盟永州地方组织成立 70 周年文艺演出。市直一支部、永州中心医院支部、市直四支部和三医院支部获演出活动的优秀组织奖；永州职业技术学院一支部、湖南科技学院支部获得优秀团体奖。二中、四中、三中等支部选送的 6 个节目获得优秀表演奖。12 月，永州市第一个湖南民盟传统教育基地在李达故居授牌。民盟市委会理论研究课题《中共加强思想政治建设对民主党派加强思想政治建设的启示和借鉴》通过省委统战部评审结题，《费孝通与南岭瑶胞》获民盟湖南省委理论调研课题二等奖。

【参政议政】　2019 年，在永州市政协五届四次全会上，民盟永州市委会的大会发言《为基层减负，让工作提质》引起热烈反响，受到与会委员和领导肯定，市委、市人民政府主要领导均作出批示。民盟市委集体提案《关于整治农村人居环境　推进乡村振兴战略的提案》被列为市政协重点提案，由市政协主席蒋善生领衔督办。在该提案的专题督办会上，蒋剑青和欧阳慧分别就农村饮水安全和规范农村建房作协商发言。在市政协 2019 年度“三创三争三好”主题活动表彰大会上，民盟界被评为“优秀界别”。

【开展调研】　2019 年，民盟永州市委会 3 个重点课题都取得较好成果。其中经济类课题“促进永州现代物流业发展”邀请湖南工商大学刘导波、周敏和盟省委参政议政处处长邓彬彬、调研员李丽霞参与并指导；社会类课题“基层减负”，走访 4 个县区 11 个乡镇，召开座谈会 8 次，收集数十万字素材，形成《把基层负担减下去，让工作质量提上来》的调研报告；农业类课题“加强农业供给侧改革，打造优质农副产品供应基地”中标民盟省委参政议政一般立项课题并结题。

【反映社情民意】　2019 年，民盟永州市委会反映的《关于将高危儿治疗康复纳入医保报销范围的建议》被全国政协采用；《高度重视基层民主党派工作的几个倾向》被民盟中央采纳；还有多篇社情民意信息被省政协、省委统战部和民盟省委采用。盟市委获得 2019 年度湖南民盟“反映社情民意工作先进集体”。

【参与社会服务】　2019 年，民盟永州市委会联合恒瑞集团，为落刀塘村15名贫困学生捐赠3万余元学习生活费用；永州市第二中学支部发起“人人受捐一本书，共圆孩子读书梦”倡议，在上岭桥、竹山桥等农村学校开展捐书送课活动；永州职业技术学院三支部联合中心医院支部开展免费体检，发送低升糖指数大米活动；永州中心医院支部到东安县井头圩镇满竹村开展义诊，接诊病人80多人，免费测量血压、血糖60多次，免费发放健康教育指导单100余份，药品价值约2000元；永州职业技术学院总支、永州市第三中学支部组织盟员到祁阳小金洞村进行扶贫帮困、走访调研活动。湖南科技学院支部开展消费扶贫活动。永州市第四中学支部组织盟员去东安芦洪市调研产业扶贫。组织盟员到仁山村多次开展送种苗、送科技下乡、捐赠书籍等活动；民盟市委会在仁山村设立盟史展览馆、市政协民盟界别活动室和省、市、区三级民盟代表委员工作室，建立“民盟永州市委会同心实践基地”。11月，省委常委、省委统战部部长黄兰香到同心实践基地和代表委员工作室视察，给予高度肯定。

召开湖南民盟“保护湘江母亲河”民主监督经验交流会，组织考察湘江源生态保护等活动，对湘江流域永州段水生态开展全面的调查了解。民盟市委会被评为湖南民盟“社会服务工作先进集体”。

【履职尽责】 2019年，湖南科技学院支部杨金砖发表省级期刊论文7篇，出版著作3部，获湖南省文化厅优秀论文三等奖；陈爱军发表3篇国家级核心期刊论文，主持湖南省教育厅研究项目1项；永州职业技术学院总支何峰赋发表国家级核心期刊论文1篇；胡洁带领并指导学生参加技能比赛获得两项国家级奖；永州中心医院支部曾之耀带领的胃肠外科团队在湖南省首届胃肠道肿瘤手术大赛上获得一等奖，吕青山被评选为湖南省121创新人才培养工程第三层次人选，当选永州人才协会主席，发表SCI论文1篇。在纪念湖南民盟成立70周年表彰会上，陈雅琴等22位盟员被评为优秀盟员，成少华等4位盟员被评为优秀盟务工作者。

（李梦洁）

中国民主促进会永州市委员会

【概况】 2019年，中国民主促进会永州市委员会（以下简称民进永州市委会）有民进会员83人，有基层支部委员会6个。会员平均年龄37.1岁，主要以文化、教育、出版领域高中级知识分子为主，博士4人、占4.8%；硕士（或研究生）19人、占23%；高级职称40人、占48.3%；中级职称13人、占15.7%。其中教育界会员46人，占55.4%；政府机关会员19人，占29.9%；新的社会阶层会员9人，占10.8%。有在职副处级以上干部7人，省人大代表1人，市人大代表4人（其中常委1人），市政协委员12人（其中常委3人）。市委会由13名委员组成，主委1名，副主委4名。市委会机关有专职工作人员4名，含专职副主委1名，设有办公室（参政议政科）。

【民进机关自身建设】 2019年3月，民进永州市委结合民进永州市委二届五次全会，召开学习贯彻“两会”精神专题座谈会。主委班子成员参加市委统战部举办的“讲政治、严纪律、守廉洁”专题教育培训并听取中共永州市委常委、市纪委书记杨永的廉政讲座，会内骨干参加各类培训78人次。制定“弘扬爱国奋斗精神、建功立业新时代”主题教育活动方案。5月，开展“我身边的先进”宣讲活动，民进湖南省委主委潘碧灵参加宣讲活动并讲话；9月，开展“不忘合作初心，继续携手前进”主题教育活动，民进湖南省委副主委刘新民先后两次深入永州召开座谈会，指导推进永州市委开展主题教育活动。

开展以“强组织、增活力、有作为”为目标，推进示范支部建设的基层组织建设主题年活动，推动基层支部工作制度和机制建设，深化班子成员与基层支部的联系制度，提高支部履职活力。加强支部间交流互动，支持支部“走出去”开展基层组织建设交流和主题活动。各联系点班子成员对自己所联系的支部进行走访座谈，就基层组织建设年和“示范支部”创建活动开展深入调研。结合“不忘合作初心，继续携手前进”主题教育活动，会市委与支部所在的党组织协调解决支部的实际困难，6个支部做到有场地、有制度、有经费、有活动、有履职成效，两个支部申请创建示范支部。

4月，民进永州市委原主任委员胡某某因涉嫌严重违法，接受永州市监委监察调查；10月24日，经民进永州市委二届七次全会研究通过并报民进湖南省委研究，同意胡某某辞去民进永州市第二届委员会主任委员、委员职务。

【推进“优才入会”工程】 2019年，民进永州市委重点考察9人准备加入民进的积极分子，并对拟发展会员进行考察，做到数量与质量并举。发展会员7名，其中2名会员为优才。配备7名信息员，截至2019年11月月末，在民进中央网站、《民主》杂志和《团结报》刊登报道30篇（次），上报社情民意18篇，其中3篇被民进中央和省政协等省级以上单位分别采用。超额完成民进省委2019年会省委安排的目标任务，列同等次市级组织前茅。围绕参政党自身建设中的重大理论问题，组织会员撰写理论文章，完成预期目标。

【参政议政】 2019年，市委会和会内市区政协委员、人大代表提交提案、建议28件，《弘扬中医传统，助推健康永州》作为政协大会发言材料，《繁荣乡村文化，激发乡村振兴活力》被市政协评为优秀调研报告二等奖，有3篇社情民意获评永州市政协优秀社情民意。将《推进湘南湘西承接产业转移示范区 对接粤港澳大湾区产业融合发展》、“园区升级”课题调研纳入民进永州市委2019年度重点调研课题，并与市直相关单位开展联合调研，加强与市直对口联系单位的协调，围绕中心，选择课题开展调研。与市司法局联合开展关于永州市依法行政的调研。截至11月底，完成《永州民办教育调研》《永州市普惠学前教育调研》《小学生写字现状调研》《化解大班额成绩背后问题的调研》《化解义务教育大班额和小规模教学点建设》《夯实贫困地区基础教育 助力打赢脱贫攻坚战役》等调研课题7个。配合民进湖南省委在永州开展的“化解义务教育大班额和小规模教学点建设”和脱贫攻坚民主监督工作的调研活动。永州民进会内人大代表、政协委员围绕经济工作报告、政府工作报告、市委全会工作报告等提出建议6条。参与中共永州市委统战部“园区升级”中《永州市园区基础设施建设和配套服务设施建设》民主监督调研，并形成民主监督调研报告。

【思想建设】 2019年，民进永州市委开展“不忘合作初心，继续携手前进”主题教育活动。制定《民进永州市委开展“不忘合作初心，继续携手前进”主题教育活动工作方案》，建立市委会主委班子成员主题教育活动联系制度，指导联系各支部认真开展主题教育活动，举办专题讲座，召开调研座谈会，完成调研课题4个，上报社情民意10篇。开展双岗建功评比，在会内推出两名先进典型。开展庆祝中华人民共和国和人民政协成立70周年等重大活动与主题教育结合起来，开展“喜迎中华人民共和国成立70周年、人民政协成立70周年”征文比赛。开展民进会史和优良传统的学习教育。邀请民进湖南省委主委、省环保厅副厅长潘碧灵和民进湖南省委参政议政处处长李如清到永州为会员授课，开展“我身边的先进”宣讲活动。

【社会服务】 2019年，民进永州市委会参与冷水滩区上岭桥镇雷发庄村（民主党派联合社会服务基地）帮扶建设；重点抓好具有本会特色的法律援助服务和法律免费培训社会服务品牌创建，推动社会服务品牌建设。各支部结合各自特点和会员实际，继续开展法援工程、同心帮扶工程、同心文化惠民工程，开展法律援助、科技三下乡活动、扶弱助困等公益活动，冷水滩支部深入冷水滩区贫困村开展扶贫帮困2次，零陵区支部组织支部会员开展端午关爱老人，走进敬老院，给孤寡老人送粽子活动。3月，配合民进省直支部企业家与民进永州市委会冷水滩支部企业家开展交流活动，深入祁阳县的共建同心林植树造林活动。民进冷水滩支部多次与市外民进企业家交流。开展“春联万家”活动，民进永州市委会给零陵区香零山村送去春联200余幅，组织会内政协委员成员对窗口村三家村进行调研，组织会员深入贫困村和同心乡村开展扶贫帮困活动。

（邓曙光）

中国农工民主党永州市委员会

【概况】 2019年，中国农工民主党永州市委员会（以下简称农工党永州市委会）成立于2003年7月26日，是继中国民主同盟永州市委员会成立后全市第二个民主党派市级组织。截至2019年年末，有农工党员144人，设有7个基层支部委员会。党员平均年龄44岁，主要以医药卫生、人口资源和生态环境领域高中级知识分子为主，其中博士3人，硕士

17 人；高级职称 64 人，占 45.7%，中级职称 68 人，占 48.2%；医药卫生、人口资源和生态环境保护界党员 105 人，占 72.9%；高等教育和基础教育界党员 20 人，占 13.9%；政府机关党员 7 人，占 4.8%；新的社会阶层党员 5 人，占 3.5%；其他界别党员 7 人，占 4.9%。有在职副处级以上干部 7 人，其中正厅级 1 人，副厅 2 人，处级 4 人；省政府参事 1 人，省人大代表 1 人，市人大代表 2 人（其中常委 1 人），省政协委员 1 人，市政协副主席 1 人，市政协委员 17 人（其中常委 2 人）。市委会由 14 名委员组成，有主委 1 名，副主委 3 名。市委会机关有专职工作人员 3 名，含专职副主委 1 名，设有办公室（参政议政科）。

【思想阵地建设】 2019 年，农工党永州市委员会学习贯彻中共十九大和农工党十六大精神，深入开展“不忘合作初心、继续携手前进”主题教育活动。9 月，组织班子成员及骨干党员 50 余人赴益阳周谷城故居、湘潭韶山开展“不忘合作初心，继续携手前进”主题教育暨班子谈心活动。开展“纪念中华人民共和国成立 70 周年、人民政协成立 70 周年与新型政党制度确立 70 周年”活动。在全市农工党员中开展纪念 70 周年征文活动，收集征文 10 余篇。10 月，举办党员廉洁教育培训班，邀请市纪委副书记、市监委副主任黄薇为党员授课，主委班子成员、市委会委员、支部主委和副科级以上实职干部 50 余人参加培训。11 月，召开三届十一次委员（扩大）会议专题学习中共十九届四中全会精神。

2019 年 9 月，农工党永州市委会到益阳周谷城故居、湘潭韶山开展“不忘合作初心，继续携手前进”主题教育暨班子谈心活动

【参政议政】 2019 年，农工党永州市委会提交提案、建议 28 件，较好地被各级“两会”及有关部门采纳。在市政协五届三次全会上，农工党永州市委会所作的大会发言《让新乡贤文化润泽永州乡村振兴》得到市委书记、市人大常委会主任严华的肯定性批示，提交的《关于加强对重症精神病患者管理工作的提案》被评为好提案，《传承发展乡贤文化　助力永州乡村振兴》被评为好调研三等奖，农工党界被评为优秀政协界别。围绕园区产业升级、电梯安全管理、完善医保服务体系等课题开展调研，完成《加快园区转型升级　奋力推动高质量发展》《进一步加强我市电梯安全管理》等调研报告 3 篇，调研成果提交政协全会和市委统战部。将“园区产业升级”作为民主监督工作的重点，组成专题调研组对园区产业升级开展调查研究，先后走访永州经济技术开发区、祁阳县经开区、蓝山经开区等园区，现场考察 15 家企业，并与 20 多家企业代表座谈交流，形成专题调研报告，在“园区升级”战役工作情况通报会向市委、市政府建言。有 2 名农工党员被市监察局聘为市政府特约监察员，9 名党员被聘为市政府优化经济服务监督员。

【理论研究】 2019 年，农工党永州市委会在省级媒体刊登文章 42 篇，在市级媒体上刊登文章 17 篇，《老人火车突发高热　农工党员黄涛紧急救治》在农工党中央微信公众号上刊登。报送理论征文《提高民主党派民主监督实效性的对策研究》获全市统战理论政策研究创新成果三等奖，主委欧阳德群撰写的《新形势下加强民主党派基层组织建设的思考》获农工党中央 2019 年理论研究优秀论文三等奖。《前进论坛》征订工作获中央表彰，连续 4 年被评为《前进论坛》发行工作先进单位。

【廉政建设】 2019 年，农工党永州市委会完善内部监督机制，成立党内监督委员会。11 月 20 日，农工党永州市委会召开三届十一次委员（扩大）会议，成立由7人组成的中国农工民主党永州市第三届监督委员会。10月，农工党永州市委会举办廉洁风险预警提示座谈会，提高农工党员的廉洁意识。

【社会服务】　2019年，农工党永州市委会以医疗卫生服务为主阵地开展社会服务活动。5月，向农工党中央争取投资帮扶，农工党中央联络工作委员会委员谢向英捐赠非洲猪瘟分子快检设备60套，公益价值1398万元。9月，组织20名医疗专家到金洞管理区晒北滩乡野株源深度贫困村开展义诊活动并走访慰问贫困户，义诊接待就诊村民200余人次，免费发放药品价值5000余元、健康宣传资料300余份。组织各基层支部开展送医送药等社会服务活动15次，义诊送药活动受益7000人，发放社会服务活动宣传资料发4500余份。农工党永州市委会被农工党湖南省委评为2019年度社会服务工作先进单位。

（王心懿）

永州市工商业联合会

【概况】　2019年，永州市工商业联合会学习贯彻落实习近平总书记在民营企业座谈会上的重要讲话精神，把握“两个健康”主题，推动民营企业高质量发展。截至2019年年末，有工商联会员13113个，比2018年增加613个。开展“五好”县级工商联创建活动。指导成立永州建筑器材租赁商会，组织筹备永州市汽车产业联合商会。东安县工商联、新田县工商联等5个县级工商联获评2018年—2019年全省“五好”县级工商联。

【开展专题培训】　2019年，永州市工商业联合会把学习贯彻习近平在民营企业座谈会上的重要讲话精神作为重要政治任务，在工商联系统、商协会、会员企业开展学习培训和宣讲。组织市工商联班子成员及非公经济代表人士在永州分会场参加全国政协重大专项工作委员宣讲团湖南宣讲报告会。组织商协会收看庆祝中华人民共和国成立70周年国庆阅兵式，共同为祖国庆生。组织一批民营企业家、工信局等部门负责人82人赴深圳大学参加2019年优秀民营企业高级研修班；组织工商联系统干部参加在中国人民大学举办的永州市群众团体经济社会服务工作培训班。

【参政议政】　2019年，永州市工商业联合会围绕民营经济发展、商会党建等开展调研；联合市委统战部在全市开展“永商永才回乡创办企业情况”专题调研。在市政协五届三次大会上，作《大力改善营商环境　激发非公经济创业创新》大会发言，得到市委主要领导批示。推荐20个民营企业作为全市经济发展测评点；推荐100余名非公经济代表人士作为省、市优化经济发展环境测评员。发挥市政协工商联界委员工作室和法律顾问团的服务职能，指导工商联界别政协委员履职，建言献策，为民营企业提供法律咨询10余起。

【建立交流平台】　2019年，永州市工商业联合会创新市级领导联系民营企业家交朋友制度活动形式，指导市直属商会开展主题“沙龙”活动，做好精准服务；联合市纪委、市人社局、原市工商局召开服务企业座谈会，联合永州市人民检察院、市中级人民法院举行主题开放日活动，共商发展良策；协助市委召开全市民营企业家座谈会，并将有关问题整理分类，市委督查室形成交办清单。

【产业建设服务】　2019年，永

2019年1月23日，永州市工商业联合会组织会员企业捐款20余万元对口扶持白沙源村

州市工商业联合会开展“迎老乡、回故乡、建家乡”活动，加强与各异地商会对接；按照全市全面推进产业项目建设年工作要求，推介、引导直属商会投资永州经济技术开发区“园中园”建设；协调召开市长专题研究“园中园”项目会议，前期5个商协会项目得到肯定，并及时跟踪项目进展情况。

【参与社会帮扶】 2019年，永州市工商业联合会组织会员企业捐款20余万元对口扶持白沙源村；组织所属商协会代表参加统一战线教育扶贫捐赠仪式，捐赠善款及物资约61万元。引导民营企业家参与“万企帮万村”活动，截至2019年年末，市工商联系统参与帮扶企业295家，企业实施项目720个，产业帮扶投入86180.2万元，帮扶55775人，就业帮扶投入11209.45万元，帮扶8467人，公益帮扶投入802.08万元，帮扶10432人。副会长单位湖南省季丰农业有限公司获全国“万企帮万村”精准扶贫行动“先进民营企业”称号；湖南天惠茶油有限公司董事长何天获“2019年度湖南省最美扶贫人物”称号。

【商协会党建】 2019年，永州市工商业联合会扩大会员企业、商协会党组织覆盖面，指导成立市教练型企业家联合会党支部；推进商协会党组织“五化建设年”活动，组织党支部书记述职评议，支持市直属商会党支部加强党员活动室建设；组织开展“缅怀先烈清明祭扫”、参观永州监狱进行廉政教育、“唱支山歌给党听”暨庆祝“七一”文艺会演、参观陈树湘烈士纪念园等主题党日活动；开展入党积极分子暨发展对象培训、党支部书记及党员培训、主题教育专项督查等。

【永州建筑器材租赁商会成立】 2019年12月12日，永州市建筑器材租赁商会第一届一次会员暨成立大会在冷水滩召开。永州市政协副主席、市工商联主席吕斌为新成立的永州市建筑器材租赁商会授牌，陈世平选为永州市建筑器材租赁商会第一届会长。

（刘玲燕）

人民团体

永州市总工会

【概况】 2019年，永州市总工会设置职能部室7个，下设市工人文化宫、市职工服务中心、市总工会信息中心事业单位3个。年末，全市有基层以上工会6926个，包含独立基层工会6475个，联合基层工会451个，涵盖单位12432个；拥有工会会员58.4194万人，其中女性会员22.8352万人，农民工会员23.3843万人。

年内，发挥工会组织作用，实施政治建会、助推产业发展、精准帮扶、固本强基、提质增效“五大行动”，在全市工会系统通过领导干部带头上党课、会议宣讲和举办培训班等多种形式，开展学习宣讲活动110余次；利用电视台、网站、微信公众号等宣传媒体平台，发布学习宣传信息；举办专题培训班2期，培训工会干部300余人次。

实施助推产业发展暖心行动，重点在永州经济技术开发区成立总工会，在全市各工业园区成立工会联合会，园区工会组织建设有力加强。深化“一户一产业工人”培养工程，培训电商、家政等方面产业职工1200余人。在永州经济技术开发区成立潇湘工匠学院，设立新型产业工人培训基地，实行“菜单式”“定制化”教学模式，为永州“产业强市”储备技术人才，培育劳模工匠。举办庆“五一”全市职工气排球赛以及篮球赛等十项系列活动。开展庆祝中华人民共和国成立70周年系列活动，重点开展“我和我的祖国·湖南百万职工同声唱”线上线下活动，并纳入市委、市政府中华人民共和国成立70周年系列庆祝活动之一，选送队伍参加全省总展演获铜奖；组织职工参与全省网络歌曲比赛，共获二等奖、三等奖8个；举办全市首届职工摄影大赛，选送作品参加“中国梦·劳动美”第六届全国职工摄影展，在全国4幅金奖作品中永州获评1幅，另获铜奖1幅、优秀奖3幅。开展“今生520·情定香零山”“潇湘情缘·七夕之恋”“潇湘情缘·三吾恋歌”等系列交友活动。

【劳动模范宣传】 2019年，永州市首次开展市级“五一劳动奖”评选活动，评选市级五一劳动奖状35个、五一劳动奖章68名、工人先锋号59个。召开全市庆“五一”表彰大会，对获得全国、省和市级五一劳动奖及在省、市相关劳动竞赛中取得优秀成绩的先进单位和个人进行表彰。组织开展“劳模工匠创新工作室”创建和“劳模师徒结对子”活动，组织劳模深入祁阳县黄石村

2019年5月，永州市“五一”国际劳动节表彰大会在永州会堂召开

开展指导产业发展、劳模讲坛、劳模义诊等助力乡村振兴系列活动。

【职业技能活动】 2019年，永州市开展“践行新理念、建功‘十三五’”主题劳动和技能竞赛，在全市重大项目和重点工程开展以“六比六赛”为主要内容的劳动竞赛。联合永州市人力资源社会保障局等部门分别组织开展砌筑工、架子工等20个工种的职工职业技能竞赛，选树一批“永州工匠”和技术能手。举办“潇湘花开、芙蓉绽放”全市女职工芙蓉公益讲堂讲师比武，并选送选手参加全省比武，获得二等奖（全省十佳）。组织开展女职工学前教育职业技能竞赛活动，选送参赛选手参加省总决赛，获得保育员组二等奖一名、三等奖一名，教师组优胜奖两名。

【服务职工工作】 2019年，永州市组织开展全市“千名工会干部进企入户”活动，组织工会干部与建档困难职工结对帮扶1206户，帮助解决基本困难406个。在全省首创为全市1200余名省级以上建档立卡的困难职工及家庭成员全部免费纳入职工医疗互助，并与市医保中心对接，将职工医疗互助报账纳入医保结算系统，实行一站式结算，较好地解决职工因病造成的生产生活困难。加强困难职工精准服务力度，相继开展“四季送”、医疗互助、大病救助等惠民活动，为3199名下岗职工（农民工）提供创业就业培训；对1万余名高温、露天作业人员进行“送清凉”慰问；资助256名困难职工（农民工）子女就学；筹资1000余万元走访慰问困难企业28家（次），帮扶困难职工（农民工）5000余人次。组织12万名职工参加医疗互助项目，核发补助5455人次654余万元。

【职工权益维护】 2019年，永州市总工会发挥职工维权律师和志愿者队伍的作用，组织开展“尊法守法·携手筑梦”服务农民工公益法律服务活动，为职工提供法律咨询3000余人次，提供法律援助65起。开展以“促进工作场所性别平等，维护女职工权益”为主要内容的“女职工维权行动月”活动，维护女职工权益，促进女职工发展。在零陵区学位建设EPC项目现场，举行2019年“安康杯”竞赛活动现场会，维护职工的安全健康权益。推动构建和谐劳动关系，做好预警监测点建设，定期召开“三方四家”工作会议。

【组织建设】 2019年，永州市县级工会完成换届工作，其中配备挂兼职副主席31人，新增行政、事业编制32个，基层工会组织基础进一步夯实。开展“八大群体”集中入会和百人以上企业建会行动，全年完成新建工会组织652家，新增会员20357个。开展全国、省级模范职工之家（小家）复查工作，探索建立模范职工之家动态评估管理机制。改进工作作风，推进工会主席“面对面交流、心贴心服务”活动，切实为基层、企业和职工解难事、办实事、做好事。探索“工会进小区”，将服务职工群众的距离“前移”至居民小区，东安茶亭社区纳入全国“爱心托管班”示范点。

（唐明华）

中国共产主义青年团永州市委员会

【概况】 2019年，永州市有各级共青团组织9657个，其中基层团委495个，团工委47个，团总支105个，团支部5981个。全市有共青团干部15865人，其中专职共青团干部74人；全市共青团员15.3万人。全市11个县区团委机关干部配备率100%。全面消除社会组织团组织、非公企业团组织的空白点。全市8个未按期换届的县区团委进行换届，市本级实现对全市183个乡镇团委书记培训全覆盖，同时创新选派178名优秀的在校大学生到乡镇兼职团委副书记，“学社衔接”率98.7%。各县区团委干部配备率100%，万纳入团组织15.28万人。市本级推报《推动共青团新媒体供给侧改革——将新媒体打造成服务青年引领青年展示青年工作和青年风采的重要平台》《改革联系青年工作机制——探索打造“升级版”青年之家》两个项目进入湖南共青团强“三性”、去“四化”改革创新大赛决赛并获奖。11月，市青联五届一次全体会议和市学联第四次代表大会在冷水滩召开。

履行“六城同创”志愿服务提质行动的牵头责任，出台《永州市“六城同创”志愿服务提质行动工作方案》，开展志愿服务站点建设工作培训，指导相关行业系统在中心城区建立志愿服务站点256个。在火车站开展志愿服务示范活动，提供志愿服务时长1.6万小时。启动永州市“户帮户亲帮亲，互助脱贫上大学”主题活动暨第三届永州青年社会扶贫教育圆梦计划，通过整合各类助学项目，募集助学资金253.19万元，资助贫困学生1297人。组织40名品学兼优的贫困学子赴北京开展“启迪心智·点燃梦想”2019永州乡村优秀学子首都夏令营活动。动员广大青年对接粤港澳大湾区，参加永州市对接粤港澳融入大湾区招商引资—招才引智活动，并同步举办永州市对接粤港澳大湾区招才引智座谈会，指导市青企协召开对接粤港澳大湾区座谈会。抓好重点行业领域的青年文明号、青年岗位能手创评工作。举办永州市产业扶贫总经理培训班2期，累计培训学员200人。深化团校合作。与清华大学深圳研究生院签订《共建研究生社会实践永州基地意向协议》，与湖南省农业信贷融资担保有限公司、农业银行、邮政储蓄银行签订《永州市农村创业青年信贷扶持合作协议》，为农村创业青年每年提供不少于2亿元的银行授信。推动下发《永州市青年人才创业工程实施细则》。发动大中专学生参与暑期“三下乡”社会实践活动，组织服务团队10余个，组织医学类、理工类、教育类等专业122名青年志愿者深入到祁阳金洞管理区金洞镇小金洞村、进宝塘镇、宁远县等地，为偏远的农村群众开展文艺演出、爱心医疗、关爱留守儿童、家电义务维修、科技支农等惠民帮扶活动。

【青少年思想政治引领】 2019年，共青团永州市委开展“青年大学习”活动，发布“青年大学习”相关推文31篇，参与青年65万人次。挖掘青年典型，展示青年风采，推报莫根富、管华入选2019年“湖湘青年英才”支持计划，陶祁军入围第十一届“全国农村青年致富带头人”。召开永州市纪念五四运动100周年座谈会，举办“青春打卡，畅享五四”活动、“百年五四·潇湘新语”主题征文、“百年五四·潇湘记忆”图片展、“新时代·新永州·新青年——永州纪念五四运动100周年新媒体大赛”等系列活动，线上线下累计参与70余万人次。突出对学校共青团员和少先队员的引领，出台团干部联系高校机制，开展“我和我的祖国”永州市少儿才艺大赛，吸引全市1700余名少年儿童参赛。举办永州市“争做新时代好队员”主题实践示范活动以及“我与祖国共奋进”庆祝少先队建队70周年纪念日主题队日活动。

【青年成长服务】 2019年，共青团永州市委创新服务青年新方式，与市政协共青团界别委员共同建设界别工作室，探索为青少年发声的新路径，组织开展主题调研7期，形成微提案、微建议10个，上传政协云平台，做好青少年权益保护工作。联合教育、公安、交通等职能部门，组织各县区团委及志愿者开展“青春自护·平安春节”“青春自护·暑期安全”活动。组织开展“12355”中高考减压主题宣讲46次，覆盖中高考生2万余名。做好青少年禁毒宣传工作，申报新田县肥溪沅村、黄栗山村、厦源村3个社区为全国第二期“双零社区”（青少年零犯罪、零受害社区）试点单位。打造新媒体直接联系服务青年新平台。对微信公众号进行升级，设置“青年工作”“青年风采”“青年服务”“青年视角”等服务青年专栏，推进共青团服务青年工作。调整“团团帮你找对象”等品牌栏目设置，单期阅读量保持在5000人以上。

【湖南省第四届青年志愿服务项目大赛和青年社会组织公益创投大赛】 2019年11月28日，湖南省第四届青年志愿服务项目大赛和青年社会组织公益创投大赛

2019 年 11 月 28 日，“青春志愿行·湘聚 Y-30”湖南省第四届青年志愿服务项目大赛和青年社会组织公益创投大赛颁奖仪式在永州市举行

颁奖仪式在永州市举行。全省各类青年志愿服务团队、青年社会组织广泛报名参赛，通过市州选拔、网络评审、路演答辩等环节，产生金奖 50 个、银奖 50 个、铜奖 52 个。大赛吸引来自全省的 1178 个项目进行申报，涉及面广、类别丰富，并邀请省内外知名专家参与评审，组委会创新赛制，首次采用公开答辩的形式，面向参赛团队开放答辩场地。主办方面向全社会展示大赛的参赛项目，组织全体参赛团队参加 2019 年湖南省青年志愿服务项目交流会。通过湖南省青年社会组织云端孵化中心“Y-30 平台”，加强公益项目与社会资源的有效融合，全方位打造一个集项目展示、组织交流、资源配置、文化引领和社会参与等功能于一体的全链条式青年公益发展平台。

（伍岳）

永州市妇女联合会

【概况】 2019 年，永州市妇女联合会（以下简称永州市妇联）响应全国妇联实施“家家幸福安康工程”号召，创新推进妇联工作。市妇联先后被评为全国维护妇女儿童权益先进集体、省妇联舆论宣传阵地建设先进单位、省“两癌”（宫颈癌、乳腺癌）免费检查重点民生实事项目先进集体、省农村留守儿童心理健康辅导中心项目先进集体等 14 个称号，在 2016 年—2019 年市直单位绩效评估中连续 4 年均为优秀等次。

【妇女思想引领】 2019 年，永州市妇联举办“巾帼心向党·聚力勇争先”趣味运动会、“歌唱祖国·义务植树”巾帼在行动活动和“初心相约·缘来有你”2019 年永州市直机关事业单位单身男女联谊活动，市直机关 480 名巾帼志愿者代表齐唱《我和我的祖国》“快闪”，240 名优秀单身青年同唱《歌唱祖国》致敬，展示永州巾帼风貌，共祝祖国繁荣富强。各级妇联组织动员 10 万余人次妇女群众收看“巾帼心向党·礼赞新中国”群众性宣传教育活动启动仪式和“争做巾帼好网民”主题活动暨“巾帼好网民行动”启动仪式，开展形式多样的“巾帼心向党·礼赞新中国”活动 22 场。深入挖掘“新时代新女性”典型，新增唐友妹为全国三八红旗手；李视芳、祁阳县妇联等 9 个个人和单位为省三八红旗手、标兵、集体；何阳、杨回凤等 5 人为湖南省“最美妇联人”；欧阳瑶力为 2019 年“湖南省百名最美扶贫人物”；陈艳春、吴才有为第七届全国道德模范。选举 51 名妇女代表参加湖南省第十三次妇女代表大会，官方微信公众号“永州女声”粉丝数超万人，在湖南市级妇联微信公众号综合影响力排行榜中名列前茅。蓝山、宁远、祁阳、零陵等县区妇联在全省 122 个县区妇联官微 20 名榜中长期榜上有名。有 8 个县区妇联以新媒体平台为依托注册“官方抖音”，各级妇联网宣人员 1197 人。

【城乡妇女发展】 2019 年，永州市各级妇联创新开展“乡村振兴巾帼行动”，实施市、县（区）、乡（街道）、村（社区）四级联动的“美家美妇”行动，发出“乡村振兴 美丽先行——永州市农村人居环境整治村庄清洁巾帼行动倡议书”，开展“清洁庭院·巾帼行动”活动，组织庭院清洁行动 8965 次，累计清理垃圾 11051.9 吨，发动 2485 个村（社区）参与垃圾分类。持续深化“巾帼脱贫行动”，发动 2 万余名妇联执委注册社会扶贫网；开展“户帮户亲帮亲、互助脱贫奔小康”活动，各级妇联举办主题活动 1537 次，扶贫扶志宣传 896 场，捐赠“湘女关爱保”46.17 万元、家具 679 件、电器 2193 台、图书 15567 册，结对帮扶留守儿童、老人、贫困妇女28135人，新建巾帼脱贫基地17个、“巾帼扶贫车间”33个；选派100余名贫困妇女去北京农家女学校进行食、宿、行、学全免费的幼师、养老护理培训。深化巾帼文明岗创建活动，新增各级“巾帼文明岗”和集体11个；搭建平台助力女企业家成长，引导湖南省康德佳林业科技董事长欧阳瑶力、江华明意湖智能科技董事长李洪梅等优秀女企业家，发挥示范带头作用；提前超额完成重点民生实事项目农村及城镇低保适龄妇女“两癌”免费检查任务，争取中央、省级贫困母亲“两癌”救助金431万元，救助患病贫困母亲395名，救助力度排全省第三位；组织专业社工队伍开展永州市“莲姐姐家教讲堂进社区”活动，做到中心城区41个责任社区100%覆盖。

2019年3月14日，永州市妇联举办“歌唱祖国·义务植树”巾帼在行动主题活动

【妇女儿童权益维护】 2019年，永州市各级妇联完善婚姻家庭纠纷调解网络，11个县区均成立婚姻调解委员会，建立婚姻调解队伍194支，招募专兼职调解员2915名，举办婚调培训班68场，培训婚调员1207人次，接受群众咨询6401件，调解4069对，其中调和2416对。利用重要节点，开展各类普法宣传活动112场，普法讲座42场，发出宣传资料5万余份，接受法律咨询7千多人次，受益妇女群众3万余人；全市妇联系统接待来信来访来电619件，结案率100%；推动法院、公安机关发出人身安全保护令13份、家暴告诫书25份，举办《中华人民共和国反家庭暴力法》知识讲座23场、知识抢答赛16场；组织开展“不让毒品进我家—无毒兴万家”公益鼓圈活动等禁毒宣教活动50余场，新招募禁毒妈妈志愿者400余名，举办妇女禁毒知识培训班28场。召开2019年永州市妇儿工委全会暨“妇儿发展规划”监测统计培训会，促进“妇儿发展规划”实施；整合资源共同推进全市城乡社区（村）儿童之家建设，已建儿童之家3232个，覆盖率100%；实施“永州市儿童青少年近视防控科普妈妈行”活动，开展近视防控科普讲座100余场，做好新时代儿童青少年近视防控工作。

【家庭文明创建】 2019年，永州市妇联联合市纪委开展永州市“清风常伴·廉洁齐家”家庭助廉活动，实施“美家美妇助廉行动”，举办2019年市直单位女子气排球比赛暨家庭助廉立德活动启动仪式，召开全市党员领导干部家属助廉大会，原创印发《“莲姐姐”家庭助廉动漫宣传手册》，举办“牢记初心使命·传承红色家风”暨莲姐姐故事会演讲比赛，开展“不忘初心、牢记使命”主题教育暨“传承红色家风·莲姐姐故事汇”巡讲15场。组织庆“六一”系列主题活动，市委书记、市人大常委会主任严华参与活动并代表市委、市政府向全市少年儿童传达节日美好祝愿；开设留守儿童公益冬令营、夏令营，举办“户帮户亲帮亲·美家美妇陪你过六一”认领“微心愿”活动等活动，帮助5600余名留守、困境儿童实现心愿、磨炼意志、增长见识；全市10所“知心屋”高效运行，全年开展个辅2830次，团辅304次，举办心理健康知识讲座106次，1万余名儿童受益，有效预防留守儿童恶性心理问题的发生。牵头与市教育局等十部门联合出台《永州市家庭教育工作联席会议制度》，举办“母亲素质提升工程”之戒手机亲子训练营和“家家幸福安康工程”暨亲子成长公益夏令营，为260余个家庭提供专业的亲子教育服务；开设“父母成长计划”公益讲座4场，各级妇联举办各类家教讲座20余场，受益群众3万余人。

【妇联队伍建设】 2019年，永州市妇联开展主题教育活动，制定《永州市妇联干部队伍形式主义官僚主义六大突出问题专项整治工作实施方案》，组织主题教育集中学习17次，接受革命传统、先进典型和警示教育50人次，撰写心得体会30余篇。深入基层对“强三性、去四化”、保障女性就业平等、增强斗争精神、新时期妇女思想引领等工作进行专题调研，形成高质量调研报告7篇。举办基层执委培训班，培训县区、乡镇妇联执委200余人。全市各级妇联累计举办妇联干部、执委培训班108期，培训28170人次。各级妇联加强干部选拔任用，市妇联提拔1名科长为副处级调研员，提拔、重用3名正科级干部，13个县区（管理区、经开区）妇联完成换届。

【永州市妇女儿童维权工作获得“全国维护妇女儿童权益先进集体”】 2019年12月12日，“全国维护妇女儿童权益先进集体、先进个人表彰暨‘依法维护妇女儿童权益十大案例’”发布会在北京召开，永州市妇联与宁远县婚姻家庭纠纷人民调解委员会、蓝山县教育局获得“全国维护妇女儿童权益先进集体”荣誉称号。市妇联以推进妇联改革为契机，坚持维权服务宗旨，坚定服务基层导向，把妇联维权工作落实在基层、扎根在基层、见效在基层，为保护妇女儿童的身心健康开辟绿色通道，全市各级妇联接待信访电1708件，办结率100%；全市婚姻调解工作中，前来咨询3182对，受理婚姻家庭纠纷调解1572对，其中调解和好的1006对，回访或后续服务814对，当事人满意率100%；继续实施农村适龄妇女“两癌”免费检查民生项目，争取“两癌”救助金1186.4万元，帮扶贫困患病母亲1124人。举办以“建设法治永州　巾帼在行动”为主题的普法宣传活动，举办法律知识讲座160场，反家暴、禁毒等培训班200场，发放各类宣传资料20万份，覆盖人群40万人次。与市综治办联合在全市范围内评选表彰300户优秀的“平安家庭”示范户，表彰评树平安典型，推广平安创建经验，以家庭的和谐促进社会的和谐稳定，为“平安永州”建设营造良好氛围。

（熊锦星）

永州市科学技术协会

【概况】 2019年，永州市科学技术协会围绕市委、市政府决策部署，把科协改革工作和省对市州绩效评估中科协工作指标作为重点工作，稳步推进各项工作。组织开展“院士专家永州行”活动，在全省影响较大，对永州市科技创新和经济社会发展推动作用明显，被省委组织部领导评价为“全省同类活动中组织工作和实际成效最为出色的之一”；流动科技馆巡展的“永州模式”“永州经验”，在中国科协流动科技馆巡展工作湖南现场经验交流会上得到充分肯定和高度评价，并在全省推广。

【组织阵地建设】 2019年，永州市高校实现科协组织全覆盖，高新技术类规模以上工业企业科协组织（含市企业科协联合会团体会员单位）占比56.9%，省级工业园区科协全覆盖。全市科协系统全部独立建制和设立党组，金洞管理区、回龙圩管理区和永州经济技术开发区相继成立科协，按期进行换届，班子配备齐全。全市科协组织按照省要求都达到人均1元的科普经费。

【科学普及】 2019年，永州市科学技术协会以各类竞赛为突破口，不断提高科普工作影响力。在2019年全国农民科学素质网络知识竞赛中，永州参赛人数70余万人，位居全国第六名、全省第一名，被评为全国农民科学素质网络知识竞赛市级优秀组织单位，零陵区、祁阳县、冷水滩区、蓝山县被评为全国农民科学素质网络知识竞赛县区级优秀组织单位；在全省第二届科学素质大赛中，永州代表队获一等奖。组建科技志愿者队伍，开展科技志愿服务活动。8月，成立“永州市科技志愿者支队”，注册人数2000余人；开展各类科技志愿服务活动200次，其中科普报告30次、科技培训23次、技术咨询45次、农技服务19次、医疗服务25次、青少年科技教育活动28次，其他活动30次。9月，永州市“全国科普日”主场活动以“全市新时代文明实践科技志愿服务行动暨全市首届人工智能机器人AI大会”为主题，向公众普及前沿科技和民生领域科学知识，社会反响良好。活动现场，与湖南省地质勘察院409队签署共建科普教育基地的合作协议，共同推进全市科普教育。组织开展市、县、区青少年科技创新活动，为科技创新培养生力军。组织开展第二十四届全市青少年科技创新大赛，推荐63项优秀作品参加湖南省第四十届青少年科技创新大赛，获一等奖9项、二等奖18项、三等奖25项，6个项目被省赛组委会推荐全国参赛，获全国一等奖1个、全国二等奖2个、全国三等奖3个。参加青少年机器人竞赛，在第十二届湖南省青少年机器人竞赛中获一等奖2项、二等奖6项、三等奖5项。组织参加青少年高校科学营活动，选拔30名学生，重点是贫困学生参加为期一周的西北工业大学和湖南大学科学营活动。胡国柱、唐云波两位带队教师被省科协、省教育厅评为“优秀带队老师”。罗贝尔等5名同学被评为“优秀营员”。

【科技智库建设】 2019年，永州市科学技术协会开展“院士专家永州行”，邀请官春云、欧阳晓平、罗安、邹学校、柏连阳、柳肃、李昌珠、彭立、王小保23名中国工程院院士和专家以“创新引领、智推永州”主题，围绕农业、电机、古建筑古村落、交通等领域，为永州经济社会发展把脉支招。市委书记、市人大常委会主任严华为官春云、欧阳晓平、罗安、邹学校、柏连阳、柳肃、李昌珠、彭立、王小保9名院士专家颁发“永州市‘创新引领、开放崛起’发展战略顾问”聘书。牵头组织开展永州市古村落（特色民居）调查工作。在前期对全市古村落（特色民居）普查基础上，对全市30个村落开展重点调查工作。调查成果以专栏形式（每周一古村落）在《潇湘晨报》《永州日报》、永州发布等省市媒体和平台持续推出。联合市委组织部分别在宁远县、湖南农业大学等地开展永州市党员教育“乡村学堂”系列活动。培训基层科协组织党员、农技协（农民合作社）领办人、农技员、党员致富带头人等140余人。开展青少年科技辅导员培训。特邀肖云龙、马学品等知名青少年科技创新教育专家作主题讲座。

【学会建设】 2019年，永州市科学技术协会加大学会建设的工作力度，在学会中突出党的建设，开展党建指导工作。评选市数学学会等10个单位为永州市“科技工作者之家”，评选市电机工程学会副秘书长王帅等18人为“优秀学会工作者”。择优支助市数学学会等10个市级学会（协会）建设“综合示范学会”。开展永州市“最美科技工作者”学习宣传活动，评选曾健青、欧阳国春等8位永州市“最美科技工作者”。

（张国梁）

永州市归侨侨眷联合会

【概况】 2019年，永州市归侨侨眷联合会（以下简称永州市侨联）围绕全市工作大局，履职尽责、主动作为，在品牌活动开展、引资引智、海外联谊、公益事业、自身建设等方面取得新成绩。“鱼人节”公益品牌活动在永州全流域同时开展，受到省侨联肯定。5月，市侨联五届二次全委会召开。倡导全市侨界向身边的侨界典型人物“中国好人”、全国归侨侨眷先进个人马来西亚归侨李体坚、印尼归侨钟挺华学习，并向全省侨界发出倡议，学习老归侨钟挺华把骨髓里的爱奉献给社会的崇高精神。12月25日，永州市首个“党建带侨建示范基地”揭牌仪式在零陵区菱角塘镇文雷村举行。

【“鱼人节”公益活动】 2019年4月1日，“美丽中华·绿色湖南·生态永州”第五届“鱼人节”暨“绿色湘江·保护母亲河”禁渔期启动仪式在冷水滩区举行。活动由永州市人民政府与湖南省侨联共同主办，海外重点侨社团代表20人参与，同时在全

2019年4月1日，“美丽中华·绿色湖南·生态永州”第五届“鱼人节”暨“绿色湘江·保护母亲河”禁渔期启动仪式在冷水滩区举行

市各县区同步开展，实施全流域放流鱼苗1000万尾，开启春季湘江禁渔期。湖南卫视、永州电视台对此次活动进行宣传报道，国内外数十家媒体报道转载。

【海外人才智力援乡工程】 2019年，永州市侨联开展智力援助活动，邀请全美湖南同乡联合会主席、美籍华人科学家黄厚斌，美国旧金山湾区湖南同乡会会长吴彤，美洲湖南永州同乡会副会长邓军武为东安一中、永州三中高中部2000余名学生代表做励志报告，受到师生热烈欢迎。

【服务经济发展】 2019年1月4日—10日，永州市侨联邀请香港铜锣湾集团董事、澳门君天集团董事长、市侨联海外顾问叶惊涛和全国著名产业专家、金必德智业集团董事长兼城市规划设计院院长沈青一行到永州考察文化旅游体育产业发展情况，并对永州国际体育森林公园项目进行深度考察调研，8月28日，市委常委会研究通过该项目。4月1日，邀请20余名海外华侨华人到永州市零陵调研文化旅游产业及侨资企业发展现状。4月16日，协助西澳湖南同乡会暨总商会秘书长王鹏携海内外侨商一行12人到江永县考察跨境电商，助力江永经济发展。同时，推荐侨资企业永州大自然医院集团与“盖德健康平台”达成战略合作伙伴关系，并赴北京与盖德健康产业有限公司洽谈，推动在永州建设中国第一个“中国养糖小镇”。依托湖南华侨同心产业园（蓝山），服务箱包皮具生产及产业链落户园区的工作。

【海外联谊】 2019年，永州市侨联联系海外永州籍侨胞、侨社团拍摄《天南地北永州人》进行视频拜年。联系老挝AB集团协助永州电视台拍摄《我在老挝修铁路》，这是永州市第一次走出国门拍摄永州春晚节目。同时，邀请“一带一路”建设的永州籍重要参与者，老挝AB集团董事长回国参加永州春晚并接受现场采访。1月18日，邀请澳门弱智人士家长协进会、澳门展现真我协会到永州星旺儿童康复中心、永州颐新家园残疾人托养中心与弱智人士及家长们分享交流。4月2日，组织20余名海外嘉宾齐聚宁远九嶷山舜帝陵寻根祭祖。全年接待来访美洲湖南永州同乡会、墨西哥湖南总商会、丹麦湖南同乡会、美国湖南联谊会总会等侨社团会长及代表，美国国防部生物医学首席科学家冯小荣，美国大华府地区湖南同乡会的名誉会长奉华琳，美国金苹果公司驻中国首席代表、新西兰籍华人邹丽娟等一批海外华侨华人。

【爱心公益】 2019年春节前夕，永州市侨联赴11个县区深入村（社区）看望慰问困难归侨侨眷、侨界先进代表人士60余位。在庆祝中华人民共和国成立70周年之际，开展“祖国不会忘记”活动，走访慰问老归侨代表10位。8月26日—30日，为庆祝中华人民共和国成立70周年和澳门回归20周年，组织相关教育康复机构与澳门弱智人士家长协进会艺术交流团89位参演嘉宾在永州合作开展“关爱孩子·永澳融情”智艺汇湘江·回归二十载展魅力活动。10月26日—29日，“关爱孩子·永澳融情”永州代表团赴澳门参加两地特教交流和公益会演活动，让“公益文化永州”融入“粤港澳大湾区”。

（邓辉军）

2019年4月17日，中共永州市委政法委员会2019年第一次全体会议召开

法　　治

政法委及综治

【概况】 2019年，永州市实现“无重大政治事件，无暴恐事件和个人极端事件，无大规模集体到省进京访和群体性事件，无重

2019 年 4 月 18 日，中共永州市委政法工作会议在冷水滩召开

特大公共安全事故，无重大影响的负面舆情事件和影响恶劣的政法干警违纪违法案件”的“八无”目标。永州市连续 5 年获评“全省综治工作先进市”，综治工作考评连续两年排全省第一，被评为全国禁毒示范城市创建工作先进单位和全国“七五”普法中期先进城市，被确定为全国“2020 年公共安全视频监控建设联网应用重点支持城市”和“全国市域社会治理现代化试点地区”推荐城市。

【维护社会安全稳定】 2019 年，永州市把政治安全特别是政权安全、制度安全放在首位，以中华人民共和国成立 70 周年大庆维稳安保工作为主线，深入开展反间谍、反邪教、反恐怖专项斗争，加强各类重点人员教育管控，全市没有发生打响、炸响暴恐案事件，没有发生一起重大恶性反宣煽动案件。常态化开展“大巡防、大管控、大整治”工作，加强涉军群体重点人员思想疏导、教育帮扶，做实做细涉众型案件集资户稳控工作，妥善处置蓝山创想世纪公司、湖南金亿万合公司等系列重大涉众型经济犯罪案件；开展信访积案“千案攻坚”，解决小区业主维权、非正常死亡等一批历史遗留突出问题。排查重大风险隐患 2221 起，整改 1857 起，化解积案 833 起，中华人民共和国成立 70 周年大庆安保维稳排全省第一位，重点特护期均实现进京非访“零登记、零滋事”，维稳信访工作考核排全省第一位。

【扫黑除恶专项斗争】 2019 年，永州市开展扫黑除恶“百日攻坚”、“百日追逃”行动、打击“三贷三霸”、中央督导组反馈问题整改、娱乐服务场所毒黄赌和主题教育专项整治，打掉涉黑组织数同比增长 183%，涉黑涉恶腐败和“保护伞”查处人数同比增长 141%，起诉案件数、一审判决数是 2018 年的 2 倍，收缴涉案资产数是 2018 年的近 40 倍。打掉涉黑组织 15 个（另有 2 个已收网、待省公安厅认定），涉恶团伙 106 个，查扣涉案资产 2.9 亿余元，打掉涉黑组织数位居全省前列；涉黑涉恶腐败和“保护伞”问题立案 123 人；整顿提升 224 个软弱涣散基层党组织；集中治理行业领域突出问题，出台常态化制度 24 个。

【社会治理创新】 2019 年，永州市探索群防群治新办法，完善网格员、辅警义警考核激励机制，推广村务监督“月例会”“十户联防”等经验做法和“五老调解”、律师参与化解和代理涉法涉诉信访案件等矛盾化解工作机制，推进社会治安保险试点和群众自治组织建设，完善城市快警“一三五”快速反应处置机制，将矛盾纠纷解决在基层。排查调处各类矛盾纠纷 30704 件，防止“民转刑”案件 41 件。辅警义警、治保会成员和平安志愿者共为公安机关提供案件线索 3062 条，现场抓获各类违法犯罪嫌疑人 1232 人，“110”各类警情同比下降 16%，刑事发案同比下降 6.32%。在全省社会治理创新专题座谈会、全省社会治理创新工作推进会上，永州市、新田县分别作典型发言；召开全省公安特巡警建设现场推进会，推介永州经验。开展追逃“云剑”行动，抓存比排全省第一位。加快推进“雪亮工程”，全市新建视频监控 3445 个，一类、二类视频监控摄像头累计 2.9 万个，其中人脸识别系统点位 5000 路，实现联网 100%，基本实现重点部位、重点场所、重点路段、重点卡口全程可视化监控；推动群众自建共享，依托通信营运商，以手机话费套餐形式，免费安装视频监控，将电子视频监控延伸至组户。深化“实战化”应用，建立云数据中心共享联盟，实现异地数据一键查询和各警种数据分析自动化、智能化，提供预警信息 15.2 万余条。通过视频监控发现上报事件 5974 件，办结 5863 件，利用视频监控破获各类刑事案件 2027 起，占全市已破刑事案件的 36.91%。

【法治保障】 2019年，永州市推动依法治市，开展优化法治营商环境保护民营企业发展等专项督察，加强对教育培训、医疗卫生、基建工程等领域的法律监督，全市检察机关就未成年人保护和校园安全问题发出检察建议74件，推动相关职能部门整顿行业作风。加大行政复议力度，受理行政复议案件370件，办结368件。落实“七五”普法规划，加强国家工作人员和青少年法治宣传教育，全市12万余人参加学法考法。强化执法监督，协调督办重大、疑难、复杂案件724件，其中涉及民营企业经济发展案件13件。建立案件评查工作常态化机制，评查案件358件，发现并纠错整改瑕疵案、错案78件。集中开展涉法涉诉重复访、越级访专项治理，省交办的70件涉法涉诉重复访、越级访案件全部得到有效化解。深化司法体制综合配套机制改革，一审案件服判息诉同比上升2%，发改率下降1%，结案率、实际执结率等核心指标均居全省中级人民法院第一位。在全省率先建设公益诉讼快速检测中心，市人民检察院获全省公益诉讼检察工作先进院，以办理涉众型经济犯罪案件为重点防范化解重大风险的工作经验被最高人民检察院在全国推介。全市公安机关完成执法勤务警员职务和警务技术职务序列改革首次套改。推进执法规范化建设，开展绝对不捕案件、绝对不诉案件、无罪判决案件专项巡查，书面提出并纠正审判活动违法9件次、减刑假释和暂予监外执行不当59人。深化政法公共服务体系建设，初步建成市、县、乡、村全覆盖的公共法律服务体系，深化“互联网+公安政务服务”，366项行政审核、审批、咨询等事项均实现网上受理、办理、回复，“湖南公安服务平台”推广注册总数排全省第一位。建立法学法律专家库，永州市法学会获第十二届“中部崛起法治论坛”优秀组织奖。

【政法队伍建设】 2019年，永州政法队伍公众评价连续6年排名全省前列。出台《关于加强新时代政法队伍建设的实施意见》，建立政治督察、作风巡查、委员述职、列席民主生活会等工作制度，健全政法委全会、书记办公会、季工作例会等会议制度，规范请示报告制度，确保党对政法工作的绝对领导落到实处。市直政法部门党组（党委）先后向市委政法委请示报告重大事项128次。抓实教育培训，市、县两级举办培训班300余期，培训近2万人次。开展实战演练、体能训练、技能比武等大练兵活动，76名政法干警在全国全省“大比武”中获奖。开展形式主义官僚主义六大突出问题专项整治，全市查处违法违纪政法干警206人次，给予党纪处分50人，政务处分40人，刑事处罚5人。推行“三条火线”战时激励，对贡献突出的政法干警火线入党16人、火线记功19个集体和303名个人、火线提拔283人。落实休假疗养、定期体检、心理服务等制度和购房补助、生活补贴等优惠政策，引进招录优秀人才126人。全市聘请维权律师28名，建立干警维权法律援助机制，为71名干警正名。加强典型推介，涌现全国首批“枫桥式公安派出所”徐家井派出所、全国法院执行工作先进个人何京平、全国司法警察技能能手蔡佳成等一批先进集体和个人。政法队伍建设的经验做法在全省得到推介。

（李俊雄）

2019年4月4日，永州公安机关2018年新警入警培训结业典礼暨“师徒结对”仪式在市公安干校举行 摄影 龙超

公　　安

【概况】 2019年，永州市公安工作以开展“践行新使命、忠诚

保大庆”主题实践活动为载体，做好中华人民共和国成立70周年大庆安保维稳为主线，全市公安工作主要指标继续在全省领先领跑，中华人民共和国成立70周年大庆安保维稳工作考核排全省第一位，追逃“云剑”行动排全省第一位，扫黑除恶专项斗争排全省第一位。全省公安特巡警建设现场推进会在永州召开，推介永州公安工作经验。市公安局10次在全省性会议、2次在全市性会议上作典型发言。市公安局成为唯一一个连续3年在全省公安局长会议上获得大满贯的市州公安局；连续4年在市人大常委会对市政府工作部门年度工作审议评价中排第一位。

【维稳安保】 2019年，永州市公安局破获涉众型经济犯罪案件33起，刑事拘留145人，涉案金额10.8亿余元。加强宣传教育预防工作，开展第十个全国公安机关打击和防范经济犯罪宣传日活动，发放宣传资料8万余份，制作展板200余块，设立咨询台160个，现场接受群众咨询2万余人次，安排流动宣传车24辆，悬挂宣传横幅100余幅。完善公安信访长效机制，攻坚信访积案，最大限度实现案结事了、定分止争。全市排查化解信访矛盾纠纷257起，化解信访积案53起，其中公安部和省公安厅交办16起、市信访局“千案攻坚”交办12起。加强道路交通安全管理，全市发生道路交通事故死亡人数同比下降10.29%。开展“三超四驾”交通违法治理行动，其中，查处酒驾3187起，醉驾1556起，醉驾刑拘1556人，因酒驾、醉驾引发的道路交通事故同比下降23.47%。全市没有发生因酒驾、醉驾、毒驾、无证驾驶引发的较大以上道路交通安全事故。集中整治七大类交通问题顽瘴痼疾，全市163处马路市场基本整改到位。加强重点车辆安全管理，实现10496辆重型货车、25414辆面包车、15辆公路客运车辆、2辆危化品运输车隐患清零。加强监所安全管理，全市监管场所连续6年没有发生一起在押人员非正常死亡、脱逃等安全事故。加强重点物品安全管理，全市破获涉枪涉爆案件83起，起诉183人，收缴枪支589支、子弹8000余发、炸药300余千克、雷管1500余枚，全市没有发生重大安全生产案事件，实现“不打响、不炸响，不流失、不出事”的工作目标。完成安保警卫任务241批次，其中一级警卫加强任务1批次，三级警卫任务5批次，省、市“两会”、市委经济工作会议等重要会议保卫任务94批次，大型群众性活动安保任务141批次，特别是完成“2·17”一级警卫加强任务，得到公安部、省公安厅和市委、市政府的高度评价。

【毛发毒品检测工作机制】 2019年，永州市以创建全国禁毒示范城市为契机，推进毛发毒品检测技术应用工作。市委、市政府、市禁毒委出台专门文件，将毛发毒品检测技术实战应用列为县区重点工作绩效评估和永州市创建全国禁毒示范城市、禁毒工作绩效评估重要考核内容。印发《永州市毛发毒品检测技术应用工作实施方案》，制定《毛发检测仪操作步骤》《毛发中毒品成分检测试剂盒操作步骤》《毛发毒品检测室安全使用管理规定》《毛发毒品检测室日常管理制度》《毛发毒品检测室进出物品管理规定》等工作规范，就样本采集、送检、结果通报、处理等环节出台可操作的工作流程，确保毛发毒品检测工作规范开展。邀请专业技术人员对全市操作技术人员进行集中培训和实战操作。

【人工智能警务新模式】 2019年，永州市建设人脸识别系统点位5000路、公共高清探头2.5万个、车辆卡口340套、RFID卡口2200个、手机热点150套、电子围栏84套、Wifi热点2000个等智能警务前端，构建前端自动感知网络。结合旅馆业管理系统、网吧管理系统，建设旅馆业“实名宝”、涉疆人员入住报警系统、网吧前台抓拍和指纹录入系统，建设长途汽车客运实名、铁路票务、民航票务、虹膜识别、寄递安检等系统，构建前端互动感知网络。与华为公司合作，建成全省第一个云数据中心，以云资源平台和大数据基础平台为主架构，提供1300TB云存储、1200核云计算，可实现亿级数据秒级处理。同时无缝对接省厅大数据中心，协同支持全省公安大数据联动应用。建立数据共享联盟，与全国214个市州互开接口，实现异地数据一键查询。对接大数据标准规范体系。从基础类建设标准、数据标准等方面全面逐渐对接省厅标准，并在实战中持续演进和完善。

【严打整治】 2019年，永州市公安局深入开展扫黑除恶、集中打击整治“三贷三霸”“云剑”追逃专项行动和新一轮禁毒工作，全市刑事案件破案率48.55%，全市有影响的重大刑事案件全部侦破。打掉黑社会性质组织17个、恶势力犯罪集团36个、恶势力犯罪团伙69个、“保护伞”26个，破获涉黑涉恶刑事案件619起，刑事拘留1009人，扫黑除恶专项斗争排全省第一位。开展打击整治“三贷三霸”专项行动，严打套路贷、校园贷、非法高利放贷和村霸、市霸、行霸等违法犯罪，打掉涉黑犯罪组织10个，打掉涉恶团伙31个，破获涉黑涉恶团伙案件309起，刑拘涉黑涉恶团伙犯罪人员369名，专项行动排全省第一位。推进公安部追逃“云剑”行动，第一阶段抓获逃犯556名，抓存比143.22%，排全省第一位，其中抓获命案逃犯16名，禁毒工作成绩显著。全市破获部督毒品目标案件5起、省督毒品目标案件3起，刑拘毒品犯罪嫌疑人542名，移送起诉毒品犯罪嫌疑人805人，缴获各类毒品76.8千克，查获吸毒人员2585人，强制隔离戒毒693人，社区戒毒康复人员550人，收治病残吸毒人员159人。整治外流贩毒，外流贩毒人员比2018年同比下降81.6%。推进全国禁毒示范城市创建工作，永州市被国家禁毒办评为“全国禁毒示范城市创建工作先进城市”。常态化开展大巡防、大管控、大整治，最大限度挤压违法犯罪活动空间。加强校园安保，全市2213所中小学校幼儿园全部配备正规保安公司保安，设立护学岗2213个，开展上学、放学高峰勤务，确保学校绝对安全。加强重点人员管控，通过打防管控，全市刑事发案同比下降4.7%。

【公安工作基础建设】　2019年，永州市公安局深入推进“派出所建设三年行动计划”。省公安厅确定的7个派出所新建项目建设、市公安局确定的13个派出所新改扩建项目建设完成。抓实农村辅警建设，全市农村辅警义警共为公安机关提供各类案件线索3773条，协助抓获各类违法犯罪嫌疑人1041，调解各类矛盾纠纷26547起。开展“枫桥式派出所”创建工作，零陵公安分局徐家井派出所被评为首批部级“枫桥式派出所”，冷水滩公安分局宋家洲派出所、祁阳县公安局陶铸路派出所被评为省级“枫桥式派出所”。推进“一标三实”（标准地址、实有人口、实有房屋、实有单位）信息采集工作，将“一标三实”信息采集工作纳入农村辅警、城区快警建设工作内容，通过网上巡查、电话回访、实地抽查等方式，开展问题数据分析、整改、维护。加强对基层派出所的指导、监督，重点抓好重点人口的信息采集维护工作，全市新增实有单位3482家、实有房屋52057间、实有人口信息38.7万余条；维护实有单位54609家、实有房屋212.2万余间、实有人口信息625.6万余条。推进刑事科学技术建设，严格执行“一长四必”（市、县、区公安局长对现勘工作负总责，在“必勘、必采、必录、必比”上下功夫）现场勘查制度，强化现场痕迹物证、生物检材等提取检验，全市全部刑事案件录入率、10类案件录入率100%。加快推进专业实验室建设，市公安局刑科所建成2级电子物证实验室，宁远、新田建成3级电子物证实验室，市公安局刑侦支队图侦大队建成2级视频侦查实验室，冷水滩、新田建成3级视频侦查实验室。稳步推进县区技术室等级评定，宁远通过国家示范技术室预评审，零陵、冷水滩、祁阳、道县通过一级技术室预评审。开展Y库建设试点，冷水滩完成高溪市镇部分行政村家系调查工作。

【警务改革创新】　2019年，永州市公安局深入实施改革强警和公安大数据战略。深化公安机关职务序列改革，推行执法勤务警员职务和警务技术职务序列改革首次套改。4月，完成全市公安机关3944名民警首次套改工作；5月，在全省率先启动晋升工作；完成22名二级高级警长和1名警务技术二级主任的职务晋升工作。全市公安机关2145名民警完成首次晋升，成为全省公安机关首个并且是唯一一个完成晋升工作的市州公安局。深化公安大数据战略，大数据实战平台归集数据545类205亿余条，为全市公安机关提供275类数据服务，为民警开通使用账户1556个，累计使用45万余次，累计布控7510人次，提供预警信息4312条，数据标准化关联率100%。市公安局大数据实战中心研发的“基于通讯信号位置分析的新型搜索救援无人驾驶飞机系统”项目获得“智慧公安我先行”2019年湖南公安基层技术革新奖一等奖，并被省公安厅选送公安部参评全国公安基层技术革新奖项目；“人工智能新警务”获评全省重点改革项目。推进“雪亮工程”建设，配合市委政法委完成“雪亮工程”立项工作，永州被列为全国“雪亮工程”重点支持城市。全市利用图像侦查破获刑事案件2094起，占全市破案数的42.50%；利用人脸识别系统直接抓获逃犯698人，占全市抓获逃犯数的58.36%。筹建全国第一个市级公安视频解析算力中心，对全市所有公共视频探头赋予智能化能力，使其具有人脸、人体、车辆等全要素结构识别能力。投入资金1000余万元完成网技特侦手段、国保平台建设、智能枪弹柜改造、警务通等信息化建设，切实提升警务装备现代化水平。深化执法规范化建设，加强执法规范化专题培训，举办全市公安机关“扫黑除恶刑事案件取证”“不构罪不捕不诉案件剖析”专题培训班，培训民警600余人，全面提升民警规范执法能力水平。开展刑事案件受立案、侦查活动网上巡查，对群众反映强烈的刑事案件受而不立、立而不侦、侦而不决的问题进行集中整治，从严查处执法不作为、慢作为、乱作为，坚决杜绝“办一个案子，捅一个篓子”问题发生。下发接处警通报69期，受立案通报64期，公诉率、不构罪不捕不诉及其他执法环节类通报12期，专项案件类别巡查通报10期。推进自助式接报案查询终端建设，打造24小时“公安局”“派出所”，解决群众报警难、查询难问题。全市投入使用自助报警查询终端39台，通过自助报警终端报警884起、查询2082起。深化“互联网+公安政务服务”，建设“湖南公安服务平台”，公安机关366项行政审核、审批、咨询、预约、求助等事项实现网上受理、办理、回复。推广注册“湖南公安服务平台”114.7万余人，推广注册总数排全省第一位，回复群众咨询件1.8万余条。

【公安队伍建设】 2019年，永州市公安局深入开展“不忘初心、牢记使命”主题教育和“践行新使命、忠诚保大庆”实践活动，开展理想信念教育，组织13批400余人赴井冈山、延安、嘉兴、遵义和道县、祁阳等地开展红色教育。主办《共和国不会忘记·永恒的瞬间——湖南公安英雄壮举摄影再现作品展暨辉煌70年——永州公安事业发展图片展》。坚持“五好”干部标准，严格执行党政干部选拔任用工作条例，推行“三条火线”战时激励机制，对在维稳安保、打击犯罪、为民服务中成绩突出、平时一贯表现优秀、群众口碑好的民警，实行火线入党、火线记功、火线提拔。全市公安机关火线入党16人，火线记功嘉奖19个集体和303名个人，火线提拔283人，其中市公安局提名推荐提拔副处级干部13人，市公安局党委提拔重用正科级干部47人、副科级干部37人。组织开展反恐维稳、防范风险、扫黑除恶、执法办案、舆情应对、警务保障等专题培训，联合清华大学举办全市公安机关“执行力+”专题培训班，全面提升民警能力素质水平。举办各类培训班18期1500人次。以初心讲坛为载体，邀请国内知名专家学者为全市公安机关民警授课，进一步提升全警对习近平新时代中国特色社会主义思想和中共十九大精神的理解，举办“初心讲坛”20期，全市公安机关党员领导干部、民警、职工累计1.8万余人次参与集中授课。持续抓好“学习强国”学习平台的推广运用，市公安局机关“学习强国”积分1万分以上的民警有345人。选派80名特警参加全省公安机关处置大规模群体性事件实兵对抗演练，抽调全市1000名警力参加全省特巡警建设现场推进会处置大规模群体性事件实战对抗演练。开展“清朗警营”专项政治督察，推动全警执行“二十个不准”向纵深发展。

【开展招警宣传活动】 2019年5月16日—17日，永州市公安局在湖南警察学院开展大型招警宣

2019年7月24日，共和国不会忘记·永恒的瞬间—湖南公安英雄壮举摄影再现作品展暨辉煌70年—永州公安事业发展图片展在永州市图书馆举行

摄影 龙超

传活动，面向湖南警察学院计划招收应届毕业生116人。在湖南警察学院举行招警宣讲会上，湖南警察学院院长王周，永州市人民政府副市长、市公安局局长刘新良出席宣传活动，湖南警察学院2019届全体毕业生参加，会上播放永州公安招警宣传片，7名优秀民警代表介绍在永州公安的成长经历和工作感悟，市公安局交警支队、森林公安局负责人和永州市12个县区公安局局长现场接受湖南警察学院2019届毕业生咨询。

【《共和国不会忘记·永恒的瞬间》摄影和图片展】 2019年7月24日，《共和国不会忘记·永恒的瞬间—湖南公安英雄壮举摄影再现作品展暨辉煌70年—永州公安事业发展图片展》在永州市图书馆开幕，展览分两个部分：第一部分“永恒的瞬间——湖南公安英雄壮举摄影再现作品展”由全国公安摄影协会副主席阳红光组织创作，展出湖南公安19位健在英模、英雄壮举的瞬间；第二部分“辉煌70年——永州公安事业发展图片展”反映永州公安不同历史时期特征特点。

【湖南省公安特巡警建设现场推进会在永州召开】 2019年9月3日，湖南省公安特巡警建设现场推进会在永州召开，会议由省公安厅巡视员丁阳云主持，省公安厅巡视员谭和平出席并讲话。会议推介永州市公安机关特巡警建设经验，与会人员实地观摩永州快警平台建设、特警演练，观看永州特巡警建设视频片。

【开展全国社会治安防控体系建设标准化城市第一轮测评工作】 2019年12月29日—31日，公安部治安管理局巡视员、全国社会治安防控体系建设标准化城市测评组组长于复苓一行到永州市开展社会治安防控体系建设标准化城市第一轮测评工作。测评组先后参观永州市公安局大数据实战平台、指挥情报中心、人像技术实验室、治安防控中心、反恐怖情报中心，查看创建工作机制文件、治安防控平台，并分赴冷水滩公安分局宋家州派出所、加州小镇、逸云路社区、市中心医院、市体育中心快警平台和国道322线零陵区珠山镇于家省际公安检查站实地测评、督导，并对永州市创建工作给予充分肯定。

（唐佳欣）

2019年9月3日，湖南省公安特巡警建设现场推进会在永州召开 摄影 龙超

【公安交通管理】 2019年，永州市公安局交警支队为副处级单位，设14科（室）1个中心1个号牌厂，辖冷水滩、凤凰园、零陵、金洞、回龙圩（临时）、机动巡逻6个直属大队，共313人，其中民警265人、职工48人。支队机关（含机动巡逻大队）111人，其中民警89人、职工23人；冷水滩大队52人，其中民警43人、职工9人；凤凰园大队共51人，其中民警44人、职工7人；零陵大队91人，其中民警83人、职工8人，金洞大队共7人，其中民警6人、职工1人；回龙圩（临时）大队民警2人。全市公安交警系统815人，其中民警629人，职工186人，平均年龄46.4岁。全市有90.4万辆机动车，其中小型汽车44.8万辆（小型载客汽车39.8万辆、轻型载货汽车5万辆）、大中型汽车25625辆（大中型载客汽车7447辆、重中型载货汽车16090辆、挂车2088辆）、摩托车41.7万辆、低速货车9025辆，101.61万机动车驾驶人，其中持有大车驾驶证的5余万人、持有小车驾驶证的60余万人、持有摩托车驾驶证的36余万人；男性驾驶员78万人、女性驾驶员23万人。

全年查获各类道路交通违法行为910873起，其中超速33961起，超员1789起，超载6585起，闯红灯56655起，涉牌涉证10266起，违停130538起，其他629702起。超员、超载、闯红灯违法查处量同比分别上升208.98%、

39.31%和5.64%。对酒醉驾违法加压严惩，查处酒驾3187起，醉驾1556起，行政拘留254人，刑事拘留1556人，因酒醉驾引发的道路交通事故同比下降33.47%。利用毛发检测设备筛查毒驾违法，对4722名“两客一危”（从事旅游的包车、三类以上班线客车和运输危险化学品、烟花爆竹、民用爆炸物品的道路专用车辆）、农村面包车和出租车驾驶人进行毛发检测。推进“逢十”普通国省道整治，现场查处超速365起、逆行4240起、无证9790起、货车超载4942起、不按规定车道行驶9225起、不按规定让行636起。严惩农村机动车严重交通违法行为，查处面包车超员938起、货车违法载人3937起、无牌无证11745起。庆祝中华人民共和国成立70周年安保实现10496辆重型货车、25414辆面包车、15辆公路客运车辆、2辆危化品运输车隐患清零，道路交通事故发生数和死亡人数分别下降24%、28%。联动广西桂林、全州、贺州，广东清远、连州公安交警，推进“除隐患、防事故、保大庆”交通安全整治攻坚战，中央、省级20余家新闻媒体现场采访推介。

2019年2月1日，永州大道综合管廊建成和永州大道恢复通车仪式在永州大道主道举行　　摄影　唐晓勇

全年较大以上道路交通事故明显减少，未发生涉交赴省进京信访事件，万车死亡率由2018年的0.81人/万车下降至0.72人/万车，国庆交通安全保卫排全省第三位。

交通管理员、劝导员、协辅警对农村交通管理信息系统使用率184.66%，录入率393.18%，是湖南省第一个超额完成交办任务的市州。由市道路安全委员会牵头整治七大类交通问题顽瘴痼疾，全市163处马路市场基本整改到位。联合市道路安全委员会开展摩托车、电动车交通违法专项整治，“两车”交通违法同比下降30.89%，引发的交通事故同比下降21.3%。创新将公务车辆、公职人员私家车交通违法情况纳入所在单位精神文明单位评比，并通报至组织部门，作为个人提拔任用、年度评优的参考依据。查处超载违法比2018年上升39.31%。配合相关部门严格非洲猪瘟情防控，分布在68个执勤点24小时值守，奋战45天，没有发生一起瘟疫外流事件。

坚持严打整治，保证路畅人安。提请市委书记、市人大常委会主任严华对138处三临及长下坡路段、25处交通堵点、163处马路市场、20条未验收但已通车道路顽瘴痼疾作出“一一交办县区，限期整改，挂牌销号”的批示。171处高风险道路隐患由永州市政府下发整改函，完成72处，湖南省交办的2起正在整改中。国庆安保期间对安全隐患下发督办函28份、交办函23份。年内“两客一危”、重型货车和挂车、农村面包车等重点车辆报废率100%，排全省第一位；重型货车和挂车检验率93.73%，排全省第一位；重点驾驶人审验率98.51%，排全省第一位；重点车辆违法清零率99.5%，排全省第一位；“两客一危”车辆检验率99.57%，排全省第二位；重点驾驶人按期换证率99.84%，排全省第五位。在祁阳试点“农村派出所管交通”模式。推广摩托车“戴帽工程”，打好“精准宣传、社警联动、免费赠配、路检路查”组合拳，教育、查处摩托车违法4.1万余起。提请市委常委、市委宣传部部长贺辉协调城市道路安全机制、管理权限上的问题，新增停车位3800个，标线8.1万平方米，265套违停自动抓拍系统、58套电警卡口、200套视频监控、50套公交车视频监控，信号灯74套。开展史上最严厉交通秩序整治，查处交通违法行为100131起。打造15条文明交通示范路，整改零陵古城交通秩序乱象。

实行执法活动“五戴”（戴对讲机、戴口哨、戴执法记录仪、戴灯控器、戴胸牌）、酒驾整治“四必须”（必须大队长同意、必须大队领导带班、必须有一定数量的民警、必须由纪委管理酒精测试棒，登记参与人员，违法类型、数据及后续结果）、执法结果“两同”（执法投诉民警与协辅警同责、民警与领导同责）。严格醉驾血液证据采集规定，保证执法公正性。全面清查应吊销机动车驾驶证及饮酒驾驶未办结案件，审核、审批吊销驾驶证1137份，办理行政复议案件21起。强化缉查布控系统应用，查获违法车辆488辆，现场处罚483起。依托集成指挥平台，查处假牌汽车61起、套牌汽车112起，假套牌摩托车229起，部推车辆73起，捣毁制造假牌假证窝点3个。智能交通系统投入使用，非现场违法数据自动采集上传、卡口自动报警、指挥中心实时调度、执法站布控拦截。推动文明交通劝导正规化，打造志愿服务工作驿站23个。设立交通违法曝光台，曝光终身禁驾人员210名、交通违法行为7200起。在全省率先开通互联网学习教育平台开展“两个教育”和现场教育，受理满分、审验教育16804人次，办结满分、审验教育16317人次。推进文明交通进驾校，1所被评为全省文明交通“五个一”标兵驾校，9所被评为优秀驾校。

完成90项指标的“放管服”改革，车辆驾驶管理业务进驻市政务服务中心，设立“一件事一次办”综合服务窗口。道县、新田、祁阳分考场开考。完成科目三考试线路回迁，为5.55万名机动车驾驶人核发驾驶证，驾考一、二、三合格率分别为80.66%、48.71%和48.36%。延伸“警保联动”，交通事故互联网在线快速处理和轻微财损事故快撤直赔，修车自主自愿。推进电动车自行车注册登记，公安交警不收取任何费用。出台执勤民警就餐规定，严格警车使用管理；强化行人过街管理，健全重点路口交通安全设施，强制报废“僵尸车”227台。维护营商环境，上半年在全市政务服务“好差评”测评中，永州市公安局交警支队名列全市60个同类单位第五位。

2019年4月2日，永州市公安交管工作会议召开　　摄影　唐晓勇

【摩托车、电动车专项整治】 2019年，永州公安局交警支队为规范摩托车、电动车管理，全力开展摩托车、电动车专项整治，查处摩托车违法1.8万余起，涉摩、涉电道路交通事故发生率同比下降21.46%。成立永州市摩托车电动车专项整治行动工作领导小组，会同14家市级单位协同开展行动，整治电动车各类违法行为3997起。查获摩托车不戴头盔9645起，改装拼装1116起，涉牌涉证3289起。全市开展统一行动7次，联合执法37次，依法强制报废摩托车、电动车132辆。

【机动车号牌服务】 2019年3月20日，永州市公安局交警支队机动车号牌制作点生产出第三十万副车牌。永州车主选定的车牌号，在交警支队车管所上牌1小时后可以在制作点领取，打通号牌制作发放“最后一公里”，实现服务群众“零距离”。截至2019年3月20日，安全生产机动车牌30万副，生产号牌错误率控制在0.003%，在全省失误损坏率最低；便民邮寄号牌1.2万余箱，现场免费上牌2000余副。

【中南片区第三轮整治行动】 2019年9月4日，永州、清远两地交警联合在国道537南风坳路段开展第三轮整治行动。两地交警部门出动警力32人，出动警车9台，对酒驾醉驾、疲劳驾驶、超员载客、违规运营、涉牌涉证、违反禁行标志等违法行为进行集中查处，查获货车超载2起，涉牌涉证7起，非法改拼装1起，其他违法行为16起。行动期间，两地交警部门进一步完善下一步整治行动的联勤联动机制，共商联合整治工作措施，明确继续采取联合勤务、联合执法等方式，强化省际重点路段的管控力度。湖南省公安厅交警总队组织中央和省、市媒体对整治行动进行集中宣传报道。

【美丽乡村安全行·电影下乡进万村活动】 2019年9月16日起，永州市公安局交警支队联合永州人保财险和湖南公益电影传媒中心平台，深入广大农村地区开展“美丽乡村安全行·电影下乡进万村”主题宣传活动20余场。其中，9月21日，市公安局交警支队冷水滩大队民警到辖区曲河村、小岭村、阳甸村举办送电影下乡安全宣传活动，为乡镇群众放映《农村道路交通宣传警示片》，现场发放100余份以“七进”为主题的交通宣传单和书籍，受教育人数200余人；9月22日，江华瑶族自治县公安局交警大队民警在江华瑶族自治县大路铺镇梁木桥村，组织百余名村民集中观看《农村交通事故警示片》和警保联动公益宣传片，同时开展警民互动交通安全宣传、发放宣传资料等活动，寓教于乐让村民们提高交通安全意识。

（陈石山）

检　　察

【概况】 2019年，永州市人民检察院围绕防范化解重大风险攻坚战，批捕非法吸收公众存款、集资诈骗、传销、套路贷等涉众型经济犯罪案件29件97人，起诉24件62人。围绕精准脱贫攻坚战，严惩扶贫领域腐败，起诉侵吞、私分扶贫资金等犯罪5件10人。对因案致贫返贫的刑事被害人或其近亲属开展司法救助，发放救助金62万元，发放金额排全省第二位。围绕污染防治攻坚战，起诉破坏生态环境资源犯罪181件237人。黄某某、陈某某、朱某某等人跨省非法倾倒危险废物3000余吨，造成环境污染损失1500余万元，检察机关提前介入，依法批捕11人。出台《服务和保障非公有制经济健康发展的十条意见》，与工商联互派干部挂职，为民营企业提供定制化法律服务。深化检企共建，开展检察护航民企发展专项活动和送法进企业活动，走访企业114家，提供点对点法律帮扶200人次。严厉打击各类破坏经济秩序犯罪，依法批捕126件229人，起诉137件311人。对民营企业人员经济犯罪依法不批捕99人、不起诉50人。把坚持和发展“枫桥经验”贯穿检察工作全过程，落实律师代理申诉和值班制度，办理群众来信来访984件，群众来信件件有回复，做到7日内程序性回复、3月内实体性答复。综合运用民事抗诉、支持起诉等方式，帮助进城务工人员追回工资130万元。履行“国家监护人”职责，不批捕未成年犯罪嫌疑人64人，不起诉37人。市、县、区两级检察院由检察长带队，向教育部门及主管领导送达最高检“一号检察建议”，针对未成年人被侵害和校园安全问题发出检察建议74件，保障校园安全。主动参与“六城同创”工作，筹资100万元，推动联系点日升社区联点共建活动。

全年先后就护航民营经济发展、检察建议、公益诉讼、扫黑除恶专项斗争、巡回检察、平安建设等工作12次在全国、全省检察机关交流经验，3件案件被评为全省检察机关优秀案件，7件案件被最高人民检察院、湖南省检察院业务部门评为优秀案件。在市人大常委会对“一府两院”议案办理工作满意度测评中名列第一位，检察形象民调名列全省第一位。

【检察扫黑除恶专项斗争】 2019年，永州市人民检察院依法打击涉黑涉恶犯罪，批捕85件197人，起诉77件393人。依法办理刘某、肖某等46人组织、领导、参加黑社会性质组织案，46人均被判处有期徒刑以上刑罚，其中22人被判处十年以上有期徒刑。在全省率先制定《关于对涉恶案件统一严格把关的意见》制度。在办理侦查机关移送审查的涉黑涉恶案件中，追捕12人，追诉23人，认定为普通刑事犯罪34人，依法对龙某金、龙某国等人寻衅滋事案不认定为恶势力案件。注重深挖彻查，建立发现、甄别、移送、监督一体化“打伞”机制，发现并移交涉黑涉恶线索57条、保护伞线索34条，起诉保护伞案件6件7人。

【刑事检察】 2019年，永州市人民检察院严厉打击各类刑事犯罪，办结审查逮捕案件3251件4387人，审查起诉案件5168件6885人。加强刑事立案和侦查活动监督，监督侦查机关立案73件95人、撤案85件91人，追捕65人、追诉322人，对侦查活动违法情形提出纠正意见422件。深化行政执法与刑事司法衔接工作，监督行政执法机关移送涉嫌犯罪案件33件40人，侦查机关从中立案21件28人。加强刑事审判监督，对认为确有错误的刑事裁判提出抗诉41件，法院依法改判19件。强化刑事执行监督，审查提请减刑、假释、暂予监外执行案件1855件，提出纠正意见188件。开展维护刑事被执行人合法权益专项活动，对134名无继续羁押必要的犯罪嫌疑人建议释放或变更强制措施。对刑罚执行和监管活动中的违法情形提出纠正意见123件。加强财产刑执行监督，督促执行到位罚金和没收违法所得1600万元。对永州监狱、东安监狱开展巡回检察，探索动态式深度体检和点穴式靶向治疗的巡回检察永州路径。根据修改后的《中华人民共和国刑事诉讼法》，赋予检察机关对司法工作人员利用职权实施侵犯公民权利、损害司法公正犯罪的侦查权，依法开展对司法工作人员徇私枉法、非法拘禁等14个罪名的侦查工作，立案侦查1件2人。

【民事行政检察】 2019年，永州市人民检察院办理不服生效裁判的民事行政案件166件，对认为原裁判确有错误的依法提出抗诉或提请湖南省人民检察院抗诉14件、发出再审检察建议2件。对原裁判正确的案件，耐心做好服判息诉工作，维护司法裁判权威。对民事行政审判、执行活动中的违法情形提出检察建议51件。加强执行监督力度，开展非诉执行监督专项活动，与市中级人民法院联合出台《关于加强民事行政执行活动监督协作工作的若干意见》，推动解决执行难问题，办理非诉执行监督案件46件。

【公益诉讼检察】 2019年，永州市人民检察院在全省率先建成公益诉讼快速检测中心，有效解决案件线索筛选和鉴定难题，提高立案的精准度。出台《关于充分发挥检察职能服务和保障湘江源流域高质量发展的意见》，以生态环境和资源保护、食品药品安全、国有财产保护及国有土地使用权四大公益领域为重点，办理公益诉讼案件501件，其中提起刑事附带民事公益诉讼11件，发出诉前检察建议429件，行政机关回复和启动整改率100%。祁阳县人民检察院对3家采石场损毁国家生态公益林系列案提起刑事附带民事公益诉讼，依法追缴补植复绿费120余万元。

【司法体制改革】 2019年，永州市人民检察院持续推进司法责任制改革。突出检察官办案主体地位，检察官独立作出决定的案件占办结案件总数的92%。严格落实领导干部直接办案要求，市县区人民检察院领导直接办理案件2598件。发挥检察官在刑事诉讼中的主导作用。强化诉前引导，与侦查机关建立诉侦协作、提前介入等工作机制，主动提前介入引导取证，依法提前介入重大案件侦查53件。发挥检察机关审前过滤作用，防止案件带病进入审判环节，对不构成犯罪或证据不足的案件不批捕491人、不起诉175人。推行刑事案件认罪认罚从宽制度，探索建立速裁程序、简易程序和普通程序相互衔接的多层次诉讼体系，基本实现“简案快办、繁案精办”，适用认罪认罚从宽程序办理案件1832件2215人。

【检察队伍建设】 2019年，永州市人民检察院开展“不忘初心、牢记使命”主题教育，持续推进“两学一做”学习教育常态化制度化。年内，6个党支部全部被评为“五化支部”。加大人才培养力度，招录专业人员10人、书记员204人，4名青年干警到基层院挂职。分层分类开展岗位培训57期2000余人次，组织260名干警到西南政法大学、中南财经政法大学等院校开展“菜单式”培训。开展业务竞赛，在全省率先开展检察公文写作大比武、优秀检察建议评选。搭建知网、检答网等学习平台，提升干警工作能力和水平，涌现全国“七五”普法中期先进个人、全国司法警察警务技能能手等一批骨干人才。开展警示教育，组织市人民检察院全体干警到永州监狱、周敦颐故居进行廉政教育。强化作风整治，开展涉及民生领域六个突出问题专项整治活动。坚持刀刃向内，准确运用监督执纪“四种形态”，给予纪律处分4人。加强检务督察，开展系统内巡察，对4个基层院开展首轮巡察工作。

【检务公开】 2019年，永州市人民检察院主动向市人民代表大会常务委员会报告工作，在全省率先使用视频展示与书面报告同步报告方式，专题报告公益诉讼、扫黑除恶等工作。坚持办前联系、办中沟通、办后回访，办理代表建议22件。零距离接受监督，邀请代表参与执法检查、案件评查等707人次。定期向市政协通报工作，邀请政协委员视察调研，办结并答复政协委员提案11件。逐一走访各民主党派人士，充分沟通交流，听取监督意见。构建多层次、多角度、全覆盖的“互联网+”检务公开平台，公开案件程序性信息8316条，发布重要案件信息214条，公开法律文书3910份。市县区两级人民检察院同步举办“公益诉讼在身边”“共和国建设者走进检察院”“携手关爱、共护明天”“检察护航民企发展”等检察开放日活动，邀请各界群众3000人次走进检察机关，推动检务公开从单向宣示向双向互动转变。

（唐洪辉）

法　　院

【概况】　2019年，永州市人民法院系统以司法为民、公正司法为工作主线，实现稳中有进工作目标，受理各类案件84245件，同比增长26.5%；结案率97.3%，同比增长3.4%；法官人均结案197件，同比增长52件。其中市中级人民法院受理各类案件10139件，增长43.9%；结案率98.5%，同比持平。司法效率、执行工作、民意测评、信访维稳、警务安保等位列全省前列，年度平安建设考核位居全省第二位。

【刑事审判】　2019年，永州市审结刑事案件5640件7565人。推进扫黑除恶专项斗争，审结涉黑涉恶一审案件73件356人、二审案件56件283人，判处91名犯罪分子五年以上有期徒刑，重刑率25.6%。刘某、肖某等105人涉黑案的审理受到湖南省扫黑除恶工作领导小组高度评价，欧阳某某、欧阳某等29人涉黑案入选最高人民法院典型案例。推进平安永州建设，审结杀人伤害、两抢一盗、黄赌毒等案件3605件4237人，依法判处故意杀人犯熊某某、特大毒品犯濮某某等一批犯罪分子死刑。推进经济犯罪专项审判，审结贪污贿赂、挪用公款等职务犯罪案件106件134人，判处省政府驻上海办事处原党组书记、主任王某某有期徒刑十四年六个月。审结非法传销、集资诈骗等案件569件837人，二审成功审理“善心汇”传销案，对非法吸收公众存款金额过亿的犯罪分子唐某某、阙某某分别判处有期徒刑六年、五年。

【民事审判】　2019年，永州市审结民商事案件52608件。聚焦防范化解重大风险，慎重审理非法集资、房产开发商违约纠纷5487件，有效应对彩虹燃气公司、东安天成学校等因资金链断裂引发的群体性矛盾和区域风险。依法受理企业破产清算重组案件40件，涉案债权人、业主等3万余人，债务金额40亿元，成功审结万和天福、虹森公司、圆东房地产、中赫房地产、敬和堂药业等破产清算重整案，香河一品、万家天府、上海城、但丁花园等一批烂尾楼项目在破产程序中开工复建。聚焦企业产权保护，审结融资借贷、契约合同等案件9228件，审慎适用强制措施，平等保护民营企业合法权益；审结中粮集团、养元饮品、大润发等知识产权案件138件。审结婚姻家庭、相邻关系等案件9347件，加大矛盾纠纷调处力度，调解率44%，位列全省第二位；审理劳动争议、涉农就业、医患纠纷等1985件。审结环境污染、资源开发等案件1025件，廖某某等人污染环境犯罪案入选全国十大生态环境保护典型案例；开展“永州环保·潇湘审判行”活动，市中级人民法院、冷水滩、东安、蓝

2019年9月23日，永州市中级人民法院到永州一中开展“送法进校园”法制宣讲活动

2019 年 12 月 3 日，永州市中级人民法院召开审判执行工作调度会

山等发布典型案例 243 件，深入学校、乡村、社区宣传教育 100 余场次。

【行政审判】 2019 年，永州市审结行政诉讼案件 1697 件。加强行政行为监督，维持合法合理行政行为 1145 件，支持行政机关依法履行管理职能；撤销重作、确认违法 114 件。加强行政纠纷化解，推进行政负责人出庭应诉，共同调处矛盾 438 起。妥善处理冷水滩湘江西岸、零陵棚户区改造、蓝山毛俊水库征地拆迁等重大项目纠纷。加强行政诉讼改革，继续推进集中管辖，将受理法院调整为零陵、道县，消除当事人对地方干预的质疑，行政案件服判息诉率同比提升 21%。加大府院联动，与市司法局、城管综合执法局、住建局等 17 个部门召开联席会议，发布房屋征收行政审判白皮书，提高依法行政能力和水平。

【执行改革】 2019 年，永州市实施执行机制改革，率先推行“三统一”执行模式，建立类案集中执行、提级执行、交叉执行机制，提升执行效能。全市法院执结案件 26848 件，结案率 97.2%，有效执结涉中联重科工程机械案件 143 件，执行金额 1.3 亿元，受到最高人民法院、高级人民法院充分肯定，是全省唯一无最高人民法院交办涉执行信访案件的地区。市中级人民法院执结 960 件，结案率 98.97%，结案率、实际执结率、结案周期、信访化解率等核心指标均居全省各中院第一名。推进部门协作联动，继续深化与金融、房产、土地、工信、工商、公安、检察等部门信息查控平台建设，全面构建失信联合惩戒机制，司法拘留 818 人，判处拒执犯罪 52 人，居全省第一位。

【司法服务】 2019 年，永州市立足司法服务新需求，加快诉讼服务中心建设，实现立案大厅、诉讼服务网、“12368”热线、电子卷宗等工作平台无缝对接，实行一站式服务，当场立案率 97%。加快智慧法院建设，推行“互联网+服务”，建立网上立案、跨域立案、远程提审、网上申诉信访平台，形成便民利民、集约高效的现代化诉讼服务。加强巡回审判，探索建立符合当地特色的流动法庭，东安、道县、蓝山、江华等地设立乡镇圩场巡回办案点，双牌、宁远开通旅游纠纷审理快速通道，快审快结率 98.6%。推进四大公开平台建设，发布审执信息 100 余万条，庭审网络直播案件 26357 件，列全省第二位，裁判文书上网率 100%。出台司法为民服务十项举措，开通涉民生案件审执绿色通道，执结涉农民工工资案件 619 件，到位金额 2567 余万元。依法缓减免诉讼费 789 万元，同比增长 158.8%，为 285 名困难刑事被害人、申请执行人发放救助金 403 万元。推进诉源治理，组建由人大代表、政协委员、执业律师、行业专家等组成的调解员队伍，化解基层纠纷 27840 件，做到矛盾不上交、化解在基层。建立院长周一接访、院领导常态化包案制度，处理初信初访 3742 件，组织基层法院院长赴北京参与全国“两会”、庆祝中华人民共和国成立 70 周年安保维稳，做到有访必接、来信必复，信访维稳考核位列全省第一名。

【审判管理】 2019 年，永州市围绕湖南省高级人民法院“审判质量、效率和公信力提升年”活动，提高案件质量，持续开展案件、庭审、文书三评查，主动与北京法意科技公司签订长期合作协议，对全市自 2016 年以来近 22 万份上网裁判文书开展评查，纠正错误文书 1836 份。全市一审案件发回重审、改判率 1.9%，位列全省第四位。提高审判效率，实行市中级人民法院机关一月一通报、基层法院两月一排位，运用电子显示屏滚动播放员额法官办案情况。市中级人民法院司法效率连续5年位列全省第一位，审理周期全省最短，电子卷宗随案生成率100%，审判执行信息公开率位列全省第一位。《人民法院报》以《多效应提升司法绩效》作专题报道。

【司法改革】 2019年，永州市推行扁平化管理，市中级人民法院整合18个审判团队缩减为15个，完善以办案质量、数量、调解率、信访率等为主要内容的绩效考核办法，提升审判工作专业化、规范化水平。全市法院服判息诉率88.7%，同比增长5%，蓝山县法院服判息诉率94.2%，居全省前列。强化院领导办案制度，要求院领导办案不得少于员额法官的20%，明确正副院长每年办理再审案件不得少于2件，及时发现并纠正滥用职权、错误裁判问题；完善审判团队廉政监督员随案向当事人发放廉政监督卡、执法形象卡制度，实行“法官监督法官、监督就在身边”。持续推行案件繁简分流，探索建立速裁团队，市中级人民法院速裁团队审结交通事故、管辖异议等案件1022件，快审快结率98.3%，做到难案精审、简案快审。湖南省委《改革简报》对永州市司法改革作专题推介。

【法院队伍建设】 2019年，永州市推进“司法形象大提升年”专项活动，率先对各县区法院进行为期3个月的司法巡查，整治形式主义、官僚主义，强化政治意识和政治规矩。探索支部书记和基层法院党组书记集中党建述职测评，开展“查找短板、检视问题暨纪律作风问题整治”，推行院领导值班、内务督查等，组建庭审督查室，实行每日巡查、逐案反馈、每周通报，违法违纪行为大幅减少，党风廉政建设和司法形象明显转变。全年组织政治轮训11期902人次。市中级人民法院获学习强国知识抢答赛全市第二名，全市法院有16个集体、28名干警受到省级以上表彰，其中新田县人民法院办公室被评为全国巾帼文明岗，祁阳县法官何京平被评为全国法院执行工作先进个人、获一等功，江华瑶族自治县法院赵玉梅在世界警察和消防员运动会上获全国法院唯一奖牌。

【司法公开】 2019年，永州市中级人民法院向永州市人民代表大会常务委员会专题报告内部监督、队伍建设等重要工作，配合开展审判权力运行、案件质量监管等调研，推动审判工作科学发展。做好代表委员沟通工作，组织“千名代表委员走进法院”活动，邀请参与旁听庭审、见证执行、协助调解等562人次。办结代表建议4件，回复率、满意率100%。严格执行向各民主党派和统战部门通报工作制度，聘请12名委员担任执法执纪监督员，办理提案2件。创建“永州市中级人民法院手机报”，编发工作简报4000余份。强化公众监督，举行重大案件公开宣判8场，举办开放日活动6次，邀请全市40余名知名企业家、12名网络名人和1200余名社区居民、在校学生等走进法院，听取意见建议。加强官方网站、微信公众号、官方微博等平台建设，发布新闻报道1.8万余条，官方微博、微信粉丝7万余人。

【“法学专业实习实践基地”成立】 2019年4月9日，永州市中级人民法院与湖南科技学院共同建立的“法学专业实习实践基地”揭牌仪式在永州中级人民法院举行。永州中级人民法院党组书记、院长罗重海、湖南科技学院党委书记、校长曾宝成、副校长李常健、人文与社会科学学院院长潘雁飞、副院长刘忠华、法律系主任肖文涛等领导参加揭牌仪式。双方就实践锻炼、人才培养等事宜进行交流。“法学专业实习实践基地”的成立，为实现优势互补、人才培养、资源共享提供平台，为加强法学教育与司法审判拓宽合作领域。

（夏宁春）

司 法 行 政

【概况】 2019年，永州市司法局完成机构改革目标，将原市司法局、原市政府法制办重组并搬迁新址办公，各县区司法局改革重组工作同步完成。司法行政队伍公众评价得分91.62分，位列全省第一方阵，比全省平均分高1.02分，比全市政法队伍平均分高0.48分，获评2019年国家统一法律职业资格考试工作表现突出单位、2019年全市党风廉政建设宣传工作先进单位、全市社会治安综合治理工作先进单位、全市信访工作责任目标管理考核先进单位和全市政务公开工作先进单位，市司法局驻双牌县泷泊镇佑里村工作队被评为2019年度优秀市派驻村帮扶工作队。

【依法治市】 2019年，永州市成立全面依法治市（县区）委员会和立法、执法、司法、守法普法4个协调小组，办公室设在市县（区）司法局，建立健全全面依法治市（县区）组织架构。组织召开市委全面依法治市委员会第一次会议，审议通过“两规则一细则”、2019年工作要点、市政府2019年立法计划。拟定《永州市人民政府拟定地方性法规草案和制定规章程序规定》并提交市政府第四十二次常务会议审议通过，参与制定全省首部关于乡村房屋建设管理的地方性法规《永州市乡村房屋建设管理条例》。启动全国法治政府示范市创建活动，组织开展食品药品、营造法治化营商环境保护民营企业发展、法治政府建设3次专项督察。提请市政府办以规范性文件形式印发《永州市全面推行行政执法公示制度执法全过程记录制度重大执法决定法制审核制度的工作方案》，建立由市长担任召集人的工作联席会议制度，召开永州市全面推行行政执法“三项制度”新闻发布会。为市委、市政府处置湘江纸业、万达项目用地行政复议、宋家洲紧急避险搬迁、万喜登与敬老山庄幸福园非法集资案、市代建承揽制历史遗留问题等重大事项提供法律意见和服务。审查市政府规范性文件63件，非规范性文件审查164件，合同协议22件，市直部门规范性文件备案审查43件，县（区）规范性文件备案审查173件，报湖南省司法厅备案20件。完善市中级人民法院、市司法局联席会议制度。全市新收行政复议案件430件，受理370件，审结368件；收到行政应诉案件384件，一审结案375件。服务乡村振兴战略，组织开展全国、全省民主法治示范村（社区）复核，保留全国民主法治示范村（社区）9个，注销4个；保留全省民主法治示范村（社区）74个，注销29个，撤销6个。

【法律服务】 2019年，永州市建成公共法律服务体系，整合12个市县区公共法律服务中心、181个乡镇（街道）公共法律服务工作站、3138个村（社区）公共法律服务工作点，成功对接“12348湖南法网·如法网”“智慧永州”“12345”政府服务热线，完成“12348”法律服务热线升级改造。全市法律服务机构和工作者代理诉讼案件12589件，非诉讼法律事务1360件，担任法律顾问1281家；办理公证事项14577件，司法鉴定案件10121件，法律援助案件2932件。江华瑶族自治县举办全省青少年法治宣传教育周启动仪式。律所党支部规范化建设达标率90%，2家律师党支部获评湖南省律师行业先进基层党组织。刑事案件律师辩护试点实现县区全覆盖，与市中级人民法院联合印发《关于刑事案件律师辩护全覆盖试点工作方案》《关于扩大律师调解试点工作的实施方案》。全市有37名优秀律师担任各级人大代表和政协委员，当选比例8%、全省最高，远超全省2%的平均水平。宁远县、江华瑶族自治县、双牌县被评为全省“七五”普法中期先进县，永州市公安局、冷水滩区司法局、蓝山县人民检察院获评全省“七五”普法中期先进集体，奉娟、朱晴、唐志辉获全省“七五”普法中期先进个人称号。市委、市政府对普法先进单位和先进个人、永州首届最具影响力法治人物和法治事件进行表彰。

【维护社会稳定】 2019年，永州市深入开展“坚持发展枫桥经验　实现矛盾不上交三年行动”“大排查、早调解、护稳定、迎国庆”专项调解活动，排查各类矛盾纠纷30704件，调处成功30422件，防止“民转刑”案件7件。探索人民调解新机制新模式，双牌“二次调解”，零陵“3+X”听证化积案，冷水滩“五老”调解，江永、江华边界人民调解协作，宁远专业行业调解等成功经验获上级肯定，湘鄂赣粤桂黔渝七省第三次边界矛盾纠纷联防联调协作会在江永县召开。10个单位、11名个人获评全国、全省先进。组织开展“社区矫正规范化建设年”活动，会同市人民检察院深入县区、乡镇开展执法质量专项督察，按季召开社区矫正安全形势分析会，最大限度防止脱管漏管，无一人因脱管漏管而导致重新违法犯罪。完成市县两级指挥中心建设。完成101名社区服刑人员特赦工作。市强制戒毒所连续18年实现场所安全“六无”。整体搬迁至新址，收治能力从600人提高至1200人。依托301、302BRT率先在全省开通扫黑除恶普法公交专线，制作的《H5｜@永州人，这本扫黑除恶手册你值得拥有!》获省委网信办在全省推广。扫黑除恶线索摸排取得新的重大突破，动员人民调解员、社区服刑人员、强制隔离戒毒学员检举揭发并移送黑恶线索5条。指导律师依法办理

"1·8"专案、"7·13"专案等涉黑涉恶案件106起。

【永州市委全面依法治市委员会第一次会议】 2019年5月30日，永州市委全面依法治市委员会第一次会议召开，市委书记、市人大常委会主任、市委全面依法治市委员会主任严华主持，市委副书记、市长、市委全面依法治市委员会副主任何录春，市领导唐能武、杨永、吴志雄、贺辉、冯紫英等出席。会议传达学习近平在中央全面依法治国委员会第一次、第二次会议上的重要讲话精神，以及省委全面依法治省委员会第一次、第二次会议精神，审议有关文件，审议通过《市委全面依法治市委员会办公室和协调小组组成人员名单》《市委全面依法治市委员会工作规则》《市委全面依法治市委员会协调小组工作规则》《市委全面依法治市委员会办公室细则》《市委全面依法治市委员会2019年工作要点》《市政府2019年立法计划》等。

【2019年湖南省青少年法治宣传教育周活动】 2019年9月24日，湖南省青少年法治宣传教育周活动启动仪式在江华一中举行。活动由湖南省委全面依法治省办、省司法厅、省教育厅主办，永州市委全面依法治市办、市司法局、市教育局协办，江华瑶族自治县县委全面依法治县办、县司法局、县教育局承办。省委教育工委委员、省教育厅党组成员郭建国主持，永州市委常委、江华瑶族自治县县委书记罗建华致辞，省司法厅党组成员、副厅长张维杰出席活动并讲话。市司法局、市教育局向阳华中学及创新实验学校赠送法律书籍。江华县一中、阳华中学的1000余名师生参加启动仪式并观看法治文艺节目。

【行政执法"三项制度"新闻发布会】 2019年11月14日，永州市全面推行行政执法"三项制度"新闻发布会举行，市司法局党组副书记、局长兰卫平就市全面推行"三项制度"工作方案出台的背景及意义、全面推行"三项制度"的主要内容、贯彻落实的主要措施发布新闻。永州市司法局结合全市行政执法实际情况，经市政府第四十四次常务会审议通过，以规范性文件形式制定出台《永州市全面推行行政执法公示制度执法全过程记录制度重大执法决定法制审核制度的工作方案》方案要求，全市各行政执法机关在实施行政处罚、行政强制、行政检查、行政征收征用、行政许可等执法行为时应当全面推行"三项制度"，全面实现执法信息公开透明、执法行为过程信息全程记载、执法全过程可回溯管理、重大执法决定法制审核全覆盖，力求做到行政执法能力和水平整体大幅提升，行政执法行为被纠错率明显下降，行政执法的社会满意度显著提高。成立由市长担任召集人的市全面推行行政执法"三项制度"工作联席会议制度，联席会议办公室设在市司法局。

【永州获"全国'七五'普法中期先进城市"】 2019年12月4日，永州市获得"全国'七五'普法中期先进城市"奖牌，这是自1986年启动"一五"普法以来首次获此殊荣。"七五"普法中期民意调查得分79.77，全省第一名，比全省平均分高4.15分。全国法治县区创建数全省第一。律师当选人大代表、政协委员比率全省第一。综治考评连续4年获评全省优秀。法治文化建设获《法制日报》推介。率先将普法依法治理纳入市委、市政府年度表彰项目。先后5次在全省司法行政或法治宣传工作会议上作经验发言。涌现出"时代楷模"黄超富、"CCTV—2017年度致敬英雄"黄小兵等一大批新时代先进典型。永州市纪委监委获评全国"七五"普法中期先进集体。永州市司法局副调研员姜涛、新田县人民检察院副检察长郑国强获评全国"七五"普法中期先进个人。

（林利军）

军　　事

永州军分区

【概况】 2019年，永州军分区坚持"三个绝对"铸牢军魂、提升本领、建设部队，坚持依法从严治军，坚持跟进融入国防动员系统同频发展，军分区部队建设迈上新台阶，全区有12个单位、17人（次）受到省军区以上表彰。全年始终把学习贯彻习近平新时代中国特色社会主义思想和习近平强军思想作为根本任务，统筹开展党委中心组理论学习和主题教育。开展"学习贯彻强军思想，读原著讲故事见行动"活动，每名干部轮流登台领学，推动理论武装走向经常化制度化。用好永州特色文化，整理编印《文化永州》《强军文化映潇湘》

2019 年 1 月 31 日，永州军分区召开党委第十一届三次全体（扩大）会议

等学习资料，举办“强军杯”篮球赛，安装自助借阅机，新建十大英模文化长廊，更新营区宣传橱窗、文化灯箱和“强军文化墙”。

【战备训练】 2019 年，永州军分区贯彻落实中央军委开训动员令，军分区各级党委履行训练主体责任，严格落实党委议训制度、首长机关年度训练计划、年度基干民兵训练方案。常态化开展首长机关训练，军官、文职人员考核成绩均在良好以上。探索并在全省率先走集中轮训与常态备勤、练兵与用兵相结合的组训路子，引进吸收作战部队、驻地院校、科研单位优质资源，全年组织基干民兵集中轮训 13 期，无人机等新质力量民兵训练组训模式在省军区部队推广运用。在宁远县举行群众性练兵比武试点，创新探索基干民兵群众性比武方法路子。围绕冲锋舟水上救援、森林灭火等 10 个课目，组织全市 11 个县区 500 余名基干民兵开展群众性练兵比武活动，江永、零陵、冷水滩、祁阳等单位成绩靠前。选拔 45 名基干民兵、5 名参谋人员、5 名专武干部参加省军区练兵比武，基干民兵比武获得轻武器射击团体第二名、冲锋舟水上救援团体第三名，参谋比武获得 2 个单项第一名。

【国防动员】 2019 年，永州军分区把国防动员作为主责主业，组织各县区国防动员委员会主任述职，强化依法履职意识。落实中央军委国防动员部下发的《民兵组织整顿工作实施办法（试行）》，协调和督导编兵单位强化责任、严格落实编制，完成基干民兵编组任务。深化民兵调整改革，民兵新质力量比率 17%，退伍军人比率 39.8%，党员比率 39.3%，高中以上文化程度人员比例 89.6%。组织市国防动员委员会各专业办公室召开潜力数据采集推进会，统筹落实重要领域专项调查，核准、更新和补采各类数据，形成潜力资源评估分析报告。

【基层建设】 2019 年，永州军分区贯彻落实省军区“正规化建设现场会”精神和“基层建设星级达标”要求，组织各县区人武部党委第一书记在宁远县召开正规化建设推进会。道县森林灭火行动演练得到湖南省军区首长肯定。市委、市政府对市民兵训练基地、军分区作战室进行升级改造，新建战术训练场、室内综合训练馆，新增森林灭火、卫生救护、反恐维稳、抗洪抢险、无人机运用 5 个专业课室，升级改造多媒体教室，修缮住宿楼，完善集中供热水系统和文体娱乐室。推进民兵训练基地升级建设，抓好乡镇（街道）武装部基础设施建设。

【后勤装备保障】 2019 年，永州军分区组织财务人员、驾驶员业务培训，开展民兵武器装备仓库应急处突演练，后装保障队伍能力素质得到提升。加大民兵训练保障力度，民兵训练补助提高幅度位居全省第一位。完成军车新式号牌换发和装备车辆接装配发，清理清查民兵武器弹药装备器材，开展行业领域整肃治理“回头看”。改善官兵工作生活需要，完成办公楼、勤务楼暖气安装、会客室建设。公开招标确定 7 家企业担任集中轮训饮食、服装保障、物业管理、车辆维修任务，组织基层官兵对保障质量进行监督测评，官兵满意率 96%。

【部队管理】 2019 年，永州军分区安全稳定工作量化评比排全省第三名，参与中央军委国防动员部国防创新研究，军分区研究的课题获三等奖。开展“百日安全”活动，从严组织安全保密专项清查、网络清理整治、民兵训练经费复查等活动，结合全面深入贯彻军委主席负责制专项巡视，以违规宴请喝酒、“微腐败”和“四风”隐形变异问题为重点，加大明察暗访力度，通过公开举报电话、设置举报信箱、聘请廉洁监督员等方式加强廉政建设。开展党的纪律教育，抓好反腐倡廉“每季一课”和政策法规常态化学习，编印纪律卡片、廉政手册配发至每名官兵。

【党管武装】 2019 年，中共永州市委、市政府把党管武装工作摆在重要位置，市委主要领导坚持带头研究武装工作重大事项、参加重要活动，支持武装工作力度大。市委书记、市人大常委会主任严华到军分区主持召开现场办公会，解决训练基地建设、民兵军事训练等重难点问题。召开全市群众性练兵比武表彰大会。全市各级落实军转安置、随军家属就业、军人子女就近入学等各项政策，军分区部队先后出动官兵 1200 余人次，遂行扑救山火、抗洪抢险等应急任务 25 次，新华社、中央电视台、《解放军报》《中国国防报》等媒体都进行宣传报道。

【永州军分区党委第一书记任职大会】 2019 年 5 月 20 日，宣布永州军分区党委第一书记任职大会在宁远县举行。湖南省委常委、省军区政治委员冯毅宣布永州市委书记、市人大常委会主任严华任永州军分区党委第一书记。省军区战备建设局局长张涛，唐能武、罗建华、刘卫华、冯紫英、熊壮、黄萍等市党政军领导出席会议。各县（区）委书记、人武部党委第一书记，省军区、军分区机关干部，各县（区）人武部领导，宁远县副处级以上领导干部参加。

2019 年 5 月 20 日，中共湖南省委常委、省军区政委冯毅到宁远县宣布严华任军分区党委第一书记命令，并观摩永州军分区群众性练兵比武暨正规化建设现场会

【民兵应急营点验】 2019 年 8 月 5 日，永州军分区在市民兵训练基地组织召开市民兵应急营点验大会，342 名市民兵应急营基干民兵接受点验，接受为期 12 天的封闭集训。军分区党委副书记、司令员熊壮，市委常委、永州军分区政治委员冯紫英，市政府副市长、市公安局局长刘新良，军分区副司令员黄萍，军分区机关各处及市直相关单位、有编兵任务的市属国有企业主要领导出席点验活动。

【基干民兵军事训练比武】 2019 年 8 月 28 日—30 日，永州军分区在某训练基地组织全市基干民兵比武活动。11 个县（区）的 500 多名民兵围绕冲锋舟水上救援、橡皮艇水上救援、无人机运用、医疗救护、抢筑堤坝、道路清障等 10 个科目展开竞赛。经过激烈比赛，江永县获团体总分第一名，零陵区、冷水滩区并列第二名，祁阳县位列第三名。

【冯毅到永州军分区调研】 2019 年 4 月和 11 月，湖南省委常委、省军区政委冯毅率省军区工作组，两次深入军分区机关及祁阳、东安、蓝山、江华、道县、新田等人武部检查指导，详细了解军分区部队及永州市后备力量建设情况，并调研国防教育基地。冯毅对军分区各项建设和永州市党管武装工作予以充分肯定。省军区战备建设局局长张涛，市委书记、市人大常委会主任、军分区党委第一书记严华，军分区司令员熊壮、政委冯紫英等领导陪同调研。

【第三届“爱我国防”演讲比赛】 2019 年 10 月 31 日，永州市国防教育委员会在全市大中专院校学生中深入开展第三届“爱我国防”主题演讲比赛。25 名选手进入决赛。湖南科技学院张依纯、永州市第四中学谢志军分别获大学组、高中组一等奖。

（伍致健）

中国人民武装警察部队湖南省总队永州支队

【概况】 2019年，中国人民武装警察部队湖南省总队永州支队（以下简称武警永州支队）以“接续创先、争创标兵”为目标，推进各项工作落实，部队建设呈现出全面、高质发展的向好态势。被武警部队表彰“基层建设标兵支队”，立集体二等功。

【理想信念教育】 2019年，武警永州支队坚持把理论武装作为“补钙壮骨”根本保证，持续深入学习贯彻习近平新时代中国特色社会主义思想和习近平强军思想，跟进学习习近平最新讲话精神，及时传达学习中共十九届四中全会、中央军委基层建设会议精神，增强“四个意识”、坚定“四个自信”、做到“两个维护”，贯彻军委主席负责制。推进两项重大主题教育，编印《锦绣潇湘·红色永州》主题教育读本，开展“向新中国70华诞献礼”和纪念五四运动100周年系列活动，组织“缅怀革命先烈、传承红色基因”主题党日活动，抓好经常性思想教育和一人一事思想工作，开展“四反”警示教育，及时学习违纪违法通报，做好意识形态领域斗争主动仗，策划“妈妈，我想对你说”母亲节感恩活动，拍摄“我和我的祖国”快闪，举办“礼赞新成就·共筑强军梦”庆祝中华人民共和国成立70周年文艺晚会被总队评为新闻舆论工作先进单位，政治工作处被总队表彰为先进政治机关，王喜获得“全国民族团结进步模范个人”，并受邀参加庆祝中华人民共和国成立70周年观礼活动。

【维护地方稳定】 2019年，武警永州支队开展首长机关指挥训练和参谋业务集训，严密组织特战专业教练员、搏击教练员、导调员、模拟蓝军集训，承办总队特战小队集训、片区“魔鬼周”极限训练、野战生存教练员和新兵集训。参加武警部队预选标兵支队考核，军事训练总评优秀；参加总队特战小队结业考核获得团体第二名。排查治理隐患13处，协调筹措1500余万元推进“智慧磐石”工程建设。坚持“日拉动、周联动、月演练”，干部组勤管勤、哨兵执勤和分队应急处置能力显著提升。严格落实“3+1”值班模式和“三种情况第一时间到现场”，参加“卫士—19”演习、市公安局反恐联合演练和汛期抢险救援演练。完成“2·17”安全警卫任务、庆祝中华人民共和国成立70周年安保等临时勤务23起，完成维稳行动3次。“4·29”扫黑除恶专项行动受到武警部队司令员王宁批示表扬。

2019年6月28日，武警永州支队举行“缅怀革命先烈、传承红色基因”七一主题党日活动

【武警基层建设】 2019年，武警永州支队组织2批次基层党委（支部）书记培训，提升基层自建能力。构建“支队、大队、中队”“支队、股室、中队”两条层级挂钩帮建责任链，解决组织功能弱化、思路不清、标准不高等问题。武警祁阳中队被武警湖南省总队表彰为“基层建设标兵中队”，执勤三大队、勤务保障大队被评为“基层建设先进大队”，永州、东安、宁远、道县被评为“基层建设先进中队”。武警永州支队被评为暑期百日安全竞赛活动优胜单位。与市妇联、团市委组织军地联谊会2期，出资30余万元看望慰问63名困难官兵。

【综合保障】 2019年，武警永州支队落实后勤体系化、实案化、精确化战备要求，完善后勤装备保障方案计划，开展后勤装备实战化训练；加快军民融合步伐，在医疗服务、物资储备、副食品配送、车辆维修、油料供应等领域建立优先保障、资源共享机制；严密组织驾驶员、军械员、炊事员、司务长、四小工集训，开展野炊、战救技能、车辆抢修等针对性训练，定期对各种车辆、给养单元等战备物资进行检修维护，结合“魔鬼周”训练和战备演练，严密组织实战训练，提高后勤装备快速反应和保障能力。

【冬季野营拉练】 2019年1月2日，武警永州支队举行机关前指带机动分队冬季野营拉练誓师动员大会。1月2日—6日，完成为期5天4夜、总行程198千米、徒步行军150千米的冬季野营拉练。

【涉黑涉恶专案抓捕】 2019年4月29日，武警永州支队出动95名兵力，协助公安机关成功抓获“1·31”涉黑涉恶专案犯罪嫌疑人11人，缴获各类非法土铳2支、管制刀具21把等作案工具。

【“军营开放日”活动】 2019年8月1日，武警永州支队与永州市奥兰多艺术学校开展军营开放日活动，该校60余名师生走进永州中队参观，近距离感受军营生活。

【永州支队获评“基层建设标兵支队”】 2019年12月29日，武警部队在北京召开表彰大会。会上，武警永州支队被表彰为武警部队基层建设标兵支队，成为全国仅有的5个单位之一，这也是总队近二十年来首次获此殊荣。支队政治委员刘小龙代表支队参加表彰大会，并上台领奖。

（谢腾）

人 民 防 空

【概况】 2019年，永州市人民防空办公室（以下简称市人防办）以党的政治建设为统领，以“三创”（创特色、创亮点、创先进）为抓手，突出“聚焦主业、转型发展”主题，抓好市委巡察和政治建设考察整改工作。开展“不忘初心、牢记使命”主题教育，开展全市人防系统行业整治工作，较好地完成既定的目标任务。

【人防政务改革】 2019年，永州市人防办落实“三集中三到位”和“并联审批”制度，推进“互联网+政务服务”试点工作，实行清单编制发布率等7项指标完成率100%。强化事中事后监管，率先实行事前信用承诺制度，信用承诺执行情况获得市社会信用体系建设领导小组通报表扬，并被推荐参加首届全国信用承诺书示范性案例征集评选活动。

【人防宣传教育】 2019年，永州市人防办推进人防宣传教育，网站上稿95条，微信公众号发布信息638条，微博148条，在湖南省人防办网站上稿14条，在湖南省国防教育网上稿95条。与永州市广播电视台、市融媒体中心合作，开通“永州人防广播”，在《永州城事》开设人防栏目，让人防的声音走进人民群众。在青桥社区、德顺职业技术学院开展防空防灾宣传活动，发放《现代防空防灾》《人防小博士》万余册。举办“永州大讲堂”第7期人防专题讲座，邀请国防大学副教授刘庆授课，全市1000余名干部职工听课。

【人防队伍建设】 2019年，永州市人防办履行全面从严治党主体责任，严肃党内政治生活，持续巩固党支部“五化”建设和“三得”党建品牌，得到市委书记、市人大常委会主任严华的充分肯定。严格落实党风廉政建设主体责任和“一岗双责”，贯彻

2019年12月，《湖南省人民防空工程建设与维护管理规定》培训永州分会场

落实中央八项规定及其实施细则精神，开展干部队伍形式主义官僚主义专项整治和二级机构专项整治活动，持之以恒纠治“四风”。全年全办没有出现违规违纪问题，全市人防系统没有党员干部职工受到党纪政务处分。以理论学习提高队伍政治素质，班子成员坚持党组理论学习中心组学习，每月不少于1次，邀请市纪委、市委宣传部的领导专家授课，学习强国党员参与度100%，日平均积分在市直单位中排前十位。3月，全办干部职工在永州军分区民兵训练营开展为期5天的“准军事化”机关训练，树立人防队伍令行禁止的工作作风。参加湖南省人防办组织的安全生产、指挥通信大讲堂、人防工程质量监督等业务培训，3人参加无人机驾照培训并拿到驾驶证。

【服务脱贫攻坚】 2019年，永州市人防办聚焦祁阳县龚家坪镇窑头铺村的实际问题，落实“五个措施”，巩固脱贫成果。完善基础设施，投入20万元，打造优质农村综合服务平台，推进田间水渠等水利设施建设，扩宽主干道3.5千米。发展产业项目，盘活土地资源，兴建13.33公顷集蔬菜和红心蜜柚种植为一体的基地；建成一个0.53公顷的大棚蔬菜基地，每年增加村集体经济收入1.5万元，提供就业岗位30个；建成乡村车间陶粒厂1家，提供就业岗位15个，人均月收入4000元。激发内生动力，制定贫困户产业发展奖补办法，鼓励贫困户发展种养产业。改善人居环境，着力提升村容村貌，拆除危房空心房1.4万平方米，改造厕所200个，种植桂花树2000余株。推进精神文明建设和平安村建设，召开“十星级文明户”评选会，表彰“文明户”29位，建成辅警工作站，成立义警巡防队，严厉打击“村霸”等农村黑恶势力。

（胡霖）

经济建设

Economic Construction

农　业

综　述

【概况】　2019年，永州市以实施乡村振兴战略和“六大强农”行动为抓手，推进乡村产业提升、农村人居环境整治、农村改革深化和农村民生优化等重点领域，各项工作取得阶段性成效。实现农林牧渔总产值653.71亿元、农村居民人均可支配收入15275元，分别比2018年增长3.4%、9.7%。生猪出栏607万头，超额完成省定的590万头任务，实现“生猪存栏、保有能繁母猪、年出栏任务量、生猪出口、培育新产能”五个方面全省第一位。与温氏股份、湖南省现代农业集团、新希望六和股份、湖南红星集团等多家大型生猪养殖企业达成合作共识、签订框架协议，生猪新增产能220万头，新增产能位居全省第一位。全市水产品总产量21.09万吨，总产值40.07亿元，内陆水产养殖面积2.28万公顷，稻田综合种养面积3.55万公顷。水库和河沟发展生态养鱼0.69万公顷，蟹、虾、鳖、蛙等特色产品0.32万公顷，发展6.67公顷以上稻渔综合种养场129家，新增21家。新增国家级水产健康养殖示范场2家，国家级水产健康养殖示范场36家。推进养殖业污染防治工作。全市各县区修订发布畜禽养殖“三区”划定方案，开展养殖业污染“夏季攻势”整治，改造大型畜禽养殖场粪污处理设施14家。畜禽养殖粪污资源化利用工作走在全省前列，全市2376个规模养殖场粪污处理设施配套率94.07%，大型畜禽规模养殖场的粪污处理设施全部配套到位，畜禽粪污资源化利用率76.06%，超过省定75%的目标任务。建成病死畜禽无害化处理体系，在零陵区、道县建成2个区域性病死畜禽无害化处理中心。推进生态健康水产养殖，全面禁止天然水域投肥养殖，清理水库承包合同96个，规范水库周边养殖场排污行为为21起，查处水库投肥行为32起。抽样检测161座水库，水质达标率85%以上。

2019年1月13日，永州市农业农村局挂牌仪式

【农村改革】　2019年，永州市完成农村承包经营权证书发放，整理农户档案107.49万户，完成错误信息排查、整改。建成县、区农村土地流转服务中心13个。耕地流转面积17.31万公顷，流转率53.75%，新发展农民合作社1680个，累计发展8277个，新发展家庭农场1656个。完成15个乡镇本级、3257个行政村（社区）、41224个村民小组的农村集体资产清产核资工作，清查核实集体资产136.05亿元，集体土地194.22万公顷。全市2949个行政村中，村级集体经济收入5万元以下的村1585个、5万元至10万元的村1127个、10万元至30万元的村199个、30万元以上的村38个，全面消除空壳村。

【农产品质量安全监管】　2019年，永州市实施质量强农战略，坚持一手抓农产品质量安全监管，一手抓农业标准化生产，蔬菜、水果、茶叶、畜禽、水产品等主要农产品质量合格率分别为98%、98.9%、100%、100%、98.3%。道县创建国家农产品质量安全县，祁阳、零陵、蓝山正在创建智联安全县。对接国家标准和粤港澳大湾区标准，组织制订农业技术规范59项，创建农业标准化示范乡镇11个、示范基地67个，标准化种植面积2.13万公顷，带动面积3.56万公顷。新获绿色食品认证43个、有机产品认证10个、地标产品认证1个，新认证“三品一标”（无公害农产品、绿色食品、有机农产品和农产品地理标志）农产品87个，认证“三品一标”农产品有效总数470个。实施化肥、农药减量增效行动，推广测土配方施肥和有机肥替代化肥，推进绿色防控和专业化统防统治，完成测土配方施肥推广面积80.24万公顷，农作物病虫害专业化统防统治面积17.5万公顷，绿色防控面积12.93万公顷，化肥、农药使用总量较2018年分别减少2.1%，4.52%。

【农产品加工业】 2019年，永州市农产品加工值1203亿元，同比增长67.5%，突破千亿大关。龙头企业带动能力增强，新增省级标杆龙头企业2家，分别是湖南果秀食品有限公司和湖南新金浩茶油有限公司，新增农产品加工规模企业21家，新增市级龙头企业75家，市级以上龙头企业303家。农业旅游融合发展向好，全市休闲农业企业发展到906家，双牌桐子坳村被农业农村部评为中国美丽休闲乡村，零陵区邮亭圩镇被认定为2019年度国家示范农业产业强镇，江华瑶族自治县被认定为2019年度整县推进农村一、二、三产业融合发展示范县。

【农村人居环境整治】 2019年，永州市推进“千村美丽、万村整治”工程。市委书记、市人大常委会主任严华先后4次调研村庄卫生、农村改厕等工作，开展专项整治暗访10次，每个季度开展“十佳乡镇”“十差乡镇”评估排位，农村人居环境有所改观。所有行政村对生活垃圾进行集中处理，进行生活污水处理的行政村比例60%以上，建设省市级美丽乡村示范创建村66个，农村人居环境整治重点村454个，祁阳县入围全国农村人居环境整治试点县。启动城区周边乡镇和城乡接合部环境卫生整治攻坚战。实施农村“厕所革命”。实行整镇整村连片推进农村改厕，出台具体奖补政策，强化技术支撑，改（新）建农村户厕16.34万户，农村卫生厕所普及率78.53%，举办全省农村改厕技术培训班，在全省二类县农村改厕现场推进会作典型发言。

【农业品牌建设】 2019年，永州市“永州之野”农业公用品牌注册，是全省唯一的全品类、全产业链市级农业公用品牌，省级“湘江源”片区蔬菜公用品牌优先授权使用。“永州之野”“湘江源”蔬菜公用品牌先后在深圳、香港、长沙举办专题推介会。“永州之野”农产品在粤港澳大湾区的销售额达160亿元，其中蔬菜出口量占全省90%以上，比2018年增长20%。

【农产品产销对接】 2019年，永州市以粤港澳大湾区“菜篮子”工程建设为抓手，推介永州特色优质农产品。湖南农副产品集中验放场暨永州公路口岸被列为第一批全国粤港澳大湾区“菜篮子”供应中心的六个配送中心之一，71个基地被认定为粤港澳大湾区“菜篮子”产品供应生产基地，4家龙头企业被认定为粤港澳大湾区“菜篮子”产品加工企业，位列全省第一位。与广州市农业农村局签订260万头生猪供应协议。销往粤港澳大湾区生猪170万头，蔬菜出口量占全省总量96.5%，比2018年增长20%。组织企业参加湖南省特色优质农产品产销对接活动、2019年湖南贫困地区优质农产品（深圳）产销对接会、“湘江源”公用品牌（香港）推介会暨客商洽谈会、第二十一届中国中部（湖南）农业博览会等产销对接活动。完成2433个村级益农社、11个县级运营中心建设。9月20日，永州2019“中国农民丰收节”在东安县芦洪市镇树德广场举办。

【农业机械化管理】 2019年，永州市农机总动力454.76万千瓦，农业机械拥有量96.432万台套。水稻耕种收机械化71.67%，比2018年提高3.32%；机械化植保水平19.06%；油菜耕种收综合机械化水平达46.6%。农机购置补贴国补分配资金3830万元。补贴各类农机具2570台（套），受益农户1890户。全市工商登记注册农机合作社总数量346个，入社成员7038户，入社经营土地面积2.28万公顷。12家农机专业合作社成为市级扶持的现代农机合作社，新增6家省级扶持的现代农机合作社示范社。

【农业综合开发】 2019年，永州市农业综合开发办公室整体划转至农业农村部门，成立农田建设与农垦科，主要承担分散在发展改革、财政、自然资源、水利、农业农村等部门的农田建设、耕地质量保护、农垦管理、农业综合开发等职能。按照中央、省厅统一部署，进行470个高标准农田建设项目清理检查，对发展改革、财政、自然资源、水利、农业农村、烟草部门建成的16.07万公顷高标准农田质量等级进行客观认定，全面摸清上图入库、管护利用、种植状况情况底数，确保“十四五”农田建设规划精准落地。开展高标准农田建设领域突出问题专项整治、工程建设领域招投标专项整治、侵占群众利益专项整治、民生重大事项“回头看”工作，对全市2016年以来148个工程标段进行全面排查，确保高标准农田建设工程的质量、人员、资金安全。全年高

2019 年 8 月 30 日，永州市农业产业兴旺暨对接粤港澳大湾区“菜篮子”建设现场推进会在祁阳召开

标准农田建设任务 2.27 万公顷，此项目正在有序实施。

【对接粤港澳大湾区“菜篮子”建设现场推进会召开】 2019 年 8 月 30 日，永州市农业产业兴旺暨对接粤港澳大湾区“菜篮子”建设现场推进会在祁阳召开。会议要求，加强粤港澳大湾区城市全面对接，找准结合点，制定具体工作方案，确保各项工作顺利推进、落地生效；对照大湾区农产品质量标准，建立健全农产品生产标准体系，建成高标准的“菜篮子”备案基地；完善流通体系，打造对接合作共享平台，运用国家级出口食品农产品质量安全示范市的号召力，加强市场对接，完善营销网络，进一步打通“永品入湾、永品出境”的通道。

【蒋才庚获评 2019 年度“湖南十佳农民”】 2019 年 9 月 21 日，道县蒋才庚获得湖南省农业农村厅等单位评选的 2019 年度“湖南十佳农民”称号，是永州唯一入选者。

蒋才庚是道县审章塘瑶族乡黄泥洞村人，主要从事肉牛养殖，每年带动土地流转农户、贫困户、瑶族同胞就业 100 人以上，曾获“道县十佳种养能手”“永州市十佳新型农民”等称号。

【粤港澳大湾区“菜篮子”产品永州配送分中心正式运营】 2019 年 9 月 27 日，粤港澳大湾区“菜篮子”产品永州配送分中心启动仪式在道县举行。

永州配送分中心占地面积 23.33 公顷，总投资 4 亿元，集交易、加工、仓储、运输、海关、检验检疫、国际货运代理、国际运输，保税物流等查验监管和服务功能于一体，实现农产品“一次申报、一次查验、一次放行”快速通关，是全国首批设立的 6 个粤港澳大湾区“菜篮子”产品配送分中心之一。

（陈娟）

2019 年永州市农作物播种面积和产量一览表

表 5 **单位：面积（万亩）、产量（万吨）**

项目	播种面积	总产量	项目	播种面积	总产量
农作物总播种面积	1298.36		（三）薯类	29.8	10.56
一、粮食作物	747.68	304.05	其中：红薯	24.92	9.09
（一）谷物	675.92	285.94	二、油料	132.43	16.36
1. 稻谷	615.72	260.93	其中：花生	27.8	5.29
（1）早稻	236.03	92.58	油菜籽	103.52	10.96
（2）中稻一季稻	137.55	67.25	三、棉花	2.13	0.17
（3）晚稻	242.15	101.09	四、麻类	0.06	0.03
2. 小麦	0.18	0.04	五、甘蔗	4.63	17.62
3. 玉米	57.64	24.42	六、烟叶	26.92	4.06
4. 其他谷物	1.55	0.32	其中：烤烟	26.87	4.05
（二）豆类	41.96	7.55	七、中草药材	10.2	5.34
1. 大豆	27.47	5.26	八、蔬菜	282.21	601.31
2. 蚕豌豆	10.55	1.65	九、瓜果类	29.55	73.22
3. 其他豆类	1.13	0.17	十、其他农作物	62.53	

种　植　业

【概况】　2019年，永州市集中育秧大田面积3.72万公顷，超过省下达任务面积0.59万公顷。建设高档优质稻标准化生产示范基地10.21万公顷，带动优质稻生产36.72万公顷，比2018年增加2.67万公顷。推广规范化稻渔综合种养，连片6.67公顷以上的标准化稻渔综合种养示范基地22个，完成稻田综合种养面积0.33万公顷，稻田综合种养面积3.55万公顷。承包耕地2公顷以上种粮大户23928户，比2018年增加1176户，流转耕地面积13.89万公顷，比2018年增加0.56万公顷；10公顷以上的家庭农场1312个，比2018年增加136个；流转耕地面积超过1.33万公顷。完成柑橘扩园或高接换种0.42万公顷，柑橘面积8.01万公顷，较2018年增长0.06万公顷，增长0.7%；新扩蔬菜基地0.34万公顷，蔬菜累计播种面积20.07万公顷，比2018年增加1.34万公顷，增长8.3%；茶叶扩园完成0.15万公顷，茶叶面积1.22万公顷，比2018年增加0.13万公顷，增长11.2%。柑橘总产量90.15万吨，较2018年增加5.56万吨，增长6.6%；产值32.2亿元，较2018年增加4.48亿元，增长16.2%。蔬菜总产量564.7万吨，比2018年增加35.3万吨，增长6.7%；产值111.5亿元，较2018年增加6.1亿元，增长5.9%。茶叶产干茶4534吨，比2018年增加733吨，增长19.3%；实现产值7.47亿元，比2018年增加0.9亿元，增长13.8%。成立柑橘、蔬菜产业协会。

【熙可公司获评2019年度国家科技进步二等奖】　2019年1月10日，2019年度国家科学技术奖励大会在北京举行。由湖南熙可食品有限公司参与完成的“柑橘绿色加工与副产物高值利用产业化关键技术”项目获评2019年度国家科技进步二等奖。熙可公司通过产学研合作，与湖南省农业科学院等单位联合承担“柑橘绿色加工与副产物高值利用产业化关键技术”创新研究和产业化应用项目，通过酶法脱囊衣、节水降耗技术研究，每吨柑橘罐头产品生产减少碱废水排放15.6吨，累计减少碱废水排放402.4万吨；每吨柑橘罐头产品耗水量由45吨降到28吨左右，节约用水17吨，累计节水537.2万吨，取得显著的经济、社会和生态效益，公司被工业和信息化部认定为“国家绿色工厂”。

【“放心农资下乡进村宣传周”活动】　2019年6月，永州市各级农业部门组织开展“放心农资下乡进村宣传周”活动。活动期间出动执法科技人员1940人，发放宣传资料12.5万份，举办现场咨询培训129场次，接待咨询群众8.79万人次，受理投诉举报41人次，展销农资产品9.47万千克，价值101余万元。通过田间课堂、现场教学、培训会等形式，对全市种粮大户、合作社、家庭农场开展培训，边培训边宣传、推广科学规范使用农资等知识，宣传推介诚实守信经营、产品质量过硬的农资生产经营企业、农资专业合作社和农资社会化服务机构，推广展示农资规范化经营、连锁经营、直销直供等新业态新模式，畅通放心农资下乡进村主渠道。

【中交自然韵茶旅文产业链项目开工】　2019年6月21日，中交自然韵茶旅文产业链项目举行开工仪式，市委副书记、市长何录春参加。中交自然韵茶旅文产业园开工，标志着永州2.33万公顷红壤富晒有机茶产业化项目启动。项目计划总投资68亿元，分为自然韵茶旅文总部经济、自然韵阳明北岭茶旅公园和自然韵茶产业种植基地3个子项目。项目以“茶为核心+茶健康食品+茶文旅”的理念，推动一、二、三产业高度融合，将打造成集有机茶种植、加工研发、产品销售、智慧农业、文化交流、休闲康养旅游为一体的高标准现代化农业示范基地。

（陈娟）

畜　牧　业

【概况】　2019年，永州市畜牧业总产值196.3亿元。全市猪、牛、羊、家禽主要畜牧产品出栏（出笼）量为607.81万头、29.04万头、97.64万只、6571.67万羽，分别居全省第一位、第一位、第三位、第二位。全市有种猪场19个，年出栏万头以上的生猪养殖场45家，年出栏生猪500头以上的规模场2229家，生猪规模化养殖比重达65%，高出全省平均水平10%，重点企业有温氏、鑫广安、佳和、恒惠、天顺、唐人神、地大等；年出栏牛50头以上的规模场147家，年出栏羊300只以上的规模场209家，草食牧业规模化养殖比重50%，高出全省平均水平5%，重点企业有温氏江华乳业、舜天恒禾等；有年

2019 年 3 月 23 日，永州市动物疫病防控技术培训班在冷水滩举办

存笼家禽 1 万羽以上的规模场 268 家、蛋鸡场 160 家，规模化养殖比重 60%，重点企业有掌望集团、双牌云浩、万家鹅业、鑫隆鸭业、东安森源等。

【生猪复养生产】 2019 年，永州市加大生猪复养技术宣传培训，引导种猪场科学选种繁育，鼓励和引导规模场增养补栏，全年新增基础产能 183 头、出栏生猪 607 万头，出栏率位居全省第一位，完成湖南省政府下达的最低完成 590 万头的任务目标。

【猪肉市场供给】 2019 年，永州市引导温氏股份与恒惠、天成、正源等屠宰企业对接，促成温氏集团等生猪龙头企业以低于全省生猪平均收购价格 1 元/斤的价格优先销售本地屠宰企业，屠宰场白条猪出场价不高于生猪收购价格的 1.4 倍销售给市场经营者，永州猪肉价格处于全省乃至全国最低水平，猪肉市场供给基本平稳。

【畜禽养殖污染防治】 2019 年，永州市畜禽养殖废弃物资源化利用整县推进项目实现全覆盖，其中冷水滩、零陵、祁阳、东安、道县、江永、江华、宁远、蓝山启动畜禽养殖废弃物资源化利用整县推进项目，新田、双牌入选全国和全省非生猪调出大县畜禽粪污资源化利用整县推进项，获中央财政补贴资金 3.95 亿元。全市备案畜禽规模养殖场 2659 个，完成改造畜禽规模养殖场 2446 个，粪污处理设施配套率 92%，超过年初省定任务，全市畜禽养殖资源化利率 76%，超过省定任务标准的 6%。中央、省政府环保督察交办的涉养信访件，在全部整改销号后进行多次实地督查和信息反馈，没有发现重复信访和复养反弹的现象，养殖业生态环境得到好转。

【非洲猪瘟疫情处置】 2019 年 2 月 8 日，永州经济技术开发区横冲养殖场发生非洲猪瘟疫情，该养殖场存栏生猪 4600 头，发病 270 头，死亡 171 头。在农业农村部、省农业农村厅专家组的指导下，永州按照《非洲猪瘟疫情应急处置指南（2019 版）》要求，组建疫情应急处置现场指挥部，由市长任总指挥长，市委、市政府分管领导任副总指挥长，设立综合信息、封锁、生猪扑杀等 10 个工作组，采取封锁、扑杀、无害化处理、消毒等处置措施，对全部病死和扑杀猪进行无害化处理等，通过 42 天的成功处

2019 年永州市畜禽、水产品出栏（出笼、起水）情况一览表

表 6　　单位：万头、万只、万羽、万吨

项目	数量	项目	数量
出栏肉猪	607.82	禽蛋产量	6.3
出售和自宰的肉用牛	29.04	肉类总产量	62.14
出售和自宰的肉用羊	97.64	其中：猪肉产量	47.15
出售和自宰的家禽（鸡鸭鹅）	6571.67	牛肉产量	3.34
出售和自宰的肉用兔	452.26	羊肉产量	1.53
水产品总产量	21.09	禽肉产量	9.25

置有效防止疫情扩散。

（禹小芳）

水　产　业

【概况】　2019 年，永州市水产品总产量 21.09 万吨，总产值 40.07 亿元，内陆水产养殖面积 2.28 万公顷，稻田综合种养面积 3.55 万公顷。水库和河沟发展生态养鱼 0.69 万公顷，蟹、虾、鳖、蛙等名优特色产品 0.32 万公顷，发展 6.67 公顷以上稻渔综合种养场 129 家，新增 21 家。新增国家级水产健康养殖示范场 2 家，全市有国家级水产健康养殖示范场 36 家。

【长江流域禁捕退捕】　2019 年 10 月，永州市启动长江流域禁捕退捕工作，采取环境保护、生态修复、补偿机制、濒危物种保护、生物资源监测、执法管理等六大举措，坚持东安、双牌、祁阳、零陵、冷水滩和道县等 6 个沿江流域县区一体化推进。截至 2019 年年底，调查摸底全市捕捞渔民 736 户，甄别持证捕捞渔民 259 户，无证捕捞渔民 477 户，东安和双牌两个国家级水产种质资源保护区完成禁捕退捕工作，祁阳、零陵、冷水滩和道县出台禁捕退捕实施方案。

（禹小芳）

林　　业

【概况】　2019 年，永州市林业局内设 9 个行政科室，并负责管理市森林公安局、市都庞岭国家级自然保护区管理局、市国有林场服务中心、市林业科技推广和林木种苗服务中心、市林产工业服务中心、市森林病虫害防治检疫站、市森林资源监测中心、市林业科学研究所等 8 个事业单位。核定编制总数 180 个，其中局机关有行政编制 21 个，工勤编制 1 个，森林公安局政法专项编制 20 个，事业编制 138 个。全年在编在岗干部职工 158 人，其中，行政编制人员 21 人，工勤人员 1 人，政法专项编制人员 15 人，事业编制 120 人。

全年完成营造林面积 2.94 万公顷，为计划任务的 107.2%。截至 2019 年年末，永州有林地面积 155.2 万公顷，森林覆盖率 65.66%，森林蓄积量 7029.08 万立方米，分别居全省第二、第三、第五位；有 10 个国家级、5 个省级森林公园，30 个国有林场，4 个国家级、2 个省级自然保护区，其中国家森林公园和国家级自然保护区数量均居全省第一位，国有林场数量居全省第二位、规模居全省第一位；有 3 个国家湿地公园，5 个国家级、4 个省级湿地公园试点，湿地公园总面积居全省第一位，湿地保护率 75.64%；有国家林业产业示范园区 2 个、油茶综合产业园区 3 个、现代林业特色产业省级示范园 17 个、国家级林产龙头企业 3 家、省级龙头企业 62 家、中国驰名商标 4 个、湖南省著名品牌（商标）17 个，实现林业总产值 440 亿元，规模和产值均居全省第一。永州市林业局获全国林业信息化建设市级十佳单位、中国森林旅游节优秀单位、市政府绩效考核先进单位等称号。

【国土绿化】　2019 年，永州市完成人工造林 2.01 万公顷，为计划任务的 112%；封山育林 1.92 万公顷，森林抚育 6.63 万公顷，退化林修复 2.37 万公顷，均超额完成计划任务；完成义务植树 1459.08 万株，义务植树尽责率 93.66%，高出计划任务 23.66%。指导宁远、双牌等 7 个县区开展省级森林城市创建，召开全省防护林工程建设管理培训班暨森林质量精准提升现场推进会，推介经验做法。开展小微湿地试点工程，指导 11 个县区建成小微湿地 80 公顷，新增双牌日月湖、东安紫水 2 个国家级湿地公园和蓝山

2019 年中国森林旅游节“永州馆”

舜水河省级湿地公园，全市湿地公园总面积2.64万公顷，居全省第一位。在5个县区启动实施湘江流域退耕还林还湿试点工程，总面积133.33公顷，全部通过省级验收，祁阳示范点得到国家林业局、湖南省林业局的高度评价，先后两次在全省会议上作典型发言。

【林业资源保护】 2019年，永州市完成森林督查国检，并获优秀等次。《永州市古树名木保护条例》通过市人大常委会审议，古树名木立法保护工作走在全省前列。自然保护地105个生态环境问题全部按期整改到位，生态修复1万余平方米。组织开展“打击破坏野生动物资源犯罪”专项行动，立案刑事案件173起，破案169起，涉案价值510.23万元，行动战果排全省第一位。林业有害生物防治面积0.96万公顷，其中松材线虫防治面积3166.67公顷，清理疫木67237株，有害生物成灾率3.04‰，低于4‰省控制线，查获的一起外地调入带疫包装材料案成为全省林业检疫执法典型案例。森林火灾受害率0.095‰，持续保持历史低位，没有发生重大森林火灾和人员伤亡事故，在全省森林防火工作绩效考核中并列第一位。全市森林覆盖率、森林蓄积量连续3年实现双增长，年增幅和总量在全省排名靠前。

【林业产业】 2019年，永州市完成油茶新造0.74万公顷、低改1.2万公顷，分别超计划11%和13%，初步形成南北两条种植、加工较完整的油茶产业链带。为恒伟药业、新金浩茶油、郁葱林业等14家企业申报国家贴息贷款6.5亿元，贴息资金1292.73万元，占全省的13%。申报湖南恒伟药业有限公司、湖南果秀食品有限公司为国家林业重点龙头企业，创建省级现代林业特色产业园2个和国家级林下经济基地5个，提升全市林工产业的知名度和竞争力。服务地方、企业报批林地征占用指标909公顷，超过省分配定额指标410公顷。实现林业产业总产值440亿元，林业产业规模和产值均居全省第一。

【森林旅游】 2019年，永州市森林旅游载体创建工作取得新突破，创建国家级森林康养基地6个，总量居全省第一位，其中，永州市林科所为全国森林康养基地试点建设单位，江永、祁阳为全国森林康养基地试点建设县，双牌五里牌镇为全国森林康养基地试点建设乡镇，蓝山百叠岭、东安新科生态为中国森林康养人家。金洞国有林场入围首批“全国森林康养林场”，冷水滩四明山省级森林公园顺利升级为腾云岭国家森林公园，新增祁阳大江、双牌五星岭、东安黄泥洞等3个秀美林场，东安大庙口、零陵大庙头、双牌打鼓坪、祁阳挂榜山、蓝山荆竹、江永高泽源、江华林场、金洞林场8个国有林场经验收达省级秀美林场标准。在2019年中国森林旅游节上，永州展馆得到国家林业局、省林业局和社会各界的高度评价，获“全国优秀参展单位”称号，提升全市森林旅游品牌影响力。森林生态旅游接待游客850万人/次，实现收入20.54亿元，同比增长15%和12%。

【生态扶贫】 2019年，永州市完成1268名贫困户生态护林员选聘工作，人均护林工资1万元/年，帮助5000余人成功脱贫。推行“公司（合作社）+基地+农户”的经营模式，全面增加农民经营性、工资性、财产性收入，让林农变“林工”，仅湖南省康德佳林业科技有限责任公司就累计解决594户、2339人建档立卡户的就业增收问题。强化林业科技扶贫，组织林业科技下乡40次，开展技术培训25期2000余人次。推进生态扶贫集中治理，查处问题线索293个，追缴资金165.43万元，退还群众资金302.84万元。市林业局开展驻村帮扶工作，安排68名干部参与结对帮扶，结对帮扶村实现整村脱贫，局驻村工作队长蔡建武入选湖南省“不忘初心、牢记使命”主题教育先进事迹报告团成员，为永州市唯一代表。

（郭亮）

水　　利

【概况】 2019年，永州市水利局贯彻“守护好一江碧水”要求，真抓实干，省级重要饮用水水源地水质达标率100%，境内国家考核断面水质达标率100%，水功能区水质达标率100%。前三季度，地表水质量在全省排第一名，位列全国地级市第十三名。全国水库移民工作在祁阳县召开，市水利局局长廖荣良获“全国水利系统先进工作者”称号。水利投资连续8年在全省名列前茅，涔天河水库扩建、灌区工程、毛俊水库列入国务院确定的172项重大水利项目行列，占全省的四分之一，水利投资全省排名靠前，农村饮水工作考核全省排第一名，全省水利工作绩效考核二类市州并列第一名。“双河长制”和基层“六化”经验在全省推广，零陵区获得全省河长制工作先进单位。在扫黑除恶专项斗争中被推荐为全省先进单位，获全市党风廉政建设、综合治理、烟草工作先进单位，在2019年前三季度全市政务环境“好差评”所有市直机关单位中排第二位。

完成机构改革，内设行政科室10个，设置机关党委，归口管理市库区移民事务中心、市水旱灾害防御中心、市河湖管理事务中心、市农村饮水事务中心、市水利工程建设与运行事务中心、市水政监察支队和市水利水电勘测设计院7个事业单位。基层减负效果明显，全年印发文件196件，较2018年数量减少32%。召开全市性会议10次，较2018年相比会议数量减少33%。保留列入市委、市政府的考核和省水利厅安排的考核事项，取消河长制基层“六化建设”考核、水利工程质量考核、河道采砂工作考核、防汛抗旱考核等部门考核评比事项。落实“放管服”改革，推进“互联网+政务服务”行动，审批时限精简30%以上，提交材料减少60%以上，全年受理水行政审批服务事项118件，办结率100%。

【水利建设】　2019年，永州市完成涔天河水库灌区工程、毛俊水库工程年度任务。推进零陵何仙观水库工程、宁远县龙形头水库工程、中心城区应急备用水源项目前期工作，完成编制规划报告。推进重点项目，芦江、金钩挂、清江、营乐源水库相继竣工，实施零陵区猫儿岩水库、新田县金陵水库和宁远县仁和水闸除险加固工程，小型病险水库除险加固等水利工程进展顺利，推进11个大中型灌区建设、水土保持、农村水电增效扩容等项目。实施防洪提升工程，治理中小河流12个，主要支流治理项目建设超过省定目标，推进城市防洪工程、山洪灾害防治、水毁工程修复等项目。

【水环境质量】　2019年，永州市湘江源头区域实现“三个100%”，行政交界断面水质连续6年达Ⅱ类水，高于省政府要求的Ⅲ类水。完成取水工程（设施）核查登记工作，登记入库名录4600个。启动国家节水行动，县域节水型社会建设初显成效，全社会节约水、珍惜水、爱护水的氛围基本形成。水资源费征收规范有序，实现应收尽收。

【永州农村饮水工作获全省考核第一名】　2019年，永州市农村饮水工作被列入市委、市政府为民办实事“一号工程”，全年完成投资10.2亿元，新增自来水行政村204个，新增和改善农村自来水人口121.8万人，水质合格率从2018年年初的60.5%提升至80.05%，全市774个贫困村、67.2万贫困人口实现全覆盖，重点民生实事农村饮水工作考核排全省第一位。“南有宁远、北有祁阳”的永州经验在全省推广，特别是祁阳的做法，副省长隋忠诚给予高度评价。

【“双河长制”】　2019年，永州市把全面推行河长制作为“书记工程”，坚持政府河长与民间河长双向发力，推动河长制工作见河长、见行动、见成效。市委书记、市人大常委会主任严华，市委副书记、市长何录春先后4次深入湘江干流、潇水开展巡河巡查，市、县、乡、村四级河长巡河10万余次。出台《永州市河道采砂管理暂行办法》，完成130条河流“一河一策”，“一河一档”全面建立。214个台账内、42个台账外河道管理保护“四乱”问题整治到位，70处非法上砂码头整治到位并完成复绿工作，完成699座小水电清理整改第一阶段综合评估工作，省定全市176条河流河道划界工作全部公示、批复和公告，完成188条样板河流基本建设。在全省率先出台河长制责任追究办法，率先推行“记者河长”，探索建立“河道警长”，基层河长制“六化建设”经验在全省推介，水体水质持续提升。

【水旱灾害防御】　2019年，永州市立足于“防大汛、抗大旱、抢大险、救大灾”的总要求，做好水旱灾害防御工作，全年发生7次强降雨过程，没有垮一库一坝，没有死伤一人，确保大旱之年无大灾。其中，道县没有一次洪水位超警戒；江华深冲水库险情、双牌水库灌区干渠漫堤险情、零陵区张家冲水库副坝漫顶险情都及时处置到位。

（周波）

库区移民

【概况】　2019年8月，永州市移民开发局更名为市库区移民事务中心，为公益一类事业单位；有编制20人，实有在编人员15人。主要职责是为大中型水库工程建设制定征地实物调查细则、移民安置规划大纲、移民安置规划、移民后期扶持规划提供技术支持，承担大中型水库移民安置、后期扶持、移民培训、移民对口帮扶、三峡移民等事务性工作。

【移民搬迁安置】 2019年，江华涔天河水库移民安置工作完成验收，永州市库区移民事务中心代表湖南省在西藏、南宁全国水利大会上推介涔天河水库扩建工程移民搬迁安置成功经验。完成零陵何仙观水库和江永大古源水库移民实物调查。加大蓝山毛俊水库移民搬迁力度。8月，初验毛俊水库二期截流，完成临时过渡搬迁125户420人。完成移民搬迁协议签订任务的90%。安置点建设征地依规进行。使用完成移民补偿投资70317.32万元，占三方协议分解到县总投资101629.69万元的69.19%。

加快东安芦江水库移民搬迁工作。该水库有搬迁移民102户，完成搬迁安置98户，完成征地91.2公顷，移民后靠安置10户全部完成，完成移民集中安置点水、电、路建设，92户外迁移民中有64户移民建房。签订生产安置（长效实物补偿）协议，移民安置验收工作正在进行。

【水库移民后期扶持】 2019年，永州市移民资金投入37162万元，其中基础设施15128万元，人居环境7923万元，产业开发5139万元，直补到人8972万元。6月，水利部水库移民脱贫攻坚座谈会在祁阳县召开，对全市移民后扶工作取得的成绩给予充分肯定，祁阳县被水利部确定为全国5个移民产业开发项目试点县区之一。截至2019年年末，完成移民后期扶持项目投资28190万元，实施完成项目936个；发放移民直补资金8972万元；移民产业开发完成富硒蔬菜205.33公顷、茶叶70公顷、水果446.67公顷、油茶基地新建和提质改造205.33公顷、种植食用菌220万包、药材等106.67公顷。全年对61个重点移民村开展整村推进移民美丽家园建设工作，实施项目636个，计划投入移民资金1.85亿元，完成移民资金投资9150万元。其中15个村通过验收达到合格以上标准，成为当地乡村旅游、休闲的首选之地，全年开展各项培训73期，培训移民4903人次，投入移民培训资金500.22万元，超额完成省库区移民事务中心分配的培训任务。其中农村实用技术培训和新型职业农民培训3661人次，投入资金104.06万元；短期转移就业技能培训646人，投入资金175.1万元；开展移民自主培训97人，发放培训补助32.4万元；对499名参加中长期职业教育的移民发放助学补贴188.66万元。

【移民项目资金管理】 2019年，永州市库区移民事务中心拟定《2018年永州市移民资金稽查和内部审计工作方案》《永州市水库移民后期扶持资金绩效评价工作方案》，完成冷水滩区库区移民事务中心内部审计工作和11个县区的现场绩效评价工作，并配合省中心对道县、宁远开展绩效评价工作。加强存量移民资金清理工作，对存量资金较大的道县、双牌县、江华瑶族自治县、江永县进行督查，传达湖南省移民局关于资金管理会议精神，讲解《湖南省水库移民资金管理办法》，对绩效评价工作的具体操作进行培训。加大涔天河移民资金管理力度。与市财政局联合行文下发《关于做好2019年涔天河水库扩建工程移民安置资金交纳工作有关事项的通知》，布置移民安置资金征收工作。联合市财政局对涔天河公司进行调研，对公司提出的从征收的移民安置资金中解决2019年上半年长效实物补偿问题给出答复意见，并报市政府批准同意，由市财政局从筹

2019年6月，全国水库移民脱贫攻坚工作座谈会在祁阳召开

集的移民安置资金先行垫付600万元，涔天河公司缴纳690.54万元，并及时拨付到位。

【移民信访形势平稳】 2019年，永州市库区移民事务中心严格落实属地管理原则和维稳工作责任制，科学有序地解决移民群众来信来访反映涉及移民后期扶持政策执行中的各种问题。处理三峡移民上访事件。妥善安置祁阳三峡移民上访事件。做好全市范围内大中型水库移民稳定工作。各县区均成立移民维稳工作领导小组，市内大中型水库移民未发生进京上访事件。

【履行脱贫帮扶职责】 2019年，永州市库区移民事务中心扶贫结对帮扶村是祁阳县潘市镇高江村。扶贫工作队帮助该村进一步完善基础设施建设，巩固和发展食用菌种植等产业，启动祁山隐—夯土部落项目，发展乡村旅游，成立东古园生态种养合作社。截至2019年10月底，全市完成省里分配的第三批4059人避险解困任务，拨付避险解困专项资金7300万元。

（唐耀南）

烤　烟　业

2019年4月，永州市烤烟大田管理现场会在宁远召开

【概况】 2019年，永州市烟叶生产稳中有进，卷烟销售量价齐升，上缴税收持续增加，烟草产业高质量发展起步良好。烟草行业实现工业产值和销售收入超过119亿元，上缴税收15.92亿元，在全省烟叶工作会议上，永州市人民政府被评为优秀单位，名列全省各地市州第一位。

【烟叶生产】 2019年，永州市种植烟叶1.61万公顷，烟叶收购计划完成率超过全省平均数的6%，满足工业“量”的需求。宁远、蓝山、道县、江永等产区通过组织动员、财政支持、减工降本等多种措施扶持烟农、稳定产业；江华、新田、东安等产区面对洪涝灾害，组织烟农抗灾救灾，最大程度降低烟农损失。筹措救灾补损资金2135万元，其中保险理赔1600万元，卷烟工业捐赠335万元，市烟草公司捐赠200万元。

【烟叶经营】 2019年，永州市烟草专卖局（公司）销售收入75亿元，比2018年增长15%，上缴税收超14亿元，同比增长7%；销售卷烟18.16万箱，收购烟叶56.4万担，比2018年增加3万担。高端卷烟原料定制化持续开发，落实先进实用技术，烟叶质量提升，国家烟草专卖局、省烟草专卖局收购和工商交接检查合格率均位居全省前列，永州市烟叶质量连续13年获得国家烟草局通报表扬。

【现代烟草技术】 2019年，永州市规模化种植、机械化作业、专业化服务水平提升。1.33公顷~6.67公顷的适度规模烟农占比50%，同比提高7.5%；户均规模1.98公顷，同比提高0.37公顷，培育职业烟农2276户。全面普及烟草病虫害绿色防控技术，回收再利用增厚地膜0.55万公顷，推广新能源烤房160座。安排新建烟草农业设施基础项目8348个，投入补贴资金5335万元。加大水源工程项目建设，宁远金钩挂水库、新田金陵水库水源连通工程竣工验收，江华清江水库完工，道县营乐源水库主体工程完工。市电力局支持烤房建设、解决烘烤用电问题，市水利局指导、组织水源工程项目建设和验收，为全市烟叶生产献策出力。

【烟叶市场监管】 2019年，永州市烟草、公安、市场监管、邮政管理、高速交警等职能部门紧密协作，定期召开联席会议，开展烟草市场清理整顿行动，在卷烟市场整治、源头打假、打击假私烟过境运输、捣毁制假售假网络、查处物流寄递涉烟案件等方面取得成效。零陵、东安、江永、蓝山、新田等单位破获国家烟草局、公安部标准网络案 5 起，净化辖区烟草市场秩序。全市查处涉烟案件数、查获假私烟成果数均位居全省前列。

（周进武）

【湖南中烟工业有限责任公司零陵卷烟厂】 2019 年，湖南中烟工业有限责任公司零陵卷烟厂（以下简称零陵卷烟厂）完成生产任务 26 万箱（130 亿支），实现工业产值 41.62 亿元，比 2018 年 39.63 亿元增加 1.99 亿元，增长 5.02%。

工厂拥有二条 3000 千克/时的叶丝生产线，PT70 卷接设备 13 台（套）、GDX1 包装设备 5 台（套）、GDX2 包装设备 8 台（套）、ZL26A 滤棒成型设备 4 台（套）、YF27A 嘴棒发射装置 4 台（套）、YP11 自动装箱机 5 台（套）。主要动能设备有阿特拉斯空压机 5 台（套）、制冷机组 5 台（套），20 吨燃油（汽）锅炉 2 台，6 吨燃油（汽）锅炉 1 台，空调箱 21 台（套），电梯 14 台（套），水环式真空泵 2 台（套）。工厂在册员工 1060 人，其中在岗员工 884 人，离岗退养人员 176 人。

2019 年零陵卷烟厂主要生产设备统计表

表 7

设备名称	型号	数量	单位	备注
制丝线	3000kg/h 叶丝生产线	2	条	
卷烟机组	PROTOS70（ZJ17）	13	台	
包装机（软）	GDX1（ZB25）	5	台	
包装机（硬）	GDX2（ZB45）	8	台	
成型机组	ZL26	4	台	
成型机组	YF27A	4	台	
装箱机	YP11	5	台	
空压机	阿特拉斯空压机 ZR160-7.5	5	台	
制冷机	2 台特灵、3 台约克	5	台	
锅炉	SZS20-1.27-YQ	2	台	
锅炉	WNS6-1.25-Y（Q）	1	台	
空调箱	MZU15、MZU60、MZU40	21	台	
电梯	ZFTH5000/0.5-JX、NeXWay-S 等	14	台	
水环式真空泵	2BE1-303-0BY	2	台	

卷烟生产。主要生产品牌有芙蓉王（硬）、白沙（精品）、白沙（硬）、白沙（软）、芙蓉（软红）5 个品牌。全年完成内销烟生产计划 130 亿支（26 万箱），其中生产芙蓉王（硬）43 亿支（8.6 万箱）、白沙（精品）28.50 亿支（5.7 万箱）、白沙（硬）18.35 亿支（3.67 万箱），白沙（软）23.65 亿支（4.73 万箱）、芙蓉（软红）15.5 亿支（3.3 万箱），产量同比持平。完成工业现价产值 41.62 亿元，比 2018 年 39.63 亿元增加 1.99 亿元，增长 5.02%。

2019 年零陵卷烟厂各牌号产量完成情况一览表

表 8

卷烟牌号	计量单位	2018 年完成	2019 年完成	同比增减
卷烟入库产量合计	万箱	26	26	0
其中：芙蓉王（硬）	万箱	8. 11148	8. 6	0. 48852
白沙（精品）	万箱	5. 91802	5. 7	-0. 21802
白沙（硬）	万箱	1	3. 6699	2. 6699
白沙（软）	万箱	6. 1	4. 73	-1. 37
芙蓉（软红）	万箱	4. 8702	3. 3	-1. 5702
芙蓉王（硬）	万箱	8. 11148	8. 6	0. 48852
一类烟小计	万箱	8. 11148	8. 6	0. 48852
白沙（精品）	万箱	5. 91802	5. 7	-0. 21802
白沙（硬）	万箱	1	3. 66992	2. 66992
白沙（软）	万箱	6. 1	4. 73	-1. 37
三类烟小计	万箱	13. 01802	14. 09992	1. 0819
芙蓉（软红）	万箱	4. 8702	3. 3	-1. 5702
五类烟小计	万箱	4. 8702	3. 3	-1. 5702
福样促试烟	万箱	0. 0003	0. 00008	-0. 00022

产品质量。建立关键工序、关键参数集中管控模式，组织制丝、卷包、动力、物资对关键工序和关键参数进行梳理，确定制丝 5 个关键工序、10 个关键参数，卷包 6 个关键质量控制点，实施部门、车间分级管控措施。产品市场抽检合格品率及产品的优等品率 100%；卷制与包装得分加权平均值 99. 47 分，同比下降 0. 08%；卷烟成品包装与卷制西格玛水平为 5. 02，同比下降 0. 08%；卷烟焦油盒标值与实测值偏差 0. 39 毫克/支，同比下降 25%；焦油量加权平均值为 10. 31 毫克/支，同比下降 1. 81%；顾客投诉产品质量事故为零次，同比持平；A 类顾客投诉事件零次，同比下降 1 次。

各类消耗。全年实现万元产值综合能耗 12. 49 千克标煤，万支卷烟综合能耗 3. 6 千克标煤，25 毫米烟叶单耗6. 97 千克/万支，20 毫米烟叶单耗6. 97 千克/万支，25 毫米盘纸单耗591. 34 米/万支，20 毫米盘纸单耗 641. 2 米/万支，100 毫米滤棒单耗 2510. 73 支/万支，120 毫米滤棒单耗 1671. 82 支/万支，耗水 0. 24 吨/万支，耗电 11. 95 千瓦时/万支。

2019 年零陵卷烟厂主要物料及能源消耗指标一览表

表 9

指标名称	计量单位	2018 年完成	2019 年完成	同比增减
烟叶（按对标口径计算）	千克/万支	33. 95	33. 76	-0. 19
卷烟纸（按对标口径计算）	米/万支	2956. 86	2956. 15	-0. 71
滤棒（按对标口径计算）	支/万支	12552. 07	12547. 7	-4. 37
烟盒	张/万支	2504. 51	2503. 85	-0. 66
条盒	张/万支	250. 37	250. 3	-0. 07

续表9

指标名称	计量单位	2018 年完成	2019 年完成	同比增减
万元产值综合能耗	千克标煤/万元	12.98	12.49	-0.49
万支卷烟综合能耗	千克标煤/箱	21.17	18.02	-1.19
水消费	吨/万支	0.21	0.24	0.03
二氧化硫排放总量	吨	0.15	0.14	-0.01
化学需氧量排放总量	吨	4.28	2.51	-1.77

安全生产。编制工厂“三基四化”安全管理体系规范，包括一级要素7个、二级要素22个、三级要素63个，定性定量要求296项。组织开展安全管理人员安全与职业健康管理能力提升培训，66人取得培训合格证书。严格危险源管控，实施安全生产风险分级管控，对危险源实行差异化、动态化管理，建立安全风险空间分布图13个，风险识别平面图11个，风险告知卡33个，建立风险分级管控责任清单213个，辨识2019年危险源1609条，其中三级以上重点危险源13条。开展安全生产隐患“大排查大管控大整治”，组织开展8类38次安全专项检查，发现隐患960条，其中员工发现619条，占比64.5%，整改合格率100%。应急演练突出实战实训，组织开展专项预案演练20次，现场处置方案60次，承办并完成公司“和+平安”应急演练重点任务。严格开展职业卫生管理，对生产现场有毒有害因素进行检测，在工作场所检测噪声检测中粉尘采样点31个，噪声采样点97个均未超标，对上岗前13人、在岗期间536人、离岗时26人分批次进行职业健康体检，未发现疑似职业病人员，发现噪声禁忌证20人，无疑似职业病病例。

节能减排。全面开展动能质量管理诊断，分别对“Kzs2空调加热疏水管道漏水”“2#制冷机冷凝压力过高导致异常停机”“制冷机2#、4#冷却泵故障不能正常运行”等多维度质量隐患进行“失效模式与效应分析”，提升设备保障能力与动能供应质量，生产计划完成率100%、水、电、汽、气等动能供应及时率100%、动能供应综合合格率≥99.98%、单箱二氧化碳排放量≤0.024吨等生产指标全部达标。公司重点节能课题“多措并举，降低单箱综合能耗”项目最终结果超过“降低综合能耗2.5千克标煤/箱”的挑战值。全年单箱燃料动力费用为98.75元/箱，同比下降10.75%，节约费用278.5万元；累计产量综合能耗为18.02千克标煤/箱，同比下降15.28%，综合能耗行业排名上升十二位；动力车间节能课题项目组获公司“和+荣耀”评比年度金奖。

企业管理。创新目标绩效管理模式，将部门目标绩效评价由月度评价改为季度考核评价，新增部门亮点工作加分管理办法。原年度目标绩效考核部门ABC等级评定不再进行，企业管理部将年度目标绩效考核得分进行汇总，统一排序后进行通报，并与部门年度评先挂钩。全年公司下达的4项重点工作和16项工作目标全部达成，各项目标全部达到或优于公司下达的目标值，公司对工

2019年，零陵卷烟厂区全景

厂的年度考评得分为 106.82 分。严格按照“公司采购目录”所规定的采购方式执行。公开采购价格和采购结果，处理采购质疑、投诉事项 8 项，健全供应商诚信信息评价机制，记录供应商不良行为，完成有问题供应商的绩效评价 7 项。组织实施公开招标 32 项，公开招标项目总金额 7826 万元，流标废标率 6.2%，比 2018 年降低 40.47%；组织网上采购 38 笔，完成金额 383.47 万元，节约资金 63.82 万元；组织实施非公开招标 52 项，完成采购金额 5996.28 万元。体系建设工作方面，组织各部门开展“管理体系重塑”专项行动，从识别标准、学习标准、执行标准、优化标准及完善考核评价机制等环节入手，增强全体员工的标准意识。同时按公司“质量年”活动统一部署，对工厂四个部门 39 个岗位启动质量风险防控手册的编制，梳理出失效模式 480 项，确定要因 749 项，识别关键控制点 893 项，制订形成风险防控措施 923 条。注重提升统计人员业务技能，参加国家烟草专卖局组织的生产经营决策系统数据上报培训，每月对全厂经济运行情况进行分析，全年完成各类月报、年报 500 份，完成国家烟草专卖局“一号工程”报表和卷烟生产经营物流统计数据上报工作，各类报表上报及时率 100%。

推进精益管理工作，创新运用“五类三层次”全员改善与激励机制、项目经理负责制，机制创新促进目标改善。年内，策划开展公司级重点工作 4 项、厂级重点工作 7 项、基础管理优化项目 15 项、专项职能提升（QC）项目 17 项；开展工厂内部相同业务单元“等单位”对标项目 81 项；进行自我改善 316 条，清除六源 1699 项；开展“琅琊榜”项目 13 项，节约挖潜 1665 万元。组织举办精益管理类专题培训 2 次，中层管理人员、专家及精益管理骨干 120 人次参加培训，总体精益管理水平得到提高。13 个对标指标同比提升的有 12 个，提升率 92.31%，为历年最高；指标水平优于行业平均的 6 个，劣于行业平均的 7 个，指标名次均值 40.54，位势系数 0.53，在行业 30 万箱以下规模分类中处于中游水平。

物资仓储与配送。重点开展物资仓储现场管理和精益改善工作，持续优化原辅材料出入库流程，完善非烟物资采购程序，全年各类物资配送及时准确率 100%。组织开展烟叶清仓盘库与质量普查工作，对储存一年以上的烟叶进行全面的质量检查，对底板烟全部进行标识。在投备料环节，严格清单管理，备料过程重点关注含杂、含霉、等级搭配错误等质量隐患点，投料过程实行投料批次核对、投料烟箱逐箱核对模式，完成白沙、芙蓉系列品牌本地化制丝原料保障工作。全年完成芙蓉王（硬）投料 1139 批、白沙（软）投料 482 批、白沙（精品）446 批、芙蓉（软红）179 批，未发生任何投料批次质量事故。启动实施 46 项非烟物资采购工作，配合公司实施 4 项集中采购，自主完成公司下达的集中采购任务 1 项，采购计划项目实施率 100%，非烟物资库存周转次数实际完成值 37.98 次，比目标值 8 次高 29.98 次。备件采购实施 2055 项，下达采购订单 1164 单，零配件库存周转次数实际完成值为 1.42 次，比目标值 1 次高 0.42 次。

卷烟仓储与调拨。全年调拨出库 128.05 亿支（25.61 万箱），工商协同投诉为零，卷烟成品平均发货及时率实际完成值为 99.94%，比公司下达的目标 99% 高 0.94%。

技能比武。征集年度技能竞赛项目 30 项，审核通过 14 项，发布《关于做好 2019 年技术比武

2019 年 7 月，零陵卷烟厂通过技术改造，投产一台 6T 燃油锅炉运营

摄影 王家能

劳动竞赛各项工作的通知》，明确年度技术比武劳动竞赛的主要内容及时间安排，完成技能比武13项，参与人员224人。组织参加“芙蓉王·领航杯”湖南中烟第二届电气技术职业技能竞赛，杨兴权、谢华坤分别获得西门子PLC竞赛组三等奖。

（王家能）

【湖南烟叶复烤有限公司永州复烤厂】 2019年，湖南烟叶复烤有限公司永州复烤厂（以下简称永州复烤厂）为浙江、江苏、山东、湖北、湖南、广东、深圳、福建省份内的8家客户提供加工服务，打叶投料54.55万担，其中重点品牌均质化加工投料38.39万担，占比70.38%。产出成品35.65万担，平均自然出片率65.35%，成品片烟水分变异系数1.72%，成品片烟烟碱变异系数直投烟2.70%、选后烟2.14%，设备故障率1.36%，加工质量、设备管理均处于行业先进水平。推进以重点品牌为核心的区域性复烤加工中心建设，与各中烟公司密切合作，将易地技改后的技术装备优势转化为加工服务优势，加强质量控制和工艺研究，主要加工指标达到国家烟草专卖局2019年对标指标先进水平，形成与重点品牌相适应的均质化加工特色技术。6月5日，永州复烤厂与工业企业共建的首个打叶复烤区域加工中心和技术实验中心——“泰山”原料打叶复烤区域加工中心、“泰山”原料打叶复烤技术实验中心揭牌成立，同时“利群”“南京”品牌区域加工中心建设框架已形成。

建立健全安全生产责任制清单，以班子成员、职能部门、岗位员工为类别梳理出涵盖17个方面的900余条责任内容。开展安全隐患排查，辨识危险源168项，重要危险源11项，建立全厂分级管控清单，形成隐患排查表26份。建设企业安全文化，投入资金30万元新建安全文化长廊，开展“安全三问”主题实践活动，拍摄“手指口述”安全宣教视频13部，在全省系统和全市范围内宣传推广。开展安全标准化建设，岗位达标创建工作通过省烟草专卖局（公司）验收，并启动安全二级达标创建工作。开展安全应急演练，组织大型应急演练4次，参与演练人数近600人。1月，与省消防救援总队联合开展跨区域大空间消防实战演练为全厂安全管理工作提供宝贵经验。

2019年6月5日，“泰山”原料打叶复烤区域加工中心、“泰山”原料打叶复烤技术实验中心揭牌仪式

以湖南省烟草商业系统“全员素质提升年”活动为主线，加强员工培训与开发，突出对青年员工的培养，优化员工队伍年龄结构、学历结构。加强内训师队伍建设，鼓励班组长、业务骨干和优秀青年员工担任培训讲师，提高培训内容的实用性。建立后备干部库，为20名后备干部分别指定厂领导定向培养，每月定期开展谈心谈话，引导后备干部快速成长为推动企业发展的中坚力量。开展“师带徒”活动，组织10对师徒签订师带徒协议，通过一对一的指导加速员工成长。开展离退休工作，举办离退休员工春节座谈会，组队参加省烟草专卖局“幸福金秋·礼赞祖国”文艺会演，组织参加省烟草专卖局（公司）各项荣誉评比和文体竞赛，邓林辉获评省烟草专卖局“文体活动之星”称号，周慕然获评省烟草专卖局“我和我的祖国”职工书画比赛书法项目二等奖。

推进企业标准体系建设，启动4A标准化良好行为企业建设。组织开展2次系统性“三标一体化”体系文件修订工作，对部门职责、岗位职责、相关标准文件进行修订，开展体系“体检”2次，发现不符合项9项，观察项62项。开展“管理诊断”活动，诊断58大项业务工作及3大项基础管理工作，提出70余项改善措施。开展全厂固定资产、材料物资、低值易耗品全面盘点2次，更新和完善固定资产台账。开展科技创新工作，申报精益课题3个、QC课题7个，参与课题研究66人次，部门参与率同比增加100%。“打叶质量在线检测的研究与应用”科技项目顺利通过省局现场验收，易萍艳获评省烟草专卖局“科技十优”称号。

（张铁映）

农业机械化管理

【概况】 永州市农机事务中心是市农业农村局所属副处级公益一类事业单位，设综合部、生产服务部、产业发展部、技术推广部、安全监理部5个内设机构，市农机学校（市农业机械技术推广服务站）整体并入市农机事务中心。市农机事务中心归口管理市农业机械研究所、市农机总公司等2个下属单位，核定编制28名，有干部职工28人。2019年，全市农业机械总动力644.76万千瓦，比2018年增加11.05万千瓦，同比增长1.74%；全市水稻播种面积44.01万公顷，完成水稻机耕面积41.96万公顷、机插面积12.49万公顷、机收面积36.78万公顷，水稻耕种收综合机械化率71.72%，比2018年增长3.41%；全市油菜播种面积7.65万公顷，完成油菜机耕面积6.23万公顷、机播面积1.27万公顷、机收面积1.38万公顷，油菜耕种收综合机械化率42.97%。

【农机补贴】 2019年，永州市农机购置补贴资金3980万元，通过农机购置补贴系统查询，全年使用补贴资金3460万元，补贴各类农机具10536台，受益农户9029户，其中新推广水稻插秧机46台，耕整地机械4801台，谷物收获机械300台，谷物烘干机30台，拖拉机540台，农产品初加工机械4358台。开展农机购置补贴工作专项督查和不定期监督检查，保障农机购置补贴政策规范实施。

【农机保险】 2019年，永州市农机部门与中国人寿财险永州分公司进行谋划和具体安排部署，制定具体的实施方案报国家银保监会审批同意后组织实施。截至2019年年末，全市有冷水滩、零陵、东安、祁阳、江永、江华、蓝山、新田、双牌9个县区开展农机安全责任险，保费合计6.8万元，投保农机数211台。

【农机专业合作社】 2019年，永州市创建为省级财政扶持建设的现代农机合作社12家，创建为现代农机合作社示范社6家。全市有农机专业合作社337家，资金投入20万元以上的农机专业大户1985户，其中现代农机合作社197家，省级示范社19家。农机合作社和农机大户承租田地2.52万公顷，为周边农户开展机械作业服务面积12.53万公顷，解决农民转岗再就业2.1万人。

【农机“三减量”行动】 2019年，永州市新推广植保飞机43台，受益农户31户；新推广化肥同步深施机240台，受益农户173户；新推广粪污固液分离机10台，受益农户9户。全年完成植保飞机水稻作业面积8.38万公顷，水稻机械化植保率19.06%，水稻化肥同步深施面积突破2万公顷，农机“三减量”（农药、化肥、养殖粪污减量化）行动取得实效并朝着大面积推广应用转变。

【农机安全监理】 2019年，永州市各级农机监理部门开展农机安全生产“隐患排查治理年”活动。与农机行业集中开展安全生产风险隐患“大排查大管控大整治”百日行动相结合，制定统一行动方案，并定期开展督查。抓实报废灭失和长期脱检上道路运输拖拉机专项清查和拖拉机道路交通安全专项整治行动。加强与应急管理、公安交警等相关部门的联系，完善农机安全生产联席会议制度，互通农机牌证管理和道路违法信息，联合开展拖拉机道路交通安全专项整治行动，打击拖拉机违法行为，消除安全隐患。

【农机技术推广】 2019年，永州市以“教会农民用农机　我是党员我带头”为主题，举办3期较大规模的农机技术推广示范演示活动。4月10日，在道县举办全市水稻机械化演示暨再生稻机直播展示示范活动，与会人员及观摩群众500余人次。4月19日，在零陵区举办以“百万农机闹春耕　我是党员我带头”为主题的农村党员教育系列活动，与会人员现场观摩水稻机械化育秧流水生产线、机耕、机插以及农机“三减量”机具（化肥同步深施机、植保飞机）现场演示，开展相关农机具现场操作教用培训，开展农机安全生产知识、农机政策法规现场咨询宣传。12 月 17 日，在江永县举办全市柑橘生产全程机械化现场演示活动，现场观摩柑橘全程机械化作业演示。

（刘鑫）

农业产业扶贫

【概况】 2019 年，永州市推进产业扶贫建设。开展“百企帮村”“村社合一”行动，累计带动 42.66 万贫困人口增收脱贫，占全市 61.23 万已脱贫人口的 70%；774 个贫困村有扶贫产业，带动贫困户发展产业种养合作社；有 143 家市级以上龙头企业在 498 个贫困村建有基地，建立的基地面积 2506.67 公顷。推进“四带四推”（以优势产业带动扶贫产业，推进产业精准培育；以新型主体带动贫困群体，推进利益紧密联结；以市场机制带动发展机制，推进产业持续发展；以组织作为带动农户有为，推进措施落地见效）扶贫产业发展模式，在 9 大扶贫产业中重点发展特色种养、乡村旅游、电商、扶贫车间、光伏五大扶贫产业，将贫困户全部嵌入产业发展链条，实现贫困村产业项目、新型经营主体、在村贫困户产业就业、产业发展指导员“四个全覆盖”。因地制宜发展贫困人口参与度高的区域特色产业，形成“一县一特、区域联动”扶贫产业发展格局。新田县“开展‘四到四覆盖’推进产业精准扶贫”的做法，在全省产业扶贫工作推进会上作典型发言，10 个产业扶贫典型案例入选“湖南产业扶贫 100 例”。

【特色产业扶贫】 2019 年，永州市结合贫困村生态资源、特色文化资源，促进乡村旅游与精准扶贫融合发展。全市 116 个贫困村被列入全国乡村旅游扶贫重点村。培育沃柑、香芋南瓜、九嶷辣酱、食用菌等电商扶贫特色产业 21 个，新增 31 种农特产品入驻电商平台。建成和在建村级光伏扶贫电站 625 个（未包含道县建成并网未纳入建设计划的 33 个光伏电站）、建成并网容量 56042 千瓦，集中式光伏扶贫电站项目 5 个、总装机量 11.95 万千瓦，实现 3979 户建档立卡弱劳动力家庭每年增收 3000 元。开设“扶贫车间”700 余家，吸纳 3.2 万余名留守劳动力“家门口”就业，其中贫困劳动力 1.2 万余人，人均年增收 2 万元以上。

【“百企帮百村”活动】 2019 年，永州重点围绕柑橘、蔬菜、油茶、茶叶等全市性主导优势产业和“一县一特”产业，通过“公司+协会+基地+农户”模式，做大做强标准化产业基地和特色产业园，培育农业产业化龙头企业，推进产业提质升级，以“大”促“小”，促进贫困户和农村群众持续增收。引导市级以上龙头企业通过产业扶贫、就业扶贫、公益扶贫等形式与贫困村结对。采取“一企帮一村、一企帮多村、多企帮一村”的模式，全市累计有 143 家龙头企业与 498 个贫困村签订帮扶协议，带动贫困村建设优质稻、果蔬、茶叶、禽畜、中药材、油茶等产业基地 3.77 万公顷，带动劳动力就业 2.28 万人，安置贫困户就业 300 余人，基础设施建设、捐赠、助学等公益帮扶累计投入 1100 万元。采用“村两委主干+合作社+贫困户”模式，引导贫困村成立农民专业合作社，全市 2950 个种养专业合作社带动 6.33 万贫困人口增收脱贫。引进和培育经营状况良好、经济实力较强、乐于扶贫助困的企业、种养大户、合作社与贫困户签订产业发展协议，形成紧密的合作帮扶关系，通过直接帮扶、入股分红、务工就业、承包管理、包种领养等多种途径让贫困户受益。有 38 家新型经营主体参与实施 35 个省重点产业扶贫项目，带动帮扶 1.54 万名贫困人口人平增收 1200 元以上。开展“培训+”工程，培养致富能人。探索“党建+新型职业农民培育”模式，举办培训班 45 期，培训 22001 人。其中，新发展产业的 8743 人，扩大产业规模的有 5986 人，增加就业岗位 10 万余个，带动周边群众脱贫致富 17 万余人，形成“培养一名学员，带动一个家庭；培养一名能人，带活一项产业；培养一名党员，带富一方山水”的“火种”效应。开展永州市产业扶贫总经理培训，提升乡村能人在产业扶贫中“头雁效益”。开展两期产业扶贫总经理培训班，培训农村青年致富带头人 200 余名。

（陈娟）

农业科技研究

【概况】 永州市农业科学研究所（以下简称市农科所）是全市唯一的从事农业科学研究的正处级公益一类农业科研事业单位，承担全市的农业基础科技研究、创新、引进、示范、推广重任。1962 年建所以来，该所承担国家、省、市和自选科研项目（课题）590多个，获得科研成果288项（其中国家级科研成果2项），培育出杂交水稻和优质稻新品种12个，油菜新品种1个，烤烟新品种1个。

2019年，完成科研计划任务29项，其中国家级项目2个、省级项目9个、市级项目8个、自选项目10个。在湖南省启动的现代农业产业技术体系建设中，在确保原有水稻产业试验站的基础上，争取水果、油菜、旱粮3个产业技术体系的湘南试验站，4人担任试验站站长。开展高油酸油菜品种、优质早中晚稻品种、焦甜淳甜香型特色烤烟品种、特优水果等选育、引进、筛选、示范，解决全市农作物品种的单一化问题，促进全市相关作物品种的更新换代。开展湘烟5号制种技术研究和南繁加代与冬季制种研究、良种繁育技术研究、五彩湘茶提质增效及产业升级关键技术研究与集成示范，“水稻+”种植模式试验、油菜全程机械化试验关键技术研究，带动农业产业提质增效。获国家授权专利4项，分别为“一种简易稻田平田器”“一种简易水稻直播机”“一种烤烟育苗装置”　“一种烤烟抑芽枪”，实现专利件数零的突破。

【农业科技服务】　2019年，永州市农科所分别与湖南省季丰农业有限公司、蓝山博亿农业开发有限公司对接，达成合作意向，建立湖南省季丰农业有限公司柑橘新品种橘湘早示范基地，蓝山博亿农业开发有限公司葡萄优良新品种夏黑无核、阳光玫瑰“三减一增”技术示范基地。

6月21日，中国工程院院士、湖南农业大学教授官春云，中国工程院院士、湖南农业大学校长邹学校等一行8人到永州，召开院士专家永州行乡村振兴座谈会，市农科所与湖南省农科院植保所达成合作协议。

与湖南省茶叶研究所合作，完成湖南省茶叶科技创新联盟子项目——“湖南地方特色茶资源创新与开发利用项目”。在江华、双牌开展野生茶资源的保护考察与资源采集，建立茶树原种保护基地，收集永州本地茶资源31份。引入江华4个优势苦茶群体资源，从湖南省茶叶研究所引进的碧香早等优良品种6个，在江华集中展示茶园水肥一体化技术、病虫害绿色防控技术和除草布覆盖等栽培管理技术。建成母本园1500平方米，引入优质母本树50株，打造“江华苦茶”公共品牌。

面对2019年年初持续低温阴雨、7月全市持续降雨、草地贪夜蛾防控严峻形势，市农科所安排科技人员到示范基地、农业重点企业、种植大户进行救灾补损关键技术现场指导40余次，帮助企业、农户渡过难关。

市农科所鼓励科研人员到生产一线，梳理产业链条中各个环节的技术需求，解决生产实际问题。对大豆全程机械化中易倒伏、损失率高的难题，旱粮技术团队与新田皇许粮食品有限公司合作，在大豆基地采取控制播种量和限定追肥量、调节播种开沟器高度等办法，防止大豆倒伏，降低大豆机械损失率，为大豆全程机械化播种技术推广提供经验。针对江华涛圩基地烟叶出苗率不高的难题，科技人员对培育健壮烟苗进行重点研究，在播种时间、播种质量上严格把关，全年烟苗整齐、健壮。

（谭虹）

涔天河工程建设投资

【概况】　湖南涔天河水库扩建工程包括枢纽、灌区两个项目，是全国172项重大水利工程之一，也是湖南省“十二五”期间水利建设一号工程。其中枢纽工程位于湘江干流潇水流域上游江华瑶

2019年，涔天河灌区锦江倒虹吸施工现场

族自治县涔天河镇，工程总投资60亿余元，水库正常蓄水位313米，最大坝高114米，总库容15.1亿立方米，电站装机20万千瓦。灌区工程是涔天河水库扩建工程（枢纽）的配套工程，工程规划新建干渠240.039千米，支渠169.609千米，含渠下涵360处、渡槽86处、倒虹吸45处、隧洞84处，设计灌溉面积7.63万公顷。

2019年，涔天河工程建设投资有限责任公司获湖南省总工会“我和我的祖国”湖南百万职工同声唱网络歌唱大赛二等奖，被永州市委、市政府评为“2019年度安全生产工作良好单位”，被永州市精神文明委员会评为“市文明标兵单位”。公司枢纽工程部被湖南省总工会授予“湖南省工人先锋号”称号；公司第三党支部和第四党支部被市国资委单位示范党支部；公司驻江华瑶族自治县水口镇金源村工作队被市委评为“2019年度优秀市派驻村帮扶工作队”。

【枢纽工程建设】 2019年，涔天河电站发电量5.89亿度千瓦时占计划年度发电量的128%，产值2.1亿元。3月，启动防洪度汛工作，在汛期严格执行24小时防汛值班制度，并与施工单位联合开展防汛应急演练，累计200余人次参加。确保11次洪水调度安全，向国家防汛抗旱总指挥部、省防汛抗旱指挥部办公室报送水库水情信息160条，通过水情报文、微信和QQ向国家防汛抗旱总指挥部、永州湘江防汛群、江华瑶族自治县防汛调度群报送水库信息1280条。6月13日，拦截3146米/秒最大洪峰，极大减轻下游包括江华、道县、双牌、零陵、冷水滩等县区的防洪压力。根据市防汛抗旱办的批示精神，8月，涔天河水库开闸放水，确保下游0.82万公顷农田灌溉用水需要。推进坝区的安全监测及库区的巡查工作，机电工程验收基本完成。开展竣工验收资料整理工作，确保档案专项验收合格。

【灌区工程建设】 2019年，涔天河工程建设投资有限责任公司直管的灌区干渠11个施工标全部开工建设，完成投资51035.93万元，占市政府批复2019年度投资计划5亿元的102%，完成干渠总体形象进度的50%。整个灌区工程基本完成全面清表，明渠段全部开工，形成雏形。渠下涵360座，全部开工，竣工275座；渡槽开工25处；隧洞开工30个，贯通13个。

灌区控制性工程右干一标小骑牛隧洞、左干一标月亮山隧洞、白芒营提干渠双眼窑隧洞、长槽隧洞相继贯通。特别是锦江倒虹吸和西河倒虹吸工程开工，为整个渠线的连贯施工奠定基础条件；左岸渠首电站正式安装调试，基本具备发电条件。

【助力“三大攻坚战”】 2019年，涔天河枢纽工程贷款债务12.6亿元，公司筹资还贷6770万元。涔天河工程建设投资有限责任公司对口帮扶水口镇金源村，85户贫困户一对一的结对帮扶，全村实现全面脱贫目标。坚决扛起“守护好一江碧水”的政治责任，对库区坝区存在的水土流失、水面浪渣、施工场地的废弃物等及时进行处理，做好碧水、净土保卫战，完成工程的环保水保措施任务。全年用于污染防治投资240万元，打捞库区浪渣逾2万吨。

（蒋筱芊）

涔天河水库枢纽工程

涔天河水库和工程管理

【概况】 2019年，永州市涔天河水库和工程管理局抓牢灌溉、防汛、建设、民生、扶贫等工作，坚持稳中求进，完成年初制定的工作任务。全年累计争取财政拨款2018.15万元，非税上缴97.9万元，晏家田泵站发电量123.9万千瓦时（含补偿电量），超额完成考核电量113.9万千瓦时的发电任务。在市人民政府网站政务公开事项116项，民生项目公开招投标8次、合同金额22.7万元，政府采购20次、采购金额10.3万元。3月，永州市人民政府专题会议纪要《关于研究涔天河水库扩建工程相关工作的会议纪要》对工作职能作出调整："灌区工程完工后，灌区工程全部交由涔天河管理局管理，枢纽工程继续由涔天河工程建设公司管理，实行'电灌分离'"。由原定"统一管理枢纽工程与灌区工程运行管理"转变为"只负责管理灌区工程运行管理"。

全年引进专业技术人才1名，干部职工507人，其中在职221人（含抽调涔天河公司80人、内退5人），退休286人；专业技术人员116人，具有高级、中级职称共71人。

【渠道灌溉】 2019年，永州市涔天河水库和工程管理局强化服务管理，执行渠道管护、巡视检查、水位交接等制度，落实清淤扫障、隐患排查，安排部署灌区渠道扫障、清淤、补漏任务，在阴雨天较多的情况下，完成12.7千米渠道冬修工作。做好与涔天河公司、县和有关乡镇的协调放水用水工作，确保全年渠道运行畅通。印制"共同维护渠道安全畅通让涔天河渠水福泽万家"宣传单5000份发放至沿渠村镇，全年没有发生一起水事纠纷，安全供水153天，总放水5378.4万立方米，完成0.57万公顷灌溉任务。

【防汛抗旱】 2019年，永州市涔天河水库和工程管理局执行防汛抗旱应急预案、汛期领导带班和专人值班轮班等制度，及时添补汛期所需物资，操练民兵应急实战能力，组织各管理所汛期值班、巡渠、抢险，及时处置桥头铺渡槽前渠堤外坡大溶洞、铜山岭老所后渠底20米大塌陷、摩天岭大溶洞、燕子地村后填方渠段溶洞以及老屋洞渠上排水沟冲等险情，成功应对"3·5""4·27""6·13"三次较大洪水险情，涔天河老灌区实现度汛安全、运行安全，未出现干禾死苗现象。

涔天河老灌区改造后渠道新貌（一标段）

【重点项目】 2019年，永州市涔天河水库和工程管理局按照项目建设"五制"（项目法人责任制、工程监理制、招投标制、合同管理制和资本金制）要求，保证湖南省永州市农业综合开发涔天河灌区节水配套改造项目、湖南省潇水涔天河水库扩建工程老灌区改造项目按照设计要求和质量标准稳步推进，启动灌区智能建设。完成灌区节水灌溉配套改造13千米；完成老灌区改造一标、二标项目工程投资1504万元，一标段进入收尾阶段，总进度处于涔天河灌区建设前列；计划投入资金100多万元，按程序启动西河、下坝两处泄洪闸和晏家田100型水轮泵改造工作，水轮泵项目审批资金60余万元，年底进入招投标阶段。

【民生提质】 2019年，永州市涔天河水库和工程管理局被列入市财政部门预算单位，实现按全额拨款事业单位保障经费，单位实现正常运转和干部职工工资按时足额发放。投入60余万元，对个人和家庭发放抚恤金、遗属生活补助、医药费、伤残金等补助；拨付工会经费30余万元，发放干部职工正常福利待遇；4个管理所职工食堂就餐补助提高，对4个管理所进行房屋修缮、自来水改造、厕所改造等，改造机关一楼大会议室，新增党建活动室。夜巡、社区巡逻416次，全年无刑事案件、无重大治安案件，排查、整改安全生产管理隐患风险34项，全年未出现一起火灾、生产等安全事故。募集"爱心助残一日捐”活动善款6555元，发放高考助学奖励2人共1200元，为全局在职干部职工及退休女职工免费体检，为退休职工征订《中老年自我保健》230份，看望退休职工病人29人次，为渠道管理所一线职工开展送清凉活动，支持职工参加江华瑶族自治县歌咏比赛、市“河长杯”气排球比赛。

【扶贫攻坚】 2019年，永州市涔天河水库和工程管理局发挥后盾单位牵头作用，多次召开涔天河镇花江社区扶贫座谈会推进扶贫工作，20名副科级以上干部结对帮扶花江社区100余户贫困户，顺利通过国家脱贫验收核查。投入扶贫资金250余万元，指导帮助花江社区实施食用菌和胡家岭生态茶叶项目，新安装路灯127盏，完成胡家岭道路硬化2.2千米和长巷道建设5千米。

（张琼）

双牌灌区管理

【概况】 2019年，湖南省双牌水库管理局开展“唱红歌”“主题演讲”“党建知识抢答”等活动。创新学习载体，建立党员学习阅读群，利用网络和多媒体每天及时发布学习目录和学习内容。3月—5月，永州市委巡察组对该局进行为期两个月的巡察。全面开展自查自纠，运用巡视整改成果，补齐短板。在全市的年度考评中，被评为全市“综合治理先进单位”。

牵头扶贫祁阳县龚家坪镇新江村，派出3名专职扶贫干部驻村帮扶。局25名干部职工帮扶28户贫困户，全年走访300余次，帮助新江村修建连村公路和硬化通组公路4千米，安装路灯100盏，建好8个村民小组的自来水，完成改水改厕350个，新农村建设试点入住15户67人，村级综合服务平台和篮球场建设完工，光伏电站运行良好、为电网发送电量9万千瓦时，整治排洪渠、水库除险加固配套工程，20公顷水果基地、油茶基地等项目建设获得批准立项。争取各类资金30万元，支持村里的产业发展和基础设施建设。

全年降水较频繁，5月19日，灌区开闸放水，10月28日，停水，安全运行163天。干渠最大运行流量为每秒23立方米，渠首引水总量2.08亿立方米，完成全年灌溉任务，确保灌区农业生产灌溉用水。

【防汛保安】 2019年，7月13日凌晨零时至下午1时，双牌灌区范围内普降暴雨、局部特大暴雨，灌区9个雨量监测站监测到13个小时内平均降雨量为150毫米，其中最大降雨量为桴江坝站185毫米。渠道水位上涨，所有监测点水位全部超历史最高水位，干渠多处漫堤，7月13日12时，在菱角塘镇江边村木斗岭渡槽前50米处实行破堤分洪，截至7月13日24时，各监测点水位均降至安全水位以下，干渠工程险情排除。干渠工程出现滑坡25处，泄洪闸排洪渠损毁22处，大体积泥石流冲入渠道8处，渠堤公路路面损毁11处，需修复的分洪口1处，经济损失800万元。

【项目建设】 2019年，双牌灌区干渠续建配套项目总投资395万元。由于项目工程点多、面广，任务重，时间紧，双牌水库管理局组织精干人员，科学安排施工，按照标准化规范化管理的要求进行建设，确保项目建设快速优质安全。提高灌溉保证率，减小事故损失。撰写的《灌区渠道混凝土防渗无缝施工技术推广》获得2019年中国农业节水科技奖三等奖。

【生态灌区建设】 2019年，湖南省双牌水库管理局把96千米干渠作为建设生态风景灌区的主战场，计划打造世界最长的紫薇花海——“百里花果生态风光带”，项目计划总投资5.5亿元。截至2019年12月30日，完成投资近1亿元，建成国内最长的紫薇花海15千米，其中两条紫薇长龙共长5千米。两边渠堤上栽种近200万株各类花卉苗木，“三红”紫薇150多万株。7月12日，参加全国“大型灌区交流会”；10月17日，参加在兰州举办的“壮丽70年、灌排谱华章——大型灌区（泵站）建设管理回顾与展望交流会”，在会上分别作交流发言，并获得“最具时代精神的魅力灌区”称号。

（吴滢荣）

国家农业科技园

【概况】 永州国家农业科技园为2010年科技部等六部委批准的全国第三批国家农业科技园区，2011年，被农业部认定为国家农业产业化示范基地，是全国仅有的两个（陕西杨凌农高区）同时承担两类示范任务的园区。园区规划总面积9.87万公顷，包括冷水滩区伊塘、上岭桥、岚角山和零陵区邮亭圩、接里桥、菱角塘6个镇，分层设立核心区、示范区、辐射区，其中建设重点的核心区设在冷水滩区伊塘镇，面积0.8万公顷，示范区面积9.07万公顷。

2019年，永州市农科园以“党建引领促发展，争创国家农高区”为工作目标，实现园区经济平稳发展。经市政府第四十二次常务会议批准、市国资委审核，永州农业高科技发展有限责任公司注册成立。

【管理体制优化】 2019年，永州市为推进园区经济建设，实现园区经济稳步发展，市委常委第十四次会议审定通过并下发《关于进一步优化市农科园管理体制的实施方案》，对园区实行“市区共建、以市为主”的管理模式，明确园区定位、职能和职责，剥离对伊塘镇的托管，细化园区规划布局、产业发展、科技驱动、财税体制、投资机制、行政审批、要素保障和队伍建设等，推进园区建立优质高效的政务服务平台。

【园区规划】 2019年，永州国家农业科技园按照创建国家农业高新技术产业示范区和湖南省发改委《关于公布第一批省级特色产业小镇名单的函》文件精神以及市委、市政府对园区的定位，与市自然资源和规划局衔接，对园区空间规划做进一步调整，在园区加工物流区和小城镇范围新增建设用地4平方千米以上。对接冷水滩区政府，协调解决光标饮品项目、金桔尔物流项目等用地问题，盘活国有存量土地。

【基础设施建设】 2019年，永州国家农业科技园完善园区路网建设，农科大道竣工并投入使用，总投资1500万元；总投资10亿元的上大公路高标准扩宽工程被列入2019年市政府重点项目，完成上（冷水滩区上屹桥）大（祁阳县大忠桥）公路高标准扩宽工程征地和招标工作，配合市交通投资有限公司完成上大公路62公顷土地报批、35公顷林地报批和临时用地审批等工作。完成伊塘污水处理厂PPP项目重新立项、环评、地质勘探、PPP项目资料录入等工作。配合市电力部门实施果秀公司110千伏杆线搬迁工程工作，完成110千伏杆线搬迁施工前期工作，相关投资费用划拨给电力部门。伊塘镇100套公租房竣工投入使用。

【重点项目建设】 2019年，永州国家农业科技园完成2万平方米标准厂房建设项目立项审批，协调冷水滩区政府对2公顷土地进行挂牌出让，组织下属的农业高科技公司摘牌；完成加工物流园安置小区规划设计图及土地平整工作，安置地分配到户，完成安置小区内部道路硬化及下水道给排水工程建设，建成进出道路路基。建设湖南温氏公司总部和饲料厂，总用地5.33公顷，其中总部项目4公顷土地办理国土不动产证，建设饲料厂，1.33公顷林地征用手续已审批并办理采伐证，完成1.33公顷农用地转用、征收手续报批并挂牌公告，完成5.33公顷土地平整。

【产业发展】 2019年，永州国家农业科技园推进园区产业发展，突出农产品精深加工产业、乡村休闲旅游产业和生态农业三大支柱产业，加快农业产业集聚发展。湖南果秀食品产业园区二期杏鲍菇项目完成投资770万元，新建厂房6.5万平方米。湖南和广生物公司高端功能油脂先进制造技术重大科技创新项目，完成山茶籽、厚朴原料前处理和粉碎生产线技术技改，完成厚朴单酚生产线设计，山茶籽油、厚朴油、姜油等功能性油脂产业化进行试生产。湖南大则旅游发展有限公司的蛮地伊人生态园项目完成投资937万元，完成100公顷土地流转，完成土地利用规划设计。

【园区招商引资】 2019年，永州国家农业科技园引进湖南国发北欧实业发展有限公司，在全市投资建设以畜废处理为主的循环生态经济园项目，其中“永州北欧现代农业产业园”落户园区，与公司洽谈投资建设合同。参加市委、市政府在深圳举办的对接粤港澳融入大湾区招商引资招才引智活动，推介招才引智和重点招商项目，与市农业农村局、市科技局、市财政局对接，拟定对接粤港澳大湾区的招商政策。引进总投资3亿元的湖南学海素质教育培训学校中小学实践基地项目，完成第一批9.13公顷土地挂牌出让、征地拆迁工作，启动七通一平工程，第二批3.15公顷申报资料呈报省自然资源厅审批。

【园区科技支撑】 2019年，永州国家农业科技园强化与永州职业技术学院合作，先后共建永州植物种苗工程中心、职业农民培训学校。永州植物种苗工程中心由园区提供实验场所和基地，学院组织科研人员和科技设备，生产脱毒种苗能力300万株，为全市农林栽培用种苗提供40%以上的原种，成为全市最大最先进的植物种苗研发和成果转化基地。新型职业农民培训学校由园区提供培训场地，学院安排师资教学，为农民制定培训计划、安排授课内容，举办三期实用技术培训，培训人数200余人次。

【园区品牌创建】 2019年，永州国家农业科技园申报国家农村产业融合发展示范园；申报伊塘水果罐头特色产业小镇；配合申报全国“一村一品”示范村镇——孟公山村“伊糖”牌西瓜项目；完成永州国家农业科技示范展示基地编制申报；完成2019年国家农业科技园区综合评估工作；在升级建设国家农业高新技术产业示范区工作中，省政府同意向科技部推荐园区（全省唯一），成立升级建设工作领导小组，分两批次组织人员到创建成功园区学习做法和经验，聘请专家团队编制规划和实施方案。

（蒋慧敏）

福田茶场管理

【概况】 2019年，湖南省福田茶场坚持党建引领，以“不忘初心，牢记使命”主题教育为契机，凝心聚力，强化社会治安综合治理，继续加强科研平台建设及茶叶科研，探索“茶文旅”融合发展道路，实施转型发展。场部机关大院创建为“永州市园林式单位”；党建工作发挥良好的示范作用，被市纪委、监察委确定为“永州廉政文化示范点”；市教育局确认福田茶场为永州市首批“中小学生研学基地”。社会治安综合治理被市委、市政府评为先进单位；茶场党委被评为市直“党风廉政建设”先进基层党委。利用永州野生茶加工的“永州之野”红茶、绿茶参加2019年第十一届湖南茶业博览会“茶祖神农杯”名优茶评比，均获金奖。

全年湖南省福田茶场棚户区改造一期、二期工程180套完工交付使用，职工群众喜迁新居，棚改配套工程文化广场、环行游道、绿化亮化、健身场所等全面完成，场部大院面貌焕然一新。

【科研平台建设】 2019年10月，湖南省福田茶场茶树品种资源圃建成，包含外来品种资源圃和永州地域品种资源圃。外来品种资源圃收集各地推广应用或试验阶段的各类茶树品种30例，其中绿茶适制品种有福鼎大白、碧香早、玉绿、白毫早等；红茶适制品种有槠叶齐、潇湘红21-1、潇湘红21-3等；适应性试验品种有黄金2号、黄观音等。永州地域品种资源圃，从永州境内萌渚岭山系、都庞岭山系、阳明山系、四明山系收集本域固有野生茶优良株系21例，通过无性繁殖引种，暂命名的品种有柳叶苦茶、牛皮苦茶、大叶苦茶3个种群8个单株；未命名的品种有13个单株。

【茶文旅融合】 2019年，湖南省福田茶场利用“茶廉文化墙”“茶廉文化苑”、党建广场、茶艺培训室、野外茶园等硬件条件，将茶科学与茶实践紧密结合、茶文化与廉文化无缝对接，探索“茶文旅”融合发展道路。3月10日，“中小学生研学旅行活动”试运营，接待900人次；5月19日，与湖南潇湘源研学旅行有限公司举行签约仪式。同时，市内外各行业党组织到茶场学习交流，开展主题党日活动，先后接待湖南省工业和信息化厅、永州市政协、零陵区水利局等单位13批589人次。

【成果应用推广】 2019年2月，

2019年，福田茶场为凤岭小学学生讲授茶艺课

湖南省福田茶场利用取得的“野生茶红茶加工工艺”成果，与小金洞村（省级贫困村）将军崖茶叶种植合作社达成野生茶红茶加工技术服务协议，提供厂房设计、设备配套安装、工艺技术指导、人员培训等全程技术服务，4月投产。全年生产成品茶200千克，产值70万元，实现当年开工建设当年投产受益。利用葡萄特色种植技术，扶持道县修义村（贫困村）发展葡萄产业，从基地标准化规划，到肥水一体化设计等全程提供技术服务，对技术人员进行15批次田间管理指导。3月—6月，先后派出技术团队，为道县小塘村、零陵大木源茶厂、双牌五里牌茶厂、蓝山小洞村提供茶叶生产技术咨询、培训等，服务对象10批次200余人。3月—8月，茶叶审评检测中心先后为江华、祁阳、宁远部分茶企提供茶成品外观审评，茶浸出物、茶多酚、咖啡碱、氨基酸四项常规检测40余宗120份样，实现永州茶叶品质自我检测从无到有的跨越。

【服务民政事业】 2019年8月，湖南省福田茶场争取省民政厅、市民政局支持建设的农村公益性公墓殡葬服务综合体全面建成，投入资金378.4万元，有墓位418个；骨灰寄存楼面积483.1平方米，投入资金110万元；治丧场所建设面积250平方米，投入资金61万元；道路、护坡、绿化等基础设施配套投入109.8万元，为全市农村殡葬改革推进发挥试点示范作用。3月11日，开工建设的福田敬老院综合服务楼项目，于10月完工，年底投入使用，使福田敬老院向永州农村田园康养示范基地方向转型发展。

湖南省福田茶场茶廉文化主题公园

【茶叶科研】 2019年10月，湖南省福田茶场“茶容器扦插苗繁育技术研究与应用”课题结题，课题组和专家组将其命名为“茶容器扦插苗一次育成法集成技术”，鉴定该技术达到国内先进水平。课题采用贫瘠介质配方—履膜保湿法—肥水一体化三项技术集成。应用结果表明，成苗率93%，通过逆境（气温38℃以上）移栽试验，成活率94.68%，其中贫瘠介质概念在国内属首次提出，履膜保湿法在茶苗繁育尚属首次应用。年末，湖南省福田茶场承担的中央引导地方科技发展专项项目“永州野生茶及野放群体茶资源调查及产业化利用可行性研究”课题，完成永州区域四条山系6个县区分布的野生茶资源采集，与湖南农业大学、上海生工生物工程股份有限公司合作完成样本分系识别，基本认定永州区域内分布的野生茶均归属江华苦茶群体种，为打造永州茶业品牌、建立必备的地域特有原料品种奠定理论基础。6月、11月，分别在相关权威刊物发表《永州市茶产业发展现状及对策》《永州野生红茶加工工艺的优化》2篇科技论文。

（胡绍金　卢作斌）

柑桔示范管理

【概况】 2019年，永州市柑桔

示范场暨永州市柑桔科学研究所盘活国有土地资源240公顷，申请专利一项，招商引资两个，完成投资3500万元。3月12日，与中国农业科学院柑桔研究所合作成立永州协同创新中心，为永州市柑桔示范场的科研工作搭建国家级平台，利用协同创新中心平台实施“永州市柑橘新品种选育与区试”“永州市柑橘无病毒良种苗木繁育体系建设”“柑橘示范果园提质改造”“永州市柑橘黄龙病综合防控示范与应用”科研项目4个，争取中国农业科学院柑桔研究所配套资金20万元，提升柑橘良种选育、现代栽培技术和柑橘病虫害综合防控等科研试验示范等方面的科研水平。

【专利申报】 2019年1月，永州市柑桔示范场（永州市柑桔科学研究所）向国家知识产权局申报“一种田间标识吊牌”，解决吊牌上的标识容易消失及系绳损伤标识物的问题。9月，通过国家知识产权局审查，获得“一种田间标识吊牌”专利。

【柑橘项目建设】 2019年4月，永州市柑桔示范场与湖南中铭公司签订土地租赁经营合同，共同开发建设永州市南方百果观光园（橘子小镇），以“农旅+文创”为运营核心元素、以“新型农、文、旅、休”为运营主题内容的特色小镇、田园综合体项目。总投资3.5亿元。截至2019年年底，投入3500万元，完成目规划设计、基础建设、招商运营等工作。

5月，与湖南自然韵农旅文化有限公司签订土地承包（租赁）经营合同，引进富硒有机茶产业园项目，依托湖南自然韵农旅文化有限公司的资金和柑桔示范场的科技优势，共同建设永州市无病毒苗木（柑橘）繁育及柑橘等特色水果高效栽培示范基地。项目完成土地流转和规划设计工作。

2019年3月12日，永州协同创新中心揭牌仪式

【科研示范】 2019年，永州市柑桔示范场为推进无病毒苗圃示范工作，聘请享受国务院特殊津贴的高级农艺师郑朝耀对育苗工作进行全程技术指导。完成永柑二号、沃柑、美国糖橘、园丰脐橙、卡拉卡拉（红肉脐橙）等12万株营养钵育苗工作，苗木长势良好，达到出圃水平，销售订单有所增加。

（潘丽灵）

工　业

综　述

【概况】 2019年1月13日，永州市工业和信息化局成立。主要承担全市工业和信息化的宏观管理职责。内设19个科室，机关行政编制38名，局长1名，副局长4名，暂保留总工程师1名；正科级领导职数19名（含机关党委专职副书记1名），副科级领导职数8名。归口管理单位3个：工业企业改制服务办公室、无线电管理处、民营经济发展服务中心。议事协调机构5个：市推进新型工业化领导小组办公室、淘汰落后产能办公室、减轻企业负担办公室、湘纸关停并转协调办公室、市委军民融合发展委员会办公室。牵头负责的民营企业中小企业清欠工作获得省政府真抓实干表彰奖励（清理账款4.72亿元，排全省第三位），被评为2019年度全市绩效考核优秀单位、市级文明标兵单位。被湖南省工业和信息化厅评为2019年度全省工业经济运行监测协调工作先进单位、全省中小企业“上云上平台”工作先进单位。

规模工业增加值同比增长8.3%，较2018年增长0.6%，保持8%以上发展速度，增速排位全省第六位。工业用电量50.8亿千瓦时，同比增长9.23%，排全省第三位。工业实缴税金29.7亿元，同比增长17.09%。其中，工业实缴增值税16.37亿元，同比增长18.34%。工业企业实缴税金同比增长8.7%，增幅排名全省第一位。工业技改投资同比增长29.7%；工业固定资产投资同比增长27.4%，排全省第四位。新入统规模工业企业126家，超额完成全年目标任务。

电子信息、生物医药等七大主导产业实现产值1471.83亿元，同比增长8%。其中，新能源新材料产业产值153.67亿元，同比增长26.02%；电子信息产业产值232.4亿元，同比增长25.4%。轻纺制鞋产业产值328.4亿元，同比增长17.52%。骨干企业态势较好。零陵卷烟厂产值41.6亿元，同比增长5.02%。九恒数码产值19.8亿元，同比增长25.94%；东骏纺织产值14.5亿元，同比增长26.74%；凯盛鞋业产值15.6亿元，同比增长15.89%。

园区规模工业总产值同比增长7.5%；规模工业增加值同比增长8.1%，实缴税金20.74亿元，新入统规模企业126家。新竣工投产投资5000万元以上工业项目88个，捷力泰科技、丰辉电机、华维节水科技、宇拓新能源等一批重大项目建成投产。35个重大产品创新项目完成投资32.68亿元，占年度投资计划的155%。园区新增基础设施投资111.24亿元，新建标准厂房168.7万平方米，税收过200万元企业139家，新签约投资5000万元以上工业项目125个，总投资额402.97亿元。推进特色园区建设。引进金荣集团采用EPC+O模式建设祁阳科创产业园，江华马达产业园致力建设“动力之城、马达之乡”，蓝山64家皮具箱包企业入园，打造“中国皮革皮具产业转移示范基地”。永州生物医药产业联盟、电子信息产业联盟、蓝山皮革皮具产业联盟、东安焊材焊剂产业联盟先后成立。筹建永州经济技术开发区钣金技术中心、新田汽车大灯检测中心等关键产业技术平台。永州经济技术开发区、江华、宁远、蓝山、东安、祁阳、新田等园区创建省级创业孵化基地。推进园区平台建设，江华高新开发区设立全市首个县级海关工作站；祁阳盈通达物流园、冷水滩钰丹智慧物流园等一批现代化物流信息平台兴起。宁远高新区、东安经开区获湖南省新型工业化产业示范基地，宁远高新区获湖南省大数据产业园，永州经济技术开发区获湖南省军民融合示范基地。截至2019年年底，全市国家新型工业化产业示范基地1个（祁阳县），省级高新技术产业开发区4个（江华高新区、宁远高新区、祁阳高新区、道县高新区）。瑶珍粮油、三湘电线电缆等四家企业获2019年工业和信息化部工业品牌试点企业；恒伟药业入选2019年“湖南省工业质量标杆”，实现永州市湖南省质量标杆企业奖项零突破；新金浩茶油入选2019年“湖南省工业领域知识产权运用标杆企业”；全市21个新产品和23个专利转化成果列入省“双百计划”。新辉开、大德科技等15家企业获评湖南省“小巨人”企业。

淘汰落后产能和壮大绿色制造体系。整治冶炼企业117家，石灰土立窑25座，打击“地条钢”生产企业6家。排查“散乱污”企业381家，其中取缔关闭340家，规范整治到位40家，搬迁入园1家。创建一批绿色制造体系建设示范单位。奔腾彩印、明意湖智能科技等企业创建省级绿色工厂，宁远高新开发区创建省级绿色园区，截至2019年年底，全市有1家国家级绿色工厂，3家省级绿色工厂，1家省级绿色园区。

民营经济实现增加值1154.86亿元，同比增长7.4%，占全市地区生产总值的57.26%。新培育省级“小巨人”企业15家，全市省级“小巨人”企业累计42家。落实减税降费政策，为中小企业新增减免税费25.2亿元。中小企业公共服务平台建设覆盖8个县区。永州市委、市政府出台《关于鼓励和支持民营经济高质量发展的实施意见》，在降低税费负担、优化营商环境、强化要素保障、增强核心竞争力4个方面明确20条举措。市工信局编制《惠企政策汇编》，为企业送政策上门，帮助企业准确把握政策、用足用好政策。市县两级领导带头联系14条新兴优势产业链和333家重点骨干企业，实行“五个一、点对点、面对面”帮扶，解决新兴优势产业链延链、补链中的困难和问题。市工信局每个科室联系3家企业，协调解决实际困难，指导企业项目申报，帮助企业申报各类项目129个，其中50个项目获制造强省专项资金支持，争取到各类专项资金6709万元，2017年—2019年，累计帮助企业争取项目资金约2亿元。8月，市优化经济环境领导小组组织的对全市60个行政科室政务服务“好差评”测评中，市工信局中小企业科排第一位。

清理政府部门和国有企业拖欠民营企业中小企业账款4.72亿元，所有欠款清偿完毕，清欠率100%。清欠工作排全省第三位，获得2019年省政府真抓实干100万元表彰奖励。举办2019年“创客中国”永州市中小微企业创新创业大赛。各县区经过激烈角逐，30家优秀企业项目从中突围进入永州市复赛。永州金蚂蚁新能源机械有限公司的“搬运神器”项目获得第一名。根据大赛结果推选8名获奖企业参加省级比赛，其中湖南省普瑞达内装材料有限公获得2019年“创客中国”湖南省中小微企业创新创业大赛三等奖。大赛在全社会引起强烈反响，促成中国银行、建设银行等10家银行与19家参赛企业签订银企合作协议，总融资意向7.6亿元。为中小企业争取到省中小企业发展专项资金双创载体升级、创客中国奖补资金610万元。

完成军民融合（不含军工）相关产业产值56.5亿元，同比增长14.7%；工业增加值16.9亿元，同比增长14.3%。2月27日，永州军民融合产业基地授牌为省级军民融合示范基地。成立保利国防科技研究中心有限公司永州分公司，并组建运营管理湖南分中心。同时，组建永州保盛防务装备科技有限公司，开展项目引进和军民融合园区管理工作。

通信基础设施建设加快发展，行政村的光纤通达率100%，4G网络城区及乡镇覆盖100%，行政村4G覆盖率100%，以上指标均在全省居第一方阵。华为永州云计算中心投入运营。企业智能化水平进一步提升，江华飞信达智能化示范车间项目创建为省级智能制造示范车间。湖南世杰科技跻身全省互联网企业50强。完成“上云”企业5691家，“上平台”企业158家，截至2019年年底，全市有1.1万家企业实现“云上”遨游，提升企业信息化、数字化交互水平，降低各企业的运营、管理、沟通成本。

【永州市承接产业转移示范区建设推进会】 2019年7月19日，永州市承接产业转移示范区建设推进会在宁远县举行。市委书记、市人大常委会主任严华出席并讲话，副市长李旦梅作工作报告，欧阳元初、谢景林、刘卫华、吕斌等市领导出席。市直和中央、省驻永有关单位主要负责人；各县区（管理区、经开区）党委书记或县区长（主任），永州重点企业和永州异地商会负责人参加会议。自2011年湘南承接产业转移示范区获批以来，全市共承接产业转移项目1800余个，累计利用外资45亿美元、到位内资1225亿元，承接产业转移新增就业人数累计超过100万人。

会议要求，要以更高的站位深化认识。建设承接产业转移示范区，是中央、省委赋予湘南湘西地区的一项重大光荣使命，是贯彻落实习近平总书记对湖南重要讲话指示精神的重大举措，是增强“四个意识”，坚定“四个自信”，做到“两个维护”的重要检验。要以更实的举措聚焦发力。把优化营商环境作为头号任务，着力打造政策最优、成本最低、服务最好、办事最快的“四最”营商环境，让企业和群众更有获得感。要以更大的担当狠抓落实。各级党委、政府要抓紧完善工作机制，制定配套措施，压实工作责任。

【永州市承接产业转移示范区建设研讨会暨永商永才回乡创业启动及项目签约仪式】 2019年7月19日，永州市承接产业转移示

2019年7月19日，永州市承接产业转移示范区建设现场会在宁远县召开

范区建设研讨会暨永商永才回乡创业启动及项目签约仪式在宁远县举行。市委书记、市人大常委会主任严华出席并致辞，市委副书记、市长何录春主持会议，市领导吴志雄、欧阳元初、谢景林、李旦梅、刘卫华、吕斌出席。

研讨会上，深圳市产业转移促进中心主任伍俊辉，中国—东盟商务理事会执行理事长许宁宁，深圳科技工业园（集团）董事长、党委书记、永州招才大使何景成，广州市农业农村局蔬菜办副主任、种业管理处副处长周伟华先后作主题演讲。签约仪式上签约项目 27 个，总投资 119 亿元。其中工业项目 23 个，投资额 79. 88 亿元；新能源项目 1 个，投资额 13 亿元；农业项目 2 个，投资额 5. 12 亿元；现代服务业项目 1 个，投资额 21 亿元。与会人员还参观考察宁远县工业园区及部分承接企业。

（何春华　李小月　杨飞　柏舟燕　蒋芳）

【湖南兵器建华精密仪器有限公司】　2019 年，湖南兵器建华精密仪器有限公司员工有 1175 人，高中级专业技术人员 278 人，总资产 4. 67 亿元，各类主要设备 1538 台（套），国家发明专利 21 项，具有较强的机械加工、工具制造、冲压、压铸、表面处理、塑料压型、电子产品、化工产品等生产和科研开发能力。全年，湖南兵器建华精密仪器有限公司营业收入、利润总额皆创历史新高，获“湖南省文明标兵单位”“永州市五一劳动奖状”称号，公司党委被评为“集团公司先进党组织”“永州市 2019 年度先进基层党组织”。

2019 年 9 月，湖南兵器建华精密仪器有限公司军品开发班获得“国企楷模”提名奖

投入 1826 万元用于科研开发，加强科研技术状态管理，科研项目 47 项，其中竞标成功项目 1 个，立项型号项目 21 项，竞标、预研项目 26 项，多个项目取得关键性进展；完成设计定型审查项目 6 个，完成技术状态鉴定审查项目 3 个。探测制导与控制技术领域创新团队入选 2019 年“湖南省企业科技创新创业团队”支持计划入选名单，科研团队获得“国企楷模”提名奖、创新团队等多项省级称号。

推进精益管理，ERP 信息系统运行成熟，实现企业数字化管理。完成安全生产标准化二级达标自评，通过军事代表质量管理体系监督检查、武器装备科研生产许可延续现场审查，全面达成安全质量目标。新增自动化设备 8 台（套），推进“十三五”专项安改项目，新增避雷塔 4 座；重新制定生活区提质改造项目实施方案，完成生活区主干道路、主干道道路划线及主干道路旁排水沟清理改造工程，开展生活区旱厕改造工程。完成项目总投资 1600 多万元。组织 7 名员工参加技能比武大赛，刘光华取得车工组第一名，获得“第五届湖南省技能大师”称号；永州红网以题为《一心为国研利刃，千改万试方始成》报道产品研发设计师武波涌。

（吴玲花）

【湖南兵器跃进机电有限公司】
2019 年，湖南兵器跃进机电有限公司（原湖南省跃进机械厂）占地面积近 320 万平方米；有在册员工 1385 人，其中专业技术人员 148 人；拥有各种设备数量 1916 台（套）；公司资产总额 37739 万元。

推进军民融合创新产业园建设。将公司总部（含机加生产区）整体搬迁至永州市经济技术开发区内的军民融合产业示范基地。作为永州市军民融合十大重点项目，园区规划为军品区、民品区两个独立区域。启动新址厂区规划设计工作。市政府研究上报搬迁方案，并基本明确搬迁新址。推进湖南兵器永州火工园区建设。完成园区选址工作，确定现火工区西南方向 3 千米处

43.33公顷土地为选址地。完成园区整体初步设计规划，由五洲设计院起草整体规划书。完成一期用地工作，一期工程6.47公顷地和火工区旁2.8公顷地取得土地规划许可调整指标，由市国土部门调整土地空间规划和土地规划。

开发韩国机车泵市场，新开发武汉、中车大功率机车进口管道泵C5、C6检修业务，通过中车盘式泵C6修首件评审工作，形成批量检修生产。6月，“院士专家永州行”活动湖南兵器分会场设在湖南兵器跃进机电有限公司举办，公司与湖南大学罗安院士及其团队签订科技合作协议，成立国家电能变换与控制工程技术研究中心永州分中心。推进国家“十三五”安全改造项目。编制完成“十三五”安改第一批可行性研究报告、职业卫生评价及安全预评价。

配合完成兵器集团公司IPO上市工作，成立湖南兵器集团整体上市筹备工作领导小组，做好上市前的尽职调查工作；11月22日，公司军民分立方案通过职工（会员）代表大会表决，计划组建民品公司——湖南跃宇机电有限公司（公司名称暂定）；年末，完成公司及民品跃宇公司工商变更注册工作。

开展科研项目23个，完成军贸设计定型项目1个（AB2）、科研立项2个，国内型号立项（60DA）和军贸立项（AB1）各1个。

基本完成年度安全目标，因工死亡、重伤、重特大火灾、燃烧爆炸事故为零；死亡率和重伤率为零；全年发生轻伤2起，轻伤事故率1‰（集团指标一般事故率不超过5‰）；隐患整改率100%（集团公司要求整改率95%以上）、建设项目安全和职业卫生“三同时”执行率100%；邀请第三方机构对公司321名特殊作业人员进行体检，对作业环境进行监测；节能减排达标，全年无环境污染事故，无职业病案例。

（黄启红）

2019年6月，“院士专家永州行”罗安院士与湖南兵器跃进机电有限公司进行签约

【湖南神斧集团湘南爆破器材有限责任公司】 2019年，湖南神斧集团湘南爆破器材有限责任公司（以下简称“湘器公司”）拥有总资产4.4亿元，占地面积100.64万平方米，有员工934人，其中本科学历40人，工程师42人，高级工程师4人。实施“发展电子雷管、拓展军工，走爆破服务一体化”的发展战略，坚持管理提效、创新引领和转型发展，实现销售收入2.78亿元，实现利润1841万元。

开展“安全生产标准化”“落实企业安全生产主体责任年”“质量、环保、职业健康安全三体系建设”“安全讲评竞赛”“安全知识竞赛”“生产安全事故应急演练”和“安全生产隐患大排查大管控大整治百日专项行动”等活动，公司没有发生一起轻伤及以上的安全生产事故，安全生产总体形势平稳向好。公司连续8年被永州市委、市政府授予“安全生产先进企业”称号。7月3日，承办湖南省民爆行业生产安全事故应急演练活动，提升员工安全意识和危险情况应急处置水平。

在新产品研制和产销爆一体化服务两个方面转型发展。新产品研发方面：深化与213所的合作，合作开发石油开采用的25型延期装置、点火桥塞用的延期药柱和耐高温电子雷管3个新产品。成功自主研制电子雷管点火药和完成药头生产线建设，应用到生产中并取得电子雷管线夹专利。爆破一体化发展方面：完成经营爆破收入9718万元，其中完成爆破收入2100万元，同比增长23.5%，新承接永州、广东等20多项爆破监理业务。智能制造建设项目有新突破，完成一条年产××万发的基础雷管生产线和一条年产××万发的电子雷管自动化生产线建设，并均通过湖南省工信厅的试生产安全条件考核验收。

根据湖南省国资委三项制度改革的要求，完成附属厂湘之源的改制工作，并启动新运作模式；三项制度稳步推进，完成定岗、定编、定员方案和中层干部竞聘上岗，分流28名后勤辅助人员到生产一线工作等。

（刘有为）

【湖南省南岭化工集团有限责任公司】 2019年，湖南省南岭化工集团有限责任公司公司资产总额32135万元，净资产18995万元。实现营业收入10784万元，较2018年同期增长7.35%，实现利润总额-906万元，较2018年同期减亏89万元。实现助剂产品销售收入4700万元，包装产品销售收入3000万元，卡扣产品销售收入400万元，特别是包装产品在困境中逆势上扬，全年增长13.6%，超额完成经营目标。开拓外销市场，实现部分新市场的突破。4次开拓陕西铜川新市场，调研开拓内蒙古、河南和湖北市场，保住湖南湘西、江西、广东市场，重点开拓湖南湘西西部民爆，外部市场实现助剂产品销量456吨。

实施化学发泡剂项目、彩印纸箱项目、高钾代加工项目。6月，研发出适用于7320公司的新型化学发泡剂。9月，项目建成投产，全年可新增产值120万元；提升包装纸箱品质，促进包装产品转型升级。11月，新建彩印纸箱产品生产线建成投产，全年可新增产值400万元。进一步挖掘“南岭牌”高钾品牌价值，按“南岭牌”的技术标准进行代加工，实现新增收入1830万元。

创新和完善运营调控、人力资源、资本财务等方面，加强精细化管理，公司成本费用率同比下降1.32%，三大费用总额下降227万元，通过回收、替代等措施节约生产成本53万元。加大人员分流力度，全年办理退休手续19人，协商解除劳动合同3人。加大对主要亏损点祁东后勤中心和汨罗分部的管控力度，全年降低人工费用30余万元。争取园区企业养老保险费率下调政策，节约养老保险费用90万元。

推进三项制度改革并延伸到子（分）公司，所有中层管理岗位全部实竞聘上岗，普通管理岗位实行双向选择，推动供应采购体制改革，收回下放到子公司的采购权限，成立供应采购领导小组，配备专门力量，协同子公司实行竞价采购，全年同比节约采购成本70万元以上。

（张孟春）

【神华国华永州发电有限责任公司】 2019年，神华国华永州发电有限责任公司（以下简称国华永州电厂）下设党建行政人事部、计划部、工程技术部、安健环监察部、物资部、发电部6个部门，员工总数79人。国华永州电厂党支部下设党小组5个，有党员44人（含预备党员2人）。国华永州电厂毛承慧项目“基于聚丙烯复合板的薄壁混凝土吸收塔整体技术研究与应用”获国家能源集团科技进步奖一等奖。永电项目建设被列为2019年湖南省能源领域一号工程，全年安全目标整体受控，实现“零事故、零伤害、零火险、零污染、零职业病”的本质安全。设计图纸供应满足连续施工需求；汽轮机、发电机满足交货进度，锅炉排产取得重大突破；完成#1锅炉钢架吊装，#1、2排烟冷却塔开挖，水务中心开工，取水管线开工，脱硫EPC开工等关键节点。截至2019年年末，项目累计资金到位24.92亿元，累计支付25.81亿元（含1.42亿元票据）。全年累计完成投资54751万元，工程累计完成投资264742万元。

（黄日卓）

【湖南省南津渡水力发电有限公司】 2019年，湖南省南津渡水力发电有限公司有8个职能部门，即党务人力资源部、综合部、纪检监察审计部、安全环保部、财务经营部、生产部、水库工程管理部及工会。有在岗职工136人，退休职工138人。全年发电3.23亿千瓦时，售电3.13亿千瓦时；实现营业收入10335.55万元，完成年度计划的116.5%；实现利润1073.23万元，完成年度计划162.6%；净资产收益率的2.64%，完成年度计划的151%；完成电费回收11904.64万元，电费收缴率100%。

以“书记联项目”活动为抓手，推动党建与中心工作深度融合。开展“党建+生产经营”“党建+项目建设”“党建+制度建设”“党建+风险防范”“党建+企业文化”等7个项目；召开检修业务调研现场会，进行库区工作调研。推进人员分流，办理内退37人，完成检修业务分离和集中管控，分流人员31人。完成公司内设机构合并调整，达到省公司要求的内设机构“5+2+1”改革目标。全面执行绩效考核，推进薪酬体系改革，落实绩效工资30%的占

南津渡水力发电有限公司大坝

比。完成“三供一业”改革小区基础设施改造工程。投入资金478万元，对小区内道路、绿化、亮化、住宅楼、监控系统以及健身器材等基础设施进行维修改造。南北花园视频监控改造、亮化工程改造、职工住宅公共部分维修、园林绿化、北花园停车场地坪硬化、消防水池防渗处理以及篮球场、门球场和健身器材改造、职工宿舍防渗补漏、生活小区道路改造（含白改黑）等项目完工。完成南、北花园职工住宅的不动产证办理完毕。

做好企业文化宣传工作。开展“4·15”全民国家安全教育日宣传。更新进厂道路两侧宣传橱窗6个；制作并展出公司企业形象专题展板。完成水利文明单位复审，通过湖南省模范职工之家复审。

（欧阳亚晖）

【湖南省双牌水力发电有限公司】 2019年，湖南省双牌水力发电有限公司发电量7.29亿千瓦时，营业总收入1.75亿元，利润总额3188万元，上缴各项税费4476万元，上缴水资源费、水费、库区基金等政府基金2404万元。树立安全发展理念，制定《安全生产带班督导制度》，签订安全责任状。完成#1机A修、大坝除险加固竣工验收、双牌水库防汛应急预案编制等工作，推进“7·13”水毁工程等；迎战洪水12场；开展安全活动60余次、专项大检查3次、防汛专项检查1次，查出隐患63起。推行“双票”风险预控管理，双票合格率100%。开展应急演练6次；3名专职安全管理人员全部取得安全合格证；办理电力业务许可证；截至2019年12月31日，水库连续安全运行4464天。精简机构，向地电公司双牌工程部分流21人，在岗员工由157人精简至125人，将财务部与发展经营部合并，安全监察部与生产技术部合并。推进企业治理体系和治理能力现代化，新建规章制度14个。整治库区用电秩序，电力部门抵扣双牌公司上网电量约600万度，比2018年减少约100万度，为企业减少损失200万元。委派扶贫工作队入驻上梧江村，拨付扶贫专项资金10万元、贫困户慰问金1万元、工作经费2万元，追加产业扶贫专项资金10万元，养殖扶贫专项资金3万元。完成进村公路硬化9千米，开发油茶种植基地20公顷和野生茶叶基地100公顷，帮助1户1人脱贫。举办庆“七一”表彰大会、“水利景·祖国美”书画摄影展，选派《水利情·浏阳河》参演省国资系统“国企情·祖国颂”歌咏会演。

（唐微）

装备制造产业

【概况】 2019年，永州装备制造业主要有汽车整车及零部件、新能源电动车、农业机械、金属加工机械、矿山机械、工程机械、食药加工机械、电机设备、发电及输配变电设备和智能装备产业。主要分布在永州经济技术开发区和冷水滩区、祁阳县、新田县和江华瑶族自治县等。全市先进装备制造产业规模以上企业91家，实现总产值129.1亿元，同比下降7%，占全市规模工业总产值的7.3%。湖南长丰猎豹汽车有限公司产能、销量大幅下降，汽车制造配套企业产能不同程度下滑，先进装备制造业负增长。长丰猎豹实现产值4.81亿元，同比负增长78.23%，实缴税金0.54亿元。为帮助长丰猎豹尽快走出困境，市工信局落实市政府召开的长丰猎豹和永州经济技术开发区现场办公会精神，与市财政局、市发改委联合制定《永州市促进地方汽车市场消费升级暂行措施》，支持长丰猎豹汽车在本地消费，鼓励长丰发展新产品，提升自身核心竞争力。

【装备制造业转型升级】 2019年，永州市落实《中国制造2025》重大战略部署及《湖南省贯彻〈中国制造2025〉建设制造强省五年行动计划（2016—2020年）》。组织企业创建省级智能制造示范企业和省级智能制造示范车间。江华飞信达科技有限公司LCD智能化生产车间入选湖南省智能制造示范车间。

【推广应用新能源汽车】 2019年，永州完成省里下达给永州2016年—2020年推广任务6150台中的1600台的推广任务。根据《湖南省财政厅关于预拨2016年度充电基础设施建设中央财政奖励资金的通知》《省财政厅省工信厅关于下达2017年度充（换）电基础设施建设运营省级奖补清算资金的通知》文件精神，市工信局对全市新建投入运营的充电基础设施开展验收工作，并联合市财政局对验收通过的充电基础设施制定具体奖补方案。

轻纺制鞋业

【概况】 2019年，永州市制鞋产业发展主要分布在祁阳、道县、蓝山、宁远4个县区。全市依托制鞋产业基础，实行精准招商，延伸产业链条，制鞋产业规模扩大，初步形成祁阳制鞋、蓝山毛纺制鞋、宁远服饰制鞋、道县纺织制鞋等产业基地，涌现出祁阳凯盛鞋业、道县建溢鞋业、蓝山湘威制鞋、宁远华荣鞋业、祁阳东骏纺织等一批龙头骨干企业，制鞋业形成从鞋底、鞋面、鞋材到整鞋生产制造、销售、研发等完整产业链。祁阳经开区白水工业园引进东骏纺织、大联纺织、骏邦纺织3家全国最大的涤纶布生产企业，通过补链、延链、强链，准备打造祁阳现代纺织城。蓝山64家皮具箱包企业入园，打造“中国皮革皮具产业转移示范基地”。全市轻纺制鞋有规模企业199家，实现产值328.4亿元，同比增长17.5%，占规模工业总产值的18.7%。

【轻纺制鞋产业招商座谈会】 2019年11月2日，永州市轻纺制鞋产业招商座谈会在广州市召开，永州市30余家轻纺制鞋企业与广东省行业龙头企业参加会议，共谋永州轻纺制鞋产业发展新机遇。副市长李旦梅出席会议。会上，永州市商务局负责人对全市轻纺制鞋的产业集群、产业规模、产业链条的现状和优势以及今后的发展方向作推介发言。祁阳县、宁远县、蓝山县对各县轻纺制鞋产业做专门推介。

生物医药业

【概况】 2019年，永州生物医药产业形成以中成药生产和天然药物提取开发为主，以中药饮片加工和制药机械生产为辅助的产业格局，拥有中药口服液、颗粒剂、酊剂、片剂、胶囊剂、丸剂、水针等现代化生产线，年生产能力片剂50亿片、胶囊剂22亿粒、丸剂1200吨、颗粒剂6000吨、中药提取物生产能力1000吨、中药饮片加工能力1.3万吨。其中，星辰生物2019年生产、销售青蒿素41吨，产值6195万元，产品全部自营或代理出口至印度；销售数量占全国青蒿素细分市场20%以上，占全球市场的18%以上，排全国青蒿素生产厂家前三位。希尔、大自然等提取的以药用及保健品为主的植物提取物远销欧洲、日本、韩国等国家，年提取物910吨，年销量5亿元，处于省内领先地位。恒伟药业入选2019年“湖南省工业质量标杆”，实现湖南省质量标杆企业奖项零的突破；2019年双牌县和新田县均获评并被授牌为“第二批湖南省中药材种植示范基地县”。全市生物医药产业规模企业61家，全市生物医药产业实现

2019年11月22日，永州生物医药产业联盟成立

2019 年 11 月 4 日，永州电子信息产业联盟成立　　摄影 李小月

产值 121.3 亿元，同比下降 1.8%，占全市规模工业总产值的 6.9%。

【永州市生物医药产业联盟成立】 2019 年 11 月 22 日，永州市生物医药产业联盟成立大会在冷水滩区召开，首批 24 家生物医药企业代表参加会议。永州市人大常委会副主任魏湘江出席会议并讲话。新成立的永州市生物医药产业联盟是永州市内从事医药品生产、加工、贸易、储藏、运输、科研、检测的企业及院校，以及从事医药机械制造、包装等业务的企业组成的非营利性行业联盟，创始成员 24 家，其中生物医药产业专业企业 20 家，医药包装和医疗器械辅助企业 4 家，湖南时代阳光药业股份有限公司执行董事唐纯玉当选为第一届理事会主席。

新能源新材料产业

【概况】 2019 年，新能源新材料产业企业主要分布在祁阳、蓝山、江华、宁远、道县、江永等县区，重点企业为湖南新华浯溪水电开发有限公司、零陵远达新材料有限公司、祁阳凯迪绿色能源开发有限公司、湖南皓志科技股份有限公司等。全市规模以上新能源新材料加工企业 110 家，实现总产值 153.7 亿元，同比增长 26%，占全市规模工业总产值的 8.7%。永州清洁能源企业主要为水力发电、风力发电和光伏发电企业，规模以上水力发电、风力发电和光伏发电产业企业 53 家，完成产值 49.7 亿元，同比增长 20.1%。永州新材料产业主要包括显示功能材料、稀土材料、先进储能材料及动力电池、新型合金、化工新材料等行业，培育重点企业和重点项目，打造新材料产业链。新材料企业 27 家，产值 51.5 亿元，同比增长 7.8%。产品涵盖稀土材料、能源材料、新型无机非金属材料、新型环保建筑材料、生物材料、新型化工材料等多个领域。部分领域掌握核心技术。高性能稀土永磁粘结铷铁硼磁体制造技术达到国际领先水平，纳米碳酸钙可替代进口产品，技术水平国内领先，显示功能材料在全省处于领先水平和优势地位。

电子信息产业

【概况】 2019 年，永州市有电子信息产业规模企业 130 家，实现产值 232.4 亿元，同比增长 25.4%，占全市规模工业总产值的 13.2%。沿海地区电子信息产业企业先后转移落户到永州市，补齐永州电子信息产业链、生态圈，形成以冷水滩高科园、道县电子信息产业园、宁远高新区、江华高新区等园区为代表的电子信息产业企业聚集区。全市的电子信息企业以生产显示器材产品和电子元器件产品为主，主要是以冷水滩达福鑫显示技术有限责任公司、宁远裕宁电子有限公司、江华贵德集团为代表的显示器材产品制造产业链，以永州经济技术开发区锦络电子有限公司、道县晶辰电子科技有限公司、晶石电子有限公司为代表的电子元器件产品制造产业链。

【电子信息产业联盟成立】 2019 年 11 月 4 日，永州电子信息产业联盟在冷水滩区成立，市工信局党组成员、副局长李润志，冷水滩区副区长朱昌锋出席成立大会并为永州电子信息产业联盟揭牌。联盟旨在整合全市电子信息产业链条上各方力量，以企业发展需求和各方共同利益为基础，为全市电子信息企业搭建沟通交流平台，充分发挥龙头骨干企业的引领带动作用，联合产业上中下游企业和相关高等院校及科研机构，在技术研发、生产制造、市场开拓等方面谋求合作，促进全市电子信息产业发展壮大，联盟首批成员 21 家。

【永州数字经济产业论坛】 2019 年 10 月 11 日，永州数字经济产业论坛在冷水滩区举办，推动产业转型升级，实现数字经济产业高质量发展。活动特邀湖南省工信厅人工智能与数字化产业处处长颜琰、中国电子信息产业发展研究院信息化与软件产业研究所何明智博士作主题演讲。

软件和信息服务业

【概况】 2019 年，永州市移动互联网产业以发展电子商务和大数据产业为主。推动发展移动互联网重点企业。湖南世杰信息技术有限公司是全市唯一一家省级移动互联网重点企业，全年主营业务收入 8961 万元，同比增长 35.8%；利润 569 万元，同比增长 35.2%。永州市工信局组织市领信网络科技有限公司等企业申报工信部信息消费试点示范项目，组织冷水滩高科园申报 5G 应用场景项目，组织永州市和佳科技有限责任公司、湖南世杰信息技术有限公司等企业申报 2019 年移动互联网专项资金，其中 7 家企业获 230 万元移动互联网产业发展专项资金支持。湖南世杰信息技术有限公司被评为 2019 年湖南省互联网企业 50 强，宁远高新区被评为全省大数据产业园区。

【华为永州云计算数据中心上线】 2019 年 10 月 11 日，华为永州云计算数据中心上线仪式在永州举行。永州市委副书记、市长何录春，工业和信息化部信息化和软件服务业司负责人庄金鑫，湖南省工信厅党组成员、总经济师熊琛，湖南省政府发展研究中心党组成员、副主任邓仕军，华为公司数字政府业务部副总裁张怀冬，市领导吴志雄、严兴德参加上线仪式。华为永州云计算数据中心是华为在全国布局的 22 个核心节点之一，也是华为在湖南省内的唯一节点，对永州经济社会发展意义重大。永州市人民政府、湖南省发展研究中心与中国电信湖南省分公司签署湖南省电子政务外网统一云平台异地灾备中心三方合作协议并举行揭牌仪式；永州经济技术开发区管委会与拓维信息系统股份有限公司、北京中景合天科技有限公司、深圳市大象虚拟现实科技有限公司等七家产业合作伙伴签署入园合作框架协议。

2019 年 10 月 11 日，永州市人民政府、湖南省发展研究中心与中国电信湖南省分公司签署湖南省电子政务外网统一云平台异地灾备中心三方合作协议

信息化基础建设

【概况】 2019 年，永州市完成《永州市信息通信基础设施能力提升行动方案》的各项指标，完成投资 5.73 亿元，新增移动宽带用户 48.4 万户，新增固定家庭宽带用户 14 万户，新增 4G 基站 825 个，新增 NB（窄带物联网）基站 974 个，铁塔新增 637 座，室分新增 26 套。全市实现城乡 4G 信号全覆盖，行政村的光纤通达率 100%，自然村 4G 覆盖率 80%以上。

组织全市各县区科工局与运营商对全市自然村网络覆盖情况进行摸底，申报 2019 年“电信普遍服务”试点项目，在全市 93 个行政村建设 94 个 4G 基站，在补充申报过程中，申报在 86 个行政村建设 87 个 4G 基站，改善农村偏远乡村的网络结构建设情况，全市行政村的光纤通达率、4G 网络城区乡镇覆盖率、行政村 4G 覆盖率均为 100%。

【《永州市信息通信基础设施建设能力提升三年行动方案》出台】 2019 年，永州市工信局落实湖南省政府办下发的《湖南省信息通信基础设施能力提升行动计划（2018—2020 年）》文件精神，召集永州电信、永州移动、永州联通、永州铁塔及永州广播电视台等单位，比对省政府下达永州的任务情况，制定出台《永州市信息通信基础设施建设能力提升三年行动方案》，力争用3年左右时间，完成投资17亿元以上，把全市通信基础建设提升到同期全省平均水平以上，部分领域进入全省前列。

工业园（开发区）

【概况】 2019年，永州市工业园区规模工业总产值同比增长7.5%；规模工业增加值同比增长8.1%，实缴税金20.74亿元，新入统规模企业126家；全市新竣工投产投资5000万元以上工业项目88个，捷力泰科技、丰辉电机、华维节水科技、宇拓新能源等重大项目建成投产。全市35个重大产品创新项目完成投资32.68亿元，占年度投资计划的155%。全市园区新增基础设施投资111.24亿元，新建标准厂房168.7万平方米，税收过200万元企业139家，新签约投资5000万元以上工业项目125个，总投资额402.97亿元。特色园区建设稳步推进。引进金荣集团，采用EPC+O模式建设祁阳科创产业园，江华马达产业园致力建成“动力之城、马达之乡”，蓝山64家皮具箱包企业入园，打造“中国皮革皮具产业转移示范基地”。永州生物医药产业联盟、电子信息产业联盟、蓝山皮革皮具产业联盟、东安焊材焊剂产业联盟相继成立。筹建永州经济技术开发区钣金技术中心、新田汽车大灯检测中心等关键产业技术平台。永州经济技术开发区、江华、宁远、蓝山、东安、祁阳、新田等园区创建省级创业孵化基地。园区平台建设稳步推进。江华高新开发区设立全市首个县级海关工作站；祁阳盈通达物流园、冷水滩钰丹智慧物流园等一批现代化物流信息平台兴起。宁远高新区、东安经开区获评湖南省新型工业化产业示范基地，宁远高新区获批湖南省大数据产业园，永州经济技术开发区获批湖南省军民融合示范基地。截至2019年年末，全市有国家新型工业化产业示范基地1个（祁阳县），省级高新技术产业开发区4个（江华高新区、宁远高新区、祁阳高新区、道县高新区）。

【湖南冷水滩高科技工业园】 2019年，冷水滩高科技工业园新申报高新技术企业13家，入统规模企业10家，完成工业规模总产值157.57亿元，实现税收1.79亿元。福星电子项目被列入湖南省“5个100”中重大科技创新项目。湖南恒伟药业股份有限公司血络通等中成药生产过程自动化控制技术应用及推广项目列入湖南省100个科技产品创新项目。园区管委会引进硕士研究生1名，园区企业引进院士2名，博士5名，研究生30名，协调市、区人社部门和乡镇街道开展招工活动，引进生产型青年人才回乡创业务工2000人次。

园区总储备已批已征土地213.07公顷，其中工业用地85.8公顷，商住用地111公顷，其他用地16.27公顷。出让土地两宗总面积11.49公顷，居住用地一宗面积8.53公顷，工业用地一宗面积2.95公顷。骨架路网逐步建成。九嶷大道建成通车。“三路一桥”项目（水汲江路、凤凰北路、谷源路、水汲江大桥）进展迅速，土路基建设基本拉通。全面完成湖塘路、陶源路、凤凰北路提质改造。推进九嶷大道延伸段、盘王北路、淡岩路、谷源路、万寿路、天龙路等六条园区内道路建设。紫霞安置小区基本建成。完成紫霞加压泵站，新增用水7000吨/日。公交首末站建设投入使用，园区开通五路（4、12、22、26、66路）公交车。在中小企业创业园A幢4楼多功能厅建立永州市第二个5G站点，并与联通公司合作建设5G智慧园区。

全年园区洽谈项目40余个，签约重大产业项目13个，包括深圳捷力泰、湖南锐祺、永州迈锐客、粤鸿网络路由器、天鼎微波、山尼安防、香港帝鹏、乔氏劳务、中农城投、天龙电子、湖南禾通生物、鑫宇变压器、湖南经纬辉开等总投资59.5亿元。其中建立技术研发中心1个，建立院士工作站1个。新竣工投产企业11个，引进的深圳捷力泰、湖南锐祺、粤鸿网络路由器、永州迈锐客、天鼎微波、香港帝鹏、山尼安防等项目全部投产，在建项目兴立汽配、瑞柯电子、纤音电子建成投产。特别是永州迈锐客从3月引进到投产不到90天，创造新的冷水滩速度。

推动“放管服”和商事制度深化改革，落实联动机制改革。成立项目联动机制改革工作领导小组，制定《冷水滩高科技工业园联动机制改革工作方案》。实行点对点服务企业，建立园区企业服务台账，园区每名干部联系企业，给予企业解决在报批、办证、建设、生产、招工等各方面问题，确保服务无死角。创新服务企业工作法，推行“五免四进”（“五免”：园区免费公交循环；园区免费企业招工；园区免费法律服务；园区免费环境卫生整治；园区免费会场开放。“四进”：党的建设进企业；优惠政策进企业；现场办公进企业；安全生产进企业）工作法服务。

【湖南零陵工业园区】 2019 年，零陵工业园总规划面积 33.08 平方千米，入驻规模以上工业企业 72 家，总产值 117 亿元，增长 13.62%。规模工业增加值增长 8.5%，税收完成 1.2 亿元，增长 53.25%。形成生物医药、新能源新材料、电子信息等支柱产业，被评为“湖南最具投资潜力园区，湖南省推进新型工业化示范基地”“湖南省经济技术开发区先进单位”。

园区形成生物医药、新能源新材料、电子信息三大主导产业。生物医药产业方面，依托时代阳光、永靛中药、敬和堂、金翼堂等龙头企业，发展中药产业集群，截至 2019 年年末，投产生物医药企业 10 家，年产值 18.58 亿元，其中，时代阳光实现税收 2800 万元，技改升级和新生产线建设稳步推进。新能源新材料产业方面，基于零陵区丰富的锰矿资源，依托鑫城锰业、远达新材料、核芯新能源等龙头企业，形成以锰产品为主导、锰系新材料为代表、特色明显的新能源新材料产业体系，全年投产新材料企业 25 家，年产值 17.06 亿元。鑫城锰业完成 3 条生产线，年产值 3 亿元以上，税收 1500 万元；远达新材料年产值 3 亿元，税收 1000 万元；核芯新能源装修完成，正进行试生产阶段。电子信息产业方面，引进培育德福隆科技、盛迩威、中航星军民融合产业园等重点项目。园区有电子信息企业 20 家，年产值 16.69 亿元，其中，德福隆科技税收 500 万元；盛迩威超大屏项目正在试生产，是湖南唯一生产纳米银线超大触摸屏幕（85 寸~101 寸）企业。

邀请社会各界人士做客园区、宣传园区，营造全民招商氛围。完善和更新招商引资资料，制作集政策、成本、环境、项目于一体的投资指南。创新工作方式方法，出台园区招商引资工作流程，将招商引资工作规范化、程序化，提高招商引资工作效率。加强与沿海各级商会、零陵籍在外名人及招商中介组织的联系与沟通，及时了解沿海各地企业的投资计划、发展方向等信息。引进落地 24 个项目中，全部是主导产业及相关项目。新能源新材料引入投资 6 亿元的核芯科技，生物医药引入投资 5 亿元的德诺生物水提物项目，电子信息引入投资 3 亿元的盛迩威超大尺寸触摸屏项目和投资 5 亿元的巨云智能设备项目为工业园区主导产业。签约赛菱体育用品、德诺天然食物添加剂、永禾门业、核芯新能源锂电池、元硕电子、保银科技、盛迩威、中设华晋锰硅钙镁、鼎达科技等 11 个项目，总投资 26.3 亿元。专业化招商平台方面，时代伯乐产业基金入驻园区办公大楼，提供项目标的 6 家，成为永州市第一家政府引导的产业基金；天宇吉祥公司入驻园区标准厂房办公，对接企业 6 家；上海东方龙商务咨询有限公司对接企业 5 家，新引入 2 家。招商引资签约的项目和储备项目集中在生物医药、新能源新材料、电子信息，突出产业发展。

园区把营造良好的营商环境作为工作的第一要务，通过制定政策、简便手续、扩展服务等手段，进一步优化营商环境。办理集中盖章审批项目 21 个，并通过全程代办完成赛菱体育用品、雅大二期、核芯新能源锂电池、永禾门业、元硕电子注册、立项等手续的办理。颁发不动产证、规划许可证、施工许可证 26 本。在做好办证矛盾纠纷协调服务的基础上，进一步拓展服务领域。做好企业用工工作，完善用工信息平台，建立全区 18 岁~60 岁适龄人员用工库。完善物流运输，成立园区物流协会，整合物资进园区，快递进园区。组织企业申报高新技术企业、申报湖南名牌产品。搭建“助保贷”平台，为企业贷款 2000 万元。协调市投融资担保公司为永禾一出具 2200 万元担保意向函。设立 5000 万元工业发展专项资金和产业发展引导基金，组织银企对接，全方位保障企业资金需求。出台对企业的帮扶措施，想方设法降低企业的运营成本。鑫城锰业电价降低 0.16 元/度，3 条生产线满负荷运转，年产值 3.5 亿元，年缴税 1500 万元。支持远达新材料融入“一带一路”倡议项目，年产值 3 亿元，税收首次破 2000 万元。支持时代阳光药业加大技改力度，独家产品“喉咽清”纳入国家医保目录，税收 2800 万元。强化企业人才引进，出台人才引进奖励措施，对博士、硕士等高学历人才给予薪资、购房等补贴。时代阳光成立博士后流动工作站，核芯、盛迩威、异蛇科技等引入专家 10 多人。

加快推动平台建设，不断加

强基础设施建设，九条路网基本完工，河西污水管网和供水管网正在建设中。推进服务平台的建设，整体规划沙盘完成制作，于中心产品展示区内展示；厂品规划展示的客户接待平台、企业服务的一站式窗口与园区党群中心服务功能有效整合，有专人负责，正在有效运营；劳动力服务中心投入运营。大型商贸广场、超市、医院、学校入驻园区，以“城市化”“景区化”标准，促进产城融合。全面完成已建道路的纳污管、排水管50千米。加强电网建设，完成电网改造18.6千米，建设双回路电网。做好通信网络，铺设通讯光缆35千米，移动、联通、电信等宽带网络均进入所有企业。服务平台方面，创新创业大厦全面投入使用，可为企业提供总部经济中心、商务中心、会议中心、会展中心、创客中心等服务。其中，劳动力服务中心投入运营，实现基础设施同步跟进，增强园区综合承载能力。

申请专利175件，授权专利80件，技术合同成交额0.62亿元，科技成果24件，获省、市科技奖励10余项。时代阳光药业“中成药大品种喉咽清口服液核心技术的现代研究及产业化”获湖南省科技进步三等奖。异蛇科技的“眼镜蛇的规模化人工养殖技术”获湖南省科技进步三等奖，异蛇系列产品获第二届中国国际林业产业博览会金奖。雅大科技专利“一种生料酿酒发酵剂”获湖南省重点发明专利，并入选“湖南省百项专利转化推进计划”。

【湖南祁阳经济开发区】 2019年，湖南祁阳经济开发区新增规模以上工业企业17家，总数134家；实现规模工业总产值294.6亿元、规模工业增加值79.5亿元，同比分别增长10.7%、9%；实缴工业税金5.488亿元，同比增长17.4%，产业聚集度96.4%。其中，凯盛鞋业年产值15亿元，税金1亿元；海螺水泥年产值11亿元，税金2.1亿元；东骏纺织年产值12.5亿元，税金0.35亿元；科力尔电机年产值9亿元，税金0.45亿元。全区国家高新技术企业19家，高新技术产业主营业务收入225.57亿元，占工业主营业务收入的76.56%。

坚持“生态优先、绿色发展”理念，严格执行入园企业准入制度，凡属污染环境、浪费资源或不符合国家产业政策的项目不引不上，让保护与发展并重、做大总量与提升质量并行、产业竞争力与环境竞争力同步提升、经济建设与生态建设同步推进，组织申报省级绿色园区。

坚持把创新作为发展的第一驱动力，鼓励园区企业开展产学研结合，创新发展能力逐步增强。截至2019年年末，全区国家高新技术企业总数24家，高新技术产业主营业务收入230亿元，占工业主营业务收入的75%。祁阳经开区转型为省级高新技术产业开发区已呈文省政府待批。祁阳浯创科技企业孵化器、三吾同创众创空间，被评审认定为省级科技企业孵化器、省级众创空间。

完成基础设施投资11亿元。加快园企共建。与省内知名园区运营商金荣集团合作共建的科创产业园、科技企业孵化器、智慧园区等项目进展顺利。其中，科创产业园1.1期36幢10万平方米标准厂房整体交付使用。全年新建标准厂房40万平方米。加强综合配套建设。白竹污水处理厂完成主管网铺设3千米，日处理能力1.2万吨，祁阳科技工业园污水处理厂完成整改，指标全部实现达标排放。新埠头自来水厂主管网安装基本完成。灯塔公租房、长流公租房具备交付使用条件，水亦香路、望洲路、白竹路、渡香路、浯溪南路延伸段开工建设，祁阳科技工业园道路改造正在实施。灯塔、元结、滨江区、枫树等安置区正在建设，五里特色安置小区挂网招标。实施“百园靓城”工程和绿化攻坚“百日大会战”行动，启动或完成新埠头自来水厂、科创产业园、电子信息产业园、长流路、湘江桥头以及长流路公租房、灯塔公租房绿化工程，浯溪南路绿化正预算送审。鼓励企业建绿色工厂、创园林单位，实施厂区绿化企业21家。完成绿化投入3200万元，新

祁阳经济开发区概貌　　摄影　蒋盛文

种大苗6000余棵，小苗80万株，铺草皮10万平方米。

深入实施“产业项目建设年”活动，在招商、技改、入规、升高、上市等重点领域关键环节持续发力，加快项目建设落地。入驻祁阳科创产业园36个项目，投产企业10家，有16家企业正在装修。全年新增开工项目37个，新增投产项目16个，新增入统企业12家，完成固定资产投资85亿元以上。8月15日，成功举办祁阳融入粤港澳大湾区承接产业转移大会暨百企入园签约仪式，副省长何报翔宣布祁阳科创产业园开园，集中签约项目70个、总投资120亿元。另科技企业孵化器入驻企业60余家。以东骏纺织为依托，引进大联纺织、永宏纺织、骏邦纺织；以品颜科技依托，引进诚悦塑胶、安昌科技、佳利通科技；以科力电机为依托，引进碧锦塑胶、合力塑胶、永鑫纸箱，以大晶新材料、巅峰新材料为依托，吸引其上下游企业，拟建设锂电池产业园，已达成初步意向。凯盛鞋业二期、巅峰新能源、聚达电子、德明农牧、梦联佳电子、品颜科技、民生药业建成投产；晶鑫新材料、浯溪粉业、三鹏食品、朗盛科技即将投产；东骏三期、大联纺织、永宏纺织、骏邦纺织、特种电机、富康钢结构、明睿陶瓷、林辉鞋材等项目加紧建设；自然韵黑茶、富福服装扩建工程进展顺利。

以打造“政策最优、成本最低、服务最好、办事最快”的营商环境为目标，全方位服务企业，加强企业入驻、建设等手续全程代办，为所有新签约、新开工、新投产按期办结手续证照，基本实现“开办企业3个工作日内完成、不动产登记8个工作日内完成、工业建设项目施工许可50个工作日内完成”的目标。开展“工业企业服务年”“实体经济三走遍”等活动，对每一个入驻企业组成专门项目服务工作组，从立项、审批到开工建设、招工、投产，实行全程跟踪和“一条龙”服务。推进诚信招商，全年兑现装修、物流、土地出让金奖补等资金3253万元。组建专门班子，一套班子抓征地，一套班子抓土地报批，全年征地73.67公顷，拆迁315户；通过流动招聘、驻点招聘相结合、支持“机器换人”、帮助企业争取养老保险缴费费率过渡试点等措施，服务企业用工，新增招工6700人；率先成立供应链金融公司，搭建银企合作平台，较好地满足企业融资需求。

【湖南东安经济开发区】 2019年，东安经济开发区完成规模工业总产值134.58亿元，增长11.8%；完成规模工业增加值增长8.6%；完成实缴税金1.534亿元，增长18.66%；新建成标准厂房面积12.1万平方米，新增基础设施投入8.45亿元，新增入统企业10家。形成以神华火电、红狮水泥、中民筑友、兴发保温等企业为代表的能源建材产业；以湘江焊材、兴发电熔、瑞祥锌材料、特种焊材、安太猛业、东港锑品等企业为代表的焊材焊剂及有色金属加工产业；以凯翔鞋业、东辉鞋业、凯信鞋材、伟丰服饰、毅荃服饰、营纯制衣等企业为代表的轻纺制鞋产业；以歌诺雅乐器、泰源乐器、永晟乐器、汤氏竹业、林安雅竹业、舜皇峰竹业等企业为代表的乐器制造及竹木深加工产业；并华维节水及皋石智能科技企业为代表的设备制造产业。

完成园区总体环评，制定并通过园区循环化改造实施方案，新增标准化厂房10.89万平方米。园区污水处理厂、园区物流、园区创新创业服务中心、园区学校等园区“6个1”标准化配套项目建设正在推进，园区交通信号灯、增补公交线路、园区智慧网站年内全部完成并使用，园区标准化水平有重大突破和提升。截至2019年年末，园区开发面积3.66平方千米。新签约入园5000万元以上项目数9个（泰源乐器、永晟乐器、星隆无纺布、营纯制衣、瑞祥锌材料、东辉玻璃、华维节水、皋石科技、湘钢钙产业园），项目引资20亿元，其中投资5亿元以上项目3个，分别是华维节水、皋石科技、湘钢东安钙产业园。新进项目全部开工建设，其中6个项目竣工投产（泰源乐器、永晟乐器、星隆无纺布、营纯制衣、瑞祥锌材料、东辉玻璃）。

园区创建为省级新型工业化产业示范基地，实现建园以来省级工业基地破零目标；顺利进入全省省级工业园第一批循环化改造之列，并经省、市发改委审核通过实施方案；申报认定为全省第四批省级园区外贸综合服务中心，并落户园区。

推进基层党建、精准扶贫、安全生产等工作。狠抓非公有制企业党建工作，在园区建立东安经济开发区企业党群活动服务中心，设立“三区一校七室”，狠抓精准扶贫工作。所联系的大庙口镇高枧村完成基础设施类扶贫项目四类7项，产业发展类扶贫项目一类3项，雨露计划类3项。组织扶贫单位开展节日扶贫送温暖活动，捐款捐物3万余元，完成脱贫73户222人。持续强化安全生产工作。按照“安全第一、预防为主、综合治理”的总体要求，对园区企业分别签订责任状，建立安全生产隐患排查制度，健全完善应急救援预案，实现安全生产零事故。

【湖南双牌工业集中区】 2019年，湖南双牌工业集中区有规模工业企业50家，园区技工贸总收入完成78.05亿元，增长10.76%，规模工业总产值77.53亿元，园区规模工业增加值完成22.2亿元，分别同比增长10.56%和24.12%；园区规模工业企业实缴税金4087.74万元。对园区规划进行修编。规划面积修编5.08平方千米，远期规划8平方千米，按“一区六园”格局分布，即核心工业园、商贸物流园、竹木产业科技园、特色农产品加工园、化工产业园和生态休闲产业园，同时合理布局配套功能。有标准厂房36万平方米，另有10万平方米标准厂房在建。

签约引进尚道国际等项目6个，其中，新增招商入园过5亿元的企业1家（尚道生物科技）；引进1家博士后工作站（尚昇生物，并引进生物学家邹潮博士）；投资1.65亿元的金宝涟交通设施工程项目。贯彻落实《双牌县鼓励投资兴业发展产业实施意见》等各项优惠政策，促进更多工业企业向园区集中落户和达产见效。新签约入园的麦克斯新能源、尚农物流、金宝涟交通设施等3个项目完成开工建设。7月，麦克斯新能源项目投产，并作为全市产业项目建设现场推进会的展示项目；9月23日，完成金宝涟交通设施工程项目（原华长源波形护栏）重组签约。竹产业科技园项目建设全面推进，完成办公楼和5万平方米的标准厂房建设，阳明竹咏、万兴竹业等竹木深加工企业入驻生产；德普瑞虎杖提取项目正式生产；昊利锰酸锂项目工业集中区内二栋厂房完成主体钢架的制作与安装，二栋厂房主体工程完成。

高新技术产业主营业务收入125455.4万元，占比16%；获得专利授权数52件，同比增长173.68%；实现高新技术企业5家；获批湖南省中药材种植基地示范县；与国家林业和草原局北京林业机械研究所签订科技合作协议，在双牌竹产业园创建“十三五”国家重点研发计划项目“竹材高值化加工关键技术创新研究”成果示范基地，建立科研工作站，成功创建竹木产业专业孵化器；依托双牌湖湘农林业发展公司创建双牌县野生茶专业孵化器和功能平台，通过2019年度湖南省星创天地的备案和公示；南岭民爆公司被认定为省级企业技术中心；以昊利新材料、麦克斯新能源等公司为龙头正在申请创建永州市新能源新材料产业联盟，昊利新材料被列为2019年湖南省制造强省专项资金拟支持的项目并公示完毕。

【湖南道县工业集中区】 2019年，道县工业集中区形成以电子信息、轻纺制鞋、先进制造、生物科技为主导的四大支柱产业。规模以上工业企业113家，园区规模工业完成产值142.4亿元，税收2.68亿元，增长8.69%，其中工业增值税2.2万元；新增入统规模工业企业9家，高新技术企业6家，新增入园5000万元以上工业项目14个，新增5000万元以上工业项目竣工投产数7个，引进项目36个，合同引进资金56.53亿元。园区工业经济逐步呈集群式发展。以晶石电子、三湘源电子为代表的电子信息产业占园区规模企业总产值的30.17%；以建溢鞋业、凯新鞋业为代表的轻纺制鞋产业占园区总产值的33.92%；以和普新能源、龙威盛科技为代表的先进制造业占园区规模企业总产值的19.17%。

加快完善园区基础设施。园区拉开“九纵七横”的路网格局。文体公园“三馆一场”完成建设；道县绍基110千伏变电站有序推进；工业污水处理厂项目进入主体建设阶段；六小、东洲学校建成投入使用，谷源学校正在建设中；湘南医院完成主体建设。粤港澳大湾区“菜篮子”产品永州配送中心暨湖南农副产品集中验放场挂牌。

突出“项目为王”理念，加快建设“承接产业转移主阵地”。招商选资引领发展。突出链条招商，瞄准高科技企业、产业集群配套企业和一级供应商，引进上下游关联企业，延长产业链条，打造产业集群，电子信息产业链条初步形成，搭建先进装备制造产业数字智造小镇平台。把电子信息产业、先进装备制造产业作为园区经济发展的核心产业来抓，在项目扶持资金以及土地、用工等生产要素方面给予重点支持，集中力量做大做强电子信息产业、先进装备制造产业，扶持轻纺制鞋业做大做强。引进数字智造产业小镇和普新能源科技等多家上下游关联聚集力强的企业；温氏总部项目完成建设，即将试生产；讯溢科技、源浩科技、雅圆智能装备等多个在建项目建设提速；建溢鞋业、科贸林化产值税收创历史新高。储备项目取得进展。签订投资办厂合同36家，待签约过亿元项目4个，意向投资项目13个。截至2019年11月，创建高新技术企业13家，引进高新技术企业19家，专利申请175件。

【湖南江永工业集中区】 2019年，江永工业集中区有企业51家，其中规模以上工业企业43家，规模以下企业及其他8家；投产企业48家，在建企业3家。全年实现技工贸总收入54.07亿元，同比增长8.01%；规模工业总产值44.85亿元，同比增长6.59%；规模工业增加值11.89亿元，同比增长6.12%；新增入统规模企业4家，比2018年减少1家；实缴工业企业税收0.68亿元，同比增长38.95%；新增工业企业竣工投产数12个，同比增长9.1%；园区工业项目投资强度208万元/亩，同比增长1.5%；园区工业集中度91.67%，比2018年提高1.6%；园区主导产业聚集度67.81%，比2018年提高0.11%；高新技术企业户数占园区规模工业企业户数的25.58%，比2018年减少3.1%；新建标准厂房面积4.2万平方米，同比增加2000平方米；基础设施投入8.28亿元，同比增长6.1%；新入驻园区企业9个，比2018年增加2家；固定资产投资过5000万元以上项目新开工10个，同比增加1个；新增过亿元企业2个，与2018年持平。

路网改造工程全部完成并投入使用；完成健发产业园厂房装修工程及配套工程建设，所有厂房交付企业入驻并投入使用。园区污水处理厂2个，总投资6000万元的园区第二污水处理厂完成主体工程建设。

加快项目建设。完成投资5910万元，标准厂房竣工面积4.2万平方米，引进骏业光电、源江电子、国隆科技、迈超光电、中新再生资源等企业（项目）11个。完成绿色工业创新创业孵化园标准厂房项目建设，并交付使用。公租房项目主体工程全面完工，进入施工收尾阶段。竣工投产的工业项目有永屹科技、源江电子、国隆科技、中凯智创、鸿南电子、青鹤铝业等9个。绿色能源项目办公楼及教研楼，2幢厂房投入使用。投资4500万元、占地3.4公顷的健发产业园标准厂房建设项目，完成厂房外路面硬化、绿化及给排水等附属工程建设，做好3幢标准厂房的装修，企业入驻使用。

坚持“四零”原则，做到“让企业办事零距离，建设零干扰，服务零不满，环境零障碍”，为源江电子、国隆科技、中凯智创、骏业光电、迈超光电、永屹科技、富硒香米等企业和在建项目提供企业融资、用工服务、土地使用、规划设计和建设等方面的服务，企业对园区服务满意度98%。

【湖南江华高新技术产业开发区】 2019年，江华高新技术产业开发区实现规模工业总产值178.8亿元（高新技术产业产值占比67%），同比增长13.57%；工业税收2.4亿元，同比增长17.3%；进出口总额4.4亿美元，同比增长35%。各项主要经济指标保持较高增速，超额完成市级下达的考核目标。是年，获评2019年度全省真抓实干成效明显园区、全省外贸十强园区、湖南省中小微企业创业创新基地，在全省139个省级以上园区综合评价中排第十四名，连续4年保持在全省产业园区第一方阵。江华高新区党工委作为全省13个现场宣讲单位之一，以《党旗飘扬映瑶山》为题讲述江华高新区党组织和党员践行初心使命的先锋故事，受到省委常委、省委组织部部长王少峰肯定。获县“两新”先进基层党组织。

发挥“领导招商、以商招商、产业链招商”作用，签约引进荣立电机、森力新材料等项目30个，其中亿元以上项目15个，合同引资39.7亿元。组织多场招商推介会，联合上海行动教育科技股份有限公司举办的首届“江华经济增长企业家高峰论坛暨《无条件增长》公益高级总裁班”吸引200余名企业家参与。高新技术企业增加13家，总数增至34家。明意湖创建为湖南绿色工厂，县高新区科技企业孵化器作为全市唯一的孵化器在湖南省53家省级科技企业孵化器绩效评价中排前8位，神州瑶都江华众创空间以全市第一名的成绩获批省级众创空间。与中南大学共建产学研合作基地，精准对接校企合作。飞信达创建为省级工程技术中心。贵德集团被列入省“五个100”重大科技创新项目，佛尔盛被列入全省“5个100”重大产品创新项目。根据县委、县人民政府“马达之城，小家电之乡”的产业定位，培育电机电器产业链企业，促进丰辉电机、龙德晟电机、长锦成电器、顺合电机、荣立电机等电机电器企业投产。培育盛利高、诚德新材料、顺林模型等12家企业入统规模企业。培育外贸企业9家，园区累计外贸企业41家，其中华讯电子、运弘达电机、泉想湖科技、钰清贸易4家企业实现外贸破零，外贸进出口总量位居全市第一位。

在不增加政府债务的前提下，用市场化主体进行融资和争取债券资金，全年筹集资金6.83亿元，保障园区发展建设和工作运转。完成土地征收49公顷，房屋征收51户。在不增加政府性债务的情况下化解债务7890万元，其中开元公司6890万元、城北公司1000万元。筹措资金归还利息7800万元。园区获评全县防范化解重大风险先进单位。

完善联席会议制度，升级企业服务中心，将中小企业服务平台、科技企业孵化器、众创空间整合运营，推行指挥长负责制、全程代办制、限时办结制。全年累计兑现招商引资优惠政策奖励金及企业奖补资金2.25亿元。完善园区“七通一平”基础设施，雨污分流管网、供水管网升级改造，实施绿化、美化、亮化工程，开工建设芙蓉学校、第二机关幼儿园、博雅中学、江华瑶族自治县“互联网+政务服务”平台等配套设施，完善园区配套功能。开展拆违控违和渣土管理工作，保持园区环境规范整洁。全面禁燃效果显著，配合中央、省、市、县环保督察工作。聘请有资质的单位对纳入第二污水处理厂处理范围内的区域排水系统及各个企业排污进行专业评估。开展就业服务，推出一系列就业优惠政策包括购房补贴、住房公积金补贴、教育优惠政策。全年举办大型招聘会34场，协助企业招录员工5000余人。

打造平安园区。排查隐患230条，并整改到位。组织园区规模以上企业12家安全生产管理员参加全市安全生产培训，全部合格。16家企业创建为三级安全生产标准化，并获得证书，超额完成县安委办企业标准化创建任务指标。开展安全生产知识宣传教育活动5次，与园区规模以上企业签订安全生产风险管控责任书，落实企业安全生产主体责任，以确保安全生产“零事故”。开展园区治安巡逻防控，惩治涉及园区企业违法犯罪、破坏经济发展环境等行为，不法行为较2018年同期下降45.7%。调处各类矛盾纠纷92起，调处成功率100%，处置各类报警求助178起，行政拘留41人，刑事拘留10人，破案3起，为园区企业及群众挽回经济损失60万元。全年园区无赴省进京越级上访和群体上访等非正常上访事件发生，无重大群体性事件的发生。湖南贵德科技有限公司获评“平安企业”创建示范单位。

【湖南宁远高新技术产业开发区】 2019年，湖南宁远工业园区改名为湖南宁远高新技术产业开发区，园区以打造“十亿企业、百亿产业、千亿园区”、争创国家级高新技术产业开发区为目标引领，注重稳增长和转型升级统筹推进，高质量发展成效明显。全年完成规模工业总产值142.6亿元，同比增长14.1%；规模工业增加值增长9%；规模工业实缴税金1.86亿元，同比增长50.2%；工业投资占比76.2%；工业技改投资增长45%；高新技术产业产值占比71%。有市级重点项目11个（新建项目7个，续建项目4个），其中光电智能终端和新能源新材料产业园建设项目被列入“5个100”省级重点项目。11个项目总投资68.15亿元，截至2019年年末，累计完成投资27.68亿元，占年度计划的115.3%。硕宁电子、顺盈芯、海粤达3家企业获湖南省2019年制造强省专项资金支持。裕宁电子微能采集技术应用项目、康德佳科技中药材综合开发与应用项目列入全市重大科技创新项目名单。光电智能终端和新能源新材料产业园标准厂房建设项目争取中央专项债资金6亿元，占全市、总争资数的50%。园区年终绩效综合考评位列全市前三；先后获批为省级高新区、省级大数据产业园、国家级外贸转型升级基地（鞋类）、省级绿色园区、省级新型工业化产业示范基地，获评全省土地节约集约利用园区二等奖、全省商务工作先进园区，困扰园区多年的环评和调区扩区工作全部获批通过。

负责雷家源村、下胡家村两个贫困村的扶贫工作，有贫困户123户、贫困人口490人。贯彻“发展产业带动脱贫，推动扶贫政策落实，巩固扶贫成果”工作总基调，分别派驻2名工作队员驻村帮扶，全面协助村委会开展经济发展、精准扶贫、综治民调、计划生育等各项工作。全体帮扶责任人坚持每月走访入户，开展大走访大调研，督促贫困户参合参保、核实扶贫政策落实情况、帮助贫困户脱贫致富，做好结对帮扶工作。全年没有一起扶贫领域作风不良现象。

【湖南新田工业集中区】 2019年，新田工业集中区园区完成规模工业总产值100.19亿元，增长17.23%；实现规模工业增加值24.2亿元，增长10%；完成固定资产投资12.6亿元；完成工业技改投资18.5亿元；新增入统规模工业企业数5家；工业实缴增值税完成4914.09万元，均创历史新高。引进投资5000万元以上的工业企业8家，完成投资11.15亿元，在8月全市重点产业项目现场观摩会中现场打分位列B类县第一名。

完成基础设施投入5.5亿元，新建标准厂房13.07万平方米，创建为新田县中小企业服务平台1家，创建新田县硒锶研究院关键技术平台、富硒产业联盟和林工产业联盟、创新创业带动就业孵化基地等。完成《新田工业集中区发展规划（2017—2020）》；推进园区主干道路、污水处理厂、园区电网主杆搬迁工作；完善园区学校、医院、生活超市、商务酒店、客户接待平台等基础配套设施。普瑞达、德力重工等8家企业获得高新技术企业认定，和祥润、吉星家居成为“湖南省小巨人企业”。基础设施投入20亿元，园区内完成“五通一平”，形成三横五纵的路网；同时建立水、电、通信等专供管网；升级和完善环保设施；完成绿化、美化、亮化工程。有规模以上工业企业55家，形成以林工产业（家私产业、林工制造、富硒农产品）为主导产业，智能装备制造（电子信息、新能源、新材料）为特色产业的新兴工业园。

加快“放管服”改革，依托全省规模最大的县级政务中心，实行签约项目集中盖章和代办服务制，实现一次告知、一次办结，缩减企业审批时间；完成“智慧园区”平台建设；印制园区服务办事手册、建立园区特色网站1个（并与省发改委并网），方便企业群众办事。

所联扶贫点（龙泉镇秀富里村）顺利出列并多次通过上级检查；推进“百企帮百村”，接纳建档立卡贫困户1600余人，园区党建工作多次考核均实现零扣分，创建为基层党建示范点2个和星级支部2个；整顿企业存在的环保问题，开展环保整改提升工作，效果明显；安全生产工作总体平稳，未发生重大安全责任事故，实现安全生产“零死亡”目标；在农民工工资问题上和园区企业历史遗留问题、打黑除恶上，化解多个较为复杂的矛盾和问题，全年无群体性事件和进京赴省上访事件发生。

【湖南蓝山县经济开发区】 2019年，蓝山县经济开发区有企业293家，其中工业企业122家，规模以上工业企业78家，外贸进出口15家，就业人数38990人。完成规模工业总产值157.86亿元，增长15%；规模工业增加值增长9.1%；完成规模工业实缴税金1.2566亿元，增长23.01%；新增入统规模工业企业7家；新增入园5000万元以上工业项目数7家；新增5000万元以上的工业项目竣工投产数5个；新建标准厂房面积15万平方米，园区工业经济运行呈现稳步增长的良好态势。申报三峰茶业、鑫旺竹业等4家公司为全国高新技术企业，蓝山经开区创业孵化基地继续获评省级优秀创业孵化基地。形成皮具箱包、轻纺制鞋、电子信息和农副产品加工四大主导产业。先后被评为全国“毛衫名城”；湖南省第三批改造提升传统产业类型的新型工业化产业示范基地；省级创业孵化基地；获湖南省外贸进出口基地县、市级经济发展先进园区。获全市园区绩效考核优秀等级，位列B类考核单位第一名、“全市规模企业培育工作先进单位”“全市平安园区”。

皮具箱包科技产业园签约企业30家总投资35亿元，其中落户购地24家，租赁标准厂房4家，准备土地挂牌2家，意向签约企业6家。湘江源皮具产业园完成一期建设，入驻企业45家。蓝山县皮具皮革产业被列为全省“100个重大产业项目”、全市“五大产业联盟”之一。12月28日，从事皮具箱包制造、销售、研发，以及皮革、布料、五金、塑料等辅助产业生产、销售的46家企业加入蓝山县皮具箱包产业联盟。

完成电力杆线搬迁立杆工程。新建12幢13.3万平方米标准厂房，主体完工。完成征地64.4公顷，迁坟468余穴；丈量房屋40户，拆迁房屋7幢。进行25个地块面积达132公顷土地平整施工，完成108.67公顷土地平整，形成标准地133.33公顷。皮具箱包科技产业园投入基础设施建设资金7亿元，土地房屋征收全部完成。完成华侨路、龙泉南路、学府路便道施工，完成龙泉路、金石路、金信路道路工程，加快推进德政北路、科技北路工程建设。

新增竣工投产5000万元以上工业项目5家，被列为市园区升级战役重点项目10个，均按年初建设规划及内容要求快速推进。盛海源纺织、维利玩具、五岭智能、葫芦娃食品、湘威三期5个项目建成投产，推进皮具箱包科技产业园、标准厂房二期、星月玩具三期、万和科技二期等项目。12月，工业污水处理厂运营，完成从东方大道接入工业污水处理厂总长865米的污水主管工程，以及长394米的杰顺纺织厂专用污水管道接入工业污水主管道工程。皮具箱包科技产业园、皮具箱包标准厂房二期被评为永州市产业项目建设年“5个10”优秀项目。

在新政务服务中心专门设立园区服务中心，推行“网上办、自助办、帮您办、预约办”，做到“线上+线下”同时办，进一步缩短办理时限，优化审批流程，为企业、项目审批开通“绿色通道”。经开区与县科工局联合组建蓝山县招商服务中心，负责全县招商引资、跟踪服务和落地企业的全程代办工作，先后为奇秀集团、邦一科技、盛远皮具等13家皮具箱包企业在最短时间内办理证照。同时，为保障园区企业稳工，落实专项补贴政策，每季度兑现园区企业交通补贴资金60余万元；组织园区企业80余人分四期进行就职前培训。

交通运输业

综　　述

【概况】　2019年，永州市交通建设投资目标任务完成53.15亿元，为年度计划投资52.37亿元的101.49%，完成通客车线路窄路加宽603千米，为市定目标考核任务557千米的108.3%；完成自然村通水泥（沥青）路建设1747千米，占市定目标任务1740千米的100.4%；完成安保工程1820千米，为目标考核任务1820千米的100%。其中，省道356江华沱江至涔天河一级公路、东安芦洪市至小江口公路（二期）、国道207零陵朝阳大道等项目建成通车；9月，永州第一座大型斜拉桥九嶷大桥建成通车；湘桂铁路永州地区扩能工程、永州火车站提质改造、零陵机场扩能扩容项目进展顺利。完成农村公路建设投资12.7亿元，完成以农村公路提质改造和自然村通水泥（沥青）路为主的各种农村公路建设改造4170千米，农村招呼站150个。呼（呼和浩特）南（南宁）高铁邵（邵阳）永（永州）客专、兴（兴义）永（永州）郴（郴州）赣（赣州）铁路、永（永州）贺（贺州）铁路列入国家《中长期铁路网规划》，永（永州）清（清远）广（广州）高铁纳入《粤港澳大湾区城市群

涔天河复建道路整体航拍照

发展规划》；衡（衡阳）道（道县）高速衡阳至冷水滩段、冷水滩至零陵段明确项目投资人，完成前期准备工作，冷水滩至零陵段建设里程在原规划35千米的基础上增至59千米，投资额由原计划的31亿元增至60亿元；湘江永州至衡阳千吨级航道改扩建工程分两期建设的方案获批准，全市申报的43个长1065千米干线公路项目被纳入全省“十三五”国省干线公路建设规划。截至2019年年末，全市公路道路运输经营业户15031户，从业人员70632万余人，拥有客运企业46家，营运客车3358辆，客运线路995条，等级客运站场60个，平均日发班次10074个；全市公路货运企业67家，其中，危货企业13家，危货车辆485台，普通营运货车11718辆。全市有二类以上机动车维修企业125家，机动车驾驶员培训机构（学校）100所；中心城区改革重组公交总公司，公交线路41条，公交车辆756台；中心城区有出租汽车企业8家，出租汽车1102台。全市

有水路运输企业18家，客（渡）船437艘，采砂运砂船136艘，货运船12艘。内河航道总里程545千米，其中等级航道147千米，有渡口90处、码头泊位262个。10月，市交通运输局被交通运输部、人力资源和社会保障部评为五年一度的“全国交通运输系统先进集体”；12月，被交通运输部、公安部、国管局、中华全国总工会联合表彰为“全国绿色出行和公交出行活动先进集体”。永州市被湖南省综合交通运输工作领导小组表彰为“交通运输综合体系建设工作优秀市州”“省重点民生实事农村公路建设工作优秀市州”和“铁路安全环境整治工作良好市州”，首次全部揽获三项大奖，是全省获得奖项最多的市州之一；重点建议办理在市人大常委会测评评议中连续3年排名第一位，建议提案办理工作连续3年被评为全市先进，局绩效考核工作以经济管理部门排名前列的成绩连续4年被市委、市政府评为优秀。有党风廉政建设、安全生产、社会综合治理等10余项工作被评为省、市先进。冷水滩区被评为“四好农村路全国示范县（区）”，宁远县获评全省第一批“城乡客运一体化”试点县区，蓝山县在湖南省率先开展“通村村”农村服务平台建设。

【交通运输规划】 2019年，永州市交通建设发展规划进一步清晰。明确永州为湘粤桂“区域性综合交通枢纽城市”的总体定位，对接《湘南湘西承接产业转移示范区总体方案》，先后组织编制《永州市“十三五”交通发展规划》《永州市“十三五”综合交通运输体系规划》《永州市城市公共交通专项规划（2013—2020）》，确定以“两高两航三路”为重点的“大交通”建设思路。5月，市人民政府副市长周荣峰邀请交通运输部专家参加《永州综合交通运输体系规划（2019—2035）》咨询会，就永州交通长远发展规划提出建设性意见。

【城市公交服务】 2019年，永州市狠抓市城市交通运输责任有限公司运营管理，开展“全国公交都市”创建活动，是全省第二个开通快速公交BRT的城市，开展中心城区出租车行业专项整治活动。9月，市交通运输局在全市“六城同创”调度会上作为唯一典型代表发言。

【交通领域“放管服”改革】 2019年，永州市优化出租车从业资格考试工作。从10月11日起对出租汽车驾驶员从业资格考试进行优化调整。取消区域科目“实际操作考核”的方式，将考核员面试考核的内容并入区域科目的“理论知识”考试，通过计算机考试一次完成，缓解部分驾驶员因面对考核员过度紧张问题，提升考证通过率。将每月一次的网约出租车资格考试改为每10天组织一次。每个考试批次提前1个月开放报名通道，在驾驶员背景核查上，不再要求驾驶员提供《机动车驾驶人安全驾驶信用情况》，改由市客管办统一到交警部门开具；并免费为考生邮寄证件到家。对已取得巡游出租汽车从业资格证的驾驶员，诚信考核等级达到AA级以上的，无须再经考试，可持相关证件，直接依申请办理巡游车资格证转换为网约车资格证。出租车从业资格证超过3年未申请注册的，重新上岗不再需要参加岗前考试，只需经营企业提供不少于27学时的继续教育承诺书，可直接办理上岗注册手续。

【交通领域人大代表建议办理】 2019年，永州市交通运输局承办

2019年8月，市委书记、市人大常委会主任严华走进公交车厢，体验市中心城区流动名片永州公交独有的“空乘式”服务和特色车厢文化

人大代表建议32件，办件数量居政府系统前列，内容涵盖交通运输建、管、养、运各领域各环节，所有交办的代表建议全部按时按质按量依法办结，办结结果非常满意5件，十分满意1件，很满意1件，满意25件，属于A类的11件，B类的21件。

【永州大道综合管廊建成】2019年2月1日，永州大道综合管廊建成和永州大道恢复通车仪式在永州大道主道举行。中共永州市委书记、市人大常委会主任李晖宣布永州大道综合管廊建成和永州大道恢复通车，市委副书记、市长赵应云讲话，市委常委、市委秘书长唐能武，中国建筑第五工程局有限公司党委书记、董事长田卫国出席，副市长欧阳元初主持通车仪式。通车仪式结束后，参加仪式的市领导、中建五局领导、市人大代表和政协委员以及市直有关部门负责人乘车巡览永州大道。

（刘文良）

公路建设与养护

【概况】 2019年，永州市公路工作完成各项目标任务，公路路况稳中有升，依法治路严中有序，公路运转安全顺畅，按照市委事业单位改革的总体部署，市公路建设养护中心转为公益一类事业单位，永州路桥公司整体移交市国资委。截至2019年年底，全市公路总里程23076千米，其中高速公路4条长492千米，占全省高速公路总里程的8%；国道（新标准）7条，省道22条，国省干线公路共长2600千米（一级公路148千米，二级公路1166千米），占全省国省干线公路总里程的8%，国省道二级以上公路占比51%；农村公路19984千米，占全省农村公路总里程的10%；乡镇通沥青或水泥路率、行政村通达率、通畅率100%；市公路建设养护中心获得2019年全市绩效考核优秀单位，被评为县脱贫攻坚先进单位。在全省公路系统综合目标管理考核中获红旗单位。4月，获湖南省文明单位称号。

【“交通提速”】 2019年，永州市公路建设养护中心围绕市委、市政府“交通提速”目标任务，完成国省干线公路大修工程32.7千米，总投资7597万元，其中省补资金6679万元，工程质量合格率100%，优良率97.5%以上，安全生产零事故。推进各项重点工程建设。江永承担县城区11.87千米的路网提质改造项目，完成产值9300万元；零陵区投入1700万元，完成零（零陵）双（双牌）一级公路主体工程和扫尾工程；道县投入2439万元，完成濂溪桥改造、国道207线中修工程等工程项目；冷水滩区投资1587万元，完成国道322线、省道340线共4千米公路“白改黑”工程改造等项目。推进自然村通水泥路和砂路建设工作，完成规划内和规划外项目1780千米，占市定目标任务1740千米的102.3%。

【公路路况】 2019年，永州市公路部门投入干线公路日常养护、应急保畅、公路安全生命防护工程和危桥改造经费5.1亿元，全市国省道公路路况优良率91.28%（超出88%的指标要求）。实施预防性养护里程78千米，投入3150万元，完成交通标志调整工程1487.05千米。国道207、国道322全线378千米（全省抽检500千米）以优良的路况和整洁的路容路貌获得交通运输部2019年度国家路况监测抽检组高度评价。全市累计实施美丽公路建设350千米，建成停车区5个、服务区3个。祁阳县公路局总投资1.16亿元，“一路一主题”，打造美丽公路。冷水滩区落实“五道五治”“路长制”，打造冷东公路等4条整治示范路；投入200余万元，建成祁（祁阳）冷（冷水滩）公路“绿色长廊风景线”。“四好农村路”建设成效显著。全市农村公路中等以上17923.46千米、中等率89.88%；农村公路绿化率85%以上，创建绿化美化线路167条，总里程767.59千米；创建文明示范乡镇33个，文明示范路117条。冷水滩区创建为国家“四好农村路”示范区。

【依法治路】 2019年，永州市形成“政府主导、部门联动、全民参与”的齐抓共管公路保护机制成，“路长制”管理模式逐步推广，全市国省干线路域环境得到有效的管控。开展普通干线公路路域环境整治和养护保洁百日竞赛活动。全市清除路障3096处，拆除非公路标牌3043块。活动期间，投入资金3200余万元，购买路面清扫设备6台，清理水沟130余千米，疏通涵洞3260多座，开展治超突击行动261次，查处违法超限超载车辆305台，卸载货物6803吨，强制切割恢复原状车辆109台。制定“进出中心城区公路扬尘整治”工作方案，督促零陵、冷水滩、东安、祁阳、市经济技术开发区对进出中心城区道路进行扬尘治理，取得好的效果。开展路政专项整治。针对“马路市场”、严重违法路政交办案件开展路政专项整治，加大路域环境整治力度，巩固和扩大“路政管理示范路”创建成果。冷水滩区伊塘、双牌茶林等10处“马路市场”得到有效整治。督办双牌茶林镇在天子山天桥擅自架设水管等重要路政管理案件，维护路产路权。办理处罚案件211起，拆除跨路龙门架2处，清除摆摊设点1166处。深化“放管服”改革，办理行政审批198件，群众满意率100%。

【超限超载车辆治理】　2019年，永州市检测车辆45283台，处罚867台，卸载14432吨，境内车辆超限率0.8%左右，稳控在1%以下，治超工作在全省排名第四位，获先进单位。专项整治“三超三驾”。重点开展平板车辆违法改装、货运车辆非法改装、货运源头企业治理三大专项整治行动。全市相关源头企业、车主自行恢复163台，强制切割53台，全部恢复原状。建立重点货运源头单位名录，重点货运源头单位向当地政府100%签订《源头治超工作目标责任书》和《货物规范装载协议（承诺书）》，市、县（区）两级治超部门组织召开源头企业治超会议70次。联合治超向常态化制度化推进，对重点线路、路段、源头运用异地交叉执法，坚持“一超四究”不放过。新建和完善11个超限检测站，完成市县区信息化平台11个，新建不停车检测系统20套，完成蓝山、宁远非现场执法，实现省市县站四级联网。蓝山非现场执法和路面突击检查行动成效较好，在全市治超工作推进会上作典型发言。

【畅安公路建设】　2019年，永州市畅安公路建设有序推进，全市公路运转正常，实现“零事故、零死亡”。增加安全防护经费54余万元，消除国道537线南风坳路段大修工程施工路段交通安全隐患。组织实施“隐患清零”。市、县两级公路部门对管养国省干线公路的安全隐患进行一次全面、彻底排查，排查安全隐患点78处，全部整改到位。严格落实桥隧安全监管制度，组织公路隧道隐患排查，投入704万元对零陵分水岭、双牌塔山一号等7个隧道提质改造。筹资290万元对因水毁造成的国道207线5处较大隐患实施整治。各县区公路部门加强对事故易发路段的日常巡查监控，发现隐患502处，及时整改到位499处。吸取湘潭县“9·22”交通事故的深刻教训，国庆特别防护期间新增4个卡点，对治超毒瘤违法源头企业、超限超载车辆、车主实行“零容忍”。实施生命防护工程和危桥改造。公路安全生命防护工程完工2027千米；国省道公路危桥改造完工10座，完成投资5622万元；农村公路危桥改造备案项目完工27座。投入6670多万元应对雨雪冰冻和洪涝灾害，争取水毁抢修补助资金535万元，路面灾毁恢复重建资金2238万元。蓝山县公路局获评2018年度省“平安交通创建示范单位”。

（永州市公路建设养护中心）

交通建设质监管理

【概况】　2019年6月6日，永州市交通建设质量安全监督管理处根据永州市编办《关于印发〈市直事业单位分类工作有关问题的处理意见〉的通知》更名为永州市交通建设质量安全监督站；内设机构调整为综合部、人力资源部、质量监督事务部、监理检测服务部、安全监督事务部、工程造价事务部、行业指导事务部7个科室，全站编制55名。核定站长1名，副站长（正科级）4名，内设机构领导职数部长（副科级）7名。承担市级权限内的公路、水运工程及其附属工程的新建、改建、扩建的工程质量、施工安全监督等事务性工作；承担穿（跨）越、改建运营高速公路A、B、C类工程质量、施工安全监督等事务性工作；协助主管部门开展交通建设质量安全监督的相关事务性工作；负责全市公路水运工程监理和试验检测市场管理工作；协助上级办理公路水运工程施工、监理、试验检测机构和人员的资质申报、认证与考核工作；总结交流本市交通建设工程质量、施工安全工作经验及组织相关人员的业务培训工作；负责全市交通建设工程造价及材料价格信息管理。

【工程质量监督】　2019年，永州市交通建设质量安全监督站开展综合检查2次，专项检查3次，质量巡查15次，对检查中发现的问题下发检查通报12份，整改通知书3份，并跟踪督促各从业单位进行整改落实。受监干线公路项目10个，包括国道207零陵至双牌一级公路零陵段、省道348祁阳黎家坪至冷水滩马坪公路、省道355江华分水岭至白芒营公路、省道228新田县城至竹林坪公路、国道234新田县城至土桥公路工程、冷水滩珊瑚路至东安井头圩公路经开区段、省道354道县上关至湘源温泉公路、冷水滩区珊瑚路至东安井头圩公路东安段、蓝山县毛俊水库公路复建工程、湘九公路。全年完成交工检测的项目有省道355江华分水岭至白芒营公路、国道207零双一级公路、省道348祁阳黎家坪至冷水滩马坪公路、省道356涔天河至沱江公路。受理毛俊水库复建工程Y369、C093线、湖南省普通国省道交通标志调整工程（永州）、永州市公路局2019年度国省道大修工程和湖南省政府还贷高速公路服务区公共卫生间改造工程4个项目的监督申请。

【“互联网+”智能监管】 2019年，永州市交通建设质量安全监督站按照《湖南省交通建设项目从业人员履约监管平台管理办法》，实行“一月一通告，一季一通报”的方式进行人员履约管理，实时下发通告，从业单位对此有异议的可按“一月一申诉”原则每月通过系统在线申诉，全年下发从业人员履约情况通告10份，从业人员履约情况通报3份，受理申诉181条，受理人员撤场81条。

【工程安全监督】 2019年，永州市交通建设质量安全监督站开展春节后复工全方位安全检查，确保节后复工安全生产持续稳定。开展“打非治违百日行动”、安全生产“大排查、大管控、大整治”、安全生产“隐患清零”等专项行动，严厉打击整治突出的非法违法、违规违章行为。开展桥梁、隧道安全专项督查，把山区公路建设项目以及桥隧工程列入监管工作重中之重。推进安全生产“隐患清零”整治行动，特别是防汛抗洪期间及时下发《关于进一步做好防汛抗洪工作的紧急通知》，并对全市在建工程项目进行专项检查。开展“强作风促行风”“强执法防事故”专项行动，对重点工程项目省道228新田县城至竹林坪公路、国道234新田县城至土桥公路工程，省道355江华分水岭至白芒营公路、省道356线涔天河至沱江公路进行督查。累计开展各类专项检查6次、综合检查2次、专项整治行动4次。检查施工、监理单位80家，查处安全隐患50处，下达整改通知书15份，下发通报5份，下发“安全隐患”交办函4份，下达行政处罚决定书1份。

【安全培训教育】 2019年6月24日，永州市交通建设质量安全监督站开展“防风险、除隐患、遏事故”为主题“安全生产月”和“安全生产三湘行”活动，在祁阳黎家坪至冷水滩马坪公路（冷水滩段）第八桥梁标施工现场举办，向项目业主、监理、施工企业发放《交通建设安全知识教育读本》、公路水运工程“平安工地”建设口袋丛书《专职安全员必读》《一线工人必读》，购买安全生产宣传挂图、宣传资料、安全生产典型事故警示DVD录像盘发放各建设单位。组织参建人员观看警示案例片30场、举办安全教育培训10场、悬挂安全生产横幅110条、挂图30套。

【造价管理】 2019年，永州市交通建设质量安全监督站对建设项目的变更审查集中专业技术力量，分项目分标段进行审查，实行初审、复审制度。全年出具造价审查报告23份，其中，审查变更15批，上报变更金额7724.63万元，审核后金额6641.68元，累计核减金额1083万元；审查清单预算及施工图预算项目8个，上报金额302281万元，审核后金额292500万元，核减9781万元。永州市交通建设工程造价管理站被省交通厅造价站评为先进单位。

【监理检测管理】 2019年，永州市规范工地试验室备案审批制度。对新开工的工程项目工地试验室建设人员资质、人员配置、场地要求、试验仪器要求、质量保证体系进行现场指导，规范化管理，加强驻地监理机构管理，规范监理行为，提高监理水平。加强对在建干线公路的监理机构、监理人员、监理资料等工作的督查、指导、通报、整改、复查，开展监理、工地试验室的专项检查，指导监理处、试验室10家。全市干线公路监理机构按照合同和规范要求开展工作，质量保证体系运行基本正常，质量和施工安全总体处于受控状态。对项目工程从开工到竣工全面开展监理试验企业、从业人员的信用评价工作，实现对试验检测市场行为的有效引导和监控。

【行业管理】 2019年，永州市交通建设质量安全监督站按照工作部署制定《永州市农村公路建设工程质量与安全监管指导性意见》；各县区相继成立自然村通水泥（沥青）路质量安全领导小组，加强自然村通水泥（沥青）路质量安全保障；制定并下发《永州市农村公路在建工程、交竣工验收项目关键指标抽检办法》。

（黄彩霞）

道 路 运 输

【概况】 2019年，永州市道路运输经营业户1.465万户，从业人员11万人。有客运企业50家，等级客运站场40个，营运客车3239辆，客运线路995条，平均日发班次8000个；完成客运量7213.56万人，旅客周转量463233.69万人千米；有货运企业150家，普通货车1.35万辆，危货车辆0.05万辆，完成货运量9669.28万吨，货物周转量2293969.79万吨千米；有二类以上维修企业125家；驾校100所，教练车3059台，教练员3196人。建成农村招呼站150个。城乡客运一体化进展顺利，行政村班车通客车率100%。完成春运、黄金周、“两会”等重大节假日和防汛、冰冻灾害天气等重要时期运输保障工作。永州市道路运输管理处道路运输安全“隐患清零”考核全省第一名；2019年度汽车维修电子健康档案系统对接率100%，排全省第一名；获2019年度全省道路运输管理政务信息和新闻宣传优秀单位、2019年全省道路运输行业统计工作先进单位、2019年道路运输春运工先进单位、永州市春运工作先进单位和全市治理车辆超限超载工作先进单位等称号。

【道路运输安全生产】 2019年，永州市道路运输管理处根据湖南省交通运输厅《湖南省道路运输安全隐患清零管理办法考核细则（修订）》，开展安全“隐患清零”再升级行动。层层签订安全责任状，实行目标管理考核，安全监管分级分片包干责任制。通过“联网联控”动态监控，建立横向到边、纵向到底、责任到人的道路运输安全网格化监管体系，结合道路运输安全“隐患清零”督查、春运交通安全检查、安全生产风险隐患“大排查大管控大整治”百日行动、道路运输安全监管“强执法防事故”行动、“农村客运安全专项整治”行动、“落实企业安全生产主体责任年”行动、“安全生产月”和“安全生产三湘行”、“交通运输领域顽瘴痼疾”整治等专项行动，全面排查道路运输安全隐患，对查出的问题以“一单四制”（隐患清单、交办制、台账制、销号制、通报制）原则，形成闭环管理。全年道路运输行业检查发现隐患844个，销号834个，销号率98.8%。

【客货运站场管理】 2019年，永州市抓好2018年客货运输企业、客货运站场质量信誉考核。考核结果：客运企业AAA级的1家、AA级的33家、B级的12家，未考核的4家；危货企业AAA级的1家、AA级的10家；普货运输企业AAA级的0家、AA级的30家、A级的34家、B级的29家，未考核的46家；客运站AAA级10的家、AA级的19家、A级的3家、未考核的8家。开展道路危险货物运输专项整治和监管执法。完成省交通运输厅下达农村招呼站建设任务150个，截至2019年年底，全市建成农村招呼站2287个。抓好道路运输行业节能减排工作，淘汰黄标客车145台、货车279台、教学车辆29台，引导经营者选用节能型车辆。完成下放省、市际以及省市毗邻县行政区域间道路旅客运输经营许可事项工作。确保省、市际及省市毗邻县行政区域间道路旅客运输经营许可的顺利实施，完成承办衔接工作。全市11家危险货物运输企业按照《湖南省道路危险货物运输企业安全生产主体责任落实情况监管平台暂行管理办法》建立信息化、智能化互联网平台，督促企业安全管理规范化和提升行业管理精细化水平，全市11家危险货物运输企业达标率96.8%。

【维修市场管理】 2019年，永州市机动车维修企业质量信誉考核结果为：AAA级（优良）33家、AA级（合格）67家、A级（基本合格）16家、B级（不合格）1家、新办维修企业8家。推进道路普通货运车辆异地检测、便利货车检验检测服务。全面落实道路货运车辆“三检合一”（综检、安检、环检）。把“货车非法改装”整治工作列入日常监管重点工作。全国汽车维修电子档案建设推进工作排全省第一名，全市125家一类、二类汽车维修企业覆盖率100%。

【驾培市场管理】 2019年，永州市抓好驾驶员培训机构2018年度质量信誉考核。考核结果：质量信誉考核十佳驾培机构10所；优质服务驾培机构5所。持续推进政务服务改革，道路运输从业资格证发证时间由规定的20天加快到2~3个工作日；从业资格证诚信考核、继续教育工作下放至县区；落实新版《道路货物运输从业资格考试大纲》，应用能力均采用电脑系统考核的方式进行，减少人为因素。组织开展道路运输驾驶员继续教育培训工作和全市道路运输从业资格考试管理工作，组织考试132场次，参考人数5110人。严格全市道路运输从业资格管理，吊销道路运输从业资格证7人。规范从业人员档案管理，为道路运输市场源头安全提供保障。联合市公安局交警支队开展全省十佳文明交通“五个一”标兵驾校、五十佳文明交通“五个一”优秀驾校、五十佳示范交通安全宣传阵地、十佳文明交通法制课课件创建活动，有15所驾校获得荣誉称号。

【运政管理】 2019年，永州市组织营运车辆年度审验工作，审验营运客车2757辆，审验率82.89%，合格率100%；审验营运货车8091辆，审验率69.22%，合格率100%，审验危货运输车辆470辆，审验率96.9%，合格率100%。取消总质量4.5吨及以下普通货运车辆道路运输证和驾驶员从业资格证。

规范道路货运源头治超工作。组织开展农村客运安全专项整治行动工作，组织执法行动730次、出动执法人员9180人次、检查生产经营单位426家、检查车辆1173辆、立案调查370起、查处农村客运车辆非法违法经营行为81起、暂扣许可证照11个、经济处罚166.54万元、发现安全隐患168处。

（蒋玉成）

航空运输

【概况】 2019年，永州机场以“安全、发展、品质、党建”主题，以党建为引领，以问题为导向，推进各项工作。机场因跑道病害无法满足运行需要，从3月20日起停航进行提质改造。截至3月20日，完成航班起降954架次，旅客吞吐量70849人次，完成货邮吞吐量1.6吨。

【机场安全生产】 2019年，永州机场坚持“安全第一、预防为主、综合治理”的工作方针，签订安全质量责任书，细化人员责任，强化责任落实，开展企业法定自查和安全大检查，组织员工开展“学规章、守规章、考规章”，开展风险管理制度化、规章落实岗位化、日常监察常态化、安全教育规范化，实现永州机场安全形势持续平稳发展。

【军民航融合】 2019年，永州机场通过建立协调顺畅、资源共享、优势互补的管理机制，逐步形成“军为民用、民为军备”的运行保障机制。针对机场存在设施设备陈旧老化、人员紧张等问题，加强军民关系协调，实现军民双方坚持军民联席会议，规范协同内容，健全日常协调机制并签订军民相关保障协议4类，固化工作程序22条。军民双方简化空域内飞行计划审批流程，优化运行协调程序，改变多头协调模式，建立空中与地面运行归口运行新模式。

【机场提质改造】 2019年，永州市政府成立永州零陵机场提质改造工作协调领导小组，加强与军方、民航行业主管部门和市委市政府的沟通协调，推进跑道应急改造和候机楼提质扩容项目建设工作。

（盘少玲）

铁路运输

【概况】 永州火车站隶属于中国铁路广州局（集团）有限公司衡阳车务段，位于永州市冷水滩河西梧桐路，为永州市交通行业最大的“窗口”单位。车站始建于1938年9月，2004年4月18日从永州市冷水滩区零陵中路搬迁到现在的潇湘大道。2013年12月28日，衡柳铁路开通运营，一并开通电气化铁路。永州火车站既有高铁，又有普速，是客货混跑的综合型一等客货运区段站。有职工301人，设运货班组4个和客运班组4个。车站有正线3条、到发线10条、站台5个，每天接发列车198列，其中旅客列车108列（动车组46列）、货车90列，分芦洪市、高溪市、东安东、楠木塘、滩头湾、永州东6个方向接发列车。车站设有售票窗口11个、自动售5台、自动取5台。2019年6月，永州火车站提质改造工程开工，在不改变车站主体结构的前提下，对内部空间、候乘环境、客运设施进行提质优化。候车室由原来的五个候车室改为上下两个候车室，候车面积14215平方米，新增候车面积1300平方米。

【铁路运输安全生产】 2019年，永州火车站日均办理接发列车近200例，接发车方向多、相互交叉干扰，站内作业较复杂、股道运用紧张。开展“安全大反思”“战暑运保安全增效益”“防溜安全攻关”“拉网式隐患排查”“高铁安全隐患排查”“劳动关键人包保”“三大一保”等10余项系列安全的活动，针对性地制定安全卡控和整改措施。制定或重申多项针对性的卡控措施：编组接送核对、客车发车签认、逻辑检查电路故障处置注意事项、半自动闭塞区段第一轨道电路占用时闭塞操作规定、电报接收规定、三调调车盯控办法、排列进路措施、间休手机管理、货检在列处理要求等。通过活动开展和生产需要、修改《站细》和文电拔萃，对各类作业指导书、文电进行清理。完善多项卡控措施：防止信号楼重点事项遗漏，完善控制台标注办法；防止客车错接货车股道，完善信号员提前修改客车接车股道；防止调车短进路机车冒进挤岔，完善排列短进路前将前方道岔操至正确位置；根据控制台联锁电路特点，规定半自动闭塞第一区段占用时办理闭塞要求等。

【铁路运输经营】 2019年，永州火车站利用节假日客流高峰期的契机，增开临时旅客列车。全年完成发送人数3578203人，完成年计划的102.2%，与2018年3510807人相比多发送67396人（其中高铁发送1899526人，占比53%），增长2%；完成运输进款37535.7万元，完成年计划的104.2%，与2018年进款36609.3万元相比多收926.4万元，增长2.5%。其中窗口售票张/进款588833张/32156307元；代售点售票张295574张/39195027.5元；自动售5台：售、取票1262381张/3264826.5元；自动换5台：取票1291287张；共计5924336张/450523060元。全年到补任务完成367370.5元，与2018年完成327083.5元相比，多补41688元，增长12.7%。全年出售乘意险完成114555张，进款343665元。

【职工培训】 2019年，永州火车站根据“以人为本，按需培训”和“质量第一，实用实效”的原则，强化一线生产职工岗位培训和适应性培训。全年进行月度学习、岗位练兵、月度业务考试、重点加强新图实施、暑运、施工管理、防洪工作、人身安全、防寒过冬和春运培训等多项工作，各类专项培训及考试、等级考试、新职人员培训300余次，平均每月约25次。较好地完成全年职教培训计划。车站与湖南高速铁路职业技术学院及本地职业学校联盟，把车站作为学习实训基地，着力解决学生实习问题、车站人员短缺问题，形成互帮互助优化联盟。

（张玲）

2019年，永州火车站提质改造后新貌

水路运输

【概况】 2019年，永州市海事系统有10个监控中心，其中市级监控中心1个，县区监控中心9个，辖区水域监控点39个。对辖区内渡口、码头、客（渡）船舶进行全时段监控，督促各县区监控中心必须按照辖区各监控点最早、最晚一班客渡船渡运时间，以及辖区各监控点赶集日，学生上学、放学时间，做好重点渡口、重点时段的重点监控，力保辖区各监控中心值班人员按时到岗到位。加大对辖区重点渡口、重点水域、重点时段的监控，及时纠正违章9次，下达《监控点违章行为》通知书3份，及时纠正监控中心违规行为13次；对县区监控中心存在的问题约谈分管海事工作的交通运输局副局长、海事局局长。

【船舶防污染】 2019年，永州市根据省地方海事局关于船舶防污染专项行动的相关要求，对船舶防污染结构和设备进行实船核查及检验。辖区有客渡船舶419

艘，应安装油水分离器船舶119艘，全部安装油水分离设备；运砂船舶176艘，应安装油水分离设备169艘，安装油水分离设备52艘；出港船舶8艘，应安装防污设备7艘，已安装油水分离设备7艘；未要求安装防污设备的船舶全部配备油污桶或柜。下发永州市地方海事局《水环境保护及水运绿色发展三年行动计划（2018—2020年）》2019年方案，辖区完成119艘客运船舶、52艘运砂船舶、9艘长途货运船舶油水分离设备和6艘400总吨以上出港船舶生活污水处理器的安装工作。辖区客渡船舶的简易厕所全部拆除；针对无法拆除厕所的运砂船舶，厕所全部禁用；18艘400总吨以上船舶全部安装生污水处理器。

【安全监管】 2019年，永州市海事局开展重大事故隐患治理。会同市安委办、市交通运输局对祁阳县、东安县、零陵区、双牌县、道县、江华瑶族自治县2017年挂牌督办的“三无”（无船名船号、无船舶证书、无船籍港）采、运砂船舶整治、从业人员无证上岗、非法载客等重大隐患治理进行核查验收，此次重大隐患治理共取缔、拆解“三无”采、运砂船舶949艘，培训无证船员680人，取缔非法旅游船舶71艘，取缔、拆解自用船、农用船非法载客船舶10艘，设置清障航标122座，立案调查86起，处罚金42.45万元；同市安委办对双牌县江村镇访尧村非法汽渡重大隐患治理进行核查验收，此次隐患治理拆解非法汽渡3组（6艘），新建汽渡1组（2艘），码头提升改造1处；重大事故隐患排查治理工作取得显著成效，并通过市安委办的核查验收，完成全部隐患销号相关工作。

与各县区海事局签订《安全生产责任状》，明确县区海事管理机构各自的职责和责任；全年召开季度安全工作例会3次，专项工作会议2次。开展各类专项执法活动620次，出动执法人员2884人次，排查隐患345处，依法立案处罚86起，罚款63.9万元，移送公安机关12人，行政拘留2人，船员违法扣分45分，拆解“三无”采、运砂船舶74艘，“僵尸船”14艘，取缔非法旅游竹筏8艘、摩托艇2艘，各类违法行为得到有效谒制，辖区水运安全生产形势持续平稳，全年未发生一起水上交通安全责任事故。

开展安全生产月为主题的安全宣传活动，进学校、进社区、进渡口、进码头，发放安全宣传资料6500多份，安全图片650多份，安全宣传作业本3600多本，各类宣传横幅320副，媒体宣传报道18次，社交媒体网站平台发表新闻报道22篇；组织相关单位人员参加《湖南省河道采砂管理办法》宣传贯彻培训会，提高水路企业、从业人员的安全意识。

【海事政务服务】 2019年，永州市海事系统成立“互联网+政务服务”工作领导小组，按“互联网+政务服务”的工作要求，梳理和录入申请类政务服务事项10项、非申请类政务服务事项41项，申请类政务服务事项在“互联网+政务服务”一体化平台实现网上受理、办理。截至2019年年末，办结船舶登记证书402件、船员适任证书213件、船舶检验证书306件。

【船舶船员管理】 2019年，永州市海事系统根据《船员违法记分管理规定》的要求，督促县区海事机构开展船员违法记分工作，实施非法记分326分。湖南省地方海事局《关于进一步明确船舶安全监督工作有关事项的通知》的要求，督促县区海事机构开展安全监督检查，安全检查情况录入系统428条。按照省地方海事局《关于明确我省内河船舶船员管理职责分工的通知》文件要求，指导县区海事局按照文件要求落实到位，协助指导县区开展船员培训。其中，在双牌县举办一期三类船员适任培训班，培训驾驶58人；在江华举办一期适任培训班共培训驾驶、轮机96人，在冷水滩举办一期适任培训班培训驾驶、轮机72人；在双牌举办一期基安培训班，培训船员115人；在祁阳、冷水滩区举办客渡船员特殊培训班3期，培训船员232人。

督促各县区海事局（处）落实船舶进出港签证报告制度，辖区全年进出港申报9168次。规范船员办证流程，推行服务薄的签注，对未办理服务簿签注的船员证书不予换、发证书，全年办理船员适任证书431本。

【港航管理】 2019年，永州市以“企业主体责任年”为契机，督促县区海事局对水运企业“落实企业主体责任年”，抓好制度的修订和落实。指导企业标准化管理，带领辖区水运企业到郴州市水运企业进行学习交流。在省地方海事局组织的第三方抽查中，全市参加抽查的14个水运运输企业全部通过，在“企业主体责任年”活动评估中，18家除2家未参加评估，2家未达60分外，14家企业达60分以上。

协助开展防污染工作。联合市河长办、水利、生态环境、海事等部门对有关县区非法上砂码头进行全面核查，摸清底子，做到不留死角，辖区核实非法码头（含吊台）69处。69处（列入省整治的非法码头37处）非法上砂码头全部整治到位（其中纳入砂石集散中心规范提升的12处）。完成船舶污染物接收站点建设任务5个（冷水滩完成2个，祁阳县完成3个）。

水路运输经营资质年度核查。辖区应核查水路运输经营者70家（户），其中非个体户28家，个体户42家。实际核查30家（户），核查数占应核查数的42.86%，通过核查27家（户），核查不通过3家（2家企业船舶运力不达标限期整改，1家公司资质不达标）。未参加核查34家（水运企业1家解散未注销，1家新设立未参加核查；个体户32家），未参加核查数占应核查数的57.14%。在未参加核查的个体户32家水路运输经营者中，因辖区禁止采砂对船舶进行拆解、变卖终止生产经营未参加核查30家，从事省际运输的2家经营业户因船舶转让未注销许可证未参加核查。在实际核查的经营者中，水路运输企业（单位）核查通过率96.43%。

完成港口吞吐量和旅客运输量上报。港口吞吐量2160415万吨，同比减少33.38%，旅客运输量2135117万/人次，同比增长15.61%。

开展船名录数据库清理维护，更新维护上报注销、合并水运业户7家、港口企业0家，比2018年的名录库减少7户，其中公司业户减少7户。全市名录库数据41家。督促县区对“重要港口”渡口数据库进行清理，各县区上报渡口35道。

【船舶检验】 2019年，永州海事系统有在册营运船舶611艘、41290总吨、34228千瓦、载货量29146吨、客位15786人，主要是客渡船、自卸砂船、旅游船等。截至2019年12月6日，完成营运检验403艘、27962总吨、22138.36千瓦、13129客位，载货量21761吨。按《湖南省船舶检验局关于清理船舶“船、图、证”数据的通知》要求，对全市所有的船舶的“船、图、证”情况进行全面清查，对船舶无图纸、图纸不全或实船与设计图纸不符的，要求立即重新补图，否则不予营运检验，全年上报核查20米以船舶77艘，完成20米以上所有船舶检验的一致性核查。对辖区所有船舶进行普查，对客船、渡船、旅游船、运砂船、挖砂船进行摸排，分门别类的建立船舶台账。清理已报废船舶，二年未检，上报应休眠船舶。辖区未发现船舶参与涉海运输。按照《湖南省地方海事局关于印发〈湖南省船舶救生设备专项检查实施方案〉的通知》要求，对营运船舶救生设备配备、技术状况检验核查，并检验船舶全部配备规范的救生设备。

【水路春运工作】 2019年春运期间，永州市按照“以客为主、客货兼顾”指导原则，完成水路春运各项工作。全市水路交通投入船舶8019艘，投入客位数321712个，运送旅客31.25万人次，同比分别增长0.51%、1.89%和下降29.93%。春运办编制春运简报5期，永州红网、永州头条对水路春运工作做相关报道。

（陈家麟）

城市公共交通

【概况】 永州市城市公共交通运输有限责任公司（以下简称永州公交公司）成立于2017年12月，属中Ⅰ型国有独资公益性企业，主要承担市中心城区公共交通运输及相关配套设施建设开发运营等业务。有党委班子成员7人，董事会成员6人，监事会主席1人。职工1625人，内设7个部门（综合部、财务部、审计部、运营安全管理部、后勤保障部、人力资源部、稽查部）、3个党群机构（党委办、监察室、工会）、9个分（子）公司（一分公司、二分公司、租赁分公司、公交驾校、公交汽修厂、乐享旅游、宏旺新能源汽车销售公司、永州交运旅游客运、餐饮服务公司）、2个合资公司（龙交物业服务公司、永安行网约车公司）。拥有公交车746辆（其中LNG燃气车130辆，纯电动车616辆），常规公交线路、BRT快线41条，年运营里程4335万千米，年客运人次1.3亿人次。公交场站10个，充电场7个，充电桩186个。

2019年，公司获“永州市五一劳动奖状”，被中国土木工程学会城市公共交通分会评为“推动中国城市公共交通创新协同发展先进集体”。22公交路线获得“市巾帼文明岗”“青年文明岗”荣誉称号，被评为“全国新能源高品质线路”，全国仅10条，全省只有1条。公司党委书记、董事长唐晓波获“推动中国城市公共交通创新协同发展先进个人”，车长谢显文被评为2019年2月“湖南好人”，22路女车长桂艳华被评为“全国安全行车一百万公里优秀驾驶员”。

【公交运营服务】 截至2019年年末，永州公交公司总资产6.89亿元，比2018年增加0.6亿元。全年乘坐人数1.4亿人次，实现公交营业收入1.38亿元（含税），同比增长37.99%。公司成功消化个体公交反承包、购车等债务3500万元。公司顺利搬迁至市公交智能调度中心。8月，全市第一次“好差评”集中测评中得分93.07分，比2018年末的87.11分上升6分，清明节免费送市民扫墓、爱心送考等公益活动持续推进，春节期间实施公交不打烊。9月，首期BRT正式开通，成为全国第33个拥有快速公交的城市。开通支付宝、银联、微信、美团、公交电子卡等无现金支付，全部车辆实现无人售票，通过实施“车长制”，提升“空乘式”服务标准，开展文明创建活动、特色文化车厢文化创建等。

【公交配套设施建设】 2019年，永州公交公司推进12个公交场站的落地。冷水滩河西枢纽站获到省政府批文，进入征地环节。冷水滩河东停保站、零陵中路首末站、零陵萍岛首末站、九嶷大道枢纽站、拓塘枢纽站、天龙枢纽站、淡岩首末站7个场站办理选址意见书。香零山枢纽站、零陵朝阳公园首末站在办理选址。全年开展工程项目88个，其中总公司52个，梨子园7个，租赁分公司1个，康济大道11个，零陵河西14个，零陵日升1个，零陵火车站2个。新增零陵河西停车场、烈士公园两个充电场，零陵河西停车场新建1500千瓦充电桩25个，公司充电桩161个，不仅能保障公交车基本运营，还能保障社会车辆充电。购置纯电动公交车90台，其中，中国中车60台，宇通车辆30台。

2019年10月15日，湖南科技学院校党委书记曾宝成一行将一面题为“情系教育、心想人民”的锦旗送到市公交公司党委副书记、总经理蒋竣手中，以此感谢第303路公交线路开通

【公交安全管理】 2019年，永州公交公司创建安全生产标准化建设一级达标企业，全面取消第三者责任险，引入承运人责任险，设立安全发展基金，调整车长安全工资结构比例，提高违规处罚标准，落实早班会、休班会，建立“严进宽出”的黑名单制度。1月—11月，发生有责事故92起，总损失157.2万元，百公里经损率4.03元，与2018年同期相比，分别下降40.3%、76.3%、78.3%，优化调整9条线路，新增10路、26路、303路、306路、机场专线、对接高铁夜班专线、永州经济技术开发区免费接送专线等线路6条，中心城区公交年客运周转量1.3亿人次，公共交通分担率28.16%，超过D类一等城市标准，满足中、小城市大于等于20%的标准。

【公交产业转型】 2019年，永州公交公司确定“以副养主、分流人员、轻装创业”的思路，抓紧公交副业布局。公司驾校率先实施转型，培养合格驾驶员504名，连续二年盈利。修理厂注册成立公司，新增小车常规保养、车辆美容、发动机大修、轮胎更换、四轮定位、轮胎动平衡、车身冷作、油漆等维修业务，具备对外营业条件。租赁分公司、交运旅游、乐享旅游实施三块牌子、一套班子、协同发展。其中，租赁分公司与71家企事业单位签订长期合作协议，与33家单位建立长期合作关系，总营业收入5546439元，超额完成全年的经营指标和任务，被纳入永州市公务用车唯一补充平台，成为党政机关、企事业单位公务出行首选。物业分公司对外承接业务，与龙光集团达成战略合作，签约服务项目7个，合同年收入1214.8万元，成为永州市物业协会副会长单位。新能源汽车销售分公司正式营业，销售车辆96台。网约车公司完成冷水滩、东安、祁阳、宁远等线路布局。注册成立房地产公司，为公司场站建设和棚户区改造做好前期铺垫。

【永州公交通过安全生产标准化一级达标企业现场考评】 2019年7月2日—3日，由交通运输部委托中国道路运输协会组成的专家评定小组，对永州公交一级安全生产标准化进行现场考评。永州公交以958分（总计1000分）的好成绩通过现场考评。这是永州道路交通运输领域在安全生产标准化创建上获得的最高分，也是永州目前唯一过900分的道路交通运输单位（企业）。

市公交公司在一级安全生产标准化创建活动中，创新教育培训方式，将要培训转为必培训，将小培训转为大轮训，将重安全转为重意识；业务部门抓隐患跟踪，台账管理抓工作落实，重大隐患抓提请上报，隐患排查治理不留死角；处罚标准提“级”，制度设计抓“严”，安全考核增“重”，制度设计考核突出刚性；主题活动覆盖全年，星级评比两线捆绑。通过全面的安全精细化管理，企业实现安全防护标准化、安全管理程序化、安全教育制度化、文明提升常态化，安全工作获得全面提升，事故起数全面下降，百公里事故损失降至行业新低。

【永州公交22路线获“全国新能源公交高品质线路”】 2019年9月6日，在北京召开的“全国新能源公交高品质线路”经验交流会上，永州公交22路线获“全国新能源公交高品质线路”称号。永州市公交公司副总经理唐爱军出席会议接受表彰。“新能源公交高品质线路”评选活动由交通运输部于2018年发起，全国有130余条线路参选。经实地走访调研和行业专家推选，评选出“新能源公交高品质线路”，永州公交22路线属湖南省唯一获此殊荣的公交线路，全国仅10条。

永州公交22路线有17台纯电动公交车，32名人员，其中车队队长1人，副队长1人，调度员2人，车长28人。除车队队长外，其他31名人员均为女性。该线路成立以来，无重大服务投诉，无重大安全事故，群众满意度92%。22路公交线多次被中央电视台、湖南卫视予以报道，被誉为永州的窗口公交，城市名片中的名片。7月，市妇联授予22路“市巾帼文明岗”称号，车长桂艳华、吕秀被授予“市巾帼建功标兵”。

（唐志潇）

邮政通信业

邮 政 管 理

【概况】 2019年，永州市邮政业务收入完成7.98亿元，同比增长12.81%；业务总量完成9.13亿元，同比增长27.49%。全市快递服务企业业务量完成1302.11万件，同比增长23.47%；业务收入完成22847.99万元，同比增长25.89%。有邮乐购站点3467个，基本覆盖所有建制村，全市乡镇快递网点覆盖率100%。

【邮政综合服务】 2019年，永州市邮政管理局提升制村直接通邮质量。组织开展建制村直接通邮情况检查、督导建制村投递打卡工作；检查建制村308个，通邮率100%、5千克以下包裹投递到户率100%；建制村打卡率稳定在98%。推进“快递两进”工程，建成快递末端综合服务站335个；因地制宜推广智能投递设施，投放智能快件箱80组；持续推动快递企业标准化建设，城市快递自营网点标准化率95%；规范快递三轮车管理，组织全市快递品牌企业对三轮车进行“六统一”（统一标准、统一标识、统一备案、统一编码、统一保险、统一培训）工作，全市600辆三轮车完成“六统一”工作，提升末端服务车辆规范化管理水平。督促市邮政分公司，投入1634.3万余元，完成祁阳龚家坪、蓝山新圩等10个网点整修及道县祥霖铺网点的翻建工作，同时新建新田、江华等县域仓储配送中心。支持各企业参与绿色包装试点示范，助推企业获取《永州市促进邮政和快递业健康发展实施方案》中关于绿色包装10万元的一次性奖励，电子运单使用率95.47%。联合团市委、市级青年文明号单位共同开展“快递业从业青年服务月”活动，“冬日递

2019 年，永州市邮政管理局举办快递行业旺季服务保障培训班

暖”“夏日送凉”等关爱快递员活动尤其是困难快递员的生活。

【邮政“放管服”改革】 2019年，永州市邮政管理局推动市政务服务中心与中国邮政集团永州市分公司签订“互联网+政务服务”一体化平台合作协议和“互联网+政务”快递服务合同，推出“在线咨询、网上申请、快递送达”的“互联网+政务服务”新模式，实现大厅办快递送、网上办快递送、手机办快递送，让群众办事“零跑腿、不见面审批”。推动税邮双方开展合作，实现“税务+邮政+服务”模式，同时推动全市147个邮政普遍服务网点对外开办涉及驾驶证业务、机动车业务、互联网平台业务等17项交通管理业务，逐步实现全流程网上办理和“一门、一次、一网”要求，助力“不见面”审批，方便群众办事。

【邮政行业安全管理】 2019年，永州市邮政管理局实施“放心安全消费工程”，开展“不着地、不抛件、不摆地摊”专项治理，提升行业服务满意度、时限、申诉处理满意度，邮政业消费者申诉处理满意率连续3年保持100%。严格“三项制度”执行，全市邮快件日均实名收寄率稳定保持在99%以上，基本实现出县邮快件“过机安检”全覆盖，全年未发生重大安全事故。

【邮政创新业务】 2019年，永州市邮政管理局推进“邮快合作”（邮政快递合作）发展。巩固前期“邮快合作”网点，业务量逐渐增加，业务收入呈上升趋势；祁阳县石鼓源、道县洪塘营邮政所成功推进与“四通一达”等多家民营快递邮快合作试点工作，网点每月业务量、收入均有增加。加强与本地电商、供销融合发展。引导寄递企业充分发挥自有电商平台作用（邮乐购、顺丰小当家），开展线上宣传及营销推介，助力农特产品上行，增强“快递下乡”的内生动力。江永县各寄递企业累计销售夏橙40余万件，其中通过电商销售0.9万吨，电商交易额6300万元。

指导各快递公司共同成立快递末端第三方服务平台，进驻城区各街道、社区及大型小区与校园。成立“快递超市”“百米驿站”等各末端配送点100余个。引导乡镇“快快”合作，整合乡镇快递代办网点、打造公共服务平台、整合末端网点资源。以祁阳县为试点，实现乡镇快递服务网络有覆盖、安全责任有主体、生产场所有规范、经营管理有标准、日常监管有落实的“五个有”新格局，基本完成乡镇末端网点整合专项升级。

（唐宇红）

邮政服务

【概况】 2019年，永州市邮政分公司有服务网点125个、便民服务站3723个，有投递机构166个、邮路847条，总投递里程28678千米。邮政业务收入5.68亿元，同比增长7.45%，其中寄递收入6790.7万元，同比增长32%，实现税后利润3191万元。集邮业务收入1157万元，其中完成“放飞梦想　快乐成长”个性化邮票项目申报3354版。报刊业务收入2450万元，增长13.2%。年度报刊收订流转额8794万元，增长14%。函件业务收入1127万元，增长23.5%。快递包裹业务实现规模发展，快递包裹完成828.7万件，实现收入4108.8万元，收入进度、量收同比增长、电子商务快递包裹市场占有率三项指标均排全省第一位。分别获评“全国信息通信行业用户满意企业”“全省919电商节先进单位”“全省平安邮政优秀单位”称号。

【金融业务发展】 2019年，永州市邮政分公司金融业务收入

4.02亿元，同比增长5%，排全省第六位。新增储蓄余额18.7亿元，新增市场占有率10.7%。完成保险费用5.14亿。储蓄利差收入3.3亿元，同比增长4.5%，排全省第三位。网络金融业务持续提升，新增手机银行激活客户13.7万户，排全省第一位；新增收单商户3.8万户，排全省第四位，联动商户存款1.7亿元。消费金融新增放款5390万元，结余1968.3万元。新增网点自助柜员机设备110台，升级网点统一柜面系统、免填单系统，提升业务办理效率。

【邮政网运管理】 2019年，永州市邮政分公司完成邮速“三合一”整合（邮件处理中心资源整合、运输资源整合、投递资源整合），提升邮件接发处理能力。市邮件处理中心日处理能力从5万件提升至10万件。优化整合揽投部15个，实行区域化管理，提高投递服务能力。开通永州至衡阳、永州至长沙反向二干邮路17条，永州至广州临时一干邮路1条。加快全程运递时限，严格落实全网小件快包集包工作，加快邮件传递速度。“双十一”期间收寄快递包裹47万件，同比增长176.84%。

【邮政基础建设】 2019年，永州市邮政分公司投入基础工程建设资金2400余万元，做好市公司中心机房搬迁改造、市公司会议室装修改造、零陵中路营业厅装饰工程、祁阳县大忠桥镇、江华瑶族自治县码市镇网点装修工程，项目总体改造面积5860平方米。完成祁阳县、新田县域仓库配送中心建设工程，推进道县祥林铺支局重建、江华县县域仓库配送中心建设。11个市、县级会场、78个软件会议终端、14个一体化会议终端均成功接入省公司新可视会议系统。完成全市邮政服务网点自助柜员机设备上线；完成全市安防网改造，所有联网监控设备从综合网改入安防网。

【提升服务水平】 2019年，永州市邮政分公司服务工作以“提升服务质量”为主题，以“普遍服务达标”为主线，推进普遍服务达标提质。乡镇网点覆盖率、建制村直接通邮率和普遍服务网点四项业务的全面开办率均达100%，网点开通第三方支付率100%，县级以上党政机关主要党报党刊当日见报率100%，网点运营率从87.6%提升至98.4%，条码平信业务办理率从27%提升至99.6%、丢损率控制在1‰以内，普邮给据邮件丢损率低于0.1‰。全年机要通信质量零事故、普遍服务零处罚。

【企业管理】 2019年，永州市邮政分公司建立中层干部考评机制，对干部进行全方位测评。建立内部人力资源管理制度，对空缺岗位实行公开竞聘。完善绩效管理办法，领导绩效与部门关键绩效指标挂钩、员工绩效与岗位关键绩效指标挂钩。开展培训和技能鉴定工作，围绕企业发展加大培训规模，提升队伍素质。大专转化率由1998年的20%提升至2019年的74.33%，提升54个百分点；职业资格持证率由1998年的15%提高至2019年的93%，提高78个百分点；银行从业资格证持证率提高43个百分点。全年走访慰问员工2630人，发放慰问金155.8万元。改造升级农村支局小家65个，投入建设资金168.5万元。创新经营“夸夸群”，发掘员工闪光点，为企业凝聚正能量。企业工伤、医疗、养老保险缴纳基数较2018年增长12%，住房公积金缴存基数较2018年同期增长29.5%，零陵中路营业所获得永州市首次评选的“工人先锋号”称号，道县潇水南路营业所获得市级“芙蓉标兵岗”。

（永州市邮政分公司综合部）

无线电管理

【概况】 2019年，永州市无线电管理处贯彻执行《中华人民共和国无线电管理条例》，开展无线电管理工作，审核通过经营主体51个，备案无线电发射设备型号13个。做好无线电监测值班工作，全年出动监测车56车次，动员监测定位设备238台次，出动监测人员222人次。规范无线电行政执法，办结台站设量审批5件、行政监督6件、征收频占费2.78万元。完成二类固定监测站升级改造和搬迁等工作。

【无线电发射设备管理】 2019年，永州市无线电管理处贯彻落实《中华人民共和国无线电管理条例》和《无线电发射设备销售备案实施办法（暂行）》，做好永州市的无线电发射设备管理工作，及时召开专题会议进行动员部署、政策解读和操作实务培训，并明确分管领导、业务负责人，指定专人负责审批工作，实行定期汇报制度。审核通过的经营主体51个，备案无线电发射设备型号13个。对于审核通过的销售主体，均通过信息平台向其发放备案主题编号和所对应的二维码，并要求其在实体店和网络销售平台标明。对于经营主体资质材料上传不齐全、设备信息不全等原因导致备案申请未审核通过的，以电话形式告知重新提交备案申请材料。依据省无委办《关于开展2019年度在用无线电发射设备检测工作的通知》要求，开展在用无线电发射设备检测和台站核查工作，检测调频广播1个、电视发射台2个、雷达站1个、公众蜂窝移动通信基站设备41个，共45个。

【无线电安全保障】 2019年，永州市无线电管理处做好日常监测和重大节日、重要会议期间的监测值班工作，累计监测11404小时。会同公安、广电、民航等有关部门做好航空、铁路等专用频率保护和开展打击治理“黑广播”“伪基站”专项行动。在冷水滩印象巴厘小区内取缔频率94.100兆赫“黑广播”1个。配合考务部门，防范和打击利用无线电设备进行考试作弊行为，做好公务员招录、自考、高考、司法考试、成人高考等22场次考试的无线电安全保障，出动移动监测车22台次、技术人员86人次，启用各类监测设备48台（套）。

【无线电行政执法】 2019年，永州市全面推行无线电行政执行政执法公示制度、执法全过程记录制度、重大行政决定审核制度。实行行政许可网上办理和行政执法信息网上公开。启用新版无线电台执照。办结台站设置审批5件（核发电台执照5727个）、行政监督6件、征收频占费2.78万元。在市司法局组织开展的2019年度行政执法案卷评查中，市无线电管理处报送的行政许可案卷得分第二名。把设台审批时限由国家规定的30个工作日、省定的15个工作日，压缩到7个工作日，并且由原来的事前审批改为现在的事后审批，只办证不收费。办理结果在“信用永州”进行“双公示”。在行政审批中没有发生不履行、拖延不办、超越职权、滥用权力等问题。

2019年4月2日，湖南省无线电固定站升级改造项目现场经验交流暨技术交底会议在永州召开

【无线电管理宣传】 2019年，永州市无线电管理处开展“2·13”世界无线电日、“5·17”世界电信日的专项宣传活动等专题活动。活动期间，展出宣传展板20块，发放宣传资料2000份，电子显示屏滚动播出宣传标语30条，悬挂宣传条幅4条，展示技术装备和收缴的“黑广播”“伪基站”、考试作弊设备10台次，接受咨询3000余人次。9月18日，在道县审章塘学校开展现场宣传活动，收到良好效果。向上级业务主管部门主办的刊物和网站投寄稿件，及时宣传报道永州的开展情况，其中被中国无线电管理网站采用3篇，被湖南无线电管理网站采用24篇，被永州市工业和信息化局网站采用14篇。

【无线电基础工作】 2019年，永州市无线电管理处完成二类固定监测站升级改造和搬迁工作。配合省无委办和项目中标单位做好市政府二类站的升级改造，提前做好升级改造所需的场地修整、管线布局等前期准备工作，率先在湖南省改造成功。实施四类无线电固定监测站项目。4月，永州市四类无线电固定监测站项目通过国家立项后，召开专题会议对项目的实施进行安排部署，成立由处务会成员和监测站技术人员组成的项目实施工作组，10月，由市公共资源交易中心发布《永州市无线电监测四类固定站项目公开招标公告》。11月22日，成功实现开标、评标、公示。12月，与中标方中星世通签订合同。

（肖迪夫）

电信通信

【概况】 2019年，中国电信股份有限公司永州分公司有公司领导班子成员5名，在职员工1206名，有市场、网运和综合支撑三大类25个部门（中心）。永州分公司下辖10个县（区）分公司、79个农村支局。全年预算目标全面完成，业绩考核名列全省第一名，收入同比增长9.59%。网络建设投资完成15503万元，移动网络建设和光网宽带建设占总投资预算的85.70%。新增800兆基站411个，扩容基站608个，普服在建800兆基站219个，全年累计新建FTTH端口9万个，FTTH利用率60.5%。4G网络城区及乡镇4G覆盖100%，农村地区4G覆盖率94.83%。光网方面，城市、乡镇FTTH覆盖100%，农村光网覆盖2828个行政村，覆盖率95%。

全年公司业绩考核得分130分，名列全省第一名，在全省综合评估（健康度评价）中，中国电信永州分公司得分115.1分，排全省第一位，获中国电信湖南公司“2019年度业绩考核优秀奖”；被评为中国电信集团公司2019年度“先进基层党组织”；中国电信湖南分公司2019年度“优秀基层党组织”。

（邓权　肖晓明）

【深化纪检体制改革】 2019年，中国电信永州分公司深化纪检监察体制改革。10月22日，中国电信永州分公司新一届纪委会议召开，讨论纪委工作任务、工作制度和相关议事程序。新一届纪委成员包括：纪委书记刘东波、纪委副书记陈建华、纪委委员杨祝敬、何月春、屈陆德。12月31日，永州分公司印发《关于设立中共中国电信永州分公司纪委办公室的通知》撤销“中国电信股份有限公司永州分公司纪检监察室”，设立“中国共产党中国电信股份有限公司永州分公司纪律检查委员会办公室”。

2019年2月27日，中国电信永州分公司召开2019年度工作会议

【依法治企】 2019年，中国电信永州分公司落实省公司依法治企工作要求，高度重视做好依法治企工作，做好全公司依法合规经营、严格合规审查、强化合同管理，及时做好纠纷案件处理、普法教育及知识产权管理，全年未出现违法违规情形。

【推进划小承包工作】 2019年，中国电信永州分公司持续调优划小承包机制（主要为推进五级承包、做实专业化运营、逆向考核支撑服务线划小、保留岗位补差、精简指标），激励牵引员工向一线流动，持续激发企业活力。全年四级经营单元210个，A、B、D类员工参与划小承包人数776人，占全市在岗员工的63.9%，划小承包小CEO 210人，与2018年相比，小CEO更换47人，更换占比为22.3%。前、后端划小四级单元目标达成率达到省公司的管控目标。

（翟芳　贺飞云）

【获中国电信湖南分公司2019年天翼“安康杯”竞赛活动先进单位】 2019年，中国电信永州分公司高度重视抓严抓实安全生产工作，定期召开安全生产委员会会议，研究和及时解决公司安全生产工作存在的问题，健全安全责任体系，落实安全生产“一岗双责”，组织开展“安全生产月”、天翼“安康杯”系列活动，做好隐患排查、安全整改、安全培训等工作，落实各项考核，持续夯实安全基础管理工作，持续推进完善安全生产标准化建设工作，全年实现无通信重大责任事故，无重大火灾责任事故工作目标。获中国电信湖南分公司2019年天翼“安康杯”竞赛活动先进单位。

（翟芳　陈良）

【建设5G试点】 2019年，中国电信永州分公司协同通信厂商、设计院，在永州市冷水滩区、零陵区的旗舰营业厅与高流量高校等地域，在永州市冷水滩区永州电信河东营业厅（宏站）、冷水滩区河东营业厅（室分）、冷水滩区七星手机连锁商场、零陵区科技学院、零陵区中医院、中国电信蓝山分公司营业厅、中国电信宁远分公司营业厅部署5G通信试点站点。

（翟芳　王琦）

【四届四次职工代表大会】 2019年8月28日，中国电信永州分公司四届四次职工代表大会暨中国电信永州市工会四届四次会员代表大会召开，会议选举通过王晖为新一任工会主席，唐琳为副主席，会议审议表决行政工作报告和工会工作报告、集体合同履行情况报告、员工福利情况报告等议案，并表彰2018年度工会先进集体和个人。

（吴琼华）

移动通信

【概况】 2019年，中国移动通信集团湖南有限公司永州分公司完成通信服务收入12亿余元。全年新增通话客户60万余户，期末通话客户200万户；新业务收入1亿元，新业务收入占收比8.92%，排全省第四位；关停并转100余家低效自控渠道，新建1000余家实体渠道，社区渠道覆盖率83%，排全省第三位；不知情定制投诉降幅56.34%，排全省第四位；工信部有效申诉率同比降幅43.09%，管控进度排全省第四位；套餐变更争议申诉率同比降幅86.97%，管控进度排全省第一位；限制用户停机销户申诉率同比降幅50.2%，管控进度排全省第二位。有从业人员892人。增设存量运营中心、重要政企客户销售服务中心及城区分公司，撤销原市场部下设的政企客户中心，成立政企客户部，市分公司职能部室8个、生产中心11个、县（区）分公司11个。

【网络建设】 2019年，中国移动通信集团湖南有限公司永州分公司新建4G基站200余个、开通FDD站点1000余个，期末4G基站7000余个，4G全网MR覆盖率由96.27%提升至98.55%；新建800余个驻地网小区，期末7000余个，新增家宽端口7万余个，期末90万个，城区宽带覆盖率超过99%，行政村家宽通达率95%；制定传输网三年滚动规划，完成南环优化中道县—江村—双牌、新田—柏家坪—宁远，道县—宁远3段干线的OLP加载；城域网新增两套NE5000E核心设备，出口总带宽由600G提升至1000G；对所有通信网元进行漏洞扫描，整改3000余个中低风险端口、封堵漏洞风险1000余个，没有发生被工信部、集团通报的高风险漏洞及安全事件。

【综合管理】 2019年，中国移动通信集团湖南有限公司永州分公司加强员工培训工作，通过内外师资举行11场、网络技术现场培训200余人次；通过网上大学5G专区对公司技术类200余人进行学习培训，组织技术人员参与工程项目管理、概预算项目管理培训，促进专业人员业务能力专业化；强化财务管理，转变预算管理模式，实现预算归口管理和末梢管理的统一，将费用预算额度直接下沉至县区分公司，并对专项费用进行归口管理，鼓励全员参与预算管理，促进业财联动，提升预算的细化管理水平；加强对各县区的财务基础工作检查力度，通过发现问题、责任追究、问题整改的闭环流程管理，提升基层财务管理的依法合规意识和风险防范意识。

（张怡）

联通通信

【概况】 2019年，中国联通永州分公司实现价值经营增收1793万元，其中存量963万元，贡献度3.7%，排全省第四位。2I2C业务运营2019年转化率持续上升，新增量11.93万元，新增收入198.18万元，年度奋斗杯排全省第一位。宽带固定网络主营业务收入累计同比13.8%，排全省第二位；融合业务出账渗透率82.5%，排名全省第一位。公司绩效排全省第二位，提升9个名次。主营收入完成率98.08%，排全省第二位，提升8个名次。主营收入同比上升3.86%，排全省第一位，提升7个名次。在全省基层单元沃奋斗杯竞赛中，蓝山基层单元在第五团队中排全省第二位，江华基层单元在第四团队中排全省第一位。中国联通永州分公司被评为基层党建先进单位，党风廉政建设主体责任考核排全省第三位。累计参与对口扶贫村驻村干部以及结对帮扶责任人115人次，涉及结对帮扶贫困户206户投入通信网络项目投资2691万元，专项扶贫资金捐赠与拨付38.6万元。

【创新业务发展】 2019年，中

国联通永州分公司完善创新业务发展体系，标准化小颗粒产品与集成类业务均取得长足进展。创新收入2962万元，同比增长334.83%，县域创新业务发展迅速，完成1464.1万元，同比提升758.4%。其中，蓝山、江华、宁远获得2019年全省百万级县域突破奖，江华、蓝山获得全省创新业务发展新锐奖和全省创新业务突破奖。

【客户服务】 2019年，中国联通永州分公司各部门联动解决客户服务顽疾问题，客户感知显著提升。移网NPS（净推荐值，客户感知评价指标）同比改善12.36分，宽带NPS同比改善9.74分。全年4G网络投资3657.19万元，新增LTE（4G基站）宏站435个，新增室分覆盖楼宇212幢，全市城区覆盖率提升4.27百分点，达到96.2%，行政村覆盖率提升15.08百分点，达到85.32%；全年宽带投资905.61万元，新增端口3.86万个，行政村覆盖率提升3.91百分点，达到65.62%，重要乡镇OTN（光传送网，宽带接入设备）覆盖率提升38.1百分点，达到90.48%。网络下载速率优于全省平均值，网络NPS四季度排行业第二位。

【5G体验馆】 2019年4月23日，永州市首个5G体验馆在永州联通梅湾路营业厅对外开馆，吸引近千名市民进店体验5G技术。体验馆设置智能生活家居区域、16路4K高清视频、360VR（虚拟现实技术）沉浸式视频体验、阳明山360VR沉浸式体验、VR景区漫步、VR云游戏区、5G高速下载体验区、AR人脸识别辅助安防、无人机高清视频回传、华为P30品鉴10个5G技术体验区域，并在冷水滩区高科技工业园管理委员会多功能会议厅开通5G基站。

（赖薇）

城乡规划业

综　　述

【概况】 2019年1月13日，永州市住房和城乡建设局挂牌成立，主要负责全市工程建设（含城市建设、乡镇建设、村庄建设）、建筑业（含市政业、勘察设计咨询业）、房地产业（含保障性住房）等行业的指导和管理。内设办公室、人事科（岗位培训办公室）、计划财务审计科、行政审批服务科、政策法规与执法稽查科、信访投诉科、综合验收备案科、建筑业管理科（安全生产科）、勘察设计和建筑节能科、城市建设管理科、村镇建设管理科（扶贫工作办公室）、住房保障科、房地产市场监管科等13个科室及机关党委。归口管理市住房保障服务中心、市城乡建设中等职业技术学校、市城乡建设事务中心、市建设工程质量安全监督站、市建设工程造价管理站、市城乡建设档案馆等6个单位。局机关43人（领导班子成员8人，副调研员3人）。局系统在岗干部职工260人，本科以上学历、中级职称以上170人。

全市建筑业总产值286.22亿元，房地产开发投资152.9亿元，建筑业与房地产业实现税收占全市全口径税收收入比重超过30%。棚户区改造开工建设4637套，农村危房改造竣工7065套，全面完成省住房和建乡建设厅交办任务。整治黑臭水体6个，建成乡镇污水处理设施22处，61个村入选第五批中国传统村落。牵头工程建设项目审批制度改革，受到湖南省住房和城乡建设厅通报表扬。

2019年1月13日，永州市住房和城乡建设局举行挂牌仪式　　摄影　陈巨洲

2019年4月12日，永州市建筑工程质量安全和扬尘防治专项培训会议召开
摄影 陈巨洲

【重点项目建设】 2019年，永州市完成城建投资298.88亿元。其中，中心城区完成城市建设投资163.51亿元，超年度计划28.7%。实施城市道路、产业项目、保障性住房、学位建设等44个重点项目和民心工程。二广高速永州东连接线、九嶷大桥和永州大道后续配套工程完工通车；实施华侨城、万达、滨江新城文旅综合体等产业项目。富强、银象、春江、舜德等5所小学，第二十中学、永州幼师高等专科学校以及市民服务中心建成并投入使用；百花塘水厂、山水林田湖矿区环境综合治理项目，以及万商红、将军岭、文昌阁等一批安置小区和棚户区改造项目稳步开展，完善城市公共服务和环境基础设施。

【新型城镇化建设】 2019年，永州市推进新型城镇化建设，城镇扩容提质重点项目开工83个，完成投资135.37亿元。祁阳县和东安县芦洪市镇分别被列为国家新型城镇化试点县、试点镇；宁远县柏家坪镇、江华瑶族自治县水口镇、回龙圩管理区回龙圩镇被列为省级试点镇。一批县区城市建设工作在全国全省创先争优。祁阳“精致城市”建设和老旧小区改造经验在全国推广，江华瑶族自治县获国家文明城市称号，宁远、新田、东安通过国家卫生县城复审，宁远、江华入选2019年中国最美县域榜单。祁阳县、宁远县、蓝山县等建成省级园林城市（县城）。祁阳和宁远获省政府表彰住建系统真抓实干表彰。全年有6个县区，11个单项工作获湖南省住房和城乡建设厅表彰。

【保障性住房建设】 2019年，永州市落实“房住不炒”定位，稳控房地产市场。房地产开发完成投资152.91亿元，实现增加值19.23亿元、利税41.98亿元。出台《永州市商品房预售资金监管办法》，强化房地产市场引导和执法监管；出台新版《永州市国有土地上房屋征收与补偿实施办法》，中心城区拨付征收补偿资金13.77亿元；开展中心城区整顿房地产市场和物业管理乱象专项行动。省下达永州市城市棚户区改造新开工任务24个，共4637套，改造房屋面积约45.7万平方米；下达全市棚户区改造基本建成任务9775套。截至2019年年末，全市24个棚改项目开工建设4637套，开工率100%；完成各类棚户区改造基本建成任务12190套，完成率124.7%。推进老旧小区改造工作。摸排出老旧小区1163个，涉及9830幢住宅、121016户居民，总面积1570.5万平方米。申报老旧小区改造计划，争取国家补助专项资金5.2亿元，占全省的13.4%，位居地级市第一位。全市老旧小区改造项目计划331个，开工282个，开工率85.2%；完工188个，完工率56.8%；完成投资3.51亿元，占比45.9%。其中，祁阳老旧小区改造成效突出，住房和城乡建设部将其先进做法作为典型经验在全国推广。

【农村危房改造】 2019年，永州市出台《永州市2019年农村危房改造实施方案》《2019年全市住房城乡建设领域重点工作目标任务分解表》《永州市农村危房改造房屋质量安全、精准识别大排查实施方案》等文件，对各县区农村危房改造工作进行安排、部署和指导，集中支持建档立卡贫困户、低保户、农村分散供养特困人员和贫困残疾人家庭4类重点对象实施农村危房改造。完成全市四类重点对象房屋危险性鉴定30.29万户，三次大排查大整改73840户；争取补助资金1.6亿元，户均补助3.23万元，全面完成7065户存量危房改造任务。发动众筹帮扶，抓好秧田村驻村帮扶，累计投入帮扶资金近500万元，全面完成整村脱贫任务。江华瑶族自治县住房和城乡建设局获全省农村危房改造工作先进单位，永州市住房和城乡建设局获全市脱贫攻坚先进后盾单位。

【城乡环境综合治理】 2019年，永州市制定《关于推进城乡环境基础设施建设的实施意见》《永州市乡镇污水处理设施建设四年行动实施方案（2019—2022年）》，强化统筹调度。全市建成并投入使用乡镇污水处理设施22处，在建20处，完成投资2.8亿元；完成乡镇黑臭水体治理任务6处，累计10处，完成投资400万元，城乡环境面貌持续改善。祁阳县入围全国农村人居环境整治试点县、农村建房试点县，饮水安全工作经验在全省推广；零陵区获评全国乡村治理体系建设试点县（区）；蓝山县毛俊镇、双牌县茶林镇、宁远县湾井镇获评湖南省“醉美湘镇”。

【村镇建设管理】 2019年，永州市住房和城乡建设局加大农村建房管理力度，配合市人大常委会在全省率先出台《乡村房屋建设管理条例》，拟定《规范农村建房十条铁规》。按照“因地制宜、城乡统筹、分类指导、多规合一”的原则，编制《永州市农村建房图集》，规范乡村房屋建设，引导节约集约高效利用土地。实施农村风貌改造工作，累计投入资金2.05亿元，完成农村房屋风貌改造4222座；开展农村工匠培训，全年免费培训农村工匠3000人。加强中国传统村落和历史文化名镇名村创建与保护。出台《关于加强传统村落保护与发展工作的实施意见》，统筹推进零陵区东山景区和零陵古城二期保护开发工程；新增宁远、道县和江永3个省级历史文化名城；东安县芦洪市镇和蓝山县虎溪村等“一镇三村”入选国家历史文化名镇名村；61个村入选第五批中国传统村落，8个村争取专项资金2400万元。全市国家级名城名镇名街区和名村总数多，品类全，位居全省前列。

【建筑业转型升级】 2019年，永州市建筑施工企业完成总产值286.22亿元，占全市地区生产总值的19%，较2018年257.81亿元增长11%。建筑总承包企业251家，其中壹级资质5家，贰级资质49家，叁级资质197家，吸纳就业人员18.5万人，带动建材、化工、机械等50余个相关产业发展，国民经济支柱产业地位凸显。开展“十百千”（十强企业、百优工程、千佳工匠）创先争优活动，评选出“十强企业”8家、“百优工程（工地）”100个和“千佳工匠”418名，推动建设工程质量安全管理水平提升。推进建筑工程质量“首层示范”、市政道路工程“首段示范”，2个项目获国家级安全生产奖项，双牌县城三号片区改造项目等4个项目获省建筑工程芙蓉奖，永州四中公租房等21个项目获省优质工程奖，排全省前五位；81个项目被评为全省安全生产标准化考评“年度考评优良工地”，文昌阁安置小区项目获工程质量常见问题专项治理省级示范观摩工地。

【建筑市场监管】 2019年，永州市治理建筑扬尘污染，编印《施工扬尘防治管理标准图集》，培训企业管理人员1200人次。开展3个“百日攻坚”行动，按照“六个不开工，七个100%，八个必须”要求，对中心城区156个在建项目严查严管，处理处罚项目责任主体88个。开展建筑领域

2019年，永州市政务服务中心工程建设项目审批综合服务窗口设立

摄影 陈巨洲

"打非治违""强执法防事故""消防安全排雷"等系列行动，上报不良行为记录69起。发生建筑安全事故4起、死亡4人，均比2018年下降1/3，全年未发生较大及以上事故，数量控制在省定指标范围内。开展工程建设领域突出问题专项整治，发现问题线索55个，督查整改34个，移交公安和纪委查处17个。全面筛查全市公开招投标项目，排查发现问题301个，重点核查问题36个，交办298个，现场督办26个，移送办理13个。

【综合服务改革】 2019年，永州市推进工程建设项目审批制度改革，获湖南省工程建设项目审批制度改革工作领导小组办公室通报表扬。整合多部门办事窗口，设立综合服务窗口，实现工程建设项目审批"一窗受理""一站式"服务。取消施工、监理合同备案、部分项目初步设计审批；将开工安全条件审查、质安监手续、施工许可合并办理；推行告知承诺制、"分阶段办理施工许可证"，推动区域评估、"多规合一"等措施，简化审批程序。在全省最早实现将人防、消防等技术审查并入施工图审查，图审耗时由原来的80个工作日以上，缩短到13个工作日。在全省率先设置综合验收备案科，将多部门分头竣工验收，转变为住建部门牵头、多个部门参与的联合验收，办理竣工验收备案平均耗时8个工作日；试行"分阶段办理施工许可证"，使已经取得土地批准手续、确定施工单位、拆迁进度满足施工要求等符合条件的项目实现"拿地即动工"。改革经验被湖南决策参考和省住房和城乡建设厅微信公众号推介。

（蒋芳蓉）

城乡规划设计

【概况】 2019年，永州市规划设计院围绕生产责任制目标，以项目为中心，以优质服务为基础，抓执行力提升，较好完成全年各项工作目标。隶属机构从永州市住房和城乡规划建设局整体划转到永州市自然资源和规划局。全年总产值2128万元。新增合同额1490万元，签订合同85个，其中：规划39个，产值571万元；市政34个，产值1057万元；建筑13个，产值500元万。工程设计质量合格率100%，合同履约率100%，设计费回收1000多万元。为帮扶点新田县大坪塘镇龙井塘村提供产业帮扶资金10万元。

【板块业务设计】 2019年，永州市规划设计院拓展设计服务类型，加强对国土空间规划相关知识的学习和研究，初步形成具有特色的设计标准和成果要求；市政设计室结合国家战略，从生态环境保护、海绵城市、城市双修等方面拓展业务；建筑设计室从城市存量发展、城市提质改造，特别是老旧小区的改造和学校的装配式建筑入手，取得一定进展。

【业务设计管理】 2019年，永州市规划设计院建立健全质量管理体系，从项目的前期工作、方案、设计、校审、出图都制定相应的流程和制度。组织一批工作经验丰富、技术水平高、业务能力强的人员从事施工现场处理等服务，因基础资料详细、准确，设计服务及时、方便，设计进度按合同履行，得到业主的好评。《"城市双修"对历史街区改造保护的应用研究》获省优秀论文三等奖。

（蒋彬）

城市管理和综合执法

【概况】 2019年，永州市城管部门围绕"高质量发展"要求，倡导"共治共管、共建共享"新理念，城乡基础设施建设取得新突破，供水、供气、市政等民生保障能力增强，依法行政的城市管理执法队伍建设全面加强，构建涵盖市政公用、市容环卫、园林绿化、城管执法等省内最为完善的城管职能，成立永州市城市管理委员会，搭建大城管平台。推进主题教育专项整治以及小区水气路、市政设施等突出民生问题整治。推进《永州市餐厨垃圾管理条例》《永州市户外管理办法》等立法，并制定出台城管执法行为规范，立法数量及强度处于全省前列。推行"党建+执法"模式，打造党员服务岗亭、党员台账式执法、党员微信群执法等行政执法服务对话机制。推行文明执法奖励机制，实行"打不还手、骂不还口"，设立"委屈奖"，建立城管执法心理疏导室、情感宣泄室，评选最美城管奋斗者，文明执法深入推进。举办永州城管"献礼新中国"暨城管系统公益活动颁奖文艺晚会，坚持办好"城管月月谈"等活动，主动邀请人大代表、政协委员、市民代表等社会各界代表参与城市管理。

【供水管理】 2019年，永州市新改建供水管网860千米，完成供水设施投资8.5亿元，中心城区冷水滩百花塘水厂开工建设，城乡供水一体化逐步推广，祁阳、宁远、江华率先推行并取得成效。草拟《永州市中心城区二次供水管理条例》（草案），召开立法论证和调研会，各县区对二次供水设施进行摸底排查。水质检测落实行业标准，做好每月42项以上、每半年106项以上水质检测工作并按要求公开公示，定期检测、接受监督形成常态。截至2019年年末，全市有正在运行的城市自来水厂17座，设计总供水能力90.6万立方米/天，实际供水能力69.3万立方米/天；有备用水厂3座，设计总供水能力9万立方米/天，有供水管网3720.45千米，有管网末端水质监测点32个，城市公共供水普及率97.1%，公共供水总服务人口179.93万人。

【城市供气】 2019年，永州市新改建燃气管网149.02千米，完成供气设施投资2.3亿元。宁远、新田各新建储气场站1座，中心城区冷水滩燃气管网建设完成27千米，开发燃气用户1.2万户。截至2019年年末，全市各类燃气企业发展到93家，全市天然气供气总量6389.13万立方米，液化石油气供气总量29216吨，用气服务人口604.5万人。全市燃气普及率93.22%，中心城市燃气普及率97%。管道燃气入户初装费全市统一为1800元/户，各县区管道燃气居民用气价格3.97元/立方米~4.1元/立方米，企业用气价格4.97元/立方米；瓶装燃气出站价7.38元/千克~7.5元/千克。

【垃圾治理】 2019年，永州市完成垃圾处理设施投资3.95亿元。在全省率先实施生活垃圾区域统筹处理，中心城区生活垃圾焚烧发电厂获评全省最高的AAA级标准。全市处置城乡生活垃圾63万吨，其中焚烧发电处理23万吨，焚烧发电8000万千瓦时，全市生活垃圾无害化处理率100%。截至2019年年末，全市有生活垃圾处理设施11座，处理能力3194吨/日，其中，水泥窑协同处置设施1座，处理能力300吨/日，生活垃圾焚烧发电站1座，处理能力800吨/日，覆盖中心城区、东安、金洞管理区，生活垃圾填埋场9座，处理能力2094吨/日，覆盖剩余9个县区。静脉产业园加快建设，生物资源科学处置项目投入运行。乡镇垃圾中转站正在加快建设。各县区完成68个非正规垃圾堆放点整治，占排查总量的79%，处于全省前列。

【污水治理】 2019年，永州市处理污水18249万吨，污水处理率97.9%，其中中心城区处理污水10128万吨，污水处理率98.2%。污水平均进水BOD浓度41.46毫克/升，COD进水浓度124.74毫克/升，其中中心城区平均进水BOD浓度40.02毫克/升，COD进水浓度131.92毫克/升。全市新改建排水排污管网147.3千米，完成污水处理设施投资5.1亿元。7个城市污水处理厂提标改造完工运行1个，完工试运行或设备调试5个。9处县级黑臭水体治理，6处消除黑臭或完成生态修复。截至2019年年末，全市35处黑臭水体，整治完成32处。全市有城市生活污水处理设施13处，城镇生活污水处理能力58万吨/日，其中中心城区有生活污水处理设施2处，总处理能力30万吨/日（下河线20万吨/日、向家亭10万吨/日）。

【市容环境】 2019年，永州市城管部门在全市范围内开展“四清四治四化”、市容环境整治、园林增绿提质三大攻坚行动，参与交通秩序整治等六大攻坚行动，清理垃圾25.3万吨，清洁城市家具2万余处，清理“牛皮癣”12万余处，维修道路、水气灯等2.2万余处，绿化提质新增绿化面积68.94公顷，新建或提质改造小游园13个。加强违法建筑治理，全市拆除违建102万平方米，其中，中心城区拆除违建56万平方米，特别是依法彻底拆除宋家洲违法建筑，确保市区饮水安全。加强渣土运输管理，通过严管重罚，中心城区关停11家临时弃土场、暂停2家渣土消纳场弃土，批复白竹塘等5个渣土消纳场，其中白竹塘已建成。中心城区全部淘汰老旧渣土车，更换新型环保渣土车517台，智慧管理平台基本建成。因地、因时制宜，科学清扫保洁，主次街道严格执行16小时保洁，开展城市燃放烟花爆竹、餐饮油烟、熏制腊制品、焚烧垃圾秸秆等专项行动，中心城区空气质量、噪音排放等相关数据指标明显提升。

【公用设施管理】 2019年，永州市新建西区路1.5万吨/日加压站，九嶷大道7万吨/日加压站，缓解河西片区水压问题。优化燃气保障，冷水滩区建成燃气管网27千米，开发燃气用户1.07万户。提升处废治理效能，中心城区下河线、向家亭两个污水处理厂提标完成改造；全市处置医疗废弃物2972.04吨，安全处置率100%。强化市政管养能力，推动中心城区市政设施养护维修实行年度综合费用包干，强化道路网格化巡查机制，规范破道执法，开展道路、人行道、桥梁等突出问题整治，推行现场交办。抓好主次干道路灯和美化亮化维护、背街小巷路灯改造，冷水滩城区路灯设施完好率和亮灯率一直保持在99%以上。做好园林绿化日常工作，在春节、国庆等重要节点摆放各类鲜花79万盆。城市管理综合服务平台建设稳步推进，市本级和12个县区完成数字城管平台建设，所有供水供气企业接入市本级平台。

（刘武荣）

城市园林

【概况】 2019年，永州市城市园林绿化服务中心成立，为副处级公益一类事业单位。内设综合部、人力资源部、财务部、绿化建设事务部、绿化管理事务部内设科室5个和滨江公园管理所、潇湘公园管理所、虎岩公园管理所下属单位3个，干部职工233人，其中有在职人员125人，退休人员108人。党员人数88人，其中在职党员62人，退休党员26人。市园林中心核定编制人数28人，有在职人员23人；滨江公园核定编制人数40人，有在职人员36人；潇湘公园核定编制人数60人，有在职人员43人；虎岩公园核定编制人数27人，有在职人员24人。

【参与创建国家园林城市】 2019年，永州市推进国家园林城市创建工作，市城市园林绿化服务中心邀请园林专家到永州对中心城区园林绿化现状进行调查摸底，完成城市园林绿化Ⅱ级评价资料编制并上报省住房和城乡建设厅。制定下发《永州市创建国家园林城市2019年第四季度至2021年第三季度攻坚实施方案》等系列文件，将创建任务分解到各个单位，由市城管执法局牵头，市城市园林绿化服务中心配合对成员单位创建工作进行全程督查、跟踪问效。

【园林绿化建设】 2019年，永州市中心城区绿化建设完成投资额1.38亿元，新增绿地面积68.94公顷，在小游园建设方面成效显著。市城市园林绿化服务中心联合冷水滩区、零陵区、永州经济技术开发区园林部门及市直其他相关单位，深入社区调研，挖掘可利用的闲置土地、废弃地、老旧小区空地，实施复绿建园。全年新建长冲社区公园、马路街小游园、曲河小游园、杨家桥小游园、华为小游园、长丰雨水小游园、零陵古城小游园、桃江安置小区小游园、海椒塘小游园等小游园9个，提质改造澳洲花园小游园、梨子塘小游园、汽车北站小游园、迎春小游园等小游园4个和火车站广场。新增袁家碣路配套绿化、旭日路配套绿化、西山路配套绿化、阳明大道侧分带绿化道路绿化4条。由市建设投资发展集团有限责任公司承建的二广高速永州东连接线，完成投资2000万元；市经济建设投资发展集团有限责任公司续建的永州大道中央八米绿化带，完成投资5000万元。

【公园管理服务】 2019年，永州市城市园林绿化服务中心加强对下属公园的维护改造。滨江公园、潇湘公园、虎岩公园投入资金220万元，补种各类乔灌木约10万余株，完成公园内各类基础设施和园林建筑、小品的更新和修补，并且在公园内建设志愿服

白石山公园夜景　　摄影　周戬

冷水滩区湘永路的市树、市花——香樟和杜鹃　　摄影 周戬

务站和母婴室，新增导游图和文明标语、标牌，完善无障碍通道和设施，安排人员进行文明劝导。加强安全生产督查考核，完善反恐应急机制，组织开展反恐应急演练。7月，在洪灾过程中，采取应对措施，把受灾损失降到最低，在灾后组织开展生产恢复工作，确保各公园各项工作平稳、正常运转。

【园林行业监管】　2019年，永州市城市园林绿化服务中心强化对中心城区园林规划设计、建设、管理各个环节的监管。参与将军岭公园、华侨城、湘江东路滨江新城段、才子路、巴州大道等绿化项目的设计方案评审。参与中心城区34条道路、永州大道绿化项目的苗木询价、采购，监督管理绿化建设质量及移交工作。组织开展园林绿化养护管理工作检查，深入到中心城区各绿化项目现场指导和督查，对发现的问题提出整改意见。探索市场化运作机制。组织各园林部门开展园林绿化养护方面的养护绿地面积、行道树（乔木）、清扫面积、养护定额、2018年养护资金拨付情况等工作的调查摸底；11月，组织人员赴衡阳市、长沙市岳麓区等地学习经费保障、购买服务等方面经验，着手开展园林绿化养护管理市场化运作方案的编制和报批工作。

【园林式单位、小区创建】2019年，永州市城市园林绿化服务中心开展园林式单位、小区创建工作，引导各县区改善单位、小区绿化环境，并提供技术指导。全年受理零陵区、冷水滩区、东安县、祁阳县、道县、双牌县6个县区53家单位、小区的市级园林式单位、小区申报材料，并授予冷水滩区气象局、福田茶场等45家单位、小区“市级园林式单位、小区”称号，完成470家园林式单位、小区的复查工作。

（周戬）

城市建设投资

【概况】　截至2019年年末，永州市城市建设投资发展集团有限责任公司总资产495.24亿元，资产负债率46.35%，信用评级AA。年内，公司做好“不忘初心、牢记使命”主题教育、“六城同创”、债务化解、项目建设、转型发展、化解债务风险等工作。实现融资到位67.47亿元；重点项目30个，投资72.27亿元，占全年计划投资的111.65%；新增资产3.75亿元，土地报批87公顷，土地出让收入14.45亿元。全年融资审批112.05亿元、融资到位67.47亿元，偿还债务本金45.33亿元、利息11.2亿元，平滑缓释债务本金22.84亿元。开展在建工地集中整治行动，对所有在建项目及名下土地资产进行全面地毯式摸排行动，对未保持常态化管理的进行顶格处罚；加大环保投入，购入炮雾机9台、环保渣土车50辆，对在建项目工地和所有闲置土地资产设置标准围挡，黄土裸露区域绿色密目网覆盖率100%。是年，该公司获得全市人才工作先进单位，建设的永州市湘江西岸棚户区改造文昌阁安置小区一期工程被评为2019年省级示范观摩工地。

【探索市场化转型】　2019年，永州市城市建设投资发展集团有限责任公司探索市场化经营板块、改革内部体制。根据省、市关于推进平台公司清理整合要求，采取直接注销、转贷注销、退股、市场化转型等办法，整体推进平台清理整合，省定任务完成100%，市定任务超额完成32.75%。开展各类资产增注工作，完成原零陵耐火材料厂等改制国企资产、原质监站老院等市直单位资产盘活处置工作，实现新增资产3.75亿元，出让土地收入14.45亿元，实现经营收入约1.19亿元。

【城市建设项目】 2019年，永州市城市建设投资发展集团有限责任公司实施重点项目30个，完成投资72.27亿元，占全年计划投资的111.65%，九嶷大桥通车，翠竹大道双向八车道全线通车，智能BRT站台启用，永州火车站提质改造项目在春节前顺利投入使用，湘桂铁路永州地区扩能工程进入主体施工阶段，推进宋家洲生态文化公园、湘纸厂区污染治理、潇湘大道上跨铁路桥工程、宋家洲、逸云路城中村、粮贸等安置小区等项目建设。将军岭、文昌阁安置小区交付安置房1316套，启动河东片区、河西片区等8个新建安置小区土石方施工，完成紫金路、湖塘路、零陵南路等排水排污管网改造，新塘街、湖跃路、才子东路等学位建设配套道路在学校开学前通行。全年投入征收安置资金4.61亿元，完成湘江西岸棚改一期、河东、河西棚改安置小区12个、宋家洲公园等重点项目征收工作。完成双洲路、梅湾路、逸云路、银象北路、紫霞西路等市政道路移交18条；完成湘永路、湖塘路、紫金路、永州大道城区段后续配套等道路绿化提质改造35条，由专业道路维护及园林绿化单位进行养护管理。

【助力脱贫攻坚】 2019年，永州市城市建设投资发展集团有限责任公司作为冷水滩区杨村甸乡堆子头村后盾单位，派驻3名骨干人员脱产驻村扶贫，组织成立村劳务服务公司、青蛙养殖合作社、特色种植合作社、油茶种植合作社，堆子头村年集体收入增加80余万元。完成堆子头到敏村的通村公路硬化工程，完成全村亮化工程，安装路灯217盏，改造卫生厕所210座，设立固定垃圾投放点14处。堆子头村实现整村脱贫出列，脱贫人口无一人返贫。

【九嶷大桥通车】 2019年9月29日，永州市九嶷大桥通车仪式在冷水滩区举行。九嶷大桥是全市第一座大型斜拉桥，主桥结构为三塔单索面矮塔斜拉桥，主线桥长1183米，桥宽34米，主塔高21米，总投资3亿元，2016年9月开工建设，由永州市城市建设投资发展集团有限责任公司承建。大桥横跨湘江连通冷水滩区与永州经济技术开发区的交通要道，桥梁顺接城南大道，西起青草铺村，东止于阳甸村，河西匝道连接湘江西路，河东匝道连接湘江东路。该大桥建成通车，对缓解中心城区一江两岸的交通压力、城市扩容提质、加快产业升级具有重要意义。

2019年9月29日，永州市九嶷大桥建成通车

【翠竹大道全线通车】 2019年9月29日，永州市翠竹大道全线通车。翠竹大道项目于2017年7月开工建设，西起于永州大道交叉口，接已建城市主干道翠竹路，东止于永邵高速公路管理处，全长6.131千米，路幅宽68米，双向八车道，是永州市东部生态新城与中心城区联系的重要通道。

【永州大道智能BRT站台启用】 2019年9月29日，永州大道智能BRT站台投入使用。永州大道BRT站台是中心城区快速公交的重要组成部分。永州市城市建设投资发展集团有限责任公司完成城区段、联城段23个站台及快速公交智能系统建设。城区段站台采用中央岛式，设在中央绿化带内；联城段采用左侧侧式站台，设在两侧5米主辅道绿化隔离带内，主线车辆采用左开门方式布置，基本实现同站台双向换乘，保证公交车行驶安全、快捷，节约市民乘坐出行时间。

（肖琳）

经济建设投资

【概况】 2019年，永州市经济建设投资发展集团有限责任公司（以下简称市经投集团）狠抓项目建设，防范化解债务风险，推进公司转型发展。年度计划完成重点项目投资20.5亿元，实际完成项目投资24.58亿元，超目标值19.9%；获得融资授信30.97亿元，融资到位资金17.97亿元。全年处理并回复市民或网民反映事件39件，处置率100%。集团公司获得2019年度基层党建先进单位、综治工作先进单位，创建为市级文明单位。

【经济建设项目工程】 2019年，永州市经投集团推进产业项目和基础设施建设，补齐文化旅游、基础设施短板，项目建设成效明显。永州华侨城卡乐文化旅游项目完成后勤区主体工程和娱水区基础、恐龙谷区单体建筑及设备基础工作、配套道路开工建设；滨江新城文旅综合体项目开工建设；永州市湘江流域生态综合治理项目（滨江新城段）完成立项等前期工作。市民服务中心、永州幼儿师范高等专科学校、巴洲花园、安康花园一期建成交付使用；完成安康花园二期主体工程，阳甸花园、曲河花园进行主体施工。永州大道中央八米绿化带及路灯改造项目竣工验收；永州大道后续配套项目、永州大道综合管廊主体工程完工；完成市文化艺术中心项目主体工程；滨江新城水资源再生利用保护中心项目完成选址和初步设计，正在开展征地拆迁和招标准备工作。

2019年1月11日，中共永州市经济建设投资发展集团有限责任公司党员大会召开

【债务化解】 2019年，永州市经投集团还本付息支出15.35亿元，其中，归还本金12.17亿元（土地出让及自有资金偿还4.35亿元，借新还旧置换7.82亿元），支付利息3.18亿元。截至2019年年末，隐性债务余额66.8亿元（2019年7月剔除债务2.9亿元），同时落实“六个一批”，建立落实“六个一批”的长效机制，联系银行7家，采取“六个一批”措施平滑隐性债务的额度21.3亿元。

【资产经营】 2019年，永州市经投集团挂牌土地7宗，分别是滨江新城G-9-1、H-1、H-3、L-1、L-2、巴洲加油站、H-5-1号、G-16，出让土地面积74.91公顷，成交金额11.7亿元。市直行政事业单位经营性资产划转取得突破，划转原融资中心、原造纸厂、冷水滩区公安局门面、原木材厂、原耐火材料厂、原啤酒厂、市财政局门面、市发改委门面、市民宗委门面、市农业局门面、市林业局、市粮食局、市委门面、原武警部队、零陵监狱门面、市计生委大院、市药监局、市老干局等17宗资产到集团公司，并办理不动产登记证。办证土地面积16.23公顷，房产面积24929.05平方米，评估入账价值10.12亿元。金洞旅游发展集团全部股权划入集团公司，完成工商变更登记，注入资产18亿元。组织清产核资工作，分门别类，实地核查，梳理、询证、研究资产数据，委托会计事务所完成清产核资报告和资产评估报告。

【转型发展】 2019年，永州市经投集团确定“两个定位四化转型”转型发展思路，向城市开发运营商、产业投资运营商转型，按照“市场化、产业化、实体化、专业化”和“3+X”产业发展模式推进公司转型。能源产业、片区开发、文旅产业、安保服务、渣土运营等稳步推进，公司转型全面铺开。开展加油加气站建设；与中建信和公司合作开发滨江新城文旅综合体项目，项目一期开工建设；与深圳华侨城文旅科技公司合作，建设运营永州华侨城卡乐文化旅游项目，完成部分建安工程；安保服务和渣土运营方面，经营收入保持稳步增长。

【项目融资】 2019年，永州市经投集团抢抓“长江大保护”契机，依法合规推进市场化融资，与国家开发银行湖南省分行对接永州市湘江流域生态综合治理项目，申请期限长、贷款利率低的贷款。完成项目立项批复等前期工作，融资方案上报国开行总行。创新融资方式，通过发行债权融资计划、PPN等方式，依法合规融资，为项目建设和隐性债务化解提供资金保障。

（廖盛茂）

建 筑 业

建筑工程事务管理

【概况】 2019年1月30日，依据《关于永州市本级机构改革涉处级事业单位调整的通知》永州市建筑工程事务管理办公室承担的行政职能划入市住房和城乡建设局，更名为永州市城乡建设事务中心，为市住房和城乡建设局所属副处级公益类事业单位；3月20日，市建工办（市规划执法支队）完成职能和人员划转、资产交接等转隶工作，市规划执法支队整体移交至市自然资源和规划局管理；6月12日，市城乡规划测绘信息服务中心完成人员移交工作。10月28日，《关于印发〈永州市城乡建设事务中心职能配置、内设机构和人员编制规定〉的通知》下发，市建设招标投标管理办公室、市重点建设办公室、市新型城镇化工作办、市历史文化名城保护办公室等并入永州市城乡建设事务中心。

【工程建设领域突出问题专项整治】 2019年，永州市城乡建设事务中心协助市住房和城乡建设局组建全市工程建设领域突出问题专项整治工作班子，查处案件19个，其中资质造假的项目2个、违法转包的项目2个、扬尘治理违规的项目6个、未按建设程序施工的项目8个、未按图施工的项目1个。依法查处违法违规企业（个人）17家，上报严重不良行为记录单位1个，一般不良行为单位和个人6个；以市政府名义出台规范性文件6个。

2019年11月，永州市城乡建设事务中心召开第一次全体干部职工大会

【违法建设案件查处】 2019年，永州市城乡建设事务中心办理市住房和城乡建设局交办的行政处罚案件，立案24起，对29个项目24家单位或个人（有部分为相同责任主体多次被处罚的情况）进行行政处罚，下达行政处罚决定书35份（部分为2019年前立案）。其中：2019年3月20日市规划执法支队整体移交到市自然资源和规划局后下发行政处罚告知书24份，下发行政处罚决定书27份，罚款542.83万元，收缴罚款373.18万元。同时，对市纪委监委交办的11个问题线索和省委巡视组交办的1件案件线索进行调查核实，进行书面回复，对市住房和城乡建设局交办的16起信访问题均进行妥善处理。

【招投标监管】 2019年，永州市城乡建设事务中心市本级国有资金投资项目28个，实行公开招标22个，邀请招标6个，中标金额42616.75万元。协助市住房和城乡建设局对2017年1月1日以来市本级招标后仍然在建的施工项目，全面开展标后稽查工作，对零陵、冷水滩两区重点项目进行抽查。在重点抽查的34个项目中，发现涉嫌围标、串标项目8个。5月6日，邀请各相关单位、企业参加招投标信用评价文件及录入操作培训会，保质保量完成信用信息录入工作，对101家建筑施工企业开展信用评价，对

165 家建筑施工企业进行信用等级评定（全市共 242 家）；10 月 24 日，组织召开全市招投标工作座谈会；11 月 27 日，与市发展和改革委员会共同邀请中国招投标协会专家袁静，举办招投标法律法规知识讲座，理顺机构改革后招投标监管工作，协助市住房和城乡建设局出台《关于进一步明确招投标监督管理有关事项的通知》，为开展招投标监督工作提供遵循和指南。12 月 6 日，组织召开监理企业信用等级评价工作座谈会。全年受理上级或纪委交办、投标人或个人举报和投诉案件 12 起，均按照相关规定作出实际性回复。

【军分区民兵基地升级改造项目】 2019 年，永州市城乡建设事务中心加速推进军分区民兵训练基地升级改造建设，负责项目的日常事务性工作，项目总投资 1182.4 万元，其中：工程建设 517.4 万元，设备采购合同价 665 万元，项目正在稳步建设。

（李环波　张承）

2019 年永州工程建设领域行政处罚类别情况表

表 10

序号	违法违规类别	行政处罚数量
1	未按照建设工程规划许可证的规定进行建设（规划职能未划走前）	5
2	未取得建筑工程施工许可证的情况下擅自施工	5
3	未按照法律法规实施监理的行为	4
4	在建设单位未取得建筑工程施工许可证的情况下擅自施工	5
5	未按照《中华人民共和国大气污染防治法》的要求进行扬尘防治	11
6	未按照工程设计图纸施工	1
7	违法转包	2
8	未按照国家规定办理工程质量监督手续	1
9	将建设工程违法发包给不具有相应资质等级的施工单位进行施工	1
共计		35

建设工程质量安全

【概况】 2019 年，永州市建设工程质量安全监督站（以下简称市质安站）以廉促管强化项目服务，落实监督责任，建筑市场安全生产形势平稳趋好，建筑工程质量得到整治，工地文明施工好转。强化施工监理单位关键岗位人员到岗履职检查，开展安全生产专项培训和应急演练工作，配合组织开展安全生产大检查，强化五方责任主体单位的主体责任，安全生产事故率下降，低于省控指标，安全生产形势好转。全年办理质安监督注册手续 70 个（市政项目 14 个），总建筑面积 3432687 平方米，总造价 536366 万元；市站监管项目进行竣工验收的 33 个，总建筑面积 79.9 万平方米；竣工验收合格率（或整改后验收合格的）100%；办理起重机械设备备案 189 台，起重设备使用登记 173 台。

【工程实体质量监督】 2019 年，永州市质安站实行质量常见问题治理和实体质量监督控制，重点突出商品混凝土进场验收环节、钢筋制安环节、同条件试块及标养试块、标养室的建立使用等环节的五方责任主体单位的履职检查，对不符合要求的单位发出限期整改通知 44 份、停工整改通知 8 份。通过安全生产、质量管理、扬尘治理、两个考评工作的培训和宣贯以及监督服务指导工作，推进企业的争先创优意识。以“质量通病治理”为抓手，通过首层示范和首段示范引领，促进建设工程实体质量稳步提升。推进铝模配合爬升模板的使用，岳麓青城·万达广场项目、嘉信悦城等项目，采用铝模配合爬升模板、外墙体优化剪力墙、窗台窗沿优化，提升实体质量，从源头根治外墙渗水、窗台渗水、外墙开裂等质量通病。

全年下发限期整改通知196份、停工整改通知44份，下发不良行为记录35个项目、不良行为告知32份、不良行为认定书2份。开展起重机械专项整治排查4次，检查159台次，督促整改项目15个，其中查封停用3台次。以专项整治、年度检查、季度督查、交叉检查为手段，狠抓关键岗位人员到岗履职以及安全生产和重危大工程管控，中心城区建设工地安全生产形势平稳可控。

【建筑工地扬尘综合治理】2019年，永州市质安站落实扬尘治理的各项措施，对落实不力的项目的相关责任主体单位下发限期整改通知156份、停工整改通知31份，下发不良行为记录17个项目，不良行为告知12份、3份不良行为认定书共计1个项目，约谈9家施工、9家监理、9家业主单位。以“二个百日行动”为重点，狠抓建筑工地围档、冲洗平台、道路硬化、材料堆放、裸土覆盖、湿化作业、渣土运输等标准化工作，扬尘治理落实的标准提高。永州空气质量改变居全省第一位，建筑工地扬尘治理工作得到较好控制。

【落实“放管服”政策】2019年，永州市质安站将质量安全监督注册与施工许可合并办理，将开工安全条件审查实行承诺制办理，具体审查工作后置到项目开工的监督环节，提升行政审批办事效率。全年下发资料审查告知20份。突出建章立制，出台《永州市建设工程质量安全监督站强化内部管理七措施》，修改完善《建筑市场责任主体监督执法服务行为规范实施细则》《房屋建筑工程质量安全投诉及信访处理制度》《工程质量和安全生产监督责任追究制度》等9项制度。完善工作流程，规范内部人员从业管理要求。从制定监督方案、落实监督交底、现场质量安全检查内容及方式、执法处理等方面规范监督人员的监督行为。办理人大代表建议、政协委员提案。完成永州市政协五届三次会议第0043号“关于加强建筑扬尘污染防治工作的提案”的办理工作，得到提案委员（林朝阳委员）“对办理结果很满意”的答复。会同市住房和城乡建设局到东安督办关于东安监狱住宅小区质量问题处理的建议案。

【创先争优】2019年，永州市质安站制定培育计划，加强对接培育，全市1个项目获得全国AAA安全项目，1个项目获得全省质量常见问题治理示范观摩工地，3个项目获得全省安全优良工程观摩项目，9个项目获得市级观摩工地。组织全市监督机构参加湖南省建设工程质量安全监督管理总站举办的2019年全省建设工程质量安全监督技能竞赛，质量监督组获得2019年湖南省“守护一湖四水，建设生态强省”住建行业职业（建设工程质量监督）技能大赛三等奖。

【工程质量安全监管】2019年，永州市质安站主动服务企业、服务项目，将督查与质量安全考评、服务指导结合，督查市站各监督科室的项目42个，对蓝山、宁远、江华、江永各县区进行层级督查指导，用交叉检查提升项目管理水平，对市本级监督科室监督的项目进行交叉检查和对扬尘治理工作进行专项督查指导，进行第二、三季度的层级督查和10月、11月的月度督查，对督查时发现存在的重大质量安全隐患及时交办和指导整改，对县区进行督查时发现存在质量安全及扬尘治理方面问题较多的项目由县区站进行跟踪指导整改。政务中心工作人员接到海南京沪建筑机械工程有限公司赠送“办事高效，服务热情”锦旗。

【投诉息访处理】2019年，永州市质安站受理和处理房屋质量投诉做到全部受理、现场调查、督促整改和处理回复。全年受理房屋质量投诉346起，接待投诉786人次。上级信访交办件91件，网络平台投诉回复85件，均办理完结。与社区联动处理群众上访，组织各方责任主体单位现场查看、出具处理措施方案，并督促责任单位处理房屋质量问题。

（邓伟　唐楚文）

房地产业

综述

【概况】2019年1月30日，中共永州市委机构编制委员会印发《关于永州市本级机构改革涉改处级事业单位调整的通知》文件，永州市房产局更名为永州市住房保障服务中心，为市住房和城乡建设局所属正处级公益类事业单位。根据《永州市住房保障服务中心职能配置、内设机构和人员编制规定》，中心主要职能是负责参与拟定行业发展中长期规划、年度计划并具体实施；承担中心城市冷水滩城区棚户区改造相关服务性工作；承担冷水滩城区国家直管公房的管理、维修和经营工作以及房屋租赁登记备案工作；协助主管部门开展冷水滩城区房屋专项维修资金的归集与使用管理；承担冷水滩城区房屋的白蚁预防和灭治服务工作；负责全市房地产市场信息资源的开发、应用和公众服务工作；承担房地产信息采集、信息分析、信息发布及信息数据库的建设、维护和管理，会同有关部门建立房地产市场预警预报体系；承担房地产市场有关服务性工作。中心内设综合部、财务部、市场服务部、棚户区改造服务部、保障性住房服务部5个部；下辖市国有土地上房屋征收与补偿事务所、市房地产信息中心、市房屋维修资金事务中心、永州市冷水滩城区公房管理所、市白蚁防治所6个直属单位，为中心所属正科级公益一类事业单位。中心编制数81个，在职77人。

【房地产市场】 2019年，永州市新建商品房批准预售面积773.45万平方米，同比增长12.81%。新建商品房网签销售面积519.42万平方米，同比减少14.54%。新建商品房住宅均价5251元/平方米，同比上涨11.64%，同比涨幅较2018年回落22.24%。商品房库存828.58万平方米，较2018年年末增长44.21%。商品房库存去化周期为19.14个月，较2018年年末增长7.8个月。完成房地产开发投资152.91亿元，比2018年增加19.23亿元，同比增长14.4%。房地产开发与个人住房贷款增长。全市房地产贷款余额558.16亿元，占全部贷款的35.85%，同比增长22.54%。开发贷款余额104.23亿元，同比增长11.08%；个人住房贷款余额408.39亿元，同比增长26.73%。房地产业税收41.98亿元，同比增长1.62%，其中房地产开发经营税收33亿元，下降3.9%，占比78.61%。

【棚户区改造】 2019年，永州市24个棚改项目全部开工建设，开工建设4637套，开工率100%；获得中央、省保障性安居工程专项资金1.44亿元，发行棚户区改造专项债券15.97亿元；完成保障性安居工程总投资41.68亿元，完成率128.53%，在全省排第二位（其中2019年棚户区改造项目投资24.78亿元）；完成各类棚户区改造基本建成任务12190套，完成率124.7%。加强中心直管公房、保障性住房的日常管理工作，分两批对329户698人发放租赁补贴。

【维修资金归集】 2019年，永州市归集房屋维修资金4915.8万元，累计归集资金4.12亿元，产生的利息定期自动划到业主账户。使用房屋维修资金335万余元，未出现矛盾和纠纷。

【服务中心工作】 2019年，永州市住房保障服务中心以“不忘初心、牢记使命”主题教育为主线，化解一批保障性住房存在的历史遗留问题。为紫荆社区和下河线社区支助30余万元，组织82人次开展文明劝导。助推脱贫攻坚，中心包村挂点的江华水口镇黄沙村是省级贫困村，在全面脱贫的基础上实现村集体经济零的突破。

【房屋安全】 2019年，永州市住房保障服务中心为新建、扩建、改建房屋办理并出具城市房屋白蚁预防实施证明18份、87幢，面积985651.39平方米；回访复查单位及个人64宗，面积13.2万平方米，埋设地下型白蚁监测诱杀装置120个，接待来人来电咨询90人次，其中入户查勘灭治37宗，面积61000平方米。

【《永州市国有土地上房屋征收与补偿实施办法》出台】 2019年11月29日，经永州市政府常务会研究同意，《永州市国有土地上房屋征收与补偿实施办法》颁布（以下简称《办法》）。《办法》包括总则、征收决定、补偿、搬迁拆除、法律责任和附则6章共52条。《办法》对“三区”（即零陵区、冷水滩区、永州经济开发区）及市级房屋征收工作职能、搬迁费用和征收奖励等进行调整。原《永州市人民政府关于印发〈永州市国有土地上房屋征收与补偿实施办法〉的通知》废止。

（周敏）

住房公积金

【概况】 2002年10月，永州市住房公积金管理中心成立，为副处级事业单位；2019年1月，机构改革为市政府直属正处级公益类事业单位。中心主要职责是负责全市住房公积金的归集、提取、贷款发放

2019年12月6日，永州市住房公积金管理委员会二届十三次会议

与回收，以及资金核算与保值等工作。全市完成住房公积金归集32.68亿元，为年度计划的105.42%，同比增长5.18%；新增缴存职工1.95万人，为年度计划的108.33%；提取19.92亿元，同比增长11.47%；发放贷款27.33亿元，为年度计划的101.22%，同比增长7.95%；贷款逾期率0.028%；实现增值收益1.61亿元。归集、提取、贷款等三大主要业务指标分别比2014年增长108.4%、241.1%和235.75%，年均递增率分别为15.82%、27.81%和27.4%。截至2019年年末，全市累计实现住房公积金归集214.73亿元，缴存余额113.7亿元；累计提取101.03亿元；累计发放贷款172.45亿元，贷款余额108.69亿元，个贷率95.6%，资金使用率97.67%。

【住房公积金政策调整】 2019年，永州市制定《个人自愿缴存住房公积金管理暂行办法》，将新市民群体纳入建制范围，扩大制度覆盖面，让更多城镇从业人员享受到住房公积金普惠互助政策。落实支持生产经营困难企业申请降低住房公积金缴存比例和缓缴政策，减轻企业负担。协调江华瑶族自治县、新田县出台支持落户园区企业住房公积金补贴政策，扶持企业发展。

结合永州实际，适时微调收紧资金使用政策，突出精准性、时效性和灵敏性，实行差别化信贷政策，调整住房公积金使用追溯期限、首付比例及贷款利率，增加月缴存额测算可贷额度等，配套制定实施细则和操作规程。1月—2月，调拨全部的活期存款和提前解封定期存款，发放贷款8.54亿元，同比增长42%，全市住房公积金使用率99%。优化、推广“住房公积金+商业银行”组合贷款，启动、实施住房公积金贷款轮候制，调增全市信贷计划从年初定的年度发放贷款19亿元增加至27亿元，发挥住房公积金信贷主渠道作用。

【风险防控】 2019年，永州市住房公积金管理中心重新制定、修改和完善中心党组议事规则、党组会议制度、党组理论学习中心组学习制度、“三重一大”事项决策、公文办理、财务管理、公务活动用车管理等内部管理制度。强化业务稽核监督，每月定期运用电子化检测工具开展电子稽查，每日常规性开展网上稽核，全年网上稽核提取业务5.8万余笔，对10个管理部进行现场稽核，对80余册提取档案和550余册贷款档案进行送审稽核，发布业务稽核通报5个。严格贷款管理和贷后催收，组建贷后催收工作专班，确保资金安全运营。开展专项整治和集中追缴，建立联合惩戒机制和住房公积金“黑名单”制度，申请纳入人民银行征信管理，截至2019年年末，追回骗提资金274.64万元。

【便民服务】 2019年，永州市住房公积金管理中心梳理、精简住房公积金业务办理流程、手续、资料，取消不必要的签字、按手印、证明材料等，引进邮政速递服务，实现归集、提取业务一次办理、即时到账，大部分贷款业务一次受理、当场审批、限时放款。开通网上营业大厅和手机App网上业务办理功能，联合市不动产登记中心推出“公积金+不动产”主题套餐，中心直属营业部及所属江永、宁远、蓝山、道县、祁阳等管理部业务窗口进驻政务中心。

（赵秉年）

商贸服务业

综　　述

【概况】 2019年，永州市实现外贸进出口总额25.96亿美元，同比增长33.1%（折合人民币178.93亿元，同比增长37.9%）。总量排全省第八位，增幅排全省第七位；完成年初目标任务的115.89%。加工贸易进出口总额4.46亿美元，总量排全省第四位；同比下降2.4%，增幅排全省第七位；完成年初目标任务的84.46%。实际利用外资13.69亿美元，总量排全省第七位；同比增长12.9%，增长排全省第九位；完成年初目标任务的101.8%。其中，外商直接投资完成2900万美元，完成年初目标任务的111.5%。实际利用内资372.76亿元，总量排全省第十位；同比增长18.4%，增幅排全省第十三位；完成年初目标任务的105.6%。社会消费品零售总额完成793.85亿元，总量排全省第八位；同比增长10.3%，增幅排名并列第三位；完成年初目标任务的99.39%。对外承包工程和劳务合作完成营业额3.89亿美元，总量排全省第七位；同比增长34.3%，增幅排全省第七位；完成年初目标任务的116.78%。获得“2019年度全省外贸工作先进市州”“2019年度中国省市对接东盟合作奖”；市商务局评为“2019年全省商务工作先进单位”，祁阳、江华被评为“2019年度外贸先进县市区”，江华高新技术开发区被评为“2019年度外贸十强园区”，永州经济技术开发区、江华高新区、祁阳经济技术开发区、宁远高新区被评为“2019年度全省开放型经济先进园区”。

【对外经贸】 2019年，永州市主动对接金融机构，促成14家外贸企业获得“三单融资”授信额9960万元。祁阳、江华、新田分别自建融资平台，为外贸企业融资6100万元。争取国家外贸转型升级基地建设，对2018年获批的永州市（果蔬）国家外贸转型升级基地进行规划，促成宁远县获批国家鞋类外贸转型升级基地，全市有国家外贸转型升级基地2家，带动鞋类和蔬菜分别实现进出口额2.78亿美元和3.98亿美元。持续做优省级园区外贸综合服务中心。新增省级外贸综合服务中心1家，形成5个园区外贸综合服务中心辐射全市格局。组织50余家企业参加德国汉诺威工业展、参加中国—非洲经贸博览会、第二届中博会等境内外重点展会200余次。举办推进“一带一路”项目对接会、赴柬埔寨参与“一带一路”建设座谈会，拓展亚非经贸渠道；组织企业赴日本、菲律宾、印度尼西亚开展经贸活动对接，促成1家企业现场签单、1家企业签订投资协议。搭建海外信息平台。设立驻东盟和老挝商务代表处，建设“湘企出海+”永州专区平台，为企业开拓海外市场提供信息支撑；同时，鼓励14家企业利用阿里巴巴、亚马逊等第三方电商平台开拓国际市场。截至2019年年末，有进出口实绩的企业226家、“破零倍增”企业99家，其中，破零企业74家、倍增企业25家。境外投资企业增加至10家，对外直接投资金额3.1亿美元。对“一带一路”沿线国家、东盟、欧盟进出口总额分别增长45.27%、41%、16.8%。

【招商引资】 2019年，永州市开展“大招商、招大商”的招商模式，市委书记、市长带头“走出去”招商，先后多次亲临粤港澳大湾区、长三角访商、邀商，洽谈项目，推介项目。年初制定《永州市2019年“稳外贸、稳外资、促消费”工作方案》，将招商引资的先进经验和做法融入《关于加快湘南湘西承接产业转移示范区建设的若干政策措施》，通过政策保障推进招商工作。同时，狠抓产业链招商，各产业链招商组按照《永州市直产业链招商工作方案》的总体部署，掀起产业链招商热潮。引进永州智能装备产业园、新南方天然植物提取物高技术产业基地和保利军民融合产业基地项目。11月2日，永州市轻纺制鞋产业招商座谈会在广州召开，会议邀请全市30余家轻纺制鞋企业家与广东省行业龙头企业参加。蓝山县成功引进投资10亿元的湘江源皮具产业园项目和投资60亿元的湖南蓝山皮具箱包科技产业园项目。推进园企合作，祁阳与湖南金荣集团推行政企合作、园企共建新模式，加强科创产业园建设，打造科技企业孵化器。开展基金招商，零陵区与深圳时代伯乐创业投资管理有限公司合作，在全市率先成立首个10亿元产业发展引导基金，通过产业发展引导基金专业化运作。开展中介招商，祁阳、江华等制定招商引资中介人奖励办法，对自然人、商（协）会、中介公司引进的项目，按照固定资产实际到位，给予奖励。推行“以才”招商，在湖南—粤港澳大湾区投资贸易洽谈周期间，对接粤港澳融入大湾区招商引资—招才引智活动在深圳举办。活动期间，签约项目43个，总投资460.6亿元。签约项目主要分布在农业产业化、工业制造、文化旅游、商贸物流、教育等领域。引进重大项目144个，总投资额1350亿元。在省、市重点招商活动中，签约项目77个，总投资596.7亿元。截至2019年年末，履约75个项目，履约率97.4%；37个项目投产，投产率48.05%；到位资金87.8亿元，资金到位率14.7%。

【产业项目建设】 2019年，永州市开展走进500强、联接大产业系列招商活动，组织参加湖南—粤港澳大湾区投资贸易洽谈周、中部投资贸易博览会、湖南省显示功能材料产业链招商推介会、湘鄂招商推介会等经贸活动，全年对接客商90余批次，接待中国发展研究院、深圳科技工业园、中国科技开发院、芬兰Honkajoki Ltd、国发北欧、航天凯天环保等企业（商会），组织多场小型对接会、洽谈会，提供资料、陪同选址，并做好跟踪服务工作。出台下发《关于进一步做好招商引资工作的若干意见》，总结《永州市招商引资经验及典型案例》。落实“一个项目、一名领导、一套班子、一个方案”服务机制，对新引进的每个500强企业项目明确县级领导挂牌联络服务，县级领导对500强企业反映的问题，实行“一事一议”。每月28日，要求各县区商务主管部门及时上报各县区新引进的500强企业项目进展情况，填好引进500强企业资金到位情况、项目开工情况、项目投产情况等。7月底至8月初，市商务局党组书记、局长邓群带领班子成员坚持问题导向，深入引进的52家500强企业、96个500强项目现场，收集问题和建议202个，并对500强企业存在的问题进行全面梳理和细化分解，列出问题清单，以市开放办名义下发《三类500强企业历年来在永投资项目问题清单》，推动500强企业项目的落地见效。牵头实施“一月一调度、一季一点评、半年一小结、全年一考核”工作，对县区（园区）引进500强企业项目情况进行实时化、动态化管理。

全市引进签订正式合同的500强企业项目33个，完成市定全年目标任务的165%；总投资519.9亿元。湖南省商务厅认定引进500强产业项目23个，总投资329.8亿元，完成省定引进产业项目年度任务的460%，引进产业项目完成进度、引进个数和总投资额在全省各市州中分列第一位、第三位和第六位。11月4日，《湖南日报》对永州前三季度引进500强工作进行报道；12月10日，湖南电视台、湖南经视、《湖南日报》等新闻媒体在“永州市以高质量主题教育推动高质量发展”系列报道中，对产业项目建设年引进500强工作进行推介。

【商贸流通载体建设】 2019年，永州市夯实商贸载体和农产品供应链工作的基础，全市有嘉信冷链仓储物流中心、七里桥农产品综合批发市场等4个冷链物流项目和道县富园市场、祁阳经开区农贸市场8个农贸市场标准化改造项目获得省商贸流通产业专项资金支持。8月15日，湖南省商贸流通载体建设工作推进会在祁阳召开，副省长何报翔出席会议并讲话。全市有18家企业入围“2019年湖南省批发百强”名单，入围企业数量排名全省第一位。春天广场等13个商贸综合体入围“2019年湖南省商贸综合体百强”名单。全市入统的21类限上企业除通信器材类外其余全部实现正增长，完成197.31亿元，增长17.8%。中国物流永州智慧物流项目签约。宁远县创业孵化基地申报永州首个省级电子商务示范基地，电商扶贫小店县域推广运营项目等3个项目申报湖南省电子商务重点培育项目。永州农产品电商孵化服务中心新展示推介本地农产品44个单品，指导企业与专业合作社签订106.67公顷农

2019年8月15日，湖南省商贸流通载体建设工作推进会在祁阳县召开

产品订单协议。

【项目争资】 2019年，永州市跑项争资争取项目类别28项，完成总金额4407.38万元，其中：市本级2401.08万元。争资项目比2018年度商务口跑项争资项目增加12项，争资金额比2018年度下降4.8%。

【电子商务】 2019年，永州市电商交易额完成400亿元，增长41.3%。争取省电商扶贫资金439万元，省电子商务示范创建资金140万元。全国电商进农村示范县绩效评价专家组赴新田开展电商进农村示范县绩效评价，新田县被评为优秀。宁远县创业孵化基地申报为2019年度湖南省电子商务示范基地，成为永州首个省级电商示范基地。“电商扶贫小店县域推广运营项目”“GO永州公共服务平台建设项目”“菜鲜递农产品配送电商平台项目”等3个项目申报为湖南省电子商务重点培育项目。全市新增省电子商务认定企业8家（累计127家）；新增入统省电子商务监测管理系统企业42家（累计663家）。

塑造印象九嶷、南有新田、迴峰柑橘、双牌虎爪姜、东安鸡、祁阳油茶、道县脐橙等地域品牌及瑶珍生态米、自然韵黑茶、金丝皇菊、万家鹅业、舜皇山土猪等电商扶贫特色农产品品牌。新培育沃柑、香芋南瓜、九嶷辣酱、食用菌等电商扶贫特色产业21个，新增31种农特产品入驻电商平台。经省商务厅电商扶贫专项行动实施情况评定，全市9个县区被评为优秀，2个县区被评为良好，贫困村农产品上行交易额1.34亿元，销售当地贫困对象生产的农特产品业绩达5万元的示范网店900个；累计开设湖南电商扶贫小店3800个，新开设563个，其中贫困户新开设313个，扶贫小店总交易额719.25万元，贫困户扶贫小店交易额144.22万元。

（由甲）

海　　关

【概况】 2019年9月19日，永州海关挂牌开关。有在职关员16人，负责全市关检业务。全年审结进出口报关单5566份，同比（下同）下降13.9%；监管货运量1.9万吨，增长39.1%；监管货值2亿美元，增长29.1%；核销加工贸易电子化手册84份，手册报核及时率100%；办理新增企业备案187家，企业注销1家，变更31家；办理减免税11份，减免两税41.3万元；实际税收入库3437.3万元，增长32.2%。永州外贸进出口178.9亿元，排全省第八位，增长37.9%，增速排全省第七位。

【海关监管】 2019年，永州海关重点开展鞋类加工贸易、橘子罐头加工、生猪监管、蔬菜、打火机监管工作。对重点风险和薄弱环节，开展专题研究。防控非洲猪瘟疫情，永州销往供港活猪1.3万头，供港活猪数量全省最多，安全顺利将生猪出入关口。强化危化品进出口监管工作，与地方应急管理部门合作，探索打火机出口监管执法互助模式。

【通关环境】 2019年，永州海关进口整体通关时间3.3小时，排全省第二位；出口整体通关时间2.7小时。外贸企业全年新增187家。培育进出口1亿美元以上的企业2家，进出口千万美元以上的企业55家。培育1家AEO高级认证企业和7家AEO一般认证企业。

【海关服务粤港澳大湾区“菜篮子”发展】 2019年，永州海关备案的蔬菜种植基地98个、水果种植基地24个，数量居湖南省首位。永州蔬菜出口30.9万吨，增长85%，占湖南省蔬菜出口总量的95.5%；货值29.8亿元，增长93.6%，占永州外贸总额的16.7%。在粤港澳大湾区“菜篮子”生产基地认定名单中，永州先后有80个基地入围，总数排全省第一位，数量在全国地级市排名中位列第一位。有4个蔬菜出口企业被认定为粤港澳大湾区“菜篮子”产品加工企业，为全省最多。

【永州首份出口食品生产企业备案证明】 2019年12月18日，永州市某公司通过“互联网+海关”系统向永州海关提交出口食品生产企业备案申请，不到10分钟审核并制发《出口食品生产企业备案证明》。成为“证照分离”改革后全市核发的首份出口食品生产企业备案证明。海关总署对涉企经营许可事项启动改革试点，对“出口食品生产企业备案核准”实施“审批改为备案”改革。改革后，企业仅需要提交一份《出口食品生产企业备案申请表》，海关审核合格后即可核发备案证明，不再组织对企业开展专家评审，承诺办结时限由20个工作日压缩到5个工作日，最快可当天即时办结。新版备案证明取消许可证有效期，改为长期有效。该项改革措施在极大简化企业办事流程，同时有效地减少企业的办理时间和成本，深受企业欢迎。

【海关服务永州蔬菜直供香港工作】 2019年12月26日，长沙海关与深圳海关在深圳签署《供港蔬菜检验检疫监管合作备忘录》，协议规定在永州开展蔬菜直供香港试点，供港蔬菜由永州海关检验检疫后可直接在深圳文锦渡口岸通关到香港。直供香港开通后，免去永州蔬菜在深圳集中所产生的卸货、储存、拼装等中间环节，从永州直供蔬菜到香港相比从深圳集中再供香港，物流成本每车要节省3000元以上，通关时间要减少2天，基本可以实现永州早上采摘的蔬菜晚上就能运抵香港。

（石巍巍）

2019年永州海关主要业务统计情况表

表11

项目			2019年	比2018年增长（%）
进出口货运量（吨）	合计		19387	39.114524
	进口		6862	136.62069
	出口		12525	13.492207
进出口贸易总值（美元）	合计		200848050	29.061735
	进口		71667886	178.261372
	其中	江、海运输	3843387	67.386156
		铁路运输	0	-100
		汽车运输	48432636	110.116587
		航空运输	19391863	589139.2282
		邮件运输	0	-100
		其他运输	0	-100
	出口		129180164	-0.5
	其中	江、海运输	48108100	-44.7
		铁路运输	0	-100
		汽车运输	69166979	62.9
		航空运输	11905085	—
		邮件运输	0	-100
		其他运输	0	-100
税收（元）	两税合计		34372518	32.2
	关税入库		8643120	140.061394
	进口环节税入库		25729398	14.851883
货物检验检疫批次	本年累计		10011	—
	其中	出境	9990	—
		入境	21	—
货物检验检疫金额（美元）	本年累计		1558541376	—
	其中	出境	1538524971	—
		入境	20016405	—

供 销 合 作

【概况】 2019年，永州市供销合作社系统按照“改革兴社、能力强社、产业富社”的总体要求，坚持“强队伍、活资产、搭平台、建网络、重效益、惠三农”的工作思路，深化供销合作社综合改革，服务能力和整体实力提升。全市供销合作系统营业总收入110.89%，增长11.72%；累计完成销售总额159.94亿元，增长26%；实现利润总额2.32亿元，同比增长22.49%。

【供销综合改革】 2019年，中共永州市委书记、市人大常委会主任严华对省、市、区三级供销社共同开发湘合作物流产业园项目要求按“书记工程”标准建设，副市长严兴德、谢景林支持县、乡、村各级惠农综合服务平台建设，通过供销社渠道+行业协会体系，打造规模化农业产业链，做好“供”和“销”的文章。全市先后召开供销改革现场推进会、全面加快推进供销改革动员大会、供销改革领导小组专题会议。9月27日，制定下发《永州市全面加快推进深化供销合作社综合改革实施方案》，明确建立“三大体系”、实现“四级贯通”、做到“覆盖到户”的目标任务。7月8日，市供销合作社联合市财政局出台《永州市创建基层供销合作社标杆社“以奖代补”实施方案》，从2019年至2021年每年对申报创建基层社标杆社的基层社择优筛选出6~8个进行“以奖代补”奖励，市财政奖励每个基层社标杆社专项资金10万元，县区财政同时配套资金20万元；6月27日，联合市财政局、市商务局出台《永州市“供销惠万家”电商平台建设实施方案》，通过“供销惠万家”总平台，打造市、县、乡、村四级电子商务联动体系，建立市、县、乡、村四级的物流配送体系，实现全市电商平台与物流体系的全覆盖。

【基层组织体系建设】 2019年，永州市供销合作社系统以县、乡、村三级社建设为基础，围绕实现传统供销社的“互联网化”和构建股权合作的经营服务体系，推进乡镇基层社和村级综合服务社改造、恢复。采取政策引导、联合社帮扶、社有企业带动等多种方式，实现农民出资、农民参与、农民收益，将乡镇基层社和村级综合服务社建设成为以农民为主体的综合性、股份制合作社。改造、恢复乡镇基层社28家，村级综合综合社245家。新增全国供销合作社基层社标杆社1家、农民合作社示范社4家；创建省级供销合作社基层社标杆社2家、农民合作社示范社3家。

【农资供应】 2019年，永州市供销合作社系统发挥农资流通主渠道作用，开展“放心农资下乡进村”“农资经营诚信店”创建活动，延伸农资服务链条，形成以市农资总公司为龙头、县区农资公司为配送中心、乡镇农资经营店为配送分部、村级综合服务社为终端的四级农资供应网络体系，全市系统农资经营服务网络覆盖率85%以上，有农资配送中心23家、农资供应网点480个、庄稼医院532个，累计销售各类化肥48.7万吨。

【惠农综合服务体系建设】 2019年，永州市供销合作社系统坚持“农民外出打工、供销社给农民打工”的服务理念，采取“市建服务平台、县建服务公司、乡镇建服务中心、村建综合服务社”的建设模式，构建市、县、乡、村四级联动的供销现代惠农综合服务体系，为农户开展育秧、科学施肥、统防统治等全程农业

供销惠农综合服务中心大棚基地

永州市供销惠万家电子商务运营中心

生产社会化服务。新增乡镇惠农服务中心37家，村级惠农综合服务社245家。参与土地托管和土地流转，促进农业一、二、三产业融合发展，土地托管服务面积新增0.69万公顷，流转土地面积新增0.48万公顷。

【电商服务平台建设】 2019年，永州市供销合作社系统实施“供销惠万家”工程，采取“市建平台、县建运营中心、乡村建服务网点（供销综合服务社）”的建设模式，打造集“供销产品（农资、农产品、日用品、再生资源回收等）+互联网+农业社会化服务”于一体的供销惠万家电商服务网络，提供水电、话费交纳、交通票据购买等综合服务。打造市本级有电商运营平台、县区有运营中心、乡镇有服务站、村有服务点的农村电商服务平台。建成市、县两级“供销惠万家”电商运营中心12个，发展“供销惠万家”城市社区加盟店100余家，发展乡村两级供销电商综合服务站500余家。整合全市知名涉农专家资源，打造全国首家供销智库平台。创建“供销惠万家”和“永州供销市集”两大电商平台，开展农村电商、消费扶贫、综合服务等业务，平台上线本地农特产品100余种，销售额230余万元。

【农村合作经济组织建设】 2019年，永州市围绕特色产业建立行业协会和农民合作社联合社，提高农民进入市场的组织化程度。在提升信息服务、经营服务功能，推进会员在生产、加工和销售等方面加强联合，主动吸纳农民、涉农企业、农民专业合作社等共同组建农村合作经济组织联合会。全市系统主管各类合作经济组织134个，各县区均建立农村合作经济组织联合会，95个乡镇建立联合会分会，建立行业协会27个，领办农民专业合作社178家、农民合作社联合社98家，入社成员3.49万人，带动农户4.57万人。

（李劲松）

贸易促进与会展业

【概况】 中国国际贸易促进委员会永州市支会（以下简称永州市贸促会）为参照公务员管理的群团组织，成立于2003年4月，2010年设立党组，与中国国际商会永州商会（以下简称“永州国际商会”）实行两块牌子一套人马，有事业编制10名，设有综合部（加挂国际商会秘书处牌子）、国际联络展览部、法律会务部3个部室，领导班子配备1正2副，有四级调研员1名、科级干部3名、副科级干部2名。有贸促委员57名，永州国际商会会员企业90家，其中，副会长单位7家。

【商事法律服务】 2019年，永州市办理涉外法律证明文书1771份，其中，一般原产地证1119份，优惠原产地证579份，代办领事认证及商事证明书73份，签发单证出口创汇累计4000万美元，较2018年同期增长一倍，在全省保持前列，年度办理原产地证、优惠原产地证数量首次超过永州海关。落实“两证合一”，企业自主打印认证量70%，实现“不见面办证”。对全市原产地证出证数量、目的国、产品类别等数据进行综合分析评估，形成《2019年永州原产地证书办理数据的分析报告》。开通在线服务平台，为企业提供行业咨询、风险预警、问题解答及合同分析等服务，通过贸促网站、微信群等平台及时发布国际经贸信息120条，其中预警信息102条，涉及18个国家与地区，接受企业咨询80余条，解答80条。开展培训交流，推出微信课堂4期，涉及外贸风险防范、合同签订、中美贸易战应对等内容。5月10日，邀请签约律师段优在全市“稳外贸”政策业务培训会上做国际经贸风险防范专题讲座。

【国际联络展览】 2019年，永州市组织27家永州企业参加各类展会和经贸活动7次，其中境外展会3次，境内展会4次，帮助全市参展企业申报获得展位补贴资金16.9万元。4月2日，组织4家企业参加2019湖南（欧洲）经贸活动周的德国汉诺威工业展，与德国什末林工商会、罗斯托克工商会交流，参加德国黑森州湖南经贸论坛，为永州与黑森州相关城市缔结友好城市、加强双边经贸合作做前期准备。4月27日，参加湖南（非洲）经贸周活动，首次开展与非洲国家的联络交流，市贸促会会长胡羲在“湖南—埃塞俄比亚产能合作对接会”上，对永州承接产业转移和拓展中非经贸合作的情况做专题推介，参加“中国湖南—乌干达贸易交流会”“第三届埃塞俄比亚中国贸易周”，考察中乌姆巴莱工业园。

【国际商会】 2019年1月23日，永州国际商会理事会会议在冷水滩区召开，会议审议通过新入会企业11家、增补理事单位3个。永州市政府副市长李旦梅出席会议并讲话。会上永州国际商会与中国光大银行永州市分行、江华瑶族自治县经济开发区签署战略合作备忘录。组织开展营商环境调查研究工作，对零陵、冷水滩、祁阳、宁远等县区的6个工业园区30多家企业进行调研，形成《贸促机构在承接产业转移中要有更大担当作为》的调研报告。

【“古韵潇湘·生态永州”活动】 2019年7月8日，世界园艺博览会“湖南日”永州主题专场宣传推介活动在北京举行。围绕“古韵潇湘·生态永州”主题，有领导致辞、启动仪式、文艺演出、宣传片展示、产品展示、观众互动等环节。湖南省贸促会副会长傅丹舟出席活动启动仪式；永州市政府副市长李旦梅出席启动仪式并致辞；中国歌剧舞剧院独唱演员李雨儿倾情演唱，江永女书传人胡欣、陈军进行女书展演；播放永州城市形象宣传片、九嶷山、零陵古城、果秀食品专题宣传片；推介果秀食品、自然韵黑茶、林之神茶油、祁阳石、零陵古城、九嶷山等单位产品。活动期间，组织果秀、自然韵、瑞鑫源、林之神、新金浩等企业参加湖南绿色产品展览，推介永州绿色产品及名优特产品；组织江永女书参加世界园艺博览会湖南园的湖南省非物质文化遗产展演。

2019年7月8日，中国北京世界园艺博览会“湖南日”永州主题专场宣传推介活动现场

【湖南省调解员培训班在永州举办】 2019年9月5日，中国贸促会湖南调解中心调解员培训班在永州市举办。培训班由湖南省贸促会主办，永州市贸促会、湖南省律协涉外与反垄断反倾销专业委员会、永州市律协共同承办。中国贸促会调解中心副秘书长王芳、湖南省贸促会法律部部长傅南林等领导出席开班仪式并致辞，全省调解中心调解员、有关市州贸促会领导、市律协律师、行内专业人士160余人参加培训。培训班邀请中国贸促会调解中心副秘书长王芳、省律协副会长戴勇坚、深圳君泽君律所合伙人袁培皓进行授课。

（徐湘宁）

烟 草 专 卖

【概况】 永州市烟草专卖局（公司）组建于1985年，辖10个县区局（分公司）。市局机关设办公室、专卖科、内管派驻办、营销中心、物流配送中心、烟叶生产经营部、烟叶生产技术中心、财务科、审计科、人事科、经济运行科、纪检监察科、信息中心、党群科、安全管理科、政策法规科、烟基办17个科室。2019年，有在册员工1376人。拥有资产总额20.4亿元。辖区内有卷烟零售户2.3万户，烟农8100余户。全市销售卷烟18.16万箱，收购烟叶56.43万担，实现销售收入69亿元，同比增长4.2%；实现税利20亿元，同比增长6.1%。全年目标任务和关键绩效指标较好完成。全市系统获得地厅级以上各类奖励荣誉115项，比2018年增加49项，其中烟草行业荣誉68项、地方荣誉40项、知识产权7项；永州烟叶生产技术中心获“行业级烟叶生产技术中心”称号；承办全省系统首届科技创新论坛和财务共享中心推广应用现场会；召开全省烟草商业系统财务共享中心建设推进现场会

【烟叶生产】 2019年，永州市实现核心烟区稳定、核心烟农稳定、核心市场稳定。落实种植面积1.61万公顷，收购烟叶56.43万担，完成收购计划的93.2%，比全省平均86.2%高7%。烟叶质量在国家烟草专卖局和省烟草专卖局的收购与工商交接检查中名列全省前茅。推进全市烟叶生产基础设施建设项目8348个，全面开展永州烟叶产业高质量发展调研。全市烟农烟叶种植收入9亿元，户均收入11万元，同比增加2万元。烟叶收购均价、烟农户均收入均创历史新高。

【卷烟营销】 2019年，永州市卷烟单箱均价2.93万元，同比增加0.17万元，增长6.34%。零售终端信息系统开通1227户，建成示范街30条、示范镇16个；全面推广应用微信营销平台、客户经理移动办公平台；开展文明吸烟环境建设，先后在冷水滩区、零陵区、祁阳县城区内建成14个吸烟区和370个吸烟点，基本实现城区全覆盖。推进精益物流建设，完成异型烟分拣技改项目，纸滑托盘联运技改项目落实落地，推进条烟打码加汉字工作，实现精准定位打码；优化配送路线，精简送货车组1个；利用GIS/GPS系统加强送货监管，实现送货到位100%。

【专卖管理】 2019年，永州市查获涉烟案件1828起，其中5万元以上案件189起，同比增加51起。查获各类涉案卷烟5385.79万支，其中查获假私卷烟1824.23万支；查获真品卷烟3561.56万支；查获烟叶烟丝79吨、烟机4台。破获国标网络案5起，真烟涉刑案件5起；刑拘32人，批捕26人，判刑11人。各项指标均位居全省第一方阵。推进“马上办、网上办、就近办、一次办”改革，推进行业内许可证管理系统与市行政审批服务中心一体化平台对接，全年受理零售许可申请事项9440件，在网零售户23370户，同比增加1809户。

【公益慈善】 2019年，永州市烟草专卖局捐款306.99万元（个人捐款19.05万元）。其中扶贫济困捐款184.71万元、捐资助学13.34万元、救助灾害93.6万元、社会帮扶15.34万元，成立驻村工作组11个，选派73名优秀干部到贫困乡村驻村扶贫。组织干部职工开展“党员进社区”“学雷锋志愿服务”“文明劝导”“消费者权益保护日”等主题实践活动，开展各类志愿服务活动365次，开展义务献血活动25次，开展义务植树活动15次。

（刘卅）

盐　　业

【概况】 2019年，湖南盐业股份有限公司永州市分公司（以下简称市盐业公司）以“市场占有为先”的工作思路，在经营管理、营销创新、市场管理等方面取得较好成绩。全市系统销售各类盐1.91万吨，占年计划1.83万吨的104%，增长4%。其中小包盐销量1.5万吨，占年计划1.43万吨的101%；高端盐销量1523吨，占年计划3700吨的41.2%。实现销售收入5300万元。“雪天牌”食盐市场占有率85%以上。

【盐业市场营销】 2019年，永州盐业市场营销推行“三个创新”强化市场占有率。围绕“以市场占领为先”工作主题，出台《永州分公司2019年度营销方案》《永州分公司2019年市场保卫战方案》《永州分公司“百日攻坚”劳动竞赛方案》等。因地制宜根据区域市场竞争状况制订相应的产品投放策略，因地制宜开展经营和促销活动，对区域市场客户进行分级分类管理，有针对性定制相应服务。对《食盐专营办法》进行宣讲，对“雪天”品牌开展路演强势宣传，扩大品

牌影响力；发挥永州盐业微信公众号等网络平台优势，以短信方式向用盐客户点对点推送涉盐宣传信息1万余条；签订《公交车车身广告合同》，投入宣传资金19万元，分设4条繁华公交车线路、12台公交车，成为宣传“雪天”品牌的流动风景线。

【盐业市场建设】 2019年，永州市盐业公司以“市场占有为先”为着力点，强化推动和培育市场建设，将网点扩展到村、餐饮、学校、机关食堂。实现有效网点建设7824个，完成考核指标3300个的237%，其中陈列户2148个。以产品陈列、价格维护、产品曝光率、网点库存为重点工作内容，实行配送直供网格化管理，提升“雪天”品牌覆盖率、配送率。推行一件起配，推行临期帮客户促销，过期、烂包更换，提升客户满意度。在365考核中加大网点开发的考核比重，提升至总分的40%，每月对网点开发和拜访覆盖按进度进行考核。发挥电商优势，推进自有电商平台应用，为客户提供优质线上服务，实现网上交易次数8078次，累计交易金额1571万元。标注网点7824个，比年初2552个增加5272个，其中便利店3054个，大小超市327个，批发类500个，直配餐饮食堂网点282个。

【盐业内控改革】 2019年，永州市盐业公司为适应市场竞争和优化发展，优化完善适时修改《365考核管理办法》，出台多项与经营管理相关的制度；持续推进三项制度改革，分片包干责任到人实现全员营销、网格化管理。实施市场化用人机制，完善劳动用工合同化管理，与劳务派遣人员签订劳动合同1人，增加劳务派遣员工6人，制定和修改薪酬方案，实行效益与销售双向考核，执行工资等级制，印制各类台账1万份，规范自身经营行为，推进一点一票推送电子发票，规范省级储备盐管理；加强财务精细化管理，强化专项费用列支事前、事中、事后的监督管控，加大可控费用的控制力度，累计挖潜增效20余万元。业务、车辆、办公、差旅费等控制指标低于预算，实现挖潜金额30余万元。铺货商品回款58万余元，盘查过期盐产品54.49吨，减少损失15万元；法务部门依规审核各类合同36份；规范福利费用管理，开办员工食堂。

【食盐安全管理】 2019年，永州市盐业公司主动配合监管部门，印制《食盐专营政策告知书》1.9万份，进行食盐专营政策宣讲，发放告知书，宣传“雪天”盐的国企质量保障、售后服务、“雪天”盐品牌优势，分析销售“雪天”盐的盈利水平；抽调4名工作人员协助监管部门执法，检查商店网点4200家、学校食堂982家，发现违规批发线索12条，协助办案6起。

【盐业整合发展】 2019年，永州市非盐收入累计2200万元，完成年计划的220%，实现非盐利润53万元，主要以多渠道扩展市场，以白糖、食用油、酒为增收主打产品，单非盐经营部非盐收入实现收入1900万元，同比增加1683万元。开拓餐饮渠道，与市内各企事业单位加强联系，洽谈团购事宜，中秋团购20余万元。与供应商共同拓展市场，利用厂家资源，举办国窖1573VIP客户答谢会1场，销售国窖1573酒90余万元。督促五俏油公司二送一销售政策全部到位，食用油采购成本大幅降低。对滞销产品，对接供应商进行置换和退货处理，全年新增优质团购客户10个。盘活资产，加快零陵北路闲置土地开发进度，协调下河线盐仓库整体搬迁项目，实现物业租赁收入325万元，为预算325万元的100%。

（何菁菁）

供　　电

【概况】 国网永州供电公司担负着永州市11个县（区）219万用电客户的供电任务和永州电网220千伏及以下输变电运行维护和建设改造任务，供电面积排全省第二位，用电客户数量排全省第六位。下设16个职能部门、8个业务支撑机构、11个县（区）公司。

2019年，全市社会用电量累计完成102.55亿千瓦时，与2018年同期相比增长11.32%，其中工业用电量完成50.84亿千瓦时，与2018年同期相比上升9.31%；完成售电量86.86亿千瓦时，同比增长13.25%，增速居省公司系统第二位。永州辖区拥35千伏及以上变电站160座，容量9889兆伏安，35千伏及以上输电线路334条，长度6069千米。日最大负荷200.2万千瓦，突破历史新高。

【供电安全生产】 2019年，国网永州供电公司狠抓作业现场风险管控，坚持严抓严管严考核。

2019年9月10日，国网湖南省电力有限公司与永州市政府在冷水滩签订战略合作协议

应对雨雪、冰冻、风灾、洪涝等极端恶劣天气，完成各类重大保电任务，在全市抗洪救灾工作会上受到市政府主要领导表扬。完成220千伏蒋家田、浯溪等变电站全站改造工作。完成变电站消防隐患治理82座，排查断路器拒动隐患94台，整改继电保护方面问题968项，220千伏主变实现连续8年“零跳闸”。推广无人机巡检，输电线路故障次数同比下降30%。强化物资质量管控。截至2019年12月31日，实现连续安全生产5899天，公司连续两年获湖南省电力公司“安全工作优秀单位”“技术监督优秀单位”称号。

【电网发展】 2019年，国网永州供电公司强化政企合作，促成省电力有限公司与市政府签订战略合作协议，为永州电网发展争取55亿元投资资金和市政府26项政策支持。完成9个县2个区网格化和农村配电网“一所一册”规划编制，各县区省级以上工业园实现独立110千伏电源供电。开工35千伏及以上工程27项、投产21项，投产变电容量40.45万千伏安、线路长度190.72千米。完成新一轮农网改造任务，全市户均容量从年初的1.88千伏安提升至2.01千伏安。智能运检体系初具规模，完成110千伏蔡家变电站“一键顺控”和曲河变电站智能管控平台改造，新一代变电站智能巡检机器人投入运行。安装配电自动化终端3100套，上线及覆盖率均居全省首位，平均到达现场和故障处理速度分别提升至全省第三位、第二位。公司1项工程获华中电网银奖，1项工程入选国网公司百佳工程推荐名单，56项工程获省公司各类示范表彰，公司连续5年获“湖南省电力工程质量监督先进单位”。协助省电力有限公司开展数据共享试点，编制台区停电监测、配变损毁情况等专题分析报告10个。自主开发29个大数据创新及微应用项目，在国网系统内推广应用。

【管理体制改革】 2019年，国网永州供电公司推进内部体制机制改革，完成运检、营销专业“管办分离”，建成市、县两级供电服务指挥体系，精简机构35个，优化调整岗位1825人次。推进县公司发展，完成“大部制”改革，成立城区供电服务站11个。县公司指标提升明显，零陵公司连续两年获评示范县级供电企业。优化全口径用工配置，通过“大数据”用工电子看板动态跟踪考核，全年累计盘活人力资源424人。推进“通道”建设，建立职员、工匠、供电服务工匠选聘机制，加大市、县双向挂职（岗）锻炼力度，员工流动渠道进一步畅通。持续提升职工生产生活品质，人性化设计“1+X”职工体检套餐，建设“五小”供电所40个，就餐“一卡通”项目经验在省电力有限公司作典型推广。解决历史遗留问题，完成各类检查发现问题及巡察发现问题整改销号。道县仙子脚供区接管取得突破性进展，完成第一批1100万元政府资产接收，在新供区内成立桥头供电所。联合永州市金洞管理区委员会下发《金洞电力体制改革工作方案》，祁阳金洞供电所员工“双重身份”问题进入实际操作阶段。

【供电经营管理】 2019年，国网永州供电公司实现综合能源分公司实体化运作，与湖南省永州汽车运输总公司、蓝山云冰山景区等单位签订战略合作协议，促请政府出台电能替代指导意见，实现多领域电能替代项目落地，完成电能替代电量0.79亿千瓦时。对零陵锰矿产业制定增供扩销专项方案，促成市政府加大锰矿产业扶持力度，永州鑫城锰业恢复用电容量2.6万千伏安。引导客户参加扩需增发专场交易，累计促成48个工业企业复产、增产，增加工业电量1.96亿千瓦时。组建以市场拓展中心为抓手的柔性团队，完成特殊电价整治5096户。促成境内14家小水电签订转网协议，完成转网8家，转网容量合计5.05万千瓦。超额完成用户资产接收任务，接收用户资产1.8亿元。

【电力优质服务】 2019年，国网永州供电公司落实湖南省发展与改革委员会一般工商业降电价部署，两累计降低一般工商业电价17.74元/千瓦时。助力脱贫攻坚战，落实光伏扶贫财政补贴和电费结算政策，累计为贫困户带来1亿元“阳光财富”，帮助1427户贫困户实现脱贫，完成消费扶贫130万元。服务发电企业，通过强化流域和经济调度，实现清洁能源的全额消纳，潇水、湘江流域水能利用率提高4.95%，增加外购电量9.28亿千瓦时。夯实供电基础工作，完成全市17家重要客户双电源改造，公司A类电压合格率排名由全省第十二名上升至第三名。宁远、零陵带电作业班实现独立运作，累计实施带电作业1840小时，多供电252万千瓦时。持续优化电力营商环境，健全“双优”机制，严格考核责任性供电服务事件，累计核实认定供电服务事件335起，处罚5.37万元。建立园区服务手册，落实领导挂点服务和客户问题错级协调机制，推行惠民生服务，降低用户用电成本1900万元。全市优化营商环境年中测评名列中央企业序列前三位。

【创新争优】 2019年，国网永州供电公司打造专业项目攻坚团队，为员工创新发展提供广阔平台。获得湖南省电力有限公司系统首个ICQCC国际金奖；3个创新项目获得湖南省质量技术监督协会QC成果一等奖；4个QC小组获得湖南省2019年优秀QC小组称号。在省电力有限公司继电保护竞赛、低压网格客户经理综合技能竞赛中均取得团体第三名，输电线路无人机竞赛获得团体第四名，大数据知识竞赛获得团体二等奖。获得湖南省企业管理现代化创新成果二等奖2项；公司优秀创新成果“无线遥控窃电研究及反制装备研发”项目参与国网青创成果交易展出。公司20项成果入选2019年度省电力有限公司典型经验库，入选数量名列全省第二位。获得永州市庆祝中华人民共和国成立70周年“歌唱祖国”合唱比赛金奖。

（欧阳晓娜）

2019年9月25日，国网永州供电公司永电联合创新工作室QC小组的成果“基于红外通信的单相智能表快速核校仪的研制”在日本东京举行的第44届国际质量小组大会（ZCQCC）上获得国际质量管理金奖

中石化石油销售

【概况】 2019年，中国石化永州石油分公司在营加油站122座，在营油库2座，其中道州油库为新建油库。公司秉承“发展企业、贡献国家、回报股东、服务社会、造福员工”的企业宗旨，发挥永州成品油供应市场主导作用，全年供应市场油品销售45万余吨。

【安全管理】 2019年，中国石化永州石油分公司落实安全生产责任制，强化“安全责任、教育培训、风险识别和风险防范”四大体系，实现零事故目标。树立“发展不能以牺牲人的生命为代价”的理念，做到四个狠抓，四个“不”（狠抓“三违”一个不例外，狠抓培训一个不缺课，狠抓隐患整改一个不漏项，狠抓制度执行一点不含糊），执行总部各项安全生产禁令，贯彻落实新

《中华人民共和国安全生产法》和《中华人民共和国环境保护法》，推动安全环保理念入脑入心。开展“我为安全作诊断”和全员 HSSE 知识学习竞赛活动，开展应急预案优化工作，组织桌面、现场应急预案演练 1000 余次，提高员工安全意识和应急处置能力。

【优质服务】 2019 年，中国石化永州石油分公司坚持“以客户为中心”，开展“加油站综合服务提升年”活动，严格油品数质量监控，践行“每一滴油都是承诺”，确保油品质优量足；强化非油品质量管控，保证“易捷万店无假货”。制定规范化服务标准，优化服务流程，靓化服务窗口，营造舒心消费环境。开展“文明加油站”创建活动，在每个加油站设置“便民服务台”，免费提供医药、维修、问询等便民服务。

（李睿璇）

中石油销售

【概况】 2019 年，中国石油湖南永州销售分公司累计销售油品 15.05 万吨，增长 14.19%，在人员就业、保障供给、增加税收等方面取得一定成绩。获单位内部年度“先进单位”、“四好”领导班子、省直机关“先进基层党组织”、永州市消费者委员会“诚信倡导单位”等称号，总经理朱立军获得由人力资源社会保障部和国务院、国资委联合授予的“中央企业劳动模范”称号。

【石油资源供应】 2019 年，中国石油湖南永州销售分公司通过对同期销量、柴汽比、天气因素等综合分析，研判汽柴油合理库存量，提前与上级公司衔接沟通，加强资源保供。每天提前预判销售节奏，岗位人员每日跟踪各站库存，节假日重点对城区中心站、高速公路出入口站、国道站汽油库存进行监控，科学提报配送需求，紧盯资源到站情况，保障油品正常供应，避免脱销断档。

【加油站管理】 2019 年，中国石油湖南永州销售分公司结合永州市城市市容和环境卫生管理条例，以“6S 管理”为目标，开展站容站貌专项整治，持续开展地毯式的清扫、清理和整顿，消除“脏、乱、差”死角，强化加油站现场、仓库、卫生间、便利店等关键区域的管理，逐步实现物品摆放由随意性向规范化的转变。同时按照“PDCA”管理要求，每月对油站进行全覆盖稽查，为客户营造干净、整洁、美观的消费环境。

【服务用户】 2019 年，中国石油湖南永州销售分公司推进“五进”办卡服务上门，每月以片区为单位，上门办卡进单位、进企业、进社区、进厂矿、进学校，全年开展“五进”办卡 62 次，办卡 2614 张。督促加油站通过班前会、站务会学习规范服务操作和服务话术，在“十惠”“二十五日惠”等促销活动中以优质服务赢得客户赞誉。提供维修工具、开水、万能充电器、司机休息室等增值服务项目，在 15 个站点引进汽服新业务，为客户提供洗车服务，提升客户满意度。

【安全管理】 2019 年，中国石油湖南永州销售分公司每月开展安全主题专项整治活动，发布《阶段性重要风险提示及防控》。加大隐患整治力度，排查整改加油站静电接地、防爆封堵、应急灯等问题，每月不定时开展卸油作业稽查，建立问题台账，及时整改销项。同时，结合市政府关于反恐防恐要求，制订安全生产

道州油库概貌

升级管理工作方案，明确升级管理和严控期时间，严控加油站散装汽油限购管理、接卸油安全管理两个高风险环节。

【履行社会责任】 2019年，中国石油湖南永州销售分公司履行“经济、政治、社会”三大责任。为双牌灾区捐款支持灾后重建。参与永州市“助残一日捐”“爱心助考”“安全文明行、百日无违章”等公益活动，持续推广销售香柚、脐橙等永州特色农副产品及“锦绣潇湘·美在永州”旅游卡，帮助果秀外贸企业销售产品。开展精准扶贫工作，帮助44户贫困户脱贫，累计投入帮扶资金22万元。2019年派出扶贫工作员工被评为市优秀驻村工作队员，驻村工作队被评为金洞管理区先进工作队。

（廖香琴）

旅　游　业

综　　述

【概况】 2019年，永州市接待国内外游客6329.9万人次，同比增长11.3%；实现旅游综合收入542亿元，同比增长11.8%。3个县创建为湖南省全域旅游示范区，创建数量居全省第一位。3个景区创建为国家AAAA级旅游景区，创建数量居全省第一位。全市有旅行社20家，旅行社分社14家，其中3星级旅行社1家。

【全域旅游】 2019年，双牌县、东安县、宁远县创建为湖南省全域旅游示范区。江永勾兰瑶村入选全国乡村旅游重点村，祁阳三家村、双牌桐子坳村、宁远下灌村入选湖南省乡村旅游重点村。实施乡村文化旅游“11233”工程，即十件微实事（打造1个乡村游客中心、1个小型停车场、1个好的旅游厕所、1个医疗急救站、1个旅游土特产店、1个文化广场、1套旅游标识标牌、1个垃圾站、1桌菜、1个景区模特），启动建设特色文旅小镇10个，重点打造特色文旅示范村20个、支持创建星级乡村旅游区（点）30个，培育发展精品民宿客栈30家。江永和江华的寻古朴瑶家古寨、品女书独特文化四日游等三条乡村旅游精品线路被纳入全省的“送客入村·旅游扶贫”重点项目。东安溪水以南休闲旅游开发有限公司陈夏云获评2019年度乡村文化和旅游能人。

兰溪勾蓝瑶风光

【红色旅游】 2019年，永州市开展陈树湘烈士墓搬迁、整修、新建陈树湘烈士生平事迹陈列室等纪念设施建设，投入6000万元。《长征国家文化公园（道县段）暨道县红色旅游总体策划》完成初步方案。陈树湘烈士纪念馆标识标牌、智慧导览系统建设及红色主题教育、红色研学课程开发补助和陶铸故居红色文化旅游标识标牌标准化建设、智慧导览系统及红色研究课程开发等两个项目入选2019年湖南省红色文化旅游重点项目资金支持项目，获资金补助420万元。5月，中央电视台中文国际频道大型纪录片《国家荣光》摄制组到道县，拍摄反映湘江战役绝命后卫红三十四师师长陈树湘英雄事迹专题片。12月18日，永州市广播电视台摄制的大型电视纪录片《陈树湘》首发。选派15名优秀讲解员参加湖南省红色旅游五好讲解员培训，先后赴怀化市、长沙县参加集训。爱国主义教育基地唐生智故居讲解员崔芬芬获评2019年湖南省导游大赛三等奖。

【旅游区（点）建设】 2019年，永州市有星级乡村旅游区（点）163家，其中五星级乡村旅游区（点）27家，四星级乡村旅游区（点）67家，三星级乡村旅游区（点）69家。创建东安金易

舜皇山浣纱瀑

德休闲农庄、银华农庄、冷水滩江南湘生态农庄3个五星级乡村旅游点，并有5个四星、10个三星级乡村旅游点。

【旅游市场开发】 2019年，永州市主动拓展市场，围绕“锦绣潇湘·美在永州”文旅主题品牌，在北京天安门东地铁站、二广高速路口等处投放文旅宣传广告，与南方卫视、澳门媒体合作拍摄宣传片。对接粤港澳大湾区，举办粤港澳大湾区万车自驾游永州、走进大湾区永州旅游专场推介会等促销活动。组织参加第七届澳门国际旅游（产业）博览会、2019中国国际旅游交易会、湖南文化旅游推介会等活动。组织“校长带你游中国之永州研学”活动，澳门镜平中学的30余名师生走进永州开展研学活动，拍摄研学宣传片。推动“‘潇湘有诗，永州有请’——湖南永州亲子夏令营”研学旅行产品在东莞旅游市场上线。

【旅游行业管理】 2019年，永州市开展文化和旅游市场安全生产事故隐患“大排查大管控大整治”百日行动暨文化和旅游市场春夏季整治、全市旅游购物市场及不合理低价游专项整治、暑期旅游市场秩序专项整治以及打非治违专项行动等一系列活动，全市旅游安全形势总体平稳，没有发生重大旅游安全生产事故和恶性旅游市场秩序案件。游客投诉案件结案率100%。

【旅游队伍建设】 2019年，永州市加强优秀旅游从业人员队伍建设。组织、举办浙江大学永州市旅游文化专题提升班。选派人员参加文化和旅游资源开发工作培训班、全省文化生态旅游融合发展精品线路培训、全省红色旅游景区讲解员培训及全国乡村旅游扶贫重点村村干部培训班。组织全市286名持证导游参加导游“云课堂”平台在线培训，组织全市省级星评员参加全省旅游星级饭店星评员培训班等。9月，市文化旅游广电体育局联合市人力资源和社会保障局举办2019年全市职业技能大赛。

【旅游景区】 2019年，永州市国家A级景区46家，其中国家AAAA级旅游景区8家，分别是零陵东山景区、九嶷山舜帝陵景区、祁阳浯溪碑林景区、双牌阳明山国家森林公园、柳宗元文化旅游区、东安舜皇山国家森林公园、双牌桐子坳景区、江永勾蓝瑶寨景区；国家AAA级旅游景区38家，等级景区数量在全省排第三位。全年创建国家AAAA级旅游景区3家，分别是双牌桐子坳景区、江永勾蓝瑶寨景区和零陵东山景区，创建数量居全省第一位。蓝山云冰山景区、东安溪水以南·花境花海景区、双牌花千谷景区、新田谈文溪景区、蓝山大洞悠乐园景区、祁阳德辉景区、江华瑶都水街景区7家景区创建成为国家AAA级旅游景区。

【旅游酒店】 2019年，永州市有星级旅游饭店25家，其中四星级3家，分别是南华大酒店、祁阳百胜赛尔大酒店、万喜登酒店；三星级18家，二星级4家。经永州市旅游饭店星评委员会评定，认定道县和一（和宜）酒店、蓝山县云冰山度假酒店、江华丽华华鑫酒店3家酒店为三星级旅游饭店。

【旅游交通】 2019年，永州市发展多元化立体交通网络，打通永州到广州的铁路快速通道，重点加快建设祁道高速（祁东—道州）、新冷高速（新宁—冷水滩）、桂新高速（桂东—新田）等高速公路，深化内部自由交通体系，打通主干道通往旅游景区“最后一公里”的连接通道以及景区与景区间的连接通道，加强景区与主要交通主干线、景区与景区之间的交通。提升阳明山、舜皇山、周家大院、涔天河等旅游区至周边高速公路的旅游连接线。在零陵区安排旅游观光双层巴士公交路线、旅游公交专线，便利连通各旅游集散服务区与旅游区。分段重点建设湘江绿道、潇水河绿道、环涔天河绿道、舜皇山绿道和阳明山绿道。

【旅游特色产品】 2019年，永州市利用本土资源优势，结合民间传统特色手工艺和民间文化，开发独具地方特色的旅游产品。

加强对东安鸡、异蛇酒等优势商品包装营销。依托祁阳石砚、女书工艺品、斑竹工艺品、瑶族风情饰品和地方美食等特色资源，推出一批高品质、高档次的旅游商品。重点开发名优特产系列、特色小吃系列、旅游工艺品系列、旅游纪念品系列和旅游商品市场系列五大类旅游商品。

【旅游推广新模式】 2019年，永州市探索联合营销、网络营销、政务营销的运作机制，形成多方位、立体式营销体系。全年举办文化旅游活动1200余场，参与活动人数400万人次，直接或间接带动零售、住宿、餐饮、信息技术等行业发展。零陵古城打造创意性文化项目、非遗表演节目、夜间旅游项目。江永大型女书史诗剧《八角花开》、江华瑶族民俗情景剧《客姑妹》等以其独特的瑶族民俗婚恋文化深受游客喜爱。江华瑶都水街打造“中国爱情小镇”旅游品牌。江永勾蓝瑶寨追溯当地勾蓝瑶族“洗泥节”的传统文化风俗，每周六定期演出洗泥民俗晚会。宁远下灌村因麻将鼻祖李郃状元诞生于此，在村庄建设中布满各式各样的“麻将风景”“麻将造型”，致力于围绕麻将、科技、历史文化，将麻将小镇打造成集“电影旅游+科技旅游+文化旅游+民俗文化及非物质文化遗产产业”的特色文旅小镇。

【春节假日旅游】 2019年春节期间，永州市接待国内外游客160.2万人次，同比增长13.1%；实现旅游综合收入7.3亿元，同比增长15.8%；春节假期接待游客总量排全国地级以上城市第三十四位。

【国庆假日旅游】 2019年10月1日—7日，永州市接待游客279.87万人次，同比增长25.16%；实现旅游收入13.35亿元，同比增长29.73%。其中，九嶷山景区接待游客16.2万人次，零陵古城及柳宗元文化旅游区接待游客15.7万人次，舜皇山景区接待游客10.2万人次，阳明山景区接待游客11.5万人次，浯溪碑林景区接待游客3.35万人。全市饭店平均入住率92.25%，民宿客栈平均入住率90.17%。永州红色景点接待游客数比2018年同期增长20%。旅游志愿服务者发放文明旅游宣传资料6000余份，提供咨询服务万余人次，劝导游客不文明行为500余人次。

【2019永州文化旅游项目招商推介会】 2019年11月11日，永州市文化旅游项目招商推介会在冷水滩区召开。永州市委常委、市委宣传部部长贺辉、永州市人民政府副市长谢景林、湖南省演艺集团党委副书记、总经理胡俊参加推介会，全国各地的重要客商以及市直有关部门负责人及各县区负责人参加会议。永州市文化旅游广电体育局党组书记、局长蒋井泉对全市文化旅游重点招商项目进行详细介绍。推介会现场举行17个项目的签约仪式。

永州特色旅游商品体系表

表12

名优特产系列	零陵异蛇、茶油、冷水滩竹鱼、周敦颐酒、道州灰鹅、脐橙、红瓜子、祁阳油茶、九嶷山兔、九嶷香柰李、珠山坝白苦瓜、江永“五香”、新田陶岭三味辣椒、虎爪姜、蓝山黑糊酒、新田板栗、山苍子油、湘妃竹等
特色小吃系列	文明米粉、喝螺、道县鱼肉丸、糖炒粑粑、麦芽柚皮糖、祁阳乌梅、油炸粑、九嶷香柰李、瑶族小鱼干等
旅游工艺品系列	九嶷山奇石、双牌竹制工艺品、通气筷子、祁阳石雕、祁阳砚、水竹凉席、斑竹笔、女书工艺品、湘南木雕、瑶家织锦、瑶家八宝被等
旅游纪念品系列	江永女书系列、浯溪碑帖、江华瑶文化系列等、阳明山雪莲果、生态系列茶、蓝山油茶、瑶族服饰、祁阳凉席等
旅游商品市场系列	永州源味街、潇湘步行街、百万庄古玩街、江华瑶族风情街、江永女书旅游商品城、永州商业城、金水湾购物中心、红太阳购物广场等

金 融 业

综 述

【概况】 2019年，永州市金融稳中有进、稳中提质，新旧动能转换持续推进，重点产业项目进展顺利，改革持续发力，但也存在固定资产投资短期内难有明显回升，重点企业经营不佳，地方政务债务积累，向金融体系外溢的风险较大等问题。截至2019年年末，全市各项存款余额2313亿元，比年初增加44.51亿元，增长1.96%；各项贷款余额1556.89亿元，比年初增加196.15亿元，增长14.42%。截至2019年12月末，永州市金融机构本外币各项存款余额2313亿元，较年初增加44.51亿元，同比增多24.83亿元。各项存款增速整体呈下行态势，各项存款余额在全省市州排第八位、较年初增量排第十一位，均与上年同期持平。住户存款维持低速增长，年末，全市住户存款余额1748.41亿元，较年初新增175.94亿元、同比多增29.81亿元，增长11.2%、高于2018年同期0.9%；非金融企业存款增速、增量持续负增长格局。全市非金融企业存款余额253亿元，较年初负增长扩大至95.71亿元，增速由2018年年末的-16.26%下降至-27.45%；财政性存款减少，全市财政性存款余额30.92亿元，较年初减少9.2亿元。

全市金融机构本外币各项贷款余额1556.89亿元，较年初增加196.15亿元、同比多增30.1亿元，增长14.5%，快于2018年同期0.5%，增速至2018年1月以来的首次同比增长。各项贷款余额在全省排第九位，与2018年同期持平；较年初增量在全省排第九位、较2018年同期后退二位。住户贷款增速持续下滑，全市住户贷款余额834.96亿元，较年初新增89.96亿元、同比少增10.56亿元，各项贷款新增占比较上年同期下降14.7%；非金融企业及机关团体贷款增长强势，全市非金融企业及机关团体贷款余额721.87亿元、较年初增加106.19亿元，增长17.2%、快于2018年同期5.3%，对各项贷款增量的贡献度上升至54.1%。信贷资金稳定性提升，全市中长期贷款余额1245.58亿元，较年初新增149.54亿元、同比多增25.43亿元，新增占比76.2%、同比上升1.5%；短期贷款余额280.17亿元，增速13.2%、低于2018年同期4.9%。

2019年4月12日，2019年永州市政银企合作洽谈会暨金融服务实体经济项目对接会召开

【信贷结构优化】 2019年，永州市房地产贷款余额558.16亿元，同比少增41.96亿元，新增贷款占比由2018年的87.1%大幅下降至52.35%。信贷资源在民营、小微企业的配置大幅提升，金融对制造业转型升级的支撑力度明显加大。年末，全市民营企业贷款增长7.8%，同比上升4.5%；国标口径小微企业贷款余额417.7亿元，增长16.7%、快于2018年同期12.1%，在企业新增贷款的占比同比上升44.3%；全市制造业贷款增长13.1%、快于2018年同期3.6%，特别是制造业中长期贷款增速达2017年以来最高水平，制造业中长期贷款增长33.7%，同比上升36.3%。

【金融机构盈利放缓】 2019年，永州市信贷资产劣变压力加大。年末，全市银行业金融机构累计盈利34.37亿元，同比增长2.3%。其中，地方法人金融机构盈利同比下降21.77%，农发行、农行、交行盈利均低于2018年同期水平。全市银行业金融机构不良贷款余额52.56亿元、较年初增加14.6亿元，不良贷款比率3.38%、较年初增长0.57%，其中，全市农商行系统不良贷款较年初新增17.38亿元，不良率上升至7.53%，工商银行不良贷款率5.51%。

【金融服务】 2019年，中国人民银行永州中心支行取消企业银行账户行政许可，企业在各银行的开户时间由原来的平均3个工作日，缩减到1.5个工作日。全市各银行机构建成助农取款点8557个、ATM机2589台、POS机20520台。办理全辖基金调拨210.89亿元；商业银行投放现金147.23亿元，回笼现金111.29亿元，货币净回笼35.94亿元，保证全市的现金需求和消费者各类币种的需要。收缴假币531.04万元。

推广征信应用。全市有个人信用报告查询服务网点28个，其中人民银行出资80余万元安装征信查询机10台，商业银行出资140万元安装18台。全市个人信用报告查询量19万笔，同比增长119%，其中司法查询3990笔，企业信用报告查询量2176笔。

【央行监管】 2019年，中国人民银行永州中心支行在全省首创研发“永州市金融惠企大走访管理系统”，汇总收集1.6万家企业信息，促成融资100笔、金额66905万元；向人民银行上级行争取低成本资金。全年实施降准7次，释放资金17.26亿元，累计发放再贷款10.1亿元，同比增加6.1亿元，增长152.5%；再贷款余额20亿元，同比增长9.4亿元，增长88.7%，创历史新高；实施新的贷款利率报价机制，降低融资成本。引导银行机构贯彻落实贷款市场报价利率（LPR）改革政策，要求不同类型机构在不同期限内参考LPR新发放的贷款占比要达标、不得协同设定贷款利率隐性下限，有效降低企业融资成本。全市金融机构（含小贷公司）贷款发生额650.33亿元，加权平均贷款利率6.5620%，比2018年下降0.2445%；搭建银企合作平台。组织银行机构在市县两个层面深入工业园区开展6场金融服务“两进两促”（即进园区、进企业、促融资、促发展）活动，撮合融资53笔、金融2891万元，收集4类132条融资问题建议。与市政府办等部门联合承办“2019年永州市银企合作洽谈会暨金融服务实体经济项目对接会”，截至11月末，履约项目386个，授信金额240.12亿元，授信率57.61%，到位资金105.09亿元。牵头税务、财政、银行在永州经济技术开发区举办“库税融1+N”机制支持民营和小微企业发展启动仪式，现场签约信用贷款金额5390.5万元，意向签约金额超过1.3亿元，全年库税融信贷产品新增余额2.97亿元。加大信贷投入。全年就信贷调控工作约谈7家农商行主要负责人、深入9个县区的法人金融机构开展督导、不定期通报各银行机构民营和小微信贷投放情况。

加强法人金融机构风险防控工作。召开全市农商行风险化解专题会议，成立全市农商行系统帮扶工作领导小组，加强对三季度央行评级为7级以上的农商行的风险防控。做好地方政府债务监测工作，派出专人参与政府化债工作，对永州市辖内银行机构政府性债权和平台公司的负债情况进行监测，建立市县两级多条线的政府性债务监测体系和按季风险评估机制。开展存款保险现场核查工作，加强投保机构风险识别和监测，做好存款保险信息系统上线工作。完成辖内16家法人金融机构央行评级工作，被长沙中支吸收为“湖南省央行金融机构评级标准化项目建设”开发成员单位。对11家市级银行机构和68家县级银行机构开展银行业综合评价工作。

【金融监管】 2019年，中国人民银行永州中心支行办理国库业务235万笔，金额1279.47亿元。全市国库通过柜面监督等方式退回财税部门不合规742笔，总金额16.97亿元，确保各级政府财政资金“零风险”。加快推进小微企业税收优惠政策落实，全辖累计办理退库6.54万笔，金额3128万元，惠及小微企业和个体户1.69万户。组织开展“查处分离”试点工作，开展综合执法检查2次、专项检查7次，涵盖银行机构8家，对其中4家机构违法行为处以罚款61.9万元，加大外汇管理现场核查，成功处罚不在名录企业的案例，被作为典型案例报送中国人民银行国库局。

（周雅丽）

【银行业保险业监管】 2019年，永州银保监分局推进强监管与强监督，监管工作取得成效。推进新田县大山铺村助农金融服务点建设，永州市委书记、市人大常委会主任严华给予充分肯定；提出的《创新推进金融服务助力实体经济发展》建议，得到严华肯定与批示；呈报《永州市银行业监管工作情况汇报》和两次“关于徐四顺风险处置报告”，均得到市委副书记、市长何录春的充分肯定和批示。加强公司治理监督。督促5家村镇银行将党的领

2019年4月11日，永州市集中打击整治“三贷三霸”专项行动千人宣誓大会在永州市体育馆举行

导嵌入公司治理，组织对辖内16家法人机构实施《商业银行股权管理暂行办法》情况进行评估，对主要监管指标不达标的2家农商行限制分红，印发监管意见，推进全面落实股权托管。开展股东股权乱象排查，自查和排查问题37个，涉及金额17.92亿元。

防控信用风险，加大不良贷款处置力度，剥离核销不良贷款36.93亿元，逾期90天以上不良贷款全部入账。防范化解政府性债务风险，整改省纪委移交政府平台融资问题的核查和清理工作，“三类债务”较年初减少40.24亿元，没有发生违约事件。严防交叉性金融风险，持续规范同业业务，年末，农商行信托投资余额7.25亿元，比年初减少22.45亿元，下降75.58%。

成立高风险机构风险处置工作领导小组，组织制定、实施三年处置规划。处置徐某某及其关联方在辖内农商行违法违规入股及贷款风险。推动市政府成立以市长为组长的永州农商行系统帮扶工作领导小组，市政府办牵头成立永州农商行帮扶专班，3个县成立以县长任组长的帮扶专班，安排专项经费，制定“一行一策”帮扶措施。11月末，4家农商行不良贷款余额环比减少0.48亿元，不良贷款率环比下降0.25%；12月末，4家农商行不良贷款余额环比减少4亿元，不良贷款率环比下降1.21%，信用风险持续缓释。

修订《信访投诉处理操作办法》，建立《永州银行业保险业消费者权益保护工作联席会议制度》。群众来信37件，办结29件。接待群众来访16起35人次，接听投诉咨询电话59起。开展银行保险机构侵害消费者权益乱象专项整治，机构自查、监管抽查发现问题177个，整改问题171个，涉及业务429笔、624.68万元，为消费者挽回损失102.13万元。开展金融知识宣传教育活动，全市852家银行保险网点面向社会开展集中宣教266次，发放各种宣传资料38万余份，受众客户量47万余人。

持续抓好银行业市场乱象整治，开展“回头看”，推进“巩固治乱象成果，促进合规建设”工作。全市银行机构2018年发现的163个、102.3亿元存量问题整改率93.25%，内部问责1321人次，内部处罚66.97万元，挽回损失1004.09亿元；自查、督查及监管检查发现问题86个、492笔，同比下降47.24%，涉及金额60.63亿元，同比下降40.73%，整改45个，修订制度20个，内部问责162人次。银行业逐步回归本源，贷款占总资产的59.42%，较年初提高4.07个百分点。

组织银行机构参加“2019年全市政银企合作洽谈会暨金融服务实体经济项目对接会”，达成签约意向项目458个，履约项目395个，授信金额273.24亿元。督促银行机构加大农业农村信贷投放。全市银行机构涉农贷款余额837.86亿元，增长10.56%。

督促机构坚持差别化信贷政策，提升重点领域金融服务。制造业贷款余额47.27亿元，较年初增加5.64亿元，改变2016年以来负增长局面；教育、文化、体育和娱乐业贷款新增3.13亿元，增长41.13%。发挥联合授信、债权人委员会机制作用，新成立债委会3家，督促辖内8家银行业机构稳定贷款6.77亿元。

助推民营和小微企业金融服务，对勤勉尽职的247笔1.58亿元普惠型小微企业贷款予以免责，尽职免责责任人166人，占追责金额的68.31%。优化营商环境，降低企业融资成本，督促辖内银行机构取消、精简、降低收费标准项目77个，减免涉企收费逾1万户、金额238万元；发放普惠型小微企业“无还本续贷”贷款

45 笔共计金额 3.23 亿元、精准扶贫“无还本续贷”贷款 1 笔金额 4 万元，为借款人节约资金成本 342.4 万元。开展银行机构“百行进万企”融资对接工作，与 726 家小微企业达成融资合作意向，拟授信金额 11.75 亿元，获授信小微企业 632 家，实际用信 8.86 亿元。年末，辖内民营企业、普惠型小微企业贷款余额 217.54 亿元和 221.45 亿元，分别比年初增加 16.17 亿元、34.49 亿元，普惠型小微企业贷款完成全年信贷计划 135.45%；小微企业贷款平均利率 7.07%，比全省平均低 0.76%。

开展县域农商行坚守定位、服务“三农”（农村、农业和农民）和小微企业专项评估，对四大类十五项指标完成情况实行按月监测、按季考核。截至 2019 年年末，辖内农商行存贷比达 70.97%，较年初提高 2.12 个百分点；涉农贷款余额 460.44 亿元，占各项贷款 92.81%。督促村镇银行拓展零售业务，做大基础客户规模，储蓄存款占比 36.8%，比年初提高 5.51%。村镇银行实现县域全覆盖，4 月 17 日，银保监会备案回复，同意新田、双牌、江永设立村镇银行。

建立辖内城商行、股份行政府性债务动态监管机制，要求辖内城商行、股份行按月定期报送《政府性债务贷款一览表》，做到表内、表外口径全覆盖，及时掌握债务动态情况；要求辖内城商行、股份行按季逐户逐笔开展政府性债务季度风险评估，形成自查评估报告，摸实政府性债务风险底数。通过监管会谈、实地调研、现场督导等方式，督促辖内城商行、股份行严控增量，并采取必要风险缓释措施，防范化解存量债务资金链断裂风险。

开展银行业“百行进万企”融资对接工作，永州银保监分局结合“不忘初心、牢记使命”主题教育统筹部署，组织辖内银行机构从 8 月起持续开展“百行进万企”融资对接工作。截至 2019 年年末，“百行进万企”融资对接工作期间，全市银行机构与 949 户小微企业初步达成融资意向，拟授信金额 15.17 亿元；实际获得授信的小微企业 798 家，贷款金额 11.2206 亿元，其中首贷户（在人民银行征信系统中无贷款记录的小微企业）525 家，授信金额 7.0008 亿元。

落实“巩固治乱象成果促进合规建设”，召开专题推进会和培训会，督促银行保险机构成立工作领导小组，梳理存在的突出问题和风险隐患，明确十条整治意见和八个方面 22 条整治重点。辖内银行保险机构自查及监管检查发现问题 379 个、涉及金额 163.04 亿元，整改问题 314 个、金额 109.05 亿元，挽回资金损失 1011.84 万元，建立健全制度 65 个，完善信息系统 4 个；机构内部问责 1603 人次、经济处理 73.46 万元。

推动银行业尽职免责及无还本续贷落地，持续提升银行业金融机构服务质效。通过组织召开座谈会、开展现场督导等工作措施，推动辖内 26 家银行机构开展尽职免责及无还本续贷工作。9 月，组织 11 家市级银行、10 家农商银行、6 家村镇银行召开座谈会，专题研究推进加大信贷投放工作。各银行机构均建立尽职免责机制。26 家银行机构对 1049 笔小微、涉农及精准扶贫不良贷款进行责任评议，其中免责 746 笔、528 人次。符合尽职免责不良贷款的笔数和人次占比分别为 71.12%、70.03%，较 2018 年分别提高 7.79%、9.66%。26 家银行机构累计办理小微企业无还本续贷 8.06 亿元，其中普惠型小微企业（普惠型小微企业贷款指单户授信总额 1000 万元及以下的小微企业贷款）无还本续贷 5.13 亿元，高出 2018 年全年总额 2.44 亿元，惠及 73 家小微企业，为借款人节约融资成本 614 万元。

（李俊译）

银　行　业

【概况】　截至 2019 年年末，永州市银行业有市级银行机构 10 家、农村银行机构 16 家、营业网点 693 个和从业人员 7000 余名，形成包括政策性银行（农业发展银行）、大型银行（工行、农行、中行、建行、交行、邮储银行）、股份制商业银行（光大银行）、城市商业银行（华融湘江银行、长沙银行）、农村商业银行（中心城区 1 家、县级 9 家）和村镇银行（祁阳、江华、道县、宁远、东安、蓝山村镇银行）在内的现代商业银行体系。各项存款余额 2313 亿元，排全省第八位，较年初净增 44.51 亿元；各项贷款余额 1556.89 亿元，排全省第九位，较年初净增 196.15 亿元；存贷比 67.31%，排全省第六位。

【稳定生猪市场】　2019 年，永州市银行业协会配合市政府出台《关于落实稳定生猪生产保障市场供应政策措施的实施意见》。完善生猪产业保障机制，制定或修订完善16项保障生猪生产制度办法，稳定信贷供给，保障生猪产业正常运转。全市银行机构支持本地生猪养殖客户1248户，发放贷款4.26亿元。创新产品模式，提升生猪产业服务质效，道县、新田、江华、东安农商银行采取“公司+基地+农户”和发放扶贫贴息贷款等模式促进生猪养殖，最大限度降低养殖户融资成本，调动农户养殖积极性。

【民营小微企业融资】 2019年，永州市银行业机构对初步达成合作意向的小微企业加快贷前调查工作进度、简化信贷审批环节、提高信贷效率，做到“应贷尽贷”。剖析小微企业融资未充分满足的主要原因，主动上门、持续跟进，采取有效措施帮助企业增信，化解融资难题。建立小微企业金融服务长效机制，提高小微企业金融服务质效。全市银行机构与782家小微企业达成融资合作意向，拟授信金额12.36亿元，其中获得授信小微企业678家，实际用信9.28亿元，用信率75%。

【“百行进万企”活动】 2019年，永州银行业协会利用“百行进万企”活动载体，开展上门服务、便民服务、惠民服务；加强与税务、市场监管和工信等部门信息沟通共享，为全市民营小微企业融资提供增信服务，实行差异化利率定价，降低纳税信用和市场信用好的民营小微企业贷款利率。加强与市政府的政策沟通协调，引导市内融资担保公司为民营小微企业融资减少担保费用，政府控股和非政府控股融资担保公司的担保费率分别控制在1%和1.5%以内。免费为小微企业办理贷款抵押登记手续，法人银行机构将贷款抵押物评估由中介机构评估改为各行自行评估，免除评估费用。全市法人机构普惠型小微企业贷款平均利率为6.71%，较年初下降0.2%，比全省平均水平低1.11%。

（李俊译）

【中国工商银行永州分行】 2019年，工商银行永州分行实现拨备前利润30482.82万元，较2018年增长6054.06万元，增长24.78%；实现净利润23990.31万元，较2018年增长38783.43万元，增长262.17%；经济增加值为10362万元，较2018年增长32967万元，增长145.84%；实现中间业务收入9879.72万元，同比增加604.67万元，增长6.52%；ETC营销81406户，排同业第一位。

信贷投放能力稳中有升，支持实体经济力度显著增强，各项贷款余额124.05亿元，净增17.66亿元。对接各类政府隐性债务化解项目11个，化解债务40.98亿元；“自接自盘”主动作为，落实2.48亿元存量隐性债务化解；“替接他盘”勇于担当，投放5亿元，是全市力度最大的国有商业银行；落地湖南永蓝高速公路有限公司第二期债转股业务20亿元，获得湖南省2019年金融机构融资创新一等奖。

推进内控合规“压实责任年”主题活动，实现全年零案件、零重大风险事件，零监管处罚；创建服务星级网点6家，其中2家网点创建为总行“服务五星级网点”和总行“服务四星级网点”；2家网点创建为“中银协四星级网点”和“中银协三星级网点”；2家网点创建为“永州银协三星级网点”。

（唐霞）

【中国建设银行永州市分行】 2019年，中国建设银行永州市分行员工总数672人，其中在职员工582人、内退人员13人、离退休77人；在职员工中本部101人（含营销中心），基层行481人。全行党员327人，占比48.66%。

下辖23个支行，其中县支行9个，城区支行14个；有34个网点，31个离行式自助银行；自助设备326台，智慧柜员机130台；市行内设11个部门。

年末，一般性存款余额375.36亿元，新增13.24亿元，同比新增17.4亿元。余额占比38.15%，排同业第一位；新增占比32.76%，排同业第二位。其中：对公存款余额106.1亿元，余额占比46.36%，排同业第一位。个人存款余额269.26亿元，新增23.19亿元，余额占比35.66%，排同业第二位；新增占比32.82%，排同业第二位。一般性存款日均余额375.48亿元，新增4.75亿元，其中：对公存款日均余额107.69亿元，个人存款日均余额267.79亿元，新增24.05亿元。

全年贷款投放74.23亿元，其中，对公投放25.05亿元，个贷投放49.18亿元。年末各项贷款余额236.66亿元，新增43.8亿元，余额占比40.76%，新增占比56.57%，继续实现贷款余额和新增排同业第一位；存贷比63.05%，较年初提升9.79%。其中：公司贷款余额104.07亿元，新增25.05亿元，新增占比

61.9%，排同业第一位；个人贷款余额103.11亿元，新增13.11亿元，新增占比50.47%，排同业第一位。

实现账面利润7.57亿元，同比增多340万元，排同业第一位。实现中间业务净收入3.27亿元，比2018年同期增加0.3亿元，增长10.1%，四行占比53.82%，中收增速较快。上缴税费5866万元。

不良贷款余额10809.28万元（含信用卡，省行考核口径），比年初增加778.48万元，较省行控制数少3278.72万元，不良率0.46%，比年初下降0.06%，低于全省平均水平，排同业第一位，继续保持资产质量先进行地位。

服务地方经济社会发展，连续5年被评为“全市优化经济环境和机关效能建设工作先进单位”，连续3年被评为“永州市金融机构支持地方经济发展先进单位”。支持地方产业升级。主动服务“六大战役”重点客户及重点项目，对接全市“5个10”工程，召开重点项目调度会，争取金融政策最大化全面落实、落地。全年向“六大战役”重点项目累计投放16.17亿元，服务领域累计投放9.61亿元，民生领域累计投放23.88亿元。服务重点项目建设，把握全市加快城市建设的实际情况，累计为全市重点项目发放项目融资近10亿元，重点支持华侨城卡乐文化、江华光伏扶贫、永州中古生物等项目。做好民生事业机构客户的贷款投放工作，为全市医院发放贷款1.77亿元；支持县域经济发展，主动做好蓝山皮具箱包产业园等重点项目的各项金融服务和信贷支持。响应地方政府“保工资、保运转、保基本民生”政策，在全市政银企战略合作签约会上，签约招商引资项目50余个，其中履约项目超过30个，累计授信54.96亿元，投放贷款27.30亿元。搭建合作平台，与永州师范高等专科学校、市农业农村局、市工信局等签订战略合作协议，提供多种类金融产品；与市潇湘融资担保公司续签战略合作协议，开展银担合作；与市税务局签署战略合作协议，推进“线上银税互动”系统直连项目，累计服务200余名小微企业“云税贷”客户，投放贷款超7000万元。加强金融扶贫释能，精准扶贫贷款余额突破16亿元，涉农贷款余额90亿元，利用线上金融产品湘叶贷、云税贷等业务，做好相关产业的帮扶。善融商务电商平台上线扶贫商户十余户，做好定点扶贫工作，围绕“八个精准”对接帮扶13个定点扶贫村，捐赠扶贫资金80万元。

推进第二发展曲线，强化对公对私协同发展，推广住房租赁。住房租赁共享平台应用全面铺开，上线企业平台1家，企业及中介房源2家，平台活跃用户9711户；新增签约合同1612户，新增房源核验超过3万户。推进普惠金融，普惠金融贷款新增7.11亿元，余额23.25亿元，其中个贷普惠金融较年初新增2.52亿元，普惠金融授信客户新增934户，总量4109户。惠及小微企业1069家，新增381家；“惠懂你”累计下载2.64万次，服务企业1899家。

打造金融生态圈64个，做深做透36个，完成移植创新项目10个，完成省建设银行创新创意6大活动，收集需求建议126条，其中“G端连接”“B端赋能”3条建议在省建设银行获奖。4个县域实现财政国库集中支付电子化，上线“易上学”等2个银校平台。推进乡村金融。全年金湘通商户新增2522户，累计5068户，新增及总量均为系统第一位；年交易量107.76万笔，交易金额10.03亿元，均为全省第一位，

2019年12月29日，中国建设银行与永州市不动产登记中心举办“互联网+不动产抵押登记”启动仪式

其中医保社保缴费60万笔，累计发放助农金湘通卡21.43万张，送金融知识和服务下乡培训721次，服务乡村对象近100万人次。成立乡村金融领导小组办公室，选拔专、兼职的客户经理。巩固零售业务优势。坚持零售优先战略，信用卡客户净新增2.15万户，分期交易额18.68亿元，完成率120.76%；商户活动率67.07%，商户客户净新增8841户；手机银行签约客户新增超10万户，活跃客户新增29.13万户；个人加权有效客户增长17.19万户，私行客户较年初新增21名；基金客户年新增4954户，累计2.88万户。扩宽对公交易性业务。对公中收837.77万元，公司机构有效客户新增（折算后）3141户。单位人民币结算账户新增2369户。代发工资新增5.13亿元，增幅9.33%。搭建“湘企出海”平台，现金管理活跃高级客户新增1474户，监管易客户新增14户，CTS客户新增2.03万户。

持续完善风险管理，狠抓“315工程”落地，对“315”项目客户现场走访调研和检查，制定下发7个考核方案，强化内控合规。推进警示教育活动，以相关案件通报、严重违规典型案例为主要内容，实现基层机构及一线员工全覆盖。全行在岗员工547人完成“中国建设银行线上警示教育案例学习”答题，完成率100%；开展支行负责人查库、自助设备加钞、个贷合规、客户身份识别、征信合规管理等专项检查；抓好“巩固治乱象成果促合规建设”工作落实；开展“护航高质量发展规范员工行为”专项行动，强化对员工异常行为排查，抓好员工违规积分管理，员工轻微违规行为积分415分、310人次。夯实会计基础。梅湾路支行通过省行“会计基础工作等级一级单位”验收，保持2个一级单位、24个二级单位，一、二级单位保有率在全省平均水平之上；全年考取一级柜员15人，在省行开展的2019年柜面业务集中生产劳动竞赛中，获得二等奖1个，三等奖2个。提升舆情处置能力。举办消保宣传活动30场，有效处理客户投诉（含95533工单）1000笔，永州银保监局投诉管理系统里没有一笔投诉，被湖南省建设银行通报表扬，2019年消保工作考核获全省第一位。

推进安防达标提质升级，开展基层网点“六个一”、“安全宣传月”、安全生产大检查等活动，执行安全检查制度，全年内外部安全检查发现隐患问题88个，整改率100%；组织开展消防知识培训，覆盖34个网点，受训员工500余人。实现“无重大违规、无重大安全责任事故、无重大客户投诉和舆情、无案件、无大规模群体性事件”的管理目标。

（唐帆）

【中国银行永州分行】 截至2019年年末，中国银行永州分行辖管6个县支行（新建江华支行），城区支行10个，营业网点20个，本部设7个职能管理部门，有员工337人。

本外币各项存款余额94.91亿元，较年初余额增加3.01亿元；本外币各项贷款为57.76亿元，较年初余额增加5.72亿元。实现净收入2.82亿元，增长1.35%；净利润1.26亿元，增长21.92%；实现EVA（经济增加值）9460万元，同比增长33.22%。

落实普惠金融指标一票否决制，助推普惠金融业务良性发展；参加政府部门、监管机构组织的“支持小微企业发展、提升服务实体经济质效”现场推进会，金融服务“两进两促”对接会，银企洽谈对接会，强化“政银企担”的联动对接，推进税融贷+担保、出口无抵押项下三单融资（包括担保公司、出口信保和出

2019年9月29日，中国银行永州分行在辖管江华支行开业典礼上与江华瑶族自治县政府签订政银合作协议

口退税项下），帮助企业解决无抵押物融资难、融资贵问题。截至2019年年末，银保监口径普惠金融贷款新增9256万元，完成年度计划的104%。

优化物理网点布局，江华支行顺利开业，完成零陵支行、芝山北路支行、祁阳人民路支行、市行营业部、中山路支行等机构的搬迁提质改造装修。祁阳支行、宁远支行、道县支行与自来水公司合作开通线上缴费，助推网络金融业务发展。

以“一行一库”政策为指引，加大对重大项目、重要行业的金融支持力度，推进政银企签约项目履约，实现在医疗卫生、学校教育、环保治理等民生领域突破。

制定《永州分行2019年不良资产管控考核方案》，加强不良资产管控的主动性。综合利用自主催收、外包催收、法律诉讼、呆账核销等方式，明确专人专户，降压不良资产。全年对113户不良信用卡共1312万元提起法律诉讼，取得法院判决书65笔，收回47笔，总金额124万元。截至2019年年末，不良贷款总额3443万元，较年初减少2112万元，不良率0.6%，较2018年下降0.47%，不良余额和不良率较年初实现双降。

强化内控合规“三个主体责任”，完善内控合规机制建设，严格执行网点内控案防“三会一课”制度；开展案件警示教育活动，做实员工行为排查，推进《2019年“巩固治乱象成果，促进合规建设”工作实施方案》，加强员工合规教育和职业道德教育，加强合规风险管理和投诉管理；推进信息治理，强化统计信息的及时性、准确性、真实性建设；开展打击非法集资专项治理，深入推进扫黑除恶活动，严格管控反洗钱和金融消费者权益保护等重点领域合规风险。全年经营状况平稳，内控案防工作有序，未发生较大信用风险、操作风险和声誉风险等事件。

（刘慧吉）

【中国农业银行永州分行】

2019年，中国农业银行股份有限公司永州分行下辖11个县区支行和市分行营业部1个，营业网点65个，其中：县城网点26个、乡镇网点26个、市区网点13个。截至2019年年末，各项存款余额320.42亿元，较2018年年底净增14.1亿元，同比增多25.93亿元；各项存款存量份额32.45%，排四大银行中第二位；增量份额39.03%，排四大银行中第一位。各项贷款余额162.16亿元，较2018年年底净增10.23亿元。不良资产余额下降至1.5亿元，较2018年年底下降1.72亿元，不良率下降0.93%，较2018年年底下降1.19%，降幅56%。

持续推进县域“三农”业务和脱贫攻坚。截至2019年年末，县域各类贷款余额118.44亿元，较2018年年底净增8.95亿元；扶贫县重点贷款余额24.12亿元，较2018年年底净增2.87亿元；精准扶贫贷款余额8.57亿元，较2018年年底净增1.09亿元。抓实定点扶贫工作，派驻江华湘江乡樟木口村工作队被评为2019年度优秀市派驻村帮扶工作队。

落实农总行支持民营企业20条，构建“四个”合作平台，推广“三种”模式，开展“四走进”营销活动，创新推出湘汇贷、税银通等新型信贷产品，全面破解民营小微企业“融资难、融资贵”问题，做好民营小微企业金融服务。截至2019年年底，普惠全口径贷款余额10.88亿元，较2018年年底净增0.6亿元。

（李刚）

【中国农业发展银行永州市分行】

2019年，中国农业发展银行永州市分行累计投放各项贷款37.8亿元，年末各项贷款余额121.07亿元，较年初净增15.97亿元，增长15.2%；农发重点建设基金余额14.4亿元，各项存款余额49.38亿元。实现国际业务结算量3914万美元，同比增加863万美元。现金清收表内外不良资产186.7万元，不良贷款余额0.42亿元，不良贷款率0.35%，比年初下降0.05个百分点。获评永州市金融机构支持地方经济发展先进单位。

做好政策性和市场化粮油收储信贷工作，及时足额保障中央和地方储备粮油收储轮换资金供应。累计发放粮油贷款5亿元，支持收购粮食13.95万吨，信贷支持粮食收购市场份额的22.2%。对接乡村振兴、长江大保护等国家战略，加强优质成熟项目营销储备，拓宽支农领域，优化贷款结构。全年审批中长期项目10个、金额30.71亿元；累放项目贷款31.62亿元，其中投放棚户区改造贷款项目6个、金额12.15亿元，投放标准化厂房项目和城乡一体化项目9个、金额13.87亿元，投放长江大保护贷款项目4个、金额5.64亿元，投放高标准农田项目1个、金额2亿元，助力产业兴旺和生态宜居。落实党中央金融服务实体经济发

2019 年，农发行永州市分行发放 10150 万元产业化龙头企业贷款，支持湖南熙可食品有限公司生产加工水果罐头 摄影 黄文

展决策部署，开展“服务民营小微企业提升工程”，主动对接资金需求。全年审批民营小微企业 10 家、金额 2399 万元，投放 2099 万元。

累计投放精准扶贫贷款 18 亿元，居全市同业第一位，同比增加 7.13 亿元。年末，扶贫贷款余额 71.15 亿元，占全行贷款总额的 58.8%，带动和服务建档立卡人数 25 万人，辖内宁远支行和市分行 1 名干部分别被评为省农发行系统脱贫攻坚“先进集体”和“先进个人”。支持粮油收储和特色产业发展，累计发放产业扶贫贷款 9.4 亿元。围绕“两不愁、三保障”，支持改善农村人居环境、农田水利等基础设施领域及教育、健康等公共服务领域，补齐发展短板。累计投放基础设施项目扶贫贷款 8.6 亿元，惠及全市 4.7 万贫困人口，实现扶贫贷款投放全覆盖。帮扶扶贫联系点双河村 64 户 285 名贫困人口脱贫，筹措资金为全村修建 7.5 千米通村公路，完成 4 个村民小组安全饮水工程，获评 2019 年度优秀市派驻村帮扶工作队。

落实财会运营集约化改革，推进新核心系统上线运行，网银业务全线开通，网银结算业务量占比 87.26%。深化信贷基础管理，开展“信贷队伍建设年”活动，推进办贷管贷流程规范化管理，采取放款监督、贷款支付管理、到期贷款风险预警监测等多项措施，加强对贷前、贷中、贷后全过程风险把控。推进内控合规建设，抓好“合规管理标杆行”创建，开展“巩固治乱象成果促进合规建设”和内控综合治理问题整改，全行员工合规意识增强，业务经营和流程操作规范有序，风险和案件得到有效遏制，反洗钱工作获得总行、省分行高度肯定，市分行 1 名干部被评为省农发行系统“合规管理标兵”。有效化解信贷风险，全年现金清收表内外不良资产 186.7 万元，不良贷款余额和不良贷款率持续“双降”。化解康都制药基金风险，5000 万元基金一次性提前回购到位。全年约期还款和基金回购全额到位。

（欧永龙 蒋薇薇）

【中国邮政储蓄银行永州市分行】截至 2019 年年末，中国邮政储蓄银行永州市分行下辖县区支行 11 个，自营网点 36 个，在岗总人数 600 人，平均年龄 38 岁。实现收入 5.08 亿元，排全省第二位，完成省行计划的 95.39%，同比增加 1670 万元，同比增长 3.4%；实现利润 2.8 亿元，排全省第三位，完成省行计划的 95.28%，同比增加 1747 万元，同比增长 6.7%。收入利润率 55%，较年初提升 1.68%。人均创收 84.74 万元，年增 3.19 万元，点均创收 1412.26 万元，年增 46.39 万元；人均创利 46.61 万元，同比增加 3.13 万元，点均创利 776.76 万元，同比增加 48.52 万元。储蓄余额 342.08 亿元，较年初净增 25 亿元，储蓄市场占有率 19.57%，排全市银行同业第二位。其中：自营储蓄余额 84.58 亿元，较年初净增 6.34 亿元，排全省第二位；年日均余额 83.4 亿元，较年初净增 6.52 亿元。个人储蓄保持平稳增长态势，自营储蓄余额 84.58 亿元，净增 6.34 亿元，均排全省第二位。VIP 客户数同比增长 2942 人；信用卡聚焦场景营销与存量挖潜，新增客户 1.36 万户，额度使用率 28.44%，排全省第四位；活跃率 63.73%，排全省第四位；净收入 2810.4 万元，排全省第一位。邮惠付商户全年新增有效商户 4220 户，完成省行计划的 120.57%，排第四位；联动储蓄存款 5051 万元。

零售信贷余额 108.77 亿元，排全省第三位；较年初净增 13.14 亿元，排全省第七位。零售信贷突出营销方式转变和产品要素的创新，强化金融生态版图建设，变“坐贾”为“行商”，全年走访客户 1.05 万户，建档 8486 户，零售信贷余额破百亿。

消费贷款净增 9.84 亿元，邮薪贷累计审批通过 730 户单位，放款量 3181 万元，占全省放款量的一半。邮政储蓄花呗累计开通 1149 户，排全省第二位；小额贷款净增 2.53 亿元，排全省四位，其中小额极速贷余额 1.24 亿元，排全省第三位；小企业法人贷款净增 7722 万元，完成省行计划的 154%，其中法人按揭贷款新增 1182 万元，排全省第三位。

存款余额 20.27 亿元，年日均余额 24.08 亿元，较年初负增 4.24 亿元；公司贷款余额 5.3 亿元，年新增 19000 万元。全年获取政务类和事业单位监管类账户代理资格 21 个，机构开户数 71 户。营销公司贷款项目 4 个，实现授信 6.4 亿元，新发放贷款 1.9 亿元。信用卡年发卡 3.18 万张，同比多增 8173 张；自营保险累计销量 6872 万元，期交 2062 万元，总保费完成全年计划的 101.66%；人民币理财年日均保有量 6.63 亿元；基金销售 11431 万元。自营手机银行年新增激活客户 8.27 万户，完成省行计划的 110.25%，排全省第三位；电子银行交易替代率 95.89%，排全省第五位，全年提升 0.89%。零售信贷余额（含信用卡）114.42 亿元，逾期额 1.13 亿元，逾期率 0.99%；不良额 1.1 亿元，不良率 0.96%。

全年未发生重大风险事件，未发生案件和安全事故，实现"零案件"目标，资产质量保持在合理区间，不良率 0.96%，清收不良贷款 4967 万元，完成计划的 110%，排全省第三位；全年累计净增金融精准扶贫贷款 7376 万元，完成省分行计划的 230%；推进绿色银行建设，支持环保企业信贷融资和线上产品推广，净增绿色贷款 18844 万元。

强化运营管理工作，日均备付金率 0.54%，较 2018 年同期（0.60%）下降 0.06%；个人账户整改率提升。开展扫黑除恶专项斗争、非法集资风险排查整治和上级行案件警示教育等活动，全年认定不良贷款 842 笔，追究责任 265 人次；实施审计项目 6 个，加大对重点风险隐患、监管指令和管理问题揭示，累计发现问题 127 个。深化"平安邮储"建设，巩固安全达标工作成果，全年实现零发案、零罚款、零赔付。强化不良压降，加大诉讼和执行力度，全市诉讼率 95.1%、判决率 98.4%、执行率 90.4%，全年核销出账 2680 万元。

组织职业技能鉴定、岗位资格、银行业从业职业资格等考试工作。全年组织中国邮政网络学院岗位资格考试 71 场，612 人次参加考试。组织 39 人报考职业技能鉴定，其中初级 1 人、中级 19 人、高级 19 人。继续落实《中国邮政储蓄银行永州市分行建设"学习型银行"第二个三年计划实施方案（2018—2020）》，强化员工持证上岗，要求在职员工均参加银行业专业人员职业资格考试，规定必须持证上岗，实行"两证"上岗绩效考核政策；召开市分行一届二次、三次职工代表大会。开展职工之家建设、送温暖帮扶等关爱工程。

（唐文辉）

【交通银行永州分行】 截至 2019 年年末，交通银行永州分行人民币各项存款余额 32.95 亿元，人民币各项贷款 36 亿元，实现经营利润 13433.11 万元。人民币储蓄存款日均余额 14.79 亿元，较年初新增 4.21 亿元；AUM（资产管理规模）日均余额 23.17 亿元，较年初新增 5.93 亿元。存款余额占永州市场份额的 0.9%，较年初提升 0.16%，五大行市场份额达 2.04%，较年初提升 0.37%。

实现品牌客户新增长，开展"聚沙成塔"一日营销活动 14 次，发动全行员工每周进市场、进商圈，拓展二十余家单位工资

2019 年 3 月，中国人民银行永州市中心支行在交通银行永州分行营业部开展"3·15"金融知识讲堂与实地体验课

代发业务；开展企业行 50 余场次，覆盖客户 6000 余人。

与客户对接地方政府隐性债务化解事宜，成功化解地方政府隐性债务 5 笔，信贷金额 13.73 亿元；明确专人催收不良贷款，配置一名案防专员专职从事案防、合规管理工作，每周进行案防抽查，并建立台账逐项销号；组织开展“讲规矩、守规章、有底线”案防专题系列活动、行长讲合规等教育活动 7 次，强化员工“合规优先全员合规主动合规”的理念，构建可持续发展的合规文化。

助力脱贫攻坚，召开党委会议 2 次、联席会议 2 次，研究部署扶贫攻坚工作，把发展产业、修缮道路、安全饮水、农网改造、村级服务平台建设等作为扶贫工作的重点和要点，推动中草药示范基地项目在紫云村落地，成立云领养蜂合作社等，带动贫困群众脱贫致富。筹措资金 68 万元用于紫云村党员活动室建设、山羊养殖项目、党员教育活动、基础设施项目以及产业配套缺口补贴，帮扶责任人走访慰问 8 次，走访覆盖率 100%；开展“户帮户、亲帮亲”活动 2 次。

（毛莹）

【湖南省农村信用社联合社永州办事处】 截至 2019 年年末，湖南省农村信用社联合社永州办事处所辖农村商业银行法人机构 10 家，有营业网点 339 个，其中支行 295 个，分理处 34 个。有在编员工 3274 人，其中正式员工 2945 人，工勤岗位劳务用工 220 人。年末，有离退休人员 1123 人。所辖 10 家农商银行净资产合计 783.56 亿元，其中各项贷款余额 496.08 亿元，比年初增加 42.84 亿元，增长 9.46%；不良贷款余额 37.35 亿元，不良贷款占比 5.34%；固定资产余额 13.41 亿元，其中房屋 8.54 亿元；有价证券及投资余额 143.28 亿元，其中买入反售金融资产 21.51 亿元，全年投资收益 5.95 亿元；存放中央银行款项 97.56 亿元；全辖各项存款余额 699 亿元，比年初增加 40.67 亿元，增长 6.18%；其中对公存款余额 107.49 亿元；个人储蓄存款余额 575.05 亿元，比年初增加 60.02 亿元；所有者权益 48.3 亿元，其中实收资本 28.49 亿元。全年财务总收入 40.64 亿元，总支出 35.16 亿元，实现经营利润 5.5 亿元，全辖农商银行全年缴纳各项税金 2.55 亿元，净利润 3.34 亿元。年末，蓝山农商银行被省联社评定为 2019 年度等级考核先进单位和绩效考核先进单位。

推出农信“福祥 e 贷”业务，借助大数据、微贷技术、互联网平台等科技手段，建设“线上+线下”微贷业务系统，契合城乡居民、个体商户等日常小额消费、生产经营所需，可实现掌上申请、线上签约、迅速提款，最快 3 分钟放款，最高额度 50 万元，期限最长 3 年。截至 2019 年 10 月月末，全市农商银行系统不良贷款余额比 8 月末增加 14.72 亿元，其中永州农商行增加 8 亿元，不良贷款占比比 8 月末上升 2.86 个百分点。各农商银行以 9 月底贷款为时点，新老划断，重新对不良贷款落实管理责任、包收责任。建立责任台账，对单户 500 万元以上的大户不良贷款落实到班子成员，由相关农商行班子成员承担包收管理责任，与班子成员的绩效薪酬、年度考核、评先评优、提拔任用挂钩。

结合湖南省农信系统存款过万亿进行宣传活动，采取传统的厅堂式、媒体式、定点式等宣传形式，侧重通过承办或冠名主办主题鲜明的公益活动、与其他单位联动开展党群活动以及结合当地特色开展群众性文艺活动进行宣传，将金融产品服务、工作成效、惠民举措传播出去。辖内农商行各支行网点持续通过 LED 显示屏和室内宣传屏 24 小时滚动海报、展架等方式进行宣传。成立“普及金融知识万里行”活动领导小组，对全市宣传活动进行部署、指导和考核。各农商银行宣传活动领导小组制定活动方案，确定宣传重点、内容、形式、渠道和人员分工；制作金融知识普及宣传海报、宣传折页、宣传视频、宣传横幅、宣传展板。开展“金融知识进校园”“金融知识普及月”和“金融知识万里行”等一系列金融文化活动；组建礼仪队、舞蹈队，先后参加省、市举办的大型文艺活动，如省联社最美农信人颁奖晚会、感恩时代文艺晚会，先后获二等奖 1 次、三等奖 1 次。在网点设立无障碍坡道、饮水机、报刊架、爱心雨伞，同时加强对员工的举止仪表、文明用语培训，打造高效、规范、文明的服务窗口。走进永州职业技术学院，开展金融知识进学校特色宣传活动，围绕“远离校园不良网络借贷知识”开展宣传。针对学生讲解手机银行、借记卡、校园贷相关知识，帮助青少年树立正确的金融消费观念，增强在校学生对网络借贷诈骗、学生参与非法分期购、无抵押贷款被诈骗有害网络借贷业务的甄别能力。

宁远农商银行组织人员在清水桥镇开展“普及金融知识万里行”“金融知识进万家”等宣传活动，并结合反假币、反洗钱、支付结算等内容，让农村群众更直观的了解金融知识；祁阳农商银行组织20余人在七里桥镇文家冲乡展开进村组宣讲模式，向客户介绍账户实名制、第三方支付安全性、假币识别、电信诈骗、非法集资等老百姓日常生活中缺乏的金融知识；东安农商银行与县人民银行联合行动，在新圩江芦江村开展“助力脱贫攻坚 金融知识万里行”宣传活动，普及乡村贫困人口日常生产生活所需的人民币、存贷款、征信、支付结算等基础金融知识，以及扶贫企业所需的企业征信、融资等普惠金融相关知识，为决胜脱贫攻坚战提供金融服务保障。道县农商银行走进社区，特意为社区儿童准备气球、学习用品等，向少年儿童普及什么是钱、什么是银行等小朋友关心的金融知识。

开展“党建共创、金融普惠”活动。修订完善“党建共创、金融普惠”三年行动方案，县级各商业银行把“党建共创、金融普惠”工作作为一项长期系统工程抓实抓细，把“党建共创、金融普惠”行动与业务发展融合推进，通过“党建共创、金融普惠”行动拉近与农民群众的感情。开展主要业务大盘底，实现资金组织、电子银行产品营销、评级授信、发放便民卡、函证清收老贷款全覆盖等工作。截至2019年10月月末，全市农商银行走访43861户，授信22226户，授信金额33.84亿元。江华农商行首创“12步”工作法，即“打招呼、说来意、换破币、识假币、兑零钱、防诈骗、送礼品、拉家常、采信息、问需求、推业务、道感谢”，提升“温度银行”效应。宁远农商行通过党建共建，对接县教育局的需求，推出“微信缴学费”“福祥E支付”，开启缴纳学费新模式。建立“党建共创、金融普惠”行动专项考核机制。督促指导各县级行建立涵盖党员、客户经理入户走访、客户拓展、评级授信、业务营销、贷款函证、不良清收、金融服务等内容的考核办法，纳入员工绩效考核体系，不定期对各行班子成员、中层干部入户走访登记簿进行抽查检查。7月，道县农商银行开展“党建共创、金融普惠”全面评级授信活动中，累计走访客户52109户，评级20856户，授信17154户，用信户数6121户，授信总额99824万元，用信总额36689万元。占各项存款市场份额的33.22%，贷款市场份额的43.11%，位居县域金融机构首位。

（李会银）

【长沙银行永州分行】 截至2019年年末，长沙银行永州分行有营业网点13个，团队人员162人，其中营业部1个、城区一级支行1个、县域支行6个、社区支行5个。本外币资产总额56.65亿元，较年初减少22.41亿元，其中人民币各项存款余额56.65亿元，较年初减少22.41亿元。其中，个人存款余额29.16亿元，比年初增加12.78亿元，增长78%；对公存款余额27.49亿元，较年初下降14.14亿元。本外币各项贷款余额122.53亿元，较年初新增7.91亿元，存贷比216.29%，不良贷款率0.69%，实现净利润3.06亿元。

截至2019年年末，对永州的信贷投放累计95亿元，重点支持永州市区县城市、园区、旅游、交通、环境治理、学位等基础设施建设，支持冷水滩东部新城项目、宋家洲棚改、零陵古城项目建设等项目建设21个。落实5家平台公司产品置换，金额20亿元。主动对全市6家平台公司进行还款计划调整，减少平台公司还款压力。对零陵城市建设投资有限公司、新田县城市建设投资发展集团公司进行债务降息。

强化服务实体经济，满足永州产业龙头企业的金融需求，支持长丰猎豹技改项目2亿元、双牌闽星水电项目0.45亿元、恒伟药业0.9亿元。给予深圳无界公司宁远智能光电终端项目2亿元授信，给予湖南金荣集团祁阳科创产业综合体项目1亿元授信。成立中小微企业服务中心，集中优秀客户经理，为企业提供最优质最专业的融资服务。同时，与税务、工信、科技局、园区管委会、担保公司、创业中心等平台合作，利用总行创新的转贷基金、风险补偿基金、知识产权质押融资等方式为中小企业提供金融服务，利用总行创新贷款产品如政采贷、快乐E贷、科创贷、工业厂房按揭贷、外贸企业出口便利担保融资等为中小企业提供融资需求。

整合快乐秒贷、心意通卡、住房按揭以及分期业务，便捷市民购房、装修等消费需求。加大对个人经营性贷款业务的支撑力度，对全市中小微企业主、个体工商户发放贷款90笔，授信额度3.7亿元。发展农村金融服务站工作，各农村金融服务站落户至自然村。完善农村群众金融服务环境，开立农金站点102家，为2万名村民提供金融服务。

开创系列特色惠民服务，利用自主研发的农民工工资专用账户实名制操作系统，为农民工开卡等金融需求提供上门服务。为7146名商户提供绿色、安全的收单服务。为全市18家中小学嵌入智慧校园系统。

打造普惠金融品牌，策划“长行在您身边”系列品牌活动40余场，举办“3·15”金融消费者宣传教育活动、金融知识万里行活动、电影节活动、小小银行家等，参与永州市文体事业发展，举办“图书漂流角”爱心助学活动、伊塘镇小学爱心助学活动、“5·17”爱心助残晚会、永州市“爱心助学”教师节晚会、“青春快线，春节我们一起回永州”活动、贫困村驻点扶贫、定点自助贫困学生上学、“长沙银行杯”工间操比赛、“长沙银行杯”乒乓球比赛、“长沙银行杯”中欧篮球赛、“唱响永州·舞动中国”老年人文艺晚会、永州市少儿春晚活动、永州市少儿才艺大赛、永州市爱国大会、潇湘技师学院校园歌手大赛、“我是竞技达人”英雄联盟电子竞技比赛、协办“第三十三个教师节文艺晚会”等多项文体及公益活动。全年捐赠20余万元用于贫困乡镇的基础设施建设，捐赠20万元用于社区建设，向集义完小等学校开展爱心助学、公益捐赠活动。

（唐佩）

【华融湘江银行永州分行】 截至2019年12月末，华融湘江银行永州分行一般性存款余额53.24亿元，各项用信余额130.66亿元，其中表内各项贷款余额76.30亿元，表外授信余额54.36亿元；表内各项贷款余额较年初新增7.06亿元，增长10.2%。加大对重点工业、农业产业项目的支持力度。全年新增产业金融投放12亿元，推动营销产业客户10户，储备金额18亿元。普惠金融贷款余额49626万元元，较基数增长2696万元，非裸贷客户占比提升5.83，行标小微贷款余额61135万元、贷款户数155户，“两增两控”指标全面达标。

个人存款余额17.11亿元，较年初增长2.02亿元；个人存款日均16.4亿元，较基数增长2.5亿元；个人非存款管理资产时期数8.14亿元，较基数增长1.83亿元。组织开展2019年旺季营销活动、行政事业单位工资代发（公积金归集）专项竞赛活动、零售业务“扬长补短”百日竞赛活动，延续零售业务增长的良好势头。

财政机构类存款时点余额9.2亿元，政务类企业存款时点余额17.93亿元。分行获得永州市农民工工资代发专户资格、开立永州市房产局棚改专项债券资金专户和零余额账户6个，上线省烟草银企直连系统、永州市商品房预售资金监管系统、农民工实名制认证工资代发系统、祁阳房维系统、祁阳国库电子化支付系统、江华公交联名卡等特色业务系统和项目6个。

加强“智慧运营”体系建设。组织开展2019年运营技能提升培训，加强运营督导、内控主管、内训师队伍管理，全面开展取消企业银行账户许可工作，完成2019年新版人民币对外发行，推进现金服务示范区建设，新增2台轻型低柜，组织开展打击治理电信诈骗网络新型违法犯罪宣传、“3·15”消费者权益保护户外宣传、“金融知识进校园—我的金融知识启蒙书”赠书活动、防范非法集资宣传月活动、金融知识万里行宣传活动、反假货币宣传活动、2019年新版人民币发行宣传活动等户外宣传活动20余次。分行营业部被评为2019年湖南省金融消费者权益保护标准化网点

参加永州市民营和小微企业金融服务知识电视抢答赛、永州市银行业保险行业“庆祝中华人民共和国成立70周年”气排球比赛及华融湘江银行首届田径及趣味运动会，组织开展“我与祖国共奋进——国旗下的演讲”特别主题团日活动、国庆升国旗仪式、集体大合唱活动、户外拓展活动、中高层“智慧赋能”培训班及“七一”、“十一”帮扶慰问活动。持续强化平安创建和安全保卫工作，实现全年零发案目标。分行在全国第六轮银行业金融机构安全评估检查中，排永州银行业金融机构第一名。获“2018年度全市社会治安综合治理先进单位”荣誉称号、分行营业部被评为2019年湖南省金融消费者权益保护标准化网点。

（许学文）

保　险　业

【概况】 2019年，永州保险行业实现保费收入65.91亿元，其中，财产险保费收入25.23亿元，寿险实现保费收入40.68亿元。保险理赔（给付）18.86亿元，其中产险赔款13.58亿元，寿险赔款5.28亿元，市级保险机构

25家。开展各种慈善捐款和扶贫资金投入138.50万元，扶贫募集资金9.3万元。注重加强保险业务宣传，利用“3·15”保险知识咨询宣传、“7·8”保险公众宣传日和省金融办“保险五进”活动等宣传平台，开展保险知识进农村、社区、学校、园区、工厂等活动。

【保险行业自律】　2019年，永州市保险行业协会强化车险市场自律管理，完善永州市保险协会车险自律公约，组织全市产险会员单位签订自律公约承诺书，成立3个督导小组，到各产险公司和4S店进行督导和宣传。采取客户调查、随机抽查等方式做好车险自律工作。先后召开产险会员单位总经理会议2次，产险专业委员会会议4次，协调解决车险市场问题；先后发出《风险提示函》4份；开展反欺诈、反误导专项督查。

【保险消费维权】　2019年，永州市保险行业协会接到投诉咨询电话273个，受理消费者投诉57件，其中成功调解26件，调解涉及金额230余万元。开展湖南保险业“护航2019”反保险欺诈专项行动，活动期间移交司法机关案件涉保欺诈案2件，金额131万元；自办案件18件，金额270余万元。

【保险服务】　2019年，永州市保险行业协会开展与地方政府部门、司法机关和部分行业协会的沟通协调服务工作，加强与市司法鉴定协会的沟通协调，就“永州市道路交通事故人伤案件司法鉴定标准”进行交流探讨，出台永州市道路交通事故人伤案件伤残等级的评定和后续治疗的标准；推动建立江华瑶族自治县道路交通事故纠纷“网上数据一体化处理”平台；参与冷水滩多元化化解社会矛盾纠纷体系的建设，将涉保案件调处纳入多元化化解社会纠纷体系之中；与交警队协作，撤销城区7个快处快赔点，全部集中到永州大道办公。

【保险协会运行管理】　2019年，永州市保险行业协会加强协会内部运行整治，规范秘书处权责。6月19日—24日，永州市银保监分局对永州市保险行业协会进行现场调查，下发《关于永州市保险行业协会有关情况调查的报告》，就保险行业协会的建设提出具体的指导性意见。永州市保险行业协会就永州市民政局下发的《关于开展行业协会商会清理整顿和规范管理工作实施方案》进行清理和整顿，规范秘书处职责，确定员工的取酬范围，明确会费收取标准，规范协会服务性收费。

（蒋晓玲）

【中国人民财产保险股份有限公司永州市分公司】　2019年，中国人民财产保险股份有限公司永州市分公司成为全市财险行业第一家，全省系统第五家保费规模超10亿元的分公司。全年累计完成保费收入11.96亿元，同比增长22.01%。累计承担保险责任金额25290亿元，累计处理灾害事故赔案70541件，理赔金额7.34亿元；上缴各类税收7119万元。启动“警保联动”服务机制，设立中心服务站2个，投入理赔服务人员52人次，服务客户200位，为客户无偿提供各类保障物资及增值服务191次，为客户提供安全、便捷的理赔服务。

车险实行“市场发展、价值创造、客户需求、创新举措、队伍建设”五大对标管理，深化区域和渠道发展布局，推动车险由资源驱动向精细化管理驱动的高质量发展转型，商业非车险稳步增长。与民政、教育、住建、公安、卫生、残联等职能部门沟通对接，在农房保险、精神障碍患者监护人责任险、学意险、住建

2019年10月25日，中国人保财险永州市分公司举办“同心跨十亿，整装再出发”保费突破十亿庆典晚会

安责险、车险、医责险、残意险等方面开展深层次合作，签发全省“留守儿童保险”首单，突破“蓝山县政府公职人员意外伤害保险”，全年商业非车险累计实现保费16589万元，同比增长39.56%。车商续保团队月人均产能20万元。客户经理106人，连续3年获得省分公司“标杆销售团队”，年人均产能8.99万元，排全省第二位，家自车非新车渗透率42.49%，排全省第一位。邮政渠道保费完成率从全省倒数三名跨越至全省前三。银保渠道全省考核提升两位。农险业务保费规模超过2017年峰值，比2017年峰值净增2797.38万元，综合成本率同比下降3.41%。对接社保业务需求，社保业务突破2.9亿元大关，大病保险实现“标标必达”。突破零陵、冷水滩、新田县外就医等创新产品。

投入车险多维分析平台、车商互通工具、理赔远见系统等先进管理工具使用，坚持差异化承保政策与费用政策，提高效益型险种占比，严格落实风控流程，主动改造劣质业务。理赔方面，开展理赔关键节点履责管理专项检查，倒逼前端规范理赔各节点的操作，全员履责意识、成本管控意识得到较大增强。以持续强化主全责占比、落实事故责任跟进、案均赔款、人伤、车险未决存量等关键指标管控，优化理赔质量；反欺诈、理赔稽查、远见平台监控等环节联动，形成打击理赔漏损的高压态势，减损工作取得较好成效。

在行业率先启动“警保联动”和“直升机救援”工作；推进差异化服务体系建设，落实“简快优”理赔服务细则，客户服务满意度显著提升；健全和完善投诉处理工作及安抚机制，多部门联动，推进客户投诉首站化解；落实客户服务标准化建设，全面启动远程监控，实时监控各营业网点柜台情况，强化问题的整改督导，成效初显。推进服务方式的改革创新。深入推广“湖南人保财险”微信公众号，出台《永州市分公司客户线上化推广及考核方案》《关于进一步推动客户线上化实施工作的通知》，对客户微信绑定工作进展进行日通报、周点评、月考核，加强常态化的工作督导与考核，推动客户线上化工作进程。完善VIP服务体系，制定VIP客户分级服务管理办法，对VIP客户进行分级管理。强化客户服务评价考核，加强常态化的服务质量监督与考评，建立监管投诉快速响应处理机制和重点投诉处理回溯机制，客户服务评级AAA。

（匡林垚）

【中国人寿保险股份有限公司永州分公司】 2019年，中国人寿保险股份有限公司永州分公司（以下简称中国人寿永州分公司）总保费16.3亿元，占市场份额的37.57%，占据永州寿险市场的主导地位。各种赔给付资金6.4亿。其中满期给付和年金提取金额4.2亿元，赔款总额2.2亿元。承办1个南四县大病保险项目、7个医疗委托经办业务项目、2个风险型医疗经办业务项目，完成省公司下达的大病业务、经办业务、税优业务、健康大平台推广、健康服务宣传等各项任务指标，实现大病保费10844.74万元、经办业务基金保费6289万元、税优业务380件、健康大平台注册量12447个、5次健康知识讲座、9次媒体宣传、服务近200万人。在学生平安保险、女性安康保险、老年人保险、村干部人身保险、“扶贫特惠保”等民生保险板块取得良好社会效益。加强保障型产品推出、完善保障体系。加强健康讲座宣传，保障型产品保费收入同比增长39.3%，永州市人均保额提高至8万元。发展“缴

中国人寿永州分公司窗口服务风采

费低、保障高”涵盖重大疾病、意外、医疗的“635”保障计划。

推出“重疾一日赔”服务，针对申请恶性肿瘤重大疾病赔付的客户，一日内完成理赔工作。全市系统“重疾一日赔”“重疾优先赔”累计赔付631笔，赔付金额1859万元。利用科技手段上线“智能理赔审核系统”和接口数据平台，构建具有预警、预报、控制和分析等功能的医疗保险智能监控平台，保障大病保险基金安全运行。智能系统监测大病就诊患者2.25万人次、医疗总费用39550.79万元；处方明细690.29万条；检测疑似违规涉及6992人、疑似违规记录数13.06万条、疑似违规金额5645.02万元、疑似违规医疗机构155家。开设线上理赔服务，3000元以下的赔案，无须客户至公司柜面办理，只需下载“中国人寿寿险”App，按要求准备理赔资料，就可以办理理赔，工作人员受理结案后赔款可实时到账。

按照“创新致远，队伍制胜”战略部署，通过“健康服务专员”的招募来助推大众创业，解决6000余人的就业岗位。有销售人员和服务队伍8000余人。服务小微企业。为小微企业的开设“员工福利保”、小型酒店、餐饮店经营场所开设“客安保”、中小企业财产的国寿财险的“财安心”等。针对各类小微企业主在获得各类商业银行贷款时自身抵御风险能力较弱的情况，推出“小贷保”即为借款人在获得银行授信时，以低廉费用获得高额的意外人身保障，以减少企业负责人一旦出现意外风险而导致企业濒临倒闭及银行不良贷款的产生。助力脱贫攻坚战，全系统抽调专人13人参与各县（区）进村定点扶贫工作，帮扶全市15个贫困村。投入60余万元扶贫物资，惠及600余户贫困户。

（蒋林海）

证　券　业

【方正证券永州清桥路证券营业部】　方正证券永州清桥路证券营业部（前身系湖南证券公司永州营业部）创建于1988年，是湖南省永州市成立最早、规模最大、业务最全的专业证券经营机构，2007年11月被方正证券吸收合并。营业部持续扩大交易品种和参与新业务资格，陆续取得期货IB、融资融券、股票质押、企业私募债和新三板等新业务资格。2019年，营业部客户数72751户，沪深证券交易累计成交294.8亿元，占全国的0.298‰；有员工55人，其中营销经纪人员33人，本科以上学历98%；交易品种齐全，基金销售、融资融券、股票期权、期货、港股、沪股通及新三板等业务快速发展。其中基金销售4000万元，营业部投资顾问收入295万元，期权交易张数13.21万张。

方正证券永州清桥路证券营业部连续23年雄踞永州本地市场份额的第一位，营业部拥有“95571”呼叫中心、网上交易、泉友通手机炒股、手机开户等交易方式；建立全面有效的客服管理体系，配备国内领先的电脑交易设备；实现财务处理电算化和办公自动化；与市建设银行、工商银行、中国银行、农业银行、交通银行、邮储银行合作，开通三方存管业务，下辖冷水滩和东安2个网点。

（唐朝明）

综合经济管理

经济调控与体制改革

【概况】　2019年，永州市着力推进各项重大战略、重大规划、重大项目、重大改革落实落地，较好完成各项目标任务。获得国家、省、市表彰奖励28项，其中高质量发展、投资、粮食安全、“双创”示范基地建设等工作获省政府“真抓实干成效明显”通报表彰，承接产业转移工作在全省发展和改革工作会议上作典型发言。

【项目投资】　2019年，永州市围绕基础设施、产业发展、民生和生态环保等关键领域，铺排重点项目470个，完成投资1097.1亿元，占年度计划的123.5%；新开工重大项目345个，排全省第四位。26个省重点项目完成投资189.5亿元，占年度计划的128.4%。全年固定资产投资增长10%，其中民间投资增长35.1%。投资工作得到省政府“真抓实干成效明显”表彰。

【产业发展】　2019年，永州市实施产业项目建设年活动，推进“5个10”工程，58个重大产业项目、30个重大科技创新项目、35个重大产品创新项目分别完成投资264.7亿元、34.7亿元、32.6亿元，超额完成目标任务。全市产业投资、高新技术投资分别增长 27.5%、61.7%。对接粤港澳大湾区，承接引进重大项目141 个，承接产业转移工作获省里通报表彰。

【争取政策项目支持】 2019 年，永州市争取中央预算内投资项目280 个，资金 15.8 亿元，同口径增长 15%。与国网湖南省电力公司签订战略协议，3 年内投资 55 亿元实施坚强电网建设。推进一批重大工程。6 月，国能永州电厂全面复工建设，推进湘桂铁路扩能工程、涔天河灌区工程、毛俊水库、永州至邵阳天然气长输管线等项目建设。零陵机场提质改造项目完成招投标工作。启动衡阳至永州、永州至零陵、永州至新宁高速，新粤浙天然气长输管线广西支线、娄底—邵阳—永州成品油管道工程等项目建设。呼南高铁邵阳至永州段全面开展前期工作，列入国铁集团第一批勘探项目正在组织招投标。永清广高铁、南衡高铁、永贺高铁、兴永郴赣铁路、零陵至道县至连山高速、永郴高速、永州机场迁建、何仙观水库等项目由省发改委向国家发改委推送，计划列入国家“十四五”规划。

【体制改革创新】 2019 年，永州市发展和改革委员会推进供给侧结构性改革，落实减税降费政策，一般工商业电价降低 6.87 分/千瓦时，为企业减少电费支出 1.1 亿元。推进“放管服”改革，落实“一件事一次办”，实行项目并联审批、容缺办理和多审合一，审批时限比法定时间缩短 50%以上。深化公共资源交易体制改革，开展工程建设领域招投标突出问题专项整治，发现和查处问题 337 个，追责处理 27 人次。强化价格机制改革，规范并下调燃气价格，入户安装费统一调整至 1800 元/户。在全市实施居民阶梯水价制度。落实猪肉等生活物资保供稳价措施，发放低收入群众价格临时补贴 4189 万元，惠及困难群众 216 万人次。

【推进“三大攻坚战”】 2019 年，永州市发展和改革委员会防范化解风险，严把项目审批关，对资金没有落实和新增政府债务的政府投资项目不予审批。全市发行专项债券 28.29 亿元，解决一批重点项目建设资金需求。易地扶贫搬迁累计完成投资 57.9 亿元，搬迁贫困人口 81717 人，提前两年全面完成任务，易地扶贫搬迁工作考核排全省第一位。全年投资 8.9 亿元对 540 个行政村实施农网改造，提前一年全面完成“十三五”农网改造任务。加大污染防治，抓好长江流域环保巡察问题整改，严格环保节能审查，全年能耗增量 3.57 万吨标准煤（控制目标为 20 万吨），单位地区生产总值能耗下降 6.16%（目标任务为 2.5%），全面完成能耗“双控”目标任务。

【地方粮食安全保障】 2019 年，永州市落实国家粮食收购政策，推进粮食收储制度改革，创新收购服务方式，市场化收购成效显著。全年收购粮食 97.48 万吨，其中市场化收购 93.61 万吨，占总收购量的 96.03%。全市粮食储备完成 3.6 万吨的代管省级储备粮任务，落实市、县区级储备粮5.8 万吨，落实市级食用植物油储备任务 1400 吨，全市建立应急成品粮储备 12665 吨。粮食企业完成购销粮食 222.87 万吨。在省政府办公厅对 2019 年度真抓实干成效明显地区的表扬激励通报中，获“落实粮食安全责任制工作成效明显地区”表彰，奖金 400 万元。6 月被评为全省粮安考核优秀单位。

【供油】 2019 年，永州市实施优质粮油工程，祁阳县、冷水滩区均为国家级示范县被滚动扶持，分别获得专项补助资金 1100 万元；冷水滩区、新田县、东安县、道县获粮食产后服务体系建设项目，分别获得专项补助资金 300 万元、450 万元、160 万元和 160 万元。湖南阳光华利食品有限公司、江永特色农副产品开发有限公司、新田县恒丰粮油有限公司等企业项目获省“粮油千亿产业”项目称号。全市粮油加工总产值 107.6 亿元，同比增长 6%以上。落实市级食用植物油储备任务 1400 吨。全行业国家级农业产业化龙头企业 3 家、省级龙头企业 13 家、市级龙头企业 33 家。在省政府对真抓实干成效明显地区的表扬激励通报中，获省政府“落实粮食安全责任制工作成效明显地区”的表彰。

（周朝华）

市场监督管理

【概况】 2019 年 1 月 13 日，永州市市场监督管理局挂牌成立，为正处级市政府工作部门，整合市工商行政管理局、市技术质量监督局、市食品药品监督管理局职责，以及市发展和改革委员会的价格监督检查与反垄断执法职责、市商务和粮食局的经营者集中反垄断执法职责、市科学技术局的知识产权管理职责，对外加挂市知识产权局牌子。市工商行政管理局、市技术质量监督局在城区设立的派出机构及其所属事业单位分别下放市辖区政府，实行分级管理。局机关行政编制86名，设局长1名，副局长4名，暂保留总工程师1名；正科级领导职数39名，副科级领导职数37名。局机关有在职人员135人，其中公务员126人，机关工人9人，内设科室38个，二级机构17个（含3个分局），二级机构有在职人员230人。

2019年，永州市在全省率先实施“一件事一次办”改革，其中市场监管部门牵头104项，受理申请17149件，办结17115件，办结率99.8%。在全国率先深化食品药品行政审批制度改革，推行“告知承诺发证”、许可“多证合一”、联合现场核查。永州市企业开办时间压缩至3个工作日内。企业名称自主申报率58.23%、市场主体登记电子化程度72.04%，进入全省前列。“学习强国”、《中国市场监管报》、《湖南日报》和湖南卫视等进行推介报道。全国有20多个地级市到该局考察学习。祁阳县率先发出全市第一张“五证合一”的“药品经营许可证”。全市办理股权质押和动产抵押登记173件，助企融资19亿元，指导6家企业完成上市前的股改登记。根据《湖南省市场监管公众满意度调查报告（2019）》，永州市市场准入环境、商事制度改革、食品生产经营许可便利化、简政放权为企业减负等4个评价指标满意率均列全省第一名。截至2019年年末，全市有市场主体258534户，注册资本3324.66亿元，其中新登记市场主体47644户、注册资本487.56亿元。

2019年是永州市市场监督管理部门的改革元年。永州市商事制度改革获省政府真抓实干考核奖励；湖南省2019年度市场监管公众满意度调查所有4个一级、18个二级指标，永州得分均位居第一位；湖南省“群众食品安全满意度”调查，永州连续6年排第一位，被评为湖南省食品安全工作先进市州；湖南省政府质量工作公众满意度调查，永州“产品质量”排全省第二位；永州市市场监督管理局获得湖南省文明单位和永州市年度绩效、综合治理、意识形态、信访维稳等工作考核优秀单位。

【食品安全监管】 2019年，永州市获证食品生产企业352家，风险分级A级72家、B级197家、C级61家、D级5家。开展食品生产企业食品安全管理人员监督抽查考核工作，全市监督抽查考核食品安全管理员企业292家，监督抽检考核食品安全管理员323人，监督抽查考核覆盖率100%，排全省第三位。全市有餐饮服务单位13974家，单位食堂2725家，检查餐饮服务经营者25747家次，检查单位食堂6286家次，检查覆盖率100%。新创建学校标准化食堂213家，累计创建524家，超额完成三年创建

2019年1月13日，永州市市场监督管理局举行挂牌仪式

500家的目标，在全省半年食品经营工作会上作典型发言。完成学校食堂“明厨亮灶”1740家，完成率89%，超额完成省定80%的目标。道县、双牌县“明厨亮灶”率达到100%。全市酒类市场专项整治取得阶段性明显成效。9月3日，全市动员部署会在冷水滩区召开，发布最严酒类产品“打假令”，查获涉嫌假冒伪劣酒类品牌茅台、五粮液、国窖1573等20余个，查封扣押涉嫌假冒伪劣酒类产品货值金额100余万元，发布相关信息报道100多篇次；11月26日，全市酒类产品专项整治现场推进会在双牌县召开，全年特殊食品生产经营环节未发生食品安全事故。完成食品和食用农产品抽检13857批次，合格率97.05%。零陵区、冷水滩区、蓝山县、双牌县被评为全省食品安全工作A级（先进）县区。全年办结食品药品案2352件，罚没款2349万余元，办案数位居全省前列。

【药品安全监管】 2019年，永州市药品零售企业执业药师“挂证”行为整治行动持续推进，全市药品流通系统检查药品零售企业2596家次，检查发现零售药店存在药师“挂证”行为135家。截至2019年年末，（含自查上报和检查发现）整改到位企业271家，关门停业19家，撤证（注销）企业47家，责令改正存在处方药未按规定销售的药品零售企业787家，立案82家。全市药品零售连锁总部7家，开展远程审方服务连锁门店756家。“药械化”抽样检测426批次，公开公示率100%；监测有效不良反应/事件报告7855份。

【医疗器械安全监管】 2019年，永州市有医疗器械生产企业12家，医疗器械经营企业1136家，医疗器械使用单位4463家。开展无菌植入性医疗器械专项检查，全市系统检查无菌和植入性医疗器械经营企业974家，使用单位770家，下达责令改正通知书600份，给予当场处罚（警告）180家，立案查处91家，罚没款84.15万元。开展医疗器械安全突出问题专项整治，全市系统检查医疗器械经营企业1235家次，使用单位1230家次，下达责令改正通知787份，当场处罚（警告）108起，立案172件，其中无证（未备案）经营医疗器械案件42件，经营过期医疗器械案件87件；结案135件，罚没款100.79万元。

2019年6月21日，永州市人民政府举行“一件事一次办”改革新闻发布会

【化妆品监管】 2019年，永州市化妆品专项整治“三大战役”出动执法人员4689人次，检查化妆品经营使用企业1741家（美容美发机构654家），下发责令整改通知78份，查办案件24件涉案货值金额8.36万元，没收违法所得2.35万元，处罚款8.15万余元。做好国产非特殊用途化妆品备案工作，完成24个产品“国家非特殊用途化妆品备案系统”备案审核。对全市2015年以来在“国家非特殊用途化妆品备案系统”平台上备案的36个产品逐一进行清查。没有发现违法宣称药妆、EGF、干细胞、不属于非特殊用途化妆品等产品。

【盐务监管】 2019年，永州市组织开展食盐质量安全专项整治行动，出动监管执法人员3621人次，检查大型商超327家、农贸市场179个、食盐仓库21个、食品加工企业97家、宾馆酒店262家、食品小作坊102家、饮食摊点612家、学校食堂207所、零售网点2010家，发现问题39个（类），发出整改通知51份，立案查处食盐案件7起，查扣不符合法律法规食盐50余吨，处罚款3.9万元。

【特种设备安全监管】 2019年，永州市组织开展食品药品特种设备及重点工业产品安全风险隐患大排查大整治专项行动。全市市场监管部门出动检查人员2864人次，检查单位739家，排查风险隐患416个，责令299家企业进行整改，完成风险隐患整治414个。开展永州市特种设备安全风险隐患大排查大整治大管控百日行动。全市出动检查人员2153人次，检查单位426家，排查风险隐患329条，责令213家企业进行整改，完成风险隐患整治325条，停运特种设备6台套，立案查办案件50起，处罚50.15万元。开展全市市场监管系统安全监管"强执法防事故"活动，制定下发《2019年永州市市场监管系统安全监管"强执法防事故"活动方案》《永州市市场监管系统安全监管执法工作月考评方案》，对各县区安全监管执法工作进行打分排名，用考评排名促监管执法。

【产商品质量安全监管】 2019年，永州市市场监督管理局围绕重点消费品，制定《2019年永州市工业产品监督检验计划》，认真组织开展监督抽查工作。全年完成重点工业产品检验1708批次，合格率95.3%；完成国家级和省级监督抽查418批次，合格368批次，合格率88%。开展农资产品、建筑钢材等10余项执法打假行动，查办案件529起。开展成品油专项质量安全监督管理工作，制定专项整治行动工作方案，开展专项整治行动3次，有针对性地对全市流通领域成品油经销企业、加油站油品质量进行抽检。全市监测加油站82个，抽检车用汽油样品164个、车用柴油样品82个，立案查处16件（市局本级立案4件），罚款36万元。

【认证认可与检验检测监管】 2019年，永州市有407家产品认证企业，获证证书1150张，涉及105家在本市辖区认证机构的认证活动。其中56家单位获得强制性产品认证证书179张；有258家单位获得管理体系认证证书269张；有21家单位获得有机产品认证证书26张。组织开展电线电缆3C产品企业、低压电器等强制性产品认证监督检查和质量、环境管理体系及有机产品等认证监督检查。市市场监督管理局会同市公安局、市生态环境局联合下发《关于组织开展2019年度检验检测机构监督检查的通知》文件。牵头组织有关单位联合开展检验检测机构监督检查工作，检查车检机构29家，环境监测机构2家，工程质量检测机构5家。督促和指导各县区市场监管部门履行辖区内检验检测机构日常监管职能职责，其中限期整改停业整顿检验检测机构12家，责令整改17家，限制检验能力3家。聘请专家对整改到位的检验检测机构进行全面复查。配合省直三部门开展"双随机、一公开"车检机构、环境监检机构监督抽查工作，逐步推进部门联合、上下联动的工作模式。针对可能影响社会公信力和政府信用危机的第三方检测机构，约谈工程质量检测机构13家、环境监测机构6家、农林牧渔检测机构1家、食品检测机构5家。

【"双随机"监管】 2019年，永州市是全省第一个由市政府制订"双随机、一公开"（在监管过程中随机抽查取检查对象，随机选派执法检查人员，抽查情况及结果及时向社会公开）实施方案的市州，也是使用省协同监管平台建立执法人员库、部署抽查计划最多的市州。全市系统实施双随机抽查计划38个、抽取检查对象3941户。市直15个部门部署双随机抽查计划48个。

【信用监督管理】 2019年，永州市市场主体年报率91.68%，其中企业年报率91.26%，居全省第五位；个体年报率92.08%，居全省第六位；农专年报率91.69%，居全省第二位，继续位居全省第一方阵。围绕社会信用体系建设，推动信息公示，强化信用监管，实行联合惩戒。全市系统公示行政处罚案件2078件，其中市本级公示71件；将未年报和双随机抽查结果不正常企业2980户列入经营异常名录，其中市本级338户；受理信用修复申请移出经营异常名录879件，其中市本级187件；协助法院公示被执行人信息127件。

【公平竞争审查】 2019年，永州市对市公平竞争审查工作联席会议进行调整，确定新的市公平竞争审查工作联席会议成员及办公室组成人员，各县区也参照省、市做法分别调整县区公平竞争审查工作联席会议组织机构。对中心城区28家公用企业召开行政告诫会，深入东安、祁阳，电力、电信、烟草、驾校协会等部门宣讲反垄断法和反不正当竞争等法律法规，并在有关媒体进行报道。审查规范性文件2件，提出修改、删除意见4条，均被相关部门采纳。查办各类垄断案12件、不正

2019年9月3日，永州市颁发首张"多证合一"药品经营许可证

当竞争案13件，移交涉恶涉乱有效线索23条。

【烟草市场整治】 2019年，永州市市场监督管理局开展烟草市场整治，开展独立执法865次、联合执法45次、检查经营户5588户次、对220户无证户进行登记、引导办证60户，清理取缔无证无照经营户166户，下发整改通知书229份，下发处罚决定书16份，罚没款6.2万元（查获涉烟案件5件、案值4.99万元、罚没款1.17万元），全市无证经营卷烟现象得到较好控制，省市场监督管理局对烟草市场监管工作考核中被评为满分。

【价费专项整治】 2019年，永州市市场监督管理局针对民生、政府和社会关注度高、影响营商环境的价费问题，开展春运客运票价监管、节假日期间市场价格监管、教育收费检查、医疗收费检查、机动车检测机构乱收费等各项监管检查，对22家存在乱收费行为的机动车检测机构下达市场执法的法律文书，处罚违规收费金额278.81万元。

【打击传销】 2019年，永州市打击传销工作电视电话会议召开。会议制发《关于调整市打击传销工作联席会议组成人员的通知》等3个文件，市市场监督管理局、市公安局联合开展打击整治传销集中行动，为期4个月，查处一批传销违法案件。全年查结传销案件5件，其中保健品市场传销案件3件，组织传销案件1件，介绍他人参加传销案件1件，组织传销案1件。

【网络交易监管】 2019年，永州市有在线网络市场主体16006户，其中企业6824户、个体工商户1278户、自然人7653户、农民专业合作社251户。开展线上巡查网站、网店2376个/次，实地检查网站（店）经营者915个次，督促网络交易平台删除违法商品信息27条，责令当事人整改网站21个、微信公众号67个，立案查处网络交易违法案件12件，处理网络交易消费投诉63件。依据《中华人民共和国电子商务法》有关规定，对在淘宝、拼多多等第三方交易平台新上线的1627户网店经营资格、发布商品信息的准确性进行核实清理。依法开展合同行政监管工作，全市网监系统检查房地产、汽车销售、物业、健身馆等市场主体经营合同620余份次，下达责令整改通知书15份，及时纠正不公平、不合理格式条款31条，立案查处合同违法案件19起。依托全国市场监管动产抵押登记业务系统，全市办理动产抵押登记124件，帮助企业实现融资157622万元。

【广告监管】 2019年，永州市市场监督管理局抓好重要时间节点广告监管工作，制定下发《永州市市场监督管理局关于加强2019年"两会一节"期间广告监管工作的通知》《永州市关于开展借国庆70周年进行商业炒作专项整治行动工作安排》等，保障重要时间节点广告市场有序运行。依托国家市场监管总局广告监测数据平台及省市场局监测系统，实施专人负责，加大对市广播电视、报刊、网站等广告监测力度，检测各类广告1万余条次，全年广告监测查看率、处理率100%。针对人民群众关心关注的热点焦点，加大广告执法监管力度，重拳打击医疗、投融资、房地产、食品、互联网等领域的虚假违法广告行为，全系统办结各类虚假违法广告案件183件，罚款256.18万元，全省办理广告案件1196件，罚款1657.96万元，占比近六分之一，办案数和罚没数均在全省排在前列。

【消费维权】 2019年，永州市在全省率先实现“12315”“12365”“12331”“12330”“12358”五条投诉举报热线统一整合为“12315”一条热线。在所有大型市场、超市、景区都建立“12315”消费维权服务站，基本建成横向到边、纵向到底的维权网络。全市市场监管部门及消费者权益保护委员会组织受理消费咨询投诉举报16820件，为消费者挽回经济损失1016万元，查处侵害消费者权益案87件。在“3·15”国际消费者权益日期间，围绕“凝聚你我力量共创放心消费”的活动主题，开展大型宣传、咨询活动，组织评选全市十大“消费维权典型案例”、十大“产品质量典型案例”。

【质量提升行动】 2019年，永州市市场监督管理局开展“质量开放日”活动，组织市人大政协代表、企业代表及市民代表70多人到国家焊剂产品质量监督检验中心和光大能源进行参观，深入了解永州市的技术能力水平及优秀企业的质量管理模式。举办质量提升培训会，组织全市200多家企业参加培训，邀请省局领导及高校专家到永州授课。指导9家企业申报省长质量奖，零陵区、道县启动县（区）长质量奖评选。零陵区获得省政府推进质量强省工作真抓实干考核奖励。

【知识产权】 2019年，永州市拥有有效注册商标22513件，同比增长27.52%，高于全省平均9个百分点。全市有效发明专利5年以上维持率排全省第一位，其中发明专利申请1940件，同比增长58.5%，增长率排全省同类地区第一位；申请马德里国际商标130件，增长率270%，迈入全省第一方阵；知识产权质押融资4.9亿元，同比增长101%；新增国家知识产权优势企业6家。江华瑶族自治县获得省政府推进知识产权强省建设真抓实干考核奖励。新田县新增马德里国际商标28件。“永州之野”23个图形文字商标获批“商标注册证书”。办结知识产权案344件，其中3个案例入选全省知识产权执法“铁拳”行动十大典型案例。

【计量检定和审查】 2019年，永州市市场监督管理局组织对全市医疗机构、加油站、农贸市场、小区、超市等领域使用的强检计量器具进行免费检定，全年检定强检计量器具87760台件。开展“计量精准服务民营企业行”的“质量月”主题活动，针对性地为42家中小企业实施计量精准施“测”服务。配合省市场监督管理局重点做好重点用能单位的能源计量检定和审查工作，对全市17家重点用能单位（年综合能耗1万吨标准煤以上）进行能源计量审查工作。加强对强检计量器具的备案管理工作，对31家送省计量院检定的强检计量器具企业进行备案管理。组织开展对“一机两器三表”、能效水效标识产品、瓶装液化气充装量、农贸市场公平秤、眼镜制配场所、商品量的计量监督检查，对计量违法行为进行查处。全年处理6起市联动处置指挥中心转交的计量投诉事件。对冷水滩区、零陵区的63家加油站262台加油机进行签封建档管理。

【企业产品标准化】 2019年，永州市市场监督管理局引导帮助企业制定标准，修订《软钎剂试验方法》《铜磷钎料无烟尘生产技术规范》两项国家标准均完成国家级专家评审。帮助指导永州复烤厂开展首个AAAA标准化良好行为企业创建。全市有237家企业上报1056项产品标准。全市企业标准信息公共服务平台发布的企业标准涵盖产品1607种，其中国家标准上报717项，占比67.9%；行业标准上报94项，占比8.9%；地方标准上报4项，占比0.4%；企业标准上报241项，占比22.8%。

【非公有制经济组织党建】 2019年，永州市有非公有制综合党委直属两新党组织16个，其中非公企业12个、社会组织4个，有党员217名。制定《2019年度非公有制经济组织党建工作要点》，落实直属党支部工作经费补贴制度和党组织书记津贴等制度，津补贴发放与党建工作开展情况挂钩。组织开展“不忘初心、牢记使命”——永州市非公有制经济组织“致富思源颂党恩·同心共筑中国梦”演讲比赛，编印《永州市非公党建宣传册》和《不忘初心、牢记使命——永州市非公有制经济组织优秀事迹选编》。

【国家焊剂产品质量监督检验中心（湖南）成立】 2019年1月15日，国家焊剂产品质量监督检验中心成立，是永州市首家国家级检验中心。国检中心位于永州市冷水滩区永州大道阳甸三路以北，占地面积19199平方米，总建筑面积1.6万平方米。有人员23名，其中高级工程师1名，中级工程师4名，助理初级职称8

名，并聘请6名专家学者担任技术顾问。截至2019年年末，发明专利10余项，省级科研项目立项2项，参与国家标准制修订3个，完成5项熔炼焊剂中相关元素测定的地方标准制定，参与2项国家焊剂标准的制/修订工作，成为无损探伤国家标委会成员单位。中心检验人员施和平研发的多个焊剂产品或工艺被国家专利局授予国家专利。

【药品科技活动周暨化妆品安全科普宣传周活动】 2019年6月20日—26日，永州市开展全市药品科技活动周暨化妆品安全科普宣传周活动举行。活动期间，全市通过悬挂横幅、摆放展板、发放宣传资料，向广大群众普及科学、安全用药用妆理念及如何辨别假冒产品，提高消费者安全用药用妆意识。全市投入宣传经费15万余元，设立咨询台124个，摆放宣传展板、海报109块，向群众免费发放安全用药用妆宣传资料1.76万余份，进扶贫点科技下乡宣传20次，赠送防暑药品等物质3.18万余元，为群众免费测量血压2200余人次，接受群众现场咨询4800余人次。宣传周活动情况在《中国报道》《湖南日报》新湖南客户端、《永州日报》等报刊、新闻媒体进行报道。

【促进化妆品与植物提取产业高质量发展备忘录成功签署】 2019年12月24日，湖南省药品监督局与永州市政府签订促进化妆品与植物提取产业高质量发展合作备忘录。省药品监督管理局党组书记梁毅恒、局长李赤群、药品安全总监彭旭明，永州市委书记、市人大常委会主任严华，市委常委、市委宣传部部长贺辉，副市长谢景林、李旦梅出席签约仪式。双方就促进化妆品与植物提取产业高质量发展合作签署备忘录，随后举办化妆品及生物医药产业高质量发展座谈会。

（严俭）

审　　计

【概况】 2019年，永州市审计机关审计单位286个，其中审计283个，专项审计调查3个。查出主要问题金额1230916万元，其中违规金额43898万元、损失浪费金额37万元、管理不规范金额1186981万元；审计发现非金额计量问题5453个；损益（收支）不实金额57036万元；审计发现侵害人民群众利益1247万元；出具审计报告和专项审计调查报告320篇，被批示、采用60篇次。审计处理处罚金额608473万元，其中应上缴财政38736万元、应减少财政拨款或补贴6146万元、应归还原渠道资金146977万元、应缴纳其他资金4309万元、应调账处理金额412303万元；移送司法机关、纪检监察机关和有关部门处理事项21件，移送处理人员19人，移送处理金额8697万元。审计促进整改落实有关问题资金291040万元；审计促进拨付资金到位88498万元；审计后挽回（避免）损失6166万元；核减投资额10611万元。审计提出建议630条，被采纳626条；推动被审计单位制定整改措施23项；提交审计信息224篇，被批示、采用150篇次；向社会公告审计结果15篇。

永州市审计局实施的中共新宁县委书记秦立军、县长谭精益经济责任审计项目被评为湖南省审计厅优秀审计项目，永州市本级2017年保障性安居工程跟踪审计、永州市开发建设投资有限公司资产负债损益审计，以及零陵区2017年度精准扶贫资金分配、管理、使用情况审计、宁远县社会扶贫领导小组办公室2017年至2018年8月扶贫专项资金审计等4个项目被评为湖南省审计厅表彰审计项目；市审计局被评为党风廉政建设先进单位、综合治理工作先进单位和精准扶贫先进后盾单位；4月，市审计局被授予“2018届湖南省文明标兵单位”称号。

【国家重大政策措施落实情况审计】 2019年，永州市审计局对蓝山、东安、江华、冷水滩等四个县区贯彻落实重大政策措施情况进行跟踪审计。审计重点关注乡村振兴战略实施、地方政府隐性债务、精准扶贫、生态环境保护、服务实体经济发展等情况，特别关注减税降费、清理拖欠民营企业中小企业账款、惠农补贴“一卡通”管理使用、中央及省环保督查指出问题整改等情况，发现各类问题106个，涉及金额172453万元。

【预算执行审计】 2019年，永州市审计机关围绕重大政策措施落实、资金绩效、防范风险、保障和改善民生以及全面从严治党改进和加强预算执行审计，审计预算执行单位39个，延伸审计单位2个，查出主要问题金额1022357万元。在2018年度市本级财政预算执行和其他财政收支审计中，重点审计市本级一般公共预算、政府性基金预算、国有资本经营预算和社会保险基金预算编制等情况，追踪调查部分财政收入征缴情况，并就专项资金管理使用效益情况、政府债务情况延伸调查相关项目及2个管理区，查出主要问题金额285668万元。

【扶贫资金审计】　2019年，永州市审计机关先后派出53人次参与扶贫审计，抽查扶贫项目114个，抽查各级单位24个、乡镇12个，入户调查472户，审计扶贫资金24978万元，发现问题金额1439万元。针对审计发现的闲置、挪用扶贫资金，扶贫资金财务管理不规范，部分产业扶贫项目收益率低、效益不明显等问题，从机制制度层面提出建议，促进制定完善法规规章制度2个。

【自然资源资产离任（任中）审计】　2019年，永州市审计局从全市审计机关抽调力量组成审计组，对冷水江市委书记、市长进行自然资源资产离任（任中）审计。组织11个县区审计局结合经济责任审计项目，各选择1个乡镇开展自然资源资产离任（任中）审计，完成乡镇党政主要领导自然资源资产离任（任中）审计项目11个，其中离任审计5个、任中审计6个。审计重点关注被审计领导干部任职期间，对土地管理和耕地保护、水资源保护、森林资源管护、农村综合环境治理等自然资源资产管理和生态环境保护责任的履行情况，发现违规占用耕地建房、饮用水水源保护区未按规定划定、违法占用林业、农村生活垃圾处理不合规等问题。

【保障性安居工程跟踪审计】从2018年12月至2019年3月，永州市审计局组织全市审计机关采取“上审下、交叉审”方式，对市本级和11个区县、2个管理区及永州经济技术开发区2018年保障性安居工程资金投入和使用绩效情况进行跟踪审计，审计查出在安居工程目标任务和政策落实、安居工程住房建设和管理使用、安居工程资金筹集管理和使用、安居工程减税降费政策措施落实等方面存在的问题。市委审计委员会办公室将审计发现的问题逐一进行交办，组织力量对整改情况进行现场核查，逐一对账销号，推动审计发现的问题及时得到整改。

【建设项目审计】　2019年，永州市审计局坚持依法审计原则，全面推出项目建设决策和审批、征地拆迁、工程招标、物资采购、质量评价、工程结算等管理活动，严格按照审计法律法规赋予审计的职责权限，对政府投资建设项目实施审计监督。全市完成投资审计项目110个，查出主要问题金额31064万元，核减投资额（工程款）10611万元。对永州大道综合管廊PPP项目、将军岭安置小区项目、涔天河灌区工程等重点项目进行审计，其中永州大道综合管廊PPP项目跟踪审计核减结算造价2932万元；湘江西岸棚户区改造将军岭安置小区项目预算执行审计核减预算4300万元，核减率21.08%。

【经济责任审计】　2019年，永州市审计机关落实审计署关于审计项目和审计组织方式“两统筹”工作要求，采取“一审多项”“一审多果”的融合式组织方式，对76个单位、82名领导干部进行经济责任审计，查出主要问题金额34237万元。根据省审计厅的统一安排，从全市审计机关抽调人员组成审计组，对冷水江市委书记、市长进行经济责任审计。

【审计管理体制改革】　2019年，永州市审计机关承接有关部门划转职能。市本级和11个县区均成立审计委员会和审计委员会办公室。市委审计委员会于5月21日、10月24日两次召开全体会议，研究审议市委审计委员会工作规则和市委审计委员会办公室工作细则，以及有关审计结果、年度审计项目计划调整方案等重要审计事项，加强党对审计工作的集中统一领导。

（周波）

统　　计

【概况】　2019年，永州市统计系统围绕市委、市政府中心工作，更好地发挥统计职能，各项工作取得新成绩。全市地区生产总值总量突破2千亿元，达到2016.86亿元，三次产业比17.4∶31∶51.6。全年新增“四上”企业396家，新入园规模工业企业102家。规模工业增速位列全省第四名，年度全社会研发经费投入排名全省前列。全市11个县区全面小康总体实现程度均超过95%，宁远、江华、蓝山等县实现程度99%。市统计局获全省第四次全国经济普查先进集体，全市绩效考核、党办系统质效提升优秀单位，连续保持市级平安单位称号。

【第四次全国经济普查】 2019年，永州市完成第四次全国经济普查动员、入户登记、质量抽查、数据审核、宣传报道等工作。清查单位56378家、个体户320435户，比三经普分别增长86.18%和36.13%。细化工作调度和抓实工作质量，10个工作组分片包干督导、审核，完成迎省检、国检任务的相关数据汇总、测算及推算工作，基本摸实摸准全市二、三产业家底，较好反映全市经济发展的总量、结构和趋势。

【统计改革】 2019年，永州市统计部门推进地区生产总值统一核算改革，做好统一核算改革的相关基础工作，运用第四次全国经济普查数据年度地区生产总值试算，在全年核算中使用“三新一旧”的方法推进改革落地见效，全年各县区与全市数据总量、结构、增速做到完全衔接。推进工业、投资、服务业、劳动工资等统计报表制度改革创新，修改完善《2019年永州市统计数据质量控制及评估办法》，修正指标评估影响系数。

【统计法治工作】 2019年，永州市统计部门加强对重要改革文件和省委配套文件的再学习、再普及、再落实。落实“双随机”抽查制度，加大惩罚处理力度。全市检查行政企事业单95家位，其中市本级检查40家。11个乡镇（街道）、永州市经济技术开发区被推荐为全省统计工作规范化建设示范单位。

【统计服务】 2019年，永州市统计部门践行“精准统计、精准服务”理念，创新服务方式，提高统计服务质量。开展全市经济运行态势趋势分析研判，加强预警预测，以月报卡、手机信息等方式及时报告。坚持问题导向，就短板指标监测、指标协调性、中美贸易摩擦对经济运行的影响、重点产业发展等问题进行深入分析研究，撰写分析报告。完成统计分析报告69篇，市委、市政府主要领导批示5篇。

（周中辉）

国家统计调查

【概况】 国家统计局永州调查队是国家统计局直属正处级单位，内设办公室、综合与执法监督科、农业农村调查科、价格调查科、住户调查科、专项调查科6个科室。国家统计局永州调查队开展的业务工作主要分三大块，第一块是民生调查项目，包括城乡居民收支调查、劳动力调查、农民工监测、贫困监测、小康监测、农民工市民化进程监测等；第二块是经济调查项目，包括：房地产价格调查、粮食产量调查、畜牧业调查、居民消费价格调查（CPI）、工业生产者价格调查（PPI）、小微企业跟踪调查、采购经理调查等；第三块是专项调查项目，主要有城市文明程度指数测评、国企从严治党民意调查和全省营商环境测评等。

【统计调查数据】 2019年，国家统计局永州调查队通过夯实基层基础、强化检查回访、严格审核评估等措施，提高各项调查数据质量，永州全体居民全年人均可支配收入22212元，同比增长10.2%，增幅居全省第三位；城镇居民全年人均可支配收入31089元，同比增长9.2%，增幅居全省第二位；农村居民全年人均可支配收入15275元，同比增长9.7%，增幅居全省第四位；居

2019年12月8日—12日，永州调查队组织本辖区内县区调查队在本地开展“统计法颁布纪念日”宣传活动

民消费价格总水平（CPI）上涨3.4%，涨幅居全省第二位；工业生产者出厂价格下降0.4%，工业生产者购进价格上涨0.2%；粮食播面466.81千公顷，同比下降7.6%，粮食总产291.2万吨，同比下降4.8%；生猪出栏607.45万头，同比下降14.5%。

【统计调查服务】 2019年，国家统计局永州调查队撰写完成调查信息81篇，调查分析28篇，被上级主管部门、市政府研究室、永州新闻网、《永州日报》和永州政府网站采用100余篇次，其中，撰写的民生报告《永州承接产业转移研究（民生报告）》被市委副书记、市长何录春批示，并转发发改委等相关部门学习。撰写的《永州村医面临的五大问题》《永州市分级诊疗实施现状调查报告》两篇调查分析被市副市长谢景林批示。撰写关于永州建国70周年人民生活变迁的专题报道《仓廪实而知礼节，衣食足而知荣辱》，被《湖南日报》新湖南客户端全篇采用。永州调查队开通“永州调查”微信公众号，内设“数据发布”“统计相关”“调查问卷”三大模块，该公众号成为永州调查队对外发布重要民生数据、统计法律法规、调查专业知识的主要平台。

【专项调查工作】 2019年，国家统计局永州调查队配合湖南调查总队完成永州市的辖区内国企从严治党民意调查、营商环境测评和文明城市测评，完成永州市“六城同创”领导小组办公室委托的在中心城区开展的创建全国文明城市模拟测评专项调查，完成中共永州市委组织部委托开展的全市党建基础数据统计调查工作，撰写一系列专项调查报告。

【统计法治】 2019年，国家统计局永州调查队利用下基层调研、数据回访、走访慰问等机会多次向辅助调查员和调查对象广泛宣传统计法律法规知识，在统计法颁布日期间开展大型室外宣传活动。对6家企业开展统计执法检查。

（王娟娟）

国有资产管理

【概况】 永州市国有资产委员会成立于2005年1月，委机关设置8个内设机构，包括：办公室、国有资产经营科、产权科、规划发展和改革改制科、人事科、信访维稳科、资本合作科、党建科。核定委机关总编制19名，其中，行政编制17名，机关后勤服务人员2名。归口管理的单位35家，基层支部464个，党员8948人，其中在职党员5342人，离退休党员3569人。2005年度市政府明确首批监管企业13家，截至2019年年末，完成第一批改制7家（即零陵化工集团、零陵塑料厂、冷水滩耐火材料厂、湘南罐头厂、市轻机厂、潇湘集团、祁阳煤矿），第二批改制企业6家（即潇湘纸业、零陵耐火材料厂、九嶷水泥、药业集团、煤建公司、零陵煤矿）。

2019年，市政府授权市国资委对市公交公司、永州汽运公司、永州路桥公司、市国有资本投资运营公司和永州农高科公司等5家企业履行出资人职责。

【国企党建“永州模式”】 2019年，永州市国有资产监督管理委员会出台《市国资委2019年国企党建工作要点》，明确市国资系统基层党建工作总体思路。组织召开市国资系统党委书记履行党建责任工作述职评议会、党务（基层党建、党风廉政、意识形态）工作会议，派出8个调研组深入国资系统各党组织归口管理单位调研，指导基层党建、党风廉政、意识形态等工作。推进党支部“五化”建设。7月，深入20个企业对206个基层党支部进行“五化”支部验收，116个党支部被评为“五化”建设合格支部。创新成立改制企业联合党支部。经市委同意10家改制企业撤销党委，1238名党员档案、党组织关系转接移交当地党组织。委党委撤销3个党总支和8个临管办支部，成立三个联合支部和铜山岭有色金属服务中心党支部。打造国企特色党建。市公交公司推出党建精品线路打造，党建主题车厢；永州市城市建设投资发展有限公司、永州市经济建设投资发展集团有限责任公司将分别利用翠竹路、永州大道独特区位优势，打造党建长廊；烟叶复烤厂建设2.85万平方米的党建主题公园开园。成立国资系统团工委，有基层团委10个、团总支3个、团支部57个，形成党建带团建。长丰集团、国网道县公司团委获得省级五四红旗团委称号。

【国资监管】 2019年，永州市国有资产监督管理委员会第二十二次常委会议明确，全市市属国有企业要实行政企分开、政资分开由市政府授权市国资委履行国有资产出资人职责并进行监督管理。进一步理顺国有资产减产体制，汽车运输、公交、路桥三家公司被纳入监管范围。10 月 16 日，市政府召开专题会议，市公交公司、永汽总公司、永州公路桥梁公司从市交通局移交给国资委监管。成功组建两家国有企业，成立永州市国有资本投资运营有限公司及永州市农业高科技发展有限责任公司。市国投公司完成注册，通过开展投融资、产业培育和资本运作等方式，打造规范、高效国有资本运营模式；市农高科公司成立，通过培育孵化农业高科技产业、科技成果转化等方式，正在辐射带动全市“三农”工作。探索市属国有企业薪酬管理新途径，6 月，完成国有企业工资决定机制实施办法、经营业绩考核办法及企业负责人薪酬管理办法起草和征求意见工作，并上报市政府研究。规范市属国有企业管理，拟定的《永州市市属国有企业经营管理人员履职待遇、业务支出管理办法（试行）》先后经市政府常务会第三十一次会议及市委常委会第十五次会议审议通过。优化涔天河公司法人治理结构。与市编办组织专门工作班子研究，赴涔天河公司、双牌水力发电有限公司调查，拟定涔天河公司法人治理结构方案报市政府审定通过，印发涔天河公司法人治理结构方案。

【国企改革】 2019 年 11 月 20 日—26 日，永州市国有资产监督管理委员会领导深入汽车运输、公交、路桥三家监管企业调研，掌握企业改革发展情况，处置改制企业遗留问题，加大改制遗留问题协调解决力度。与市财政局及市工伤处衔接，将原零陵煤矿工伤人员预留资金 721.3632 万元划入市财政账户，解决资金缺口问题；配合冷水滩区人民政府解决九嶷山制药厂 29 户住房遗留问题，签拆迁协议 13 户。协调广铁集团三供一业工作。4 月 25 日，陪同市委副书记、市长何录春拜访广铁集团，召开两次物业移交协调会，永州段冷水滩家属区物业按现状整体移交政府棚改，签订移交协议，办理资产移交事宜。

【央企对接】 2019 年，永州市国有资产监督管理委员会牵头做好 3 类 500 强企业及中央国企对接工作。会同市商务局组成联合调研组，首次采取“面对面、一对一、点对点”的方式，深入 11 个县，2 个管理区、63 家企业摸清企业在永州的发展情况，形成专题调研报告，得到永州市委书记、市人大常委会主任严华高度评价。起草《三类 500 强企业及中央企业在永投资补充奖励办法（试行）》，报市政府常务会审议通过，按程序提交市委常委会研究，做好永州第一次三类 500 强企业和央企企业家座谈会前期筹备工作。协助参加“央企走进湖南”活动。6 月 27 日，陪同市委书记、市人大常委会主任严华参加 2019 湖南与央企对接合作主题大会，会上促成冷水滩区与中农城投有限责任公司中共签订农批博览城项目投资协议（金额 27 亿元）、推荐项目 24 个（金额 880 亿元）。办理省政府交办中央企业在湖南发展的困难和问题。省政府办公厅交办的两个困难问题，即中节能项目尚未落实事项问题及湘江纸业项目关停并转问题，经协调，湘纸公司关停并转项目取得突破性进展，7 月 30 日，与泰格林纸集团、岳阳林纸公司签署补充协议，解决土地处置问题，省政府将问题处置情况作为亮点工作上报中央督导组。推进中节能项目后续落地进度。引进华润燃气集团。8 月 26 日，严华与华润燃气集团副总裁杨平进行合作洽谈，商讨加快推进“气化永州”工程建设有关事宜，达成初步合作意向；11 月 19 日，市政府与华润燃气集团签订战略合作框架协议，在燃气投资、建设、运营等方面进行广泛深入合作。

【国企安全维稳】 2019 年，永州市国有资产监督管理委员会与 25 个归口管理的改制企业临管办签订《安全生产工作责任书》，将安全生产工作纳入临管办年度绩效考核内容，实施目标管理，并实行安全生产事故“一票否决”制。市路桥公司全面建立安全生产管理、教育、考评、奖惩制度，实现安全隐患整改率 100% 和特种作业持证率 100%。加强安全生产检查。围绕实施安全生产“百日大行动”，组织开展 4 轮安全生产工作检查。1 月 14 日—21 日，组织改制企业临管办开展安全生产检查。5 月，组成 8 个调研组，开展春夏之交安全生产大督查。市属 23 家改制企业排查安全隐患 35 处，涉及房产 119 幢。市汽车运输公司领导班子成员对照责任清单，开展每月一检查、每季一考核、检查车辆 500 台次，辞退司机 30 人。化解安全生产隐患。改制企业临管办组织和配合相关部门消除安全隐患 6 处，在可能出现安全隐患的房屋和场所悬挂张贴危险警示标记 160 余处，协调处理隐患4处，即潇湘纸业茶林庵围墙裂缝隐患及时与社区沟通排除；原零陵发电设备有限公司生活北区职工宿舍安全隐患报请市政府解决整改资金；零陵耐火材料厂围墙垮塌及时与社区沟通排除；零陵煤矿相关安全隐患及时函告市城投集团，提出安全隐患的整治建议。

（永州市国资委办公室）

自然资源和规划管理

【概况】 2019年1月13日，永州市自然资源和规划局成立，为市政府正处级工作部门。根据《永州市机构改革实施方案》，将市国土资源局的职责、市住房和城乡建设局的城乡规划职责、市发展和改革委员会的组织编制主体功能区规划职责，以及市水利局、市农业委、市林业局等部门的水、草原、森林、湿地资源调查和确权登记管理职责整合，组建市自然资源和规划局，统一领导市林业局。将市国土资源局的监督防止地下水污染、农田整治项目、地质灾害防治等职责分别整合到市生态环境局、市农业农村局、市应急管理局。市自然资源和规划局在冷水滩、零陵、永州经济技术开发区城区设立市自然资源和规划局城南、城中、城北、城西、经济技术开发区5个事务中心，承担城市规划区以内市中心城区（面积440平方千米）的自然资源和规划管理职责。市自然资源和规划局机关行政编制61名，设局长1名、副局长4名，暂保留总规划师、总工程师各1名。内设科室27个（含机关党委、机关工会），设科级领导职数47名。下设市国土资源执法监察支队、市不动产登记中心、市自然资源事务中心、市规划设计院、市自然资源和规划勘测事务中心等5个副处级直属单位，10个科级直属事业单位。全局干部职工566名。2019年，市自然资源和规划局负责的全市违建别墅问题清查整治专项行动、地质灾害隐患消除、批而未供土地处置等工作走在全省前列，获得全省自然资源系统综合考核先进单位（第三名），获全市文明标兵单位，获得建议提案办理、社会治安综合治理、后盾帮扶、安全生产、信访维稳、生态环境整治等工作先进单位，被市人大常委会评价为好，在市人民政府34个工作部门中获得第三名。

【建设用地保障】 2019年，湖南省下达永州市新增建设用地计划502公顷，其中市本级190公顷。通过省、市、县三级新增建设用地指标联供，争取使用省级预留计划267公顷，促进91个基础设施产业和民生项目，以及13个省重点、“5个100”和135升级版项目落地。全市盘活处置批而未供土地731公顷，处置率32%，在全省排第二位；处置闲置土地258公顷，处置率31%。批而未供、闲置土地处置均超额完成部、省目标任务，有力盘活存量土地，拓展用地空间。道县、永州经济技术开发区、宁远高新区获评全省节约集约用地先进单位。道县获评2019年度省政府真抓实干“闲置土地处置率高，土地节约集约利用成效明显的市县区”。批复城乡建设用地增减挂钩1775公顷，通过省自然资源厅验收1286公顷，均超过前10年总和。江华、宁远两县流转节余指标62公顷，收益1.9亿元。全市完成招拍挂土地244宗，面积644.95公顷，金额148.5亿元，较2018年增加39.3%。其中市本级43宗，面积244.33公顷，金额53.7亿元（含市土地储备中心3宗，面积12.53公顷，金额5.2亿元），较2018年增加323%。

【耕地保护】 2019年，永州市

2019年1月13日，永州市自然资源和规划局举行挂牌仪式

非农业建设占用耕地 149 公顷，补充耕地 736 公顷，连续 20 年实现耕地占补平衡。下达市县水田合作开发项目任务 783.33 公顷，立项 2097.2 公顷，开工建设 1550.8 公顷，完成验收 897.47 公顷，按时、全面向省自然资源厅兑现 917.6737 公顷“旱改水”承诺。全市划定基本农田储备区 12169.27 公顷。

【矿政管理】 2019 年，永州市自然资源和规划局派出零陵锰矿区开采秩序特别督查组，对 5 个乡镇 45 个村 45 个工区开展现场督查督办，约谈 26 人次，核实典型案件 10 起，落实问题整改 15 个，督促公安机关抓捕非法采矿人员 4 人，没收非法所得 52 万元，处罚款 19 万元，矿区开采秩序根本好转。

【生态修复】 2019 年，永州市零陵锰矿区山水林田湖草生态保护修复工程共 10 个项目区，计划投资 5 亿元，到位 2.6 亿元，实施的 4 个项目区完成施工招标，6 个村项目开工。全市被列入省级长江经济带矿山滥采生态环境问题 2 个，通过省自然资源厅销号。

【规划管理】 2019 年，永州市委理论学习中心组专题学习国土空间规划，市委常委会会议、市政府常务会议专题研究国土空间规划，市政府与上海同济城市规划设计研究院签订《永州市国土空间规划战略合作关系框架协议》，出台《永州市国土空间总体规划（2020—2035 年）编制工作方案》，市财政审定经费预算。全面完成村庄分类布局和省级“多规合一”试点村庄规划编制、审批、报备。

【执法监察】 2019 年，永州市摸排查处违建别墅项目 30 个共 105 幢，其中省违建办认定位于重点区域或群众反映强烈的项目 21 个共 65 幢，在全省率先整改到位。全市发现“大棚房”问题 161 个，面积 14.07 公顷，全部按时整改到位。全市土地、矿产卫片执法履职到位率、查处整改到位率达到省级验收标准，连续 3 年未被约谈问责。在扫黑除恶专项斗争工作中摸排涉黑涉恶线索 116 条，与公安机关建立扫黑除恶联席会议制度，向公安机关移送涉黑涉恶线索 11 条，公安部门依线索刑事拘留 18 人。承办省自然资源厅、市、县扫黑办交办线索 56 条，按时办结率 100%。

2019 年 4 月 14 日，永州市人民政府与上海同济城市规划设计研究院有限公司举行永州市国土空间规划合作关系签约仪式

【规范农村建房】 2019 年，永州市自然资源和规划局牵头承办市人大常委会《关于依法规范农村建房着力助推乡村振兴的议案》，配合市人大常委会在全省率先出台《永州市乡村房屋建设管理条例》，市政府出台《永州市规范农村建房十条规定（试行）》，督导各县区出台相应配套措施和办法，村民建房逐步规范。

【自然资源政务服务】 2019 年，永州市自然资源和规划局 228 项政务服务事项实现在线咨询和资料审查。全市一般登记、抵押登记压缩至 5 个工作日内，市本级抵押登记压缩至 3 个工作日内。全市颁发不动产权证书 242696 本、证明 223485 份。局行政审批窗口共办结业务 920 件，其中土地类审批业务 775 件、选址意见书 40 个、建设用地规划许可证 37 个、建设工程规划许可证 68 个。上门为老人，伤残、用户签订交易合同和办理业务 27 余次，延时服务 90 余次。收到锦旗 40 余面。

【征地拆迁】 2019 年，永州市人民政府出台《永州市集体土地与房屋征收补偿安置办法》《关

2019 年 5 月 24 日—27 日，永州市自然资源和规划局举办全市首届“自然资源测绘杯”测绘技能竞赛活动

于冷水滩中心城区集体预留生产生活用地历史遗留问题的处理意见》，开展中心城区重点项目征地拆迁集中攻坚行动，完成征地、腾地 415.2 公顷，征收集体土地上房屋 1214 户，面积 12 万平方米。

【测绘地理信息】 2019 年，永州市自然资源和规划勘测事务中心整合住建、交通、房产等部门测绘勘察设计机构，成功申报甲级测绘资质、承建永州市卫星遥感应用技术中心。完成数字东安、江永、新田省级验收，启动数字双牌、江华建设，开展数字永州“市县一体化”时空大数据与云平台、永州市自然资源大数据中心（一期）等项目建设。全年提供基础测绘地理信息数据 54 次，数据量 2T。开展测绘资质巡查与测绘地理信息质量监督抽检，报省自然资源厅计入失信测绘单位 2 家、注销测绘资质 3 家。

【第三次国土调查】 2019 年，永州市制定《永州市第三次国土调查工作方案》，成立领导小组，组建第三次国土调查办公室，配备专门的工作人员，经费 8541 万元。4 月，开展外业核查、数据建库、县级自检、市级复查等工作。6 月，将调查成果提交至湖南省第三次国土调查办公室，全面进入省级核查阶段，并对省级反馈意见及时进行整改。9 月，将调查成果提交至国家第三次国土调查办公室，根据国家核查意见，各县区第三次国土调查办公室和技术单位按要求核实整改。12 月 15 日，将整改后的成果再次提交给国家三调办，按时完成国家级第一轮内业核查工作，调查成果在国家内业核查中全部合格。

【地质灾害防治】 2019 年，永州市汛前排查重大地质灾害隐患点 694 处，预验收重大地质灾害治理工程项目 17 个，申报并通过省厅论证重大地质灾害治理工程项目 8 个，累计搬迁避让 1613 户。消除地质灾害隐患点 499 处，在全省排第一位。

【永州市首届“自然资源测绘杯”测绘技能竞赛】 2019 年 5 月 24 日至 27 日，市自然资源和规划局举办永州市首届“自然资源测绘杯”测绘技能竞赛，来自全市的 16 支测绘队伍 32 名选手参赛。市勘测中心队、市城乡测绘队、永州宏达测绘队等 3 支队伍获得团体奖，邓小军等 6 名选手获得个人一、二、三等奖，零陵队等 4 支队伍获得优胜奖，市自然资源和规划勘测事务中心等 4 支队伍获得组织奖。

【《永州市国土空间总体规划（2020—2035 年）编制工作方案》出台】 2019 年 8 月 29 日，永州市人民政府办公室印发《永州市国土空间总体规划（2020—2035 年）编制工作方案》，明确全市“1+1+20+1”（即 1 套主体成果、1 个城市设计、20 个课题研究、1 个信息系统）规划成果体系。

（刘运程）

【煤田地质勘探】 2019 年，湖南省煤勘三队实现总收入 4297 万元，其中财政补助收入 2242 万元，对外创收完成产值 3144 万元，经营收入 2055 万元；全年交纳税金 143 万元，经营收益 114 万元，净利润 91 万元；在职职工年人均工资 6.9 万元，同比增长 9%。

承接第三类矿产地质技术服务工作，完成产值 303 万元，其中祁阳县地质技术服务报告 56 件，累计产值 180 万元，经营净收入占项目总收入的 36%，单个地质技术管理项目上取得新突破；主动融入湖南省地质灾害综合防治体系建设，承担冷水滩、新田地质灾害变更调查2个地质灾害防治项目。与永州市、冷水滩区、永州经济技术开发区、新田县及江华瑶族自治县签订地灾技术支撑服务合同，合同金额74.9万元（含省级财政补助资金30万元）。在主汛期组织专业技术人员90余人次参与隐患排查、应急处置与值班驻守。

完成中国皖南地区2019年度钻井工程—皖泾地1井，钻探进尺2139米，完成产值192.5万元。制定《防井喷和H2S泄漏应急演练方案》，开展有害气体放喷应急演练，提高应急处置能力。梧信（梧州—信都）高速初勘项目完成钻探任务，产值108万元，到账收入80万元；广湛线深孔钻探项目完成钻探进尺3526米，到账收入50万元；川藏线深孔项目完成钻探进尺2608.1米，产值370万元，到账收入272万元；渝昆线补定测浅孔钻探项目完成钻探进尺3309.25米，产值51.75万元，到账收入35万元。

湘潭潭州大道旋挖项目是购置360旋挖钻机后实施的第一个项目，历时3个多月完成直径1.5米以上桩基126根，砼灌注1.2万余立方米，工程量结算367.6万元，彰显旋挖钻孔灌注桩的技术经济优势；湖北巴东平阳坝特大桥钻孔灌注桩项目有序施工，巴东车站地基完成工作量3500米；11月，九绵高速公路呷哑大桥项目施工；完成云南怒江州贡山县丙中洛镇崩塌治理项目，产值185万元，到账收入182万元；云南省昭通市永善县滑坡应急治理项目合同金额235万元，到账收入82.9万元；中标祁阳县黄泥塘镇永祁村10组滑坡地质灾害治理工程、仁湾镇岱子岭采石场等露天矿山生态修复工程等2个项目，中标合同金额222.5万元。

完成地质灾害治理工程勘查、地质灾害危险性评估2个甲级资质再次延续登记工作；做好年度质量、安全、环境管理体系复审工作。筑牢安全防线，开展全国第十八个“安全生产月”活动，组织消防灭火演练，举办“消防、道路交通安全宣传讲座”。全年对施工项目进行安全检查及隐患排查6次，下达安全整改通知书4份，排查安全生产隐患6个并督促整改到位。

（李美玲）

2019年9月26日，湖南省煤勘三队举办庆祝中华人民共和国70周年“我和我的祖国”合唱比赛活动

【地质矿产勘查】 2019年，湖南省地质矿产勘查开发局409队完成对外经营总收入21431.37万元，同比净增2037万元。有职工人数628人。编制矿山储量年报等技术报告40余份，拓展地质勘查领域，承担湖南省首次国家绿色矿山建设第三方评估工作，和宝山矿业集团签订战略合作协议，在南非开展锰矿勘查技术服务。永州市砂石骨料资源调查评价成果优良，对全市砂石矿山开发利用现状进行调查，圈定主要资源潜力区，初步估算资源量近40亿吨；祁阳茅竹锰矿勘查等6个勘查项目效果较好；广西贺州市老屋冲矿区钾长石矿勘查项目提交钾长石原矿矿石资源量1.8亿吨。

开展地质环境各类地质环境项目有百余项，领域涵盖地灾评估、勘查、设计、治理施工以及矿山治理、生态修复等。先后承接零陵区绿色矿山实施方案及国矿实地核查等一批地质环境项目。江华蔚竹口集镇地质灾害勘查成果为优秀，城步县地质灾害变更调查项目成果获评良好。完成永州市零陵锰矿区生态修复工程实施方案。承担零陵锰矿区山水林田湖草生态保护修复工程勘查与设计，项目金额1600余万元。

勘测施工业在省内外签订项目合同663个，金额1.86亿元。岩土工程勘察方面主要承担永州一系列市政建设勘察和房建勘察项目300多个以及蒙华铁路岳吉段、新建赣州至深圳铁路客运专线勘察和广西六景至宾阳高速公路初步设计阶段地质勘查项目。测绘地理信息方面主要承担水利

2019 年 5 月，永州市科技活动周启动仪式暨地质科技馆（永州）开馆仪式

河湖划界、不动产测绘、土地档案信息化建设、全国第三次国土调查项目和工程测量、林权勘测等。永州金洞管理区林地勘测及不动产技术服务项目和永州市国土资源局零陵分局档案数字化项目分别获得优秀应用工程奖银奖和铜奖。检测中心开展桩基检测、地震波试验、岩土测试以及岩矿分析等业务。拓展外部市场，在广东、广西、贵州、四川、云南等地承担一批基础施工类项目。“状元”牌产品依托省自然资源厅科研项目研制完善的便携式钻机等新产品，推向市场且反响较好，部分钻头钻具应用到中亚、东南亚等地区的工程项目。

做好日常和汛期的应急技术服务，出动技术专家 200 余人次、派出车辆 58 台次，组建应急民兵排，纳入队应急救援管理，参与汛期地质灾害巡查、排查，及时编制地质灾害应急治理方案。巡查地质隐患点 31 处，协助转移受灾群众 221 人。

5 月 17 日，湖南省地质矿产勘察开发局 409 队地质科技馆开馆。科技馆坐落于永州经济技术开发区地质科技产业园内，是以“科普地质知识、弘扬地勘文化”为发展方向的地质专业科技馆，是永州首家地质科普基地，占地约 400 平方米。内设“序厅”“地球的奥秘”“勘探者”“探索成果”“未来发展”5 个主要展厅。内容包括湖南地质公园、湖南矿物、地球的形成、生物的进化、中国的资源、矿物岩石的形成、409 队的成长历程、五大产业、人才与装备、状元牌金刚钻、承担的重大项目及成果等介绍。馆内收藏各类化石、宝石、矿物、岩石标本 500 余件，涵盖湖南省已发现的多种矿物及岩石标本，配备电子屏、电视等设备和 6 名专业的讲解员。该馆填补永州乃至湘南地区地学科普工作的空白，公益地质科普得到市民和中小学生的广泛欢迎。开馆以来，向公众开放 200 余天，接待近万人次参观学习，发放各类地质科技宣传手册 3000 余份，先后被评为永州市科普基地、湖南省科普基地，永州市中小学生研学基地。

（李爱丽）

公共资源交易

【概况】　2019 年，根据《关于市公共资源交易中心职能和机构编制调整的通知》精神，永州市公共资源交易中心为市政府直属正处级公益一类事业单位，为全市各类公共资源交易的唯一有形市场和服务平台。核定主任 1 名，副主任 2 名。设综合部、人力资源部、财务部、信息技术部、政府采购服务部、建设工程交易服务部、自然资源交易服务部、国有产权及无形资产交易服务部、市场服务部 9 个部，内设机构领导职数部长 9 名（正科级），副部长 14 名（副科级）。核定编制 65 名，有在编在岗人员 49 人，离退休人员 3 人。全年累计成交各类公共资源交易项目 1921 个（宗），同比下降 6.02%；交易总额 337.2 亿元，同比下降 20.97%。其中，节约金额 6.8 亿元，节资率 2.12%，增收金额 45.9 亿元。收缴交易服务费 6731.4 万元，同比增长 7.9%。

【信息化建设】　2019 年 6 月 6 日，永州市公共资源交易中心新综合业务管理系统上线操作培训会在冷水滩区举行，有省内外代理机构 64 家、160 余人参会，免费发放《项目操作手册》500 余册。6 月 10 日，新综合业务管理系统上线运行，实现项目进场受理、场地预约、公告发布、保证金退付等业务线上办理。全年门户网站浏览量 631.8 万次，完成 5087 家市场主体诚信库注册，电子化服务平台初见雏形。

【完成永州首个远程异地评标项目】　2019 年 10 月 31 日，永州市首个异地评标项目——湖南省石羊河新田县二期治理工程项目完成开标、评标。项目由永州市公共资源交易中心担任主场，湖南省公共资源交易中心担任副场，共同实施远程异地评标工作。远程异地评标，依托电子政务外网，以异地调度系统、远程视频系统、音视频监控系统协同为保障，通过远程视频会议系统进行无碍化沟通，评标专家通过 CA 数字证书中的电子签名共同进行结果确认，系统自动汇总评标结果。相关行政监管部门通过现场监督、行政监督平台实行全程监督，监控录像自动生成，交易全程可查可溯。

【唐渊明入选湖南省 2019 年“百名最美扶贫人物”】 2019 年 10 月 17 日，湖南省 2019 年“百名最美扶贫人物”表彰暨先进事迹报告会在湖南宾馆举行。永州市公共资源交易中心国有产权及无形资产交易科科长唐渊明入选湖南省 2019 年“百名最美扶贫人物”。唐渊明任祁阳县肖家镇黄石村驻村扶贫工作队长、第一书记。在驻村扶贫期间，动员妻子一起驻村，制定各项措施，帮助扶贫点脱贫致富。完成黄龙公路路面扩宽、护栏安装 21 千米，硬化通组公路 4.5 千米，完工安全饮水工程；安装路灯 280 盏；推进“厕所革命”，旱厕改造率 100%。完善公共服务，村级服务平台投入使用；村卫生室配套设施得到完善；9 月 1 日，黄石小学竣工投用。开设“扶贫讲堂”，通过拉家常、心贴心的授课方式开展多期培训课程。成立野香猪生态放养合作社，贫困户通过山林、土地等方式入股，入股社员人均每年可增收 3000 元；引进食用菌种植产业，采取“公司+合作社+贫困户”模式，实行保底价收购。建起年产 5 万包菌包的食用菌生产基地，新增贫困人口就业 25 名。

（全照瑜）

工业企业改制服务

【概况】 2019 年，永州市工业企业改制服务办公室以“不忘初心，牢记使命”主题教育为主线，开展创建“三表率一模范”机关、提升党支部“五化”建设、廉政建设和“质量提升年+零差错”活动，推进各项工作取得新成效。完成《工业志 · 体制改革篇》编写，结对帮扶 100% 实现巩固脱贫，指导企业改制取得新进展。

【服务离退休人员】 2019 年，永州市工业企业改制服务办公室为改善离退休人员居住环境，对原 6 个工业事务办小区，组织各类检查 34 次，发现问题 147 处，参加整改 195 人次，投入整改资金 8.1 万元，脏乱差问题得到解决。加大对原机冶办小区的整改力度，清除私建果蔬源 2 个，清理臭水沟 7 条，运进土方 830 立方米填平臭水塘一口，改变该小区脏乱差面貌。每周星期五组织干部职工进入社区，为联点共建零陵区老渡口社区服务。

【服务改制企业】 2019 年，永州市工业企业改制服务办公室落实市委、市政府关于深化企业改制的政策，推进二轻工贸公司改制工作。核定改制企业员工身份；完成企业资产评估，正在等待市政府主管部门的确认；实现企业、队伍和思想的稳定，做到“五强化”：强化领导，把企业改制工作作为主题教育的重要任务完成；强化服务，推进制度建设为加快企业改制步伐提供强有力的保障。强化指导，把握关键环节稳步推进改制进程。强化调研，精准采取措施，解决企业瓶颈问题。强化维稳，做好改制企业员工上访接待疏导和思想政治工作。

（肖良宣）

商业企业改制服务

【概况】 2019 年，永州市商业企业改制服务办公室落实市委、市政府各项决策部署，聚焦信访维稳，着力安全生产，服务企业发展，完成全年各项工作任务，在 2019 年全市二级单位绩效考核评估中被评为优秀等次。

【商业企业改制】 2019 年，永州金属材料公司、金秋贸易公司完成企业工作改制，股票回购稳步推进；完成职工身份置换、资产移交、社会职能和党组织关系移交，并组建企业临时管理办公室。截至 2019 年年末，永州金属材料公司回购社会公众股金属材料股 1254.9 万元，占应回购股票的 58.43%，完成国有控股比 73.86%；金秋贸易公司回购金秋贸易股 424.71 万元，占应回购股票的 61.65%，完成国有控股比 74.68%，达到并超过国有企业破产改制法定要求。

【企业债务化解】 2019 年，永州市商业企业改制服务办公室为化解原金属回收公司、轻化建材公司资产债务包，完成国有企业资产移交工作，参与同债务包持有人永州市景辉建筑材料有限责任公司协商，书面报告市国改制办、市中级法院和市商粮局，并向市中级人民法院提起诉讼，2月22日，开庭审理，6月25日，下达判决书：确认债权人永州市景辉建筑材料有限责任公司对金属回收公司享有债权944.98万元、对轻化建材公司享有债权1503.99万元，两公司合计2448.97万元，等待两公司资产处置，债权人享有优先受偿权。

【调解企业劳动纠纷】 2019年，永州市商业企业改制服务办公室为处理金属材料公司职工与市城市建设投资发展集团有限责任公司劳动纠纷诉讼事宜和化解可能存在的集体上访风险，成立专门工作小组，开展档案资料查阅、用工人员身份鉴定、法律法规及政策查询等翔实调查甄别，向市国企改办、市中级人民法院、市商务局汇报，向市城市建设投资发展集团有限责任公司协调补偿资金，并促成市国企改办、市中级人民法院及该办负责人参加专题会商会。多次与当事人见面协调，撤诉并签订《撤诉申请书》27人，领取补偿款并签订《调解协议书》33人，进入诉讼程序21人。

【服务企业职工】 2019年，永州市商业企业改制服务办公室组织商业、物资、万利临管办为改制企业职工办理退休手续、开具各种证明材料；协助区政府有关部门、街道、社区处理移交企业涉及安全生产、环境污染治理及各种矛盾纠纷等；协调处理原湖南万利集团公司棚户区改造政策落实、棚改建设主体责任落实等一系列便民惠民实事；配合市委督查室办理完棚户区住户不动产证信访事项；办理42家改制企业及下属僵尸企业工商注销；维护改制职工权益，关心改制企业困难职工和退役军人。向市人力资源和社会保障局、市退役军人事务局、市总工会等部门争取慰问资金8万多元，春节期间走访慰问困难职工90人、“八一”走访慰问困难军转干部9人和困难企业军队退役人员22人；湖南零陵金属材料股份公司48人劳动争议案签订调解协议书。

【化解信访遗留问题】 2019年，永州市商业企业改制服务办公室与各企业临管办签订目标责任状，把信访维稳工作责任落实到单位，落实到领导，落实到个人。化解多起多年来的信访疑难案，办系统全年无人员赴省进京上访。安抚改制企业职工，促使企业职工置换身份后向社区居民转型。化解市委交办的“千案攻坚”5个信访案中的2个：解决原万利集团142户拆迁安置户要求办理不动产登记证问题，并与上访人签定息访协议；解决原金通公司聘用人员多年来因养老金信访问题，为原金通公司47名解聘员工补交两年养老保险，与上访人签定息访协议。

（黄国衡）

财政·税务

财　　政

【概况】 2019年，永州市财政局有干部职工157名，内设科室25个，所属单位7个。全市财政运行稳中有进、稳中增效，财政管理工作连续3年获得省政府真抓实干督查激励，获“全国助残先进集体”称号，被评为2019年度市级乡村财政财务绩效管理工作先进单位。在全市绩效考核、党风廉政建设、党办系统质效提升、基层党建、意识形态责任制、统一战线、社会治安综合治理、

2019年9月23日，湖南省财政系统举行庆祝中华人民共和国成立70周年文艺会演，永州市财政系统集体舞蹈《血战湘江》获得全省第一名　　摄影　魏远荣

安全生产等8项重点工作考核获优秀。

全市完成一般公共预算收入189.47亿元，增长3.37%。其中，地方收入125.27亿元，增长6.07%，收入增幅排全省第八位，非税占比31.98%，财政收入质量排全省第六位；上划中央收入51.71亿元，下降2.85%（增值税32.2亿元，增长11.05%；消费税5.91亿元，下降7.92%；企业所得税10.05亿元，下降19.28%；个人所得税3.54亿元，下降31.79%）；上划省收入12.49亿元，增长4.37%（增值税8.05亿元，增长11.02%；企业所得税2.01亿元，下降19.29%；个人所得税0.71亿元，下降31.78%；资源税0.16亿元，下降14.92%；城镇土地使用税1.49亿元，增长63.56%）。完成一般公共预算支出497亿元，增长7.9%。

【财政收入征管】 2019年，永州市累计动态减税降费规模23.42亿元，对财政增收影响较大。全市各级财税部门科学应对稳增长压力，坚持依法征管、应收尽收，建立健全“议财议收”和“调度分析”机制，定期分析收入形势，压实征税、协税、护税责任，协调解决征管难题，全力挖潜增收。地方收入完成125.27亿元，增长6.07%，非税收入占比31.98%，在全省排位呈“678”（质量排第六位、总量排第七位、增幅排第八位）格局，祁阳县、宁远县、零陵区和冷水滩区地方财政收入均超过10亿元。全市争取上级各类补助资金304.3亿元、增长3.2%，其中，市本级31亿元、增长6.5%。

2019年永州市财政收入完成情况表

表13　　单位：万元

分项		完成数	2018年同期数	增减额	增长
永州市财政总收入		1894680	1832947	61733	3.37%
一、分级次	上划中央收入	517126	532288	-15162	-2.85%
	上划省级收入	124859	119642	5217	4.37%
	地方收入	1252703	1181017	71686	6.07%
二、分部门	税务部门	1543950	1497239	46711	3.11%
	财政部门	350730	335708	15022	4.47%
三、分县区	市本级	334335	348396	-14061	-4.03%
	冷水滩区	191655	191173	482	0.25%
	零陵区	183716	179840	3876	2.16%
	祁阳县	231938	208687	23251	11.14%
	东安县	121097	115553	5544	4.8%
	双牌县	62474	59771	2703	4.52%
	道县	149737	150159	-422	-0.28%
	江华瑶族自治县	128096	127118	978	0.77%
	江永县	66240	56912	9328	16.39%
	宁远县	190446	182275	8171	4.48%
	新田县	75567	70390	5177	7.35%
	蓝山县	107968	96178	11790	12.26%
	回龙圩管理区	6428	5996	432	7.2%
	金洞管理区	6457	6053	404	6.67%
	永州市经济技术开发区	38522	34446	4076	11.83%

【财政支出管理】 2019年，永州市各级财政部门调整优化财政支出结构，优先“三保”资金支付序列，严格控制压减一般性支出，保证财政供养人员工资正常发放，保证机关部门正常运转，保证各项民生保障项目实施。全市一般公共预算支出497亿元，增长7.9%，其中，与民生相关的支出389.2亿元，占总支出的78.3%。全市“三公”经费支出2.07亿元，下降12.8%，其中，市本级0.36亿元，下降14%。

2019年永州市一般公共预算支出情况表

表14 单位：万元

预算科目	完成数	2018年同期数	增减额	增长
一、一般公共服务支出	501656	452794	48862	10.79%
二、国防支出	425	832	-407	-48.92%
三、公共安全支出	184574	183786	788	0.43%
四、教育支出	915699	840460	75239	8.95%
五、科学技术支出	74520	52193	22327	42.78%
六、文化体育与传媒支出	120859	110316	10543	9.56%
七、社会保障和就业支出	802768	751819	50949	6.78%
八、医疗卫生与计划生育支出	536231	498981	37250	7.47%
九、节能环保支出	134958	102548	32410	31.6%
十、城乡社区支出	213534	177982	35552	19.98%
十一、农林水支出	817365	788114	29251	3.71%
十二、交通运输支出	164616	148458	16158	10.88%
十三、资源勘探信息等支出	44187	70810	-26623	-37.6%
十四、商业服务业等支出	16729	30609	-13880	-45.35%
十五、金融支出	845	1331	-486	-36.51%
十六、国土海洋气象等支出	83331	56296	27035	48.02%
十七、住房保障支出	185918	211996	-26078	-12.3%
十八、粮油物资储备支出	10606	12093	-1487	-12.3%
十九、灾害防治及应急管理支出	29497	0	29497	
二十、债务付息支出	105697	88329	17368	19.66%
二十一、其他支出	25992	28329	-2337	-8.25%
一般公共预算支出合计	4970007	4608076	361931	7.85%

【债务化解】 2019年，永州市财政部门坚持控增量、化存量、提质量、降总量，严守风险防控底线。全市综合运用预算安排、土地出让、债务置换、整改消化、合规转化企业经营性债务等方式，完成年度隐性债务化解任务的308%，全市“三类债务”之和较2018年8月下降7.1%，仅次于长沙，居全省第二位。市本级组建国有资本投资运管公司，探索“三变一还”化债模式，引进中南大学PPP研究中心制定平台公司市场化转型方案，加快平台清理整合转型，省定名单内46家平台公司清理整合工作进度100%。争取新增债券资金，全市新增一般债务额度21.46亿元，

新增地方政府专项债券28.29亿元，市本级新增专项债券7.45亿元。

【民生建设支出】 2019年，永州市教育支出91.6亿元，落实高职生均拨款标准政策，提前一年基本消除义务教育大班额。农林水支出81.7亿元，支持脱贫攻坚取得明显成效，乡村振兴有序推进，全市减贫4.67万人，贫困村出列32个，全市贫困发生率下降至1%以内。社保就业支出80.3亿元，支持城乡最低生活保障标准、残疾人两项补贴标准提标，实施稳岗补贴，降低社会保险费率，帮助企业稳定就业、减轻负担。卫生健康支出53.6亿元，支持医改工作纵深推进，加快建立“分级诊疗”体系，巩固药品零差率销售改革成果。城乡居民医保人均财政补助520元，基本公共卫生服务人均财政补助标准提高到69元。文化体育与传媒支出12.1亿元，支持社会主义核心价值观培育和精神文明创建，改善城乡公共文化服务设施，支持重点文物保护单位建设，创建国家级公共文化服务示范区工作中期评估名列中部地区前茅。

【支持经济建设】 2019年，永州市财政部门组织实施财源普查，制定出台财源建设“两个办法”，加快重点财源企业库和“助保贷”平台建设，支持企业做大做强。整合产业发展资金，完善政府性融资担保和再担保体系，永州市潇湘融资担保公司与6家银行签订中小微外贸出口企业无资产抵押融资担保合作协议，创新出台“商会贷”“订单融”等担保产品，并于2月28日起免收担保客户保证金，推动解决中小微企业融资难题，为84家企业新增担保贷款6.5亿元，增长45%；担保贷款在保额7.2亿元，增长57%。支持招商引资和平台建设，会同相关部门向省里申报湘江流域存量垃圾综合治理亚洲银行贷款项目，市政府与省财政厅签署亚行转贷协议3340万美元，折合人民2.29亿元，统筹安排资金200万元，支持开展“2019年对接粤港澳融入大湾区”投资洽谈活动、中国中部投资贸易博览会、中非经贸洽谈会等15个主题招商引资活动。

2019年5月16日，永州市财政局获得“全国助残先进集体”荣誉称号，习近平、李克强、王沪宁等党和国家领导人在北京人民大会堂与获奖代表合影

【财政改革】 2019年，永州市推进全面实施预算绩效管理，完善绩效目标管理、绩效运行监控、绩效评价、评价结果应用等各环节的管理和流程，重点对扶贫资金、教育费附加、文化发展资金等使用情况开展绩效评价。启动中心城区财政体制调整，深入冷水滩区、零陵区、永州经济技术开发区调研测算，调取100万条相关数据进行分析研究，着力构建中心城区利益共同体，理顺中心城区事权和支出责任。启动市本级国库集中支付电子化改革，搭建非税收入网上缴费平台，方便企业和个人缴费。加大国有资产监管力度，首次向市人大常委会报告国有资产和行政事业性国有资产管理情况。推进经营性国有资产、国有企业改制剩余资产集中统一监管。

【财政监督管理】 2019年，永州市财政部门坚持现代财政制度建设方向，完善财政管理制度体系规范预算管理，实行“零基预算”和“零余额管理”，坚持“无预算、不支出”，完善预算管理制度。加大预决算公开力度，政府“四本”（一般公共预算、政府性基金预算、国有资本经营预算、社会保险基金预算）预决算和部门预决算全部公开。推进财政信息化建设，开展湖南电子财政建设试点，依托华为永州云平台完成电子财政预算编制环节子系统和支付电子化系统部署，利用系统试编部门预算。按照

"横向到边，纵向到底"要求，履行财政监督职能，围绕重大财政政策实施，重点对脱贫攻坚、减税降费、惠民惠农"一卡通"、津补贴等领域开展财政监督。加强政府采购管理，完善政府采购专家库，规范政府和社会资本合作PPP项目监督管理，规范财政投资评审操作规程，加强中介机构管理。推进政府会计制度改革，探索建立政府购买服务绩效管理机制。

【永州市财政局获"全国助残先进集体"称号】 2019年5月16日，第六次全国自强模范暨助残先进表彰大会在北京举行，永州市财政局获得"全国助残先进集体"称号。作为湖南省3个获表彰的先进集体之一，市财政局坚持以人民为中心的发展思想，把"保工资、保运转、保基本民生"放在突出位置，筹集残疾人事业发展资金，开展助残行动，让残疾人共享公共财政阳光，为推进全市残疾人事业发展做出积极贡献。2014年—2019年，市财政局统筹安排资金1亿元支持残疾人事业发展，将残疾人就业保障金纳入一般公共预算管理，维护和保障残疾人在就业、康复、教育等方面的基本权益。助残行动常态化，每年"助残日"期间，组织全局干部职工开展"助残一日捐"、走访慰问等活动，5年累计捐款20余万元。

【《永州市重点财源企业管理暂行办法》出台】 2019年9月23日，永州市财政局制定的《永州市重点财源企业管理暂行办法》正式运行，将工业、商业、服务业企业按照6∶2∶2比例打造包含300家企业的企业库，对入库企业实行贷款贴息、研发奖励、金融支持、用地保障、人才支撑、项目支持、重点帮扶7个方面措施。

（刘荣俊）

税　　务

【概况】 2019年，永州市组织税费收入163.63亿元，其中地方级税收收入97.74亿元，完成年度税费收入计划。永州税务减税降费工作分别得到市委、市政府主要领导表扬性批示，取得省税务局和地方政府组织收入任务"双达标"，人民网、《经济日报》《中国税务报》等媒体先后20余次推介永州税务的工作；成功争创全省税务系统和市委、市政府绩效考评"双先进"；实现税务机构改革后连续两年获中央、省驻永州单位绩效考核第一名；连续两年获评全市先进市直行业系统基层党组织、意识形态责任制考核优秀单位、社会治安综合治理先进单位等称号。

【减税降费】 2019年，永州市税务局向社会公开承诺减税降费举措，组建"党员先锋队"等三类56个减税降费宣传小分队，进园区、进企业、进学校，宣传减税降费新政策；实行减税降费台账管理，对减税降费对象建档立卡，开展减税降费督察，发现问题56个，征集意见建议18条，确保国家政策落实到位。年内，全市落实减税降费政策新增减税16.19亿元，惠及纳税人50.26万户次，其中社保费降率减费2.17亿元，惠及机关事业单位2823户、13.38万名缴费人。

【纳税服务】 2019年，永州市加强纳税信用等级管理。精准评定纳税信用等级，定期向发改委等相关部门推送纳税信用信息和税收违法"黑名单"，强化联合监管，全年评出A级纳税人443户，推送税收违法"黑名单"10户，通过"税易贷""云税贷"为299户诚信企业贷款1.74亿元。严格落实178个办税事项最多跑一次清单，76.06%的办税事项一次办结，推广电子税务局，163项税收业务实现"全程网上办"，纳税人网上申报占比95.73%。推出一窗通办、同城通办、自助办税等举措，清理简并纳税人报送资料25%以上，纳税人办税时间和申报资料都缩减30%以上。永州税务在全国和全省纳税人满意度调查中综合得分排全省第一位，在全市政务服务测评中排前三位。

【依法治税】 2019年，永州市税务局落实"谁执法谁普法"责任制，结合税收宣传月和宪法宣传周，开展税法宣传进校园、进园区等活动。依法开展税务行政复议，全年受理行政复议案件2起，促使申请人主动撤销行政复议1起，纳税人享受近300万元的税收优惠。强化公职律师团队作战，集中审理42起重大税务案件，发现问题120余个，提出征管建议6个。全年对3109户纳税人进行风险应对，入库税款1.68亿元。开展执法督察15次，发现问题613个，整改违规税款0.92亿元，追责41人次。加大打虚打骗力度，全年查处63起发票违法案件，涉税金额10.27亿元，抓获犯罪嫌疑人38名。全面落实降税率、扩大抵扣范围、不动产进项税额一次性抵扣、加计抵减政策、留抵退税制度等各项税收优惠政策，全年办理出口退税5.78亿元，平均每笔出口退税时间压缩到4.56天。

【税收征管】 2019年，永州市征收社保费53.58亿元，其中，机关事业单位“四险”入库41.16亿元，剔除降率减费因素，同比增收6.83亿元，增长18.71%，城乡居民“两险”入库12.42亿元，截至2019年年末，全市440万人缴纳城乡居民医疗保险，缴纳进度90.62%，超过全省平均进度15%。深化个人所得税改革政策宣传和辅导，全市个税明细申报率和申报准确率每月均达到100%，全市工资薪金所得税人均减税2074元，完成企业所得税汇算清缴，汇算清缴企业所得税2.82亿元，同比增长27%。加大地方各税清理，入库税款3亿元，其中通过土地增值税清算优秀案例评选活动，清算入库2亿元。3月1日，金三系统并库版平稳上线。推进住宅类存量房数据库更新和非住宅类存量房数据库建设，成为全省唯一一个住宅和非住宅同时采用“一房一价”模式的单位。推广增值税电子发票公共服务平台的运用，通过信息比对，全市增加纳税人15392户。落实大企业税收征管改革，全市对千户集团106成员企业开展风险分析和应对，入库税款2200万元。

（肖明剑）

文化建设

Culture Advancement Construction

教　育

综　述

【概况】　2019年，永州有各级各类学校（含幼儿园）2546所，在校学生119.12万人，教职工8.3万人。其中，高等院校3所包括：湖南科技学院、永州职业技术学院、湖南潇湘技师学院（九嶷职业技术学院），在校学生3.6万人，教职工0.27万人；普通高中37所（含完全中学8所、十二年制学校7所），在校学生10.17万人，教职工0.88万人；初中305所（含九年制学校120所），在校学生26.06万人，教职工2.13万人；小学469所（另有小学教学点1150个），在校学生50.47万人，教职工2.54万人；中等职业学校42所，在校学生6.78万人，教职工0.4万人；特殊教育学校8所，在校学生0.2万人（另有随班就读学生0.24万人），教职工0.02万人；幼儿园1682所，在园幼儿21.84万人，教职工2.06万人。

【重点教育项目建设】　2019年，永州市城区学位建设全省领先。从2017年开始实施城区学位建设三年攻坚行动，有188所学校实施学位建设工程，完工137所，完成投资91.5亿元，交付学位22.7万个，在建学位10.7万个。其中，2019年完成投资32.4亿元，新建学位9.7万个。2018—2019年获省学位建设奖补资金近5亿元。先后在全省消除义务教育大班额工作座谈会、全省教育大会、全省教育工作会议上作典型发言，国务院官方网站两次集中推介永州消除大班额工作成功经验。投资10亿元，新建的永州师范高等专科学校顺利开学，并以第一名的成绩通过湖南省高校设置评估验收。芙蓉学校建设进展顺利。新田县、江华瑶族自治县芙蓉学校均完工并投入使用。零陵、道县、宁远、祁阳、江永、江华6所乡镇芙蓉学校项目完成申报并成功获批，争取项目资金1.05亿元。完成投资5079万元，新建农村公办幼儿园14所，实现每个乡镇至少有1所公办幼儿园。建成学校标准化食堂208所。加快推进以“乡村小规模学校和乡镇寄宿制学校”为主体的“两类”学校建设，投入资金24267.5万元，完成80所乡村小规模学校、113所乡镇寄宿制学校的新建、改造和设备设施建设，完成年度任务的101.9%。

【教育综合改革】　2019年，永州市启动民办学校分类管理改革。督促指导民办学校依法依规开展资产财务清算；对永州市范围内民办学校分类登记开展两轮情况核查摸底、汇总登记。完成分类登记1054所，其中非营利性464所，营利性590所；完成预登记学校1044所，其中非营利性855所，营利性189所。全年消除义务教育大班额4203个，剩余大班152个，大班比例从2017年的39.3%降低到0.8%，有10个县区大班额清零，提前一年实现基本消除义务教育大班额的目标。推进高考综合改革。5月13日，永州召开高考综合改革推进会议，宣传解读湖南省高考综合改革方案相关政策，制定《永州市推进高考综合改革实施方案》，永州市委、市政府议教会暨教育综合改革会议纪要明确成立市委市政府主要领导牵头，教育等相关部门参与的高考综合改革领导小组，要求各县区比照市里要求对高考综合改革提供保障。由永州市教育科学研究院牵头组建高考研究团队，加强专业指导，服务高考综合改革需要。落实减轻基层负担与调动基层干部积极结合的体制机制改革。制定印发教育系统减负“六条严规”，包括严格控制考核评估项目，考核由2018年的10项削减到1项，即教育行政部门目标管理考核；督查检查由12项削减到1项，即以安全为重点的学校管理工作督查。严格控制各项竞赛活动，全市性的教学竞赛活动只保留名课评选活动，教育科研部门每年每学科最多只能开展1次教学论文评选活动。严格执行学生减负规定，规范培训机构办学行为。严控书面作业总量，坚决控制考试次数。严禁以任何形式、方式公布学生考试成绩及排名；会议总量比2018年减少60%。严格控制发文，年初制定年度发文计划，发文总量要比2018年减少三分之二，不超过100件。严格控制各类简报，市教育局只保留《永州教育快讯》，每月刊发1期。1月21日，中共永州市委副书记、市长赵应云对减负六条严规作批示，高度肯定减负做法。创新学校思政课改革得到国家、省级媒体的关注报道，被中央党史研究室称为“全国党史宣传教育创新之举”，10月，其经验做法在中央教育工作领导小组简报刊发，并送中央政治局有关领导传阅；新华社内参部到永州专题采访推介，《中国教育报》等主流媒体广泛报道。

【教育扶贫】 2019年，永州市义务教育阶段学生入学率100%。落实国家助学资金3.15亿元，受助21.48万人次；为19364人次办理生源地信用助学贷款，金额1.5645亿元，同比增长5%，生源地信用助学贷款人数和总额连续7年排全省第一位。地方投入专项资助资金6369.06万元，资助20.41万人次。加强留守儿童关爱和教育工作，每个县区均设立暖阳学校，将3400余名孤儿学生集中学习生活，予以重点保障。全省教育科研扶贫工作现场会在宁远县召开，永州作典型发言。

【教师队伍建设】 2019年，永州市招录补充教师3699人。选送初中起点定向培养公费师范生1082人，高中起点公费师范生324名。湖南省教育厅核准下达永州特岗教师计划1082个，录用特岗教师380名。中小学教师高级职称参评1696人，通过886人（公示阶段有4人被取消参评资格）。正高级职称通过15名，比2018年增长36.36%，通过率71.42%。评选市骨干教师352人，市级学科带头人126人，市级名师8人。评选市属高校产业导师10名、专业带头人10名、技能大师20名。加强教师培训工作，组织完成“国培”项目117个，培训人数6433人；“省培”项目25个，培训人数1035人；“市培”项目35个，培训人数6558人，“县培”项目、人数和质量均有新突破，绝大多数县区培训人数达人均1次以上。组织开展普通话培训、测试和抽查工作。指导各测试点组织开展普通话水平测试，全年测试人数10883人；加强基层教育人才招聘工作和教育系统人才引进工作，牵头组织永州市教育系统3个人才引进小组赴北京、广州、武汉、长沙等地知名师范类高校进行宣讲推介及开展教育类高学历人才引进面试，引进各类教育人才206名。加强师德师风建设，开展师德巡讲活动，弘扬立德树人、教书育人的师德风范，表彰、宣传优秀教师典型。出台《永州市2019—2020年度师德师风建设年活动实施方案》《永州市在职中小学教师校外家养家教专项整治方案》，对在职中小学教师校外家养家教和违规补课进行专项治理。9月10日，第三十五个教师节庆祝表彰大会召开，会议通报表扬祁阳县职业中等专业学校等2所学校获2019年度全国教育系统先进单位，6名教师被评为全国优秀教师，2名教师被评为全国模范教师，2所学校被评为全国教育系统先进单位，7名教师被评为全省优秀乡村教师；表彰教师工作先进个人100名。其中，优秀班主任20名、师德标兵15名、优秀校长10名、先进教育工作者15名、优秀教师20名、最可爱乡村教师20名。

【校园安全工作】 2019年，永州市所有中小学校实行封闭式管理，并统一实行学校门卫制度。各级财政投入9000万元，采取政府购买方式，配备专职保安2648人，按人均每年不低于3.5万元的标准发放工资，中小学校专职保安配备率100%。加强校园安全教育，抓好预防溺水、校车安全、青少年法制教育。制作2万张防溺水挂图，免费发放给学校；组织拍摄防溺水宣传片、公益广告，通过校园网、班班通、家长微信群组织学生、家长观看。推进“政府主导、村委主管、家长主防、教师主讲”的学生防溺水安全联防联控机制。各地各学校组织近万人次志愿者进村入户宣传，到村组召开家长会5000余场次，集中宣讲防溺水知识，学生防溺水工作成效显著，学生溺亡人数降幅位居全省前列。加强校车安全专项整治，建好校车监管平台并实现联网监控。加强学校法律宣传，推进青少年法治教育全覆盖校园，全年创建永州市依法治校示范学校21所。

【教育科学研究】 2019年，永州教育科学研究院为全额拨款副处级事业单位，核定编制26名，其中院长1名，副院长3名。下设办公室、基础教育研究所、职业技术与成人教育研究所（均为副科级）。主要职责是承担全市基础教育、职业技术教育、成人教育等教育科学研究和咨询服务工作。有职工20人，其中专业技术人员18人，工勤人员2人。年内，全市省级立项课题17项，其中省级重点课题1项，省级一般资助课题6项，市级立项35项。湖南省教育厅教育体制改革试点项目“推进中小学教师县管校聘管理制度改革试点”进入中期研究阶段；湖南省“十三五”规划一般资助课题“中小学初任教师立德树人的关键能力及其校本培训研究”等5个课题相继开展。东安县“让农村孩子在家门口上好学——东安县推进城乡义务教育一体化的探索”在《湖南教育》杂志专项推介；宁远县“学、议、评、练”四环节教学模式和以“从入口看出口”为核心的增量评价模式，在全省教育科研扶贫工作会议上得到推介。

【教学仪器和电化教育】 2019年，永州市政府下发《永州市推进“互联网+教育”行动方案（2019年—2022年）》，明确推进“互联网+教育”行动的七项重点工作，推进教育信息化2.0建设。推进联网攻坚，完成680个未联网学校的网络接入，全市学校（含教学点）网络接入实现覆盖率100%，进度排全省第一位。推进网络联校建设，将全市所有农村学校纳入规划进行建设，建成网络联校主校73所，对接分校212所。建设教育资源云平台，为市本级教育资源建设提供本地化平台。推进师生信息技术与实验教学竞赛，获优秀组织奖7个。举办全市“一师一优课、一课一名师”活动，获省优73节、部优24节，被湖南省教育厅评为优秀组织奖；开展全市中小学电脑制作活动，获国家级一等奖3个、二等奖6个、三等奖7个，省一等奖作品16个，被湖南省电化教育馆评为最佳组织奖；组织中小学机器人竞赛活动，永州市4支队伍获省级一等奖，其中2队获得省级一等奖第一名，代表湖南省参加全国中小学机器人竞赛均获全国三等奖，被湖南省电化教育馆评为最佳组织奖；组织中小学教师教育教学信息化作品征集活动，获省级一等奖5个、省级二等奖9个、省级三等奖15个，市电化教育馆被湖南省电化教育馆评为最佳组织单位；开展中学生物教师能手大赛，市教育局被湖南省教育厅评为优秀组织奖；组织实验教学创新优秀论文评选活动，永州地区获省级一等奖24篇、省级二等奖22篇、省级三等奖77篇，永州市教学仪器站获得湖南省教育生产装备处颁发的优秀组织奖；2019年，全省初中实验教学质量抽查活动中，祁阳县、蓝山县教师实验操作测试优秀率均为100%，学生实验操作测试优秀率分别为92%和86%，永州市教育局被湖南省教育厅评为2019年全省初中实验教学质量抽查优秀单位。

【永州市首届班主任高峰论坛】 2019年6月29日，永州市首届班主任高峰论坛开班式在永州一中蘋洲会堂举行。论坛主要促使全市班主任由经验型向科学型转变，促进班主任工作的专业化创新发展。有五位专家、老师授课，陈宇讲授“从常规管理走向文化建设”、梁刚讲授“与学生建一间不一样的教室”、覃丽兰讲授“让常规班会更有影响力”、万平讲授“教育，是温暖的”、盘晓红讲授“实施美心活动，让立德树人落到实处”。

【永州市“向日葵工程”启动】 2019年2月25日，永州市“向日葵工程”启动仪式暨骨干教师培训会在冷水滩举行。永州市委常委、市委宣传部部长贺辉出席并讲话。会议强调打造永州立德树人品牌，教育引导广大青少年树立远大志向、培育美好心灵，帮助广大中小学生扣好“人生第一粒扣子”。结合永州办学理念，把“向日葵工程”办成精品工程，弘扬永州本土文化。

学前教育

【概况】 2019年，永州市有各类幼儿园1682所，在园幼儿21.84万人，全市普惠性幼儿园1019所，公办幼儿园和普惠性民办幼儿园占比75.25%，学前三年毛入园率89.13%，提前完成湖南省学前教育第三期行动计划提出的2020年学前教育三年毛入园率达到85%的工作目标。

【公办幼儿园建设】 2019年，永州市建成农村公办幼儿园14所，并全部通过市教育局组织的评估验收和湖南省教育厅组织的抽查验收。东安县、江华瑶族自治县结合本地实际，组织开展自建项目园的建设，学前教育资源特别是农村公办幼儿园教育资源总量进一步扩大。

【学前教育培训竞赛】 2019年，永州市教育科学研究院和永州市第一幼儿园，邀请省内外专家，先后开展全市幼儿园优秀班级主题区域活动、全市幼儿园游戏活动比赛、全市幼儿园园长素养展示和研讨活动，组织学前教育送教送研到县到村，组织全市优秀园长参加全省幼儿园园长素质展示研讨活动，获省级优秀组织奖。组织全市优秀园长参加全省优秀主题区域活动展示研讨活动，4个主题区域活动均获优秀奖。

【城镇小区配套幼儿园整治活动】 2019年，永州市教育局研究出台《永州市城镇小区配套幼儿园建设专项整治实施方案》，联合市自然资源和规划局和市住房和城乡建设局对全市城镇小区配套幼儿园情况全面摸底排查，对4个县区6个小区的7个配套幼儿园进行整治，城镇小区配套幼儿园专项治理工作完成率100%。

义务教育

【概况】 2019年，永州市有义务教育学校774所，在校学生765323人。实施未成年人思想道德建设“向日葵工程”，开展社会主义核心价值观教育，制定下发《关于推动社会主义核心价值观进教材、进课堂、进学生头脑的通知》。组织开展“新时代好少年”评选活动，评选出新时代好少年81名。组织开展庆祝中华人民共和国成立70周年系列教育活动。组织开展“传承红色基因，向国旗敬礼”为主题的开学第一课征文比赛等系列活动。电脑制作成绩突出，获省级一等奖作品16个，国家级一等奖3个、二等奖6个、三等奖7个。

【特色校园文化】 2019年，永州市开展传统文化进校园、创区文化进校园活动，在全市中小学开展传统文化（非遗文化）、创区文化进校园活动，利用祁阳小调、祁剧、零陵渔鼓、道县龙舟赛、东安武术、江永女书、江华瑶族长鼓舞、瑶族织锦等非物质文化遗产，引导各地各学校结合自身特点科学定位，逐步形成“一校一品、一校一特色”的校园文化。

【志愿服务活动】 2019年，永州市在湖南志愿者网站创建“永州市教育系统文化志愿总队”，有5600名师生加入志愿队伍。通过示范引领，全市中小学加入学雷锋志愿服务、文化志愿服务。

普通高中教育

【概况】 2019年，永州市有普通高中学校37所，较2018年增加3所，有普通高中学生101736人，教职工8822人，其中专任教师6671人。全市高中教育在加快普及高中阶段教育的同时，推进高中课程改革，运用新技术、新机制、新模式深化教学改革。探索跨学科、跨学段项目教学、主题教学等多样化教学方式。探索“互联网+”新型教学模式，为学生提供精准化、个性化、多样化在线教育服务。

【高考综合改革】 2019年，永州市高中学校做好对接新高考课程实施规划，建立选课指导制度、学生发展指导制度。4月20日，全市高考综合改革政策培训会召开，指导各县区和高中学校对接新高考课程规划，实施综合合素质评价和选科走班。秋季开学后，各高中学校选科走班顺利实施。完善高考研究团队建设和重点学科基地学校建设，10月，组建2020年高考研究团队，组织开展对省、市示范性高中教学视导，定期发布高中学科教学诊断报告，加强质量监测。加强教育质量监测，完善高三年级“三会三考三分析三视导”备考模式，全面推进高一、高二年级建立联考机制，采取“引进来”和“走出去”相结合的方式，开展新高考研究，引进高考命题专家开展新高考研究。组织高中各学科专家开展新高考素质评价讲学。全市高考二本上线人数（11569人）首次突破万人大关、增长17.9%，一本上线（4981人）增长19.5%。

【永州一中】 2019年，永州市一中有正高级教师3人，特级教师6人，市名师13人，市学科带头人28人，市骨干教师74人，研究生72人。高二学业水平考试正考合格率98.68%。在“一师一优课、一课一名师”活动中，学校累计部优课21节，省优课53节，35位教师的课例获评市首届名课，新建3个市级名师工作室，省、市级名师工作室和工作坊8个。注重培养学生核心素养，学生参加各类竞赛获市级及以上奖项超过300项；参加全国高中生学科奥林匹克竞赛，获全国一等奖、二等奖、三等奖27人次；学校代表队在湖南省第十六届机器人竞赛中获一等奖；在第二十届全国中小学电脑制作活动中学生制作的二维动画作品获全国一等奖；学校运动队代表永州市参加湖南省青少年田径锦标赛获得金牌3枚。学校获得中国化学会颁发的“第33届中国化学奥林匹克竞赛优秀组织奖”，被人民教育出版社确定为“2019—2025年名著阅读教学实验学校”，获评湖南省青少年科技活动优秀示范学校、永州市雷锋学校、教育信息化工作先进单位、第二十届永州市中学电脑制作活动最佳组织奖等市级及以上荣誉20余项；学校办学成果及经验被《湖南省教育督导与评价协会专报》《湖南日报》、新湖南、《永州日报》、永州广电、红网等推介。

【永州四中】 2019年，永州市第四中学有教职员工449人，其中专任教师 431 人，高级职称 140 人，特级教师 4 人，本科学历合格率 100%。有省级名师工作室 3 个，省中小学优质空间课堂 11 个，名师 9 人，市学科带头人 15 人，市骨干教师 19 人。有双舟文学社、电脑作品制作小组、机器人兴趣小组、健美操训练队等精品学生社团 19 个。全面实施素质教育，组织学生深入开展社会实践、社会服务、研究性学习等综合实践活动。先后获得湖南省文明标兵校园、全国群众体育先进单位、全国青少年校园足球特色学校、湖南省心理健康教育示范学校等称号。高考再创佳绩。全校 600 分以上 121 人；全校文化生一本上线 912 人；二本以上上线 1416 人。卿康同学以总成绩 693 分夺得全市理科第一名，被清华大学录取；翟浩帆同学以总成绩 659 分勇夺全市文科第一名，被北京大学录取。

职业教育

【概况】 2019 年，永州市有各级各类职业教育学校 44 所，其中中职学校 42 所、高职院校 2 所；全市职业教育教职工 5446 人，其中中职 3979 人、高职院校 1467 人；职业教育在校学生 8.58 万人，其中中职 6.78 万人、高职 1.8 万人。有国家示范性高职院校 1 所，全国中等职业教育改革发展示范校 3 所，省级卓越中等职业学校 3 所，省级示范性中等职业学校 10 所。在全国职业院校技能大赛上，永州市获国家三等奖 2 个，省级一等奖 4 个，省级二等奖 15 个，省级三等奖 52 个。在全国第十五届和湖南省 2018 年—2019 年中职学校文明风采竞赛活动中，永州市获一等奖 10 个，二等奖 15 个，三等奖 17 个。

【全市中职学生专业技能抽查】 2019 年 4 月，湖南省教育厅职成处从永州市中职学籍管理系统中进行技能抽查，抽查学校 19 所，随机抽查学生 415 人，成绩合格 391 人，合格率 94.2%；优秀 290 人，优秀率 69.8%。

【深化职业教育改革】 2019 年，永州市推进中职“阳光招生”，建设市中等职业学校网上志愿填报与录取系统，建立统一招生信息平台，统一公布招生信息，推进农村中职攻坚计划，蓝山县、江华瑶族自治县、冷水滩区成功申报全省农村中职攻坚项目，每个县区争取项目资金 500 万元；深化产教融合校企合作，推进永州职业教育集团建设发展，为校企合作搭建好交流合作的平台。

【永州师范高等专科学校】 2019 年，永州市整合道县师范、祁阳师范优质教师教育资源，成立永州师范高等专科学校。7 月，合并搬迁至市中心城区（零陵）新校区办学。学校占地 33.58 公顷，规划建设面积 17.9 万平方米，建成面积 14.9 万平方米，总投资 11.3 亿元。设置党政办公室、组织人事处、宣传统战办、纪检监察审计处、教务处、科研处、学生处、计划财务校产处、后勤基建处、招生就业处、安保法制处、督导室、继续教育部、工会、团委、教育信息技术中心、图书馆 17 个内设机构，设置小学教育系、学前教育系、语文教育系、音乐教育系、美术教育系、马克思主义教学部、英语教学部、数理教学部、体育教学部 9 个系部。

有在校学生 5301 人，规划办学规模 6500 人。有教学科研仪器设备总值 4510 万元；有纸质图书 48 万册，电子图书 50 万册，其中师范类专业纸质图书 15 万册。有教职工 341 人，其中专任教师 298 人，正高级职称教师 12 人，副高职称教师 104 人，研究生学历以上教师 108 人，双师型教师 103 人，国家和省级优秀教师 9 人，特级教师 4 人，市级名校长、名师、学科带头人和骨干教师 18

2019 年 7 月 30 日，永州师范高等专科学校成立　　摄影 陈巨洲

人。11 月，小学教育、学前教育、语文教育、音乐教育、美术教育 5 个专业通过湖南省教育类国控专业预评估。新增省市级课题 30 项。新增正高级讲师 4 人，高级讲师 10 人，引进“两高”（智力因素高、非智力因素高）人才 27 人。12 月，学校以全省第一名的成绩通过湖南省高校设置评估。获得湖南省“五四”红旗团委、湖南省第六届青年文化艺术节优秀组织奖、永州市社会治安综合治理先进单位等荣誉称号。

【永州市工业贸易中等专业学校】2019 年，永州工贸学校占地面积 54 万平方米，校舍建筑面积 13.75 万平方米。教学仪器设备总值 5600 万元，教室数 162 个，学生住宿床位数 6200 个，学生用餐座位数 3000 个。秋季招收新生 2050 人，有学生总人数 7007 人，其中全日制 6072 人（含技工教育 320 人），非全日制 935 人，毕业生人数 1990 人。有专任教师 336 人，其中高级职称教师 86 人，“双师型”教师 203 人，兼职教师 51 人；培养名师 2 人、技能大师 2 人，校级以上专业带头人 31 人、骨干教师 56 人。引进高学历高素质人才 9 名，能工巧匠、技术骨干 2 名。学校建有信息技术类、加工制造类和文化艺术类 3 个重点专业群和畜禽生产与疾病防治、果蔬花卉生产技术 2 个特色专业，开设电子技术应用、电子与信息技术 13 个专业。电子技术应用专业为省级精品专业、省示范性特色专业；电子技术应用、畜禽生产与疾病防治、服装设计与工艺 3 个专业的实训基地为省级校企合作生产性实习实训基地。学校获评全国农村创新创业孵化实训基地、湖南省工人先锋号、湖南省中等职业学校“文明风采”活动男子篮球比赛三等奖、永州市中职学校第七届“职教杯”教师气排球比赛第六名、永州市中职学校第七届“职教杯”优秀组织奖、永州市中等职业学校 2019 学年度办学水平督导评估第一名。

（李正华　凌铭　胡上东）

高 等 教 育

【湖南科技学院】　2019 年，湖南科技学院占地面积 73 万平方米，建有教学学院 16 个，普通本科专业 48 个，面向全国 27 个省（市、区）招生。有普通本科在校学生 15149 人，国际学生 31 人，成人教育在校学生 3000 余人。有教职员工 1211 人，具有博士、硕士学位 900 余人，入选国务院政府特殊津贴、湖南省政府特殊津贴、“湖湘青年英才”支持计划、湖南省“121 人才”工程人选、省级学科带头人、省级青年骨干教师 80 余人。有“十三五”省级双一流应用特色建设学科 2 个、国家级特色专业 1 个、国家级综合改革试点专业 1 个、省级特色专业 4 个、省级一流专业建设点 8 个、“十二五”省级综合改革试点专业 2 个、“十三五”省级综合改革试点专业 3 个、省级重点实验室 1 个、省级工程技术研究中心 2 个、省级创新创业教育（孵化）基地 8 个、省科技创新团队 2 个、省高校产学研合作示范基地 1 个、省级社科研究基地中心 11 个、省级优秀教学团队 3 个。

全年录取全日制本科学生 4250 人，其中，普通本科生 4050 人，少数民族本科预科班学生 200 人。本科毕业生初次就业率 86.12%，引进教师 127 人，其中刚性博士 27 人，柔性博士 42 人。签约讲座教授 4 人、学科发展顾问 2 人。5 人入选省 121 创新人才培养工程第三层次人选，1 人入选湖南省芙蓉教学名师，2 人入选湖南省芙蓉学者奖励计划，

2019 年 3 月 26 日，中共湖南省委副书记乌兰（右四）一行到湖南科技学院调研

1人入选科技创新类湖湘青年英才，7人遴选为湖南省普通高校青年骨干教师，1人被评为永州市优秀教师。学校获评湖南省创业孵化基地、湖南省“双创”示范基地、湖南省众创空间绩效A类。8个专业获省级“一流本科专业建设点”，12门课程被认定为省级金课，其中4门被推荐为国家级金课认定，被推荐为国家级金课认定的比例为33.3%；获得2019年省级教学成果奖8项，其中一等奖1项、二等奖2项、三等奖5项；在湖南省教师课堂教学竞赛中，3名教师获一等奖，1名教师获二等奖，其中黄燕平为理科组第一名，学校获优秀组织奖。在湖南省普通高校教师信息化教学竞赛中，2名教师获一等奖；与华为、慧科联合申报的“‘政校企’多方协同模式下大数据学院共建与实践研究”获得教育部立项，成为教育部首批“新工科研究与实践”项目建设高校。10月22日，湖南科技学院—华为—慧科大数据校企共建班开班；在2019年TI杯全国大学生电子设计竞赛和第十一届全国大学生广告艺术大赛中均获一等奖，在第五届普通高校体育教育专业学生基本功大赛、第五届湖南省高校师范生教学技能竞赛等省级学科竞赛中获一等奖10余项；在第五届中国“互联网+”大学生创新创业大赛中，获国赛金奖1项、铜奖1项，省一等奖1项、二等奖1项、三等奖5项，实现在全省二本院校国赛金奖零的突破；在第六届“创青春”湖南省青年创新创业大赛中获三等奖4项、优胜奖2项；在第十三届“挑战杯”中，获国赛三等奖1项，省赛一等奖1项、二等奖4项、三等奖3项，并以团体总分第六名的成绩获“优胜杯”。

开展对外交流与合作，与湘潭大学签订对口支援合作协议，与湖南农业大学签订合作发展协议，与湖南师范大学签订战略框架合作协议；与美国布鲁姆菲尔德学院就视觉传达设计专业签订合作办学协议，国外合作院校32所；对接“一带一路”倡议，34名国际学生完成汉语语言学习；新招国际学生31人。

增加省级以上基金项目，新增湖南省高等学校哲学社会科学重点研究基地2项，2人获省自科基金杰出青年项目立项，1人获省自科基金优秀青年项目立项，ESI高被引论文等标志性成果日益增多，获得农业农村部2016—2018年度全国农牧渔业丰收奖农业技术推广成果奖二等奖，获得湖南省科学技术进步三等奖3项。

成立以党委书记、校长为组长的服务地方工作领导小组，永州市委书记、市人大常委会主任严华到校调研3次。选派万李和王志堂到永州市经济技术开发区、邓述为到市科技局、陈小明到江永县挂职，选派三区人才（边远贫困地区、边疆民族地区和革命老区）16人到各县区助力扶贫，选派232名师范生到各县区60所学校开展顶岗实习。对接恒伟公司开展银杏功能成分提取技术研究，取得突破性进展，节约生产成本30%以上；解决永州华利米粉生产企业米粉胶质老化变脆问题；协助市委、市政府与永州市经济技术开发区建设永州市生化工程技术研究院与中古生物中心，与永州中古生物技术有限公司签订《共建多肽药物实验室合作协议》，永州市经济技术开发区向学校拨付实验室建设费用5000万元；与零陵区共同推进档案课题研究，承担《零陵古村落与乡愁追忆》等子课题研究6个。完成横向项目200项，合同经费超过3200万元；对永州境内的古建筑进行全面的调查和资料整理，其中“永州市古村落特色民居现状调查及保护研究”项目获得2019年全国挑战杯三等奖；以湖南省濂溪学、舜文化研究基地为平台，开展保护和发掘工作，形成《周敦颐与宋明理学》等有影响的地方文化研究成果。

完善大学章程制度体系，厘清学校各部门的职责边界。召开部门职责讨论会，对相关部门职责进行修订，优化运行机制，推动构建权责一致、分工合理的学校内部治理体系。推进校办企业体制改革。学校原有校办企业11家，注销6家，股份转让1家，保留1家，剩余3家企业的处置按监管方案有序实施。在湖南省教育厅和财政厅联合组织的全省校属企业体制改革工作推进会上作“三抓三控三确保”典型经验交流发言。学校获得湖南省现代大学制度建设先进高校，获批湖南省第四批“依法治校示范学校”创建单位，获湖南省“平安高校”第二轮立项。

推进思政课程改革，《湖南教育快讯》2019年第二十一期以题为《湖南科技学院贯彻全国全省教育大会精神，以“三个第一”为目标办好思想政治理论课》为题推荐思政课办学经验。邀请永州市委书记、市人大常委会主任严华到校宣讲中共十九届四中全会精神。持续深化推进同级监督，发出监督建议书10份，针对学科建设、师德师风、基建和后勤服务等23项具体工作中的廉洁风险等提出监督建议34条。以监督建议书方式创新纪委监督同级党委的做法被广泛认可，在全省高校纪检监察业务培训班上作典型经验交流发言，并被教育部官网“一线采风”专栏推荐。强化意识形态工作，牢牢掌握意识形态工作领导权。学校意识形态工作领导小组定期分析研判意识形态领域形势，开展意识形态工作风险点排查。11月11日—14日，教育部本科教学工作审核评估专家组对学校本科教学工作进行全面考察和审视，专家组对学校本科教学工作给予高度评价。

（廖群峰）

【永州职业技术学院】 2019年，永州职业技术学院有在职教职工1137人，其中正高职称64人、副高职称262人，专任教师中“双师”素质教师比例82%。设二级学院和教学部12个，开设高职专业37个，面向全国27个省市区招生，全日制在校学生1.8万人。有国家级教学团队1个，省级教学团队3个；国家级骨干专业3个，省级（示范性）特色专业4个，省级一流特色专业群3个；国家级生产性实训基地1个，国家级协同创新中心1个，省级生产实习实训基地2个，省级教师培训认证基地2个。馆藏图书90余万册。拥有附属医院、生态养殖场、畅通驾校等三大校内生产性实习实训基地。招收各类新生6960人，新生到校6500人，到校率93.4%。录取新生、到校新生数和到校率均为历史最高。毕业生初次就业率76.16%。

将意识形态工作纳入学院重点工作范畴，召开4次党委会进行专题研究，完善舆情监管制度，妥善处理网络舆情，全年及时处理网络舆情6起，未发生一起重大舆情，意识形态工作总体平稳。全年在市级以上媒体刊发宣传稿件300篇。发展党员163名，其中发展学生党员155名，教职工党员8名。

入选教育部“人文交流经世项目”首批经世国际学院，获批为“1+X证书制度试点”院校。医学检验技术专业教学资源库项目、现代学徒制试点2个国家级项目顺利通过国家验收，数字化校园实验校项目顺利通过中期验收。医学影像技术等3个专业认定为国家骨干专业，9门课程立项或被认定为省级以上在线开放课程，其中获得教育部认定1门。畜牧兽医生产性实训基地认定为国家生产性实训基地。组织师生参加各类竞赛，获得国家级赛事一等奖6个、二等奖8个、三等奖6个；省级赛事一等奖8个，二等奖12个，三等奖24个。毕业设计、技能抽考合格率100%。

立项各类课题70项；全院教职员工发表论文360篇，出版专著和教材13部；申请专利4项，实用新型专利和软件著作权授权12项。成立植物种苗研究中心，药食两用植物脱毒快繁协同创新中心认定为国家级协同创新中心。

开展短期培训5批次。附属医院收治门诊病人12.89万人次，住院病人1.29万人次。实习农场指导当地农民建设和发展生态养殖场19家，出栏优质瘦肉猪10046头，指导周边猪场30余家进行非洲猪瘟防控。

重视干部教育、培训工作，组织2019年高校管理干部培训班，50名正科以上干部参加培训；选派6名干部到省委教育工委党校、市委党校接受培训；组织基层党支部书记参加省委教育工委、市直机关工委的专项培训6次，确保基层党支部书记受训率100%。选拔任用处级和科级干部9名，并对部分中层干部岗位进行调整交流。引进各类人才82人；组织2批次（共90人）赴上海同济大学参加教师综合能力提升研修班；选派28人到英国斯旺西大学、德国哈尔博格学院研修。

开展对外交流与校企合作，

2019年3月30日，由永州职业技术学院牵头组建，多家高等专科学校共同发起的职业教育医学检验技术专业教学资源库协作联盟暨全国医学卫生类高职高专助力健康乡村建设协作联盟在长沙启动成立

2019 年 10 月 30 日，永州市职业技能大赛开幕式在职业技术学院举行

先后与宁波西贝尔餐饮管理有限公司、北京华晟经世信息技术有限公司、深圳星巢航空服务有限公司、益丰大药房股份有限公司、爱尔眼科医院集团股份有限公司20余家企业对接或签订校企合作协议，新增校企合作班学生人数1000名。牵头举办湖南现代畜牧养殖职业教育集团年会。与日本对马医疗集团、韩国世翰大学、德国联邦劳工局签订合作协议。选派20余人次到英国、德国等国家进行考察、访问和学术交流。

（秦永亮）

【湖南潇湘技师学院（湖南九嶷职业技术学院）】 2019年，湖南潇湘技师学院（湖南九嶷职业技术学院）有教职工315人，其中高级职称57人，中级职称68人，初级职称82人，博士研究生2人，硕士研究生45人，注册中国烹饪大师2人。年内，学校被确定为全国高技能人才培训基地、永州市高技能人才培训基础能力建设项目立项建设单位。在湖南省“我和我的祖国”大型演讲比赛中，学院教师获得一等奖1个、学生组获得三等奖1个；在湖南省职业院校教师职业能力比赛中，获得一等奖1个、二等奖3个、三等奖4个；在永州市职业技能大赛中，获得金牌1枚、银牌2枚、铜牌3枚和参赛单位二等奖；在全市直单位讲党课和优秀党课竞赛活动中，获得三等奖2个、优秀党课教案2个；电工技能大师工作室、计算机程序设计技能大师工作室通过市级评审。举办2019年永州市职业技能大赛开闭幕式及烹饪项目赛事、学院第四届田径运动会，举办“礼赞新中国，建功新时代”文艺晚会、“庆祝中华人民共和国成立70周年主题宣讲报告会”“唱响中国梦，奋进新时代”合唱比赛系列活动，成立学院科学技术协会。

对重点学科专业进行改造，优化学科专业结构，设有机电工程系、汽车工程系、服装设计与艺术系、管理工程系、公共课部和思政部等教学系部，开设数控技术、模具设计与制造、汽车检测与维修、服装设计与制作、会计电算化、室内设计、机电一体化等专业，开设三年制高职专业12个、五年制高职专业7个、技工类专业12个，学生毕业设计抽查及专业技能抽查一次性过关。学院申运“电工”技能大师工作室、刘志根“计算机程序设计”技能大师工作室申报永州市技能大师工作室；孙丽平、高星、胡先云3人申报全市专业带头人；申运、刘志根、杨艳梅、唐建波、倪伟智、盘臆明、林常君申报永州市技能大师；唐良跃、席军、陈素芬、李云义申报永州市产业导师。

狠抓学生日常规范化管理，完善修订《学生管理“1+X”制度体系》，修订、新增26项学生管理制度，健全学院领导带队夜间巡查制度、辅导员住校制度和兼职班主任下班（寝室）值班制度，发挥学生干部带头和协管作用，坚持每天查到课率、晚自习率和就寝率。落实专任心理辅导老师和日常班主任谈心心理辅导制度，建立传染病预防长效机制，加强体检筛查，对2019级1615名新生进行结核病筛查。

优化教师队伍结构，秋季学期新招聘教师28人，其中引进高学历人才9人。打造“双师型”教师队伍，开展教学基本功大赛、信息化教学大赛，提高教师课堂教学和实训教学能力，落实辅导员职务职级“双线”晋升政策，发展党员注重向辅导员倾斜，明确辅导员岗位职责。

采取组建“招生团队”和鼓励“全员参与”相结合的方式，完成招生1682人，其中三年制高职583人，五年制高职283人，技工类招生816人。做好学生就业创业工作，加大毕业生顶岗实习跟踪服务力度，扶持大学生自主创业，做好大学生应征入伍工作，35名学生通过“专升本”考入本科院校深造学习。主办专题招聘会31场次，邀请海信、上海小木屋、蓝思科技等20余家企业到学院招聘，为毕业生提供就业岗位3000余个，成功就业960余人次。

推动科研工作，清理2010年以来立项未结题的陈年课题，对立项多年未结题的课题主持人下达限期结题通知。发表科研论文83篇。修订《科研成果奖励办法》《科研工作量计算办法》《科研课题管理办法》《院级课题管理规定》《学术不端行为查处细则》5项制度。成立校园论文检测平台，毕业生论文质量提高，在湖南省教育厅毕业设计抽查中，毕业生基本达到全优水平。

坚持把学习教育、调查研究、检视问题、整改落实四项重点措施贯通起来，11月7日，市委书记、市人大常委会主任严华到学院考察指导工作，并在学院召开党建和“不忘初心、牢记使命”主题教育工作座谈会。9月11日，领导班子成员集体到李达故居缅怀革命先烈、重温入党誓词，启动主题教育。9月12日，学院召开主题教育工作会议，湖南省委第二巡回指导组副组长王善明出席并讲话。领导班子成员下到基层一线调研18次，形成调研报告10篇，梳理出需要研究解决的各类问题51个，形成措施建议85条；召开领导班子专题民主生活会，开展主题教育8个方面专项整治，查摆出重点问题21个，制定整改措施25条。

（欧阳佳胜）

成人教育

【概况】 2019年，永州市加强社区教育网络体系构建，先后挂牌成立永州社区大学冷水滩凤凰社区学院、宁远县社区学院、零陵区柳子街社区学校、双牌县社区学校，吸纳管弦协会、摄影协会、交谊舞协会。加强社区教育人力资源的整合、协调和共享。全年社区大学开课100余节次，吸纳1万人次参加学习。重点打造“流动课堂”“流淌的音乐”“潇湘雅韵传习”3个品牌项目，开展专场培训、送课上门，打通“文化进社区、进乡村、进学校”“最后一公里”。在零陵区、冷水滩区、宁远县各社区累计上课百余次，吸引数千名社区居民参加学习。柳子社区学校的“潇湘雅韵传习”项目获得2019年湖南省终身学习品牌项目和2019年全国终身学习品牌项目双荣誉称号，永州社区大学凤凰学院被授予2019年湖南省“老年教育学习体验基地”称号。

【开展农民大学生培养计划】 2019年，永州市推进农民大学生培养计划的实施，创新性开设农民大学生实用技术培训班，全市2000名在籍农民大学生分4批次被送至市新型农民培训基地，进行为期1个月的实用技术脱产培训，通过“学历+技能”培养模式，提升培养效果，确保培养质量；实施“送教到县”，组建专业教学团队，到各县区教学点为农民大学生进行巡回面授讲座和实践指导，开展农民大学生专题讲座16次，组织实践教学10次。

【2019年湖南省全民终身学习活动周】 2019年10月28日，由永州电大承办的2019年湖南省全民终身学习活动周开幕式暨永州市启动仪式在零陵区举行。湖南省教育厅巡视员应若平，湖南广播电视大学党委书记陈建民，永州市人民政府副市长谢景林以及省教育厅、省电大及市州分校、各市州教育（体育）局、永州市各县区等单位和部门相关领导出席活动。活动前期，编写汇报材料《中国著名文旅社区——零陵柳子街社区》；修改脚本20多次，组织拍摄宣传片《翰墨潇湘，学伴终身——永州社区教育工作纪实》；利用网站、电视等多种媒体发稿新闻23篇，多渠道、全方位宣传社区教育；组织主题为“让学习伴随一生，社区教育花开柳子街社区”的社区教育成果展示。活动期间，策划安排涵盖娱乐健身、修身养性、人文景观、游学等永州特色文化内容的节目12个，以不同主题、不同展板安放在柳子街社区各个景点进行展示。

【湖南广播电视大学永州分校】 2019年，湖南广播电视大学永州分校（以下简称永州电大）地处永州市零陵区，学校占地面积2.8公顷，建筑面积1万余平方米，有在职教职工47名（含聘用），在籍学员9000余人。学校设有办公室、行政科、教务科、教学科、督导监察室、信息技术中心、终身教育办公室、继续教育培训科、招生办、工会等科室，有宁远、蓝山、东安、江永、道县、祁阳、新田、工商职中等县级教学点和工作站。学校获得永州市社会治安综合治理先进单位、零陵区社会治安综合治理先进单位称号，连续3年获评永州市综治工作先进单位，被授予永州市“平安单位”称号；获得2019年

2019 年 9 月，永州市农民大学生实用技术培训班在道县工贸学校举办

度全省电大系统办学目标考评优秀分校、全省电大“招生工作先进单位”“学习支持服务与教学资源配置工作先进集体”等荣誉称号。学校社区大学太极拳队展演获永州市一等奖、湖南省二等奖，永州电大获优秀组织奖；永州电大“流动课堂”项目被评为 2019 年湖南省终身学习品牌项目。

全市电大开放教育招生数 4053 人。省电大下达学校的年度开放教育招生目标任务是 2600 名，超额完成 1453 名，与 2018 年相比，开放教育招生数增加 428 名，增长率 11.8%。招生人数创历史新高，实现自 2017 年至 2019 年招生规模三连增。在校生 9000 余名。促成 2019 年农民大学生的招生指标调高到 2000 人的规模。推广军转人员学历提升项目，与各县区民政局促成合作，招生效果明显。拓展与民办函授站联合办学。选择与办学条件好、有诚信的民办函授站加强合作。

加强思政课建设，将思政课内容作为新生开学第一讲，尤其在农民大学生当中增设思政课比例，以“不忘初心、牢记使命”主题教育为契机，组织干事创业经验交流会，通过主题教育结合学员实用技术培训的方式，提升农民大学生实用技术能力。聘请湖南农业大学教授为农大生专题讲授“现代农业种植技术”，聘请市纪委领导给学员进行廉洁教育和农村党建专题讲座等。严守考试安全底线，组织 6 月、9 月、12 月公共课统考三次共 4487 科次，完成开放教育和农大生近 9 万科次组考工作，无一例安全事故发生。全年在籍学员有 2075 人专、本科毕业，其中专科 1568 人，本科 507 人；全年教职工发表学术论文 11 篇，比 2018 年同期增长 45%；新增省校科研立项课题 3 项。

注重培养、推荐、选拔优秀年轻干部，选拔任用 2 名 80 后优秀年轻干部任正科实职，选派 10 余人次专业教师参加省级、市级各类专业技术培训，选派 20 名教师赴中国人民大学参加农民大学生师资队伍培训班学习；1 名教师获副教授职称，3 名教师获中级职称，2 名青年教师获硕士学位；引进 1 名全日制教育学硕士研究生，公开招聘录用 3 名全日制本科教师，专业教师队伍力量逐渐增强。

全年有 14548 名干部参加在线学习平台学习考核，参学率 99.1%，考核通过率 97%；学校干部在线学习教育开办政治能力建设专题培训班，6565 名副科级及以上干部参加学习，其中 5552 名干部获得专题培训班结业证书，合格率 84.6%，列全省第四位；开办实施乡村振兴战略专题培训班，3326 名副科级及以上干部参加学习，3075 人通过专题培训班考核，合格率 92.5%，列全省第三位；学校制作的《人社工作促扶贫的“宁远样本”》《竹山村——乡村振兴新典范》两部微课精品课程，参加 2019 年度“精英杯”全省干部网络培训微课精品课程评选活动，分获第一名、第二名。

（余翔　符蓝）

民办教育

【概况】　2019 年，永州市有民办教育机构 2223 所，其中幼儿园 1402 所、中小学 79 所、中职学校 15 所、民办非学历高等教育培训机构 10 所、校外培训机构 725 所。教职工 2.4 万余人，在校学生 31.8 万余人。

【民办教育党建工作】　2019 年，永州市成立民办教育行业党委，下辖社会组织党支部 9 个，县区民办教育行业党委10个，党总支4个，党支部175个，有1123名党员。委派2名党建工作指导员，按责任分工对9个党支部进行党建工作指导，先后督促指导并批准成立支部3个，即中共永州督导与评价协会党支部、中共永州市民办教育协会党支部、中共永州市教育学会党支部。制定出台《永州市民办高中学校开展意识形态和党建工作实施方案》《民办高中学校党建工作考核细则》。

【民办学校行政审批】 2019年，永州市优化民办学校的审批流程，将民办学校的审批工作纳入到“互联网+政务服务”平台，压缩项目审批时限，由90个工作日压缩至40个工作日，审批材料由16项压缩至11项。全年审批设立宁远启德中等职业技术学校、永州铁航职业技术学校、永州市科讯中等职业技术学校、永州市德顺中等职业技术学校、永州潇湘源高级中学5所民办学校。审批永州东方科技职业学校、东安金桥中等职业学校2所变更办学地址。审批永州方正职业技术学校变更举办者和宁远舜德中学变更办学名称。受理东安县天成学校终止办学许可，受理永州日升高级中学筹设批复。

【民办学校专项审计】 2019年，永州市加强民办义务教育学校专项审计，制订下发《2019年全市民办义务教育学校专项审计工作方案》；10月15日，全市组织开展民办义务教育学校专项审计工作，成立全市民办义务教育学校专项审计工作领导小组。截至2019年年末，全市79所民办义务教育学校完成专项审计75所。

【民办学校分类管理改革】 2019年，永州市推进民办学校分类管理改革，成立民办学校分类管理改革领导小组，要求全市推进民办学校分类登记最迟不得超过2022年8月31日。指导县区对现有民办学校实施非营利性和营利性分类管理预登记，并对所有民办学校进行分类登记管理，推动全程跟踪落实。加强民办教育办学水平评估，制定下发《关于开展2019年度民办学校办学水平评估的通知》，按照属地管理原则，实行“分级管理、分工负责、统一标准、加强协调”的办法，由市、县、区教育局民办教育管理部门牵头成立评估组，实施评估工作。市教育局负责组织评估26所民办高中阶段学校和民办非学历高等教育培训机构。

特殊教育

【概况】 2019年，永州市辖区内有永州市特殊教育学校、祁阳特殊教育学校、东安特殊教育学校、道县特殊教育学校、宁远特殊教育学校、蓝山特殊教育学校、江华特殊教育学校、冷水滩新希望特殊学校8所特殊教育学校，三类残疾儿童入学率95.1%。有特殊教育康复服务机构9家，基本满足全市适龄残疾儿童的入学需求。全市投入1350万元用于特殊教育学校基础设施建设。将特殊教育学校建设和随班就读资源教室建设纳入合格学校建设范围。

【残疾儿童教育】 2019年，永州市加强残疾儿童教育，完善以特殊教育指导为核心，特殊教育学校为骨干，随班就读为主体，以送教上门、卫星班建设为补充的特殊教育体系。各县区义务教育段（6周岁~15周岁）的残障儿童少年入学率均达到并超过80%。逐步扩大残疾学生接受非义务教育的机会。全市各特殊教育学校实施向学前教育和职业高中教育延伸，残障儿童学前教育（3周岁~6周岁）入学率75%，高中入学率42%。

科　　技

综　　述

【概况】 2019年，永州市科技工作实施“创新引领、开放崛起”战略，突出园区升级和产业项目建设工作重点，完成年度各项目标任务，获省同类市州科技工作第一名，获省政府真抓实干表彰。市政府出台《永州建设创新型城市实施方案》，市科技局制定《永州市科技报告管理暂行办法》《永州市促进星创天地发展与管理暂行办法》《永州市科技服务机构管理办法》；全社会研发经费投入增幅排同类市州第一位；创新创业大赛获奖项目总数列同类市州第二位，在全省排第五位，市科技局连续4年获优秀组织单位；获得国家科技进步二等奖1项，省科技奖励二等奖1项，三等奖1项；技术合同交易额增幅排全省第三位。

【高新技术产业发展】 2019年，永州市以园区升级、高新技术企业认定、研发经费投入为抓手，推进高新技术产业发展。祁阳经开区、道县工业区转型升级获批为省级高新区。全年新认定高新技术企业79家，认定数再创历史新高，高新技术企业181家（含科技部抽检8家），较2018年增长40.7%。高新技术产业增加值367.02亿元，占地区生产总值的18.2%。研发经费投入增加，经省统计局核定数42亿元，同比增长85.6%，占地区生产总值的1.7%，超出省定的1.5%。

【科技成果转化】 2019年，永州科技要素市场投入运行，加速科技成果转移转化，全市登记各类技术合同270项，金额4.28亿元，为年初目标任务的167%，交易额再创历史新高，增幅排全省第三位。

【农业科技创新】 2019年，永州国家农业科技园区被省科技厅确定向科技部推荐申报国家农业高新技术产业示范区唯一园区。推动科技人员服务贫困村，市本级安排科技特派员项目经费90万元，组织18名市派科技特派员开展创新创业服务；科技专家服务团实现11个县区全覆盖，争取省科技特派员创新创新项目13个，项目经费130万元，获得省科技厅扶贫经费125万元。新认定省级“星创天地”3家。指导永州职业技术学院与市农科园联合组建永州植物种苗工程中心研发平台。

【产学研合作】 2019年，永州市以承接产业转移为突破口，深化产学研合作。推进中国古巴生物技术合作项目，联合组建的中古生物技术创新中心被列为省国际科技创新合作基地，实现全市省级国际合作基地零突破。湖南蓝宇科技公司同湖南科技学院建立产学研合作关系，学校安排4名博士联合攻克自动化瓶颈，项目进展顺利。经纬辉开与湖南大学共同成立超特高压设备与技术研发中心。

【科技人才团队】 2019年，永州市争取省人才及引智项目13个，入选“湖湘青年英才”4人，争取省企业科技创新创业团队1个，中国古巴生物技术创新中心被列入省国际科技创新合作基地。

【科技项目与创新】 2019年，永州市争取省以上科技创新项目50项，经费3900万元。3个省重大科技创新项目和30个市重大科技创新项目均超额完成全年目标任务。创新创业大赛永州再创佳绩，全市有11家企业和9个团队获得省级赛事优秀奖，总排名全省第五位，5家企业晋级总决赛，获奖数量为历年最高。江华瑶族自治县被列入首批省级创新型县，实现省级创新型县区零的突破。

【科技创新平台】 2019年，永州市创建省级以上科技创新平台数量创新高，新通过认定省级工程技术研究中心5家，省国际合作创新中心1家，省级科普基地3家，省产业技术创新联盟1家，省级科技孵化器1家，省级众创空间2家，省级“星创天地”3家；市级“星创天地”12家，市级科普基地6家。

（罗江南）

气 象 服 务

【概况】 2019年，永州市气象局坚持以气象防灾减灾为中心，做好气象防灾减灾，确保全年气象灾害防御无人员伤亡、无塘坝垮塌。永州市气象局连续六年获得全省气象部门综合考评优秀，全省排位第二名；零陵、双牌、江永获得“中国天然氧吧”荣誉称号；市局获得永州市科技活动周组织委员会颁发的2018年度科技活动周先进单位；市局机关一支部获省局先进基层党组织荣誉称号；2人分别被评为市直机关优秀党务工作者、优秀共产党员；1人获全市环境整治先进个人荣誉；1人获2019年湖南省重大气象服务先进个人、1人获永州市春运服务先进个人、1人获湖南省优秀预报员称号；2019年驻村扶贫先进集体荣誉、2019年党政信息报送先进集体。

【气象防灾减灾】 2019年，永州市降水偏多，春季气温偏高，年内出现低温雨雪冰冻天气、15次强对流或暴雨天气。全市启用基层强降水监测预警服务业务系统，及时更新全市防汛责任人、扶贫工作队员及气象信息员号码，更新湖南省市县气象服务一体化平台的应用。加密发布天气信息，每3小时发布一次实况和预报信息，全年没有因漏报、空报出现重大灾害损失。7月8日，市委书记、市人大常委会主任严华主持召开防汛会，对气象服务工作表示肯定；7月10日，市委副书记、市长何录春在全市防汛抗灾工作会上对气象预报工作给予表扬。完成春运、春耕、春播、高考等活动和重要节假日气象保障服务，做好关键农事季节气象服务，开展低温、洪涝、连阴雨等农气灾害监测预警评估和农业气

2019年12月17日，第十六届粤、赣、湘、桂边界气象合作年会在永州市举行

象预报工作，及时开展灾后调查和效益评估。

【气象现代化】 2019年，永州气象工作被纳入市委一号文件、全市农业农村工作会议部署，年中召开全市气象工作会议。市级突发事件预警信息发布系统基本完成建设，并投入业务试运行，部分县区局完成建设任务。完成"道安监管云"气象监测设施建设41个。完成新一代天气雷达大修。4月，在市电视台推出首档有主持人出镜的天气预报影视节目。在宁远、蓝山、江华探索建设人工增雨地面烟炉试点。

【气象生态文明建设】 2019年，永州市春季气温偏高，实施人工影响天气。3月29日，蓝山率先启动降低森林火险等级人工影响天气作业。联合省气象局开展地面、空中飞机人工影响天气作业，地面车辆火箭炮开展作业25次，使用炮弹70发，缓解旱情。实施人工增雨，改善秋冬季重污染天气的空气质量。7月18日，零陵区、双牌县、江永县在钓鱼台国宾馆获得"中国天然氧吧"授牌。

【气象改革】 2019年，永州市气象局推行"互联网+政务服务"网上办理，行政许可办理率100%，连续14年实现窗口零投诉，获得政务服务"好差评"测评第七名。组织开展防雷安全专项调研及检查，加强施放气球管理，全年无雷电安全事故和施放气球事故。

【气象扶贫】 2019年，永州市气象局开展扶贫工作，把全市驻村扶贫干部电话纳入到气象信息发布系统，加大对扶贫工作的支持，安排1名骨干人员，驻扎江华扶贫点进行扶贫。

【第十六届粤赣湘桂边界气象合作年会】 2019年12月17日，第十六届粤、赣、湘、桂边界气象合作年会在冷水滩举行。粤赣湘桂四省七市（清远、韶关、赣州、郴州、永州、吉安、贺州）相关领导与业务人员参加交流，会议邀请广西壮族自治区河池气象局以观察员身份参加。永州市人民政府副市长谢景林出席会议并致辞。广东省气象局副巡视员刘日光做2019年边界气象合作联防工作总结。

水文服务

【概况】 永州市水文局为副处级公益一类事业单位，实行湖南省水文水资源勘测中心和永州市人民政府双重领导，在编人数77人。2019年，市水文局贯彻落实中央治水思路，围绕水利改革发展总基调和全省水文工作重心，各项工作取得新成效。获得2018届"湖南省文明单位"荣誉称号，创建湖南省直单位职工之家。

【防汛抗旱】 2019年，永州市发生3场较大洪水过程，20站次超警戒水位，2站次超历史实测水位，9月，永州部分地区出现严重水文干旱。加强水文信息监测，加密水情预报频次，提前发布洪水预警，发布洪水预报9站次，最长预见期20小时。在"7·13"洪水期间，提前20小时预测祁阳洪峰水位，预报水位与实际水位仅差0.01米，获得祁阳县委、县政府的高度肯定。加强土壤墒情监测，密切监测全市旱情发展，及时向有关部门汇报旱情数据，为全市防汛抗旱工作提供及时准确的信息。做好汛前准备和安全生产工作，组织开展应急监测演练3次，提升水文应急监测能力。开展应急监测8次，出动人员40人次，做好"6·13"洪水和"7·13"洪水水文资料的收集，及时对深冲水库非正常溃坝溢流开展应急监测，编写完成应急监测报告。驰援衡阳局水文应急监测工作。

【服务水资源管理】 2019年，

永州市水文局做好水环境监测和水资源管理服务。开展农村饮水监督取样，规范农村饮水取样过程；开展省市级水功能区水质监测、农村饮水检测和排污口监测工作，加强对699个水功能区水样、57个排污口水样、860个农村饮水水样的监测，协助做好水资源管理与保护的服务工作，加强对突发水质污染水源地的水质管控，10月，及时准确对江华井头湾村的发生的地下水污染事件进行应急监测，指出污染因子，分析污染原因，受到江华政府好评；对东安饮用水水源地水质开展常态化监测。

【水文改革】 2019年，永州市水文局推进业务改革，编制全市巡测方案，推进测验方式改革及市域巡测试点工作。开展码市、涔天河、大路铺的测验方式改革工作，完成3个站点的在线测流系统比测报告。创新“月结式”资料整编新方法，实现水文资料月月审核，月月登记，提升资料精确度和整编效率。调整优化水文站网，自筹资金48万元，升级改造36个基本站点的雨水情自动测报系统，保障水文监测设备的正常运行。完成双牌水文局站房维修改造，对城区局水位自计井和机关水情会商室进行改造升级。

【水文行业管理】 2019年，永州市水文局落实目标管理和岗位绩效考核制度，出台2019年度重点工作责任分解表，推进省中心网络绩效考核体系的落实，修订完善2019年度绩效考核指标体系，做好财务目标管理。推行年度预算管理制度，明确全年工作重点和资金使用计划，推进人才管理。加大考培结合力度，实现学考互促，全面提升，组织综合技能考核3次，参考103人次，参加省中心组织的勘测工单项、水质监测技能竞赛，在勘测工单项竞赛中获得单项第一名、团体综合第三名。加大对外宣传力度。围绕中华人民共和国成立70周年、主题教育、迎战高洪等典型事件进行重点宣传，《中国水利报》、红网、永州新闻联播、永州新闻网等多家主流媒体多次宣传报道永州水文工作，在各级报纸媒体上发表宣传稿件57次。

（陈彬）

2019年5月，永州市水文局职工正在进行水质取样和检测

防震减灾

【概况】 2019年，永州市地震局性质调整为市应急管理局下属副处级参公事业单位，地震应急救援职能划转至市应急管理局，3人调至市应急管理局，有单位编制8人，增加推进地震科技现代化，组织开展地震科技研究、交流和推广工作职责。在2019年全省地震系统综合考核评比中，市地震局获得全省市州防震减灾工作综合考核优秀单位。

【监测预报】 2019年，永州市地震局对地震监测台网中心进行改造，增加不间断电源，更换数据线。永州地震台、江华地震台、涔天河水库扩建工程水库地震监测台站及台网、永州地震监测台网中心全年安全运行无故障。完成2019年年中、2020年度永州地震趋势研究会商报告，参与全省地震趋势会商。建设国家地震烈度速报与预警工程湖南子项目的9个台站，其中1个基准站（设在永州地震台内）、8个基本站（分别设在东安县、祁阳县、双牌县、江永县、宁远县、蓝山县、新田县气象局及江华地震台内），完成各台站的监测钻孔及基础设施工程。

【抗震设防】 2019年，永州市开展建设工程抗震设防要求监管续推进《中国地震动参数区划图》（GB 18306—2015）的贯彻落实，参与市发展和改革委员会组织的“六联”审批推进会和市住房和建设局组织的施工图纸初审，从源头上把好抗震设防关口，全市中心城区所有新建、改建、扩建的建设工程项目均按照新的地震烈度区划图的要求进行抗震设防。各县（区）新修订的城市建设规划中单独列有抗震设防规划。

【科普宣传】 2019年，永州市推进永州市防震减灾科普教育示范学校创建活动。双牌县一小、宁远湾井完小创建为省级防震减灾科普示范学校。6月，双牌县一中学生代表市防震减灾科普教育示范学校参加全国中学生防震减灾科普知识大赛（湖南赛区），获得优胜奖。在冷水滩区开展“5·12”全国防灾减灾日集中宣传活动，对参观市民发放宣传资料2000余份和宣传伞100余把；结合志愿者开展防震减灾知识进机关、进学校、进企业、进社区、进农村、进家庭、进公共场所的“七进”活动，提升全民防震减灾知识的普及率，组织人员给防震减灾科普教育示范学校和地震安全示范小区送去科普书籍和读物3000余本（册）。

【地震应急】 2019年，永州市地震局地震应急现场工作队开展1次野外地震应急演练活动，开展应急装备使用及现场救援实操训练；指导防震减灾科普示范学校开展地震应急演练4次；坚持24小时值班制度和地震零异常通报制度，严格落实法定节假日值班制和责任制；修订《永州地震应急预案》。

（刘文军）

文化事业

综　　述

【概况】 2019年1月13日，永州市文化旅游广电体育局成立，为正处级人民政府工作部门，整合市文体广电新闻出版局（市版权局）的文化、广播电视、体育和相关机构的文物管理职责，市旅游发展和外事侨务委员会（市政府港澳事务办公室）的旅游管理职责。机关行政编制25名，后勤服务人员编制2名。内设机构有办公室（法规信访科）、人事科（离退休人员服务科）、宣传科、财务科、艺术与非物质文化遗产科、公共服务科、科技教育与安全播出科、产业项目科、资源开发与全域旅游推进科（红色旅游指导科）、推广传播与交流合作科、市场管理科（行政审批科）、执法监督科、广播电视管理科、群众体育科、竞赛训练科、文物管理科、机关党委科室17个。有二级机构15个，其中市文化市场综合执法局、市全民健身服务中心、市文化艺术中心、市国家高水平体育后备人才训练中心（市体育学校）副处级单位4个和市博物馆、市群众艺术馆、市美术馆、市广播电视监听监看中心、永州文化研究院、市旅游质量监督管理所、市国际交流服务中心、市旅游服务中心、市芝山影剧院、市凤凰影视城正科级单位10个，校地共管单位（市图书馆）1个。

《永州市文化旅游广电体育局职能配置、内设机构和人员编制规定》经市委机构编制委员会办公室审核后，由市委、市政府批准。2019年8月12日，中共永州市委办公室、永州市人民政府办公室印发《永州市文化旅游广电体育局职能配置、内设机构和人员编制规定》。县区文旅广体行政机构改革工作与市级同步推进，各县区机构三定方案印发实施。

全市文化旅游单位280个（含县、区和乡镇文化站），其中文化旅游行政单位15个，事业单位265个。全市有公共图书馆12家，其中市级馆1家，县（区）馆11家；群众艺术馆1座，美术馆3座，博物馆（纪念馆）10座，24小时自助图书馆33座。专业类艺术类表演团体6家；乡镇文化站181所，村级公共服务中心3297个。全市有文化生产和服务单位8696家，其中规模以上文化企业178家，娱乐场所121家，网吧362家。

【文物保护】 2019年，永州市文物保护单位620个，其中，国家级文物保护单位34个，省级文物保护单位79个，市级文物保护单位188个，县级文物保护单位319个。10月，国务院核定公布全国重点文物保护单位名单，永州新增国家级文物保护单位8处，增量和总量均列全省第一位。新增省级文物保护单位24处，总数名列全省第四位。“上甘棠村古建筑群保护范围和建设控制地带内环境整治工程文物执法案例”入选2019年度全国文物行政执法指导性案例。投入6000万元用于陈树湘烈士生平事迹陈列室等纪念设施建设，烈士纪念园获批全省爱国主义教育基地。实施文物保护工程项目19项，项目完工15个，其中通过竣工验收项目9个。特别是湘桂古道永州段一期修缮工程的竣工，为永州市线性文化遗产保护提供新经验。举办全国陶瓷文物修复高级培训班，全国20个省市25名专业人士参加学习，30余名专业教师参与授课。

【文化旅游产业】 2019年，永州市文化创意及相关产业增加值实现104.3亿元，同比增长10.4%。实施重点建设项目50个，总投资332.2亿元，其中新增年投入1亿元以上项目10个。年度计划投资85.1亿元，完成投资额118.1亿元。省重点项目零陵古城完成投资15.2亿元，C地块建成开街运营。云冰山景区二期项目完工，民宿建设完成主体60余套。完成仁山湖美田园综合体项目智能温室大棚主体施工。江华神州瑶族文化博览园项目的展示中心建成投入使用。策划包装文旅重点招商项目52个，在“2019湖南—粤港澳大湾区投资贸易洽谈周”推介。建立203名客商组成的文旅产业招商引资客商库。举行系列文旅项目招商推介会签约项目28个，引入资金402.6亿元。

【文化旅游活动】 2019年，永州市举办大型文化旅游活动100场次，其中国际、国字号活动赛事7场。“大美永州”大穿越活动总关注人数超过1000万人次。组织“欢乐潇湘”比赛308场，参演群众文艺团队1736个，群众演员66余万人次，参演节目2659个，新创节目765个，观众130余万人次。完成“送戏曲进万村，送书画进万家”778场次。举办第十届周敦颐国际理学文化旅游节、首届历史文化名城（永州）文旅活动周暨柳宗元文化旅游节、粤港澳大湾区万车游永州、第四届永州市美食文化节、端午龙舟赛以及新春音乐会、庆国庆文艺会演、少儿音乐舞蹈大赛等活动，实现“一季一主题、月月有活动”一月一场大演出、一周多场小活动。

【文化市场】 2019年，永州市文化旅游广电体育局在省级绩效评估指标“平安文化市场”获得满分。实现安全生产零事故、零伤亡。出动执法人员14745人次，核查各类文化市场经营场所4846家次，立案197件，结案189件。依法查处违规接纳未成年人上网案件7件，未成年人违规上网案件同比下降77%。“某图书有限公司未经批准通过信息网络擅自从事中小学教科书发行活动”案卷，获评湖南2017—2019年度文化市场综合行政执法“十大优秀案卷”。游客投诉案件结案率100%。

【艺术创作】 2019年，永州市文化旅游广电体育局制订《永州市2019年—2021年舞台艺术创作生产规划》，创作大型舞台艺术剧目《异蛇情》、电影《毛泽东与李达》《决胜时刻》、祁剧小戏《山歌情》等14种。市艺术创作中心编剧的电影《周恩来回延安》获得2019年中共中央宣传部“五个一”工程奖。《女书组歌》之《女书魂》入选湖南第十四届精神文明建设“五个一”工程歌曲类奖。现代祁剧《向阳书记》、传统剧《金锁奇缘》两次在北京上演。道县创建为中国理学文化之乡。完成“永州舰”文化通道建设。创作《永州舰赋》《永州舰歌》《永州赋》及60幅永州地方摄影作品，完成20余件书法、绘画作品《文化永州》编撰。

【非物质文化遗产保护】 2019年，《永州市非物质文化遗产名录图典》出版。组织非遗项目及传承人参加省级以上展示展演33次。宁远《九疑木雕》传承人毛刘军的《木雕·蝶恋花》获得2019年“金凤凰”创新产品设计大赛优秀奖。江华瑶族长鼓参加第七届中国成都国际非物质文化遗产节获得“我最喜爱的乐器”。瑶族织锦和“瑶茗”瑶族苦茶系列包装设计入围第一届“马栏山杯”文化创意设计大赛三百强。道州龙船赛被评为省推荐项目申报第五批国家级非遗项目。“非遗四进”（进校区、进社区、进农区、进景区）培训（观看展示展演）中小幼儿学生1.2万人次。

【陈列与展览】 2019年，永州市博物馆参观观众19.4万人次，其中青少年观众2万人次，占全部观众的10%；提供讲解3881次。9月10日至10月30日，举办陈树湘烈士生平事迹展，参观展览的单位有96个、12573人次。11月1日—30日，举办虎门销烟展览。市美术馆举办展览10场次、美术公益培训班5个、文化交流及看稿点评会活动5次、名家个人展11次，接待观众

11520人次。举办永州市篆刻艺术培训班和现代刻字艺术培训班。参加全国第十三届美术作品展入展作品5件、全国第十二届书法篆刻展入展4人。收藏何绍基及其家系作品3件（1件系社会人士捐赠）、当代国内、市内名家作品13件。市图书馆接待读者30万余人次，文献资源外借量85万余册（含电子资源借阅量），办证8000余个。开办各类知识讲座和阅读推广活动30余场次。图书馆新增数字资源11T，新增纸质图书3万册，新增电子图书5万册，征订报纸86种、中文期刊612种、外文期刊7种。

【“文化进万家”活动】 2019年元旦、春节期间，永州市组织424支文艺小分队组织演出总计650余场次，参与文艺家2000余人次，参与群众134.51万余人次。市、县两级精心策划开展少儿春晚、2019永州春节联欢晚会、县区春节联欢晚会等大型活动。文艺志愿者小分队和艺术家到基层一线进行慰问演出、送书画、写春联、送戏曲、颂国学、拍摄全家福等一系列春节文化体育活动，做到“送”文化与“种”文化相结合。将永州古老文化进行创造性转化，创造一批富有永州地方特色又与时代主题相结合的瑶族歌舞《幸福新瑶家》、民俗表演《洗·醉歌》、现代祁剧《回家乡》等。“我和我的祖国”快闪活动在市春晚舞台、柳宗元文化景区、零陵古城、萍洲书院、湘江源头、千年文庙、武术之乡、周敦颐故里等地上演。元旦、春节期间的文体节目在中央主流媒体上稿9条，省、市主流媒体发稿460余条，网络媒体宣传报道470条，网络媒体转载数量超过1500余条次。

【永州市博物馆获捐125件文物】 2019年2月22日，在第二十一届湖南文物国际博览会开幕式上，文物藏家周小华、马明华、卢运全分别向永州市博物馆捐献战国青铜箭镞123件、宋代多角坛1件和江永女书1件。市文物管理处负责人参加文物捐献仪式，并向3位文物藏家发放文物捐献证书。

【永州潇湘意摩崖石刻拓片博物馆成立】 2019年5月13日，永州市第一家民办博物馆——永州潇湘意摩崖石刻拓片博物馆成立。该馆为国内首家集展示、收藏、保护、研究，以及传拓体验于一体的摩崖石刻拓片专题博物馆。博物馆占地面积2000平方米，主要由7个展区、传拓互动区、收藏室、报告厅、书吧等功能区组成，同步开通并运行“永州摩崖石刻”公众号。馆藏拓片近千幅，收藏室馆藏珍品20幅，多为清拓，其中有两幅是清初碑帖，其余是20世纪80年代拓制。

（张毅）

文化市场综合执法

【概况】 2019年度，永州市文化市场综合执法局出动执法人员14745人次，核查各类文化市场经营场所4846家次，依规查处办结案件200件，获得国家版权局“全国查处重大侵权盗版案件”有功单位三等奖、国家文物局“全国文物行政执法十大指导性案例”等2个国家级荣誉，获得全省‘扫黄打非’工作“先进集体”、全省文化市场综合行政执法“十大优秀案卷”2个省级荣誉。

【文化市场监管】 2019年，永州市文化市场综合执法局开展以学校寒暑假期为重点的互联网服务经营场所违规接纳未成年人上网专项整治行动；以演出、娱乐场所为重点的“春雷行动”专项

2019年，永州市文化市场综合执法局开展暑期文化市场专项整治行动

整治；以学校周边及城乡接合部为重点的出版物市场专项整治；以网络文化为重点的“清朗行动”专项整治；以经营高危体育经营项目为重点的游泳场所专项整治；以广播电视为重点的卫星电视广播地面接收设施安装专项整治六大专项整治行动，加大网络文化、文物、电影、体育等市场领域的执法监督力度，实现文化市场领域执法监管全覆盖、无盲区。依法查处网络文化违法案件4件，电影违法案件5件，违规经营游泳场所案件9件。加大中心城区网吧违规接纳未成年人上网查处力度。实行网吧网格化监管模式，通过“双随机”抽查手段强化责任监管措施，利用“文网卫士”技术平台适时监控网吧经营状况。查处中心城区违规接纳未成年人上网案件7件，未成年人违规上网案件同比下降77%，吊销网吧营业执照并列入“黑名单”信用惩戒1家，中心城区网吧监管工作得到省文化和旅游厅的充分肯定。

【文化监管信息化建设】 2019年，永州市文化市场综合执法局加强执法监管信息化建设，投入270余万元添置信息化硬件设施，运用视频监控、在线检测、远程监管、移动执法、电子案卷、“文网卫士”等信息化平台和现代化执法监管技术手段，实现从“人防”与“技防”相结合的转变，提升执法效能，信息化建设工作在全省同行领先。

【“扫黄打非”】 2019年，永州市文化市场综合执法局多措并举深入开展“净网”“清源”“秋风”“固边”“护苗”五大专项行动，维护国家文化安全和意识形态安全。出动执法人员1120余人次，检查出版物经营单位151余家次，收缴各类非法出版物1582余册（盘），取缔无证照经营者和非法游商地摊26个，处置淫秽色情信息82余条，督导网站、论坛自行过滤屏蔽淫秽色情信息137余条，依法查处非法出版物案件37件。

（高明奇）

报　　业

【概况】 永州日报社系市委直属正处级公益类事业单位，实行财政差额拨款、定额补贴、企业化管理。2019年，实有人员87人，其中班子成员7人（党组书记、社长1名，党组副书记、总编辑1名，党组成员、副总编辑3人，党组成员、纪检组长1名，党组成员、副社长1名），六级职员2人。副高职称11人。内设有编辑中心、采访中心、行政中心、广告中心和纪检监察室、产业技术部、群工发行部等中心部室7个。《永州日报》为对开八版、周六刊彩报，年定价360元/份。年发行量保持在4.3万份，年度广告收入保持在1000万元以上。永州日报社获得首届“湖南报业营销创新奖”十佳单位。2019年，永州日报社策划大型专题独家新闻纪实报道《初心与使命——寻访红34师在永州战斗过的热土》，在同期报纸推出8个整版报道。策划系列专题报道《奋斗的希望——走进深度贫困村》，深入全市19个深度扶贫村蹲点式采访，连续推出深度报道19篇。

【“跟着‘菜篮子’走进大湾区”专题采访活动】 2019年，永州日报社围绕对接粤港澳大湾区重大主题，创新拓展报道方式，策划并牵头组织“跟着‘菜篮子’走进大湾区——三省六市州党报联合专题采访”活动，历时15天，行程5000千米，31个整版，327篇（幅）各类体裁报道，实现报纸网络、线上线下全媒体矩阵同步刊发。是《永州日报》复刊以来首次策划的跨省联合大型采访报道活动，也是探索新闻报道求新求变的有益尝试，得到市委领导的充分肯定，省委宣传部和中国记者协会进行典型推介。

【中华人民共和国成立70周年系列专题报道】 2019年，永州日

2019年，永州日报社策划并牵头组织“跟着‘菜篮子’走进大湾区——三省六市州党报联合专题采访”活动启动仪式
摄影 郭磊

报社把庆祝中华人民共和国成立70周年的报道作为年度重头戏，策划推出贯穿全年的“壮丽70年 奋斗新时代”栏目，组织记者深入全市红色文化遗址开展蹲点调研采访，寻根探源、追溯初心，60余篇记录永州人民70年来艰苦卓绝的奋斗历程，讲述普通人与新中国同成长、共命运的动人故事。策划大型专题独家新闻纪实报道“初心与使命——寻访红34师在永州战斗过的热土”，在同期报纸推8个整版报道，为弘扬永州红色文化提供支撑。

【“不忘初心、牢记使命”主题教育活动报道】 2019年，永州日报社聚焦“不忘初心、牢记使命”主题教育，围绕市委部署安排，突出主题教育宣传重点，在评论理论文章下功夫，在动态、深度报道上下功夫，做实做足各类体裁报道522篇，确保新闻报道有声势、有广度。

【“六城同创”专栏】 2019年，永州日报社围绕市委、市政府打赢“六城同创”工作部署和路线图，发挥主流媒体舆论引导作用，推出41个整版专题报道，34个整版公益广告，消息、通讯、评论、图片、访谈等各类体裁报道1287篇（幅）。

（江波）

广 播 电 视

【概况】 2019年，永州市广播电视台坚持新闻立台，严把舆论导向关，围绕市委、市政府的中心工作，推出《新春走基层》《精准扶贫在永州》《项目建设进行时》《扫黑除恶》《守护一江碧水》《破陋习·树新风》等系列主题宣传报道。开展《为了新中国》《永州蝶变》、70集短视频《70秒看永州》主题新闻展播庆祝中华人民共和国成立七十周年。助力全市重点工作开展，制作《潮涌潇湘源·逐梦再出发——永州市经济社会发展纪实》《雷霆万钧扫黑恶——永州市扫黑除恶专项斗争纪实》《直面“顽疾”——永州市形式主义、官僚主义突出问题暗访纪实》《迷失的初心》等电视专题片20余个。整合广播、电视、新媒体平台优势资源，组织和承办“永州春晚”“少儿春晚”“3·15”消费者权益日、“经开区工人大联欢”主题晚会、“爱心送考”、2019中国农民丰收节、全市卫健系统“好医德、好医术、好医生、好护士”先进事迹大展播、“不忘初心、牢记使命”、庆祝中华人民共和国成立70周年“学习强国”之永州答卷大型电视知识竞赛活动、“最美城管人”颁奖晚会、庆祝人民政协成立70年晚会等活动，共同弘扬社会主义核心价值观，传递正能量。依托永州广电少儿艺术培训中心，做大做强小主播培训项目，全年开设16个班，学员210人。以小演员招募活动为牵引，策划《百集成语故事》小演员招募活动、永州本地“童星梦”计划。相继开展广电小演员《百集成语故事》、永州广电艺术中心2019少儿微电影首映礼等活动。

2019年3月7日，永州首档全媒体舆论监督栏目《问政时刻》在永州广电演播大厅开启第一期录制

全年实现经营创收3472.93万元，其中，广告收入2765.36万元，其他创收707.57万元，同比增长3.5%。全年在中央电视台上稿78条，其中《新闻联播》发稿6条。在湖南卫视播发稿834条，时长317分钟，上稿数量和发稿时长排全省市州第一位。有8件作品获评湖南广播电视奖；7件作品获评湖南新闻奖。全年引进和招聘人员7名，选派3名中层干部到3个高山台站任职，组织大型业务和职业素质培训3次。邀请湖南卫视知名制片人、编辑和行业专家学者现场授课2场。

【《家在永州》栏目上线】 2019年1月1日，永州广播电视台推出资讯服务类栏目《家在永州》，每周二首播，每周一期。节目集美食、旅游、文化、家装、购物于一体，以时尚、前卫、有趣、有用为定位，运用主持人体验式现场报道、采访对象自叙、微纪录短片等表现方式，展现永州本土特色，具有极强的现场感和互动感。设有《食游记》《趣旅行》《微纪录》《生活家》《车行天下》《生活小妙招》等版块，成为推介永州的窗口和平台，被喻为“永州生活的百科全书”。

【永州《两会进行时》大型直播活动】 2019年1月15日，永州广播电视台将直播指挥中心放在两会会场，推出“两会”大型直播节目《两会进行时》，现场直播大会盛况三场。节目动用全台资源进行立体融合传播，整合电视、电台、广电App平台资源，让“两会”现场实况和相关资讯能实现一次采集、全方位呈现、多平台传播，进一步加大“两会”的传播效率和影响范围。

【“新时代·好年头”2019永州春节联欢晚会】 2019年1月31日，“新时代·好年头”2019永州市春节联欢晚会在市体育馆举行，并在零陵区和新田县设立直播分会场。晚会演职人员900余人，观众2000余人，是历年春晚参与人数最多的一届。

【首档大型全媒体舆论监督栏目《问政时刻》发声】 2019年3月7日，永州首档全媒体舆论监督栏目《问政时刻》在永州广电演播大厅开启录制。栏目采取被问政官员与问政代表、现场主持人及点评嘉宾同台“问答”的形式进行。全年录制五期节目，分别聚焦“损害群众切身利益”“城乡环境脏乱差”“反对形式主义官僚主义”六大突出问题专项整治为主题，集中聚焦“优化营商环境”“永州六城同创工作中暴露出来的短板、乱象”“不忘初心、牢记使命——为民服务解难题”五大主题。通过典型案例和现场问政，直击各级各部门具体工作中干部不担当、不作为、侵害人民群众利益等突出问题，及时回应群众诉求，主动接受群众监督。《问政时刻》通过永州广电App、永州广播电视台、今日永州全媒体多矩阵播出。栏目首次被写入市委全会工作报告，湖南省广播电视局以《永州广播电视台〈问政时刻〉栏目发扬斗争精神，敢于出击、敢战能胜》为题刊发专报。

2019年7月1日，“不忘初心、牢记使命”——庆祝中华人民共和国成立70周年“学习强国之永州答卷”大型电视知识竞赛活动在冷水滩滨江广场举行启动仪式

【中华人民共和国成立70周年“学习强国之永州答卷”大型电视知识抢答赛活动】 2019年7月1日，由中共永州市委“不忘初心、牢记使命”主题教育领导小组办公室、中共永州市委宣传部主办，永州广播电视台承办的“不忘初心、牢记使命”——庆祝中华人民共和国成立70周年“学习强国之永州答卷”大型电视知识竞赛活动，在冷水滩滨江广场举行启动仪式。全市有747支队伍，5040名选手参加比赛，总场次126场，收看网络直播的人数100万人次。9月26日，“不忘初心、牢记使命”庆祝中华人民共和国成立70周年“学习强国”之永州答卷大型电视知识竞赛总决赛在永州广播电视台演播大厅举行。经过激烈角逐，市委组织部代表队获得一等奖，市中级人民法院代表队、新田县代表队获得二等奖，江永县代表队、零陵区代表队、东安县代表队、祁阳县代表队、永州军分区政治工作处代表队获得三等奖。

【《零陵解放——永不消逝的花鼓戏》广播音频节目播出】 2019年7月24日，永州人民广播电台采制的《零陵解放——永不消逝的花鼓戏》广播音频节目播出。节目通过零陵的“解放路”观察中华人民共和国 70 年发展变化，讲述湖南省非物质文化遗产项目——零陵花鼓戏的代表性传承人李江元的故事，根据国家广播电视总局发展研究中心主办的系列融媒广播节目《我家住在解放路》创作研评会上的数据统计：截至 2019 年年底，全国累计触达 4228.25 万人。

【《第 1001 次升旗》获评“第七届亚洲微电影金海棠奖”】

2019 年 11 月 7 日，第七届亚洲微电影艺术节“金海棠奖”在云南省临沧市揭晓。由永州广播电视台孙健、吕哲、王辉、王璐、陈柱荣主创的微电影《第 1001 次升旗》获评“金海棠奖”。微电影《第 1001 次升旗》以全国模范教师、湖南好人谢志勇的真实故事为题材。创作团队从新闻素材中发现典型，三次深入大山深处的村级小学，深度挖掘真实细节，进行艺术创作。该片成为党建活动日和集中学习的观影片，影片网络上传当月观看量 10 万人次。

【电视纪录片《陈树湘》首播】

2019 年 12 月 18 日，永州广播电视台摄制的大型电视纪录片《陈树湘》，在永州电视台、湖南卫视、新湖南、红网、《永州日报》、道县融媒体、广西灌阳融媒体等媒体同步推出。中国工农红军第 34 师师长陈树湘烈士“断肠明志”的故事为题材，分“断肠明志”“忠魂传承”上下两个部分，讲述陈树湘烈士鲜为人知的英勇事迹和精神影响下的传承故事。摄制组先后前往北京、山东、福建、广西等地拍摄，该纪录片时长 53 分钟，作品播出后，引起强烈反响，是弘扬“绝对忠诚”和“不忘初心、牢记使命”主题教育的专题典范。

（伍时华）

2019 年永州市广播电视作品获奖情况一览表

表 15

作品名称	获奖名称、等级
广播评论：工作留影不是踏石留印	2019 年度湖南新闻奖一等奖、2019 年度湖南广播电视奖一等奖
电视系列：“我们就是她的腿！”	2019 年度湖南广播电视奖一等奖、2019 年度湖南新闻奖二等奖
电视纪录片：陈树湘	2019 年度湖南广播电视奖一等奖
电视长消息：新田一家三口都是扶贫人	2019 年度湖南广播电视奖二等奖
电视播音：《永州新闻联播》	2019 年度湖南广播电视奖二等奖
广播公益广告：故土不宜洋名	2019 年度湖南广播电视奖二等奖
广播电视论文：浅析城市广电融媒体平台的安全策略	2019 年度湖南广播电视奖二等奖
电视消息：十位百岁老人的新年家宴	2019 年度湖南新闻奖三等奖、2019 年度湖南广播电视奖三等奖
新闻论文：论纪录片的危机框架	2019 年度湖南新闻奖三等奖
电视消息：撤队不“撤心”的曹队长	2019 年度湖南广播电视奖三等奖
电视消息：宁远探索引才新机制“候鸟专家”来了	2019 年度湖南广播电视奖三等奖
电视专题：我在老挝修铁路	2019 年度湖南广播电视奖三等奖
电视剧单本剧：第 1001 次升旗	2019 年度湖南广播电视奖三等奖
广告宣传片：不忘初心再出发	2019 年度湖南广播电视奖三等奖

文学艺术

【概况】 2019年，永州市文学艺术界联合会有在职在编16人，省级“三百文艺人才”2人，“国字号”会员7人，其中党组班子成员3人，党组书记、主席1人，党组成员、副主席2人，退休职工5人。市文联下辖29个市级文艺类社会组织，其中有12个团体会员，即市作家协会、市音乐家协会、市美术家协会、市曲艺家协会、市舞蹈家协会、市摄影家协会、市书法家协会、市演艺协会、市文艺评论家协会、市网络作家协会10个协会与市公安文联、市检察官文联2个行业文联；有17个挂靠协会、学会，即潇湘国学院、市硬笔书法家协会、市京剧协会、市直属机关书画家协会、潇湘文化艺术馆、市交谊舞协会、市女书书法家协会、市企业书画家协会、市诗词协会、怀素书画研究院、市女书书法家协会、市楹联协会、市油画学会、市艺术收藏家协会、市汉服文化协会、市诗歌学会、舜风合唱团。有11个县区文联团体会员，即冷水滩区文联、零陵区文联、祁阳县文联、东安县文联、双牌县文联、道县文联、宁远县文联、江永县文联、江华瑶族自治县文联、蓝山县文联、新田县文联。市文联行业党委现有27个党支部。有会员5700名，省级会员819人，国家级会员127名。继续保持市级文明单位称号，连续5年被评为全省文联系统先进单位，连续两年被评为全市综合治理先进单位，连续两年被市“两新”工委评为先进行业党委，“不忘初心、牢记使命”主题教育被评定为“好”等次，2019年度市直机关基层党组织书记述职评议中被评为“好”等次。

市文联科室设置上新设立文学科，编制增至20名。选调5名专业人才，深化改革的做法和经验得到中国文联与湖南省文联的充分肯定，《中国艺术报》分别以《给文艺“火车头”加把“火”》《向阳花木易逢春》《高起点谋划文联改革，上下联动形成合力》为题进行报道。永州市文联代表全省文联系统在全省群团改革经验交流电视电话会议上发言。

2019年11月21日，永州市文联参加全市“不忘初心、牢记使命”主题教育汇报演出剧照

【文艺专题培训】 2019年，永州市文联组织文学、美术、书法等类别的作家、艺术家参加习近平新时代中国特色社会主义思想专题培训班4期、学习贯彻党的十九届四中全会精神培训班1期，参训人员600人次。8月25日—31日，举办永州市群众团体经济社会服务工作提升班，文艺工作者培训人数23人。5月，推荐6名青年网络作家参加毛泽东文学院举办的网络作家培训班；10月，推荐2人参加中国作家协会网络文学现实题材创作培训班（中作协2019年—2020年全国文学业务骨干培训第5期）学习。12月，举办永州市文联学习贯彻中共十九届四中全会精神培训永州市“中国精神·中国梦”主题创作暨《潇湘》笔会活动，参训人数454人次，组织120多名笔会人员分别至东安县舜皇山进行“重走红军路”、零陵柳子庙、零陵古城与宁远县进行文艺采风。

【文艺志愿服务】 2019年，永州市文联机关支部和行业党委组织市直各协会党组织将主题党日活动与重大文艺活动紧密结合起来，推行支部主题党日“1+N”模式，将志愿服务、扶贫帮困、技能培训、党性教育等融入其中，组织开展“大调研大走访大慰问”“扫黑除恶专项斗争”“文明与我同行——文艺志愿者走近马坝村”“安全宣传志愿服务”“革命传统教育”“户帮户、亲帮亲——把‘微心愿’送进湘源村”“不忘初心、牢记使命”专题调研等文艺志愿活动13次。开展文化进万家——送福送春联、文艺演出、美术讲座、稻田艺术作品展、“百姓生活——不忘初心”夏伟手机摄影展、市摄影家协会作品展和潇湘画廊艺术学校作品系列展等活动。市直各协会党组织根据自己的特点，相继开展系列文艺志愿服务活动，如市曲协支部在主题党日中结合扫黑除恶主题创作表演的零陵渔鼓《惩恶扬善护民安》、祁阳小调《扫黑除恶》正气扬、小品《狭路相逢》3个节目参加永州公安扫黑除恶巡演。

【文艺主题活动】 2019年，永州市文联围绕庆祝中华人民共和国成立70周年主题，举办永州江华作家群研讨会、永州摩崖石刻学术研讨会、“我和我的祖国”征文征集活动、永州市第四届美术展、“长沙·永州”书法联展等系列活动。举行“笑满三湘——到人民中去”省文艺志愿者走进永州（新田、江华、零陵）专场演出、文化进万家——送福送春联文艺惠民、“文明与我同行”志愿服务等活动。

【文艺创作成果】 2019年，永州市文联继续办好《潇湘》杂志，推出江华作家群、“我和我的祖国”征文、庆祝中华人民共和国成立70周年美术、永州青年作家4个专题，《湖南文学》2019年9期“庆祝中华人民共和国成立70周年专辑”选入5名永州作家作品。组织力量参与国家、省级的各类征文征集、展出等大型活动，赵文龙的草书《自作散文一篇》、陈山河的隶书《谏逐客书》、欧阳维忠的行书《朝阳岩听泉亭》、邓善华行书《曾国藩家训选录》4件作品入选全国第十二届书法展；海天的中国画《魂牵梦绕》，李兵的水彩画《影子》、插图《茶馆叙事组画》，李兵、秦建庭合作的油画《茶馆叙事——红色回忆》、王洪亮的环境艺术设计《爆竹》5件作品入选全国第十三届美术作品展；唐洪波的《大宝的烦恼》入选全国第二十七届摄影展。在“我和我的祖国”摄影类作品征集活动中，周凡的《飞跃》、徐仲韬的《快乐童年》、陶真的《后台》、潘爱民的《滚铁环》、欧晓泉的《百姓文艺》、胡再丹的《网络铺到雪山下》6件作品入展。学习强国手机客户端强国商城展出两本图书《潇湘文化概论》（陈弘著）和《怀素，一个醉僧的狂草人生》（魏佳敏著）。全市公开出版13部文学书籍和理论书籍，如李长廷的《南行志异》、蒋三立的《岁月的尘埃》、刘翼平的《潇湘水韵》、杨金砖的《迷失的归途》、刘忠华的《时间的光芒》，以及杨金砖的《潇水流域作家作品研究》、曹兰芳的《开士怀素》等。在省级以上报刊发表文学、文艺评论作品80余篇（组），如蒋蒲英的《动人的故事亦动听——网剧〈最动听的事〉赏评》《漫天花雨寻春汛——冯健中国画赏评》、李科的《“文学湘军”的家国情怀》《“草圣”怀素成长路径的人文价值思考》、田人的《小镇》、青蓖的组诗《在时间的核中》，以及曹兰芳在《书法报》《湖南书法》发表的书法论文《从草民到草圣探微》等作品。全年全市网络作协会员创作5592.4万字，连载或完结作品69部，其中高明宇的《老衲要还俗》被改编成动漫并在腾讯动漫和起点App上线、《万界直播大土豪》被腾讯动漫获得版权、《兔子必须死》获得由中国共产主义青年团和腾讯集团主办的“第四届NEXT IDEA全国大学生文化创意大赛（原创文学类）”起点仙侠流派征文三等奖；冯长远的《牧神记》、高信永的《修真聊天群》、邓楚杰的《重生之老子是皇帝》等作品也均取得较高的网络点击率，全年创作成果跻身全省第一方阵，中国文联、省文联给予高度评价和肯定鼓励。

（魏佳敏）

党史地方志编纂

【概况】 2019年，根据《中共永州市委办公室永州市人民政府办公室关于印发〈永州市机构改革实施方案〉的通知》和《关于永州市本机机构改革涉改初级事业单位调整的通知》精神，永州市党史与地方志征集编纂办公室更名为中共永州市委党史研究室（永州市地方志编纂室）〔以下简称市委党史研究室（市地方志编纂室）〕，为市委直属正处级公益一类全额拨款事业单位。核定编制18名，主任1名，副主任2名；内设机构领导职数核定部长5名，副部长5名，现有职工15名，内设综合部、党史研究部、地方志编纂部、年鉴编纂部、宣教联络部5个职能部室。

【党史研究】 2019年，永州市委党史研究室（市地方志编纂室）形成永州党史三卷本基础资料40万余字，完成《永州红色基因丛书》2019年度编纂出版任务，即：完成《中国共产党永州历史（1921—1949）》（修订版）、《永州党史人物传略》（修订版）、《中国共产党永州市（零陵地区）历次代表大会》（修订版）、《潇湘英烈》《党和国家领导人到永州》编印工作。征集《红军长征在湖南》故事60余个，形成综述部分初稿。完成《湖南党委工作纪事》2019年卷组稿和湖南改革开放实录专题文章4篇。参与谋划和建设陈树湘烈士纪念园，实地考察红军长征江永三峰山战斗遗址。

【地方志编修】 2019年，《永州市志》、部门志编修取得阶段性成果，完成部门志初稿43部，其中召开评审会28部，出版发行8部。落实《永州市志》总纂工作办公场所、人员聘用和经费安排；6月，召开《永州市志》总纂工作推进会，启动市志总纂工作；完成《永州市志》大事记整理、《民俗志》补充完善初稿、《劳务输出专题》组稿工作、市志查漏补遗资料的搜集补充工作，形成资料长篇3000万字。召开《湖南乡镇简志永州市卷》省评会，形成送审稿。召开《阳明山志》评议会，形成《舜皇山志》评议稿。村志编修进展顺利，全市签约村志编修100部，启动44部，出版20部。探索各类题材影像志的拍摄制作方法，完成节庆篇、工艺篇、人物篇各1部。中心城区棚改项目完成300小时影像资料制作。

【年鉴编纂出版】 2019年，《永州年鉴》继续开展编纂提质改造工程，于2月启动，8月形成送审稿，10月由方志出版社出版，1/16开本，1134千字。全书按照分类编辑法，分为特载、专文、大事记、永州概貌、“六大战役”、政治建设、经济建设、文化建设、社会建设、生态文明建设、县区概况、人物·荣誉、附录等13个部类，下设类目、分目、条目3个层次。策划“改革开放40周年”特色彩版及专记专文。突出反映“六大战役”“重点项目”“开放协作”“友好往来”等条目信息，体现出永州年度特点和地域特色。11部县区综合年鉴巩固全覆盖成果，年末印刷出版或形成送审稿。《永州年鉴》继2016年卷获评省级一等奖后，连续三届获评省级一等奖。

2019年5月28日，《湖南乡镇简志·永州市卷》省级评议会在冷水滩召开

【史志宣传】 2019年，永州市史志系统宣传中华人民共和国成立70周年以来永州所取得的成就，完成内容编辑60余条。完成《潇湘潮》第六辑（社会主义新农村建设专辑）印刷出版，完成《潇湘潮》第七辑（城市交通专辑）征稿工作。负责“今日永州”之“永史”板块常态化更新，完成100余期资料。与团市委联合开展纪念五四运动一百周年图片展活动，提供图片及解说词80余幅。为中央电视台《红色故乡》摄制组提供永州红色历史汇报材料，为摄制组取景提供建议。开展“腾飞中国·辉煌70年”爱国主义教育巡回宣教活动。在百年湘潮网、湖南省地方志网站提供宣传报道稿件8篇。完成永州地情网升级改造，并纳入市政府门户网站。

【《湖南乡镇简志·永州市卷》省级评议会】 2019年5月28日，《湖南乡镇简志·永州市卷》省级评议会在冷水滩召开。市委常委、市委秘书长唐能武，省地方志编纂委员会副巡视员杨盛让出席评议会。《湖南乡镇简志·永州市卷》编修工作于2015年全面启动，经过4年的编修，形成百余万字的省级评议稿。

【永州六部年鉴获全省地方志优秀成果奖】 2019年，第六届湖南省地方志优秀成果（年鉴类）评选结果揭晓，永州市六部年鉴获奖。其中，《永州年鉴（2018）》获市州综合年鉴一等奖，获评全国年鉴评审地市级类三等奖，市级综合年鉴连续两年度入选中国年鉴精品工程，全省仅两部。《东安年鉴（2018）》《江华瑶族自治县年鉴（2018）》获省地方志优秀成果（年鉴类）县级综合年鉴一等奖，《宁远年鉴（2018）》《祁阳年鉴（2018）》《零陵年鉴（2018）》获省地方志优秀成果（年鉴类）县级综合年鉴二等奖。

（徐仲鹤）

档　　案

【概况】　2019年1月，永州市档案馆成立，为市委办直属副处级公益类事业单位。永州市档案馆前身是永州市档案局（馆）。馆内设综合部、档案管理部、档案利用部、信息编研部4个职能部室，定编15人，有干部职工20人，其中在职9人、退休11人。

【档案收管】　2019年，永州市档案馆加强档案接收进馆前的业务指导，确保全市各部门档案资料收集齐全、整理规范，实现“应收尽收”。接收市社会救助局、零陵金秋贸易股份公司、零陵金属材料公司、市移民局、市环保局、市讲师团、市国税局、市法制办、冷水滩造纸厂（部分文书档案）、市文物处、市金融办等改制企业、撤并单位档案7550卷。征集接收个人捐赠的档案70卷册。新增档案全宗号14家，已存档案47万多卷件册，比2000年增加30万卷件册。

【档案查阅服务】　2019年，永州市档案馆持续深化“最多跑一次”改革，改善查询条件，改进查询手段，转变查询方式，端正查询态度，全年累计接待各类查档人员6289人，利用各类档案资料54826卷。其中，节假日接待及预约查档、函查、电话查询等利用档案75卷（册、本、件）次；接待因撰写《永州市志》部门志利用档案的市林业局、市委统战部、市公安干校、市水利局等市直单位18家。2019年度查阅热点为案件诉讼、修史编志、社保、土地确权、退伍军人登记等。

【档案安全管理】　2019年，永州市档案馆开展档案安全风险隐患排查整治工作，对档案馆库、档案实体及档案信息安全，组织人员开展自查，并进行全面的档案安全宣传教育。严格档案出入库登记制度和日常安全防护等制度，定期开展档案安全检查和库房常规巡检，做好安全管理记录。全年添置档案密集架22组，四路高清监控1套，维修库房空调6台，添置新空调1台。

（蒋文飏）

体　　育

【概况】　2019年，永州市有各类体育社会组织205个，其中市级体育社会组织28个，县级体育社会组织153个，青少年体育俱乐部24个。全市进行为期3月的国民体质监测，直接惠及7000余人。举办永州市羽毛球、裁判员社会体育指导员、广播体操社会体育指导员培训班。体彩销量3.26亿元。

【体育设施管理】　2019年，永州市向国家和省体育局争取价值3000余万元的体育器材。其中农民体育健身工程357套，社区多功能运动场6个，健身步道3条，伞形健身器材15套，健身驿站19套，健身路径170套，笼式足球场1个。6个场馆获中央财政专项补贴，4个场馆获省级财政专项补贴。全市181个社区全部配套安装全民健身器材，覆盖率100%；全市2950个行政村，2608个行政村配套安装全民健身器材，覆盖率88.4%；专门用于群众健身的公共体育场馆设施801个，其中大型公共体育场馆9个，足球场地213片。全市高校、中小学体育场馆3970个；乡镇（街道）全民健身中心17个，体育公园4个，户外营地4个。全市体育场地13118个，体育场地总面积720.2万平方米，人均体育场地面积1.3平方米。

【群众体育】　2019年，永州市本级举办大型群体活动27场次，其中承办国家及省级活动12场次，主办市级活动15场次，参加省级赛事10场次，全市各县区举办各类全民健身活动100余场次。举办全民健身品牌赛事——“大美永州”大穿越系列活动，参与群众20万人次。成功举办中国山地户外健身休闲大会（宁远站、江永站），宁远站活动被中国登山协会评为精品活动。举办2019第十届环中国国际公路自行车赛（宁远站、江华站），吸引国家及省、市媒体50余家争相报道。举办2019中国·永州“宏一地产杯”华人羽毛球国际邀请赛。举办“龙腾潇湘·2019”湖南省传统龙船赛（道县站），观赛群众

15万人次，得到中央电视台的高度关注和宣传报道。举办2019“薪火传承·中国健康跑”湖南（江华站），举办“巅峰湖南·2019”六大名山登山赛（东安站）、2019年“广东美塑杯”湖南省第三届围棋“名人”赛、2019年“我爱足球”中国足球民间争霸赛（海选赛）、2019年全民健身挑战日·健康永州动起来暨全市“阳光娱乐节”、第二届湖南省轮滑公开赛等系列比赛。

【竞技体育】 2019年，永州市培养、输送的优秀运动代表国家、湖南省参加世界、亚洲、全国等重大体育赛事，获得世界冠军4个，亚洲冠军3个，全国冠军13个，打破世界纪录2次。举重运动员廖秋云在2019年举重世界杯暨东京奥运会资格赛、2019世界举重锦标赛、2019亚洲举重锦标赛等比赛中获7枚金牌、2枚银牌、2次打破世界纪录；柔道运动员伍阳英获得2019全国柔道冠军赛、2019全国柔道大奖赛2项重量级比赛冠军；国家队主力队员翟颖获得全国女子水球冠军赛女团冠军；田径运动员全英瑞获得全国田径锦标赛（男子100米）总决赛冠军；跳水运动员蒋嘉伟获得2019全国花样游泳冠军赛混合自由自选项目冠军。选派200余名运动员参加湖南省青少年锦标赛项目16个，获金牌43枚，其中湖南省青少年举重比赛获金牌12枚，团体总分第一名；湖南省青少年水球锦标赛获男子组冠军、女子组季军，团体总分第一名。

【廖秋云获举重世界锦标赛金牌】 2019年9月20日，在泰国芭提雅举行的举重世界锦标赛上，代表中国参赛的永州籍举重运动员廖秋云在女子55公斤级比赛中，以抓举98公斤、挺举129公斤、总成绩227公斤，获挺举、总成绩二项冠军和抓举亚军，其中挺举成绩打破个人保持的世界纪录。在2019年举重世界杯暨2020年东京奥运会资格赛女子55公斤级获得总成绩冠军。

【举办羽毛球国际邀请赛】 2019年11月16日—17日，2019中国·永州“宏一地产杯”华人羽毛球国际邀请赛在永州市体育馆举办。参赛人员千余人，加拿大、马来西亚、印度尼西亚等地华人及港澳同胞近百名，上海、广东、广西、贵州、福建等地的羽毛球爱好者超500人。本次比赛年龄最小的参赛选手16岁，年龄最大的选手81岁。11月17日下午，各个级别小组进行决赛。黄晓明/黄晓峰，潘永强/詹明政，FaisalBSayuati/JohnWilliamVincentchin，陈建军/季军，杨东海/周禧贵，王征/段宏，陈伯祥/孔国旗，王进/陈志刚，肖启荣/刘传才等人夺得相应组别的冠军。

全民健身服务

【概况】 永州市全民健身服务中心成立于2015年，为永州市文化旅游广电体育局所属的副处级公益一类全额拨款事业单位，主要承担原市体育局和市体育中心的公益性职责。核定事业编19名，其中，主任1名，副主任3名，副科级领导职数4名。内设机构有健身指导科、场馆管理科、体育彩票发行科、办公室。2019年，该中心以打造“第一窗口、第一环境、第一形象”为标杆，以“创品牌、创特色、创先进”为抓手，聚焦全民健身主题，各项工作取得新进展。

【全民健身活动】 2019年，永

2019年11月10日，由中华全国体育总会主办，国家体育总局群体司发起，湖南省体育局、永州市人民政府联合承办，永州市全民健身服务中心协办的2019年全民健身挑战日·健康永州动起来暨全市“阳光娱乐节”活动启动仪式在永州体育馆举行

州市全民健身服务中心落实《全民健身条例》，开展各类健身活动25次，接待健身市民32万人次。开展国家级健身活动及培训2次，包括“圆梦工程”农村未成年人体育志愿服务暨体育冬令营活动开营仪式，2019年全国柔力球（永州）培训班。开展省级健身活动及培训班2次，包括2019年全国柔力球“点赞中国”系列推广活动（永州站）、2019年“全民健身挑战日·健康永州动起来”启动仪式等。开展市级健身赛事活动9次，包括2019年永州市庆“五一”全民健身“地质勘探杯”职工篮球赛、永州市第一届青少年跆拳道锦标赛、永州市市直单位“中国人寿杯”女子气排球赛、永州市“人和·中央新城杯”乒乓球赛、2019年永州市太极拳（剑）展示大会等。

【全民健身项目建设】 2019年，永州市全民健身服务中心坚持项目建设发展理念，扩宽融资跑项渠道。争取中央财政专项彩票公益金150万元用于游泳馆提质改造项目工程；申报大型体育场馆中央直补资金125万元；争取省级场馆维修资金20万元；获得省级场馆免费低收费开放奖励资金22万元。全民健身广场提质改造项目工程获得恢复施工建设许可，基础设施改造投入资金30余万元，开辟无障碍通道，增设无障碍设施等。

【全民健身信息宣传】 2019年，永州市全民健身服务中心及时准确地将各项工作典型、亮点特色进行广泛宣传，扩大全民健身服务品牌效应和社会效应，提升中心形象。全年完成宣传信息25篇，其中，省级11篇（在《湖南日报》、湖南省体育局官网发表）；市级14篇（在文化永州、永州红网、《永州日报》等）。

【体育中心场馆建设】 2019年，永州市全民健身服务中心紧扣打造健康主题公园工作目标，开展环境卫生综合整治和院内基础设施提质改造，完成体育馆外墙清洗、馆内防火门安装、增设安检门等项目；完成中心环行道路排水系统提质改造项目；完成中心环形道路两侧沿边石铺设及草皮种植等提质改造项目；完成游泳馆提质改造项目；完成体育馆、游泳馆无障碍通道、无障碍厕所等设施设备的增设；增设竞训馆公共停车位及环形道标识标线等；完成文体活动室配套项目，并向市民免费开放。体育中心面绿化面积覆盖率68%以上，接待健身市民32.48万人次。

（苏书科）

2019年度永州市开展全民健身主题活动一览表

表16

日期	活动名称	主办单位	承办（协办）单位	参加人数（人）
1月23日—27日	2018年“圆梦工程”农村未成年人体育志愿服务体育冬令营活动开营仪式	中央文明办三局、国家体育总局青少司	湖南省文明办、湖南省体育局、永州市文化旅游广电体育局	700
2月19日	2019年永州市“文化惠民·闹元宵”暨新时代文明实践活动	中共永州市委、永州市人民政府	中共永州市委宣传部、永州市文化旅游广电体育局、永州市全民健身服务中心	1100
4月17日—18日	2019年全国柔力球“点赞中国”系列推广活动（永州站）	永州市全民健身服务中心	永州市柔力球协会	220
4月20日—21日	2019年永州市庆“五一”“中国梦·劳动美”气排球联赛	永州市总工会、永州市全民健身服务中心	永州市气排球协会	450
4月22日	冷水滩区庆“五一”区直单位干部职工气排球赛	冷水滩区人民政府	冷水滩区文化旅游体育局、冷水滩区总工会、永州市全民健身服务中心	600

续表16

日期	活动名称	主办单位	承办（协办）单位	参加人数（人）
5月5日—12日	2019年永州市庆“五一”全民健身“地质勘探杯”职工篮球赛	永州市文化旅游广电体育局永州市总工会	永州市全民健身服务中心、永州市篮球协会	610
5月16日—19日	2019年全国柔力球（永州）培训班	国家体育总局社会体育指导中心、中国大学生体育协会	湖南省社会体育指导服务中心、永州市全民健身服务中心	210
5月20日—24日	2019年永州市市直单位“中国人寿杯”女子气排球赛	永州市州市妇女联合会、中国人寿保险股份有限公司永州分公司	永州市全民健身服务中心、永州市气排球协会	280
5月26日—26日	2019年永州市第一届青少年跆拳道锦标赛	永州市文化旅游广电体育局	永州市全民健身服务中心、永州市跆拳道运动协会	954
5月27日—31日	2019年冷水滩区教育系统“迎中华人民共和国成立70周年”气排球赛	永州市冷水滩区教育局	中国教育工会永州市冷水滩区委员会、永州市全民健身服务中心	600
6月1日—2日	2019年永州市“人和中央新城杯”全民健身乒乓球赛	永州市文化旅游广电体育局	永州市全民健身服务中心、永州市乒乓球协会	400
6月21日—22日	2019年永州市幼儿篮球联赛	永州市篮球协会	永州市全民健身服务中心	400
7月25日—26日	永州市农村商业银行系统2019年“庆祝中华人民共和国70周年”游泳比赛	永州市农村商业银行	永州市全民健身服务中心	110
7月29日—8月12日	2019永州市恒伟药业杯夏季篮球联赛	永州市恒伟药业集团	永州市全民健身服务中心	600
8月10日	2019年永州市全民健身日系列活动启动仪式	永州市文化旅游广电体育局	永州市全民健身服务中心	1100
8月27日	全市广播体操二级社会体育指导员培训班	永州市文化旅游广电体育局	永州市全民健身服务中心	180
9月28日—29日	2019年永州市银行保险业“庆祝中华人民共和国70周年”气排球赛	永州市银行业协会、永州市保险行业协会	永州市全民健身服务中心	210
10月12日	2019年永州市太极拳、健身气功展示大会	永州市文化旅游广电体育局	永州市全民健身服务中心、永州市太极拳协会	308
11月10日	2019年全民健身挑战日·健康永州动起来暨全市“阳光娱乐节”	湖南省体育局、永州市人民政府	永州市全民健身服务中心	1100
11月16日—17日	2019年中国·永州“宏一地产杯”华人羽毛球国际邀请赛	湖南省体育局、永州市人民政府	永州市全民健身服务中心、永州市羽毛球协会 1082	
11月23日—24日	2019年永州市气排球协会会员冬季联赛	永州市气排球协会	永州市全民健身服务中心	410
12月2日	永州市“溯禾·荷园悦府杯”第九套广播体操大赛	永州市文化旅游广电体育局	永州市全民健身服务中心	700

续表16

日期	活动名称	主办单位	承办（协办）单位	参加人数（人）
12 月 17 日—31 日	2019 年永州市市直单位迎新春篮球赛	永州市文化旅游广电体育局、永州市经济建设投资发展集团	永州市全民健身服务中心、永州市篮球协会	300
12 月 19 日—21 日	2019 年湖南省民族健身操一级社会体育指导员培训班（永州站）	湖南省体育局	永州市全民健身服务中心	211
12 月 24 日	2019 年湖南省柔力球一级社会体育指导员培训班	湖南省体育局	永州市文化旅游广电体育局、永州市全民健身服务中心	110

李达故居管理

【概况】　截至 2019 年年末，李达故居管理处有干部职工 14 人，其中主任 1 人，副主任 2 人，科室负责人 4 人。管理处充分发挥全国爱国主义教育示范基地和红色旅游景区的示范功能，全面推进文物保护、宣传教育与免费开放接待，各项工作取得新发展。是年，该管理处被评为全市文物工作先进单位、全市综治工作先进单位、中共永州市委办系统学习型党支部等称号。

【宣传教育】　2019 年，李达故居管理处在《湘潮》杂志刊登《花儿为什么这样红》专版宣传，突出李达故居党性教育活动特色。配合中央电视台《红色故乡》栏目的拍摄，接受专访，提供宣传资料。举办《李达的初心与使命》专题展览，以丰富的史料和图文并茂的形式，用 30 个可移动式的展板展示李达走上革命道路、发起创建中国共产党、坚守马克思主义、共产主义的初心使命的历程，部分图片和资料首次以展览形式向社会公众发布。

【文物征集管理】　2019 年，李达故居管理处将馆藏李达遗物等重要文物进行预消毒、防虫、防潮等规范保护措施处理，移交市档案馆代为保管。完成《展厅展柜内展出书籍及清单》《关于李达故居的建筑描述图》《李达新居（辅仁小学校舍）》《关于李达和石曼华结婚情况描述》《李达写给冰梅的信复印件》《李达故居征收情况图解》等资料的电子档制作工作。完成展厅所展出的 31 件图书制作书模准备工作和样品书模的三次修改及完善。

李达故居

【展厅服务】　2019 年，李达故居管理处接待游客 296670 人，团队讲解 500 余场次。修订讲解词，明确讲解场次，实行预约讲解和集中讲解相结合。完成武汉大学党委书记韩进一行 7 人瞻仰李达故居和举行向铜像敬献花篮仪式的接待现场准备和讲解服务工作。

（贺俊华）

新　华　书　店

【概况】　截至 2019 年年末，湖南省新华书店有限责任公司永州市分公司（以下简称永州市新华书店）有经营管理班子 4 人，有教材公司、图书公司、文化用品公司、产业发展部、永州图书城经营部门 5 个，有综合管理部、信息技术部、资产财务部、人力资源部、党群工作部、物流管理部等管理部门 6 个，直属分店 2 个。全年发行“五干教材”（第五批全国干部培训教材）9438 套，发行《习近平新时代中国特色社会主义思想学习纲要》27.41 万册。

【创建“智慧书店”】 2019 年，永州市新华书店创建“智慧书店”，并结合开展“大学习，走在前—全民阅读进机关”活动。“智慧书店”是以自助图书借阅机为主体的 24 小时无人自助书店，机关干部可随时在“书店”选择书籍阅读，由此引导机关干部把读书学习当成一种生活常态，一种精神追求。在市委办公楼、市政府办公楼、市财政局办公楼、市人大办公楼、市政协办公楼、永州军分区办公楼、市政务中心办公楼均建立“智慧书店”，反响良好。

【每周荐读】 2019 年，永州市新华书店携手“永州发布”微信公众号、“今日永州”App 推出“每周荐读”栏目，以时政类图书为主，每周面向广大党员干部和市民群众重点推荐。

【中小学生研学旅行】 2019 年，永州市新华书店立足本土旅游资源，根据区域文化特色、学生年龄特点、各学科教学需要及学校、学生及家长意愿，开展“爱我永州”“我的飞行梦”“红色潇湘、薪火相传”“探寻伟人足迹、点燃科技梦想”等为主题的研学实践活动，组织策划研学实践活动 21 次，服务学校 16 所，服务学生 8028 余人。

【“我和我的祖国·书香永州”全民阅读活动】 2019 年 10 月 16 日，永州市新华书店组织开展“我和我的祖国·书香永州”全民阅读主题活动在李达中学举办。永州市委常委、市委宣传部部长贺辉，市政协副主席彭爱华，湖南省公司党委委员、副总经理沈剑锋出席活动，参与活动人数 200 余人。活动内容包括推介“书香机关”“书香校园”“书香企业”“书香社区”“书香家庭”等经验；市公安局、市映山小学、市建设银行代表分享阅读故事和阅读心得；优秀阅读推广人代表发出“我和我的祖国·书香永州”全民阅读倡议；新华书店就全民阅读活动作出服务承诺。在活动期间，新华书店相继开展十余项公益阅读行动，促进学习型社会建设和文明城市创建。

（永州市新华书店综合部）

社会建设

Social Construction

民政

综述

【概况】 2019年，永州市民政局整合原地名委员会办公室的职责、居民家庭经济状况核对职责和原市殡葬事业管理处的行政职责，原市殡葬事业管理处更名为市民政事务中心，局机关行政编制22名，其中，局长1名，副局长3名；正科级领导职数11名（含机关党委专职副书记1名），副科级领导职数6名。局机关内设机构10个，另设机关党委（人事科），有在职人员30人；局属二级机构7个（含福田茶场），有在职人员188人。

市民政局被评为全国民政系统先进集体、省级文明标兵单位、全国第二次地名普查工作先进单位、全省民政重点工作综合评估先进单位，市委、市政府绩效考核先进单位，申报创建为全国第四批居家和社区养老服务改革试点市；双牌县被省人民政府表彰为“2019年度真抓实干养老服务体系发展成效明显县区”；祁阳县创建为“全省五化民政建设示范县”，冷水滩区、零陵区分别获得“五化民政”创建进步奖和单项奖。

2019年，永州市民政局获评全国民政系统先进集体

【社会救助】 2019，永州市城乡低保、特困人员供养两次提标，城市低保标准达到500元/月，农村低保标准达到3700元/年，全年累计保障城乡低保对象188万人次，发放保障金4.83亿元，月人均救助水平分别达354元、219元；集中供养特困人员保障标准达到7800元/人/年，分散供养农村特困人员保障标准达到4810元/人/年，全年累计保障城乡特困人员48.67万人次，发放基本生活费2.36亿元，月人均救助水平分别达787元、476元。全年为全市所有城乡低保和特困对象发放价格临时补贴3036万元。进一步深化农村低保专项治理，牵头开展社会保障兜底“一季一专题”集中治理，1月—12月，全市清退条件好转或不符合条件的城市低保对象4910人，新增纳入符合条件城市低保对象1933人，清退条件好转或不符合条件的农村低保对象7050人，新增纳入符合条件农村低保对象16575人，实现动态管理下的规范施保。围绕脱贫攻坚，加强社会救助兜底保障工作，对兜底保障对象进行重新认定、分类、标识和建档，全市有社会救助兜底保障对象7.7万人，一类兜底2.2万人、二类兜底3.2万人、三类兜底2.3万人，其中低保兜底7.32万人、特困兜底0.38万人。对未脱贫建档立卡贫困人口落实重病、重残“单人保”政策，惠及1.1万名对象。开展特困人员照料护理工作，全护理、半护理、全自理人员护理费分别不低于5000元/年/人、2500元/年/人和1500元/年/人，其中对在农村敬老院集中供养的全护理特困人员护理费按10000元/年/人标准发放。完善临时救助，所有县区将小额临时救助审批权限下放乡镇（街道）人民政府，在乡镇（街道）建立临时救助备用金制度，实施临时救助8.9万人次，支出救助金7848万元。

【社会福利】 2019年，永州市社会散居和集中供养孤儿基本生活费分别提高到950元/月和1350元/月，为3775名孤儿发放孤儿基本生活费363.6万元。残疾人“两项补贴”发放标准从每人每月55元提高到60元，为9.73万名补贴对象（重度残疾人护理补贴对象6.03万人，困难残疾人生活补贴对象3.7人）发放补贴资金6529.78万元。救助救治流浪乞讨人员1.11万人次，支出救助救治经费2033.22万元，帮助203名受助人员成功寻亲返家，落户安置248人。市民政局争取财政部、民政部试点资金支持1878万元。11月11日，永州市委主题教育办印发《在“不忘初心、牢记使命”主题教育中做好“一老一小”工作的通知》。推动长期闲置的零陵区福利中心、金洞石鼓源中心敬老院运营，建立村级居家养老服务中心1510个，建成儿童之家3301个，建成暖阳学校19所。全市养老床位数量36810张，每千名老人拥有床位37.04张，为12.96万名农村留守老年人建立信息台账。全年为1.3万名90周岁~99周岁高龄老人发放高龄生活补贴132.9万元，为273名百岁老人发放长寿健康补助金113.3万元。全年销售福彩4.13亿元，筹集福彩公益金1.24亿元，排全省第七位。募集善款2470余万元，捐赠物资折价70余万元，发放慈善资金1820余万元，救助困难群众9000余人次。

【社会治理】 2019年，永州市开展村（居）规民约修订和宣传活动，全市村（居）规民约修订完成率78.6%，市民政局和冷水滩区民政局被评为全省村（居）规民约工作先进单位，全市7个村（社区）的村规民约（居民公约）被评为全省优秀村（居）规民约。江永县向光村“合约食堂”、冷水滩区凌云社区“时间银行”、零陵区石烟塘村“村务监督月例会”等基层治理创新经验受到省民政厅的充分肯定和相关省级主流媒体宣传推介。冷水滩区和宁远县创建为省级城乡社区治理创新实验区。推进民政领域“放管服”改革，将临时救助小额审批权下放乡镇管理。加强乡镇社工站建设，实施“禾计划”项目，解决基层民政工作力量薄弱问题。推动中心城区41个社区志愿服务站点建设和14个责任单位联点共建开展志愿服务，组织社工人才考前培训，87人获得初级以上专业社工资格。

2019年6月26日，永州市祁阳撤县设市座谈会

【社会组织登记管理】 2019年，永州市民政局组织开展清理规范社会组织涉企收费、打击非法社会组织等工作，引导社会组织参与脱贫攻坚工作。有124家社会组织参与脱贫攻坚，开发扶贫项目35个，制定扶贫计划32个，累计投入资金800万元，受益贫困人口8万余人。

【婚姻、收养登记管理】 2019年，永州市有12个婚姻登记机关，其中11个创建成国家AAA级以上婚姻登记机关，标准化创建率91.7%。全年结婚登记32644对、离婚登记15435对。开展2003年9月30日以前历史数据补录工作，结婚补录登记250452对、离婚登记9550对。全市收养登记机关12所，收养登记机关按照《中华人民共和国收养法》《中国公民收养子女登记办法》等法律法规要求，全年办理收养登记43例。

【殡葬服务】 2019年，永州市深入推进惠民殡葬和生态安葬奖补政策，支出惠民殡葬资金90余万元，节地生态安葬奖补资金支出85余万元。推进殡葬设施建设，双牌、道县殡仪馆新建项目完成主体建设工程，江华、蓝山、新田启动殡仪馆搬迁建设，金洞殡仪馆项目启动建设工程，辖区内11个县区开启农村公益性公墓第一批建设试点，指导县区向国家发改委申报2020年殡仪馆和公益性骨灰安放设施项目7个，争取省级福彩公益金240万元。开展殡葬领域突出问题专项整治，累计处置临街搭棚治丧事件30余起，处置散坟89余座，督促整改厚葬薄养、盲目攀比的大操大办丧事活动20余例。推进违法违规私建“住宅式”墓地等突出问题专项摸排整治工作。开展中心城区殡葬服务专项整治活动。

【行政区划和地名管理】 2019年，永州市祁阳县撤县设市工作完成省、市、县三级层面申报流程，已呈文向国务院申报。新田县完成撤销龙泉镇设立街道申报工作。市民政局组织开展《行政区划管理条例》的培训学习。完成市界衡永线、邵永线和县界宁蓝线、冷零线、双道线、祁宁线6条行政区域界线的联合检查。组织开展界线领域风险防范排查化解工作，邀请广东清远市召开湘粤线永清段界线管理联席会，推进平安建设工作。完成市、县两级地名普查档案整理归档工作，全面推进《地名图、录、典、志》编纂工作，完成《舜帝南巡地名考》编纂并计划出版发行；永州市地名委员会办公室被国务院第二次全国地名普查领导小组评为第二次全国地名普查工作先进单位。

【革命老区建设】 2019年，永州市规范使用革命老区项目资金，建设革命老区扶贫发展项目55个，投入资金182万元。推进《革命老区发展史》编纂工作。

（吴双庆）

残疾人事业管理与服务

【概况】 2019年，永州市残疾人工作围绕实现“全面建成小康社会，残疾人一个也不能少”目标，以强“三性”去“四化”为主线，遵循中国残联第七次全国代表大会、省残联第七次代表大会精神，加强残疾人基本民生保障，提升残疾人公共服务，全市残疾人工作取得显著成绩。

【精准康复服务】 2019年，永州市制定出台《永州市残疾儿童康复救助制度实施细则》，并以市政府办的名义下发到各县区、管理区、经开区，指导县区制定相应的操作办法。安排570名残疾儿童接受康复服务。开展康复项目检查评估工作，对2018年度康复项目进行评估验收，促进康复服务机构的科学、健康和正规发展，组织开展湖南省残联扶贫康复项目，完成成人助听器项目150例、矫治手术11例、低视力适配130例；做好市本级康复服务项目，为9名脑瘫儿童和32名听障儿童实施康复服务，为400名白内障患者实施复明手术。开展康复人才培训。全年组织康复机构从业人员参加省残联组织的专业技术培训5批次26人，邀请省康复研究中心专家到永州开设专场教学，参加人数198人。

2019年8月，澳门弱智人士家长协进会理事长卢绍霞率代表团一行到永州市冷水滩参加“关爱孩子·永澳融情”主题活动第二次筹备会议

【残疾人就业创业扶持】 2019年，永州市残联与人社部门联合举办16场残疾人就业招聘会，为1136名残疾人达成就业意向，其中指导515人签订就业合同书。完成职业技能培训537名，创业培训261名，完成农村残疾阳光增收1400名。新增残疾人就业岗位620个，安排残疾人就业863人，扶持171名残疾人创业，扶持资金200万元，选送30名盲人到湖南黄程职业技术培训学校开展为期2个月的技能培训，就业率90%。对58632名重度残疾人和33295名困难残疾人申请护理补贴和生活补贴，发放资金4850.58万元。对89家单位进行年检、年审，安排251残疾人在党政机关就业。为1430名残疾人开展居家、日间照料和寄宿托养服务。为1429名残疾学生及困难残疾人家庭子女发放教育支助金251.79万元，对987名义务教育阶段贫困残疾学生进行信息比对，选送30名残疾人学生到省特教中专学习，加大特殊教育的政策落实力度，全市视力、智力和听力言语三类残疾儿童入学率95%。

【残疾人宣传文体】 2019年，永州市残联选送7名残疾人运动员参加全国第十届残疾人运动会暨第七届特奥会，获得3枚金牌、3枚银牌、2个第五名、1个第六名，并刷新 1 项世界纪录。8 月 26 日—29 日，市残联、市侨联、市民政局会同澳门弱智人士家长协进会以及相关教育康复机构在永州举办主题为“关爱孩子·永澳融情”智艺汇湘江·回归二十载展魅力大会演，为两地弱智孩子展示才艺成果提供平台，演出效果良好。

【残疾人信访维权】 2019 年，永州市残联将“12385”残疾人服务热线整合纳入“12345”公共服务热线。接待残疾人来信来电来访 965 件次（市本级 56 件次），其中来电 220 个，来访 530 人次，来信 215 件。所有信访件全部办结并及时给予回复，办结率 100%。完成 507 户贫困残疾人家庭无障碍改造工作任务。5 月 23 日，下发《关于在全国助残日期间开展“爱心助残一日捐”活动的通知》，对全市的“助残一日捐”活动进行安排部署，收到 139 个单位和个人的爱心捐款 69.6 万元。

【残疾人康复项目建设】 2019 年，永州市残联对残疾人康复中心建设项目项目建设情况进行阶段性总结，及时调整工作重点。完成市残疾人康复中心建设项目主体工程建设及内部装饰，二期附属工程建设正在进行评估和招投标，项目进展顺利。道县、新田、江华完成项目前期准备工作。

（曾渊）

军队离退休干部管理

【概况】 2019 年，永州市军队离退休干部休养所（以下简称市军休所）围绕“党建更有力、服务更贴心、活动更丰富、环境更优美、工作更有序”建设目标，保障军休干部职工待遇落实，改善服务环境，丰富服务内容，提升服务品质，完成各项工作任务。

【军休项目建设】 2019 年，永州市军休所冷水滩片区进行提质改造工程，打造户外小花园，添置户外健身器材，增加院内绿化面积，为军休人员提供休闲、健身场所，营造舒适的休养环境。零陵区军休干部服务中心室内外装修完工，完成硬化室外道路、绿化庭院、女儿墙改造工程等工作，配备室内办公用具。

【军休服务管理】 2019 年，永州市军休所以党支部为单位，定期组织军休党员干部学习各级各类文件，通报军休所工作进展情况；为军休干部订阅多种报纸杂志，补充完善阅览室书籍，为行动不便的军休老干部实行送学上门，确保每一位党员都能接受组织的教育管理；做好军休人员光荣牌悬挂、离休干部功勋人员中华人民共和国成立 70 周年纪念章发放以及军休信息数据调查与录入工作；组织春节“八一”节日走访慰问、军休代表参加烈士公祭大典仪式、重点项目参观考察等活动。及时发放军休人员离退休费；调整并发放军休干部的基本离退休费、年定期增资标准、退休生活补贴、住房物业补贴标准，完成军休干部无收入遗属补贴调查补差、无军籍职工调资补差等审批工作；为军休干部及时办理医疗保险、人身意外保险，组织开展健康体检，完善军休干部健康档案；委托开办军休食堂，实行社会化服务，为老干部就餐提供便利；坚持定期家访慰问制度，关注军休老同志身体生活状况，走访慰问高龄、独居、住院、生日、功勋等重点对象 50 余人次。

推进服务管理规范化、制度化，修改完善《接收安置制度》《政治待遇制度》《生活待遇制度》《结对联络走访慰问制度》

2019 年，永州市军休所老年大学成立

等业务工作制度8项，坚持结对联络服务制度，重点关注“三高”（高血压、高血糖、高血脂）、空巢、独居军休干部，做到有病必访、生日必访、重大节日必访、长居外地必访、有困难必访。

【军休文化建设】　2019年，永州市军休所以中华人民共和国成立70周年为主题，开展“辉煌七十年　筑梦新时代”征文活动，征文收集稿件20余篇、书画作品10余幅；开展参战军休干部专题采访活动，邀请《永州日报》记者对参战军休干部进行一对一专访，发掘军休老干部初心故事、先进事迹；出版《军休本色访谈录》；全面运行军休门户网站、微信公众号宣传国家方针、政策，发布军休所工作信息及动态。把军休中心工作、军休文化活动和文明创建工作有效结合，制定年度活动计划，组织开展新年趣味运动会、迎新春联谊会、文书画采风、钓鱼比赛、健康保健知识讲座、健康疗养、学雷锋志愿服务、文明劝导、贫困走访、助残和慈善一日捐等活动。

（张家豪）

退役军人事务

【概况】　2019年，永州市退役军人事务局有干部职工19人，核定行政编制17名，内设办公室、规划财务科、思想政治和权益维护科、移交安置和就业创业科、军休服务管理科、拥军优抚科、直属机关党委等7个科室；下辖永州市退役军人服务中心、永州市军队离退休干部休养所、永州市军用供应站、永州市优抚医院等4个二级机构，有干部职工115名。5月，督导、指导市退役军人服务中心、11个县区服务中心、185个乡镇（街道）服务站、3222个村（社区）服务站运行，形成覆盖全市的退役军人服务保障体系。黄超富获评“全国模范退役军人”；阳永红等8人获评“湖南省模范退役军人”；杨春国获评“湖南省退役军人工作模范个人”。

2019年12月16日，永州市部分退役士兵社保接续工作推进会召开

【退役军人安置就业】　2019年，永州市举办退役士兵职业教育和技能培训班45期，培训退役士兵1417人；审核通过高职院校招录退役军人报名学员1026人；举办退役士兵专场招聘会35场次，600家企业提供9000个工作岗位。

【退役军人优抚工作】　2019年，永州市各类优抚对象补助及时足额发放，补助标准比2018年提高10%，全部达到或部分超过国家政策规定标准。城乡义务兵家庭优待金统一调整13000元/年。开展优抚关爱活动，争取450万元用于市优抚医院、县区光荣院、烈士纪念设施等优抚事业单位提质改造，提升优抚事业单位的服务管理水平。依托永州市优抚医院和县区光荣院为630名重点优抚对象开展短期疗养，医疗巡诊和送医送药活动惠及1500人。专题部署春节、“八一”等期间退役军人和其他优抚对象走访慰问工作，组织发动各级各部门开展走访慰问活动。春节和“八一”期间，采购279万元物资走访慰问驻永部队，安排4724.32万元资金走访慰问，组织召开退役军人代表座谈会730场次，送慰问信、年画、春联30余万份，组织市优抚医院深入蓝山县凌江河深度贫困村为74名建档立卡贫困户及退役军人开展送医慰问活动。发放走访企业军转干部慰问金33.8万元；发放特殊困难援助资金13.03万元。

【退役军人权益维护】　2019年，永州市退役军人事务局开展年度

"信访法治宣传月"活动，完善月排查和季度排查工作制度，全面排查涉军群体。开展退役军人"矛盾攻坚"和"千案攻坚"信访疑难问题化解行动，化解疑难信访矛盾21件，化解率91%。

【军休服务】 2019年，永州市完成军休专项经费测算。全年节日走访军休干部167人次，发放慰问金23.76万元。定期组织军休人员政治学习，组织开展中华人民共和国成立70周年系列活动。

【部分退役士兵社保接续】 2019年，永州市退役军人事务局贯彻部分退役士兵社会保险接续工作部署，推动接续工作落实、落细，成立部分退役士兵社保专项工作协调小组，抽调退役军人事务、社保、医保、民政、财政等部门业务骨干组建退役士兵社保工作专班，完成初审11529人，完成养老保险核查231份，医疗保险核查467份。

【首批拥军优抚银行卡发放】 2019年9月3日，永州市拥军优抚银行卡首发仪式在冷水滩区举办，市委副厅级干部伍军等领导参加仪式，将第一批拥军优抚银行卡发放给10位国家模范军人、省级模范军人和省级模范工作者。拥军优抚银行卡是根据退役军人事务部与银行系统拥军优抚合作协议推出的，银行为履行国防义务、支持国防建设、关爱退役军人，给予优抚对象优先优惠优质服务的银行借记卡，是优抚对象专属银行卡。该卡的发行为营造让军人成为全社会尊崇职业的浓厚氛围做出重要贡献。

【烈士公祭活动】 2019年9月30日，永州市在烈士纪念园举行公祭仪式，向革命烈士敬献花篮。市委书记、市人大常委会主任严华宣读祭文，市委副书记、市长何录春主持仪式，700位社会各界代表参加公祭仪式。

（莫海琼）

2019年9月30日，永州各界代表开展烈士公祭活动

人力资源和社会保障

综　　述

【概况】 2019年，永州市人力资源和社会保障系统围绕"就业创业稳人心、人事人才聚人心、社会保障暖人心、治欠保支得人心"为主要目标，完成省、市各项目标任务。实现新增城镇就业6.85万人、新增农村劳动力转移就业4.61万人；社会保障水平稳步提升，全市"三险"（城乡居民养老保险、工伤保险、失业保险）参保人数398.94万人次；企业养老保险实现基金征缴19.56亿元，完成年度任务122.99%；社保卡累计发放534.2万张，永州市人社局在人力资源与社会保障部社会保障卡综合应用推进会上，代表湖南作典型发言。加强基金监管，综合运用防控自查、现场检查、第三方审计等手段对社保基金进行风险排查，对全市14个县区基金风险防控专项工作进行现场检查，采取降低社保费率、费率过渡试点、发放社保补贴等措施，为企业减轻社保负担2.95亿元。推进行业扶贫。建设各类扶贫车间588个，占全省的五分之一，在全省重点工作真抓实干综合大督查中，就业"扶贫车间"建设被列为十二个典型之一在全省宣传推广。全市人社系统先后获得部省市荣誉奖项19项，其中国家级3项，被人社部评为全国人力资源社会保障系统优质服务窗口、新闻宣传工作先进单位、信息直报工作先进单位；省级3

项，就业工作获省政府真抓实干督查激励表彰，重点民生实事工作在全省被评为优秀等次，被省人社厅评为全省人社工作先进集体；市级13项，被评为全市绩效考核优秀等次、全市人大代表建议政协提案办理工作目标管理先进单位、全市党风廉政建设优秀单位、全市党办系统质效提升考核优秀单位、全市意识形态优秀单位、全市统一战线工作优秀单位、全市社会治安综合治理先进单位（保持平安单位）、全市安全生产工作优秀单位、全市人才工作先进单位、全市行业扶贫工作先进单位、全市信访工作责任目标管理考核先进单位、全市禁毒工作先进单位、无偿献血工作先进单位。

【就业服务管理】 2019年，永州市出台《永州市进一步促进就业工作的二十三条措施》，促进就业工作。新增城镇就业6.85万人，新增农村劳动力转移就业4.61万人，新增贫困劳动力转移就业7626人；失业人员再就业2.83万人，其中就业困难对象再就业1.04万人；城镇登记失业率2.64%。开展“春风行动”、就业援助月等各类招聘会350余场次，为园区企业招聘2.8万余人。新增（延期）青年见习基地70家，累计认定青年见习基地128家，吸纳高校毕业生及失业青年见习2226人。开通“永州智慧就业”线上平台，推进线上线下就业服务深度融合，初步实现“天天有招聘、随时可求职”的目标。优化创新创业环境，新增创业主体4.08万个，其中带动城乡就业人数10.26万人；发放创业担保贷款4.2亿元，带动13293人就业。入选创新创业带动就业省级典型18家，培育省级创业孵化基地3家，认定省级创新创业带动就业示范典型85家单位、认定为省级创业孵化基地10家。开展创新创业带动就业扶持工程认定，对初创企业、个体工商户、街道、创业基地给予奖补。

【人力资源服务】 2019年“两节”期间，永州市人力资源和社会保障局做好节日走访慰问工作，走访慰问专家35名，同时核准发放16名享受国务院特殊津贴专家的津贴。推进人事制度改革，考核奖励、教育培训工作全面加强，事业单位公开招聘、聘用及岗位设置工作更加规范。完善人才分类评价机制，完成年度职称评审和申报工作。按照“公开招募、自愿报名、组织选拔、统一派遣”的方式，招募高校毕业生“三支一扶”（大学生在毕业后到农村基层从事支农、支教、支医和扶贫工作）计划人员45人。做好流动人员档案管理工作，接收档案托管6919份，开具调档函780份，接待业务咨询2590余人，办理职称申报150人，办理档案调出5548份，办理养老保险手续249人。档案材料上架1693份，库存档案44193份。按照“四办”（网上办、马上办、就近办、一次办）要求，“互联网+政务服务”一体化平台中累计收到依申请类政务服务事项440件，受理440件，办结440件，办结率100%。

【职业技能培训】 2019年，永州市全面实施职业技能提升三年行动，打造“政府出政策，企业出岗位，院校出学位，校企共培养”的校企合作培训模式，推行企业新型学徒制。首次举办市职业技能竞赛，评选技术能手和五一劳动奖章候选人11个。开展职业技能培训5.67万人。其中开展贫困家庭技能培训1315人。市本级新设立三所民办职业培训学校。新增高技能人才282人。1人获评第五届湖南省技能大师，1人获评第十二届湖南省技术能手。加大高技能人才基础能力建设力度，成功创建国家级高技能人才培训基地建设项目1家，市级高技能人才基础能力建设项目2家，技能大师工作室3个。

【社会劳动保险管理】 2019年，永州市机关事业单位参保人数15.11万人，退休人数6.67万人，累计征缴34.97亿元，累计支出33.54亿元。机关事业单位退休人员月人均增加养老金174元，调整后月人均养老金4432元。做好机关事业单位退休人员视同缴费年限认定工作，对新增376名机关事业单位退休人员按照政策进行视同缴费年限认定。做好社会劳动保险管理，全市企业养老保险参保在职职工22.31万人，累计征缴19.56亿元，完成年度任务122.99%，同级财政补助7265万元，完成年度任务100.06%。全市参保企业离退休人员14.85万人，累计发放基本养老金37.63亿元。组织实施退休人员养老金待遇调整工作，全市207343名退休人员月人均增加养老金147.40元，调整后月人均养老金2898.81元，企业退休人员142283人，月人均增加养老金135.24元，调整后月人均养老金2197.75元。

【工伤保险基金管理】 2019年，永州市工伤保险参保人数36.5万人，同比新增2.4万人，居全省市州前列；发放待遇8746万元，比2018年同期增加1778万元，同比增长25.5%。享受工伤保险待遇2451人。4月1日，工伤保险费率在2018年的基础上行业基准费率再下调50%，成为全省唯一费率下调50%的市州；全年工伤保险费征缴收入1.2亿元，工伤保险基金支出1.0亿元，基金累计结余4.4亿元。市级统筹工作被省厅领导点评为“永州模式”进行推介。享受补充工伤保险待遇职工超过540人，建筑领域新开工项目工伤保险参保率100%。

【城乡居民社会养老保险管理】 2019年，永州市城乡居民社会养老保险登记参保人数331.91万人，参保缴费人数241.46万人，享受城乡居民养老金待遇人数90.44万人。加强同税务、银行互动，打造多元化、便民化缴费新方式，城乡居民养老保险实现银行批量扣费、税务大厅实时扣费、银行大厅缴费、手机App等多种缴费模式，缴费方式真正实现由单一向多元的转变。

【劳动人事争议仲裁】 2019年，永州市劳动争议仲裁院加强与市中级人民法院调裁审衔接裁审统一的机制建设工作。11月，在冷水滩区召开全市劳动人事争议案例研讨会，就劳动仲裁争议案件出台全市统一的裁审适用标准。主动走访全市80多家大中型企业，对企业进行劳动保障方面的法律法规宣传，帮助企业建立和完善规章制度，减少企业的用工风险，将劳动争议问题解决在萌芽状态。全市县（区）两级劳动人事争议仲裁机构受理的劳动人事争议仲裁案件数742件，结案742件，结案率100%，调解结案521件，调解率70.2%。

【劳动保险监察】 2019年，永州市劳动保障监察支队构建保障农民工工资支付长效机制，落实银行代发等制度。牵头组织开展农民工工资支付专项检查、清理整顿人力资源市场秩序专项行动、根治欠薪夏季专项行动、根治欠薪冬季专项行动，维护劳动者合法权益。全市劳动保障监察机构主动监察用人单位1117户，涉及劳动者28723人，收缴农民工工资保障金3.1亿元，（其中市本级1.335亿元），追回被拖欠的劳动者工资等待遇2535.28万元；受理劳动保障投诉举报案件216件，结案216件，结案率100%。

【信息服务与管理】 2019年，永州市社会保障卡试点全面推进，发放社保卡536万张，占常住人口的98.5%，超额完成全年发卡目标任务。推动社保卡即时制卡建设。工商银行城建支行率先在全省实现即时制卡，制发卡周期从3个月缩短至十几分钟。开通社保卡即时制卡银行网点29个，所有县区均实现社保卡即时制卡。“惠农一卡通”应用成效显著，全市通过社保卡发放农机补贴、乡村教师困难生活补贴、残疾人困难生活补贴、军人优抚补贴、农村居民最低生活保障、粮补、耕地补贴等惠民惠农财政补贴资金100余项。

【人事考试】 2019年，永州市组织人事考试四大类65场，参考人数5.46万人次，事业单位招聘、专业技术资格等人社考试工作未出现重大事故被通报批评或造成严重影响的情况，实现安全、平稳和有序的目标，考试安全率100%。

【职业技能鉴定】 2019年，永州市人力资源和社会保障系统组织日常职业技能鉴定12145人次，取得职业技能证书11215人次，分别完成目标任务的173.5%和224.3%。组织全市机关事业单位工勤技能岗位考试工作，通过资格审核14993人，考试合格14333人，合格率95.6%。组织参加省智能制造大赛、烹饪大赛，烹饪大赛获市州团体二等奖的历史最好成绩。

【永州首届高端人才交流沙龙活动】 2019年3月3日，永州首届高端人才交流沙龙活动在永州经济技术开发区潇湘科技创新中心举行，吸引全市教育、卫生、金融、环保、城建等200余名高层次引进人才参加。沙龙活动内容包括理想信念心得分享、永州传统文化宣讲环节、人才政策解答、组建人才沙龙轮值主席团和常务理事会筹委会、开展主题研讨、总结点评环节。活动内容丰富、形式新颖。首次人才沙龙的成功举办，探索出一条充分发挥人才智囊作用，实现人才“自我组织、自我服务、自我管理”的人才服务新模式。

【永州市社会保险服务中心运行】 2019年8月2日，永州市人力资源和社会保障局党组成员、副局长蒋红霞主持召开市社会保险服务中心全体在职在编人员工作会议。市人社局党组成员、工会主席杨敏出席会议。这次会议标志着永州市社会保险服务中心正式运行。

根据机构改革方案要求，将市机关事业单位社会保险管理处、市社会劳动保险管理处（市离退休职工管理办公室）承担的行政职能划入市人社局，整合相关公益职能，组建市社会保险服务中心，为市人社局所属副处级公益类事业单位。不再保留市机关事业单位社会保险管理处、市社会劳动保险管理处（市离退休职工管理办公室）。

（颜建泉）

医疗保障

【概况】　2019年1月13日，永州市医疗保障局成立，为市政府正处级工作部门，内设办公室（信访科）、规划财务和法规科、待遇保障科、医药服务管理科、医药价格和招标采购科、基金监管科6个科室，下辖永州市医疗保障事务中心、永州市医疗保险基金核查中心2个直属机构。其中，局机关核定编制13名，有在编人员12名，直属机构市医保中心编制数30名，实有20人，市基金核查中心编制16名，实有6人。

2019年，永州市医疗保障系统突出“医疗保障、民生保障”主旨，强化医疗保障待遇，做实药品集中带量采购，保基本、兜底线、惠民生，完成省市各项目标任务。开创医疗保障工作新局面，被市委、市政府评为2019年社会治安综合治理考核工作先进单位、党风廉政建设考核工作优秀市直单位、建议提案办理工作目标管理先进单位，获得2019年永州市脱贫攻坚行业扶贫先进单位，获得2019年省医保局推进实施乡村振兴战略医疗保障工作肯定性推荐，并在市五届人大常委会第二十七次会议上作典型发言。

全市参保555.76万人，其中城乡居民参保517.40万人，城镇职工参保38.36万人，基本医疗保险常住人口参保率101.8%。医保基金筹资总额56.84亿元，其中城乡居民筹资总额38.96亿元，城镇职工筹资总额17.88亿元。医疗救助资金总收入1.79亿元，同比提高13.2%。城乡居民基金支出36.31亿元，累计结余20.18亿元；城镇职工基金支出11.88亿元，累计结余27.29亿元（市本级结余12.5亿元）；医疗救助待遇享受24.1万人次，资金支出1.63亿元。基金运行平稳有序，医疗待遇落地见效。

【医疗信息化建设】　2019年，永州市医疗保障系统完成创智信息系统和数据的迁移备份。将创智信息系统和数据从市人社局信息中心迁移至永州华为云数据中心，做好数据备份。完成医保单位及工作人员信息编码维护工作。推进互联网+政务平台建设，填报维护实施清单50项。

【医疗保障待遇】　2019年，永州市城乡居民大病保险筹资标准提高至65元/人/年，起付线下调至12000元，大病保险报销比例提高至5%。建立健全城乡居民门诊统筹制度，参保患者在村卫生室诊疗仅自付8元/次，在乡镇卫生院诊疗仅自付15元/次，住院自付不超过100元享受包干支付。

【健康扶贫】　2019年，永州市医疗保障系统落实建档立卡贫困人口医疗保障政策，对建档立卡贫困人口参保资助比例不低于50%，资助670936人建档立卡贫困人口，资助金额8818.79万元；建档立卡贫困人口住院基本医疗保险报销比例提高10%，大病保险起付线降低50%，大病保险报销比例提高5%，全面取消建档立卡贫困人口大病保险封顶线，全年贫困人口住院28.48万人次，基金支出10.45亿元，县域内“一站式”结算综合实际报销比例91.6%，获得2019年永州市脱贫攻坚行业扶贫先进单位。

【医疗服务管理】　2019年，永州市新增4家医疗机构和33家零售药店纳入医保协议管理，医保协议医疗机构466家，协议零售药店1092家。推进医保支付方式改革，收集医疗机构反映的按病种收付费政策存在的问题和建议24条，向省医保局推荐新增单病种70个，推荐按病种收付费专家118名。根据省医保局文件要求，将1279个西药、1316个中成药、114个协议期谈判药品、892个中药饮片，406个中药超微饮片纳入医疗生育保险支付范围。

【医药采购管理】　2019年，永州市下发《关于全面取消公立医疗机构医用耗材加成的通知》，取消全市各级各类公立医疗机构医用耗材加成，公立医疗机构单独面向患者收费的医用耗材，以实际购进价格为基础实行“零差率”销售。规范公立医疗机构药品采购行为，落实国家、省药品集中带量采购政策，组织国家集中带量采购中选药品生产企业、配送经营企业、全市医疗机构三方签订购销协议，为患者节省使用25种国家集中采购药品支出2600余万元。

【医保基金监管】 2019年，永州市开展打击欺诈骗保专项治理“六集中”（集中宣传培训、集中稽查病历、集中约谈、集中公布一批典型案例、集中自查整改、集中检查交办）行动。全市313家协议医疗机构，17家零售药店，主动上缴1333万元，其中市本级957万元。挽回基金损失4214万元，暂停或取消医保协议20家，落实整改要求18家。

【异地就医管理】 2019年，永州市本级办理异地就医备案2771人次，城乡居民医保市外异地就医住院118865人次，住院总费用17.44亿元，基金支出9.14亿元，城乡居民市内异地六家医院结算人次28481人次，金额17436万元，审核扣费总计101.93万元。

【特殊医疗管理】 2019年，永州市本级城镇职工特殊药品享受待遇1638人次，基金支付873.04万元，城乡居民大病特殊药品享受待遇4931人次，基金支付1999.97万元；公务员补助享受1681人次，补助金额554.47万元；离休干部医疗费用166.25万元，1~6级伤残军人共发生医疗费用25.89万元。

【医疗服务保障】 2019年，永州市医疗保障系统以“放管服”改革为引领，从规范办事流程、精简申请材料、推动数据共享、提升服务水平等方面入手，精简办理流程，市本级职工医保特殊门诊、大病特药、转外住院、意外伤害等均实现业务线上办理，对所有38个经办事项进行梳理，受理资料由原来的135项减为100项，减少26%；利用互联网和信息化手段，压缩办理时间，重点缩减内部审核流转时间，做到“马上办，网上办，就近办，一次办”，窗口受理承诺时限由原来最多60个工作日统一缩减为10个工作日。

（吴慧珍）

卫　　生

综　　述

【概况】 2019年，永州市医疗卫生机构5574个。其中，医院142所，基层医疗卫生机构5362个，专业公共卫生机构70个。医院中，公立医院35所，民营医院107所。基层医疗卫生机构中，社区卫生服务中心/站39个，其中，社区服务中心27个，社区服务站12个；卫生院179所；诊所548个，卫生所、医务室（包括分支机构）73个；村卫生室4511个。专业公共卫生机构中，疾控中心12个，妇幼保健院12个，卫生计生综合监督执法局（卫生监督所）12个，专科疾病防治所2个，采供血机构1个，计划生育技术服务机构31个。

医疗卫生机构编制床位37686张，实有床位数41735个。卫生编制人数28939人，在岗职工数45712个。卫生技术人员36905人，其中执业（助理）医师14111人、注册护士17565人。医疗卫生机构固定资产37.57亿元；房屋建筑面积281.2万平方米，其中业务用房面积191.69万平方米，租房面积32.46万平方米。拥有万元以上医疗设备14227台件，总价值26.23亿元，其中50万~99万元538台件（较2018年增加106台件），100万元以上476台件（较2018年增加65台件）。医疗卫生机构总收入91.75亿元，比2018年增加10.36亿元（增长12.7%）；总支出90.25亿元，比2018年增加9.78亿元（增长12.2%）。

2018年10月至2019年9月，全市评估总人口651.35万人；已婚育龄妇女人数110.93万人，比2018年度减少3.34万人；出生人数6.53万人，比2018年度减少0.99万人；出生率10.04‰，比2018年度下降2.52‰；符合政策生育率为91.51%，比2018年度上升0.87%；出生人口性别比为115.63，比2018年度下降0.76个比点；自然增长率3.64‰，比2018年度下降1.43‰；死亡率6.40‰。截至2019年9月30日，全市流动人口168.08万人，占全市人口总数的25.8%，较2018年度同期减少0.52万人。流出人口158.24万人，其中，跨省流出人口146.76万人，省内流出人口11.48万人；女性流出人口76.45万人，流出育龄妇女73.88万人，男性流出人口81.79万；跨省流出人口中，流向最集中的是广东省，为120.82万人。流入人口9.84万人，省内流入7.71万人；跨省流入2.13万人，女性流入人口0.85万人，其中流入育龄妇女0.63万人；男性流入人口5.65万人（跨省流入男性1.28万人）。

获得2019年度市州卫生健康

2019年1月13日，永州市卫生健康委员会举行挂牌仪式

重点工作目标管理考核优秀单位且排第一名；获得全省食品安全风险监测先进单位；获得湖南省2018—2019年度防盲先进单位；获得湖南省2018—2019年度“遗体和人体器官捐献工作先进单位”。

【公立医院党建工作】 2019年，永州市卫生健康系统集中开展医疗卫生领域商业贿赂专项整治活动，推进巡察反馈问题整改工作，出台和完善11项工作制度及管理办法；推动“党委领导下的院长负责制”实施，落实中央《关于加强公立医院党的建设工作的意见》、省委《关于加强全省公立医院党的建设工作的实施意见》，配齐配强市直医疗卫生单位党政班子，永州市妇幼保健院成立党委，其他市直医疗卫生单位完成党组织换届，提拔、调整16名直属单位党政领导班子成员，指导11个县区卫生健康部门成立公立医院党建工作指导委员会。

【医药卫生体制改革】 2019年，永州市强化“四医联动”（医德医风、医疗、医保、医药），推进公立医院综合改革，在全省率先出台“四医联动”推进医改实施意见。全市公立医院医疗费用增幅7.7%、药占比（中药饮片除外）27.19%、百元医疗收入（不含药品收入）中消耗的卫生材料费21.97元、医疗服务收入（不含药品、耗材、检查、化验收入）占业务收入的34.33%，永州在全省深化综合医改重点推进会上做典型发言。祁阳县获得省政府真抓实干成效明显表彰。组织开展医德医风专项整治、医药卫生领域商业贿赂专项整治以及医疗乱象专项整治，治理违规大检查、大处方、大住院问题。对20名“好医德、好医术、好医生”称号获得者进行通报表彰。出台《关于全市公立医院绩效分配改革的指导意见》《永州市关于改革完善医疗卫生行业综合监管制度的实施方案》，健全医疗机构内部激励约束机制，强化对医疗卫生全行业的综合监管。以医联体信息化建设为平台，推进医疗卫生事业改革。推进市、县区医联体和医共体建设，形成省、市、县、乡、村医疗机构五级联动的局面。全市组建县域医共体57个和远程诊断中心10个，所有的中心卫生院、社区卫生服务中心和行政村卫生室完成高血压示范（专病）门诊和监测点建设。引导二级及以上医院普通门诊向社区服务中心延伸。下发《关于推行县域内医疗机构药品同目录供给一体化配送的指导意见》，统一组织领导、统一药品目录、统一药品采购、统一药品配送、统一药品报销，实现县、乡、村基本药物使用一致。蓝山县、江华瑶族自治县在探索推行县域内医疗机构一体化配送，祁阳县推行手机App在线购药。

【健康扶贫工程】 2019年，永州市全面落实“三提高、两补贴、一减免、一兜底”和先诊疗后付费的健康扶贫核心政策。健康扶贫在全国、全省考核中获得满分。全市建档立卡贫困人口参保率和慢病签约服务率100%。推行以按病种付费为主的复合式医保支付方式，现行按病种付费的病种数100种，贫困人口住院实际报销比例88.65%，大病集中救治率97.25%，县域内就诊率96.95%，分别高出省定目标3.12%、9.31%和11.95%。组建以全科医生、公共卫生和护理人员为主，村医、计生专干为辅的家庭医生服务团队1022个，对患慢病的贫困户进行入户服务、定期随访和有针对性的健康指导；开发运用家庭医生签约服务电子化签约系统，重点对慢病患者进行对口管理，通过手机App（3.0版公卫随访刷脸工具）扫描二代身份证、扫描服务对象的人脸进行签约和面访，确保建档立卡贫困人口电子健康档案的真实性，提高家庭医生签约服务工作效率和服务精准性。

【民生实事项目】 2019年，永州市完成72所乡镇卫生院、15所社区卫生服务中心、1069所行政村卫生室的标准化建设，消除村卫生室“空白村”167个，实现基层医疗卫生机构标准化建设全覆盖。江永、蓝山、双牌、新田县成功创建二甲公立医院，实现县区二甲公立医院全覆盖。救治救助农民工尘肺病患者1052例，实施农村及城镇低保适龄妇女“两癌”免费检查102825人，孕产妇免费产前筛查40288人，均超额完成省定任务。

【公共卫生服务】 2019年，永州市为群众提供14类基本公共卫生服务。孕产妇死亡率12.72/10万人、比目标控制率低3.28个十万分点，5岁以下儿童死亡率4.77‰，比目标控制率低3.23个千分点，出生缺陷发生率107.10/万人，同比2018年下降16.42个万分点。有效处置零陵区、祁阳县学校伤寒（副伤寒）等暴发疫情。食源性病例监测信息报告及时率、完整率100%。抓好登革热等夏秋季传染病的防控，无重症、死亡。未发生学校结核病突发公共卫生事件，在全省结核病防控知识竞赛中获得团体二等奖。祁阳县疾控中心被省卫健委授予“湖南省卫生应急突出贡献集体”，市第三人民医院和双牌县人民医院被列为全省公众急救知识技能普及工作试点医院，并在全省急救操竞赛中获得三等奖。慢病防控工作有序推进。儿童口腔疾病综合干预、儿童青少年近视调查核定等项目按计划顺利推进。规范严重精神障碍管理，严重精神障碍报告患病率4.92‰，规律服药率78.55%，规范管理率88.11%，面访率94.92%，体检率31.66%。消除地氟病，完成永州市碘缺乏病监测工作，通过省级地方病防治“十三五”规划中期评估。开展用人单位职业病危害项目申报及工作场所职业病危害因素检测工作，完成职业病危害项目申报和工作场所职业病危害因素监测196家。10月30日，全省健康促进工作现场会在永州召开。

【医疗服务水平】 2019年，永州市完成中央投资的卫生健康项目1.15亿元；向国家申报2020年卫生领域中央预算内投资建议项目7个，创历史新高。加强全科医生队伍建设，每个乡镇卫生院和社区卫生服务中心都至少配备1名全科医生，实现乡镇卫生院和社区卫生服务中心“全科医生”全覆盖。率先完成乡村医生本土化培养全覆盖，从2015年起累计安排专项资金1432.90万元，培养乡村医生本土化人才1201人。为基层招聘执业医师、全科医师以及具有执业助理医师资格的全日制大专以上学历医学生89人。妇幼健康服务体系建设得到加强，市妇幼保健院成功创建三级医院，江华瑶族自治县妇幼保健院成功创建二级甲等医院。

【中医药事业发展】 2019年，永州市中医诊所备案制实施，全市核发24家备案制诊所。联合市场监督管理局开展为期100天的中医养生保健服务专项整治。推进医联体建设，市中医医院与所有对应的县级医院签订医联体框架协议，县级医院以分片切块的方式与社区卫生服务中心和乡镇卫生院签订医共体框架协议。江华瑶族自治县成立瑶医药学会，设立江华瑶族自治县瑶族医药研究所，举办第三届“瑶医药节”。中华医学会在双牌县举办第十二届全国中医毒蛇咬伤学术交流会暨十七届全国蛇伤大会，双牌县中医医院被确定为国际蛇伤骨干医师培训基地。启动“服务百姓健康行动”大型义诊周活动，全

2019年10月30日，湖南省健康促进工作会在永州召开

市义诊13次，参与义诊专家166名，义诊12689人次。江华瑶族自治县、宁远县获得全国基层中医药工作先进县称号。祁阳县中医医院创三级医院和双牌县中医医院创二甲医院顺利通过省市评审。

【卫生保障建设】 2019年，永州市争取中央和省级财政投入6.74亿元，完成中央投资的卫生健康项目1.15亿元，向国家申报2020年卫生领域中央预算内投资建议项目7个，创历史新高。开展市直三级公立医院法治建设工作。联合市委组织部、市委编办、市人社局印发《永州市卫健系统2019年基层卫生人才公开招聘工作方案》，并指导县区卫健局组织实施，各县区通过公开招聘、人才招聘、三支一扶、订单定向等方式充实基层卫生工作人员500余名。同红网永州、《永州日报》、永州广播电视台、永州融媒体中心等进行合作，刊发稿件、开放专栏数稳步提升，开展健康知识普及行动、组织三医联评（好医德、好医术、好医生）推荐评议活动。推进老年健康服务体系建设，开展健康老龄观宣传，探索二级医院转型医养结合医院新路径。出台《永州市集中培育医养健康产业实施方案》，成立全市医康养产业工作领导小组，将医康养产业发展纳入政府重要议事日程。强化人口监测与家庭发展，全市符合政策生育率92.02%，比2018年底高1.38%，出生人口性别比为115.20，比2018年下降1.19%。

（首永琳）

【永州市中心医院】 2019年，永州市中心医院年门诊量100万余人次，年出院病人10万余人次，编制床位2400张。

全年门急诊（体检）106.4万人次，较2018年同比（下同）增长9.04%，出院病人10.5万人次，增长2.58%；完成手术2.4万台次，增长9.0%；病人平均住院日9.0天；经济收入13.37亿元，增长2.02%。其中业务收入13.15亿元，财政拨款0.19亿元。医院获得“湖南省五一劳动奖”“2018年度—2019年度中国医院百强院”“湖南省食源性疾病监测哨点医院先进单位”“2018—2019年度全省援外工作先进集体”等20余项市级以上荣誉称号。

落实党委会议事规则和“三重一大”事项集体决策制度，召开党委会37次，研究议题184个；开展集中学习12次；组织51名副科以上干部参加湖南省干部教育网络学院的学习，学习时长4000余学时；以学习强国平台为抓手，全院注册人数1700余人。

召开中国共产党永州市中心医院第二次代表大会，选举产生新一届党委和纪委。发展党员13人，确定副高以上职称拟重点培养对象19人，参加入党积极分子培训20人，参加市级党务培训100余人次。6月，市委书记、市人大常委会主任严华一行调研医院党建工作，对医院党建工作给予充分肯定。

推动党风廉政建设“两个责任”落实，保留工作制度251项、废除岗位职责269项、制订应急预案270项、规范工作流程407项制度；运用监督执纪“四种形态”，进行约谈129人次，提醒谈话26人次，诫勉谈话17人次，免职2人；立案13件，结案11件，给予警告以上处分10人，其中给予开除处分并移送司法1人。市委第三巡察组巡察反馈的79个问题全部销号，审计组反馈的各类问题整改到位。

全面修改完善医疗规章制度、流程及各种预案，落实18项医疗核心制度，签署医疗安全责任状、抗菌药物合理使用责任状。开展医疗卫生领域商业贿赂专项整治自查自纠工作，开展医师管理和培训104次，全年选派42名科室业务骨干到国内外著名医院进修学习，邀请74名省内外知名专家教授进行讲学，教学查房，示范手术。实行每周质量检查及报告制度，新建临床路径45个，覆盖各专科/亚专科病区常见病种，出院病人入径率超过30%。落实院感“日报告、零报告”制度，上报各类传染病疫情7750例，无重大传染病疫情漏报、迟报等现象发生。执行合理用药、抗菌药物临床合理应用及处方点评制度。加强合理用药检查监督，抗菌药物使用金额占药品总收入比例下降到13.35%。新发医疗纠纷18起，无重大纠纷发生。处理新发投诉421例，较2018年减少20.8%。成功申报并获批33家市级医疗质量控制中心。组织护理人员分层、分类理论培训33次，开展专科培训28次，选送141名护士长及骨干外出学习交流培训。开通移动护理及推广使用“延续护理系统”，出院病人电话或微信回访率超过30%。院内护理工作综合满意度92.46%。组织社区健康促进活动55次，开展科内健康教育讲座400余次；住院患者健康教育覆盖率100%，平均知晓率95.6%。组织护理人员开展多种形式的竞赛评比与表彰活动，选送20余名护理人员参加省级以上各类比赛，获得湖南省助产士知识与技能大赛一等奖、湖南省护理骨干临床教学能力比武二等奖等省级以上科室集体奖6项，个人荣誉奖12项。

加快专科建设，诊疗执业范围新增计划生育专业、优生学专业、妇女保健专业、医疗美容专业、儿童保健专业等5个亚专科，建成全市首个生殖中心、PET-CT室并投入使用，代谢内分泌科、肝胆外科等13个临床专科成功申报为市级临床重点专科；健康管理中心通过评审，成为永州市首家全国健康管理示范基地，建成市级唯一的危重孕产妇及新生儿救治中心。开展新技术新项目。医院投入7745余万元购置DSA、超高端CT、PET-CT、硕通组合镜等医疗设备，为肿瘤、心血管和介入微创等疑难危重疾病的诊断、治疗方面提供可靠的技术支撑。59个病种可实施日间手术。开展新技术新项目68项等。骨科踝关节镜技术、腹腔镜膀胱全切术、内镜下钛质人工听骨在听骨链重建中的应用、腹腔镜联合胆道镜技术在复杂性肝胆管结石中的应用、经口腔镜甲状腺颈部无痕术。内镜技术发展，其中神经内科联合神经外科开展的神经内镜下治疗脑血管疾病，微创介入血管科进行的外周介入技术常态化开展。医技科室开展的新技术新项目，其中病理科开展的微卫星不稳定性检测、放射影像科开展的磁共振脑灌注成像技术-3D ASL、核医学科开展的PET-CT分子影像检查、临床药学开展的药物代谢产物联合检测等。推进多专科联合技术，其中肿瘤科和胃肠外科联合开展的术前新辅助放化疗联合手术治疗结直肠癌等。填补市内空白，缩短与省级先进技术的距离。

推动三级公立医院绩效考核，修改完善《综合目标考评细则》，对医改指标开展院科两级量化考核。落实各项医保政策。对全院职工进行医保政策宣传与培训，规范临床路径。实施按病种收付费结算的病种74个，结算病例3545人次。实施农村贫困人口“一站式结算”7279人，完成异地就医结算765人。加强医保基金监管工作，成立联合监管督查组，开展欺诈骗保行为自查自纠行动，配合省医保局的飞行检查，整改自查不合理收费和飞行组提出的问题，逐项销号落实。推进分级诊疗。实施住院直通车“一站式”转诊服务，开通全市、各县区危急重症院前急救转诊绿色通道，与湘雅医院展开合作，构建立体航空医疗救护生命绿色通道。与县区二级以上医院双向转诊病人1.5万人次，接收医联体成员单位医护人员免费进修50人次，向医联体成员单位提供远程会诊服务、远程影像服务、远程病理服务720人次。调配52名中级职称医师、36名高年资初级医师、130余人次专家到双牌县人民医院、江华瑶族自治县人民医院进行对口帮扶驻点，通过“点对点”对口帮扶，填补两家医院多项技术空白。

推进“人才强院”战略，完成医院新一届党委和纪委班子的换届选举工作，294名中层干部履新。招聘医生、技师、护理人员120余人，其中引进人才19人，到国内外著名医院进修学习42名，选派3名技术骨干到美国、德国、英国等医学中心学习。选送4名优秀引进人才参加红旗渠干部优秀人才战略班培训。1人被评选为湖南省“121”创新人才培养工程第三层次人选，并当选永州人才协会主席。定期组织院内专业知识学术讲座190次。

提升医学教育质量，实习生组队参加南华大学第九届（大学生）临床技能竞赛获得二等奖。住院医师规范化培训结业考核通过率96.3%，住院培训基地被评为“湖南省住院医师规范化培训优秀基地”“湖南省住院医师规范化培训优秀考核基地”。2016级医院培养的研究生全员通过国家住院医生规范化培训的结业考核，就业率100%。加强研究生导师培养，新增硕士研究生导师8名。

通过国家药物临床实验机构（GCP）资格认定，呼吸内科、神经内科、心血管、内分泌、免疫、肿瘤等6个专业通过临床药物临床试验专业认定。省级项目立项2项，市级项目立项9项，校级项目立项1项，继续教育项目3项。全年在省级及以上医学杂志公开发表论文78篇，其中SCI文章6篇，横向合作课题3项。

加快医院环境建设，冷水滩院区健康管理中心、零陵院区传染病大楼和外科大楼装修改造项目顺利立项，预留发展用地S1、零陵区水口山林场完成征地拆迁和安置工作，修建职工临时停车场。零陵院区棚户区改造项目开工建设。推进医院基础设提质改造。改造和完善医院基础设施投入5500万元，广场和院内的绿化美化投入80万元；生殖中心建设投入1200万元并正式使用；零陵区病房改造及配套设施的建设投入200万元。加快智慧医疗建设。率先推行全省居民电子健康卡，改善“掌上医院”和“自助系统”各项服务功能，方便病人就医。更新升级HRP绩效核算系统，完善移动医疗、日间手术、脑卒中绿色通道等相关应用程序。

完成全市各项大型活动及会议的应急保障工作及与会代表的医疗急救工作88次。120紧急救援中心出车9600余次，救治病人11万余人次。做好高危、危重孕产妇及危重新生儿的救治，连续三年孕产妇死亡率为零，获得永州市母婴安全保障工作先进单位。组织医疗专家深入各县区偏远地区开展巡回医疗义诊40余次，接待义诊群众2.83万余人，免费发放药品14.6万元、健康宣教资料2.83万余份。脑卒中高危人群筛查和干预工作全国排名第45名。无偿献血量10万毫升以上，拨付55万元用于冷水滩区沽龙井社区提质改造工程。医院选派骨干力量常驻蓝山县茶源坪村扶贫点，全村贫困发生率低于2%，扶贫工作队被评为“永州市先进工作队”“浆洞乡扶贫先锋队”，队长被评为蓝山县2018年度最美扶贫人，队员被评为乡扶贫先锋。全年在各网站平台刊发通讯报道1000余篇，自媒体平台总阅读量超44万人次。

（张巧辉）

【永州市中医医院】 2019年，永州市中医医院占地5.33公顷，业务用房6.8万平方米，开设病床800张。有在职职工600余人，高级职称80余人。全年医院获得“年度市直机关党建工作目标管理先进单位”“年度市直机关先进基层党委”“年度优秀市派驻村帮扶工作队”“五四红旗团委”“湖南省院前急救先进集体”“度院前急救工作优秀网点医院”等荣誉称号。

贯彻基本医疗制度、基本诊疗规范和诊疗标准。坚持将医疗质量管理列为医院管理的重点，坚持医疗安全“一票否决”的原则；把临床医疗护理、医技功能检查、行政后勤保障工作纳入规范化、科学化管理，完善诊疗技术常规和操作规范及各种工作质量考核标准、考核办法，提高医疗服务质量和医疗服务水平。开展医院感染管理和传染病管理工作，全年无医院感染暴发，无传染病暴发。定期对在架病历进行全面检查，重点监控输血病历、危重病历及死亡病历的病历书写质量，每月对终末病历进行抽查评比，评出终末病历前三名及后三名，采取奖优惩劣的方式，促进病历质量的提高。

深化优质护理服务，提升护士技能水平和岗位综合能力，健康教育全覆盖，科室抢救药品及器械都能处于应急备用状态，全年无差错事故发生。开展中医护理培训、中医特色护理项目。

在急危重症、自然灾害、公共事件等重大医疗快速救援行动中，建立地面移动和空中飞行ICU，打造立体、多元化救援网络。成立急诊综合科病房；完善“卒中中心”建设；完成消毒供应中心验收合格；完成乙醇监测实验室的资质认定工作。

引进博士、硕士和学科带头人。开展射频消融、超声骨刀、微创、介入、粒子植入等技术，骨科以中西医结合方法开展的闭合性整复、开放复位内固定术、关节置换术、脊柱（微创）手术；心内科和放射科联合开展冠状动脉造影技术、心脏介入治疗；针灸科开展醒脑开窍针刺等疗法治疗卒中后遗症；肾内科开展床旁持续血滤。下腔静脉滤器置入术、踝关节镜临床应用、超声引导下肺、肝、肾穿刺术临床应用、超声引导下经皮胆道穿刺引流术临床应用、超声引导下心包穿刺置管引流术取得较好临床应用效果。

定期组织理论考试，举办院级讲座；组织推荐选手参加湖南省第二届针灸技能大赛；承办年度永州市青年护士技能中医组竞赛；举办市中西医结合学会脑心同治专业委员会年会、市中医药学会肿瘤专业委员会年会、承办湖南省中医药监督知识与能力提升培训班。

开展医疗便民服务，增加手机自助充电设备。将自助打印机、自助充值机集中放置、统一管理，并增加各自的数量，方便患者使用。门诊设置分诊、导诊护士，在不同楼层设收费窗口；设专人接待患者投诉，做到接待、登记、调查、处理、反馈首接负责制；实行电脑预约和窗口挂号相结合、普通、专家门诊和特需门诊相结合等多种服务形式；在患者较为集中的区域设量候诊椅，并为患者提供饮用水；对于行动不便及残障人士，设有无障碍通道，免费提供轮椅，并在洗手间设置残疾人座便椅。

公开医疗服务信息，制订院务公开管理办法。利用院刊、电子屏、公示栏等，通过医院内外网络，向患者和社会及时公开相关诊疗、服务信息，门诊、住院患者能随时通过自助系统查询就诊项目、药品、单价、总费用等信息。

优化医疗服务流程，科学安排各专业出诊医师数量，推进预约诊疗工作，完善预约挂号系统，专人负责。开展电话预约、网络预约、现场预约三种形式。推行“互联网+”，开发微信小程序、App、预约系统，运用移动多纬度支付、诊间结算及自助设备挂号缴费，实现挂号缴费不排队，实时推送检查结果到患者手机。

组织中医药文化进社区、进工厂、进校园等活动，开展中医药文化宣讲、义诊活动多次，免费为市民发放药品。开展“世界卫生日、肿瘤宣传周、4·20痛风日、世界糖尿病日、11·20心梗救治日”等义诊活动，传播中医药文化。建立志愿服务工作驿站，全院在职职工成为省级志愿者，多次参与志愿服务活动。建立通讯员队伍，邀请专家授课，提高通讯员理论素养、新闻写作能力。在国家、省市级媒体发表新闻数余篇；开设《讲医堂》《中医说》电视专栏；根据不同节日主题，制作宣传视频，参加2019年湖南省百万职工大合唱网络比赛，获得二等奖。

（卞红）

【永州职业技术学院附属医院（永州市第一人民医院）】2019年，永州职业技术学院附属医院（永州市第一人民医院）编制床位850张，设临床、医技科室50个，其中湖南省市州级重点学科2个，市级重点学科9个，有职工571人，其中硕士生导师4人，博士以上学位1人，硕士以上学位17人，主任医师、教授31人，副主任医师、副教授71人，中级职称152人。拥有GE螺旋CT、联影3.0T核磁共振、TOSHIBA大型C臂数字减影机、菲利浦四维彩色超声诊断仪及大型高压氧舱等大中型设备500台套。开展准分子激光治疗近视、全喉再造、心脑血管介入、各种内镜（胸腔镜、腹腔镜、宫腔镜、椎间盘镜、关节镜）微创手术、人工髋关节和膝关节置换、脊柱矫形、内窥镜下泪囊鼻腔吻合、ERCP、PS替代技术治疗新生儿透明膜病等特色技术。

年末，医院总收入14129.92万元，其中医疗收入13629.81万元（门诊收入3951.56万元，住院收入9678.25万元），药品收入占业务总收入的30.21%，门诊量128882人次，住院病人12904人次，住院病人手术3105台次，住院病人平均住院床日9.08，抗生素使用强度（DDD值）为39.82，完成各类体检17240人次，开展送医送药下乡大型义诊6次，健康知识讲座10次，发放宣传资料1.2万份，受惠群众150个村1.5万余人。

医院获得“永州市医院感染管理先进单位”等6项集体荣誉称号，心血管内科团队的科普宣讲节目获得永州市健康宣讲大讲赛三等奖，赵永旺获得“永州好医生”“最美科技工作者”称号，张林涛获得“永州市三十年护理奉献奖”，唐丽萍获得“市优秀护理管理干部”，蒋欣、杨志娟分别获得“永州市市优秀护士”，何其斐、于竹梅获得“永州市市青年护士技能、理论竞赛内、外科组二等奖”，郑平美获得“永州市市助产士会阴侧切缝合术技能竞赛三等奖”，盘燕梅获得“永州市第一届院前急救技能竞赛二等奖”，谢南艳获得“永州市健康科普宣讲大赛团体三等奖”，傅光慧获得永州市专科器械再处理指南最佳实践大赛二等奖，杨铭、陈晓育等23人被永州职业技术学院授予“优秀共产党员”称号。

加强党风廉政建设，领导班子以“党建、思想政治、意识形态，专科及医联体建设，医疗质量、医疗安全及服务能力，新的绩效分配方案，人才队伍建设，职工满意度”等6个方面为重点，开展调研工作，召开调研成果交流会和“牢记健康使命，提高医疗质量”“推进全面从严治党，加强基层党组织建设”学习研讨会。“二级机构集中整治年”活动取得阶段性成果。对活动督查组交办的10个具体问题和7个方面重点问题多次召开专题研究会和整改工作会。开展行风建设和廉洁风险防控。拒收病人1.82万元红包，29人主动上缴红包。开展行业作风整治专项行动和医药购销领域反商业贿赂专项清理工作，118人次主动上交药品回扣732247元。处理院内投诉18起，对违规违纪人员诫勉谈话2人次、提醒谈话9人次、通报批评6人次，经济处罚5人，不良记分5人。对医院的廉政风险点进行梳理和排查。

提升医疗服务质量，修订《永州市第一人民医院医疗纠风预防和处理办法（暂行）》等5部规章制度，规范医疗行为，保障医疗安全；采取环节质控和终末质控并重的方式狠抓病历质量，发布4期《质控通讯》通报督查结果；组织卫生法律法规、医疗文书书写规范及抗菌药物合理使用等各类学术讲座65次，组织院内三基考试3次，考试合格率100%；选派各学科业务骨干进修学习和学术交流154人次，委派26名临床医学本科毕业生参加住院医师规范化培训；医院感染发病率、漏报率均在可控范围内；调处医疗纠纷14起，涉及费用补偿医疗纠纷8起，均通过协商以及医疗调解委员会办结医疗纠纷，未发生医疗事故。护理管理实行三级质控。护理安全实行“5个重点”（重点科室、重点患者、重点环节、重点时段、重点人群）管理，确保护理工作安全有效。开展高流量呼吸湿化治疗仪、骨科快速康复病房、无痛分娩、腔镜下甲状腺癌根治术、腔镜下肾上腺切除术、显微镜下脑膜瘤切除术等护理新项目、新技术、新业务10余项；选送6名护理骨干参加省专科护理质量控制中心组织的重症监护、糖尿病、手术室、ICU、儿科、新生儿等专科护士岗位培训并取得专科护士证书，8名护理骨干到省内上级医院进修眼科、神经外科重症监护等护理，56名护理人员参加省市级护理学术交流会议，外出培训率22%，其中3人取得护理管理干部培训合格证书；“静脉治疗”“管道护理”“糖尿病教育”“造口/伤口”等护理小组开展专题活动。

加强人才队伍建设，晋升高级职称12人，其中正高职称1人、副高职称11人，晋升中级职称41人，初级职称40人；自主招聘硕士研究生3名、全日制本科生2名，通过市政府人才引进计划引进硕士研究生2人。通过内部培养、人才引进和公开招考等渠道，重点解决学科带头人、高年资和高职称临床一线医务人员的编制问题，制定自主引进人才优惠待遇政策，提高临床一线医师绩效工资，稳定和完善医院学科带头人队伍和结构。

组织申报省、市科学技术科研课题5项，立项2项，结题2项，公开发表国家及省级学术论文90篇，举办湖南省继续医学教育项目2项，举办市级学术活动3次，接收湖南中医药大学、永州职业技术学院及其他院校护理、临床医疗、检验、药学、影像技术、康复、助产7个专业110人实习，完成学院临床、影像、药学、护理等专业课程的课堂教学760学时和1276学时的见习带教任务，举办4批次不同专业的实习生岗前培训班，并全部按计划进行岗前培训及考试考核，组织实习生专题讲座4次。没有出现教学事故，医教互动结合好。加强管理、规范带教，完成2018级26名全科医生转岗培训任务并全部结业，受到受训学员的欢迎和省、市卫生行政部门的好评，在全市择优录取50名学员进行全科医生规范化培训。

全面实行预算管理，制定医院收支预算计划，并经职代会讨论通过后执行，每月制定付款计划交由医院办公会讨论执行。医院的审计工作由会计师事务所、学院审计处和医院审计科3各部门多层次进行审计把关，推进医院绩效改革，结合医院实际，邀请上海宏信医院管理咨询公司制订《经济管理方案》。加快医院第二住院大楼（包括全科医师临床培养基地和儿童医疗服务体系）装修建设，完成投资12367.4万元。

（黄明辉）

【永州市妇幼保健院】 2019年，永州市妇幼保健院设置床位499张，实际开放151张；人员编制260名，其中全额拨款事业编75名，差额拨款事业编185名；在岗人员340人，其中专业技术人员317人，本科以上学历221人，博士1人，研究生7人，副高以上职称42人（正高2人），设置业务科室20个，职能科室12个。

完成业务收入9607.05万元，同比增长5.1%；门诊服务158407人次，较2018年增长5.14%；住院服务6161人次；活产数2975人次，较2018年增长1.71%。医院成功创建三级妇幼保健院，创建成为首届国家分娩镇痛定点医院，被评为永州市“妇女儿童先进集体”“平安示范医院”“园林式单位”，在市直卫健系统绩效考核中连续四年获得优秀等次；儿童保健部被评为“永州市工人先锋号”。产前诊断被确定为市级临床重点专科，申报并完成危重新生儿救治中心的初评。

完成各项群体保健工作指标，孕产妇死亡率降至12.72/10万人，5岁以下儿童死亡率降至4.8‰，出生缺陷活产发生率107.10/万人，三项指标均低于全国平均水平；全市孕产妇免费产前筛查40288人次，目标人群覆盖率106.02%；免费产筛风险人群7078人，干预率80.84%，全部达标。为辖区所有孕产妇免费提供建档建册、孕期健康管理和产后访视服务。全市孕产妇系统管理率96.24%，孕产妇早孕建卡率和产后访视率分别为98.16%、97.09%，达到省定目标。0岁~6岁儿童健康管理率95.81%，5岁以下儿童血红蛋白的检测率86.60%，均超过省定目标。制定辖区妊娠风险预警分类管理方案，指导县区妇幼保健院确定专人负责孕产妇管理工作、加大对妊娠风险筛查的督导和质控，特别是高危和流动孕产妇管理，指导各县区推进救治中心建设，并定期开展应急演练和危重孕产妇评审，每月定期分析孕产妇死亡形势，动态掌握全市母婴安全工作态势。通过新闻媒体、网络、义诊咨询、发放宣传折页的方式宣传重点民生项目、母婴健康、生殖健康和优生优育等科学知识，发放妇幼服务知识宣传折页4.5万张、健康教育处方5.2万张，制作宣传墙报、橱窗108期。孕期健康教育参与率51.5%、母婴健康素养知识知晓率84.59%。规范出生医学证明管理，领证率97.08%，废证率0.28%（要求≤1%），未发生空白证及废证丢失情况。举办出生缺陷防控培训班、免费新生儿遗传代谢遗传病项目、妇幼卫生业务管理、艾滋病、梅毒等培训班13场次、培训人数1900余人。持续助力爱心救助项目，全市爱心助孕救助人数8人，救助金额33.6万元。

开展新项目、新技术10余项，其中增开妇科内分泌门诊和妇科青春期更年期心理门诊、妇产科急诊，开展乳腺钼靶技术及贮存式自体输血等新项目，儿科首次开展Lisa技术给予肺表面活性物质，开展生物反馈治疗亲子教育、儿童神经行为检查；妇科完成宫颈癌腹腔镜下子宫全切+双侧附件切除、子宫内膜癌腹腔镜下子宫全切+双侧附件切除+盆腔淋巴清扫术；推行6S精细化管理，完善医疗质量持续改进方案，落实十八项核心制度，投诉接待处以主动报告“医疗不良事件”为重点，做到事事有分析讨论、有分析评估、有整改提高，全年未发生一起医疗事故，服务对象满意度99%。开展医疗服务收费自查，公开药品、医用材料和检查、手术收费价格，将各项医改指标纳入绩效管理方案，直接与绩效挂钩；各项医改指标基本达到上级要求，药占比12.5%、基药比44.81%，门诊患者次均费用331.91元，住院患者次均费用3473.23元，较2018年下降5%；参与省儿童医院、妇幼保健院学术活动，邀请省、市三级医疗机构专家来院授课10余次，选派6名医师进修学习，开展远程教学、会诊、疑难病例讨论4次；向省级医联体转诊16人次，接收县区医联体转诊120人次，为县区妇幼保健机构开展宫颈癌防控涂片复核800余人次，乳腺钼靶检查300余人次，成为中南大学湘雅医院医疗联合体产科专科联盟医院。

10月30日，医院第一次党员大会召开，选举产生中共永州市妇幼保健院第一届委员会和纪律检查委员会，修订完善各项管理制度31册1500余条，形成科学规范管理的长效机制，将创建文明标兵单位等工作融入医院文化建设，通过市级“文明标兵单位”现场评审。

开展医疗机构“集中整治年”、医疗卫生领域商业贿赂专项整治活动，医务科、人事科及院纪检每月对党风廉政及行风建设执行情况进行专项督导检查；每月进行医德医风督导，《行风手册》心得体会完成率98%，退还红包、礼金20人次，金额14888元，归还病友丢失财物25人次，收到病友赠送锦旗、感谢信14面次。组织医务人员深入社区开展以送医送药送健康为目的的义诊活动13次，散发宣传资料6800余份，免费赠送药品5万余元，免费检查5000余人次。组织全院职工开展公益捐助活动，全院职工助残一日捐捐款7180元、慈善一日捐捐款6300元。

做好人才建设工作的规划、引进、培训、配置和管理等工作。引进高学历高职称人才4人、自主招聘专业技术人员10人、公开招聘专业技术人员20人，其中副主任医师3人、硕士学位3人、本科学历21人。组织职工参加各类继续教育330人次，选派医务人员到省以上三级医疗机构专业进修12人次，参加各类培训3600余人次。推进医院二期扩建项目建设，完成立项可研报告，完成住院部2~4楼的改造；推动医院食堂建设。

（邹湘林）

疾病预防控制

【概况】 2019年，永州市疾病预防控制中心设有办公室、党务纪检室、质量管理科、政工科、财务科5个职能科室和急性传染病防治科、应急办、免疫规划科、食品安全与环境危害因素控制科、职业危害因素控制科、性病艾滋病防治科、结核病防治科、寄生虫地方病慢性非传染性疾病防治科、微生物检验科、理化检验科共10个专业科室。永州市水质监测中心归口市疾控中心管理。职工92人，有卫生、医疗、检验、食品工程等专业技术人员75人，高级职称17人，中级职称33人，中级职称以上技术人员占技术人员总数的66.7%。

2018年—2019年食品安全风险监测工作获“湖南省食品安全风险监测工作一等奖”“最佳隐患发现奖”“最佳地方特色监测奖”；获“2019年湖南省城乡饮用水卫生监测先进单位奖”。在永州市卫健委、市人社局、市总工会举办的“永州市结核病职业职工防治技能大赛”中获得团体二等奖、优秀组织奖；万再经获个人一等奖及“永州市技术能手”“五一劳动奖章”。中心获湖南省卫健委、省人社厅、省总工会举办的“湖南省结核病职业职工防治技能大赛”“团体优胜二等奖”。学生常见病和健康影响因素监测与干预工作获得省级先进单位，潘纯获得省级先进个人称号和死因监测国家级突出贡献先进个人奖。

截至2019年12月31日，全市报告法定传染病26种，发病59658例，死亡200例，发病率1094.22/10万人。无甲类传染病报告；乙类传染病报告19种15709例，死亡200例，丙类传染病7种43949例，无死亡病例。报告病例数居前五位乙类传染病病种依次为乙肝（6291例）、肺结核（4478例）、梅毒（2059例）、丙肝（883例）、百日咳（449例），占报告病例总数的90.14%；丙类传染病病种依次为流行性感冒（34413例）、手足口病（6818例）、其他感染性腹泻病（1271例）、流行性腮腺炎（1150例）、风疹（224例）、急性出血性结膜炎（70例）、斑疹伤寒（3例）。全市总体疫情与2018年同期相比，乙类传染病报告发病率上升9.07%，其中乙肝增加493例，百日咳增加292例，伤寒+副伤寒增加235例；丙类传染病报告发病率上升197.97%，其中流行性感冒增加29920例，其他感染性腹泻病增加285例，风疹增加222例，流行性腮腺炎增加180例。

【重点传染病监测、防控】2019年，永州市中心医院和市三医院2个流感监测哨点医院登记报告流感样病例42784例，占总登记的10.18%；流感病原学监测采集标本2235份，PCR阳性342份，PCR阳性率15.31%，分离培养毒株标本31株；报告流感暴发疫情33起，聚集性10起；采样314份，PCR阳性228份，阳性率72.61%；其中季H3163份（71.49%），新甲H115份（6.57%），Victoria50份（21.93%）。家禽规模养殖场（户）和城乡活禽市场外环境常规监测，采样45份，经核酸检测A型阳性23份（未检出H7阳性），阳性率51.11%；职业暴露人群人禽流感血清学调查，完成相关人员个案调查36份，采集血样36份，监测结果均为阴性。报告处理狂犬病暴露者67837人，报告狂犬病人18例，发病率0.33/10万人，发病率较2018年有所下降。开展个案调查18例，采集人体标本9人13份，经检测狂犬病毒阳性12份（唾液4份，咽拭子8份），疫点犬脑样105份。未发生霍乱疫情；登记腹泻病人7198例，进行霍乱检索2364人，检索率32.84%；完成霍乱弧菌环境和食品监测样1306份，其中水样542份（占41.50%）；水产品样759份（占58.12%）；食品样5份（占0.38%），所有样品霍乱弧菌阴性。开展手足口病普通病例监测，采集普通手足病咽拭子样667份，经检测阳性358份，其中EV71阳性6份，占0.9%，COA16阳性104份，占29.05%，其他肠道病毒阳性248份，占69.27%。全市7例重症手足口病，无死亡病例报告。报告36起手足口病聚集性疫情，其中1起为幼儿园聚集性疫情，其余均为家庭式聚集性疫情。报告登革热输入性病例78例，本地病例7例；放置诱蚊灯108盏，捕获各类蚊虫0.5万余只，未捕获到伊蚊；放置诱蚊诱卵器1200个，回收1103个，阳性数79个（捕获伊蚊阳性率7.16%），捕获伊蚊79只。伤寒、副伤寒监测，监测病例396例，172例临床诊断伤寒病例，224例实验室诊断病例（62例伤寒，162例甲副），分离培养出伤寒菌株1株、副伤寒菌株3株。对重点人群开展伤寒、副伤寒沙门氏菌监测358人，未检出带菌者；联合相关单位对分离的伤寒、副伤寒菌株均进行药敏实验，结果显示对庆大霉素耐药25%和妥布霉素耐药25%，未发现对其他检测药品耐药。对肾综合征出血热、钩体病、布病、人感染猪链球菌病开展常规监测，报告出血热病例21例（外地报本地病例12例），钩体病2例，布病41例，人感染猪链球菌病1例。

【传染病疫情】2019年9月，蓝山、宁远、东安、冷水滩四个县区各发生一起输入引起本地登革热暴发疫情，报告登革热病例7例，无死亡病例。省、市、县三级疾控中心开展现场流行病学调查，采取灭蚊、清除蚊媒滋生地、布雷图指数监测、发热病例监测等一系列防控措施，疫情得到控制。报告流感暴发疫情33起，10起聚集性疫情，流感疫情得到有效控制，没有发生二代病例和死亡病例。零陵、祁阳分别报告副伤寒、伤寒病疫情，2起传染病疫情均发生在学校，疫情得到有效处置，未发生扩散和蔓延。冷水滩报告一起猪链球菌疫情1例，通过治疗病例、健康教育、对环境进行整治等措施，疫情未发生扩散和蔓延。

【卫生应急】 2019年，永州市传染病报告质量评价综合率99.99%，法定传染病报告及时率99.98%，疾控机构对法定传染病报告卡的审核及时率100%，网络正常运行率100%，有效证件号完整率99.96%，无重卡。“传染病预警信息系统”接警2642次，启动对疑似传染病暴发事件提前介入、现场调查630次，确定暴发或流行26次，预警信号阳性率0.98%。报告突发公共卫生事件及相关信息21起，报告发病1017例，死亡5例。按事件分级统计，其中较大事件2起，一般4起，未分级15起，无重大和特别重大事件。按事件分类统计，传染病疫情16起，报告989人（占97.25%），无死亡病例；食物中毒事件3起，报告8人（占0.79%），死亡2例（毒蕈中毒死亡）；其他中毒1起，报告20人（占1.97%），死亡3例；其他公共卫生事件1起（一犬伤多人事件），无发病和死亡病例。8月，开展2019年永州市结核病防治职工职业技能竞赛，市、县三级60名专业技术人员参加竞赛。

【结核病防治】 2019年，永州市疾控中心开展结核病防治工作改革，并确定祁阳县为深度改革试点。开展65岁及以上老年人、糖尿病患者免费肺结核筛查，筛查65岁及以上老年人407402人、糖尿病患者127690人，发现106例活动性肺结核患者。全市各县区定点医院均配备结核分枝杆菌分子生物学检测设备并开展结核分枝杆菌DNA检测。在对县区培阳结核菌株免费耐药检测基础上，对所有耐多药高危人进行免费菌种鉴定与利福平、异烟肼耐药分子检测，耐药筛查阳性菌株927个、耐多药高危人群痰样98个。加强学校结核病疫情监测并编制上报《学校结核病疫情分析周报》52期，发现学校肺结核患者184例，5个县区17所学校发现有3例及以上病例，其中4所学校为聚集性疫情。全市入学新生肺结核筛查2464所学校（含幼儿园）、428209个学生，发现活动性肺结核患者26例、单纯PPD强阳性者2712人预防性服药312人。开展结防知识系列宣传活动，现场宣传224场次、电视播报149次、宣传345所学校、在公共场所大显示屏或电视播放结防科普片151天次、发放宣传单31.4万份、悬挂标语293幅、制作宣传栏291期，江永县制作的结防宣传微电影《惊蛰》被省结防所在全省推送。推进国家“十三五”传染病重大专项“肺结核密切接触者潜伏感染干预技术研究”，接诊12209例初诊就诊者，免费拍摄胸片人数9703人，免费查痰11841人，登记活动性肺结核患者4207例，其中病原学阳性肺结核患者2123例，成功治疗活动性肺结核患者4166例，对906例新病原学阳性患者、160例耐多药肺结核高危人群进行耐药筛查，确诊利福平耐药患者62例，初诊就诊率196.5/10万人、初诊查痰率97.0%、肺结核患者病原学阳性率50.49%、肺结核患者成功治疗率95.01%、新病原学阳性患者耐药筛查率49.37%、耐多药肺结核高危人群耐药筛查率74.77%、利福平耐药（含耐多药）肺结核患者纳入治疗

2019年，“4·29”职业病防治法宣传周活动　　摄影　赵志伟

率 70.97%。

【性病、艾滋病、麻风病防治】2019 年 11 月 30 日，永州市及各县区防艾办均组织召开防艾委成员单位工作联席会议。开展防治艾滋病知识宣传、自愿咨询检测、高危人群干预、清洁针具交换、公安司法监管场所被羁押人员 HIV 抗体监测、艾滋病感染者和病人的随访干预及全市一站式服务工作。累计报告淋病 225 例、尖锐湿疣 196 例、生殖器疱疹 55 例、生殖道沙眼衣原体感染 301 例；报告发病率分别是 4.12/10 万人、3.59/10 万人、1.01/10 万人、5.51/10 万人。无新发麻风病例。

【免疫规划】 2019 年，永州市报告麻疹病例 16 例，无死亡病例和暴发疫情报告。发病数和发病率均处于低水平状态。接种免疫规划疫苗 125 余万剂次，接种率 90%以上，连续 27 年保持无脊灰状态。开展两次全市适龄儿童接种率调查。暗访调查 13 个街道、11 个乡镇和 35 个行政村（社区），调查儿童 1 岁～7 岁儿童 390 名，其中城区儿童 178 名，农村儿童 212 名。其调查结果如下：建卡率 96.4%、建证率 100%、卡证相符率 82.0%、登记规范率 73.0%；乙肝首针 24 小时内接种率 96.2%、麻风及时接种率 63.7%，以市为单位，疫苗接种率 90%以上的有 19 针次。以乡镇为单位，疫苗接种率 90%以上的有 12 针次。2019 年 12 月 5 日—25 日，开展免疫规划疫苗接种率交叉检查。调查 11 个县区和 2 个管理区，预防接种单位 24 个，小学 24 所、托幼机构 24 所和村（社区）24 个。其中，小学抽查满 7 岁学生 480 名、托幼机构抽查 2 岁～6 岁儿童 240 名、村（社区）入户调查 2 岁～6 岁儿童 240 名。调查结果显示建证率 100%，建卡率 99.78%，查验率 98.89%；百白破第 4 剂、麻疹类疫苗第 2 剂、甲肝调查接种率均为 95%以上，流脑 AC 第 2 剂、白破、脊灰第四剂接种率分别为 87.29%、95.21%、95.63%。

截至 2019 年 12 月 31 日，报告麻疹监测病例 470 例，确诊病例 16 例，个案录入率 100%，排除病例报告发病率 4.23/10 万人，血标本采集率 98.25%，标本 3 日内送达率 99.37%，检测结果 4 天内上网报告率 94.76%，病原学标本采集率 26.11%。通过主动监测报告 27 例 AFP 病例，报告发病率为 2.25/10 万人，报告后 48 小时调查率为 100%，14 天内双份便采集率 100%，标本 7 天内送达率 92.59%；75 天随访表送达率 89.47%。报告乙脑监测病例 4 例，其中外地报本地 3 例，报告发病率 0.064/10 万人。报告流脑监测病例 1 例，无白喉、破伤风等疫苗针对性病例报告。通过 AEFI 监测系统报告 AEFI 病例 606 例，其中一般反应 587 例，异常反应 18 例，偶合症 1 例。48 小时报告及时率 98.68%，48 小时及时调查率 100%。

开展春秋两次入学入托儿童接种证查验与疫苗补种活动。春季入托入学对 1710 所幼园和 713 所小学新入学学生进行查验，查验学生 176283 人，查验率 99.0%。发现漏种 29372 人。对漏种疫苗的儿童，按预防接种工作规范规定的免疫程序，补种 28522 人，补种率 97.11%。秋季入托入学进行儿童接种证查验小学 773 所、幼儿园 1690 所，查验学生 236267 人，查验率 99.65%。发现漏种疫苗的儿童 29989 人，漏种 50411 剂次。补种 49092 人，补种率 97.38%。10 月 23 日—30 日，中心组织相关方面的专家开展调研，对存在的问题予以现场指导，市卫健委将调研结果反馈给市教育局，并在全市培训中将调研结果通报各县区。

组织对各县区接种单位的疫苗管理和安全接种工作进行抽查，调查的 122 家接种单位，覆盖全市 11 个县区和 2 个管理区，其中动物咬伤门诊 5 家，产科接种门诊 27 家，预防接种门诊 90 家。抽查的内容包括门诊规范化建设、疫苗管理、冷链设备管理、接种信息管理等内容。发现安全隐患现场指出并要求限期整改到位，有效提高免疫规划水平和预防接种服务质量。

开展系列宣传活动，组织收看在江苏举办的全国疫苗与健康大会和国家统一制作的“儿童预防接种日”相关宣传材料、影像资料。举办“妈妈课堂”活动，向家长面对面宣讲国家免疫规划疫苗接种相关政策、预防接种知识等，提高预防接种意识。与冷水滩区疾控中心及岚角山卫生院共同开展街头现场宣传活动；印发宣传主题礼物，走村入户进行健康宣教；印发宣传主题海报 600 份和 3 万份宣传资料，全市设现场咨询点 210 余个，展出横幅、展板、标语等 1000 余条（块），发放各种宣传单 7 万余张（份）、折页 1.9 万余份、宣传手册 2900 余份，宣传海报 600 套，发送手机短信 2.7 万余条、微信 5000 条、印发环保购物袋 6400 余个，小礼物 2500 余份，繁华地段 LED 滚动屏

120余个，专题讲座290余场，村村通广播宣传300余次，宣传车13台，培训家长1000余人次，咨询人数2万余人。

全市乡级接种单位和产科接种点预防接种信息系统覆盖率、产科信息报告率均为100%，疫苗扫码接种率95%以上。同时还利用互联网+“小豆苗”App加强接种医生与儿童家长的信息沟通，全市0岁~2岁儿童“小豆苗”App关联率76.2%。

【地方病、寄生虫、慢性病防治】2019年，永州市完成国家疾控中心安排的碘缺乏病实验室外质控考核，制订并下发《关于做好2019年碘盐监测工作的通知》，定量检测食盐3300份、尿样3300份，市级总体碘盐合格率97.76%，合格碘盐食用率97.76%。开展永州市2018—2019年度脑卒中高危人群筛查和干预项目流调工作，两个监测点调查4044人，其中零陵区朝阳社区调查1767人、宁远县湾井镇下灌村调查2277人。通过《死因监测系统》数据分析，上报死亡35465例，报告死亡率647.21/10万人，重大慢性病过早死亡率17.27%，人均期望寿命71.39岁。制订下发《2019年永州市儿童青少年近视调查和近视率核定工作方案》，调查人数26432名，近视检出率43.8%，视力低下检出率63.12%。

【食品安全与环境危害因素控制】2019年，永州市采集化学污染物监测食品样品783份（市级123份、县区660份），任务完成率100.0%，获得检测数据2243条（市本级923条、县区级1320条），其中检出化学污染物数据1206条（市本级109条、县区级1097条），数据检出率53.8%，超标数据25条（市本级10条、县区级15条）；检出化学污染物食品样本697份（市本级56份、县区级641份），样本化学污染物检出率为89.0%；样本超标25份（市本级10份、县区级15份）。采集食品微生物及其致病因子监测样品312份（市本级147份、县区165份），完成全年任务。收集到检测数据1352条（市本级527条、县区级825条）。在特殊膳食用食品、粮食制品（冲调谷物制品）、熟肉制品、餐饮食品（中式凉拌菜）、桶装饮用水5类食品中检出阳性致病菌样品6份，其中金黄色葡萄球菌阳性样品2份，沙门氏菌阳性样品1份、肠杆菌科（EB）阳性样品1份，铜绿假胞菌阳性样品1份，克罗诺杆菌阳性样品1份，致病菌阳性样品检出率1.9%。

全市有乡镇级食源性病例报告医院210家，县级及以上食源性病例报告医院33家，有乡镇级及以上的食源性病例报告医院243家，均启动食源性疾病监测工作；食源性疾病监测工作乡镇覆盖率100.0%。11个县区食源性疾病监测报告工作均延伸到村级，开展县、乡、村一体化食源性疾病监测试点工作，超过省级要求的50%。全市210家乡镇级食源性疾病报告医院中，有51.9%（109家）乡镇级报告医院食源性疾病监测工作延伸到村级；有村级报告医院3665家，其中17.9%（585家）村级报告医院启动食源性疾病监测工作，报告食源性病例1246例。报告食源性病例16678例，对182例以腹泻为主诉的就诊食源性病例粪便标本进行病原学检测，检出致病菌阳性标本40份，致病菌阳性标本检出率21.9%。通过“食源性疾病暴发报告系统”报告食源性疾病暴发事件89起，报告暴露人数864人、发病人数390人，死亡5例（毒蘑菇中毒2例、误饮甲醇燃料中毒3例）。

全市有148个农村乡镇，实际监测148个农村乡镇，水质监测乡镇覆盖率100.0%。设578个水质监测点；其中城市饮用水设112个监测点，农村饮用水设466个监测点。应监测水样1538份，实际监测水样1592份，样品监测完成率103.5%；其中城市监测水样442份、农村监测水样1150份。检测水样1592份，合格水样1284份，水质检测合格率80.7%，与2018年的66.9%相比，提高13.8%。其中城市饮用水检测442份，合格439份，合格率99.3%，比2018年的96.2%相比，提高3.1%；农村饮用水检测1150份，合格845份，合格率73.5%，与2018年的60.5%相比，提高13.0%；城市饮用检测合格率远高于农村饮用水。永州机场航空煤油泄漏污染水源与冷水滩区桥头市场旁的污水离心加压泵站工作故障期间，开展饮用水应急监测工作。

【职业病防治】 2019年12月31日，永州市超额完成农民工尘肺病基本医疗救治救助任务。救治尘肺病患者949人（按出院日期），完成任务的182.5%（永州计划任务数520人）。成立全市职业病防治项目工作办公室及专家组，制订工作方案，开展职业病防治项目工作，录入职业健康检查个案1163例。对13家医疗卫生机构的放射诊疗场所进行建设项目职业病危害放射防护预评价，对31家医疗卫生机构的放射诊疗场所进行建设项目职业病危害放射防护控制效果评价，对48家医疗卫生机构的放射诊疗场所进行放射防护检测，检测放射诊疗设备72台，检测1477个点，合格率100%。永州市疾控中心对439名接触职业病危害因素的劳动者进行职业健康检查，上岗前检查195人，检出职业禁忌证1人；在岗期间检查196人，检出职业禁忌证2人，离岗时检查48人。诊断职业性尘肺病9例。

【检验检测】 2019年，永州市微生物检验科为全市麻疹及风疹IgM抗体检测提供室内质控样品、质控数据及质控图，对食品安全风险监测所用主要试剂按要求进行质量验证，对菌落总数项目开展人员比对、每批样品检测设置空白对照和阳性对照，保证检测结果的准确性；参加上级组织的能力验证活动28项次，其中国家组织的能力验证活动11项次，省市场监督局和省CDC组织的盲样考核9项次，考核结果均满意。对全市11个县区碘盐、尿碘等样品进行复检；全年完成604份生活饮用水卫生监督的抽检及应急检测、完成食物安全任务86份米线中元素分析及18份蜂蜜样品杀菌剂项目的检测。对一起疑似甲醇中毒的卫生应急事件进行相关定性定量的检测；完成17份粉尘中游离二氧化硅、130份活性炭管中苯系物项目的检测。

【质量管理】 2019年，永州市市、县两级疾控机构均拥有检验检测机构资质认定证书，建立较完善的质量管理体系，成立质量管理科且配备专兼职成员。市本级及祁阳、蓝山三家疾控拥有职业卫生技术服务机构检测与评价丙级资质。

【健康教育】 2019年，永州市疾控中心开展“3·24”结核病防治日、“4·25”预防接种日、4月15日—21日全国肿瘤防治宣传周、“4·26”全国疟疾日、“5·12”防灾减灾宣传日、“7·28”世界肝炎日、“9·20”全国爱牙日、“9·28”狂犬病宣传日、“10·8”全国高血压日、“10·10”世界精神卫生日、“10·29”世界卒中日、“11·14”联合国糖尿病日、“12·1”世界艾滋病宣传日系列宣传；举办永州四中和湖南科技学院的结核病防控和艾滋病防治健康巡讲。与永州日报、永州市融媒体签署合作协议，通过网络媒体宣传各类疾病的防控知识。

2019年7月27日，永州市2019“华药金坦杯”世界肝炎日知识竞赛

摄影 郑敏

【职业病危害因素监测】 2019年，永州市疾控中心开展用人单位工作场所职业病危害因素监测项目工作，完成196家用人单位工作场所职业病危害因素监测工作，其中大型企业4家，中型企业14家，小型企业94家，微型企业84家。

【柳子中学甲型副伤寒疫情】 2019年4月2日15时28分，永州市柳子中学发生甲型副伤寒疫情，市疾控中心到市中心医院南院和柳子中学开展疫情处置。在采取科学有效的综合防控措施，疫情得到控制，4月26日，发生最后一例病例，并经过最长潜伏期的追踪管理和监测，无新发病例出现。经零陵区政府批准同意，永州市柳子中学发生甲型副伤寒暴发疫情结案。

【全民营养周宣传活动】 2019年5月29日，永州市全民营养宣传周活动启动仪式在冷水滩区京华中学举行，“5·20”中国学生营养日宣传教育活动同步启动。活动由永州市卫生健康委员会、永州市教育局主办，永州市疾病预防控制中心、冷水滩区卫生健康局、冷水滩区教育局、冷水滩区疾病预防控制中心承办，永州爱尔眼科医院、冷水滩区京华中学协办。宣传主题是合理膳食、天天蔬果、健康你我。

【永州机场航空煤油泄漏污染水源应急监测】 2019年6月，永州机场航空煤油泄漏污染水源。6月1日—14日，永州市疾控中心在冷水滩中心城区曲荷水厂、李达中学（永州八中）、永州市委对面多喜来蛋糕店、荷叶岭水厂、永州四中，设置水质监测点6个，每天采样监测，监测指标为铅、耗氧量、硫化物、嗅和味等4项与煤油有关的水质指标，监测水样135份。

【“7·28”世界肝炎日】 2019年7月，永州市疾控中心组织各县区疾控中心和预防接种单位人员参加由国家卫健委疾控局指导，中国肝炎防治基金会、中国疾控中心主办的中国乙肝防控知识竞赛活动。陈中选获得全国第十名，应邀参加在北京举行的2019年世界肝炎日宣传大会现场。7月27日，永州市疾控中心举办世界肝炎日知识竞赛。蓝山县疾控中心代表队获得集体一等奖；冷水滩区疾控中心组织辖区内各接种单位开展乙肝知识宣教，其他县区均在人群集中的地方开展肝炎防治宣传活动。全市设现场咨询点200余个，展出横幅、展板、电子屏、标语等1000余条（块），发放各种宣传单3万余张（份）、宣传海报600套，小礼物5000余份，咨询人数1万余人。

（郑园园）

卫生计生综合监督执法

【概况】 2019年，永州市卫生计生综合监督执法局有干部职工40人（处级领导干部1人、正科级领导干部4人，副科级领导干部9人，工勤人员5人），其中男性23人，女性17人，研究生学历4人，本科学历29人，大专及以下学历7人，本科及以上文化占82.5%。在职党员22人，占55%。内设办公室、信息与法制宣传科、公立医疗卫生监督科、稽查科、民营医疗机构监督科、场所卫生监督科、职业与放射卫生监督科、计划生育监督科、传染病防治与学校卫生监督科、食品标准与消毒卫生监督科10个科室。

市本级监管153家单位，市本级办理行政处罚案件120件，其中简易处罚79件，立案41起，结案32起，结案率78.04%，处理卫生计生投诉举报11起，办结11起。

【医疗卫生监督】 2019年，永州市在全市范围内针对各类医疗机构的医疗秩序、诊疗活动、采供血和医疗广告发布领域进行多批次、大力度、有重点、全覆盖的专项检查整治工作。全市有医疗机构3898家，监督检查医疗机构3898家，监督覆盖率100%，查处案件144起，罚没款94.8296万元。其中无证行医查处案件数81起，警告11户次，责令改正81户次，没收违法所得1.8496万元，罚款58.475万元，移送公安机关6件；其他违法违规行为查处案件数63件，警告18户次，责令改正63户次，没收违法所得0.16万元，罚款34.345万元，移送公安机关1件；发现“医托”“号贩子”“骗保”线索1件，移送公安机关。未发现非法采供血（浆）行为。其中市本级监督医疗机构110家，检查110家，监督覆盖率100%，查处案件48件，立案29件，简易处罚19件，结案22件，结案率75.86%，罚没27.22万元。

【公共场所与饮用水卫生监督】 2019年，永州市组织开展以住宿场所为重点的公共场所专项整治、公共场所和生活饮用水集中式供水单位卫生监督量化分级管理工作和农村饮用水集中式供水摸底调查等工作，大部分公共场所单位做到亮证经营，量化分级公示牌按统一模式在醒目位置公示，卫生管理制度齐全，卫生设施较全，经营场所卫生整洁，城镇市政供水单位卫生管理制度齐全，制水工艺流程合理，严格执行消毒程序，设有专（兼）职供、管水人员，从业人员健康证明和卫生知识培训合格持证率、城区自来水厂出厂水和管网末梢水的常规指标合格率100%。

【传染病防治监督】 2019年，永州市推进医疗卫生机构传染病防治分类监督综合评价工作，开展血液透析室消毒隔离、医院感染控制措施、传染病疫情报告等落实情况的专项监督检查，开展综合评价医疗卫生机构108家，评价优秀单位21家，合格单位80家，重点监督单位7家，规范医疗机构血液净化治疗，预防和控制经血液透析导致的医源性感染，保障医疗质量和安全。市本级查处各类违法违规案37件次，医疗卫生机构简易处罚24起，立案查处9起，餐具、饮具集中消毒服务单位简易处罚4起，罚款4.8万元。

【学校卫生监督】　2019年，永州市开展学校近视防治专项监督检查，突出学校结核病和高校艾滋病防控监督，学校传染病防控和常见病防控、学校生活饮用水卫生等重点监督项目均处于良好水平，学生学习生活环境得到明显改善。

【职业卫生、放射卫生监督】2019年，永州市完成79家放射诊疗机构、10家职业卫生技术服务机构的日常监督检查工作，监督覆盖率100%。通过开展放射诊疗设备防护性能检测与许可专项整治，逐步建立放射诊疗安全防护监管的长效机制。

【计划生育监督】　2019年，永州市对11家妇幼保健计划生育技术服务机构、6家民营妇产医院进行现场监督检查，监督覆盖率100%，违法违规行为处罚12起，警告12次，罚款3000元，相比2018年警告次数增加200%，罚款金额下降72.7%；开展出生医学证明发放工作专项督查；未接到计划生育方面的投诉举报，未发现存在开展应用人类辅助生殖技术情况；未发现社会抚养费征收方面的违法违规案件；未发现“两非”的案件线索。

【卫生计生稽查】　2019年，永州市各级卫生计生监督机构开展内部稽查75次，卫生计生监督执法文书稽查414份，发出稽查通报18次，审查案件147起；层级稽查中抽查卫生计生监督员执法行为稽查22次，卫生计生监督员风纪风貌稽22次，合格率100%；组织开展2015年—2018年卫生行政处罚案卷自查自纠活动，随机抽取141份案卷进行自查；对县区选送的2018年度行政处罚案卷进行评查，评查案卷43份，评选出优秀案卷6份。选送的行政处罚案卷在市司法局2019年行政执法案卷评查中获第八名。市本级检查指导11个县区监督机构和抽查11家乡镇协管机构，逐级规范卫生计生监督协管工作行为；稽查2019年一般行政处罚程序（含听证程序）案件30起、简易程序案件5起，发出稽查意见书32份、稽查通报1次。

【投诉举报案件的查处、反馈、移送】　2019年，永州市市本级受理投诉举报案件11起，办结11起，及时反馈查处情况；移送公安机关4件，与2018年持平，市本级移送公安机关案件1件，较2018年上升100%。

【双随机抽检工作】　2019年，永州市完成双随机抽检任务672个，其中市本级完成双随机抽检任务80个，监督完成率和完结率均为100%，按国家要求的时间节点在省卫生监督信息系统填报监督检查记录，并将抽检情况和行政处罚信息及时向社会公开。

【卫生计生业务培训】　2019年，永州市卫生计生综合监督执法局完成网络培训总学时8351学时，较2018年增长113%，培训提高全体监督员依法执法技能和水平。组织开展全市卫生监督员骨干及卫生计生监督协管师资培训，培训人数50余人。

【卫生监督信息化建设】　2019年，永州市卫生计生综合监督执法局向上级单位和各类媒体报送信息稿件289篇，较2018年上升0.9%，信息质量和数量大幅度提高。完成国家卫生计生监督信息系统的数据、机构、人员年度报告，做好2019年度“双随机一公开”的系统应用工作；做好2019年度卫生计生监督员学法、普法考试工作，普法考试通过率100%。

【卫生监督微课】　2019年，永州市卫生计生综合监督执法局向湖南省卫生计生综合监督执法局报送4个微课，分别获得湖南省卫生监督微课优秀作品征集活动的一等奖、二等奖、三等奖、鼓励奖，其中肖贞编写的《“主动消除或者减轻违法行为危害后果”应如何理解?》获得2019年度全国卫生监督微课大赛一等奖；黄刚、钟菊元编写的《在办理行政处罚案件中如何使用公告送达》获得2019年度全国卫生监督微课大赛二等奖。

（付雅琼）

爱国卫生运动

【概况】　2019年，永州市爱国卫生运动委员会办公室（以下简称“市爱卫办”）是根据《国家卫生城市标准》《湖南省爱国卫生条例》的相关规定及创建国家卫生城市需要而独立设置的全额拨款单位，为市爱国卫生运动委

2019年4月，永州市开展以“共推厕所革命　共促卫生健康”为主题的爱国卫生月活动

员会的办事机构。编制8人，有工作人员3名，其中主任1名，正科级干部2人。

协调组织有关部门和专业消杀机构，完成中心城区病媒生物防制工作任务。对新农村建设、卫生城镇创建等的卫生厕所改造进行技术指导。开展中心城区病媒生物防制2019年—2022年市场化招投标工作，采取“一周一督查，一查一登记，一季一结算，年终算总账”等措施，组织对中标专业公司在中心城区的日常消杀作业进行监督和指导，开展春秋两次大规模的病媒生物消杀活动。中心城区老鼠、蟑螂、蚊子、苍蝇密度控制在国家标准范围内。结合世界卫生日、爱国卫生月、世界无烟日、全民卫生日等主题活动，组织开展集中宣传、文明劝导、卫生大扫除等群众性活动；4月，开展以“共推厕所革命共促卫生健康”为主题的第三十一个爱国卫生月活动。江永县创建国家卫生县城，宁远县、新田县、东安县巩固国家卫生县城工作通过复审评估，双牌县创建为省级卫生县城。宁远县湾井镇创建为国家卫生乡镇，零陵区梳子铺乡等7个乡镇创建为省级卫生乡镇，祁阳县下马渡镇等15个乡镇创建为市级卫生乡镇，全市65个村创建省级卫生村，36个单位创建省级文明卫生单位。

（许勇忠）

社会团体

湖南省九嶷山舜帝陵基金会

【概况】　2019年，湖南省九嶷山舜帝陵基金会抓好资金筹措工作，拓宽渠道募集资金和运用理财方式，增加基金会收入154.5万元。联络舜裔，开展民间祭祀活动筹资，引导福建、广东等地舜帝后裔到九嶷山观光旅游、寻根问祖。举办各类民间祭祀活动100次余次，其中1500余名福建省舜裔宗亲在舜帝陵举行祭祀大典，现场捐款28万余元。在舜帝陵庙设立基金会褒扬办法及募捐情况等宣传专栏，引导舜裔宗亲和社会各界人士捐资助建，捐款28.3万元。与交通银行永州分行、光大银行永州分行、中国银行永州分行等合作，开展理财，实现基金会资产保值增值，增加收入70.2万元。

【舜文化研究与传播】　2019年3月，湖南省九嶷山舜帝陵基金会联合永州市诗词协会和永州宏瑞农牧有限公司，面向海内外开展“咏九嶷·颂舜德”诗词有奖征文活动，收到北京、广东等10余个省、市参赛作品271篇，评出获奖作品42篇。7月8日，在北京世界园艺博览会永州主题专场推介活动上专题推介九嶷山舜帝陵；10月18日—20日，以九嶷山为主题的永州展厅在中国森林旅游节亮相。10月15日，舜文化万里行启动仪式暨福建省舜裔宗亲“千人团”祭祖活动在宁远九嶷山举行，福建泉州等3个市的舜裔宗亲代表1500人参加活动。通过征集一首歌、一幅画、一篇文章，举办一场主题晚会、一个主题讲座，弘扬舜德文化。编辑出版《舜帝陵基金会通讯》。

【参与舜帝陵品牌创建】　2019年10月7日，舜帝陵入围国务院第八批全国重点文物保护单位，将舜帝陵庙跟舜帝陵古遗址捆绑申报国家重点文物保护单位。支持舜帝陵AAAAA级旅游景区创建工作，主动协助宁远县按照创建AAAAA级旅游景区的要求对舜帝陵祭祀大殿、午门、拜殿、正殿等单体建筑和廊道进行全面维修。

（张伟）

永州市红十字会

【概况】 2019年，永州市红十字会系统开展“三救三献”（“三救”是指应急救援、应急救护、人道救助；“三献”是指献血液、献造血干细胞、献人体器官组织）工作，完成年度各项工作任务。被湖南省红十字会授予2018年—2019年度“造血干细胞捐献宣传工作”“遗体器官捐献工作先进单位”称号。

【“三献”工作】 2019年，永州市无偿献血26565人次，献血量达9287100毫升。114名造血干细胞志愿捐献者加入中华骨髓库，2名志愿者成功捐献造血干细胞。公民逝世后器官捐献30例、遗体捐献4例，自愿逝世后捐献遗体（器官）登记志愿者1257人。8月，东安县离休干部“中国好人”钟挺华生前奉献社会、逝世后捐献遗体的事迹被新华社、新湖南、华声在线、红网等媒体报道。

【“三救”工作】 2019年6月—7月中旬，永州市遭遇强降雨天气，双牌、祁阳县等10个县区50余万人受灾。市红十字会通过救灾报灾网络平台向省会直报灾情，争取53.5万元救灾物资并及时分配下发到各受灾县区。推进应急救护培训“五进”工作，在永州监狱、市委党校、永州职业技术学院、李达中学及社区、乡镇和多家企事业单位开班培训。开展培训班7期，培训红十字救护员369人；举办各类知识讲座20余次，普及35422人次。为58名贫困人员获得29万元的人道救助金，为20名14岁以下白血病患儿争取68万元的小天使阳光基金资助。参与开展文化、科技、卫生下乡活动、到冷水滩区麻风村、道县柑子园村等地走访贫困群众慰问活动5次，发放物资价值2.6万元。

【红十字会舆论宣传】 2019年，永州市红十字会利用重要纪念日开展主题宣传。5月9日，联合新田县卫健局、县红十字会在新田县文化广场开展“爱心相伴，‘救’在身边”的第七十二个世界红十字日主题纪念活动。活动向市民提供义诊服务、现场讲解海姆利克手法和心肺复苏技能、发放红十字知识、急救知识和无偿献血等宣传资料。5月12日，参与“全国防灾减灾日”宣传活动，发放红十字相关知识手册，宣传红十字运动、防灾避险、应急救护以及造血干细胞捐献、器官遗体捐献等方面知识，并作心肺复苏操作示范。6月14日，在零陵区开展“人人享有安全血液”世界无偿献血者日主题宣传活动，100余名志愿者参与。9月11日，在新田中小学校开展世界急救日主题宣传活动暨应急安全知识讲座，并向芙蓉学校捐赠《中小学生自护自救安全手册》1800余册。宣传红十字运动、红十字七项基本原则、防灾减灾知识、无偿献血知识、造血干细胞捐献、应急救护等知识，发放折页、彩页等宣传资料1万份。同时，在各类平台发布稿件百余篇。

【开展博爱送万家活动】 2019年，永州市各级红十字会开展博爱送万家活动，筹措、发放包括米、油、棉被、慰问金等50万元款项和物品，惠及群众4000余名。道县、新田等县区组织医疗志愿服务队深入到乡镇、街道开展义诊服务活动。

（罗婕）

永州市关心下一代工作委员会

【概况】 2019年，永州市关心下一代工作委员会加强自身建设，配好配强市教育、企业关工委领导班子，督促县区确保关工委办公室行政职能有机构承接，做到各项工作稳步推进。7月，市委办、政府办印发《关于进一步做好新时代关心下一代工作的通知》，为开展好关工委工作提供文件依据和制度支持。突出抓好以“腾飞中国，辉煌70年”为主题的爱国主义宣讲活动。全年开展宣讲活动500余场次，受教育青少年10万余人。坚持以报告会、微宣讲、讲故事等形式，宣传党的革命历史，宣传革命先烈的英雄事迹，不断扩大宣讲的覆盖面和影响力，把红色基因深深植入青少年的灵魂深处，深化培育和践行社会主义核心价值观，引导广大青少年听党话、跟党走。

【关爱帮扶困境青少年】 2019年，永州市关工委争取30万元资金，走访慰问边远山区和少数民族地区232名贫困学生。各县区为贫困大学新生捐款，不让一个贫困学子因家庭贫寒而辍学。持续开展“万名‘五老’帮扶万名青少年”活动，帮助全市3万余名青少年走出困境。开展“合力监护相伴成长”“金色梦想成长之旅”等活动，为贫困青少年办实事做好事解难事。同时，发挥五老传帮带作用，鼓励引导青年人才建设青年创业示范基地、扶贫车间、小微扶贫站点，解决农村贫困户脱贫。

【参与社会治理】 2019 年，永州市市关工委组织“五老”（老干部、老战士、老专家、老教师、老模范）参与治安巡防、禁毒宣传、心理健康辅导、网吧义务监督、校车安全督查等活动，为全市青少年健康成长筑起“银发防火墙”。市直机关各单位关工委开展“食品药品监督”“学校饮用水抽检”“校园交通岗亭建设”“传染病防控”“保护青少年视力健康”“科普”“法律知识进校园”等一系列“护苗行动”，为青少年的健康成长保驾护航。同时，引入中国关工委教育基金会公益项目，全市有 45 所学校签订合作协议，完成设备的交付使用。

（欧阳锐）

永州市计生协会

【概况】 2019 年，永州市各级计生协会围绕健康永州建设，科学谋划改革，提升群众获得感、满意度。永州市计生协会被中国计生协列为 2019 年度地方计生协综合改革试点单位，连续 5 年获得省计生协模范（优秀）单位称号。

【计生宣传服务】 2019 年，永州市各级计生协会组织以春节、“5・29”会员活动日、“7・11”世界人口日等重大节日和纪念日组织开展大型主题宣传服务活动，宣传习近平新时代中国特色社会主义思想和中共十九大精神与计划生育法律法规、优生优孕、生殖健康知识、艾滋病防治等卫生健康知识相结合，形成卫生健康工作大宣传、大融合、大服务、大联动的有效平台。特邀省计生协会长石玉珍、省计生协常务副会长康代四、市卫健委党组书记肖东民等领导参加“5・29”会员活动日纪念活动，扩大协会影响。部分县区党政主要负责同志参与主题宣传活动，并带头向生育关怀基金捐款。各县区计生协在广场、车站等醒目区域制作关爱计生特殊家庭的大型户外宣传牌，全市各级计生协会结合主流媒体、新媒体等多种宣传渠道，新闻发稿数量和质量稳步提升，全市在省级以上媒体刊发新闻稿件 400 余篇，县级以上新闻媒体刊发新闻稿件 2600 余篇。在省协会微信公众号上刊稿 35 篇；“服务群众随手拍”上榜 13 期，刊登作品 17 篇，4 人次获奖，2 万余人次投票参与。在国家计生协微信公众号《一周看协会》栏目刊稿 1 篇；“流动人口服务随手拍”和“5・29 随手拍”中刊登稿件 5 篇，2 人次获奖，约 2 万余人次投票参与。在中国计生协第二届“计生协好新闻”评选中，江永计生协选送的新闻作品《好心的“记者爷爷”郑赞朴——热心公益众人夸》获得二等奖。

【计生协会会员之家建设】 2019 年，永州市各级计生协会推进“会员之家”“宣传服务窗口”建设。以提高服务广大育龄群众和计划生育家庭的能力为目标，推进会员之家建设工作。创建省级示范点 2 个，市级示范点 1 个，县级示范点 13 个。把业务培训作为常态化工作，每年开展一次集中培训，培训人员覆盖到全市各县区、各乡镇。8 月，组织各县区常务副会长、秘书长参加由国家卫生计生委干部培训中心举办的新时期家庭发展理论与实践培训班。

【青春健康教育行动】 2019 年，永州市各级计生协会把青春健康教育行动纳入重点工作，各县区建立以心理学、生殖健康、妇产科等方面的专家库，定期在大专院校开展青春健康知识专题讲座。开展健康主题讲座 60 余场，参加学生及家长人数 2 万余人次。零陵区计生协会在湖南科技学院建

2019 年 4 月 3 日，永州市计划生育协会七届五次理事会在冷水滩召开

立青春健康俱乐部、青春健康同伴社、心理咨询室，为学生提供宣传、教育、培训、咨询和相关服务活动。祁阳县职业中专编排青春健康节目——祁阳小调《青春健康花芬芳》参加全省青春健康歌唱比赛，获得二等奖。

【生育关怀】 2019年，永州市各级计生协会开展生育关怀行动，提高计生家庭的发展能力。宁远县计生协会争取慰问资金490余万元，对全县计生特殊家庭进行全覆盖大走访。零陵区选取10名品学兼优贫困计生家庭学生，每人资助3000元。江华瑶族自治县计生协会在水口镇瑶族小学开展留守学生关爱活动，为1800余名留守学生送上学习用品、文体用品，为35名留守学生发放奖学金，并为学校添置价值8000余元图书。为全市5.3万余户独生子女家庭、农村两女户和计生困难家庭免费购买计生家庭意外伤害保险，为全市2377位计生特殊家庭对象购买健康保险。全市争取“三结合”项目9个，项目资金42万元。争取省计生家庭创业贴息贷款项目55户，项目经费75.8万元。市及县区计生协会安排“三结合”项目32个，进行项目培育、扶贫引导，争取扶贫办专项资金228万元。江永县义华花生责任有限公司采取“公司+基地+农户”的方式，带动3000余户计生家庭发展花生种植，与计生家庭签订协议，为每户计生家庭提供200元花生种子资金，收购花生价格每斤补贴0.5元，为计生家庭补贴花生款42万元。市县两级计生协会顺利通过省计生协委托的第三方机构对2018年度省补助资金开展的绩效评价。

【计生特殊家庭帮扶】 2019年，永州市计生协会开展各种帮扶形式试点，召开全市性现场专题推介会，建立计生特殊家庭帮扶工作长效帮扶机制。联合市卫健委下发《关于开展对计生特殊家庭“暖心行动”的实施意见》，实现扶助工作规范化、制度化、常态化。东安县探索建立手机“一键拨号”信息化平台，打造服务计生特殊家庭帮扶机制。宁远县建立独生子女父母年老住院护理假制度，受到省人口计生领导小组的通报表扬。道县筹资成立“道县计生特殊家庭扶助关爱基金”，专项用于计生特殊家庭的扶助关爱活动。双牌县对计划生育特殊困难家庭养老金个人缴费部分实行财政兜底保障。落实计生特殊家庭重病大病住院护理补贴政策，为547人发放专项资金81.34万元。

【流动人口服务】 2019年，永州市各级计生协会建立健全流动人口计生协会组织，有流动人口计生协组织131个，其中流入人口计生协37个，流出人口计生协94个。新田县计生协会被中国计生协确定为“流动人口关怀关爱项目点”；零陵区、江永县、道县被确定为2018年—2019年度省级流动人口计生协示范点创建县区。

【参与社会治理和公共服务】 2019年，永州市各级计生协会参与公共卫生服务，按照“政府所需、协会所能、群众所盼”的基本要求，组织发动基层会员参与居民健康档案信息采集，协助做好儿童、孕产妇、老年人保健工作。开展计生基层群众自治，以计生基层群众自治为平台，参与乡村振兴、家庭健康、公共卫生服务等工作，通过修订村规民约，签订诚信计生协议，引导广大群众实行自我教育、自我管理、自我服务、自我监督，建设共建共治共享的社会治理格局。

（唐浩）

永州市慈善总会

【概况】 2019年，永州市慈善总会围绕年度工作计划，较好地完成各项任务。全年募集善款2470余万元，捐赠物资折价70余万元，发放慈善资金1820余万元，救助困难群众9000余人次。

【慈善资金募集】 2019年，永州市慈善总会办公室开展“慈善一日捐”活动，收到125个单位和个人捐款68万元。参与扶贫帮困，争取湖南中烟公司，配合市工商联发动民营企业参与脱贫攻坚，募集善款1515万元。为帮助洪涝灾害中的受灾群众恢复生产，募集赈灾资金200万元。组织县区慈善会及其他社会公益组织参与“腾讯99公益日”活动，募集善款103万元。

【慈善活动】 2019年，永州市慈善总会办公室抓好金叶慈善医疗卡项目，投入资金62.39万元，为500余名困难群众发放医疗救助卡1247张。启动“生命之光”大病医疗救助项目，救助人数107人，救助金额37万元。对一些家庭困难的大病患者，给予适当的医疗救助，救助55人次12万元。做好“微笑列车”唇腭裂患者救治衔接工作。两节期间，从“慈善一日捐”活动中安排经费35万元，用于“迎新春、送温暖、献爱心”走访慰问活动。开展关爱抗战老兵活动。为全市65人抗战老兵每人每月发放800元生活救助金，逢年过节或老兵生日等，慈善志愿者组织进行慰问。开展“一张纸、一件衣、献爱心”活动。配合湖南省传递爱心物资回收中心收旧衣物543多吨，废旧纸张折价6.7万余元。对一些特困对象家庭给予临时救助，救助32人，发放救助金6.25万元。开展免费午餐项目，全市建立16所，有2200余名学生受益。开展多项助学公益项目。通过开展爱心圆梦、牵手、暖阳助孤、比苛助学、华福公益等助学活动，资助困难学子1752人，救助金额265.18万元。开展“暖阳助孤”工程。配合统战部门做好项目的宣传和资金筹措，入住孤儿的调查核实，组织志愿者一对一给予陪伴和关爱。端午节期间，与小城大爱慈善超市开展关爱和帮扶活动，对80名需帮扶对象每人赠送价值300元的节日礼物。

【建立慈善信息平台】 2019年，永州市慈善总会办公室为加强慈善工作的宣传、募集、救助等功能，投入20万元建成永州市慈善总会信息平台，并入驻“腾讯公益”“公益宝”“中国社会扶贫网”等信息平台，依托平台，实现网络募捐121万元。

【慈善志愿服务】 2019年，永州市慈善志愿者协会组织志愿者到上岭桥开展“三下乡”集中示范活动；参加“治陋习·树新风”乡风文明建设年动员大会并到社区开展志愿服务活动；参加保护母亲河启动仪式暨净滩活动；每月陪伴暖阳学校学生开展“阅读经典”活动；优秀乡村学子进京夏令营“启迪心智·点燃梦想”活动；主办“义卖献爱心·捐赠图书阁”慈善募捐活动，为零陵西头和冷水滩竹山桥两所学校建立图书阁。全年累计组织开展助老、助学、助困、义卖、义诊、文明劝导、保护环境、多种公益宣传现场服务、专题慈善募捐等各种义务服务活动91次，举办市、县慈善志愿者专业培训、“善智堂”学习及新志愿者培训32次，新增注册志愿者201人，累计志愿者1243名。

（何志成）

生态文明建设

Ecological Civilization Construction

综　　述

【概况】　2019年，永州市中心城区空气质量优良率88.5%，比2018年提高0.3%，超过目标值5.5个百分点；PM2.5年均浓度39微克/立方米，优于目标值2微克/立方米，同比降低11.4%；PM10年均浓度56微克/立方米，优于目标值10微克/立方米，同比降低11.1%。颗粒物浓度两项指标全省降幅最大。除$PM_{2.5}$外，其他PM_{10}、二氧化硫、二氧化氮、二氧化碳和臭氧等5项指标达到国家二级空气质量标准。国家考核的3个断面全部达到Ⅱ类水质，达标率100%；31个省考核断面水质达标率100%，其中Ⅰ类水质断面2个、较2018年增加1个，Ⅱ类水质断面29个，消除Ⅲ类水质断面；县级以上集中式饮用水水源全部达到Ⅱ类水质以上。土壤环境质量总体稳定，污染地块安全利用率91%。

【永州第二次污染源普查】2019年，永州市召开污染源普查领导小组、普查办公室培训等会议，宣讲污染源普查指导思想、重大意义。1月7日—12日，省级质量核查组开展为期6天的省级质量核查，高度肯定入户调查与数据采集阶段工作，普查数据采集质量较好；3月20日，永州市第二次全国污染源普查入户调查阶段第四次培训会议召开，邀请省级质控专家王英详细讲解产排污系数测算及内网表格导出审核方法；6月14日—21日，永州市第二次全国污染源普查调度和集中审核会议召开；指导各县区做好普查内审外审工作（即内部科室和外部单位数据审核会）；7月，永州市第二次全国污染源普查总量核定指导会召开，对总量数据进行审核；10月，编制完成《永州市第二次全国污染源普查工作总结报告》《永州市污普数据分析报告》编制市级《永州市污普数据比对报告》。完成污染源普查数据定库、质量核查、普查工作报告和质量核查与评估报告编制等工作。

【污染防治攻坚战】　2019年，永州市污染防治年度任务全面完成。在全省率先完成省定“2019年夏季攻势”七大类27任务并全部销号，分别为城镇黑臭水体整治类8项、省级及以上工业园整治类4项、大型畜禽养殖场粪污处理设施改造类6项、城市建成区建筑施工工地扬尘治理类1项、乡镇饮用水水源保护区划定类1项、自然保护区突出生态环境问题整治类6项、中央环保督察“回头看”指出的矿山问题类1项，污染防治攻坚战考核排名全省第一名。

【“蓝天保卫战”】　2019年，永州市将打赢“蓝天保卫战”作为污染防治攻坚战的重中之重。市委常委会专题研究部署3次、市政府常务会专题研究部署4次，市生态环境保护委员会从8个成员单位抽调21人组建污染防治攻坚战指挥部办公室，负责全市污染防治攻坚战尤其是蓝天保卫战的指挥调度、统筹协调、督办考核。全年出动530余人次，重点对中心城区在建项目开展地毯式巡查暗访，向三区和市直相关部门下达交办督办函200份，督办解决相关大气问题350个。邀请中科弘清（北京）科技有限公司的专家团队对中心城区大气环境问题进行剖析，邀请中国环境科学院、中国环境监测总站、中国科学院大气遥感技术专家会诊大气环境状况。编制完成大气污染源排放清单和空气质量达标规划并通过专家评审。

突出重点区域整治城市空气质量。突出扬尘控制，加强建筑施工和道路扬尘控制。拆迁施工及预拌混凝土搅拌站等场所必须做到“六个不开工”　“七个100%”和“八个必须”，对道路清扫保洁要求实现“四个转变”（主次街道由清扫向清洗转变、由地面保洁向立面降尘转变、由人工作业向机械化作业转变、由单一管理向网格化管理转变）。突出工业污染治理。对涉及大气污染的项目和企业，建立从行业准入到运行管理的一系列规范要求。加大“散乱污”企业整治力度，全市整治“散乱污”企业70家，关停取缔54家，升级改造11家。全面淘汰10吨以下燃煤锅炉，新建锅炉全部是生物质锅炉、天然气锅炉、油锅炉、电锅炉，并配备相应的污染治理设施，确保达标排放。突出加强汽车尾气治理。建成机动车排气监控平台，全面实施机动车尾气检测新国标。全年检测机动车231489辆，对尾气排放不达标的强制要求进行整治。突出城乡禁燃禁烧工作。扩大城区禁止燃放烟花爆竹区域，全市11个县区实现禁燃工作全覆盖。推动禁止焚烧垃圾、秸秆，建立网格化监管机制。初步建立禁烧的群防群控工作机制。

【生态环境服务改革】 2019年，永州市推出“7个取消”举措即：取消环评作为可行性研究阶段的前置条件；取消环评作为办理营业执照的前置条件；取消水土保持、行业主管部门预审等环评审批中的前置手续；取消无法定依据、未按法定程序设定的盖章、证明环节；取消建设项目环境影响登记表审批；取消建设项目试生产审批；取消建设项目竣工环保验收审批，减少企业办事成本。将权限内建设项目环境影响评价报告书（表）审批77个大类别下放县（区）级生态环境行政主管部门，并授权永州经济技术开发区、省直管县蓝山县与市级同等环评审批权限，推进项目手续属地办理。市本级审批项目减少50%。

通过“互联网+政务服务”“一件事一次办”“工程建设项目审批制度改革”优化政务服务事项，环境影响登记表类全部取消申请，改为备案性告知，无须提供纸质申请材料，通过互联网即可完成，环境影响报告表类，资料只保留环评报告和申请书，时限缩短为5个工作日，支持线上线下两种申请方式。如“工程建设项目审批制度改革”，环评许可不再置于立项阶段，不再作为工程建设的前置程序，工程建设项目在开工建设前，就是施工许可阶段完成即可。探索推行审批告知承诺制，对通过事中事后监管能够纠正不符合，审批条件的行为且不会产生严重后果的审批事项，申请人按照要求作出书面承诺的，根据申请人信用等情况直接作出审批决定。6月6日，对永州市湘江流域生态综合治理项目（滨江新城段）出具第一份告知承诺制批复，一天内完成从受理到做出审批决定的行政程序。优化营商环境网络测评排名第十三位。

【湘江入河排污口排查整治工作】 2019年5月17日，永州市人民政府制定印发《永州市湘江入河排污口整治专项行动方案》，成立永州市湘江入河排污口排查整治专项行动推进工作组。全面收集整理各类入河排污口、河岸带状况、水系分布等信息资料，委托湖南省环境科学院为湘江入河排污口排查整治专项行动的技术服务单位，对所有排查范围，统筹运用人工检查、技术排查、资料核查等手段，采取天空航拍、地面检查、水上巡查等方式，调查了解水体位置、特征以及排污的涉水排口。8月，湖南省生态环境厅对湘江入河排污口进行一级航拍。12月，生态环境部派出14个排查组37名业务骨干，1个技术组入驻开展二级徒步排查，完成生态环境部一级航拍推送的排污口点位182个，新排查排污口点位72个，完成异常采样排污口点位46个。

【生态环境垂直管理制度改革】 2019年11月26日，永州市生态环境局领导班子管理权限交接暨湖南省永州生态环境监测中心挂牌仪式举行，标志着全省生态环境垂直管理制度改革在永州落地，湖南省生态环境厅交接工作组组长、湖南省生态环境厅总工程师张在峰，副市长严兴德出席仪式。

生态环境垂直管理制度改革后，市生态环境局实行省厅、市政府双重管理，以省厅管理为主，同时仍为市政府工作部门，随后召开市生态环境局领导班子管理权限交接部门座谈会、市生态环境局干部职工大会。会上宣读永州市生态环境局党组班子任命文件，通报生态环境垂直管理制度改革有关情况。

（陈良）

生 态 监 管

【概况】 2019年1月13日，永州市生态环境局成立，为正处级市政府工作部门，整合市环境保护局的职责，市发展和改革委员会的应对气候变化和减排职责，水利局的编制实施水功能区划、排污口设置管理、流域水环境保护职责，国土资源局的监督防止地下水污染职责，以及农业委员会的监督指导农业面源污染治理等职责。局机关行政编制27名，设局长1名，副局长4名，暂保留总工程师1名；正科级领导职数14名（含机关党委专职副书记1名），副科级领导职数4名。局机关有在职人员27人，内设科室14个，二级机构17个（含11个分局），二级机构在职人员686人。

【生态环境监管执法】 2019年1月，永州市生态环境局印发《永州市污染源日常环境监管“双随机一公开”制度实施方案》，制订随机抽查工作实施细则、建立执法人员名单库、“双随机一公开”事项清单、工作计划等工作制度。对全市的“两库”（即污染源库、执法人员库）进行梳理，分类建立重点污染源、一般污染源、特殊污染源，完善全市污染源日常监管动态信息库。

通过移动执法系统从污染源信息库、执法人员信息库中随机抽取相应污染源名单及执法人员名单，并与现场执法 App 对接将任务派发至手持移动终端中，完成现场检查。全年随机抽查 68 家日常环境监管污染源，通过摇号产生确定随机抽查的企事业单位和环境执法人员，进行执法 2009 次，制作笔录 2371 份，市本级下达责令改正违法行为决定书 7 份。

【中央环保督察整改】 2019 年，中央生态环境保护督察“回头看”反馈湖南省意见中涉及问题 8 项，有 5 项完成整改销号，重复投诉信访件不到位问题基本完成整改，湖南省有些地方，表态多、行动少，部署多、落实少和东安县“三断面”重金属超标 2 个问题正按照整改方案推进。

【省级环保督察整改】 2019 年，湖南省环保督察反馈指出的 33 项整改任务中，规定完成 21 项，完成整改 23 项，剩余 8 项整改任务均达到序时进度要求，全年完成整改任务 23 项并准备销号资料。整改进度排名全省前列，并在省里作典型发言。

【“蓝天利剑”专项行动】 2019 年，永州市生态环境局从县区抽调执法骨干 96 人，对中心城区开展“蓝天利剑”环境执法专项行动。专项行动检查组排查 1701 个点位，存在问题 1620 个点位，其中餐饮店 1092 家，未安装油烟净化装置的 810 家（含已安装但未正常使用的），燃烧藕煤的 501 家；锅炉企业 55 家；建筑工地 71 家；建材企业 51 家；VOCs 排放企业 142 家（含 84 家汽修店，45 家未安装 VOCs 处理设施）；散乱污企业 38 家（含 12 家藕煤加工厂）；采石场 9 家；页岩砖厂 10 家；搅拌站 24 家；冶炼企业 1 家；其他企业 21 家；到下河线社区张家组、忠烈村和文昌阁社区炭火材料厂家属楼等社区入户调查 70 户，存在 10% 居民使用藕煤。“蓝天利剑”回头看督办企业清单 298 个。组织开展“蓝天利剑”“回头看”专项行动，对前两轮“蓝天利剑”交办的问题逐个进行现场核查，发现问题 104 个，要求立案 7 家，责令整改 22 家。

（陈良）

节 能 降 耗

【概况】 2019 年，根据《湖南省“十三五”节能减排综合工作方案》，湖南省人民政府下达永州市“十三五”能耗强度控制目标为下降 16%，能耗增量控制目标为 125 万吨标准煤。年内，单位地区生产总值能耗同比下降 6.16%，超额完成年度下降 2.5% 的考核目标，实际能耗总量 788.18 万吨标准煤；全市规模工业综合能源消费量 190.91 万吨标准煤，同比下降 0.94%。在绿色工厂和绿色园区创建方面，优先在食品、机械、电子信息等行业选择一批基础好、代表性强的企业开展绿色示范工厂创建，实现厂房集约化、原料无害化、生产洁净化、废物资源化、能源低碳化。湖南奔腾文化创意有限公司、江华明意湖智能科技有限公司创建为省级绿色工厂，宁远工业园区创建为省级绿色园区。

【节能改造】 2019 年，永州市安排市级节能资金 4908 万元，用于补贴市本级城市新能源车的购置和支付垃圾焚烧发电服务费。按照《永州市园区循环化改造推进方案》，零陵、祁阳、东安、道县、江华、江永等县（园）区实施园区循环化改造，其他园区待条件成熟后一并进行，提升全市企业能效水平。

【落后产能淘汰】 2019 年，永州市落实中央环保督查组反馈意见的整改，淘汰烧结工艺落后的富锰渣企业 6 家。狠抓“散乱污”企业的治理整顿，关停“散乱污”企业 467 家。7 月，对相关企业进行核查，督促整改销号。

【节能宣传】 2019 年，永州市组织“节能宣传周”“低碳日”活动，通过张贴节能知识展板、发放宣传手册等手段，引导教育全民进一步增强节能减排意识。首次建立涵盖市、县、乡镇机关单位节能统计系统，节能数据实现及时更新。鼓励引导市、县公共机构使用节能产品，推进节能降耗减排，全年全市机关单位综合能耗同比下降 2.83%，6 家机关单位被评为“湖南省节约型公共机构示范单位”，争取奖补资金 120 万元。

【“绿色发展 节能先行”主题活动】 2019 年 6 月 19 日，永州市发展和改革委员会、市工业和信息化局、市教育局等 14 家单位联合主办永州市 2019 全国节能宣传周及低碳日活动，启动仪式在冷水滩区举行，节能宣传周主题为“绿色发展、节能先行”。市委常委、市委秘书长唐能武参加活动启动仪式，市人大常委会副主任胡先荣、市政协副主席宋可福出席。

（永州市工信局办公室、永州市发改委办公室）

农村人居环境

【概况】　2019年，永州市坚持把农村人居环境整治作为落实习近平生态文明思想的重要举措，全面推开以“三清一改”为主要内容的村庄清洁行动，推动农村“厕所革命”、农村生活垃圾处理、农村生活污水治理和村容村貌提升。截至2019年年末，对农村生活垃圾进行集中处理的行政村覆盖率100%，对生活污水进行处理的行政村覆盖率60%，农村卫生厕所普及率78.53%，基本实现25户以及100人以上的自然村通水泥（沥青）路，举办湖南省农村改厕技术培训班，在湖南省二类县农村改厕现场推进会上作典型发言，祁阳县成功申报2019年农村人居环境整治中央预算内投资项目县。

【农村“厕所革命”推进】
2019年，永州市各县区通过进村入户调查摸底，明确改厕任务，制定改厕工作方案，出台奖补政策，建立一户一档，实行整镇、整村连片推进。全市组建农村改厕专业施工队伍200余支，有1065个村开展整村推进改厕工作，所有县区改厕奖补标准1100元/户以上，累计完成改（新）建农村户用卫生厕所16.34万户，农村卫生厕所普及率78.53%。在祁阳县举办全省第一期农村“厕所革命”业务培训班，在全省二类县农村改厕现场推进会上永州市作典型发言。祁阳县完成农村改厕5.21万户，总结“户厕+城镇污水处理、微动力一体化生物智能处理、三格式化粪池+工程湿地处理、三格式化粪池+自然湿地处理、四格式处理模式”五种厕所粪污处理模式。

2019年，永州市农村人居环境整治改厕——茅竹三家污水微动力处理示范点

【完善农村生活垃圾处理体系】
2019年，永州市基本建立“户分类、村收集、乡转运、县处理”的农村生活垃圾收运处置体系，对农村生活垃圾进行集中处理的行政村比例100%。新建乡镇垃圾中转站12个、村庄垃圾收集点7937个，建成北部片区垃圾焚烧发电站，东部片区（宁远）、南部片区（道县）垃圾焚烧发电站正在开工建设。100%的行政村制定村规民约，94.62%的行政村制定农户“门前三包”制度，70%的行政村落实公共区域保洁制度，65%的行政村定期开展卫生户评比，54%的行政村实行卫生缴费制度，建立有制度、有标准、有经费、有队伍、有督查的村庄人居环境管护长效机制。

【农村生活污水治理推进】
2019年，永州市对污水进行处理的行政村比例达56.99%。累计投入资金9039万元，完成计划投资额100.41%，建设污水治理300个村。开展全域集中整治行动7次，累计清理农村生活垃圾35.68万吨，清理塘沟2.71万处，清理畜禽粪污等农业生产废弃物39.11万吨，累计拆除危旧空心房488.99万平方米、拆除乱搭乱建5.86万处，清理村庄乱堆乱放50818处，清理残垣断壁3.2万处，推进农村基础设施建设。农村通村公路窄路加宽563.08千米、自然村通水泥路和砂路到户累计完成1605.29千米。新增村庄公共区域及道路两旁绿化美化428.9万平方米。新建安全饮水工程132处，新安装太阳能路灯8.7万盏。

【农业生产废弃物资源化利用】
2019年，永州市粪污处理设施配套率92%，畜禽粪污资源化利用率76.06%，完成大型畜禽养殖场粪污处理设施改造14家。禁止露天焚烧秸秆全面推行，秸秆综合利用率85.28%。

美丽乡村建设

【概况】 2019年，永州市启动美丽乡村示范村建设66个和农村人居环境整治重点村建设451个。完成美丽乡村建设投资4.93亿元，完工462个；完成农村人居环境整治重点村投资7.33亿元，完工1706个；完成示范片区农房风貌改造4275户，将美丽乡村建设与乡村旅游、农业产业结构调整、特色文化保护、休闲观光农业发展相结合，全市规划建设乡村旅游精品线路21条。全市累计建成省、市级授牌美丽乡村示范村69个，其中，省级授牌美丽乡村39个。

【“十百千万”乡村振兴示范工程】 2019年，永州市按照全省“千村美丽、万村整治”工程的部署要求，启动实施“十百千万”乡村振兴示范区创建工程，即选择祁阳作为全省农村人居环境整治整域推进示范县；其他县区分别创建1个农村人居环境整治整域推进示范乡镇，并以示范乡镇为核心，打造10个乡村振兴示范片；在示范片内选择100个以上的村率先示范，重点突破在各示范片区之间连接线周边村庄开展环境整治，在十个示范片内实施1万户农房风貌改造和庭院清洁美化。零陵区富家桥镇高贤村、新田县陶岭镇周家村、双牌县麻江镇白水岭村、道县寿雁镇水源头村、冷水滩区蔡市镇邓家铺村、祁阳县文明铺镇新塘角村获得2019年度湖南省美丽乡村建设示范村称号。

湿　地　公　园

【概况】 永州市湿地资源丰富，有大小河流733条，总长10515千米，各类湿地总面积45886.04公顷，占国土面积的2.06%。湿地公园12个，其中有3个国家湿地公园，分别是江华涔天河国家湿地公园、东安紫水国家湿地公园、双牌日月湖国家湿地公园、5个国家湿地公园试点，分别是零陵潇水国家湿地公园、金洞猛江河国家湿地公园、祁阳浯溪国家湿地公园、宁远九嶷河国家湿地公园、江永永明河国家湿地公园，4个省级湿地公园试点，分别是冷水滩湘江省级湿地公园、回龙圩高尚湖省级湿地公园、蓝山舜水河省级湿地公园、新田河省级湿地公园。有各类自然保护区、保护小区、森林湿地公园和水源保护区221个。湿地公园试点数量居全省第一位。

【冷水滩湘江省级湿地公园】
冷水滩湘江省级湿地公园位于永州市冷水滩区，湿地公园主体以湘江（东安交界处至高溪市镇铁路大桥段）及其主要支流石溪江、芦洪江、石江构成。湿地公园划分为合理利用区、科普宣教区和管理服务区，辖6个村民小组521户，房屋408栋。

【零陵潇水国家湿地公园】 零陵潇水国家湿地公园属洞庭湖上游湘江支流潇水水系，位于南岭山脉北部、零祁丘岗盆地南端。由永久性河流、洪泛平原等湿地构成，对湘江的生态补水和水环境保护具有重要作用。公园面积1549.5公顷，其中湿地面积1376.2公顷，湿地率88.82%，按照《国家湿地公园评估标准》，公园内湿地生态系统评分67.4分，评价结果优秀。公园内生物资源丰富，生物多样性特征明显。据调查，潇水湿地公园及其周边区域有脊椎动物5纲27目75科204种，其中国家Ⅱ级重点保护动物13种、中国特有物种17种、湖南省重点保护动物111种；维管束植物115科382属555种，其中湿地植物有56科139属235种，列入国家Ⅱ级重点保护植物6种。

百村振兴—美丽乡村　　摄影　蒋盛文

【祁阳浯溪国家湿地公园】 祁阳浯溪国家湿地公园位于永州市祁阳县内，公园以湘江干流祁阳段为主体，包括湘江祁阳段洪泛淹没区，与之相连的白水、祁水、黄花河、石洞源水库、沿岸河洲漫滩及部分山地，属于库塘复合型湿地生态系统，是承接湘江上游和中游湿地生态系统的过渡地带。

公园面积3453.5公顷，湿地总面积2970.6公顷，湿地率86.02%，公园内主体水质良好，达到《地表水环境质量标准》Ⅲ类以上，所有监测指标均未超标。公园内已知野生脊椎动物5纲28目81科220种，其中国家Ⅱ级保护动物15种；种子植物95科293属439种；湿地植物68科148属282种，国家Ⅱ级保护植物6种。

【东安紫水国家湿地公园】 东安紫水国家湿地公园位于东安县中部，主要以紫水河和高岩水库为主体，包括紫水河两岸人工湿地、河洲漫滩和高岩水库及周边部分山地。总面积1096.0公顷。辖5个乡（镇）48个村。

东安紫水国家湿地公园 摄影 蒋学赛

园内湿地包括河流湿地和人工湿地，永久性河流、洪泛平原湿地、稻田和库塘4个湿地型。总面积695.0公顷，占湿地公园土地总面积63.41%。其中，河流湿地面积495.7公顷，占湿地总面积的71.32%，占湿地公园土地总面积的45.22%；人工湿地面积为199.3公顷，占湿地总面积的28.68%，占湿地公园土地总面积的18.18%。园内分5个功能区，其中，湿地保育区1001.8公顷，占公园总面积91.41%，恢复重建区26.0公顷，占公园总面积2.37%，宣教展示区31.4公顷，占公园总面积2.86%，合理利用区30.8公顷，占公园总面积2.81%，管理服务区6公顷，占公园总面积0.55%。

园内有维管束植物195科、676属、1100种，湿地植被，4个植被型组、10个植被型、36个群系。较典型的湿地植物有74科201属293种，有古树资源17种136株。发现野生脊椎动物192种，隶属于28目74科，其种数为湖南省已知脊椎动物总数的20.96%。发现鱼类39种，隶属于4目11科，占全国鱼类种类的1.19%。有两栖动物14种，隶属于2目5科，湿地公园两栖动物种数是全国两栖动物种数的4.36%。发现爬行动物22种，隶属于3目7科，占全国爬行动物种数的5.41%；有鸟类97种，隶属于13目36科，占全国鸟类种类的7.08%；发现哺乳动物为20种，隶属于6目15科，占全国哺乳动物种数的3.45%。园内已知国家重点保护植物8种，其中包括国家Ⅰ级重点保护植物1种，国家Ⅱ级重点保护植物7种，国家Ⅱ级保护动物15种。园内有广利桥、吴公塔、树德山庄文物和资源保护单位20余处，有舜皇岩、石林景观等10余处自然景观。

【双牌日月湖国家湿地公园】 双牌日月湖国家湿地公园位于潇水、日月湖及其周边区域。从双牌县潇水大桥开始，沿潇水往上至理家坪车龙村的水域（大坝以上称“日湖”，大坝以下称“月湖”）及周边河汊水系、部分山林地。规划总面积3882.9公顷。园内有河流湿地、湖泊湿地、沼泽湿地和人工湿地，湿地面积2173.7公顷，占公园土地总面积的56.0%。湿地公园区域及周围丘岗地有维管束植物148科、404属、812种，其中有包括国家二级重点保护植物9种。

有野生脊椎动物5纲26目63科169种，其种数为湖南省已知脊椎动物总数的18.45%。其中鱼类有4目10科39种，种数占湖南省已知鱼类的19.02%；有两栖动物1目4科8种，种数占湖南省11.59%；有爬行动物2目6科18种，种数占湖南省已知爬行动物的18.18%；有鸟类15目35科89种，种数占湖南省已知鸟类的

19.87%；有哺乳动物4目8科15种，种数占湖南省已知哺乳动物的15.79%；列入《濒危动植物种国际贸易公约》有20种；列入《国家保护的有益的或者有重要经济、科学研究价值的陆生野生动物名录》保护动物101种；列入《中华人民共和国政府和日本国政府保护候鸟及其栖息地环境的协定》保护名录29种；列入《中华人民共和国政府和澳大利亚政府保护候鸟及其栖息地环境的协定》保护名录6种；列入湖南省地方重点保护物种88种。

【江永永明河国家湿地公园】
江永永明河国家湿地公园位于江永县西北部区域，西起大坪坳水库入库溪流，东至江永与道县交界处，北至都庞岭国家级自然保护区，南至松柏瑶族乡棠景村，包括永明河及其支流凤田河、利田河、油田河、洞清沅河、大远河和洞源河。南北边界在永明河干流上，县城段以防洪硬质驳岸为界，非城区段以自然河岸为界。规划区内总面积1414.70公顷，湿地总面积990.91公顷。其中，自然湿地总面积940.94公顷，面积占总面积的66.51%，人工湿地占总面积的3.52%（其中稻田湿地占比0.98%），湿地率（不包括水田面积）69.05%。

湿地保育区总面积1223.51公顷，占湿地公园总面积的86.45%。主要包括永明河干流和支流。园内有种子植物158科、511属、784种，其中，湿地植物有68科、165属、218种。有国家Ⅰ级保护植物报春苣苔，国家Ⅱ保护植物野大豆、伞花木等11种。公园有脊椎动物29目89科258种。其中，鸟类14目43科121种；鱼类5目14科49种；爬行类2目7科42种；两栖类2目8科22种；哺乳类6目17科24种。有大鲵、小鸦鹃、领角鸮、虎纹蛙等国家Ⅱ保护动物共17种。

【江华涔天河国家湿地公园】
江华涔天河国家湿地公园位于江华瑶族自治县中部靠西北方向，由东南向西北呈片带状走向，主要包括涔天河、涔天河水库及周边区域，规划总面积2864.8公顷。

公园划为保护保育区、恢复重建区、宣教展示区、合理利用区和管理服务区5个功能区。以涔天河永久性河流和涔天河水库库塘湿地为主体、属于复合湿地生态系统，据调查，园内有高等维管植物934种，国家二级重点保护植物5种，有野生脊椎动物218种，57种鱼类中有18种系中国特有物种；爬行动物中有20种属湖南省重点保护物种，其中的9种系《中国两栖爬行动物濒危动物红皮书》中涉及的物种。

【宁远九嶷河国家湿地公园】
宁远九嶷湖湿地公园位于潇水九嶷河的源头，公园面积526.0公顷，其中湿地面积321.2公顷，湿地为61.1%，按照《国家湿地公园评估标准》，湿地生态系统综合评分70.1分，占湿地生态系统总分80分的87.6%，评价结果为优秀。

园内及其周边区域有维管束植物183科、562属、916种，湿地植物78科、189属、257种。其中国家Ⅰ级重点保护植物2种、国家Ⅱ级重点保护植物7种；野生脊椎动物5纲29目79科198种。其中国家Ⅱ级重点保护动物17种，湖南省重点保护动物112种。

【新田河湿地公园】 新田河湿地公园位于新田县中部，规划范围以新田河、日西河（新田河上游支流）、浥源水库为主体，包括新田河和日西河段及沿河河洲漫滩，浥源水库周边部分区域。总面积524.60公顷。公园内的湿地生态系统完整性好，植被保护状况良好，生态系统类型多样，有种子植物122科380属557种，其中属国家Ⅱ级重点保护植物7种，野生脊椎动物脊椎动物24目

江华涔天河国家湿地公园

60科148种，其中属国家重点国家Ⅱ级保护动物7种，列入《濒危动植物种国际贸易公约》的物种有14种，列入湖南地方重点保护的物种有78种。

【蓝山舜水河湿地公园】 蓝山舜水河湿地公园内湿地为河流湿地类，包括永久性河流、洪泛平原湿地两大湿地型，属于森林复合生态系统。舜水河湿地公园包括舜水河及其河洲漫滩和周边部分区域，湿地公园呈南北走向，北与嘉禾县交界，南至舜水河源头所城镇沙坪（两江汇水口）总面积1046.0公顷，湿地率45.83%。

【回龙圩高尚湖湿地公园】 回龙圩高尚湖湿地公园位于湘江流域潇水支流消江上游区域，是由永久性河流、库塘等湿地构成的河流—库塘复合湿地生态系统。公园主要水体为栎溪河及其上游支流晨光河、光下河，以及高尚湖、回龙湖（盐下水库）、晨光水库、双龙水库、清水塘水库5个库塘，是较完整的湿地生态系统。

公园内分为河流湿地、人工湿地二大湿地类和永久性河流、库塘两大湿地型。总面积135.57公顷，其中湿地面积77.01公顷，湿地率56.80%，湿地生态系统评分为67.3分，占湿地生态系统总分80分的84.13%，评价结果为优秀。湿地公园内发现野生脊椎动物5纲29目89科249种，其中，鱼纲5目14科47种；两栖纲2目8科22种；爬行纲2目7科42种；鸟纲14目43科121种；哺乳纲6目17科21种。被列入国家Ⅱ级保护动物有16种，列入《濒危动植物种国际贸易公约》有21种，国家保护的有益的或者有重要经济、科学研究价值的陆生野生动物名录162种，湖南省地方重点保护野生动物121种。公园内已知种子植物共113科331属525种，其中裸子植物7科10属11种，被子植物106科321属514种。除去栽培种类、外来入侵种类，湿地公园的乡土植物（土著植物）为89科、289属、455种，其中国家Ⅱ级保护植物5种。

【金洞猛江河国家湿地公园】 金洞猛江河国家湿地处南岭山脉阳明山东段，位于《全国主体功能区规划》中“南岭山地森林及生物多样性生态功能区”与“长江流域主产区”的过渡地带，生态区位特殊，且湿地公园位于白水的源头，公园总面积671公顷，其中湿地面积403.1公顷，湿地率60.07%。

湿地公园及周边有野生脊椎动物5纲29目79科233种，其中鸳鸯等在内的国家Ⅱ级保护动物18种。维管植物197科、617属、1033种。其中湿地植物75科、179属、253种，湿地植被划分为4个植被型、9个植被型组、35个群系。有国家Ⅰ级重点保护野生植物2种，国家Ⅱ级保护野生植物7种。并发现珍稀濒危植物毛茛叶报春群系。

（永州市林业局办公室）

县区概况

Counties and Districts

冷水滩区

【概况】 冷水滩区地处湖南省西南部，湘江上游，永州市北部。北靠邵阳，南抵郴州，与粤北、桂北相望，为永州市辖区。2019年，冷水滩区下辖9个乡镇、10个街道（含仁湾街道）、1个工业园区、1个马坪农业开发区。土地总面积1217.13平方千米，耕地面积32.09千公顷。水资源总量13.27亿立方米，年平均水力资源理论蕴藏量19.23万千瓦。境内公路通车里程2305.27千米，实现100%乡镇和行政村同通路。常住总人口55.37万人（含永州经济技术开发区4.82万人），其中城市人口38.46万人，人口出生率10.7‰、自然增长率4.89‰。在册户籍少数民族人口4434人，有瑶族、回族、东乡族、维吾尔族等20余个族别。年内气温最高38.9℃，最低-1.4℃，年降水量1370.8毫米。风向具有明显的季节性变化，冬季以偏北风为主，夏季以偏南风为主。名胜古迹主要有张飞井、潇湘镇—老埠头、老街、农校校区、曲河大桥、李达故居、潇湘驿、唐叟钓矶、文昌阁等；有永州市森林植物园、敏村景区国家AAA级旅游景区2个。

地方生产总值335.11亿元，增长7.3%，第一产业增加值34.74亿元，增长3.5%；第二产业增加值89.28亿元，增长7.1%；第三产业增加值211.09亿元，增长8%。三次产业结构比为10.4∶26.6∶63。财政总收入19.17亿元，增长0.3%，其中地方财政收入12.01亿元，增长1.3%。

农林牧渔业总产值完成65.23亿元，增长3.6%。主要农产品产量：粮食作物34.05万吨，油料1.24万吨，棉花434吨，水果31.28万吨，出栏生猪68.89万头，蔬菜71.67万吨，禽蛋1.06万吨，水产品2.58万吨。完成全区16个乡镇（街道）、186个村（居）的农村集体资产清产核算，资产总计14.75亿元，集体土地总面积10.03万公顷。累计投入高标准农田项目资金5378万元，建设高标准农田200公顷。农业机械12.24万台，总动力72.68万千瓦，农田作业机械化率76.3%；完成购置补贴资金227.1万元，补贴机具829台套，受益户729户。培育家庭农场32家，合作社49家；新型经营主体总数突破7110个，建成特色种植基地122个，成功创建万喜登、恒惠、恒伟等省级农业示范园区5个。果秀、永益供港蔬菜基地等10个被认定为首批粤港澳大湾区“菜篮子”基地。农产品质量安全合格率99.53%。

永州市火车站广场夜景

区域规模工业增加值增长7.0%，新增规模工业企业18家（区属10家，永州经济技术开发区8家），区域规模工业企业177家。引进“双高企业”13家。主要产品产量：大米40.6万吨，水泥96.9万吨，汽车0.6万辆，发电量3.47亿千瓦时。全年社会研发经费投入3.93亿元，高新技术企业33家。高新技术产品产值169亿元，增加值53亿元。申请专利773件，授权专利283件，增长26.3%。冷水滩中小企业创新创业园被省工信厅授予湖南省级创业孵化基地。列入市“5个10”重大科技创新项目5个，总投资14.6亿元。其中，湖南经纬辉开科技有限公司中大尺寸智能终端触控显示器件项目，列入省重大科技创新项目。湖南和广生物科技有限公司、永州市水利水电勘测设计院等7家企业入库科技型中小企业，完成科技成果转化3500万元。湖南熙可食品有限公司被认定为国家级企业研发中心。

主导产业为电子信息、先进制造、生物医药、农副产品加工、现代物流等，集群规模企业98家，产值165亿元，增加值45.6亿元。经纬辉开电子信息产业园、声光电显示通讯产业园、中小企业创新创业园、恒伟生物医药产业园、永州智能硅谷产业园、天鼎智能产业园6个“园中园”，累计入统“四上企业”126家，新增市考核“四上企业”51家，排全市第一位，其中规模工业企业30家，总量居全市第一位。

社会消费品零售总额157.41亿元，增长10.4%，其中城市零售额121.78亿元，增长9.5%；农村零售额35.63亿元，增长13.5%。外贸进出口企业35家，进出口突破2000万元以上企业13家。外贸进出口总额1.92亿美元。实际到位外资1.26亿美元，增长10.9%。承接产业转移项目15个，实际到位内资38.22亿元，增长15.1%。全年招商引资项目15个，合同引资123.85亿元，引进碧桂园新都荟、万达商业综合体、自然韵旅茶总部经济带、中建信合等“500强”企业项目4个。全区接待游客849.77万人次，增长10.06%；实现旅游总收入78.57亿元，增长12.22%。辖区内有国家AAA级旅游景区2家（永州市森林植物园、敏村景区），星级乡村旅游示范区（点）9家。成功创建四星级乡村示范区（点）（鱼趣园）1个，五星级乡村示范区（江南湘生态农庄）1个。

固定资产投资增长10.3%。铺排重点项目359个，其中新建项目126个，续建项目187个，储备前期项目46个，总投资1758.45亿元，年度计划投资387.89亿元，全年完成471.29亿元，占121.5%。公路旅客客运量267.15万人次，旅客周转量45325.33万人千米，全区公路通车总里程（不含城市道路）2305.267千米。邮电业务总量20.54亿元（区域内），其中邮政业务总量0.84亿元，增长33.3%，电信业务总量19.7亿元，增长107.9%。全区有线网络电视用户17.75万户，其中有效用户7.32万户，电视覆盖率100%。实施交通提速战役重点项目30个，其中新开工项目8个，续建项目12个，完成投资48.46亿元。建成紫霞中路、陶源东路、声光电产业园路网等道路4条；永州大道高科园段、九嶷大桥、翠竹大道、中心城区BRT快速公交建成通车，宋家洲大桥桥面改造全面完成；改造天桥南路、西冲塘路等背街小巷82条。完成10千伏及以下行政村配电网改造763万元，贫困自然村通光纤109个，建立行政村4G基站3个，启动中心城区5G网络连续覆盖建设。

民生支出30.2亿元，占财政总支出的79.7%。投入1.2亿元改善办学条件，学前三年入园率100%。新建（改扩）学校6所，增加学位18010个，基本消除义务教育大班额；建安置房屋300余栋，安置3100余户；完成改厕蹲位12300户；养老床位3785张、病床2296张；扩容城区停车位3.5万个，公共停车位9500个；规范流动摊位2000个；城镇新增就业人员5950人。家庭医生签约5.25万人份，“基层首诊”“分级诊疗”“双向转诊”等医疗模式逐步成型。市三医院县域危重新生儿、危重孕产妇救治中心通过评审，卒中救治中心通过认证授牌。全区符合政策生育率为94.8%，升降率控制在±1个百分点以内。

防范化解重大风险攻坚战，府债务化解达预期目标，构筑集“借、管、用、还”于一体的平台融资体系，推进两个平台公司通过资产重组、资本注入、担保征信、战略合作等手段，转型升级，实现年均市场化融资清款规模20亿元以上，争取专项债券资金6亿元以上，清理整合进度100%，顺利退出债务风险二级预警。

推行“四选准”“四保障”产业扶贫举措，发展产业实体238家，流转土地1.6万公顷，增加农村合作经营主体85家。易地扶贫搬迁全省先进，全区减少贫困人口3669人，贫困发生率下降到0.26%。

开展蓝天、碧水、净土保卫战和环保督察整改，实现环保督察交办件办结率、满意率100%。实现地表水、饮用水达标率100%，水质全省县级第一位，空气质量优良率90.4%。上岭桥镇仁山村入选全国乡村治理示范村名单。花桥街镇敏村、伊塘镇孟公山村、普利桥镇八井村、牛角坝镇牛角圩村4个乡村入选“国家森林乡村”名单。

存在的主要问题与困难：中心城区的经济总量偏少，支撑经济发展的内生动力不足，河西片区基础建设有待提高，财政收支压力大。

【冷水滩首个国家级森林公园获批】 2019年1月25日，国家林业和草原局对冷水滩区设立腾云岭国家级森林公园作出行政许可决定，准予设立腾云岭国家森林公园，冷水滩首个国家级森林公园正式获批设立。腾云岭国家森林公园位于冷水滩区杨村甸乡境内，经营面积3744.73公顷，森林覆盖率91.55%。公园内有四明山，主峰腾云岭海拔1043.2米，为冷水滩最高山峰，常年云雾缭绕。公园内森林资源丰富，有维管束植物192科654属1141种，有银杏、花榈木等国家重点保护野生植物10种；记录脊椎动物263种，隶属32目91科，其中有白鹇、红腹锦鸡等国家二级保护野生动物24种；有罗汉寺遗址、吕慎革命抗战遗址等人文景观。

【冷水滩区税务局第一税务分局获得“全国巾帼文明岗”称号】 2019年3月1日，全国妇联授予永州市冷水滩区税务局第一税务分局“全国巾帼文明岗”称号。冷水滩区税务局实行贴近式服务，改进纳税服务工作。鼓励高新技术和促进小微企业发展减免税额3448万元，支持“三农”减免税额3243万元，增值税留抵退税5927万元。持续开展“便民办税春风行动”，接待纳税人15万余人次，将纳税人平均办理时间降低至每笔10分钟以内，实现办税“实体+电子”的融合对接，开通电子税务局纳税户11980户，开通率及开通总户数排全市税务系统第一位。

【获评新时代文明实践中心全国试点县区】 2019年10月11日，冷水滩区获评新时代文明实践中心全国试点县区。冷水滩区将新时代文明实践中心、融媒体中心和学习强国平台进行融合发展，开展文明实践活动，线上线下注册的志愿者超过5万人，各类志愿服务组织开展各类志愿服务累计服务时间12万小时。

【获评“四好农村路”国家级示范县】 2019年11月6日，冷水滩区获评“四好农村路”全国示范县。冷水滩区推行“路长制”等措施，新建农村公路760千米，提质改造县乡公路284千米，提质改造村级道路560千米，建制村通畅率、通班车率100%，成为永州市首个获评“四好农村路”国家级示范县的县区。

【获评全省“平安县区”】 2019年12月19日，冷水滩区获全省“平安县区”称号。全区坚持源头治理、系统治理、依法治理，探索社会治理创新，推行见义勇为“一元民生险”、精神障碍患者责任险、社会治安保险助力平安创建等项目，打造“物联网+城域网二轮电动车、摩托车防盗系统”“物联网+智慧手环”智慧工程。

【冷水滩上岭桥镇仁山村入选全国乡村治理示范村】 2019年12月24日，冷水滩区上岭桥镇仁山村入选全国乡村治理示范村。仁山村围绕基础设施、产业建设、垃圾处理、卫生改厕、污水治理、清洁庭院等内容实施美丽乡村建设，全村道路得到全面硬化和美化，人行步道设计和铺设材料充分体现农村风情；村内沟渠得到全面整治，达到流畅、水清、岸绿、景美的效果；配套建设文化娱乐、健身器材等公共设施。

（张立林　陈巧雄　向文杰）

领导名录

中共冷水滩区委员会

书　　记　何冲龙
副 书 记　桂砺锋　施创太
常　　委　彭　峰　黄燕玲
　　　　　艾祥柏　陈　雄
　　　　　许全善　齐纲要
　　　　　李晓勇

区人大常委会

主　　任　徐志华
副 主 任　胡柏艳　孙纲要
　　　　　唐英波　蒋剑青
　　　　　龙国文

区人民政府

区　　长　桂砺锋
常务副区长　陈　雄
副 区 长　郑　航　汤丽娟
　　　　　吴春华　蒋建辉
　　　　　张文凤　朱昌锋

区政协委员会

主　　席　秦少义
副 主 席　刘洪波
　　　　　熊　健（兼）
　　　　　翁天宝　唐基和
　　　　　汤　丽（兼）

中共冷水滩区纪律检查委员会、监察委员会

书　　记
主　　任　彭　峰

区人民武装部

部　　长　王良锋
政　　委　李晓勇

区人民法院

院　　长　傅芳萍

区人民检察院

检 察 长　胡清华

零　陵　区

【概况】 零陵区位于湖南省南部，北与冷水滩区，东与祁阳县，南与双牌县，西与东安县、广西全州县接壤。2019年，零陵区辖10个乡镇6个街道。土地总面积1986平方千米，其中耕地面积40.03千公顷。年末常住人口

58.12万人，其中城镇人口34.97万人，城镇化率60.17%。人口出生率8.75‰，自然增长率3.44‰。年内气温最高39.6℃、最低-1℃；年降水量1655.5毫米。年末，公路通车里程2310.8千米，其中高速公路通车里程75千米。文物古迹330处，其中国家级保护单位8处9地，省级保护单位10处，零陵花鼓戏、渔鼓入列国家“非物质文化遗产”名录。风景名胜130余处，有“永州八景”柳子庙、零陵文庙、永州武庙等景点。

完成地方生产总值222.5亿元，同比增长6.7%，其中，一、二、三次产业分别实现增加值40.7亿元、85.9亿元、95.9亿元，同比分别增长3.4%、7.7%和7.2%，三次产业结构比为18.3∶38.6∶43.1。完成财政总收入18.38亿元，同比增长2.2%。居民人均收入27146元，同比增长9.9%，其中，城镇居民人均可支配收入32386元，同比增长9.5%，农村居民人均可支配收入20961元，同比增长9.4%。

规模工业总产值127.3亿元，增长3.9%；规模工业增加值增长8%。新增高新技术企业8家、规模工业企业9家，新增入园5000万元以上工业项目15个。新入园产值过5000万企业10家，70万吨锰硅钙镁、雷泰、赛菱体育等项目投产试产，时代阳光入选国家知识产权优势企业、湖南省小巨人企业。盘活闲置土地11.47公顷，新建标准厂房11万平方米。工业主导产业锰、烟、农产品加工、新能源新材料、电子信息、生物医药。

农林牧渔业总产值（预计数）65.8亿元，增长3.6%。主要产品产量：粮食36.5万吨，蔬菜96.5万吨，出栏生猪、牛、羊分别为63.8万头、2.4万头、7.5万只，家禽出笼1058万羽，水产品2万吨。新增市级及以上龙头企业9家、现代农业产业园4个、新型农村经营主体166家、标准化种养基地52个、“三品一标”66个、新纳入“粤港澳大湾区”供应基地5个。创建“国家森林乡村”3个，省、市美丽乡村7个。邮亭圩镇纳入国家农业产业强镇。获评全省粮食生产标兵县（区）、粮食生产先进县（区）、生猪调出大县（区）。

社会消费品零售总额118.8亿元，增长10.5%，其中城镇91.5亿元，增长10.4%；乡村27.4亿元，增长11%。外贸进出口总额10989万美元、增长44.6%，利用外资1.4亿美元，增长11%，内联引资35.75亿元，增长19%。接待游客711.7万人次，增长10.1%；旅游综合收入59.7亿元，增长10.9%。有国家AAA级以上旅游景区8个，国家湿地公园1处。零陵古城二期开街运营，东山创建国家AAAA级旅游景区。举办首届历史文化名城（永州）文旅活动周暨柳宗元文化旅游节、“大美永州·大穿越”等节庆活动。柳子街入选国家首批历史文化街区和2019年湖南十大文旅地标。

固定资产投资增长10.3%。其中5000万元以上项目投资增长15.7%；5000万元以下投资增长0.1%，产业投资完成113.7亿元，占总投资的58.8%，同比增长39.9%。按投资方向分，工业投资增长47.6%；工业技改投资增长52.0%；高新技术产业投资增长74.3%；基础设施投资增长30.1%。工业技改投资占产业投资的29.6%，比2018年同期高2.4个百分点；高新技术产业投资占产业投资的18%，比2018年同期高3.5个百分点。房地产开发投资增长20.7%，商品房销售面积82万平方米，下降13.7%。建筑业总产值完成43.9亿元，增长17.1%；实现增加值17.9亿元，增长6.3%。签约重大项目

零陵古城夜景

周家大院风貌

28个，合同引资101.4亿元，其中“500强”企业5家。重点项目实施136个，完成投资180亿元，占年度投资计划的102.5%。新增自然村通组公路350千米，完成危桥改造20座、“三标一线”44千米；朝阳大道、袁家渴路等5条路网验收投用，提质改造农贸市场14个，打通断头路8条。

民生支出34.5亿元。推进“学在零陵”“健康零陵”“文化零陵”，新增学位6255个，化解“大班额”414个；妇幼保健中心主体完工，中医院综合楼、6所乡镇卫生院建成，农村卫生室“空白村”全面清零；新增国家级文物保护单位2处、省级文物保护单位6处、省级以上历史文化名村2个。新增城镇就业6250人、农村劳动力转移就业5010人。“五化”民政建设获全省创新奖。

三大攻坚战扎实推进。脱贫攻坚方面，全年脱贫1644户5159人，41个贫困村全部出列，贫困发生率0.36%，完成年度脱贫任务。建立产业基地151个、“扶贫车间”35个，产业就业覆盖率100%。风险防范方面，守住“不发生系统性金融风险”底线，调减政府投资39亿元，化解债务3.7亿元，严控严打非法集资，银行不良贷款率逐年下降，交通建设投资有限公司成为全省首个新型投融资体制改革试点。污染防治方面，中央、省、市交办环境整治问题整改到位，推进“山水林田湖草”生态保护修复，200平方千米范围内的矿山全面整治整顿整合，“双河长制”全面落实，扬尘治理显著，整治200平方千米范围内的矿山，全年空气质量优良天数320天，水功能区水质达标率100%。

存在的主要问题和困难：传统产业面临产能过剩的市场风险和安全环保的政策风险，新兴产业支撑能力不足，转型升级任务艰巨；污染防治压力较大，生态环境保护任务较重；科技创新能力不强，高层次人才明显不足；民生领域存在薄弱环节；营商环境有待改善。

【零陵首个新时代文明实践所成立】 2019年5月28日，零陵区七里店街道新时代文明实践所挂牌，这是该区成立的首个新时代文明实践所，灵峰村新时代文明实践站也同时成立。新时代文明实践所（站）是面向广大群众开展理论宣讲、主题教育、文化传承的重要阵地，是提升思想觉悟、道德水平、文明素养的重要载体，是打通宣传群众、教育群众、服务群众的“最后一公里”的重要平台。

【零陵首个征地拆迁信息系统投入使用】 2019年6月12日，零陵区在全市建成征地拆迁信息系统并通过验收，标志着零陵区征地拆迁工作正式迈入信息化轨道。对全区征地拆迁历史信息数据全面录入，实现征地拆迁档案电子管理、数据一键查询、自动查漏预警，确保大数据多部门共享、手机与电脑数据共享、多个项目同步进行、协议一键生成，提高征地拆迁工作效率。

【获评“中国天然氧吧”称号】 2019年7月18日，零陵区获评“中国天然氧吧”称号。零陵境内有千米以上的高山48座，水能蕴藏量居全省前列。境内森林覆盖率55.9%，湿地保护率74.44%，空气质量优良率87.1%，年均空气质量指数61，全年水质稳定在Ⅱ级以上。

【获评“国家生态文明建设示范市县”】 2019年11月，零陵区获评“国家生态文明建设示范市县”。零陵区牢固树立“绿水青山就是金山银山”的理念，坚持生态优先发展战略，在加强生态建设、强化资源保护、改善生态环境、推进污染减排、推动污染治理、发展绿色经济等方面取得成效。

【获评全国乡村治理体系建设试点县（区）】 2019年12月，零陵区获评首批115个全国乡村治理体系建设试点县（区），成为湖南省入选的6个县（区）之一，也是全市唯一一个。零陵区按照乡村治理体系建设要求，加大财政投入，坚持因地制宜，创新推进试点工作。

（周长艳）

领导名录

中共零陵区委员会

书　　记　唐　烨
副 书 记　赵立平　龙　军
常　　委　唐建明　周润润
　　　　　蒋映群　彭江辉
　　　　　唐清林　唐会国
　　　　　王建武

区人大常委会

主　　任　唐荣成
副 主 任　胡乃湘　徐海英
　　　　　邓建国　胡自力
　　　　　全长青

区人民政府

区　　长　赵立平
副 区 长　龙　军　王小会
　　　　　陈丽萍　汤安权
　　　　　何　锋　彭定国
　　　　　张国材

区政协委员会

主　　席　李祥军
副 主 席　杨时隽　蒋晓娟
　　　　　周军松　柏文生
　　　　　欧阳永衡

中共零陵区纪律检查委员会、监察委员会

书　　记　周润润

区人民武装部

部　　长　王建武

区人民法院

院　　长　何小春

区人民检察院

检 察 长　奉绍辉

祁　阳　县

【概况】 祁阳县位于湖南省西南部，永州市东北部。西接零陵、冷水滩，东抵常宁，南临新田、宁远、双牌和桂阳，北连祁东。2019年，全县辖20个镇、3个街道、3个乡。土地总面积2538平方千米，耕地面积53.58千公顷。年末常住人口85.67万人，其中城镇人口43.35万人、农村人口42.32万人，人口出生率8.75‰，人口自然增长率3.08‰。属中亚热带大陆性季风湿润气候区，年内最高气温39.6℃，最低气温-0.3℃；年降水量1497毫米。水资源总量254亿立方米，水能蕴藏量45万千瓦，可开发量35.7万千瓦。森林面积124.83千公顷，活立木总蓄积量713.72万立方米，森林覆盖率60.54%。有太白峰国家森林公园、浯溪国家湿地公园、大江省级森林公园、挂榜山小鲵省级自然保护区和陶铸故里、浯溪碑林、祁剧、祁阳小调、祁阳石、龙溪李家大院历史文化名片及黄沙河漂流、八庙温泉、祁阳小鲵、祁阳八景等自然风光。

地区生产总值332亿元，增长7.2%。三次产业结构比为15.34∶29.42∶55.24。地方财政收入14.67亿元，增长17.3%。

农林牧渔业总产值91.69亿元，增长3.3%。主要农产品产量：粮食57.2万吨，油料4.06万吨，茶叶269吨，蔬菜80.26万吨，肉类7.75万吨，禽蛋1.73万吨，水产品6.6万吨。新培育省级龙头企业2个、市级龙头企业7家，新增新型经营主体240家，新建标准化示范基地8个，备案粤港澳大湾区“菜篮子”生产基地9个、农业企业14个，祁阳农业科技园获评国家农村创新创业园区，茅竹农业产业强镇建设经验入选全国100个精品案例。

2019年，祁阳县举行融入粤港澳大湾区承接产业转移大会暨百企入园签约仪式

规模工业总产值303.2亿元，增长12.3%。新入统规模企业23家，实现规模工业增加值83.24亿元，增长8.8%；实缴工业税金5.9亿元，增长14.6%。产值过亿元企业99家、过10亿元3家，海螺水泥、凯盛鞋业税收分别突破2亿元、1亿元。祁阳经开区成功转型为省级高新技术产业开发区。主要工业产品产量：大米42万吨，精制食用植物油4万吨，罐头6万吨，服装855.2万件，鞋7156万双，水泥335万吨，石灰11.5万吨，日用玻璃制品2万吨，铝材1.8万吨。

社会消费品零售总额98.59亿元，增长10.6%。其中，城镇零售额75.16亿元，乡村零售额23.44亿元。新入统规模以上商贸企业16家，步步高新天地城市综合体、东部商贸城建成。外贸进出口总额47263万美元，其中出口44531万美元、进口2732万美元。旅游综合收入51.58亿元，接待游客778.96万人次，星级乡村旅游区点30个，新增星级旅游区点9个。陶铸故居、德辉景区创建国家AAA级旅游景区，茅竹三家村获评全省乡村旅游重点村。祁阳"南水北调"工程大村甸水厂、西区110千伏变电站建成，电网提质改造行政村70个、县城台区20个；建成自然村水泥路429千米、"窄改宽"工程105千米；改造县城老旧小区99个、背街小巷44条；完成农村危旧房改造1383户和病险水库除险加固15座、维修小型水库218座和双牌灌区十五、十六支渠渠带路建设。

推进重点项目106个，固定资产投资增长9.5%，引进企业106家，实际利用外资2.2亿美元，内联引资50.69亿元，分别增长29%、21.86%。交通运输、仓储邮政业增加值10.44亿元，增长3%。祁阳经开区获评全省真抓实干产业项目建设先进园区。

年末公路通车里程3027.5千米。完成邮政业务量0.97亿元、移动公司业务量1.7亿元、电信公司业务量1.56亿元。成功创建省级园林县城，新埠头水厂、盘龙配水厂、水质指标检测中心建成投用，万寿路、复兴路基本贯通。"智慧祁阳"综合服务平台运行。

财政民生支出46.89亿元。城镇居民收入34015元，增长9.7%；农村居民收入15339元，增长9.5%。科技研发投入9.35亿元，建成省级科技孵化器1个、省级众创空间1个，新增高新技术企业10家、科技型中小企业47家、全省小巨人企业1家。新增城区学位2.09万个，维修改造薄弱学校119所，建好学生标准化食堂34家。建设"智慧教育"学校150所。高考一、二批本科上线2623人，北京大学录取2人，县职业中专获评"全国教育系统先进集体"。实现村卫生室标准化建设全覆盖，公立医院改革评为全省真抓实干改革成效明显奖，县人民医院、县中医医院创建三级医院。祁剧晋京参加非遗雅集演出，承办湖南省陶铸故里红军行暨"大美永州"大穿越活动。残疾人体育获2个国际性体育比赛金奖。增加城镇就业11080人、农村劳动力转移就业6200人；"五大保险"参保人数66.6万人，城乡居民医保参保81.82万人次。

脱贫9497人，3个深度贫困村出列，贫困发生率降至0.19%。实施"四扶四建""六个全覆盖，六个必到户"和"三好三出"消费扶贫，推动"两不愁三保障"突出问题动态"清零"。教育、就业、健康等行业扶贫成效显著。易地扶贫搬迁"十三五"任务全面完成，全国水库移民脱贫攻坚座谈会在祁阳县召开。

污染防治保持良好态势，中央环保督查"回头看"反馈问题全部整改销号，"夏季攻势"目标任务全面完成。白水污水处理厂建成投用，城北、城东污水处理厂完成规划许可，17个建制镇污水处理厂挂网招标，县城湘江以北实现雨污分流。海创固废危废处理项目建成投运，垃圾焚烧发电项目正式启动。饮用水源地保护、黑臭水体治理成效较好，地表水及饮用水水质达标率100%。率先在全省开展"无废城市"建设。生态环境执法获评全省先进。

风险防范安全可控，全年化解政府隐性债务3.59亿元、关注类债务2.93亿元，争取地方政府债券4.18亿元。平台公司市场化转型步伐加快。严打非法集资行为，金融环境安全稳定，金融机构存款余额382亿元，比年初净增9亿元、增长2.5%；贷款余额192亿元，净增32亿元、增长19.8%；银企洽谈会落实项目贷款26.44亿元；完成农商银行清欠任务1.1亿元。

存在的主要问题：经济下行压力加大；产业结构有待优化；三大攻坚任务艰巨；解决就业、就医等民生难题需努力；政府建设有待加强。

【祁阳"南水北调"工程大村甸水厂建成投用】 2019年10月

24日，祁阳县大村甸水厂建成通水，从根本上解决衡邵干旱走廊、祁阳北部五镇一街道一场29万群众不安全饮水难题。该项目是祁阳城乡供水一体化项目一期工程，被列为全省PPP示范项目、市县重点项目和重点民生实事工程。由祁阳县政府与北京碧水源科技股份有限公司合作共建，总投资3.65亿元，设计供水能力为6.1万吨/天，主要工程包括大村甸凼桥取水厂、大村甸立新制水厂、文明铺三角湾配水厂、文明铺羊古脑配水厂、文富市黄泥山配水厂等控制性工程，管网覆盖祁阳县北部长虹街道、黎家坪镇、大村甸镇、文明铺镇、龚家坪镇、文富市镇、高铁新城片区和十里坪畜牧场137个村（社区、工区），到村管网总长1522千米，到户管网总长3438千米。

【创建省级园林县城】 2019年11月，祁阳创建为湖南省园林县城。祁阳坚持把创建省级园林县城作为改善人居环境、提高人民群众生活质量的重要途径，深入实施“五园五化”战役，推进“百园靓城”工程，开展“十万大苗进县城”“十万盆景进家庭”行动，全县建成区绿化面积681.78公顷，绿地率34.17%，绿地覆盖面积757.12公顷，绿化覆盖率37.95%，人均公园绿地面积8.58平方米。

【入选全国农村住房建设试点县】 2019年，祁阳县入选全国农村住房建设试点县。推进农村集中建房和房屋风貌改造，率先启动农村宅基地改革，引导镇、村规划建设县级集中建房示范点2个~3个，配套做好基础设施建设。推进农村住房建设试点，统一标准、统一风貌。建成农村集中建房点22处1105户，国家森林乡村3个、省级美丽乡村示范村5个，获批中国传统村落9个、国家及省历史文化名村5个，建设七里桥镇丁庙湾村、茅竹镇三家村、观音滩镇八尺村、八宝镇集中建房点、下马渡镇青峰村等宜居型农房建设示范点。

祁阳“南水北调”工程——大村甸水厂全貌

【祁阳经济开发区获批省级高新技术产业开发区】 2019年，祁阳经济开发区获评省级高新技术产业开发区。实施“百企入园”工程，基础设施投资11亿元，固定资产投资85亿元，新增规模以上工业企业17家，规模工业企业134家，实现规模工业总产值294.6亿元，增长10.7%、增加值79.5亿元。建成星创天地2家，新增高新技术企业10家、科技型中小企业14家，省小巨人企业1家、省工程技术中心1家；浯创科技企业孵化器、三吾同创众创空间分别被认定为省级科技企业孵化器、省级众创空间；以东骏纺织、科力尔电机等龙头骨干企业为依托，引进大联纺织、诚悦塑胶、永鑫纸箱等产业链上下游材料供应、零配件、包装类企业，园区内形成轻纺制鞋、电子信息等相对稳定产业链。

【获评全省开放崛起真抓实干先进县及外贸工作先进县】 2019年，祁阳县成功举办祁阳融入粤港澳大湾区承接产业转移暨百企入园签约仪式，全年引进各类项目106个，总投资187.2亿元，其中“三类500强”企业投资项目4个。实际利用外资2.2亿美元、增长29%，内联引资50.69亿元、增长21.86%。新增“破零倍增”企业11家，完成外贸进出口总额4.6亿美元、增长18%。发展开放型经济考核位居全市第一，被评为全省开放崛起真抓实干先进县、外贸工作先进县。

（李海军　李延林　陈铁牛　黄茂林）

领导名录

中共祁阳县委员会

书　　记　周新辉
副 书 记　陈小平
常　　委　郑国荣　廖道南
　　　　　陈　莉　龚红辉
　　　　　张少宣　唐明生
　　　　　陈志标　彭国锋

县人大常委会

主　　任　邓晓阳
副 书 记　刘晓春
副 主 任　刘晓春　谢铁山
　　　　　桂富生　刘双顺
　　　　　唐　江

县人民政府

县　　长　陈小平
副 县 长　陈　莉　陈环玉
　　　　　柏曼红　周贞霖
　　　　　刘　军　蒋明明
　　　　　沈拥政

县政协委员会

主　　席　郑增啟
副 书 记　陈振文
副 主 席　陈振文　于建春
　　　　　文英雄　黄爱蓉
　　　　　桂　湘

中共祁阳县纪律检查委员会、监察委员会

书　　记
主　　任　廖道南

县人民武装部

部　　长　龚红辉
政　　委　卢世强

县人民法院

院　　长　田光耀

县人民检察院

检 察 长　程　晖

东　安　县

【概况】　东安县位于湖南省西南部、永州市西北边缘、湘江上游。东与冷水滩接壤，东南与零陵区相连，西南与广西壮族自治区全州县交界，西部与邵阳市新宁县毗邻，西北与邵阳市邵阳县相邻，东北与衡阳市祁东县相接。2019 年，全县辖 15 个乡镇，1 个经济开发区，1 个国家森林公园，1 个国营林场，土地总面积 2204.44 平方千米，耕地面积 43165.84 公顷。年末，户籍人口总数 644200 人，其中城镇人口 23.41 万人，人口出生率 9.57‰，自然增长率 4.68‰。地处中亚热带季风湿润气候区，光照天数年均超过 200 天；无霜日天数年均超过 300 天；年均 22℃—28℃年均超过 120 天；年均降水量平均 1180 毫米~1490 毫米。

有舜皇山国家森林公园，唐生智故居树德山庄，广利桥、吴公塔，禅德胜地沉香寺，古建筑斩龙桥、舜石桥、石期市文塔，古民居周家大院，古遗址坐（皂）果山商周遗址、大寨山石城遗址等人文景观；渌埠头、香潭渌水、画山秀水黄金洞、高岩湖、上界头、大盛镇栗木冲瀑布以及舜皇岩、文广岩、九龙岩、幽岩、独秀峰、金竹山原始次森林、横塘落鹰岩、大江口水上石林等自然景观。

地区生产总值 1855243 万元，增长 7.1%。其中，第一产业增加值 374371 万元，增长 3.4%；第二产业增加值 647002 万元，增长 7.9%；第三产业增加值 833870 万元，增长 8.1%。人均地区生产总值 33159 元，增长 11.7%。三次产业结构比为 20.18：34.87：44.95，第三产业增加值下降 0.42%。工业增加值占地区生产总值的比重为 25.57%，下降 0.71%。第一、二、三产业对经济增长的贡献率分别为 9.8%、41.7% 和 48.5%，分别拉动经济增长 0.7%、3%、3.4%。其中工业对经济增长的贡献率为 35.1%。财政总收入 121095 万元，增长 4.8%。主导产业新能源产业、材料开发、装备产业、轻纺制鞋业、农产品加工业等五大产业。

农林牧渔业总产值完成 688567 万元，增长 3.5%。农林牧渔业增加值完成 387411 万元，增长 3.7%。粮食总产量 37.24 万吨，下降 2.98%，其中，稻谷产量 32.26 万吨，下降 3.75%。出栏生猪 49.20 万头，下降 16.55%；出栏牛 1.41 万头，增长 6.02%；出栏羊 6.92 万只，增长 6.79%；出笼家禽 778 万羽，增长 16.66%；水产品产量 22095.30 吨，增长 6.25%。农产品加工企业 370 家，其中省级龙头企业 2 家、市级龙头企业 27 家，加工产值 139 亿元，增长 23.4%。整治各类水利工程 268 处，其中治理重点病险库 2 座。农机补贴资金 303.889 万元，推广农业机械 1469 台。农业机械总动力 15.82 万台/76.26 万千瓦，增长 0.93%、0.73%。创办农村清洁工程重点示范村 44 个。省定扶贫开发项目村建设 4 个。植苗面积 0.16 公顷，其中“三边”造林 0.027 公顷，油茶新造面积 0.04 公顷。油茶低改面积 0.13 万公顷，毛竹低改面积 666.67 公顷，中幼林抚育 4000 公顷。

规模工业企业 86 家，新增规模以上工业企业 10 家，规模以上工业总产值 1440649 万元，增长 13.1%。工业增加值 474376 万元，增长 8.6%；其中规模以上工业增加值增长 8.7%。规模以上工业企业实现主营业务收入 1398033 万元，增长 12.3%；实现利税 63969 万元、增长 15.6%，其中利润总额 51849 万元、增长 16.4%。经济效益综合指数 341.6%，其中，工业产品销售率 97.3%，总资产贡献率 17.4%，资产保值增值率 105.7%，资产负债率 46.1%，流动资产周转率

13.9%，成本费用利润率4.0%，全员劳动生产率198467元/人。建筑业增加值172626万元，增长5.6%。资质内房屋建筑施工面积462.5万平方米，竣工面积363.8万平方米，获“湖南省新型工业化示范基地”称号。

社会消费品零售总额757289万元，增长10.4%，其中：城镇完成零售额534203.2万元，增长10.9%；乡村完成零售额223085.8万元，增长9.2%。承接产业转移、招商引资共引进项目41个，其中内资项目38个、外资项目3个。实际到位内资29.06亿元，增长20.23%；实际到位外资11460万美元，增长11.41%。接待入境游客581.65万人次，增长10.17%；旅游收入49.1亿元，增长12.22%。树德景区通过国家AAAA级旅游景区景观质量评价。溪水以南·花境花海景区创建国家AAA级旅游景区。春晓石乳岩山庄、聚贤德休闲农庄创建省级三星级乡村旅游点。

固定资产投资增长10.5%。其中，固定资产投资不含农户完成投资额增长24.4%；房地产固定资产投资增长16.6%。第一产业投资下降23.6%；第二产业投资增长95.2%；第三产业投资下降19.2%。货运吞吐量554.6万吨，同比增长4.3%；货物周转量11226.3万吨千米，同比增长6.2%；客运吞吐量316.5万人，下降7.3%；客运周转量12088万人千米，下降13.1%。公路通车总里程（含乡村公路）2091.07千米，其中，国道41.86千米、省道186.96千米、县道301.79千米、乡道421.14千米、村道及专用道1139.32千米。邮电业务总量77276万元，其中：邮政业务总量5850万元，电信业务总量71426万元。移动电话用户355711户，宽带网用户89606户。

普通中学34所，职业中学5所，小学35所。在校学生76530人，其中普通中学28988人，职业中学3215人，小学44327人。幼儿园192所，在园幼儿数22189人。乡镇农村科技站16个，农村科技推广小组458个，培养科技示范户262户。建立农科教中心1所，引进推广新优品种、新技术、新产品、新成果62项（个）。取得科技成果6项。县级群众艺术馆、文化馆机构2个、乡镇文化馆（站）16个、县级图书馆1个、农村图书馆（室）301个，图书总藏量54.5万册，年接待读者23万人次。文物管理机构2个，文物总藏量1039件（套），文物保护单位22处，其中全国重点文物保护单位2处。电视台1个、电视差转台2座，电视综合人口覆盖率100%。全县有线电视用户1.3万户。卫生机构30个，其中县级医院12个，乡镇卫生院16个，疾控中心1个，妇幼保健院1个。拥有病床3158张。全县卫生技术人员2070人。体育社会团体32个，体育指导站84个。全年举行各项体育比赛68次，参赛人数6.17万人。在国家级体育比赛中，获一等奖2个、二等奖17个、三等奖13个。在省级体育比赛中，获金牌10枚、银牌15枚、铜牌13枚。

脱贫2479户6660人，贫困村出列8个，贫困发生率下降到0.22%。贫困人口教育、医疗及饮水、住房安全得到保障。被评为全省电商扶贫工作优秀县。

抓好中央和省级环保督察及“回头看”反馈问题整改，新屋断面锑浓度实现全年稳定达标，八一桥、黄泥洞右边小溪断面锑浓度分别下降23.9%、28.1%。湘江饮用水保护区划获省政府批复同意。湘江引水工程，受到中央环保督察组和湖南省生态环境厅主要领导的充分肯定，“夏季攻势”8项任务全面完成，空气优良率90.1%。全面落实河长制，出境水质达Ⅱ类标准。完成湘江流域东安段禁捕退捕。完成义务造林0.16万公顷。紫水河被评为全省最美榜样河湖之一。鹿马桥镇简家岭村、南桥镇寺门马皇村入选第一批国家森林乡村。

年度隐性债务化解任务完成率161.2%，获省政府6000万元专项奖励。“7+1”模式财政开源增收24.24亿元，非法集资陈案化解率100%。

东安县“湘江第一湾”

存在的困难和问题：财源增长乏力，支撑发展的大项目、好项目偏少；各类风险隐患较多，生态治理、安全生产、信访维稳等压力较大；民生改善任务繁重，财政收支矛盾突出。

【获批“省级全域旅游示范区”】 2019年，东安县坚持“旅游活县”战略，提质旅游风景道26千米，开通县乡旅游专线，制定出台《东安县鼓励微旅游发展的若干意见》，创建国家AAAA级旅游景区1处，AAA级旅游景区4处，树德景区通过国家AAAA级旅游景区景观质量评审，有三星级旅游饭店1家，星级乡村旅游点22家。

【获评“湖南省新型工业化示范基地”】 2019年，东安县获评“湖南省新型工业化示范基地”。加快焊材焊剂及关联企业产业集群建设，培育区域支撑带动作用，培植湘江焊材、东安县特种焊材、永州兴发电熔等企业。出台特色产业园区发展规划与专项政策，鼓励和推动焊材焊剂关联企业加大研发投入和科技创新力度。全县焊材焊剂产业拥有有效发明专利10余项，实用新型专利30余项，参与两项国家标准制作及5项地方标准制作。产业基地拥有熔炼焊材焊剂完整的产品体系，产品主要用于造船、重型机械等领域。

【东安紫水国家湿地公园通过验收】 2019年，东安紫水国家湿地公园通过验收，正式成为国家湿地公园。东安从湿地公园试点建设评估验收标准入手，开展湿地资源调查和监测、湿地知识宣教工作以及实施湿地保护与恢复工程项目。邀请省级专家开展植物资源调查1次，制作114种湿地植物标本，开展湿地鸟类资源调查1次；开展“东安紫水湿地文化节”湿地知识宣传、湿地保护教育活动5次；开展湿地课堂宣教活动20余次；对湿地公园全域开展每周1巡。

【获评“湖南省安全生产示范县”和“安全生产工作优秀单位”】 2019年，东安县被湖南省人民政府确定为“湖南省安全生产示范县”和“安全生产工作优秀单位”。该县生产安全事故发生率连续8年在市定控制指标范围内，2015年—2018年，连续4年被省、市评为安全生产工作优秀单位。成立由县级领导任组长的16个行业领域安全生产工作领导小组，细化县级领导管行业、联乡镇的安全生产责任分工。各级各部门按各自安全生产职责，将安全生产责任明确到岗到人，实现全域安全责任全覆盖、零容忍。集中拆除违章搭建大棚、遮阳棚3124处，清理车辆乱停乱放4246起，清理占道经营摊贩2843个，取缔马路市场20个，搭建临时市场3个，重点维修维护2个老市场。

（李文波）

2019“中国农民丰收节”湖南主题活动永州东安分会场

领导名录

中共东安县委员会

书　　记　冯德校
副 书 记　龙向洋　蔡富强
常　　委　李四清　彭俊卿
　　　　　蒋　华　唐华栋
　　　　　廖劲松　唐振宇
　　　　　张一波　全志辉

县人大常委会

主　　任　张　波
副 主 任　唐新柱　胡慧川
　　　　　蒋永辉　黄　敏
　　　　　刘　劼

县人民政府

县　　长　龙向洋
副 县 长　蒋　华　何　锋
　　　　　宋志雄　李瑞霞
　　　　　张　静　邹礼春
　　　　　唐久梅

县政协委员会

主　　席　陈　军
副 主 席　秦剑元　丁国志
　　　　　唐月程　周壬秀
　　　　　蒋裕华

中共东安县纪律检查委员会、监察委员会

书　　记
主　　任　廖劲松

县人民武装部

部　　长　金志辉

政　　委　尹　平

县人民法院

院　　长　蒋江陵

县人民检察院

检 察 长　唐小辉

双　牌　县

【概况】　双牌县位于湖南省南部，北接零陵区，东北接祁阳县，东南靠宁远县，西南连道县，西侧紧邻广西壮族自治区全州县。2019年，全县辖6个镇、5个乡（一个瑶族自治乡）、3个国营林场和1个国家级森林公园管理局。年末总人口20.04万人，人口出生率9.7‰，人口自然增长率3‰。属中亚热带季风湿润气候区。年内气温最高37.9℃，最低-3℃，年降水量1607毫米。

土地总面积1751.36平方千米。其中耕地面积6730公顷。县内水能资源理论蕴藏量27.22万千瓦。其中潇水16.86万千瓦，占61.92%；各条支流10.37万千瓦，占38.08%。实际可供开发量19.80万千瓦，占理论蕴藏量的72.74%。地貌以山地为主，丘陵、岗地、平原兼备。最高点阳明山主峰望佛台，海拔1624.6米；最低点五里牌镇大棉铺小河口，海拔108米，相对高差1516.6米。

地区生产总值70.8亿元，增长6.8%。财政总收入6.24亿元，增长8.6%。

农林牧渔业总产值16.07亿元，增长3.6%，粮食面积1.53万公顷，粮食总产量11.5万吨。其中玉米0.23万公顷、大豆666.67公顷、薯类0.2万公顷、水稻1万公顷、其他杂粮0.03万公顷。新增茶叶、楠竹等特色农业产业基地666.67公顷，省级农业产业园2个，粤港澳大湾区“菜篮子”生产基地5个。

规模工业总产值90.6亿元，增长16.5%。工业固定资产投资增长21.9%，工业技改投资增长90%，建成投资5000万元以上项目4个、新增入统规模工业企业5家，工业主导产业为植物提取、农林绿色食（制）品加工、交通设施制造、新材料新能源成等。

社会消费品零售总额15.44亿元。桐子坳景区创建国家AAAA级旅游景区，花千谷景区创建国家AAA级旅游景区。游客725万人次，旅游综合收入48.5亿元。茶林镇获省级农村一二三产业融合发展示范乡镇，桐子坳获“中国美丽休闲乡村”和省乡村旅游重点村。

固定资产投资额增长10.2%。重点项目57个，投资15.37亿元，建成竹产业科技园，金宝涟公司完成对原湖南华长源交通设施工程有限公司的破产重组，明确大熊猫基地建设单位和选址。邮电业务总量完成9719.5万元，货物周转量3528.8万吨千米，旅客周转量9758.5万人千米。农村居民人均可支配收入增幅高出地方生产总值增幅3.3%。

三大攻坚战有序推进。兜底贫困户386名，实现所有建档立卡贫困人口医疗保障。化解政府隐性债务8.09亿元，占年度任务的156%，实现三类债务持续降低，获得省防范和化解政府债务风险一等奖、清理往来欠款一等奖、财政绩效综合评价二等奖。完成中央、省市环保督察考核交办问题整改，开展餐饮油烟专项整治和建筑工地、道路扬尘等专项治理，整治大路口垃圾填埋场和羊毛岭垃圾填埋场，建成工业集中区污水处理厂扩容提标工程，完成阳公潔排洪口和五一桥黑臭水体治理，落实“河长制”，实现重点流域禁捕退捕，全县空气

冬之阳明

碧水金杉

质量、地表水质稳居全省前列。

存在的困难和问题：消费带动能力不强，投资扩张后劲不足，出口拉动作用不明显；稳增长压力日益加大，部分指标未达预期；缺乏龙头企业带动，缺乏物流等生产性服务业；优质教育和优质医疗资源缺乏；营商环境有待改善。

【双牌首家出租汽车公司成立】 2019年1月25日，双牌首家出租汽车公司开业。双牌万众出租汽车有限公司首次投放20辆新车，用于营运，并保证提供优质服务，打造优秀的驾驶员队伍，树立双牌汽车出租行业品牌形象。

【创建为“中国天然氧吧县”】 2019年7月18日，双牌县创建为“中国天然氧吧县”。双牌县全县森林覆盖率76.67%，城区绿化覆盖率48%，人均公园绿化面积39平方米，水岸林木绿化率80%，空气中平均负氧离子含量6.68万个/立方厘米。有阳明山国家森林公园和日月湖国家湿地公园国家级生态公园2个。

【创建为省级文明城市和卫生县城】 2019年，双牌县创建为省级文明城市和卫生县城。主要做法：县城提质改造投资6亿元，完成县城主干道“白改黑”，全面打通断头路，完成背街小巷改造，完善基础设施建设。进行治四乱推四化整治、取缔城区摇摇车、城区禁止燃放烟花爆竹整治等专项行动，开展全民爱国卫生运动、道德讲坛、我推荐我评议身边好人等活动。

【创建为全省全域旅游示范县】 2019年，双牌县创建为全省首批全域旅游示范县。双牌实施“旅游升温”战役，旅游对地区生产总值贡献率63.1%、财政收入贡献率41.7%、就业贡献率39.2%。农村居民人均收入年均增长在10%以上。改革现代农业、全域旅游、美丽乡村融合发展路子，被湖南省委改革办专题推介。先后获评省特色县域经济文化旅游产业重点县、旅游产业发展十佳县和全域旅游先锋县行列。

（蒋思韬　周志强）

领导名录

中共双牌县委员会

书　　记　苏小康
副 书 记　肖质彬　张跃斌
常　　委　李群辉　杨东波
　　　　　唐　旭　王焕全
　　　　　唐　俊

县人大常委会

主　　任　唐冬华
副 主 任　蒋昌智　邓美英
　　　　　吕保和　张云娥
　　　　　刘世春

县人民政府

县　　长　肖质彬
副 县 长　蒋爱先　何彩玲
　　　　　廖卫平　罗　轩
　　　　　唐红星　李　雄
　　　　　陈爱民

县政协委员会

主　　席　唐　彦
副 主 席　蒋建辉　田春玲
　　　　　陶思荣　钟建红

中共双牌县纪委检查委员会、监察委员会

书　　记
主　　任　李群辉

县人民武装部

部　　长　杨东波
政　　委　马路华

县人民法院

院　　长　黄文德

县人民检察院

检 察 长　周　涛

道　县

【概况】 道县东邻宁远县，南界江永县和江华瑶族自治县，西接广西全州县、灌阳县，北连双牌县，县域边界总长391.1千米，2019年，全县辖11个镇4个乡7个街道和3个国有农林场，土地面积2447.8平方千米，其中耕地面积4.55万公顷。年末常住人口60.63万人，其中城镇人口30.04万人，城镇化率49.83%，增长1.15%。全年人口出生率9.68‰，死亡率6.81‰，人口自然增长率2.87‰。年末，户籍人口总户数23.89万户，户籍总人口80.25万人。森林覆盖率62.51%，水力发电总蕴藏量36万千瓦。境内有洛湛铁路，厦蓉、道贺高速公路，国道207。属亚热带湿润季风气候区，无霜期309天，年内最高气温38.1℃，最低气温0.5℃；年降水量1658.7毫米。

地区生产总值2217694万元，增长6.7%。其中，第一产业增加值470701万元，增长3.3%；第二产业增加值586150万元，增长7.9%；第三产业增加值1160843万元，增长7.2%。人均地区生产总值为36255元，增长8.4%。全县三次产业结构为21.2∶26.4∶52.4。工业增加值占地区生产总值的比重为20.2%，增长0.2%；高新技术产业增加值占地区生产总值的比重为21.0%，增长1.3%。第一、二、三产业对经济增长的贡献率分别为9.5%、34.9%和55.6%，分别拉动地区生产总值增长0.63%、2.34%、3.73%。非公有制经济增加值135.76亿元，增长7.1%，占地区生产总值的比重61.2%，增长0.7%。主导产业为电子信息、轻纺制鞋、生物科技、先进制造等产业，被列为全国加工贸易梯度转移重点承接地，县工业园获批省级高新区，湖南农副产品集中验放场获批粤港澳“菜篮子”永州配送中心。

财政总收入149737万元，减少0.3%，其中一般预算收入99963万元，增长1.2%。一般公共预算支出408262万元，增长5.5%。金融机构存款余额2000652万元，增长9.6%，净增175168万元。其中城乡居民储蓄存款余额1673309万元，增长12.2%，净增181376万元；金融机构各项贷款余额1069785万元，增长19.9%，净增177584万元。其中中长期贷款余额691240万元，增长22.6%，增长156355万元。保险费用收入51098万元，增长3.8%。其中，财产险保费收入15706万元，增长4.1%；人身险保费收入35392万元，增长3.7%。赔款和给付支出12640万元，增长57.9%。其中，财产险赔款支出5908万元，增长31.7%；人身险赔款和给付支出6732万元，增长91.4%。

农林牧渔业总产值868258万元，增长3.4%；实现农林牧渔业增加值494891万元，增长3.6%。粮食种植面积6.1万公顷，减少1.8%；油料种植面积0.77万公顷，减少11.8%；烟叶种植面积0.2万公顷，增长9.6%；蔬菜种植面积3.06万公顷，增长1.9%。

粮食总产量38.12万吨，减少0.6%；油料产量1.56万吨，增长0.1%；烤烟产量3709吨，增长6%；蔬菜产量93.11万吨，增长4.3%；水果产量18.96万吨，增长1.3%。生猪出栏60.86万头，减少16.7%；牛出栏6.83万头，增长8.9%；羊出栏14.95万只，增长3%；禽蛋产量3557吨，增长10.6%；水产品总产量3.24万吨，增长6.2%。农业机械113710台，增长3%；机械总动力578165千瓦，增长3%。新推广补贴农机具3309台（套），完成农机购置补贴528万元。拨付移民避险解困资金7019万元，移民搬迁安置1378户4693人。实施扶贫项目380个，危房改造1532户，饮水解困3.12万人。

工业总产值1946317万元，增长8.8%；实现工业增加值446928万元，增长8.7%。新增规模以上工业企业10家，规模以上工业企业总数106家。国家高

山水之城——西洲　　摄影　何上进

新技术企业4家，省级高新产业企业19家。规模工业总产值1450590万元，增长9.3%；规模工业增加值374080万元，增长9.2%。主要工业产品：高岭土（瓷土）66.7万吨，减少18.4%；大米7.1万吨，增长2.9%；精制食用植物油0.5万吨，减少16.7%；鲜、冷藏肉1.6万吨，增长14.3%；熟肉制品2718.5吨，增长22.8%；冷冻蔬菜25982.9吨，增长20.2%；布0.1亿米，减少50.0%；服装838.5万件，增长4.5%；手提包（袋）、背包66.8万个，增长24.9%；鞋1510.9万双，减少5.6%；纸制品1.0万吨，持平；化学试剂0.5万吨，增长25.0%；硅酸盐水泥熟料113.3万吨，增长9.3%；水泥148.6万吨，增长15.7%；商品混凝土95.9万立方米，增长2.8%；砖4.8亿块，增长20%；钢化玻璃30.1万平方米，增长46.1%；铁合金2.1万吨，减少73.8%；铸铁件0.1万吨、铸钢件0.2万吨；液压元件3万件；金属紧固件0.6万吨，减少60%；模具3.2万套，减少5.9%；变压器0.1万千伏安；电力电缆0.2万千米，减少88.2%；锂离子电池67.6万只（自然只），增长50.2%；家用房间空气清洁装置2.3万台，减少20.7%；灯具及照明装置8.3万套（台、个），增长102.4%；电子元件0.7亿只，增长16.7%；印制电路板15.3万平方米，增长2%；自来水生产量0.2亿立方米，持平。规模工业企业实现主营业务收入141.21亿元，增长7%；实现利税总额3.8亿元，增长24.2%，其中利润总额1.48亿元，增长60.9%。建筑业增加值139222万元，增长4.9%。具有资质等级的总承包和专业承包建筑企业产值285435万元，增长5.5%；房屋建筑施工面积166.98万平方米，增长4.4%；房屋建筑竣工面积112.08万平方米，增长0.8%。

固定资产投资完成1604285万元，增长9.1%。其中，产业投资941746万元，增长35.3%，产业投资占固定资产投资比重为58.7%。产业投资中的工业投资409707万元，下降11.1%。工业投资中的工业技改投资148302万元，增长46.1%。工业技改投资占产业投资比重为15.75%，增长1.17%；高新技术产业投资159713万元，增长30.5%，高新技术产业投资占产业投资比重为16.97%，比重下降0.63%。在建项目443个，其中新开工项目322个，增加87个；投产项目336个，5000万元及以上投资项目85个，完成投资746782万元，增长0.8%。实现房地产业增加值193059万元，增长4.5%。房地产开发投资163141万元，下降5.2%。房屋施工面积87.27万平方米，下降17.8%；竣工面积44.56万平方米，下降37.5%。商品房销售面积44.56万平方米，下降37.5%；商品房销售额22.77亿元，下降24%。

居民消费价格总指数（CPI）增长3.5%，其中消费品价格指数增长4%。食品烟酒类上涨9.1%，衣着类减少0.3%，居住类增长3.5%，生活用品及服务减少0.1%，交通和通信类减少1.2%，教育文化和娱乐类增长0.3%，医疗保健类增长0.4%，其他用品和服务增长0.3%。商品零售价格指数增长2.1%。农业生产资料价格指数增长1.5%。

小康指数98.5%，增长8.1%。其中，“两个翻番”实现程度100%；三大攻坚战实现程度100%；社会民生实现程度98.3%，增长4.5个百分点；经济高质量发展实现程度95.5%，增长8.2个百分点。

社会消费品零售总额730759万元，增长10.4%。外贸进出口总额20206万美元，增长30%。其中，出口总额19893万美元，增长30%；进口总额313万美元，增长26.2%。到位外资11690美元，增长10.9%；到位内资42.03亿元，增长15.6%。500强类企业项目2个，抱团转移产业链项目1个

旅游人数480.37万人次，增长11.2%；实现旅游收入40.38亿元，增长11.5%。国内游客一日游比重63.2%，入境旅游人均花费206.64美元/人天，其中外国人花费214.95美元/人天。客运量869万人，增长2.2%；旅客周转量41117万人千米，减少6.4%。货运量914万吨，增长4.1%；货运周转量213497万吨千米，增长3.8%。公路通车里程2822.36千米，增长2.8%。其中，高速公路通车里程77千米。民用汽车保有量9.72万辆，增长5.8%；小型汽车保有量4.29万辆，增长14.8%。邮电业务总量146895万元，增长25.6%。固定电话用户1.39万户，下降9.2%；移动电话用户39.42万户，增长9.4%；互联网宽带用户9.69万户，增长19%。

职业中学2所，在校学生5726人，毕业生1843人；普通中学38所，在校学生46245人，毕业生13499人；普通小学286

所，在校学生 64517 人，毕业生 11814 人；幼儿园（班）203 所，在园（班）人数 28267 人；特殊学校 1 所，在校学生 88 人。发放各类贫困学生资助金 2736 万元，

专利申请量 358 件，增长 5.9%，其中发明专利申请 185 件；专利授权量 92 件，下降 13.2%，其中发明专利授权 4 件。国家高新技术企业 4 家，省级高新产业企业 19 家。道州灰鹅获评湖南省地方标准产品。

文物保护单位 55 处。群众性文艺协会及民间演出团体 281 个，文化馆 1 个，三级图书馆 1 个，藏书 56.93 万册；电视发射台 1 座，卫星电视接收站台 56 个，电视、电话、网络、广播通村率 100%，有线电视用户 9.95 万户。

医疗卫生机构（含诊所）506 个。其中，医院 14 所，卫生院 24 所，妇幼保健院、疾病预防控制中心、卫生监督所各 1 个；拥有床位总数 3498 张，卫生技术人员 3428 人。参加市级以上体育比赛，获金牌 27 枚、银牌 4 枚（国家级 1 枚）、铜牌 6 枚。

居民人均可支配收入 22396 元，增长 10.1%。城镇就业 7392 人，失业人员再就业 2886 人，农村劳动力转移就业 5300 人。基本养老保险参保人数 2.73 万人，失业保险参保人数 1.57 万人，城镇职工基本医疗保险参保人数 3.05 万人，工伤保险参保人数 2.75 万人。发放城乡低保资金 4428.2 万元、残疾人“两补”资金 483.8 万元、特困供养资金 4088 万元。领取城市最低生活保障 35845 人，领取农村最低生活保障 152626 人。

脱贫 9372 人，贫困发生率降至 0.14% 以下；投入扶贫资金 9283 万元，整合涉农资金 1.2 亿

道县濂溪故里

元；出列贫困村 10 个。实施扶贫基础设施项目 251 个、产业项目 129 个，农村危房改造 1532 户，饮水解困受益贫困人口 3.12 万人，教育扶贫补贴受惠 19433 人次 1424.4 万元，健康扶贫受惠 34079 人次 1.13 亿元，平均报账率 91.9%。省联点督查组交办的 7 大类 35 个问题、四轮地毯式全覆盖核查交办的 3405 个问题全部得到整改。

制定实施防范化解政府债务一揽子措施，“停缓调撤”压减投资 19 个项目 82.5 亿元；全年减少政府债务 5.61 亿元，化债工作成效排全省第一位，省财政奖励 0.9 亿元债券用于化债。整治金融市场秩序。组建道县城市发展集团公司。

环境空气质量优良率 94.2%，地表水各断面水质各项污染物指标年均值达到和优于Ⅱ类水标准，地表水断面水质优良率 100%，水功能区水质达标率 100%，农村污水处理率 69%。绿化造林 2066.67 公顷，封山育林 0.2 万公顷。

存在的主要困难和问题：实体经济总体较弱，经济下行压力加大；重大项目布局较少；人才稀缺老化、企业融资困难、土地保障不足、对外通道不畅等问题未有效解决；营商环境有待优化，简政放权不到位，行政审批急需加强。

【陈树湘烈士纪念园建成开放】 2019 年 6 月，道县陈树湘烈士纪念园建成对外开放。3 月，启动建设纪念园二期工程，用 70 天完成陈树湘烈士纪念园建设，包括迁移修建陈树湘烈士墓、红三十四师烈士墓、纪念馆主体建设项目。陈树湘生平事迹陈列室布展面积 360 平方米，分“前言”和“坚定信仰”“听党指挥”“牢记使命”“绝对忠诚”4 个展区，集中展示陈树湘革命生涯，累计接纳全国各地参观者 22 万人。陈树湘烈士墓被列为湖南省省级文物保护单位，陈树湘生平事迹陈列室入选湖南省爱国主义教育基地。

【入选为全国基层减轻负担观测点】 2019 年 10 月，道县入选全国基层减轻负担观测点（湖南省唯一）。建立基层减负服务窗

口。组建县委综合督查检查考核办。9月23日—27日，中央办公厅在道县蹲点调研基层减负改革。11月23日—29日，在延安干部学院举办的全国新时代督查工作专题研讨班上，道县代表湖南省作经验典型发言。

【创建为国家农产品质量安全县】 2019年11月，道县创建为国家农产品质量安全县。按照国家农产品质量安全县考核办法部署工作，落实属地管理责任和经营主体责任；加大市场监管执法和技术推广力度，提升产品质量安全；推进标准化生产，健全监管体系，提高基层监管能力。

【道县工业园获批省级高新技术产业开发区】 2019年，道县工业园获批湖南省高新技术产业开发区。工业园始建2002年，批准规划面积477.23公顷，开发建成357.65公顷。先后获批全国承接加工贸易产业转移重点试验区、湘南国家级承接产业转移示范区、全省“两化融合”试验区、全省中小企业信用体系建设示范园区、全省创新创业带动就业示范基地。引进落户规模以上企业110家，初步形成以晶石集团、龙威盛科技等企业为龙头新一代信息技术产业，以数字智造产业小镇、和普新能源为骨干的智能制造特色产业，以建溢、凯新等企业为主体的轻纺制鞋产业，以温氏集团、科茂林化为核心的生物医药等四大支柱产业。

（周贤华）

领导名录

中共道县委员会

书　　记　吴恢才
副 书 记　李天明　蒋燕飞
常　　委　何小华　乌进甫
　　　　　易恢节　义　洁
　　　　　李　林　彭德源
　　　　　林志刚　蒋全安

县人大常委会

主　　任　周良英
副 主 任　何雨桂　陈　一
　　　　　王福忠　周小平
　　　　　曹湘华

县人民政府

县　　长　李天明
副 县 长　李　林　李良刚
　　　　　周晓芬　朱云雁
　　　　　杨三信　何智英

县政协委员会

主　　席　蒋新祥
副 主 席　胡昌启　赵明扬
　　　　　黄　敏　丁建华
　　　　　陈新娥

中共道县纪律检查委员会、监察委员会

书　　记
主　　任　易恢节

县人民武装部

部　　长　蒋全安
政　　委　胡洪春
副 部 长　唐克伟

县人民法院

院　　长　杨　斌

县人民检察院

检 察 长　沈　阳

江　永　县

【概况】 江永县位于湖南省南部，永州市西南部。东南与江华瑶族自治县接壤，南与广西富川瑶族自治县相连，西南与广西恭城县交界，西北与广西灌阳县毗邻，北部紧靠道县。2019年，全县辖9个乡镇、1个国有农场、1个国有林场、1个省级自然保护区和1个国家级森林公园，土地总面积1540平方千米，耕地面积24.05千公顷。年末全县总人口28.64万人，出生率9.7‰，死亡率4.4‰，人口自然增长率5.3‰。全年平均气温18.9℃，较历年平均（18.4℃）偏高0.5℃。年极端最高气温38.3℃；年极端最低气温为-0.1℃。年降水量1666.7毫米，较历年平均（1512.2毫米）偏多154.5毫米；年日照时数1267小时，较历年（1449.3小时）偏少182.3小时。

地区生产总值77.66亿元，增长6.1%。第一、二、三产业分别为23.3亿元、18.53亿元、35.83亿元，三次产业结构为30∶23.9∶46.1。财政收入6.62亿元，增长16.3%。城镇居民人均可支配收入26135元，增长9.1%；农村居民人均可支配收入11324元，增长9.8%。

农林牧渔业实现总产值43.95亿元，增长3.5%。粮食播种面积23.6千公顷，增长1.7%。粮食总产量12.5万吨，增长1.8%；油料总产量1.53万吨，增长3.3%；烤烟0.3万吨，蔬菜60.16万吨，瓜果类2.95万吨。存栏生猪35.72万头，出栏生猪58.25万头，出栏牛5.75万头，出栏羊5.89万只。

工业实现增加值13.9亿元，增长7.4%；规模以上工业企业产值49.8亿元，增长6.2%。建筑业实现增加值4.6亿元，下降1.6%。重点项目76个，年度投资97.2亿元，完成投资98.5亿元，重点项目19个，投资49.7亿元，占年度投资116.2%。引进江永温氏屠宰及食品加工项目1家，引进大隆时代、湖南天石等企业20家，青鹤铝业和智能美容产品项目投产。成立江永县电子信息产业专业园区，电子信息企业13家。

社会消费品零售总额29.3亿元，增长10%。其中，城镇完成22.16亿元，增长9.9%。乡村完成7.15亿元，增长10.3%。住宿业完成2.39亿元，增长6.3%；餐饮业完成2.28亿元，增长14%；批发业完成7.17亿元，增长11%；零售业完成17.47亿元，增长9.62%。接待游客616.5万人次，旅游综合收入50.1亿元。

高级中学1所，完全中学2所，成人中等专业学校1所，职业高中学校1所，幼儿园89所，初级中学5所，九年义务制学校9所，教学点61个。招生1.02万人，在校学生4.31万人。增加学位6880个，消除义务教育阶段大班额202个，增加幼儿学位540个。

文化馆1个，公共图书馆1个，博物馆1个，纪念馆1个，艺术表演团体5个。开展群众文体活动65场，送戏下乡演出45场。成功举办瑶族盘王祭祀、2019女书文化旅游周和2019中国户外健身休闲大会暨“大美永州”穿越活动。申报潇浦街、陈家街、三元宫村历史文化街区3个。《女书魂》成功入选湖南省第十四届精神文明建设“五个一”工程奖，《勾蓝谣》获湖南省“欢乐潇湘”文艺会演特等奖，女书史诗剧《八角花开》《瑶山油茶品鉴会》走进周末群众文化剧场。12月28日，以精准扶贫为题材的电影《黄甲岭之恋》举行首映仪式。

推进产业扶贫，发放产业奖补资金1563.26万元，发放贫困

勾蓝瑶寨风光——春满瑶寨

学生助学金1600余万元。创新实施“543”消费扶贫工程，与香港百佳超市签订每年4亿元的江永消费扶贫农产品供应协议，在北京中国名优食品推广中心设立国家贫困地区特色食品（食材）精品馆，帮助销售贫困户农产品突破4.5亿元。江永消费扶贫做法得到《湖南日报》、湖南卫视等多家媒体宣传推介。

化解政府隐性债务4.69亿元，占全年任务的102.7%。开展金融领域扫黑除恶专项斗争和非法集资风险排查整治行动，打击非法集资、高息揽储等违法金融活动，清收农商银行不良贷款1400万元。

环境空气质量优良率94.2%，集中式饮用水源水质达标率100%，各项指标排全市前列。推进城乡生活污水治理、农村养殖污染治理，完成城区污水处理厂二期提质工程，取缔禁养区内畜禽养殖场61个，基本完成12个村污水治理。推动村容村貌“五清五化”行动，启动建设省级美丽乡村1个、创建市级美丽乡村3个。

存在的主要问题和困难：经济总量小、人均水平低；加速发展、后发赶超的任务艰巨；实体经济弱，推进高质量发展的制约因素较多；县级财力弱、民生欠账大，发展不平衡不充分的问题突出；创新能力不强、人才支撑不足。

【获评“中国天然氧吧县”】

2019年7月18日，江永县获评“中国天然氧吧”称号。全县实施治水、治气、治土、治绿“四大工程”，60条河流、83座水库纳入河长制管理，完成污水治理村60个。9处饮用水水源地划定保护区，实现集中式饮用水源达标率100%，地表水水质达标率100%。淘汰高能耗、高污染冶炼企业5家，实施减排项目37个。推进“生态立县、绿色崛起”战略，封山育林1465公顷，县域内4588公顷的石漠化土地得到有效治理。

江永县城区空气质量指数年均值55，城区空气质量优良率92.1%。年平均负氧离子浓度1628个/立方厘米，气候舒适月份的负氧离子月均浓度值1830个/立方厘米；人居环境气候舒适度

为Ⅲ级。原始次森林面积1万公顷，森林蓄积量681万立方米，森林覆盖率70.1%。

【成功注册“女书”马德里国际商标】 2019年8月6日，江永县女书文化研究管理中心通过国家工商行政管理总局商标局申请注册的“女书”及图形商标成功获颁马德里商标国际注册证书。注册“女书”马德里国际商标是能防止他人抢注“女书”商标和制止仿冒等侵权行为，并能借助商标专用权创建世界驰名商标，扩展女书的知名度和影响力。江永在美国、日本、韩国、英国、加拿大等7个国家和地区成功注册涉及货运、礼品包装、学校、教学、研讨、展览等19个内容的“女书”马德里国际商标。

【获评全国计划生育基层群众自治示范县】 2019年8月30日，中国计生协会授予江永县“全国计划生育基层群众自治示范县”称号。江永县把加强计生基层群众自治作为创新社会管理、促进人口均衡发展的重要抓手推进，创建勾蓝瑶村、向光村、上洞村、古调村、建安亭村、刘家庄村、凤凰社区等高标准示范村（社区），全县计划生育村民自治率82%。

【创建为国家卫生县城】 2019年9月21日，江永县创建为国家级卫生县城。全县开展卫生村镇创建，创建省级卫生村15个，省级卫生乡镇1个，卫生厕所普及率86%，群众对卫生状况满意率95.75%。城区中小学生健康知识知晓率94.58%，14岁以下儿童蛔虫感染率0.45%，病人及其家属相关健康知识晓率84.21%，县城职业卫生相关健康知识知晓率86.15%。污水处理率91.54%，垃圾无害化处理率99.81%。集中式饮用水源水质达标率100%，重点工业污染源废水、废气达标排放率100%。县城餐饮服务单位实行食品安全量化分级管理覆盖率100%，公共场所卫生监督量化分级管理率100%，集中式供水出厂水、管网末梢水和二次供水的水质合格率100%，城区自来水普及率100%。

【获评全国民族团结进步示范县】 2019年9月27日，江永县获评全国民族团结进步示范县。全县以打造“全省乡村振兴样板县”为目标，推进兰溪瑶族乡、夏层铺镇连片10个村的乡村振兴试点建设。推进全县村寨亮化工程，完成村寨规划55个、村寨全面亮化102个、启动建设美丽乡村示范村30个。落实各类少数民族国家资助和县级资助资金3300余万元，资助少数民族建档立卡贫困学生5300余人次。投入资金1.28亿元，完成农村中小学校舍安全工程项目20个，实施薄弱学校改造工程项目18所，建成民族乡少年宫6个。修建农村公路520千米，投资3.7亿元。完成松柏瑶族乡黄甲岭村、石岭村，源口瑶族乡小古漯村，兰溪瑶族乡石盘村等11个贫困村的农村饮水工程。投入2049万元，帮助瑶民发展花生、香芋、香姜、沃柑、水稻、蓝莓等农副产品400公顷。

【获评全国森林康养基地试点建设县】 2019年10月12日，在第三届中国森林康养与乡村振兴大会上，江永县被授予“第五批全国森林康养基地试点建设县”称号。全县森林覆盖率70.11%，每立方厘米负氧离子9.8万个。县内有国家AAAA级旅游景区1个、国家AAA级旅游景区3个。全县接待游客616.5万人次，增长11%；实现旅游综合收入50.1亿元，增长11%。接待入境游客0.56万人次，实现入境旅游收入133万美元，同比增长分别为10.8%和11.6%。

【建立首个家风家训党性教育基地】 2019年，江永县依托上甘棠村资源优势，建立全市首个家风家训党性教育基地，新建家风家训展厅、家风家训大讲堂、忠孝廉节雕塑、宣誓墙等，打造文昌阁、月陂亭、寿萱亭等现场教学参观点。上甘棠村文化是湖南省目前发现的创建年代最早、保存最完好、延续时间最长的村落，该村的族规祖训是村内学堂的必学内容，也是村内周氏族人的行为准则，良好的教育使上甘棠村人才辈出，唐代有县级以上官员35名，明代有知县以上官员34名，清朝至民国初期有秀才、拨贡、举人、进士64名。

（首积亮）

领导名录

中共江永县委员会

书　　记　周立夫
副 书 记　唐德荣　王小丽
常　　委　杨　诚　蒋俊善
　　　　　吴军臣　沈勇强
　　　　　谭美池　唐阳陵
　　　　　邬双飞　谢军民

县人大常委会

主　　任　黄智亮
副 主 任　李忠英　何勉才

欧阳小泉　欧阳萍
陈德义

县人民政府

县　　长　唐德荣
副 县 长　蒋俊善　盘成军
何福明　何　娟
唐亚辉　郑明明
李新建

县政协委员会

主　　席　刘忠华
副 主 席　刘志强　李　红
义忠文　张莲秀
尹　玲

中共江永县纪律检查委员会、监察委员会

书　　记
主　　任　唐阳陵

县人民武装部

政　　委　谢军民
部　　长　刘　科

县人民法院

院　　长　李湘沅

县人民检察院

检 察 长　欧阳旭勇

江华瑶族自治县

【概况】　江华瑶族自治县位于湖南省南端，湘、粤、桂三省（区）结合部，土地面积3234平方千米，其中耕地面积29.71千公顷。风能资源蕴藏量100万千瓦，森林覆盖率78.78%，林地面积2555.84平方千米，活立木蓄积量1964.48万立方米，森林蓄积量1300万立方米，是全国南方重点林业县、湖南省林业十强县。水能资源可开发量60万千瓦。2019年，全县辖16个乡镇1个国有林场，319个村民（社区）委员会（城市社区24个、农村社区19个）。年末总人口54.06万人，其中瑶族人口37.5万人。人口出生率10.1‰，死亡人口数3584人，人口自然增长率3.49‰。成功创建涔天河国家湿地公园、潇湘源国家水利风景区、大龙山省级森林公园等核心景区，建成瑶族文化园、香草源、井头湾、秦岩、宝镜、桐冲口国家AAA级旅游景区6个。

属低纬度中亚热带湿润季风气候区。年平日照时数1758小时，无霜期308天，年平均气温18℃～18.5℃，年平均相对湿度81%，年降水量1510毫米，年蒸发量1270毫米。空气质量优良天数326天，优良率97.6%，地表水达到Ⅲ类水体比例100%。造林面积2200公顷，封山育林面积1466公顷，活立木蓄积量1964万立方米；森林覆盖率78.78%。

地区生产总产值131.36亿元，增长7.2%。其中第一、二、三产业分别完成28.17亿元、43.34亿元、59.84亿元，分别增长3.1%、8.2%、8.2%。三次产业结构比为21.4∶33.0∶45.6。财政总收入12.8亿元，金融机构存款余额182.54亿元，金融机构贷款余额118.96亿元。实现城镇居民人均可支配收入26982元，增长8.9%；实现农村居民人均可支配收入11676元，增长9.9%。

农林牧渔业总产值52.85亿元，增长3.3%。其中，农业产值17.40亿元，增长3.2%；林业产值22.34亿元，增长8.5%；牧业产值10.13亿元，下降4%；渔业产值0.56亿元，增长2%；农林牧渔服务业产值2.42亿元，增长9.5%。农作物总播种面积64.44千公顷，增长1.68%。其中，粮食作物播种面积38.77千公顷，增长0.04%；油料播种面积6.86千公顷，增长10.16%；蔬菜播种面积10.8千公顷，增长3%；瓜果类播种面积1.29千公顷，下降3.48%。生猪出栏48.53万头，下降18.4%；牛出栏3.43万头，增长9.9%；羊出栏14.15万只，增长4.0%；家禽出笼297.64万羽，增长9.2%；水产品总产量2961吨，增长0.3%。培育省级龙头企业3家、市级龙头企业17家，发展家庭农场160家、专业合作社442家、种粮大户665户，建立百亩以上农业产业基地378个，柑橘、水蜜桃、猕猴桃、百香果等水果种植9700公顷，茶叶3986.67公顷，烤烟3333.33公顷，食用菌6500万袋，生猪存栏72.8万头，出栏50.5万头。六月香果业有限公司在湖南股权交易所挂牌，是全市第一家上市农业公司，瑶珍粮油公司成为全省唯一一家智能制造粮油企业。引进电商服务企业15家，村级电商服务站237个，其中贫困村实现全覆盖，完成电商交易额46.58亿元，农产品上行1.77亿元。鲜活农产品出口总额3.23亿美元，增长67.28%。

规模工业总产值182.7亿元，增长14.2%。其中，轻工业完成89.53亿元，重工业完成93.17亿元，增长8.3%。实现主营业务收入164.77亿元，增长10.1%；实现利润6.68亿元，下降5.3%。全年增加规模工业企业12家，高新技术企业增至34家。建筑业增加值3.57亿元，增长6.3%。商品房销售面积36.5万平方米，增长18.2%。其中，住宅销售面积35.7万平方米，增长28.4%。商品房销售额18.7亿元，增长

59.8%。其中，住宅销售额17.7亿元，增长94.5%。商品房待售面积5.6万平方米、增长64.7%。

固定资产投资10.54亿元，增长10.7%。其中，单位投资90.64亿元，增长7.7%；房地产开发投资14.84，增长33.3%；产业投资62亿元，增长20.1%。

社会消费品零售总额56.13亿元，增长9.5%。其中城镇实现零售额44.93亿元，增长8.7%；农村实现零售额11.2亿元，增长12.6%。

签约引进项目30个，其中亿元以上15个；合同引资39.7亿元，实际利用外资1.5亿美元；内联引资40亿元。外贸进出口总额5.4亿美元，增长22.5%。增加入统规模企业11家。园区工业实缴税金2.37亿元，增长17.3%，其中税收过200万元的企业21家。建成博士工作站3个。引进丰辉、龙德晟、长锦成电器等电机公司20家，成立江华电机电器行业协会，飞信达创建省级工程技术中心。

客货运输周转量4.94亿吨千米，比2018年下降0.6%。货物周转量2.39亿吨千米，下降0.8%。旅客周转量2.55亿人千米，下降0.8%。公路通车里程2317千米。农村公路窄加宽111千米、修建自然村通组公路16千米、安保工程423千米、危桥改造8座。民用汽车保有量3.98万辆，增长24.6%；私人汽车保有量3.65万辆，增长27.2%；轿车保有量3.21万辆，增长16.3%。邮政业务总量0.57亿元，下降26.1%。电信业务3亿元。手机用户36.82万户，宽带用户9.19万户，固定电话用户2.20万户。

科学技术经费0.92亿元，增长60.7%。专利申请量532件，比2018年增长93.5%。其中，发明专利申请量168件，增长663.6%；专利授权量206件，增长7.3%。乡镇文化站16家，农家书屋308家，文物保护单位48处，其中全国重点文物保护单位3处、省级8处、市级15处、县级22处。国家级非物质文化遗产2项，省级非物质文化遗产4项，市级非物质文化遗产15项。接待游客数659.24万人次，同比增长13.5%，旅游总收入35.98亿元，同比增长11.45%。水口镇瑶都水街景区获评国家AAA级旅游景区。民族表演项目“龙腾瑶都”在第十一届全国少数民族传统体育运动会表演项目中获二等奖。举办2019“薪火传承·中国健康跑”（江华站）及2019年第十届环中国国际公路自行车赛。

江华县城风貌　　摄影　陈巨洲

学校324所，其中特殊教育学校1所、中等职业学校3所、高级中学2所、初级中学18所、九年一贯制学校5所、小学50所、村级小学教学点167个、幼儿园78所。在校学生101505人。医疗卫生机构449个。其中，综合医院7所，中医医院1所，专科医院2所，乡镇卫生院17所，村卫生室360个（含一村两室），个体诊所43家，疾病预防控制中心1家，妇幼保健院（所、站）1所，卫生监督所（中心）1家，计划生育技术服务机构16家。在岗职工3699人（包括乡村医生和卫生员），其中，卫生技术人员3076人。养老、失业、工伤等保险基金征缴3.32亿元。增加城镇就业5455人，失业人员再就业2089人，就业困难人员再就业524人。农村劳动力转移就业2226人，增加贫困劳动力转移就业430人。发放城镇低保金1015万元，发放农村低保金3307万元，发放特困供养金1536万元。

脱贫2790人，贫困发生率降至0.38%。统筹整合财政涉农资金3.5亿元，实施扶贫项目1095个。4月16日，湖南省人民政府批复同意江华整县脱贫摘帽，7月11日—17日，通过国务院扶贫办组织的贫困县退出第三方评估检查，给予“脱贫质量较高，群众认可度较高”评价。连续五年获评全省扶贫工作优秀县。

实现政府隐性债务总量下降，风险可控，属于低风险县。“三无”村（社区）创建率90%，被评为“省综治先进县”“七五”普法中期先进县，连续14年保持平安县称号。全年未发生较大及以上安全生产事故，生产经营性事故总量和死亡人数双下降，获全省安全生产工作先进县。

制定出台《江华瑶族自治县生态环境保护条例》，县城全面禁燃效果显著，落实“双河长制”，中央和省环保督察交办事项全部整改到位。空气质量优良率97%，4个监测断面水质均达到Ⅱ类标准，集中式饮用水水质和水功能区水质达标率100%，水环境质量保持优良。城镇污水处理率90.2%，城市生活垃圾无害化处理率100%。

存在的主要问题和困难：产业基础薄弱，开放型经济总量偏少；交通等基础设施不完善；风险防范压力较大；营商环境有待优化。

【首届茶博会开幕】 2019年4月26日，江华瑶族自治县首届茶博会在江华瑶族古镇举行开幕仪式。茶博会是2019年首届神州瑶都（中国·江华）茶文化旅游周暨江华苦茶产业发展高峰论坛活动中的内容之一。以“江华苦茶、瑶山好茶”为主题，全面展示生态有机的特色农产品和独特的旅游休闲产品，旨在推进茶旅融合、农旅融合。全县茶叶面积0.46万公顷，加工企业48家，年产茶叶1697吨，产值2.26亿元。

【瑶族文创长鼓系列在中国旅游商品大赛中获铜奖】 2019年4月27日，江华瑶族自治县选送的瑶族文创长鼓系列产品在中国旅游商品大赛中获得铜奖。瑶族文创长鼓系列由江华瑶族自治县优野生态农业开发有限公司开发制作，在原有的瑶族原生态长鼓基础上，保留瑶族特色元素，对花纹、颜色等细节进行改良，创新后的长鼓形状优美雅致、花样繁多，颜色鲜明多彩，整体耀眼夺目。

【举办2019“薪火传承·中国健康跑”（江华站）】 2019年7月27日，江华瑶族自治县举办2019“薪火传承·中国健康跑”比赛，全国2000余位选手参加比赛。湖南省体育局局长李舜，副局长苏健全，国家体育总局社体中心全民健身活动部副主任方旭东，湖南省体育发展基金会理事长谭鸥，永州市委常委、江华县委书记罗建华，市委常委、宣传部部长贺辉，江华县领导龙飞凤、黄志坚、陈槐权等领导参加开跑仪式，长治市、浏阳市、韶山市、平江县、桑植县等区代表出席赛事。赛事以“我爱你，中国!”为主题，开展“薪火传承·中国健康跑”摄影大赛及亲子水彩画大赛、现场设置红色广场、“梦想健身房”等配套活动，将体育与文化、健康、教育、旅游和公益相结合。

【举办第十届环中国国际公路自行车赛（江华站）】 2019年9月16日，江华瑶族自治县举办第十届环中国国际公路自行车赛，中国自行车运动协会副主席、秘书长郝强，市委常委、县委书记罗建华、市政协副主席彭爱华，省体育总会党委专职副书记冯湘江，环中赛湖南组委会负责人谭鸥，县委副书记龙赋云，国家体育总局竞体司二级调研员康萍参加发车仪式。江华赛段全程131千米，历时3天，途经水口镇、潇湘源国家水利风景区、涔天河镇、涔天河国家湿地公园、沱江镇。

（莫执新）

领导名录

中共江华瑶族自治县委员会

书　　记　罗建华
副 书 记　龙飞凤　龙赋云
常　　委　艾克海　唐伟文
　　　　　蒋　剑　伍继承
　　　　　廖树清　张　恒
　　　　　李华林　赵　峰
　　　　　黎　胤(挂职,2019.08免)
　　　　　张国栋(挂职,2019.08任)

县人大常委会

主　　任　黄志坚
副 主 任　刘江明　廖家益
　　　　　贝小义　蒋　平
　　　　　安　青

县人民政府

县　　长　龙飞凤
副 县 长　艾克海
　　　　　黎　胤(挂职,2019.08免)
　　　　　张国栋(挂职,2019.08任)
　　　　　黎　氢　文　嵩
　　　　　黄守平　何永亮
　　　　　胡少波　陈江涛

县政协委员会

主　　席　陈槐权
副 主 席　黄世才　罗　梅
　　　　　李坤胜　吴淑华
　　　　　唐　晖

中共江华瑶族自治县纪律检查委员会、监察委员会

书　　　记
主　　　任　蒋　剑

县人民武装部

部　　　长　赵　峰

政治委员　唐海东

县人民法院

院　　　长　唐建新

县人民检察院

检　察　长　唐建球

宁　远　县

2019 年，宁远县入选全国新时代文明实践中心试点县

【概况】　宁远县位于湖南省南部，东连新田县、郴州市嘉禾县，南靠江华瑶族自治县，西接道县、双牌县，北界祁阳县。辖 16 个乡镇（含 4 个瑶族乡）、4 个街道，另有 4 个国有林场。土地总面积 2501 平方千米，其中耕地面积 4.17 万公顷。年末常住人口 71.43 万人，城镇人口 33.09 万人，农村人口 38.34 万人。自然增长率 3.52‰。水能理论蕴藏量 11.24 万千瓦，属中亚热带季风湿润区，年内气温最高 38.5℃、最低-0.6℃；年降水量 1427.6 毫米。年均日照 1650 小时、气温 18.4℃、降水量 1450.3 毫米、负氧离子 1686 个/立方厘米。

完成地方生产总值 225.54 亿元，增长 7.4%。其中，第一产业完成 31.99 亿元，增长 3.5%；第二产业完成 67.13 亿元，增长 7.7%；第三产业完成 126.42 亿元，增长 8.3%。三次产业的结构比为 14.2∶29.8∶56。财政总收入 19.05 亿元，增长 4.5%。其中，地方财政收入 13.62 亿元，增长 7.3%。主导产业有电子信息，光电智能终端、新能源新材料、轻纺制鞋、烤烟、生猪，旅游等产业。

农林牧渔业总产值 61.12 亿元，增长 3.6%。主要农产品产量：粮食 30.59 万吨，收购烟叶 16.86 万担，出栏肉猪 67.87 万头，出笼家禽 818.19 万羽，水产品 2.32 万吨。居民收入稳步提高，城镇居民人均可支配收入 29134 元，增长 9.3%；农村居民人均可支配收入 15943 元，增长 10.3%。

工业总产值 208.88 亿元，增长 13.4%。其中，规模以上工业总产值 157.4 亿元，增长 13.7%。规模工业增加值增长 8.7%。主要工业产品产量：水泥 227.4 万吨，自来水生产量 1657 万立方米。规模以上工业企业 116 家，其中新增规模工业企业 17 家。

社会消费品零售总额 85.68 亿元，增长 10.4%。其中城镇消费品零售额 66.54 亿元，增长 10.5%；乡镇消费品零售额 19.14 亿元，增长 10%。招商引资成效明显，利用外资 14278 万美元，增长 16.7%；内联引资 40.56 亿元，增长 19.9%。接待游客 1586.2 万人次，增长 22.3%；旅游收入 93 亿元，增长 23.5%。下灌旅游景区通过国家 AAAA 级旅游景区景观质量评价。

社会固定资产投资增长 10%。其中，国有投资下降 28.8%，非国有投资增长 71.2%。第一产业投资下降 32.5%；第二产业投资增长 48.1%，其中，工业投资增长 48.1%；第三产业投资下降 2.9%。高新技术产业投资增长 61.6%；民生工程投资增长 26.7%；工业投资增长 48.1%。

农林水事务支出 6.4 亿元，增长 1.11%；教育支出 12.34 亿元，增长 12.59%；医疗卫生支出 6.27 亿元，增长 6.09%；社会保障和就业支出 8.63 亿元，增长 4.23%；节能环保支出 1.61 亿元，增长 1.26%；住房保障支出 1.48 亿元，下降 12.43%。

全面小康实现 99.3%，城乡居民医保参保率 100%，改造棚户区 620 户、农村危房 1202 户，发放创业贷款 3870 万元，市场主体 2.3 万户。新增城镇就业 6314 人，农村劳动力转移就业 5231 人，高考二本以上上线 1181 人，增长 9.8%。举办省青少年举重锦标赛。

三大攻坚战扎实有效。债务风险总体可控，超额完成全年化债任务，争取上级债券资金5.03亿元，推动国有公司市场化转型，推进政银企对接合作。打击非法集资。全年脱贫2342名，贫困发生率下降到0.28%，119个出列贫困村，巩固率100%。开设“致富车间”216个、特设岗位1512个，吸纳贫困劳动力就业4776人。产业、就业、教育、医疗、住房保障政策全面落地，用水、用电、道路、通讯、住房、环境全面巩固提升。全省脱贫攻坚实地考核取得预期成效，召开全省教育科研扶贫现场会。污染防治有成效，城区空气质量优良率96.7%，同比提升6%。集中式饮用水水质达标率100%。造林绿化0.28公顷，“四边”绿化315千米，建设全国森林乡村4个。九嶷河国家湿地公园被评为省生态文明教育基地。举行全省“大美湖南，绿行三湘”活动首发式。

存在的主要问题和困难：稳增长的压力较大；发展质效不强、风险防范任务艰巨、营商环境有待改善、民生事业离人民群众期望有较大差距。

【获评湖南省十佳“冬季气候旅游目的地”】 1月19日，宁远县获评湖南省十佳“冬季气候旅游目的地”。宁远以“建设国家级文化生态旅游目的地”为目标，推进“一山一城”即九嶷山、县城旅游发展战略，对九嶷山舜帝陵景区进行升级改造，按照全域旅游发展模式，打造三分石、仙子山、灌溪仙境、下灌乡村旅游四大新景区，扩建舜帝陵，新建古舜庙遗址博物馆。

【第五届世界儒家文明大会】
2019年6月9日，第五届世界儒家文明大会暨中华儒学代表大会在宁远九嶷山举行开幕式，世界儒学联合会主席、中华国学联合会主席陈建云携海外专家、学者出席会议。此次大会以“弘扬虞舜文化、继承舜帝精神、传承优秀传统、构建和谐社会”为主题，国内外中华儒学方面的50余名专家、学者和150名儒学爱好者共同探讨中华国学与儒家文明的精神意义。

【宁远县委组织部获评全国“人民满意的公务员集体”称号】
2019年6月25日，在北京举行的第九届全国“人民满意的公务员”和“人民满意的公务员集体”表彰大会上，宁远县委组织部获得全国“人民满意的公务员集体”称号。宁远县委组织部在脱贫攻坚、项目建设、乡村振兴、选人用人等工作上坚持党建引领，改进作风、服务党员、服务群众，干在实处、走在前列，为全县经济社会发展提供组织保证，连续3次获评“全省组织工作先进集体”称号，多项工作被中央媒体推介，被党员群众称为“九嶷山下组工铁军”。

【获评“全国绿化模范单位”称号】 2019年9月，宁远县获评全国绿化模范单位，是永州市唯一获得“全国绿化模范单位”称号县区。该县发展定位“生态、文化、旅游、山水、宜居、品质、活力城市”和“国家级生态旅游目的地”，确定“一城、两翼、三区”生态建设布局，建立九嶷山国家级自然保护区、九嶷山国家森林公园、九嶷河国家湿地公园、九嶷山国家级风景名胜区。

【获评“湖南省园林县城”】
2019年11月，宁远县获评湖南省级园林县城，主要做法：狠抓园林景观、公园、生态广场和公共绿地建设，通过拆墙透绿、见缝插绿、场院植绿、立体绿化等措施，推进生态园林绿化和县城基础设施建设，县城建成区内绿地面积719.91公顷，绿地率32.57%；绿化覆盖面积783.36公顷，绿化覆盖率35.45%；人均公园绿地面积13.28平方米，城市绿化建设主要指标达到省级园林县城标准。

（张彭）

领导名录

中共宁远县委员会

书　　记　刘卫华
副 书 记　唐　何　刘军君
常　　委　刘庚旺　曹辉正
　　　　　陈海平　黄永英
　　　　　雷军平　曾海波
　　　　　文小武

县人大常委会

主　　任　张明贵
副 主 任　周　方　胡昕若
　　　　　眭晓棠　何为民
　　　　　谢全花

县人民政府

县　　长　唐　何
副 县 长　黄永英　邓小英
　　　　　陈云生　邓传文
　　　　　欧阳国春　胡红灯
　　　　　杨友忠

县政协委员会

主　　席　李苏昭
副 主 席　蒋家安　欧桥贵
　　　　　赵吉永　李春茂

肖红梅

中共宁远县纪律检查委员会、监察委员会

书　　记　陈海平

县人民武装部

部　　长　文小武

政　　委　邓建华

县人民法院

院　　长　吕新陵

县人民检察院

检 察 长　周　辉

新　田　县

【概况】 新田县位于湖南省南部，永州市东部，东邻郴州桂阳县，南界郴州嘉禾县，西连宁远县，北交祁阳县及衡阳常宁市。

2019年，新田县辖11个镇、1个民族乡，2个国有林场，1个国有森林公园，230个行政村（居委会）。土地总面积1022.4平方千米，耕地面积2.1万公顷。水资源蕴藏总量8.23亿立方米，水能资源蕴藏总量24421千瓦，可开发量1.3万千瓦。森林面积51723公顷，活立木总蓄积量242万立方米，森林覆盖率55.6%。年末总人口44.84万人，常住人口34.76万人，人口出生率10.73‰，自然增长率3.65‰。地处中亚热带大陆性季风湿润气候区，年内气温最高37.9℃，最低－0.2℃；年降水量1497.3毫米。

地区生产总值93.32亿元，增长6.8%。第一、二、三产业分别实现增加值20.37亿元、23.71亿元、49.24亿元，分别增长3.1%、7.8%、7.7%。三次产业结构比为21.8∶25.4∶52.8。财政总收入7.56亿元，增长7.4%。城乡居民人均可支配收入分别为26763元、10336元，同比增长9%、9.9%。小康实现程度99%。主导产业为林工产业，有林业加工企业36家（省级林产工业化龙头企业6家），主导产业产值36亿元，占园区规模工业比重86.2%。

农林牧渔总产值32.9亿元，增长3.8%。种植水稻2.02万公顷、大豆0.35万公顷、油茶0.45万公顷，种植烤烟2.97万公顷，收购烟叶8.82万担。出栏生猪42.38万头，牛0.74万头，羊5.83万只，出笼家禽463.02万羽，水产品7271吨，现代农业产业园15个。

规模以上工业企业总产值103.61亿元，增长16.9%。规模以上工业增加值增长8.3%。入统规模工业企业7家。引进项目16个，投资31.6亿元。标准厂房12.1万平方米。实际利用外资4550万美元，到位内资18.1亿元，外贸进出口1.2亿美元。引进高端人才15人。设立科技创新引导资金400万元，申报省级科技项目5个，商标593件、马德里国际商标28件、授权专利86件。德力重工等8家企业获评“国家高新技术企业”，普瑞达等3家企业晋升省级科技企业，和祥润、吉星家居被评为“湖南省小巨人企业”。

社会商品零售总额33.46亿元，增长10%。新注册登记市场主体3104户，注册资本18.72亿元，分别增长15.9%、14.87%。房地产开发投资10.38亿元，增长11%。接待游客386.9万余人次，旅游收入30.5亿元，游客接待量和旅游综合收入分别增长13%、13.9%。谈文溪成功创建国家AAA级旅游景区。绿地面积3200平方米，绿化率提升到32.96%。新增停车位2200个，实施棚改400户，铺设供气主管线38千米，燃气用户突破1万户。创建陶岭周家等4个省市级美丽乡村，黄公塘成功创建省文明村，龙泉东升等2个村被评为国家森林乡村。

固定资产投资增长9.8%。交通邮政通信增加值30478万元，增长3%。新田至二广高速连接线开工建设，完成国道234县城至土桥段路基工程，省道228竹林坪至莲花段通车。建设农村公路123千米，改造危桥11座。实施五小水利项目86个，建设高标准基本农田0.17万公顷。风力发电项目开工建设，农村电网改造28个村。实施农村自来水工程63个，新增自来水人口4.5万人，改善饮水人口7.5万人。建成石甑源等村生活污水处理设施14个。

民生支出24亿元，占全县总支出的81%。学校225所。其中幼儿园134所（民办72所），小学教学点39所，完全小学22所，九年一贯制学校12所，十二年一贯制学校1所，初级中学13所，高级中学2所，中等职业教育1所，教师进修学校1所。在校学生85696名，教职工3718人。小学入学率100%，初中阶段入学率100%。推进农村义务教育经费保障机制改革，免除学杂费54167人，免除金额4704万元，免费提供教科书金额778万元。资助家庭贫困学生14.5万人次，资助金额3422万元。科技经费支出4030万元，比2018年增加725万元。农村科技推广站12个，培养科技示范户302户。举办科普培训班398期，培训人员23350人。引进推广新优品种、新技术、新产品、新成果115项（个），比2018年增加13个；申报省级以上重点科技项目3项；申请专利322件，其中发明专利申请96件，发明专利比2018年增长20%。电视台、文物所、文化馆、图书馆、电影放映管理站各1个。全国重点文物保护单位1处，省级文物保护单位14处，市级文物保护单位12处，县级文物保护单位49处，馆藏文物1000余件。中国传统村落7个，中国历史文化名村1个，省级历史文化名村11个。全县12个乡镇全部建有文化大楼，230个行政村全部建有综合文化服务中心，乡镇综合文化站覆盖率100%。全年举办各类大型文艺演出32场次，开展送戏下乡480余场，送电影下乡4030场。年末，全县卫生机构35个。其中县级医院2个，乡镇卫生院21个，妇幼保健院1个，疾控中心1个，私立医院9个。有床位2336张。卫生技术人员1955人，增长13%；其中执业医师460人、执业助理医师141人、注册护士1091人。县人民医院创建为二级甲等综合医院。参加城乡居民基本医疗保险349016人；城乡居民县内补偿率74%，比2018年提高2个百分点。参加全市青少年田径竞标赛、游泳竞标赛等，获得田径赛团体第一名、个人金牌20余枚。开展全县第五次国民体质监测工作。

落实省、市为民办实事考核项目17项，全面完成目标任务。其中，新增城镇就业5090人；减少大班额287个；完成标准化食堂建设20个单位（学校）；新增自然村通水泥（沥青）路9.1千米；改（新）建农村户用厕所5109个；新增农村通自来水5000人；棚改工作完成400户。

脱贫693户1838人，贫困发生率降到0.51%，完成脱贫摘帽。完成危房改造1139户，易地搬迁后续帮扶覆盖率100%。“四到四覆盖”产业扶贫模式被省市推介，“千企帮千村”、科技扶贫、电商扶贫工作获评省先进。投入6900万元，建设自来水工程63个、村（社区）综合服务平台36个，改善贫困村基础设施。

污染防治成效明显。开展生态文明建设示范县创建工作，完成造林0.21万公顷，封山育林2000公顷，森林覆盖率55.6%。环境空气质量优良率96.4%，空气质量综合指数排全省第二十七位。河长巡河工作常态化开展，创建新田河潭田段、东溪段等样板河流。新划定“千吨万人”饮用水水源地保护区2个，地表水监测断面水质持续达标率100%。

完成隐性债务化解计划的147%，成功退出省领导联点督导县行列。争取政府债券2.7亿元，组建湖南青云集团，完成平台公司清理整合任务。

存在主要困难和问题：经济总量较小、交通短板突出；传统产业转型升级缓慢；新兴产业支撑力不够，稳增长压力较大；大项目、好项目偏少，工业税收占比偏低；土地、资金、专业技术人才等要素与事业需求有较大差距。

【新田首家村集体专业合作社成立】 2019年1月23日，新田华硒土地开发专业合作社在新田县龙泉镇田家岭村活动中心成立，该合作社是新田首家由村集体建立起来的农民专业合作社，新田华硒土地开发专业合作社由田家岭村集体山林、集体经济、农户土地三部分资产入股组建，成员出资总额1200万元，其中村集体占股90%以上。成立合作社，旨在盘活农村土地资源，综合利用开发土地，做大做强村集体经济，以此服务村级公益事业和百姓。业务范围包括：组织成员在拥有承包经营权的农村土地上从事农

新田县龙家大院

业生产、农作物种植、牲畜养殖及农产品的加工、销售、运输、贮藏；农村土地开发与整理；为成员开展农业科技推广、培训及咨询服务；农业休闲观光旅游服务等。

【获评“全省教育强县”】 2019年9月，新田县获评全省教育强县。全县新增学位3210个，推进“教育优先”战略，在全省芙蓉学校建设现场会上作典型发言。

【获评“湖南省优质农副产品供应基地”】 2019年，新田县获评“湖南省优质农副产品供应基地”。全县建成优质蔬菜供应基地0.43万公顷，对接粤港澳大湾区，认定粤港澳大湾区“菜篮子”生产基地6个。

【脱贫摘帽】 2019年，新田县脱贫摘帽。脱贫693户1838人，贫困发生率降至0.51%，群众认可度提升98.43%。逐村逐户逐政策抓实问题清零，“四到四覆盖”产业扶贫模式被省、市推介，“千企帮千村”、科技扶贫、电商扶贫工作跨入全省先进行列。

（邓光鹏）

领导名录

中共新田县委员会

书　　记　唐　军

副 书 记　秦山成　易先平

常　　委　王名扬　陈志华　李祥佐　汤小兵　刘晓燕　吴新波　周　平　王四海　李东山

县人大常委会

主　　任　欧阳涛

副 主 任　郑智新　毛群联　贺安祥　刘志斌　周艳芳

县人民政府

县　　长　秦山成

副 县 长　王名扬　刘大兵　唐红林　杨柳青　彭晓军　李勖川　黄小波　章　乐

县政协委员会

主　　席　王佑生

副 主 席　何三明　龙石佑　李咏梅　郑龙杰　黄美华

中共新田县纪律检查委员会、监察委员会

书　　记
主　　任　汤小兵

县人民武装部

政　　委　王四海

部　　长　许朝友

县人民法院

院　　长　胡剑涛

县人民检察院

检 察 长　朱　诺

蓝　山　县

【概况】 蓝山县东与临武县接壤，南与江华瑶族自治县、广东连州市毗邻，西与宁远县交界，北接郴州嘉禾县。2019年，全县辖14个乡镇（瑶族乡6个）、5个国有农林茶场、1个国家森林公园，土地总面积1806平方千米，耕地面积21.36千公顷。风能储量100万千瓦以上，森林覆盖率76%。水能理论蕴藏量21.2万千瓦，有水电站169座，装机容量13万千瓦。花岗岩探明储量1亿立方米。年末总人口43.32万人，其中常住人口为34.7万人，城镇化率51.73%，出生率10.02‰，死亡率5.31‰，自然增长率4.71‰。属中亚热带季风湿润气候区，年平均气温17.8℃。年内气温最高37.7℃、最低值-0.6℃，年降水量1720.4毫米。

地区生产总值121.22亿元，增长7.1%，三次产业结构比为14.7∶41.2∶44.1。财政总收入107967万元，增长12.26%，其中，地方财政收入75365万元，增长7.65%。

农林牧渔业实现增加值18.91亿元，增长3.7%。粮食种植面积2.18万公顷，减少2.12%，产量12.90万吨，减少0.01%；油料种植面积0.67万公顷，减少2.23%；蔬菜种植面积0.87万公顷，增长8%；烟叶产量6913吨，增长4.66%。生猪出栏50.05万头，减少16.7%；牛出栏1.6万头，增长10%；羊出栏4.51万只，增长10%；家禽出笼203.94万羽，增长9.45%，水产品产量1675吨，增长9.15%。农林水事务财政支出60683万元，下降26.65%。农业机械总动力45万千瓦，增长12%，机耕面积3万公顷。神浓有机品牌“农圃”获香港优质有机零售商奖项，花果庄园评为省级五星级农庄。

规模工业总产值499830万元，增长8.3%，规模工业增加值增长9.1%。工业主导产业是轻纺制鞋、皮具、玩具。新入统工业规模企业7家，规模工业增加值40.4亿元。发明专利申请119件，高新技术企业5家、省科技型中小企业7家。皮具、玩具项目30个。到位内资31亿元，到位外资1.1亿美元，外贸进出口总额27.4亿元，进出口企业

18家。

社会消费品零售总额50.18亿元，增长10%；批发零售业实现增加值15.28亿元，增长28.9%；住宿餐饮业实现增加值0.79亿元，增长24.3%；湘南边贸城零售总额3.58亿元，增长10%。完成外贸进出口总额3.4亿美元。实际利用外商直接投资10600万美元，增长12%，实际到位内资30.6亿元，增长17.1%。接待游客223.5万人次，旅游收入11.6亿元。

固定资产投资增长9.9%。皮具箱包科技产业园项目评为“市重大产业项目优秀项目”，标准厂房二期项目评为“引进500强企业优秀项目”。白毛坪、四海坪、大桥、塔峰、紫良等风电场实现并网发电，塔峰—临武输变电工程竣工通电。舜水田园综合体玻璃大棚、舜水河治理、园区道路竣工。

交通运输、仓储和邮政业增加值95282亿元，增长3%。农村窄路加宽53.23千米、自然村通水泥（沥青）路191.59千米、民用车辆33075辆。邮电业务总量50190万元，增长4.4%。固定电话用户3.87万户，移动电话用户23.36万户，互联网宽带用户3.1万户。

民生支出20亿元。增加城区学位10605个，全县义务教育大班额基本消除。学校211所，其中普通初中10所，高中2所，中等职业学校1所，小学19所，九年一贯制学校17所，小学教学点58个，特殊教育学校1所，教师进修学校1所，幼儿园102所。小学适龄儿童毛入学率100%，初中毛入学率103.2%。学生76613人，其中普通高中学生5140人，初中学生17472人，小学学生33972人，中等职业学校学生5164人，特殊教育学校学生181人，幼儿园学生14684人。有乡镇文化站15个，文化馆1所，文物管理所1所，图书馆1所。全县文物藏品336件，图书馆藏书5.7万册。县中心医院创建为二级甲等综合医院，改扩建乡镇卫生院8所、标准化村卫生室95个。医疗卫生机构442个（含基层医疗卫生机构、卫生室），其中医院9个，建制乡镇卫生院15个，疾病预防控制中心1所、妇幼保健院1所、卫生监督所1个，有床位总数2269张。参加城乡居民医疗保险的城乡居民310318人。电视台1座，差转台1座。电视人口覆盖率98%。有线电视用户1.2万户。选送34名运动员参加永州市青少年举重锦标赛、田径锦标赛，举重获得金牌7枚、银牌6枚、铜牌4枚，田径比赛获团体总分第四名。

完成年度化债和“三保”目标任务。全年申报新增债券项目资金21.34亿元，申请债券12.1亿元，争取地方政府新增债券3.14亿元，金融风险防范严密有效，保障重点项目建设等支出。

实现6个贫困村出列、4600人脱贫，贫困发生率由1.47%减至0.18%。改善贫困村基础设施，改造行政村农网50个，完成各类农村公路建设改造里程258.4千米。建立贫困村合作社72个，实施产业扶贫项目118个，实现贫困村产业帮扶、利益联结、光伏发电全覆盖，特色种养、光伏、电商、旅游四大扶贫产业联结带动1250户4700人脱贫增收。完成危房改造298户，累计发放扶贫小额信贷19463万元，补贴“扶贫特惠保”149万元，教育减免611.9万元，发放助学金557.7万元，贫困户住院就医报账比例90.77%。创建乡镇（村）就业扶贫车间36个，实现贫困户家门口就业1285人。开展“户帮户亲帮亲”活动，累计帮扶次数10050次。

推进湘江保护和治理第三个“三年行动计划”，落实“双河长制”，清理大棚房、违规别墅，完成养殖场防污设施改造196家。中央和省市环保督察交办问题全部办结。全县集中式饮用水水源地水质达标率100%，空气优良率97%，森林覆盖率73.16%，湿地保护率73.4%。

存在的主要问题与困难：产业支撑不强、经济总量不大；工业化、城镇化程度低；财政收入增速回落，收支矛盾突出；部分重大项目未按计划实施，房地产业发展滞后；社会保障水平不高。

（黄诗翔　黄岚奇　周君）

【获评“2019中国创新榜样”】 2019年，第十八届中国经济论坛重点推介蓝山政务改革优化营商环境的“蓝山经验”“蓝山模式”，并授予蓝山县“2019年中国创新榜样”称号。蓝山县以“全省首个相对集中行政许可权改革试点”和“全市改革行政审批体制减轻基层负担充分调动基层干部积极性试点”为契机，全面推进深化改革，通过职能机构人员高度集中，集中事项审批、优化流程标准、创新服务方式，为企业减负、为群众解忧。

【“一件事一次办”改革经验推广】 2019年，蓝山县“一件事一次办”改革经验在全省推广。

该县坚持从企业和群众需求出发，实行服务一扇门、审批一枚章、事情一次办，打造“审批最少、流程最优、机制最活、效率最高、服务最好”的营商环境。梳理审批事项，形成“一张材料清单、一个流程总表、一次申请表单”，减少重复提交材料30%。建成县域数据资源中心，42个部门政务数据实现互联互通、全省首批100件“一件事一次办”事项平均办结时限3.5天，提速70%。12月11日，在全省深化“一件事一次办”改革现场推进会上，蓝山县作典型交流发言，推介政务服务改革和“一件事一次办”做法。

（黄曦　廖琼君　张振林　黄浩东　李佩）

领导名录

中共蓝山县委员会

书　　记　秦志军
副 书 记　魏和胜　李劲涛
常　　委　李　勇　苏建华
　　　　　何江鸿　赵忠辉
　　　　　魏勇波　杨　康
　　　　　黄安平　邓海勇

县人大常委会

主　　任　黄和平
副 主 任　郭晓武　梁有余
　　　　　袁　凤　彭继学

县人民政府

县　　长　魏和胜
常务副县长　何江鸿
副 县 长　魏秋云　刘素萍
　　　　　黄正军　李　鑫
　　　　　秦　波　周　涛

县政协委员会

主　　席　唐志雄
副 主 席　盘运贵　黄石保
　　　　　李松旺　黄积文
　　　　　许旭阳

中共蓝山县纪律检查委员会、监察委员会

书记
主任　魏勇波

县人民武装部

部　　长　张志林
政　　委　邓海勇

县人民法院

院　　长　陈祁陵

县人民检察院

检 察 长　曲　军

回龙圩管理区

【概况】　2019年，回龙圩管理区下辖1个建制镇，1个国有林场，9个行政村，2个居委会。总面积107平方千米，有耕地面积0.26万公顷，林地面积0.73万公顷，其中果园0.67万公顷，茶园333.33公顷。总人口3.52万人，少数民族人口占户籍人口比71.3%。人口出生率11.86‰，自然增长率5.49‰。年内最高气温38.3℃，最低温度-0.1℃，年降水量1582.07毫米。

实现地区生产总值34008万元，同比增长7.93%；第一产业、第二产业、第三产业比41.83∶28.75∶29.42；完成地方财政总收入6433万元，同比增长7.29%；社会消费品销售总额11240万元，同比增长10.05%；完成全社会固定资产投资35840万元，同比增长12%。

实施“一控二提三创”（“控”就是防控柑橘黄龙病，“提”就是提高柑橘产业质效，“创”就是创建国家级品牌），做精做强柑橘产业。实现农业总产值31755万元，同比增长7.93%；种植粮食348.67公顷，烟叶4000担；建立假植培育大苗示范大棚5个，政府补贴果农优质无毒苗木20万株，回龙圩橘香鸡养殖、加工发展顺利，八仙洞柑橘合作社迴峰蜜柑特色产业园成功创建省级产业园示范园。引进并开工建设最大的、总投资8.7亿元的华能风能发电项目，“迴峰蜜柑”获农产品国家地理标志。深化人居环境整治，加快“厕所革命”，加速空心房拆除，推广“村村卫生、月月抽查、季度评比”奖惩制。完成村干部轮训，开展各类新农民实用技术培训。开展“十星级文明户”评选，开设道德、法治、扶贫三大讲坛，运作村民议事会、道德评议会、红白理事会、禁毒禁赌会“四会”。优化升级政务服务，落实“互联网+政务服务”“一件事一次办”改革、项目审批“代办制”，国有土地第二轮承包顺利推进。

依托“柑橘产业+专业合作社+贫困户”的利益联结机制，带动贫困户共同参与、共同推进、共同分享柑橘产业发展成果，实现可持续增收脱贫的做法得到中央、省、市主流媒体的推介。政府投融资平台完成整合转型，全年全区无新增债务，化债任务超额完成。安全生产、信访、社会维稳抓牢抓实，网格化服务全面覆盖，“雪亮工程”建设全面完成，全年全区重大刑事案件零发生、安全生产事故零发生、赴省进京上访零登记。加快推进生活污水处理厂、污水管网、重金属治理等项目建设，中央环保督察问题全部整改销号。

民生支出占总支出的80%，完成城镇就业、自然村通水泥（沥青）路、改（新）建农村户用厕所民生实事，推进科教综合楼、自来水厂改扩建、农村安全饮水工程，教育、文化、医疗、卫生、社保、交通等各项社会事业稳步发展。

存在的问题和困难：财税结构不优的现状短期难以有效改变；国道538线江永大地铺至永济亭改扩建项目未完成年度投资计划。

【首个综合档案馆完成验收】 2019年7月，湖南省委办公厅和永州市档案局对回龙圩档案馆进行验收，回龙圩成为湖南省第一个完成综合档案馆功能验收的管理区。综合档案馆项目投资405万元，其中土建工程费用185.6万元，配套工程费用90.4万元，附属设施费用52万元，其他费用50.6万元，预备费用26.4万元。资金来源为中央预算内资金及地方财政补助资金。该项目位于管理区办公大楼前，实际总建筑面积1655.58平方米，总使用面积1201平方米，库房使用面积678平方米、对外服务用房使用面积361平方米、业务和技术用房使用面积63平方米、办公用房使用面积18平方米、附属用房81平方米。分别有展览厅、配电室、消防控制室、值班室、装裱修复室等。

【创建为粤港澳大湾区“菜篮子”生产基地】 2019年，回龙圩管理区开展粤港澳大湾区“菜篮子”生产基地申报，并成功创建粤港澳大湾区“菜篮子”生产基地1个。形成《绿色食品迴峰柑橘生产栽培技术规程》《回龙圩管理区柑橘产品质量控制方案》等质量管理制度8个。建立农产品质量安全监管检测室，对柑橘种植进行全方位的监督和管理。建立农产品质量安全追溯数据中心，健全柑橘产品质量安全追溯体系。

回龙圩首个全民中心

【引进华能风力发电项目】 2019年，回龙圩管理区成功引进华能风电场项目，该项目是回龙圩建区以来投资规模最大、建设标准最高的能源项目，对于释放管理区的资源优势，加快风力资源开发利用，调整优化工业结构，推动区域经济高质量发展具有历史性的重大意义。该项目由华能新能源股份有限公司投资建设，投资2.5亿元，完成升压站进场道路、10个风机道路、10个平台开挖，升压站综合楼封顶正进行内部装修，并采购风机10组。

【农业示范区建设】 2019年，回龙圩管理区坚持“绿色精细高效”思维，将柑橘产业做大做强，“绿色精细高效”农业示范区建设稳步推进，“空中有灯—树上有网—树中有黄板—树下有滴灌—地上有家禽”的生态立体种植全面形成。八仙洞柑橘合作社迴峰蜜柑特色产业园成功创建省级产业园示范园，迴峰柑橘基地获准出口注册基地登记，创建粤港澳大湾区农产品（水果）种植备案基地1个，通过香港食环署验收。迴峰蜜柑种植范围覆盖全区11个行政村（居委会），总生产面积0.63万公顷、总产量25万吨，迴峰柑橘质量管理系统基本建成，“生产有记录、信息可查询、流向可跟踪、质量可追溯”基本实现。

（卢凤莲）

领导名录

中共永州市回龙圩管理区委员会

书　　记　盘志元
副 书 记　刘功文
　　　　　成　萍（常务）
党委委员　周礼才　王湘文
　　　　　李冬华
　　　　　欧阳群松　何　科
　　　　　朱　琨

永州市回龙圩管理区管理委员会

管委会主任　刘功文
管委会副主任　周礼才（常务）
　　　　　欧阳群松　何　科
副调研员　李宋成

中共永州市回龙圩管理区纪律检查委员会

书　　记　王湘文

金洞管理区

【概况】 金洞管理区位于湘江支流白水河上游，与七县区交界。金洞管理区与金洞林场实行“两块牌子，一套人马”管理，行政级别为正县级，全面负责管理区域内的经济社会事务。管理区（林场）辖3个乡、1个镇、45个行政村（居委会），林场辖8个分场，总面积635平方千米，总人口6.8万人，干部职工2300余人；境内森林资源丰富，山林面积5.07万公顷，森林覆盖率87.74%，森林蓄积量320万立方米，年均负氧离子每立方厘米2万个；木本植物91科600余种，草本植物500余种，中草药材50余种，野生动物50余种。获得“国家储备林示范林场”“国家珍贵树种培育示范县”“中国楠木之乡”及全国绿化模范单位等荣誉称号。

完成地区生产总值13.99亿元，同比增长7.8%；完成财政总收入6457万元，同比增长6.7%；完成社会消费品零售总额6.22亿元，同比增长10.6%；完成固定资产投资17.49亿元，同比增长11%；实现规模工业增加值1.49亿元，同比增长8%；城镇居民人均可支配收入35716元，同比增长9%；农民人均纯收入11588元，同比增长9.9%。小康建设提升2.8个百分比。

巩固发展主导产业。发展楠木、红豆杉、银杏等珍贵树种，获得“国家珍贵树种培育示范县”称号。珍贵树种0.67万公顷，珍贵苗圃基地320公顷，林业产业收入超1亿元。实现36年森林防火无事故。金洞生态旅游获湖南省“生态经济十优示范案例”。金洞猛江河国家湿地公园获评第一批全国“森林康养试点基地”。旅游累计接待游客200万人次，实现旅游收入6亿元，第三产业产值20亿元，接待游客6万余人，游客量和旅游收入保持每年20%的增速。高山有机茶叶扩园800公顷，低改33.33公顷，有机果蔬166.67公顷。完成五小水利工程建设50处、农村安全饮水巩固提升1.1万人、农村电网改造升级11个村。光伏扶贫产业收益稳定，光伏发电系统月发电量10万度。

年末，脱贫5292户19092人，贫困发生率下降至0.4%，全区20个贫困村（深度贫困村5个）通过省市核查，脱贫摘帽。重点产业助力脱贫。推进楠木楠竹培育和深加工。有规模的苗木公司6家、楠木专业种植合作社10家，累计营造楠木林0.4万公顷，楠木苗333.33公顷，年产苗木1000万株，产值3000万以上，低改楠竹0.53万公顷。引进北京启迪雷浩能源科技有限公司在石鼓源乡安置点建立扶贫工厂，开发竹木及其加工废弃物资源化利用项目。发展林下经济及种养加工业。种植茶叶面积546.7公顷，铁皮石斛233.33公顷，蜜蜂养殖3000余箱，兴办各类种养殖业20余家，吸纳贫困人口就业9000余人。易地扶贫搬迁工作打包交给湖南建工集团，建设集中安置小区6个，集中安置易地扶贫搬迁对象5250人。做到入住率、拆旧复垦率、公共服务覆盖率均达100%。在金洞镇龙潜凼、桥冲、凤凰乡团结、石鼓源乡茅坪里和柏子坳一、二期集中安置点，成立临时党支部和劳务输出公司。安排劳务输出416人，公益性岗位87人。在易地扶贫搬迁安置点附近建立翔冠制帽厂、竹聚缘农业开发公司、湖南吖韩食品有限公司等扶贫车间9个，安排贫困劳动力就业1500人，带动贫困户人均增收2500元以上。

推进污染防治工作，金洞镇东江重金属污染治理项目完成验收，城乡生活垃圾一体化工程高效运转，开展扬尘污染、餐饮油烟、秸秆焚烧等大气污染治理，全区环境优良指数明显提高。

防范化解重大风险。完成年度化债目标3547万元，提前偿还未来计划款10831.17万元，综合债务率逐步下降。清收扶贫小额信贷6714万元，逾期率为零。

重点项目及重点工作28个，年度总投资13.21亿元，其中市

金洞猛江河湿地公园　　摄影 李建民

级项目12个，开工率100%，累计完成10.18亿元。总投资10亿元的白果市风电场项目完成一期投资5亿元；总投资8亿元的晒北滩分散式风电开发签订框架协议；总投资1.2亿的金洞林场中学学位建设完成“三通一平”；总投资1500万元高岭土精深加工建成试产。

完成农村公路提质改造窄路加宽15.72千米，安保工程建设11.73千米。巩固提升农村安全饮水1.1万人。完成新建移动基站1个及17个自然村通光纤工程，林区通信信号实现全覆盖，农村电网改造完成。

消除大班额完成31个，完成2所卫生院和8所村卫生室的标准化建设，学校食堂全面实现标准化。城镇生活垃圾处置率100%。全面排查和整治污染源，关闭和取缔白沙源沙场、金洞红砖厂、石鼓源塑料颗粒厂、凤凰电子产品冶炼厂等企业。

把基层党建工作融入经济社会发展，构建“党建+特色种养”“党建+精准扶贫”“党建+生态建设”“党建+经济金融”“党建+岗位承诺”工作机制，完成机关支部换届22个，整顿转化软弱涣散基层支部11个，全面完成支部“五化”示范创建。

【绩效考核连续3年获全市“先进单位”】 2019年，金洞管理区在市委、市政府的绩效综合考评中获“先进单位”，这是继2017年以来连续第三次获此殊荣。管理区实施“生态立区、产业兴区、开放活区、科教强区”发展战略，坚持走“绿色化、景区化、产业化、智能化”发展道路，经济社会取得较快发展。

【获省委、省政府“三无”县区称号】 2019年，金洞管理区信访维稳工作取得优异成绩。全区实现“无重大政治事件，无暴恐事件和个人极端事件，无大规模集体进京赴省上访和群体性事件，无重特大公共安全事故，无重大影响的负面舆情事件和影响恶劣的信访维稳人员违纪违法案件”的目标。信访维稳工作被省委、省政府评为“三无”县区，获评全市信访维稳先进单位，综治维稳考核连续三年在全市管理区中排名第一位，晒北滩乡被评为全市综治考评先进乡镇。

（唐晓军）

领导名录

金洞管理区领导

党委书记	何德波
党委副书记 管委会主任	何永明
党委副书记	李耀华
党委委员 管委会副主任	夏铁桥
党委委员 管委会副主任	邓彪
党委委员 政法委书记	肖申华
党委委员 纪委书记	周旺生
党委委员 管委会副主任	唐亚
管委会副主任 公安分局局长	秦学君
副处级干部	孙国庆
副处级干部	汪桂林
副处级职级干部	奉付成 邓秋实 周光卓 张治国 邹广贤

永州经济技术开发区

【概况】 永州经济技术开发区位于永州市中心城区，是湖南省最早成立的9个省级重点开发区之一，2019年，园区总规划面积121平方千米，总人口8.5万，有规模以上工业企业84家，拥有国家高新技术企业11家，省级以上研发机构和技术中心3家。先后被认定为“全国模范劳动关系

2019年，永州经济技术开发区举行首届春晚

和谐园区”“湖南省军民融合产业示范基地”“湖南省开放型经济先进园区”“湖南省大众创业万众创新示范基地”“湖南省信息化和工业化融合试验区”“湖南省知识产权工作示范园区”。有人员总编制330名，其中参照公务员管理编制70名，全额拨款事业编制260名；党委管委会领导职数5名，实配6名，挂职2名，其中书记、主任各1名，党委副书记兼纪委书记、监工委主任1名，管委会副主任5名。内设党政办等科局13个，直属事业单位12个，群团组织3个，仁湾街道1个。

2019年3月28日—31日，中国—古巴第十次生物技术联合工作组会议在古巴首都哈瓦那举行。永州与古巴举行《中国古巴生物技术联合创新中心》签约仪式

完成规模工业总产值125.9亿元；完成进出口额4700万美元；完成基础设施投入11.2亿元，增长9.7%；新增土地储备34.43公顷，新增厂房面积15.01万平方米；区本级实现财政收入同比增长16.8%，税收占比94.98%。

亲水河科技谷按照国际一流的高新技术企业聚集区理念规划建设，初具规模。潇湘科技创新中心建成使用，中国科技开发研究院永州创新孵化基地、电商孵化基地、青年创新创业园等平台建成运营。中国古巴生物技术联合创新中心关键实验室完成建设；首批合作项目抗肺癌肽、防治脑中风、防治登革热疫苗和防治艾滋病疫苗签约，典型猪瘟疫苗将投入试生产。获评湖南省示范型国际科技创新合作基地。智能装备产业基地实现扩能提质，智能装备产业园一期建成7万平方米标准厂房以及创新研究院；深圳力豪机械、鑫视界项目落地开工；东峻散热、绿零智能冷柜等4个项目落地投产，初步建成钣金技术中心和研发平台。互联网及应用技术基地扩容加速，华为云计算数据中心投入使用。军民融合产业基地整合以跃进机械厂为代表的4家军工企业签约入园，打造消防应急救援产业链，被认定为“湖南省军民融合产业示范基地”。天然植物高技术产业和化妆品生产示范基地列入全省“5个100”重点项目，中国南方植物萃取中心和恒泰生物开工建设。

对接粤港澳大湾区，开展股权招商、产业基地招商、产业联盟招商加速项目落地。新签约入园项目25个，其中5000万元以上工业项目17个。恒泰生物、氿之霖生物科技、绿零集团、金森电力、阳铭生物、吻野现代农业等10个工业项目落地开工；在谈待签约项目三友环保、晨光生物等12个项目；意向在谈项目有美妆产业园、健恩实业等50余个项目。

全年成功挂牌出让土地7宗，总面积39.2公顷，土地出让总收入和住宅用地出让单价均创造历史新高；组卷用地报批43.6公顷，包含园区所有未批的道路。110千伏猎豹变电站投入运营，解决园区用电难问题；自来水完成园区主管布网；污水处理厂招标建设；通信设施实现园区全覆盖。区财政预算1000万元与建设银行、光大银行合作设立1亿元助保贷平台风险补偿资金，为7家企业提供风险补偿金1710余万元。联合相关单位举办综合招聘会、扶贫日专场招聘会6场，开展永菁创业沙龙、永菁双创讲堂等活动23次，培训人员3000余人次，带动城乡就业人数2657人，实现城镇新增就业1180人。

制定服务企业（项目）“一对一”工作方案，对全区所有规模以上企业实行挂牌服务，建立企业服务档案，并在企业挂牌公示，及时协调解决遇到的困难和问题。针对市纪委交办的22个问题和经开区纪委走访发现的32个问题，区纪委全面开展营商环境整治，园区营商环境满意度大幅度提升。5家地质装备企业重新入园，组建腾飞地质产业公司。

全年累计偿还债务本金19.68亿元，支付利息2.73亿元，本息合计22.41亿元。推动平台公司转型，建立融资、投资、建设、管理、偿债一体化的良性循环机制。脱贫攻坚精准务实。行业扶贫、综合保障实现全覆盖，全区建档立卡贫困户564户1704人全部实现脱贫摘帽。发展产业扶贫基地建设，打造老油茶基地、有机蔬菜基地、特色种养基地等项目建设；试行“脱贫返贫责任险”，由管委会资助贫困人口购买返贫、防贫商业保险，贫困户参保率100%。分类实施“蓝天、碧水、净土”保卫战，紧盯重点区域污染，整改锅炉燃煤、搅拌站和采石场扬尘治理不到位、涉及“散乱污”企业等问题72个，建设污水管道7.7千米。

基层党组织“五化”建设达标率100%，打造示范党支部7个，软弱涣散基层党组织基本改到位。全年安排党建经费618.1万元，其中15个村村级运转经费322.5万元。建成高标准党务和村务公开栏15个、乡村卫生室15个和“潇湘红云·智慧党建”平台。

【中国古巴生物技术联合创新中心项目启动】 2019年3月，在第十次中国—古巴生物技术联合工作组会议上，永州经济技术开发区和古巴生物医药集团签署《合作基础协议》。首期投资3000万美元，建设中国首个联合研发机构。其中1500万美元用于生物医药项目创新研发，1500万美元用于成熟项目的生产技术转移和转化。7月，启动实验室建设。古巴先后派遣10余批次50名专家全程参与实验室设计、设备定型、项目引进、合作伙伴洽谈工作。12月，完成一楼实验室建设，进入试运营阶段。首批引入CIGB300等四个世界领先的一类新药项目，进行临床研究和产业化；建立30个多肽类小分子项目库，吸引多家大型医药企业和投资机构参与研究和市场化生产。中心成立科学委员会，古巴中央政治局委员阿雅拉·玛塔博士任主任，成员包括古巴5名专家，中国5名专家。成功申报湖南省示范型国际科技合作基地。

（永州经开区党政办）

领导名录

党委书记	高守凯
党委副书记 管委会主任	李　瑛
党委副书记 纪委书记	李月红
党委委员 管委会 常务副主任	张　明
管委会 副主任 （挂职）	唐美凤
党委委员 管委会 副主任	郭建胜
党委委员 管委会 科技副主任 （挂职）	万　李
党委委员 管委会 副主任	屈仁宝
二级调研员	谢晓青
永州市 开发建设 投资公司 原总经理	黄立华
永州市 开发建设 投资公司 董事长	卿铁军
永州市 开发建设 投资公司 总经理	邓家昶
四级调研员	吕　波　胡纯辉 王军陵　蒋建勋 伍开军　刘正平 阳　零　陈雪梅

附录

Appendix

一、政策规章选登

永州市人民政府关于印发《永州市国有土地上房屋征收与补偿实施办法》的通知

永政发〔2019〕9号

各县区人民政府，各管理区，永州经济技术开发区，市直有关单位：

现将《永州市国有土地上房屋征收与补偿实施办法》印发给你们，请认真遵照执行。

永州市人民政府

2019年11月29日

永州市国有土地上房屋征收与补偿实施办法

第一章 总则

第一条 为规范国有土地上房屋征收与补偿行为，维护公共利益，保障被征收房屋所有权人的合法权益，根据《中华人民共和国物权法》、《国有土地上房屋征收与补偿条例》（以下简称《条例》）、《湖南省实施〈国有土地上房屋征收与补偿条例〉办法》、《住建部关于印发〈国有土地上房屋征收评估办法〉的通知》（建房〔2011〕77号）等法律法规、规章及文件规定，结合我市实际，制定本办法。

第二条 在本市行政区域内，为了公共利益的需要，征收国有土地上单位、个人的房屋，适用本办法。

第三条 市人民政府统一领导本市行政区域范围内国有土地上房屋征收与补偿工作。各县（区）人民政府负责本行政区域的房屋征收与补偿工作。永州经济技术开发区受市人民政府委托，做好本辖区内国有土地上房屋征收与补偿的实施、协调和管理工作。跨县（区）国有土地上房屋征收与补偿项目的工作由市人民政府指定项目所在地县（区）人民政府负责实施、协调和管理。

各级发展改革、财政、自然资源和规划、国资、城管执法、公安、民政、市场监管、税务、人力资源和社会保障、教育、信访等部门按照各自职责，积极配合做好国有土地上房屋征收与补偿工作。征收房屋所在区域的街道（乡镇）、社区（村组）应当配合房屋征收工作部门做好国有土地上房屋征收与补偿工作。

第四条 市住房和城乡建设部门为市级房屋征收工作部门，负责本行政区域内国有土地上房屋征收与补偿的监督管理工作，市征收办公室承担相应具体事务性工作。县（区）人民政府应明确相应房屋征收工作部门负责组织实施本行政区域内国有土地上房屋征收与补偿工作。

第五条 房屋征收工作人员应当具备行政执法资格，掌握相关的法律政策和专业知识，定期参加业务培训。

第二章 征收决定

第六条 国有土地上房屋征收工作实行年度计划管理，冷水滩区人民政府、零陵区人民政府和永州经济技术开发区管委会应在每年12月15日前确定本区域内下一年度需要实施房屋征收的总体计划，向市人民政府申报。市级国有土地上房屋征收计划由市城建领导小组负责。

第七条 县（区）房屋征收工作部门应当会同发展改革部门，编制保障性安居工程和旧城区改建项目计划，经同级人民政府审定，按程序纳入下一年度国民经济和社会发展计划。

第八条 确需征收房屋的，建设单位应向县（区）房屋征收工作部门提出书面申请，并提交以下资料：

（一）经发展改革、自然资源和规划等有关部门联合审查符合国民经济和社会发展规划、城乡规划和专项规划、土地利用总体规划的审批意见表；

（二）发展改革部门下达的建设项目立项批文；

（三）自然资源和规划部门划定的项目选址范围蓝线，以及出具的规划意见、土地调查红线图；

（四）属于保障性安居工程建设和旧城区改造的项目，还应包括纳入国民经济和社会发展年度计划的资料；

（五）需要提交的其他相关资料。

第九条 县（区）房屋征收工作部门根据同级人民政府的授权审核建设单位提交的资料，按照《条例》第八条和本实施办法第八条的规定，确定房屋征收范围。

县（区）房屋征收工作部门（永州经济技术开发区管委会，下同）组织房屋征收实施单位对房屋征收范围的房屋权属、区位、用途、建筑面积等情况进行调查登记，会同自然资源和规划、城管执法及征收区域内相关街道（乡镇）、社区（村组）等单位予以核实，相关单位和被征收人应当予以配合。房屋征收范围及调查结果应在房屋征收范围内向被征收人公布。

第十条 征收项目一般按现有地块边界划定调查蓝线，依据上位规划下达规划要点，但应当将跨越现有地块边线的房屋整体划入项目规划调查蓝线。

第十一条 房屋征收范围确定后，县（区）房屋征收工作部门可以委托房屋征收实施单位开展以下工作：

（一）对房屋征收范围内的房屋及附属设施情况进行调查登记；

（二）编制房屋征收补偿方案和项目补偿资金预算；

（三）就房屋征收补偿的具体问题与被征收人进行协商；

（四）对房屋征收补偿方案征求意见、举行听证和进行公示等具体工作。

第十二条 被征收房屋的面积、结构、使用性质等，以不动产权属证书和房屋登记簿的记载为准，不动产权属证书与房屋登记簿不符的，除有证据证明房屋登记簿确有错误外，以房屋登记簿为准。已改变用途的，以自然资源和规划部门和其他有关部门批准文件为依据。

第十三条 县（区）人民政府授权房屋征收工作部门牵头组织自然资源和规划、住建、城管执法等部门，会同被征收房屋所在区域内街道（乡镇）对未登记房屋以及房屋（不动产）登记簿记载事项不明确或者与现状不符的建筑进行调查认定；永州经开区管委会组织相关职能部门，对未登记房屋以及房屋（不动产）登记簿记载事项不明确或者与现状不符的建筑进行调查认定。

在发布房屋征收决定公告前，县（区）人民政府（管委会）的各职能部门，根据各自职责，对已确定的房屋征收范围内的建筑合法性进行认定，并出具书面认定意见。冷水滩区、零陵区、经开区对建筑的合法性认定应当会同市自然资源和规划、住建、城管执法等部门确定。职能部门难以准确认定其是否合法的，由各县（区）房屋征收工作部门汇总意见，报县（区）人民政府（管委会）研究和协调。对上述建筑的认定结果应当在房屋征收范围内予以公布。

对认定为合法建筑的，应当给予补偿。对认定为违法建筑和超过批准期限的临时建筑不予补偿。

第十四条 房屋征收范围确定并公布以后，被征收人不得实施新建、扩建、改建房屋和改变房屋用途等不当增加补偿费用的行为。违反规定实施的，不予补偿。

县（区）房屋征收工作部门应当将前款所列事项书面通知住建、市场监管、自然资源和规划、城管执法、公安、文化、卫健、银行等有关部门暂停办理房屋征收范围内的相关手续。暂停办理相关手续的书面通知应当载明暂停期限，暂停期限最长不得超过 1 年。

第十五条 房屋征收范围确定后，被征收人应当在房屋征收工作部门发布公开选择房地产评估机构公告之日起 7 个工作日内，协商选定房地产价格评估机构，并将选定结果以书面形式报房屋征收工作部门。协商不成的，由县（区）房屋征收工作部门组织，通过投票由多数人决定，或者邀请被征收人代表、街道（乡镇）、社区（村组）代表，公证机构参与，以公开抽签方式选定评估机构。

第十六条 被选定的评估机构按国家规定对被征收房屋的市场价值作出评估，在作出评估结果报告时应当说明与被征收房屋类似的房地产的市场价格并提供依据。

对被征收房屋价值进行评估，应当遵循先整体评估，后分户评估的原则。整体评估结果应报同级财政部门备案。估价时点为征收决定公布之日。

第十七条 县（区）房屋征收工作部门或者被征收人对被征收房屋价值有异议的，可以在收到评估报告之日起10日内向房地产价格评估机构书面申请复核评估。对复核结果有异议的，在收到复核结果之日起10日内可以向永州市房地产价格评估专家委员会申请鉴定。

县（区）房屋征收工作部门应当将评估结果在房屋征收范围内公布，并确定专门人员将评估机构提交的评估报告转送被征收人，由被征收人签收，被征收人不签收的，县（区）房屋征收工作部门应当载明不签收原因，由基层组织见证，将评估结果张贴于征收范围及被征收房屋。

第十八条 县（区）房屋征收工作部门拟定房屋征收与补偿方案。中心城区项目的房屋征收与补偿方案应报市级房屋征收工作部门备案，市本级投资项目的房屋征收与补偿方案应报市政府审核同意。房屋征收与补偿方案的内容应当包括：征收依据、理由、房屋征收范围、实施步骤、被征收房屋的权属、改变房屋使用用途和未登记房屋的认定、征收补偿方式和标准、征收补助奖励项目及标准、产权调换用房及周转用房准备情况、征收签约期限、过渡期限等。

县（区）人民政府（管委会）组织相关单位对房屋征收补偿方案进行论证，并在征收范围内予以公布（其中永州经济技术开发区范围内项目的房屋征收补偿方案以市人民政府名义公布），征求公众意见时间不得少于30日。征求公众意见修改的情况应当及时公布。

第十九条 因旧城区改建需要征收房屋，超过50%的被征收人认为征收补偿方案不符合《条例》规定的，县（区）人民政府（管委会）应当组织有被征收人和公众代表参加的听证会，听取意见，修改方案。

第二十条 县（区）人民政府授权房屋征收工作部门（永州经济技术开发区管委会）组织征收实施单位、发展改革、公安、城管执法、监察、信访、维稳等部门对征收工作进行社会稳定风险评估，社会稳定风险评估报告应报同级政法部门备案。

第二十一条 县（区）房屋征收工作部门认为具备房屋征收条件并符合征收程序要求的，经同级司法行政部门合法性审查，报同级人民政府作出房屋征收决定，发布房屋征收决定公告。

第二十二条 县（区）范围内被征收人超过200户或者被征收房屋总建筑面积超过3万平方米的项目，房屋征收决定应当由县（区）人民政府常务会议研究决定。

第二十三条 征收决定应当在房屋征收范围内以书面张贴和网络、媒体等形式予以公告。公告应当载明征收补偿方案和司法救济途径等事项。

房屋被依法征收的，国有土地使用权同时收回。

第三章 补偿

第二十四条 政府财政投资性项目的征收补偿资金由同级财政部门负责筹集，按照房屋征收补偿方案和依法出具的评估报告，将征收补偿资金在房屋征收决定发布前足额存入征收补偿专用账户，专款专用。市本级政府投资的项目补偿资金由市级房屋征收工作部门视征收进度拨入区财政专户。所有项目资金均接受监察、审计、征收工作部门等相关部门的监督、检查。

第二十五条 征收决定作出后5个工作日内，县（区）房屋征收工作部门向征收实施单位预拨一定比例的征收启动资金，并根据签订征收补偿协议的进度情况，及时拨付征收补偿资金。市、县（区）房屋征收工作部门应对资金使用情况进行监督检查。

第二十六条 本章规定的补偿标准、补助项目及奖励标准只适用于中心城区。县人民政府应根据当地实际制定房屋征收与补偿的标准、补助项目及奖励标准。

第二十七条 征收房屋的补偿包括：

（一）被征收房屋价值的补偿；

（二）因征收房屋造成的搬迁、临时安置的补偿；

（三）因征收房屋造成的停产停业损失的补偿。

被征收房屋的价值由依法确定的评估机构按照国家有关规定评估确定，对被征收房屋价值的补偿不得低于房屋征收决定公告之日被征收房屋类似房地产的市场价格。

第二十八条 被征收人可以选择货币补偿，也可以选择房屋产权调换。

被征收人选择房屋产权调换的，县（区）人民政府（管委会）根据被征收人的实际情况提供产权调换房屋，并与被征收人计算结清被征收房屋价值与用于产权调换房屋价值的差价。用于产权调换房屋的价值，除政府有特别规定外，应当由房地产价格评估机构评估确定。用于产权调换房屋的价值评估时点，应当与被征收房屋价值评估时点一致。产权调换房屋为期房的，过渡期限内，县（区）房屋征收工作部门应当向被征收人支付临时安置费或提供周转用房。

因旧城区改建征收个人住宅，被征收人选择房屋产权调换的，县（区）人民政府（管委会）应为其提供就近地段房屋。

第二十九条 被征收房屋选择产权调换需过渡安置的，县（区）房屋征收工作部门应当支付被征收人临时安置费，临时安置费每月为被征收房屋评估值（不含装饰装修）的4‰。但每户每月不少于600元，最高不超过2000元。

过渡期限为被征收人腾空房屋之日起至产权调换房屋交付之日止。产权调换房屋为多层建筑的过渡期限为18个月，产权调换房屋为高层建筑的过渡期限为30个月。

超过过渡期限在十二个月以内的，增付50%临时安置费；超过过渡期限在十二个月以上的，增付100%临时安置费；

房屋征收工作部门已提供周转用房的，在过渡期限内不支付临时安置费。

第三十条 被征收房屋属于生产、经营性用房，且经营行为合法，因房屋征收造成停产停业损失的，根据房屋被征收前的效益、停产停业期限等因素确定停产停业补偿费。被征收房屋原则上每月停产停业补偿标准按被征收房屋（不含装饰装修）评估价值的7‰，并参照被征收人的纳税情况计算。停产停业的期限，采取货币补偿或者现房产权调换方式的按三个月计算，采取过渡安置产权调换方式的按实际停产停业的月数确定。

第三十一条 因征收房屋致使被征收人搬迁的，应当向被征收人支付搬迁费。搬迁费的标准为中心城区按15元/m^2计算，每户或每套最低不少于2000元，过渡安置的发给两次搬迁费。

搬迁费补偿标准由县（区）人民政府房屋征收工作部门根据物价变化情况，适时提出调整方案报同级人民政府（管委会）批准执行。

第三十二条 征收房屋需搬迁机器设备和其他物资的由房屋征收工作部门与被征收人参照相关行业标准协商确定；协商不成的应当评估确定。对于无法搬迁或者无法恢复使用的设备，可按有关规定通过评估确定其残余价值给予相应补偿；对已废弃的生产设备不予补偿。

第三十三条 拆除电力、电讯、供排水、燃气等设施，房屋征收工作部门应当根据国家规定办理，已废弃不用的不予补偿。

第三十四条 被征收人是住房困难户的，实行住房面积最低保障，其住宅房屋建筑面积小于50m^2（含50m^2，在同一城市规划区内有其他房屋的合并计算）的，按50m^2进行补偿安置。但对被征收人进行补助的房屋面积部分，不计算装饰装修、搬迁费等其他补偿，不享受奖励等优惠政策。

在房屋征收范围公布确定后，被征收人对被征收房屋进行析产的，不享受前款规定的最低面积保障。

第三十五条 鼓励被征收人依照法律法规和本实施办法的规定，支持房屋征收工作部门或房屋征收实施单位开展调查摸底、权属认定等工作，按规定期限与房屋征收工作部门签订征收补偿协议并按期搬迁。对被征收人按本实施办法规定完成上述工作的，县（区）人民政府房屋征收工作部门可按照同级人民政府制定的标准给予被征收人奖励。

第三十六条 县（区）房屋征收工作部门应当根据征收补偿协议及时拨付补偿资金，并加强对补偿资金的监督检查。

第三十七条 对征收补偿方案确定的签约期限内达不成征收补偿协议的或被征收房屋所有权人不明确的，作出征收决定的县（区）人民政府应当及时作出补偿决定。

县（区）人民政府作出补偿决定按如下程序办理：

1. 房屋征收实施单位根据评估结果，拟定分户的房屋征收补偿方案报县（区）房屋征收工作部门批准。

2. 房屋征收实施单位将分户的房屋征收补偿方案书面告知被征收人。

3. 被征收人申请调解的，县（区）房屋征收工作部门应当在受理之日起 7 个工作日内组织调解。

4. 县（区）房屋征收工作部门报请县（区）人民政府作出补偿决定。

第三十八条 补偿决定应包括下列内容：

1. 被征收房屋及被征收权利人的基本情况；

2. 征收的依据和理由；

3.《条例》第二十五条第一款规定的有关补偿协议的事项；

4. 告知被征收人司法救济的权利、途径及期限；

5. 补偿决定应当在征收范围予以公告。补偿决定规定的搬迁期限不得少于 15 日。

第三十九条 征收依法代管的房屋，应以产权调换形式补偿，由县（区）房屋征收工作部门与代管人签订补偿协议，并经公证机关办理公证和证据保全。

第四十条 征收设有抵押权的房屋，被征收人与县（区）房屋征收工作部门在房屋征收补偿方案确定的签约期限内达成征收补偿协议的，由抵押权人和抵押人重新设立抵押权或者由抵押人清偿债务后，由县（区）房屋征收工作部门对被征收人给予补偿。

被征收人与房屋征收工作部门在房屋征收补偿方案确定的签约期限内达不成征收补偿协议的，由作出房屋征收决定的县（区）人民政府按照本办法第三十七条规定作出补偿决定，并依法保障抵押权人的担保物权。

第四十一条 县（区）房屋征收工作部门应当将分户补偿结果在房屋征收范围内向被征收人公布，并逐步依法建立房屋征收信息平台，做好征收档案资料管理和数据统计工作。

市级房屋征收工作部门、市财政部门应当对市本级投资国有土地上建设项目的房屋征收补偿费用进行审核。

审计机关应当加强对房屋征收补偿费用管理和使用情况的监督，并公布审计结果。

第四章　搬迁、拆除

第四十二条 县（区）房屋征收工作部门对被征收人给予补偿后，被征收人应当在补偿协议约定或者补偿决定确定的搬迁期限完成搬迁。除房屋征收工作部门（或房屋征收实施单位）确定的拆除施工单位外，任何人不得损坏房屋或者拆卸已按照规定进行了补偿的被征收房屋及附属设施。

第四十三条 被征收房屋所有权人不明确的，由县（区）房屋征收工作部门拟定补偿方案报同级人民政府作出补偿决定。房屋拆除前，县（区）房屋征收工作部门应当对被征收房屋作出勘察记录，并向公证机关办理证据保全。

第四十四条 被征收人在法定期限内不申请行政复议或者不提起行政诉讼，在补偿决定规定的期限内又不搬迁的，由作出房屋征收决定的县（区）人民政府依法申请人民法院强制执行。

按补偿决定实施强制执行时，县（区）房屋征收工作部门应对被征收房屋装饰装修做好勘察记录，并向公证机关办理证据保全，被征收房屋装饰装修价值由评估机构评估确定。

第四十五条 县（区）房屋征收工作部门应当按照法律、法规的规定确定被征收房屋拆除工程的拆除施工单位。

第四十六条 县（区）房屋征收工作部门和征收实施单位负责本区域内的房屋拆除施工安全监督管理。

房屋拆除工程必须由具有相应资质等级的建筑施工单位承担。拆除施工单位对本单位承接的房屋拆除工程承担全部责任，并为拆除施工人员办理意外伤害保险。

第四十七条 县（区）房屋征收工作部门应当在房屋拆除后 30 日内向不动产登记部门申请办理被征收房屋的产权注销手续，不动产登记部门应当在收到申请后，30 日内完成注销手续。

公安、教育等部门应当及时为被征收人办理户口迁移和转学等手续。

第四十八条 应当保障冷水滩区、零陵区、经开区以及市级房屋征收工作部门的工作经费，具体提取办法另行规定。

第五章　法律责任

第四十九条 有下列行为之一的，按照《条例》有关规定进行处理：

（一）县（区）人民政府（管委会）及市、县（区）房屋征收工作部门工作人员在房屋征收与补偿工作中不履行规定的职责，或者滥用职权、玩忽职守、徇私舞弊的；

（二）采取暴力、威胁或者违反规定中断供水、供热、供气、供电和道路通行等非法方式迫使被征收人搬迁的；

（三）贪污、挪用、私分、截留、拖欠征收补偿费用的；

（四）采取暴力、威胁等方法阻碍依法进行的房屋征收与补偿工作的；

（五）房地产价格评估机构或者房地产估价师出具虚假或者有重大差错的评估报告的。

第五十条 实行责任追究。实行征收行政问责制，由市纪委监委制定责任追究办法。

第六章 附则

第五十一条 本办法自 2019 年 1 月 25 日起施行。《永州市人民政府关于印发〈永州市国有土地上房屋征收与补偿实施办法〉的通知》（永政发〔2014〕2 号）废止。本办法与《条例》的规定不一致或未作规定的按《条例》执行；国务院及住建部、省人民政府有新规定的，按新规定执行。

第五十二条 本办法施行前各级政府已作出征收决定并发布了征收通告且已进入实施阶段的，按原有的征收决定实施。

附件：永州市中心城区国有土地上房屋征收补助奖励项目及标准

附件

永州市中心城区国有土地上房屋征收补助奖励项目及标准

1. 选择货币补偿方式奖。征收个人住宅，被征收人选择货币补偿方式的，按征收房屋的合法建筑面积给予被征收人最高不超过每平方米 1200 元的奖励。征收私有商业门面（不包括厂房、仓库、医疗、卫生、教学、办公等其他非住宅用房）的按被征收房屋的合法建筑面积给予被征收人最高不超过每平方米 800 元奖励，具体标准根据项目实际情况在房屋征收补偿方案中明确。

2. 按期签约奖。征收个人住宅，被征收人在房屋征收决定公告确定的签约期限内签订补偿协议的，按被征收房屋合法建筑面积最高不超过每平方米 600 元给予奖励；征收私有商业门面（不包括厂房、仓库、医疗、卫生、教育、办公等其他非住宅用房）按被征收房屋合法建筑面积给予被征收人最高不超过每平方米 400 元奖励。具体分时段、分档次奖励标准根据项目实际情况在房屋征收补偿方案中明确。

3. 按期腾房搬迁奖。征收个人住宅和私有商业门面（不包括厂房、仓库、医疗、卫生、教育、办公等其他非住宅用房），征收补偿协议签订后，被征收人在协议约定的期限内完成搬迁并交房的，根据交房时间，分时段、分档次按被征收房屋的合法建筑面积，给予被征收人最高不超过 400 元/m^2 的房屋按期搬迁奖励。具体分段时间及其相应档次根据项目实际情况，在房屋征收补偿方案中明确。

4. 奖励计算面积基数按征收房屋合法有效产权登记的建筑积与有关部门认定为合法建筑的建筑面积。

5. 被征收人在征收方案规定期限内签订协议并完成搬迁的可享受上述奖励和补助，超过规定期限及政府依法作出征收补偿决定的一律不予奖励和补助。

6. 该标准根据上级政策结合工作实际报请市人民政府每两年可进行调整。

永州市人民政府
关于印发《永州市集体土地与房屋征收补偿安置办法》的通知

永政发〔2019〕4号

各县区人民政府，各管理区，永州经济技术开发区，市直有关单位：

现将《永州市集体土地与房屋征收补偿安置办法》印发给你们，请认真遵照执行。

永州市人民政府

2019年5月25日

永州市集体土地与房屋征收补偿安置办法

第一章　总则

第一条　为规范集体土地与房屋征收补偿安置（以下简称征收补偿安置）工作，维护被征收人的合法权益，保障各项建设顺利进行，根据《中华人民共和国土地管理法》《中华人民共和国土地管理法实施条例》《湖南省实施〈中华人民共和国土地管理法〉办法》等法律法规规定，结合我市实际，制定本办法。

第二条　本市行政区域内因征收集体所有的土地，涉及土地、房屋征收补偿安置、青苗及其他地上附着物补偿的，适用本办法。

农村集体经济组织成员成建制转为城镇居民后，其原有剩余土地需要征收，涉及征收补偿安置的，按照本办法执行。

非农业建设经批准使用国有农场、林场、牧场、渔场的土地，以及乡（镇）村公共设施、公益事业建设使用本集体经济组织集体所有的土地，其补偿安置参照本办法执行。

国家、省人民政府对国防、公路、铁路、水利、水电工程等基础设施项目涉及征收补偿安置另有规定的，从其规定。

第二章　土地征收管理

第三条　市人民政府统一领导全市征收补偿安置工作。市辖区人民政府受市人民政府委托负责本辖区内的征收补偿安置工作。县人民政府负责本行政区域内的征收补偿安置工作。

第四条　市自然资源和规划局负责对全市征收补偿安置工作的指导和监督。

市、县（区）人民政府应加强对征收补偿安置工作的领导，成立征收补偿安置专门机构，具体组织协调征收补偿安置工作。

发展和改革、财政、纪委监委、人社、民政、住建、公安、农业农村、房产、林业、审计、市场监管、税务、司法等部门依照各自的职责做好相关工作。

被征地集体经济组织、村（居）民和其他权利人（下称“被征收人”）应当服从国家征收的需要，积极支持和配合征收工作。

第五条　各县（区）应当建立征收补偿安置款预存制度，征收补偿安置资金必须在征收工作实施前足额拨付到征收补偿安置机构或财政专用账户，实行统一管理。

第六条　市、县（区）人民政府应当建立征收补偿安置工作联席会议制度，负责研究处理征收补偿安置工作中出现的新问题和重大疑难问题。

第七条　市、县（区）人民政府应当建立征收补偿安置信息公开制度，将征地批复、范围、补偿、安置等相关信息在政府网站上主动公开。

第八条　市、县（区）人民政府应当将征收补偿安置工作列入年度考核范畴，对在征收补偿安置工作中做出突出贡献的有关单位和个人，给予适当奖励。

第三章　征收实施程序

第九条　征收土地方案报批前，县（区）自然资源局应发布《拟征地告知书》，将拟征地的用途、位置、补偿标准、安置方式等，在拟征收土地的乡镇（街道）、村组（社区）予以告知。

发布《拟征地告知书》后，征收补偿安置机构应对拟征收土地的权属、地类、用途、位置、面积、范围及地上建（构）筑物、附着物和青苗等进行现状调查。现状调查结果与被征收人共同确认，被征收人拒不签字确认的，征收补偿安置机构可以采取拍照、摄像等方式进行取证，并将取证结果予以公证，作为实施征收补偿安置的依据。

第十条　自《拟征地告知书》发布之日起1年内，在拟征地范围内不得进行下列行为：

（一）新建、改建、扩建房屋或其他建（构）筑物，办理房屋或土地流转，核发不动产权证书；

（二）新批宅基地或其他建设用地；

（三）改变土地、房屋性质和用途；

（四）突击进行室内室外装修（饰）等；

（五）办理“农家乐”、生态农业、畜牧水产养殖等手续；

（六）办理户口迁入和分户（立户）、子女收养等涉及户籍、人口变动的手续（因出生、婚嫁、军人复转退或大中专院校学生毕业等确需办理户口迁入的除外）；

（七）以拟征收房屋为经营场所办理工商、税务或其他注册登记手续；

（八）抢栽抢种花卉、苗木、中药材或超正常密度补植及葬坟、修坟等；

（九）其他不当增加补偿费用的行为。

被征收人自行实施上述行为或者有关单位、个人违反前款规定擅自办理手续的，均不得作为补偿安置的依据。

第十一条　征收土地方案获得批准后，市、县（区）人民政府应当按规定将征地批准的机关、文号、用途、范围、时间、地类和面积以及征地补偿标准、集体经济组织成员安置办法和办理征地补偿登记的期限、地点等，在被征收土地所在的乡镇（街道）、村组（社区）醒目位置进行公告。

被征地集体经济组织、村民或者其他权利人应当在征收土地公告规定的期限内，持土地权属证明、房屋产权证、不动产权属证书、他项权利证或其他证明材料到指定地点办理征收补偿登记手续，逾期未办理的，县（区）自然资源局与征收补偿安置机构可将实地调查结果作为补偿的依据。

第十二条　《征收土地公告》发布后，县（区）自然资源局应当根据经批准的征收土地方案，拟订《征收补偿安置方案》，在被征地所在的乡镇（街道）、村组（社区）公告并听取意见。被征收人有不同意见或要求听证的，应当在公告发布之日起10个工作日内向县（区）自然资源局提出，逾期未提出的，视为放弃听证，对申请听证的，应当依法组织听证。确需修改的，应当依照有关法律、法规和经批准的征收土地方案进行修改。

征收补偿安置方案经批准后，征收补偿安置费应在3个月内全额支付到位，涉及房屋征收的按房屋征收补偿安置协议执行。在规定期限内拒不领取征收补偿安置费用的，由征收实施单位以被征收人的名义专户储存（公证提存）并书面告知。

第十三条　征收补偿安置费用全额支付到位后，被征收人拒不领取征收补偿安置费、拒不腾地的，由县（区）自然资源局依法责令限期腾地；逾期不腾地的，可依法申请人民法院强制执行。

第十四条　符合参保条件的被征地农民社会保障对象，按各县（区）被征地农民社会保障的相关政策执行，从征地补偿费中计提10%用于被征地农民社会保障。

第四章　土地、青苗及其他附着物征收补偿

第十五条　征地补偿标准按照市人民政府（永政发〔2018〕10号）公布的标准执行。补偿面积按水平投影面积计算。

征收专业菜地、专业鱼池（塘）补偿标准按同一片区的水田标准执行。

第十六条　青苗补偿费按下列规定支付：

（一）征收土地的青苗补偿费按本办法规定的标准执行（附件2、3）。

（二）征收果树、用材林木、树木、竹类、花卉、苗木、药材等其他经济作物的，根据作物的种类、生长期和生长状况，按规格、种植密度、名称划类按本办法规定的标准执行（附件6、7、8、9）。

（三）混栽（种）的经济作物，按其中主要作物的标准予以补偿。

（四）未种植作物的土地不给予青苗补偿。

（五）经市、县（区）林业、农业农村、市场

监管等行政主管部门批准的大型名贵花卉苗木基地，由征收补偿安置机构核实，给予搬迁移栽补助（附件5）。

第十七条 附属设施补偿费按下列规定支付：

（一）被征收房屋主体以外的其他设施和其他地上附着物补偿，按本办法规定的标准执行（附件4）。

（二）被征收土地上需要迁移的坟墓，经核实后按本办法规定的标准给予补偿（附件10）。

（三）征收有合法批准用地手续的砂、预制、砖场、石材加工厂等按本办法规定的标准补偿（附件11）。

需要迁移征地范围内的电力、通信、燃气、给排水等公共设施的，由用地单位与业主单位协商解决，已废弃或未利用的不予补偿。

第十八条 经有关部门确认，灌溉水塘确须重建的，按水塘正常蓄水量支付15元/m^3的还塘补助，原塘基的砖、石、混凝土护坡等按本办法规定补偿，由乡镇（街道）统一组织实施；水渠、道路需要重建的，由用地单位恢复或按本办法规定给予补偿。

第五章 房屋合法性及安置人员资格认定

第十九条 在实施房屋征收过程中，各县（区）人民政府应组织征收补偿安置机构、自然资源、住建、公安、乡镇（街道）、村（社区）等有关部门对被征收房屋合法性进行审查，经公示无异议后给予认定。

第二十条 征收集体土地上房屋以建设用地批准书、不动产权证或其他合法有效证件记载的房屋占地面积、建筑面积、使用性质、建筑年限为依据进行补偿安置。

第二十一条 自本办法公布之日起，被征收房屋的面积按照下列规定执行：

（一）认定为合法建筑的，应当给予补偿；

（二）认定为未超过批准期限的临时建（构）筑物的，按重置价并结合使用年限给予补偿；

（三）认定为违法建筑或者超过批准期限的临时建（构）筑物的，不予补偿；

（四）建房批准文书中明确应拆除而未拆除的旧房及相关附属设施，不予补偿；

（五）持有房屋所有权证或不动产权证的，以权证载明的建筑面积为准；

（六）持有乡村规划许可证或者宅基地批准文书并载明了建筑面积的，以载明的建筑面积为准，但实际建筑面积小于载明的建筑面积的，以实际建筑面积为准；未载明建筑面积的，以乡村规划许可的建筑面积为准；

（七）依法享有一户一宅合法权益但权证不齐全的，经审查被征收人具有村民建房资格，但因政府规划控制停办建房审批手续的，以乡村规划确认许可建设的建筑面积进行认定。超出部分视为违法建筑，不予补偿；

（八）按照“一证一户”的原则，在同一栋房屋中居住，无论是否分户、分家，均只对原合法批准或登记的权利人进行补偿。

因历史原因，同一被征收人有多处合法房屋被征收的，只能选择一处房屋进行安置，其余房屋只能按照重置价进行补偿。

第二十二条 集体经济组织成员分、立户应经公安、民政等部门按以下原则认定：

（一）在被征收房屋的产权中，有两人（含两人）以上家庭常住成员达到法定婚龄的，原则上按婚姻状况（以结婚证为准）确定户数，也可根据家庭实际需要进行分户，夫妻、父母与未成年子女、未成年人之间不得分户。

（二）被征收人直系亲属达到法定婚龄或已结婚等符合分户条件，但因没有房屋产权而未能分户，经征收补偿安置机构审核认为符合分户条件的，在征收补偿安置时可按分户处理。

（三）离婚分户必须同时具备以下条件：

1. 必须以当地民政部门颁发的离婚证书为依据，离婚双方方能各按一户享受征收补偿安置政策。

2. 离婚证书载明的时间必须在《拟征地告知书》发布之前。

第二十三条 各县区人民政府应组织自然资源、公安、住建、征收补偿安置机构及乡镇（街道）、村（社区）等对被安置人员资格进行审查。

第二十四条 应安置人员资格按下列规定审定：

（一）户籍在本集体经济组织，依法享有农村土地承包经营权和集体收益分配权，并在集体经济组织内部享有权利和承担义务的，或户籍在本集体经济组织，虽未享有农村土地承包经营权，但属本集体经济组织成员繁衍的后代；

（二）原属本集体经济组织成员，后取得蓝印户籍但未纳入城市居民或城镇企、事业职工社会保障体系，仍实际居住、生活在原地（原籍），且被征收房屋为其唯一住宅用房的；

（三）原籍在被征收集体经济组织的现役军人（符合国家安置政策的除外）、大中专院校在校学生、服刑人员；

（四）婚嫁后户籍一直未迁出（外嫁女）或婚后户籍迁入女方（入赘）户籍所在地的，且该户在婚嫁地没有宅基地或住宅用房；

（五）依法收（领）养的子女，并在征地公告发布前办理户籍入户登记的；

（六）法律法规和政策规定应予安置的其他人员。

第二十五条　与被征收房屋有关人员，有下列情形之一的，不予安置：

（一）未依法承包被征地集体经济组织土地、未享受被征地集体经济组织成员权利，并未承担相关义务的人员（含寄住、寄养、寄读、空挂户籍等人员）；

（二）非本集体经济组织人员（含城镇居民）通过继承、祖遗等途径在征收土地范围内取得合法房屋的所有权人，或本集体经济组织成员通过继承、祖遗等方式在征收土地范围内取得合法房屋，但在征收区域外另有合法房屋的所有权人；

（三）在历次征收中已安置的人员；

（四）户籍在被征地集体经济组织的国家机关、国有企业、事业单位的在编工作人员及离退休人员；

（五）征地公告发布后（签订房屋征收协议前）死亡的人员；

（六）正常婚嫁后已迁出户籍或户籍返迁原籍生活的；

（七）法律法规和政策规定不应纳入安置的人员。

第二十六条　应当安置人员资格认定以《征收土地补偿安置方案公告》发布日期为认定截止日。

第六章　房屋征收补偿安置

第二十七条　房屋被征收的，可按货币补偿安置、安置房安置、集中迁建安置和分散迁建安置四种方式进行安置。

征收中心城区主城区范围内的，采取货币补偿安置或安置房安置两种方式，符合条件的安置对象，以户为单位选择其中一种安置方式。具体安置方式由征收补偿安置机构根据实际情况在制定补偿安置实施方案时确定。

（一）实行货币补偿安置的按照以下规定执行：

（1）房屋征收补偿费按重置价结合成新补偿（附表1）。

（2）对符合安置条件的被征收人，按每人不高于28万元的标准进行安置。

（二）实行安置房安置的按照以下规定执行：

（1）房屋征收补偿费按重置价结合成新补偿（附表1）。

（2）对符合安置条件的被征收人，按每人70m^2（含公摊面积）的成本价确定安置房面积。

（3）安置房屋的选择以被征收人签订房屋征收补偿安置协议约定的时间内拆除房屋或者搬迁腾房的时间排序，作为选房的依据。

（4）安置房成本（含土地成本、建安成本、水电路绿化配套等费用）由住建、发改、财政、项目业主等部门核定公布，被征收人按成本价格购买，成本价应考虑物价因素，每年调整一次。被征收人购买安置房住宅面积不足或超过面积部分，不足部分按市场价补差（市场价减去成本价），超过部分按市场价购买。楼层和方位的价差按各楼盘确定。征收人与被征收人在安置房交房时及时结算差价。安置房的建设，由有关单位统一设计、统一规划、统一建设。中心城区安置房达到交房条件后，建设方统一交付所在区人民政府（管委会），由所在区人民政府（管委会）负责组织选房分房。

第二十八条　征收中心城区主城区范围外的，实行集中迁建安置和分散迁建安置。安置用地由乡镇（街道）、村（社区）组负责调整。

（一）实行集中迁建安置的。被征收人按被征收住宅房屋占地面积选择相近户型宅基地。安置地及户型由项目业主负责三通一平（三通指通水、通电、通路，一平指场地平整），并统一办理宅基地建设手续，也可在安置地完成场地平整并将宅基地分配到户后，由被征收户按规划要求自行建设。

（二）实行分散迁建安置的。在符合土地利用总体规划和村庄建设规划的前提下，由被征收人按照农村村民住宅建设用地有关规定申请宅基地，办理相关手续后，在规定的过渡期限内自行建设好房屋。超过过渡期限的，征收单位不再支付过渡费。分散迁建安置的宅基地、水、电、路、基础超深、新房审批等补助按被征收房屋合法正房底层占地面积400元/m^{2}标准执行。

第二十九条　符合安置房安置条件的被征收特困人群，房屋征收补偿费不足以购买人均50m^{2}安置房（建筑成本价）的，经本人申请和县（区）人民政府审核确定并经公示无异议后，可给予5万元/户的补贴。

征收非住宅房屋、城镇居民在农村的合法房屋、非本集体经济组织成员的合法房屋，按照房屋征收重置价补偿，不予安置。被征收房屋的共有产权人在集体经济组织土地上还有其他房屋的，不予安置。

已迁入的非本集体经济组织成员确系无法迁回原籍，房屋征收后生活确有困难且他处无住房的，符合保障性住房分配条件，经申请可获得政府按规定提供的保障性住房。

第三十条 征收集体土地上生产经营性企业的合法建（构）筑物按下列规定补偿：

（一）依法取得集体土地使用权手续兴办生产、经营性企业，被征收人具有合法有效经营证照和依法纳税证明，且在拟征地告知书发布前连续经营6个月以上的，对实际用于经营的部分，按同类结构房屋征收标准增加30%的补偿；对因征收造成其停产停业损失的，应当给予被征收人或者房屋使用权人不超过被征收房屋同类结构房屋价值10%的补偿费。商品房和营业用具等自行处置，不再另行补偿，也不再安排重建或给予其他安置。未依法取得集体土地使用权手续兴办企业的或无合法经营证照或证照过期失效的，不予补偿也不支付停产停业损失费。

（二）原属合法住宅用房，被征收人擅自改变房屋用途作经营性用房的（小卖部、理发店、诊所及从事其他小型生产经营活动），仍按原房屋性质补偿。已办理了营业执照、经营许可、税务登记证明，且在拟征地告知书发布前连续经营6个月以上的，可对实际用于经营的部分，按同类结构房屋征收标准增加24%的补偿（包括商品及营业用具自行处理、搬运等因搬迁需要补偿的一切费用）。工商营业执照、税务登记证、纳税证明每缺少一项少增加8%的补偿费，但实际补偿面积最高不得超过120m^2。

（三）依法批准的“农家乐”、畜禽养殖用房，按同类结构房屋征收标准增加30%的补偿，不再另行支付装修及设施补偿、停产停业损失费，也不再安排重建或给予其他安置。

（四）征收学校、医院、寺庙、教堂、村（居）委会等公益事业用房，按同类结构房屋征收标准增加30%的补偿，用于解决物品搬运处置、人员过渡、重建地取得等因征收补偿的全部费用。

（五）房屋征收涉及承租人搬迁的，由被征收人负责动员搬迁，营业或生产补偿应支付给承租人，但租赁双方另有约定的除外。

第三十一条 征收住宅房屋按以下规定支付搬家费和临时安置补偿费：

（一）实行货币补偿安置的，按2000元/户/次支付两次搬家费，并给予临时安置过渡补偿费12个月，临时安置过渡补偿费标准为1000元/户/月。

（二）实行安置房安置、集中迁建或者分散迁建安置的，按2000元/户/次支付两次搬家费，并给予临时安置过渡补偿费1000元/户/月。安置房安置的补助为24个月，需延长过渡期限的，临时安置过渡补偿费按标准的150%支付，提供现房安置的，只补助6个月。集中迁建安置补助12个月，过渡期限超过12个月未交付安置地的，按原标准再补助12个月；过渡期限超过24个月未交付安置地的，临时安置过渡补偿费按标准的150%支付。分散迁建安置补助12个月。

搬家费和临时安置过渡补偿费一次性支付。被征收人不服从安排或自身原因造成超期过渡的，不得增加临时安置过渡补偿费。

征收非住宅房屋不计算搬家费及过渡费。

第三十二条 被征收人积极主动配合征收补偿安置机构开展入户调查摸底、丈量登记面积、认定权属性质及用途的，按被征收合法正房建筑面积给予80元/m^{2}的奖励。

被征收人在规定期限内签订房屋征收补偿安置协议的，按被征收（临时建筑、机关、企业事业单位房屋除外）合法正房建筑面积给予100元/m^{2}的奖励。在规定期限内搬迁腾地的，按被征收合法正房建筑面积再给予100元/m^{2}的奖励。未按期签订房屋征收协议和腾地的，不予奖励。

第七章　法律责任

第三十三条 被征收集体经济组织和个人有下列情形之一，情节轻微的，由相关行政机关依法予以处罚；情节严重涉嫌犯罪的，移送司法机关依法追究刑事责任；造成经济损失的，依法承担民事责任：

（一）提供虚假、伪造的房屋、土地、户籍、土地承包合同等证明材料或冒名顶替骗取征收补偿安置的；

（二）强揽工程建设的；

（三）煽动、组织或参与闹事，影响社会稳

定的；

（四）阻碍征收工作，妨碍依法执行公务的；

（五）阻碍国家建设正常进行的其他违法行为。

第三十四条 单位和个人不履行或不正确履行职责，有下列情形之一的，依法追究相关人员责任；涉嫌犯罪的，移送司法机关依法追究刑事责任：

（一）不严格执行国家和省、市征收政策，擅自提高或降低征收补偿标准，损害国家、集体利益或被征收人合法权益的；

（二）在征收工作中违法违规操作，与被征收人恶意串通、弄虚作假，损害国家、集体利益的；

（三）违规审批宅基地和其他集体建设用地，违规审批新建、扩建、改建房屋，违规办理户籍迁移、户籍转换或家庭分户（立户），违规核发或延续登记工商营业执照及其他证照，违规批准土地、房屋流转或变更土地、房屋用途的；

（四）违规审批畜牧水产养殖、花卉苗木基地、"农家乐"及其他设施农业的；

（五）在土地和房屋丈量（测量）登记、房屋补偿面积认定、安置人口认定、家庭分户（立户）及相关补偿中弄虚作假、套取补偿安置费用，骗取、虚报、冒领、私分征收补偿资金，挪用、截留、克扣、拖欠征收补偿费用，擅自涂改征收档案资料、提供虚假证明材料的。

第八章 附则

第三十五条 有关术语解释。

（一）本办法所称中心城区，是指零陵区、冷水滩区、永州经济技术开发区的行政区域范围。

市本级中心城区主城区范围为：北起马坪，南至乌沙洲，东至二广高速，西达洛湛铁路，总面积约440平方千米［具体范围以《永州市城市总体规划（2001—2020）》（2018年修改版）为依据］。

各县、管理区实行货币补偿安置或者房屋置换安置的范围，由各县、管理区自行确定，并报市人民政府备案。

（二）本办法所称房屋征收应安置人员是指被征收房屋所有权人及其共同居住生活的配偶、父母、子女、儿媳、孙子（女）等，不包括暂住、寄住和投靠人员。其户籍在被征地集体经济组织，依法享有农村土地承包经营权利，参与被征地集体经济组织分配，在被征地集体经济组织内部享有权利并承担义务，依法纳入集体经济组织所在地农村医保、失地农民社保等基本生活保障体系，且有合法建房用地手续，符合宅基地审批条件被征收的家庭常住人员。

（三）本办法所称"户"是指本集体经济组织且在征地时依法享有农村集体土地承包经营权的在册农业家庭。

（四）本办法所称合法正房是指在经依法批准的宅基地上修建用于居住和生活的房屋，不包括偏屋、杂屋等。

第三十六条 零陵区、冷水滩区和永州经济技术开发区的征收房屋补偿安置标准应按照本办法执行；东安县、祁阳县、蓝山县的征收房屋补偿安置标准不得低于本办法的90%；宁远县、道县、江永县、江华瑶族自治县、双牌县、新田县、金洞管理区、回龙圩管理区不得低于本办法的85%。

第三十七条 本办法自2019年1月1日起施行，其他涉及本市范围内集体土地与房屋征收补偿安置的相关政策文件与本办法规定不一致的，自行废止。

本办法施行前，已办理征地审批手续，并发布征收土地补偿安置方案通告的，按原通告确定的标准执行；本办法施行前，虽已办理征地审批手续，但尚未实施具体征地，未发布征收土地补偿安置方案通告的，按照本办法施行。

附件：1. 永州市集体土地上房屋征收重置价补偿标准

2. 永州市征收专业菜地、专业鱼池（塘）青苗补偿标准

3. 永州市集体土地青苗补偿标准

4. 永州市集体土地上生产、生活设施及其他地上建（构）筑物补偿标准

5. 永州市征地范围内苗圃青苗补偿标准

6. 永州市征地范围内药材补偿标准

7. 永州市征地范围内果树、经济林类青苗补偿标准

8. 永州市征地范围内成片用材林木、零星树木、竹类青苗补偿标准

9. 永州市征地范围内零星花卉、苗木青苗补偿标准

10. 永州市征地范围内迁移坟墓补偿标准

11. 永州市征地范围内砂石场、预制场、砖场补偿标准

永州市人民政府
关于印发《永州市公共资源交易监督管理办法》的通知

永政发〔2019〕6号

各县区人民政府，各管理区，永州经济技术开发区，市直有关单位：

现将《永州市公共资源交易监督管理办法》印发给你们，请认真贯彻执行。

永州市人民政府
2019年9月29日

永州市公共资源交易监督管理办法

第一条 为了加强公共资源交易的监督管理，促进公共资源交易市场健康有序发展，确保公共资源交易活动公开、公平、公正，根据国家有关法律、法规和省相关规定，结合本市实际，制定本办法。

第二条 本办法适用于本市行政区域内涉及公共利益、公众安全领域的具有公有性、公益性资源的交易活动的监督管理。

第三条 市人民政府设立的公共资源交易管理委员会（简称市公管委）是全市公共资源交易管理的领导决策机构和综合协调机构，负责统筹指导全市公共资源交易重大事项，协调相关部门推进公共资源交易管理等工作。主要职责为：

（一）贯彻落实中央、省委省政府、市委市政府关于加强公共资源交易管理的方针、政策和法律法规；

（二）负责全市公共资源交易监管工作重大事项的组织领导和决策；

（三）审议公共资源交易监管制度和目录；

（四）提出公共资源交易监管重大政策措施；

（五）协调解决公共资源交易监管中的重大问题；

（六）推进完善公共资源交易运行机制；

（七）完成市委、市政府交办的其他事项。

第四条 市公共资源管理委员会办公室（以下简称市公管办）设在市发改委，承担市公管委的日常工作，负责全市公共资源交易的指导、协调和管理工作。主要职责为：

（一）拟订市级公共资源交易监督管理制度和交易目录；

（二）统筹协调全市公共资源交易平台建设和管理；

（三）协调行政主管部门与市公共资源交易中心有关工作；

（四）承办市公管委交办的其他事项。

第五条 市公共资源交易中心是全市进行公共资源交易的唯一有形市场和交易服务平台，承担公共资源交易活动的现场组织管理、综合服务和交易见证等工作。主要职责为：

（一）贯彻执行国家、省、市公共资源交易活动相关法律、法规、规章和政策规定。

（二）负责市公共资源交易平台及信息网络系统建设、运行、维护、管理。

（三）配合有关部门研究制定平台内交易活动的技术标准，制定公共资源交易服务流程、操作规程、现场管理制度及内部监督管理制度。市公共资源交易中心现场管理制度应征求本级相关行政监督部门意见后，报市公管办备案生效。

（四）建立、维护和使用评标（评审）专家库抽取终端，在相关部门监督下，承担评标专家抽取有关工作。

（五）依法依规受理各类公共资源交易申请，收集、存储和发布交易信息，为市场主体提供信息咨询服务；为进入交易平台的各类公共资源交易活动提供场所、设施和服务；为电子交易和监管系统提供对接服务；为有关部门核验公共资源交易主体、从业人员的资质、资格以及平台内交易项目等提供服务；对入场人员身份及进场交易项目资料的真实性、完整性进行核验；负责存储和归档开评标全过程的音频影像和文字文档等资料。

（六）按照发改部门核定的标准收取交易服务费用，代收、代退公共资源交易保证金、资信金等。

（七）为公共资源交易活动提供综合服务和交易见证，维护现场交易秩序，确认交易成果。

（八）在政府采购监督管理部门监督下，负责承担政府集中采购机构的职能职责。

（九）协助配合市公管办、行政监督部门、纪检监察机关的监督管理工作，协助调查处理交易活动中的违法违纪行为；对参与平台交易相关人员、机构的活动进行评估；建立公共资源交易市场主体信用信息库，记录、留存违反交易现场证据资料。

（十）负责交易形势分析和信息报告。于每月5日前向市委书记，市长，市公管委主任、副主任，市监委、市公管办报送上月已进场交易的项目信息；每半年对全市公共资源交易形势进行分析，并形成报告报送至上述领导和单位。

（十一）完成市人民政府及市公共资源交易管理委员会交办的其他事项。

第六条　县级以上人民政府发展改革、工信、财政、自然资源、生态环境、住房城乡建设、交通运输、水利、农业农村、国资、卫健、医疗保障等部门（以下简称行政监督部门）按照职责分工，依法对本行业公共资源交易活动实施监督管理。依照法定职责分工，受理相关举报和投诉，依法处理招标投标纠纷，依法查处招标投标活动中的违法行为。

县级以上人民政府其他有关部门依法履行与公共资源交易活动有关的监督管理职责。

第七条　市公管办会同本级行政监督部门、市公共资源交易中心对接使用湖南省统一的公共资源交易电子服务系统和电子监管系统。

第八条　公共资源交易项目实行全省统一目录管理，并按规定流程依法交易。在《湖南省公共资源交易目录》正式出台前，我市暂按照《永州市公共资源交易目录（2019年本）》（永发改公管〔2019〕153号）执行。市县各级行政监督部门应当督促交易目录内的项目进入市公共资源交易平台交易。

第九条　县级以上人民政府行政监督部门对本行业进入公共资源交易平台的交易项目依法进行监督管理。有下列情形之一的项目，不得进入公共资源交易平台交易：

（一）产权归属关系不清或者处置权限有争议的；

（二）司法和行政机关依法查封或者限制交易的；

（三）应当依法审批、核准、评估而未依法履行相应程序的；

（四）法律、法规、规章规定的其他禁止情形。

第十条　县级以上人民政府行政监督部门应当督促公共资源交易目录内项目的发起方按照法定程序进场交易，并按照规定在行政监督部门依法指定媒体和公共资源交易电子服务系统同步发布内容一致的交易信息。发布内容不一致时，以行政监督部门依法指定媒体发布的为准。

第十一条　县级以上人民政府行政监督部门应当按照法定权限和程序对公共资源交易过程进行监督，对公共资源交易项目发起方、响应方、中介机构、评标评审专家等参与主体的违法行为及时处理，对平台服务机构的违规操作及时报告相关公共资源交易综合协调机构处理。

第十二条　公共资源交易实行信息公开公示制度。市公共资源交易中心应当按照规定将有关交易信息通过公共资源交易电子服务系统予以公开。法律、法规、规章规定不公开的除外。

第十三条　行政监督部门要协助省级部门做好专家库管理和专家准入、考评、退出、奖励惩戒制度建设。参与公共资源交易项目评标、评审等活动的专家，应当在相关行政监督部门的监督下，由公共资源交易中心组织从公共资源交易专家库中随机抽取产生。

政府采购等相关的法律、法规对专家库管理和专家产生另有规定的，从其规定。

第十四条　市公管办应当加强对公共资源交易中心日常工作的指导和监督。市公共资源交易中心不得有以下行为：

（一）向公共资源交易双方指定招标、拍卖、工程造价等中介机构；

（二）通过设置限制性条件阻碍或者排斥

其他地区市场主体进入本地区公共资源交易市场；

（三）泄露应当保密的与公共资源交易活动有关的情况和资料；

（四）其他违反法律、法规、规章的行为。

第十五条 行政监督部门应当监督公共资源交易项目发起方遵守公共资源交易活动规则和公共资源交易平台现场管理制度。发起方不得有以下行为：

（一）对列入公共资源交易目录的项目，采取化整为零或者以其他方式予以规避，不进入公共资源交易平台交易；

（二）以不合理的条件排斥、歧视潜在响应方；

（三）与公共资源交易项目响应方或者评标评审委员会成员串通；

（四）其他违反法律、法规、规章的行为。

第十六条 行政监督部门应当监督公共资源交易项目响应方遵守公共资源交易活动规则和公共资源交易平台现场管理制度。响应方不得有以下行为：

（一）冒用、借用他人名义交易或者以其他方式弄虚作假骗取项目竞得；

（二）串通或者通过行贿等违法手段谋取竞得；

（三）虚假、恶意投诉排挤竞争对手，阻碍公共资源交易活动正常进行；

（四）其他违反法律、法规、规章的行为。

第十七条 行政监督部门应当监督公共资源交易中介机构依法参与公共资源交易活动。中介机构不得有以下行为：

（一）泄露应当保密的与公共资源交易活动有关的情况和资料；

（二）与公共资源交易项目发起方或者项目响应方串通损害国家利益、社会公共利益或者他人合法权益；

（三）在交易过程中行贿、接受贿赂或者获取其他不正当利益；

（四）其他违反法律、法规、规章的行为。

第十八条 公共资源交易项目发起方、响应方或者其他利害关系人对交易文件、交易结果等不服的，应当按照法定程序向有关行政监督部门投诉，行政监督部门应当在法定期限内作出书面处理决定；若直接向市公共资源交易中心提出的，由市公共资源交易中心转告有管辖权的部门依法依规处理。

对市公共资源交易中心代理的政府采购项目的行为不服的、依法向政府采购项目所属政府采购监督管理部门投诉。对市公共资源交易中心的现场组织、管理和服务行为不服的，向市公管办提出，由市公管办会同相关行政监督部门依法处理。

第十九条 交易双方应当在交易文件规定的期限内签订合同，合同的标的、价款、质量、履约期限、违约责任等主要条款应当与交易文件和成交承诺文件一致，不得另行签订背离上述文件实质性内容的其他协议。合同签订后公共资源交易双方应当按照要求向行政监督部门备案或者提交合同签订情况的书面报告。

对社会影响较大、影响范围较广的项目，行政监督部门应当督促合同双方履行合同，维护公共利益。

第二十条 县级以上人民政府行政执法监督部门应当依法履行对公共资源交易的监督职责。审计机关应当依法对公共资源交易进行审计监督。

第二十一条 公共资源交易综合协调机构应当会同行政监督部门和公共资源交易平台服务机构建立公共资源交易项目发起方、响应方、中介机构、专家以及相关从业人员的信用数据库，实现信用信息的互联互通、数据共享，建立健全守信激励和失信惩戒机制。

第二十二条 行政监督部门应当加强对公共资源交易过程和履约行为的监督，发现问题及时查处，并及时将处理决定抄送市公管办和市公共资源交易中心。建立失信行为名单公开披露制度，在市公共资源交易中心网站提供失信行为信息免费查询等服务，及时、准确更新失信行为主体名单。

第二十三条 建立公共资源交易社会评价机制。社会公众、第三方机构可以通过公共资源交易平台服务机构的信息公开渠道对公共资源交易活动进行社会监督，并向相关部门反馈监督意见。

第二十四条 公共资源交易综合协调机构、行政监督部门及其工作人员，在公共资源交易监督管理工作中滥用职权、玩忽职守、徇私舞弊的，对直接负责的主管人员和直接责任人员依法给予处分；构成犯罪的，移送司法机关依法追究刑事责任。

第二十五条 公共资源交易平台服务机构及其工作人员违反本办法第十四条规定的，由政府有关部门责令改正；情节严重的，依法追究直接负责的主管人员和直接责任人员的责任；构成犯罪的，移送司法机关依法追究刑事责任。

第二十六条　公共资源交易项目发起方、响应方违反本办法第十五条、第十六条规定的，由相关行政监督部门责令改正；情节严重的，给予警告，可以处10000元以上50000元以下罚款，依法追究直接负责的主管人员和直接责任人员的责任；构成犯罪的，移送司法机关依法追究刑事责任。

第二十七条　中介机构违反本办法第十七条规定的，由相关行政监督部门责令改正；对交易结果造成实质性影响的，给予警告，无违法所得的，可以处10000元以上50000元以下罚款，有违法所得的，可以处50000元以上150000元以下罚款，依法追究直接负责的主管人员和直接责任人员的责任；构成犯罪的，移送司法机关依法追究刑事责任。

第二十八条　未列入公共资源交易目录的项目，可以自愿申请进入公共资源交易平台进行交易，由市公共资源交易中心根据实际情况协调安排。对未列入公共资源交易目录的公共资源交易项目的监督管理，参照本办法有关规定执行。

第二十九条　违反本办法规定，法律、法规、规章已有处罚规定的，从其规定。

第三十条　本办法所称项目发起方包括参与公共资源交易活动的招标人、采购人、出让人、转让人、委托人等，项目响应方包括投标人、报价方、供应商、受让人、竞买人等，中介机构包括交易代理机构、拍卖机构等中介服务机构。

第三十一条　本办法自公布之日起施行。2017年7月7日印发的《永州市公共资源交易监督管理办法》（永政办发〔2017〕23号）、《永州市加强公共资源交易管理的若干规定》（永政办发〔2017〕24号）同时废止。

永州市人民政府办公室
关于印发《永州市中心城区住宅小区配套中小学校及幼儿园建设管理办法（试行）》的通知

永政办发〔2019〕6号

各县区人民政府，各管理区，永州经济技术开发区，市直相关单位：

《永州市中心城区住宅小区配套中小学校及幼儿园建设管理办法（试行）》已经市人民政府同意，现印发给你们，请认真贯彻落实。

永州市人民政府办公室

2019年5月30日

永州市中心城区住宅小区配套中小学校及幼儿园建设管理办法（试行）

第一章　总则

第一条　为加强本市中心城区住宅小区配套中小学校及幼儿园（以下简称配套学校）建设管理，促进教育事业发展，根据《中华人民共和国教育法》《中华人民共和国义务教育法》《中华人民共和国城乡规划法》《城市普通中小学校校舍建设标准》（建标〔2002〕102号）《中小学校设计规范》（GB50099—2011）《托儿所、幼儿园建筑设计规范（试行）》（JGJ39—87）《湖南省中小学校幼儿园规划建设条例》等有关法律、法规及文件规定，结合本市中心城区实际，制定《永州市中心城区住宅小区配套中小学校及幼儿园建设管理办法》（以下简称本办法）。

第二条　本办法适用于本市中心城区冷水滩区、零陵区和永州经开区。本市行政管辖的县、管理区可结合本地实际参照执行。

第三条 本办法所指住宅小区，是指本办法发布实施之日起，本市中心城区国有土地使用权出让合同明确约定进行新建、改建、扩建的住宅类开发的小区；本办法所指配套学校，是指国有土地使用权出让合同明确约定由住宅小区开发建设者（以下简称开发者）为住宅小区配套建设的中小学校及幼儿园等基础教育设施。

第四条 发改、教育、公安、财政、自然资源和规划、住建、市场监督管理、生态环境、房产、消防、公共资源交易等有关部门应根据本办法和职能分工，互相配合、共同监督管理配套学校的规划、建设、移交和使用。必要时，应建立配套学校联席会议制度，研究解决住宅小区配套学校建设中存在的问题。

第五条 配套学校应与住宅小区首期开发同步规划、同步设计、同步建设、同步验收、同步投入使用。

第六条 开发者依国有土地使用权出让合同约定配建配套学校视同政府投资建设行为，配套学校建设同等享受政府投资建设学校税费优惠政策。

第二章 规划管理

第七条 配套学校的规划选址定点应当符合国家规划标准。原则上中心城区幼儿园规划布点以不横过城市主干道为适宜，中心城区小学规划布点以0.5千米为服务半径，中心城区初中学校规划布点以1千米为服务半径；中心城区高中阶段学校规划布点由市人民政府统筹。

第八条 中心城区住宅小区除服务半径内学位建设已满足需求的外，依据自然资源和规划部门计容面积核算，1000户及以上住宅小区应按标准配建配套幼儿园，2000户及以上住宅小区还应按标准配建配套小学，3000户及以上住宅小区还应按标准配建配套初中学校。

自然资源和规划部门在制定住宅小区项目开发时，住宅小区项目开发规模应当尽量达到配建配套学校标准。

第九条 配套学校的规划建设规模，分别由规划布点的幼儿园、小学、初中学校相应服务区内，按平均每户3人居住，每千人口55名幼儿、110名小学生、55名初中生计算确定。

配套幼儿园规模原则上不低于6个教学班，配套小学、初中学校规模原则上不低于18个教学班。

第三章 配建方式

第十条 达到第八条配建配套学校规模的住宅小区，依据本办法由开发者单独出资配建配套学校。

未达到第八条配建配套学校规模的住宅小区，而在规定范围内没有中小学及幼儿园的，其配套学校由政府统筹组织服务半径内多个开发者共同出资配建配套学校，原则上由最大的开发者作为共同出资配建配套学校的责任主体，配建配套学校资金依据住宅小区计容面积、配建配套学校总资金、配建配套学校学位数等因素按比例分配配建配套学校资金；

经政府统筹，也可由最大的开发者单独出资配建配套学校。

第四章 建设标准

第十一条 配套学校的用地面积、建筑面积、主体建筑项目、配套建筑项目、建设标准和质量等依据配套学校规模，应当符合国家《城市普通中小学校校舍建设标准》（建标〔2002〕102号）《中小学校设计规范》（GB50099—2011）《托儿所、幼儿园建筑设计规范（试行）》（JGJ39—87）等规范性文件规定。

第五章 学校供地

第十二条 住宅小区配套学校建设用地由政府以划拨等方式提供。住宅小区配套学校应以控规和专项规划为依据进行建设。但国家规定服务半径内无控规配套教育用地，且控规管理单元内控规教育用地存在缺口的，应在招拍挂用地中规划相应规模的配套教育用地。

配套学校用地由市人民政府批复采取划拨等方式提供给开发者建设配套学校，开发者承担配套学校建设的主体责任。

第十三条 开发者选择自主拥有配套中小学校产权并自主办学的，配套中小学校教育用地应当以教育出让地与国有土地使用权出让一起招拍挂方式取得。配套中小学校教育用地不得用于其他用途。

第六章 国土出让

第十四条 自然资源和规划部门在组织住宅性质的国有土地使用权出让前，应当征求教育行政主管部门书面意见，明确配套学校建设规模、配建责任、标准要求、交付条件、产权归属和违约责任等事项，并报土地资源管理委员会审定。

国有土地使用权出让招标、拍卖或者挂牌公告中应明示配套学校建设规模、配建责任、标准要求、交付条件、产权归属和违约责任等事项。

国有土地使用权出让合同中应明确开发者应承担的配套学校建设和移交义务，并注明配套学校建设规模、配建责任、标准要求、交付条件、产权归属和违约责任等事项。

第十五条 配套学校建设增加了开发者建设成本，需承担配建配套学校责任的国有土地使用权出让金评估时，自然资源和规划、公共资源交易部门应当综合考虑配建配套学校建设成本、配套学校用地性质、配建配套学校责任、预计房价、城市居民购买积极性等因素。

第七章 建设管理

第十六条 开发者应当按照国有土地使用权出让合同约定的配套学校建设规模、标准要求和规划行政主管部门批准的修建性详细规划进行建设。未经自然资源和规划、教育行政主管部门批准，开发者不得擅自缩减或修改配套学校建设规模、标准要求。

第十七条 住建、自然资源和规划、教育等行政主管部门应对开发者建设配套学校在规划选址、勘察设计、招投标、建设项目、建设标准、建设质量、基础设施、安全生产、建筑节能、竣工验收、产权移交等方面进行全过程动态监管。

第八章 竣工验收

第十八条 配套学校建设达到合同约定标准并竣工，开发者应当邀请住建、自然资源和规划、消防、市场监督管理、教育、生态环境等行政主管部门共同参与竣工验收。

第九章 产权移交

第十九条 配建配套学校是国有土地使用权出让附加条件行为，配套学校属国有公共教育资产。配套学校经验收合格后，按国有土地使用权出让合同约定，配套幼儿园资产无偿移交当地教育行政主管部门管理；配套中小学校资产移交当地人民政府，由当地人民政府交由教育行政主管部门使用和管理，并进行产权登记。

国有土地使用权出让合同明确由开发者自管产权、自主办学的配套中小学校，产权自行管理和登记，教育部门应加强业务指导和监管。

第二十条 开发者应在配套学校项目竣工验收合格之日起30天内向国有土地使用权出让合同指定的人民政府或教育部门提交书面移交报告书和移交材料。移交材料包括项目审批和立项、用地审批和规划、建筑审查有关文件、相关单项（栋）的建设图纸资料、建筑施工资料、各相关专项设施的图纸资料及项目申报、批复、验收等有关文件。

第二十一条 接收单位收到开发者移交报告书后对移交项目完成情况进行核实，向开发者书面反馈接收意见。移交材料符合第二十条规定的，在15天内办理移交手续；不符合的，书面通知开发商整改。

第二十二条 经教育部门申请，不动产登记机构应依据国有土地使用权出让合同和相关政府部门批复，将配套学校产权办理在学校或所属教育行政主管部门名下。

第二十三条 教育行政主管部门接管配套学校后，必须严格按照国家和省、市要求办成公办学校、公办幼儿园，或免租金委托办成普惠性幼儿园。

第二十四条 开发者须负责配套学校建设移交前所产生的费用及相关安全责任，并承担国家和省、市规定的质量保修期内相应质量保修责任和维修费用；移交后确权办证的费用、装修施工、日常管理运营使用所产生的费用及相关安全责任，由接收单位负责。

国有土地使用权出让合同明确配套中小学校为开发者自主拥有产权的，开发者自行负责各项管理和安全责任。

第十章 违约责任

第二十五条 开发者未按国有土地使用权出让合同约定配建和移交配套学校产权的，自然资源和规划行政主管部门应依照国有土地使用权出让合同追究其违约责任。住建部门暂停办理违约开发者一切设计招标、施工、备案、不动产登记手续，依法取消违约开发者在本市房地产开发参与资格，同时应当利用房地产行业诚信和资质管理平台，将开发者违反本办法的不良行为记入企业诚信“黑名单”，向社会公布。

第二十六条 本办法自发布之日起实施。

二、永州市2019年气候要素特点和影响评价

【四季主要气候要素、特点】 1. 永州2019年全市平均气温为18.9℃，较常年偏高0.6℃，偏高程度为1.1σ，与2018年持平，属偏高年份，为1961年以来第11高。各县区年平均气温在18.2℃（双牌）~19.6℃（道县）之间，较常年偏高0.1℃（冷水滩）~1.0℃（蓝山）；其中冷水滩、双牌、宁远、江永正常，零陵、东安、祁阳、新田、江华偏高1.0σ以上，道县显著偏高1.5σ以上，蓝山异常偏高2.0σ。

若以稳定通过10℃初日为入春时间，以稳定通过22℃初日为入夏时间，则2019年入春时间3月上旬，接近常年；入夏时间在5月11日，接近常年；入秋时间在10月中旬初，偏迟10天；入冬时间在11月25日—26日，偏早一周。夏季最长，长达五个月，秋季最短，仅为一个半月。

夏秋高温强度大范围广时间长，出现了四段高温热害天气，全年日最高气温≥35℃的高温日数全市平均为46天，较常年偏多20天，为历史最多，极端最高气温在37.6℃（江华）~39.6℃（祁阳、零陵）之间，主要出现在8月；最热时段出现在7月下旬至8月下旬，旬平均气温在28℃以上。全年没有出现了连续5天日平均气温≤0℃的严寒期，极端最低气温在零下1.4℃（冷水滩）~0.5℃（宁远）之间，出现在1月1日雨雪冰冻期；最冷时段在元月上旬，旬平均气温在5℃以下。上半年终霜日在1月23日，下半年初霜日在12月2日，无霜期在310天以上。

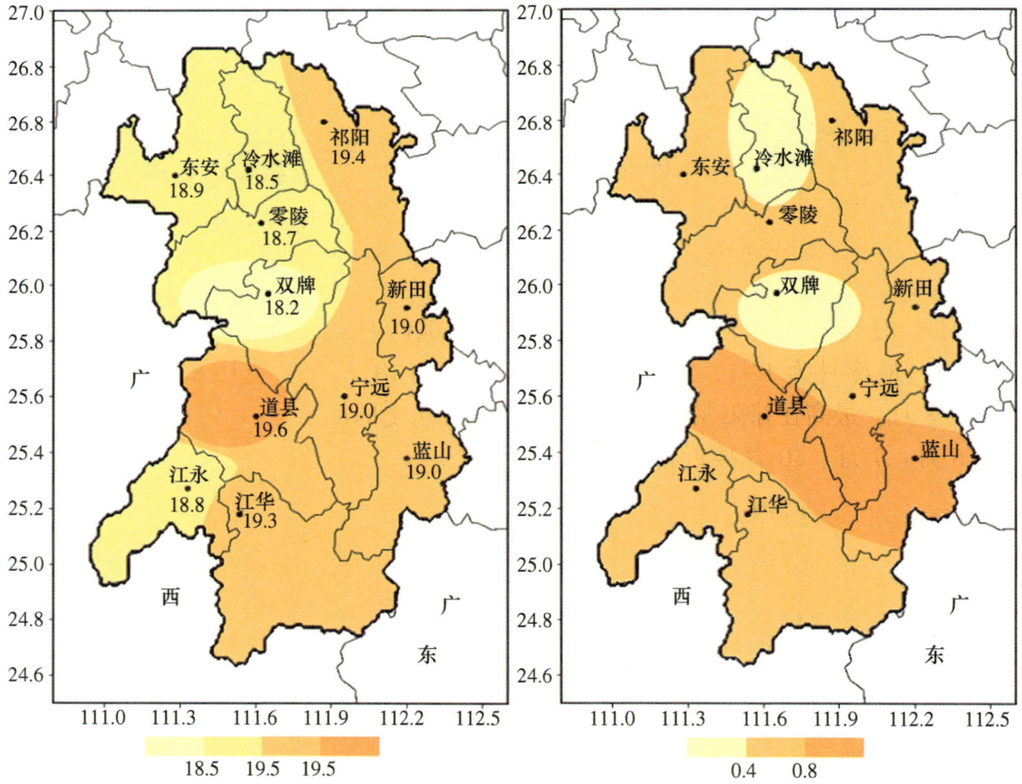

图2 永州2019年平均气温（左:℃）及其距平（右:℃）空间分布图

季气温 各季全市平均气温分别为7.2℃、18.5℃、28.1℃、20.8℃；与常年同期比，冬季偏低0.9℃，春夏秋分别偏高0.5℃、0.4℃、1.2℃。冬季有低温雨雪冰冻，春季五月低温明显，夏秋高

温日数为历史最多，秋季气温显著偏高，为历史同期第三高。

冬季全市平均气温为 7.2℃，较常年同期偏低 0.9℃；各县区在 6.2℃（冷水滩）~8.1℃（道县）之间，偏低 0.5℃（江永、蓝山）~1.5℃（冷水滩）；最冷时段在 1 月上旬，旬平均气温在 5℃以下；季极端最低气温在零下 3.1℃（冷水滩）~零下 1.1℃（江永）之间，在 2018 年底至 2019 年初的出现低温雨雪冰冻。

春季全市平均气温 18.5℃，较常年同期偏高 0.5℃；各县区在 17.8℃（冷水滩）~19.2℃（道县）之间，偏高 0.3℃（双牌）~0.8℃（道县）；季极端最低气温在 4.4℃（蓝山）~6.7℃（江华）之间，季极端最高气温在 31.6℃（双牌）~35.0℃（江华）之间；5 月上旬出现低温，旬平均气温为历史同期第三低值。

夏季全市平均气温为 28.1℃，较常年同期偏高 0.4℃；各县区在 27.3℃（江永）~29.2℃（祁阳）之间，偏高 0.2℃（双牌）~0.9℃（蓝山）；最热时段出现在 7 月下旬至 8 月下旬，旬平均气温在 28℃以上；季内高温强度重、持续时间长，极端最高气温在 37.2℃（蓝山）~39.6℃（零陵、祁阳）之间。

秋季全市平均气温为 20.8℃，较常年同期偏高 1.3℃，为历史同期第三高值；各县区在 19.9℃（双牌）~21.6℃（道县）之间，偏高 1.0℃（双牌）~1.6℃（道县）；季极端最高气温在 37.5℃（江华）~39.2℃（祁阳）之间，季极端最低气温在 4.5℃（冷水滩）~6.4℃（道县）之间。9 月—10 月日最高气温≥35℃的高温日数普遍为 10 天~17 天，为历史同期最多；在 9 月上旬中期至中旬前期、国庆长假期间出现两段轻度高温热害天气。

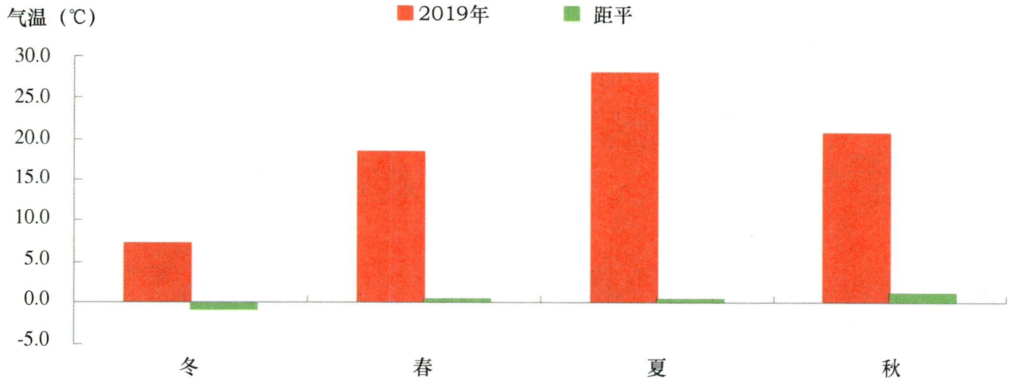

图 3　永州 2019 年四季平均气温及其距平图（℃）

月气温　各月平均气温在 6.8℃（1 月）~29.5℃（8 月）之间，最冷月为 1 月，最低在冷水滩 5.8℃，最热月为 8 月，最高在祁阳 31.1℃；与常年同期比，1 月、5 月—7 月、10 月接近常年同期，2 月偏低 1.8℃，3 月—4 月、8 月—9 月、11 月—12 月偏高 1℃~2℃，其中 8 月、9 月气温显著偏高，分别处历史同期第二、第四高值。

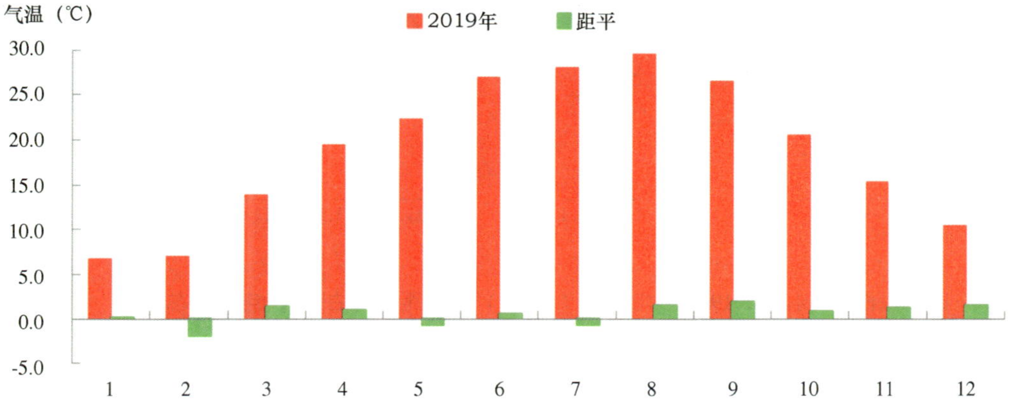

图 4　永州 2019 年各月平均气温及其距平图（℃）

2. 年降水偏多。永州2019年全市平均年降水量为1625毫米，较常年偏多13%，较2018年多121毫米，属偏多年份，为1961年以来第十二多。各县区年降水量1371毫米（冷水滩）~1908毫米（双牌），与常年比，冷水滩、宁远、新田、蓝山接近常年，零陵、祁阳、道县、江永、江华偏多1成~2成，东安、双牌偏多3成。

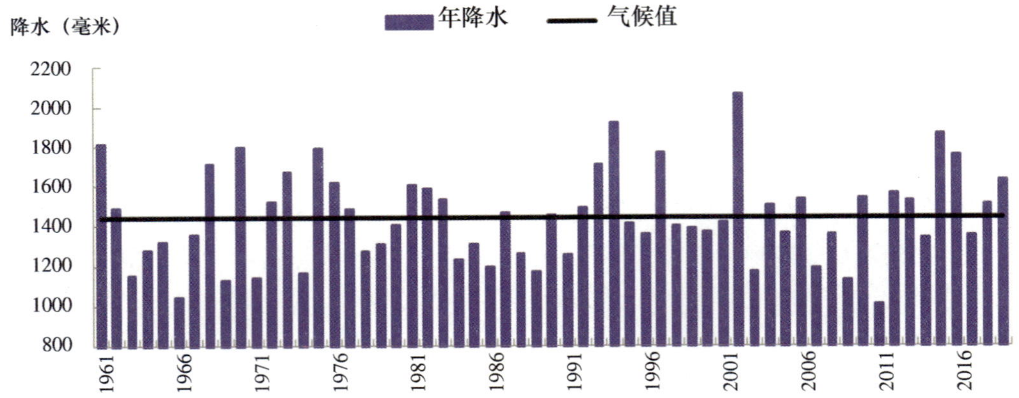

图5 永州逐年降水量变化图（毫米）

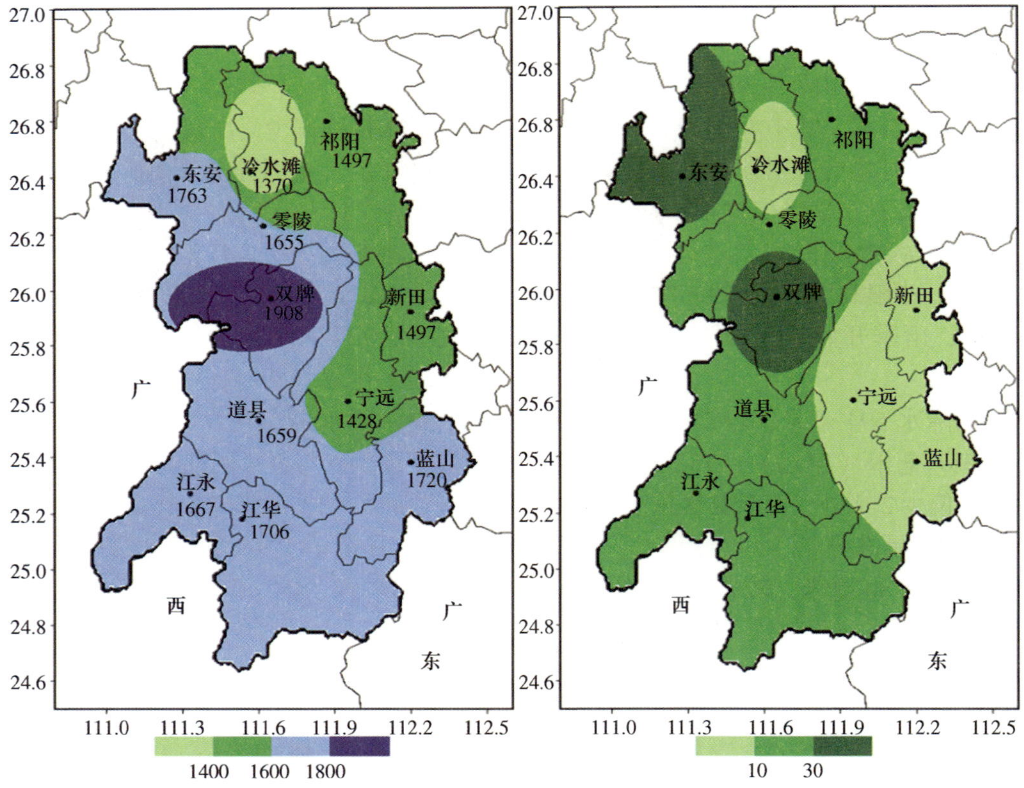

图6 永州2019年降水量（左：毫米）及其距平百分率（右：%）空间分布图

降水整体上呈前涝后旱分布态势。1月—7月总雨量全市平均为1425毫米，与本地年降水总量接近，较常年同期偏多35%，为历史同期最多；前汛期开汛早结束迟，雨季开始于3月上旬，结束于7月中旬；雨季3月—7月总雨量全市平均1195毫米，较常年同期偏多35%，为历史同期最多；期间暴雨洪涝频发，强对流天气频繁。雨季结束后8月—12月总雨量全市平均为199毫米，较常年同期偏少五成，为历史同期第三少值，台风影响偏轻，秋季气象干旱严重。

全年雨日全市平均为170天，各县区在160天（零陵）~182天（双牌）之间，较常年偏多5天—

15 天；全年出现暴雨 63 站次，双牌出现 9 天暴雨；全年出现大暴雨 6 站次，日最大降水量在双牌 7 月 13 日 178.9 毫米。

季降水　全市平均降水分别为 296 毫米、676 毫米、594 毫米、80 毫米，与常年同期比，冬春夏偏多 2 成~3 成，秋季偏少 6 成，显著偏少。春夏两季降水占全年降水 77%，冬秋两季占 23%。春夏暴雨洪涝频发，秋季气象干旱严重。

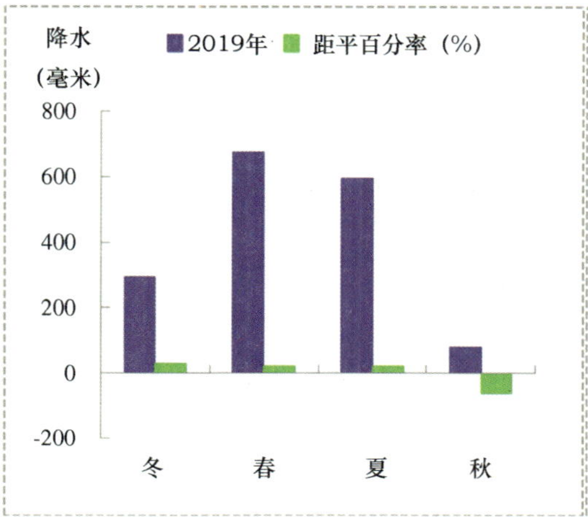

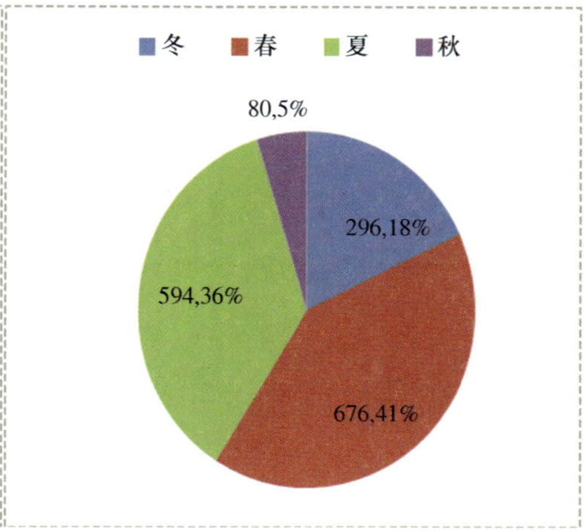

图 7　永州 2019 年四季降水、距平百分率（左）及时段占比（右）分布图

冬季全市平均降水 295 毫米，较常年同期偏多 3 成；各县区在 236 毫米（蓝山）~383 毫米（祁阳）之间，普遍偏多 1 成~5 成，其中祁阳偏多 8 成。2 月出现暴雨及雷电大风冰雹等强对流天气。

春季全市平均降水 676 毫米，较常年同期偏多 24%；各县区在 480 毫米（祁阳）~782 毫米（宁远）之间，冷水滩、祁阳与常年同期持平，其余县区偏多 2 成~4 成；雨季开始于 3 月 5 日，提前入汛，出现暴雨洪涝。

夏季全市平均降水 594 毫米，较常年同期偏多 25%；各县区在 357 毫米（宁远）~757 毫米（双牌）之间，除宁远偏少 2 成外，其余县区偏多 2 成~6 成；时段上呈前涝后旱态势。

秋季全市平均降水 80 毫米，较常年同期偏少 6 成，处历史同期第四少；各县区在 40 毫米（新田）~152 毫米（零陵）之间，普遍偏少 5 成~8 成。季内雨水持续偏少，出现严重的气象干旱。

月降水　各月全市平均降水量在 9（9 月）~305 毫米（4 月）之间；3 月—4 月、6 月—7 月降水在 200 毫米以上，2 月、5 月降水在 100 毫米~200 毫米之间，1 月、8 月、10 月降水在 50 毫米~100 毫米之间，9 月、11 月—12 月降水不足 50 毫米；单月降水最多在双牌 7 月 470 毫米，为该站历史同期最多；单月降水最少在双牌 9 月 0.2 毫米，为该站历史同期最少。与常年同期比，总体上 1 月—7 月降水偏多，8 月—12 月偏少；其中 2 月—4 月偏多 4 成~7 成，7 月偏多 1 倍以上，8 月—9 月、11 月偏少 4 成~9 成。

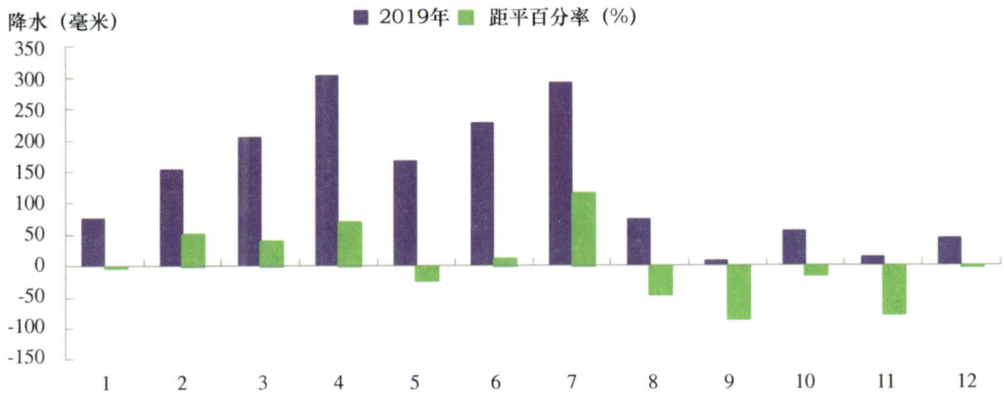

图 8　永州 2019 年逐月降水量（毫米）及其距平百分率（%）图

3. 年日照时数偏少。全市平均年日照时数 1346 小时，较常年偏少 8%，较 2018 年少 196 小时，为 1961 年以来第八少。各县区年日照时数 1267 小时（江永）~1408 小时（冷水滩），北部县区接近常年，南部县区偏少 1 成。

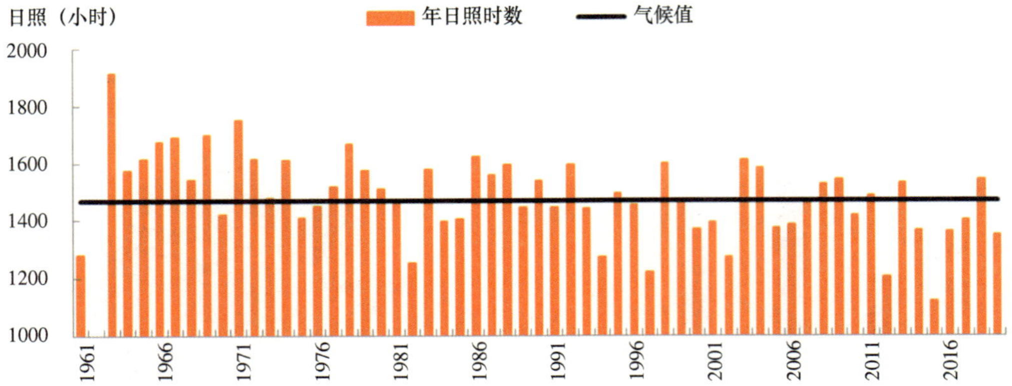

图 9　永州逐年日照时数变化（小时）图

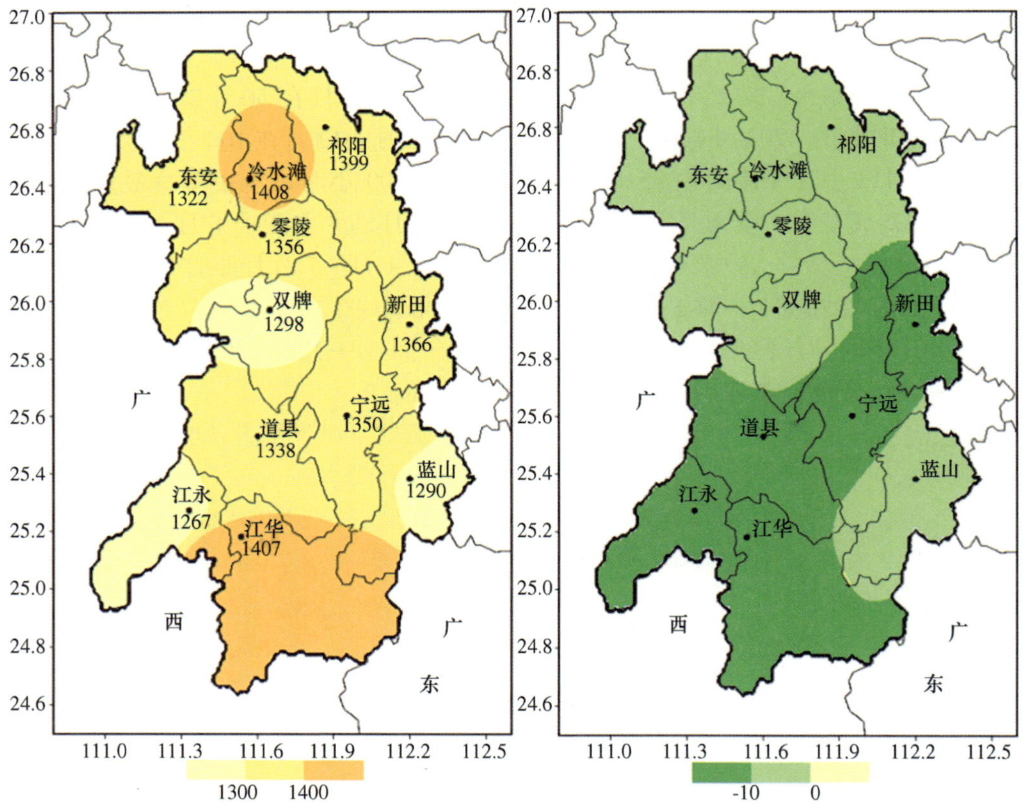

图 10　永州 2019 年日照时数（左：小时）及其距平百分率（右：%）空间分布图

季日照　各季全市平均日照时数分别 70 小时、219 小时、470 小时、484 小时；常年同期比，冬春夏日照时数偏少 2 成~7 成，其中前期冬季为历史同期最少，阴雨寡照历史罕见；秋季日照时数偏多 2 成。夏秋季日照较多，分别占全年的 38%、39%，冬季最少，占 6%。

冬季全市平均日照时数 70 小时，较常年同期偏少 7 成，为历史同期最少；各县区在 58 小时（双牌）~97 小时（江华）之间，偏少 7 成。冬季季总雨日全市平均 57 天，较常年同期偏多 17 天，为历史同期第二多（1997/1998 年冬季 61 天）；各县区为 52 天~62 天，较常年同期偏多 12 天~20 天；由于长时间连阴雨寡照，造成冬季重度冬酣，也称烂冬。

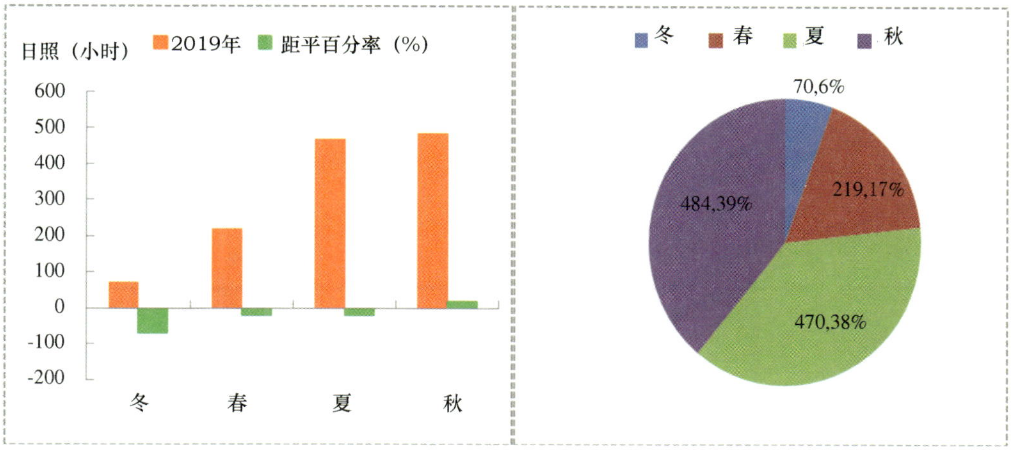

图 11　永州 2019 年四季日照时数、距平百分率（左）及时段占比（右）分布图

春季全市平均日照时数为 218 小时，较常年同期偏少 2 成；各县区在 136 小时（江永）~253 小时（祁阳）之间，偏少 1 成~4 成。季雨日为 57 天~68 天，偏多 5 天~15 天。

夏季全市平均日照时数为 470 小时，较常年同期偏少 2 成；各县区在 412 小时（蓝山）~510 小时（冷水滩）之间，偏少 2 成左右。季雨日为 36 天~50 天。

秋季全市平均日照时数为 484 小时，较常年同期偏多 2 成；各县区在 453 小时（东安）~523 小时（江华）之间，偏多 1 成~3 成；季内雨水稀少，季雨日为 11 天~24 天，较常年同期偏少 5 天~10 天。

月日照　各月全市平均日照时数在 18 小时（1 月）~216 小时（9 月）之间，1 月—2 月不足 50 小时、3 月—5 月在 50 小时~100 小时之间，6 月—7 月、10 月—12 月在 100 小时~200 小时之间，8 月—9 月在 200 小时以上；单月最多在江华 9 月 241 小时，单月最少在江永 1 月 12 小时。与常年同期比，总体上 1 月—7 月日照时数偏少，8 月—12 月偏多；其中 1 月—2 月、5 月—7 月偏少 2 成~7 成，3 月、9 月、11 月—12 月偏多 2 成~4 成。

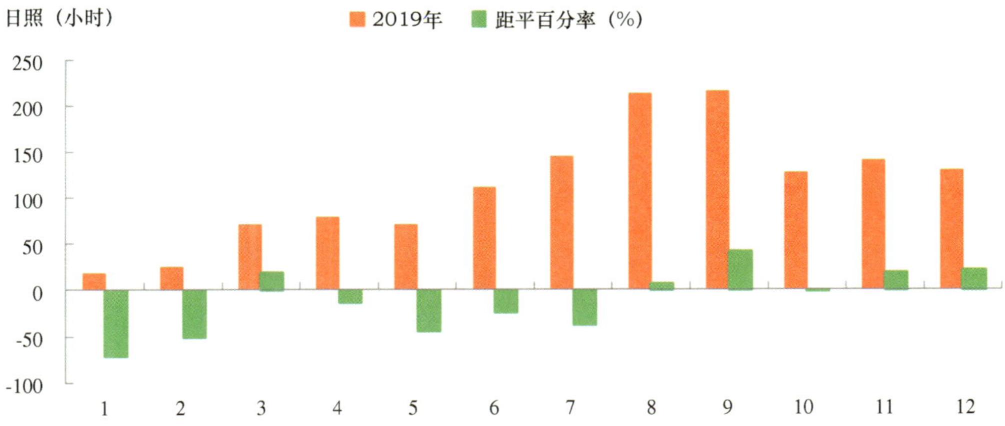

图 12　永州 2019 年逐月日照时数（小时）及其距平百分率（%）图

【主要天气气候事件及其影响】　2019 年，永州春夏暴雨洪涝频发，强对流天气频繁，台风影响偏轻，秋季气象干旱严重；前冬阴雨寡照历史罕见，春季五月低温明显，夏秋高温强度大范围广时间长。年内气象灾害繁多，灾害损失程度明显重于往年。

1. 前冬阴雨寡照历史罕见

2018 年 12 月—2019 年 2 月，境内出现历史罕见的连续阴雨寡照天气，期间共出现三轮轻到重度连阴雨天气：2018 年 12 月 1 日—15 日，2018 年 12 月 19 日—2019 年 1 月 21 日，2019 年 2 月 7 日—3 月 2

日。冬季全市平均日照时数为 70 小时，较常年同期偏少 7 成，有日照天数（≥0.1 小时）全市平均 15 天，均为历史同期最少。冬季总雨日（≥0.1 毫米）全市平均 57 天，较常年同期偏多 17 天，为历史同期第二多（1997/1998 年冬季 61 天）。由于长时间连阴雨寡照，造成冬季重度冬酣（烂冬）。低温阴雨寡照天气、雨雪冰冻及暴雨天气对各行业以及人民生产生活造成较大的影响，特别是对农业生产的影响大。油菜叶片不能进行正常的光合作用，移栽较迟且地势低洼的油菜出现黄叶、死叶现象；土壤湿度过大，油菜遭受一定程度湿渍害。烟苗长势较差，比历年生育期推迟；大田土壤湿度过大，烟田翻耕、起垄困难。越冬蔬菜生长迟缓。道路湿滑，对交通运输产生不利影响，建筑工地等露天作业难以顺利进行，耽误工程进度。

2. 低温雨雪冰冻

受强冷空气影响，2018 年 12 月 29 日—2019 年 1 月 2 日，境内出现大范围低温雨雪冰冻天气，期间平均气温降至零下，极端最低气温为零下 3.1℃～零下 1.1℃，日平均气温≤0℃的严寒天气为 1 天～4 天，积雪日数为 1 天～2 天，最大积雪深度 1 厘米，冰冻日数 1 天～4 天；依据冰冻监测标准（DB43/T234-2004）：零陵达中等强度冰冻，其余县区为轻冰冻。受低温冰雪天气影响，截至 2018 年 12 月 31 日 11 时，永州境内 4 条高速公路出现积雪或结冰，邵阳白仓进入永州境内通道封闭；22 条省道部分路段，102 条农村公路，双牌阳明山、东安舜皇山、宁远九嶷山、蓝山云冰山等景区道路实行临时交通管制。全市停发省际班线 99 条，客车 235 台，市际班线 58 条，客车 102 台，县际班线 60 条，客车 343 台，县内班线 102 条，客车 309 台，停班停运，涉及全市 11 个县区、3 个管理区。全市航渡除江华和双牌大坝至江村未停航外，其余县区均全部停航和部分时段停航。

3. 春夏暴雨洪涝频发

前汛期开汛早结束迟，雨季开始于 3 月上旬，结束于 7 月中旬；雨季 3 月—7 月总雨量全市平均 1195 毫米，较常年同期偏多 35%，为历史同期最多；期间暴雨洪涝频发，强对流天气频繁。

3 月上旬雨水异常偏多，全市平均降水 138 毫米（仅次于 1998 年 3 月上旬 182 毫米）；各县区分别为 81 毫米～187 毫米，其中南部县区雨水相对集中，在 150 毫米以上；北部县区较常年同期偏多 1 倍～2 倍，南部县区偏多 3 倍～4 倍；3 月 5 日全市出现暴雨及大暴雨，雨季开始，最大日雨量为道县 124 毫米，部分县区出现极端降水事件，造成湘江中上游部分干支流水位年内首次陡涨，洪峰水位超警，提前入汛。受强降雨影响，湘江中上游部分干支流出现超警戒水位洪水过程，双牌水库开闸泄洪。潇水双牌站 5 日 23 时 37 分出现洪峰水位 129.65 米，超警 1.15 米；潇水道县站 6 日 5 时出现洪峰水位 170.97 米，超警 0.97 米。湘江干流永州老埠头站 6 日 13 时 52 分出现洪峰水位 103.92 米，超警 0.92 米，是 1959 年有实测资料以来该站同期最高水位（1998 年 3 月 7 日实测水位为 103.81 米）；湘江冷水滩段 6 日 14 点 52 分出现洪峰水位 96.4 米，超警 1.4 米。至 3 月 7 日上午，祁阳、双牌、道县、蓝山、江永、回龙圩六个县区及管理区 34 个乡镇 2.6 万人受灾，倒塌房屋 55 间，转移人口 442 人，农作物受灾面积 846.67 公顷，直接经济损失 2778 万元，其中水利设施直接经济损失 470.3 万元。

4 月 18 日—27 日，先后出现两次暴雨过程 10 站次暴雨，雨水集中，连续 10 天雨量全市平均 170 毫米，其中零陵、双牌、江华、江永超过 200 毫米，达到轻到中度气象洪涝标准；期间还出现雷电、大风、冰雹等灾害性天气；造成部分县区暴雨洪涝灾情。据 27 日 16 时永州防汛快报，金洞管理区、宁远、江永、双牌 4 县区 31 个乡镇 6457 人受灾，紧急转移安置人口 95 人，倒塌农房 7 户 20 间，农作物受灾面积 1216 公顷，直接经济损失 3029 万元。另外至月底统计，江华受灾人口 8061 人，转移安置 164 人；倒塌房屋 2 户 5 间，严重损坏房屋 21 户 39 间，一般损坏房屋 212 户 248 间；农作物受灾面积 1257.1 公顷，成灾 477.73 公顷，绝收 214.33 公顷；直接经济损失 1059.16 万元，其中农业损失 675.26 万元，基础设施损失 306 万元，公益设施损失 5 万元，家庭财产损失 72.9 万元。冷水滩受灾人口 6781 人，转移安置 165 人，倒塌房屋 6 间；农作物受灾面积 335 公顷，成灾 267 公顷，绝收 88 公顷；直接经济损失 1353.9 万元，其中农业损失 210.2 万元，基础设施损失 190.7 万元，家庭财产损失 953 万元。东安受灾人口 1123 人，房屋受损 16 户 52 间；农作物受灾面积 340 公顷，成灾 320 公顷，绝收 108 公顷；直接经济损失 600 多万元，其中农业损失 400 多万元，其他损失 150 万元。

极端降水事件：6 月 5 日—13 日全市平均过程

雨量为162.5毫米，东安、双牌、道县、江永、新田、江华过程雨量均在150毫米以上，雨水相对集中，均出现极端降水事件；其中东安、江永、新田过程雨量在200毫米以上，达轻度气象洪涝标准；最大日雨量出现在东安9日161.4毫米，刷新该站气象记录极值。据14日08时永州防汛快报，强降雨导致全市冷水滩、东安、祁阳、双牌、宁远、新田、蓝山、江华、江永、金洞、回龙圩11个县区（管理区）83个乡镇6.55万人受灾，因灾死亡1人，紧急转移安置人口913人，因灾倒塌农房99户262间，农作物受灾面积6.47千公顷，因灾造成直接经济损失1.22亿元。

6月5日—13日各县区极端降水事件一览表

表17

县区	过程雨量（毫米）	最大1天雨量（毫米）	最大连续2天雨量（毫米）	最大连续3天雨量（毫米）	最大连续4天雨量（毫米）	最大连续5天雨量（毫米）
东安	239.3	161.4	166.5	190.9	219.6	220.2
双牌			109.5			
道县						154.6
江永	215.8		128.2	140.7	162.1	197.4
新田	226	124.3	147.2	158.9	194.6	217.5
江华	191.6					185.2

极端降水事件：7月7日—14日，出现两次暴雨及大暴雨过程，期间总雨量全市平均为226毫米，其中零陵、祁阳在300毫米以上，双牌在400毫米以上；期间出现21站次暴雨，2站次大暴雨，最大日雨量出现在13日的双牌、零陵，分别为178.9毫米、139毫米；大部分县区出现极端降水事件，达轻到重度气象洪涝标准。暴雨洪涝造成全市11个县区123个乡镇58.13万人受灾，紧急转移安置10.94万人，紧急生活救助1.79万人，过渡性救助139人；因灾倒塌农房542户1261间，严重损坏农房748户1507间，一般损坏农房3572户8122间；农作物受灾面积41.5千公顷，毁坏耕地面积599.7公顷，死亡大牲畜200头；造成直接经济损失26.57亿元。

7月7日—14日各县区极端降水事件一览表

表18

县区	最大1天雨量（毫米）	最大连续2天雨量（毫米）	最大连续3天雨量（毫米）	最大连续10天雨量（毫米）	气象洪涝等级
冷水滩		111.6	125.9	260	中
零陵	139.0	158.6	168.4	349.6	重
东安		126.1		278.5	中
祁阳		137.4	198.1	304.5	重
双牌	178.9	199.5	206.2	425.9	重
道县				210.3	轻
江永				221.1	轻
新田				182.9	

4. 秋季气象干旱严重

7月16日—8月24日，多晴热高温少雨天气，全市平均总雨量67毫米，较常年同期显著偏少6成，其中零陵、双牌、宁远异常偏少8成以上，零陵、宁远雨量仅为 8 毫米，偏少 9 成以上，境内出现干旱，8 月下旬中期台风降水使得干旱得到部分解除。

9 月—11 月雨水持续偏少，全市平均降水为 80 毫米，较常年同期偏少 6 成，为历史同期第四少；9 月至 10 月中旬，雨量特少，全市平均降水仅 24 毫米，较常年同期偏少 8 成，为历史同期第二少（2004 年 19 毫米），气象干旱持续发展。按（GB/T 20481）的综合气象干旱指数 CI 评估，

10 月中旬境内出现中等强度以上气象干旱，部分县区出现特大气象干旱。10 月下半月，境内出现中到大雨过程，气象干旱有所缓解，但 11 月—12 月上半月降水稀少，气象干旱再次发展，12 月下半月降水增多，气象干旱缓解。

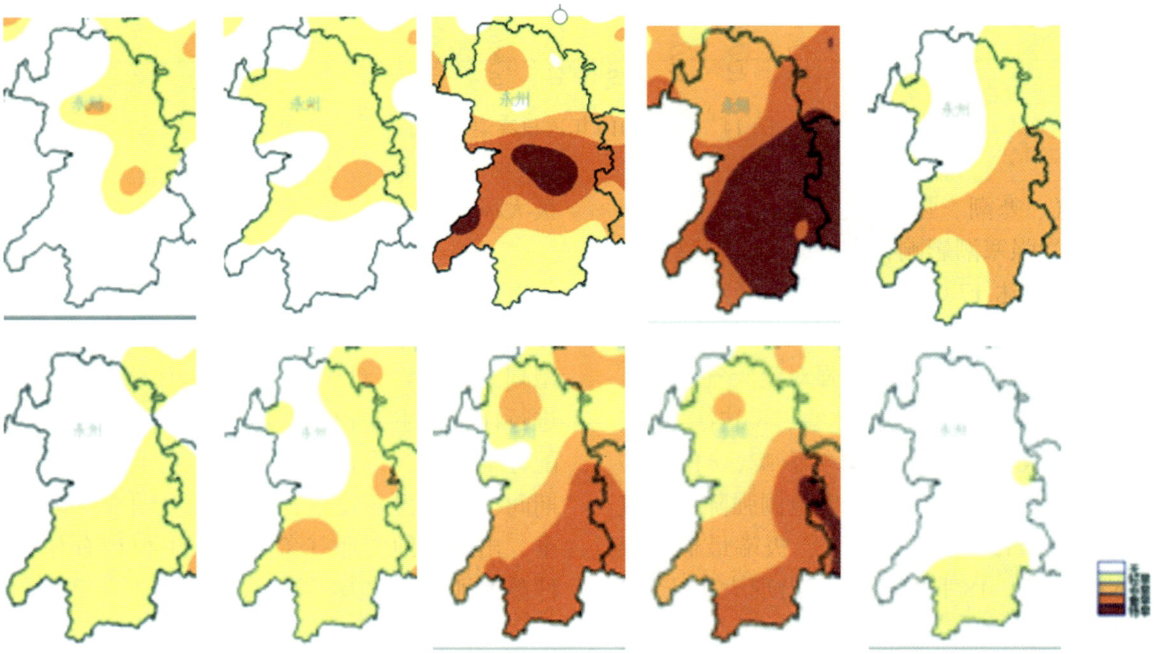

图 13　9 月 1 日，15 日，30 日；10 月 15 日，27 日；11 月 3 日，17 日，30 日；12 月 15 日，22 日气象干旱监测动态图

10 月 11 日统计，受高温晴热天气影响，全市 7 个县区 46 个乡镇（办事处、林场）不同程度出现旱情，11.8 万人受灾，因旱需生活救助人口 6.3 万人，其中因旱饮水困难人口 3.36 万人，农作物受灾面积 17.5 千公顷，因旱造成直接经济损失 1.03 亿元。

5. 夏秋高温热害强度大范围广时间长

7 月 16 日—10 月 8 日，全市平均气温 28.1℃，较常年同期偏高 1.8℃，为历史同期最高；日最高气温≥35℃日数全市平均为 44 天，较常年同期偏多 26 天，为历史同期最多。高温时段较多，先后在 7 月下旬、8 月、9 月上中旬、10 月国庆长假出现高温热害天气；高温最长时段出现在 8 月份，持续天数宁远为 22 天，北部县区为 17 天，为重度高温热害；道县、蓝山持续天数为 11 天、14 天，为中度高温热害；江永、新田、江华持续天数在 10 天以内，为轻度高温热害。极端最高气温在 37.6℃（江华）～39.6℃（祁阳、零陵）之间。

6. 五月低温明显

5 月上旬气温异常偏低，旬平均气温在 17.8℃（双牌）～19.2℃（祁阳）之间，较常年同期偏低 3.1℃（东安、祁阳）～3.9℃（冷水滩、双牌、江华），为历史同期第三低。期间日平均气温≤20℃天数为 8 天～10 天，连续天数最少有 5 天，最多达 10 天，达轻到重度五月低温标准（5 月份连续 5 天或以上日平均气温≤20℃为五月低温）。期间降水和雨日偏多，日照时数偏少，不利于双季早稻返青、分蘖及春季作物生长发育。

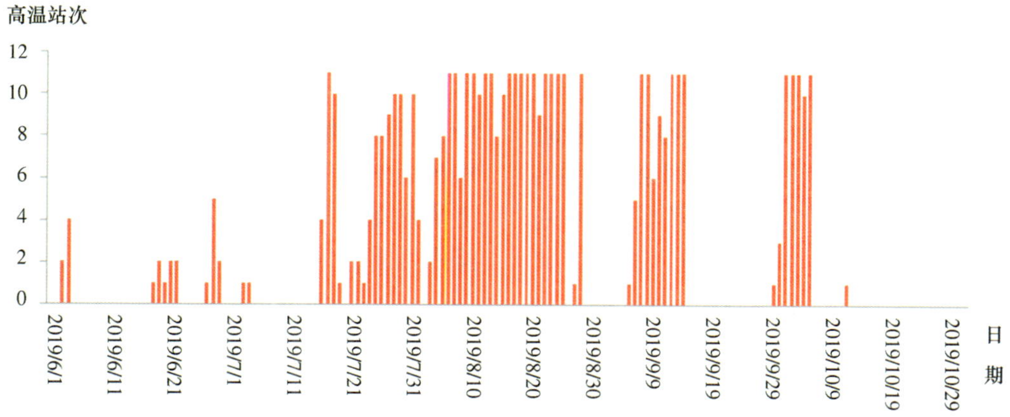

图 14 永州 2019 年逐日高温站次图

7. 强冷空气、寒潮、强对流

2 月 8 日，受强寒潮影响，全境出现大幅降温天气，过程降温幅度达 17℃～22℃，最大降温幅度为 22.7℃，极端最低气温在 4℃以下，达强寒潮标准。2 月还出现暴雨及雷电大风冰雹等强对流天气，国家气象站出现 5 站次暴雨，3 站次冰雹，8 站次大风，及雷暴等强对流天气。受强冷空气影响，11 月 17 日—18 日、24 日—26 日分别出现大范围强降温天气过程，降温幅度达 12℃～16℃以上，极端最低气温降至 5℃～6℃；其中 18 日部分县区出现大风天气，极大风速在零陵 21.5 米/秒。

【气候与农业】 2019 年，依据国家标准（GB/T 21986—2008）《农业气候影响评价：农作物气候年型划分方法》，对永州主要粮食作物双季早稻、晚稻进行评定。主要粮食作物双季早稻、晚稻温光水搭配分别评定为多雨年、正常年；主要粮食作物生产期间，旱涝程度较重，五月低温明显，夏秋高温较重，出现多种农业气象灾害，主要粮食作物气候条件整体评定为偏差年景。

2019 年永州主要粮食作物双季早稻、晚稻气候年型评定表

表 19

要素	早稻				晚稻			
	平均气温	积温	日照	降水	平均气温	积温	日照	降水
差异度	C	C	C	△R	C	C	C	△R
值	0.3	0.3	-3.5	35	1.7	1.7	-0.4	1
评定	正常	正常	少	多	较高	较多	正常	正常
综合评定	多雨年				正常年			

1. 双季早稻

2019 年气温稳定通过 10℃的初日接近常年，气温偏高，雨水较多，有利于春耕生产，春播天气偏好。3 月下旬至 4 月上旬为双季早稻播种、出苗、三叶期，大范围播种期集中在 3 月下旬至清明前后，总体上讲，播种、出苗期与历年平均值大致持平。4 月气温偏高，光照适宜，无倒春寒，对双季早稻育秧有利，但是降水持续偏多，造成秧田积涝。5 月上旬的五月低温较重，对双季早稻育秧、移栽、分蘖带来不利影响，月内阴雨天气较多，不利于早稻大田生长。6 月—7 月上半月，气温适宜，光照不足，发生大范围暴雨、洪涝等天气灾害和病虫害，对双季早稻孕穗、抽穗扬花、灌浆、成熟、收割不利，使得空秕率增加，千粒重有所下降，不利于产量形成。7 月下半月气温偏高，多晴好天气，有利于双季早稻收割、稻谷翻晒入仓。双季早稻生产、生长发育期间出现五月低温冷害，多阴雨寡照，还出现了暴雨洪涝等灾害，整体来讲双季早稻气候年景为偏差年景。

2. 双季晚稻

6月下旬—7月上半月，气温适宜，光照尚可，有利于双季晚稻播种、出苗，但期间暴雨频繁，秧田遭受洪涝。7月下半月，气温偏高，光照充足，降水适宜，气候条件总体上有利于双季晚稻育移栽、返青、分蘖，使得移栽顺利，分蘖的形成速度快，数量多，生长健壮。8月温光丰富，降水适中，对双季晚稻的营养生长有利，使得分蘖数量增多，有效茎数偏多，禾苗长势旺盛。但高温热害较重。9月温光适宜，没有出现寒露风等低温阴雨，天气晴好，期间还出现高温天气，总体上有利于双季晚稻幼穗分化、孕穗、抽穗，使得孕穗、抽穗顺利，使得其成熟期提前。10月上旬高温热害较重，容易造成高温逼熟。10月中下旬温光丰富，天气晴好，对双季晚稻灌浆、成熟、收晒入仓有利。双季晚稻生产、生长发育期间温光丰富，虽然10月出现气象干旱，但晚稻已过了需水旺盛期，影响不大，双季晚稻整体上年景偏好。

3. 油菜、烤烟、蔬菜、水果

油菜：冬季气温偏低，阴雨寡照明显，油菜叶片不能进行正常的光合作用，生长迟缓；移栽较迟且地势低洼的油菜出现黄叶、死叶现象；土壤湿度过大，油菜遭受一定程度湿渍害；气候条件不利于油菜冬季生长发育。春季气温总体上偏高，气温回升，光照适宜，总体上有利于油菜春季营养生长，但由于降水持续偏多，油菜遭受了渍涝等气象灾害。

烤烟：冬季气温偏低，阴雨寡照明显，烟苗长势较差，比历年生育期推迟；大田土壤湿度过大，烟田翻耕、起垄困难；气候条件不利于烤烟冬季生长发育。春季回温快，没有出现倒春寒等低温连阴雨天气，对烤烟育苗、移栽、成活、苗期生长发育有利，但阴雨日数较多，五月低温较重，不利于烟苗营养形成，对烤烟苗期生长、团棵、旺长不利。夏季前半期，阴雨天气较多，虽然降水偏少，但土壤水分仍较适宜，气候条件总体上有利于烤烟烟叶生长发育、成熟、采摘、烘烤、销售。

蔬菜：冬季气温偏低，阴雨寡照明显，气候条件不利于蔬菜生长发育，越冬蔬菜生长迟缓。但是出现的低温雨雪冰冻、降水持续偏少造成冬旱，不利于冬季蔬菜生长发育。春季总体上气温偏高，光照不足，出现“五月低温”和阴雨渍害，对蔬菜生长发育不利。夏季上半期气温适宜，光照不足，出现大范围的暴雨、洪涝灾害和病虫害，对夏季蔬菜生长发育不利；下半期温光丰富，降水适中，对夏季蔬菜生长发育、产量形成有利。秋季出现干旱，不利于蔬菜播种、育苗、移栽、生长发育、产量形成。

水果：冬季总体上气温偏低，光照不足，但没有出现极寒不利天气出现，天气气候条件总体上对果树越冬生长有利。春夏气温虽然偏高，有利于利于果树春发春长、萌芽、抽稍，但光照不足，光合作用不够，不利于果树展叶、开花、挂果和果实生长，对质量形成不利。夏秋高温对水果生长不利，温光丰富，有利于水果果实膨大、果品品质提高、成熟、采摘、销售。

【气候与林业】 2019年年初，永州出现雨雪冰冻严寒天气，不利于森林害虫越冬，有利于来年森林病虫害基数的降低，高寒山区林木受冻，越冬不易。冬春阴雨寡照历史罕见，不利于冬春造林工作；初春气温回升缓慢，林木春发春长、萌芽、抽梢、展叶、开花、结果候期推迟；春夏雨水较多，林木生长旺盛，通过人工造林、封山育林等措施，全市森林覆盖率达到65.39%。夏秋高温干旱较重，不利于林木林产品生长发育和产量、品质提高。

利用永州气象数据，计算2019年1月—4月、10月—12月森林防火期的森林火险天气指数。2019年永州森林防火期内，四级以上高火险等级日数20天，较2018年少6天；高火险等级主要出现在少雨月份10月—12月，出现四级以上高火险等级日数有18天，其中10月出现五级极高火险等级5天；1月—4月降水雨日较多，出现四级以上高火险等级日数仅有2天。

2019年永州各级森林火险天气指数的天数一览表

表20 **单位：天**

等级	一级	二级	三级	四级	五级
1月	20	6	4	1	0
2月	20	3	4	1	0

续表20

等级	一级	二级	三级	四级	五级
3 月	13	16	2	0	0
4 月	6	19	5	0	0
10 月	9	8	5	4	5
11 月	3	13	11	3	0
12 月	13	5	7	6	0
2019 年	84	70	38	15	5

【气候与水资源、畜牧业】 2019 年年初，出现雨雪冰冻严寒天气，不利于牲畜越冬；春夏雨水较多，渔业养殖场所等山塘水库蓄水充足，有利于渔业苗种的繁殖；但洪涝较重，造成灾害损失；夏季高温热浪天气对畜牧牲畜管理有不利影响；秋季雨水较少，不利于渔业养殖。

作为湘江上游的永州境内流域降水资源的多少，不仅影响境内灌溉、发电、供水、航运等功能，而且也影响湘江下游的水资源供应。在此引入永州境内流域降水资源评估模型。

2019 年永州境内流域降水资源属丰水年景，其中 2 月—7 月为丰水时段、1 月、8 月—12 月为枯水时段。

2019 年永州境内流域降水资源丰枯评估一览表

表 21

境内流域	面雨量（毫米）	降水资源（亿立方米）	产水量（亿立方米）	临界值（亿立方米）	评定
1	77. 92	17. 49	5. 37	8	枯水期
2	157. 31	35. 30	21. 88	8	丰水期
3	208. 17	46. 72	37. 37	8	丰水期
4	309. 60	69. 48	55. 58	8	丰水期
5	165. 87	37. 22	24. 32	8	丰水期
6	226. 38	50. 80	40. 64	8	丰水期
7	285. 59	64. 09	51. 27	8	丰水期
8	77. 08	17. 30	5. 25	8	枯水期
9	9. 94	2. 23	0. 09	8	枯水期
10	54. 79	12. 30	2. 65	8	枯水期
11	14. 93	3. 35	0. 20	8	枯水期
12	45. 57	10. 23	1. 84	8	枯水期
2019 年	1633. 14	366. 49	246. 46	161. 8～218. 5	丰水年

7 月，全市市水利工程总蓄水量 30. 25 亿立方米，较 2018 年同期 16. 49 亿立方米偏多 83. 44%，为后期农业灌溉和城乡供水提供强力保障。特别是涔天河、双牌 2 座大型水库蓄水量 13. 62 亿立方米，有力保障湘江沿线城乡自来水取水需要。

【气候与电力、能源】 2019 年，永州水资源的多少直接关系到境内水电生产能力，全年永州水资源为丰水年景，水电生产能力偏好；在全力保证下游灌溉和生态用水的同时，涔天河水电站尽量做到不弃水、多发电，2019 年 9 月 30 日年发电量突破 5 亿度，提前完成年度发电生产任务，达到工程设计的多年平均发电量指标；全年涔天河水电站年发电量 5. 94 亿度，超额完成年度发电任务。

随着经济社会的发展和人民生活水平的提高，制冷、取暖与居民生活相关的用电占全社会的用电比例越来越大，且这部分用电量的变幅大，直接影响电网安全的稳定运行。而制冷、取暖与气温、湿度、风等气象要素关系密切，依据气象行业标准用电需求气象条件指数（QX/T97-2008），引入气象敏感用电量条件指数。

全年永州三级以上高峰用电日数65天，由于年内严寒天气较2018年少，需取暖而造成高峰用电1天，较2018年（6天）少；夏秋高温偏强时间长，而2018年高温偏早偏强，因制冷降温高峰用电日数达64天，与2018年持平。年初因低温雨雪冰冻影响，2019年1月2日18点24分，永州电网负荷攀升至192.6万千瓦，电量突破3229.7万千瓦时，创历史新高。这是2019年新年伊始的首次“冲击波”。入夏以来，永州逐渐进入高温晴热天气，用电负荷急剧攀升。迎峰度夏期间（6月—9月）永州电网用电量需求约30亿千瓦时，同比增长8%；8月12日用电最高负荷148.2万千瓦，创永州电网夏季负荷新高，同比增加7.78%；最大日用电量2900万千瓦时，同比增长12%。

2019年永州各级气象敏感用电量条件指数的天数一览表

表22 **单位：天**

月份	一级	负二级、正二级	负三级、正三级	负四级、正四级
1	5	25、0	1、0	0、0
2	5	23、0	0、0	0、0
3	20	11、0	0、0	0、0
4	27	0、3	0、0	0、0
5	23	0、8	0、0	0、0
6	7	0、13	0、9	0、1
7	5	0、6	0、0	0、0
8	0	0、5	0、26	0、0
9	16	0、6	0、8	0、0
10	25	0、6	0、0	0、0
11	22	8、0	0、0	0、0
12	11	20、0	0、0	0、0
2019年	166	87、47	1、63	0、1

【气候与城市】 2019年，永州诸多坏天气如暴雨、雷电、大风、雾霾等天气影响着城市生活环境，增加城市管理的压力；2019年暴雨较多，城市积涝频繁，造成水利、通信、电力、市政等基础设施损失。

为了反映城区与郊区的气温差别，引入城市热岛强度指数H。

以零陵站（零陵城区）、原冷水滩区气象局站（冷水滩城区）、现冷水滩站（城郊）、新机场站（农村）四站计算出永州中心城区2019年6月—8月的热岛强度指数为1.1℃，即城郊温差为1.1℃，与近五年平均热岛强度（1.0℃）基本持平，属弱热岛强度。

2019年永州中心城区综合热岛强度一览表

表23 **单位：摄氏度**

代表区域	零陵城区	冷水滩城区	冷水滩城郊	农村
6月平均气温（摄氏度）	26.8	27.6	26.5	26.0

续表23

代表区域	零陵城区	冷水滩城区	冷水滩城郊	农村
7 月平均气温（摄氏度）	28.0	28.9	27.7	27.2
8 月平均气温（摄氏度）	30.0	31.2	29.8	29.1
6—8 月平均气温（摄氏度）	28.3	29.2	28.0	27.4
城市热岛强度（摄氏度）	0.9	1.5		
中心城区综合热岛强度（℃）	1.1			

为表征永州城区范围内与气象条件关系密切的可燃物可能发生火灾的潜在危险性，引入《国家城市火险气象等级标准》（GB/T 20487-2006）定义的城市火险气象指数。

全年永州 1 月—7 月降水和雨日较多，城市火险气象等级较低，五级以上极高火险等级日数仅为 2 天；8 月—12 月雨水稀少，极高火险等级日数较多，为 19 天；全年四级以上高火险等级日数为 107 天，较 2018 年多 9 天，其中五级以上极高火险等级日数为 21 天，较 2018 年多 17 天。

2019 年永州各级城市火险气象指数的天数一览表

表 24　　**单位：天**

等级	一级	二级	三级	四级	五级
1 月	17	4	9	1	0
2 月	18	4	2	3	1
3 月	12	9	5	5	0
4 月	9	10	5	5	1
5 月	6	9	13	3	0
6 月	6	7	16	1	0
7 月	8	7	7	9	0
8 月	0	1	11	15	4
9 月	0	2	4	16	8
10 月	9	5	5	10	2
11 月	4	4	15	7	0
12 月	9	4	2	11	5
2019 年	98	66	94	86	21

【气候与人体健康】　2019 年，永州影响人体健康的天气有：强冷空气降温、雾和霾、阴雨、高温天气等。

用日平均气温、平均相对湿度、平均风速来描述天气舒适程度，引入人体舒适度指数。

全年永州较舒适的天数 198 天，占全年 54.3%；前冬阴雨寡照天气较多，天气湿冷，凉或冷不舒适天气 103 天，占全年 28.2%，主要分布在 1 月—3 月上旬和 11 月下旬—12 月；夏秋高温较强，暖或热不舒适天气为 64 天，占全年 17.5%，主要分布在 6 月—9 月，集中时段在 7 月下旬—8 月。

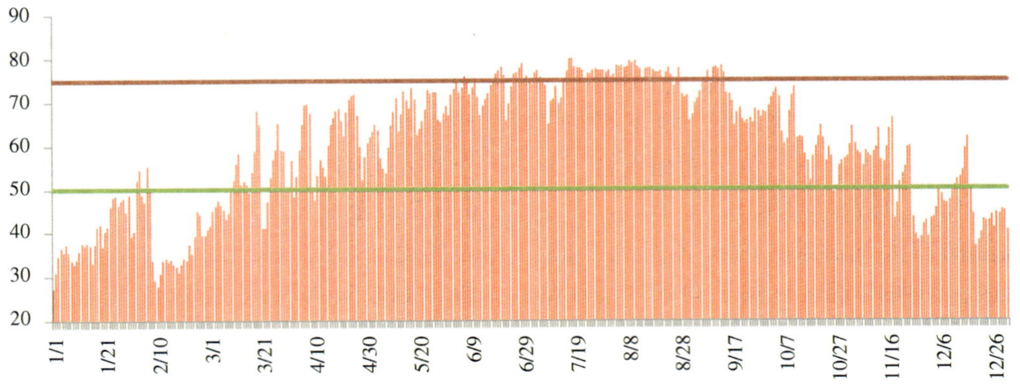

图 15　永州 2019 年逐日舒适度指数分布图

夏秋高温日数多，高温热害强度重，容易引起人体中暑，该处引入中暑指数。

全年永州四级以上的易中暑的天数 24 天，较 2018 年多 15 天，由于夏秋高温热害强度大范围广时间长，高温酷暑对人体健康的危害较重。

2019 年永州各级中暑指数的天数一览表

表 25　　**单位：天**

等级	一级	二级	三级	四级	五级
5 月	29	2	0	0	0
6 月	11	14	5	0	0
7 月	9	8	11	3	0
8 月	2	4	8	15	2
9 月	10	11	5	3	1
2019 年	61	39	29	21	3

【气候与交通、旅游】　2019 年年初，低温雨雪冰冻对交通运输安全不利，造成境内部分干支线交通阻断，班线停开、渡口码头停航、部分路段交通管制，因路面结冰发生道路交通事故，但无人员伤亡。低温雨雪冰冻还造成了局部电力、通讯短时中断，部分旅游景区关闭；阴雨天气多，道路湿滑，对交通运输产生不利影响，建筑工地等露天作业难以顺利进行，耽误工程进度。另外，暴雨、大雾天气也影响交通运输安全。

考虑高温、严寒、降水集中等恶劣天气因素会影响人们出游，引入度假旅游气候指数 HCI 指数，分析永州度假旅游气候适宜情况。

永州各月度假旅游气候指数及分级（HCI）表

表 26

月份	1	2	3	4	5	6	7	8	9	10	11	12
HCI	59	59	63	70	73	71	71	71	79	79	73	67
分级	可以接受	可以接受	适宜	很适宜	很适宜	很适宜	很适宜	很适宜	很适宜	很适宜	很适宜	适宜

按度假旅游气候指数（HCI）的旅游适宜期评级分类标准，永州度假旅游气候指数（HCI）分析，永州 3 月—12 月都适宜旅游出行。其中 1 月—2 月 HCI 值分别为 59，属旅游可以接受；3 月、12 月

HCI 值分别为 63、67，属旅游适宜期；4 月—11 月 HCI 值在 70~79 之间，属旅游很适宜期，而 9 月—10 月秋高气爽，雨日较少，光照、温度、湿度、云量较为适中的月份，HCI 值达到最高，也正好与国内的“中秋”小长假、“十一”黄金周相重合。永州多数时段适宜休闲、旅游、度假。

元旦受低温雨雪天气影响，为游客安全考虑，永州舜皇山景区、阳明山景区、桐子坳景区、江华香草源、祁阳浯溪碑林等景区关闭；据统计，我市共接待国内外游 42.53 万人次，实现旅游收入 2.02 亿元，分别同比下降 43.91%和 41.56%。

2019 年，春运期间无低温雨雪冰冻天气，前半期天气尚好，恶劣天气较少，偶有大雾，有利于交通出行及旅游；后半期出现暴雨雷电等天气，连阴雨较多，道路湿滑，对交通运输产生不利影响。春运期间，相关部门的指挥监管协调，整个春运工作平稳有序；未发生一起安全生产责任事故，未出现一起旅客滞留现象，未发生一例重大服务质量投诉。春运 40 天，据统计，永州全市发送旅客 472.90 万人次，同比下降 14.6%。其中，道路运输旅客 390.67 万人次，同比下降 14.3%；水路运送旅客 31.18 万人次，运输量同比下降 29.9%；铁路输送旅客 47.33 万人次，同比下降 8.0%；民航输送旅客 3.70 万人次，同比增长 75.0%。

春节长假期间天气较好，适合出行旅游，春节假日七天，全市接待国内外游客 160.15 万人次，同比增长 13.13%；实现旅游综合收入 7.31 亿元，同比增长 15.79%。其中市内主要景区零陵古城接待游客 17.75 万人次、九嶷山景区接待游客 24.18 万人次、舜皇山景区接待游客 10.9 万人次、阳明山景区接待游客 8.88 万人次。

“五一”小长假期间，天气尚有寒意，国庆长假期间高温热浪逼人，并不是很适合旅游；但在创建国家全域旅游示范市战略目标下，“五一”小长假期间全市接待国内外游客 140.42 万人次，实现旅游综合收入 8.94 亿元，分别同比增长 20.83%、22.17%。6 月 7 日至 6 月 9 日端午节假日期间，全市文化旅游市场运行平稳，文化旅游活动精彩纷呈。全市接待游客 114.51 万人次，按可比口径同比增长 12.63%；实现旅游综合收入 5.09 亿元，按可比口径同比增长 14.67%。10 月 1 日—7 日，全市接待游客 279.87 万人次，同比增长 25.16%；实现旅游收入 13.35 亿元，同比增长 29.73%。其中，九嶷山景区接待游客 16.2 万人次，零陵古城及柳宗元文化旅游区接待游客 15.7 万人次，舜皇山景区接待游客 10.2 万人次，阳明山景区接待游客 11.5 万人次，浯溪碑林景区接待游客 3.35 万人。全市宾馆饭店平均入住率 92.25%，民宿客栈平均入住率 90.17%。2019 年 1 月—10 月，永州市接待国内外游客 5590.59 万人次，同比增长 8.37%，实现旅游综合收入 461.68 亿元，同比增长 14.54%。

【气候与环境、生态文明】 城市空气质量与气象条件如风、降水、大气稳定度等关系密切，当霾天气出现时，空气质量变差。2019 年永州中心城市空气质量优良率 88.5%，其中 4 月—7 月城市空气质量达优良率达 100%，1 月霾天气有 5 天，城市空气质量优良率仅 58.1%。县级以上集中式饮用水水源地水质全部达到Ⅱ类以上标准，境内江河湖库水质按水环境区划要求达标率 100%。

引入人居环境舒适度指数，分析零陵人居环境舒适度。

2019 年永州各月城市环境空气质量优良率及霾和雾日数一览表

表 27 **单位：天**

项目	1 月	2 月	3 月	4 月	5 月	6 月	7 月	8 月	9 月	10 月	11 月	12 月	年
空气优良率	58.1	92.9	96.8	100	100	100	100	96.8	66.7	93.5	90	67.7	88.5
霾日数	1	0	3	4	3	2	0	0	0	3	0	1	17
雾日数	5	4	1	0	0	0	0	0	0	0	1	3	14

零陵各月人居环境舒适度等级表

表 28

月份	1	2	3	4	5	6	7	8	9	10	11	12
I	7	8.7	12.1	17.7	21.8	24.8	26.7	26.2	23.1	18.6	14.0	9.4
K	-635	-598	-503	-341	-211	-123	-33	-62	-166	-297	-430	-564
等级	1	1	1	3	3	3	4	4	3	3	1	1
感觉	寒冷	寒冷	寒冷	舒适	舒适	舒适	热	热	舒适	舒适	寒冷	寒冷

从零陵各月的人居环境舒适度温湿指数（I）、风效指数（K）分析得出，人居环境舒适度为3级的舒适时段为4月—6月和9月—10月，温湿指数（I）值介于17.7~24.8之间，风效指数（K）值介于-123~-297之间，长达5个月，健康人群感觉舒适。11月—12月和1月—3月冬季期间温湿指数（I）值介于7.0~14.0之间，风效指数（K）值介于-430~-635之间，人居环境舒适度为1级寒冷，健康人群感觉很冷，不舒服。盛夏（7月—8月）零陵人居环境舒适度为4级时段，温湿指数（I）值介于26.2~26.7之间，风效指数（K）值介于-33~-62之间，健康人群有热感，较不舒服。但均没有达到5级闷热难受感觉。

零陵气候宜人，山清水秀，生态环境优美。气候温暖、四季分明；冬无严寒、夏季较长、春暖湿润、秋高气爽。气候舒适，适宜度假、休闲、旅游。境内植被茂盛，林地占土地总面积的59.8%，森林蓄积量250.3万立方米，森林覆盖率55.9%，城区绿化覆盖率41.7%。境内湿地面积4531.7公顷，湿地保护率74.44%。空气质量优良，AQI年均值66，气候舒适月（4月—6月，9月—10月）AQI在53~78之间，平均值61，城区空气质量优良率87.1%，公众对环境质量满意率96.5%。年平均负氧离子浓度1566个/立方米，气候舒适月（4月—6月，9月—10月）负氧离子月均浓度值1799个/立方米，超过世界卫生组织界定的清新空气的标准（1000个/立方米~1500个/立方米）。

零陵、双牌、江永2019年由中国气象服务协会授予“中国天然氧吧”称号。

三、经济社会主要统计资料

（一）综合

（2019 年）

表 29

指标名称	单位	总量指标			指标名称	单位	增长速度	
		永州	湖南	占比（%）			永州	湖南
地区生产总值	亿元	2016.86	39752.12	5.1	地区生产总值	%	7.1	7.6
其中：第一产业	亿元	350.33	3646.95	9.6	其中：第一产业	%	3.3	3.2
第二产业	亿元	625.97	14946.98	4.2	第二产业	%	7.7	7.8
工业	亿元	482.58	11630.55	4.2	工业	%	8.3	8.3
第三产业	亿元	1040.56	21158.19	4.9	第三产业	%	7.8	8.1
人均地区生产总值	元	37013	57540	64.3	人均地区生产总值	%	7.4	7.1
社会消费品零售总额	亿元	793.85	17239.54	4.6	规模工业增加值	%	8.3	8.3
地方财政收入	亿元	125.27	3006.99	4.2	固定资产投资	%	10.0	10.1
财政支出	亿元	496.03	8034.13	6.2	社会消费品零售总额	%	10.3	10.2
实际利用外商直接投资	亿美元	13.69	181.01	7.6	地方财政收入	%	6.1	5.1
实际引进内资	亿元	372.76	7133.34	5.2	财政支出	%	7.6	7.4
进出口总额	亿美元	25.96	628.82	4.1	实际利用外商直接投资	%	12.9	11.8
#出口	亿美元	24.88	445.35	5.6	实际引进内资	%	18.4	18.8
#进口	亿美元	1.08	183.47	0.6	进出口总额	%	33.1	35.3
金融机构本外币存款余额	亿元	2313.00	52660.36	4.4	#出口	%	33.1	45.8
金融机构本负币贷款余额	亿元	1556.89	42415.43	3.7	#进口	%	35.2	15.2
城镇居民人均可支配收入	元	31089	39842	78.0	金融机构本外币存款余额	%	2.0	7.5
农村居民人均可支配收入	元	15275	15395	99.2	金融机构本外币贷款余额	%	15.0	16.0
居民消费价格指数	%	103.4	102.9	100.5	城镇居民人均可支配收入	%	9.2	8.6
					农村居民人均可支配收入	%	9.7	9.2

（二）核算

（2019 年）

表 30

指标名称	计量单位	绝对值（现价）	速度（可比价）（%）	指标名称	计量单位	绝对值（现价）	速度（可比价）（%）
城区生产总值	亿元	2016.86	7.1	第三产业	亿元	1040.56	7.8
农村牧渔业	亿元	365.80	3.6	第一产业对地区生产总值增长的贡献率	%		7.9
工业	亿元	483.58	8.3	第二产业对地区生产总值增长的贡献率	%		37.2
建筑业	亿元	142.42	5.4	#工业对地区生产总值增长的贡献率	%		32.2
批发和零售业	亿元	163.88	5.9	第三产业对地区生产总值增长的贡献率	%		54.9
交通运输、仓储和邮政业	亿元	70.16	3.0	投资对地区生产总值增长的贡献率	%		48.5
住宿和餐饮业	亿元	21.87	6.2	消费对地区生产总值增长的贡献率	%		51.0
金融业	亿元	91.35	3.5	净出口对地区生产总值增长贡献率	%		0.5
房地产业	亿元	170.21	6.3	人均地区生产总值	元	37013	7.4
其他服务业	亿元	507.60	10.6				
第一产业	亿元	350.33	3.3				
第二产业	亿元	625.97	7.7				

说明：本表总量指标按当年价格计算，增长速度按可比价格计算。自 2015 年起，地区生产总值中的三次产业执行新的《国民经济行业分类》和《三次产业划分规定》，即第一产业是指农、林、牧、渔业（不含农、林、牧、渔服务业）；第二产业是指工业（不含开采辅助活动，金属制品、机械和设备修理业）和建筑业；第三产业即服务业，是指除第一产业、第二产业以外的其他行业

（三）人口

（2019 年）

表 31

指标名称	计量单位	绝对值	速度（%）	指标名称	计量单位	绝对值	速度（%）
年末总人口	万人	644.61	-0.1	各种比重			
全年常住人口	万人	545.61	-0.1	按城乡分			
按城乡分				城镇人口	%	50.90	1.2
城镇人口	万人	277.21	2.3	乡村人口	%	49.10	-1.2
乡村人口	万人	267.4	-2.5	按性别分			
按性别分				男性人口	%	52.63	0.1
男性人口	万人	286.61	0.1	女性人口	%	47.37	-0.1
女性人口	万人	258	-0.3	出生率	‰	9.75	-1.44
				死亡率	‰	6.40	-1.05
				人口自然增长率	‰	3.35	-0.39
				城镇化率	%	50.90	1.2

说明：出生率、死亡率、人口自然增长率数据由市卫计委提供

（四）从业人员和社会保障

（2019 年）

表 32

指标名称	单位	绝对值	速度（%）	指标名称	单位	绝对值	速度（%）
年末城镇登记失业率	%	2.64	增加 0.3 个百分点	#职工	万人	37.42	1.4
城镇新增就业人数	万人	6.85	3.3	离退休人员	万人	21.48	3.1
基本医疗保险参保人数	万人	555.06	-2.6	参加工伤保险职工人数	万人	36.50	7.03
#城乡基本医疗保险参保人数	万人	516.42	-2.5	参加失业保险职工人数	万人	32.04	2.7
城镇职工基本医疗保险参保人数	万人	38.64	-3.8	获得政府最低生活保障的城镇居民人数	万人	4.24	-6.7
#职工	万人	25.60	-1.9				
退休人员	万人	13.04	-7.3	发放城镇居民最低生活保障经费	亿元	1.87	-6.8
城乡居民基本养老保险登记参保人数	万人	354.12	1.5	获得政府最低生活保障的农村人数	万人	11.74	9.0
城镇基本养老保险职工人数	万人	58.90	2.0	发放农村居民最低生活保障经费	亿元	2.96	35.9

（五）投资

（2019 年）

表 33

指标名称	速度（%）	指标名称	速度（%）
固定投资	10.0	电力、热力、燃气及水的生产和供应业	-7.2
按经济类型分		建筑业	92.0
国有投资	-14.7	第三产业	0.3
非国有投资	29.5	交通运输、仓储和邮政业	-11.3
民间投资	35.4	信息传输、软件和信息技术服务业	55.7
按投资方向分		批发和零售业	-12.0
工业投资	27.4	住宿和餐饮业	-29.5
民生投资	18.1	金融业	157.6
生态环境	-25.5	房地产业	-0.8
基础设施	-11.2	租赁和商务服务业	41.1
高新技术产业	57.2	科学研究和技术服务业	-9.6
房地产开发	14.4	水利、环境和公共设施管理业	-10.6
按产业分		居民服务、修理和其他服务业	-72.0
第一产业	27.3	教育	51.1
第二产业	26.0	卫生、社会工作	-0.4
采矿业	135.5	文化、体育和娱乐业	117.6
制造业	35.2	公共管理、社会保障和社会组织	-67.2

（六）财政

（2019 年）

表 34

指标名称	单位	绝对值	速度（%）	指标名称	单位	绝对值	速度（%）
一般公共预算收入	亿元	189.47	3.4	科学技术	亿元	8.12	55.5
#地方收入	亿元	125.27	6.1	文化体育与传媒	亿元	8.94	-18.9
#税收收入	亿元	85.21	6.6	社会保障和就业	亿元	85.74	14.0
非税收入	亿元	40.06	5.0	卫生健康支出	亿元	56.95	14.1
上划中央“两税”	亿元	38.12	7.6	节能环保	亿元	14.35	39.9
上划中央所得税	亿元	13.59	-23.0	城乡社区	亿元	24.74	39.0
一般公共预算支出	亿元	496.03	7.6	农林水	亿元	78.88	0.1
#一般公共服务	亿元	63.18	39.5	住房保障	亿元	11.45	-46.0
教育	亿元	93.48	11.2	#民生支出	亿元	383.98	5.8

（七）保险

（2019 年）

表 35

指标名称	单位	绝对值	速度（%）	指标名称	单位	绝对值	速度（%）
原保险保费收入	亿元	65.91	14.2	原保险赔付支出	亿元	21.82	7.5
#寿险	亿元	40.68	6.1	#寿险	亿元	8.24	-24.1
健康险	亿元	4.77	1.5	健康险	亿元	2.72	163
人身意外伤害险	亿元	0.75	-7.4	人身意外伤害	亿元	0.24	118
#财产险	亿元	25.23	30.3	#财产险	亿元	13.58	44

（八）金融信贷

（2019 年）

表 36

指标名称	计量单位	绝对值	比上年增长（%）	指标名称	计量单位	绝对值	比上年增长（%）
年末金融机构本外币各项存款余额	亿元	2313.00	2.0	#住户贷款	亿元	834.96	13.2
其中境内存款	亿元	2312.14	2.0	非金融企业及机关团体贷款	亿元	721.87	17.2
#住户存款	亿元	1748.41	11.2	境外贷款	亿元	0.06	24.7
非金融企业存款	亿元	253.00	-27.4	#个人住房消费贷款	亿元	434.45	24.8
境外存款	亿元	0.86	-39.7	房地产开发贷款	亿元	104.23	11.1
年末金融机构本外币各项贷款余额	亿元	1556.89	15.0	中小微企业贷款	亿元	602.34	13.5
				#农、林、牧、渔业贷款	亿元	14.48	-2.1
其中境内贷款	亿元	1556.83	15.0	制造业贷款	亿元	40.09	13.1

（九）人民生活

（2019 年）

表 37

指标名称	计量单位	绝对值	速度（%）	指标名称	计量单位	绝对值	速度（%）
城镇居民人均可支配收入	元	31089	9.2	农村居民人均可支配收入	元	15275	3
#工资性收入	元	15424	9.6	#工资性收入	元	5693	10.1
经营净收入	元	5556	7.6	经营净收入	元	5070	7.4
转移净收入	元	6745	10.6	转移净收入	元	4286	12.3
财产净收入	元	3364	7.3	财产净收入	元	231	5.5
城镇居民人均消费支出	元	23420	10.4	农村居民人均消费支出	元	13877	10.8
#食品烟酒	元	6706	12.1	#食品烟酒	元	4202	11.5
衣着	元	1582	9.2	衣着	元	560	12
居住	元	5069	17.4	居住	元	3302	9.9
生活用品及服务	元	1340	9.4	生活用品及服务	元	764	7
交通通信	元	3127	5.5	交通通信	元	1692	8.2
教育文化娱乐	元	3543	5.3	教育文化娱乐	元	2051	14.8
医疗保健	元	1605	7.9	医疗保健	元	1107	6.6
其他用品和服务	元	448	8.2	其他用品和服务	元	199	17.2
城镇居民家庭恩格尔系数	%	28.6	增加 0.4 个百分点	农村居民家庭恩格尔系数	%	30.2	增加 0.1 个百分点
城镇居民人均住房面积	平方米	58.5	3	农村居民人均住房面积	平方米	66.5	3.5

（十）能源

（2019 年）

表 38

指标名称	单位	绝对值	速度（%）	指标名称	计量单位	绝对值	速度（%）
发电量	亿千瓦时	86.9	0.3	煤制品	万吨	0.13	-
其中：火电	亿千瓦时	6.19	24.4	焦炭	万吨	9.12	-
水电	亿千瓦时	62.18	-12.5	高炉煤气	亿立方米	0.01	-
规模以上工业综合能源消费量	万吨标准煤	190.91	-0.9	天然气（气态）	亿立方米	0.02	-
#六大高耗能行业	万吨标准煤	161.85	-1.9	汽油	万吨	0.07	-
规模工业能源消费合计	万吨标准煤	210.11	-	柴油	万吨	1.09	-
#原煤	万吨	154.08	-	液化石油气	万吨	0.03	-

（十一）农业

（2019年）

表39

指标名称	单位	绝对值	速度（%）	指标名称	单位	绝对值	速度（%）
农林牧业渔业总产值	亿元	653.71	3.4	林业	亿元	50.39	8.0
#农业	亿元	299.99	2.7	牧业	亿元	83.92	0.6
林业	亿元	86.26	8.0	渔业	亿元	25.30	4.1
牧业	亿元	195.17	0.6	农林牧渔服务业	亿元	15.47	10.0
渔业	亿元	39.27	4.1	粮食	万吨	304.05	-0.6
农林牧渔服务业	亿元	33.02	10.0	油料	万吨	16.36	0.9
农林牧渔业增加值	亿元	365.80	3.6	蔬菜	万吨	601.31	4.0
#农业	亿元	190.71	2.9	水产品	万吨	21.10	4.1

（十二）工业

（2019年）

表40

指标名称	速度（%）	指标名称	单位	绝对值	速度（%）
规模以上工业增加值	8.3	规模以上工业企业营业收入	亿元	1604.71	8.5
#非公有制规模以上工业增加值	8.5	规模以上工业企业实现利润总额	亿元	62.66	4.3
按经济类型分		#国有企业	亿元	4.51	1.0
#国有企业	8.8	集体企业	亿元	0.02	23.9
集体企业	24.7	股份合作制企业	亿元	0.04	112.4
股份制企业	8	股份制企业	亿元	53.74	9.4
外商及港澳台投资企业	10.7	外商及港澳台投资企业	亿元	3.80	-35.5
按行业分		其他内资企业	亿元	0.54	-1.5
#农副食品加工业	-6.1	#大中型企业	亿元	21.30	-19.2
烟草制品业	4.6	小型企业	亿元	38.73	21.4
石油、煤炭及其他燃料加工业	18.1	微型企业	亿元	2.63	44.3
化学原料和化学制品制造业	4.5	规模以上工业亏损企业亏损额	亿元	4.45	95
医药制造业	18.5	规模以上工业企业亏损面	%	3.6	0.6（增减百分点）
非金属矿物制品业	4.4	规模以上工业企业产品销售率	%	97.9	-2.5（增减百分点）
黑色金属冶炼和压延加工业	-34.1	规模工业出口交货值	亿元	78	49.7
有色金属冶炼和压延加工业	17.3	卷烟	亿支	130	-
专用设备制造业	1.7	生铁	万吨	6.3	-76.8
汽车制造业	-38.3	十种有色金属	万吨	3.2	-13.5
铁路、船舶、航空航天和其他运输设备制造业	528	水泥	万吨	1321.8	6.4
计算机、通信和其他电子设备制造业	31.8	硫酸（折100%）	万吨	0.5	-37.5
电力、热力生产和供应业	19.3	发电设备	万千瓦	9.1	-28.3
高技术产业增加值	33.1	变压器	万千伏安	166.8	3.3
高加工度工业增加值	10	建筑工程用机械	万台	0.44	7.5
省级及以上产业园区工业增加值	8.1	汽车	万辆	0.6	-72.7
		大米	万吨	137.3	-9.2
		精制食用植物油	万吨	6.6	8.2
		饲料	万吨	62.5	-13.7

（十三）交通

（2019 年）

表 41

指标名称	单位	绝对值	速度（%）	指标名称	单位	绝对值	速度（%）
货物周转量	亿吨公里	182.69	3.9	客运量	万人	7914	-7.8
公路	亿吨公里	180.8	3.9	公路	万人	7657	-7.9
水运	亿吨公里	1.89	0.1	水运	万人	257	0.5
货运量	万吨	6889	1.5	公路线路年末里	程万公里	2.3	—
公路	万吨	6467	1.7	#高速公路	公里	492	—
水运	万吨	422	-2.1	年末民用汽车保有辆	万辆	42.35	17.5
旅客周转量	亿人公里	43.99	-11.9	#本年新注册汽车	万辆	0.54	
公路	亿人公里	43.62	-12	#私人汽车	万辆	39.88	14.8
水运	亿人公里	0.37	-1.1	#轿车	万辆	19.62	19.6

（十四）邮电、旅游

（2019 年）

表 42

指标名称	单位	绝对值	速度（%）	指标名称	单位	绝对值	速度（%）
邮政业务总量	亿元	9.13	27.5	旅游总收入	亿元	542.03	11.8
电信业务总量	亿元	250.07	80.8	国内旅游人数	万人次	6325.47	11.3
年末固定电话用户	万户	20	-7.7	国内旅游收入	亿元	541.21	11.9
年末移动电话用户	万户	423.3	6.6	境外入境人数	万人次	4.42	-26.5
固定电话普及率	户/百人	3.7	-0.3（增减百人户数）	国际旅游外汇收入	亿美元	0.12	-27.7
移动电话普及率	户/百人	77.7	4.9（增减百人户数）	全市旅游等级区（点）	家	46	18.0
年末互联网宽带用户数	万户	113.12	8.3	#AAAA 级及以上	家	8	60.0

（十五）国内贸易

（2019 年）

表 43

指标名称	单位	绝对值	速度（%）	指标名称	单位	绝对值	速度（%）
全社会消费品零售总额	亿元	793.85	10.3	#汽车类	亿元	77.78	14.3
城镇	亿元	652.40	11.0	石油及制品类	亿元	62.13	7.2
乡村	亿元	141.45	7.4	粮油、食品类	亿元	32.60	15.4
按行业分				家用电器和音像器材类	亿元	19.73	12.3
批发业	亿元	90.26	9.7	中西药品类	亿元	11.08	16.6
零售业	亿元	599.96	10.8	饮料、烟酒类	亿元	7.73	14.2
住宿业	亿元	30.02	8.4	服装、鞋帽、针编织品类	亿元	5.64	15.6
餐饮业	亿元	73.61	8.3	机电产品及设备类	亿元	6.38	16.0
限额以上批发零售企业商品销售额	亿元	251.85	12.5				

（十六）对外贸易

（2019 年）

表 44

指标名称	单位	绝对值	速度（%）	指标名称	单位	绝对值	速度（%）
进出口总额	亿元	793.85	10.3	香港	亿元	32.60	15.4
出口额	亿元	652.40	11.0	欧盟（28 国）	亿元	19.73	12.3
按贸易方式分				东盟	亿元	11.08	16.6
#一般贸易	亿元	141.45	7.4	进口额	亿元	7.73	14.2
加工贸易	亿元	90.26	9.7	按贸易方式分			
按重点商品分				#一般贸易	亿元	6.38	16.0
#几点产品	亿元	30.02	8.4	加工贸易	亿元	6.38	16.0
高新技术产品（97 版）	亿元	73.61	8.3	按重点商品分			
农产品	亿元	251.85	12.5	#机电产品	亿元	6.38	16.0
按产销国别（地区）分				高新技术产品（97 版）	亿元	6.38	16.0
#美国	亿元	62.13	7.2	农产品	亿元	6.38	16.0

（十七）教育

（2019 年）

表 45

指标名称	单位	绝对值	指标名称	单位	绝对值
中等职业教育			毕业生	万人	7.63
招生数	万人	2.40	普通小学		
在校生	万人	6.78	招生数	万人	8.24
毕业生	万人	1.85	在校生	万人	50.47
普通高中			毕业生	万人	8.93
招生数	万人	3.68	特殊教育		
在校生	万人	10.17	在校生	万人	0.20
毕业生	万人	3.06	幼儿园在园幼儿人数	万人	21.84
初中学校			发放中职国家助学金	亿元	0.21
招生数	万人	9.05	落实中职免学费资金	亿元	1.42
在校生	万人	26.1	发放普通高中国家助学金	亿元	0.41

（十八）文化、出版、广播

（2019 年）

表 46

指标名称	单位	绝对值	指标名称	单位	绝对值
艺术表演团体	个	6	省级非物质文化遗产保护目录	个	16
群众艺术馆、文化馆	个	12	广播电台	座	6
公共图书馆	个	12	中、短波广播发射台和转播台	座	13
博物馆、纪念馆	个	10	广播综合人口覆盖率	%	99
国家级非物质文化遗产保护目录	个	6	电视台	座	10
			电视综合人品覆盖率	%	99

（十九）体育

（2019 年）

表 47

指标名称	单位	绝对值	指标名称	单位	绝对值
经常参加体育锻炼人数	万人	295.3	获得世界冠军	个	4
开展全民健身项目	项次	40	获得亚洲冠军	个	3
新建农民体育健身工程的行政村	个	347	获得全国冠军	个	13
			破世界纪录	人/次/项	2

（二十）卫生

（2019 年）

表 48

指标名称	单位	绝对值	速度（%）	指标名称	单位	绝对值	速度（%）
卫生机构	个	5574	-1.5	卫生监督所（中心）	个	12	0.0
#医院	个	142	-2.1	卫生监督所（中心）卫生技术人员	人	287	-7.4
妇幼保健院（所、站）	个	12	0.0	医院床位数	万张	2.92	2.2
卫生技术人员	万人	3.68	14.4	乡镇卫生院	个	179	-1.1
#执业医师和执业助理工医师	万人	1.41	3.2	乡镇卫生院床位数	张	9936	2.1
注册护士	万人	1.75	35.6	乡镇卫生院卫生技术人员	人	7321	22.3
全市疾病预防控制中心（防疫站）	个	12	0.0				
全市疾病预防控制中心（防疫站）卫生技术人员	人	642	-0.6				

四、2019年度在省级以上刊物、媒体上稿情况统计

永州市2019年度在省级以上刊物媒体上稿条目表

表49

刊发日期	稿件标题	刊发媒体	上稿单位
1月1日	“我们多一分付出，群众就多一分平安”——直击湖南暴雪非常“大考”（湖南省蓝山县公路局融冰保畅）	新华社	蓝山
1月2日	让文化创新创造活力充分迸发	《光明日报》	东安
1月2日	农村承包地诸多历史遗留问题将解决	《经济日报》	东安
1月5日	拙城与湖湘文化	《光明日报》	市直、道县
1月5日	冰山之上　云海之中	新华社	江华
1月8日	湖南江华高新区：“工业白纸”化身投资热土	《中国改革报》	江华
1月9日	“村民不脱贫　我就不脱岗”	《中国改革报》	江华
1月9日	大国方略：就近城镇化“拐点”近了？半月谈记者20年跟踪城镇化的观察思考	《半月谈》	江华
1月9日	中国远征军抗日英烈——张琦	新华社	祁阳
1月10日	张琦：远征军抗日英烈	《经济日报》	祁阳
1月10日	张琦：中国远征军抗日英烈	中国新闻网	祁阳
1月9日	中国远征军抗日英烈——张琦	《人民日报》	祁阳
1月10日	张琦：中国远征军抗日英烈	《光明日报》	祁阳
1月14日	中国远征军抗日英烈——张琦	《中国青年报》	祁阳
1月13日	农民工回家！小学生返乡！别担心，这可能是中国又一次大发展的前兆	《瞭望》	江华
1月15日	做一个追梦的“农创客”	《经济日报》	东安
1月16日	零陵创新开展“红色文化进校园”活动	人民网	市直
1月17日	湖南江永：“合约食堂”掀起红白喜事节俭风潮	新华社	江永
1月17日	如何走好乡村善治之路	《经济日报》	东安
1月18日	永州八记	《光明日报》	市直
1月21日	为“一站式”年检叫好	《农民日报》	零陵
1月28日	标本兼顾　治雁过拔毛	中央电视台	道县
1月29日	走，到瑶山深处收年货	《中国教育报》	江华
1月29日	6人小山村　小年乐融融	新华网、新华每日电讯	蓝山
1月30日	“野猪佬”的猪年“小康”生活	新华网（简体）	冷水滩
1月30日	“野猪佬”的猪年“小康”生活	新华网（图文）	冷水滩

续表49

刊发日期	稿件标题	刊发媒体	上稿单位
1月30日	永州召开扫黑除恶专项斗争现场会　部署2019年扫黑除恶专项斗争	《法制日报》	市直
1月30日	永州打响2019扫黑除恶“第一枪”　一举抓获9名涉恶犯罪团伙成员	《法制日报》	市直
1月30日	6人小山村　小年乐融融	新华社	蓝山
1月30日	永州双牌县举办乡村新年诗会	《中国文化报》	双牌
1月31日	“只能站着”的姑娘与她的“爱心驿站”	新华网	新田
1月31日	永州市1.4万多农村危房户喜迁新居	人民网	市直
2月1日	古字新活力：中国“女书”的新春祝福	新华社	江永
2月1日	“扶贫车间”让村民成上班族　湖南永州精准扶贫激发内生动力	中国新闻网	市直、江华、祁阳
2月1日	湖南宁远：打起糍粑过大年	中央电视台	宁远
2月1日	新年诗会走进村庄	《中国妇女报》	双牌
2月2日	湖南东安扶贫见闻：“旅游活县”让贫困村民鼓起钱袋子	中国新闻网	东安
2月2日	行走在瑶山深处的家访团	《中国教育报》	江华
2月3日	瑶乡“春晚”唱响希望之歌	新华社	江永
2月3日	瑶乡“春晚”唱响希望之歌	新华社	江永
2月3日	湖南移民瑶胞过年忙：此心安处是吾乡	中国新闻网	江华
2月4日	Across China：Centuries-old script passes on new year blessings	新华社	江永
2月7日	人勤春来早（图片新闻）	《经济日报》	道县
2月7日	1200年前一代文豪柳宗元笔下的永州城，如今是什么模样？	《中国日报》	零陵
2月9日	新华FM丨女书里的新春祝福	新华社	江永
2月11日	感受春意	《人民日报》	蓝山
2月11日	张琦：远征驰援　抗日英烈	《人民日报》	祁阳
2月13日	女书：女性文字里的新春祝福	新华社、《中国妇女报》	江永
2月13日	乡村教师办起摄影展	《中国教育报》	江华
2月14日	“在家乡就业，我们生活更轻松了”	《中国青年报》	江华
2月14日	瑶寨宗祠里颁发奖学金	《中国教育报》	江华
2月14日	湖南宁远210余场“农村春晚”好戏连台	中国新闻网	宁远
2月16日	“在家门口就业，不用挤春运了”——湖南外出务工人员返乡就业新图景	新华网	江华
2月16日	推进农旅融合促进产业升级	《农民日报》	双牌

续表49

刊发日期	稿件标题	刊发媒体	上稿单位
2月17日	“红色文艺轻骑兵”播撒新时代文化种子——2019年文化进万家活动综述	新华网、新华每日电讯、《中国青年报》《农民日报》《中国文化报》《工人日报》《经济日报》	市直、宁远
2月18日	湖南江永：“新媒婆”倡导乡村婚嫁节俭风尚	新华社	江永
2月18日	农民工就业观察：“外出”“本地”两相宜　技术工种需求旺	新华网	市直、江华
2月21日	乡村正成为投资创业热土	《光明日报》	东安
2月21日	北方多地大雾　南方持续阴雨	中央电视台	蓝山
2月22日	南方雨绵绵　北方雪纷飞	中央电视台	冷水滩
2月22日	湖南永州：阴雨天气致春茶采摘推迟产量减少	中央电视台	蓝山
2月23日	喜看家乡新变化	《经济日报》	道县
2月23日	聚焦“精准”决战决胜脱贫攻坚	《农民日报》	东安
2月25日	干部为扶贫自掏腰包，该不该提倡	《半月谈》	蓝山
2月25日	湖南永州　久雨逢初晴　云海伴雾凇	中央电视台	蓝山
2月26日	造林谨防“水土不服”	《农民日报》	零陵
2月27日	【聚焦三农】2019用工调查：流动的人　固定的心	中央电视台	冷水滩
2月27日	湖南　30分钟等候　30分钟的生命通道	中央电视台	东安
2月27日	中国增绿　世界赞誉	《光明日报》	东安
2月27日	湖南东安县：大地上的春耕“五线曲”	人民网	东安
2月28日	楼田村	《人民日报》	道县
2月28日	一工厂建在“家门口”　节后返岗率近100%	《工人日报》	江华
3月1日	久雨逢初晴　冰山云海伴雾凇	新华社、新华CNC视频	蓝山
3月1日	春早人更勤　奋进正当时	《人民日报》	新田
3月1日	春早人更勤　奋进正当时	人民网	新田
3月2日	喜迎春雨（图片新闻）	《经济日报》	东安
3月2日	湖南永州：鸟语花香春意闹	中国新闻社通稿	道县
3月3日	久雨逢初晴　冰山云海伴雾凇	新华CNC视频	蓝山
3月3日	鸟语花香春意浓	新华社通稿	道县
3月3日	湖南永州：平野菜花香　乡村美如画	中国新闻社通稿	道县
3月4日	89岁印尼归侨钟挺华：“学雷锋”是一辈子的事	新华社、新华每日电讯	东安
3月4日	89岁印尼归侨钟挺华：“学雷锋”是一辈子的事	新华网	东安
3月4日	山兔吃百草　石怪缝中藏	中央电视台	宁远

续表49

刊发日期	稿件标题	刊发媒体	上稿单位
3月4日	AI合成主播久雨逢初晴　冰山云海伴雾凇	新华社	蓝山
3月5日	89岁印尼归侨：“学雷锋”是一辈子的事	新华每日电讯	东安
3月5日	湖南东安：全民“增绿”　筑牢生态屏障	人民网	东安
3月5日	雷锋家乡人，榜样铸心中	新华社、新华每日电讯	蓝山
3月5日	美好生活靠奋斗	《经济日报》	道县
3月5日	湖南发布暴雨蓝色预警	中国新闻社通稿	道县
3月6日	雷锋家乡人，奉献他人快乐自己	新华每日电讯	蓝山
3月6日	南方多地暴雨　降水还将持续	中央电视台	市直、道县
3月6日	早春雨雾纷纷·湖南永州　强降雨致江河水位上涨　提前入汛期	中央电视台	市直、江永、双牌
3月7日	湖南江永：百岁老人不办生日宴　自费订报49年	新华社	江永
3月7日	湖南江华　罗建华：为民造福是本分	中央电视台	江华
3月7日	湖南永州发现两座距今400多年的明代石拱桥	中国新闻网	零陵
3月7日	湖南永州　降雨导致城区低洼地段被淹	中央电视台	市直、冷水滩、道县
3月7日	湖南永州　降雨导致城区低洼地段被淹	中央电视台	市直、冷水滩、道县
3月7日	强降雨袭击湖南永州　当地多方行动全力抗灾救灾	中国新闻网	市直、冷水滩、道县
3月7日	湖南永州暴雨　民兵紧急转移被困群众	中央电视台	市直、道县
3月10日	春来花正开	新华社通稿	道县
3月10日	(湖南永州）大地“指纹”	中国新闻社通稿	道县
3月12日	植树节里植树忙	新华社通稿	道县
3月12日	湖南道县：工厂悬浮育秧助春种	中国新闻社通稿	道县
3月13日	春季生产热火朝天	新华社	蓝山
3月13日	春季生产热火朝天	新华社通稿	道县
3月13日	植树节里植树忙	新华每日电讯	道县
3月14日	梯田遇上油菜花　层层叠叠惹人醉	新华社	新田
3月15日	走出深化改革的永州路径	《中国改革报》	市直
3月15日	春日“二八赶社”浑水摸鱼趣味十足	新华社	冷水滩
3月16日	不负好春光	新华社通稿	道县
3月17日	烟雨湖南　山花烂漫	新华社	蓝山
3月17日	赏春踏青正当时	新华社	蓝山

续表49

刊发日期	稿件标题	刊发媒体	上稿单位
3月17日	清洁发电　绿色生活	《人民日报》	蓝山
3月17日	“为国捐躯”吕旃蒙	新华社	冷水滩
3月17日	雨润春花	新华社通稿	道县
3月18日	湖南东安举行老师傅民俗文化艺术活动　扬“工匠精神”	中国新闻网	东安
3月18日	“小乡镇”里有“大讨论”	人民网	东安
3月18日	湖南东安：乡村美起来　旅游火起来	人民网	东安
3月18日	“为国捐躯”吕旃蒙	《法制日报》	冷水滩
3月18日	“为国捐躯”吕旃蒙	《光明日报》	冷水滩
3月19日	这里有个创业专家服务团	《经济日报》	东安
3月19日	追美春光　丨春日云海美如画　水墨丹青湘江源	新华社	蓝山
3月19日	春分将至农事忙	新华社通稿	道县
3月20日	记住乡愁　永州柳子街历史文化街区	中央电视台	零陵
3月20日	大地回暖农事早　一犁新雨润春耕（春耕进行时）	《人民日报》	道县
3月21日	湖南东安三乡镇突降冰雹　大如乒乓球	中新网	东安
3月22日	这里的泉水　不仅会变色还有潮起潮落	《科技日报》	新田
3月23日	健康有序消费环境该如何营造？	《经济日报》	东安
3月23日	湘桂民众赴湖南东安“赶春社”　习俗已有千年历史	中新网	东安
3月23日	乐享美好春光	新华社	蓝山
3月23日	春回潇湘农事忙	新华社通稿	道县
3月25日	春花盛放醉游人	新华社	江永、道县
3月25日	大美春光	《经济日报》	东安
3月25日	湖南永州：再添1处省级湿地公园试点　总数稳居全省第一	人民网	市直、东安、新田
3月25日	湖南东安一老人创建“职工之家”　30万人次受益	中新网	东安
3月25日	春花盛放醉游人	新华社通稿	道县
3月26日	湖南江永紫荆花绚丽绽放　宛如落霞	中国新闻社	江永
3月26日	湖南永州：春花绽放引爆乡村游	中国新闻社通稿	道县
3月27日	春日劳作忙	新华社	蓝山
3月27日	追美春光丨春雨细如丝　梨花纯如雪	新华社	蓝山
3月28日	加快“南融”步伐　湖南永州争当承接产业转移“领头雁”	中国新闻网	市直、冷水滩、江华
3月28日	湖南永州：扶贫产业助农民脱贫	中国新闻社通稿	道县

续表49

刊发日期	稿件标题	刊发媒体	上稿单位
3月29日	工厂建在安置点搬迁妇女有班上	《中国妇女报》	双牌
3月29日	农行永州新田支行为特殊儿童献爱心	新华网	新田
3月30日	湖南宣判一起涉黑案　46名被告人涉10余项罪名	新华社	零陵
3月30日	湖南零陵一涉黑势力46人被判刑	中新网	零陵
3月30日	零陵区法院审理一起涉黑案件46人被判刑	人民网	零陵
3月31日	湖南东安县八旬老人办“职工之家”为爱坚守34年	中新网	东安
3月31日	高山万和湖　樱花惹人醉	新华社	双牌
4月1日	永州双牌五里牌镇：信访“重镇”成村民自治“样板镇”	人民网	双牌
4月1日	湖南永州零陵区旱稻首推无盘育秧新技术	《农民日报》	零陵
4月1日	“小菜园”串起学校德育链	《中国教育报》	江华
4月2日	湖南东安：举全县之力优先发展教育	《中国教育报》	东安
4月2日	湘江源烂漫花海醉游人	新华社	蓝山
4月4日	湖南永州一家三代人为一句承诺　坚持85年守护“最熟悉”的陌生人	中国新闻网	东安
4月4日	湖南永州：“向日葵工程”让思政课“活”起来	中国新闻网	市直
4月4日	瑶寨摘掉“贫困帽”“种下这些茶叶，就是种下了希望”	《中国青年报》	江华
4月5日	一家三代人接力守护无名红军烈士墓	新华社	东安
4月5日	清明时节　寄托情思	《人民日报》	道县
4月5日	清明时节　寄托情思	中国网	道县
4月6日	湖南东安县：一家三代人接力守护无名红军烈士墓	新华社	东安
4月6日	“一带一路”在行动	《经济日报》	东安
4月7日	湖南蓝山：烂漫花海醉游人	新华社	蓝山
4月7日	湖南永州：踏青泛舟享春光	中国新闻网	道县
4月7日	清明时节各地群众广泛参与缅怀先烈活动	新华社	道县
4月8日	两名东南亚归侨的慈善人生	中国新闻网	市直、东安
4月8日	“三月三”湘桂边境赶大集	人民网	零陵
4月9日	湖南蓝山：杜鹃盛放　春色满山	中央电视台	蓝山
4月10日	扶贫车间助脱贫增收	《经济日报》	宁远
4月11日	永州山水之间	中国新闻网	市直
4月11日	紫云英花开似画卷	新华社	蓝山
4月11日	中央扫黑除恶第二轮督导全面启动	中央电视台	市直
4月11日	湖南省宁远县组织机关干部进村入户　把好事做到群众心坎上	《人民日报》	宁远

续表49

刊发日期	稿件标题	刊发媒体	上稿单位
4月11日	入股喜分红	《人民日报》	道县
4月12日	移风易俗展新颜　东安劲吹文明风	人民网	东安
4月12日	双牌：观云海赏花海　阳明山迎来一年最美季节	人民网	双牌
4月12日	湖南永州一家三代林海哨兵　接力呵护青山一片	中国新闻网	市直、江华
4月12日	湖南各地志愿者点亮“微心愿”　让爱在春日里启航	中国文明网	冷水滩
4月12日	湖南永州创新中小学党史宣传方式，制作144个课件纳入思政课教学——“向日葵工程”助红色文化扎根校园	中国教育新闻网	冷水滩
4月12日	湖南永州创新中小学党史宣传方式，制作144个课件纳入思政课教学——“向日葵工程”助红色文化扎根校园	《中国教育报》	市直、冷水滩、零陵
4月12日	湖南道县：治理河道迎汛期	中国新闻网	道县
4月13日	为大地披绿装	《经济日报》	东安
4月14日	湖南永州推红色文化进校园　“向日葵工程”创新思政课	中国新闻网	市直、冷水滩、零陵
4月15日	千人大穿越　2019年大美永州（零陵）大穿越活动火热开幕	《香港商报》	零陵
4月15日	“大美永州”（零陵）大穿越活动开赛　重温红色记忆	中国新闻网	零陵
4月16日	徒步穿越零陵古城	中央电视台	零陵
4月17日	雨中健身　2019全国户外健身休闲大会开赛	中央电视台	宁远
4月17日	谷雨时节　绿意盎然	新华社	道县
4月18日	农民增收，如何爬坡越坎	《经济日报》	东安
4月18日	永州山水之非物质十谈	中国新闻网	市直
4月18日	屋檐水滴	《中国文化报》	零陵
4月18日	永州冷水滩区：旅游产业转型升级带动旅游升温	新华社	冷水滩
4月18日	为了民族复兴·英雄烈士谱　吕旃蒙：一代英烈　浩气长存	新华社	冷水滩
4月18日	奔向运动场	《人民日报》	新田
4月18日	奔向运动场	人民网	新田
4月19日	天气晴好务农忙	《经济日报》	东安
4月19日	野生茶成脱贫致富“金叶子”	《中国妇女报》	双牌
4月20日	云流山间　飞雾如瀑	新华社	双牌
4月21日	“扫黑除恶”专项行动·湖南江华　宗族势力团伙横行乡里　13人被刑拘	中央电视台	江华
4月21日	文学湘军江华现象研究的文学意义	光明网	江华
4月22日	双牌县依托产业发展带动乡村振兴	《农民日报》	双牌
4月22日	湖南“扫黑除恶”专项行动　打击“小恶势力”提升群众满意度	中央电视台	市直、蓝山

续表49

刊发日期	稿件标题	刊发媒体	上稿单位
4月22日	第50个世界地球日主题宣传活动启动（第14至18秒为蓝山画面）	中央电视台	蓝山
4月22日	专家学者研讨“文学湘军的江华现象”	光明网	江华
4月22日	湖南举办聂茂“文学湘军的江华现象”作品研讨会	中国新闻网	江华
4月23日	永州零陵发现600年重阳木　树上伴生五种异树	《香港商报》	零陵
4月25日	“我要飞得更高更远”	《光明日报》	东安
4月25日	湖南江华：打破小微企业融资瓶颈　助推经济高质量发展	新华社	江华
4月26日	湖南道县“80后”创业女能手电商扶贫助力乡村振兴	中国新闻网	道县
4月27日	暴雨袭击永州致内涝　消防勇救八旬老者和孕妇	中国新闻网	市直、东安
4月27日	女书（北京）国际文化交流中心成立　助江永女书申报世界记忆遗产	中国新闻网	江永
4月27日	扫黑除恶在行动　湖南蓝山：抵押车辆涉嫌套路贷　警方打击	中央电视台	蓝山
4月28日	湖南永州加快农村饮水安全工程建设　今年投入建设资金20亿元，近百万群众受益	人民网	市直、东安
4月28日	湖南永州暴雨致城区内涝　消防紧急疏散群众200余人	中国新闻网	市直
4月29日	迎接人与自然和谐共生的高光时刻	《光明日报》	东安
4月29日	永州：景区景点“盛装”迎“五一”	中国新闻网	双牌
4月29日	湖南永州：暴雨致使城区内涝　近200居民临时转移	中央电视台	市直、冷水滩、零陵
4月30日	湖南永州：强降雨来袭　47个乡镇15000多人受灾	中央电视台	市直、东安、双牌
5月1日	湖南永州把收缴的违纪钱退回群众	新华社	市直、经开区
5月1日	假期劳动忙	新华社通稿	道县
5月1日	花样享假期	新华社通稿	道县
5月4日	湘江源云海伴花海　水墨丹青画	新华社	蓝山
5月5日	立夏将至农事忙	新华社通稿	道县
5月6日	特色文旅产品带火“五一”假期	《中国文化报》	新田
5月7日	支部强起来　正气树起来（扫黑除恶进行时）	《人民日报》	市直、冷水滩
5月7日	瑶家妇女余小娟“钩织”美好生活	新华社、《中国妇女报》《工人日报》	江华
5月7日	瑶家妇女余小娟“钩织”美好生活	新华社	江华
5月9日	就业扶贫车间	《农民日报》	宁远
5月9日	湖南宁远：万亩野生杜鹃花竞相绽放	中央电视台	宁远
5月10日	日照湘江源　云绕三分石	新华社	蓝山

续表49

刊发日期	稿件标题	刊发媒体	上稿单位
5月13日	国内首家摩崖石刻拓片博物馆开馆　可欣赏历代名家书法	中国新闻网	市直、冷水滩
5月13日	东安：四月八牛王节　百米长宴食乌饭	人民网	东安
5月14日	Highlights of museum on rock inscriptions, rubbings in Yongzhou, China's Hunan	新华社	市直、冷水滩、零陵
5月14日	“你好！我是食堂监督员”	《中国教育报》	江华
5月14日	Museum for rock inscriptions and rubbings opens in central China	新华社	市直、冷水滩
5月15日	“潇湘八景”首景“潇湘夜雨”观景点正式确定	《香港商报》	零陵
5月15日	Magic丨跨越千年！去摩崖石刻拓片专题博物馆看看吧	新华社	市直、冷水滩
5月15日	摩崖石刻拓片专题博物馆落地湖南永州	新华社	市直、冷水滩
5月19日	“笑满三湘”走进江华	央视网	江华
5月19日	美丽乡村　红色旅游	《人民日报》	道县
5月20日	湖南永州：唤醒沉睡千年的石刻	《光明日报》	市直
5月20日	永州零陵“六个”标准化促进公共卫生服务	人民网（补报）	零陵
5月20日	永州江华：非遗文创产品开创致富路	中国新闻网	江华
5月20日	永州江华巷道建设打通农户出行“最后一米”	中国新闻网	江华
5月20日	中国书院如何影响亚洲文明	《光明日报》	道县
5月21日	永州供电开展“5·20世界计量日”宣传服务活动	人民网	冷水滩
5月22日	湖南：油桐花开　漫山飞雪	新华社	蓝山
5月22日	电商快车粽飘香	《人民日报》	江永
5月23日	建设村组巷道打通出行“最后一米”	《农民日报》	江华
5月23日	湖南道县：水乡田野如画	新华社通稿	道县
5月24日	永州冷水滩城网改造美化城市　零点施工保障民生	人民网	冷水滩
5月24日	湖南江华县4000多名教师帮扶建档立卡贫困户——3000个“微心愿”全部兑现	《中国教育报》	江华
5月24日	祁剧《向阳书记》进京演出　讲述小山村脱贫攻坚故事	中国新闻网	祁阳
5月24日	小龙虾　助增收	《人民日报》	道县
5月25日	如何破解婴幼儿照护难题？	《经济日报》	东安
5月25日	永州江华：文明行动彰显城市温度	中国新闻网	江华
5月26日	产业带就业　增收助脱贫	《经济日报》	东安
5月26日	千年古郡迷人眼	中新网、人民网、《中国经济周刊》《香港商报》	零陵
5月27日	湖南零陵严把「四关」抓农村公路建设质量效果好	《香港商报》	零陵

续表49

刊发日期	稿件标题	刊发媒体	上稿单位
5月27日	湖南永州：发展特色旅游“千年瑶寨”潇洒脱贫	中国网	江华
5月28日	湖南永州：青春打卡　回味历史	《中国青年报》	市直、双牌、新田
5月28日	【24小时】暴雨预警连发　多地雨势强劲·湖南蓝山　强降雨致滑坡　紧急抢险保群众出行	中央电视台	蓝山
5月29日	湖南：白茅花开如梦似幻	新华社	新田
5月29日	中华海外联谊会“扩容增员”	《人民日报》	江华
5月29日	乡村学校要有乡村味道	《中国教育报》	江华
5月29日	八旬老教师扎根山区小学20余年	新华社、中国新闻网	祁阳
5月29日	湖南永州“织”起摩崖石刻保护网	《中国文化报》	市直、冷水滩、祁阳
5月29日	双牌县：守护绿水青山　湿地公园成白鹭乐园	新华社	双牌
5月29日	湖南省双牌县利用特色资源打造旅游强县——山区变景区　三产助脱贫	《中国妇女报》	双牌
5月29日	湖南永州市零陵区首个基层民主协商监督会召开	《香港商报》	零陵
6月1日	凝聚奋进新时代的磅礴力量	新华社	市直、新田
6月1日	湖南道县举行传统龙船赛，百余艘龙船竞渡	中国新闻网	道县
6月3日	图片新闻	《经济日报》	东安
6月3日	赏烂漫马鞭草-游东方“普罗旺斯”	新华社	双牌
6月4日	大山里的坚守	《经济日报》	江永
6月4日	湖南道县：“百龙”竞逐迎端午	新华社、《人民日报海外版》	道县
6月4日	清清潇水　百舸竞逐	《人民日报》	道县
6月6日	湖南宁远县杀害学生案件犯罪嫌疑人被检方批捕	中国新闻网	宁远
6月6日	【新闻直播间】湖南道县　美丽中国·我的家　38年护林　一家三代青山为家	中央电视台	道县
6月7日	湖南道县端午假期民俗：百舸争流奋者先，特色船头同比拼	中央电视台	道县
6月7日	赏民俗　品文化　各地欢庆端午节	中央电视台	道县
6月7日	过端午，网上“晒”出文化味	《人民日报》	道县
6月7日	一名考生入场　八位司机“赶考”	《中国青年报》	双牌
6月8日	8名司机爱心接送高三截肢女孩：“我们就是你的腿”	新华社	冷水滩、双牌
6月8日	五月五　龙船下水打破鼓　湖南道县　弄潮儿勇立涛头　奋楫者竞渡争先	中央电视台	道县
6月8日	【湖南道县：五月五　龙船下水打破鼓·龙船鼓手李小勤】一鼓作气　团结拼搏向前冲	中央电视台	道县

续表49

刊发日期	稿件标题	刊发媒体	上稿单位
6月8日	光影（道州龙船）	《经济日报》	道县
6月9日	特写　8名“的哥”接力接送骨癌截瘫女孩　“我们就是她的腿”	中央电视台	冷水滩、双牌
6月9日	南方多地出现洪水　紧急抢险救人·湖南东安　暴雨突袭群众被困　消防紧急救援	中央电视台	东安
6月9日	快看，好大一片荷花！	新华社	祁阳
6月9日	挥别高考　奔向未来	《中国教育报》	江华
6月10日	湖南东安大暴雨　消防紧急救援90余人	新华社	东安
6月10日	夏日荷韵	新华社	道县
6月11日	千层“琴键”澄如镜　塘家梯田如诗画	新华社	东安
6月11日	湖南永州：抢渡潇水　血战湘江	中央电视台	道县
6月11日	壮丽70年　奋斗新时代——记者再走长征路　不忘初心　继往开来再出发	中央电视台	道县
6月13日	一片茶叶带动一方百姓脱贫	中国新闻网	新田
6月13日	湖南宁远以村容整治促乡村振兴——小村庄　变了样	《人民日报》	宁远
6月13日	别怕！他们拉起绳索护你一路周全	新华社	江华
6月13日	新华社丨千亩荷花绽放湖南潇水河畔	新华社	双牌
6月14日	湖南江华县码市镇启汉小学教师连夜奋力抢险——抗击暴风雨　合力保校园	《中国教育报》	江华
6月14日	湖南江华　连日暴雨　转移安置4000多人	中央电视台	江华
6月14日	湖南祁阳多举措保障土地流转收益效果	《农民日报》	祁阳
6月14日	湖南祁阳县打造智慧城市实现百姓安康	《农民日报》	祁阳
6月14日	第三届瑶医药节举办	《中国文化报》	江华
6月16日	蓝山：云绕山城风光好	新华社	蓝山
6月16日	暴雨致湖南江华超7万人受灾　现全力恢复正常生产生活	中国新闻网	江华
6月17日	湖南江永瑶胞狂欢“洗泥节”	中国新闻社	江永
6月17日	广西贵州江西湖南等地积极应对灾情	新华社	市直、新田
6月17日	湖南省祁阳县一亩菜地25万元收益	《农民日报》	祁阳
6月18日	中东部天气呈“北热南雨”　南方多地应对洪涝灾害	中国新闻网	市直、新田
6月18日	青山绿水漂流欢	新华社	东安
6月18日	湖南祁阳县优化政务环境让群众和企业“少跑腿”	《农民日报》	祁阳
6月21日	【新长征，再出发】寻找绝命后卫师	中央广播电台	道县
6月22日	湖南：万亩茶园夏日焕新颜	新华社	蓝山

续表49

刊发日期	稿件标题	刊发媒体	上稿单位
6 月 23 日	《爱莲说》作者故里千亩荷花盛放中！	新华社	道县
6 月 24 日	被嘲笑的男人　怪招赚取凶猛财富	中央电视台	东安
6 月 24 日	湖南祁阳全力打好草地贪夜蛾防控攻坚战	《农民日报》	祁阳
6 月 24 日	那位让习总书记念念不忘的红军师长陈树湘，到底有着怎样的故事？（声音广播）	中央广播电台	道县
6 月 25 日	百叠岭上白云飞　万亩茶园焕新颜	新华社	蓝山
6 月 25 日	图片新闻	《中国文化报》	宁远
6 月 25 日	【新闻直播间】“绝命后卫师”后代踏上回家路	中央电视台	道县
6 月 25 日	张智玲：从“村小二”到扶贫“奇兵”	《中国青年报》	道县
6 月 26 日	湖南蓝山：鸟道秘境云飞扬	新华社	蓝山
6 月 26 日	青山掩映下的猫儿岩水库	新华社	零陵
6 月 26 日	29 岁的“断肠师长”陈树湘，用生命践行绝对忠诚	新华社	道县
6 月 27 日	祠堂留佳话，标语揭新篇	《经济日报》	宁远
6 月 27 日	采访下灌村老支书李乾福	《经济日报》	宁远
6 月 27 日	被爱背起的求学之路	《中国青年报》	江华
6 月 28 日	【湖南道县：新长征　再出发】陈树湘　断肠取义留青史	中央电视台	道县
6 月 28 日	湖南道县：壮丽 70 年奋斗新时代——记者再走长征路　陈树湘：断肠取义　气壮山河	中央电视台	道县
6 月 28 日	【湖南道县】红军渡：军民合作　强渡潇水	中央电视台	道县
6 月 28 日	【湖南道县】新建革命烈士纪念园　开展红色教育	中央电视台	道县
6 月 28 日	【新闻直播间】湖南道县　铁血红军将领陈树湘　临危受命　为苏维埃立新功	中央电视台	道县
6 月 28 日	新长征　再出发：英雄姓名无人知晓　功勋与世长存	中央电视台	道县
6 月 28 日	绝命后卫师红五军团第 34 师：能打硬站　绝对忠诚	中央电视台	道县
6 月 29 日	蒋家岭临危受命　四马桥断肠取义——来自湖南道县的报道	《经济日报》	道县、江华
6 月 29 日	湖南永州　壮丽 70 年・奋斗新时代——记者再走长征路　道县红军渡　见证红军强渡潇水	中央电视台	道县
6 月 29 日	【湖南：壮丽 70 年・奋斗新时代——记者再走长征路】《出路在哪里》：长征宣言书	中央电视台	道县
6 月 29 日	陈树湘师长英勇牺牲地现有朗朗书声　“绝命后卫师”旗帜飘扬处可见青青稻田	中央广播电视总台国际在线	道县
6 月 30 日	湖南冷水滩一女童头卡防盗窗身体悬空　消防破窗救出	中国新闻网	市直、冷水滩
6 月 30 日	记者再走长征路	《经济日报》	道县、江华
6 月 30 日	您就是一页“宣言”	《经济日报》	道县

续表49

刊发日期	稿件标题	刊发媒体	上稿单位
6月30日	【记者再走长征路】探寻陈树湘师长断肠明志地	《中国青年报》	道县
6月30日	泪目！29岁英雄师长自断肠子壮烈牺牲	中国青年网	道县
6月30日	心痛！29岁英雄师长血战湘江断肠明志	《中国青年报》	道县
6月30日	绝对忠诚：断肠师长陈树湘的生命倒计时	新华社	道县
6月30日	兰老二，您不会被忘记！	《经济日报》	道县
6月30日	陈树湘：天地英雄气　断肠铸忠魂	《光明日报》	道县
6月30日	还原！耿飚夜渡潇水河　奔袭道州城	《中国青年报》	道县
6月30日	【记者再走长征路】听到他的故事心是痛的！29岁英雄师长血战湘江断肠明志——“记者再走长征路”探寻陈树湘师长壮烈牺牲之地	《中国青年报》	道县
6月30日	陈树湘：为苏维埃流尽最后一滴血	人民网	道县
7月1日	誓为苏维埃流尽最后一滴血	《解放军报》	道县
7月1日	“有一条被子，也要剪下半条给老百姓”（壮丽70年　奋斗新时代·记者再走长征路）	《人民日报》	道县
7月1日	血染湘江，八万多红军锐减到三万！出路在哪里？毛主席说……	中央广播电台	道县
7月1日	信仰之炬　永远燃烧（壮丽70年·奋斗新时代·记者再走长征路）	《人民日报》	道县
7月1日	断肠明志　陈树湘浩气长存　血洒湘江　闽西军功勋永在	《中国青年报》	道县
7月1日	民心是红军永远的“根据地”	《光明日报》	道县
7月1日	古城渡口目送英勇红军	《光明日报》	道县
7月1日	日落西山红霞飞　漫天赤焰映舜水	新华社	蓝山
7月1日	断肠明志　陈树湘浩气长存　血洒湘江　闽西军功勋永在	《中国青年报》	道县、宁远
7月2日	十分深度　致敬·传承　“绝命后卫师”后代踏上回家路	中央电视台	道县
7月2日	难忘“红军渡”（壮丽70年　奋斗新时代·记者再走长征路）	《人民日报》	道县
7月2日	湖南永州炭木桥村：小豆角成了脱贫大产业	《农民日报》	零陵
7月3日	禾塘决策：红军湘江血战的序幕	新华社	道县
7月4日	瞰中国丨天女散花瀑　泻出万丈泉	新华社	江永
7月4日	“书包”终于轻了	《中国教育报》	新田
7月4日	【壮丽70年　奋斗新时代——记者再走长征路】一张借据显深情　潇湘大地埋忠骨	中央电视台	道县
7月4日	湖南东安：“微旅游”带来兴村富民	新华社	东安
7月5日	湖南永州“80后”女教师坚守乡村　助农村孩子实现梦想	中国新闻网	市直、东安
7月5日	江华瑶山雪梨直播一天卖出12万斤，乡村振兴“电”力十足	新华社	江华

续表49

刊发日期	稿件标题	刊发媒体	上稿单位
7月5日	消防紧急救援	中国新闻网	冷水滩
7月8日	“归雁”企业反哺家乡	《经济日报》	东安
7月8日	湖南蓝山：村民拆门板助红军渡河	新华社	蓝山
7月8日	候鸟家园候鸟飞	新华社	蓝山
7月9日	环境治理 村庄更美	《人民日报》	道县
7月9日	湖南，你怎么这么好看	新华社	道县
7月9日	永州公路人黄建华：不忘初心 身患绝症仍不负党员使命	《人民日报》	冷水滩
7月9日	湖南消防救援被困群众	中国新闻网	祁阳
7月10日	湖南新田：山洪导致道路受阻、农作物受损	新华社	新田
7月10日	村庄美 产业强 村民富	《中国改革报》	江华
7月10日	等不到天亮 抗洪救援不分昼夜	新华社	冷水滩
7月10日	危急时刻，他们向水而行	新华网	冷水滩
7月10日	湖南祁阳 湘江祁阳段超警戒水位85米	中央电视台	祁阳
7月10日	南方大范围强降雨 湖南祁阳 湘江祁阳段水位暴涨 7万多人受灾	中央电视台	祁阳
7月10日	湖南双牌：暴雨导致多处道路塌方	新华社	双牌
7月10日	湖南江华县巷道建设 打通农户出行“最后一米”	《中国改革报》	江华
7月11日	湖南祁阳警方摧毁一“套路贷”团伙 抓获作案人员18名	中国新闻网	祁阳
7月11日	湖南双牌县巧绘林下种养新“钱图”	《农民日报》	双牌
7月12日	红军烈士陈树湘：断肠明志 绝对忠诚	新华社	道县
7月12日	湘江战役中断肠明志的师长陈树湘	《中国电力报》	道县
7月12日	柏家坪记忆	《光明日报》	宁远
7月13日	湖南道县：空树岩云雾缥缈	新华社	道县
7月14日	强降雨导致湖南新田道路农田被淹	新华社	新田
7月14日	湖南新田 遭遇强降雨 紧急转移群众	中央电视台	新田
7月14日	湖南永州：洪水中紧急营救被困群众	新华社	市直、零陵
7月14日	孤岛救援：小村庄的抗洪6小时	新华社、新华每日电讯	市直、零陵
7月14日	强降雨侵袭南方多地·湖南宁远 洪水围困村庄 救援疏散居民	中央电视台	宁远
7月14日	湖南永州山洪暴发 民兵紧急转移群众	中央电视台	宁远
7月14日	湖南双牌 暴雨致城区积水 乡村山洪爆发	央视新闻	双牌
7月15日	志愿者积极参与抗洪抢险	新华网	冷水滩
7月15日	洪水来时，那暖心的民间救援	新华网	冷水滩、零陵

续表49

刊发日期	稿件标题	刊发媒体	上稿单位
7月15日	孤岛救援	《中国妇女报》	零陵
7月15日	（共同关注）湖南零陵　一村庄被洪水倒灌　围困多人	中央电视台	零陵
7月15日	（新闻直播间）湖南永州　河水倒灌　村庄转移疏散68人	中央电视台	零陵
7月15日	南方多地暴雨　河流超警　湖南永州　河水倒灌　村庄转移疏散68人	中央电视台	零陵
7月15日	南方多地暴雨　河流超警·湖南永州　河水倒灌　村庄转移疏散68人	中央电视台	零陵
7月15日	湖南祁阳：五百年祁剧传承有人	《中国教育报》	祁阳
7月15日	湖南双牌县“汉文化”旅游小镇声名远播	《农民日报》	双牌
7月16日	湖南东安私家车翻入池塘　一家五口被好心人救助脱险	中国新闻网	东安
7月16日	湖南永州：一只竹筒见证红军艰苦长征路	中央电视台	蓝山
7月16日	洪水袭来，民间救援温暖一座城	新华社	冷水滩、零陵
7月16日	洪水无情　街坊暖心	新华社	零陵
7月16日	湖南祁阳：洪水过后恢复忙	新华网	祁阳
7月16日	湖南灾区见闻：城里忙清淤消毒　乡村忙生产自救	新华网	祁阳
7月17日	长征路上寻亲情	中央电视台	道县
7月17日	未来网发起“少年草圣怀素”动漫形象征稿活动	人民网	冷水滩
7月17日	湖南灾区见闻：城里忙清淤消毒　乡村忙生产自救	新华网	祁阳
7月17日	湖南祁阳：灾后重建效率高	新华社	祁阳
7月18日	竹筒生辉　初心如故	新华社	蓝山
7月18日	守护群众安全，他们冲在抗洪一线祁阳：哪里有险情，乡镇干部就出现在哪里	《人民日报》	祁阳
7月19日	“文学湘军”的家国情怀	《中国文化报》	江华
7月19日	众志成城缚“水龙”：直击湖南湘江洪水“大考”	新华每日电讯	冷水滩、零陵、祁阳
7月20日	龙家大院：映日荷花别样红　淳朴民居古韵浓	新华社	新田
7月21日	为大山孩子建宿舍，点亮孩子们梦想的明灯	《中国青年报》	江华
7月21日	不忘初心　牢记使命主题教育进行时：湖南：对标找差距　发力抓落实	中央电视台	蓝山
7月22日	大型实景古庙会在千年古镇湖南芦洪市上演	人民网总网	东安
7月22日	Double rainbow adds color to the sky after a summer shower in C China	新华网	祁阳
7月23日	湖南大学生筑梦音乐之旅，让梦想的声音响起来	中国青年网	江华
7月24日	东安县十万群众喝上“放心水”	《中国环境报》	东安

续表49

刊发日期	稿件标题	刊发媒体	上稿单位
7 月 24 日	云雾绕青山　雨露润苔藓	新华社	蓝山
7 月 25 日	湖南：人面荷花相映红	新华社	蓝山
7 月 26 日	湖南江华：千亩荷花绽放	新华社	江华
7 月 27 日	荷花盛开虾儿肥　古村重焕新生机	新华社	新田
7 月 28 日	光影8 东安武术6 3 1	《经济日报》	东安
7 月 28 日	生态中国·湿地公园荷花绘就乡村振兴新画卷	新华社	双牌
7 月 29 日	湖南夏日美景：人鸟和谐闹“双抢”	新华社	新田
7 月 29 日	倾力帮扶基层　奉献真挚爱心——记湖南省永州市新田县小岗村第一书记眭玲艳	《中国改革报》	新田
7 月 29 日	西源水库	《人民日报》	道县
7 月 29 日	“中国健康跑”江华站开跑　2000 多人享受运动快乐	新华社	江华
7 月 29 日	图片新闻	《农民日报》	零陵
7 月 30 日	深山农妇的网销梦	中央电视台	蓝山
7 月 30 日	避暑云冰山　体验 20℃的三伏天	新华社	蓝山
7 月 31 日	雨后双彩虹没看够？再送你大片大片的火烧云	新华社	蓝山
8 月 1 日	湖南蓝山：“雾锁山城”似仙境	新华社	蓝山
8 月 3 日	湖南蓝山：双层云海在山峦间流动	新华社	蓝山
8 月 6 日	瑶家“十八酿”：热情好客的美食盛宴	新华社	江华
8 月 6 日	“渔鼓夫妻”：夫唱妇随五十年，下辈子还在一起	新华社、新华每日电讯	零陵
8 月 6 日	“渔鼓”里的爱情——“夫唱妇随”50 年	新华视频	零陵
8 月 6 日	50 years in love	新华社	零陵
8 月 6 日	湖南江永成功注册“女书”马德里国际商标	中国新闻网	江永
8 月 8 日	湖南江华郑艳琼：写好桐冲口脱贫致富这本书	中国网	江华
8 月 8 日	中南大学研究生支教团：帮大山里的孩子点燃梦想	《中国青年报》	江华
8 月 10 日	激创三大动能发挥干群主观能动性	《农民日报》	双牌
8 月 11 日	云雾中的“风车乐园”	新华社	江华
8 月 11 日	别害怕！一起来跳竹竿舞	新华社	宁远
8 月 12 日	以稻作画　“水稻彩绘”祝福祖国	新华社	蓝山
8 月 12 日	一位共产党员的选择	《中国教育报》	宁远
8 月 13 日	湖南江永：挖香姜　促增收	新华社、《中国妇女报》	江永
8 月 13 日	去土就能吃！一起来深山挖香姜	新华社	江永
8 月 13 日	养殖户领到了“清退款”	《人民日报》	江永

续表49

刊发日期	稿件标题	刊发媒体	上稿单位
8月14日	暑假没地儿去？家门口的功夫学起来！	新华社	新田
8月17日	一片“兵心”为乡亲	《解放军报》	零陵
8月18日	云海伴日出　朝霞美如画	新华社	蓝山
8月18日	总书记关心的百姓身边事丨传统村落保护激发乡村活力	新华社、新华每日电讯、《农民日报》《中国妇女报》等	蓝山
8月19日	“剿灭”害虫护古树！无人机来帮忙	新华社	新田
8月20日	湖南双牌：赏花采莲正当时	新华社	双牌
8月21日	湖南山乡农民工子弟学校有位台湾女校长	新华社	蓝山
8月21日	湖南通报3起领导干部充当黑恶势力“保护伞”典型案例	新华社	冷水滩
8月22日	“中国好人”钟挺华走了　捐献遗体续写人间大爱	新华社	东安
8月22日	89岁印尼归侨钟挺华逝世　自愿捐献遗体供于医学教学和研究	中国新闻网	东安
8月26日	晚稻绿扶疏　美景入画来	新华社	新田
8月27日	山区年轻小伙的种姜“致富经”	新华社	江永
8月28日	蝴蝶画家的石头遐想	新华社、中国新闻网	宁远
8月28日	山区年轻小伙的种姜“致富经	新华社	江永
8月31日	后半辈子写好脱贫这本书	《经济日报》	江华
8月31日	湖南祁阳：1500余棵古树有了“电子身份证”	新华社	祁阳
8月31日	湖南　截肢女孩上大学　爱心司机接力护送	中央电视台	冷水滩、双牌
9月1日	稻花飞扬“赶花”时	新华社	蓝山
9月2日	湖南永州：500多名民兵展开军事训练比武	中央电视台	市直
9月3日	近距离监督下　“豆腐渣”工程被叫停	人民网	新田
9月4日	百舸争流涌春潮　千年古城焕新颜	人民网	零陵
9月4日	永州零陵：千年古城焕新颜	中国网	零陵
9月5日	千年瑶寨有了“扶贫车间”	《工人日报》	江华
9月5日	湖南江华：绿意盎然移民区	《中国新报》	江华
9月6日	时光不负追梦人	《光明日报》	宁远
9月6日	第四个“中华慈善日”：慈善共创美好生活	新华社	冷水滩
9月7日	“江永女书”渐走出消亡困境　申报“世遗”创新保护与传承	中国新闻网	江永
9月7日	【七十年　我们的家】守护三尺讲台　见证乡村巨变	中央电视台	江永
9月7日	开学第一课：特别的爱献给祖国	新华社	新田
9月8日	农家小院满地金	《人民日报》	道县

续表49

刊发日期	稿件标题	刊发媒体	上稿单位
9月9日	秋色梯田稻浪香	新华社	东安
9月9日	碧绿如画！来看涔天河水库	新华社	江华
9月10日	湖南江永：搭乘“互联网”快车精准脱贫　从内陆山城走向开放前沿	中国新闻网	江永
9月10日	从农业大区到工业主导型城市	新华社	零陵
9月11日	湖南新田：特别的爱献给祖国	新华社	新田
9月12日	湖南新田：歌唱《我和我的祖国》　献礼新中国成立70周年	学习强国	新田
9月12日	蜜橘熟了　果农乐了	《人民日报海外版》	道县
9月15日	因体育而闻名的城市——永州宁远	中央电视台	宁远
9月15日	2019环中国赛第一阶段收官：梅耶尔斯捧杯	中国新闻网	宁远
9月16日	“瑶都爱情小镇”与环中国首次携手	《人民日报》	江华
9月16日	环中国赛第二阶段开赛　吕先景拿白衫	中央电视台	江华
9月16日	2019第十届环中国国际公路自行车赛第二阶段拉开序幕	人民网	江华
9月16日	2019第十届环中国国际公路自行车赛第二阶段拉开序幕	新华社	江华
9月16日	湖南新田：爱心月饼甜蜜15年	新华社	新田
9月16日	湖南永州：山乡秋收如画	中国新闻社	道县
9月17日	湖南蓝山打造“中国皮具箱包创新之都”	中国新闻网	蓝山
9月17日	环中国自行车赛继续进行	中央电视台	宁远
9月17日	晒晒金秋好“丰”景	《人民日报》	道县
9月18日	2019环中国第二阶段：本法托再夺赛段冠军	中国新闻网	江华
9月18日	壮丽70年　奋斗新时代丨湖南新田：硒锶之乡幸福地　南有新田谱新篇	学习强国	新田
9月19日	湖南道县学生与国旗合影	中国新闻社	道县
9月20日	湖南东安打造粤港澳大湾区“菜篮子”　近10万农户共庆丰收	中国新闻网	东安
9月20日	箩筐、柴刀、蓑衣……关于丰收的传统农具了解一下	新华社	东安
9月21日	丰收节湖南主题活动东安分会场农趣十足	《农民日报》	东安
9月21日	蒋云权的致富经：有想法、人勤劳	《农民日报》	双牌
9月22日	白鹭纷飞见证生态之美	新华社	零陵
9月22日	200余名客商湖南蓝山共谋皮具产业（补报9月一条）	中国新闻网	蓝山
9月22日	湖南通报多起违规收受红包礼金典型案例	新华社	冷水滩
9月23日	除了分数，还有“诗和远方”——美育润泽青春少年健康成长	新华社	双牌
9月23日	湖南永州：丰收节里忙丰收	中国新闻社	道县

续表49

刊发日期	稿件标题	刊发媒体	上稿单位
9月24日	零陵国庆专题：百舸争流涌春潮　千年古城焕新颜	《团结报》	零陵
9月24日	湖南永州零陵区2019「中国农民丰收节」庆祝活动精彩纷呈	《香港商报》	零陵
9月24日	湖南祁阳：红色力量映照成长	《中国教育报》	祁阳
9月25日	湖南零陵：百舸争流涌春潮　千年古城焕新颜	《香港商报》	零陵
9月25日	零陵区2019“丰收节”庆祝活动精彩纷呈	新华网	零陵
9月27日	湖南双牌：红米旱稻喜获丰收	《中国妇女报》	双牌
9月28日	【探索发现】食不厌精·东安识子鸡	中央电视台	东安
9月28日	【探索发现】“八大八小”独特的切块习惯来源	中央电视台	东安
9月28日	【探索发现】东安鸡名头的打响要追溯到民国时期	中央电视台	东安
9月28日	【探索发现】娇贵的紫云姜　考验着种姜人的心性	中央电视台	东安
9月28日	【探索发现】东安鸡有着怎样的独特烹制方法	中央电视台	东安
9月28日	【探索发现】米醋和花椒的完美结合产生了东安鸡	中央电视台	东安
9月29日	图片新闻中国范	《经济日报》	东安
9月29日	庆祝新中国成立70周年　各地装扮一新迎国庆	中央电视台	江华
9月30日	古时闺蜜怎么聊天？女书传人揭秘古老“密文”	中国新闻网	江永
9月30日	湖南各市州举办庆祝活动深情颂祖国	《中国日报》	冷水滩
10月3日	江永：载歌载舞庆国庆	中国新闻网	江永
10月3日	湖南新田：花开烂漫好时节	新华社	新田
10月8日	瞰中国丨湖南蓝山　双层云海	新华社	蓝山
10月9日	【新闻直播间】湖南　多地干旱　部分地区“送水解渴”	中央电视台	江华
10月9日	王贵君：无惧生死的模范英雄	新华社	零陵
10月9日	九嶷山上野果飘香	新华社	宁远
10月9日	湖南永州开展“不忘初心、牢记使命”主题教育	人民网	市直
10月10日	粤桂湘瑶胞湖南江永千家峒上演“最炫民族风”	中国新闻网	江永
10月10日	湖南双牌县山坡旱稻亩产超500斤	《农民日报》	双牌
10月11日	大美神州·湖南新田：晚稻收割　田园画卷	新华社	新田
10月11日	湖南双牌：苦瓜红茶受欢迎	《农民日报》	双牌
10月11日	电商女达人的县域土特产营销经	《中国妇女报》	双牌
10月12日	激发假日消费市场潜力（图片）	《经济日报》	江永
10月12日	湖南：多地持续干旱　大面积作物受灾	中央电视台	市直
10月12日	【70年70城】记住江华，在这，传承创新江华瑶族的传统文化	中央电视台	江华

续表49

刊发日期	稿件标题	刊发媒体	上稿单位
10月12日	工程长度相差172.7米的背后	《中国纪检监察报》	新田
10月12日	屋顶染秋	《人民日报》	东安
10月12日	古村“晒秋”	《经济日报》	东安
10月14日	湖南江永女书举行文化旅游周　展示女书文化传承与创新	中国新闻网	江永
10月14日	来长沙看300余幅女书作品展（视频）	新华社	江永
10月15日	图片新闻	《农民日报》	东安
10月16日	世界唯一の女性文字「女書」にみる伝統と革新（14图）	新华社	江永
10月16日	湖南科技学院：微风细雨　桂花飘香	新华社	零陵
10月18日	湖南甜玉米　俏销粤港澳	《人民日报》	蓝山
10月20日	紫色花海惹人醉	新华社	新田
10月22日	人才政策持续加码助力永州发展	新华社	市直
10月23日	湖南永州持续加码人才政策助力崛起提速	中国新闻网	市直
10月24日	田园秋色“展”画卷	《人民日报》	道县
10月24日	小面条，大生活	《人民日报》	蓝山
10月24日	湖南双牌：脱贫之后再出发	《中国妇女报》	双牌
10月26日	湖南新田：从湘南小城到品质县域	学习强国总平台	新田
10月26日	湖南永州：求贤若渴纳海内外人才　鼓励贤能扎根服务基层	中国新闻网	市直
10月27日	“职”等你来！湖南永州广发“英雄帖”全球揽才	《经济日报》	市直
10月27日	湖南永州：逾2500岗位面向国内外招聘	《中国青年报》	市直
10月28日	《零陵文化旅游丛书》出版发行	《中国经济周刊》	零陵
10月28日	零陵文旅丛书：带你寻找历史文化的故乡	《香港商报》	零陵
10月29日	湖南永州：不拘一格面向国内外引进人才	《中国青年报》	市直
10月30日	日出云海美如画	新华社	江华
10月31日	永州：挖掘当地资源优势　助推公共文化发展	《中国文化报》	市直、冷水滩
10月31日	云雾缭绕！湖南省蓝山县变身“天空之城”	新华社	蓝山
11月1日	健康中国行	《中国人口报》	新田
11月1日	AI合成主播丨湖南蓝山：云雾缭绕仿若“天空之城”	新华社	蓝山
11月2日	图片新闻	《经济日报》	新田
11月4日	柑橘丰产	《人民日报》	东安
11月4日	新田县“流动医院”送健康上门	《中国人口报》	新田
11月4日	湖南永州：金色花海醉游人	人民图片	道县

续表49

刊发日期	稿件标题	刊发媒体	上稿单位
11月5日	湘桂边界的瑶族学校：跨越两省区的教育坚守	新华社	江华
11月5日	湘桂边界的瑶族学校：跨越两省区的教育坚守	中国新闻网	江华
11月5日	一校跨两省！来看看这所湘桂边界上的瑶族特色小学	新华社	江华
11月5日	湘桂边界的瑶族学校：跨越两省区的教育坚守	光明网	江华
11月6日	云海翻腾　如梦似幻	新华社	江华
11月6日	小柿子带来好日子	《人民日报》	道县
11月6日	湖南道县：蔬菜产业助农增收致富	中国新闻网	道县
11月6日	湖南道县：雾漫金秋若仙境	新华社	道县
11月7日	金秋稻浪里的丰收画卷	新华社	宁远
11月7日	铺展锦绣潇湘美丽生态画卷——永州市冷水滩区创新推行水政执法改革调研	新湘评论	冷水滩
11月7日	湖南道县：大地铺金　秋收如画	新华社	道县
11月8日	广播村村响传递好声音	《中国妇女报》	双牌
11月8日	湖南　丰收景色美　游客乐在其中	中央电视台	市直、江华
11月9日	湖南零陵“羊倌”秦国林：领着乡亲发“羊财”	中国新闻网	零陵
11月9日	湖南零陵“羊倌”秦国林：领着乡亲发“羊财”	中国网	零陵
11月9日	永州零陵将举办首届柳宗元文化旅游节	中国新闻网	零陵
11月9日	湖南祁阳因人授技　田间“致富学堂”培训致富能手	中国新闻网	祁阳
11月9日	深秋日出美　云海映青山	新华社	蓝山
11月11日	无花果巧变“致富果”	新华社	新田
11月11日	湖南江华欢庆瑶族盘王节	新华社	江华
11月11日	“扶贫日记”真心话：乡村似家家似客，酸咸苦辣也有乐	新华每日电讯	江华
11月11日	省道S355江华分水岭至白芒营公路段试通车	中国新闻网	江华
11月11日	云海掩映下的水墨乡村	新华社	蓝山
11月12日	首届历史文化名城（永州）文旅活动周启幕	人民网	零陵
11月12日	永州零陵将举办首届柳宗元文化旅游节	中国新闻网	零陵
11月12日	首届历史文化名城（永州）文旅活动周启幕	中国新闻网	零陵
11月12日	首届历史文化名城（永州）文旅活动周启幕	新华社	零陵
11月12日	瑶族同胞“神州瑶都”共度“盘王节”	中国新闻网	江华
11月12日	道县脐橙增效益	《人民日报海外版》	道县
11月13日	“醉美潇湘，诗画零陵”研讨会举行	中国新闻网	零陵
11月14日	银杏黄　乡村兴	新华社	双牌

续表49

刊发日期	稿件标题	刊发媒体	上稿单位
11月14日	新田县一镇妇联携手法庭巧断“家务事”	《今日女报》	新田
11月14日	湖南江华县举办中国瑶族盘王节	文旅中国	江华
11月14日	湖南蓝山：油茶花开　漫山映“雪”	新华社	蓝山
11月15日	永州新田：经济实力不断壮大工业水平再上新台阶	中国新闻网	新田
11月15日	湖南新田：向问题“叫板”让群众“叫好”	中国新闻网	新田
11月15日	情景剧《客姑妹》首演欢庆瑶族盘王节	新华社	江华
11月15日	湖南宁远：摧毁跨省诈骗团伙　17名嫌疑人落网	中央电视台	宁远
11月15日	湖南永州两年新增学位超二十七万个，提前一年基本消除大班额——从“倒数第一”到“全省第一”	《中国教育报》	冷水滩
11月15日	永州彩民喜中“好运十倍”头奖40万元	新华社	冷水滩
11月18日	云海瀑布　如梦似幻	新华社	祁阳
11月18日	油茶花开满山香	新华社	祁阳
11月18日	AI合成主播丨云海瀑布　如梦似幻	新华社	祁阳
11月18日	AI合成主播丨油茶花开满山香	新华社	祁阳
11月19日	产业助脱贫	《经济日报》	新田
11月19日	感受瑶族婚礼的风情魅力	新华社	江华
11月19日	中国瑶族文化传承与发展论坛在湖南江华举办	文旅中国	江华
11月19日	枫叶飘红引客来	新华社	蓝山
11月20日	千亩制种糯高粱丰收	新华社	宁远
11月20日	枫叶飘红乡村兴	新华社	蓝山
11月20日	来湘江源头，看漫山“红”遍	新华社	蓝山
11月21日	贫困村用上了挖薯机　小红薯变成了“金疙瘩”	新华社	新田
11月21日	国家文物局赴祁阳考察浯溪摩崖石刻	光明网	祁阳
11月21日	枫叶飘红乡村兴	新华社	蓝山
11月22日	银杏黄　乡村兴	新华社	双牌
11月22日	景区升级　山村又上新台阶	《中国妇女报》	双牌
11月22日	新田县健康促进助力脱贫攻坚	《中国人口报》	新田
11月22日	祁剧进校园	新华社	祁阳
11月22日	学校で戯曲を学ぶ湖南省祁陽県	新华社	祁阳
11月22日	永州市公安局冷水滩分局副局长罗五中获刑4年	人民网	冷水滩
11月24日	斑茅似海冬景美	新华社	祁阳
11月24日	湖南祁阳：霞光漫天　五彩缤纷	新华社	祁阳

续表49

刊发日期	稿件标题	刊发媒体	上稿单位
11月24日	祁剧进校园助力文化传承	新华社	祁阳
11月25日	湖南道县　两人徒步被困深山　消防及时救援	中央电视台	市直、道县
11月25日	永州市零陵区用“双向选择”激励干部担当作为	《人民日报海外网》	零陵
11月25日	以实绩轮英雄　凭能力用干部	中国网	零陵
11月25日	用“双向选择”激励干部担当作为	人民网海外网	零陵
11月26日	云蒸霞蔚奏晨曲　采菊东篱见高岩	新华社	东安
11月27日	永州零陵：让历史文化档案“活”起来	人民网	市直、零陵
11月28日	湖南新田：“三亮一争”　激活“红色细胞”	《人民日报》	新田
11月29日	小改革补上教师缺口	《中国教育报》	零陵
12月7日	湖南祁阳：荒山调水换土变良田	新华社	祁阳
12月10日	老祠堂唱祁剧　学生娃享大餐	新华社	祁阳
12月12日	不负青春不负“村”	《中国教育报》	祁阳、道县
12月16日	祁阳：“厕所革命”提升村庄环境品质	新华社	祁阳
12月13日	图片新闻	《农民日报》	东安
12月16日	民间武师湖南东安秀武艺比绝活	中新网	东安
12月5日	湖南江华推进易地扶贫　搬迁后续产业发展	《中国改革报》	江华
12月17日	湖南江華：砥礪奮進七十載　跨越發展新瑤都	《香港商报》	江华
12月2日	湖南云冰山迎雾凇　现实版“冰雪奇缘”	新华社	蓝山
12月18日	传承千年的黑糊酒是怎么酿成的	新华社	蓝山
12月17日	正在崛起的中國藍山皮具產業園	《香港商报》	蓝山
12月29日	湖南蓝山：雾凇冰挂　冬日美景惹人醉	新华社	蓝山
12月3日	湖南　生猪生产止降回升　发展标准化养殖　增加抵御风险能力	中央电视台	宁远
12月3日	雾凇云海美景同现！快来赏景	新华社	双牌
12月6日	让搬迁群众致富有门路	《妇女日报》	双牌
12月6日	湖南双牌：“花千谷”百花争艳暖冬日	新华社	双牌
12月10日	湖南双牌：冬日薄雾起　人间仙境生	新华社	双牌
12月17日	湖南双牌：高标准农田建设做活农旅结合文章	《农民日报》	双牌
12月2日	“菜篮子”里有好菜	新华社	新田
12月3日	湖南新田：冬日粉色浪漫满河畔	新华社	新田
12月4日	千年古银杏身披“金甲”美如画	新华社	新田
12月5日	发展“舌尖上的产业”　湖南新田打造粤港澳大湾区“菜篮子”	中国新闻网	新田

续表49

刊发日期	稿件标题	刊发媒体	上稿单位
12月7日	湖南新田：手工红薯粉条忆乡愁	新华社	新田
12月9日	湖南新田：万羽种鹅“高歌”致富经	新华社	新田
12月16日	湖南新田：脐橙飘香促增收	新华社	新田
12月20日	湖南新田：鸡爪槭灿若红霞	新华社	新田
12月25日	书海遨游	《人民日报》	新田
12月3日	湖南道县古法榨油供不应求	中国新闻网	道县
12月13日	古树带火乡村游	《人民日报》	道县
12月23日	传承	《人民日报》	道县
12月16日	周敦颐家乡湖南道县授牌“中国理学文化之乡”	中新社	道县
12月31日	道县举办第十届周敦颐国际理学文化旅游节	《农民日报》	道县
11月29日	“中国橙乡”湖南道县“直播+电商”助力乡村振兴	中新社	道县
12月24日	永州：水旱轮作增效益	《人民日报海外版》	道县
12月10日	《铁血湘江》第一集　五岭透迤	中央电视台	道县
12月12日	《铁血湘江》第三集　浴血突破	中央电视台	道县
12月8日	民族传统文化进课堂（图片）	《人民日报》	江永
12月13日	智造助产业升级（1图）	《经济日报》	江永
12月25日	三代人　一件事　家国情（2019年终特别策划） 湖南　蒋丽丽一家三代坚守讲台，77年培养230多名大学生	《人民日报》	江永
12月9日	湖南永州：湘江北去　漫江碧透	《人民日报》	冷水滩
12月9日	湖南永州综合治理湘江源头　呵护母亲河　喝上放心水	《人民日报》	冷水滩
12月3日	茶籽飘香榨油忙	新华社	零陵
12月30日	湖南永州一村干部数十年如一日照顾六位残疾亲人	中新网	零陵

索　引

说明：

一、本索引把年鉴的专稿、条目、表格（大事记、附文、企事业单位选介除外）用主题分析的方法，按汉语拼音字母顺序排列。

二、地方文献的条目未作索引。

三、类目、专稿标题和地名用黑体字标明。

四、索引名称后的阿拉伯数字表示内容所在页码，拉丁字母（a、b、c）表示栏别（从左至右分1、2、3栏）。

D

F

G

H

K

M

N

P

Q

R

S

T

W

X

Y

Z